Divi Thomae Aquinatis Summa Theologica

Saint Thomas, Peter Lombard

PATROLOGIÆ

CURSUS COMPLETUS

SIVE

BIBLIOTHECA UNIVERSALIS, INTEGRA, UNIFORMIS, COMMODA, ŒCONOMICA,

OMNIUM SS. PATRUM, DOCTORUM SCRIPTORUMQUE ECCLESIASTICORUM

QUI

AB ÆVO APOSTOLICO AD INNOCENTII III TEMPORA

FLORUERUNT;

RECUSIO CHRONOLOGICA

OMNIUM QUÆ EXSTITERE MONUMENTORUM CATHOLICÆ TRADITIONIS PER DUODECIM PRIORA ECCLESIÆ SÆCULA,

JUXTA EDITIONES ACCURATISSIMAS, INTER SE CUMQUE NONNULLIS CODICIBUS MANUSCRIPTIS COLLATAS, PERQUAM DILIGENTER CASTIGATA;
DISSERTATIONIBUS, COMMENTARIIS LECTIONIBUSQUE VARIANTIBUS CONTINENTER ILLUSTRATA;
OMNIBUS OPERIBUS POST AMPLISSIMAS EDITIONES QUÆ TRIBUS NOVISSIMIS SÆCULIS DEBENTUR ABSOLUTAS DETECTIS, AUCTA;
INDICIBUS PARTICULARIBUS ANALYTICIS, SINGULOS SIVE TOMOS, SIVE AUCTORES ALICUJUS MOMENTI SUBSEQUENTIBUS, DONATA;
CAPITULIS INTRA IPSUM TEXTUM RITE DISPOSITIS, NECNON ET TITULIS SINGULARUM PAGINARUM MARGINEM SUPERIOREM DISTINGUENTIBUS SUBJECTAMQUE MATERIAM SIGNIFICANTIBUS, ADORNATA;
OPERIBUS CUM DUBIIS TUM APOCRYPHIS, ALIQUA VERO AUCTORITATE IN ORDINE AD TRADITIONEM ECCLESIASTICAM POLLENTIBUS, AMPLIFICATA;
DUOBUS INDICIBUS GENERALIBUS LOCUPLETATA: ALTERO SCILICET RERUM, QUO CONSULTO, QUIDQUID UNUSQUISQUE PATRUM IN QUODLIBET THEMA SCRIPSERIT UNO INTUITU CONSPICIATUR; ALTERO SCRIPTURÆ SACRÆ, EX QUO LECTORI COMPERIRE SIT OBVIUM QUINAM PATRES ET IN QUIBUS OPERUM SUORUM LOCIS SINGULOS SINGULORUM LIBRORUM SCRIPTURÆ TEXTUS COMMENTATI SINT.
EDITIO ACCURATISSIMA, CÆTERISQUE OMNIBUS FACILE ANTEPONENDA, SI PERPENDANTUR : CHARACTERUM NITIDITAS, CHARTÆ QUALITAS, INTEGRITAS TEXTUS, PERFECTIO CORRECTIONIS, OPERUM RECUSORUM TUM VARIETAS TUM NUMERUS, FORMA VOLUMINUM PERQUAM COMMODA SIBIQUE IN TOTO OPERIS DECURSU CONSTANTER SIMILIS, PRETII EXIGUITAS, PRÆSERTIMQUE ISTA COLLECTIO, UNA, METHODICA ET CHRONOLOGICA, SEXCENTORUM FRAGMENTORUM OPUSCULORUMQUE HACTENUS HIC ILLIC SPARSORUM, PRIMUM AUTEM IN NOSTRA BIBLIOTHECA, EX OPERIBUS AD OMNES ÆTATES, LOCOS, LINGUAS FORMASQUE PERTINENTIBUS, COADUNATORUM.

SERIES SECUNDA,

IN QUA PRODEUNT PATRES, DOCTORES SCRIPTORESQUE ECCLESIÆ LATINÆ A S. GREGORIO MAGNO USQUE AD S. THOMAM.

ACCURANTE J.-P. MIGNE,

BIBLIOTHECÆ CLERI UNIVERSÆ,

SIVE

CURSUUM COMPLETORUM IN SINGULOS SCIENTIÆ ECCLESIASTICÆ RAMOS EDITORE.

PATROLOGIÆ TOMUS

DIVI THOMÆ AQUINATIS TOMUS SECUNDUS.

VENEUNT 4 VOLUMINA VIGINTI ET QUATUOR FRANCIS GALLICIS.

PARISIIS, APUD EDITOREM,
IN VIA DICTA D'AMBOISE, PROPE PORTAM VULGO D'ENFER NOMINATAM,
SEU PETIT-MONTROUGE.

1846

PETRI LOMBARDI

NOVARIENSIS,

Cognomine Magistri Sententiarum,

EPISCOPI PARISIENSIS,

SENTENTIARUM

LIBRI QUATUOR,

PER JOANNEM ALEAUME, PARISIENSIS THEOLOGIÆ PROFESSOREM,

Pristino suo nitori verè restituti ;

NECNON

DIVI THOMÆ AQUINATIS,

Doctoris Angelici, ordinis Praedicatorum,

SUMMA THEOLOGICA,

Ad manuscriptos codices à Francisco GARCIA, Gregorio DONATO, Lovaniensibus
ac Duacensibus Theologis, Joanne NICOLAI, ac Thomâ MADALENA
diligentissimè collata ;

Novisque curis ac Dissertationibus à Bernardo MARIA DE ROSSIS illustrata.

ACCURANTE J.-P. MIGNE,

BIBLIOTHECÆ CLERI UNIVERSÆ,

SIVE

CURSUUM COMPLETORUM IN SINGULOS SCIENTIÆ ECCLESIASTICÆ RAMOS EDITORE.

TOMUS SECUNDUS,

COMPLECTENS SUMMÆ THEOLOGICÆ PRIMAM SECUNDÆ.

4 VOL. PRIX : 24 FR.

━━━●○●●━━━

PARISIIS EXCUDEBAT MIGNE,

IN VIA DICTA : D'AMBOISE, HORS LA BARRIÈRE D'ENFER,

OU PETIT-MONTROUGE.

1841.

ELENCHUS OPERUM

QUÆ IN HOC SECUNDO VOLUMINE CONTINENTUR.

—————

S. THOMAS AQUINAS.

Summæ Theologicæ prima secundæ.

MIGNE, succursaliste à Montrouge, de Vrayet de Surcy,
imprimeur, rue de Sèvres, 37, à Paris.

SUMMÆ THEOLOGICÆ

PRIMA SECUNDÆ.

Prologus.

Quia, sicut Damascenus dicit, lib. 2 orth. Fid., cap. 12, à princ., homo factus ad imaginem Dei dicitur, secundùm quòd per imaginem significatur *intellectuale, et arbitrio liberum, et per se potestativum*; postquàm prædictum est de exemplari, scilicet de Deo, et de his quæ processerunt ex divinâ potestate secundùm ejus voluntatem, restat ut consideremus de ejus imagine, id est, de homine, secundùm quòd et ipse est suorum operum principium, quasi liberum arbitrium habens, et suorum operum potestatem.

QUÆSTIO PRIMA.

DE ULTIMO FINE HOMINIS IN COMMUNI. — (*In octo articulos divisa.*)

Ubi primò considerandum occurrit de ultimo fine humanæ vitæ; et deinde de his per quæ homo ad hunc finem pervenire potest, vel ab eo deviare. Ex fine enim oportet accipere rationes eorum quæ ordinantur ad finem. Et quia ultimus finis humanæ vitæ ponitur esse beatitudo, oportet primùm considerare de ultimo fine in communi, deinde de beatitudine.

Circa primum quæruntur octo : 1° utrùm hominis sit agere propter finem; 2° utrùm hoc sit proprium rationalis naturæ; 3° utrùm actus hominis recipiant speciem à fine; 4° utrùm sit aliquis ultimus finis humanæ vitæ; 5° utrùm unius hominis possint esse plures ultimi fines; 6° utrùm homo ordinet omnia in ultimum finem; 7° utrùm idem sit finis ultimus omnium hominum; 8° utrùm in illo ultimo fine omnes aliæ creaturæ conveniant.

ARTICULUS PRIMUS. — *Utrùm homini conveniat agere propter finem.* — (*Infra, art. 2, corp., et qu. 6. art. 1, corp., et qu. 28, art. 6, corp., et qu. 94, art. 2, corp., et qu. 109, art. 6, corp., et 3 cont., cap. 2, op. 2, cap. 100.*)

Ad primum sic proceditur. 1. Videtur quòd homini non conveniat agere propter finem. Causa enim naturaliter prior est suo effectu. Sed finis habet rationem ultimi, ut ipsum nomen sonat. Ergo finis non habet rationem causæ. Sed propter illud agit homo quod est causa actionis; cùm hæc præpositio *propter* designet habitudinem causæ. Ergo homini non convenit agere propter finem.

2. Præterea, illud quod est ultimus finis non est propter finem. Sed in quibusdam actiones sunt ultimus finis, ut patet per Philosophum in 1 Ethic., cap. 1, in princ. Ergo non omnia homo agit propter finem.

3. Præterea, tunc videtur homo agere propter finem, quando deliberat. Sed multa homo agit absque deliberatione, de quibus etiam quandoque nihil cogitat; sicut cùm aliquis movet pedem vel manum aliis intentus, vel fricat barbam. Non ergo omnia agit propter finem.

Sed contra, omnia quæ sunt in aliquo genere, derivantur à principio illius generis. Sed finis est principium in operabilibus ab homine, ut patet per Philosophum, in lib. 2 Physic., text. 85 et 89. Ergo homini convenit omnia agere propter finem.

Respondeo dicendum quòd actionum quæ ab homine aguntur, illæ solæ propriè dicuntur *humanæ* quæ sunt propriæ hominis, in quantum est homo. Differt autem homo ab aliis (1) irrationalibus creaturis in hoc quòd est suorum actuum dominus. Unde illæ solæ actiones vocantur propriè *humanæ* quarum homo est dominus. Est autem homo dominus suorum actuum per rationem et voluntatem; unde et liberum arbitrium esse dicitur *facultas voluntatis et rationis*. Illæ ergo actiones propriè *humanæ* dicuntur quæ ex voluntate deliberatâ procedunt. Si quæ autem aliæ actiones homini conveniant, possunt dici quidem *hominis actiones*, sed non propriè *humanæ*, cùm non sint hominis, in quantum est homo.

Manifestum est autem quòd omnes actiones quæ procedunt ab aliquâ potentiâ, causantur ab eâ secundùm rationem sui objecti. Objectum autem voluntatis est finis, et bonum. Unde oportet quòd omnes actiones humanæ propter finem sint.

Ad primum ergo dicendum quòd finis, etsi sit postremus in executione, est tamen primus in intentione agentis; et hoc modo habet rationem causæ.

Ad secundum dicendum quòd si qua actio humana sit ultimus finis, oportet eam esse voluntariam; aliàs non esset humana, ut dictum est in corp. art. Actio autem aliqua dupliciter dicitur voluntaria, uno modo quia imperatur à voluntate, sicut ambulare vel loqui; alio modo quia elicitur à voluntate, sicut ipsum velle. Impossibile autem est quòd ipse actus à voluntate elicitus sit ultimus finis; nam objectum voluntatis est finis, sicut objectum visûs est color. Unde sicut impossibile est quòd primum visibile sit ipsum videre, quia omne videre est alicujus objecti visibilis; ita impossibile est quòd primum appetibile, quod est finis, sit ipsum velle. Unde relinquitur quòd si qua actio humana sit ultimus finis, ipsa sit imperata à voluntate; et ita aliqua actio (2) hominis, ad minus ipsum

---

(1) Ita cod. Alcan., edit Rom. et Patav. an. 1698. Theologi, Nicolaius et edit. Patav. ann. 1712 omittunt *aliis*.

(2) Ita Nicolaius. Editi plurimi, *ibi aliqua*.

(Une.)

velle, est propter finem. Quidquid ergo homo faciat, verum est dicere quòd homo agat propter finem, etiam agendo actionem quæ est ultimus finis.

Ad tertium dicendum, quòd hujusmodi actiones non sunt propriè humanæ; quia non procedunt ex deliberatione rationis, quæ est proprium principium humanorum actuum; et ideò habent quasi finem imaginatum, non autem per rationem præstitutum.

ARTICULUS II. — *Utrùm agere propter finem sit proprium rationalis naturæ.* — (*Inf.,* quæst. 50, art. 2, corp., et 2 cont., cap. 46, et 3, cap. 1, 2, 16, 24, 109, 110 et 111, et de Unione Verb., art. 5, corp., et 2 Phys., lect. 4, cap. 2, princ., et lect. 10, princ.)

Ad secundum sic proceditur. 1. Videtur quòd agere propter finem sit proprium rationalis naturæ. Homo enim, cujus est agere propter finem nunquàm agit propter finem ignotum. Sed multa sunt quæ non cognoscunt finem; vel quia omninò carent cognitione, sicut creaturæ insensibiles; vel quia non apprehendunt rationem finis, sicut bruta animalia. Videtur ergo proprium esse rationalis naturæ agere propter finem.

2. Præterea, agere propter finem est ordinare suam actionem ad finem. Sed hoc est rationis opus. Ergo non convenit his quæ ratione carent.

3. Præterea, bonum et finis est objectum voluntatis. Sed voluntas in ratione est, ut dicitur in 3 de Animâ, text. 42. Ergo agere propter finem non est nisi rationalis naturæ.

Sed contra est quod Philosophus probat in 2 Phys., text. 49, quòd *non solùm intellectus, sed etiam natura agit propter finem.*

Respondeo dicendum quòd omnia agentia necesse est agere propter finem. Causarum enim ad invicem ordinatarum si prima subtrahatur, necesse est alias subtrahi. Primâ autem inter omnes causas est causa finalis. Cujus ratio est, quia materia non consequitur (1) formam, nisi inquantùm quòd movetur ab agente. Nihil enim reducit se de potentiâ in actum; agens autem non movet nisi ex intentione finis; si enim agens non esset determinatum ad aliquem effectum, non magis ageret hoc quàm illud. Ad hoc ergo quòd determinatum effectum producat, necesse est quòd determinetur ad aliquid certum, quod habet rationem finis. Hæc autem determinatio sicut in rationali naturâ per rationalem fit appetitum, qui dicitur voluntas; ita in aliis fit per inclinationem naturalem, quæ dicitur appetitus naturalis.

Tamen considerandum est, quòd aliquid suâ actione vel motu tendit ad finem dupliciter : uno modo sicut seipsum ad finem movens, ut homo; alio modo sicut ab alio motum ad finem, sicut sagitta tendit ad determinatum finem ex hoc quòd movetur à sagittante, qui suam actionem dirigit in finem. Illa ergo quæ rationem habent, seipsa movent ad finem, quia habent dominium suorum

actuum per liberum arbitrium, quod est *facultas voluntatis et rationis;* illa verò quæ ratione carent, tendunt in finem propter naturalem inclinationem, quasi ab alio mota, non autem à seipsis, cùm non cognoscant rationem finis; et ideò nihil in finem ordinare possunt, sed solùm in finem ab alio ordinantur. Nam tota irrationalis natura comparatur ad Deum sicut instrumentum ad agens principale, ut supra habitum est, 1 p., quæst. 22, art. 2, et quæst. 105, art. 5.

Et ideò proprium est naturæ rationalis ut tendat in finem, quasi se agens, vel ducens ad finem; naturæ verò irrationalis, quasi ab alio acta, vel ducta; sive in finem apprehensum, sicut bruta animalia, sive in finem non apprehensum, sicut ea quæ omninò cognitione carent.

Ad primum ergo dicendum quòd quando homo per seipsum agit (1) propter finem, cognoscit finem; sed quando ab alio agitur, vel ducitur, putà cùm agit ad imperium alterius, vel cùm movetur altero impellente, non est necessarium quòd cognoscat finem; et ita est in creaturis irrationalibus.

Ad secundum dicendum quòd ordinare in finem est ejus quod seipsum agit in finem; ejus verò quod ab alio agitur in finem, est ordinari in finem; quod potest esse irrationalis naturæ, sed ab aliquo rationem habente.

Ad tertium dicendum quòd objectum voluntatis est finis, et bonum in universali. Unde non potest esse voluntas in his quæ carent ratione et intellectu, cùm non possint apprehendere universale; sed est in eis appetitus naturalis, vel sensitivus determinatus ad aliquod bonum particulare. Manifestum autem est quòd particulares causæ moventur à causâ universali; sicut cùm rector civitatis, qui intendit bonum commune, movet suo imperio omnia particularia (2) officia civitatis. Et ideò necesse est quòd omnia quæ carent ratione, moveantur in fines particulares ab aliquâ voluntate rationali, quæ se extendit in bonum universale, scilicet à voluntate divinâ.

ARTICULUS III. — *Utrùm actus humani recipiant speciem ex fine.* — (*Inf.,* art. 4, et quæst. 18, art. 2, 3 et 4, et quæst. 72, art. 1 et 3, et 2, dist. 40, art. 2, corp., et Mal. quæst. 2, art. 4, ad 9.)

Ad tertium sic proceditur. 1. Videtur quòd actus humani non recipiant speciem à fine. Finis enim est causa extrinseca. Sed unumquodque habet speciem ab aliquo principio intrinseco. Ergo actus humani non recipiunt speciem à fine.

2. Præterea, illud quod dat speciem, oportet esse prius. Sed finis est posterior in esse. Ergo actus humanus non habet speciem à fine.

(1) Ita codd. et editi plurimi. Edit. Rom., *non sequitur.*

(1) Ita editi ferè omnes. Theologi, *homo seipsum agit.* Cod. Alcan., *dicendum quòd homo quando per se agit.*

(2) Ita codd. Alcan. et Camer. cum editis pluribus. Edit. Rom. et Patav. an. 1698, *omnia ut particularis.*

3. Præterea, idem non potest esse nisi in unâ specie. Sed eumdem numero actum contingit ordinari ad diversos fines. Ergo finis non dat speciem actibus humanis.

Sed contra est quod dicit Augustinus in lib. de Moribus Eccl. et Manichæorum, de Mor. Manich., cap. 13 æquiv. : *Secundùm quòd finis est culpabilis, vel laudabilis, secundùm hoc sunt opera nostra culpabilia, vel laudabilia.*

Respondeo dicendum quòd unumquodque sortitur speciem secundùm actum, et non secundùm potentiam. Unde ea quæ sunt composita ex materiá et formâ, constituuntur in suis speciebus per proprias formas. Et hoc etiam considerandum est in motibus propriis. Càm enim motus quodammodò distinguatur per actionem et passionem, utrumque horum ab actu speciem sortitur; actio quidem ab actu, qui est principium agendi; passio verò ab actu, qui est terminus motûs nostri. Unde calefactio actio nihil aliud est quàm motio quædam à calore procedens; calefactio verò passio nihil aliud est quàm motus ad calorem. Definitio autem manifestat rationem speciei.

Et utroque modo actus humani, sive considerentur per modum actionum, sive considerentur per modum passionum, speciem à fine sortiuntur. Utroque enim modo possunt considerari actus humani, eò quòd homo movet seipsum, et movetur à seipso. Dictum est autem supra, art. 1 hujus quæst., quòd actus dicuntur humani, in quantum procedunt à voluntate deliberatá; objectum autem voluntatis est bonum, et finis; et ideò manifestum est quòd principium humanorum actuum, in quantum sunt humani, est finis; et similiter est terminus eorumdem; nam id ad quod terminatur actus humanus, est id quod voluntas intendit tanquàm finem; sicut in agentibus naturalibus forma generati est conformis formæ generantis. Et quia, ut Ambrosius dicit super Lucam, in præfat., prope finem, *mores propriè dicuntur humani*, actus morales propriè speciem sortiuntur ex fine; nam idem sunt actus morales et actus humani.

Ad primum ergo dicendum quòd finis non est omninò aliquid extrinsecum ab actu, quia comparatur ad actum ut principium, vel terminus; et hoc idem ipsum est de ratione actûs, ut scilicet sit ab aliquo quantùm ad actionem, et ut sit ad aliquid quantùm ad passionem.

Ad secundum dicendum quòd finis, secundùm quòd est prior in intentione, ut dictum est art. 1 hujus quæst., ad 1, secundùm hoc pertinet ad voluntatem; et hoc modo dat speciem actui humano, sive morali.

Ad tertium dicendum quòd idem actus numero, secundùm quòd semel egreditur ab agente, non ordinatur nisi ad unum finem proximum, à quo habet speciem; sed potest ordinari ad plures fines remotos, quorum unus est finis alterius. Possibile tamen est quòd unus actus secundùm speciem naturæ ordinetur ad diversos fines voluntatis; sicut hoc ipsum quod est occidere hominem, quod est idem secundùm speciem naturæ, potest ordinari sicut in finem ad conservationem justitiæ et ad satisfaciendum iræ; et ex hoc erunt diversi actus secundùm speciem moris, quia uno modo erit actus virtutis, alio modo erit actus vitii. Non enim motus recipit speciem ab eo quod est terminus per accidens, sed solùm ab eo quod est terminus per se. Fines autem morales accidunt rei naturali; et è converso ratio naturalis finis accidit morali; et ideò nihil prohibet, actus qui sunt iidem secundùm speciem naturæ, esse diversos secundùm speciem moris, et è converso.

ARTICULUS IV. — *Utrùm sit aliquis ultimus finis humanæ vitæ.* — (3, dist. 3, quæst. 2, art. 3.)

Ad quartum sic proceditur. 1. Videtur quòd non sit aliquis ultimus finis humanæ vitæ, sed procedatur in finibus in infinitum. Bonum enim secundùm suam rationem est diffusivum sui, ut patet per Dionysium, 4 cap. de div. Nom., in princ. lect. 1. Si ergo quod procedit ex bono, ipsum etiam est bonum, oportet quòd illud bonum diffundat aliud bonum; et sic processus boni est in infinitum. Sed bonum habet rationem finis. Ergo in finibus est processus in infinitum.

2. Præterea, ea quæ sunt rationis, in infinitum multiplicari possunt; unde et mathematicæ quantitates in infinitum augentur; species etiam numerorum propter hoc possunt esse infinitæ, quia dato quolibet numero, alium majorem excogitare potes. Sed desiderium finis sequitur apprehensionem rationis. Ergo videtur quòd in finibus procedatur in infinitum.

3. Præterea, bonum et finis est objectum voluntatis. Sed voluntas infinities potest reflecti supra seipsam; possum enim velle aliquid, et velle me velle illud; et sic in infinitum. Ergo in finibus humanæ voluntatis proceditur in infinitum, et non est aliquis ultimus finis humanæ voluntatis.

Sed contra est quod Philosophus dicit, 2 Metaph., text. 8, quòd *qui infinitum faciunt, auferunt naturam boni.* Sed bonum est quod habet rationem finis. Ergo contra rationem finis est quòd procedatur in infinitum. Necesse est ergo ponere unum ultimum finem.

Respondeo dicendum quòd per se loquendo, impossibile est in finibus procedere in infinitum ex quâcumque parte. In omnibus enim quæ per se habent ordinem ad invicem, oportet quòd remoto primo, removeantur ea quæ sunt ad primum. Unde Philosophus probat in 8 Physic., text. 34, quòd non est possibile in causis moventibus procedere in infinitum; quia non esset primum movens, quo subtracto alia movere non possunt, cùm non moveant nisi per hoc quòd moventur à primo movente. In finibus autem invenitur duplex ordo, scilicet ordo intentionis et ordo executionis, et in utroque ordine oportet esse aliquid primum. Id enim quod est primum in ordine intentionis, est quasi principium movens appetitum; unde subtracto principio, appetitus à nullo moveretur. Id autem quod est principium in executione, est unde incipit operatio; unde isto principio subtracto, nullus inciperet aliquid operari. Principium autem intentionis est ultimus finis ; principium autem executionis est primum eorum quæ sunt ad finem. Sic ergo ex neutrâ parte possibile est in infinitum procedere ; quia si non esset ultimus finis, nihil appeteretur, nec aliqua actio terminaretur, nec etiam quiesceret intentio agentis. Si autem non esset primum in his quæ sunt ad finem, nullus inciperet aliquid operari, nec terminaretur consilium ; sed in infinitum procederet.

Ea verò quæ non habent ordinem per se, sed per accidens sibi invicem conjunguntur, nihil prohibet infinitatem habere ; causæ enim per accidens indeterminatæ sunt. Et hoc etiam modo contingit esse infinitatem per accidens in finibus, et his quæ sunt ad finem.

Ad primum ergo dicendum quòd de ratione boni est quòd aliquid ab ipso effluat, non tamen quòd ipsum ab alio procedat. Et ideo cùm bonum habeat rationem finis, et primum bonum sit ultimus finis, ratio ista non probat quòd non sit ultimus finis ; sed quòd à (1) fine primo supposito procedatur in infinitum inferius versùs ea quæ sunt ad finem. Et hoc quidem competeret, si consideraretur sola virtus primi boni, quæ est infinita. Sed quia primum bonum habet diffusionem secundùm intellectum, cujus est secundùm aliquam causam certam profluere in causata ; aliquis certus modus adhibetur bonorum effluxui à primo bono, à quo omnia alia bona participant virtutem diffusivam. Et ideo diffusio bonorum non procedit in infinitum ; sed, sicut dicitur Sap. 11, Deus omnia disposuit in numero, pondere et mensurâ.

Ad secundum dicendum quòd in his quæ sunt per se, ratio incipit à principiis naturaliter notis, et ad aliquem terminum progreditur. Unde Philosophus probat in 1 Posterior., text. 6, quòd *in demonstrationibus non est processus in infinitum;* quia in demonstrationibus attenditur ordo aliquorum per se ad invicem connexorum, et non per accidens. In his autem quæ per accidens connectuntur, nihil prohibet rationem in infinitum procedere. Accidit autem quantitati, aut numero præexistenti, in quantum hujusmodi, quòd ei addatur quantitas aut unitas. Unde in hujusmodi nihil prohibet rationem procedere in infinitum.

Ad tertium dicendum quòd illa multiplicatio actuum voluntatis reflexæ supra seipsam per accidens se habet ad ordinem finium ; quod patet ex hoc quòd circa unum et eumdem actum indifferenter semel vel pluries supra seipsam voluntas reflectitur.

ARTICULUS V. — *Utrùm unius hominis possint esse plures ultimi fines.* — (*Inf.*, quæst. 12, art. 1, et quæst. 13, art. 3, ad 2, et 2, dist. 24, art. 3, corp., et 3, dist. 31, quæst. 1, art. 1, corp.. et Mal. quæst. 14, art. 2, corp., fine.)

Ad quintum sic proceditur. 1. Videtur quòd possibile sit voluntatem unius hominis in plura ferri simul, sicut in ultimos fines. Dicit

enim Augustinus 19 de Civ. Dei, cap. 1 et 5, quòd *quidam ultimum hominis finem posuerunt in quatuor, scilicet : in voluptate, in quiete , in bonis naturæ, et in virtute.* Hæc autem manifestè sunt plura. Ergo unus homo potest constituere ultimum finem suæ voluntatis in multis.

2. Præterea, quæ non opponuntur ad invicem, se invicem non excludunt. Sed multa inveniuntur in rebus, quæ sibi invicem non opponuntur. Ergo si unum ponatur ultimus finis voluntatis, non propter hoc alia excluduntur.

3. Præterea, voluntas per hoc quòd constituit ultimum finem in aliquo, suam liberam potentiam non amittit. Sed antequàm constitueret ultimum finem suum in illo, putà in voluptate, poterat constituere finem suum ultimum in alio, putà in divitiis. Ergo etiam postquàm constituit aliquis ultimum finem suæ voluntatis in voluptate, potest simul constituere ultimum finem in divitiis. Ergo possibile est unius hominis voluntatem simul ferri in diversa sicut in ultimos fines.

Sed contra, illud in quo quiescit aliquis sicuti in ultimo fine, hominis affectui dominatur, quia ex eo totius vitæ suæ regulas accipit ; unde de gulosis dicitur Philipp. 3, 19 : *Quorum Deus venter est,* quia scilicet constituunt ultimum finem in deliciis ventris. Sed, sicut dicitur Matth. 6, 24 : *Nemo potest duobus dominis servire,* ad invicem scilicet non ordinatis. Ergo impossibile est esse plures ultimos fines unius hominis ad invicem non ordinatos.

Respondeo dicendum quòd impossibile est quòd voluntas unius hominis simul se habeat ad diversa sicut ad ultimos fines. Cujus ratio potest triplex assignari.

Prima est quia cùm unumquodque appetat suam perfectionem, illud appetit aliquis ut ultimum finem quod appetit ut bonum perfectum et completivum suî ipsius (1). Unde Augustinus dicit, 19 de Civ. Dei, cap. 1, à princ. : *Finem boni nunc dicimus, non quo consumitur, ut non sit, sed quo perficitur, ut plenè* (2) *sit.* Oportet igitur quòd ultimus finis ita impleat totum hominis appetitum, quòd nihil extra ipsum appetendum relinquatur ; quod esse non potest, si aliquid extraneum ad ipsius perfectionem requiratur. Unde non potest esse quòd in duo sic tendat appetitus, ac si utrumque sit bonum perfectum (3) ipsius.

Secunda ratio est quia sicut in processu rationis principium est id quod naturaliter cognoscitur ; ita in processu rationalis appetitûs qui est voluntas, oportet esse principium id quod naturaliter desideratur. Hoc autem oportet esse unum, quia natura non tendit nisi ad unum. Principium autem in processu rationalis appetitûs est ultimus finis. Unde oportet id in quod tendit voluntas sub ratione ultimi finis esse unum.

(1) Ita cum cod. Alcan. editi plurimi. Theologi ex cod. Camer. et aliis , *ut sit bonum perfectum ipsius.*

(2) Al., *plenum.*

(3) Edit. Rom., *perfectivum.*

Tertia ratio est quia cùm actiones voluntariæ ex fine speciem sortiantur, sicut supra habitum est, art. 3 hujus quæst., oportet quòd à fine ultimo, qui est communis, sortiantur rationem generis; sicut et naturalia ponuntur in genere secundùm formalem rationem communem. Cùm igitur omnia appetibilia voluntatis, in quantum hujusmodi, sint unius generis, oportet ultimum finem esse unum; et præcipuè quia in quolibet genere est unum primum principium; ultimus autem finis habet rationem primi principii, ut dictum est, art. præc.

Sicut autem se habet ultimus finis hominis simpliciter ad totum humanum genus, ita se habet ultimus finis hujus hominis ad hunc hominem. Unde oportet quòd sicut omnium hominum est naturaliter unus finis ultimus, ita hujus hominis voluntas in uno ultimo fine statuatur.

Ad primum ergo dicendum quòd omnia illa plura accipiebantur in ratione unius boni perfecti ex his constituti ab his qui in eis ultimum finem ponebant.

Ad secundum dicendum quòd, etsi plura accipi possunt quæ ad invicem oppositionem non habeant; tamen bono perfecto opponitur quòd sit aliquid de perfectione rei extra ipsum (1).

Ad tertium dicendum quòd potestas voluntatis non habet ut faciat opposita esse simul: quod contingeret, si tenderet in plura disparata sicut in ultimo fine, ut ex dictis patet, in corp.

ARTICULUS VI. — *Utrùm homo omnia quæ vult, velit propter ultimum finem.* — (*Inf.*, *quæst.* 60, *art.* 2, *corp.*, *et* 4, *dist.* 49, *quæst.* 1, *art.* 3, *quæst.* 4, *et* 1 *cont.*, *cap.* 90.)

Ad sextum sic proceditur. 1. Videtur quòd non omnia quæcumque vult homo, propter ultimum finem velit. Ea enim quæ ad finem ultimum ordinantur, seriosa dicuntur, quasi utilia. Sed jocosa à seriis distinguuntur. Ergo ea quæ homo jocosè agit, non ordinat in ultimum finem.

2. Præterea, Philosophus dicit in princ. Metaphys., cap. 2, in princ., quòd *scientiæ speculativæ propter seipsas quæruntur*; nec tamen potest dici, quòd quælibet earum sit ultimus finis. Ergo non omnia quæ homo appetit, appetit propter ultimum finem.

3. Præterea, quicumque ordinat aliquid in finem, cogitat de illo fine. Sed non semper homo cogitat de ultimo fine in omni eo quod appetit aut facit. Non ergo omnia homo appetit aut facit propter ultimum finem.

Sed contra est quod dicit Augustinus 19 de Civ. Dei, cap. 1, à princ. : *Illud est finis boni nostri, propter quod amantur cætera, illud autem propter seipsum.*

Respondeo dicendum quòd necesse est quòd omnia quæ homo appetit, appetat propter ultimum finem; et hoc apparet duplici ratione.

Primò quidem quia quidquid homo appetit, appetit sub ratione boni; quod quidem si non appetitur ut bonum perfectum, quod est ulti-

mus finis, necesse est ut appetatur ut tendens in bonum perfectum; quia semper inchoatio alicujus ordinatur ad consummationem ipsius, sicut patet tam in his quæ fiunt à naturâ, quàm in his quæ fiunt ab arte; et ita omnis inchoatio perfectionis ordinatur in perfectionem consummatam, quæ est per ultimum (1) finem.

Secundò quia ultimus finis hoc modo se habet in movendo appetitum, sicut se habet in aliis motionibus primum movens. Manifestum est autem quòd causæ secundæ moventes non movent, nisi (2) secundùm quòd moventur à primo movente; unde secunda appetibilia non movent appetitum nisi in ordine ad primum appetibile, quod est ultimus finis.

Ad primum ergo dicendum quòd actiones ludicræ non ordinantur ad aliquem finem extrinsecum, sed tantùm ordinantur ad bonum ipsius ludentis, prout sunt delectantes; vel requiem præstantes. Bonum autem consummatum hominis est ultimus finis ejus.

Et similiter dicendum ad secundum de scientiâ speculativâ, quæ appetitur ut bonum quoddam speculantis, quod comprehenditur sub bono completo et perfecto, quod est ultimus finis.

Ad tertium dicendum quòd non oporteat ut semper aliquis cogitet de ultimo fine, quandocumque aliquid appetit, vel operatur, sed virtus primæ intentionis, quæ est respectu ultimi finis, manet in quolibet appetitu cujuscumque rei; etiamsi de ultimo fine actu non cogitetur; sicut non oportet quòd qui vadit per viam, in quolibet passu cogitet de fine.

ARTICULUS VII. — *Utrùm sit unus ultimus finis omnium hominum.* — (*Sup.*, *art.* 5, *corp.*, *et* 1 *Eth.*, *lect.* 9, *fin.*)

Ad septimum sic proceditur. 1. Videtur quòd non omnium hominum sit unus finis ultimus. Maximè enim videtur ultimus finis esse hominis incommutabile bonum. Sed quidam avertuntur ab incommutabili bono, peccando. Non ergo omnium hominum unus est ultimus finis.

2. Præterea, secundùm ultimum finem tota vita hominis regulatur. Si igitur esset unus ultimus finis omnium hominum, sequeretur quòd in hominibus non essent diversa studia vivendi; quod patet esse falsum.

3. Præterea, finis est actionis terminus. Actiones autem sunt singularium; homines autem, etsi conveniant in naturâ speciei, tamen differunt secundùm ea quæ ad individua pertinent. Non ergo omnium hominum est unus ultimus finis.

Sed contra est quod Augustinus dicit, 13 de Trinit., cap. 4, in princ., quòd *omnes homines conveniunt in appetendo ultimum finem, qui est beatitudo.*

Respondeo dicendum quòd de ultimo fine possumus loqui dupliciter : uno modo se-

---

(1) Al., *extra ipsam.*

(1) Ita codd. Alcan., Camer. et Tarrac., cum edit. Patav. Edit. Rom. et Nicolai, *propter ultimum.*

(2) Edit. Rom. omittit *nisi.*

cundùm rationem ultimi finis ; alio modo secundùm id in quo finis ultimi ratio invenitur.

Quantùm igitur ad rationem ultimi finis, omnes conveniunt in appetitu finis ultimi ; quia omnes appetunt suam perfectionem adimpleri, quæ est ratio ultimi finis, ut dictum est, art. 5 hujus quæst.

Sed quantùm ad id in quo ista ratio invenitur, non omnes homines conveniunt in ultimo fine. Nam quidam appetunt divitias tanquàm consummatum bonum ; quidam verò voluptatem ; quidam verò quodcumque aliud ; sicut et omni gustui delectabile est dulce ; sed quibusdam maximè delectabilis est dulcedo vini, quibusdam dulcedo mellis, aut alicujus talium. Illud tamen dulce oportet simpliciter esse meliùs delectabile in quo maximè delectatur, qui habet optimum gustum ; et similiter illud bonum oportet esse completissimum quod tanquàm ultimum finem appetit habens affectum benè dispositum.

Ad primum ergo dicendum quòd illi qui peccant, avertuntur ab eo in quo verè invenitur ratio ultimi finis ; non autem ab ipsâ ultimi finis intentione, quam quærunt falsò in aliis rebus.

Ad secundum dicendum quòd diversa studia vivendi contingunt in hominibus propter diversas res in quibus quæritur ratio summi boni.

Ad tertium dicendum quòd etsi actiones sint singularium, tamen primum principium agendi in eis est natura, quæ tendit ad unum, ut dictum est, art. 5 hujus quæst.

ARTICULUS VIII. — *Utrùm in illo ultimo fine aliæ creaturæ conveniant.* — (*Inf.*, *quæst.* 103, art. 2, et 2, dist. 38, art 1, et 2, corp., et 1 cont., cap. 65, et 3, cap. 17, 25 et 27, fin., et 97, et Ver. qu. 5, art. 6, ad 4.)

Ad octavum sic proceditur. 1. Videtur quòd in ultimo fine hominis etiam omnia alia conveniant. Finis enim respondet principio. Sed illud quod est principium hominum, scilicet Deus, est etiam principium omnium aliorum. Ergo in ultimo fine hominis omnia alia communicant.

2. Præterea, Dionysius dicit in lib. de div. Nom., cap. 10, in princ., et cap. 4, lect. 1, quòd *Deus convertit omnia ad seipsum tanquàm ad ultimum finem.* Sed ipse est ultimus finis hominis, quia solo ipso fruendum est. Ergo in fine ultimo hominis etiam alia conveniunt.

3. Præterea, finis ultimus hominis est objectum voluntatis. Sed objectum voluntatis (1) est bonum universale, quod est finis omnium. Ergo necesse est quòd in ultimo fine hominis omnia conveniant.

Sed contra est quòd ultimus finis hominum est beatitudo, quam omnes appetunt, ut Augustinus dicit, lib. 19 de Civ. Dei, cap. 1, et 13 de Trinit., cap. 4. Sed *non cadit in animalia expertia rationis ut beata sint,* sicut Augustinus dicit in lib. 83 QQ., qu. 5. Non ergo in ultimo fine hominis alii conveniunt.

Respondeo dicendum quòd, sicut Philoso-

phus dicit in 5 Metaph. (1), text. 22, finis dupliciter dicitur, scilicet *cujus,* et *quo:* id est ipsa res in quâ ratio boni invenitur, et usus, sive adeptio illius rei ; sicut si dicamus, quòd motus corporis gravis finis est vel locus inferior, ut res ; vel hoc quod est esse in loco inferiori, ut usus ; et finis avari est vel pecunia, ut res ; vel possessio pecuniæ, ut usus. Si ergo loquamur de ultimo fine hominis quantùm ad ipsam rem quæ est finis, sic in ultimo fine hominis omnia alia conveniunt ; quia Deus est ultimus finis hominis, et omnium aliarum rerum.

Si autem loquamur de ultimo fine hominis quantùm ad consecutionem finis, sic in hoc fine hominis non communicant creaturæ irrationales. Nam homo, et aliæ rationales creaturæ consequuntur ultimum finem cognoscendo et amando Deum ; quod non competit aliis creaturis, quæ adipiscuntur ultimum finem, in quantum participant aliquam similitudinem Dei, secundùm quòd sunt, vel vivunt vel etiam cognoscunt.

Et per hoc patet responsio ad objecta. Nam beatitudo nominat adeptionem ultimi finis.

QUÆSTIO II.

DE HIS IN QUIBUS HOMINIS BEATITUDO CONSISTIT.
— (*In octo articulos divisa.*)

Deinde considerandum est de beatitudine. Primò quidem, in quibus sit. Secundò, quid sit. Tertiò qualiter eam consequi possumus.

Circa primum quæruntur octo : 1° utrùm beatitudo consistat in divitiis ; 2° utrùm in honoribus ; 3° utrùm in famâ, sive in gloriâ ; 4° utrùm in potestate ; 5° utrùm in aliquo corporis bono ; 6° utrùm in voluptate ; 7° utrùm in aliquo bono animæ ; 8° utrùm in aliquo bono creato.

ARTICULUS PRIMUS. — *Utrùm beatitudo hominis consistat in divitiis.* — (3 cont., cap. 30, et op. 2, cap. 108, 262, 264, et op. 20, lib. 1, cap. 8, et Matth. 5, com. 3, 4 et 5, et 1 Eth., lect. 5, fine.)

Ad primum sic proceditur. 1. Videtur quòd beatitudo hominis in divitiis consi...at. Cùm enim beatitudo sit ultimus finis hominis, in eo consistit quod maximè in hominis affectu dominatur ; hujusmodi autem sunt propriè (2) divitiæ ; dicitur enim Eccle. 10, 19 : *Pecuniæ obediunt omnia.* Ergo in divitiis beatitudo hominis consistit.

2. Præterea, secundùm Boetium in 3 de Consol., prosâ 2, à princ., *beatitudo est status omnium bonorum aggregatione perfectus.* Sed in pecuniis omnia possideri videntur ; quia, ut Philosophus dicit in 5 Ethic., cap. 5, et 1 Polit., cap. 6, *ad hoc nummus est inventus, ut sit quasi fidejussor habendi pro eo quodcumque homo voluerit.* Ergo in divitiis beatitudo consistit.

3. Præterea, desiderium summi boni, cùm nunquàm deficiat, videtur esse infinitum. Sed hoc maximè in divitiis invenitur ; quia *avarus non implebitur pecuniâ,* ut dicitur, Eccle. 5, 9. Ergo in divitiis beatitudo consistit.

(1) Ita codd. Alcan. et Camer. cum editis plurimis. Edit. Rom., *bonum voluntatis.*

(1) Cod. Camer. habet 2 *Physic.*, sed neutro in loco talis distinctio invenitur, licèt 2 Physic., text. 24, aliqua finis distinctio proponatur.

(2) Al., *præcipuè.*

Sed contra, bonum hominis in retinendo beatitudinem magis consistit quàm in amittendo ipsam. Sed, sicut Boetius, in 2 de Consol., prosâ 5, circa princ., dicit, *divitiæ effundendo magis quàm coacervando nitent ; siquidem avaritia semper odiosos, claros facit largitas.* Ergo in divitiis beatitudo non consistit (1).

Respondeo dicendum quòd impossibile est beatitudinem hominis in divitiis consistere. Sunt enim duplices divitiæ, ut Philosophus dicit in 1 Polit., cap. 6, scilicet naturales et artificiales. Naturales quidem divitiæ sunt, quibus homini subvenitur ad defectus naturales tollendos ; sicut cibus, et potus, vestimenta, vehicula, et habitacula, et alia hujusmodi. Divitiæ artificiales sunt quibus secundùm se natura non juvatur, ut denarii, sed ars humana eos adinvenit propter facilitatem commutationis, ut sint quasi mensura (2) rerum venalium.

Manifestum est autem quòd in divitiis naturalibus beatitudo hominis esse non potest. Quæruntur enim hujusmodi divitiæ ad sustentandam naturam hominis ; et ideò non possunt esse ultimus finis hominis (3), sed magis ordinantur ad hominem sicut ad finem. Unde in ordine naturæ omnia hujusmodi sunt infra hominem, et propter hominem facta, secundùm illud Psal. 8, 8 : *Omnia subjecisti sub pedibus ejus.*

Divitiæ autem artificiales non quæruntur nisi propter naturales ; non enim quærerentur, nisi quia per eas emuntur res ad usum vitæ necessariæ ; unde multò minùs habent rationem ultimi finis. Impossibile est igitur beatitudinem, quæ est ultimus finis hominis, in divitiis esse.

Ad primum ergo dicendum quòd omnia corporalia obediunt pecuniæ quantùm ad multitudinem stultorum, qui sola corporalia bona cognoscunt, quæ pecuniâ acquiri possunt. Judicium autem de honis humanis non debet sumi à stultis, sed à sapientibus, sicut et judicium de saporibus ab his qui habent gustum bene moderatum (4).

Ad secundum dicendum quòd pecuniâ (5) possunt haberi omnia venalia, non autem

spiritualia, quæ vendi non possunt. Unde dicitur Prov. 17, 16 : *Quid prodest stulto divitias habere, cùm sapientiam emere non possit ?*

Ad tertium dicendum quòd appetitus naturalium divitiarum non est infinitus, quia secundùm certam mensuram sufficiunt naturæ ; sed appetitus divitiarum artificialium est infinitus, quia deservit concupiscentiæ inordinatæ, quæ non modificatur, ut patet per Philosophum in 1 Polit., cap. 6, à med. Aliter tamen est infinitum desiderium divitiarum, et desiderium summi boni (1). Nam summum bonum quantò perfectiùs possidetur, tantò ipsum magis amatur, et alia contemnuntur ; quia quantò magis habetur, magis cognoscitur ; et ideò dicitur Eccli. 24, 29 : *Qui edunt me, adhuc esurient.* Sed in appetitu divitiarum et quorumcumque temporalium bonorum est è converso. Nam quando jam habentur, ipsa contemnuntur (2), et alia appetuntur, secundùm quòd significatur Joan. 6, 13, cùm Dominus dicit : *Qui bibit ex hâc aquâ* (per quam temporalia significatur) *sitiet iterùm ;* et hoc ideò, quia eorum insufficientia magis cognoscitur cùm habentur. Et ideò hoc ipsum ostendit eorum imperfectionem, et quòd in eis summum bonum non consistit.

ARTICULUS II. — *Utrùm beatitudo hominis consistat in honoribus.* — (3 cont., cap. 28, et op. 2, cap. 108 et 264, et Matth. 5, et 1 Ethic., lect. 5.)

Ad secundum sic proceditur. 1. Videtur quòd beatitudo hominis in honoribus consistat. Beatitudo enim, sive felicitas est *præmium virtutis,* ut Philosophus dicit in 1 Ethic., cap. 9, in princ. Sed honor maximè videtur esse id quod est *virtutis præmium,* ut Philosophus dicit in 4 Ethic., cap. 3. Ergo in honore maximè consistit beatitudo.

2. Præterea, illud quod convenit Deo, et excellentissimis, maximè videtur esse beatitudo, quæ est bonum perfectum. Sed hujusmodi est honor, ut Philosophus dicit in 8 Eth., c. 14, et loco nunc cit. ; et 1 Tim. 1, 17, dicit Apostolus : *Soli Deo honor, et gloria.* Ergo in honore consistit beatitudo.

3. Præterea, illud quod est maximè desideratum ab hominibus, est beatitudo. Sed nihil videtur esse magis desiderabile ab hominibus quàm honor ; quia homines patiuntur jacturam in omnibus aliis rebus, ne patiantur aliquod detrimentum sui honoris. Ergo in honore beatitudo consistit.

Sed contra, beatitudo est in beato. Honor autem *non* est in eo qui honoratur, sed *magis in honorante,* qui reverentiam exhibet honorato, ut Philosophus dicit in 1 Eth., cap. 5. Ergo in honore beatitudo non consistit.

Respondeo dicendum quòd impossibile est beatitudinem consistere in honore. Honor enim exhibetur alicui propter aliquam ejus excellentiam ; et ita est signum et testimonium quoddam illius excellentiæ, quæ est in honorato. Excellentia autem hominis maximè attenditur secundùm beatitudinem, quæ est

---

(1) Ita veteres editiones et codices plurimi, quibus adhæret editio Pat. an. 1698. Editio Nicolai inter cruculas, et edit. Pat. an. 1712, cum hâc notâ : *Hoc argumentum in pluribus codicibus deest ;* habent insuper sequens argumentum : *Præterea, beatitudo debet esse perfectum bonum et sufficiens ad hominis desiderium satiandum, vel ad illius indigentiam removendam ; et ita firmum ac stabile, ut nec auferri possit, nec amitti. Sed, sicut rursùs Boetius, in 3 de Consol., prosâ 3, « inter abundantissimas opes aliqua semper animum confundit anxietas, et quod absens est desideratur ; qui « desiderat autem, eget ; qui verò eget, non usquequaque « sibi sufficiens est ; ac proinde nihilo indigentem sufficien-« temque sibi facere nequeunt opes ; possuntque ipsæ vel « invitis auferri, vel amitti ; ac propterea præsidio in-« digent ut serventur. »* Ergo in divitiis beatitudo consistere dici non potest.

(2) Al., *mensura quædam.*

(3) Ita cod. Venetus SS. Joannis et Pauli. Al. deest *hominis.*

(4) Al., *dispositum.*

(5) Al., *pro pecuniâ.*

(1) Al., *primi boni.*

(2) Al., *tempore contemnuntur.*

hominis bonum perfectum ; et secundùm partes ejus, id est secundùm illa bona quibus aliquid beatitudinis participatur.

Et ideò honor potest quidem consequi beatitudinem ; sed principaliter in eo beatitudo consistere non potest.

Ad primum ergo dicendum quòd honor non est præmium virtutis, propter quod virtuosi operantur, sed accipiunt honorem ab hominibus loco præmii, quasi à non habentibus ad dandum majus. Verum autem præmium virtutis est ipsa beatitudo, propter quam virtuosi operantur. Si autem propter honorem operarentur, jam non esset virtus, sed magis ambitio.

Ad secundum dicendum quòd honor debetur Deo et excellentissimis, in signum vel testimonium excellentiæ præexistentis, non quòd ipse honor faciat eos excellentes.

Ad tertium dicendum quòd ex naturali desiderio beatitudinis, quam consequitur honor, ut dictum est in corp. art., contingit quòd homines maximè honorem desiderant ; unde quærunt homines maximè honorari à sapientibus, quorum judicio credunt se esse excellentes, vel felices.

ARTICULUS III. — *Utrùm beatitudo hominis consistat in famâ, sive gloriâ.* — (3 cont., cap. 29, et op. 2, cap. 108 et 264, et op. 20, lib. 1, cap. 7 et 8.)

Ad tertium sic proceditur. 1. Videtur quòd beatitudo hominis consistat in gloriâ. In eo enim videtur beatitudo consistere quod redditur sanctis pro tribulationibus quas in mundo patiuntur. Hujusmodi autem est gloria ; dicit enim Apostolus, Rom. 8, 18 : *Non sunt condignæ passiones hujus temporis ad futuram gloriam, quæ revelabitur in nobis.* Ergo beatitudo consistit in gloriâ.

2. Præterea, *bonum est diffusivum sui,* ut patet per Dionysium, 4 cap. de div. Nom., circ. princ. lect. 1. Sed per gloriam bonum hominis maximè diffunditur in notitiam aliorum ; quia gloria, ut Ambrosius dicit (vel potiùs Aug., lib. 3 cont. Maximin., cap. 12, circ. med.), nihil aliud est quàm *clara cum laude notitia.* Ergo beatitudo hominis consistit in gloriâ.

3. Præterea, beatitudo est stabilissimum bonorum. Hoc autem esse videtur fama, vel gloria, quia per hanc quodammodò homines æternitatem sortiuntur ; unde Boetius dicit in lib. 2 de Consolat., prosâ 7, circa med. : *Vos immortalitatem vobis propagare videmini, cùm futuri famam temporis cogitatis.* Ergo beatitudo consistit in famâ seu gloriâ.

Sed contra, beatitudo est verum hominis bonum. Sed famam, seu gloriam contingit esse falsam ; ut enim dicit Boetius in lib. 3 de Consolat., prosâ 6, in princ., *plures magnum sæpè nomen falsis vulgi opinionibus abstulerunt* (1) : *quo quid turpius excogitari potest ? Nam qui falsò prædicantur, suis ipsi necesse est laudibus erubescant.* Non ergo beatitudo hominis consistit in famâ seu gloriâ.

Respondeo dicendum quòd impossibile est beatitudinem hominis in famâ, seu gloriâ humanâ consistere. Nam gloria nihil aliud est

quàm *clara notitia cum laude,* ut Ambrosius dicit (August., loc. cit. in arg. 2). Res autem cognita aliter comparatur ad cognitionem divinam, et aliter ad cognitionem humanam. Humana enim cognitio à rebus cognitis causatur ; sed divina cognitio est causa rerum cognitarum. Unde perfectio humani boni, quæ beatitudo dicitur, non potest causari à notitiâ humanâ ; sed magis notitia humana de beatitudine alicujus procedit, et quodammodò causatur ab ipsâ humanâ beatitudine vel inchoatâ, vel perfectâ. Et ideò in famâ vel in gloriâ non potest consistere hominis beatitudo.

Sed bonum hominis dependet, sicut ex causâ, ex cognitione Dei ; et ideò ex gloriâ quæ est apud Deum, dependet beatitudo hominis sicut ex causâ suâ, secundùm illud Psalm. 90, 15 : *Eripiam eum, et glorificabo eum ; longitudine dierum replebo eum, et ostendam illi salutare meum.*

Est etiam aliud considerandum, quòd humana notitia sæpè fallitur, et præcipuè in singularibus contingentibus, cujusmodi sunt actus humani ; et ideò frequenter humana gloria fallax est. Sed quia Deus falli non potest, ejus gloria semper vera est ; propter quod dicitur 2 ad Cor. 10, 18 : *Ille probatus est quem Deus commendat.*

Ad primum ergo dicendum quòd Apostolus non loquitur ibi de gloriâ quæ est ab hominibus, sed de gloriâ quæ est à Deo coram Angelis ejus. Unde dicitur Marc. 8, 38 : *Filius hominis confitebitur eum in gloriâ Patris sui coram Angelis ejus.*

Ad secundum dicendum quòd bonum alicujus hominis, quod per famam vel gloriam est in cognitione multorum, si cognitio quidem vera sit, oportet quòd derivetur à bono existente in ipso homine ; et sic præsupponit perfectam beatitudinem, vel inchoatam. Si autem cognitio falsa sit, non concordat rei ; et sic bonum non invenitur in eo cujus fama celebris habetur. Unde patet quòd fama nullo modo potest facere hominem beatum (1).

Ad tertium dicendum quòd fama non habet stabilitatem, imò falso rumore de facili perditur ; et si stabilis aliquando perseveret, hoc est per accidens. Sed beatitudo habet per se stabilitatem et semper.

ARTICULUS IV. — *Utrùm beatitudo hominis consistat in potestate.* — (3 cont., cap. 31, et op. 2, cap. 108 et 274.)

Ad quartum sic proceditur. 1. Videtur quòd beatitudo consistat in potestate. Omnia enim appetunt assimilari Deo tanquàm ultimo fini et primo principio. Sed homines qui in potestatibus sunt, propter similitudinem potestatis maximè videntur esse Deo conformes : unde in Scripturâ *Dii* vocantur, ut patet Exod. 22, 28 : *Diis non detrahes.* Ergo in potestate beatitudo consistit.

2. Præterea, beatitudo est bonum perfectum. Sed perfectissimum est quòd homo etiam alios congruè possit regere, quod evenit his qui in potestate sunt constituti.

Ergo beatitudo consistit in potestate.

3. Præterea, beatitudo, cùm sit maximè appetibilis, opponitur ei quod maximè est fugiendum. Sed homines maximè fugiunt servitutem, cui contraponitur potestas. Ergo in potestate beatitudo consistit.

Sed contra, beatitudo est perfectum bonum. Sed potestas est maximè imperfecta; ut enim dicit Boetius, lib. 3 de Consolat., prosâ 5, circa med., *potestas humana sollicitudinum morsus expellere, formidinum aculeos vitare nequit*, et postea : *Potentem censes, cui satellites latus ambiunt? qui quos terret ipse plus metuit?* Non igitur beatitudo consistit in potestate.

Respondeo dicendum quòd impossibile est beatitudinem in potestate consistere, propter duo. Primò quidem quia potestas habet rationem principii, ut patet in 5 Metaph., text. 17; beatitudo autem habet rationem ultimi finis. Secundò quia potestas se habet ad bonum et ad malum; beatitudo autem est proprium et perfectum hominis bonum : unde magis posset consistere beatitudo aliqua in bono usu potestatis, qui est per virtutem, quàm in ipsâ potestate.

Possunt autem quatuor generales rationes induci ad ostendendum quòd in nullo præmissorum exteriorum bonorum beatitudo consistat.

Quarum prima est quòd cùm beatitudo sit summum hominis bonum, non compatitur secum aliquod malum; omnia autem prædicta possunt inveniri et in bonis, et in malis.

Secunda ratio est quia cùm de ratione beatitudinis sit quòd sit per se sufficiens, ut patet in 1 Ethic., cap. 7, hoc necesse est quòd beatitudine adeptâ, nullum bonum necessarium homini desit; adeptis autem singulis præmissorum, possunt adhuc multa bona homini necessaria deesse, putà sapientia, sanitas corporis, et hujusmodi.

Tertia quia cùm beatitudo sit bonum perfectum, ex beatitudine non potest aliquod malum alicui provenire : quod non convenit præmissis; dicitur enim Eccle. 5, 12, quòd *divitiæ interdùm conservantur in malum domini sui*; et simile patet in aliis tribus.

Quarta ratio est quia ad beatitudinem homo ordinatur per principia interiora, cùm ad ipsam naturaliter ordinetur; præmissa autem quatuor bona magis sunt à causis exterioribus, et ut plurimum à fortunâ; unde et bona fortunæ dicuntur.

Unde patet quòd in præmissis nullo modo beatitudo consistit.

Ad primum ergo dicendum quòd divina potestas est sua bonitas; unde uti suâ potestate non potest nisi benè. Sed hoc in hominibus non invenitur. Unde non sufficit ad beatitudinem quòd homo assimiletur Deo quantùm ad potestatem, nisi assimiletur ei quantùm ad bonitatem.

Ad secundum dicendum quòd sicut optimum est quòd aliquis utatur benè potestate in regimine multorum, ita pessimum est, si malè utatur; et ita potestas se habet ad bonum et ad malum.

Ad tertium dicendum quòd servitus est

impedimentum boni usûs potestatis; et ideò naturaliter homines eam fugiunt, non quasi in potestate hominis sit summum bonum.

ARTICULUS V. — *Utrùm beatitudo hominis consistat in aliquo corporis bono.* — (*Inf., quæst. 3, art. 3, corp., et 4, dist. 49, quæst. 1, art. 1, et 3 cont., cap. 32 et 37, princ., et op. 3, cap. 264, et Ps. 32, et 1 Ethic., lect. 10.*)

Ad quintum sic proceditur. 1. Videtur quòd beatitudo hominis consistat in bonis corporis. Dicitur enim Eccli. 30, 16 : *Non est census supra censum salutis corporis.* Sed in eo quod est optimum, consistit beatitudo. Ergo consistit in corporis salute.

2. Præterea, Dionysius dicit, 5 cap. de divin. Nomin., à princip. lect. 1, quòd *esse est melius quàm vivere, et vivere melius quàm alia quæ consequuntur.* Sed ad esse vel vivere hominis requiritur salus corporis. Cùm ergo beatitudo sit summum bonum hominis, videtur quòd salus corporis maximè pertineat ad beatitudinem.

3. Præterea, quantò aliquid est communius, tantò ab altiori principio dependet; quia quantò est causa superior, tantò ejus virtus ad plura se extendit. Sed sicut causalitas causæ efficientis consideratur secundùm influentiam, ita causalitas finis attenditur secundùm appetitum. Ergo, sicut prima causa efficiens est quæ in omnia influit, ita ultimus finis est quod ab omnibus desideratur. Sed ipsum esse est quod maximè desideratur ab omnibus. Ergo in his quæ pertinent ad esse hominis, sicut est salus corporis, maximè consistit beatitudo.

Sed contra est quòd secundùm beatitudinem homo excellit omnia alia animalia. Sed secundùm bona corporis à multis animalibus superatur, sicut ab elephante in diuturnitate vitæ, à leone in fortitudine, à cervo in cursu. Ergo beatitudo hominis non consistit in bonis corporis.

Respondeo dicendum quòd impossibile est beatitudinem hominis in bonis corporis consistere, propter duo.

Primò quidem quia impossibile est quòd illius rei quæ ordinatur ad aliud sicut ad finem, ultimus finis sit ejus conservatio in esse. Unde gubernator non intendit, sicut ultimum finem, conservationem navis sibi commissæ, eò quòd navis ad aliud ordinatur sicut in finem, scilicet ad navigandum. Sicut autem navis committitur gubernatori ad dirigendum, ita homo est suæ voluntati et rationi commissus, secundùm illud quod dicitur Eccli. 15, 14 : *Deus ab initio constituit hominem, et reliquit eum in manu consilii sui.* Manifestum est autem quòd homo ordinatur ad aliquid sicut ad finem, non enim homo est summum bonum. Unde impossibile est quòd ultimus finis rationis et voluntatis humanæ sit conservatio humani esse.

Secundò quia dato quòd finis rationis et voluntatis humanæ esset conservatio humani esse, non tamen posset dici, quòd finis hominis esset aliquod corporis bonum. Esse enim hominis consistit in animâ et in corpore; et quamvis esse corporis dependeat ab animâ, esse tamen humanæ animæ non dependet à corpore, ut supra ostensum est, p. 1, quæst. 75, art. 1, et 90, art. 4, ipsumque corpus est propter animam, sicut materia propter formam, et instrumenta propter motorem, ut per ea suas actiones exerceat; unde omnia bona corporis ordinantur ad bona animæ sicut ad finem. Unde impossibile est quòd in bonis corporis beatitudo consistat; quæ est ultimus finis.

Ad primum ergo dicendum quòd sicut corpus ordinatur ad animam sicut ad finem, ita bona exteriora ad ipsum corpus; et ideò rationabiliter bonum corporis præfertur bonis exterioribus, quæ per censum significantur, sicut et bonum animæ præfertur omnibus bonis corporis.

Ad secundum dicendum quòd esse simpliciter acceptum, secundùm quòd includit in se omnem perfectionem essendi, præeminet vitæ, et omnibus perfectionibus subsequentibus. Sic igitur ipsum esse præhabet in se omnia bona subsequentia, et hoc modo Dionysius loquitur. Sed si consideretur ipsum esse, prout participatur in hâc re vel in illâ, quæ non capiunt totam perfectionem essendi, sed habent esse imperfectum, sicut est esse cujuslibet creaturæ; sic manifestum est quòd ipsum esse cum perfectione superadditâ est eminentius. Unde et Dionysius ibidem dicit, quòd *viventia sunt meliora existentibus, et intelligentia viventibus.*

Ad tertium dicendum quòd quia finis respondet principio, ex illâ ratione probatur quòd ultimus finis est primum principium essendi, in quo est omnis essendi prefectio: cujus similitudinem appetunt, secundùm suam perfectionem, quædam quidem secundùm esse tantùm, quædam secundùm esse vivens, quædam secundùm esse vivens et intelligens, et beatum; et hoc paucorum est.

ARTICULUS VI. — *Utrùm beatitudo hominis consistat in voluptate.* — (4, dist. 44, quæst. 1, art. 3, quæst. 4, ad 3 et 4, et 3 cont., cap. 27 et 33, et opusc. 1, cap. 108, et Matth. 5, et 2 Ethic., lect. 5 et 10.)

Ad sextum sic proceditur. 1. Videtur quòd beatitudo hominis in voluptate consistat. Beatitudo enim, cùm sit ultimus finis, non appetitur propter aliud, sed alia propter ipsam. Sed hoc maximè convenit delectationi; ridiculum est enim ab aliquo quærere, propter quid velit delectari, ut dicitur in 10 Ethic., cap. 2. Ergo beatitudo maximè in voluptate et delectatione consistit.

2. Præterea, causa prima vehementiùs imprimit quàm secunda, ut dicitur in lib. de Causis, proposit. 1. Influentia autem finis attenditur secundùm ejus appetitum. Illud ergo videtur habere rationem finis ultimi quod maximè movet appetitum. Hoc autem est voluptas; cujus signum est quòd delectatio in tantum absorbet hominis voluntatem et rationem, quòd alia bona contemnere facit. Ergo videtur quòd ultimus finis hominis, qui est beatitudo, maximè in voluptate consistit.

3. Præterea, cùm appetitus sit boni, illud quod omnia appetunt, videtur esse bonum

optimum. Sed delectationem omnia appetunt, et sapientes, et insipientes, et etiam ratione carentia. Ergo delectatio est optimum; consistit ergo in voluptate beatitudo, quæ est summum bonum.

Sed contra est quod Boetius dicit in 3 de Consol., prosâ 7: *Tristes exitus esse voluptatum, quisquis reminisci libidinum suarum volet, intelliget; quæ si beatos efficere possent, nihil causæ esset quin pecudes quoque beatæ esse dicantur.*

Respondeo dicendum quòd quia delectationes corporales pluribus notæ sunt, assumpserunt sibi nomen voluptatum, ut dicitur 7 Ethic., cap. 13, ad fin. In quibus tamen beatitudo principaliter non consistit; quia in unaquâque re aliud est quod pertinet ad essentiam ejus, aliud est proprium accidens ipsius; sicut in homine aliud est quod est animal rationale mortale, aliud quod est risibile. Est igitur considerandum quòd omnis delectatio est quoddam proprium accidens, quod consequitur beatitudinem, vel aliquam beatitudinis partem. Ex hoc enim aliquis delectatur, quia habet bonum aliquod sibi conveniens vel in re, vel in spe, vel saltem in memoriâ. Bonum autem conveniens, siquidem sit perfectum, est ipsa hominis beatitudo; si autem sit imperfectum, est beatitudo quædam participata, vel propinqua, vel remota, vel saltem apparens. Unde manifestum est quòd nec ipsa delectatio, quæ sequitur bonum perfectum, est ipsa essentia beatitudinis, sed quoddam consequens ad ipsam, sicut per se accidens.

Voluptas autem corporalis non potest etiam modo prædicto sequi bonum perfectum, nam sequitur bonum quod apprehendit sensus, qui est virtus animæ corpore utens; bonum autem quod pertinet ad corpus, quod apprehenditur secundùm sensum, non potest esse perfectum hominis bonum. Cùm enim anima rationalis excedat proportionem materiæ corporalis, pars animæ quæ est ab organo corporeo absoluta, quamdam habet infinitatem respectu ipsius corporis; et partium animæ corpori concreatarum, sicut invisibilia sunt quodammodò infinita respectu materialium, eò quòd forma per materiam quodammodò contrahitur, et finitur; unde forma à materiâ absoluta, est quodammodò infinita. Et ideò sensus, qui est vis corporalis, cognoscit singulare, quod est determinatum per materiam; intellectus verò, qui est vis à materiâ absoluta, cognoscit universale, quod est abstractum à materiâ, et continet sub se infinita singularia. Unde patet quòd bonum conveniens corpori, quod per apprehensionem sensûs delectationem corporalem causat, non est perfectum bonum hominis, sed est minimum quiddam in comparatione ad bonum animæ. Unde Sapientiæ 7, 9, dicitur quòd *omne aurum in comparatione sapientiæ arena est exigua.* Sic igitur neque voluptas corporalis est ipsa beatitudo, nec est per se accidens beatitudinis.

Ad primum ergo dicendum quòd ejusdem rationis est quòd appetatur bonum, et quòd appetatur delectatio, quæ nihil est aliud quàm quietatio appetitûs in bono ; sicut ex eâdem virtute naturæ est quòd grave feratur deorsùm, et quòd ibi quiescat. Unde sicut bonum propter seipsum appetitur, ita et delectatio propter se, et non propter aliud appetitur, si ly *propter* dicat causam finalem ; si verò dicat causam formalem, vel potiùs causam motivam, sic delectatio est appetibilis propter aliud, id est propter bonum, quod est delectationis objectum ; et per consequens est principium ejus et dat ei formam. Ex hoc enim delectatio habet quòd appetatur, quia est quies in bono desiderato.

Ad secundum dicendum quòd vehemens appetitus delectationis sensibilis contingit ex hoc quòd operationes sensuum, qui sunt principia nostræ cognitionis, sunt magis perceptibiles ; unde etiam à pluribus delectationes sensibiles appetuntur.

Ad tertium dicendum quòd eo modo omnes appetunt delectationes, sicut et appetunt bonum ; et tamen delectationem appetunt ratione boni, et non è converso, ut dictum est in corp. art. Unde non sequitur quòd delectatio sit maximum et per se bonum ; sed quòd unaquæque delectatio consequatur aliquod bonum, et aliqua delectatio consequatur id quod est per se, et maximum bonum.

ARTICULUS VII. — *Utrùm beatitudo hominis consistat in aliquo bono animæ.*

Ad septimum sic proceditur. 1. Videtur quòd beatitudo consistat in aliquo bono animæ. Beatitudo enim est quoddam hominis bonum ; hoc autem per tria dividitur, quæ sunt bona exteriora, bona corporis, et bona animæ. Sed beatitudo non consistit in bonis exterioribus, neque in bonis corporis, sicut supra ostensum est, art. 5 et 6 hujus quæst. Ergo consistit in bonis animæ.

2. Præterea, illud cui appetimus aliquod bonum, magis amamus quàm bonum quod ei appetimus ; sicut magis amamus amicum, cui appetimus pecuniam, quàm pecuniam. Sed unusquisque quodcumque bonum sibi appetit. Ergo seipsum amat (1) magis quàm omnia alia bona. Sed beatitudo est quod maximè amatur : quod patet ex hoc quòd propter ipsam omnia amantur et desiderantur. Ergo beatitudo consistit in aliquo bono ipsius hominis. Sed non in bonis corporis. Ergo in bonis animæ.

3. Præterea, perfectio est aliquid ejus quod perficitur. Sed beatitudo est quædam perfectio hominis. Ergo beatitudo est aliquid hominis. Sed non est aliquid corporis, ut ostensum est art. 5 hujus quæst. Ergo beatitudo est aliquid animæ ; et ita consistit in bonis animæ.

Sed contra est quòd, sicut Augustinus dicit in lib. 1 de Doctrinâ christianâ, cap. 22, *id in quo constituitur beata vita, propter se diligendum est.* Sed homo non est propter seipsum diligendus ; sed quidquid est in homine, est diligendum propter Deum. Ergo in nullo bono animæ beatitudo consistit.

Respondeo dicendum quòd, sicut supra dictum est, quæst. præc., art. 8, finis dupliciter dicitur ; scilicet ipsa res, quam adipisci desideramus, et usus, seu adeptio, vel possessio illius rei.

Si ergo loquamur de ultimo fine hominis quantùm ad ipsam rem quam appetimus sicut ultimum finem, impossibile est quòd ultimus finis hominis sit ipsa anima, vel aliquid ejus. Ipsa enim anima in se considerata est ut in potentiâ existens ; fit enim de potentiâ sciente actu sciens, et de potentiâ virtuosâ actu virtuosa. Cùm autem potentia sit propter actum sicut propter complementum, impossibile est quòd id quod est secundùm se in potentiâ existens, habeat rationem ultimi finis. Unde impossibile est quòd ipsa anima sit ultimus finis sui ipsius ; similiter etiam neque aliquid ejus, sive sit potentia, sive actus, sive habitus. Bonum enim, quod est ultimus finis, est bonum perfectum complens appetitum (1). Appetitus autem humanus, qui est voluntas, est boni universalis : quodlibet autem bonum inhærens ipsi animæ est bonum participatum, et per consequens particulatum. Unde impossibile est quòd aliquod eorum sit ultimus finis hominis.

Sed si loquamur de ultimo fine hominis quantùm ad ipsam adeptionem, vel possessionem, seu quemcumque usum ipsius rei quæ appetitur ut finis ; sic ad ultimum finem pertinet aliquid hominis ex parte animæ ; quia homo per animam beatitudinem consequitur.

Res ergo ipsa quæ appetitur ut finis, est id in quo beatitudo consistit, et quod beatum facit ; sed hujus rei adeptio vocatur beatitudo. Unde dicendum est quòd beatitudo est aliquid animæ ; sed id in quo consistit beatitudo est aliquid extra animam.

Ad primum ergo dicendum quòd secundùm quòd sub illâ divisione comprehenduntur omnia bona quæ homini sunt appetibilia, sic bonum animæ dicitur non solùm potentia, aut habitus, aut actus, sed et objectum, quod est extrinsecum ; et hoc modo nihil prohibet dicere, id in quo beatitudo consistit, esse quoddam bonum animæ.

Ad secundum dicendum, quantùm ad propositum pertinet, quòd beatitudo maximè amatur tanquàm bonum concupitum ; amicus autem amatur tanquàm id cui concupiscitur bonum ; et sic etiam homo amat seipsum. Unde non est eadem ratio amoris utrobique. Utrùm autem amore amicitiæ aliquid homo supra se amet, erit locus considerandi cùm de charitate agetur, 2-2, quæst. 25, art. 10, et quæst. 26, art. 3.

Ad tertium dicendum quòd beatitudo ipsa, cùm sit perfectio animæ, est quoddam animæ bonum inhærens, sed id in quo beatitudo consistit, quod scilicet beatum facit, est aliquid extra animam, ut dictum est in corp. art.

ARTICULUS VIII. — *Utrùm beatitudo hominis consistat in aliquo bono creato.* — (*P. 1, quæst. 12, art. 1, corp., et quæst. 82, art. 2, corp., et 2-2, quæst. 85, art. 2, corp., et 4 cont., cap. 7, § 15, et cap. 54, et opusc. 2,*

---

(1) Ita cod. Alcan. aliique cum editis plurimis. Theologi omittunt *amat.*

(1) Ita codd. Alcan. et Camer. cum Nicolaio. Edit. Rom. et Pat., *complens boni appetitum.*

cap. 108 *et* 264, *et opusc.* 20, *lib.* 1, *cap.* 8,
et Psal. 32.)

Ad octavum sic proceditur. 1. Videtur quòd
beatitudo hominis consistat in aliquo bono
creato. Dicit enim Dionysius 4 cap. de divinis
Nominibus, part. 1, lect. 3 et 6, quòd *divina
sapientia conjungit fines primorum principiis
secundorum;* ex quo potest accipi, quòd summum inferioris naturæ sit attingere infimum
naturæ superioris. Sed summum hominis
bonum est beatitudo. Cùm ergo Angelus naturæ ordine sit supra hominem, ut in primo
habitum est, quæst. 75, art. 7, et 108, art. 8,
et 111, art. 1, videtur quòd beatitudo hominis
consistat in hoc quod aliquo modo attingit ad
Angelum.

2. Præterea, ultimus finis cujuslibet rei est
in suo perfecto (1); unde pars est propter
totum, sicut propter finem. Sed tota universitas creaturarum, quæ dicitur major mundus,
comparatur ad hominem, qui in 8 Phys., text.
17, dicitur minor mundus, sicut perfectum ad
imperfectum. Ergo beatitudo hominis consistit
in totâ universitate creaturarum.

3. Præterea, per hoc homo efficitur beatus
per quod ejus naturale desiderium quietatur.
Sed desiderium hominis non extenditur ad
majus bonum quàm ipse capere potest. Cùm
ergo homo non sit capax boni, quod excedit
limites totius creaturæ, videtur quòd per
aliquod bonum creatum, homo beatus fieri
possit; et ita beatitudo hominis in aliquo
bono creato consistit.

Sed contra est quod Augustinus dicit, 19 de
Civit. Dei, cap. 26, in princ.: *Ut vita carnis
anima est; ita beata vita hominis Deus est;* de
quo dicitur Psal. 143, 15: *Beatus populus cujus
Dominus Deus ejus est.*

Respondeo dicendum quòd impossibile est
beatitudinem hominis esse in aliquo bono
creato. Beatitudo enim est bonum perfectum,
quod totaliter quietat appetitum; alioquin
non esset ultimus finis, si adhuc restaret aliquid appetendum. Objectum autem voluntatis, quæ est appetitus humanus, est universale bonum, sicut objectum intellectûs est
universale verum. Ex quo patet quòd nihil
potest quietare voluntatem hominis nisi bonum universale; quod non invenitur in aliquo
creato, sed solùm in Deo; quia omnis creatura
habet bonitatem participatam.

Unde solus Deus voluntatem hominis implere potest, secundùm quod dicitur in Psal.
102, 5: *Qui replet in bonis desiderium tuum.*
In solo igitur Deo beatitudo hominis consistit.

Ad primum ergo dicendum quòd superius
hominis attingit quidem infimum angelicæ na-
ræ per quamdam similitudinem; non tamen
ibi sistit sicut in ultimo fine, sed procedit
usque ad ipsum universalem fontem boni, qui est universale objectum beatitudinis
omnium beatorum (2), tanquàm infinitum et
perfectum bonum existens.

Ad secundum dicendum quòd si totum ali-

(1) Ita codd. Alcan. Camer. aliique. Editi plurimi,
in suo opere perfecto.

(2). Ita cod. Camer. ex quo Theologi, Nicolaius et
edit. Patav. sic legunt. Cod. Alcan., *bonorum.* Edit.
Rom., *subjectum beatitudinis omnium bonorum.*

quod non sit ultimus finis, sed ordinetur ad
finem ulteriorem, ultimus finis partis non est
ipsum totum, sed aliquid aliud. Universitas
autem creaturarum, ad quam comparatur
homo ut pars ad totum, non est ultimus finis,
sed ordinatur in Deum sicut in ultimum finem.
Unde bonum universi non est ultimus finis
hominis, sed ipse Deus.

Ad tertium dicendum quòd bonum creatum
non est minus quàm bonum cujus est homo
capax ut rei intrinsecæ et inhærentis; est
tamen minus quàm bonum cujus est capax
ut objecti, quod est infinitum. Bonum autem
quod participatur ab Angelo, et à toto universo, est bonum finitum, et contractum.

QUÆSTIO III.

QUID SIT BEATITUDO. — (*In octo articulos
divisa.*)

Deinde considerandum est, quid sit beatitudo, et quæ requirantur ad ipsam.

Circa primum quæruntur octo: 1° utrùm
beatitudo sit aliquid increatum; 2° si est aliquid creatum, utrùm sit operatio; 3° utrùm
sit operatio sensitivæ partis, an intellectivæ
tantùm; 4° si est operatio intellectivæ partis,
utrùm sit operatio intellectûs an voluntatis;
5° si est operatio speculativi intellectûs aut
practici; 6° si est operatio intellectûs speculativi, utrùm consistat in speculatione scientiarum speculativarum; 7° utrùm consistat in
speculatione substantiarum separatarum,
scilicet Angelorum; 8° utrùm in solâ speculatione Dei, quâ per essentiam videtur.

ARTICULUS PRIMUS. — *Utrùm beatitudo sit aliquid increatum.* — (*Inf., quæst.* 26, *art.* 3, *et
4, dist.* 49, *quæst.* 1, *art.* 2, *quæst.* 1.)

Ad primum sic proceditur. 1. Videtur quòd
beatitudo sit aliquid increatum. Dicit enim
Boetius in 3 de Consol., prosâ 10, circ. med.:
*Esse Deum ipsam beatitudinem necesse est
confiteri.*

2. Præterea, beatitudo est summum bonum. Sed esse summum bonum convenit Deo.
Cùm ergo non sint plura summa bona, videtur
quòd beatitudo sit idem quod Deus.

3. Præterea, beatitudo est ultimus finis,
in quem naturaliter humana voluntas tanquàm in finem tendit. Sed in nullum aliud
voluntas tanquàm in finem tendere debet nisi
in Deum, *quo solo fruendum est,* ut Augustinus dicit lib. 1 de Doctr. christ., cap. 5 et 22.
Ergo beatitudo est idem quod Deus.

Sed contra, nullum factum est increatum.
Sed beatitudo hominis est aliquid factum;
quia secundùm Augustinum, 1 de Doct. christ.,
cap. 3, in princ., *illis rebus fruendum est quæ
nos beatos faciunt.* Ergo beatitudo non est
aliquid increatum.

Respondeo dicendum quòd, sicut supra
dictum est, quæst. 1, art. 8, et quæst. præc.,
art. 7, finis dicitur dupliciter. Uno modo ipsa
res quam cupimus adipisci, sicut avaro est
finis pecunia. Alio modo ipsa adeptio, vel
possessio, seu usus, aut fruitio ejus rei quæ
desideratur; sicut si dicatur, quòd possessio
pecuniæ est finis avari, et frui re voluptuosâ
est finis intemperati.

Primo ergo modo ultimus hominis finis est bonum increatum, scilicet Deus, qui solus suâ infinitâ bonitate potest voluntatem hominis perfectè implere.

Secundo autem modo ultimus finis hominis est creatum aliquid in ipso existens; quod nihil est aliud quàm adeptio vel fruitio finis ultimi.

Ultimus autem finis vocatur beatitudo. Si ergo beatitudo hominis consideretur quantùm ad causam vel objectum, sic est aliquid increatum; si autem consideretur quantùm ad ipsam essentiam beatitudinis, sic est aliquid creatum.

Ad primum ergo dicendum quòd Deus est beatitudo per essentiam suam; non enim per adeptionem aut participationem alicujus alterius beatus est, sed per essentiam suam. Homines autem sunt beati, sicut ibidem dicit Boetius, per participationem, sicut et dii per participationem dicuntur. Ipsa autem participatio beatitudinis, secundùm quam homo dicitur beatus, aliquid creatum est.

Ad secundum dicendum quòd beatitudo dicitur esse summum hominis bonum, quia est adeptio vel fruitio summi boni.

Ad tertium dicendum quòd beatitudo dicitur ultimus finis, per modum quo adeptio finis dicitur finis.

ARTICULUS II. — *Utrùm beatitudo sit operatio.* — (1, *dist. 1, quæst. 1, art. 1, et 3, dist. 34, quæst. 1, art. 5, corp., et 3, dist. 49, quæst. 1, art. 2, quæst. 2, et quæst. 4, art. 2, et quodl. 8, art. 19, corp., et 1 Ethic., lect. 1, et 4 Metaph., lect. 9.*)

Ad secundum sic proceditur. 1. Videtur quòd beatitudo non sit operatio. Dicit enim Apostolus, Rom. 6, 22 : *Habetis fructum vestrum in sanctificationem, finem verò vitam æternam.* Sed vita non est operatio, sed est ipsum esse viventium. Ergo ultimus finis, qui est beatitudo, non est operatio.

2. Præterea, Boetius dicit in 3 de Consol., prosâ 2, circ. princ., quòd *beatitudo est status omnium bonorum aggregatione perfectus.* Sed status non nominat operationem. Ergo beatitudo non est operatio.

3. Præterea, beatitudo significat aliquid in beato existens (1), cùm sit ultima perfectio hominis. Sed operatio non significat aliquid ut existens (2) in operante, sed magis ut ab ipso procedens. Ergo beatitudo non est operatio.

4. Præterea, beatitudo permanet in beato. Operatio autem non permanet, sed transit. Ergo beatitudo non est operatio.

5. Præterea, unius hominis est una beatitudo. Operationes autem sunt multæ. Ergo beatitudo non est operatio.

6. Præterea, beatitudo inest beato absque interruptione. Sed operatio humana frequenter interrumpitur, putà somno, vel aliquâ aliâ occupatione, vel quiete. Ergo beatitudo non est operatio.

Sed contra est quod Philosophus dicit in 1 Ethic., cap. 7, quòd *felicitas est operatio secundùm virtutem perfectam.*

Respondeo dicendum quòd secundùm quòd beatitudo hominis est aliquid creatum in ipso existens, necesse est dicere quòd beatitudo hominis sit operatio.

Est enim beatitudo ultima hominis perfectio. Unumquodque autem in tantum perfectum est, in quantum est actu; nam potentia sine actu imperfecta est. Oportet ergo beatitudinem in ultimo actu hominis consistere. Manifestum est autem quòd operatio est ultimus actus operantis; unde et actus secundus à Philosopho nominatur in 2 de Animâ, text. 2, 3 et 6; nam habens formam potest esse in potentiâ operans, sicut sciens est in potentiâ considerans. Et inde est quòd in aliis rebus *res unaquæque dicitur esse propter suam operationem*, ut dicitur in 2 de Cœlo, text. 17. Necesse est ergo beatitudinem hominis operationem esse.

Ad primum ergo dicendum quòd vita dicitur dupliciter : uno modo ipsum esse viventis, et sic beatitudo non est vita. Ostensum est enim, quæst. 2, art. 5 et 7, quòd esse unius hominis, qualecumque sit, non est hominis beatitudo; solius enim Dei beatitudo est suum esse. Alio modo dicitur vita ipsa operatio viventis, secundùm quam principium vitæ in actum reducitur; et sic nominamus vitam activam, vel contemplativam, vel voluptuosam; et hoc modo vita æterna dicitur ultimus finis; quod patet per hoc quod dicitur Joan. 17, 4 : *Hæc est vita æterna ut cognoscant te Deum verum (1) et unum.*

Ad secundum dicendum quòd Boetius, definiendo beatitudinem, consideravit ipsam communem beatitudinis rationem. Est enim communis beatitudinis ratio quòd sit bonum commune perfectum; et hoc significavit, cùm dixit, quòd est *status omnium bonorum aggregatione perfectus* : per quod nihil aliud significatur; nisi quòd beatus est in statu boni perfecti. Sed Aristoteles expressit ipsam essentiam beatitudinis, ostendens per quid homo sit in hujusmodi statu, quia per operationem quamdam; et ideò in 1 Ethic., loco cit. in arg. *Sed cont.*, ipse etiam ostendit, quòd *beatitudo est bonum perfectum.*

Ad tertium dicendum quòd, sicut dicitur in 9 Metaph., text. 16, duplex est actio. Una quæ procedit ab operante in exteriorem materiam, sicut urere, et secare; et talis operatio non potest esse beatitudo; nam talis operatio non est actus et perfectio agentis, sed magis patientis, ut ibidem dicitur. Alia est actio manens in ipso agente, ut sentire, intelligere, et velle, et hujusmodi actio est perfectio et actus agentis; et talis operatio potest esse beatitudo.

Ad quartum dicendum quòd cùm beatitudo dicat quamdam ultimam perfectionem, secundùm quod diversæ res beatitudinis capaces ad diversos gradus perfectionis pertingere possunt, secundùm hoc necesse est quòd diversimodè beatitudo dicatur. Nam in Deo est

---

(1) Ita codd. Alcan. Tarrac. et Camer. cum editis ferè omnibus. Edit. Rom., *in bono existentis.*

(2) Al., *ut aliquid existens.*

(1) Vulgata, *solum Deum verum.*

beatitudo per essentiam; quia ipsum esse ejus est operatio ejus, quia non fruitur alio, sed seipso.

In Angelis autem beatitudo est ultima perfectio secundùm aliquam operationem, quâ conjunguntur bono increato; et hæc operatio est in eis unica et sempiterna.

In hominibus autem secundùm statum præsentis vitæ est ultima perfectio secundùm operationem quâ homo conjungitur Deo. Sed hæc operatio nec sempiterna, nec continua potest esse, et per consequens nec unica est, quia operatio interscissione multiplicatur; et propter hoc in statu præsentis vitæ perfecta beatitudo ab homine haberi non potest. Unde Philosophus in 1 Ethic., cap. 10, ponens beatitudinem hominis in hâc vitâ, dicit eam *imperfectam*, post multa concludens : *Beatos autem dicimus, ut homines.* Sed promittitur nobis à Deo beatitudo perfecta, quando *erimus sicut Angeli in cœlo*, sicut dicitur Matth. 22, 30.

Quantùm ergo ad illam beatitudinem perfectam cessat objectio, quia unâ et continuâ et sempiternâ operatione in illo beatitudinis statu mens hominis Deo conjungitur. Sed in præsenti vitâ quantùm deficimus ab unitate et continuitate talis operationis, tantùm deficimus à beatitudinis perfectione; est tamen aliqua participatio beatitudinis; et quantò operatio potest esse magis continua et una, tantò plus habet rationem beatitudinis. Et ideò in activâ vitâ, quæ circa multa occupatur, est minùs de ratione beatitudinis quàm in vitâ contemplativâ, quæ versatur circa unum, id est, circa veritatis contemplationem. Et si aliquando homo actu non operetur hujusmodi operationem; tamen, quia in promptu habet eam, semper potest operari : et quia etiam ipsam cessationem (putà somni (1), vel occupationis alicujus naturalis) ad operationem prædictam ordinat, quasi videtur operatio continua esse.

Et per hoc patet solutio ad quintum et ad sextum.

Articulus iii. — *Utrùm beatitudo sit operatio sensitivæ partis, aut intellectivæ tantùm.* —(2 cont., cap. 33 et 37, princ., et opusc. 2, cap. 264, et 1 Eth., lect. 10.)

Ad tertium sic proceditur. 1. Videtur quòd beatitudo consistat etiam in operatione sensûs. Nulla enim operatio invenitur in homine nobilior operatione sensitivâ, nisi intellectiva. Sed operatio intellectiva dependet in nobis ab operatione sensitivâ; quia *non possumus intelligere sine phantasmate*, ut dicitur in 3 de Animâ, text. 30. Ergo beatitudo consistit etiam in operatione sensitivâ.

2. Præterea, Boetius dicit in 3 de Consol., prosâ 2, circ. princ., quòd *beatitudo est status omnium bonorum aggregatione perfectus.* Sed quædam bona sunt sensibilia, quæ attingimus per sensûs operationem. Ergo videtur quòd operatio sensûs requiratur ad beatitudinem.

3. Præterea, beatitudo est bonum perfectum, ut probatur in 1 Ethic., cap. 6, quod non esset, nisi homo perficeretur per ipsam secundùm omnes partes suas. Sed per operationes sensitivas quædam partes animæ perficiuntur. Ergo operatio sensitiva requiritur ad beatitudinem.

Sed contra, in operatione sensitivâ communicant nobiscum bruta animalia, non autem in beatitudine. Ergo beatitudo non consistit in operatione sensitivâ.

Respondeo dicendum quòd ad beatitudinem potest aliquid pertinere tripliciter : uno modo essentialiter, alio modo antecedenter, tertio modo consequenter.

Essentialiter quidem non potest pertinere operatio sensûs ad beatitudinem. Nam beatitudo hominis consistit essentialiter in conjunctione ipsius ad bonum increatum, quod est ultimus finis, ut supra ostensum est, art. 1 hujus quæst., cui homo conjungi non potest per sensûs operationem; similiter etiam quia, sicut ostensum est quæst. 2, art. 5, in corporalibus bonis beatitudo hominis non consistit, quæ tamen sola per sensûs operationem attingimus.

Possunt autem operationes sensûs pertinere ad beatitudinem antecedenter et consequenter. Antecedenter quidem secundùm beatitudinem imperfectam, qualis in præsenti vitâ haberi potest; nam operatio intellectûs præexigit operationem sensûs. Consequenter autem in illâ perfectâ beatitudine, quæ expectatur in cœlo; quia post resurrectionem *ex ipsâ beatitudine animæ*, ut Augustinus dicit in epist. ad Dioscorum, *fiet quædam refluentia in corpus, et in sensus corporeos, ut in suis operationibus perficiantur*, ut infra magis patebit (1), cùm de corporum resurrectione agetur. Non autem tunc operatio quâ mens humana Deo conjungitur, à sensu dependebit.

Ad primum ergo dicendum quòd objectio illa probat quòd operatio sensûs requiritur antecedenter ad beatitudinem imperfectam, qualis in hâc vitâ haberi potest.

Ad secundum dicendum quòd beatitudo perfecta, qualem Angeli habent, habet congregationem omnium bonorum per conjunctionem ad universalem fontem totius boni, non quòd indigeat singulis particularibus bonis; sed in hâc beatitudine imperfectâ requiritur congregatio bonorum sufficientium ad perfectissimam operationem hujus vitæ.

Ad tertium dicendum quòd in perfectâ beatitudine perficitur totus homo, sed in inferiori parte per redundantiam à superiori ; in beatitudine autem imperfectâ præsentis vitæ è converso à perfectione inferioris partis proceditur ad perfectionem superioris.

Articulus iv. — *Utrùm, si beatitudo est intellectivæ partis, sit operatio intellectûs an voluntatis.* — (Inf., quæst. 26, art. 2 et 3,

---

(1) Ita ex codd. edit. Rom. Garcia, Nicolaius et edit Patav. supplendum putàrunt, *ratione somni.*

(1) Edit. Patav. an. 1712 huic loco talem notam appingit : *Quod hìc citatur, S. D. non absolvit; habetur tamen aliquid simile, part. 3, quæst. 54, art. 3, ad 1.*

et 2 cont., cap. 25, 26 et 27, § 2, et Mal. quæst. 16, art. 2, ad 6, et Ver. quæst. 1, art. 5, ad 8, et quæst. 8, art. 19, et opusc. 2, cap. 107.)

Ad quartum sic proceditur. 1. Videtur quòd beatitudo consistat in actu voluntatis. Dicit enim Augustinus, 10 de Civ. Dei, cap. 10 et 11, quòd *beatitudo hominis in pace consistit :* unde in Psal. 147, 3 : *Qui posuit fines tuos pacem.* Sed pax ad voluntatem pertinet. Ergo beatitudo hominis in voluntate consistit.

2. Præterea, beatitudo est summum bonum. Sed bonum est objectum voluntatis. Ergo beatitudo in voluntatis operatione consistit.

3. Præterea, primo moventi respondet ultimus finis; sicut ultimus finis totius exercitûs est victoria; quæ est finis ducis, qui omnes movet. Sed primum movens ad operandum est voluntas, quia movet alias vires, ut infra dicetur, quæst. 9, art. 1 et 3. Ergo beatitudo ad voluntatem pertinet.

4. Præterea, si beatitudo est aliqua operatio, oportet quòd sit nobilissima operatio hominis. Sed nobilior est Dei dilectio, quæ est actus voluntatis, quàm cognitio, quæ est operatio intellectûs, ut patet per Apostolum, 1 ad Corinth. 13. Ergo videtur quòd beatitudo consistat in actu voluntatis.

5. Præterea, Augustinus dicit in 13 de Trin., cap. 5, in fine, quòd *beatus est qui habet omnia quæ vult, et nihil vult malè;* et post pauca subdit, cap. 6, circa med. : *Et appropinquat beato, qui benè vult quodcumque vult : bona enim beatum faciunt, quorum bonorum jam habet aliquid, ipsam scilicet bonam voluntatem.* Ergo beatitudo in actu voluntatis consistit.

Sed contra est quod Dominus dicit Joan. 17, 3 : *Hæc est vita æterna, ut cognoscant te, Deum verum unum.* Vita autem æterna est ultimus finis, ut dictum est quæst. 3, art. 2, ad 1. Ergo beatitudo hominis in cognitione Dei consistit, quæ est actus intellectûs.

Respondeo dicendum quòd ad beatitudinem, sicut supra dictum est, quæst. 2, art. 6, duo requiruntur : unum, quod est esse beatitudinis; aliud, quod est quasi per se accidens ejus, scilicet delectatio ei adjuncta.

Dico ergo quòd quantùm ad id quod est essentialiter ipsa beatitudo, impossibile est quòd consistat in actu voluntatis. Manifestum est enim ex præmissis, art. 1 hujus quæst., quòd beatitudo est consecutio finis ultimi. Consecutio autem finis non consistit in ipso actu voluntatis; voluntas autem fertur in finem et absentem, cùm ipsum desiderat, et præsentem, cùm in ipso requiescens delectatur. Manifestum est autem quòd ipsum desiderium finis non est consecutio finis, sed est motus ad finem. Delectatio autem advenit voluntati ex hoc quòd finis est præsens; non autem è converso ex hoc aliquid fit præsens, quia voluntas delectatur in ipso. Oportet igitur aliquid aliud esse quàm actum voluntatis, per quod fit finis ipse præsens voluntati. Et hoc manifestè apparet circa fines sensibiles. Si enim consequi pecuniam esset per actum

voluntatis, statim à principio cupidus consecutus esset pecuniam, quando vult eam habere; sed à principio quidem est absens ei, consequitur autem ipsam per hoc quòd manu ipsam apprehendit, vel aliquo hujusmodi; et tunc jam delectatur in pecuniâ habitâ. Sic igitur et circa intelligibilem finem contingit. Nam à principio volumus consequi finem intelligibilem; consequimur autem ipsum per hoc quòd fit præsens nobis per actum intellectûs; et tunc voluntas delectata conquiescit in fine jam adepto. Sic igitur essentia beatitudinis in actu intellectûs consistit.

Sed ad voluntatem pertinet delectatio beatitudinem consequens, secundùm quod Augustinus dicit 10 Confess., cap. 23, ante med., quòd *beatitudo est gaudium de veritate,* quia scilicet ipsum gaudium est consummatio beatitudinis.

Ad primum ergo dicendum quòd pax pertinet ad ultimum hominis finem, non quasi essentialiter sit ipsa beatitudo, sed quia antecedenter et consequenter habet se ad ipsam. Antecedenter quidem, in quantum jam sunt remota omnia perturbantia et impedientia ab ultimo fine; consequenter verò, in quantum jam homo, adepto ultimo fine, remanet pacatus desiderio quietato.

Ad secundum dicendum quòd primum objectum voluntatis non est actus ejus, sicut nec primum objectum visûs est visio, sed visibile. Unde ex hoc ipso quòd beatitudo pertinet ad voluntatem, tanquàm primum objectum ejus, sequitur quòd non pertineat ad ipsam tanquàm actus ipsius.

Ad tertium dicendum quòd finem primò apprehendit intellectus quàm voluntas; tamen motus ad finem incipit in voluntate; et ideò voluntati debetur id quod ultimò consequitur consecutionem finis, scilicet delectatio, vel fruitio.

Ad quartum dicendum quòd dilectio præeminet cognitioni in movendo; sed cognitio prævia est dilectioni in attingendo. *Non enim diligitur nisi cognitum,* ut dicit Augustinus in 10 de Trin., cap. 1 et 2. Et ideò intelligibilem finem primò attingimus per actionem intellectûs, sicut et finem sensibilem primò attingimus per actionem sensûs.

Ad quintum dicendum quòd ille qui habet omnia quæ vult, ex hoc est beatus quòd habet ea quæ vult; quod quidem est per aliud quàm per actum voluntatis. Sed nihil malè velle requiritur ad beatitudinem sicut quædam debita dispositio ad ipsam. Voluntas autem bona ponitur in numero bonorum quæ beatum faciunt, prout est inclinatio quædam in ipsâ; sicut motus reducitur ad genus sui termini, ut alteratio ad qualitatem.

ARTICULUS V. — *Utrùm beatitudo sit operatio intellectûs speculativi, an practici.* — (*P. 1, qu. 20, art. 8, et 4, dist. 49, qu. 1, art. 1, qu. 3, et opusc. 2, cap. 164, et 1 Ethic., lect. 10.*)

Ad quintum sic proceditur. 1. Videtur quòd beatitudo consistat in operatione intellectûs practici. Finis enim ultimus cujuslibet creaturæ consistit in assimilatione ad Deum. Sed homo magis assimilatur Deo per intellectum practicum, qui est causa rerum intellectarum, quàm per intellectum speculativum, cujus scientia accipitur à rebus. Ergo beatitudo hominis magis consistit in operatione intellectûs practici quàm speculativi.

2. Præterea, beatitudo est perfectum bonum hominis. Sed intellectus practicus magis ordinatur ad bonum quàm speculativus, qui ordinatur ad verum ; unde et secundùm perfectionem practici intellectûs dicimur boni, non autem secundùm perfectionem speculativi intellectûs ; sed secundùm eam dicimur scientes, vel intelligentes. Ergo beatitudo hominis magis consistit in actu intellectûs practici quàm speculativi.

3. Præterea, beatitudo est quoddam bonum ipsius hominis. Sed speculativus intellectus occupatur magis circa ea quæ sunt extra hominem ; practicus autem intellectus occupatur circa ea quæ sunt ipsius hominis, scilicet circa operationes et passiones ejus. Ergo beatitudo hominis magis consistit in operatione intellectûs practici quàm intellectûs speculativi.

Sed contra est quod Augustinus dicit in 1 de Trin., cap. 10, in princ., quòd *contemplatio promittitur nobis actionum omnium finis, atque æterna perfectio gaudiorum.*

Respondeo dicendum quòd beatitudo magis consistit in operatione speculativi intellectûs quàm practici, quod patet ex tribus.

Primò quidem ex hoc quòd si beatitudo hominis est operatio, oportet quòd sit optima operatio hominis. Optima autem operatio hominis est quæ est optimæ potentiæ respectu optimi objecti ; optima autem potentia est intellectus, cujus objectum optimum est bonum divinum ; quod quidem non est objectum practici intellectûs, sed speculativi. Unde in tali operatione, scilicet in contemplatione divinorum, maximè consistit beatitudo. Et quia *unusquisque videtur esse id quod est optimum in eo*, ut dicitur in 9 Ethic., cap. 4 et 8, et 10, cap. 7, ad fin. ; ideò talis operatio est maximè propria homini, et maximè delectabilis.

Secundò apparet idem ex hoc quòd contemplatio maximè quæritur propter seipsam. Actus autem intellectûs practici non quæritur propter seipsum, sed propter actionem ; ipsæ autem actiones ordinantur ad aliquem finem. Unde manifestum est quòd ultimus finis non potest consistere in vitâ activâ, quæ pertinet ad intellectum practicum.

Tertiò idem apparet ex hoc quòd in vitâ contemplativâ homo communicat cum superioribus, scilicet cum Deo et Angelis, quibus per beatitudinem assimilatur ; sed in his quæ pertinent ad vitam activam, etiam alia animalia cum homine aliqualiter communicant, licèt imperfectè.

Et ideò ultima et perfecta beatitudo, quæ expectatur in futurâ vitâ, tota principaliter consistit in contemplatione. Beatitudo autem imperfecta, qualis hîc haberi potest, primò quidem et principaliter (1) consistit in con-

(1) In quibusdam codicibus deest. *et principaliter.*

templatione ; secundariò verò in operatione practici intellectûs ordinantis actiones et passiones humanas, ut dicitur in 10 Ethic., cap. 7 et 8.

Ad primum ergo dicendum quòd similitudo prædicta intellectûs practici ad Deum est secundùm proportionalitatem, quia scilicet habet se ad suum cognitum, sicut Deus ad suum ; sed assimilatio intellectûs speculativi ad Deum est secundùm unionem, vel informationem, quæ est multò major assimilatio.

Et tamen dici potest quòd respectu principalis cogniti, quod est sua essentia, non habet Deus practicam cognitionem, sed speculativam tantùm.

Ad secundum dicendum quòd intellectus practicus habet bonum quod est extra ipsum ; sed intellectus speculativus habet bonum in seipso, scilicet contemplationem veritatis ; et si illud bonum sit perfectum, ex eo totus homo perficitur, et fit bonus ; quod quidem intellectus practicus non habet, sed ad illud ordinat.

Ad tertium dicendum quòd ratio illa procederet, si ipsemet homo esset ultimus finis : tunc enim consideratio et ordinatio actuum et passionum ejus esset beatitudo. Sed quia ultimus hominis finis est aliud extrinsecum, scilicet Deus, ad quem per operationem intellectûs speculativi attingimus, ideò magis beatitudo hominis in operatione intellectûs speculativi consistit quàm in operatione intellectûs practici.

ARTICULUS VI. — *Utrùm beatitudo consistat in consideratione scientiarum speculativarum.* — (1-2, quæst. 167, art. 1, ad 1, et opusc. 2, cap. 104, 262 et 264.)

Ad sextum sic proceditur. 1. Videtur quòd beatitudo hominis consistat in consideratione scientiarum speculativarum. Philosophus enim dicit in lib. 10 Ethic., cap. 7, in princ., quòd *felicitas est operatio secundùm perfectam virtutem ;* et distinguens virtutes speculativas, non ponit nisi tres, *scientiam, sapientiam* et *intellectum ;* quæ omnes pertinent ad considerationem scientiarum speculativarum. Ergo ultima hominis beatitudo in consideratione scientiarum speculativarum consistit.

2. Præterea, illud videtur esse ultima hominis beatitudo quod naturaliter desideratur ab omnibus propter seipsum. Sed hujusmodi est consideratio speculativarum scientiarum, quia, ut dicitur in 1 Metaph., in princ., *omnes homines naturâ scire desiderant ;* et post pauca subditur, cap. 2, à princ., quòd *speculativæ scientiæ propter seipsas quæruntur.* Ergo in consideratione scientiarum speculativarum consistit beatitudo.

3. Præterea, beatitudo est ultima hominis perfectio. Unumquodque autem perficitur, secundùm quòd reducitur de potentiâ in actum : intellectus autem humanus reducitur in actum per considerationem scientiarum speculativarum. Ergo videtur quòd in hujusmodi consideratione ultima hominis beatitudo consistat.

Sed contra est quod dicitur Jerem. 9, 23 : *Non glorietur sapiens in sapientiá suá*, et loquitur de sapientiá speculativarum scientiarum. Non ergo consistit in harum consideratione ultima hominis beatitudo.

Respondeo dicendum quòd, sicut supra dictum est, art. 2 hujus quæst., ad 4, duplex est hominis beatitudo, una perfecta, et alia imperfecta. Oportet autem intelligere perfectam beatitudinem, quæ attingit ad veram beatitudinis rationem ; beatitudinem autem imperfectam, quæ non attingit, sed participat quamdam particularem beatitudinis similitudinem ; sicut est perfecta prudentia in homine, apud quem est ratio rerum agibilium ; imperfecta autem prudentia est in quibusdam animalibus brutis, in quibus sunt quidam particulares instinctus ad quædam opera similia operibus prudentiæ.

Perfecta igitur beatitudo in consideratione scientiarum speculativarum essentialiter consistere non potest.

Ad cujus evidentiam considerandum est quòd consideratio speculativæ scientiæ non se extendit ultra virtutem principiorum illius scientiæ ; quia in principiis scientiæ virtualiter tota scientia continetur. Prima autem principia scientiarum speculativarum sunt per sensum accepta, ut patet per Philosophum in princ. Metaph., à princ., et in fine Poster., text. ult. Unde tota consideratio scientiarum speculativarum non potest ultra extendi quàm sensibilium cognitio ducere potest. In cognitione autem sensibilium non potest consistere ultima hominis beatitudo, quæ est ultima ejus perfectio. Non enim aliquid perficitur ab aliquo inferiori, nisi secundùm quòd in inferiori est aliqua participatio superioris. Manifestum autem quòd forma lapidis, vel cujuslibet rei sensibilis est inferior homine ; unde per formam lapidis non perficitur intellectus, in quantum est talis forma, sed in quantum in eá participatur aliquid simile alicui quod est supra intellectum humanum, scilicet lumen intelligibile, vel aliquid hujusmodi. Omne autem quod est per aliud, reducitur ad id quod est per se. Unde oportet quòd ultima perfectio hominis sit per cognitionem alicujus rei quæ sit supra intellectum humanum. Ostensum est autem part. 1., quæst. 88, art. 2, quòd per sensibilia non potest deveniri in cognitionem substantiarum separatarum, quæ sunt supra intellectum humanum. Unde relinquitur quòd hominis ultima beatitudo non possit esse in consideratione speculativarum scientiarum.

Sed sicut in formis sensibilibus participatur aliqua similitudo substantiarum superiorum ; ita consideratio scientiarum speculativarum est quædam participatio veræ et perfectæ beatitudinis.

Ad primum ergo dicendum quòd Philosophus loquitur in lib. Ethic. de felicitate imperfectá, qualiter in hác vitá haberi potest, ut supra dictum est art. 2 hujus quæst., ad 4.

Ad secundum dicendum quòd naturaliter desideratur non solùm perfecta beatitudo, sed etiam qualiscumque similitudo, vel participatio ejus.

Ad tertium dicendum quòd per considerationem scientiarum speculativarum reducitur intellectus noster aliquo modo in actum, non autem in ultimum et completum.

ARTICULUS VII. — *Utrùm beatitudo consistat in cognitione substantiarum separatarum. scilicet Angelorum.* — (1 p., quæst. 64, art. 1, ad 2, et quæst. 89, art. 2, ad 3, et 3 cont., cap. 44, et Verit. quæst. 2, art. 3, ad 5, et opusc. 2, cap. 108 et 164.)

Ad septimum sic proceditur. 1. Videtur quòd beatitudo hominis consistat in cognitione substantiarum separatarum, id est Angelorum. Dicit enim Gregorius in quádam homiliá, 26 in Evang., parùm à med. : *Nihil prodest interesse festis hominum, si non contingat interesse festis Angelorum* ; per quod finalem beatitudinem designat. Sed festis Angelorum interesse possumus per eorum contemplationem. Ergo videtur quòd in contemplatione Angelorum ultima hominis beatitudo consistat.

2. Præterea, ultima perfectio uniuscujusque rei est ut conjungatur suo principio ; unde et circulus dicitur esse figura perfecta, quia habet idem principium et finem. Sed principium cognitionis humanæ est ab ipsis Angelis, per quos homines illuminantur, ut dicit Dionysius 4 cap. de cœlesti Hierarch., parùm à princ. Ergo perfectio humani intellectûs est in contemplatione Angelorum.

3. Præterea, unaquæque natura perfecta est quando conjungitur superiori naturæ, sicut ultima perfectio corporis est ut conjungatur naturæ spirituali. Sed supra intellectum humanum ordine naturæ sunt Angeli. Ergo ultima perfectio humani intellectûs est ut conjungatur per contemplationem ipsis Angelis.

Sed contra est quod dicitur Jerem. 9, 4 : *In hoc glorietur qui gloriatur, scire, et nosse me.* Ergo ultima hominis gloria vel beatitudo non consistit nisi in cognitione Dei.

Respondeo dicendum quòd, sicut dictum est art. præc., perfecta hominis beatitudo non consistit in eo quod est perfectio intellectûs, secundùm alicujus participationem, sed in eo quod est per essentiam tale.

Manifestum est autem quòd unumquodque in tantum est perfectio alicujus potentiæ, in quantum ad ipsum pertinet ratio proprii objecti illius potentiæ ; proprium autem objectum intellectûs est *verum*. Quidquid ergo habet veritatem participatam, contemplatum non facit intellectum perfectum ultimá perfectione. Cùm autem eadem sit dispositio rerum in esse, sicut in veritate, ut dicitur in 2 Metaphysic., text. 4, quæcumque sunt entia per participationem, sunt vera per participationem. Angeli autem habent esse participatum, quia solius Dei suum esse est sua essentia, ut in primo ostensum est, quæst. 3, art. 4, et quæst. 61, art. 1. Unde relinquitur quòd solus Deus sit veritas per essentiam, et quòd ejus contemplatio faciat perfectè beatum.

Aliqualem autem beatitudinem imperfectam nihil prohibet attendi in contemplatione

Angelorum, et etiam altiorem quàm in consideratione scientiarum speculativarum.

Ad primum ergo dicendum quòd festis Angelorum intererimus non solùm contemplantes Angelos, sed simul cum ipsis Deum.

Ad secundum dicendum quòd secundùm illos qui ponunt animas humanas esse ab Angelis creatas, satis conveniens videtur quòd beatitudo hominis sit in contemplatione Angelorum, quasi in conjunctione ad suum principium. Sed hoc est erroneum, ut in primo dictum est, quæst. 90, art. 3. Unde ultima perfectio intellectûs humani est per conjunctionem ad Deum, qui est principium et creationis animæ, et illuminationis ejus. Angelus autem illuminat tanquàm minister, ut in primo habitum est, quæst. 111, art. 1. Unde suo ministerio adjuvat hominem ut ad beatitudinem perveniat; non autem est humanæ beatitudinis objectum.

Ad tertium dicendum quòd attingi superiorem naturam ab inferiori contingit dupliciter. Uno modo secundùm gradum potentiæ participantis; et sic ultima perfectio hominis erit in hoc quòd homo attinget ad contemplandum, sicut Angeli contemplantur. Alio modo sicut objectum attingitur à potentiâ : et hoc modo ultima perfectio cujuslibet potentiæ est ut attingat ad id in quo plenè invenitur ratio sui objecti.

ARTICULUS VIII. — Utrùm beatitudo hominis sit in visione divinæ essentiæ. — (Sup., art. 3, et 1 p., quæst. 12, art. 4, et quæst. 26, art. 2 et 3, et 1, dist. 1, quæst. 1, art. 1, et 2, dist. 4, et 4, dist. 49, quæst. 1, art. 2, et quæst. 4, art. 5, quæst. 1, et 3 cont., cap. 25 et 32, et op. 3, cap. 106, 107, 108, 153, 166, etc.)

Ad octavum sic proceditur. 1. Videtur quòd beatitudo hominis non sit in visione ipsius divinæ essentiæ. Dicit enim Dionysius in 1 cap. mysticæ Theologiæ, ad finem, quòd per id quod est supremum intellectûs, homo Deo conjungitur sicut omninò ignoto. Sed id quod videtur per essentiam, non est omninò ignotum. Ergo ultima intellectûs perfectio, seu beatitudo non consistit in hoc quòd Deus per essentiam videatur.

2. Præterea, altioris naturæ perfectio altior est. Sed hæc est perfectio divini intellectûs propria, ut suam essentiam videat. Ergo ultima perfectio intellectûs humani ad hoc non pertingit, sed infra subsistit.

Sed contra est quod dicitur 1 Joan. 3, 2 : Cùm apparuerit, similes ei erimus, et videbimus eum sicuti est.

Respondeo dicendum quòd ultima et perfecta beatitudo non potest esse nisi in visione divinæ essentiæ.

Ad cujus evidentiam duo consideranda sunt. Primò quidem quòd homo non est perfectè beatus quamdiù restat ei aliquid desiderandum et quærendum. Secundum est quòd uniuscujusque potentiæ perfectio attenditur secundùm rationem sui objecti.

Objectum autem intellectûs est quòd quid est, id est essentia rei, ut dicitur in 3 de Animâ, text. 26, unde in tantum procedit perfectio intellectûs, in quantum cognoscit essen-

tiam alicujus rei. Si ergo intellectus aliquis cognoscat essentiam alicujus effectûs, per quam non possit cognosci essentia causæ, ut scilicet sciatur de causâ quid est, non dicitur intellectus attingere ad causam simpliciter; quamvis per effectum cognoscere possit de causâ an sit. Et ideò remanet naturaliter homini desiderium, cùm cognoscit effectum, et scit eum habere causam, ut etiam sciat de causâ quid est; et illud desiderium est admirationis, et causat inquisitionem, ut dicitur in principio Metaph., cap. 2, circ. med., putà, si aliquis cognoscens eclipsim solis considerat quòd ex aliquâ causâ procedit, de quâ, quia nescit quid sit, admiratur, et admirando inquirit; nec ista inquisitio quiescit, quousque perveniat ad cognoscendum essentiam causæ. Si igitur intellectus humanus cognoscens essentiam alicujus effectûs creati non cognoscat de Deo nisi an est, nondùm perfectio ejus attingit simpliciter ad causam primam, sed remanet ei adhuc naturale desiderium inquirendi causam; unde nondùm est perfectè beatus. Ad perfectam igitur beatitudinem requiritur quòd intellectus pertingat ad ipsam essentiam primæ causæ.

Et sic perfectionem suam habebit per unionem ad Deum sicut ad objectum, in quo solo beatitudo hominis consistit, ut supra dictum est, art. præc. et art. 1 huj. quæst.

Ad primum ergo dicendum quòd Dionysius loquitur de cognitione eorum qui sunt in viâ, tendentes ad beatitudinem.

Ad secundum dicendum quòd, sicut supra dictum est, art. 1 huj. quæst., finis potest accipi dupliciter. Uno modo quantùm ad rem ipsam quæ desideratur; et hoc modo idem est finis et superioris, et inferioris naturæ, imò omnium rerum, ut supra dictum est, qu. 1, art. 8. Alio modo quantùm ad consecutionem hujus rei; et sic diversus est finis superioris, et inferioris naturæ secundùm diversam habitudinem ad rem talem. Sic igitur altior est beatitudo Dei suam essentiam intellectu comprehendentis, quàm hominis vel Angeli videntis, et non comprehendentis.

QUÆSTIO IV.

DE HIS QUÆ AD BEATITUDINEM EXIGUNTUR.
(In octo articulos divisa.)

Deinde considerandum est de his quæ exiguntur ad beatitudinem; et circa hoc quæruntur octo : 1° utrùm delectatio requiratur ad beatitudinem ; 2° quid sit principalius in beatitudine, utrùm delectatio, vel visio ; 3° utrùm requiratur comprehensio ; 4° utrùm requiratur rectitudo voluntatis ; 5° utrùm ad beatitudinem hominis requiratur corpus ; 6° utrùm perfectio corporis ; 7° utrùm aliqua exteriora bona ; 8° utrùm requiratur societas amicorum.

ARTICULUS PRIMUS. — Utrùm delectatio requiratur ad beatitudinem. — (Sup , quæst. 3, art. 4, corp., et 2, dist. 38, art. 2, corp., et 4, dist. 49, quæst. 3, art. 4, quæst. 3, et op. 2, cap. 107, 161.)

Ad primum sic proceditur. 1. Videtur quòd delectatio non requiratur ad beatitudinem. Dicit enim Augustinus in 1 de Trin., cap. 8, à med., quòd *visio est tota merces fidei*. Sed id quod est præmium, vel merces virtutis, est beatitudo, ut patet per Philosophum in 1 Ethic., cap. 9, in princ. Ergo nihil aliud requiritur ad beatitudinem nisi sola visio.

2. Præterea, beatitudo est per se sufficientissimum bonum, ut Philosophus dicit 1 Ethic., cap. 7, circ. med. Quod autem eget aliquo alio, non est perfectè sufficiens. Cùm igitur essentia beatitudinis in visione Dei consistat, ut ostensum est, qu. 3, art. 8, videtur quòd ad beatitudinem non requiratur delectatio.

3. Præterea, operationem felicitatis seu beatitudinis oportet esse non impeditam, ut dicitur in 10 Eth., cap. 7. Sed delectatio impedit actionem intellectûs : *Corrumpit enim æstimationem prudentiæ*, ut dicitur in 6 Ethic., cap. 5. Ergo delectatio non requiritur ad beatitudinem.

Sed contra est quod Augustinus dicit 10 Confess., cap. 22, ante med., quòd *beatitudo est gaudium de veritate*.

Respondeo dicendum quòd quadrupliciter aliquid requiritur ad aliud. Uno modo sicut præambulum vel præparatorium ad ipsum, sicut disciplina requiritur ad scientiam. Alio modo sicut perficiens aliquid, sicut anima requiritur ad vitam corporis. Tertio modo sicut coadjuvans extrinsecùs, sicut amici requiruntur ad aliquid agendum (1). Quarto modo sicut aliquid concomitans, ut si dicamus, quòd calor requiritur ad ignem.

Et hoc modo delectatio requiritur ad beatitudinem. Delectatio enim causatur ex hoc quòd appetitus requiescit in bono adepto. Unde cùm beatitudo nihil aliud sit quàm adeptio summi boni, non potest esse beatitudo sine delectatione concomitante.

Ad primum ergo dicendum quòd ex hoc ipso quòd merces alicui redditur, voluntas merentis quiescit; quod est delectari. Unde in ipsâ ratione mercedis redditæ delectatio includitur.

Ad secundum dicendum quòd ex ipsâ visione Dei causatur delectatio. Unde ille qui Deum videt, delectatione indigere non potest.

Ad tertium dicendum quòd delectatio concomitans operationem intellectûs non impedit ipsam, sed magis eam confortat, ut dicitur in 10 Ethic., cap. 4. Ea enim quæ delectabiliter facimus, attentius et perseverantius operamur. Delectatio autem extranea impedit operationem quandoque quidem ex intentionis distractione ; quia sicut dictum est, hìc sup., ad ea quibus delectamur, magis intenti sumus; et dùm uni vehementer intendimus, necesse est quòd ab alio intentio retrahatur ; quandoque autem etiam ex contrarietate; sicut delectatio sensûs contraria rationi impedit æstimationem prudentiæ magis quàm æstimationem speculativi intellectûs (2).

---

(1) Perperàm edit. Rom.: *Sicut anima requiritur ad aliquid agendum*.

(2) Ita codices Alcan., Camer. et Tarrac. cum edit.

ARTICULUS II. — *Utrùm in beatitudine sit principaliùs visio quàm delectatio.* — (Sup., art. 1, et locis ibi notatis.)

Ad secundum sic proceditur. 1. Videtur quòd delectatio sit principaliùs in beatitudine quàm visio. Delectatio enim, ut dicitur in 10 Ethic., cap. 4, à med., est perfectio operis. Sed perfectio est potior perfectibili. Ergo delectatio est potior operatione intellectûs, quæ est visio.

2. Præterea, illud propter quod aliquid est appetibile, est potius. Sed operationes appetuntur propter delectationem ipsarum : unde et natura in operationibus necessariis ad conservationem individui, et speciei delectationem apposuit, ut hujusmodi operationes ab animalibus non negligantur. Ergo delectatio est potior in beatitudine quàm operatio intellectûs, quæ est visio.

3. Præterea, visio respondet fidei; delectatio autem, sive fruitio charitati. Sed charitas est major fide, ut dicit Apostolus 1 ad Corinth. 13. Ergo delectatio, sive fruitio est potior visione.

Sed contra, causa est potior effectu. Sed visio est causa delectationis. Ergo visio est potior quàm delectatio.

Respondeo dicendum quòd istam quæstionem movet Philosophus in 10 Ethic., cap. 4, in fin., et eam insolutam dimittit.

Sed si quis diligenter consideret, ex necessitate oportet quòd operatio intellectûs, quæ est visio, sit potior delectatione. Delectatio enim consistit in quâdam quietatione voluntatis; quòd autem voluntas in aliquo quietetur, non est nisi propter bonitatem ejus in quo quietatur. Si ergo voluntas quietatur in aliquâ operatione, ex bonitate operationis procedit quietatio voluntatis.

Nec voluntas quærit bonum propter quietationem; sic enim ipse actus voluntatis esset finis, quod est contra præmissa, quæst. 1, art. 1, ad 2. Sed ideò quærit quòd quietetur in operatione, quia operatio est bonum ejus. Unde manifestum est quòd principalius bonum est ipsa operatio, in quâ quietatur voluntas, quàm quietatio voluntatis in ipso.

Ad primum ergo dicendum quòd, sicut Philosophus ibidem dicit, loc. cit. in arg., *delectatio perficit operationem, sicut decor juventutem*, qui est ad juventutem consequens; unde delectatio est quædam perfectio concomitans visionem, non sicut perfectio faciens visionem in suâ specie perfectam esse.

Ad secundum dicendum quòd apprehensio sensitiva non attingit ad communem rationem boni, sed ad aliquod bonum particulare quod est delectabile. Et ideò secundùm appetitum sensitivum, qui est in animalibus, operationes quæruntur propter delectationem. Sed intellectus apprehendit universalem rationem boni, ad cujus consecutionem sequitur delectatio; unde principaliùs intendit bonum quàm delectationem. Et inde

---

plurimis. Al.: *Impedit æstimationem speculativi intellectûs*, intermediis omissis. Item : *Impedit æstimationem prudentiæ magis quàm speculativi intellectûs*.

est quòd divinus intellectus, qui est institu-
tor naturæ, delectationes apposuit propter
operationes. Non est autem aliquid æstimandum simpliciter secundùm ordinem sensitivi
appetitûs, sed magis secundùm ordinem appetitûs intellectivi.

Ad tertium dicendum quòd charitas non
quærit bonum dilectum propter delectationem; sed hoc est ei consequens ut delectetur in bono adepto, quod amat; et sic delectatio non respondet ei ut finis, sed magis
visio, per quam primò finis fit ei præsens.

ARTICULUS III. — *Utrùm ad beatitudinem requiratur comprehensio.* — (1, dist. 1, quæst.
1, art. 1, corp., et 4, dist. 49, quæst. 4, art.
5, quæst. 1, corp.)

Ad tertium sic proceditur. 1. Videtur quòd
ad beatitudinem non requiratur comprehensio. Dicit enim Augustinus ad Paulinum de
videndo Deum, cap. 9 implic., sed expres.
serm. 38 de Verb. Dom., cap. 3 : *Attingere
mente Deum, magna est beatitudo, comprehendere autem est impossibile.* Ergo sine compre-
hensione est beatitudo.

2. Præterea, beatitudo est perfectio hominis secundùm intellectivam partem, in quâ
non sunt aliæ potentiæ quàm intellectus et
voluntas, ut in primo dictum est, quæst. 79.
Sed intellectus sufficienter perficitur per visionem Dei; voluntas autem per delectationem in ipso. Ergo non requiritur comprehensio tanquàm aliquod tertium.

3. Præterea, beatitudo in operatione consistit. Operationes autem determinantur secundùm objecta; objecta autem generalia
sunt duo, verum et bonum; sed verum correspondet visioni, et bonum correspondet dilectioni. Ergo non requiritur comprehensio
quasi aliquod tertium.

Sed contra est quod Apostolus dicit 1 ad
Corinth. 9, 24 : *Sic currite ut comprehendatis.*
Sed spiritualis cursus terminatur ad beatitudinem. Unde ipse dicit 2 ad Tim. ult., 7 : *Bonum certamen certavi, cursum consummavi,
fidem servavi ; in reliquo reposita est mihi corona justitiæ.* Ergo comprehensio requiritur
ad beatitudinem.

Respondeo dicendum quòd cùm beatitudo
consistat in consecutione ultimi finis, ea
quæ requiruntur ad beatitudinem, sunt consideranda ex ipso ordine hominis ad finem.

Ad finem autem intelligibilem ordinatur
homo partim quidem per intellectum, partim
autem per voluntatem; per intellectum quidem, in quantum in intellectu præexistit
aliqua cognitio finis imperfecta; per voluntatem autem primò quidem per amorem, qui
est primus motus voluntatis in aliquid, secundò autem per realem habitudinem amantis ad amatum; quæ quidem potest esse triplex. Quandoque enim amatum est præsens
amanti, et tunc jam non quæritur; quandoque autem non est præsens, sed impossibile
est ipsum adipisci; et tunc etiam non quæritur; quandoque autem possibile est ipsum
adipisci, sed est elevatum supra facultatem
adipiscentis, ita ut statim haberi non possit;
et hæc est habitudo sperantis ad spera-

tum, quæ sola habitudo facit inquisitionem.

Et istis tribus respondent aliqua in ipsâ
beatitudine. Nam perfecta cognitio finis respondet imperfectæ; præsentia verò ipsius
finis respondet habitudini spei; sed delectatio
in præsentiâ consequitur dilectionem, ut supra dictum est, art. 1 huj. quæst. Et ideò
necesse est ad beatitudinem ista tria concurrere, scilicet visionem, quæ est cognitio perfecta intelligibilis finis; comprehensionem,
quæ importat præsentiam finis; delectationem, vel fruitionem, quæ importat quietationem rei amantis in amato.

Ad primum ergo dicendum quòd comprehensio dicitur dupliciter : Uno modo inclu-
sio comprehensi in comprehendente, et sic
omne quod comprehenditur à finito est finitum; unde hoc modo Deus comprehendi non
potest ab aliquo intellectu creato. Alio modo
comprehensio nihil aliud nominat quàm ten-
sionem alicujus rei; quæ jam præsentialiter
habetur; sicut aliquis consequens aliquem,
dicitur eum comprehendere, quando tenet
eum; et hoc modo comprehensio requiritur
ad beatitudinem.

Ad secundum dicendum quòd sicut ad voluntatem pertinet spes et amor, quia ejusdem
est amare aliquid, et tendere in illud non habitum; ita etiam ad voluntatem pertinet comprehensio et delectatio, quia ejusdem est habere aliquid, et quiescere in illo.

Ad tertium dicendum quòd comprehensio
non est aliqua operatio præter visionem, sed
quædam habitudo ad finem jam habitum.
Unde etiam ipsa visio vel res visa quæ præsentialiter adest, objectum comprehensionis
est.

ARTICULUS IV. — *Utrùm ad beatitudinem requiratur rectitudo voluntatis.* — (Inf., qu. 5,
art. 4 et 7, corp., et opusc. 2, cap. 173.)

Ad quartum sic proceditur. 1. Videtur quòd
rectitudo voluntatis non requiratur ad beatitudinem. Beatitudo enim consistit in operatione intellectûs, ut dictum est quæst. 3,
art. 4. Sed ad perfectam intellectûs operationem non requiritur rectitudo voluntatis, per
quam homines mundi dicuntur; dicit enim
Augustinus in lib. 1 Retractationum, cap. 4,
à princ. : *Non approbo quod in oratione dixi :
« Deus qui nonnisi mundos verum scire voluisti; » responderi enim potest, multos etiam
non mundos multa scire vera.* Ergo rectitudo
voluntatis non requiritur ad beatitudinem.

2. Præterea, prius non dependet à posteriori. Sed operatio intellectûs est prior quàm
operatio voluntatis. Ergo beatitudo, quæ est
perfecta operatio intellectûs, non dependet à
rectitudine voluntatis.

3. Præterea, quod ordinatur ad aliquid tanquàm ad finem, non est necessarium adepto
jam fine, sicut navis postquàm pervenitur ad
portum. Sed rectitudo voluntatis, quæ est per
virtutem, ordinatur ad beatitudinem tanquàm
ad finem. Ergo, adeptâ beatitudine, non est
necessaria rectitudo voluntatis.

Sed contra est quod dicitur Matth. 5, 8
*Beati mundo corde, quoniam ipsi Deum vide-
bunt;* et Hebr. 12, 14 : *Pacem sequimini cum*

omnibus, et sanctimoniam, sine quâ nemo videbit Deum.

Respondeo dicendum quòd rectitudo voluntatis requiritur ad beatitudinem et antecedenter et concomitanter. Antecedenter quidem, quia rectitudo voluntatis est per debitum ordinem ad finem ultimum; finis autem comparatur ad id quod ordinatur ad finem, sicut forma ad materiam. Unde, sicut materia non potest consequi formam, nisi sit debito modo disposita ad ipsam; ita nihil consequitur finem, nisi sit debito modo ordinatum ad ipsum. Et ideò nullus potest ad beatitudinem pervenire, nisi habeat rectitudinem voluntatis. Concomitanter autem, quia, sicut dictum est quæst. 3, art. 8, beatitudo ultima consistit in visione divinæ essentiæ, quæ est ipsa essentia bonitatis; et ita voluntas videntis Dei essentiam ex necessitate amat quidquid amat sub ordine ad Deum; sicut voluntas non videntis Dei essentiam ex necessitate amat quidquid amat sub communi ratione boni, quam novit; et hoc ipsum est quod facit voluntatem rectam. Unde manifestum est quòd beatitudo non potest esse sine rectâ voluntate.

Ad primum ergo dicendum quòd Augustinus loquitur de cognitione veri, quod non est ipsa essentia bonitatis.

Ad secundum dicendum quòd omnis actus voluntatis procedit ab aliquo actu intellectûs; aliquis tamen actus voluntatis est prior quàm aliqui actus intellectûs; voluntas enim tendit in finalem actum intellectûs, qui est beatitudo. Et ideò recta inclinatio voluntatis præexigitur ad beatitudinem, sicut rectus motus sagittæ ad percussionem signi.

Ad tertium dicendum quòd non omne quod ordinatur ad finem, cessat adveniente fine; sed id tantùm quod se habet in ratione imperfectionis, ut motus. Unde instrumenta motûs non sunt necessaria, postquàm pervenitur ad finem; sed debitus ordo ad finem est necessarius.

ARTICULUS V. — *Utrùm ad beatitudinem hominis requiratur corpus.* — (3, part., quæst. 7, art. 4, ad 2, et quæst. 15, art. 10, corp., et ad 2, et 4, dist. 49, quæst. 4, art. 5, qu. 2, corp., et ad 1, et 4 cont., cap. 47, et Pot. qu. 5, art. 10, corp., et opusc. 2, c. 152, et Job. 19, fin.)

Ad quintum sic proceditur. 1. Videtur quòd ad beatitudinem requiratur corpus. Perfectio enim virtutis et gratiæ præsupponit perfectionem naturæ. Sed beatitudo est perfectio virtutis et gratiæ; anima autem sine corpore non habet perfectionem naturæ, cùm sit pars naturaliter humanæ naturæ; omnis autem pars est imperfecta à suo toto separata. Ergo anima sine corpore non potest esse beata.

2. Præterea, beatitudo est operatio quædam perfecta, ut supra dictum est quæst. 3, art. 2. Sed operatio perfecta sequitur esse perfectum, quia nihil operatur, nisi secundùm quòd est ens in actu. Cùm ergo anima non habeat esse perfectum, quando est à corpore separata, sicut nec pars separata à toto, videtur quòd anima sine corpore non possit esse beata.

3. Præterea, beatitudo est perfectio hominis. Sed anima sine corpore non est homo. Ergo beatitudo non potest esse in animâ sine corpore.

4. Præterea, secundùm Philosophum in 10 Ethic., cap. 7, et lect. 7, cap. 13, operatio felicitatis, in quâ consistit beatitudo, est non impedita. Sed operatio animæ separatæ est impedita; quia, ut dicit Augustinus 12 super Genes. ad litt., cap. 35, *inest ei naturalis quidam appetitus corpus administrandi, quo appetitu retardatur quodammodò ne totâ intentione pergat in illud summum cœlum*, id est, in visionem essentiæ divinæ. Ergo anima sine corpore non potest esse beata.

5. Præterea, beatitudo est sufficiens bonum, et quietat desiderium. Sed hoc non convenit animæ separatæ; quia adhuc appetit corporis unionem, ut Augustinus dicit loc. cit. Ergo anima separata à corpore non est beata.

6. Præterea, homo in beatitudine est Angelis æqualis. Sed anima sine corpore non æquatur Angelis, ut Augustinus dicit ibid. Ergo non est beata.

Sed contra est quod dicitur Apocal. 14, 13 : *Beati mortui qui in Domino moriuntur.*

Respondeo dicendum quòd duplex est beatitudo : una imperfecta, quæ habetur in hâc vitâ; et alia perfecta, quæ in Dei visione consistit. Manifestum est autem quòd ad beatitudinem hujus vitæ de necessitate requiritur corpus; est enim beatitudo hujus vitæ operatio intellectûs vel speculativi, vel practici. Operatio autem intellectûs in hâc vitâ non potest esse sine phantasmate, quod non est nisi in organo corporeo, ut in 1 habitum est quæst. 84, art. 7. Et sic beatitudo quæ in hâc vitâ haberi potest, dependet quodammodò ex corpore.

Sed circa beatitudinem perfectam, quæ in Dei visione consistit, aliqui posuerunt, quòd non potest animæ advenire sine corpore existenti, dicentes, quòd animæ sanctorum à corporibus separatæ ad illam beatitudinem non pervenient usque ad diem judicii, quando corpora resument. Quod quidem apparet esse falsum et auctoritate, et ratione. Auctoritate quidem, quia Apostolus dicit 2 ad Corinth. 5, 6 : *Quamdiù sumus in corpore, peregrinamur à Domino* ; et quæ sit ratio peregrinationis ostendit, subdens : *Per fidem enim ambulamus, et non per speciem.* Ex quo apparet quòd quamdiù aliquis ambulat per fidem, et non per speciem, carens visione divinæ essentiæ, nondùm est Deo præsens. Animæ autem sanctorum à corporibus separatæ sunt Deo præsentes; unde subditur : *Audemus autem, et voluntatem habemus bonam peregrinari à corpore, et præsentes esse ad Deum.* Unde manifestum est quòd animæ sanctorum separatæ à corporibus *ambulant per speciem*, Dei essentiam videntes, in quo est vera beatitudo. Hoc etiam per rationem apparet. Nam intellectus ad suam operationem non indiget corpore nisi propter phantasmata, in quibus veritatem intelligibilem contuetur, ut in 1 dictum est, quæst. 84, art. 7. Manifestum est autem quòd divina essentia per phantasmata videri non potest, ut in 1 ostensum est quæst. 12, art. 2. Unde cùm in visione divinæ essentiæ perfecta hominis beatitudo consistat, non dependet beatitudo perfecta hominis à corpore. Unde sine corpore potest anima esse beata.

Sed sciendum quòd ad perfectionem alicujus rei dupliciter aliquid pertinet. Uno modo ad constituendam essentiam rei, sicut anima requiritur ad perfectionem hominis. Alio modo requiritur ad perfectionem rei quod pertinet ad benè esse ejus, sicut pulchritudo corporis, vel velocitas ingenii pertinet ad perfectionem hominis. Quamvis ergo corpus primo modo ad perfectionem beatitudinis humanæ non pertineat, pertinet tamen secundo modo. Cùm enim operatio dependeat ex naturâ rei, quantò anima perfectior erit in suâ naturâ, tantò perfectiùs habebit suam propriam operationem, in quâ felicitas consistit. Unde Augustinus in 12 super Genes. ad litt., cap. 35, cùm quæsivisset *utrùm spiritibus defunctorum sine corporibus possit summa illa beatitudo præberi*, respondet quòd *non sic possunt videre incommutabilem substantiam, ut sancti Angeli vident, sive aliâ latentiore causâ, sive ideò quia·est in eis naturalis quidam appetitus corpus administrandi.*

Ad primum ergo dicendum quòd beatitudo est perfectio animæ ex parte intellectûs, secundùm quem anima transcendit corporis organa, non autem secundùm quòd est forma naturalis corporis. Et ideò illa naturalis perfectio manet secundùm quam ei beatitudo debetur; licèt non maneat illa naturæ perfectio secundùm quam est corporis forma (1).

Ad secundum dicendum quòd anima aliter se habet ad esse quàm aliæ partes; nam esse totius non est alicujus suarum partium. Unde vel pars omninò desinit esse destructo toto, sicut partes animalis destructo animali; vel si remanent, habent aliud esse in actu, sicut pars lineæ habet aliud esse quàm tota linea. Sed animæ humanæ remanet esse compositi post corporis destructionem; et hoc ideò, quia idem est esse formæ, et materiæ; hoc idem est esse compositi. Anima autem subsistit in suo esse, ut in 1 ostensum est, quæst. 75, art. 2. Unde relinquitur quòd post separationem à corpore perfectum esse habeat; unde perfectam operationem habere potest, licèt non habeat perfectam naturam.

Ad tertium dicendum quòd beatitudo est hominis secundùm intellectum; et ideò remanente intellectu, potest inesse ei beatitudo; sicut dentes Æthiopis possunt esse albi etiam post evulsionem, secundùm quos Æthiops dicitur albus.

Ad quartum dicendum quòd dupliciter aliquid impeditur ab alio. Uno modo per modum contrarietatis, sicut frigus impedit actionem caloris; et tale impedimentum operationis repugnat felicitati. Alio modo per modum cujusdam defectûs, quia scilicet res impedita non habet quidquid ad omnimodam ejus perfectionem requiritur; et tale impedimentum operationis non repugnat felicitati, sed om-

nimodæ perfectioni ipsius. Et sic separatio animæ à corpore dicitur animam retardare, ne tota intentione tendat.in visionem divinæ essentiæ. Appetit enim anima sic frui Deo, quòd etiam ipsa fruitio derivetur ad corpus per redundantiam, sicut est possibile; et ideò quamdiù ipsa fruitur Deo sine corpore, appetitus ejus sic quiescit in eo, quòd tamen adhuc ad participationem ejus vellet suum corpus pertingere.

Ad quintum dicendum quòd desiderium animæ separatæ totaliter quiescit ex parte appetibili, quia habet id quod suo appetitui sufficit; sed non totaliter requiescit ex parte appetentis, quia illud bonum non possidet secundùm omnem modum quo possidere vellet. Et ideò, corpore resumpto, beatitudo crescit, non intensivè, sed extensivè.

Ad sextum dicendum quòd id quod ibidem dicitur, quòd *spiritus defunctorum non sic vident Deum sicut Angeli*, non est intelligendum secundùm inæqualitatem quantitatis, quia etiam modo aliquæ animæ beatorum sunt assumptæ ad superiores ordines Angelorum, clariùs videntes Deum quàm inferiores Angeli; sed intelligitur secundùm inæqualitatem proportionis, quia Angeli etiam infimi habent omnem perfectionem beatitudinis quam sunt habituri, non autem animæ separatæ sanctorum.

ARTICULUS VI. — *Utrùm ad beatitudinem requiratur aliqua perfectio corporis.* — (*Sup., art. 5, et locis ibi inductis.*)

Ad sextum sic proceditur. 1. Videtur quòd perfectio corporis non requiratur ad beatitudinem hominis perfectam. Perfectio enim corporis est quoddam corporale bonum. Sed supra ostensum est, quæst. 2, quòd beatitudo non consistit in corporalibus bonis. Ergo ad beatitudinem hominis non requiritur aliqua perfecta dispositio corporis.

2. Præterea, beatitudo hominis consistit in visione divinæ essentiæ, ut ostensum est, quæst. 3, art. 8. Sed ad hanc operationem nihil exhibet corpus, ut dictum est art. præc. Ergo nulla dispositio corporis requiritur ad beatitudinem.

3. Præterea, quantò intellectus est magis abstractus à corpore, tantò perfectiùs intelligit. Sed beatitudo consistit in perfectissimâ operatione intellectûs. Ergo oportet omnibus modis animam esse abstractam à corpore. Nullo ergo modo requiritur aliqua dispositio corporis ad beatitudinem.

Sed contra, præmium virtutis est beatitudo. Unde dicitur Joan. 13, 17 : *Beati eritis, si feceritis ea.* Sed sanctis repromittitur pro præmio non solùm visio Dei, et delectatio, sed etiam corporis bona dispositio; dicitur enim Is. ult., 14 : *Videbitis, et gaudebit cor vestrum, et ossa vestra quasi herba germinabunt.* Ergo bona dispositio corporis requiritur ad beatitudinem.

Respondeo dicendum quòd si loquamur de beatitudine hominis, qualis in hâc vitâ potest haberi, manifestum est quòd ad eam ex necessitate requiritur bona dispositio corporis. Consistit enim hæc beatitudo, secundùm

(1) Nicolaius : *Secundùm corporis formam.*

Philosophum, 1 Ethic., cap. 7, circ. med., in operatione virtutis perfectæ. Manifestum est autem quòd per invaletudinem corporis in omni operatione virtutis homo impediri potest.

Sed si loquamur de beatitudine perfectâ, sic quidam posuerunt, quòd non requiritur ad beatitudinem aliqua corporis dispositio; imò requiritur ad eam ut omninò anima sit à corpore separata. Unde Augustinus 12 de Civit. Dei, cap. 26, in princip., introducit verba Porphyrii dicentis quòd *ad hoc quòd sit beata anima, omne corpus fugiendum est.* Sed hoc est inconveniens. Cùm enim naturale sit animæ corpori uniri, non potest esse quòd perfectio animæ naturalem ejus perfectionem excludat.

Et ideò dicendum est quòd ad beatitudinem omnibus modis perfectam requiritur perfecta dispositio corporis et antecedenter, et consequenter. Antecedenter quidem, quia, ut Augustinus dicit 12 super Genes. ad litt., cap. 25 : *Si tale sit corpus, cujus sit difficilis, et gravis administratio, sicut caro quæ corrumpitur, et aggravat animam, avertitur mens ab illâ visione summi cœli ;* unde concludit, quòd *cùm hoc corpus jam non erit animale, sed spirituale, tunc Angelis adæquabitur, et erit ei ad gloriam, quod sarcinæ fuit.* Consequenter verò, quia ex beatitudine animæ fiet redundantia ad corpus, ut et ipsum suâ perfectione potiatur. Unde Augustinus dicit in epist. ad Dioscorum : *Tam potenti naturâ Deus fecit animam, ut ex ejus plenissimâ beatitudine redundet in inferiorem naturam incorruptionis vigor.*

Ad primum ergo dicendum quòd in corporali bono non consistit beatitudo sicut in objecto beatitudinis; sed corporale bonum potest facere ad aliquem beatitudinis decorem, vel perfectionem.

Ad secundum dicendum quòd etsi corpus nihil conferat ad illam operationem intellectûs quâ Dei essentia videtur; tamen posset ab hâc impedire; et ideò requiritur perfectio corporis, ut non impediat elevationem mentis.

Ad tertium dicendum quòd ad perfectam operationem intellectûs requiritur quidem abstractio ab hoc corruptibili corpore, quod aggravat animam; non autem à spirituali corpore quod erit totaliter spiritui subjectum. De quo in tertiâ parte hujus operis dicetur. (Vide Supplement., quæst. 82 et seq.)

ARTICULUS VII. — *Utrùm ad beatitudinem requirantur aliqua exteriora bona.* — (2–2, *quæst.* 18, *art.* 3, *ad* 4.)

Ad septimum sic proceditur. 1.Videtur quòd ad beatitudinem requirantur etiam exteriora bona. Quod enim in præmium sanctis promittitur, ad beatitudinem pertinet. Sed sanctis repromittuntur exteriora bona, sicut cibus et potus, divitiæ et regnum; dicitur enim Luc. 21, 30 : *Ut edatis, et bibatis super mensam meam in regno meo ;* et Matth. 6; 20 : *Thesaurizate vobis thesaurum in cœlo ;* et Matth. 25, 34 : *Venite, benedicti Patris mei, possidete regnum.* Ergo ad beatitudinem requiruntur exteriora bona.

2. Præterea, secundùm Boetium in 3 de Consol., prosâ 2, *beatitudo est status omnium bonorum aggregatione perfectus.* Sed exteriora sunt aliqua hominis bona, licèt minima, ut Augustinus dicit lib. 2 de lib. Arb., cap. 19, et 1 Retract., cap. 9. Ergo ipsa etiam requiruntur ad beatitudinem.

3. Præterea, Dominus, Matth. 5, 12, dicit. *Merces vestra multa est in cœlis.* Sed esse in cœlis significat esse in loco. Ergo saltem locus exterior requiritur ad beatitudinem.

Sed contra est quod dicitur in Psalm. 72, 24 : *Quid enim mihi est in cœlo, et à te quid volui super terram?* quasi dicat : Nihil volo nisi quod sequitur : *Mihi adhærere Deo bonum est.* Ergo nihil aliud extra Deum ad beatitudinem requiritur.

Respondeo dicendum quòd ad beatitudinem imperfectam, qualis in hâc vitâ potest haberi, requiruntur exteriora bona, non quasi de essentiâ beatitudinis existentia, sed quasi instrumentaliter deservientia beatitudini, quæ consistit in operatione virtutis, ut dicitur 1 Ethic., cap. 7, à med. ; indiget enim homo in hâc vitâ necessariis corporis tam ad operationem virtutis contemplativæ, quàm etiam ad operationem virtutis activæ; ad quam etiam plura alia requiruntur quibus exerceat opera activæ virtutis.

Sed ad beatitudinem perfectam, quæ in visione Dei consistit, nullo modo hujusmodi bona requiruntur. Cujus ratio est, quia omnia hujusmodi bona exteriora vel requiruntur ad sustentationem animalis corporis, vel requiruntur ad aliquas operationes quas per animale corpus exercemus, quæ humanæ vitæ conveniunt. Illa autem perfecta beatitudo quæ in visione Dei consistit, vel erit in animâ sine corpore, vel erit in animâ corpori junctâ, non jam animali, sed spirituali. Et ideò nullo modo hujusmodi exteriora bona requiruntur ad illam beatitudinem, cùm ordinentur ad vitam animalem. Et quia in hâc vitâ magis accedit ad similitudinem illius perfectæ beatitudinis felicitas contemplativa quàm activa, utpote etiam Deo similior, ut ex dictis patet, quæst. 3, art. 5; ideò minùs indiget hujusmodi bonis corporis, ut dicitur in 10 Ethic., cap. 8.

Ad primum ergo dicendum quòd omnes illæ corporales promissiones quæ in sacrâ Scripturâ continentur, sunt metaphoricè intelligendæ, secundùm quòd in Scripturis solent spiritualia per corporalia designari, *ut ex his quæ novimus, ad desiderandum incognita consurgamus,* sicut Gregorius dicit in quâdam hom. (11 in Evang., in princ.) Sicut per cibum et potum intelligitur delectatio beatitudinis ; per divitias sufficientia, quâ homini sufficiet Deus ; per regnum exaltatio hominis usque ad conjunctionem cum Deo.

Ad secundum dicendum quòd bona ista deservientia animali vitæ non competunt vitæ spirituali, in quâ beatitudo perfecta consistit. Et tamen erit in illâ beatitudine omnium bonorum congregatio ; quia quidquid bonum invenitur in istis, totum habebitur in summo fonte bonorum.

Ad tertium dicendum quòd secundùm Au

gustinum in lib. de Serm. Dom. in monte,
cap. 5, à med., *merces sanctorum non dicitur
esse in corporeis cœlis, sed per cœlos intelligitur altitudo spiritualium bonorum.* Nihilominùs tamen locus corporeus, scilicet cœlum
empyreum, aderit beatis, non propter necessitatem beatitudinis, sed secundùm quamdam
congruentiam et decorum.

ARTICULUS VIII. — *Utrùm ad beatitudinem re-
quiratur societas amicorum.*

Ad octavum sic proceditur. 1. Videtur quòd
amici sint necessarii ad beatitudinem. Futura
enim beatitudo in Scripturis frequenter nomine gloriæ designatur. Sed gloria consistit
in hoc quòd bonum hominis ad notitiam multorum deducitur. Ergo ad beatitudinem requiritur societas amicorum.

2. Præterea, Boetius dicit, Seneca epist. 6,
circa med., quòd *nullius boni sine consortio
jucunda est possessio.* Sed ad beatitudinem
requiritur delectatio. Ergo etiam requiritur
societas amicorum.

3. Præterea, charitas in beatitudine perficitur. Sed charitas extendit se ad dilectionem Dei et proximi. Ergo videtur quòd ad
beatitudinem requiratur societas amicorum.

Sed contra est quod dicitur Sap. 7, 11 : *Venerunt mihi omnia bona pariter cum illâ*, scilicet cum divinâ sapientiâ, quæ consistit in
contemplatione Dei, et sic ad beatitudinem
aliud nihil requiritur.

Respondeo dicendum quòd si loquamur
de felicitate præsentis vitæ, sicut Philosophus
dicit in 9 Ethic., cap. 9 et 11, felix indiget
amicis, non quidem propter utilitatem, cùm
sit sibi sufficiens ; nec propter delectationem,
quia habet in seipso delectationem perfectam
in operatione virtutis ; sed propter bonam
operationem, ut scilicet eis benefaciat, et ut
eos inspiciens benefacere delectetur, et ut ab
eis in benefaciendo juvetur. Indiget enim
homo ad benè operandum auxilio amicorum
tam in operibus vitæ activæ, quàm in operibus vitæ contemplativæ.

Sed si loquamur de perfectâ beatitudine,
quæ erit in patriâ, non requiritur societas
amicorum de necessitate ad beatitudinem ;
quia homo habet totam plenitudinem suæ
perfectionis in Deo. Sed ad benè esse beatitudinis facit societas amicorum ; unde Augustinus dicit 8 super Gen. ad litt., cap. 25, post
med., quòd *creatura spiritualis ad hoc quòd
sit beata, nonnisi intrinsecùs adjuvatur æter-
nitate, veritate, charitate Creatoris ; extrinsecùs verò si adjuvari dicenda est, fortassè hoc
solo adjuvatur quòd se invicem vident, et de
suâ societate gaudent.*

Ad primum ergo dicendum quòd gloria,
quæ est essentialis beatitudini, est quam habet homo non apud hominem, sed apud Deum.

Ad secundum dicendum quòd verbum illud
intelligitur, quando in eo bono quod habetur,
non est plena sufficientia ; quod in proposito
dici non potest, quia omnis boni sufficientiam
habet homo in Deo.

Ad tertium dicendum quòd perfectio charitatis est essentialis beatitudini quantùm ad
dilectionem Dei, non quantùm ad dilectionem

proximi. Unde si esset una sola anima fruens
Deo, beata esset, non habens proximum quem
diligeret. Sed, supposito proximo, sequitur
dilectio ejus ex perfectâ dilectione Dei. Unde
quasi concomitanter se habet amicitia ad perfectam beatitudinem.

QUÆSTIO V.

DE ADEPTIONE BEATITUDINIS. — (*In octo
articulos divisa.*)

Deinde considerandum est de ipsâ adeptione beatitudinis ; et circa hoc quæruntur
octo : 1° utrùm homo possit consequi beatitudinem ; 2° utrùm unus homo possit esse alio
beatior ; 3° utrùm aliquis possit esse in hâc
vitâ beatus ; 4° utrùm beatitudo habita possit
amitti ; 5° utrùm homo per sua naturalia
possit acquirere beatitudinem ; 6° utrùm homo consequatur beatitudinem per actionem
alicujus superioris creaturæ ; 7° utrùm requirantur opera hominis aliqua ad hoc quòd
homo beatitudinem consequatur à Deo ;
8° utrùm omnis homo appetat beatitudinem.

ARTICULUS PRIMUS. — *Utrùm homo possit
consequi beatitudinem.*

Ad primum sic proceditur. 1. Videtur quòd
homo beatitudinem adipisci non possit. Sicut
enim natura rationalis est supra sensibilem,
ita natura intellectualis est supra rationalem,
ut patet per Dionysium in lib. de div. Nom.,
in multis locis, cap. 4, 5, 6, 7 et 8. Sed bruta
animalia, quæ habent naturam sensibilem
tantùm, non possunt pervenire ad finem rationalis naturæ. Ergo nec homo, qui est rationalis naturæ, potest pervenire ad finem
intellectualis naturæ, qui est beatitudo.

2. Præterea, beatitudo vera consistit in visione Dei, quæ est veritas pura. Sed homini
est connaturale ut veritatem intueatur in rebus materialibus ; unde species intelligibiles
in phantasmatibus intelligit, ut dicitur in 3 de
Animâ, text. 39. Ergo non potest ad beatitudinem pervenire.

3. Præterea, beatitudo consistit in adeptione summi boni. Sed aliquis non potest
pervenire ad summum, nisi transcendat media. Cùm igitur inter Deum et naturam humanam media sit natura angelica, quam homo
transcendere non potest, videtur quòd non
possit beatitudinem adipisci.

Sed contra est quod dicitur in Ps. 93, 12 :
Beatus homo quem tu erudieris, Domine!

Respondeo dicendum quòd beatitudo nominat adeptionem perfecti boni. Quicumque
ergo est capax perfecti boni, potest ad beatitudinem pervenire. Quòd autem homo boni
perfecti sit capax, ex hoc apparet quòd ejus
intellectus potest comprehendere universale,
et perfectum bonum, et ejus voluntas appetere illud ; et ideò homo potest beatitudinem
adipisci.

Apparet etiam idem ex hoc quòd homo est
capax visionis divinæ essentiæ, sicut in primo
habitum est, quæst. 12, art. 1. In quâ quidem visione perfectam hominis beatitudinem
consistere diximus.

Ad primum ergo dicendum quòd aliter excedit natura rationalis sensitivam, et aliter

intellectualis rationalem. Natura enim rationalis excedit sensitivam quantùm ad cognitionis objectum, quia sensus nullo modo potest cognoscere universale, cujus ratio est cognoscitiva. Sed intellectualis natura excedit rationalem quantùm ad modum cognoscendi intelligibilem veritatem. Nam intellectualis natura statim apprehendit veritatem, ad quam rationalis natura per inquisitionem rationis pertingit, ut patet ex his quæ in primo dicta sunt, quæst. 79, art. 8. Et ideò ad id quod intellectus apprehendit, ratio per quemdam motum pertingit. Unde rationalis natura consequi potest beatitudinem, quæ est perfectio intellectualis naturæ; tamen alio modo quàm Angeli; nam Angeli consecuti sunt eam statim post principium suæ conditionis; homines autem per tempus ad ipsam perveniunt. Sed natura sensitiva ad hunc finem nullo modo pertingere potest.

Ad secundum dicendum quòd homini secundùm statum præsentis vitæ est connaturalis modus cognoscendi veritatem intelligibilem per phantasmata; sed post hujus vitæ statum habet alium modum connaturalem, ut in 1 dictum est, quæst. 84, art. 7, et quæst. 99, art. 1.

Ad tertium dicendum quòd homo non potest transcendere Angelos gradu naturæ, ut scilicet naturaliter sit eis superior; potest tamen eos transcendere per operationem intellectûs, dùm intelligit aliquid super Angelos esse, quod homines beatificat; quod cùm perfectè consequetur, perfectè beatus erit.

ARTICULUS II. — *Utrùm unus homo possit esse beatior altero.* — (4, dist. 49, qu. 1, art. 4, quæst. 2.)

Ad secundum sic proceditur. 1. Videtur quòd unus homo alio non possit esse beatior. Beatitudo enim est præmium virtutis, ut Philosophus dicit in 1 Ethic., cap. 9. Sed pro operibus virtutum omnibus æqualis merces redditur; dicitur enim Matth. 20, 10, quòd omnes qui operati sunt in vineâ, *acceperunt singulos denarios;* quia, ut dicit Gregorius, hom. 19 in Evang., ante med., *æqualem æternæ vitæ retributionem sortiti sunt.* Ergo unus non erit beatior alio.

2. Præterea, beatitudo est summum bonum. Sed summo non potest esse aliquid majus. Ergo beatitudine unius hominis non potest esse alia major beatitudo.

3. Præterea, beatitudo, cùm sit perfectum et sufficiens bonum, desiderium hominis quietat. Sed non quietatur desiderium, si aliquod bonum deest quod suppleri possit; si autem nihil deest quod suppleri possit, non poterit esse aliquid aliud majus bonum. Ergo vel homo non est beatus, vel si est beatus, non potest esse alia major beatitudo esse.

Sed contra est quod dicitur Joan. 14, 2 : *In domo Patris mei mansiones multæ sunt;* per quas, ut Augustinus dicit, lib. de S. Virginit., cap. 26, in fine, et tract. 67 in Joan., circ. med. : *Diversæ meritorum dignitates intelliguntur in vitâ æternâ.* Dignitas autem vitæ æternæ, quæ pro merito datur, est ipsa

beatitudo. Ergo sunt diversi gradus beatitudinis, et non omnium est æqualis beatitudo.

Respondeo dicendum quòd, sicut supra dictum est, quæst. 1, art. 8, et quæst. 2, art. 7, in ratione beatitudinis duo includuntur, scilicet ipse finis ultimus, qui est summum bonum, et adeptio vel fruitio ipsius boni. Quantùm igitur ad ipsum bonum quod est beatitudinis objectum et causa, non potest esse una beatitudo aliâ major, quia non est nisi unum summum bonum, scilicet Deus, cujus fruitione homines sunt beati.

Sed quantùm ad adeptionem hujusmodi boni, vel fruitionem, potest aliquis alio esse beatior, quia quantò magis hoc bono fruitur, tantò beatior est. Contingit autem aliquem perfectiùs frui Deo quàm alium, ex eo quòd est meliùs dispositus vel ordinatus ad ejus fruitionem; et secundùm hoc potest aliquis alio beatior esse.

Ad primum ergo dicendum quòd unitas denarii significat unitatem beatitudinis ex parte objecti; sed diversitas mansionum significat diversitatem beatitudinis secundùm diversum gradum fruitionis.

Ad secundum dicendum quòd beatitudo dicitur esse summum bonum, in quantum est summi boni perfecta possessio, sive fruitio.

Ad tertium dicendum quòd nulli beato deest aliquod bonum desiderandum, cùm habeat ipsum bonum infinitum, quod est *bonum omnis boni,* ut Augustinus dicit, 13 de Trin., cap. 7. Sed dicitur aliquis alio beatior ex diversâ ejusdem boni participatione. Additio autem aliorum bonorum non auget beatitudinem. Unde Augustinus dicit in 5 Confess., cap. 4, circ. princ.: *Qui et te, et illa novit, non propter illa beatior, sed propter te solum beatius est.*

ARTICULUS III. — *Utrùm aliquis in hâc vitâ possit esse beatus.* — (Inf., art. 5, corp., et quæst. 62, art. 1, corp., et 3, dist. 27, qu. 2, art. 2, corp., et 4, dist. 49, quæst. 1, art. 2, quæst. 2, ad 5, et Ver., qu. 14, art. 2, corp., et 1 Eth., lect. 16, fin.)

Ad tertium sic proceditur. 1. Videtur quòd beatitudo possit in hâc vitâ haberi. Dicitur enim Psal. 118, 1 : *Beati immaculati in viâ, qui ambulant in lege Domini.* Hoc autem in hâc vitâ contingit. Ergo aliquis in hâc vitâ potest esse beatus.

2. Præterea, imperfecta participatio summi boni non adimit rationem beatitudinis; alioquin unus non esset beatior alio. Sed in hâc vitâ homines possunt participare summum bonum cognoscendo et amando Deum, licèt imperfectè. Ergo homo in hâc vitâ potest esse beatus.

3. Præterea, quod ab omnibus dicitur, non potest totaliter falsum esse; videtur enim naturale quod in pluribus est; natura autem non totaliter deficit. Sed plures ponunt beatitudinem in hâc vitâ, ut patet per illud Psal. 143, 15 : *Beatum dixerunt populum, cui hæc sunt,* scilicet præsentis vitæ bona. Ergo aliquis in hâc vitâ potest esse beatus.

Sed contra est quod dicitur Job. 14, 1 : *Homo natus de muliere, brevi vivens tempore, repletur multis miseriis.* Sed beatitudo excludit miseriam. Ergo homo in hâc vita non potest esse beatus.

Respondeo dicendum quòd aliqualis beatitudinis participatio in hâc vitâ haberi potest; perfecta autem et vera beatitudo non potest haberi in hâc vitâ. Et hoc quidem considerari potest dupliciter :

Primò quidem ex ipsâ communi beatitudinis ratione ; nam beatitudo, cùm sit perfectum et sufficiens bonum, omne malum excludit, et omne desiderium implet. In hâc autem vitâ non potest omne malum excludi ; multis enim malis præsens vita subjacet, quæ vitari non possunt, et ignorantiæ ex parte intellectûs, et inordinatæ affectioni ex parte appetitûs, et multiplicibus pœnalitatibus ex parte corporis, ut Augustinus diligenter prosequitur, 19 de Civit. Dei, cap. 5, 6, 7 et 8. Similiter etiam boni desiderium in hâc vitâ satiari non potest. Naturaliter enim homo desiderat permanentiam ejus boni quod habet. Bona autem præsentis vitæ transitoria sunt, cùm et ipsa vita transeat, quam naturaliter desideramus, et eam perpetuò permanere vellemus, quia naturaliter homo refugit mortem. Unde impossibile est quòd in hâc vitâ vera beatitudo habeatur.

Secundò, si consideretur id in quo specialiter beatitudo consistit, scilicet visio divinæ essentiæ, non potest homini provenire in hâc vitâ, ut in 1 ostensum est, qu. 12, art. 2. Ex quibus manifestè apparet quòd non potest aliquis in hâc vitâ veram et perfectam beatitudinem adipisci.

Ad primum ergo dicendum quòd beati dicuntur aliqui in hâc vitâ vel propter spem beatitudinis adipiscendæ in futurâ vitâ, secundùm illud Rom. 8, 24 : *Spe salvi facti sumus ;* vel propter aliqualem participationem beatitudinis secundùm aliqualem summi boni fruitionem.

Ad secundum dicendum quòd participatio beatitudinis potest esse imperfecta dupliciter : uno modo ex parte ipsius objecti beatitudinis ; quod quidem secundùm sui essentiam non videtur ; et talis imperfectio tollit rationem veræ beatitudinis. Alio modo potest esse imperfecta ex parte ipsius participantis ; qui quidem ad ipsum objectum beatitudinis secundùm selpsum attingit, scilicet Deum, sed imperfectè per respectum ad modum quo Deus seipso fruitur ; et talis imperfectio non tollit veram rationem beatitudinis, quia cùm beatitudo sit operatio quædam, ut supra dictum est, quæst. 3, art. 2, vera ratio beatitudinis consideratur ex objecto, quod dat speciem actui, non autem ex subjecto.

Ad tertium dicendum quòd homines reputant in hâc vitâ esse aliquam beatitudinem, propter aliquam similitudinem veræ beatitudinis : et sic non ex toto in suâ æstimatione deficiunt.

ARTICULUS IV. — *Utrùm beatitudo habita possit amitti.* — (1 p., quæst. 64, art. 2, corp., et 1, dist. 8, quæst. 3, art. 2, corp., fin., et 3 cont., cap. 61 et 62, et op. 2, cap. 169, et Joan. 10, lect. 5.)

Ad quartum sic proceditur. 1. Videtur quòd beatitudo possit amitti. Beatitudo enim est perfectio quædam. Sed omnis perfectio inest perfectibili secundùm modum ipsius. Cùm igitur homo secundùm naturam suam sit mutabilis, videtur quòd beatitudo ab homine mutabiliter participetur ; et ita videtur quòd homo beatitudinem possit amittere.

2. Præterea, beatitudo consistit in actione intellectûs, qui subjacet voluntati. Sed voluntas se habet ad opposita. Ergo videtur quòd possit desistere ab operatione quâ homo beatificatur ; et ita homo desinet esse beatus.

3. Præterea, principio respondet finis. Sed beatitudo hominis habet principium, quia homo non semper fuit beatus. Ergo videtur quòd habeat finem.

Sed contra est quod dicitur Matth. 25, 46, de justis, quòd *ibunt hi in vitam æternam,* quæ, ut dictum est art. 2 hujus quæst., est beatitudo sanctorum. Quod autem est æternum, non deficit. Ergo beatitudo non potest amitti.

Respondeo dicendum quòd si loquamur de beatitudine imperfectâ, qualis in hâc vitâ potest haberi, sic potest amitti. Et hoc patet in felicitate contemplativâ, quæ amittitur vel per oblivionem, putà cùm corrumpitur scientia ex aliquâ ægritudine, vel per aliquas occupationes : quibus totaliter abstrahitur aliquis à contemplatione. Patet etiam idem in felicitate activâ. Voluntas enim hominis transmutari potest, ut videlicet degeneret à virtute, in cujus actu principaliter consistit felicitas. Si autem virtus remanet integra, exteriores transmutationes possunt quidem beatitudinem talem perturbare, in quantum impediunt multas operationes virtutum, non tamen possunt eam totaliter auferre, quia adhuc remanet operatio virtutis, dùm ipsas adversitates homo laudabiliter sustinet. Et quia beatitudo hujus vitæ amitti potest, quod videtur esse contra rationem beatitudinis, ideò Philosophus dicit in 1 Eth., cap. 10, in fin., *aliquos esse in hâc vitâ beatos non simpliciter, sed sicut homines,* quorum natura mutationi subjecta est.

Si verò loquamur de beatitudine perfectâ, quæ exspectatur post hanc vitam, sciendum est quòd Origenes posuit, lib. 1 Periarch., cap. 5, quorumdam Platonicorum errorem sequens, quòd post ultimam beatitudinem homo potest fieri miser. Sed hoc manifestè apparet esse falsum dupliciter.

Primò quidem ex ipsâ communi ratione beatitudinis. Cùm enim ipsa beatitudo sit perfectum bonum et sufficiens, oportet quòd desiderium hominis quietet, et omne malum excludat. Naturaliter autem homo desiderat retinere bonum quod habet, et quod ejus retinendi securitatem obtineat ; alioquin necesse est quòd timore amittendi, vel dolore de certitudine amissionis affligatur. Requiritur igitur ad veram beatitudinem quòd homo certam habeat opinionem, bonum quod habet nunquàm se amissurum ; quæ quidem opinio si vera sit, consequens est quòd beatitudinem nunquàm amittet. Si autem falsa sit, hoc ipsum est quoddam malum, falsam opinionem habere ; nam *falsum* est malum intellectûs, sicut *verum* est bonum ipsius, ut dicitur in 6 Eth., cap. 2. Non igitur jam verè erit beatus, si aliquod malum ei inest.

Secundò idem apparet si consideretur ratio beatitudinis in speciali. Ostensum est enim supra, quæst. 3, art. 8, quòd perfecta beatitudo hominis in visione divinæ essentiæ consistit. Est autem impossibile quòd aliquis videns divinam essentiam velit eam non videre, quia omne bonum habitum, quo aliquis carere vult, aut est insufficiens, et quæritur aliquid sufficientius loco ejus, aut habet aliquod incommodum annexum, propter quod in fastidium venit. Visio autem divinæ essentiæ replet animam omnibus bonis, cùm conjungat fonti totius bonitatis. Unde dicitur in Psal. 16, 15 : Satiabor, cùm apparuerit gloria tua; et Sap. 7, 11, dicitur : Venerunt mihi omnia bona pariter cum illâ, scilicet cum contemplatione sapientiæ. Similiter etiam non habet aliquod incommodum adjunctum, quia de contemplatione sapientiæ dicitur Sap. 8, 16 : Non habet amaritudinem conversatio illius, nec tædium convictus ejus. Sic ergo patet quòd propriâ voluntate beatus non potest beatitudinem deserere. Similiter etiam non potest eam perdere, Deo subtrahente, quia cùm subtractio beatitudinis sit quædam pœna, non potest talis subtractio à Deo justo judice provenire nisi pro aliquâ culpâ; in quam cadere non potest qui Dei essentiam videt, cùm ad hanc visionem ex necessitate sequatur rectitudo voluntatis, ut supra ostensum est, quæst. 4, art. 4. Similiter etiam nec aliquod aliud agens potest eam subtrahere, quia mens Deo conjuncta super omnia alia elevatur, et sic ab hujusmodi conjunctione nullum aliud agens potest ipsam excludere. Unde inconveniens videtur quòd per quasdam alternationes temporum transeat homo de beatitudine ad miseriam, et è converso, quia hujusmodi temporales alternationes esse non possunt nisi circa ea quæ subjacent tempori et motui.

Ad primum ergo dicendum quòd beatitudo est perfectio consummata, quæ omnem defectum excludit à beato; et ideò absque mutabilitate advenit eam habenti, faciente hoc virtute divinâ, quæ hominem sublevat in participationem æternitatis transcendentis omnem mutationem.

Ad secundum dicendum quòd voluntas ad opposita se habet in his quæ ad finem ordinantur; sed ad ultimum finem naturali necessitate ordinatur : quod patet ex hoc quòd homo non potest non velle esse beatus.

Ad tertium dicendum quòd beatitudo habet principium ex conditione participantis; sed caret fine propter conditionem boni cujus participatio facit beatum. Unde ab alio est initium beatitudinis, et ab alio est quòd caret fine.

ARTICULUS V. — Utrùm homo per sua naturalia possit acquirere beatitudinem. — (Inf., quæst. 62, art. 1 et 3, et 1 p., quæst. 12, art. 4, et quæst. 94, art. 1, et 4, dist. 49, quæst. 2, art. 6, et 3 cont., cap. 52, 147, 157, et 159, et Rom. 1, lect. 9, fin.)

Ad quintum sic proceditur. 1. Videtur quòd homo per sua naturalia possit beatitudinem consequi. Natura enim non deficit in necessariis. Sed nihil est homini tam necessarium quàm id per quod (1) finem ultimum consequitur. Ergo hoc naturæ humanæ non deest. Potest igitur homo per sua naturalia beatitudinem consequi.

2. Præterea, homo cùm sit nobilior irrationalibus creaturis, videtur esse sufficientior. Sed irrationales creaturæ per sua naturalia possunt consequi suos fines. Ergo multò magis homo per sua naturalia potest beatitudinem consequi.

3. Præterea, beatitudo est operatio perfecta secundùm Philosophum, 2 Eth., cap. 7. Ejusdem autem est incipere rem, et perficere ipsam. Cùm igitur operatio imperfecta, quæ est quasi principium in operationibus humanis, subdatur naturali hominis potestati, quâ suorum actuum est dominus, videtur quòd per naturalem potentiam possit pertingere ad operationem perfectam, quæ est beatitudo.

Sed contra, homo est principium naturaliter actuum suorum per intellectum et voluntatem. Sed ultima beatitudo sanctis præparata excedit intellectum hominis et voluntatem; dicit enim Apostolus, 1 ad Corinth. 2, 9 : Oculus non vidit, et auris non audivit, et in cor hominis non ascendit, quæ præparavit Deus diligentibus se. Ergo homo per sua naturalia non potest beatitudinem consequi.

Respondeo dicendum quòd beatitudo imperfecta, quæ in hâc vitâ haberi potest, potest ab homine acquiri per sua naturalia, eo modo quo et virtus, in cujus operatione consistit; de quo infra dicetur, quæst. 63.

Sed beatitudo hominis perfecta, sicut supra dictum est, quæst. 3, art. 8, consistit in visione divinæ essentiæ. Videre autem Deum per essentiam est supra naturam non solùm hominis, sed etiam omnis creaturæ, ut in primo ostensum est, qu. 12, art. 4. Naturalis enim cognitio cujuslibet creaturæ est secundùm modum substantiæ ejus, sicut de intelligentiâ dicitur in lib. de Causis, propos. 8, quòd cognoscit ea quæ sunt super se, et ea quæ sunt infra se, secundùm modum substantiæ suæ. Omnis autem cognitio quæ est secundùm modum substantiæ creatæ, deficit à visione divinæ essentiæ, quæ in infinitum excedit omnem substantiam creatam. Unde nec homo nec aliqua creatura potest consequi beatitudinem ultimam per sua naturalia.

Ad primum ergo dicendum quòd sicut natura non deficit homini in necessariis, quamvis non dederit ipsi arma et tegumenta, sicut aliis animalibus, quia dedit ei rationem et manus quibus possit hæc sibi acquirere, ita nec deficit homini in necessariis, quamvis non daret ipsi aliquod principium quo posset beatitudinem consequi; hoc enim erat impossibile; sed dedit ei liberum arbitrium, quo possit converti ad Deum qui eum faceret beatum. Quæ enim per amicos possumus, per nos aliqualiter possumus, ut dicitur in 3 Ethic., cap. 3, post. med.

Ad secundum dicendum quòd nobilioris

_____

(1) Ita Garcia, theologi, Nicolaius et editi plurimi. Codices quidam, et edit. Rom., quàm id quod per finem.

conditionis est natúra quæ potest consequi perfectum bonum, licèt indigeat exteriori auxilio ad hoc consequendum, quàm natura quæ non potest consequi perfectum bonum, sed consequitur quoddam bonum imperfectum, licèt ad consecutionem ejus non indigeat exteriori auxilio, ut Philosophus dicit in 2 de Cœlo, à text. 60 usque ad 66, sicut meliùs est dispositus ad sanitatem qui potest consequi perfectam sanitatem, licèt hoc sit per auxilium medicinæ, quàm qui solùm potest consequi quamdam imperfectam sanitatem sine medicinæ auxilio. Et ideò creatura rationalis, quæ potest consequi perfectum beatitudinis bonum, indigens ad hoc divino auxilio, est perfectior quàm creatura irrationalis, quæ hujusmodi boni non est capax, sed quoddam bonum imperfectum consequitur virtute suæ naturæ.

Ad tertium dicendum quòd quando imperfectum et perfectum sunt ejusdem speciei, ab eâdem virtute causari possunt; non autem hoc est necesse, si sint alterius speciei. Non enim quidquid potest causare dispositionem materiæ, potest ultimam perfectionem conferre. Imperfecta autem operatio, quæ subjacet naturali hominis potestati, non est ejusdem speciei cum operatione illâ perfectâ quæ est hominis beatitudo, cùm operationis species dependeat ex objecto. Unde ratio non sequitur.

ARTICULUS VI. — *Utrùm homo consequatur beatitudinem per actionem alicujus superioris creaturæ.*

Ad sextum sic proceditur. 1. Videtur quòd homo possit fieri beatus per actionem alicujus superioris creaturæ, scilicet Angeli. Cùm enim duplex ordo inveniatur in rebus, unus partium universi ad invicem, alius totius universi ad bonum, quod est extra universum, primus ordo ordinatur ad secundum sicut ad finem, ut dicitur in 12 Metaph., text. 52 et 53; sicut ordo partium exercitûs ad invicem est propter ordinem totius exercitûs ad ducem. Sed ordo partium universi ad invicem attenditur secundùm quòd superiores creaturæ agunt in inferiores, ut in 1 dictum est, quæst. 21, art. 1, ad 3. Beatitudo autem consistit in ordine hominis ad bonum, quod est extra universum, quod est Deus. Ergo per actionem superioris creaturæ, scilicet Angeli in hominem, homo beatus efficitur.

2. Præterea, quod est in potentiâ tale potest reduci in actum per id quod est actu tale; sicut quod est potentiâ calidum, fit actu calidum per id quod est actu calidum. Sed homo est in potentiâ beatus. Ergo potest fieri actu beatus per Angelum, qui est actu beatus.

3. Præterea, beatitudo consistit in operatione intellectûs, ut supra dictum est, qu. 3, art. 4. Sed Angelus potest illuminare intellectum hominis, ut in primo habitum est, quæst. 111, art. 1. Ergo Angelus potest facere hominem beatum.

Sed contra est quod dicitur in Psal. 83, 12 · *Gratiam et gloriam dabit Dominus.*

Respondeo dicendum quòd cùm omnis creatura naturæ legibus sit subjecta, utpote habens limitatam virtutem et actionem, illud quod excedit naturam creatam, non potest fieri virtute alicujus creaturæ. Et ideò, si quid fieri oporteat quod sit supra naturam, hoc fit immediatè à Deo, sicut suscitatio mortui, illuminatio cæci, et cætera hujusmodi. Ostensum est autem, art. præc., quòd beatitudo est quoddam bonum excedens naturam creatam. Unde impossibile est quòd per actionem alicujus creaturæ conferatur; sed homo beatus fit solo Deo agente, si loquamur de beatitudine perfectâ.

Si verò loquamur de beatitudine imperfectâ, sic eadem ratio est de ipsâ et de virtute in cujus actu consistit.

Ad primum ergo dicendum quòd plerumque contingit in potentiis activis ordinatis quòd perducere ad ultimum finem pertinet ad supremam potentiam; inferiores verò potentiæ coadjuvant ad consecutionem illius ultimi finis disponendo; sicut ad artem gubernativam, quæ præest navifactivæ, pertinet usus navis, propter quem navis ipsa fit. Sic igitur in ordine universi homo quidem adjuvatur ab Angelis ad consequendum ultimum finem secundùm aliqua præcedentia, quibus disponitur ad ejus consecutionem; sed ipsum ultimum finem consequitur per ipsum primum agentem, qui est Deus.

Ad secundum dicendum quòd quando aliqua forma actu existit in aliquo secundùm esse perfectum et naturale, potest esse principium actionis in alterum, sicut calidum per calorem calefacit; sed si forma existit in aliquo imperfectè, et non secundùm esse naturale, non potest esse principium communicationis sui ad alterum; sicut intentio coloris qui est in pupillâ, non potest facere album; neque etiam omnia quæ sunt illuminata aut calefacta, possunt alia calefacere et illuminare; sic enim illuminatio et calefactio essent usque ad infinitum. Lumen autem gloriæ, per quod Deus videtur, in Deo quidem est perfectè et secundùm esse naturale; in quâlibet autem creaturâ est imperfectè, et secundùm esse similitudinarium vel participatum. Unde nulla creatura beata potest communicare suam beatudinem alteri.

Ad tertium dicendum quòd Angelus beatus illuminat intellectum hominis vel etiam inferioris Angeli, quantùm ad aliquas rationes divinorum operum, non autem quantùm ad visionem divinæ essentiæ, ut in primo dictum est, quæst. 106, art. 1, ad 2; ad eam enim videndam omnes immediatè illuminantur à Deo.

ARTICULUS VII. — *Utrùm requirantur aliqua opera bona ad hoc quòd homo beatitudinem consequatur à Deo.* — (*Inf., quæst.* 6, *et* 1, *quæst.* 62, *art.* 5, *ad* 1, *et opus.* 2, *cap.* 173.)

Ad septimum sic proceditur. 1. Videtur quòd non requirantur aliqua opera hominis ad hoc ut beatitudinem consequatur à Deo. Deus enim cùm sit agens infinitæ virtutis, non præexigit in agendo materiam, aut dispositionem materiæ, sed statim potest totum producere. Sed opera hominis, cùm non requirantur ad beatitudinem ejus sicut causa efficiens, ut dictum est art. præc., non possunt requiri ad eam nisi sicut dispositiones. Ergo Deus, qui dispositiones non præexigit in agendo, beatitudinem sine præcedentibus operibus confert.

2. Præterea, sicut Deus est auctor beatitudinis immediatè, ita et naturam immediatè instituit. Sed in primâ institutione naturæ produxit creaturas nullâ dispositione præcedente, vel actione creaturæ, sed statim fecit unumquodque perfectum in suâ specie. Ergo videtur quòd beatitudinem conferat homini sine aliquibus operationibus præcedentibus.

3. Præterea, Apostolus dicit, Rom. 4, beatitudinem hominis esse cui Deus confert justitiam sine operibus. Non ergo requiruntur aliqua opera hominis ad beatitudinem consequendam.

Sed contra est quod dicitur Joan. 13, 17 : *Si hæc scitis, beati eritis si feceritis ea.* Ergo per actionem ad beatitudinem pervenimus.

Respondeo dicendum, quòd rectitudo voluntatis, ut supra dictum est, quæst. 4, art. 4, requiritur ad beatitudinem; cùm nihil aliud sit quàm debitus ordo voluntatis ad ultimum finem; quæ ita exigitur ad consecutionem ultimi finis, sicut debita dispositio materiæ ad consecutionem formæ. Sed ex hoc non ostenditur quòd aliqua operatio hominis debeat præcedere ejus beatitudinem. Posset enim Deus simul facere voluntatem rectè tendentem in finem, et finem consequentem, sicut quandoque simul materiam disponit et inducit formam.

Sed ordo divinæ sapientiæ exigit ne hoc fiat. Ut enim dicitur in 2 de Cœlo, text 62 et seq., *eorum quæ nata sunt habere bonum perfectum, aliquid habet ipsum motu, aliquid uno motu, et aliquid pluribus. Habere autem perfectum bonum sine motu convenit ei quod naturaliter habet illud.* Habere autem beatitudinem naturaliter est solius Dei. Unde solius Dei proprium est quòd ad beatitudinem non moveatur per aliquam operationem præcedentem.

Cùm autem beatitudo excedat omnem naturam creatam, nulla pura creatura convenienter beatitudinem consequitur absque motu operationis, per quam tendit in ipsam. Sed Angelus, qui est superior ordine naturæ quàm homo, consecutus est eam ex ordine divinæ sapientiæ uno motu operationis meritoriæ, ut in primo exposituin est, quæst. 62, art. 5; homines autem consequuntur ipsam multis motibus operationum, qui merita dicuntur. Unde etiam secundùm Philosophum, 1 Eth., cap. 9 et 10, cap. 6, 7, 8, *beatitudo est præmium virtuosarum operationum.*

Ad primum ergo dicendum quòd operatio hominis non præexigitur ad consecutionem beatitudinis propter insufficientiam divinæ virtutis beatificantis, sed ut servetur ordo in rebus.

Ad secundum dicendum quòd primas creaturas statim Deus perfectas produxit absque aliâ dispositione, vel operatione creaturæ præcedente; quia sic instituit prima individua specierum, ut per ea natura propaga-

retur ad posteros. Et similiter quia per Christum, qui est Deus et homo, beatitudo erat ad alios derivanda, secundùm illud Apostoli ad Heb. 2, 10 : *Qui multos filios in gloriam adduxerat;* statim à principio suæ conceptionis, absque aliquâ operatione meritoriâ præcedente, anima ejus fuit beata. Sed hoc est singulare in ipso. Nam pueris baptizatis subvenit meritum Christi ad beatitudinem consequendam, licèt desint in eis merita propria, eò quòd per baptismum sunt Christi membra effecti.

Ad tertium dicendum quòd Apostolus loquitur de beatitudine spei, quæ habetur per gratiam justificantem, quæ quidem non datur propter opera præcedentia; non enim habet rationem termini motûs, ut beatitudo; sed magis est principium motûs, quo ad beatitudinem tenditur.

ARTICULUS VIII. — *Utrùm omnis homo appetat beatitudinem.* — (*Inf., quæst. 10, art. 1 et 2, et 1, quæst. 19, art. 1, et quæst. 82, art. 1 et 2, corp., et 1 cont., cap. 88, et 3, cap. 97, et Ver., quæst. 22, art. 5 et 6, et Mal. quæst. 6, art. 4, corp., et 3 Ethic., com. 5.*)

Ad octavum sic proceditur. 1. Videtur quòd non omnes appetant beatitudinem. Nullus enim potest appetere quod ignorat, cùm bonum apprehensum sit objectum appetitûs, ut dicitur in 3 de Animâ, text. 29 et 34. Sed multi nesciunt quid sit beatitudo; quod, sicut Augustinus dicit in 13 de Trinit., cap. 4, circ. princ., patet ex hoc quòd quidam posuerunt beatitudinem in voluptatibus corporis, quidam in virtute animæ, quidam in aliis rebus. Non ergo omnes beatitudinem appetunt.

2. Præterea, essentia beatitudinis est visio essentiæ divinæ, ut dictum est, quæst. 3, art. 8. Sed aliqui opinantur hoc esse impossibile quòd Deus per essentiam ab homine videatur : unde hoc non appetunt. Ergo non omnes homines appetunt beatitudinem.

3. Præterea, Augustinus dicit in 13 de Trinit., cap. 5, in fin., quòd *beatus est qui habet omnia quæ vult, et nihil malè vult.* Sed non omnes hoc volunt; quidam enim malè aliqua volunt, et tamen volunt illa se velle. Non ergo omnes volunt beatitudinem.

Sed contra est quod Augustinus dicit 13 de Trin., cap. 3, circ. fin. : *Si mimus dixisset* (1) : *Omnes beati esse vultis, miseri esse non vultis, dixisset aliquid quod nullus in suâ non cognosceret voluntate.* Quilibet ergo vult esse beatus.

Respondeo dicendum quòd beatitudo dupliciter potest considerari : uno modo secundùm communem rationem beatitudinis, et sic necesse est quòd omnis homo beatitudinem velit. Ratio autem beatitudinis communis est ut sit bonum perfectum, sicut dictum est art. 3 hujus quæst., et quæst. 1, art. 5 et 7 Cùm autem bonum sit objectum voluntatis, perfectum bonum est alicujus quod totaliter ejus

_____
(1) Ita editi passim. Edit. Rom. cum cod. Alcan., *Si unus dixisset.* Augustinus, *Si dixisset;* sed *minus* ex superioribus apud ipsum subintelligitur.

voluntati satisfaciat. Unde appetere beatitudinem nihil aliud est quàm appetere ut voluntas satietur; quod quilibet vult.

Alio modo possumus loqui de beatitudine secundùm specialem rationem, quantùm ad id in quo beatitudo consistit; et sic non omnes cognoscunt beatitudinem, quia nesciunt cui rei communis ratio beatitudinis conveniat; et per consequens, quantùm ad hoc, non omnes eam volunt.

Unde patet responsio ad primum.

Ad secundum dicendum quòd cùm voluntas sequatur apprehensionem intellectûs seu rationis, sicut contingit quòd aliquid est idem secundùm rem, quod tamen est diversum secundùm rationis considerationem, ita contingit quòd aliquid est idem secundùm rem, et tamen uno modo appetitur, alio modo non appetitur. Beatitudo ergo potest considerari sub ratione finalis boni et perfecti, quæ est communis ratio beatitudinis; et sic naturaliter et ex necessitate voluntas in illud tendit, ut dictum est, in corp. art., et quæst. 1, art. 5. Potest etiam considerari secundùm alias speciales considerationes, vel ex parte ipsius operationis, vel ex parte potentiæ operativæ, vel ex parte objecti; et sic non ex necessitate voluntas tendit in ipsam.

Ad tertium dicendum quòd ista definitio beatitudinis quam quidam posuerunt : *Beatus est qui habet omnia quæ vult*, vel *cui omnia optata succedunt*, quodam modo intellecta est bona et sufficiens; alio verò modo est imperfecta. Si enim intelligatur simpliciter de omnibus quæ vult homo naturali appetitu, sic verum est quòd qui habet omnia quæ vult est beatus; nihil enim satiat naturalem hominis appetitum nisi bonum perfectum, quod est beatitudo. Si verò intelligunt de his quæ homo vult secundùm apprehensionem rationis, sic habere quædam quæ homo vult, non pertinet ad beatitudinem, sed magis ad miseriam, in quantum hujusmodi habita impediunt hominem ne habeat quæcumque vult naturaliter; sicut etiam ratio accipit ut vera interdùm, quæ impediunt à cognitione veritatis. Et secundùm hanc considerationem Augustinus addidit ad perfectionem beatitudinis, quòd *nihil malè* (1) *velit*; quamvis primum posset sufficere, si rectè intelligeretur, scilicet quòd *beatus est qui habet omnia quæ vult*.

QUÆSTIO VI.

DE VOLUNTARIO ET INVOLUNTARIO. — (*In octo articulos divisa.*)

Quia igitur ad beatitudinem per actus aliquos necesse est pervenire, oportet consequenter de humanis actibus considerare, ut sciamus quibus actibus perveniatur ad beatitudinem, vel impediatur beatitudinis via. Sed quia operationes et actus circa singularia sunt, ideò omnis operativa scientia in particulari consideratione perficitur. Moralis igitur consideratio, quia est humanorum actuum, primò quidem tradenda est in universali, secundò verò in particulari.

Circa universalem autem considerationem humanorum actuum, primò quidem conside-

randum occurrit de ipsis actibus humanis, secundò de principiis eorum. Humanorum autem actuum quidam sunt homini proprii, quidam sunt homini, et aliis animalibus communes. Et quia beatitudo est proprium hominis bonum, propinquiùs se habent ad beatitudinem actus qui sunt propriè humani, quàm actus qui sunt homini, aliisque animalibus communes. Primò ergo considerandum est de actibus qui sunt proprii hominis. Secundò de actibus qui sunt homini, aliisque animalibus communes, qui dicuntur animæ passiones.

Circa primum duo consideranda occurrunt : primò de conditione (1) humanorum actuum; secundò de distinctione eorum actuum. Cùm autem actus humani propriè dicantur qui sunt voluntarii, eò quòd voluntas est rationalis appetitus, qui est proprius hominis, oportet considerare de actibus in quantum sunt voluntarii. Primò ergo considerandum est de voluntario et involuntario in communi; secundò de actibus qui sunt voluntarii, quasi ab ipsâ voluntate eliciti, ut immediatè ipsius voluntatis existentes; tertiò de actibus qui sunt voluntarii, quasi à voluntate imperati, qui sunt ipsius voluntatis mediantibus aliis potentiis. Et quia actus voluntarii habent quasdam circumstantias, secundùm quas dijudicantur, primò considerandum est de voluntario et involuntario, et consequenter de circumstantiis ipsorum actuum, in quibus voluntarium et involuntarium invenitur.

Circa primum quæruntur octo : 1° utrùm in humanis actibus inveniatur voluntarium; 2° utrùm inveniatur in animalibus brutis; 3° utrùm voluntarium esse possit absque omni actu; 4° utrùm violentia voluntati possit inferri; 5° utrùm violentia causet involuntarium; 6° utrùm metus causet involuntarium; 7° utrùm concupiscentia involuntarium causet; 8° utrùm ignorantia.

ARTICULUS PRIMUS. — *Utrùm in humanis actibus inveniatur voluntarium.*

Ad primum sic proceditur. 1. Videtur quòd in humanis actibus non inveniatur voluntarium. Voluntarium enim est cujus principium est in ipso, ut patet per Gregorium Nyssenum, vel potiùs Nemesium, lib. de Nat. hom., cap. 32, in princ., et Damascenum, lib. 2 orth. Fid., cap. 24, et Aristotelem, 3 Ethic., cap. 1. Sed principium humanorum actuum non est in ipso homine, sed est extra; nam appetitus hominis movetur ad agendum ab appetibili, quod est extra, quod est sicut movens non motum, ut dicitur in 3 de Animâ, text. 54. Ergo in humanis actibus non invenitur voluntarium.

2. Præterea, Philosophus in 8 Physic., text. 28, probat quòd non invenitur in animalibus aliquis actus (2) novus, qui non præveniatur ab alio (3) motu exteriori. Sed omnes actus hominis sunt novi, nullus enim actus homi-

---

(1) Al., *mali.*

(1) Al., *de consideratione.*
(2) Ita cod. Alcan. cum edit. Rom. Theologi ex cod. Camer. et aliæ editiones posteriores habent *motus.*
(3) Fortè, *ab aliquo.*

nis æternus est. Ergo principium omnium humanorum actuum est ab extra. Non igitur in eis invenitur voluntarium.

3. Præterea, qui voluntariè agit, per se agere potest. Sed hoc homini non convenit : dicitur enim Joan. 15, 5 : *Sine me nihil potestis facere.* Ergo voluntarium in humanis actibus non invenitur.

Sed contra est quod dicit Damascenus in 2 lib. orth. Fid., cap. 24, quòd *voluntarium est actus qui est operatio rationalis.* Tales autem sunt actus humani. Ergo in actibus humanis invenitur voluntarium.

Respondeo dicendum quòd oportet in actibus humanis voluntarium esse.

Ad cujus evidentiam considerandum est, quòd quorumdam actuum, seu motuum (1) principium est in agente, seu in eo quod movetur; quorumdam autem motuum vel actuum principium est extra. Cùm enim lapis movetur sursùm, principium hujus motionis est extra lapidem; sed cùm movetur deorsùm, principium hujus motionis est in ipso lapide.

Eorum autem quæ à principio intrinseco moventur, quædam movent seipsa, quædam autem non. Cùm enim omne agens, seu motum agat, seu moveatur propter finem, ut supra habitum est, quæst. 1, art. 1, illa perfectè moventur à principio intrinseco in quibus est aliquod intrinsecum principium, non solùm ut moveantur, sed ut moveantur in finem. Ad hoc autem quòd fiat aliquid propter finem, requiritur cognitio finis aliqualis. Quodcumque igitur sic agit vel movetur à principio intrinseco, quod habet aliquam notitiam finis, habet in seipso principium sui actûs, non solùm ut agat, sed etiam ut agat propter finem; quod autem nullam notitiam finis habet, etsi in eo sit principium actionis vel motûs, non tamen ejus quod est agere vel moveri propter finem, est principium in ipso, sed in alio à quo ei imprimitur principium suæ motionis in finem. Unde hujusmodi non dicuntur movere seipsa, sed ab aliis moveri; quæ verò habent notitiam finis, dicuntur seipsa movere, quia in eis est principium non solùm ut agant, sed etiam ut agant propter finem.

Et ideò cùm utrumque sit ab intrinseco principio, scilicet quòd agunt, et quòd propter finem agunt, horum motus et actus dicuntur voluntarii. Hoc autem importat nomen *voluntarii*, quòd motus et actus sit à propriâ inclinatione; et inde est quòd voluntarium dicitur esse, secundùm definitionem Aristotelis, et Gregorii Nysseni, et Damasceni, locis in arg. 1 cit., non solùm *cujus principium est intra,* sed cum additione *scientiæ.* Unde cùm homo maximè cognoscat finem sui operis, et moveat seipsum, in ejus actibus maximè voluntarium invenitur.

Ad primum ergo dicendum quòd non omne principium est principium primum. Licèt ergo de ratione voluntarii sit quòd principium ejus sit intùs, non tamen est contra rationem voluntarii quòd principium intrinsecum causetur vel moveatur ab exteriori principio; quia non est de ratione voluntarii quòd prin-

cipium intrinsecum sit principium primum. Sed tamen sciendum quòd contingit aliquod principium motûs esse primum in genere, quod tamen non est primum simpliciter; sicut in genere alterabilium primum alterans est corpus cœleste, quod tamen non est primum movens simpliciter, sed movetur motu locali à superiori movente. Sic igitur principium intrinsecum voluntarii actûs, quod est vis cognoscitiva et appetitiva, est primum principium in genere appetitivi motûs, quamvis moveatur ab aliquo exteriori secundùm alias species motûs.

Ad secundum dicendum quòd motus animalis novus prævenitur quidem ab aliquo exteriori motu quantùm ad duo : uno modo in quantum per motum exteriorem præsentatur sensui animalis aliquod sensibile, quod apprehensum movet appetitum ; sicut leo videns cervum per ejus motum appropinquantem, incipit moveri ad ipsum. Alio modo in quantum per exteriorem motum incipit aliqualiter immutari naturali immutatione corpus animalis, putà per frigus vel calorem; corpore autem immutato per motum exterioris corporis, immutatur etiam per accidens appetitus sensitivus, qui est virtus organi corporei, sicut cùm ex aliquâ alteratione corporis commovetur appetitus ad concupiscentiam alicujus rei. Sed hoc non est contra rationem voluntarii, ut dictum est, ad arg. 1; hujusmodi enim motiones ab exteriori principio sunt alterius generis.

Ad tertium dicendum quòd Deus movet hominem ad agendum, non solùm sicut proponens sensui appetibile, vel sicut immutans corpus, sed etiam sicut movens ipsam voluntatem; quia omnis motus tam voluntatis, quàm naturæ ab eo procedit sicut à primo movente. Et sicut non est contra rationem naturæ quòd motus naturæ sit à Deo sicut à primo movente, in quantum natura est quoddam instrumentum Dei moventis, ita non est contra rationem actûs voluntarii quòd sit à Deo, in quantum voluntas à Deo movetur. Est tamen communiter de ratione naturalis et voluntarii motûs quòd sint à principio intrinseco.

ARTICULUS II. — *Utrùm voluntarium inveniatur in animalibus brutis.* — (2, dist. 25, art. 2, ad 6, et 3, dist. 27, quæst. 1, art. 4, ad 3, et Ver. quæst. 24, art. 2, ad 1, et 3 Eth., lect. 4 et 5.)

Ad secundum sic proceditur. 1. Videtur quòd voluntarium non sit in brutis animalibus. Voluntarium enim à voluntate dicitur: Voluntas autem, cùm sit in ratione, ut dicitur in 3 de Animâ, text. 42, non potest esse in brutis animalibus. Ergo neque voluntarium in eis invenitur.

2. Præterea, secundùm hoc quòd actus humani sunt voluntarii, homo dicitur esse dominus suorum actuum. Sed bruta animalia non habent dominium sui actûs; non enim agunt, sed magis aguntur, ut Damascenus dicit, lib. 2 orth. Fid., cap. 27. Ergo in brutis animalibus non est voluntarium.

3. Præterea, Damascenus dicit, ibid., cap.

24, quòd *actus voluntarios sequitur laus, vel vituperium.* Sed actibus brutorum animalium non debetur neque laus, neque vituperium. Ergo in eis non est voluntarium.

Sed contra est quod dicit Philosophus in 3 Ethic., cap. 1, propè fin., quòd *pueri et bruta animalia communicant voluntario,* et idem dicunt Gregorius Nyssenus vel Nemesius de Nat. hom., cap. 32, circa med., et Damascenus, loc. prox. cit.

Respondeo dicendum quòd, sicut dictum est art. præc., ad rationem voluntarii requiritur quòd principium actûs sit intra cum aliquâ cognitione finis. Est autem duplex cognitio finis, perfecta scilicet et imperfecta. Perfecta quidem finis cognitio est quando non solùm apprehenditur res quæ est finis, sed etiam cognoscitur ratio finis, et proportio ejus quod ordinatur ad finem ipsum; et talis cognitio finis competit soli rationali naturæ. Imperfecta autem cognitio finis est quæ in solâ finis apprehensione consistit, sine hoc quòd cognoscatur ratio finis et proportio actûs ad finem; et talis cognitio finis reperitur in brutis animalibus per sensum et æstimationem naturalem.

Perfectam igitur cognitionem finis sequitur voluntarium secundùm rationem perfectam, prout scilicet apprehenso fine aliquis potest deliberans de fine et de his quæ sunt ad finem, moveri in finem vel non moveri; imperfectam autem cognitionem finis sequitur voluntarium secundùm rationem imperfectam, prout scilicet apprehendens finem non deliberat, sed subitò movetur in ipsum. Unde soli rationali naturæ competit voluntarium secundùm rationem perfectam; sed secundùm rationem imperfectam competit etiam brutis.

Ad primum ergo dicendum quòd voluntas nominat rationalem appetitum; et ideò non potest esse in his quæ ratione carent; voluntarium autem denominativè dicitur à voluntate, et potest trahi ad ea in quibus est aliqua participatio voluntatis secundùm aliquam convenientiam ad voluntatem; et hoc modo voluntarium attribuitur animalibus brutis, in quantum scilicet per cognitionem aliquam moventur in finem.

Ad secundum dicendum quòd ex hoc contingit quòd homo est dominus sui actûs, quòd habet deliberationem de suis actibus. Ex hoc enim quòd ratio deliberans se habet ad opposita, voluntas in utrumque potest. Sed secundùm hoc voluntarium non est in brutis animalibus, ut dictum est in corp. art.

Ad tertium dicendum quòd laus et vituperium consequuntur actum voluntarium secundùm perfectam voluntarii rationem, qualis non invenitur in brutis.

ARTICULUS III.—*Utrùm voluntarium possit esse absque omni actu.* — (Inf., quæst. 71, art. 5, ad 2, et 2, dist. 25, art. 3, corp., et Mal. quæst. 11, art. 1, ad 2.)

Ad tertium sic proceditur. 1. Videtur quòd voluntarium non possit esse sine actu. Voluntarium enim dicitur quod est à voluntate.

Sed nihil potest esse à voluntate nisi per aliquem actum, ad minùs ipsius voluntatis. Ergo voluntarium non potest esse sine actu.

2. Præterea, sicut per actum voluntatis dicitur aliquis velle, ita cessante actu voluntatis dicitur non velle. Sed non velle involuntarium causat, quod opponitur voluntario. Ergo voluntarium non potest esse actu voluntatis cessante.

3. Præterea, de ratione voluntarii est cognitio, ut dictum est art. præced. Sed cognitio est per aliquem actum. Ergo voluntarium non potest esse absque aliquo actu.

Sed contra, illud cujus domini sumus, dicitur esse voluntarium. Sed nos domini sumus ejus quod est agere et non agere, velle et non velle. Ergo sicut agere et velle est voluntarium, ita et non agere et non velle.

Respondeo dicendum quòd voluntarium dicitur quod est à voluntate. Ab aliquo autem dicitur esse aliquid dupliciter : uno modo directè, quòd scilicet procedit ab aliquo, in quantum est agens, sicut calefactio à calore; alio modo indirectè, ex hoc ipso quòd non agit, sicut submersio navis dicitur esse à gubernatore, in quantum desistit à gubernando.

Sed sciendum quòd non semper id quod sequitur ad defectum rationis, reducitur sicut in causam in agens, ex eo quod non agit, sed solùm tunc potest et debet agere. Si enim gubernator non posset navem dirigere, vel non esset ei commissa gubernatio navis, non imputaretur ei navis submersio, quæ per absentiam gubernatoris contingeret.

Quia igitur voluntas volendo et agendo potest impedire hoc quod est *non velle et non agere,* et aliquando debet; hoc quod est *non velle et non agere* imputatur ei, quasi ab ipsa existens; et sic voluntarium potest esse absque actu; quandoque quidem absque actu exteriori cum actu interiori, sicut cùm vult non agere; aliquando autem etiam absque actu interiori, sicut cùm non vult agere.

Ad primum ergo dicendum quòd voluntarium dicitur, non solùm quod procedit à voluntate directè sicut ab agente, sed etiam quod est ab eâ indirectè sicut à non agente.

Ad secundum dicendum quòd *non velle* dicitur dupliciter : uno modo prout sumitur in vi unius dictionis; secundùm quòd est infinitivum hujus verbi *Nolo;* unde sicut cùm dico, *Nolo legere,* sensus est, *Volo non legere;* ita hoc quod est, *non velle legere,* significat *velle non legere;* et sic *non velle* causat involuntarium. Alio modo sumitur in vi orationis; et tunc non affirmatur actus voluntatis; et hujusmodi *non velle* non causat involuntarium.

Ad tertium dicendum quòd eo modo requiritur ad voluntarium actus cognitionis, sicut et actus voluntatis, ut scilicet sit in potestate alicujus considerare, et velle, et agere; et tunc sicut *non velle et non agere,* càm tempus fuerit, est voluntarium; ita etiam non considerare.

ARTICULUS IV. — *Utrùm violentia voluntati possit inferri.* — (1, quæst. 82, art. 1, corp., et ad 1, et 4, dist. 29, art. 1, et Ver. quæst.

22, art. 5 et 8, et quæst. 24, art. 4, et Rom. 6, lect. 4.)

Ad quartum sic proceditur. 1. Videtur quòd voluntati possit violentia inferri. Unumquodque enim potest cogi à potentiori. Sed aliquid est humanâ voluntate (1) potentius, scilicet Deus. Ergo saltem ab eo cogi potest.

2. Præterea, omne passivum cogitur à suo activo quando immutatur ab eo. Sed voluntas est vis passiva; est enim movens motum, ut dicitur in 3 de Animâ, text. 54. Cùm ergo aliquando moveatur à suo activo, videtur quòd aliquando cogatur.

3. Præterea, motus violentus est qui est contra naturam. Sed motus voluntatis aliquando est contra naturam, ut patet de motu voluntatis ad peccandum, qui est contra naturam, ut Damascenus dicit, 4 orth. Fid., cap. 21. Ergo motus voluntatis potest esse coactus.

Sed contra est quod Augustinus dicit in 5 de Civit. Dei, cap. 10, quòd si aliquid fit voluntariè, non fit ex necessitate. Omne autem coactum fit ex necessitate. Ergo quod fit ex voluntate, non potest esse coactum. Ergo voluntas non potest cogi ad agendum.

Respondeo dicendum quòd duplex est actus voluntatis: unus quidem qui est ejus immediatè, velut ab ipsâ elicitus, scilicet velle; alius autem est actus voluntatis à voluntate imperatus, et mediante aliâ potentiâ exercitus, ut ambulare et loqui; qui à voluntate imperantur, exercentur autem mediante potentiâ motivâ.

Quantùm igitur ad actus à voluntate imperatos, voluntas violentiam pati potest, in quantum per violentiam exteriora membra impediri possunt ne imperium voluntatis exequantur.

Sed quantùm ad ipsum proprium actum voluntatis, non potest ei violentia inferri. Et hujus est ratio quia actus voluntatis nihil est aliud quàm inclinatio quædam procedens ab interiori principio cognoscente, sicut appetitus naturalis est quædam inclinatio ab interiori principio et sine cognitione; quod autem est coactum vel violentum, est ab exteriori principio. Unde contra rationem ipsius actûs voluntatis est quòd sit coactus vel violentus; sicut etiam est contra rationem naturalis inclinationis vel motûs lapidis, quòd feratur sursùm; potest enim lapis per violentiam ferri sursùm; sed quòd iste motus violentus sit ex ejus naturali inclinatione, esse non potest. Similiter etiam potest homo per violentiam trahi; sed quòd hoc sit ex ejus voluntate, repugnat rationi violentiæ.

Ad primum ergo dicendum quòd Deus, qui est potentior quàm voluntas humana, potest voluntatem humanam (2) movere, secundùm illud Proverb. 21, 1 : *Cor regis in manu Dei est; et quòcumque voluerit, inclinabit illud.* Sed si hoc esset per violentiam, jam non esset cum actu voluntatis, nec ipsa voluntas moveretur, sed aliquid contra voluntatem.

Ad secundum dicendum quòd non semper est motus violentus quando passivum immutatur à suo activo, sed quando hoc fit contra interiorem inclinationem passivi; alioquin omnes alterationes et generationes simplicium corporum essent innaturales et violentæ; sunt autem naturales propter naturalem aptitudinem interiorem materiæ, vel subjecti ad talem dispositionem. Et similiter, quando voluntas movetur ab appetibili secundùm propriam inclinationem, non est motus violentus, sed voluntarius.

Ad tertium dicendum quòd id in quod voluntas tendit peccando, etsi sit malum, et contra rationalem naturam secundùm rei veritatem, apprehenditur tamen ut bonum et conveniens naturæ, in quantum est conveniens homini secundùm aliquam delectationem (1) sensûs, vel secundùm aliquem habitum corruptum.

ARTICULUS V. — *Utrùm violentia causet involuntarium.* — (Sup., art. 4, corp., et inf., art. 6 ad 1, et qu. 73, art. 6, corp., et 2-2, quæst. 88, art. 6 ad 1, et Mal. quæst. 6.)

Ad quintum sic proceditur. 1. Videtur quòd violentia non causet involuntarium. Voluntarium enim et involuntarium secundùm voluntatem dicuntur. Sed voluntati violentia inferri non potest, ut ostensum est art. præc. Ergo violentia involuntarium causare non potest.

2. Præterea, id quod est involuntarium, est cum tristitiâ, ut Damascenus, lib. 2 orth. Fid., cap. 21, et Philosophus, 3 Eth. cap. 1, dicunt. Sed aliquando patitur aliquis violentiam, nec tamen inde tristatur. Ergo violentia non causat involuntarium.

3. Præterea, id quod est à voluntate, non potest esse involuntarium. Sed aliqua violenta sunt à voluntate, sicut cùm aliquis cum corpore gravi sursùm ascendit, et sicut cùm aliquis inflectit membra contra naturalem eorum flexibilitatem. Ergo violentia non causat involuntarium.

Sed contra est quod Philosophus et Damascenus dicunt, locis in arg. 2 cit., quòd *aliquid est involuntarium per violentiam.*

Respondeo dicendum quòd violentia directè opponitur voluntario, sicut etiam et naturali. Commune est enim voluntario et naturali quòd utrumque sit à principio intrinseco; violentum autem est à principio extrinseco.

Et propter hoc, sicut in rebus quæ cognitione carent, violentia aliquid facit esse contra naturam, ita in rebus cognoscentibus facit aliquid esse contra voluntatem; quod autem est contra naturam dicitur esse innaturale; et similiter quod est contra voluntatem dicitur esse involuntarium. Unde violentia involuntarium causat.

Ad primum ergo dicendum quòd involuntarium voluntario opponitur. Dictum est au-

(1) Ita codd. et editi passim. Al., *humanæ voluntati.*

(2) In edit. Rom. deest, *humanam.*

(1) Ita codd. Alcan., Garner. aliique, ex quibus editi passim. Edit. Rom. Duacensis, Coloniensis : *Et consentiens homini secundùm aliquam delectationem, etc.,* intermediis omissis.

tcm supra, art. præc., quòd voluntarium dicitur non solùm actus qui est immediatè ipsius voluntatis, sed etiam actus à voluntate imperatus. Quantùm igitur ad actum qui est immediatè ipsius voluntatis, ut supra dictum est, art. præc., violentia voluntati inferri non potest; sed quantùm ad actum imperatum voluntas potest pati violentiam, et quantùm ad hunc actum violentia involuntarium facit.

Ad secundum dicendum quòd sicut naturale dicitur quod est secundùm inclinationem naturæ, ita voluntarium dicitur quod est secundùm inclinationem voluntatis. Dicitur autem aliquid naturale dupliciter: uno modo quia est à naturá sicut à principio activo, sicut calefacere est naturale igni; alio modo secundùm principium passivum, quia scilicet est innata inclinatio ad recipiendum actionem à principio extrinseco; sicut motus cœli dicitur esse naturalis propter aptitudinem naturalem cœlestis corporis ad talem motum, licèt movens sit voluntarium. Et similiter voluntarium potest aliquid dici dupliciter: uno modo secundùm actionem, putà cùm aliquis vult aliquid agere; alio modo secundùm passionem, scilicet cùm aliquis vult pati ab alio. Unde cùm actio infertur ab aliquo exteriori, manente in eo qui patitur voluntate patiendi, non est simpliciter violentum, quia, licèt ille qui patitur non conferat agendo, confert tamen volendo pati: unde non potest dici involuntarium.

Ad tertium dicendum quòd, sicut Philosophus dicit in 8 Physic., text. 27, motus animalis, quo interdùm movetur animal contra naturalem inclinationem corporis, etsi non sit naturalis corpori, est tamen quodammodò naturalis animali, cui naturale est quòd secundùm appetitum moveatur; et ideò hoc non est violentum simpliciter, sed secundùm quid. Et similiter est dicendum, cùm aliquis inflectit membra contra naturalem dispositionem: hoc enim est violentum secundùm quid, scilicet quantùm ad membrum particulare, non tamen simpliciter quantùm ad ipsum hominem.

ARTICULUS VI. — *Utrùm metus causet involuntarium simpliciter.* — (*Inf., art.* 7, ad 1 *et* 2; *et* 4, *dist.* 29, *quæst.* 1, *art.* 2, *et quodl.* 5, *art.* 10, *et* 2 *Corinth., cap.* 9, *com.* 3, *et* 3 *Ethic., com.* 2 *et* 4, *fin.*)

Ad sextum sic proceditur. 1. Videtur quòd metus causet involuntarium simpliciter. Sicut enim violentia est respectu ejus quod contrariatur præsentialiter voluntati, ita metus est respectu futuri mali, quod repugnat voluntati. Sed violentia causat involuntarium simpliciter. Ergo et metus involuntarium simpliciter causat.

2. Præterea, quod est secundùm se tale, quolibet addito remanet tale; sicut quod secundùm se est calidum, cuicumque conjungatur, nihilominùs est calidum ipso manente. Sed illud quod per metum agitur, secundùm se est involuntarium. Ergo etiam adveniente metu est involuntarium.

3. Præterea, quod sub conditione tale est, secundùm quid est tale; quod autem absque conditione est tale, simpliciter est tale; sicut quod est necessarium ex conditione, est necessarium secundùm quid; quod autem est necessarium absolutè, est necessarium simpliciter. Sed id quod per metum agitur, est involuntarium absolutè; non est autem voluntarium, nisi sub conditione, scilicet ut vitetur malum quod timetur. Ergo quod per metum agitur, est simpliciter involuntarium.

Sed contra est quod Gregorius Nyssenus dicit (vel Nemesius, lib. de Nat. hom. c. 30), et etiam Philosophus, lib. 3 Eth., c. 1, non procul à princ., quòd *hujusmodi quæ per metum aguntur, sunt magis voluntaria quàm involuntaria.*

Respondeo dicendum quòd, sicut Philosophus dicit in 3 Eth., ibid., et idem dicit Gregorius Nyssenus in lib. suo de Homine, ibid., *hujusmodi quæ per metum aguntur, mixta sunt ex voluntario et involuntario.* Id enim quod per metum agitur, in se consideratum non est voluntarium, sed fit voluntarium in casu, scilicet ad vitandum malum quod timetur.

Sed si quis rectè consideret, magis sunt hujusmodi voluntaria quàm involuntaria; sunt enim voluntaria simpliciter, involuntaria autem secundùm quid. Unumquodque enim simpliciter esse dicitur, secundùm quòd est in actu; secundùm autem quòd est in solá apprehensione, non est simpliciter, sed secundùm quid. Hoc autem quod per metum agitur, secundùm hoc est in actu, secundùm quòd fit. Cùm enim actus sint in singularibus, singulare autem, in quantum hujusmodi, est hìc et nunc; secundùm hoc id quod fit, est in actu, secundùm quòd est hìc et nunc, et sub aliis conditionibus individualibus. Sic autem hoc quod fit per metum, est voluntarium, in quantum scilicet est hìc et nunc, prout scilicet in hoc casu est impedimentum majoris mali quod timebatur; sicut projectio mercium in mare fit voluntarium tempore tempestatis propter timorem periculi; unde manifestum est quòd simpliciter voluntarium est; unde et competit ei ratio voluntarii, quia principium ejus est intra. Sed quòd accipiatur id quod per metum fit, ut extra hunc casum existens, prout repugnat voluntati, hoc non est nisi secundùm rationem tantùm; et ideò est involuntarium secundùm quid, id est prout consideratur extra hunc casum existens.

Ad primum ergo dicendum quòd ea quæ aguntur per metum et per vim, non solùm differunt secundùm præsens et futurum, sed etiam secundùm hoc quòd in eo quod agitur per vim voluntas non consentit, sed omninò est contra motum voluntatis; sed id quod per metum agitur, fit voluntarium, ideò quia motus voluntatis fertur in id, licèt non propter seipsum, sed propter aliud, scilicet ad repellendum malum quod timetur. Sufficit enim ad rationem voluntarii quòd sit propter aliud voluntarium; voluntarium enim est non solùm quod propter seipsum volumus ut finem, sed etiam quod propter aliud volumus ut propter finem. Patet ergo quòd in eo quod per vim agitur, voluntas interior nihil agit; sed in eo quod per metum agitur, voluntas aliquid agit

(1). Et ideò, ut Gregorius Nyssenus dicit, loc. sup. cit., ad excludendum ea quæ per metum aguntur, in definitione violenti non solùm dicitur quòd *violentum est cujus principium est extra*, sed additur, *nihil* (2) *conferente vim passo* ; quia ad id quod agitur·per metum, voluntas timentis aliquid confert.

Ad secundum dicendum quòd ea quæ absolutè dicuntur, quolibet addito, remanent talia, sicut calidum et album ; sed ea quæ relativè dicuntur, variantur secundùm comparationem ad diversa ; quod enim est magnum comparatum huic, est parvum comparatum alteri. Voluntarium autem dicitur aliquid, non solùm propter se quasi absolutè, sed etiam propter aliud quasi relativè. Et ideò nihil prohibet aliquid quod de se non esset voluntarium, alteri comparatum fieri voluntarium per comparationem ad aliud (3).

Ad tertium dicendum quòd illud quod per metum agitur, absque·conditione est voluntarium, id est, secundùm quod actu agitur ; sed involuntarium est sub conditione, id est, si talis metus non immineret. Unde secundùm illam rationem magis potest concludi oppositum.

Articulus VII. — *Utrùm concupiscentia causet involuntarium.* — (2-2, *quæst.* 142, *art.* 1, *corp.*, *et* 2 *Eth.*, *lect.* 3, *cont.* 5, *et lect.* 4.)

Ad septimum sic proceditur. 1. Videtur quòd concupiscentia causet involuntarium. Sicut enim metus est quædam passio, ita et concupiscentia. Sed metus causat quodam modo involuntarium. Ergo etiam concupiscentia.

2. Præterea, sicut per timorem timidus agit contra id quod proponebat, ita in continens propter concupiscentiam. Sed timor aliquo modo·causat involuntarium. Ergo et concupiscentia.

3. Præterea, ad voluntarium requiritur cognitio. Sed concupiscentia corrumpit cognitionem ; dicit enim Philosophus in 6 Ethicor., cap. 5, quòd delectatio, sive concupiscentia delectationis corrumpit æstimationem prudentiæ. Ergo concupiscentia causat involuntarium.

Sed contra est quod Damascenus dicit, lib. 2 Fid. orth. cap. 24, ut jam sup.: *Involuntarium est misericordiâ vel indulgentiâ dignum, et cum tristitiâ agitur.* Sed neutrum horum competit ei quod per concupiscentiam agitur. Ergo concupiscentia non causat involuntarium.

Respondeo dicendum quòd concupiscentia non causat involuntarium, sed magis facit aliquid voluntarium. Dicitur enim aliquid voluntarium ex eo quòd voluntas in id fertur ; per concupiscentiam autem voluntas inclinatur ad volendum id quod concupiscit ; et ideò concupiscentia magis facit ad hoc quòd aliquid sit voluntarium, quàm quòd sit involuntarium.

(1) Ita codd. Alcan. et Camer. cum Nicolaio. Edit. Rom. et Patav. expungunt ex textu, *sed in eo quod per metum agitur, voluntas aliquid agit.*

(2) Perperàm editio Duacensis, aliæque, *nullam.*

(3) An *ad illud?* an verò redundat *per comparationem ad illud?*

Ad primum ergo dicendum quòd timor est de malo, concupiscentia autem respicit bonum ; malum autem secundùm se contrariatur voluntati, sed bonum est voluntati consonum. Unde magis se habet timor ad causandum involuntarium quàm concupiscentia.

Ad secundum dicendum quòd in eo qui per metum aliquid agit, manet repugnantia voluntatis ad id quod agitur secundùm quòd in se consideratur ; sed in eo qui agit aliquid per concupiscentiam (sicut est incontinens), non manet prior voluntas, quæ repudiabat illud quod concupiscitur ; sed mutatur ad volendum id quod priùs repudiabat. Et ideò quod per metum agitur, quodam modo est involuntarium ; sed quod per concupiscentiam agitur, nullo modo. Nam incontinens concupiscentiæ agit contra id quod priùs proponebat, non autem contra id quod nunc vult ; sed timidus agit contra id quod etiam nunc secundùm se vult.

Ad tertium dicendum quòd si concupiscentia totaliter cognitionem auferret, sicut contingit in illis qui propter concupiscentiam fiunt amentes, sequeretur quòd concupiscentia voluntarium tolleret ; nec tamen propriè esset ibi involuntarium, quia in his quæ usum rationis non habent, neque voluntarium est, neque involuntarium. Sed quandoque in his quæ per concupiscentiam aguntur, non totaliter tollitur cognitio, quia non tollitur potestas cognoscendi, sed solùm consideratio actualis in particulari agibili ; et tamen hoc ipsum est voluntarium, secundùm quòd voluntarium dicitur quod est in potestate voluntatis, ut non agere et non velle ; similiter autem et non considerare : potest enim voluntas passioni resistere, ut infra dicitur, quæst. 77, 6 et 7.

Articulus VIII. — *Utrùm ignorantia causet involuntarium.* — (*Infr.*, qu. 19, art. 6, *corp.*, *et* qu. 76, *art.* 3 *et* 4 ; *et* 1, *dist.* 39, qu. 1, art. 1, ad 3, *et dist.* 43, *art.* 1, ad 2, *et Mal. quæst.* 3, *art.* 8, *corp.*)

Ad octavum sic proceditur. 1. Videtur quòd ignorantia non causet involuntarium. Involuntarium enim veniam meretur, ut Damascenus dicit, lib. 2 orth. Fid., cap. 24. Sed interdùm quod per ignorantiam agitur, veniam non meretur, secundùm illud 1 ad Corinth. 14, 38 : *Si quis ignorat, ignorabitur.* Ergo ignorantia non causat involuntarium.

2. Præterea, omne peccatum est cum ignorantiâ, secundùm illud Prov. 14, 22 : *Errant qui operantur malum.* Si igitur ignorantia involuntarium causaret, sequeretur quòd omne peccatum esset involuntarium, quod est contra Augustinum dicentem, lib. 1 Retract., cap. 15, circ. med., quòd *omne peccatum est voluntarium.*

3. Præterea, involuntarium cum tristitiâ est, ut Damascenus dicit, loc. sup. cit. Sed quædam ignoranter aguntur et sine tristitiâ, putà si aliquis occidit hostem, quem quærit occidere putans occidere cervum. Ergo ignorantia non causat involuntarium.

Sed contra est quod Damascenus, loc. nunc dicto, et Philosophus, 3 Eth., cap. 1, dicunt quòd *involuntarium quoddam est per igno-rantiam.*

Respondeo dicendum quòd ignorantia habet causare involuntarium eâ ratione quâ privat cognitionem quæ præexigitur ad voluntarium ut supra dictum est, art. 2 hujus quæst., non tamen quælibet ignorantia hujusmodi cognitionem privat.

Et ideò sciendum quòd ignorantia tripliciter se habet ad actum voluntatis : uno modo concomitanter, alio modo consequenter, tertio modo antecedenter. Concomitanter quidem, quando ignorantia est de eo quod agitur, tamen etiamsi sciretur, nihilominùs ageretur. Tunc enim ignorantia non inducit ad volendum ut hoc fiat; sed accidit simul esse aliquid factum et ignoratum; sicut in exemplo posito, scilicet cùm aliquis vellet quidem occidere hostem, sed ignorans occidit eum, putans occidere cervum. Et talis ignorantia non facit involuntarium, ut Philosophus dicit, loc. prox. cit., quia non causat aliquid quod sit repugnans voluntati; sed facit non voluntarium, quia non potest esse actu volitum quod ignoratum est.

Consequenter autem se habet ignorantia ad voluntatem, in quantum ipsa ignorantia est voluntaria; et hoc contingit dupliciter, secundùm duos modos voluntarii supra positos, art. 3 hujus quæst., ad 1 : uno modo quia actus voluntatis fertur in ignorantiam; sicut cùm aliquis ignorare vult, vel ut excusationem peccati habeat, vel ut non retrahatur à peccando, secundùm illud Job. 21, 14 : *Scientiam viarum tuarum nolumus;* et hæc dicitur *ignorantia affectata.* Alio modo dicitur ignorantia voluntaria ejus quod quis potest scire et debet; sic enim non agere et non velle voluntarium dicitur, ut supra dictum est, art. 3 huj. quæst. Hoc igitur modo dicitur ignorantia, sive cùm aliquis actu non considerat quod considerare potest et debet, quæ est *ignorantia malæ electionis;* vel ex passione, vel ex habitu proveniens; sive cùm aliquis notitiam quam debet habere, non curat acquirere ; et secundùm hunc modum, *ignorantia universalium juris,* quæ quis scire tenetur, voluntaria dicitur, quasi per negligentiam proveniens. Cùm autem ipsa ignorantia sit voluntaria aliquo istorum modorum, non potest causare simpliciter involuntarium; causat tamen secundùm quid involuntarium, in quantum præcedit motum voluntatis ad aliquid agendum, qui non esset scientiâ præsente.

Antecedenter autem se habet ad voluntatem ignorantia, quando non est voluntaria, et tamen est causa volendi quod aliàs non vellet; sicut cùm aliquis homo ignorat aliquam crcumstantiam actûs, quam non tenebatur scire, et ex hoc aliquid agit, quod non faceret, si sciret, puta cùm aliquis diligentiâ adhibitâ nesciens aliquem transire per viam, projicit sagittam, quâ interficit transeuntem; et talis ignorantia causat involuntarium simpliciter.

Et per hoc patet responsio ad objecta. Nam prima ratio procedit de ignorantiâ eorum quæ quis tenetur scire; secunda autem, de ignorantiâ electionis, quæ quodammodò est voluntaria, ut dictum est in corp. art. Tertia verò, de ignorantiâ quæ concomitanter se habet ad voluntatem.

QUÆSTIO VII.

DE CIRCUMSTANTIIS HUMANORUM ACTUUM. —
(*In quatuor articulos divisa.*)

Deinde considerandum est de circumstantiis humanorum actuum; et circa hoc quæruntur quatuor : 1° quid sit circumstantia; 2° utrùm circumstantiæ sint circa humanos actus attendendæ à theologo; 3° quot sunt circumstantiæ; 4° quæ sunt in eis principaliores.

ARTICULUS PRIMUS. — *Utrùm circumstantia sit accidens actûs humani. —* (*Inf.*, art. 3, corp., et quæst. 18, art. 3; et 4, dist. 16, quæst. 3, art. 1, quæst. 1, et Mal..quæst. 2, art. 4, ad 5, et art. 5, in corp., et 3 Eth., lect. 5, cont. 2, fin.)

Ad primum sic proceditur. 1. Videtur quòd circumstantia non sit accidens actûs humani; dicit enim Tullius in Rhetoricis (quid simile habet 1 de Invent.), quòd *circumstantia est per quam argumentationi auctoritatem et firmamentum adjungit oratio.* Sed oratio dat firmamentum argumentationi præcipuè ab his quæ sunt de substantiâ rei (1), ut definitio, genus, species, et alia hujusmodi, à quibus etiam Tullius, in Topicis ad Trebat., oratorem argumentari docet. Ergo circumstantia non est accidens humani actûs.

2. Præterea, accidentis proprium est inesse. Quod autem circumstat, non inest, sed magis est extra. Ergo circumstantiæ non sunt accidentia humanorum actuum.

3. Præterea, accidentis non est accidens. Sed ipsi humani actus sunt quædam accidentia. Non ergo circumstantiæ sunt accidentia actuum.

Sed contra, particulares conditiones cujuslibet rei singularis dicuntur accidentia individuantia ipsam. Sed Philosophus, in 3 Eth., cap. 1, ante med., circumstantias nominat *particularia,* id est, particulares singulorum actuum conditiones. Ergo circumstantiæ sunt accidentia individualia humanorum actuum.

Respondeo dicendum quòd quia *nomina,* secundùm Philosophum, lib. 1 Periher., cap. 1, *sunt signa intellectuum,* necesse est quòd secundùm processum intellectivæ cognitionis sit etiam nominationis processus. Procedit autem nostra cognitio intellectualis à notioribus ad minùs nota; et ideò apud nos à notioribus nomina transferuntur ad significandum res minùs notas. Et inde est quòd, sicut dicitur in 10 Metaphys., text. 13 et 14, ab his quæ sunt secundùm locum, processit nomen distantiæ ad omnia contraria; et similiter nominibus pertinentibus ad motum localem utimur ad significandum alios motus, eò quòd corpora, quæ loco circumscribuntur, sunt maximè nobis nota. Et inde est quòd nomen

---

(1) Ita cod. Alcan. Garcia, Nicolaius, et edit. Pat, Edit. Rom., *quæ sunt subjecta rei.*

Ad tertium dicendum quòd illud quod non est ens in rerum naturâ, accipitur ut ens in ratione; unde negationes et privationes entia dicuntur rationis; per quem etiam modum futura, prout apprehenduntur, sunt entia. In quantum igitur sunt hujusmodi entia, apprehenduntur sub ratione boni; et sic voluntas in ea tendit. Unde Philosophus dicit in 5 Eth., cap. 1, à princ., quòd *carere malo habet rationem boni.*

ARTICULUS II. — *Utrùm voluntas sit tantùm finis, an etiam eorum quæ sunt ad finem.* — (*Ver. quæst. 22, art. 3, ad 9.*)

Ad secundum sic proceditur. 1. Videtur quòd voluntas non sit eorum quæ sunt ad finem, sed tantùm finis. Dicit enim Philosophus, in 3 Ethic., cap. 2, quòd *voluntas est finis, electio autem eorum quæ sunt ad finem.*

2. Præterea, ad ea quæ sunt diversa genere, diversæ potentiæ animæ ordinantur, ut dicitur in 6 Ethic., cap. 1, à med. Sed finis et ea quæ sunt ad finem sunt in diverso genere boni; nam finis, qui est bonum honestum vel delectabile, est in genere qualitatis, vel actionis aut passionis; bonum autem, quod dicitur utile, quod est ad finem, est in *ad aliquid,* ut dicitur in 1 Eth., cap. 6. Ergo, si voluntas est finis, non erit eorum quæ sunt ad finem.

3. Præterea, habitus proportionantur potentiis, cùm sint earum perfectiones. Sed in habitibus, qui dicuntur artes operativæ, ad aliud pertinet finis, et ad aliud quod est ad finem; sicut ad gubernationem pertinet usus navis, qui est finis ejus; ad navifactivam verò constructio navis, quæ est propter finem. Ergo, cùm voluntas sit finis, non erit eorum quæ sunt ad finem.

Sed contra est quia in rebus naturalibus per eamdem potentiam aliquid pertransit media, et pertingit ad terminum. Sed ea quæ sunt ad finem, sunt quædam media, per quæ pervenitur ad finem sicut ad terminum. Ergo, si voluntas est finis, ipsa etiam est eorum quæ sunt ad finem.

Respondeo dicendum quòd voluntas quandoque dicitur ipsa potentia quâ volumus, quandoque autem ipse voluntatis actus.

Si ergo loquamur de voluntate, secundùm quòd nominat potentiam, sic se extendit et ad finem, et ad ea quæ sunt ad finem. Ad ea enim se extendit unaquæque potentia in quibus inveniri potest quocumque modo ratio sui objecti; sicut visus se extendit ad omnia quæcumque participant quocumque modo colorem. Ratio autem boni, quod est objectum potentiæ voluntatis, invenitur non solùm in fine, sed etiam in his quæ sunt ad finem.

Si autem loquamur de voluntate secundùm quòd nominat propriè actum, sic propriè loquendo est finis tantùm. Omnis enim actus denominatus à potentiâ nominat simplicem actum illius potentiæ, sicut intelligere nominat simplicem actum intellectûs. Simplex autem actus potentiæ est in id quod est secundùm se objectum potentiæ. Id autem quod est propter se bonum et volitum, est finis; unde voluntas propriè est ipsius finis. Ea verò quæ sunt ad finem, non sunt bona, vel velita

propter seipsa, sed ex ordine ao finem; unde voluntas in ea non fertur, nisi quatenùs fertur in finem; unde hoc ipsum quod in eis vult est finis; sicut et intelligere propriè est eorum quæ secundùm se cognoscuntur, scilicet principiorum; eorum autem quæ cognoscuntur per principia, non dicitur esse intelligentia, nisi in quantum in eis ipsa principia considerantur. Sic enim se habet finis in appetibilibus, sicut se habet principium in intelligibilibus, ut dicitur in 7 Ethic., cap. 8.

Ad primum ergo dicendum quòd Philosophus loquitur de voluntate secundùm quòd propriè nominat simplicem actum voluntatis, non autem secundùm quòd nominat potentiam.

Ad secundum dicendum quòd ad ea quæ sunt diversa genere, ex æquo se habentia, ordinantur diversæ potentiæ, sicut sonus et color sunt diversa genera sensibilium, ad quæ ordinantur auditus et visus. Sed *utile* et *honestum* non ex æquo se habent, sed sicut quod est *secundùm se,* et *secundùm alterum.* Hujusmodi autem semper referuntur ad eamdem potentiam; sicut per potentiam visivam sentitur et color, et lux, per quam color videtur.

Ad tertium dicendum quòd non quidquid diversificat habitum, diversificat potentiam. Habitus enim sunt quædam determinationes potentiarum ad aliquos speciales actus. Et tamen quælibet ars operativa considerat et finem, et id quod est ad finem; nam ars gubernativa considerat quidem finem ut quem operatur; id autem quod est ad finem, ut quod imperat; è contra verò navifactiva considerat id quod est ad finem, ut quod operatur; id verò quod est finis, ut ad quod ordinat id quod operatur. Et iterùm in unaquâque arte operativâ est et aliquis finis proprius, et aliquid quod est ad finem, quod propriè ad illam artem pertinet.

ARTICULUS III. — *Utrùm voluntas eodem actu moveatur in finem, et in id quod est ad finem.* — (*Inf., quæst. 12, art. 4, corp., et 3, dist. 14, art. 2, quæst. 4, corp., quæst. 2, art. 24, corp., et ad 3.*)

Ad tertium sic proceditur. 1. Videtur quòd eodem actu voluntas feratur in finem, et in id quod est ad finem, quia, secundùm Philosophum, 3 Topic., cap. 2, in explicat. loci 22, *ubi est unum propter alterum, ibi est unum tantùm.* Sed voluntas non vult id quod est ad finem nisi propter finem. Ergo eodem actu movetur in utrumque.

2. Præterea, finis est ratio volendi ea quæ sunt ad finem, sicut lumen est ratio visionis colorum. Sed eodem actu videtur lumen et color. Ergo idem est motus voluntatis quo vult finem, et ea quæ sunt ad finem.

3. Præterea, idem numero motus naturalis est qui per media tendit ad ultimum. Sed ea quæ sunt ad finem, comparantur ad finem sicut media ad ultimum. Ergo idem motus voluntatis est quo voluntas fertur in finem, et in ea quæ sunt ad finem.

Sed contra, actus diversificantur secundùm objecta. Sed diversæ species boni sunt finis et id quod est ad finem, quod dicitur

prout secundùm eas invenitur, vel prætermittitur medium virtutis in humanis actibus
et passionibus; ad politicum autem et rhetorem, secundùm quòd ex circumstantiis actus
redduntur laudabiles vel vituperabiles, excu-
sabiles vel accusabiles. Diversimodè tamen;
nam quod rhetor persuadet, politicus dijudicat; ad theologum autem, cui omnes aliæ
• artes deserviunt, pertinet omnibus modis
prædictis. Nam ipse habet considerationes de
actibus virtuosis et vitiosis cum morali; et
considerat actus secundùm quòd merentur
pœnam vel præmium cum rhetore et politico.

ARTICULUS III. — *Utrùm convenienter enume-*
rentur circumstantiæ in 3 Ethicorum. — (4,
dist. 16, *quæst.* 111, *art.* 1, *quæst.* 2 *et* 3, *et*
Mal. quæst. 11, *art.* 6.)

Ad tertium sic proceditur. 1. Videtur quòd
inconvenienter circumstantiæ numerentur in
3 Ethic., cap. 1, à med. Circumstantia enim
actûs dicitur quod exteriùs se habet ad
actum. Hujusmodi autem sunt tempus et locus. Ergo solæ duæ sunt circumstantiæ, scilicet *quando* et *ubi.*

2. Præterea, ex circumstantiis accipitur
quid benè vel malè fiat. Sed hoc pertinet ad
modum actûs. Ergo omnes circumstantiæ
includuntur sub unâ, quæ est modus agendi.

3. Præterea, circumstantiæ non sunt de
substantiâ actûs. Sed ad substantiam actûs
pertinere videntur causæ ipsius actûs. Ergo
nulla circumstantia debet sumi ex causâ (1)
ipsius actûs. Sic ergo neque *quis,* neque *pro-*
pter quid, neque *circa quid,* sunt circumstantiæ; nam *quis* pertinet ad causam efficientem,
propter quid ad finalem, *circa quid* ad materialem.

Sed contra est auctoritas Philosophi in 3
Ethicor., loc. sup. cit.

Respondeo dicendum quòd Tullius in suâ
Rhetoricâ, æquivalenter 1 de Invent., assignat septem circumstantias, quæ hoc versu
continentur:

Quis, quid, ubi, quibus auxiliis, cur, quomodò, quando.

Considerandum est enim in actibus, *quis* fecit, *quibus auxiliis,* vel instrumentis fecerit,
quid fecerit, *ubi* fecerit, *cur* fecerit, *quomodò*
fecerit, et *quando* fecerit. Sed Aristoteles in 3
Ethic., loc. cit., addit aliam, scilicet *circa*
quid, quæ à Tullio comprehenditur sub *quid.*

Et ratio hujus annumerationis sic accipi
potest: nam circumstantia dicitur quasi
extra substantiam actûs existens, ita tamen
quòd aliquo modo attingit ipsum. Contingit
autem hoc fieri tripliciter: uno modo, in
quantum attingit ipsum actum; alio modo,
in quantum attingit causam actûs; tertio
modo, in quantum attingit effectum. Ipsum
autem actum attingit vel per modum mensuræ, sicut tempus et locus; vel per modum
qualitatis actûs, sicut modus agendi. Ex parte
autem effectûs, ut cùm consideratur *quid* aliquis fecerit. Ex parte verò causæ actûs,

quantùm ad causam finalem, accipitur *pro-*
pter quid; ex parte autem causæ materialis,
sive objecti accipitur *circa quid;* ex parte
verò causæ agentis principalis accipitur *quis*
egerit; ex parte verò causæ agentis instru-
mentalis accipitur *quibus auxiliis.*

Ad primum ergo dicendum quòd tempus
et locus circumstant actum per modum mensuræ; sed alia circumstant actum, in quantum attingunt ipsum quocumque alio modo
extra substantiam ejus existentia.

Ad secundum dicendum quòd iste modus
qui est *benè* vel *malè,* non ponitur circumstantia, sed consequens ad omnes circumstantias. Sed specialis circumstantia ponitur
modus qui pertinet ad qualitatem actûs; putà
quòd aliquis ambulet velociter vel tardè; et
quòd aliquis percutiat fortiter vel remissè; et
sic de aliis.

Ad tertium dicendum quòd illa conditio
causæ, ex quâ substantia actûs dependet, non
dicitur circumstantia, sed aliqua conditio adjuncta; sicut in objecto non dicitur circumstantia furti quòd sit *alienum;* hoc enim pertinet ad substantiam furti; sed quòd sit *ma-*
gnum vel *parvum :* et similiter est de aliis
circumstantiis, quæ accipiuntur ex parte aliarum causarum. Non enim finis, qui dat speciem actûs, est circumstantia, sed aliquis finis adjunctus; sicut quòd fortis fortiter agat
propter bonum fortitudinis, non est circumstantia; sed si fortiter agat propter liberationem civitatis, vel propter Christum (1),
vel aliquid hujusmodi. Similiter etiam (2) ex
parte ejus quod est *quid;* nam quòd aliquis
perfundens aliquem aquâ, abluat ipsum, non
est circumstantia ablutionis; sed quòd ab-
luendo infrigidet, vel calefaciat, et sanet, vel
noceat, hoc est circumstantia.

ARTICULUS IV. — *Utrùm sint principales cir-*
cumstantiæ, propter quid, *et ea in quibus*
est operatio. — (4, *dist.* 16, *quæst.* 3, *art.* 2,
quæst. 2, *et dist.* 33, *quæst.* 1, *art.* 3, *quæst.*
2 *ad* 4, *et* 3 *Eth., lect.* 3, *fin.*)

Ad quartum sic proceditur. 1. Videtur quòd
non sint principales circumstantiæ *propter*
quid; et ea in quibus est operatio, ut dicitur
in 3 Ethic., cap. 1, à med. Ea enim in quibus
est operatio, videntur esse locus et tempus;
quæ non videntur esse principalia inter circumstantias, cùm sint maximè extrinseca
ab actu. Ea ergo in quibus est operatio, non
sunt principalissimæ circumstantiarum.

2. Præterea, finis est extrinsecus rei. Non
ergo videtur esse principalissima circumstantiarum.

3. Præterea, principalissimum in unoquoque est causa ejus, et forma. Sed causa ipsius
actûs est persona agens; forma autem actûs
est modus ipsius. Ergo istæ duæ circumstantiæ
videntur esse principalissimæ.

Sed contra est quod Gregorius Nyssenus
(vel Nemes., lib. de Nat. hom. cap. 31), dicit
quòd principalissimæ circumstantiæ sunt

_____

(1) Ita emendat Garcia ex Conrado, quem sequuntur
editi passim. Cod. Alcan. et edit. Rom., *ex substan-*
tiâ.

(1) Ita edit. Patav. Edit. Rom. et Nicolaius, *vel po-*
puli christiani.

(2) Ita codd. Alcan. et Tarrac. cum editis passim
Edit. Rom. cum aliis, *intelligitur etiam.*

cujus gratiâ agitur, et quid est quod agitur.

Respondeo dicendum quòd actus propriè dicuntur humani, sicut supra dictum est, quæst. 1, art. 1, prout sunt voluntarii. Voluntatis autem motivum et objectum est finis.

Et ideò principalissima est omnium circumstantiarum illa quæ attingit actum ex parte finis; scilicet cujus gratiâ; secundaria verò quæ attingit ipsam substantiam actûs; id est, *quid fecit.*

Aliæ verò circumstantiæ sunt magis vel minùs principales, secundùm quòd magis vel minùs ad has appropinquant.

Ad primum ergo dicendum quòd per ea in quibus est operatio, Philosophus non intelligit tempus et locum, sed ea quæ adjunguntur ipsi actui. Unde Gregorius Nyssenus (loc. sup. cit.), quasi exponens dictum Philosophi, loco ejus quod Philosophus dixit, *in quibus est operatio,* dicit, *quid agitur.*

Ad secundum dicendum quòd finis etsi non sit de substantiâ actûs, est tamen causa actûs principalissima, in quantum movet agentem ad agendum. Unde et maximè actus moralis speciem habet ex fine.

Ad tertium dicendum quòd persona agens causa est actûs, secundùm quòd movetur à fine; et secundùm hoc principaliter ordinatur ad actum; aliæ verò conditiones personæ non ita principaliter ordinantur ad actum. Modus etiam non est substantialis forma actûs (hæc enim attenditur in actu secundùm objectum, vel finem et terminum), sed est quasi quædam qualitas accidentalis.

QUÆSTIO VIII.

DE VOLUNTATE, QUORUM SIT UT VOLITORUM. —
(In tres articulos divisa.)

Deinde considerandum est de ipsis actibus voluntatis in speciali; et primò de actibus qui sunt immediatè ipsius voluntatis, velut à voluntate eliciti; secundò de actibus imperatis à voluntate. Voluntas autem movetur et in finem, et in ea quæ sunt ad finem.

Primò igitur considerandum est de actibus voluntatis quibus movetur in finem; et deinde de actibus ejus quibus movetur in ea quæ sunt ad finem. Actus autem voluntatis in finem videntur esse tres, scilicet *velle, frui et intendere.* Primò ergo considerabimus de voluntate; secundò de fruitione; tertiò de intentione.

Circa primum consideranda sunt tria: primò quidem quorum voluntas sit; secundò, à quo moveatur; tertiò, quomodò moveatur.

Circa primum quæruntur tria : 1° utrùm voluntas sit tantùm boni; 2° utrùm sit tantùm finis, an etiam eorum quæ sunt ad finem; 3° si est aliquo modo eorum quæ sunt ad finem, utrùm uno motu moveatur in finem et in ea quæ sunt ad finem.

ARTICULUS PRIMUS. — *Utrùm voluntas sit tantùm boni.* —(1 p., quæst. 16, art. 9, corp.; et 1, dist. 46, art. 2, ad 2; et 2, dist. 3, quæst. 4 ad 2; et 4, dist. 49, quæst. 1, art. 3, quæst. 1, corp., et 1 cont, cap. 96, § 2, et Ver. quæst. 14, art. 2, corp.)

Ad primum sic proceditur. 1. Videtur quòd voluntas non tantùm sit boni. Eadem enim est potentia oppositorum, ex Ethic. 5, cap. 1, sicut visus albi et nigri. Sed bonum et malum sunt opposita. Ergo voluntas non solùm est boni, sed etiam mali.

2. Præterea, potentiæ rationales se habent ad opposita prosequenda, secundùm Philosophum, lib. 9 Met., text. 3. Sed voluntas est potentia rationalis; est enim in ratione, ut dicitur in 3 de Animâ, text. 42. Ergo voluntas se habet ad opposita; non ergo tantùm ad volendum bonum, sed etiam ad volendum malum.

3. Præterea, bonum et ens convertuntur. Sed voluntas non solùm est entium, sed etiam non entium; volumus enim quandoque non ambulare, et non loqui; volumus etiam interdùm quædam futura, quæ non sunt entia in actu. Ergo voluntas non tantùm est boni.

Sed contra est quod Dionysius dicit cap. 4, de div. Nom., lect. 9 et 22, quòd *malum est præter voluntatem,* et quòd *omnia bonum appetunt.*

Respondeo dicendum quòd voluntas est appetitus quidam rationalis; omnis autem appetitus non est nisi boni. Cujus ratio est quia appetitus nihil aliud est quàm quædam inclinatio appetentis in aliquid. Nihil autem inclinatur nisi in aliquid simile et conveniens. Cùm igitur omnis res, in quantum est ens et substantia, sit quoddam bonum, necesse est ut omnis inclinatio sit in bonum. Et inde est quod Philosophus dicit in Ethic., in princ., quòd *bonum est quod omnia appetunt.*

Sed considerandum est quòd cùm omnis inclinatio consequatur aliquam formam, appetitus naturalis consequitur formam in naturâ existentem; appetitus autem sensitivus, vel etiam intellectivus, seu rationalis, qui dicitur *voluntas,* sequitur formam apprehensam. Sicut igitur id in quod tendit appetitus naturalis, est bonum existens in re, ita id in quod tendit et appetitus animalis, vel voluntarius, est bonum apprehensum. Ad hoc igitur quòd voluntas in aliquid tendat, non requiritur quòd sit bonum in rei veritate, sed quòd apprehendatur in ratione boni; et propter hoc Philosophus dicit in 2 Physic., text. 31, quòd *finis est bonum, vel apparens bonum.*

Ad primum ergo dicendum quòd eadem potentia est oppositorum, sed non eodem modo se habet ad utrumque. Voluntas igitur se habet et ad bonum et ad malum; sed ad bonum, appetendo ipsum; ad malum verò, fugiendo illud. Ipse ergo actualis appetitus boni vocatur *voluntas,* secundùm quòd voluntas nominat actum voluntatis; sic enim nunc loquimur de voluntate; fuga autem mali magis dicitur *noluntas.* Unde sicut *voluntas* est boni, ita *noluntas* est mali.

Ad secundum dicendum quòd potentia rationalis non se habet ad quælibet opposita prosequenda, sed ad ea quæ sub suo objecto convenienti continentur. Nam nulla potentia prosequitur nisi suum conveniens objectum. Objectum autem voluntatis est bonum; unde ad illa opposita prosequenda se habet voluntas quæ sub bono comprehenduntur; sicut moveri et quiescere, loqui et tacere, et alia hujusmodi; in utrumque enim horum fertur voluntas sub ratione boni.

circumstantiæ ab his quæ in loco sunt, derivatur ad actus humanos.

Dicitur autem in localibus aliquid circumstare, quod est quidem extrinsecum à re, tamen attingit ipsam, vel appropinquat ei secundùm locum. Et ideò quæcumque conditiones sunt extra substantiam actûs, et tamen attingunt aliquo modo actum humanum, *circumstantiæ* dicuntur. Quod autem est extra substantiam rei, ad rem ipsam pertinens, accidens ejus dicitur. Unde circumstantiæ actuum humanorum accidentia eorum dicendæ sunt.

Ad primum ergo dicendum quòd oratio quidem dat firmamentum argumentationi primo ex substantiâ actûs, secundariò verò ex his quæ circumstant actum; sicut primò accusabilis redditur aliquis ex hoc quòd homicidium fecit, secundariò verò ex hoc quòd dolo fecit, vel propter lucrum, vel in tempore, vel in loco sacro, aut aliquid aliud hujusmodi. Et ideò signanter dicit quòd per circumstantiam oratio argumentationi firmamentum adjungit, quasi secundariò.

Ad secundum dicendum quòd aliquid dicitur accidens alicujus dupliciter, ut patet 5 Metaph., text. 16 : uno modo quia inest ei, sicut *album* dicitur accidens Socratis ; alio modo quia est simul cum eo in eodem subjecto, sicut dicitur quòd *album* accidit musico, in quantum conveniunt et quodammodò se contingunt in uno subjecto. Et per hunc modum dicuntur circumstantiæ accidentia actuum.

Ad tertium dicendum quòd, sicut dictum est in solut. præc., accidens dicitur accidenti accidere propter convenientiam in subjecto. Sed hoc contingit dupliciter : uno modo secundùm quòd duo accidentia comparantur ad unum subjectum absque aliquo ordine, sicut *album* et *musicum*, ad Socratem ; alio modo cum aliquo ordine, putà quia subjectum recipit unum accidens alio mediante, sicut corpus recipit colorem mediante superficie ; et sic unum accidens dicitur etiam alteri inesse ; dicimus enim colorem esse in superficie. Utroque autem modo circumstantiæ se habent ad actus ; nam aliquæ circumstantiæ ordinatæ ad actum pertinent ad agentem non mediante actu, putà locus et conditio personæ, aliquæ verò mediante ipso actu, sicut modus agendi.

ARTICULUS II. — *Utrùm circumstantiæ humanorum actuum sint considerandæ à theologo.* — (4, dist. 16, quæst. 3, art. 1, quæst. 1, ad 2, et quæst. 2, corp.)

Ad secundum sic proceditur. 1. Videtur quòd circumstantiæ humanorum actuum non sint considerandæ à theologo. Non enim considerantur à theologo actus humani, nisi secundùm quòd sunt aliquales, id est, boni vel mali. Sed circumstantiæ non videntur posse facere actus aliquales, quia nihil qualificatur, formaliter loquendo, ab eo quod est extra ipsum, sed ab eo quod in ipso est. Ergo circumstantiæ actuum non sunt à theologo considerandæ.

2. Præterea, circumstantiæ sunt accidentia actuum. Sed uni infinita accidunt ; et ideò,

ut dicitur in 6 Metaph., text. 4, *nulla ars vel scientia est circa ens per accidens, nisi sola sophistica.* Ergo theologus non habet considerare circumstantias humanorum actuum.

3. Præterea, circumstantiarum consideratio pertinet ad rhetorem. Rhetorica autem non est pars theologiæ. Ergo consideratio circumstantiarum non pertinet ad theologum.

Sed contra, ignorantia circumstantiarum causat involuntarium, ut Damascenus, lib. 2 orth. Fid., cap. 24, et Gregorius Nyssenus vel Nemesius, lib. de Nat. hom., cap. 31, dicunt. Sed involuntarium excusat à culpâ, cujus consideratio pertinet ad theologum. Ergo et consideratio circumstantiarum ad theologum pertinet.

Respondeo dicendum quòd circumstantiæ pertinent ad considerationem theologi triplici ratione.

Primò quidem quia theologus considerat actus humanos secundùm quòd per eos homo ad beatitudinem ordinatur ; omne autem quod ordinatur ad finem, oportet esse proportionatum fini ; actus autem proportionantur fini secundùm commensurationem quamdam, quæ fit per debitas circumstantias. Unde consideratio circumstantiarum ad theologum pertinet.

Secundò quia theologus considerat actus humanos secundùm quòd in eis invenitur bonum et malum, melius et pejus ; et hoc diversificatur secundùm circumstantias, ut infra patebit, qu. 18, art. 10 et 11, et qu. 73, art. 7.

Tertiò quia theologus considerat actus humanos secundùm quòd sunt meritorii vel demeritorii, quod convenit actibus humanis ; ad quod requiritur quòd sint voluntarii. Actus autem humanus judicatur voluntarius vel involuntarius secundùm cognitionem vel ignorantiam circumstantiarum, ut dictum est in arg. *Sed contra.* Et ideò consideratio circumstantiarum pertinet ad theologum.

Ad primum ergo dicendum quòd bonum ordinatum ad finem dicitur utile, quòd importat relationem quamdam. Unde Philosophus dicit in 1 Ethic., cap. 6, circa princ., quòd in *ad aliquid* bonum est utile. In his autem quæ *ad aliquid* dicuntur, denominatur aliquid non solùm ab eo quod inest, sed etiam ab eo quod extrinsecùs adjacet ; ut patet in dextro et sinistro, æquali et inæquali, et similibus. Et ideò cùm bonitas actuum sit, in quantum sunt utiles ad finem, nihil prohibet eos bonos vel malos dici secundùm proportionem ad aliqua quæ exteriùs adjacent.

Ad secundum dicendum quòd accidentia quæ omninò per accidens se habent, relinquuntur ab omni arte propter eorum incertitudinem et infinitatem. Sed talia accidentia non habent rationem circumstantiæ ; quia ut dictum est, art. præc., sic circumstantiæ sunt extra actum, quòd tamen actum aliquo modo contingant ordinatæ ad ipsum. Accidentia autem per se cadunt sub arte.

Ad tertium dicendum quòd consideratio circumstantiarum pertinet ad moralem et politicum, et ad rhetorem. Ad moralem quidem, autem motus ste violentus, si esset contrarius motui voluntatis, quod in proposito esse non potest, quia sic idem vellet et non vellet.

Ad tertium dicendum quòd voluntas quantùm ad aliquid sufficienter se movet, et in suo ordine, scilicet sicut agens proximum; sed non potest seipsam movere quantùm ad omnia, ut ostensum est in corp. art., unde indiget moveri ab alio, sicut à primo (1) movente.

ARTICULUS V. — *Utrùm voluntas moveatur à corpore cœlesti.* — (1 p., quæst. 115, art. 3 et 5, et 2-2, quæst. 95, art. 5, 6 et 7; et 2, dist. 15, quæst. 1, art. 2 et 3, et 3 cont., cap. 84, usque 93, et Ver. quæst. 5, art. 9 et 10, et opusc. 2, cap. 129, 130 et 161, et opusc. 10, art. 19, et opusc. 25, cap. 5, et opusc. 26.)

Ad quintum sic proceditur. 1. Videtur quòd voluntas humana à corpore cœlesti moveatur. Omnes enim motus varii et multiformes reducuntur, sicut in causam, in motum uniformem, qui est motus cœli, ut probatur in 8 Physic., text. 76, et lib. 4, text. 133. Sed motus humani sunt varii et multiformes, incipientes postquàm priùs non fuerant. Ergo reducuntur in motum cœli sicut in causam, qui est uniformis secundùm naturam.

2. Præterea, secundùm Augustinum, 3 de Trin., cap. 4, in princ., *corpora inferiora moventur per corpora superiora.* Sed motus humani corporis, qui causatur à voluntate, non posset reduci in motum cœli sicut in causam, nisi etiam voluntas à cœlo moveretur. Ergo cœlum movet voluntatem humanam.

3. Præterea, per observationem cœlestium corporum astrologi quædam vera prænuntiant de humanis actibus futuris, qui sunt à voluntate; quod non esset si corpora cœlestia voluntatem hominis movere non possent. Movetur ergo voluntas humana à cœlesti corpore.

Sed contra est quod Damascenus dicit in 2 lib. orth. Fid., cap. 8, parùm ante med., quòd *corpora cœlestia non sunt causæ nostrorum actuum.* Essent autem si voluntas, quæ est humanorum actuum principium, à corporibus cœlestibus moveretur. Non ergo movetur voluntas à corporibus cœlestibus.

Respondeo dicendum quòd eo modo quo voluntas movetur ab exteriori objecto, manifestum est quòd voluntas potest moveri à corporibus cœlestibus, in quantum scilicet corpora exteriora, quæ sensui proposita movent voluntatem, et etiam ipsa organa potentiarum sensitivarum subjacent motibus cœlestium corporum.

Sed eo modo quo voluntas movetur, quantùm ad exercitium actûs, ab aliquo exteriori agente, adhuc quidam posuerunt, corpora cœlestia directè imprimere in voluntatem humanam.

Sed hoc est impossibile. Voluntas enim, ut dicitur in 3 de Animâ, text. 42, est in ratione. Ratio autem est potentia animæ non alligata organo corporali. Unde relinquitur quòd voluntas sit potentia omninò immaterialis et

incorporea. Manifestum est autem quòd nullum corpus agere potest in rem incorpoream, sed potiùs è converso, eò quòd res incorporeæ et immateriales sunt formalioris et universalioris virtutis quàm quæcumque res corporales. Unde impossibile est quòd corpus cœleste imprimat directè in intellectum aut voluntatem. Et propter hoc Aristoteles, in lib. 2 de Animâ, text. 150, recitans opinionem dicentium quòd *talis est voluntas in hominibus, qualem in diem inducit pater deorum, virorumque* (1), scilicet Jupiter, per quem totum cœlum intelligitur, attribuit eis qui ponebant intellectum non differre à sensu. Omnes enim vires sensitivæ, cùm sint actus organorum corporalium, per accidens moveri possunt à cœlestibus corporibus, motis scilicet corporibus quorum sunt actus.

Sed quia dictum est art. 2 hujus quæst., quòd appetitus intellectivus quodammodo movetur ab appetitu sensitivo, indirectè redundat motus cœlestium corporum in voluntatem, in quantum scilicet per passiones appetitûs sensitivi voluntatem moveri contingit.

Ad primum ergo dicendum quòd multiformes motus voluntatis humanæ reducuntur in aliquam causam uniformem, quæ est tamen intellectu et voluntate superior (2); quod non potest dici de aliquo corpore, sed de aliquâ superiori substantiâ immateriali. Unde non oportet quòd motus voluntatis in motum cœli reducatur sicut in causam.

Ad secundum dicendum quòd motus corporales humani reducuntur in motum cœlestis corporis sicut in causam, in quantum ipsa dispositio organorum congrua est ad motum aliqualiter ex impressione cœlestium corporum; et in quantum etiam appetitus sensitivus commovetur ex impressione cœlestium corporum; et ulteriùs in quantum corpora exteriora moventur secundùm motum cœlestium corporum, ex quorum concursu voluntas incipit aliquid velle (3), sicut adveniente frigore incipit aliquis velle facere ignem. Sed ista motio voluntatis est ex parte objecti exteriùs præsentati, non ex parte interioris instinctûs.

Ad tertium dicendum quòd, sicut dictum est art. 2 hujus quæst., et p. 1, quæst. 80 et 81, appetitus sensitivus est actus organi corporalis. Unde nihil prohibet ex impressione corporum cœlestium aliquos esse habiles ad irascendum vel ad concupiscendum, vel ad aliquam hujusmodi passionem; sicut ex complexione naturali plures hominum sequuntur passiones, quibus soli sapientes resistunt. Et ideò ut in pluribus verificantur quæ prænuntiantur de actibus hominum secundùm considerationem cœlestium corporum. Sed

(1) Ita optime ex græco edit. Pat. ann. 1712. Edit. Rom., Patav. an. 1698, aliæque : *Qualem in eis inducit.* Nicolaius, *in dies.* Cod. Alcan.: *In die ducit pater dictorum virorum.*

(2) Ita ex Mss. restituit Nicolaius. Aliæ editiones quas vidimus : *Quæ est in intellectu et voluntate superiorum.*

(3) Ita cod. Alcan. Editi passim cum cod. Camer. addunt, *et non velle.*

(1) Ita edit. Rom. cum Patav. Nicolaius, *proximo.*

movet suo imperio artem ad quam pertinet id quod est ad finem; sicut gubernatoria ars imperat navifactivæ, ut in 2 Physic., text. 25, dicitur. Bonum autem in communi, quod habet rationem finis, est objectum voluntatis; et ideò ex hâc parte voluntas movet alias potentias animæ ad suos actus. Utimur enim aliis potentiis, cùm volumus. Nam fines et perfectiones omnium aliarum potentiarum comprehenduntur sub objecto voluntatis, sicut quædam particularia bona. Semper autem ars vel potentia ad quam pertinet finis universalis, movet ad agendum artem vel potentiam ad quam pertinet finis particularis sub illo universali comprehensus; sicut dux excercitûs, qui intendit bonum commune, scilicet ordinem totius exercitûs, movet suo imperio aliquem ex tribunis, qui intendit ordinem unius aciei.

Sed objectum movet determinando actum ad modum principii formalis, à quo in rebus naturalibus actio specificatur, sicut calefactio à calore. Primum autem principium formale est ens, et verum universale, quod est objectum intellectûs; et ideò isto modo motionis intellectus movet voluntatem, sicut præsentans ei objectum suum.

Ad primum ergo dicendum quòd ex illâ auctoritate non habetur quòd intellectus non moveat, sed quòd non moveat ex necessitate.

Ad secundum dicendum quòd sicut imaginatio formæ sine æstimatione convenientis vel nocivi non movet appetitum sensitivum, ita nec apprehensio veri sine ratione boni et appetibilis. Unde intellectus speculativus non movet, sed intellectus practicus, ut dicitur in 3 de Animâ, text. 46 et seq.

Ad tertium dicendum quòd voluntas movet intellectum quantùm ad exercitium actûs, quia et ipsum verum, quod est perfectio intellectûs, continetur sub universali bono, ut quoddam bonum particulare. Sed quantùm ad determinationem actûs, quæ est ex parte objecti, intellectus movet voluntatem, quia et ipsum bonum apprehenditur secundùm quamdam specialem rationem comprehensam sub universali ratione veri. Et sic patet quòd non est idem movens et motum secundùm idem.

ARTICULUS II. — *Utrùm voluntas moveatur ab appetitu sensitivo.* — (*Inf., art. 5, corp., et quæst. 10, art. 3, et quæst. 77, art. 1, et Verit. quæst. 5, art. 10, corp., et quæst. 22, art. 9, ad 3 et 6.*)

Ad secundum sic proceditur. 1. Videtur quòd voluntas ab appetitu sensitivo moveri non possit. Movens enim et agens est præstantius patiente, ut Augustinus dicit 12 super Gen. ad litt., cap. 16, circa med. Sed appetitus sensitivus est inferior voluntate, quæ est appetitus intellectivus; sicut sensus est inferior intellectu. Ergo appetitus sensitivus non movet intellectum.

2. Præterea, nulla virtus particularis potest facere effectum universalem. Sed appetitus sensitivus est virtus particularis; conse-

quitur enim particularem sensûs apprehensionem. Ergo non potest causare motum voluntatis, qui est universalis, velut consequens apprehensionem universalem intellectûs.

3. Præterea, ut probatur in 8 Phys., text. 40, movens non movetur ab eo quod movet, ut sit motio reciproca. Sed voluntas movet appetitum sensitivum, in quantum appetitus sensitivus obedit rationi. Ergo appetitus sensitivus non movet voluntatem.

Sed contra est quod dicitur Jacobi 1, 14 : *Unusquisque tentatur à concupiscentiâ suâ abstractus et illectus.* Non autem abstraheretur quis à concupiscentiâ, nisi voluntas ejus moveretur ab appetitu sensitivo, in quo appetitu est concupiscentia. Ergo appetitus sensitivus movet voluntatem.

Respondeo dicendum quòd, sicut supra dictum est, art. præc., id quod apprehenditur sub ratione boni et convenientis, movet voluntatem per modum objecti. Quòd autem aliquid videatur bonum et conveniens, ex duobus contingit, scilicet ex conditione ejus quod proponitur, et ejus cui proponitur; conveniens enim secundùm relationem dicitur, unde ex utroque extremorum dependet. Et inde est quòd gustus diversimodè dispositus non eodem modo accipit aliquid ut conveniens, et ut non conveniens. Unde Philosophus dicit in 3 Ethic., cap. 5, à med. : *Qualis unusquisque est, talis finis videtur ei.*

Manifestum est autem quòd secundùm passionem appetitûs sensitivi immutatur homo ad aliquam dispositionem : unde secundùm quòd homo est in passione aliquâ, videtur ipsi aliquid conveniens, quod non videtur ei extra passionem existenti; sicut irato videtur bonum quod non videtur quieto; et per hunc modum ex parte objecti appetitus sensitivus movet voluntatem.

Ad primum ergo dicendum quòd nihil prohibet id quod est simpliciter et secundùm se præstantius, quoad aliquid esse debilius. Voluntas igitur simpliciter præstantior est quàm appetitus sensitivus; sed quoad illum in quo passio dominatur, in quantum subjacet passioni, præeminet appetitus sensitivus.

Ad secundum dicendum quòd actus et electiones hominum sunt circa singularia; unde ex hoc ipso quòd appetitus sensitivus est virtus particularis, habet magnam virtutem ad hoc quòd per ipsum sic disponatur homo, ut ei aliquid videatur sic vel aliter circa singularia.

Ad tertium dicendum quòd, sicut Philosophus dicit in 1 Polit., cap. 3, post med., ratio, in quâ est voluntas, movet suo imperio irascibilem et concupiscibilem; non quidem despotico principatu, sicut movetur servus à domino; sed principatu regali, seu politico, sicut liberi homines reguntur à gubernante, qui tamen possunt contra movere. Unde et irascibilis et concupiscibilis possunt in contrarium movere voluntatem; et sic nihil prohibet voluntatem aliquando ab eis moveri.

ARTICULUS III. — *Utrùm voluntas moveat seipsam.*— (*Ver., quæst.* 22, *art.* 9, *corp., et ad* 1*, et Mal. quæst.* 3, *art.* 3*, corp., et quæst.* 6*, corp., et ad* 4.)

Ad tertium sic procedilur. 1. Videtur quòd voluntas non moveat seipsam. Omne enim movens, in quantum hujusmodi, est in actu; quod autem movetur, est in potentiâ; nam motus est *actus existentis in potentiâ, in quantum hujusmodi.* Sed non est idem in potentiâ et in actu respectu ejusdem. Ergo nihil movet seipsum; neque ergo voluntas seipsam movere potest.

2. Præterea, mobile movetur ad præsentiam moventis. Sed voluntas semper sibi est præsens. Si ergo seipsam moveret, semper moveretur; quod patet esse falsum.

3. Præterea, voluntas movetur ab intellectu, ut dictum est art. 1 huj. quæst. Si igitur voluntas movet seipsam, sequitur quòd idem simul moveatur à duobus motoribus immediatè; quod videtur inconveniens. Non ergo voluntas movet seipsam.

Sed contra est quia voluntas domina est sui actûs, et in ipsâ est velle et non velle; quod non esset si non haberet in potestate movere seipsam ad volendum. Ergo ipsa movet seipsam.

Respondeo dicendum quòd, sicut supra dictum est, art. 1 hujus quæst., ad voluntatem pertinet movere alias potentias ex ratione finis, qui est voluntatis objectum. Sed, sicut dictum est, quæst. præc., art. 2, hoc modo se habet finis in appetibilibus, sicut principium in intelligibilibus.

Manifestum est autem quòd intellectus per hoc quòd cognoscit principium, reducit seipsum de potentiâ in actum, quantùm ad cognitionem conclusionum; et hoc modo movet seipsum; et similiter voluntas per hoc quòd vult finem movet seipsam ad volendum ea quæ sunt ad finem.

Ad primum ergo dicendum quòd voluntas non secundùm idem movet et movetur; unde nec secundùm idem est in actu et in potentiâ; sed in quantum actu vult finem, reducit se de potentiâ in actum respectu eorum quæ sunt ad finem, ut scilicet actu ea velit.

Ad secundum dicendum quòd potentia voluntatis semper actu est sibi præsens; sed actus voluntatis, quo vult finem aliquando, non semper est in ipsâ voluntate; per hunc autem modum movet seipsam. Unde non sequitur quòd seipsam semper moveat.

Ad tertium dicendum quòd non eodem modo voluntas movetur ab intellectu et à seipsâ; sed ab intellectu quidem movetur secundùm rationem objecti; à seipsâ verò quantùm ad exercitium actûs, secundùm rationem finis.

ARTICULUS IV. — *Utrùm voluntas moveatur ab aliquo exteriori principio.* — (*Inf., qu.* 17*, art.* 5*, ad* 2*, et quæst.* 80*, art.* 1*, corp., et quæst.* 105*, art.* 4*, et quæst.* 106*, art.* 2*, corp., et qu.* 111*, art.* 2*, corp., et* 3 *cont., cap.* 88 *et* 89.)

Ad quartum sic procedilur. 1. Videtur quòd voluntas non moveatur ab aliquo exteriori. Motus enim voluntatis est voluntarius Sed de ratione voluntarii est quòd sit à principio intrinseco, sicut et de ratione naturalis. Non ergo motus voluntatis est ab aliquo extrinseco.

2. Præterea, voluntas violentiam pati non potest, ut supra ostensum est, quæst. 6, art. 4. Sed violentum est *cujus principium est extra.* Ergo voluntas non potest ab aliquo exteriori moveri.

3. Præterea, quod sufficienter movetur ab uno motore, non indiget moveri ab alio. Sed voluntas sufficienter movet seipsam. Non ergo movetur ab aliquo exteriori.

Sed contra, voluntas movetur ab objecto, ut dictum est art. 1 huj. quæst. Sed objectum voluntatis potest esse aliqua res exterior sensui proposita. Ergo voluntas potest ab aliquo exteriori moveri.

Respondeo dicendum quòd secundùm quòd voluntas movetur ab objecto, manifestum est quòd moveri potest ab aliquo exteriori.

Sed eo modo quo movetur quantùm ad exercitium actûs, adhuc necesse est ponere voluntatem ab aliquo principio exteriori moveri. Omne enim quod quandoque est agens in actu, et quandoque in potentiâ, indiget moveri ab aliquo movente. Manifestum est autem quòd voluntas incipit velle aliquid, cùm hoc priùs non vellet. Necesse est ergo quòd ab aliquo moveatur ad volendum. Et quidem, sicut dictum est, art. præced., ipsa movet seipsam in quantum per hoc quòd vult finem, reducit seipsam ad volendum ea quæ sunt ad finem. Hoc autem non potest facere nisi consilio mediante. Cùm enim aliquis vult sanari, incipit cogitare quomodò hoc consequi possit; et per talem cogitationem pervenit ad hoc quòd potest sanari per medicum, et hoc vult. Sed quia non semper sanitatem actu voluit, necesse est quòd incœperit velle sanari ab aliquo movente. Et si quidem ipsa moveret seipsam ad volendum, oportuisset quòd mediante consilio hoc ageret ex aliquâ voluntate præsuppositâ. Non autem est (1) procedere in infinitum. Unde necesse est ponere quòd in primum motum voluntatis voluntas prodeat ex instinctu alicujus exterioris moventis, ut Aristoteles concludit in quodam cap. Eth. Eudemicæ, cap. 18, circ. princ.

Ad primum ergo dicendum quòd de ratione voluntarii est quòd principium ejus sit intra; sed non oportet quòd hoc principium intrinsecum sit primum principium non motum ab alio. Unde motus voluntarius, etsi habeat principium proximum intrinsecum, tamen principium primum est ab extra, sicut et primum principium motûs naturalis est ab extra, quòd scilicet movet naturam.

Ad secundum dicendum quòd hoc non sufficit ad rationem violenti, quòd principium sit extra; sed oportet addere quòd nihil conferat (2) vim patiens; quod non contingit dùm voluntas ab exteriori movetur; nam ipsa est quæ vult, ab alio tamen mota. Esset

(1) Al., *Hoc autem non est.*
(2) Al., *Nullam conferat vim.*

utile. Ergo non eodem actu voluntas fertur in utrumque.

Respondeo dicendum quòd cùm finis sit secundùm se volitus, id autem quod est ad finem, in quantum hujusmodi, non sit volitum nisi propter finem, manifestum est quòd voluntas potest ferri in finem, in quantum hujusmodi, sine hoc quòd feratur in ea quæ sunt ad finem. Sed in ea quæ sunt ad finem, in quantum hujusmodi, non potest ferri, nisi feratur in ipsum finem. Sic ergo voluntas in ipsum finem dupliciter fertur : uno modo absolutè ac secundùm se; alio modo sicut in rationem (1) volendi ea quæ sunt ad finem.

Manifestum est ergo quòd unus et idem motus voluntatis est quo fertur in finem, secundùm quòd est ratio volendi ea quæ sunt ad finem, et in ipsa quæ sunt ad finem.

Sed alius actus est quo fertur in ipsum finem absolutè, et quandoque præcedit tempore; sicut cùm aliquis primò vult sanitatem, et postea deliberans quomodò possit sanari, vult conducere medicum, ut sanetur. Sic etiam et circa intellectum accidit. Nam primò aliquis intelligit ipsa principia secundùm se, postmodùm autem intelligit ea in ipsis conclusionibus, secundùm quòd assentit conclusionibus per principia.

Ad primum ergo dicendum quòd ratio illa procedit secundùm quòd voluntas fertur in finem, ut est ratio volendi ea quæ sunt ad finem.

Ad secundum dicendum quòd quandocumque videtur color, eodem actu videtur lumen; potest tamen videri lumen sine hoc quòd videatur color; et similiter quandocumque quis vult ea quæ sunt ad finem, vult eodem actu finem; non tamen è converso.

Ad tertium dicendum quòd in executione operis ea quæ sunt ad finem, habent se ut media, et finis ut terminus. Unde sicut motus naturalis interdùm sistit in medio, et non pertingit ad terminum, ita quandoque operatur aliquis id quod est ad finem, et tamen non consequitur finem. Sed in volendo est è converso ; nam voluntas per finem devenit ad volendum ea quæ sunt ad finem, sicut et intellectus devenit in conclusiones per principia, quæ media dicuntur. Unde intellectus aliquando intelligit medium, et ex eo non procedit ad conclusionem; et similiter voluntas aliquando vult finem, et tamen non procedit ad volendum id quod est ad finem.

Ad illud verò quod in contrarium objicitur, patet solutio per ea quæ supra dicta sunt, art. præc., ad 2. Nam *utile* et *honestum* non sunt species boni ex æquo divisæ; sed se habent sicut *propter se*, et *propter alterum.* Unde actus voluntatis in unum potest ferri sine hoc quòd feratur in alterum, sed non è converso.

QUÆSTIO IX.

DE MOTIVO VOLUNTATIS. — (*In sex articulos divisa.*)

Deinde considerandum est de motivo vo-

luntatis; et circa hoc quæruntur sex :
1° utrùm voluntas moveatur ab intellectu;
2° utrùm moveatur ab appetitu sensitivo;
3° utrùm voluntas moveat seipsam; 4° utrùm moveatur ab aliquo exteriori principio;
5° utrùm moveatur à corpore cœlesti; 6° utrùm voluntas moveatur à solo Deo sicut ab exteriori principio.

ARTICULUS PRIMUS. — *Utrùm voluntas moveatur ab intellectu.* — (*Inf., quæst.* 17, *art.* 1, *et quæst.* 82, *art.* 4, *et Ver. quæst.* 14, *art.* 1 *et* 2, *et quæst.* 22, *art.* 2, *et Mal. quæst.* 4, *art.* 2, *corp., et* 13, *et quæst.* 6, *corp., et ad* 10 *et* 12.)

Ad primum sic proceditur. 1. Videtur quòd voluntas non moveatur ab intellectu. Dicit enim Augustinus super illud Psalm. 118 : *Concupivit anima mea desiderare justificationes tuas*, conc. 8 propè fin. : *Prævolat intellectus, sequitur tardus aut nullus affectus: scimus bonum, nec delectat agere.* Hoc autem non esset, si voluntas ab intellectu moveretur, quia motus mobilis sequitur motionem moventis. Ergo intellectus non movet voluntatem.

2. Præterea, intellectus se habet ad voluntatem ut demonstrans appetibile, sicut imaginatio demonstrat appetibile appetitui sensitivo. Sed imaginatio demonstrans appetibile non movet appetitum sensitivum ; imò quandoque ita nos habemus ad ea quæ imaginamur, sicut ad ea quæ in picturâ nobis ostenduntur, ex quibus non movemur, ut dicitur in lib. 2 de Animâ, text. 154. Ergo neque etiam intellectus movet voluntatem.

3. Præterea, idem respectu ejusdem non est movens et motum. Sed voluntas movet intellectum; intelligimus enim quando volumus. Ergo intellectus non movet voluntatem.

Sed contra est quod Philosophus dicit in 3 de Animâ, text. 54, quòd *appetibile intellectum est movens non motum; voluntas autem est movens motum.*

Respondeo dicendum quòd in tantum aliquid indiget moveri ab aliquo, in quantum est in potentiâ ad plura; oportet enim ut id quod est in potentiâ reducatur in actum per aliquid quod est in actu; et hoc est movere. Dupliciter autem aliqua vis animæ invenitur esse in potentiâ ad diversa : uno modo quantùm ad agere vel non agere; alio modo quantùm ad agere hoc vel illud ; sicut visus quandoque videt actu, et quandoque non videt ; et quandoque videt album, et quandoque videt nigrum. Indiget igitur movente quantùm ad duo, scilicet quantùm ad exercitium vel usum actûs, et quantùm ad determinationem actûs; quorum primum est ex parte subjecti, quod quandoque invenitur agens, quandoque non agens ; aliud autem est ex parte objecti, secundùm quod specificatur actus.

Motio autem ipsius subjecti est ex agente aliquo. Et cùm omne agens agat propter finem, ut supra ostensum est, quæst. 1, art. 2, principium hujus motionis est ex fine. Et inde est quòd ars ad quam pertinet finis, passionem sequatur. In tali enim dispositione, quia homo secundùm diversas partes animæ diversimodè disponitur, aliud ei videtur secundùm rationem, et aliud secundùm passionem.

Ad tertium dicendum quòd voluntas non solùm movetur à bono universali apprehenso per rationem, sed etiam à bono apprehenso per sensum; et ideò potest moveri ad aliquod particulare bonum absque passione appetitûs sensitivi. Multa enim volumus et operamur absque passione per solam appetitûs electionem, ut patet in his in quibus ratio renititur passioni.

ARTICULUS IV. — *Utrùm voluntas moveatur de necessitate ab exteriori motivo, quod est Deus.*

Ad quartum sic proceditur. 1. Videtur quòd voluntas ex necessitate moveatur à Deo. Omne enim agens cui resisti non potest, ex necessitate movet. Sed Deo, cùm sit infinitæ virtutis, resisti non potest; unde dicitur Rom. 9, 19: *Voluntati ejus quis resistit?* Ergo Deus ex necessitate movet voluntatem.

2. Præterea, voluntas ex necessitate movetur in illa quæ naturaliter vult, ut dictum est art. 1 hujus quæst. Sed hoc est unicuique rei naturale quod Deus in eo operatur, ut Augustinus dicit 26 contra Faustum, cap. 3, ante med. Ergo voluntas ex necessitate vult omne illud ad quod à Deo movetur.

3. Præterea, possibile est quo posito non sequitur impossibile. Sequitur autem impossibile, si ponatur quòd voluntas non velit hoc ad quod Deus eam movet, quia secundùm hoc operatio Dei esset inefficax. Non ergo est possibile voluntatem non velle hoc ad quod Deus eam movet. Ergo necesse est eam hoc velle.

Sed contra est quod dicitur Eccli. 15, 14: *Deus ab initio constituit hominem, et reliquit eum in manu consilii sui.* Non ergo ex necessitate movet voluntatem ejus.

Respondeo dicendum quòd, sicut Dionysius dicit 4 cap. de div. Nom., lect. 23, ad Providentiam divinam non pertinet naturam rerum corrumpere, sed servare. Unde omnia movet secundùm eorum conditionem; ita quòd ex causis necessariis per motionem divinam sequuntur (1) effectus ex necessitate; ex causis autem contingentibus sequuntur effectus contingentes.

Quia igitur voluntas est activum principium non determinatum ad unum, sed indifferenter se habens ad multa; sic Deus ipsam movet quòd non ex necessitate ad unum determinat, sed remanet motus ejus contingens, et non necessarius, nisi in his ad quæ naturaliter movetur.

Ad primum ergo dicendum quòd voluntas divina non solùm se extendit ut aliquid fiat per rem quam movet, sed ut etiam eo modo fiat quo congruit naturæ ipsius. Et ideò magis repugnaret divinæ motioni, si voluntas ex necessitate moveretur, quod suæ

naturæ non competit, quàm si moveretur liberè, prout competit suæ naturæ.

Ad secundum dicendum quòd naturale est unicuique quod Deus operatur in ipso, ut sit ei naturale; sic enim unicuique convenit aliquid, secundùm quòd Deus vult quod ei conveniat. Non autem vult quòd quidquid operatur in rebus, sit naturale, putà quòd mortui resurgant; sed hoc vult unicuique esse naturale quod potestati divinæ subdatur.

Ad tertium dicendum quòd si Deus movet voluntatem ad aliquid, incompossibile est huic positioni quòd (1) voluntas ad illud non moveatur; non tamen est impossibile simpliciter. Unde non sequitur quòd voluntas à Deo ex necessitate moveatur.

QUÆSTIO XI.

DE FRUITIONE, QUÆ EST ACTUS VOLUNTATIS. — *(In quatuor articulos divisa.)*

Deinde considerandum est de fruitione; et circa hoc quæruntur quatuor: 1° utrùm frui sit actus appetitivæ potentiæ; 2° utrùm soli rationali creaturæ conveniat, an etiam animalibus brutis; 3° utrùm fruitio sit tantùm ultimi finis; 4° utrùm sit solùm finis habiti.

ARTICULUS PRIMUS. — *Utrùm frui sit actus appetitivæ potentiæ.* — (*Inf., art. 2, corp.; et 1, dist. 1, quæst. 1, art. 1.*)

Ad primum sic proceditur. 1. Videtur quòd frui non sit solùm appetitivæ potentiæ. Frui enim nihil aliud esse videtur quàm fructum capere. Sed fructum humanæ vitæ, quæ est beatitudo, accipit intellectus, in cujus actu beatitudo consistit, sicut supra ostensum est, quæst. 3, art. 8. Ergo frui non est appetitivæ potentiæ, sed intellectûs.

2. Præterea, quælibet potentia habet proprium finem, qui est ejus perfectio; sicut visûs finis est cognoscere visibile, auditûs percipere sonos, et sic de aliis. Sed finis rei est fructus ejus. Ergo frui est potentiæ cujuslibet, et non solùm appetitivæ.

3. Præterea, fruitio delectationem quamdam importat. Sed delectatio sensibilis pertinet ad sensum, qui delectatur in suo objecto, et eâdem ratione delectatio intellectualis ad intellectum. Ergo fruitio pertinet ad apprehensivam potentiam, et non ad appetitivam.

Sed contra est quod Augustinus dicit in 1 de Doctr. christ., cap. 4, in pr., et in 10 de Trinit., cap. 10, parùm à princ.: *Frui est amore inhærere alicui rei propter seipsam.* Sed amor pertinet ad appetitivam potentiam. Ergo et frui est actus appetitivæ potentiæ.

Respondeo dicendum quòd fruitio et fructus ad idem pertinere videntur, et unum ex altero derivari; quid autem à quo, nihil ad propositum refert, nisi quòd hoc probabile videtur quòd id quod magis est manifestum, priùs etiam fuerit nominatum. Sunt

(1) Ita theologi cum posterioribus editis Cod. Alc. cum edit. Rom., *consequuntur*

(1) Ita Nicolaius cum edit. Pat. an. 1712. Cod. Alcan. et Camer. cum edit. Patav. an 1698, *impossibile est huic positioni.* Edit. Rom. aliæque, *impossibile est poni quòd, etc.*

et talis natura est vel materia vel forma materialis, ut patet in 2 Phys., text. 4. Alio modo dicitur natura quælibet substantia, vel quodlibet ens; et secundùm hoc illud dicitur esse naturale rei quod convenit ei secundùm suam substantiam, et hoc est quod per se inest rei.

In omnibus autem ea quæ non per se insunt, reducuntur in aliquid quod per se inest, sicut in primum. Et ideò necesse est quòd hoc modo accipiendo naturam, semper principium in his quæ conveniunt rei, sit naturale. Et hoc manifestè apparet in intellectu; nam principia intellectualis cognitionis sunt naturaliter nota. Similiter etiam principium motuum (1) voluntariorum oportet esse aliquid naturaliter volitum.

Hoc autem est bonum in communi, in quod voluntas naturaliter tendit, sicut etiam quælibet potentia in suum objectum, et etiam ipse finis ultimus, qui hoc modo se habet in appetibilibus, sicut prima principia demonstrationum in intelligibilibus; et universaliter omnia illa quæ conveniunt volenti secundùm suam naturam. Non enim per voluntatem appetimus solùm ea quæ pertinent ad potentiam voluntatis, sed etiam ea quæ pertinent ad singulas potentias et ad totum hominem. Unde naturaliter homo vult non solùm objectum voluntatis, sed etiam alia quæ conveniunt aliis potentiis; ut cognitionem veri, quæ convenit intellectui; et esse et vivere, et hujusmodi alia, quæ respiciunt consistentiam naturalem; quæ omnia comprehenduntur sub objecto voluntatis, sicut quædam particularia bona.

Ad primum ergo dicendum quòd voluntas dividitur contra naturam sicut una causa contra aliam : quædam enim fiunt naturaliter, et quædam fiunt voluntariè. Est autem alius modus causandi proprius voluntati, quæ est domina sui actús, præter modum qui convenit naturæ, quæ est determinata ad unum. Sed quia voluntas in aliquâ naturâ fundatur, necesse est quòd modus proprius naturæ quantùm ad aliquid participetur à voluntate, sicut quod est prioris causæ, participatur à posteriori. Est enim priùs in unaquâque re ipsum esse, quod est per naturam, quàm velle, quod est per voluntatem; et inde est quòd voluntas naturaliter aliquid vult.

Ad secundum dicendum quòd in rebus naturalibus id quod est naturale, quasi consequens formam tantùm, semper actu inest, sicut calidum igni; quod autem est naturale, sicut consequens materiam, non semper actu inest sed quandoque secundùm potentiam tantùm; nam forma est actus, materia verò potentia : motus autem est *actus existentis in potentiâ*, ut dicitur 3 Phys. text. ; et ideò illa quæ pertinent ad motum, vel quæ sequuntur motum in rebus naturalibus, non semper insunt, sicut ignis non semper movetur sursùm, sed quando est extra locum suum. Et similiter non oportet quòd voluntas, quæ de potentiâ in actum reducitur, dùm aliquid vult, semper actu velit, sed solùm quando est in aliquâ dispositione determinatâ. Voluntas autem Dei, quæ est actus purus, semper est in actu volendi.

Ad tertium dicendum quòd semper naturæ respondet unum proportionatum naturæ; naturæ enim in genere respondet aliquid unum in genere, et naturæ in specie acceptæ respondet unum in specie; naturæ autem individuatæ respondet aliquid unum individuale. Cùm igitur voluntas sit quædam vis immaterialis, sicut et intellectus, respondet ei naturaliter aliquod unum commune, scilicet bonum, sicut etiam intellectui aliquod unum (1) commune, scilicet verum, vel ens, vel quidquid est hujusmodi. Sub bono autem communi multa particularia bona continentur, ad quorum nullum voluntas determinatur.

ARTICULUS II. — *Utrùm voluntas moveatur de necessitate à suo objecto.*—(Inf., quæst. 80, art. 1, corp., fin., et 1, quæst. 82, art. 1 et 2, Ver., quæst. 22, art. 5 et 6, Mal. quæst. 6, art. 9 et 10.)

Ad secundum sic proceditur. 1. Videtur quòd voluntas de necessitate moveatur à suo objecto. Objectum enim voluntatis comparatur ad ipsam sicut motivum ad mobile, ut patet in 3 de Animâ, text. 54. Sed motivum, si sit sufficiens, ex necessitate movet mobile. Ergo voluntas ex necessitate potest moveri à suo objecto.

2. Præterea, sicut voluntas est vis immaterialis, ita et intellectus; et utraque potentia ad objectum universale ordinatur, ut dictum est art. præc., ad 3. Sed intellectus ex necessitate movetur à suo objecto. Ergo et voluntas à suo.

3. Præterea, omne quod quis vult, aut est finis, aut aliquid ordinatum ad finem. Sed finem aliquis ex necessitate vult, ut videtur; quia est sicut principium in speculativis, cui ex necessitate assentimur; finis autem est ratio volendi ea quæ sunt ad finem, et sic videtur etiam quòd ea quæ sunt ad finem, ex necessitate velimus. Voluntas ergo ex necessitate movetur à suo objecto.

Sed contra est quòd potentiæ rationales secundùm Philosophum, 9 Metaph., text. 3, sunt ad opposita. Sed voluntas est potentia rationalis; est enim in ratione, ut dicitur in 3 de Animâ, text. 42. Ergo voluntas se habet ad opposita. Non ergo ex necessitate movetur ad alterum oppositorum.

Respondeo dicendum quòd voluntas movetur dupliciter : uno modo quantùm ad exercitium actús; alio modo quantùm ad specificationem actús, quæ est ex objecto. Primo ergo modo voluntas à nullo objecto ex necessitate movetur; potest enim aliquis de quocumque objecto non cogitare; et per consequens neque actu velle illud.

Sed quantùm ad secundum motionis modum, voluntas ab aliquo objecto ex necessitate movetur, ab aliquo autem non. In motu enim cujuslibet potentiæ à suo objecto consideranda est ratio per quam objectum movet potentiam. Visibile enim movet visum sub ra-

---

(1) Ita codd. Alcan. et Camer. cum Nicolaio. Al. *motivum.*

tione coloris actu visibilis; unde, si color proponatur visui, ex necessitate movet ipsum, nisi aliquis visum avertat; quod pertinet ad exercitium actûs. Si autem proponeretur aliquid visui quod non omnibus modis esset coloratum in actu, sed secundùm aliquid esset tale, secundùm autem aliquid non tale, non ex necessitate visus tale objectum videret; posset enim intendere in ipsum ex eâ parte quâ non est coloratum in actu, et sic ipsum non videret. Sicut autem coloratum in actu est objectum visûs, ita bonum est objectum voluntatis. Unde, si proponatur aliquod objectum voluntati quod sit universaliter bonum, et secundùm omnem considerationem, ex necessitate voluntas in illud tendit, si aliquid velit; non enim poterit velle oppositum. Si autem proponatur ei aliquod objectum quod non secundùm quamlibet considerationem sit bonum, non ex necessitate voluntas fertur in illud.

Et quia defectus cujuscumque boni habet rationem non boni, ideò illud solum bonum quod est perfectum, et cui nihil deficit, est tale bonum quod voluntas non potest non velle, quod est beatitudo. Alia autem quælibet particularia bona, in quantum deficiunt ab aliquo bono, possunt accipi ut non bona; et secundùm hanc considerationem possunt repudiari vel approbari à voluntate, quæ potest in idem ferri secundùm diversas considerationes.

Ad primum ergo dicendum quòd sufficiens motivum alicujus potentiæ non est nisi objectum quod totaliter habet rationem motivi; si autem in aliquo deficiat, non ex necessitate movebit, ut dictum est in corp. art.

Ad secundum dicendum quòd intellectus ex necessitate movetur à tali objecto quod est semper et ex necessitate verum; non autem ab eo quod potest esse verum et falsum, scilicet à contingenti, sicut et de bono dictum est in corp. art.

Ad tertium dicendum quòd finis ultimus ex necessitate movet voluntatem, quia est bonum perfectum; et similiter illa quæ ordinantur ad hunc finem, sine quibus finis haberi non potest, sicut esse et vivere, et hujusmodi. Alia verò, sine quibus finis haberi potest, non ex necessitate vult qui vult finem; sicut conclusiones, sine quibus principia possunt esse vera, non ex necessitate credit qui principia credit.

ARTICULUS III. — *Utrùm voluntas moveatur de necessitate ab inferiori appetitu.*

Ad tertium sic proceditur. 1. Videtur quòd voluntas ex necessitate moveatur à passione appetitûs inferioris. Dicit enim Apostolus Rom. 7, 19 : *Non enim quod volo bonum, hoc ago ; sed quod odi malum, illud facio* ; quod dicitur propter concupiscentiam, quæ est passio quædam. Ergo voluntas ex necessitate movetur à passione.

2. Præterea, sicut dicitur in 3 Ethicor., c. 5, *qualis unusquisque est, talis finis videtur ei.* Sed non est in potestate voluntatis quòd statim passionem abjiciat. Ergo non est in potestate voluntatis quòd non velit illud ad quod passio se inclinat.

3. Præterea, causa universalis non appli-

catur ad effectum particularem nisi mediante causâ particulari ; unde ratio universalis non movet nisi mediante æstimatione particulari, ut dicitur in 3 de Animâ, text. 58. Sed sicut se habet ratio universalis ad æstimationem particularem, ita se habet voluntas ad appetitum sensitivum. Ergo ad aliquod particulare volendum non movetur voluntas nisi mediante appetitu sensitivo. Ergo, si appetitus sensitivus sit per aliquam passionem ad aliquid dispositus, voluntas non poterit in contrarium moveri.

Sed contra est quod dicitur Genes. 4 : *Subter te erit appetitus tuus, et tu dominaberis illius.* Non ergo voluntas hominis ex necessitate movetur ab appetitu inferiori.

Respondeo dicendum quòd, sicut supra dictum est, quæst. præced., art. 2, passio appetitûs sensitivi movet voluntatem ex eâ parte quâ voluntas movetur ab objecto, in quantum scilicet homo aliqualiter dispositus per passionem indicat aliquid esse conveniens et bonum, quod extra passionem existens non judicaret. Hujusmodi autem immutatio hominis per passionem duobus modis contingit. Uno modo sic quòd totaliter ratio ligatur, ita quòd homo usum rationis non habet ; sicut contingit in his qui propter vehementem iram vel concupiscentiam furiosi vel amentes fiunt, sicut et propter aliquam perturbationem corporalem : hujusmodi enim passiones non sine corporali transmutatione accidunt. Et de talibus eadem est ratio sicut et de animalibus brutis, quæ ex necessitate sequuntur impetum passionis ; in his enim non est aliquis rationis motus, et per consequens nec voluntatis.

Aliquando autem ratio non totaliter absorbetur à passione, sed remanet quantùm ad aliquid judicium rationis liberum ; et secundùm hoc remanet aliquid de motu voluntatis.

In quantum ergo ratio manet libera, et passioni non subjecta, in tantum voluntatis motus, qui manet, non ex necessitate tendit ad hoc ad quod passio inclinat ; et sic aut motus voluntatis non est in homine, sed sola passio dominatur ; aut si motus voluntatis sit, non ex necessitate sequitur passionem.

Ad primum ergo dicendum quòd etsi voluntas non possit facere quin motus concupiscentiæ insurgat, de quo Apostolus dicit Rom. 7, 19 : *Quod odi malum, illud facio,* id est, concupisco, tamen potest voluntas non velle concupiscere, aut concupiscentiæ non consentire ; et sic non ex necessitate sequitur concupiscentiæ motum.

Ad secundum dicendum quòd cùm in homine duæ sint naturæ, intellectualis scilicet et sensitiva, quandoque quidem est homo aliqualis uniformiter secundùm totam animam, quia scilicet vel pars sensitiva totaliter subjicitur rationi, sicut contingit in virtuosis ; vel è converso ratio totaliter absorbetur à passione, sicut accidit in amentibus. Sed aliquando, etsi ratio obnubiletur à passione, remanet tamen aliquid rationis liberum ; et secundùm hoc potest aliquis vel totaliter passionem repellere, vel saltem se tenere ne tamen; ut Ptolemæus dicit in Centiloquio, parùm à princ., *sapiens dominatur astris*, scilicet quia resistens passionibus impedit per voluntatem liberam et nequaquàm motui cœlesti subjectam, hujusmodi cœlestium corporum effectus. Vel, ut Augustinus dicit 2, super Gen. ad lit., cap. 17, circ. fin., *fatendum est, quando ab astrologis vera dicuntur, instinctu quodam occultissimo dici, quem nescientes humanæ mentes patiuntur; quod cùm ad decipiendum homines fit, spirituum seductorum operatio est.*

ARTICULUS VI. — *Utrùm voluntas moveatur à Deo solo sicut ab exteriori principio.* — (Inf., quæst. 80, art. 1, et 1, quæst. 105, art. 4, et quæst. 111, art. 2, et 3, cont., cap. 88, 89, 91 et 93, princ., et Mal. quæst. 111, art. 3, corp., et quæst. 16, art. 5, corp., et ad 13.)

Ad sextum sic proceditur. 1. Videtur quòd voluntas non à solo Deo moveatur sicut ab exteriori principio. Inferius enim natum est moveri à suo superiori, sicut corpora inferiora à corporibus cœlestibus. Sed voluntas hominis habet aliquid superius post Deum, scilicet Angelum. Ergo voluntas potest moveri, sicut ab exteriori principio, etiam ab Angelo.

2. Præterea, actus voluntatis sequitur actum intellectûs. Sed intellectus hominis reducitur in suum actum non solùm à Deo, sed etiam ab Angelo per illuminationes, ut Dionysius dicit, cap. 4 de div. Nom., lect. 1 et 6. Ergo eâdem ratione et voluntas.

3. Præterea, Deus non est causa nisi bonorum, secundùm illud Genes. 1, 31, *Vidit Deus cuncta quæ fecerat, et erant valdè bona*. Si ergo à solo Deo voluntas hominis moveretur, nunquàm moveretur ad malum, cùm tamen *voluntas sit quâ peccatur, et rectè vivitur*, ut Augustinus dicit, 2 Retract., cap. 9, ante med.

Sed contra est quod Apostolus dicit ad Philip. 2, 13 : *Deus est qui operatur in nobis velle et perficere.*

Respondeo dicendum quòd motus voluntatis est ab intrinseco, sicut et motus naturalis. Quamvis autem rem naturalem possit aliquid movere quod non est causa naturæ rei motæ, tamen motum naturalem causare non potest nisi quod est aliqualiter causa naturæ. Movetur enim lapis sursum ab homine, qui naturam lapidis non causat; sed hic motus non est lapidi naturalis; naturalis autem motus ejus non causatur nisi ab eo quod causat naturam. Unde dicitur in 8 Physic., text. 29, 30, 31 et 32, quòd *generans movet secundùm locum gravia et levia*. Sic ergo hominem voluntatem habentem contingit moveri ab aliquo qui non est causa ejus; sed quòd motus voluntarius ejus sit ab aliquo principio extrinseco quod non est causa voluntatis, est impossibile.

Voluntatis autem causa nihil aliud esse potest quàm Deus. Et hoc patet dupliciter. Primò quidem ex hoc quòd voluntas est potentia animæ rationalis, quæ à solo Deo causatur per creationem, ut in 1 dictum est, quæst. 90, art. 2 et 3. Secundò verò ex hoc quòd voluntas habet ordinem ad universale bonum; unde nihil aliud potest esse voluntatis causa nisi ipse Deus, qui est universale bonum. Omne au-

tem aliud bonum per participationem dicitur, et est quoddam particulare bonum; particularis autem causa non dat inclinationem universalem; unde nec materia prima, quæ est in potentiâ ad omnes formas, potest causari ab aliquo particulari agente.

Ad primum ergo dicendum quod Angelus non sic est supra hominem, quòd sit causa voluntatis ejus, sicut corpora cœlestia sunt causa formarum naturalium, ad quas consequuntur naturales motus corporum naturalium.

Ad secundum dicendum quòd intellectus hominis movetur ab Angelo ex parte objecti, quod sibi proponitur virtute angelici luminis ad cognoscendum; et sic etiam voluntas ab exteriori creaturâ potest moveri, ut dictum art. 1 hujus quæst.

Ad tertium dicendum quòd Deus movet voluntatem hominis, sicut universalis motor, ad universale objectum voluntatis, quod est bonum; et sine hâc universali motione non potest aliquid velle; sed homo per rationem determinat se ad volendum hoc vel illud, quod est verè bonum, vel apparens bonum. Sed tamen interdùm specialiter Deus movet aliquos ad aliquid determinatè volendum, quod est bonum, sicut in his quos movet per gratiam, ut infra dicetur, quæst. 109 et 114.

QUÆSTIO X.

DE MODO QUO VOLUNTAS MOVETUR. — (*In quatuor articulos divisa.*)

Deinde considerandum est de modo quo voluntas movetur; et circa hoc quæruntur quatuor : 1° utrum voluntas ad aliquid naturaliter moveatur; 2° utrùm de necessitate moveatur à suo objecto; 3° utrùm de necessitate moveatur ab appetitu inferiori; 4° utrùm de necessitate moveatur ab exteriori motivo, quod est Deus.

ARTICULUS PRIMUS. — *Utrùm voluntas ad aliquid naturaliter moveatur.* — (1 p., quæst. 42, art. 2, corp., et Ver. quæst. 22, art. 5 et 9, et Mal. quæst. 18, art. 4, ad 5.)

Ad primum sic proceditur. 1. Videtur quòd voluntas non moveatur ad aliquid naturaliter. Agens enim naturale dividitur contra agens voluntarium, ut patet in principio 2 Physic. et text. 94. Non ergo voluntas ad aliquid naturaliter movetur.

2. Præterea, id quod est naturale, inest alicui semper, sicut igni esse calidum. Sed nullus motus inest voluntati semper. Ergo nullus motus est naturalis voluntati.

3. Præterea, natura est determinata ad unum. Sed voluntas se habet ad opposita. Ergo voluntas nihil naturaliter vult.

Sed contra est quòd motus voluntatis sequitur actum intellectûs. Sed intellectus aliqua intelligit naturaliter. Ergo et voluntas aliqua vult naturaliter.

Respondeo dicendum quòd, sicut Boetius dicit, lib. de duabus Naturis, parùm à princ., et Philosophus in 5 Metaph., text. 5, natura dicitur multipliciter. Quandoque enim dicitur principium intrinsecum in rebus mobilibus;

autem nobis primò manifesta quæ sunt sensibilia magis; unde à sensibilibus fructibus nomen fruitionis derivatum videtur.

Fructus autem sensibilis est id quod ultimum ex arbore expectatur, et cum quâdam suavitate percipitur. Unde fruitio pertinere videtur ad amorem vel delectationem, quam aliquis habet de ultimo expectato, quod est finis. Finis autem et bonum est objectum appetitivæ potentiæ. Unde manifestum est quòd fruitio est actus appetitivæ potentiæ.

Ad primum ergo dicendum quòd nihil prohibet unum et idem secundùm diversas rationes ad diversas potentias pertinere. Ipsa igitur visio Dei, in quantum est visio, est actus intellectûs; in quantum autem est bonum et finis, est voluntatis objectum; et hoc modo est ejus fruitio. Et finem hunc intellectus consequitur tanquàm pótentia agens, voluntas autem tanquàm potentia movens ad finem, et fruens fine jam adepto.

Ad secundum dicendum quòd perfectio et finis cujuslibet alterius potentiæ continetur sub objecto appetitivæ sicut proprium sub communi, ut dictum est supra, quæst. 9, art. 1. Unde perfectio et finis cujuslibet potentiæ, in quantum est quoddam bonum, pertinet ad appetitivam, propter quòd appetitiva potentia movet alias ad suos fines, et ipsa consequitur finem, quando quælibet aliarum pertingit ad finem.

Ad tertium dicendum quòd in delectatione duo sunt, scilicet perceptio convenientis, quæ pertinet ad apprehensivam potentiam, et complacentia ejus quod offertur ut conveniens, et hoc pertinet ad appetitivam potentiam, in quâ ratio delectationis completur.

ARTICULUS II. — *Utrùm frui conveniat tantùm rationali creaturæ, an etiam animalibus brutis.* — (*Inf., quæst. 13, art. 5, ad 2, et 1, dist. 1, quæst. 4, art. 1.*)

Ad secundum sic proceditur. 1. Videtur quòd frui solummodò sit hominum. Dicit enim Augustinus in 1 de Doctrinâ christianâ, cap. 3 et 22, quòd *nos homines sumus, qui fruimur et utimur.* Non ergo alia animalia frui possunt.

2. Præterea, frui est ultimi finis. Sed ad ultimum finem non possunt pertingere bruta animalia. Ergo eorum non est frui.

3. Præterea, sicut appetitus sensitivus est sub intellectivo, ita appetitus naturalis est sub sensitivo. Si igitur frui pertinet ad appetitum sensitivum, videtur quòd pari ratione possit ad naturalem pertinere; quod patet esse falsum, quia ejus non est delectari. Ergo appetitus sensitivi non est frui, et ita non convenit brutis animalibus.

4. Sed contra est quod Augustinus dicit in lib. 83 QQ., quæst. 30, circ med. : *Frui quidem cibo et qualibet corporali voluptate, non absurdè existimantur et bestiæ.*

Respondeo dicendum quòd, sicut ex prædictis habetur, art. præc., ad 2, frui non est actus potentiæ pervenientis ad finem sicut exequentis, sed potentiæ imperantis execu

tionem. Dictum est enim ibid. quòd est appetitivæ potentiæ. In rebus autem cognitione carentibus invenitur quidem potentia pertingens ad finem per modum exequentis, sicut grave tendit deorsùm, et leve sursùm; sed potentia ad quam pertinet finis per modum imperantis, non invenitur in eis, sed in aliquâ superiori naturâ, quæ sic movet totam naturam per imperium, sicut in habentibus cognitionem appetitus movet alias potentias ad suos actus. Unde manifestum est quòd in his quæ cognitione carent, quamvis pertingant ad finem, non invenitur fruitio finis, sed solùm in his quæ cognitionem habent. Sed cognitio finis est duplex, perfecta et imperfecta Perfecta quidem, quâ non solùm cognoscitur id quod est finis et bonum, sed ratio universalis finis et boni; et talis cognitio est solius rationalis naturæ. Imperfecta autem cognitio est, quâ cognoscitur particulariter finis et bonum; et talis cognitio est brutis animalibus, quorum et virtutes appetitivæ non sunt imperantes liberè; sed secundùm naturalem instinctum ad ea quæ apprehendunt, moventur. Unde rationali naturæ convenit fruitio secundùm rationem perfectam; brutis autem animalibus secundùm rationem imperfectam; aliis autem creaturis nullo modo.

Ad primum ergo dicendum quòd Augustinus loquitur de fruitione perfectâ.

Ad secundum dicendum quòd non oportet quòd fruitio sit ultimi finis simpliciter, sed ejus quod habetur ab unoquoque pro ultimo fine.

Ad tertium dicendum quòd appetitus sensitivus consequitur aliquam cognitionem, non autem appetitus naturalis, præcipuè prout est in his quæ cognitione carent.

Ad quartum dicendum quòd Augustinus ibi loquitur de fruitione imperfectâ, quod ex ipso modo loquendi apparet; dicit enim quòd *frui non adeò absurdè existimantur et bestiæ*, scilicet sicut uti absurdissimè dicerentur.

ARTICULUS III. — *Utrùm fruitio sit tantùm ultimi finis.* — (*Inf., quæst. 12, art. 2, ad 3.*)

Ad tertium sic proceditur. 1. Videtur quòd fruitio non sit tantùm ultimi finis. Dicit enim Apostolus ad Philemonem, 20 : *Itaque, frater, ego te fruar in Domino.* Sed manifestum est quòd Paulus non posuerat ultimum suum finem in homine. Ergo frui non tantùm est ultimi finis.

2. Præterea, fructus est quo aliquis fruitur. Sed Apostolus dicit ad Galat. 5, 22 : *Fructus spiritûs est charitas, gaudium, pax,* et hujusmodi, quæ non habent rationem ultimi finis. Non ergo fruitio est tantùm ultimi finis.

3. Præterea, actus voluntatis supra seipsos reflectuntur; volo enim me velle, et amo me amare. Sed frui est actus voluntatis; *voluntas* enim *est per quam fruimur,* ut Augustinus dicit 10 de Trinit., cap. 10, ante med. Ergo aliquis fruitur suâ fruitione. Sed fruitio non est ultimus finis hominis, sed solùm bonum increatum, quod est Deus. Non ergo fruitio est solùm ultimi finis.

Sed contra est quod Augustinus dicit, 10

de Trinit., cap. 11, ante med., quòd *non fruitur, si quis id quod in facultate voluntatis assumitur, propter aliud appetit.* Sed solùm ultimus finis est qui non propter aliud appetitur. Ergo solius ultimi finis est fruitio.

Respondeo dicendum quòd, sicut dictum est art. 1 hujus quæst., ad rationem fructûs duo pertinent, scilicet quòd sit ultimum, et quòd appetitum quietet quâdam dulcedine vel delectatione. Ultimum autem est simpliciter et secundùm quid; simpliciter quidem quod ad aliud non refertur; sed secundùm quid, quod est aliquorum ultimum.

Quod ergo est simpliciter ultimum, in quo aliquis delectatur sicut in ultimo fine, hoc propriè dicitur fructus, et eo propriè dicitur aliquis frui; quod autem in seipso non est delectabile, sed tantùm appetitur in ordine ad aliud, sicut potio amara ad sanitatem, nullo modo fructus dici potest; quod autem in se habet quamdam delectationem, ad quam quædam præcedentia referuntur, potest quidem aliquo modo dici fructus; sed non propriè et secundùm completam rationem fructûs, eo dicimur frui. Unde Augustinus in 10 de Trinit., cap. 10, ante med., dicit quòd *fruimur cognitis, in quibus voluntas delectata conquiescit.* Non autem quiescit simpliciter nisi in ultimo, quia quamdiù aliquid expectatur, motus voluntatis remanet in suspenso, licèt jam ad aliquid pervenerit; sicut in motu locali licèt illud quod est medium in magnitudine, sit principium et finis, non tamen accipitur ut finis in actu, nisi quando in eo quiescitur.

Ad primum ergo dicendum quòd, sicut Augustinus dicit in 1 de Doctr. christ., cap. 33, post med., si dixisset : *Te fruar*, et non addidisset : *In Domino*, videretur finem delectationis in eo posuisse; sed quia addidit : *In Domino*, in Domino se posuisse finem, atque eo se frui significavit; ut sic fratre se frui dixerit non tanquàm termino, sed tanquàm medio.

Ad secundum dicendum quòd fructus aliter comparatur ad arborem producentem, et aliter ad hominem fruentem. Ad arborem quidem producentem comparatur ut effectus ad causam; ad fruentem autem sicut ultimum expectatum et delectans. Dicuntur igitur ea quæ enumerat ibi Apostolus *fructus*, quia sunt effectus quidam Spiritûs sancti in nobis (unde et *fructus Spiritûs* dicuntur), non autem ita quòd eis fruamur tanquàm ultimo fine.

Vel aliter dicendum quòd dicuntur *fructus* secundùm Ambrosium, ut citatur in 1 Sent., dist. 1, et habetur in Gloss. interl. ad Gal., super illud : *Fructus autem Spiritûs*, quia *propter se petenda sunt*, non quidem ita quòd ad beatitudinem non referantur, sed quia in seipsis habent unde nobis placere debeant.

Ad tertium dicendum quòd, sicut supra dictum est, quæst. 1, art. 8, et quæst. 2, art. 7, finis dicitur dupliciter : uno modo ipsa res, alio modo adeptio rei. Quæ quidem non sunt duo fines, sed unus finis in se consideratus, et alteri applicatus. Deus igitur est ultimus finis sicut res quæ ultimò quæritur; fruitio autem, sicut adeptio hujus ultimi finis. Sicut igitur non est alius finis Deus, et fruitio Dei, ita eadem ratio fruitionis est quâ fruimur Deo, et quâ fruimur divinâ fruitione. Et eadem ratio est de beatitudine creatâ, quæ in fruitione consistit.

ARTICULUS IV. — *Utrùm fruitio sit solùm finis habiti.*

Ad quartum sic proceditur. 1. Videtur quòd fruitio non sit nisi finis habiti. Dicit enim Augustinus 10 de Trinit., cap. 11, ante med., quòd *frui est cum gaudio uti, non adhuc spei, sed jam rei.* Sed quamdiù non habetur, non est gaudium rei, sed spei. Ergo fruitio non est nisi finis habiti.

2. Præterea, sicut dictum est art. 3 hujus quæst., fruitio non est propriè nisi ultimi finis, quia solus ultimus finis quietat appetitum. Sed appetitus non quietatur nisi in fine jam habito. Ergo fruitio, propriè loquendo, non est nisi finis habiti.

3. Præterea, frui est capere fructum. Sed non capitur fructus, nisi quando jam finis habetur. Ergo fruitio non est nisi finis habiti.

Sed contra, *frui est amore inhærere alicui rei propter seipsam*, ut Augustinus dicit lib. 1 de Doctr. christ., cap. 4, in princ. Sed hoc potest fieri etiam de re non habitâ. Ergo frui potest esse etiam finis non habiti.

Respondeo dicendum quòd frui importat comparationem quamdam voluntatis ad ultimum finem, secundùm quòd voluntas habet aliquid pro ultimo fine.

Habetur autem ultimus finis dupliciter : uno modo perfectè, et alio modo imperfectè. Perfectè quidem, quando habetur non solùm in intentione, sed etiam in re; imperfectè autem, quando habetur in intentione tantùm.

Est ergo perfecta fruitio jam habiti finis realiter; sed imperfecta est etiam finis non habiti realiter, sed in intentione tantùm.

Ad primum ergo dicendum quòd Augustinus loquitur de fruitione perfectâ.

Ad secundum dicendum quòd quies voluntatis dupliciter impeditur : Uno modo ex parte objecti, quia scilicet non est ultimus finis, sed ad aliud ordinatur; alio modo ex parte appetentis finem, qui nondùm adipiscitur finem. Objectum autem est quod dat speciem actui; sed ab agente dependet modus agendi, ut sit perfectus vel imperfectus secundùm conditionem agentis. Et ideò ejus quod non est ultimus finis, fruitio est impropria; quasi deficiens à specie fruitionis; finis autem ultimi non habiti est fruitio propria quidem, sed imperfecta propter imperfectum modum habendi ultimum finem.

Ad tertium dicendum quòd finem accipere vel habere dicitur aliquis non solùm secundùm rem, sed etiam secundùm intentionem, ut dictum est in corp. art.

QUÆSTIO XII.

DE INTENTIONE. — (*In quinque articulos divisa.*)

Deinde considerandum est de intentione; et circa hoc quæruntur quinque : 1° utrùm intentio sit actus intellectûs vel voluntatis; 2° utrùm sit tantùm finis ultimi; 3° utrùm aliquis possit simul duo intendere; 4° utrùm intentio finis sit idem actus cum voluntate ejus quod est ad finem; 5° utrùm intentio conveniat brutis animalibus.

ARTICULUS PRIMUS. — *Utrùm intentio sit actus intellectûs vel voluntatis.* — (2-2, quæst. 168, art. 1, corp., et 2, dist. 38, art. 3, et Ver. quæst. 23, art. 13, et Mal. quæst. 16, art. 11, ad 3.)

Ad primum sic proceditur. 1. Videtur quòd intentio sit actus intellectûs, et non voluntatis. Dicitur enim Matth. 6, 22 : *Si oculus tuus fuerit simplex, totum corpus tuum lucidum erit;* ubi per oculum significatur *intentio*, ut dicit Augustinus, in lib. 2 de Serm. Dom. in monte, cap. 23, circ. med. Sed oculus, cùm sit instrumentum visûs, significat apprehensivam potentiam. Ergo intentio non est actus appetitivæ potentiæ, sed apprehensivæ.

2. Præterea, ibidem Augustinus dicit, in fin. cap., quòd intentio *lumen* vocatur à Domino, ubi dicit, Matth. 6, 23 : *Si lumen quod in te est tenebræ sunt,* etc. Sed lumen ad cognitionem pertinet. Ergo et intentio.

3. Præterea, intentio designat ordinationem quamdam in finem. Sed ordinare est rationis. Ergo intentio non pertinet ad voluntatem, sed ad rationem.

4. Præterea, actus voluntatis non est nisi finis, vel eorum quæ sunt ad finem. Sed actus voluntatis respectu finis vocatur *voluntas*, seu *fruitio;* respectu autem eorum quæ sunt ad finem, est *electio*, à quibus differt *intentio*. Ergo intentio non est actus voluntatis.

Sed contra est quod Augustinus dicit in 10 de Trinit., cap. 7, circ. fin., et lib. 11, cap. 9, quòd *voluntatis intentio copulat corpus visum visui, et similiter speciem in memoriâ existentem ad aciem animi interiùs cogitantis.* Est igitur intentio actus voluntatis.

Respondeo dicendum quòd *intentio*, sicut ipsum nomen sonat, significat *in aliud tendere.* In aliquid autem tendit et actio moventis, et motus mobilis; sed hoc quòd motus mobilis in aliquid tendit, ab actione moventis procedit. Unde intentio primò et principaliter pertinet ad id quod movet ad finem; unde dicimus architectorem, et omnem præcipientem movere suo imperio alios ad id ad quod ipse tendit. Voluntas autem movet omnes alias vires animæ ad finem, ut supra habitum est, quæst. 9, art. 1. Unde manifestum est quòd intentio propriè est actus voluntatis.

Ad primum ergo dicendum quòd intentio nominatur *oculus* metaphoricè, non quia ad cognitionem pertinet, sed quia cognitionem præsupponit, per quam proponitur voluntati finis, ad quem movet; sicut oculo prævidemus quò tendere corporaliter debeamus.

Ad secundum dicendum quòd intentio dicitur *lumen*, quia manifesta est intendenti. Unde et opera dicuntur *tenebræ*, quia homo scit quid intendit, sed nescit quid ex opere sequatur, sicut Augustinus ibidem exponit, loc. cit. in arg.

Ad tertium dicendum quòd voluntas quidem non ordinat sed tamen in aliquid tendit

secundùm ordinem rationis. Unde hoc nomen *intentio* nominat actum voluntatis, præsupposità ordinatione rationis ordinantis aliquid in finem. ·

Ad quartum dicendum quòd intentio est actus voluntatis respectu finis. Sed voluntas respicit finem tripliciter : uno modo absolutè, et sic dicitur *voluntas*, prout absolutè volumus vel sanitatem, vel si quid aliud est hujusmodi : alio modo consideratur finis secundùm quòd in eo quiescitur, et hoc modo *fruitio* respicit finem ; tertio modo consideratur finis secundùm quòd est terminus alicujus quod in ipsum ordinatur; et sic *intentio* respicit finem. Non enim solùm ex hoc intendere dicimur sanitatem, quia volumus eam, sed quia volumus ad eam per aliquid aliud pervenire.

ARTICULUS II. — *Utrùm intentio sit tantùm ultimi finis.* — (2-2, quæst. 180, art. 1, corp., et 2, dist. 38, art. 3, et Ver. quæst. 22, art. 13, corp.)

Ad secundum sic proceditur. 1. Videtur quòd intentio sit tantùm ultimi finis. Dicitur enim in lib. Sententiarum Prosperi, sent. 100. *Clamor ad Deum est intentio cordis.* Sed Deus est ultimus finis humani cordis. Ergo intentio semper respicit ultimum finem.

2. Præterea, intentio respicit finem, secundùm quòd est terminus, ut dictum est art. præc., ad 4. Sed terminus habet rationem ultimi finis. Ergo intentio semper respicit ultimum finem.

3. Præterea, sicut intentio respicit finem, ita et fruitio. Sed fruitio semper est ultimi finis. Ergo et intentio.

Sed contra, ultimus finis humanarum voluntatum est unus, scilicet beatitudo, ut supra dictum est, quæst. 1, art. 7. Si igitur intentio esset tantùm ultimi finis, non essent diversæ hominum intentiones, quod patet esse falsum.

Respondeo dicendum quòd, sicut dictum est art. præc., intentio respicit finem secundùm quòd est terminus motûs voluntatis. In motu autem potest accipi terminus dupliciter : uno modo ipse terminus ultimus, in quo quiescitur, qui est terminus totius motûs. Alio modo aliquod medium, quod est principium unius partis motûs et finis, vel terminus alterius; sicut in motu quo itur de A in C per B, C est terminus ultimus, B autem terminus, sed non ultimus; et utriusque potest esse intentio. Unde, etsi semper sit finis, non tamen oportet quòd semper sit ultimi finis.

Ad primum ergo dicendum quòd *intentio cordis* dicitur *clamor ad Deum*, non quòd Deus sit objectum intentionis semper, sed quia est intentionis cognitor; vel quia cùm oramus, intentionem nostram ad Deum dirigimus, quæ quidem intentio vim clamoris habet.

Ad secundum dicendum quòd terminus habet rationem ultimi finis, sed non semper ultimi respectu totius, sed quandoque respectu alicujus partis.

Ad tertium dicendum quòd fruitio importat quidem quietem, quæ est in fine, quod pertinet solùm ad ultimum finem ; sed intentio importat motum in finem, non autem in quietem. Unde non est similis ratio.

ARTICULUS III. — *Utrùm aliquis possit simul duo intendere.* — (*Verit. quæst.* 13, *art.* 13, *corp.*)

Ad tertium sic proceditur. 1. Videtur quòd non possit aliquis simul intendere plura. Dicit enim Augustinus in lib. 2 de Serm. Domini in monte, cap. 14, 16, 17 et 22 , quòd *non potest homo simul intendere Deum et commodum corporale.* Ergo pari ratione nèque aliqua alio duo.

2. Præterea, intentio nominal motum voluntatis ad terminum. Sed unius motûs non possunt esse plures termini ex unâ parte. Ergo voluntas non potest simul multa intendere.

3. Præterea, intentio præsupponit actum rationis, sive intellectûs. Sed *non contingit simul plura intelligere,* secundùm Philosophum, 2 Topic., cap. 4, in declaratione loci 33. Ergo etiam neque contingit simul plura intendere.

Sed contra, ars imitatur naturam. Sed natura ex uno instrumento intendit duas utilitates; sicut lingua ordinatur ad gustum et ad locutionem, ut dicitur in 3 de Animâ, in fin., et lib. 2, text. 88. Ergo pari ratione ars vel ratio potest simul aliquid unum ad duos fines ordinare; et ita potest aliquis simul plura intendere.

Respondeo dicendum quòd aliqua duo possunt accipi dupliciter, vel ordinata ad invicem, vel ad invicem non ordinata.

Et si quidem ad invicem fuerint ordinata, manifestum est ex præmissis, art. 2 hujus qu., quòd homo potest simul multa intendere. Est enim intentio non solùm finis ultimi, ut dictum est ibid., sed etiam finis medii. Simul autem intendit aliquis et finem proximum, et ultimum, sicut confectionem medicinæ et sanitatem.

Si autem accipiantur duo ad invicem non ordinata, sic etiam simul homo potest plura intendere; quod patet ex hoc quòd homo unum alteri præeligit, quia melius est altero. Inter alias autem conditiones quibus aliquid est melius altero, una est quòd ad plura valet; unde potest aliquid præeligi alteri ex hoc quòd ad plura valet. Et sic manifestè homo simul plura intendit.

Ad primum ergo dicendum quòd Augustinus intelligit hominem non posse simul Deum et commodum temporale intendere sicut ultimos fines, quia , ut supra ostensum est, quæst. 1, art. 5, non possunt esse plures fines ultimi unius hominis.

Ad secundum dicendum quòd unius motûs possunt ex unâ parte esse plures termini , si unus ad alium ordinetur; sed duo termini ad invicem non ordinati ex unâ parte unius motûs esse non possunt. Sed tamen considerandum est quòd id quod non est unum secundùm rem, potest accipi ut unum secundùm rationem. Intentio autem est motus voluntatis in aliquid præordinatum in ratione, sicut dictum est art. 1 hujus quæst., ad 3. Et ideò ea quæ sunt plura secundùm rem, possunt accipi

ut unus terminus intentionis, prout sun unum secundùm rationem; vel quia aliqua duo concurrunt ad integrandum aliquid unum, sicut ad sanitatem concurrunt calor, et frigus commensurata; vel quia aliqua duo sub uno communi continentur, quod potest esse intentum : putà acquisitio vini et vestis continetur sub lucro sicut sub quodam communi ; unde nihil prohibet quin ille qui intendit lucrum, simul hæc duo intendat.

Ad tertium dicendum quòd, sicut in primo dictum est, quæst. 85, art. 4, contingit simul plura intelligere, in quantum sunt aliquo modo unum.

ARTICULUS IV. — *Utrùm intentio finis sit idem actus cum voluntate ejus quod est ad finem* — (*Sup., quæst.* 8, *art.* 3, *et* 2, *dist.* 38, *art.* 4, *et* 3, *dist.* 14, *art.* 1, *quæst.* 4, *corp., et Ver. quæst.* 22, *art.* 4.)

Ad quartum sic proceditur. 1. Videtur quòd non sit unus et idem motus, intentio finis, et voluntas ejus quod est ad finem. Dicit enim Augustinus in 11 de Trin., cap. 6, circ. princ., quòd *voluntas videndi fenestram finem habet fenestræ visionem , et altera est voluntas per fenestram videndi transeuntes.* Sed hoc pertinet ad intentionem quòd velim videre transeuntes per fenestram; hoc autem ad voluntatem ejus quod est ad finem, quòd velim videre fenestram. Ergo alius est motus voluntatis, intentio finis, et alius voluntas ejus quod est ad finem.

2. Præterea, actus distinguuntur secundùm objecta. Sed finis et id quod est ad finem sunt diversa objecta. Ergo alius motus voluntatis est intentio finis , et voluntas ejus quod est ad finem.

3. Præterea, voluntas ejus quod est ad finem, dicitur electio. Sed non est idem electio, et intentio. Ergo non est idem motus intentio finis cum voluntate ejus quod est ad finem.

Sed contra est quòd id quod est ad finem, se habet ad finem ut medium ad terminum. Sed idem motus est qui per medium transit ad terminum in rebus naturalibus. Ergo et in rebus voluntariis idem motus est intentio finis, et voluntas ejus quod est ad finem.

Respondeo dicendum quòd motus voluntatis in finem, et in id quod est ad finem, potest considerari dupliciter : uno modo, secundùm quòd voluntas in utrumque fertur absolutè et secundùm se, et sic sunt simpliciter duo motus voluntatis in utrumque.

Alio modo potest considerari secundùm quòd voluntas fertur in id quod est ad finem propter finem; et sic unus et idem subjecto motus voluntatis est tendere ad finem et in id quod est ad finem. Cùm enim dico : *Volo medicinam propter sanitatem,* non designo nisi unum motum voluntatis; cujus ratio est quia finis ratio est volendi ea quæ sunt ad finem. Idem autem actus cadit super objectum et super rationem objecti; sicut eadem visio est coloris et luminis, ut supra dictum est, quæst. 8, art. 3, ad 2. Et est simile de intellectu : quia si absolutè principium et conclusionem considerct, diversa est consideratio utriusque; in hoc autem quod conclusioni propter principia assentit, est unus actus intellectûs tantùm.

Ad primum ergo dicendum quòd Augustinus loquitur de visione fenestræ, et visione transeuntium per fenestram, secundùm quòd voluntas in utrumque absolutè fertur.

Ad secundum dicendum quòd finis, in quantum est res quædam, est aliud voluntatis objectum, quàm id quod est ad finem; sed in quantum est ratio volendi id quod est ad finem, est unum et idem objectum.

Ad tertium dicendum quòd motus qui est unus subjecto, potest ratione differre secundùm principium et finem, ut ascensio et descensio, sicut dicitur in 3 Physic., text. 21. Sic igitur in quantum motus voluntatis fertur in id quod est ad finem, prout ordinatur ad finem, est electio, motus autem voluntatis qui fertur in finem, secundùm quòd acquiritur per ea quæ sunt ad finem, vocatur intentio; cujus signum est quòd intentio finis esse potest, etiam nondùm determinatis his quæ sunt ad finem, quorum est electio.

ARTICULUS v. — *Utrùm intentio conveniat brutis animalibus.* — (2-2, *quæst.* 110, *art.* 1, *corp., et* 2, *dist.* 38, *art.* 3, *corp., et ad* 2.)

Ad quintum sic proceditur. 1. Videtur quòd bruta animalia intendant finem. Natura enim in his quæ cognitione carent magis distat à rationali naturâ, quàm natura sensitiva, quæ est in animalibus brutis. Sed natura intendit finem etiam in his quæ cognitione carent, ut probatur in 2 Phys., text. 87 et seq. Ergo multò magis bruta animalia intendunt finem.

2. Præterea, sicut intentio est finis, ita et fruitio. Sed fruitio convenit brutis animalibus, ut dictum est, qu. 11, art. 2. Ergo et intentio.

3. Præterea, ejus est intendere finem, cujus est agere propter finem, cùm intendere nihil sit nisi in aliud tendere. Sed bruta animalia agunt propter finem; movetur enim animal vel ad cibum quærendum, vel ad aliquid hujusmodi. Ergo bruta animalia intendunt finem.

Sed contra, intentio finis importat ordinationem alicujus in finem; quod est rationis. Cùm igitur bruta animalia non habent rationem, videtur quòd non intendant finem.

Respondeo dicendum quòd, sicut supra dictum est, art. 1 huj. qu., intendere est in aliud tendere; quod quidem est et moventis et moti.

Secundùm quidem (1) igitur quòd dicitur intendere finem id quod movetur ad finem ab alio, sic natura dicitur intendere finem, quasi mota ad suum finem à Deo, sicut sagitta à sagittante; et hoc modo etiam bruta animalia intendunt finem, in quantum moventur ab instinctu naturali ad aliquid.

Alio modo intendere finem est moventis, prout scilicet ordinat motum alicujus, vel

sui, vel alterius in finem; quod est rationis tantùm. Unde per hunc modum bruta non intendunt finem; quod est propriè et principaliter intendere, ut dictum est, art. 1 hujus quæst.

Ad primum ergo dicendum quòd ratio illa procedit, secundùm quòd *intendere* est ejus quod movetur ad finem.

Ad secundum dicendum quòd fruitio non importat ordinationem alicujus in aliquid, sicut intentio, sed absolutam quietem in fine.

Ad tertium dicendum quòd bruta animalia moventur ad finem, non quasi considerantia quòd per motum suum possint consequi finem, quod est propriè intendentis; sed quasi concupiscentia finem naturali instinctu moventur ad finem, quasi ab alio mota (1), sicut et cætera quæ moventur naturaliter.

QUÆSTIO XIII.

DE ELECTIONE EORUM QUÆ SUNT AD FINEM. — (*In sex articulos divisa.*)

Consequenter considerandum est de actibus voluntatis qui sunt in comparatione ad ea quæ sunt ad finem; et sunt tres, *eligere, consentire* et *uti.* Electionem autem præcedit consilium. Primò ergo considerandum est de electione; secundò de consilio; tertiò de consensu; quartò de usu.

Circa electionem quæruntur sex : 1° cujus potentiæ sit actus, utrùm voluntatis vel rationis; 2° utrùm electio conveniat brutis animalibus; 3° utrùm electio sit solùm eorum quæ sunt ad finem, vel etiam quandoque finis; 4° utrùm electio sit tantùm eorum quæ per nos aguntur; 5° utrùm electio sit solùm possibilium; 6° utrùm homo ex necessitate eligat, vel liberè.

ARTICULUS PRIMUS. — *Utrùm electio sit actus voluntatis vel rationis.* — (*P.* 1, *qu.* 8, *art.* 3, *corp., et* 2, *dist.* 24, *quæst.* 1, *art.* 2, *et Ver. quæst.* 22, *art.* 15, *et* 3 *Ethic., lect.* 6, *et* 6, *lect.* 2, *fin.*)

Ad primum sic proceditur. 1. Videtur quòd electio non sit actus voluntatis, sed rationis. Electio enim collationem quamdam importat, quâ unum alteri præfertur. Sed conferre est rationis. Ergo electio est rationis.

2. Præterea, ejusdem est syllogizare et concludere. Syllogizare autem in operabilibus est rationis. Cùm igitur electio sit quasi conclusio in operabilibus, ut dicitur in 7 Ethic., cap. 3, videtur quòd sit actus rationis.

3. Præterea, ignorantia non pertinet ad voluntatem, sed ad vim cognitivam. Est autem quædam ignorantia electionis, ut dicitur in 3 Ethic., cap. 1, versùs fin. Ergo videtur quòd electio non pertineat ad voluntatem, sed ad rationem.

Sed contra est quod Philosophus dicit in 3 Ethic., cap. 3, propè fin., quòd electio *est*

---

(1) Ita cod. Alcan. cum edit. Rom. et Pat. an. 1098. Theologi, Nicolaius, aliique omiserunt *quidem.*

(1) Ita codd. Camer. Rom. aliique, et editi passim; tantùm edit. Rom. post verbum *concupiscentia* omittit *finem.* Cod. Alcan. : *Possunt consequi finem, quod est propriè intendentis; sed concupiscentia finem, naturali instinctu moventur ad finem, quasi ab alio mota,* etc

desiderium eorum quæ sunt in nobis. Desiderium autem est actus voluntatis. Ergo et electio.

Respondeo dicendum quòd in nomine electionis importatur aliquid pertinens ad rationem, sive ad intellectum, et aliquid pertinens ad voluntatem. Dicit enim Philosophus in 6 Ethic., cap. 2, quòd *electio est appetitivus intellectus, vel appetitus intellectivus.* Quandocumque autem duo concurrunt ad aliquid unum constituendum, unum eorum est ut formale respectu alterius. Unde Gregorius Nyssenus, vel Nemes., lib. de Nat. hom., cap. 33, propè fin., dicit quòd *electio neque est appetitus secundùm seipsam, neque consilium solùm, sed ex his aliquod compositum.* Sicut enim dicimus animal ex animâ et corpore compositum esse, neque verò corpus esse secundùm seipsum, neque animam solam, sed utrumque, ita et electionem.

Est autem considerandum in actibus animæ, quòd actus qui est essentialiter unius potentiæ vel habitûs, recipit formam et speciem à superiori potentiâ vel habitu, secundùm quòd ordinatur inferius à superiori. Si enim aliquis actum fortitudinis exerceat propter Dei amorem, actus quidem ille materialiter est fortitudinis, formaliter verò charitatis. Manifestum est autem quòd ratio quodammodò voluntatem præcedit, et ordinat actum ejus, in quantum scilicet voluntas in suum objectum tendit secundùm ordinem rationis, eò quòd vis apprehensiva appetitivæ suum objectum repræsentat. Sic igitur ille actus quo voluntas tendit in aliquid quod proponitur ut bonum, ex eo quòd per rationem est ordinatum ad finem, materialiter quidem est voluntatis, formaliter autem rationis.

In hujusmodi autem substantiâ actus materialiter se habet ad ordinem qui imponitur à superiori potentiâ; et ideò electio substantialiter non est actus rationis, sed voluntatis; perficitur enim electio in motu quodam animæ ad bonum quod eligitur. Unde manifestus actus est appetitivæ potentiæ.

Ad primum ergo dicendum quòd electio importat collationem quamdam præcedentem, non quòd essentialiter sit ipsa collatio.

Ad secundum dicendum quòd conclusio syllogismi, quæ fit in operabilibus, ad rationem pertinet, et dicitur *sententia* vel *judicium*, quam sequitur electio; et ob hoc ipsa conclusio pertinere videtur ad electionem tanquàm ad consequens.

Ad tertium dicendum quòd ignorantia dicitur esse electionis, non quòd ipsa electio sit scientia, sed quia ignoratur quid sit eligendum.

ARTICULUS II. — *Utrùm electio conveniat brutis animalibus.* — (2, dist. 25, art. 1, ad 6 et 7, et 5 Met., lect. 23, fin.)

Ad secundum sic proceditur. 1. Videtur quòd electio brutis animalibus conveniat. Electio enim est *appetitus aliquorum propter finem*, ut dicitur in 3 Ethic., cap. 3, circa fin. Sed bruta animalia appetunt aliquid propter finem; agunt enim propter finem et ex appetitu. Ergo in brutis animalibus est electio.

2. Præterea, ipsum nomen electionis signi-

ficare videtur quòd aliquid præ aliis accipiatur. Sed bruta animalia accipiunt aliquid præ aliis, sicut manifestè apparet quòd ovis unam herbam comedit, aliam refutat. Ergo in brutis animalibus est electio.

3. Præterea, ut dicitur in 6 Ethic., cap. 12, in med., *ad prudentiam pertinet quòd aliquis benè eligat ea quæ sunt ad finem.* Sed prudentia convenit brutis animalibus; unde dicitur in principio Metaph., cap. 1, parùm à princ., quòd *prudentia sunt sine disciplinâ quæcumque sonos audire non potentia sunt, ut apes.* Et hoc etiam sensui manifestum videtur. Apparent enim mirabiles sagacitates in operibus animalium, ut apum, et aranearum, et canum. Canis enim insequens cervum, si ad trivium venerit, odoratu quidem explorat an cervus per primam vel secundam viam transiverit; quòd si invenerit non transisse, jam securus per tertiam viam incedit non explorando. quasi utens syllogismo divisivo, quo concludi posset cervum per istam viam incedere, ex quo non incedit per alias duas, cùm non sint plures. Ergo videtur quòd electio brutis animalibus conveniat.

Sed contra est quod Gregorius Nyssenus, vel Nemes., lib. de Nat. hom., cap. 33, in princ., dicit quòd *pueri et irrationalia voluntariè quidem faciunt, non tamen eligentia.* Ergo in brutis animalibus non est electio.

Respondeo dicendum quòd cùm electio sit præacceptio unius respectu alterius, necesse est quòd electio sit respectu plurium quæ eligi possunt; et ideò in his quæ sunt penitùs determinata ad unum, electio locum non habet.

Est autem differentia inter appetitum sensitivum et voluntatem, quia, ut ex prædictis patet, quæst. 1, art. 2, ad 3, appetitus sensitivus est determinatus ad unum particulare secundùm ordinem naturæ; voluntas autem est quidem secundùm naturæ ordinem determinata ad unum commune, quod est bonum, sed indeterminatè se habet respectu particularium bonorum. Et ideò propriè voluntatis est eligere, non autem appetitûs sensitivi, qui solus est in brutis animalibus; et propter hoc brutis animalibus electio non convenit.

Ad primum ergo dicendum quòd non omnis appetitus alicujus propter finem vocatur electio, sed cum quâdam discretione unius ab altero; quæ locum habere non potest, nisi ubi appetitus potest ferri ad plura.

Ad secundum dicendum quòd brutum animal accipit unum præ alio, quia appetitus ejus est naturaliter determinatus ad ipsum; unde statim quando per sensum, vel per imaginationem repræsentatur ei aliquid ad quod naturaliter inclinatur ejus appetitus; absque electione movetur ad ipsum, sicut etiam absque electione ignis movetur sursùm, et non deorsùm.

Ad tertium dicendum quòd, sicut dicitur in 3 Physic., text. 16 et seq., *motus est actus mobilis à movente*; et ideò virtus moventis apparet in motu mobilis; et propter hoc in omnibus quæ moventur à ratione, apparet ordo rationis moventis, licèt ipsa quæ à ratione moventur, rationem non habeant; sic enim sagitta directè tendit ad signum ex motione sagittantis, ac si ipsa rationem haberet dirigentem: et idem apparet in motibus horologiorum et omnium ingeniorum humanorum quæ arte fiunt. Sicut autem comparantur artificialia ad artem humanam, ita comparantur omnia naturalia ad artem divinam. Et ideò ordo apparet in his quæ moventur secundùm naturam, sicut et in his quæ moventur secundùm artem, ut dicitur in 2 Physic., text. 49. Et ex hoc contingit quòd in operibus brutorum animalium apparent quædam sagacitates, in quantum habent inclinationem naturalem ad quosdam ordinatissimos processus, utpote à summâ arte ordinatos. Et propter hoc etiam quædam animalia dicuntur prudentia vel sagacia, non quòd in eis sit aliqua ratio, vel electio; quod ex hoc apparet quòd omnia quæ sunt unius naturæ, similiter operantur.

ARTICULUS III. — *Utrùm electio sit solùm eorum quæ sunt ad finem, an etiam quandoque ipsius finis.* — (*Inf., art. 4 et 6, corp., et 3 part., qu. 18, art. 4, corp., et 4 cont. cap. 95, fin., et opusc. 2, cap. 177, et 3 Ethic. lect. 1, et 1 Perih., lect. 14, fin.*)

Ad tertium sic proceditur. 1. Videtur quòd electio non sit tantùm eorum quæ sunt ad finem. Dicit enim Philosophus in 11 Ethic., cap. 12, post med., quòd *electionem rectam facit virtus; quæcumque autem illius gratiâ nata sunt fieri, non sunt virtutis, sed alterius potentiæ.* Illud autem cujus gratiâ fit aliquid, est finis. Ergo electio est finis.

2. Præterea, electio importat præacceptionem unius respectu alterius. Sed sicut eorum quæ sunt ad finem, unum potest præaccipi alteri, ita etiam diversorum finium; ergo electio potest esse finis, sicut et illorum quæ sunt ad finem.

Sed contra est quod Philosophus dicit in 3 Ethic., cap. 2, quòd *voluntas est finis, electio autem eorum quæ sunt ad finem.*

Respondeo dicendum quòd, sicut jam dictum est, art. 1 huj. qu., ad 2, electio consequitur sententiam vel judicium, quod est sicut conclusio syllogismi operativi. Unde illud cadit sub electione quod se habet ut conclusio in syllogismo operabilium. Finis autem in operabilibus se habet ut principium, et non ut conclusio, ut Philosophus dicit in 2 Physic., text. 89. Unde finis, in quantum est hujusmodi, non cadit sub electione.

Sed sicut in speculativis nihil prohibet, id quod est unius demonstrationis vel scientiæ principium, esse conclusionem alterius demonstrationis vel scientiæ (primum tamen principium indemonstrabile non potest esse conclusio alicujus demonstrationis vel scientiæ), ita etiam contingit id quod est in unâ operatione ut finis, ordinari ad aliquid ut ad finem; et hoc modo sub electione cadit, sicut in operatione medici sanitas se habet ut finis; unde hoc non cadit sub electione medici, sed hoc supponit tanquàm principium. Sed sanitas corporis ordinatur ad bonum animæ; unde apud eum qui habet curam de animæ

salute, potest sub electione cadere esse sanum, vel esse infirmum. Nam Apostolus dicit, 2 ad Corinth. 12, 10: *Cùm enim infirmor, tunc potens sum.* Sed ultimus finis nullo modo sub electione cadit.

Ad primum ergo dicendum quòd fines proprii virtutum ordinantur ad beatitudinem sicut ad ultimum finem; et hoc modo potest esse eorum electio.

Ad secundum dicendum quòd, sicut supra habitum est, qu. 1, art. 5, ultimus finis est unus tantùm. Unde ubicumque occurrunt plures fines, inter eos potest esse electio, secundùm quòd ordinantur ad ultimum finem.

ARTICULUS IV. — *Utrùm electio sit tantùm eorum quæ per nos aguntur.* — (*Inf., art. 5, corp.*)

Ad quartum sic proceditur. 1. Videtur quòd electio non sit solùm respectu humanorum actuum. Electio enim est eorum quæ sunt ad finem. Sed *ea quæ sunt ad finem non solùm sunt actus, sed etiam organa*, ut dicitur in 2 Phys., text. 84 et seq. Ergo electiones non sunt tantùm humanorum actuum.

2. Præterea, actio à contemplatione distinguitur. Sed electio etiam in contemplatione locum habet, prout scilicet una opinio alteri præeligitur. Ergo electio non est solùm humanorum actuum.

3. Præterea, eliguntur homines ad aliqua officia vel secularia vel ecclesiastica, ab his qui nihil erga eos agunt. Ergo electio non solùm est humanorum actuum.

Sed contra est quod Philosophus dicit in 3 Ethic., cap. 2, quòd *nullus eligit nisi ea quæ existimat fieri per ipsum.*

Respondeo dicendum quòd sicut intentio est finis, ita electio est eorum quæ sunt ad finem.

Finis autem vel est actio, vel res aliqua. Et cùm res aliqua fuerit finis, necesse est quòd aliqua humana actio interveniat; vel in quantum homo facit rem illam quæ est finis (sicut medicus facit sanitatem, quæ est finis ejus, unde et facere sanitatem dicitur finis medici); vel in quantum homo aliquo modo utitur vel fruitur re quæ est finis; sicut avaro est finis pecunia, vel possessio pecuniæ.

Et eodem modo dicendum est de eo quod est ad finem, quia necesse est ut id quod est ad finem, vel sit actio, vel res aliqua, interveniente aliquâ actione, per quam facit id quod est ad finem, vel utitur eo. Et per hunc modum electio semper est humanorum actuum.

Ad primum ergo dicendum quòd organa ordinantur ad finem, in quantum homo utitur eis propter finem.

Ad secundum dicendum quòd in ipsâ contemplatione est aliquis actus intellectûs ç sentientis huic opinioni vel illi; actio verò exterior est, quæ contra contemplationem dividitur.

Ad tertium dicendum quòd homo qui eligit episcopum vel principem civitatis, eligit nominare ipsum in talem dignitatem; alioquin si nulla esset ejus actio ad constitutionem episcopi vel principis, non competeret ei electio. Et similiter dicendum est quòd quandocumque dicitur aliqua res præeligi alteri, adjungitur ibi aliqua operatio eligentis.

ARTICULUS v. — *Utrùm electio sit solùm possibilium.* — (*Ver.*, *quæst.* 22, *art.* 13, *ad* 2, *et* 3 *Eth.*, *lect.* 5, *fin.*)

Ad quintum sic proceditur. 1. Videtur quòd electio non sit solùm possibilium. Electio enim est actus voluntatis, ut dictum est, art. 1 hujus quæst. Sed voluntas est possibilium et impossibilium, ut dicitur in 3 Ethic., cap. 2. Ergo et electio.

2. Præterea, electio est eorum quæ per nos aguntur, sicut dictum est, art. præc. Nihil ergo refert, quantùm ad electionem, utrùm eligatur id quod est impossibile simpliciter, vel id quod est impossibile eligenti. Sed frequenter ea quæ eligimus, perficere non possumus; et sic sunt impossibilia nobis. Ergo electio est impossibilium.

3. Præterea, nihil homo tentat agere, nisi eligendo. Sed B. Benedictus dicit in suis Regulis ad Mon., cap. 68, quòd *si prælatus aliquid impossibile præceperit, tentandum est.* Ergo electio potest esse impossibilium.

Sed contra est quod Philosophus dicit in 3 Ethic., loc. nunc cit., quòd *electio non est impossibilium.*

Respondeo dicendum quòd, sicut dictum est art. 4 hujus quæst., electiones nostræ referuntur semper ad nostras actiones Ea autem quæ per nos aguntur, sunt nobis possibilia. Unde necesse est dicere quòd electio non sit nisi possibilium.

Similiter etiam ratio eligendi aliquid est ut ex hoc possimus consequi finem, vel hoc quod ducit ad finem (1). Per id autem quod est impossibile, non potest aliquis consequi finem; cujus signum est, quia cùm in consiliando perveniunt homines ad id quod est eis impossibile, discedunt, quasi non valentes ulteriùs procedere.

Apparet etiam hoc manifestè ex processu rationis præcedente. Sic enim se habet id quod est ad finem, de quo electio est, ad finem, sicut conclusio ad principium. Manifestum est autem quòd conclusio impossibilis non sequitur ex principio possibili. Unde non potest esse quòd finis sit possibilis, nisi id quod est ad finem, fuerit possibile. Ad id autem quod est impossibile, nullus movetur. Unde nullus tenderet in finem nisi per hoc quòd apparet id quod est ad finem esse possibile. Unde id quod est impossibile, sub electione non cadit.

Ad primum ergo dicendum quòd voluntas media est inter intellectum et exteriorem operationem. Nam intellectus proponit voluntati suum objectum, et ipsa voluntas causat exteriorem actionem. Sic igitur principium motûs voluntatis consideratur ex parte intellectûs, qui apprehendit aliquid ut bonum in universali; sed terminatio, seu perfectio actûs voluntatis attenditur secundùm ordinem ad operationem, per quam aliquis tendit ad consecutionem rei; nam motus voluntatis est ab animâ ad rem; et ideò perfectio actûs

voluntatis attenditur secundùm hoc quòd est aliquid bonum alicui ad agendum. Hoc autem est possibile, et ideò voluntas completa non est nisi de possibili, quod est bonum volenti; sed voluntas incompleta est de impossibili, quæ secundùm quosdam *velleitas* dicitur, quia scilicet aliquis vellet illud, si esset possibile. Electio autem nominat actum voluntatis jam determinatum ad id quod est huic agendum (1); et ideò nullo modo est nisi possibilium.

Ad secundum dicendum quòd cùm objectum voluntatis sit bonum apprehensum, hoc modo judicandum est de objecto voluntatis, secundùm quòd cadit sub apprehensione, et ideò sicut quandoque voluntas est alicujus quod apprehenditur ut bonum, et tamen non est verè bonum, ita quandoque est electio ejus quod apprehenditur ut possibile eligenti, quod tamen non est ei possibile.

Ad tertium dicendum quòd hoc ideò dicitur, quia an aliquid sit possibile, subditus non debet suo judicio definire, sed in unoquoque judicio superioris stare.

ARTICULUS vi. — *Utrùm homo ex necessitate eligat, vel liberè.* — (*P.* 1, *qu.* 115, *art.* 1, *corp.*, *et* 2-2, *qu.* 104, *art.* 1, *corp.*, *et Ver.* *qu.* 22, *art.* 6, *et qu.* 24, *art.* 1, *et Mal.*, *qu.* 6.)

Ad sextum sic proceditur. 1. Videtur quòd homo ex necessitate eligat. Sic enim se habet finis ad eligibilia, ut principia ad ea quæ ex principiis consequuntur, ut patet in 7 Ethic., cap. 8, in fin. Sed ex principiis ex necessitate deducuntur conclusiones. Ergo ex fine de necessitate movetur aliquis ad eligendum.

2. Præterea, sicut dictum est art. 1 hujus quæst., electio consequitur judicium rationis de agendis. Sed ratio ex necessitate judicat de aliquibus propter necessitatem præmissarum. Ergo videtur quòd etiam electio ex necessitate sequatur.

3. Præterea, si aliqua duo sunt penitùs æqualia, non magis movetur homo ad unum quàm ad aliud; sicut famelicus si habet cibum æqualiter appetibilem in diversis partibus, et secundùm æqualem distantiam, non magis movetur ad unum quàm ad alterum, ut Plato dicit, assignans rationem quietis terræ in medio, sicut dicitur in 2 de Cœlo, text. 75 et 90. Sed multò minùs potest eligi quod accipitur ut minus, quàm quod accipitur ut æquale. Ergo si proponantur duo, vel tria, vel plura, inter quæ unum majus appareat, impossibile est aliquod aliorum eligere. Ergo ex necessitate eligitur illud quod eminentius apparet. Sed omnis electio est de omni eo quod videtur aliquo modo melius. Ergo omnis electio est ex necessitate.

Sed contra est quòd electio est actus potentiæ rationalis, quæ se habet ad opposita, secundùm Philosophum, lib. 9 Met., text. 3.

Respondeo dicendum quòd homo non ex necessitate eligit; et hoc ideò, quia quod possibile est non esse, non necesse est esse. Quòd autem possibile sit non eligere vel eligere, hujus ratio ex duplici hominis potestate accipi potest. Potest enim homo velle et non velle, agere et non agere; potest etiam velle hoc aut illud;

(1) Ita editi passim. Edit. Rom.: *Vel ex hoc quod ducit*, etc. Cod. Alcan.: *Ratio eligendi aliquid est ex hoc quod ducit ad finem*, interpositis omissis.

(1) Al., *hic agendum.*

cujus ratio ex ipsâ virtute rationis accipitur. Quidquid enim ratio potest apprehendere ut bonum, in hoc voluntas tendere potest. Potest autem ratio apprehendere ut bonum, non solùm hoc quod est velle aut agere, sed hoc etiam quod est non velle et non agere.

Et rursùm in omnibus particularibus bonis potest considerare rationem boni alicujus, et defectum alicujus boni, quod habet rationem mali ; et secundùm hoc potest unumquodque hujusmodi bonorum apprehendere ut eligibile, vel fugibile. Solum autem perfectum bonum, quod est beatitudo, non potest ratio apprehendere sub ratione mali aut alicujus defectûs ; et ideò ex necessitate beatitudinem homo vult, nec potest velle non esse beatus, aut esse miser. Electio autem, cùm non sit de fine, sed de his quæ sunt ad finem, ut jam dictum est, art. 3 hujus quæst., non est perfecti boni, quod est beatitudo, sed aliorum particularium bonorum. Et ideò homo non ex necessitate, sed liberè eligit.

Ad primum ergo dicendum quòd non semper ex principiis ex necessitate procedit conclusio, sed tunc solùm quando principia non possunt esse vera, si conclusio non sit vera. Et similiter non oportet quòd semper ex fine insit homini necessitas ad eligendum ea quæ sunt ad finem, quia non omne quod est ad finem, tale est quòd sine eo finis haberi non possit ; aut si tale sit, non semper sub tali ratione consideratur.

Ad secundum dicendum quòd sententia sive judicium rationis de rebus agendis est circa contingentia, quæ à nobis fieri possunt ; in quibus conclusiones non ex necessitate sequuntur ex principiis necessariis absolutâ necessitate, sed necessariis solùm ex conditione ; ut, si currit, movetur.

Ad tertium dicendum quòd nihil prohibet, si aliqua duo æqualia proponantur secundùm unam considerationem, quin circa alterum consideretur aliqua conditio per quam emineat, et magis flectatur voluntas in ipsum quàm in aliud.

QUÆSTIO XIV.

De consilio quod electionem præcedit. —
(In sex articulos divisa.)

Deinde considerandum est de consilio ; et circa hoc quæruntur sex : 1° utrùm consilium sit inquisitio ; 2° utrùm consilium sit de fine, vel solùm de his quæ sunt ad finem ; 3° utrùm consilium sit solùm de his quæ à nobis aguntur ; 4° utrùm consilium sit de omnibus quæ à nobis aguntur ; 5° utrùm consilium procedat ordine resolutorio ; 6° utrùm consilium procedat in infinitum.

Articulus primus. — *Utrùm consilium sit inquisitio.* — (2–2, *quæst* 49, art. 5, corp., et 3, dist. 35, quæst. 2, art. 1, corp.)

Ad primum sic proceditur. 1. Videtur quòd consilium non sit inquisitio. Dicit enim Damascenus, lib. 2 orth. Fid., cap. 22, quòd *consilium est appetitus.* Sed ad appetitum non pertinet inquirere. Ergo consilium non est inquisitio.

2. Præterea, inquirere intellectûs discurrentis est, et sic Deo non convenit, cujus cognitio non est discursiva, ut in primo habitum

est, quæst. 14, art. 7. Sed consilium Deo attribuitur ; dicitur enim ad Eph. 1, 11, quòd *operatur omnia secundùm consilium voluntatis suæ.* Ergo consilium non est inquisitio.

3. Præterea, inquisitio est de rebus dubiis. Sed consilium datur de his quæ sunt bona certa, secundùm illud Apostoli 1 ad Cor. 7, 25 : *De virginibus autem præceptum Domini non habeo, consilium autem do.* Ergo consilium non est inquisitio.

Sed contra est quod Gregorius Nyssenus (vel Nemes., lib. de Nat. hom., cap. 34, in princ.) dicit : *Omne quidem consilium quæstio est, non autem omnis quæstio consilium.*

Respondeo dicendum quòd electio, sicut dictum est, quæst. præc., art. 1, consequitur judicium rationis de rebus agendis. In rebus autem agendis multa incertitudo invenitur, quia actiones sunt circa singularia contingentia, quæ propter sui variabilitatem incerta sunt. In rebus autem dubiis et incertis ratio non profert judicium absque inquisitione præcedente : et ideò necessaria est inquisitio rationis ante judicium de eligendis. Et hæc inquisitio *consilium* vocatur ; propter quod Philosophus dicit in 3 Ethic., cap. 3, circ. fin., quòd *electio est appetitus præconsiliati.*

Ad primum ergo dicendum quòd quando actus duarum potentiarum ad invicem ordinantur, in utroque est aliquid quod est alterius potentiæ ; et ideò uterque actus ab utrâque potentiâ denominari potest. Manifestum est autem quòd actus rationis dirigentis in his quæ sunt ad finem, et actus voluntatis secundùm regimen rationis in ea tendentis, ad se invicem ordinantur. Unde et in actu voluntatis, qui est electio, apparet aliquid rationis, scilicet ordo ; et in consilio, quod est actus rationis, apparet aliquid voluntatis, sicut materia, quia consilium est de his quæ homo vult facere, et etiam sicut motivum (1) : quia ex hoc quòd homo vult finem, movetur ad consilium de his quæ sunt ad finem. Et ideò Philosophus dicit in 6 Ethic., cap. 2, quòd *electio est intellectus appetitivus,* ut ad electionem utrumque concurrere ostendat ; ita Damascenus dicit, loc. sup. cit., quòd *consilium est appetitus inquisitivus,* ut consilium aliquo modo pertinere ostendat et ad voluntatem, circa quam et ex quâ fit inquisitio, et ad rationem inquirentem.

Ad secundum dicendum quòd ea quæ dicuntur de Deo, accipienda sunt absque omni defectu qui invenitur in nobis, sicut in nobis scientia est conclusionum per discursum à causis in effectus ; sed scientia dicta de Deo significat certitudinem de omnibus effectibus in primâ causâ absque omni discursu. Et similiter consilium attribuitur Deo quantùm ad certitudinem sententiæ vel judicii, quæ in nobis provenit ex inquisitione consilii ; sed hujusmodi inquisitio in Deo locum non habet ; et ideò consilium secundùm hoc Deo non attribuitur. Et secundùm hoc Damascenus dicit, lib. 2 orth. Fid., cap. 22, quòd *Deus non consiliatur ; ignorantis enim est consiliari.*

Ad tertium dicendum quòd nihil prohibe

---

(1) Al., *et est sicut motivum.*

aliqua esse certissima bona secundùm sententiam sapientum et spiritualium virorum, quæ tamen non sunt certa bona secundùm sententiam plurium vel carnalium hominum; et ideò de talibus consilia dantur.

ARTICULUS II. — *Utrùm consilium sit de fine, an solùm de his quæ sunt ad finem.* — (2-2, quæst. 33, art. 1, ad 2, et quæst. 47, art. 1, ad 2, et 3, dist. 35, quæst. 2, art. 4, quæst. 1, corp., et 3 Ethic., lect. 8.)

Ad secundum sic proceditur. 1. Videtur quòd consilium non solùm sit de his quæ sunt ad finem, sed etiam de fine. Quæcumque enim dubitationem habent, de his potest inquiri. Sed circa operabilia humana contingit esse dubitationem de fine, et non solùm de his quæ sunt ad finem. Cùm igitur inquisitio circa operabilia sit consilium, videtur quòd consilium possit esse de fine.

2. Præterea, materia consilii sunt operationes humanæ. Sed quædam operationes humanæ sunt fines, ut dicitur in 1 Ethic., in princ. cap. 1. Ergo consilium potest esse de fine.

Sed contra est quod Gregorius Nyssenus (vel Nemesius, lib. de Nat. hom., cap. 34, à med.) dicit, quòd *non de fine, sed de his quæ sunt ad finem, est consilium.*

Respondeo dicendum quòd finis in operabilibus habet rationem principii, eò quòd rationes eorum quæ sunt ad finem ex fine sumuntur. Principium autem non cadit sub quæstione; sed principia oportet supponere in omni inquisitione. Unde cùm consilium sit quæstio, de fine non est consilium, sed solùm de his quæ sunt ad finem.

Tamen contingit id quod est finis, respectu quorumdam, ordinari ad alium finem; sicut etiam id quod est principium unius demonstrationis, est conclusio alterius. Et ideò id quod accipitur ut *finis* in unâ inquisitione, potest accipi ut *ad finem* in aliâ inquisitione; et sic de eo erit consilium.

Ad primum ergo dicendum quòd id quod accipitur ut finis est jam determinatum. Unde quamdiù habetur ut dubium, non habetur ut finis; et ideò si de eo consilium habetur, non erit consilium de fine, sed de eo quod est ad finem.

Ad secundum dicendum quòd de operationibus est consilium, in quantum ordinantur ad aliquem finem. Unde si aliqua operatio humana sit finis, de eâ, in quantum hujusmodi, non est consilium.

ARTICULUS III. — *Utrùm consilium sit solùm de his quæ à nobis aguntur.* — (2-2, quæst. 47, art. 2, corp., et 3, dist. 35, quæst. 2, art. 4, quæst. 1, corp., et 3 Ethic., lect. 7.)

Ad tertium sic proceditur. 1. Videtur quòd consilium non sit solùm de his quæ aguntur à nobis. Consilium enim collationem quamdam importat. Sed collatio inter multos potest fieri etiam de rebus immobilibus, quæ non fiunt à nobis, putà de naturis rerum. Ergo consilium non solùm est de his quæ aguntur à nobis.

2. Præterea, homines interdùm consilia

quærunt de his quæ sunt lege statuta, unde et *jurisconsulti* dicuntur; et tamen eorum qui quærunt hujusmodi consilium, non est leges facere. Ergo consilium non solùm est de his quæ à nobis aguntur.

3. Præterea, dicuntur etiam quidam consultationes facere de futuris eventibus, qui tamen non sunt in potestate nostrâ. Ergo consilium non solùm est de his quæ à nobis fiunt.

4. Præterea, si consilium esset solùm de his quæ à nobis fiunt, nullus consiliaretur de his quæ sunt per alium agenda. Sed hoc patet esse falsum. Ergo consilium non solùm est de his quæ à nobis fiunt.

Sed contra est quod Gregorius Nyssenus (vel Nemesius, lib. de Nat., hom., cap. 34), dicit: *Consiliamur de his quæ sunt* (1) *in nobis et per nos fieri possunt.*

Respondeo dicendum quòd consilium propriè importat collationem inter plures habitam; quod et ipsum nomen designat. Dicitur enim *consilium,* quasi *considium,* eò quòd multi consident ad simul conferendum. Est autem considerandum quòd in particularibus contingentibus, ad hoc quòd aliquid certum cognoscatur, plures conditiones seu circumstantias considerare oportet, quas ab uno non facile est considerari, sed à pluribus certiùs percipiuntur, dùm quod unus considerat, alii non occurrit. In necessariis autem et universalibus est absolutior et simplicior consideratio, ita quòd magis ad hujusmodi considerationem unius per se sufficere potest; et ideò inquisitio consilii propriè pertinet ad contingentia singularia.

Cognitio autem veritatis in talibus non habet aliquid magnum, ut per se sit appetibilis, sicut cognitio universalium et necessariorum; sed appetitur secundùm quòd est utilis ad operationem, quia actiones sunt circa contingentia singularia. Et ideò dicendum est quòd propriè consilium est circa ea quæ aguntur à nobis.

Ad primum ergo dicendum quòd consilium importat collationem, non quamcumque, sed collationem de rebus agendis, ratione jam dictâ in corp. art.

Ad secundum dicendum quòd id quod est lege positum, quamvis non sit ex operatione quærentis consilium, tamen est directivum ejus ad operandum; quia ista est una ratio aliquid operandi, scilicet (2) mandatum legis.

Ad tertium dicendum quòd consilium non solùm est de his quæ aguntur, sed de his quæ ordinantur ad operationes; et propter hoc consultatio dicitur fieri de futuris eventibus, in quantum homo per futuros eventus cognitos dirigitur ad aliquid faciendum, vel vitandum.

Ad quartum dicendum quòd de aliorum factis consilium quærimus, in quantum sunt quodammodò unum nobiscum; vel per unionem affectûs, sicut amicus sollicitus est de his quæ ad amicum spectant, sicut de suis,

(1) Al., *quæ fiunt.*
(2) Ita editi passim. Cod. Alcan., edit. Rom. et Garcia omittunt *scilicet.*

vel per modum instrumenti; nam agens principale et instrumentale sunt quasi una causa, cùm unum agat per alterum; et sic dominus consiliatur de his quæ sunt agenda per servum.

ARTICULUS IV. — *Utrùm consilium sit de omnibus quæ à nobis aguntur.* — (3, *dist.* 35, *quæst.* 2, *art.* 4, *quæst.* 1, *corp.*, *et Psal.* 19, *et* 3 *Ethic.*, *lect.* 7.)

Ad quartum sic proceditur. 1. Videtur quòd consilium sit de omnibus quæ sunt per nos agenda (1). Electio enim est *appetitus præconsiliati*, ut dictum est art. 1 hujus quæst. Sed electio est de omnibus quæ per nos aguntur. Ergo et consilium.

2. Præterea, consilium importat inquisitionem rationis. Sed in omnibus quæ non per impetum passionis agimus, procedimus ex inquisitione rationis. Ergo de omnibus quæ aguntur à nobis, est consilium.

3. Præterea, Philosophus dicit in 3 Ethic., cap. 3, in med., quòd *si per plura aliquid fieri potest, consilio inquiritur, per quod facilimè et optimè fiat; si autem per unum, qualiter per illud fiat.* Sed omne quod fit, fit per unum vel per multa. Ergo de omnibus quæ fiunt à nobis, est consilium.

Sed contra est quod Gregorius Nyssenus (vel Nemesius, lib. de Nat. hom., cap. 34) dicit, quòd *de his quæ secundùm disciplinam, vel artem sunt operibus, non est consilium.*

Respondeo dicendum quòd consilium est inquisitio quædam, ut dictum est art. 1 hujus quæst. De illis autem inquirere solemus quæ in dubium veniunt. Unde et ratio inquisitiva, quæ dicitur *argumentum*, est *rei dubiæ faciens fidem.* Quòd autem aliquid in operabilibus humanis non sit dubitabile, ex duobus contingit. Uno modo, quia per determinatas vias proceditur ad determinatos fines, sicut contingit in artibus quæ habent certas vias operandi; sicut scriptor non consiliatur quomodò debeat trahere litteras, hoc enim determinatum est per artem. Alio modo quia non multùm refert utrùm sic vel sic fiat; et ista sunt minima, quæ parùm adjuvant vel impediunt respectu finis consequendi; quod autem parùm est, quasi nihil accipit ratio. Et ideò de duobus non consiliamur, quamvis ordinentur ad finem, ut Philosophus dicit, lib. 3 Ethic., cap. 3, scilicet de rebus parvis, et de his quæ sunt determinata qualiter fieri debent, sicut est in operationibus artium præter quasdam conjecturales, ut Gregorius Nyssenus dicit (loc. sup. cit.), ut putà medicinalis, negotiativa, et hujusmodi.

Ad primum ergo dicendum quòd electio præsupponit consilium ratione judicii, vel sententiæ. Unde quando judicium vel sententia manifesta est absque inquisitione, non requiritur consilii inquisitio.

Ad secundum dicendum quòd ratio in rebus manifestis non inquirit, sed statim judicat; et ideò non oportet in omnibus quæ

ratione aguntur, esse inquisitionem consilii.

Ad tertium dicendum quòd quando aliquid per unum potest fieri, sed diversis modis, potest dubitationem habere, sicut et quando fit per plura; et ideò opus est consilio; sed quando determinatur non solùm res, sed modus, tunc non est opus consilio.

ARTICULUS V. — *Utrùm consilium procedat ordine resolutorio.*

Ad quintum sic proceditur. 1. Videtur quòd consilium non procedat modo resolutorio. Consilium enim est de his quæ à nobis aguntur. Sed operationes nostræ non procedunt modo resolutorio, sed magis modo compositivo, scilicet de simplicibus ad composita. Ergo consilium (1) non semper procedit modo resolutorio.

2. Præterea, consilium est inquisitio rationis. Sed ratio à prioribus incipit, et ad posteriora devenit, secundùm convenientiorem ordinem. Cùm igitur præterita sint priora præsentibus et præsentia priora futuris, in consiliando videtur esse procedendum à præsentibus et præteritis in futura; quod non pertinet ad ordinem resolutorium. Ergo in consiliis non servatur ordo resolutorius.

3. Præterea, consilium non est nisi de his quæ sunt nobis possibilia, ut dicitur in 3 Ethic., cap. 3, paulò post princ. Sed an sit nobis aliquid possibile, perpenditur ex eo quod possumus facere, vel non possumus facere, ut perveniamus in illud. Ergo in inquisitione consilii à præsentibus incipere oportet.

Sed contra est quod Philosophus dicit in 3 Ethic., cap. 3, post med., quòd *ille qui consiliatur, videtur quærere et resolvere.*

Respondeo dicendum quòd in omni inquisitione oportet incipere ab aliquo principio; quod quidem si sicut est prius in cognitione, ita etiam sit prius in esse, non est processus resolutorius, sed magis compositivus. Procedere enim à causis in effectus, est processus compositivus, nam causæ sunt simpliciores effectibus. Si autem id quod est prius in cognitione, sit posterius in esse, est processus resolutorius, utpote cùm de effectibus manifestis judicamus; resolvendo in causas simplices.

Principium autem in inquisitione consilii est finis, qui quidem est prior in intentione, posterior tamen in esse. Et secundùm hoc oportet quòd inquisitio consilii sit resolutoria, incipiendo scilicet ab eo quod in futuro intenditur, quousque perveniatur ad id quod statim agendum est.

Ad primum ergo dicendum quòd consilium est de operationibus; sed ratio operationum accipitur ex fine; et ideò ordo ratiocinandi de operationibus est contrarius ordini operandi.

Ad secundum dicendum quòd ratio incipit ab eo quod est prius secundùm rationem,

---

(1) Ita editi omnes quos vidimus. Codd. Alcan. et Camer., *quæ per nos aguntur.*

(1) Ita codd. et editi ferè omnes. Edit. Rom., *compositi consilium.*

non autem semper ab eo quod est prius tempore.

Ad tertium dicendum quòd de eo quod est agendum propter finem, non quæreremus scire an sit possibile, si non esset congruum fini; et ideò priùs oportet inquirere an conveniat ad ducendum in finem, quàm consideretur an sit possibile.

ARTICULUS VI. — *Utrùm consilium procedat in infinitum.*

Ad sextum sic proceditur. 1. Videtur quòd inquisitio consilii procedat in infinitum. Consilium enim inquisitio est de particularibus, in quibus est operatio. Sed singularia sunt infinita. Ergo inquisitio consilii est infinita.

2. Præterea, sub inquisitione consilii cadit considerare, non solùm quid agendum sit, sed etiam quomodò impedimenta tollantur. Sed quælibet humana actio potest infinitè impediri; et impedimentum tolli potest per aliquam rationem humanam. Ergo in infinitum remanet quærere de impedimentis tollendis.

3. Præterea, inquisitio scientiæ demonstrativæ non procedit in infinitum, quia est devenire in aliqua principia per se nota, quæ omnimodam certitudinem habent. Sed talis certitudo non potest inveniri in singularibus contingentibus, quæ sunt variabilia et incerta. Ergo inquisitio consilii procedit in infinitum.

Sed contra, nullus movetur ad id ad quod impossibile est quòd perveniat, ut dicitur in 1 de Cœlo, text. 58. Sed infinitum impossibile est transire. Si igitur inquisitio consilii sit infinita, nullus consiliari inciperet, quod patet esse falsum.

Respondeo dicendum quòd inquisitio consilii est finita in actu ex duplici parte, scilicet ex parte principii et ex parte termini. Accipitur enim in inquisitione consilii duplex principium : unum proprium ex ipso genere operabilium, et hoc est finis, de quo non est consilium, sed supponitur in consilio ut principium, ut dictum est art. 2 hujus quæst. ; aliud quasi ex alio genere assumptum ; sicut et in scientiis demonstrativis una scientia supponit aliqua ab aliâ, de quibus non inquirit.

Hujusmodi autem principia, quæ inquisitione consilii supponuntur, sunt quæcumque sunt per sensum accepta ; utpote quòd hoc sit panis vel ferrum, et quæcumque sunt per aliquam scientiam speculativam vel practicam in universali cognita, sicut quòd mœchari est à Deo prohibitum, et quòd homo non potest vivere, nisi nutriatur nutrimento convenienti ; et de istis non inquirit consiliator.

Terminus autem inquisitionis est id quod statim est in potestate nostrâ ut faciamus. Sicut enim finis habet rationem principii, ita id quod agitur propter finem, habet rationem conclusionis. Unde id quod primò agendum occurrit, habet rationem ultimæ conclusionis, ad quam inquisitio terminatur.

Nihil autem prohibet consilium potentiâ infinitum esse, secundùm quòd in infinitum possunt aliqua occurrere consilio inquirenda.

Ad primum ergo dicendum quòd singularia non sunt infinita actu, sed in potentiâ.

Ad secundum dicendum quòd, licèt humana actio possit impediri, non tamen semper habet impedimentum paratum ; et ideò non semper oportet consiliari de impedimento tollendo.

Ad tertium dicendum quòd in singularibus contingentibus potest aliquid accipi certum, etsi non simpliciter, tamen ut nunc, prout assumitur in operatione. Socratem enim sedere non est necessarium ; sed eum sedere, dùm sedet, est necessarium ; et hoc per certitudinem accipi potest.

QUÆSTIO XV.

DE CONSENSU, QUI EST ACTUS VOLUNTATIS, RESPECTU EORUM QUÆ SUNT AD FINEM. — *(In quatuor articulos divisa.)*

Deinde considerandum est de consensu; et circa hoc quæruntur quatuor : 1° utrùm consensus sit actus appetitivæ vel apprehensivæ virtutis ; 2° utrùm conveniat brutis animalibus ; 3° utrùm sit de fine vel de his quæ sunt ad finem ; 4° utrùm consensus in actum pertineat solùm ad superiorem animæ partem.

ARTICULUS PRIMUS. — *Utrùm consensus sit actus appetitivæ vel apprehensivæ virtutis.* — *(Inf., quæst. 74, art. 7, ad 1, et 4, dist. 29, art. 1, corp.)*

Ad primum sic proceditur. 1. Videtur quòd consentire pertineat solùm ad partem animæ apprehensivam. Augustinus enim, 12 de Trinit., cap. 12, consensum attribuit superiori rationi. Sed ratio nominat apprehensivam virtutem. Ergo consentire pertinet ad apprehensivam virtutem.

2. Præterea, consentire est simul sentire. Sed sentire est apprehensivæ potentiæ. Ergo et consentire.

3. Præterea, sicut *assentire* dicit applicationem intellectûs ad aliquid, ita et *consentire*. Sed assentire pertinet ad intellectum, quia est vis apprehensiva. Ergo et consentire ad vim apprehensivam pertinet.

Sed contra est quod Damascenus dicit in 2 lib. orth. Fid., cap 22, quòd *si aliquis judicet, et non diligat, non est sententia*, id est consensus. Sed diligere ad appetitivam virtutem pertinet. Ergo et consensus.

Respondeo dicendum quòd *consentire* importat applicationem sensûs ad aliquid. Est autem proprium sensûs quòd cognoscitivus est rerum præsentium ; vis enim imaginativa est apprehensiva similitudinum corporalium, etiam rebus absentibus quarum sunt similitudines ; intellectus autem apprehensivus est universalium rationum quas potest apprehendere indifferenter, et præsentibus et absentibus singularibus. Et quia actus appetitivæ virtutis est quædam inclinatio ad rem ipsam, secundùm quamdam similitudinem ipsa applicatio appetitivæ virtutis ad rem, secundùm quòd ei inhæret (1), accipit no-

(1) Ita codd. et editi passim. Edit. Rom.: *Et quia actus appetitivæ virtutis est quædam inclinatio ad rem ipsam secundùm quamdam similitudinem* (edit. Colon., *conjunctionem*), *hinc est quòd ipsa applicatio appetitivæ virtutis ad rem, secundùm quam ei inhæret,* etc.

meu *sensús*, quasi experientiam quamdam sumens de re cui inhæret, in quantum complacet sibi in eâ. Unde Sapient. 1, 1, dicitur : *Sentite de Domino in bonitate.* Et secundùm hoc *consentire* est actus appetitivæ virtutis.

Ad primum ergo dicendum quòd, sicut dicitur in 3 de Animâ, text. 42, voluntas in ratione consistit. Unde, cùm Augustinus attribuit consensum rationi, accipit rationem secundùm quòd in eâ concluditur voluntas.

Ad secundum dicendum quòd *sentire* propriè dictum ad apprehensivam potentiam pertinet, sed secundùm similitudinem cujusdam experientiæ pertinet ad appetitivam, ut dictum est in corp. art.

Ad tertium dicendum quòd *assentire* est quasi *ad aliud sentire*, et sic importat quamdam distantiam ad id cui assentitur. Sed *consentire* est *simul sentire*, et sic importat quamdam conjunctionem ad id cui consentitur. Et ideò voluntas, cujus est tendere ad ipsam rem, magis propriè dicitur consentire ; intellectus autem, cujus operatio non est secundùm motum ad rem, sed potiùs è converso, ut in primo dictum est, quæst. 16, art. 1, et quæst. 27, art. 4, et qu. 59, art. 2, magis propriè dicitur assentire ; quamvis unum pro alio poni soleat.

Potest etiam dici quòd intellectus assentit, in quantum à voluntate movetur.

ARTICULUS II. — *Utrùm consensus conveniat brutis animalibus.*— (*Inf., quæst. 16, art. 2, corp.*)

Ad secundum sic proceditur. 1. Videtur quòd consensus conveniat brutis animalibus. Consensus enim importat determinationem appetitús ad unum. Sed appetitus brutorum animalium sunt determinati ad unum. Ergo consensus in brutis animalibus invenitur.

2. Præterea, remoto priori, removetur posterius. Sed consensus præcedit operis executionem. Si ergo in brutis non esset consensus, non esset in eis operis executio, quod patet esse falsum.

3. Præterea, homines interdùm consentire dicuntur in aliquid agendum ex aliquâ passione, putà concupiscentiâ vel irâ. Sed bruta animalia ex passione agunt. Ergo in eis est consensus.

Sed contra est quod Damascenus dicit, lib. 2 orth. Fidei, cap. 22, quòd *post judicium homo disponit et amat quod ex consilio judicatum est, quod vocatur sententia*, id est consensus. Sed consilium non est in brutis animalibus. Ergo nec consensus.

Respondeo dicendum quòd consensus, propriè loquendo, non est in brutis animalibus. Cujus ratio est quia consensus importat applicationem appetitivi motús ad aliquid agendum. Ejus autem est applicare appetitivum motum ad aliquid agendum, in cujus potestate est appetitivus motus ; sicut tangere lapidem convenit quidem baculo ; sed applicare baculum ad tactum lapidis est ejus qui habet in potestate movere baculum. Bruta autem animalia non habent in suâ potestate appetitivum motum ; sed talis motus in eis est ex instinctu naturæ : unde brutum animal appetit quidem, sed non applicat appetitivum

motum ad aliquid.

Et propter hoc non propriè dicitur consentire, sed solùm rationalis natura, quæ habet in potestate suâ appetitivum motum, et potest ipsum applicare vel non applicare ad hoc vel ad illud.

Ad primum ergo dicendum quòd in brutis animalibus invenitur determinatio appetitús in aliquid passivè tantùm ; consensus verò importat determinationem appetitús non solùm passivam, sed magis activam.

Ad secundum dicendum quòd, remoto priori, removetur posterius, quod propriè ex eo tantùm sequitur. Si autem aliquid ex pluribus sequi possit, non propter hoc posterius removetur, uno priorum remoto ; sicut, si induratio possit fieri et à calido et frigido (nam lateres indurantur ab igne, et aqua congelata induratur ex frigore), non oportet quòd, remoto calore, removeatur induratio. Executio autem operis non solùm sequitur ex consensu, sed etiam ex impetuoso appetitu, qualis est in brutis animalibus.

Ad tertium dicendum quòd homines qui ex passione agunt, possunt passionem non sequi, non autem bruta animalia ; unde non est similis ratio.

ARTICULUS III. — *Utrùm consensus sit de fine, vel de his quæ sunt ad finem.*

Ad tertium sic proceditur. 1. Videtur quòd consensus sit de fine, quia *propter quod unumquodque, et illud magis.* Sed his quæ sunt ad finem consentimus propter finem. Ergo fini consentimus magis.

2. Præterea, actio intemperati est finis ejus, sicut et actio virtuosi est finis ejus. Sed intemperatus consentit in proprium actum. Ergo consensus potest esse de fine.

3. Præterea, appetitus eorum quæ sunt ad finem, est electio, ut supra dictum est, quæst. 13, art. 3. Si igitur consensus esset solùm de his quæ sunt ad finem, in nullo ab electione differre videretur, quod patet esse falsum per Damascenum, qui dicit, lib. 2 de orth. Fide, cap. 22, quòd post affectionem (1), quam vocaverat *sententiam*, fit electio. Non ergo consensus est solùm de his quæ sunt ad finem.

Sed contra est quod Damascenus ibidem dicit, quòd *sensus* (sive sententia) *est quando homo disponit et amat quod ex consilio judicatum est.* Sed consilium non est nisi de his quæ sunt ad finem. Ergo nec consensus

Respondeo dicendum quòd consensus nominat applicationem appetitivi motús ad aliquid præexistens in potestate applicantis. In ordine autem agibilium, primò quidem oportet sumere apprehensionem finis, deinde appetitum finis, deinde consilium de his quæ sunt ad finem, deinde appetitum eorum quæ sunt ad finem. Appetitus autem in ultimum finem tendit naturaliter ; unde et applicatio motús appetitivi in finem apprehensum non habet rationem consensús, sed simplicis voluntatis.

(1) Ita edit. Patav. an. 1698, optimè ex textu Damasceni. Edit. Rom., *disputationem*. Garcia, Nicolaius et edit. Patav. an. 17!2, *affectationem*. Cod. Alcan., *disputatio:em*.

Quæ autem sunt (1) post ultimum finem, in quantum sunt ad finem, sub consilio cadunt; et sic potest esse de eis consensus, in quantum motus appetitivus applicatur ad id quod ex consilio judicatum est. Motus verò appetitivus in finem non applicatur consilio, sed magis consilium ipsi, quia consilium præsupponit appetitum finis; sed appetitus eorum quæ sunt ad finem præsupponit determinationem consilii.

Et ideò applicatio appetitivi motûs ad determinationem consilii propriè est consensus. Unde cùm consilium non sit nisi de his quæ sunt ad finem, consensus, propriè loquendo, non est nisi de his quæ sunt ad finem.

Ad primum ergo dicendum quòd sicut conclusiones scimus per principia, horum tamen non est scientia, sed quod majus est, scilicet intellectus, ita consentimus his quæ sunt ad finem propter finem; cujus tamen non est consensus, sed quod majus (2) est, scilicet voluntas.

Ad secundum dicendum quòd intemperatus habet pro fine delectationem operis, propter quam consentit in opus, magis quàm ipsam operationem (3).

Ad tertium dicendum quòd electio addit supra consensum quamdam relationem respectûs ejus cui aliquid præeligitur; et ideò post consensum adhuc remanet electio. Potest enim contingere quòd per consilium inveniantur plura ducentia ad finem, quorum dùm quodlibet placet, in quodlibet eorum consentitur, sed ex multis quæ placent, præaccipimus unum eligendo. Sed si inveniatur unum solùm quod placeat, non differunt re consensus et electio, sed ratione tantùm; ut consensus dicatur, secundùm quod placet ad agendum; electio autem, secundùm quod præfertur his quæ non placent.

ARTICULUS IV. — *Utrùm consensus in actum pertineat solùm ad superiorem animæ partem.* — (2-2, quæst. 110, art. 1, corp.)

Ad quartum sic proceditur. 1. Videtur quòd consensus ad agendum non semper pertineat ad superiorem rationem. Delectatio enim consequitur operationem, et *perficit eam, sicut decor juventutem,* sicut dicitur in 10 Ethic., c. 4, post med. Sed consensus in delectationem pertinet ad inferiorem rationem, ut dicit Augustinus in 12 de Trinit., c. 12. Ergo consensus in actum non pertinet ad solam superiorem rationem.

2. Præterea, actio in quam consentimus, dicitur esse voluntaria. Sed multarum potentiarum est producere actiones voluntarias. Ergo non sola superior ratio consentit in actum.

3. Præterea, superior ratio *intendit æternis inspiciendis et consulendis,* ut Augustinus dicit in 12 de Trinit., c. 7, in fin. Sed multoties homo consentit in actum, non propter ratio-

nes æternas, sed propter aliquas rationes temporales, vel etiam propter aliquas animæ passiones. Non ergo consentire in actum pertinet ad solam superiorem rationem.

Sed contra est quod Augustinus dicit in 12 de Trin., c. 12, circ. med.: *Non potest peccatum efficaciter perpetrandum mente decerni, nisi illa mentis intentio, penès quam summa potestas est membra in opus movendi, vel ab opere cohibendi, malæ actioni cedat et serviat.*

Respondeo dicendum quòd finalis sententia semper pertinet ad eum qui superior est, ad quem pertinet de aliis judicare. Quamdiù enim judicandum restat quod proponitur, nondùm datur finalis sententia. Manifestum est autem quòd superior ratio est quæ habet de omnibus judicare, quia de sensibilibus per rationem (1) judicamus; de his verò quæ ad rationes humanas pertinent judicamus secundùm rationes divinas, quæ pertinent ad rationem superiorem. Et ideò quamdiù incertum est an secundùm rationes divinas resistatur, vel non, nullum judicium rationis habet rationem finalis sententiæ. Finalis autem sententia de agendis est consensus in actum. Et ideò consensus in actum pertinet ad rationem superiorem, secundùm tamen quòd in ratione voluntas includitur, sicut supra dictum est, art. 1 huj. q., ad 1.

Ad primum ergo dicendum quòd consensus in delectationem operis pertinet ad superiorem rationem, sicut et consensus in opus; sed consensus in delectationem cogitationis pertinet ad rationem inferiorem, sicut ad ipsam pertinet cogitare; et tamen de hoc ipso quod est *cogitare* vel *non cogitare,* in quantum consideratur ut actio quædam, habet judicium superior ratio, et similiter de delectatione consequente; sed in quantum accipitur ut ad actionem aliam ordinatum, sic pertinet ad inferiorem rationem. Quod enim ad aliud ordinatur, ad inferiorem artem vel potentiam pertinet, quàm finis ad quem ordinatur; unde ars quæ est de fine, *architectonica,* seu principalis, vocatur.

Ad secundum dicendum quòd quia actiones dicuntur voluntariæ ex hoc quòd eis consentimus, non oportet quòd consensus sit cujuslibet potentiæ, sed voluntatis à quâ dicitur voluntarium, quæ est in ratione, sicut dictum est q. 6, art. 1.

Ad tertium dicendum quòd ratio superior dicitur consentire, non solùm quia secundùm rationes æternas semper movet (2) ad agendum, sed etiam quia secundùm rationes æternas non dissentit.

QUÆSTIO XVI.

DE USU, QUI EST ACTUS VOLUNTATIS, IN COMPARATIONE EORUM QUÆ SUNT AD FINEM. — (*In quatuor articulos divisa.*)

Deinde considerandum est de usu; et circa hoc quæruntur quatuor: 1° utrùm uti sit actus voluntatis; 2° utrùm conveniat brutis animalibus; 3° utrùm sit tantùm eorum quæ

---

(1) Al.: *De his autem quæ sunt,* etc.
(2) Al., *minus.*
(3) Ita codd. Tarrac. et Cam. quibus adhærent Garcia et Theologi. Cod. Alcan.: *Delectationem operationis, propter quam consentit in opus magis quàm in ipsam operationem.* Edit. Rom., Nicolai et Patav., *operis,* et mox, *in ipsam operationem;* addunt Patav., Al.,

(1) Ita Cod. Alcan. aliique cum editis plurimis. Theologi, *per rationes humanas.*
(2) Al., *movetur;* item, *moveat, et moveatur.*

sunt ad finem, vel etiam finis; 4° de ordine usûs ad electionem.

ARTICULUS PRIMUS. — *Utrùm uti sit actus voluntatis.* — (1, dist. 1, quæst. 1, art. 2.)

Ad primum sic proceditur. 1. Videtur quòd *uti* non sit actus voluntatis. Dicit enim Augustinus in 1 de Doctr. christ., c. 14, in princ., et lib. 10 de Trin., c. 10, à princ., quòd *uti est id quod in usum venit, ad aliud obtinendum referre.* Sed referre aliquid ad aliud est rationis, cujus est conferre et ordinare. Ergo *uti* est actus rationis; non ergo voluntatis.

2. Præterea, Damascenus dicit, lib. 2 orth. Fid., c. 22, quòd *homo impetum facit ad operationem, et dicitur impetus, deinde utitur, et dicitur usus.* Sed operatio pertinet ad potentiam executivam; actus autem voluntatis non sequitur actum executivæ potentiæ, sed executio est ultimum. Ergo usus non est actus voluntatis.

3. Præterea, Augustinus dicit in lib. 83 QQ., qu. 30, in fin.: *Omnia quæ facta sunt in usum hominis facta sunt; quia omnibus utitur ratio, judicando ea quæ hominibus data sunt.* Sed judicare de rebus à Deo creatis pertinet ad rationem speculativam, quæ omninò separata videtur à voluntate, quæ est principium humanorum actuum. Ergo *uti* non est actus voluntatis.

Sed contra est quod Augustinus dicit in 10 de Trinit., c., 11, ante med. : *Uti est assumere aliquid in facultatem voluntatis.*

Respondeo dicendum quòd usus rei alicujus importat applicationem rei illius ad aliquam operationem; unde et operatio ad quam applicamus rem aliquam, dicitur usus ejus, sicut equitare est usus equi, et percutere est usus baculi.

Ad operationem autem applicamus et principia interiora agendi, scilicet ipsas potentias animæ, vel membra corporis; ut intellectum ad intelligendum, et oculum ad videndum; et res exteriores, sicut baculum ad percutiendum. Sed manifestum est quòd res exteriores non applicamus ad aliquam operationem nisi per principia intrinseca, quæ sunt potentiæ animæ, aut habitus potentiarum, aut organa, quæ sunt corporis membra. Ostensum est autem supra, q. 9, art. 1, quòd voluntas est quæ movet potentias animæ ad suos actus; et hoc est applicare eas ad operationem. Unde manifestum est quòd *uti* primo et principaliter est voluntatis tanquàm primi moventis, rationis autem tanquàm dirigentis, sed aliarum potentiarum tanquàm exequentium, quæ comparantur ad voluntatem, à quâ applicantur ad agendum, sicut instrumenta ad principale agens.

Actio autem propriè non attribuitur instrumento, sed principali agenti, sicut ædificatio ædificatori, non autem instrumentis. Unde manifestum est quòd *uti* propriè est actus voluntatis.

Ad primum ergo dicendum quòd ratio quidem in aliud refert, sed voluntas tendit in id quod est in aliud relatum per rationem; et secundùm hoc dicitur, quòd *uti* est referre aliquid in alterum.

Ad secundum dicendum quòd Damascenus loquitur de usu, secundùm quòd pertinet ad executivas potentias.

Ad tertium dicendum quòd etiam ipsa ratio speculativa applicatur ad opus intelligendi, vel judicandi à voluntate; et ideò intellectus speculativus uti dicitur, tanquàm à voluntate motus, sicut aliæ executivæ potentiæ.

ARTICULUS II. — *Utrùm uti conveniat brutis animalibus.* — (Sup., quæst. 11, art. 1, ad 4.)

Ad secundum sic proceditur. 1. Videtur quòd *uti* conveniat brutis animalibus. Frui enim est nobilius quàm uti, quia, ut Augustinus dicit in 10 de Trinit., cap. 10, post princ., *utimur eis quæ ad illud referimus quo fruendum est.* Sed frui convenit brutis animalibus, ut supra dictum est, qu. 11, art. 2. Ergo multò magis convenit eis uti.

2. Præterea, applicare membra ad agendum est uti membris. Sed bruta animalia applicant membra ad aliquid agendum, sicut pedes ad ambulandum, cornua ad percutiendum. Ergo brutis animalibus convenit *uti.*

Sed contra est quod Augustinus dicit in lib. 83 QQ., qu. 30, circa med.: *Uti aliquâ re non potest nisi animal quod rationis est particeps.*

Respondeo dicendum quòd, sicut dictum est art. præc., *uti* est applicare aliquod principium actionis ad actionem, sicut *consentire* est applicare motum appetitivum ad aliquid appetendum, ut dictum est qu. præced., art. 1, 2 et 3. Applicare autem aliquid ad alterum non est nisi ejus quod habet super illud arbitrium; quod non est nisi ejus qui scit referre aliquid in alterum; quod ad rationem pertinet. Et ideò solum animal rationale et consentit et utitur.

Ad primum ergo dicendum quòd *frui* importat absolutum motum appetitûs in appetibile; sed *uti* importat motum appetitûs ad aliquid in ordine ad alterum. Si ergo comparentur *uti* et *frui* quantùm ad objecta, sic *frui* est nobilius quàm *uti,* quia id quod est absolutè appetibile, est melius quàm id quod est appetibile solùm in ordine ad aliud. Sed si comparentur quantùm ad vim apprehensivam præcedentem, major nobilitas requiritur ex parte usûs, quia ordinare aliquid in alterum est rationis; absolutè autem aliquid apprehendere potest etiam sensus.

Ad secundum dicendum quòd animalia per sua membra aliquid agunt instinctu naturæ, non per hoc quòd cognoscant ordinem membrorum ad illas operationes; unde non dicuntur propriè applicare membra ad agendum, nec uti membris.

ARTICULUS III. — *Utrùm usus possit esse etiam ultimi finis.*

Ad tertium sic proceditur. 1. Videtur quòd usus possit esse etiam ultimi finis. Dicit enim Augustinus in 10 de Trin., c. 11, ante med. . *Omnis qui fruitur, utitur.* Sed ultimo fine fruitur aliquis. Ergo ultimo fine aliquis utitur

2. Præterea, *uti est assumere aliquid in facultatem voluntatis,* ut ibidem dicitur. Sed nihil magis assumitur à voluntate quàm

ultimus finis. Ergo usus potest esse ultimi finis.

3. Præterea, Hilarius dicit in 2 de Trin., circ. princ., quòd *æternitas est in Patre, species in imagine*, id est, in Filio, *usus in munere*, id est, in Spiritu sancto. Sed Spiritus sanctus, cùm sit Deus, est ultimus finis. Ergo usus potest esse ultimi finis.

Sed contra est quod dicit Augustinus in lib. 83 QQ., quæst. 30, circ. fin. : *Deo nullus rectè utitur, sed fruitur* (1). Sed solus Deus est ultimus finis. Ergo ultimo fine non est utendum.

Respondeo dicendum quòd *uti*, sicut dictum est, art. 1 hujus quæst., importat applicationem alicujus ad aliquid. Quod autem applicatur ad aliud, se habet in ratione ejus quod est ad finem; et ideò *uti* semper est ejus quod est ad finem; propter quòd et ea quæ sunt ad finem accommoda, *utilia* dicuntur, et ipsa utilitas interdùm *usus* nominatur.

Sed considerandum est quòd ultimus finis dicitur dupliciter : uno modo simpliciter, et alio modo quoad aliquem. Cùm enim finis, ut supra dictum est, qu. 1, art. 8, qu. 2, art. 7, et qu. 5, art. 2, dicatur quandoque quidem res, quandoque adeptio rei, vel possessio ejus (sicut avaro finis est vel pecunia, vel possessio pecuniæ), manifestum est quòd, simpliciter loquendo, ultimus finis est ipsa res ; non enim possessio pecuniæ est bona, nisi propter bonum pecuniæ; sed quoad hunc adeptio pecuniæ est finis ultimus, non enim quæreret pecuniam avarus, nisi ut haberet eam. Ergo, simpliciter loquendo et propriè, pecuniá homo aliquis fruitur, quia in eá ultimum finem constituit ; sed in quantum refert eam ad possessionem, dicitur uti eá.

Ad primum ergo dicendum quòd Augustinus loquitur de usu communiter, secundùm quòd importat ordinem finis ad ipsam fruitionem quam aliquis quærit de fine.

Ad secundum dicendum quòd finis assumitur in facultatem voluntatis, ut voluntas in illo quiescat; unde ipsa requies in fine, quæ fruitio est, dicitur hoc modo usus finis. Sed id quod est ad finem assumitur in facultatem voluntatis, non solùm in ordine ad usum ejus quod est ad finem, sed in ordine ad aliam rem, in quá voluntas quiescit.

Ad tertium dicendum quòd usus accipitur in verbis Hilarii pro quiete in ultimo fine, eo modo quo aliquis, communiter loquendo, dicitur uti fine ad obtinendum ipsum, sicut dictum est in corp., et ad 1. Unde Augustinus in 6 de Trin., c. 10, circa med., dicit quòd *illa delectatio, felicitas, vel beatitudo usus ab eo appellatur.*

ARTICULUS IV. — *Utrùm usus præcedat electionem.*

Ad quartum sic proceditur. 1. Videtur quòd usus præcedat electionem. Post electionem enim nihil sequitur nisi executio. Sed usus,

(1) Ita ex Augustino could. et editi pas. im. In edit. R..... omittitur *s d fruitur.*

cùm pertineat ad voluntatem, præcedit executionem. Ergo præcedit etiam electionem.

2. Præterea, absolutum est ante relatum. Ergo minùs relatum est ante magis relatum. Sed electio importat duas relationes, unam ejus quod eligitur ad finem, aliam verò ad id cui præeligitur; usus autem importat solam relationem ad finem. Ergo usus est prior electione.

3. Præterea, voluntas utitur aliis potentiis, in quantum movet eas. Sed voluntas movet etiam seipsam, ut dictum est q. 9, art. 3. Ergo etiam utitur seipsá applicando se ad agendum. Sed hoc facit cùm consentit. Ergo in ipso consensu est usus. Sed consensus præcedit electionem, ut dictum est q. 15, art 3, ad 3. Ergo et usus.

Sed contra est quod Damascenus dicit, lib. 2 orth. Fid., c. 22, quòd *voluntas post electionem impetum facit ad operationem, et postea utitur.* Ergo usus sequitur electionem.

Respondeo dicendum quòd voluntas duplicem habitudinem habet ad volitum. Unam quidem, secundùm quòd est quodammodò in volente per quamdam proportionem vel ordinem ad volitum. Unde et res quæ naturaliter sunt proportionatæ ad aliquem finem, dicuntur appetere illum naturaliter. Sed sic habere finem est imperfectè habere ipsum. Omne autem imperfectum tendit in perfectionem; et ideò tam appetitus naturalis quàm voluntarius tendit ut habeat ipsum finem realiter, quod est perfectè habere ipsum; et hæc est secunda habitudo voluntatis ad volitum.

Volitum autem non solùm est finis, sed id quod est ad finem. Ultimum autem quod pertinet ad primam habitudinem voluntatis, respectu ejus quod est ad finem, est electio; ibi enim completur proportio voluntatis, ut completè velit id quod est ad finem. Sed usus jam pertinet ad secundam habitudinem voluntatis, quá tendit ad consequendum rem volitam. Unde manifestum est quòd usus sequitur electionem; si tamen accipiatur usus, secundùm quòd voluntas utitur executivá potentiá, movendo ipsam.

Sed quia voluntas etiam quodammodò rationem movet, et utitur eá, potest intelligi usus ejus quod est ad finem, secundùm quòd est in consideratione rationis referentis ipsum in finem. Et hoc modo usus præcedit electionem.

Ad primum ergo dicendum quòd ipsam executionem operis præcedit motio quá voluntas movet ad exequendum; sequitur autem electionem; et sic cùm usus pertineat ad prædictam motionem voluntatis, medium est inter electionem et executionem.

Ad secundum dicendum quòd id quod est per essentiam suam relatum, posterius est absoluto, sed id cui attribuuntur relationes, non oportet quòd sit posterius; imò quantò causa est prior, tantò habet relationes ad plures effectus.

Ad tertium dicendum quòd electio præcedit usum, si referantur ad idem. Nihil autem prohibet quòd usus unius præcedat electionem alterius. Et quia actus voluntatis reflectuntur supra seipsos, in quolibet actu voluntatis potest accipi *consensus*, et *electio*, et *usus*; ut si dicatur quòd voluntas consentit se elig...e, et consentit se consentire, et utitur se ad consentiendum et eligendum ; et semper isti actus ordinati ad id quod est prius, sunt priores.

QUÆSTIO XVII.

De actibus imperatis a voluntate. — (*In novem articulos divisa.*)

Deinde considerandum est de actibus imperatis à voluntate; et circa hoc quæruntur novem : 1° utrùm imperare sit actus voluntatis vel rationis; 2° utrùm imperare pertineat ad bruta animalia; 3° de ordine imperii ad usum; 4° utrùm imperium et actus imperatus sint unus actus vel diversi; 5° utrùm actus voluntatis imperetur; 6° utrùm actus rationis; 7° utrùm actus appetitûs sensitivi; 8° utrùm actus animæ vegetabilis; 9° utrùm actus exteriorum membrorum.

Articulus primus.—*Utrùm imperare sit actus rationis, vel voluntatis.* — (*Inf., quæst. 60, art. 1, corp. fin., et 2-2, quæst. 83, art. 1 et 19, corp., et Ver. quæst. 22, art. 12, ad 4, et quodl. 9, art. 12.*)

Ad primum sic proceditur. 1. Videtur quòd imperare non sit actus rationis, sed voluntatis. Imperare enim est movere quoddam; dicit enim Avicenna quòd quadruplex est movens, scilicet *perficiens, disponens, imperans et consilians*. Sed ad voluntatem pertinet movere omnes alias vires animæ, ut dictum est supra, quæst. 9, art. 1. Ergo imperare est actus voluntatis.

2. Præterea, sicut imperari pertinet ad id quod est subjectum, ita imperare pertinere videtur ad id quod est maximè liberum. Sed radix libertatis est maximè in voluntate. Ergo voluntatis est imperare.

3. Præterea, ad imperium statim sequitur actus. Sed ad actum rationis non statim sequitur actus; non enim qui judicat aliquid esse faciendum, statim illud operatur. Ergo imperare non est actus rationis, sed voluntatis.

Sed contra est quod Gregorius Nyssenus (vel Nemesius, lib. de Nat. hom., cap. 16), dicit, et etiam Philosophus, 1 Ethic., cap. 13, in fin., quòd *appetitus obedit rationi*. Ergo rationis est imperare.

Respondeo dicendum quòd imperare est actus rationis, præsupposito tamen actu voluntatis.

Ad cujus evidentiam considerandum est quòd quia actus voluntatis et rationis supra se invicem possunt ferri, prout scilicet ratio ratiocinatur de volendo, et voluntas vult ratiocinari, contingit actum voluntatis præveniri ab actu rationis, et è converso. Et quia virtus prioris actus remanet in actu sequenti, contingit quandoque quòd est aliquis actus voluntatis, secundùm quòd manet virtute in ipso aliquid de actu rationis, ut dictum est de usu, quæst. 16, art. 1, et electione, quæst. 13, art. 1, et è converso aliquis est actus ratio-

nis, secundùm quòd virtute manet in ipso aliquid de actu voluntatis.

Imperare autem est quidem essentialiter actus rationis; imperans enim ordinat eum cui imperat, ad aliquid agendum, intimando vel denuntiando : sic autem ordinare per modum cujusdam intimationis est rationis. Sed ratio potest aliquid intimare vel denuntiare dupliciter : uno modo absolutè; quæ quidem intimatio exprimitur per verbum indicativi modi, sicut si aliquis alicui dicat : Hoc est tibi faciendum. Aliquando autem ratio intimat aliquid alicui, movendo ipsum ad hoc; et talis intimatio exprimitur per verbum imperativi modi, puta cùm alicui dicitur : Fac hoc.

Primum autem movens in viribus animæ ad exercitium actûs est voluntas, ut supra dictum est, quæst. 9, art. 1. Cùm ergo secundum movens non moveat nisi in virtute primi moventis, sequitur quòd hoc ipsum quòd ratio movet imperando, sit ei ex virtute voluntatis. Unde relinquitur quòd imperare sit actus rationis, præsupposito actu voluntatis, in cujus virtute ratio movet per imperium ad exercitium actûs.

Ad primum ergo dicendum quòd imperare non est movere quocumque modo, sed cum quâdam intimatione denuntiativâ ad alterum, quod est rationis.

Ad secundum dicendum quòd radix libertatis est voluntas sicut subjectum; sed sicut causa, est ratio; ex hoc enim voluntas liberè potest ad diversa ferri, quia ratio potest habere diversas conceptiones boni. Et ideò philosophi definiunt liberum arbitrium, quod est *liberum de ratione judicium*, quasi ratio sit causa libertatis.

Ad tertium dicendum quòd ratio illa concludit quòd imperium non sit actus rationis absolutè, sed cum quâdam motione, ut dictum est in corp. art.

Articulus II. — *Utrùm imperare pertineat ad animalia bruta.* — (*Sup., quæst. 11, art. 1, corp.*)

Ad secundum sic proceditur. 1. Videtur quòd imperare conveniat brutis animalibus, quia, secundùm Avicennam, virtus imperans motum est appetitiva; et virtus exequens motum est in nervis. Sed utraque virtus est in brutis animalibus. Ergo imperium invenitur in brutis animalibus.

2. Præterea, de ratione servi est quòd ei imperetur. Sed corpus comparatur ad animam sicut servus ad dominum, sicut dicit Philosophus in 1 Polit., cap. 1, à med. Ergo corpori imperatur ab animâ etiam in brutis, quæ sunt composita ex animâ et corpore.

3. Præterea, per imperium homo facit impetum ad opus. Sed impetus in opus invenitur in brutis animalibus, ut Damascenus dicit, lib. 2 orth. Fid., cap. 22. Ergo in brutis animalibus invenitur imperium.

Sed contra, imperium est actus rationis, ut dictum est art. præc. Sed in brutis non est ratio. Ergo neque imperium.

Respondeo dicendum quòd imperare nihil aliud est quàm ordinare aliquem ad aliquid agendum cum quâdam intimativâ motione. Ordinare autem est proprius actus rationis. Unde impossibile est quòd in brutis animalibus, in quibus non est ratio, sit aliquo modo imperium.

Ad primum ergo dicendum quòd vis appetitiva dicitur imperare motum, in quantum movet rationem imperantem. Sed hoc est solùm in hominibus; in brutis autem animalibus virtus appetitiva non est propriè imperativa, nisi *imperativum* sumatur largè pro *motivo*.

Ad secundum dicendum quòd in brutis animalibus corpus quidem habet unde obediat, sed anima non habet unde imperet, quia non habet unde ordinet; et ideò non est ibi ratio imperantis et imperati, sed solùm moventis et moti.

Ad tertium dicendum quòd aliter invenitur impetus ad opus in brutis animalibus, et aliter in hominibus : homines enim faciunt impetum ad opus per ordinationem rationis, unde habet in eis impetus rationem imperii; in brutis autem fit impetus ad opus per instinctum naturæ, quia scilicet appetitus eorum, statim apprehenso convenienti vel inconvenienti, naturaliter movetur ad prosecutionem vel fugam; unde ordinantur ab alio ad agendum, non autem ipsa seipsa ordinant ad actionem. Et ideò in eis est impetus, sed non imperium.

ARTICULUS III. — *Utrùm usus præcedat imperium.*

Ad tertium sic proceditur. 1. Videtur quòd usus præcedat imperium. Imperium enim est actus rationis, præsupponens actum voluntatis, ut supra dictum est, art. 1 hujus quæst. Sed usus est actus voluntatis, ut supra dictum est, quæst. 16, art. 1. Ergo usus præcedit imperium.

2. Præterea, imperium est aliquid eorum quæ ad finem ordinantur. Eorum autem quæ sunt ad finem, est usus. Ergo videtur quòd usus sit priùs quàm imperium.

3. Præterea, omnis actus potentiæ motæ à voluntate *usus* dicitur, quia voluntas utitur aliis potentiis, ut supra dictum est, loc. cit. Sed imperium est actus rationis, prout mota est à voluntate, sicut dictum est, art. 1 hujus quæst. Ergo imperium est quidam usus. Commune autem est prius proprio. Ergo usus est priùs quàm imperium.

Sed contra est quod Damascenus dicit, lib. 2 orth. Fid., cap. 22, quòd *impetus ad operationem præcedit usum.* Sed impetus ad operationem fit per imperium. Ergo imperium præcedit usum.

Respondeo dicendum quòd usus ejus quod est ad finem secundùm quòd est in ratione referente ipsum in finem, præcedit electionem, ut supra dictum est, quæst. præc., art. 4, unde multò magis præcedit imperium.

Sed usus ejus quod est ad finem secundùm quòd subditur potentiæ executivæ, sequitur imperium, eò quòd usus utentis conjunctus est cum actu ejus quo quis utitur. Non enim utitur aliquis baculo, antequàm aliquo modo per baculum operetur. Imperium autem non

est simul cum actu ejus cui imperatur; sed naturaliter prius est imperium quàm imperic obediatur, et aliquando etiam est prius tempore. Unde manifestum est quòd imperium est prius quàm usus.

Ad primum ergo dicendum quòd non omnis actus voluntatis præcedit hunc actum rationis qui est imperium; sed aliquis præcedit. scilicet electio; et aliquis sequitur, scilicet usus : quia post determinationem consilii, quæ est judicium rationis, voluntas eligit; et post electionem ratio imperat ei per quod agendum est quod eligitur; et tunc demùm voluntas alicujus incipit uti exequendo imperium rationis; quandoque quidem voluntas alterius, cùm aliquis imperat alteri; quandoque autem voluntas ipsius imperantis, cùm aliquid imperat sibi ipsi

Ad secundum dicendum quòd, sicut actus sunt prævii potentiis, ita objecta actibus. Objectum autem usûs est id quod est ad finem. Ex hoc ergo quòd ipsum imperium est ad finem, magis potest concludi quòd imperium sit prius usu, quàm quòd sit posterius.

Ad tertium dicendum quòd sicut actus voluntatis utentis ratione ad imperandum præcedit ipsum imperium, ita etiam potest dici quòd et istum usum voluntatis præcedit aliquod imperium rationis, eò quòd actus harum potentiarum supra seipsos invicem reflectuntur.

ARTICULUS IV. — *Utrùm imperium et actus imperatus sint actus unus vel diversi.* — (*Inf., quæst. 20, art. 3, corp., et ad 1, et 3 part., quæst. 29, art. 1.*)

Ad quartum sic proceditur. 1. Videtur quòd actus imperatus non sit unus actus cum imperio. Diversarum enim potentiarum diversi sunt actus. Sed alterius potentiæ est actus imperatus, et alterius ipsum imperium : quia alia est potentia quæ imperat, et alia cui imperatur. Ergo non est idem actus imperatus cum imperio.

2. Præterea, quæcumque possunt ab invicem separari, sunt diversa; nihil enim separatur à seipso. Sed aliquando actus imperatus separatur ab imperio; præcedit enim quandoque imperium, et non sequitur actus imperatus. Ergo aliud est imperium ab actu imperato.

3. Præterea, quæcumque se habent secundùm prius et posterius, sunt diversa. Sed imperium naturaliter præcedit actum imperatum. Ergo sunt diversa.

Sed contra est quod Philosophus dicit, lib. 3 Top. 2, in explic. loci 22, quòd *ubi est unum propter alterum, ibi est unum tantùm.* Sed actus imperatus non est nisi propter imperium. Ergo sunt unum.

Respondeo dicendum quòd nihil prohibet aliqua esse secundùm quid multa, et secundùm quid unum. Quinimò omnia multa sunt secundùm aliquid unum, ut Dionysius dicit ult. cap. de div. Nom., paulò post princ. lect. 2. Est tamen differentia attendenda in hoc quòd quædam sunt simpliciter multa, et secundùm quid unum; quædam verò è converso.

Unum autem hoc modo dicitur sicut et ens. Ens autem simpliciter est substantia ; sed ens secundùm quid est accidens, vel etiam ens rationis. Et ideò quæcumque sunt unum secundùm substantiam, sunt unum simpliciter, et multa secundùm quid ; sicut totum in genere substantiæ compositum ex suis partibus vel integralibus, vel essentialibus, est unum simpliciter, nam totum est ens, et substantia simpliciter ; partes verò sunt entia et substantiæ in toto. Quæ verò sunt diversa secundùm substantiam, et unum secundùm accidens, sunt diversa simpliciter, et unum secundùm quid ; sicut multi homines sunt unus populus, et multi lapides sunt unus acervus, quæ est unitas compositionis aut ordinis. Similiter etiam multa individua, quæ sunt unum genere vel specie, sunt simpliciter multa, et secundùm quid unum ; nam esse unum genere vel specie, est esse unum secundùm rationem.

Sicut autem in genere rerum naturalium aliquod totum componitur ex materiâ et formâ, ut homo ex animâ et corpore, qui est unum naturale, licèt habeat multitudinem partium, ita etiam in actibus humanis actus inferioris potentiæ materialiter se habet ad actum superioris, in quantum inferior potentia agit in virtute superioris moventis ipsam. Sic enim et actus moventis primi formaliter se habet ad actum instrumenti. Unde patet quòd imperium et actus imperatus sunt unus actus humanus ; sicut quoddam totum est unum, sed est secundùm partes multa.

Ad primum ergo dicendum quòd si essent potentiæ diversæ ad invicem non ordinatæ, actus earum essent simpliciter diversi ; sed quando una potentia est movens alteram, tunc actus earum sunt quodammodò unus actus ; nam idem est actus moventis et moti, ut dicitur in 3 Phys., text. 20 et 21.

Ad secundum dicendum quòd ex hoc quòd imperium et actus imperatus possunt ab invicem separari, habetur quòd sunt multa partibus ; nam partes hominis possunt ab invicem separari, quæ tamen sunt unum toto.

Ad tertium dicendum quòd nihil prohibet, in his quæ sunt multa partibus, et unum toto, unum esse prius alio ; sicut anima quodammodò est prius corpore, et cor est prius aliis membris.

ARTICULUS V. — *Utrùm actus voluntatis imperetur.* — (2, dist. 24, quæst. 1, art. 1, corp., et Mal. quæst. 3, art. 3, ad 5.)

Ad quintum sic proceditur. 1. Videtur quòd actus voluntatis non sit imperatus. Dicit enim Augustinus in 7 Confess., cap. 9, ante med. : *Imperat animus ut velit animus, nec tamen facit.* Velle autem est actus voluntatis. Ergo actus voluntatis non imperatur.

2. Præterea, ei convenit imperari cui convenit imperium intelligere. Sed voluntatis non est intelligere imperium ; differt enim voluntas ab intellectu, cujus est intelligere. Ergo actus voluntatis non imperatur.

3. Præterea, si aliquis actus voluntatis imperatur, pari ratione omnes imperantur. Sed si omnes actus voluntatis imperantur, necesse est in infinitum procedere, quia actus voluntatis præcedit actum imperantis rationis, ut dictum est, art. 1 hujus quæst., qui voluntatis actus si iterùm imperatur, illud iterùm imperium præcedet aliquis rationis actus ; et sic in infinitum. Hoc autem est inconveniens, quòd procedatur in infinitum. Non ergo actus voluntatis imperatur.

Sed contra, omne quod est in potestate nostrâ, subjacet imperio nostro. Sed actus voluntatis sunt maximè in potestate nostrâ ; nam omnes actus nostri in tantum dicuntur in potestate nostrâ esse, in quantum voluntarii sunt. Ergo actus voluntatis imperantur à nobis.

Respondeo dicendum quòd, sicut dictum est art. 1 hujus quæst., imperium nihil aliud est quàm actus rationis ordinantis cum quâdam motione ad aliquid agendum. Manifestum est autem quòd ratio potest ordinare de actu voluntatis ; sicut enim potest judicare quòd bonum sit aliquid velle, ita potest ordinare imperando quòd homo velit. Ex quo patet quòd actus voluntatis potest esse imperatus.

Ad primum ergo dicendum quòd, sicut Augustinus ibidem dicit, *animus, quando perfectè imperat sibi ut velit, tunc jam vult.* Sed quòd aliquando imperet, et non velit, hoc contingit ex hoc quòd non perfectè imperat. Imperfectum autem imperium contingit ex hoc quòd ratio ex diversis partibus movetur ad imperandum vel ad non imperandum ; unde fluctuat inter duo, et non perfectè imperat.

Ad secundum dicendum quòd sicut in membris corporalibus quodlibet membrum operatur non sibi soli, sed toti corpori, ut oculus videt toti corpori, ita etiam est in potentiis animæ. Nam intellectus intelligit non solùm sibi, sed omnibus potentiis ; et voluntas vult non solùm sibi, sed omnibus potentiis. Et ideò homo imperat sibi ipsi actum voluntatis, in quantum est intelligens et volens.

Ad tertium dicendum quòd cùm imperium sit actus rationis, ille actus imperatur qui rationi subditur. Primus autem voluntatis actus ex rationis ordinatione non est, sed ex instinctu naturæ, aut superioris causæ, ut supra dictum est, quæst. 9, art. 4. Et ideò non oportet quòd in infinitum procedatur.

ARTICULUS VI. — *Utrùm actus rationis imperetur.* — (1, quæst. 112, art. 1, ad 1.)

Ad sextum sic proceditur. 1. Videtur quòd actus rationis non possit esse imperatus. Inconveniens enim videtur quòd aliquid imperet sibi ipsi. Sed ratio est quæ imperat, ut supra dictum est, art. 1 hujus quæst. Ergo rationis actus non imperatur.

2. Præterea, id quod est per essentiam, diversum est ab eo quod est per participationem. Sed potentia cujus actus imperatur à ratione, est *ratio per participationem*, ut dicitur in 1 Ethic., cap. 13, versùs fin. Ergo illius potentiæ actus non imperatur quæ est *ratio per essentiam*.

8. Præterea, ille actus imperatur qui est in potestate nostrâ. Sed cognoscere et judicare verum, quod est actus rationis, non est semper in potestate nostrâ. Non ergo actus rationis potest esse imperatus.

Sed contra, id quod libero arbitrio agimus, nostro imperio agi potest. Sed actus rationis exercentur per liberum arbitrium; dicit enim Damascenus, lib. 2 orth. Fid., cap. 22, quòd *libero arbitrio homo exquirit, et scrutatur, et iudicat, et disponit.* Ergo actus rationis possunt esse imperati.

Respondeo dicendum quòd quia ratio supra scipsam reflectitur, sicut ordinat de actibus aliarum potentiarum, ita etiam potest ordinare de suo actu; unde etiam actus ipsius potest esse imperatus.

Sed attendendum est quòd actus rationis potest considerari dupliciter: uno modo quantùm ad exercitium actûs, et sic actus rationis semper imperari potest, sicut cùm indicitur alicui quòd attendat, et ratione utatur.

Alio modo quantùm ad objectum, respectu cujus duo actus rationis attenduntur: primò quidem, ut veritatem circa aliquid apprehendat; et hoc non est in potestate nostrâ; hoc enim contingit per virtutem alicujus luminis vel naturalis vel supernaturalis. Et ideò quantùm ad hoc actus rationis non est in potestate nostrâ, nec imperari potest.

Alius autem actus rationis est, dùm his quæ apprehendit assentit. Si igitur fuerint talia apprehensa, quibus naturaliter intellectus assentiat, sicut prima principia, assensus talium vel dissensus non est in potestate nostrâ, sed in ordine naturæ; et ideò, propriè loquendo, naturæ imperio subjacet.

Sunt autem quædam apprehensa, quæ non adeò convincunt intellectum, quin possit assentire vel dissentire, vel saltem assensum vel dissensum suspendere propter aliquam causam; et in talibus assensus vel dissensus in potestate nostrâ est, et sub imperio cadit.

Ad primum ergo dicendum quòd ratio hoc modo imperat sibi ipsi sicut et voluntas movet seipsam, ut supra dictum est, quæst. 9, art. 3, in quantum scilicet utraque potentia reflectitur supra suum actum, et ex uno in aliud tendit.

Ad secundum dicendum quòd propter diversitatem objectorum, quæ actui rationis subduntur (1), nihil prohibet rationem seipsam participare, sicut in cognitione conclusionum participatur cognitio principiorum.

Ad tertium patet responsio ex dictis.

ARTICULUS VII. — *Utrùm actus appetitûs sensitivi imperetur.* — (*Inf., quæst. 50, art. 3, et quæst. 56 art. 4, et Ver. quæst. 25, art. 4.*)

Ad septimum sic proceditur. 1. Videtur quòd actus sensitivi appetitûs non sit imperatus. Dicit enim Apostolus ad Roman. 7, 19 : *Non enim quod volo bonum, hoc ago;* et Glossa (Aug., lib. 3 cont. Julian., cap. 26) exponit quòd *homo vult non concupiscere, et tamen concupiscit.* Sed concupiscere est actus ap-

(1) Nicolaius : *Actu rationi subduntur.*

petitûs sensitivi. Ergo actus appetitûs sensitivi non subditur imperio nostro.

2. Præterea, materia corporalis soli Deo obedit quantùm ad transmutationem formalem, ut in primo habitum est, quæst. 105, art. 1, et quæst. 110, art. 2. Sed actus appetitûs sensitivi habet quamdam formalem transmutationem corporis, scilicet calorem (1) vel frigus. Ergo actus appetitûs sensitivi non subditur imperio humano.

3. Præterea, proprium motivum appetitûs sensitivi est apprehensum secundùm sensum vel imaginationem. Sed non est in potestate nostrâ semper quòd aliquid apprehendamus sensu vel imaginatione. Ergo actus appetitûs sensitivi non subjacet imperio nostro.

Sed contra est quod Gregorius Nyssenus dicit (vel Nemes., lib. de Nat. hom., cap. 16, à princ.) quòd *obediens rationi dividitur in duo, in desiderativum et irascitivum,* quæ pertinent ad appetitum sensitivum. Ergo actus appetitûs sensitivi subjacet imperio rationis.

Respondeo dicendum quòd secundùm hoc aliquis actus imperio nostro subjacet, prout est in potestate nostrâ, ut supra dictum est, art. præc. Et ideò ad intelligendum qualiter actus appetitûs sensitivi subdatur imperio rationis, oportet considerare qualiter sit in potestate nostrâ.

Est autem sciendum quòd appetitus sensitivus in hoc differt ab appetitu intellectivo, qui dicitur voluntas, quòd appetitus sensitivus est virtus organi corporalis, non autem voluntas. Omnis autem actus virtutis utentis organo corporali dependet non solùm ex potentiâ animæ, sed etiam ex corporalis organi dispositione; sicut visio ex potentiâ visivâ et qualitate oculi, per quam juvatur vel impeditur. Unde et actus appetitûs sensitivi non solùm dependet ex vi appetitivâ, sed etiam ex dispositione corporis.

Illud autem quod est ex parte potentiæ animæ, sequitur apprehensionem. Apprehensio autem imaginationis, cùm sit particularis, regulatur ab apprehensione rationis, quæ est universalis, sicut virtus activa particularis à virtute activâ universali; et ideò ex istâ parte actus appetitûs sensitivi subjacet imperio rationis. Qualitas autem et dispositio corporis non subjacet imperio rationis; et ideò ex hâc parte impeditur quin motus sensitivi appetitûs totaliter subdatur imperio rationis.

Contingit autem etiam quandoque quòd motus appetitûs sensitivi subitò concitatur ad apprehensionem imaginationis, vel sensûs; et tunc ille motus est præter imperium rationis; quamvis potuisset impediri à ratione, si prævidisset. Unde Philosophus dicit in 1 Politic., cap. 3, à med., quòd *ratio præest irascibili et concupiscibili, non principatu despotico, qui est domini ad servum, sed principatu politico aut regali, qui est ad liberos, qui non totaliter subduntur imperio.*

(1) Ita cod. Alcan. cum edit. Rom. et Patav. 1698. Garcia, Nicolaius, et edit. Patav. an. 1712 : *Secundùm calorem,* etc.

Ad primum ergo dicendum quòd hoc quod homo vult non concupiscere, et tamen concupiscit, contingit ex dispositione corporis, per quam impeditur appetitus sensitivus ne totaliter sequatur imperium rationis. Unde et Apostolus ibidem subdit : *Video aliam legem in membris meis repugnantem legi mentis meæ.* Hoc etiam contingit propter subditum motum concupiscentiæ, ut dictum est in corp. art.

Ad secundum dicendum quòd qualitas corporalis dupliciter se habet ad actum appetitûs sensitivi : uno modo ut præcedens, prout aliquis est aliqualiter dispositus secundùm corpus ad hanc vel illam passionem ; alio modo ut consequens, sicut cùm ex irâ aliquis incalescit. Qualitas igitur præcedens non subjacet imperio rationis, quia vel est ex naturâ, vel ex aliquâ præcedenti motione, quæ non statim quiescere potest. Sed qualitas consequens sequitur imperium rationis, quia sequitur motum localem cordis, quod diversimodè movetur secundùm diversos actus sensitivi appetitûs.

Ad tertium dicendum quòd quia ad apprehensionem sensûs requiritur sensibile exterius, non est in potestate nostrâ apprehendere aliquid sensu, nisi sensibili præsente, cujus præsentia non semper est in potestate nostrâ. Tunc enim homo potest uti sensu cùm voluerit, nisi sit impedimentum ex parte organi. Apprehensio autem imaginationis subjacet ordinationi rationis secundùm modum virtutis vel debilitatis imaginativæ potentiæ. Quòd enim homo non possit imaginari quæ ratio considerat, contingit vel ex hoc quòd non sunt imaginabilia, sicut incorporalia, vel propter debilitatem virtutis imaginativæ, quæ est ex aliquâ indispositione organi.

ARTICULUS VIII. — *Utrùm actus animæ vegetabilis imperetur.* — (*Inf., quæst.* 50, *art.* 3, *ad* 1, *et* 2-2, *quæst.* 118, *art.* 1, *ad* 3, *et* 3, *quæst.* 15, *art.* 2, *ad* 1, *et quæst.* 10, *art.* 2, *corp., et* 2, *dist.* 20, *art.* 2, *ad* 3, *et Ver. quæst.* 13, *art.* 4, *quæst.* 4, *art.* 21, *corp., et* 1 *Eth., fin.*)

Ad octavum sic proceditur. 1. Videtur quòd actus vegetabilis animæ imperio rationis subdantur. Vires enim sensitivæ nobiliores sunt viribus animæ vegetabilis. Sed vires animæ sensitivæ subduntur imperio rationis. Ergo multò magis vires animæ vegetabilis.

2. Præterea, homo dicitur minor mundus, quia sic anima est in corpore sicut Deus in mundo. Sed Deus sic est in mundo quòd omnia quæ sunt in mundo obediunt ejus imperio. Ergo et omnia quæ sunt in homine obediunt imperio rationis etiam vires vegetabilis animæ.

3. Præterea, laus et vituperium non contingit nisi in actibus qui subduntur imperio rationis. Sed in actibus nutritivæ et generativæ potentiæ contingit esse laudem et vituperium, et virtutem et vitium ; sicut patet in gulâ et luxuriâ, et virtutibus oppositis. Ergo actus harum potentiarum subduntur imperio rationis.

Sed contra est quod Gregorius Nyssenus (vel Nemesius, lib. de Nat. hom., cap. 22) dicit quòd *id quod non persuaderetur à ratione, est nutritivum et generativum.*

Respondeo dicendum quòd actuum quidam procedunt ex appetitu naturali, quidam autem ex appetitu animali vel intellectuali. Omne enim agens aliquo modo appetit finem.

Appetitus autem naturalis non consequitur aliquam apprehensionem, sicut sequitur appetitus animalis et intellectualis. Ratio autem imperat per modum apprehensivæ virtutis. Et ideò actus illi qui procedunt ab appetitu intellectivo vel animali, possunt à ratione imperari ; non autem actus illi qui procedunt ex appetitu naturali ; hujusmodi enim actus sunt vegetabilis animæ. Unde Gregorius Nyssenus dicit, loc. sup. cit., quòd *vocatur naturale quod generativum est et nutritivum.* Et propter hoc actus vegetabilis animæ non subduntur imperio rationis.

Ad primum ergo dicendum quòd quantò aliquis actus est immaterialior, tantò est nobilior et magis subditus imperio rationis. Unde ex hoc ipso quòd vires animæ vegetabilis non obediunt rationi, apparet has vires infimas esse.

Ad secundum dicendum quòd similitudo attenditur quantùm ad aliquid, quia scilicet sicut Deus movet mundum, ita anima movet corpus ; non autem quantùm ad omnia ; non enim anima creavit corpus ex nihilo, sicut Deus mundum, propter quod totaliter subditur ejus imperio.

Ad tertium dicendum quòd virtus et vitium, laus et vituperium, non debentur ipsis actibus nutritivæ vel generativæ potentiæ, quæ sunt digestio et formatio corporis humani ; sed actibus sensitivæ partis ordinatis ad actus generativæ vel nutritivæ, putà in concupiscendo delectationem cibi et venereorum, utendo secundùm quod oportet, vel non secundùm quod oportet.

ARTICULUS IX. — *Utrùm actus exteriorum membrorum imperentur.* — (1, *quæst.* 81, *art.* 3, *ad* 2, *et* 2-2, *quæst.* 168, *art.* 1, *corp.; et* 2, *dist.* 10, *quæst.* 1, *art.* 2, *ad* 3, *et Ver. quæst.* 15, *art.* 4, *ad* 5, *art.* 5, *ad* 14, *et Mal. quæst.* 7, *art.* 2, *ad* 15.)

Ad nonum sic proceditur. 1. Videtur quòd membra corporis non obediant rationi quantùm ad actus suos. Constat enim quòd membra corporis magis distant à ratione quàm vires animæ vegetabilis. Sed vires animæ vegetabilis non obediunt rationi, ut dictum est art. præc. Ergo multò minùs membra corporis.

2. Præterea, cor est principium motus animalis. Sed motus cordis non subditur imperio rationis ; dicit enim Gregorius Nyssenus (vel Nemes., lib. de Nat. hom., cap. 22), quòd *pulsativum non est persuasibile ratione.* Ergo motus membrorum corporalium non subjacet imperio rationis.

3. Præterea, Augustinus dicit 14 de Civ. Dei, cap. 16, à med., quòd *motus membrorum genitalium aliquando importunus est nullo præsente ; aliquando autem destituit inhiantem ;*

et cùm in animo concupiscentia ferveat, friget in corpore. Ergo motus membrorum non obediunt rationi.

Sed contra est quod Augustinus dicit 8 Confess., cap. 9, parùm à princ. : *Imperat animus ut moveatur manus, et tanta est facilitas, ut vix à servitio discernatur imperium.*

Respondeo dicendum quòd membra corporis sunt organa quædam potentiarum animæ. Unde eo modo quo potentiæ animæ se habent ad hoc quòd obediant rationi, hoc modo se habent etiam corporis membra. Quia igitur vires sensitivæ subduntur imperio rationis, non autem vires naturales, ideò omnes motus membrorum quæ moventur à potentiis sensitivis, subduntur imperio rationis; motus autem membrorum qui consequuntur vires naturales, non subduntur imperio rationis.

Ad primum ergo dicendum quòd membra non movent seipsa, sed moventur per potentias animæ; quarum quædam sunt rationi viciniores quàm vires animæ vegetabilis.

Ad secundum dicendum quòd in his quæ ad intellectum et voluntatem pertinent, primum invenitur id quod est secundùm naturam, ex quo alia derivantur; ut à cognitione principiorum naturaliter notorum cognitio conclusionum, et à voluntate finis naturaliter desiderati derivatur electio eorum quæ sunt ad finem. Ita etiam in corporalibus motibus principium est secundùm naturam; principium autem corporalis motûs est à motu cordis; unde motus cordis secundùm naturam est, et non secundùm voluntatem; consequitur enim, sicut *per se accidens*, vitam, quæ est ex unione corporis et animæ; sicut motus gravium et levium consequitur formam substantialem ipsorum; unde et à generante moveri dicuntur, secundùm Philosophum in 8 Phys., text. 29 et seq., et propter hoc motus iste *vitalis* dicitur. Unde Gregorius Nyssenus dicit, loc. cit. in arg., quòd *sicut generativum et nutritivum non obedit rationi, ita nec pulsativum, quod est vitale.* Pulsativum autem appellat motum cordis, qui manifestatur per venas pulsatiles.

Ad tertium dicendum quòd, sicut Augustinus dicit in 14 de Civ. Dei, loc. cit. in arg., hoc quòd motus genitalium membrorum rationi non obedit, est ex pœnâ peccati, ut scilicet anima suæ inobedientiæ ad Deum in illo præcipuè membro pœnam patiatur per quod peccatum originale ad posteros traducitur. Sed quia per peccatum primi parentis, ut infra dicetur, quæst. 85, art. 1 et 3, natura est sibi relicta, subtracto supernaturali dono, quod homini divinitùs erat collatum, ideò consideranda est ratio naturalis, quare motus hujusmodi membrorum specialiter rationi non obedit. Cujus causam assignat Aristoteles in libro de Causis motûs animalium, seu de communi animal. Motione, cap. 11, à med., dicens involuntarios esse motus cordis et membri pudendi, scilicet quia ex aliquâ apprehensione hujusmodi membra commoventur, in quantum scilicet intellectus et phantasia repræsentant aliqua ex quibus consequuntur passiones animæ, ad quas conse-

quitur motus horum membrorum. Non tamen moventur secundùm jussum rationis aut intellectûs, quia scilicet ad motum horum membrorum requiritur aliqua alteratio naturalis, scilicet caliditatis et frigiditatis; quæ quidem alteratio non subjacet imperio rationis. Specialiter autem hoc accidit in his duobus membris, quia utrumque istorum membrorum est quasi quoddam animal separatum, in quantum est principium vitæ; principium autem est virtute totum; cor enim principium est sensuum; et ex membro genitali virtus exit seminalis, quæ est virtute totum animal; et ideò habent proprios motus naturaliter, quia principia oportet esse naturalia, ut dictum est in solut. ad 2.

QUÆSTIO XVIII.

DE BONITATE ET MALITIA HUMANORUM ACTUUM IN GENERALI. — (*In undecim articulos divisa.*)

Post hoc considerandum est de bonitate et malitiâ humanorum actuum; et primò, quomodò actio humana sit bona vel mala; secundò de his quæ consequuntur ad bonitatem vel malitiam humanorum actuum, putà meritum vel demeritum, peccatum et culpa.

Circa primum occurrit triplex consideratio. Prima est de bonitate et malitiâ humanorum actuum in generali. Secunda de bonitate et malitiâ interiorum actuum. Tertia de bonitate et malitiâ exteriorum actuum.

Circa primum quæruntur undecim : 1° utrùm omnis actio sit bona, vel aliqua sit mala; 2° utrùm actio hominis habeat quòd sit bona vel mala ex objecto; 3° utrùm hoc habeat ex circumstantiâ; 4° utrùm hoc habeat ex fine; 5° utrùm aliqua actio hominis sit bona vel mala in suâ specie; 6° utrùm actus habeat speciem boni vel mali ex fine; 7° utrùm species quæ est ex fine, contineatur sub specie quæ est ex objecto, sicut sub genere, aut è converso; 8° utrùm sit aliquis actus indifferens secundùm suam speciem; 9° utrùm aliquis actus sit indifferens secundùm individuum; 10° utrùm aliqua circumstantia constituat actum moralem in specie boni, vel mali; 11° utrùm omnis circumstantia augens bonitatem vel malitiam, constituat actum moralem in specie boni vel mali.

ARTICULUS PRIMUS. — *Utrùm omnis humana actio sit bona, vel aliqua mala.* — (*Inf., art. 2, corp., et quæst. 73, art. 7, ad 1, et Mal. quæst. 2, art. 2 et 3, et 5, corp.*)

Ad primum sic proceditur. 1. Videtur quòd omnis actio hominis sit bona, et nulla sit mala. Dicit enim Dionysius, 4 cap. de div. Nomin., p. 4, lect. 22, quòd *malum non agit nisi virtute boni.* Sed virtute boni non fit malum. Ergo nulla actio est mala.

2. Præterea, nil agit nisi secundùm quòd est actu. Non est autem aliquid malum secundùm quòd est actu, sed secundùm quòd potentia privatur actu; in quantum autem potentia perficitur per actum, est bonum, ut dicitur in 9 Metaph., text. 19 et 20. Nihil ergo agit in quantum est malum, sed solùm in quantum est bonum. Omnis ergo actio est bona, et nulla mala.

3. Præterea, malum non potest esse causa

ARTICULUS VI. — *Utrùm actus habeat speciem boni vel mali ex fine.* — (*Inf.*, quæst. 19, *art.* 1; *et* 2, *dist.* 40, *art.* 1.)

Ad sextum sic proceditur. 1. Videtur quòd *bonum* et *malum* quod est ex fine, non diversificet speciem in actibus. Actus enim habent speciem ex objecto. Sed finis est præter rationem objecti. Ergo *bonum* et *malum* quod est ex fine, non diversificat speciem actûs.

2. Præterea, id quod est per accidens, non constituit speciem, ut dictum est, art. præc. Sed accidit alicui actui quòd ordinetur ad aliquem finem, sicut quòd aliquis det eleemosynam propter inanem gloriam. Ergo secundùm *bonum* et *malum* quod est ex fine, non diversificantur actus, secundùm speciem.

3. Præterea, diversi actus secundùm speciem ad unum finem ordinari possunt; sicut ad finem inanis gloriæ ordinari possunt actus diversarum virtutum et diversorum vitiorum. Non ergo *bonum* et *malum* quod accipitur secundùm finem, diversificat speciem actuum.

Sed contra est quod supra ostensum est, quæst. 1, art. 3, quòd actus humani habent speciem à fine. Ergo *bonum* et *malum* quod accipitur secundùm finem, diversificat speciem actuum.

Respondeo dicendum quòd aliqui actus dicuntur *humani*, in quantum sunt voluntarii, sicut supra dictum est, quæst. 1, art. 1. In actu autem voluntario invenitur duplex actus, scilicet actus interior voluntatis, et actus exterior.

Et uterque horum actuum habet suum objectum. Finis autem propriè est objectum interioris actûs voluntarii; id autem circa quod est actio exterior, est objectum ejus. Sicut igitur actus exterior accipit speciem ab objecto circa quod est, ita actus interior voluntatis accipit speciem à fine sicut à proprio objecto.

Id autem quod est ex parte voluntatis, se habet ut formale ad id quod est ex parte exterioris actûs, quia voluntas utitur membris ad agendum, sicut instrumentis, neque actus exteriores habent rationem moralitatis, nisi in quantum sunt voluntarii. Et ideò actûs humani species formaliter consideratur secundùm finem, materialiter autem secundùm objectum exterioris actûs. Unde Philosophus dicit in 5 Ethic., cap. 2, post princ., quòd *ille qui furatur ut committat adulterium, est per se loquendo magis adulter quàm fur.*

Ad primum ergo dicendum quòd finis habet rationem objecti, ut dictum est in corp., et quæst. 1, art. 3.

Ad secundum dicendum quòd ordinari ad talem finem, etsi accidat exteriori actui, non tamen accidit actui interiori voluntatis, qui comparatur ad exteriorem sicut formale ad materiale.

Ad tertium dicendum quòd quando multi actus specie differentes ordinantur ad unum finem, est quidem diversitas speciei ex parte exteriorum actuum, sed unitas speciei ex parte actûs interioris

ARTICULUS VII. — *Utrùm species bonitatis quæ est ex fine, contineatur sub specie quæ est ex objecto sicut sub genere, vel è converso.* — (2-2, quæst. 11, art. 1, ad 2.)

Ad septimum sic proceditur. 1. Videtur quòd species bonitatis quæ est ex fine, contineatur sub specie bonitatis quæ est ex objecto sicut species sub genere, putà cùm aliquis vult furari, ut det eleemosynam. Actus enim habet speciem ex objecto, ut dictum est art. præc., et 2 hujus quæst., et quæst. 1, art. 3. Sed impossibile est quòd aliquid contineatur in aliquâ aliâ specie quæ sub propriâ specie non continetur (1), quia idem non potest esse in diversis speciebus non subalternis. Ergo species quæ est ex fine, continetur sub specie quæ est ex objecto.

2. Præterea, semper ultima differentia constituit speciem specialissimam. Sed differentia quæ est ex fine, videtur esse posterior quàm differentia quæ est ex objecto, quia finis habet rationem ultimi. Ergo species quæ est ex fine continetur sub specie quæ est ex objecto, sicut species specialissima.

3. Præterea, quantò aliqua differentia est magis formalis, tantò magis est specialis, quia differentia comparatur ad genus, ut forma ad materiam. Sed species quæ est ex fine est formalior eâ quæ est ex objecto, ut dictum est art. præc. Ergo species quæ est ex fine continetur sub specie quæ est ex objecto, sicut species specialissima sub genere subalterno.

Sed contra, cujuslibet generis sunt determinatæ differentiæ. Sed actus ejusdem speciei ex parte objecti potest ad infinitos fines ordinari, putà furtum ad infinita bona vel mala. Ergo species quæ est ex fine, non continetur sub specie quæ est ex objecto sicut sub genere.

Respondeo dicendum quòd objectum exterioris actûs dupliciter potest se habere ad finem voluntatis : uno modo sicut per se ordinatum ad ipsum, sicut benè pugnare per se ordinatur ad victoriam; alio modo per accidens, sicut accipere rem alienam per accidens ordinatur ad dandum eleemosynam. Oportet autem, ut Philosophus dicit in 7 Metaph., text. 43, quòd differentiæ dividentes aliquod genus, et constituentes speciem illius generis, per se dividant illud; si autem per accidens, non rectè procedit divisio, putà si quis dicat : *Animalium aliud rationale, aliud irrationale ; et animalium irrationalium aliud alatum, aliud non alatum,* est incompetens divisio. *Alatum* enim et *non alatum* non sunt per se determinativa ejus quod est irrationale. Oportet autem sic dividere : *Animalium aliud habens pedes, aliud non habens pedes ; et habentium pedes aliud habet duos, aliud quatuor, aliud multos ;* hæc enim per se determinant priorem differentiam. Sic igitur quando objectum non est per se ordinatum ad finem, dif-

(1) Ita edit. Rom. Cod. Alcan., *quæ sub propriâ aliquâ specie non contineatur.* Theologi , Nicolaius , et edit. Palav., *quod sub propriâ specie continetur.* Vide solutionem.

ab appetibili; et tamen est principium humanorum actuum. Neque etiam potentiarum activarum objecta semper habent rationem effectûs, sed quando jam sunt transmutata, sicut alimentum transmutatum est effectus nutritivæ potentiæ; sed alimentum nondùm transmutatum comparatur ad potentiam nutritivam sicut materia circa quam operatur. Ex hoc autem quòd objectum est aliquo modo effectus potentiæ activæ, sequitur quòd sit terminus actionis ejus, et per consequens quòd det ei formam et speciem; motus enim habet speciem à terminis. Et quamvis etiam bonitas actionis non causetur ex bonitate effectûs, tamen ex hoc dicitur actio bona, quòd bonum effectum inducere potest; et ita ipsa proportio actionis ad effectum est ratio bonitatis ipsius.

ARTICULUS III. — *Utrùm actio hominis sit bona vel mala ex circumstantiâ.* — (*Inf., quæst. 42, art. 6, corp.; et Mal. quæst. 2, art. 5, corp., et quæst. 7, art. 4, corp., et quodlib. 4, art. 16, corp.; et 2, dist. 36, art. 5, corp.*)

Ad tertium sic proceditur. 1. Videtur quòd actio non sit bona vel mala ex circumstantiâ. Circumstantiæ enim circumstant actum sicut extra ipsum existentes, ut dictum est quæst. 7, art. 1. Sed bonum et malum sunt in ipsis rebus, ut dicitur in 6 Metaph., text. 8. Ergo actio non habet bonitatem vel malitiam ex circumstantiâ.

2 Præterea, bonitas vel malitia actûs maximè consideratur in doctrinâ morum. Sed circumstantiæ, cùm sint quædam accidentia actuum, videntur esse præter considerationem artis; quia *nulla ars considerat id quod est per accidens*, ut dicitur in 6 Metaph., text. 4. Ergo bonitas vel malitia actionis non est ex circumstantiâ.

3. Præterea, id quod convenit alicui secundùm suam substantiam, non attribuitur ei ut aliquod accidens. Sed bonum et malum convenit actioni secundùm suam substantiam, quia actio ex suo genere potest esse bona vel mala, ut dictum est art. præc. Ergo non convenit actioni ex circumstantiâ quòd sit bona vel mala.

Sed contra est quod Philosophus dicit in lib. 2 Ethic., cap. 6, quòd *virtuosus operatur secundùm quod oportet, et quando oportet, et secundùm alias circumstantias.* Ergo è contrario vitiosus secundùm unumquodque vitium operatur, quando non oportet, ubi non oportet, et sic de aliis circumstantiis. Ergo actiones humanæ secundùm circumstantias sunt bonæ vel malæ.

Respondeo dicendum quòd in rebus naturalibus non invenitur tota plenitudo perfectionis quæ debetur eis, ex formâ substantiali, quæ dat speciem, sed multùm superadditur ex supervenientibus accidentibus; sicut in homine ex figurâ, ex colore, et sic de aliis: quorum si aliquod desit ad decentem habitudinem, consequitur malum.

Ita etiam est in actione. Nam plenitudo bonitatis ejus non tota consistit in suâ specie, sed aliquid additur ex his quæ adveniunt tanquàm accidentia quædam; et hujusmodi sunt circumstantiæ debitæ. Unde si aliquid desit quod requiratur ad debitas circumstantias, erit actio mala.

Ad primum ergo dicendum quòd circumstantiæ sunt extra actionem, in quantum non sunt de essentiâ actionis; sunt tamen in ipsâ actione, velut quædam accidentia ejus; sicut et accidentia quæ sunt in substantiis naturalibus, sunt extra essentias earum.

Ad secundum dicendum quòd non omnia accidentia per accidens se habent ad sua subjecta; sed quædam sunt per se accidentia, quæ in unaquâque arte considerantur; et per hunc modum considerantur circumstantiæ actuum in doctrinâ morali.

Ad tertium dicendum quòd cùm bonum convertatur cum ente, sicut ens dicitur secundùm substantiam et secundùm accidens, ita et bonum attribuitur alicui et secundùm esse suum essentiale et secundùm esse accidentale, tam in rebus naturalibus quàm in actionibus moralibus.

ARTICULUS IV. — *Utrùm actio humana sit bona vel mala ex fine.* — (*Inf., quæst. 73, art. 1, ad 1.*)

Ad quartum sic proceditur. 1. Videtur quòd bonum et malum in actibus humanis non sint ex fine. Dicit enim Dionysius, 4 cap. de div. Nom., p. 4, aliquant. à princ. lect. 14, quòd *nihil respiciens ad malum operatur.* Si igitur ex fine derivaretur operatio bona vel mala, nulla actio esset mala; quod patet esse falsum.

2. Præterea, bonitas actûs est aliquid in ipso existens; finis autem est causa extrinseca. Non ergo secundùm finem dicitur actio bona vel mala.

3. Præterea, contingit aliquam bonam operationem ad malum finem ordinari, sicut cùm aliquis dat eleemosynam propter inanem gloriam; et è converso aliquam malam operationem ordinari ad bonum finem, sicut cùm quis furatur, ut det pauperi. Non ergo est ex fine actio bona vel mala.

Sed contra est quod Boetius dicit in Topic., implic. lib. 3, cap. 1, non procul à princ., quòd *cujus finis bonus est, ipsum quòque bonum est; et cujus finis malus est, ipsum quoque malum est.*

Respondeo dicendum quòd eadem est dispositio rerum in bonitate et in esse. Sunt enim quædam quorum esse ex alio non dependet; et in his sufficit considerare ipsum eorum esse absolutè. Quædam verò sunt quorum esse dependet ab alio; unde oportet quòd considerentur per considerationem ad causam à quâ dependent. Sicut autem esse rei dependet ab agente et formâ; sic bonitas rei dependet à fine. Unde in personis divinis, quæ non habent bonitatem dependentem ab alio, non consideratur aliqua ratio bonitatis ex fine. Actiones autem humanæ, et alia quorum bonitas dependet ab alio, habent rationem bonitatis ex fine à quo dependent, præter bonitatem absolutam quæ in eis existit.

Sic igitur in actione humanâ bonitas quadruplex considerari potest: una quidem secundùm genus, prout scilicet est actio, quia quantùm habet de actione et entitate, tantùm habet de bonitate, ut dictum est, art. 1 hujus quæst.; alia verò secundùm speciem, quæ accipitur secundùm objectum conveniens; tertia secundùm circumstantias, quasi secundùm accidentia quædam; quarta autem secundùm finem, quasi secundùm habitudinem ad bonitatis causam.

Ad primum ergo dicendum quòd bonum, ad quod aliquis respiciens operatur, non semper est verum bonum, sed quandoque verum bonum, et quandoque apparens, et secundùm hoc ex fine sequitur actio mala.

Ad secundùm dicendum quòd quamvis finis sit causa extrinseca, tamen debita proportio · ad finem et relatio in ipsum inhæret actioni.

Ad tertium dicendum quòd nihil prohibet actioni habenti unam prædictarum bonitatum deesse aliam; et secundùm hoc contingit actionem quæ est bona secundùm speciem suam, vel secundùm circumstantias, ordinari ad finem malum, vel è converso. Non tamen est actio bona simpliciter, nisi omnes bonitates concurrant, quia *quilibet singularis defectus causat malum; bonum autem causatur ex integrâ causâ*, ut Dionysius dicit, 4 cap. de div. Nom., p. 4, post med. lect. 22.

ARTICULUS V. — *Utrùm aliqua actio humana sit bona vel mala in suâ specie.* — (*Mal. qu.* 2, art. 4, ad 5, et art. 4, corp.)

Ad quintum sic proceditur. 1. Videtur quòd actus morales non differant specie secundùm *bonum* et *malum*. Bonum enim et malum in actibus invenitur conformiter rebus, ut dictum est, art. 1 hujus quæst. Sed in rebus *bonum* et *malum* non diversificant speciem; idem enim specie est homo bonus et malus. Ergo neque etiam *bonum* et *malum* in actibus diversificant speciem.

2. Præterea, malum, cùm sit privatio, est quoddam non ens. Sed non ens non potest esse differentia, secundùm Philosophum in 3 Metaph., text. 10. Cùm ergo differentia constituat speciem, videtur quòd aliquis actus ex hoc quòd est malus, non constituatur in aliquâ specie; et ita *bonum* et *malum* non diversificant speciem humanorum actuum.

3. Præterea, diversorum actuum secundùm speciem diversi sunt effectus. Sed idem specie effectus potest consequi ex actu bono et malo; sicut homo generatur ex adulterio et ex matrimoniali concubitu. Ergo actus bonus et malus non differunt specie.

4. Præterea, *bonum* et *malum* dicitur in actibus quandoque secundùm circumstantiam, ut dictum est, art. 3 hujus quæst. Sed circumstantia, cùm sit accidens, non dat speciem actui. Ergo actus humani non differunt specie propter bonitatem et malitiam.

Sed contra, secundùm Philosophum in 2 Ethic., cap. 1 et 2, *similes habitus similes actus reddunt*. Sed habitus bonus et malus differunt specie, ut liberalitas et prodigalitas. Ergo et actus bonus et malus differunt specie.

Respondeo dicendum quòd omnis actus speciem habet ex suo objecto, sicut supra dictum est, quæst. 1, art. 3 et a. 3 hujus quæst. Unde oportet quòd aliqua differentia objecti faciat diversitatem speciei in actibus. Est au-

tem considerandum quòd aliqua differentia objecti facit differentiam speciei in actibus, secundùm quòd referuntur ad unum principium activum, quæ non facit differentiam in actibus, secundùm quòd referuntur ad aliud principium activum; quia nihil quod est per accidens constituit speciem, sed solùm quod est per se. Potest autem aliqua differentia objecti esse per se in comparatione ad unum activum principium, et per accidens in comparatione ad aliud, sicut cognoscere colorem et sonum per se differunt per comparationem ad sensum, non autem per comparationem ad intellectum.

In actibus autem *bonum* et *malum* dicitur per comparationem ad rationem, quia, ut Dionysius dicit, 4 cap. de div. Nom., p. 4, à med. lect. 21, *bonum hominis est secundùm rationem esse, malum autem quod est præter rationem*. Unicuique enim rei est bonum quod convenit ei secundùm suam formam, et malum quod est ei præter ordinem suæ formæ. Patet ergo quòd differentia boni et mali circa objectum considerata comparatur per se ad rationem, scilicet secundùm quòd objectum est ei conveniens vel non conveniens. Dicuntur autem aliqui actus humani vel morales, secundùm quòd sunt à ratione.

Unde manifestum est quòd *bonum* et *malum* diversificant speciem in actibus moralibus; differentiæ enim per se diversificant speciem.

Ad primum ergo dicendum quòd etiam in rebus naturalibus *bonum* et *malum*, quod est *secundùm naturam* et *contra naturam*, diversificat speciem naturæ; corpus enim mortuum et corpus vivum non sunt ejusdem speciei. Et similiter *bonum*, in quantum est secundùm rationem, et *malum*, in quantum est præter rationem, diversificant speciem moris.

Ad secundum dicendum quòd *malum* importat privationem non absolutam, sed consequentem talem potentiam. Dicitur enim malus actus secundùm suam speciem, non ex eo quòd nullum habeat objectum, sed quia habeat objectum non conveniens rationi, sicut tollere aliena. Unde, in quantum objectum est aliquid positivè, potest constituere speciem mali actûs.

Ad tertium dicendum quòd actus conjugalis et adulterium, secundùm quòd comparantur ad rationem, differunt specie, et habent effectus specie differentes, quia unum eorum meretur laudem et præmium; aliud, vituperium et pœnam. Sed secundùm quòd comparantur ad potentiam generativam, non differunt specie, et sic habent unum effectum secundùm speciem.

Ad quartum dicendum quòd circumstantia quandoque sumitur ut differentia essentialis objecti, secundùm quòd ad rationem comparatur; et tunc potest dare speciem actui morali; et hoc oportet esse, quandocumque circumstantia transmutat actum de bonitate in malitiam; non enim circumstantia faceret actum malum, nisi per hoc quod rationi repugnat.

nisi per accidens, ut patet per Dionysium 4 cap. de div. Nom., p. 4, lect. 23. Sed omnis actionis est aliquis per se effectus. Nulla ergo actio est mala, sed omnis actio est bona.

Sed contra est quod Dominus dicit Joan. 3, 20 : *Omnis qui malè agit, odit lucem.* Est ergo aliqua actio hominis mala.

Respondeo dicendum quòd de bono et malo in actionibus oportet loqui sicut de bono et malo in rebus, eò quòd unaquæque res talem actionem producit, qualis est ipsa.

In rebus autem unumquodque tantùm habet de bono, quantùm habet de esse; bonum enim et ens convertuntur, ut in 1 dictum est, qu. 5, art. 3. Solus autem Deus habet totam plenitudinem sui esse secundùm aliquid unum et simplex; unaquæque res verò aliam habet plenitudinem essendi sibi convenientem secundùm diversa. Unde in aliquibus contingit quòd quantùm ad aliquid habent esse, et tamen eis aliquid deficit ad plenitudinem essendi eis debitam, sicut ad plenitudinem esse humani requiritur quòd sit quoddam compositum ex animâ et corpore, habens omnes potentias et instrumenta cognitionis et motûs; unde si aliquid horum deficiat alicui hómini, deficit ei aliquid de plenitudine sui esse. Quantùm igitur habet de esse, tantùm habet de bonitate; in quantum verò aliquid ei deficit de plenitudine essendi, in tantum deficit à bonitate, et dicitur *malum;* sicut homo cæcus habet de bonitate quòd vivit, et malum est ei quòd caret visu. Si verò nihil haberet de entitate vel bonitate, neque malum neque bonum dici posset.

Sed quia de ratione boni est ipsa plenitudo essendi, siquidem alicui aliquid defuerit de debitâ essendi plenitudine, non dicetur simpliciter bonum, sed secundùm quid, in quantum est ens; poterit tamen dici simpliciter ens, et secundùm quid non ens, ut in primo dictum est, quæst. 5, art. 1, ad 1.

Sic igitur dicendum est quòd omnis actio, in quantum habet aliquid de esse, in tantum habet de bonitate; in quantum verò deficit ei aliquid de plenitudine essendi quæ debetur actioni humanæ, in tantum deficit à bonitate, et sic dicitur mala; puta, si deficiat ei vel determinata quantitas secundùm rationem, vel debitus locus, vel aliquid hujusmodi.

Ad primum ergo dicendum quòd malum agit in virtute boni deficientis. Si enim nihil esset ibi de bono, neque esset ens, neque agere posset; si autem non esset deficiens, non esset malum. Unde et actio causata est quoddam bonum deficiens, quia secundùm quid est bonum, simpliciter autem malum.

Ad secundum dicendum quòd nihil prohibet aliquid esse secundùm quid in actu, unde agere possit, et secundùm aliud privari actu, unde causet deficientem actionem; sicut homo cæcus actu habet virtutem gressivam, per quam ambulare potest, sed in quantum caret visu, qui dirigit in ambulando, patitur defectum in ambulando, dùm ambulat cespitando.

Ad tertium dicendum quòd actio mala potest habere aliquem effectum per se, secundùm id quod habet de bonitate et entitate, sicut adulterium est causa generationis humanæ;

in quantum habet commixtionem maris et fœminæ, non autem in quantum caret ordine rationis.

ARTICULUS II. — *Utrùm actio hominis habeat bonitatem vel malitiam ex objecto.* — (Inf., quæst. 19, art. 1 et 2, corp., et quæst. 21. art. 1, corp.; et 2, dist. 36, art. 5, corp.)

Ad secundum sic proceditur. 1. Videtur quòd actio non habeat bonitatem vel malitiam ex objecto. Objectum enim actionis est res. In rebus autem non est malum, sed in usu peccantium, ut Augustinus dicit in lib. 3 de Doctr. christ., cap. 12, parùm à princ. Ergo actio humana non habet bonitatem vel malitiam ex objecto.

2. Præterea, objectum comparatur ad actionem ut materia. Bonitas autem rei non est ex materiâ, sed magis ex formâ, quæ est actus. Ergo bonum et malum non est in actibus ex objecto.

3. Præterea, objectum potentiæ activæ comparatur ad actionem sicut effectus ad causam. Sed bonitas causæ non dependet ex effectu, sed magis è converso. Ergo actio humana non habet bonitatem vel malitiam ex objecto.

Sed contra est quod dicitur Oseæ 9, 10: *Facti sunt abominabiles, sicut ea quæ dilexerunt.* Fit autem homo Deo abominabilis propter malitiam suæ operationis. Ergo malitia operationis est secundùm objecta mala quæ homo diligit; et eadem ratio est de bonitate actionis.

Respondeo dicendum quòd, sicut dictum est, art. præc., bonum et malum actionis, sicut et cæterarum rerum, attenditur ex plenitudine essendi vel defectu ipsius. Primum autem quod ad plenitudinem essendi pertinere videtur, est id quod dat rei speciem.

Sicut autem res naturalis habet speciem ex suâ formâ, ita actio habet speciem ex objecto, sicut et motus ex termino. Et ideò sicut prima bonitas rei naturalis attenditur ex suâ formâ, quæ dat speciem ei, ita et prima bonitas actûs moralis attenditur ex objecto convenienti; unde et à quibusdam vocatur *bonum ex genere,* putà uti re suâ. Et sicut in rebus naturalibus primum malum est, si res generata non consequitur formam specificam, putà si non generetur homo, sed aliquid loco hominis, ita primum malum in actionibus moralibus est quod est ex objecto, sicut accipere aliena; et dicitur *malum ex genere,* genere pro specie accepto, eo modo loquendi quo dicimus *humanum genus* totam humanam speciem.

Ad primum ergo dicendum quòd licèt res exteriores sint in seipsis bonæ, tamen non semper habent debitam proportionem ad hanc vel illam actionem; et ideò, in quantum considerantur ut objecta talium actionum, non habent rationem boni.

Ad secundum dicendum quòd objectum non est materia *ex quâ,* sed materia *circa quam;* et habet quodammodò rationem formæ, in quantum dat speciem.

Ad tertium dicendum quòd non semper objectum actionis humanæ est objectum activæ potentiæ. Nam appetitiva potentia est quo 'ammodò passiva, in quantum movetur ferentia specifica quæ est ex objecto, non est per se determinativa ejus quæ est ex fine, nec è converso. Unde una istarum specierum non est sub aliâ; sed tunc actus moralis est sub duabus speciebus quasi disparatis. Unde dicimus quòd ille qui furatur ut mœchetur, committit duas malitias in uno actu. Si verò objectum per se ordinetur ad finem, una dictarum differentiarum est per se determinativa alterius; unde una istarum specierum continebitur sub alterâ.

Considerandum autem restat quæ sub quâ. Ad cujus evidentiam primò considerandum est quòd quantò aliqua differentia sumitur à formâ magis particulari, tantò magis est specifica. Secundò, quòd quantò agens est magis universale, tantò ex eo est forma magis universalis. Tertiò, quòd quantò aliquis finis est posterior, tantò respondet agenti universaliori; sicut victoria, quæ est ultimus finis exercitûs, est finis intentus à summo duce; ordinatio autem hujus aciei vel illius est finis intentus ab aliquo inferiorum ducum. Et ex istis sequitur quòd differentia specifica quæ est ex fine, est magis generalis; et differentia quæ est ex objecto per se ad talem finem ordinato, est specifica respectu ejus. Voluntas enim, cujus proprium objectum est finis, est universale motivum respectu omnium potentiarum animæ, quarum propria objecta sunt objecta particularium actuum.

Ad primum ergo dicendum quòd secundùm substantiam suam non potest aliquid esse in duabus speciebus, quarum una sub alterâ non ordinetur; sed secundùm ea quæ rei adveniunt, potest aliquid sub diversis speciebus contineri; sicut hoc pomum secundùm colorem continetur sub hâc specie, scilicet albi, et secundùm odorem sub specie benè redolentis. Et similiter actus qui secundùm substantiam suam est in unâ specie naturæ, secundùm conditiones morales supervenientes ad duas species referri potest, ut supra dictum est, quæst. 1, art. 3, ad 3.

Ad secundum dicendum quòd finis est postremum in executione, sed est primum in intentione rationis, secundùm quam accipiuntur moralium actuum species.

Ad tertium dicendum quòd differentia comparatur ad genus ut forma ad materiam, in quantum facit esse genus in actu; sed etiam genus consideratur ut formalius specie, secundùm quòd est absolutius et minùs contractum (1); unde et partes definitionis reducuntur ad genus causæ formalis, ut dicitur in 2 Phys., implic. text. 31. Et secundùm hoc genus est causa formalius speciei; et tantò erit formalius, quantò communius.

ARTICULUS VIII. — *Utrùm aliquis actus sit indifferens secundùm suam speciem.* — (1, dist. 1, quæst. 3, ad 3; et 2, dist. 40, art. 5, et *Mal. quæst.* 2, art. 4, per tot., et 5, corp.)

Ad octavum sic proceditur. 1. Videtur

(1) Ita codd. Alcan. et Camer. cum editis passim. Perperàm edit. Rom.: *Sed etiam genus consideratur ut formalius specie (secundùm quòd differentia comparatur ad genus ut forma ad materiam) in quantum facit esse absolutius. et minùs contractum.*

quòd non sit aliquis actus indifferens secundùm suam speciem. Malum enim est privatio boni, secundùm Augustinum, in Enchir., cap. 11, à princ. Sed privatio et habitus sunt opposita immediata, secundùm Philosophum, in prædicto cap. de Oppos. Ergo non est aliquis actus qui secundùm speciem suam sit indifferens, quasi medium existens inter bonum et malum.

2. Præterea, actus humani habent speciem à fine vel objecto, ut dictum est, quæst. 1, art. 3, et art. 6 hujus quæst. Sed omne objectum et omnis finis habet rationem boni vel mali. Ergo omnis actus humanus secundùm suam speciem est bonus vel malus. Nullus ergo est indifferens secundùm speciem.

3. Præterea, sicut dictum est art. 1 hujus quæst., actus dicitur bonus qui habet debitam perfectionem bonitatis, malus cui aliquid de hoc deficit. Sed necesse est quòd omnis actus vel habeat totam plenitudinem suæ bonitatis, vel aliquid ei deficiat. Ergo necesse est quòd omnis actus secundùm speciem suam sit bonus vel malus, et nullus indifferens.

Sed contra est quod Augustinus dicit in lib. 2 de Serm. Domini in monte, cap. 18, parùm à princ., quòd *sunt quædam facta media, quæ possunt bono vel malo animo fieri, de quibus est temerarium judicare.* Sunt ergo aliqui actus secundùm speciem suam indifferentes.

Respondeo dicendum quòd, sicut dictum est, art. 2 hujus quæst., actus omnis habet speciem ab objecto; et actus humanus, qui dicitur moralis, habet speciem ab objecto relato ad principium actuum humanorum, quod est ratio. Unde si objectum actûs includat aliquid quod conveniat ordini rationis, erit actus bonus secundùm suam speciem, sicut dare eleemosynam indigenti; si autem includat aliquid quod repugnat ordini rationis, erit malus actus secundùm speciem, sicut furari, quod est tollere aliena.

Contingit autem quòd objectum actûs non includit aliquid pertinens ad ordinem rationis, sicut levare festucam de terrâ, ire ad campum, et hujusmodi; et tales actus secundùm speciem suam sunt indifferentes.

Ad primum ergo dicendum quòd duplex est privatio. Quædam quæ consistit in *privatum esse*, et hæc nihil relinquit, sed totum aufert; ut cæcitas totaliter aufert visum, et tenebræ lucem, et mors vitam; et inter hanc privationem et habitum oppositum non potest esse aliquod medium circa proprium susceptibile. Est autem alia privatio, quæ consistit in *privari*; sicut ægritudo est privatio sanitatis, non quòd tota sanitas sit sublata, sed quòd est quasi quædam via ad totalem ablationem sanitatis quæ fit per mortem. Et ideò talis privatio, cùm aliquid relinquat, non semper est immediata cum opposito habitu. Et hoc modo malum est privatio boni, ut Simplicius dicit in comment. super lib. Prædicamentorum, in cap. de Oppos., quia non totum bonum aufert, sed aliquid relinquit. Unde potest esse aliquod medium inter bonum et malum.

Ad secundum dicendum quòd omne objectum vel finis habet aliquam bonitatem vel malitiam, saltem naturalem; non tamen semper importat bonitatem vel malitiam moralem, quæ consideratur per comparationem ad rationem, ut dictum est in corp. art., et de hâc nunc agitur.

Ad tertium dicendum quòd non quidquid habet actus pertinet ad speciem ejus. Unde etsi in ratione suæ speciei non contineatur quidquid pertinet ad plenitudinem bonitatis ipsius, non propter hoc est ex specie suâ malus, nec etiam bonus; sicut homo secundùm suam speciem neque virtuosus neque vitiosus est.

ARTICULUS IX. — *Utrùm aliquis actus sit indifferens secundùm individuum.* — (2 , *dist. 40, art. 5, corp.; et 4, dist. 26, qu. 1, art. 4, corp. et Mal. quæst. 2, art. 4 et 5.*)

Ad nonum sic proceditur. 1. Videtur quòd aliquis actus secundùm individuum sit indifferens. Nulla enim species est quæ sub se non contineat vel continere possit aliquod individuum. Sed aliquis actus est indifferens secundùm suam speciem, ut dictum est art. præc. Ergo videtur quòd aliquis actus individualis potest esse indifferens.

2. Præterea, *ex individualibus actibus causantur habitus conformes ipsis,* ut dicitur in 2 Ethic., cap. 1 et 2. Sed aliquis habitus est indifferens; dicit enim Philosophus in 4 Ethic., cap. 1, à med., de quibusdam, sicut de placidis et prodigis, quòd non sunt mali; et tamen constat quòd non sunt boni, cùm recedant à virtute; et sic sunt indifferentes secundùm habitum. Ergo aliqui actus individuales sunt indifferentes.

3. Præterea, bonum morale pertinet ad virtutem, malum autem morale pertinet ad vitium. Sed contingit quandoque quòd homo actum qui ex specie suâ est indifferens, non ordinat ad aliquem finem vitii vel virtutis. Ergo contingit aliquem actum individualem esse indifferentem.

Sed contra est quod Gregor. dicit in quâdam hom. (6 in Evang., in fin.) : *Otiosum verbum est quod aut utilitate rectitudinis, aut ratione justæ necessitatis, aut piæ utilitatis caret.* Sed verbum otiosum est malum, quia de eo reddent homines rationem in die judicii, ut dicitur Matth. 12. Si autem non caret ratione justæ necessitatis aut piæ utilitatis, est bonum. Ergo omne verbum aut est bonum aut malum. Pari ergo ratione et quilibet alius actus vel est bonus vel malus. Nullus ergo individualis actus est indifferens.

Respondeo dicendum quòd contingit quandoque aliquem actum esse indifferentem secundùm speciem, qui tamen est bonus vel malus in individuo consideratus; et hoc ideò quia actus moralis, sicut dictum est art. 3 hujus quæst., non solùm habet bonitatem ex objecto, à quo habet speciem, sed etiam ex circumstantiis, quæ sunt quasi quædam accidentia; sicut aliquid convenit individuo hominis secundùm accidentia individualia, quod non convenit homini secundùm rationem speciei.

Et oportet quòd quilibet individualis actus habeat aliquam circumstantiam per quam trahatur ad bonum vel ad malum, ad minus ex parte intentionis finis. Cùm enim rationis sit ordinare, actus à ratione deliberativâ proce-

dens, si non sit ad debitum finem ordinatus, ex hoc ipso repugnat rationi, et habet rationem mali; si verò ordinetur ad debitum finem, convenit cum ordine rationis, unde habet rationem boni. Necesse est autem quòd vel ordinetur vel non ordinetur ad debitum finem. Unde necesse est omnem actum hominis à deliberativâ ratione procedentem, in individuo consideratum, bonum esse vel malum.

Si autem non procedit à ratione deliberativâ, sed ex quâdam imaginatione (sicut cùm aliquis fricat barbam, vel movet manum aut pedem), talis actus non est propriè loquendo moralis vel humanus, cùm hoc habeat actus à ratione; et sic erit indifferens, quasi extra genus moralium actuum existens.

Ad primum ergo dicendum quòd aliquem actum esse indifferentem secundùm *suam* speciem, potest esse multipliciter : uno modo sic quòd ex suâ specie debeatur ei quòd sit indifferens, et sic procedit ratio; sed tamen isto modo nullus actus ex suâ specie est indifferens; non enim est aliquod objectum humani actûs quod non possit ordinari vel ad malum vel ad bonum per finem vel per circumstantiam. Alio modo potest dici indifferens ex suâ specie, quia non habet ex suâ specie quòd sit bonus vel malus, unde per aliquid aliud potest fieri bonus vel malus, sicut homo non habet ex suâ specie quòd sit albus vel niger; nec tamen habet ex suâ specie quòd non sit albus aut niger. Potest enim albedo vel nigredo supervenire homini aliunde quàm à principiis speciei.

Ad secundum dicendum quòd *Philosophus* dicit illum esse malum propriè qui est aliis hominibus nocivus; et secundùm hoc dicit prodigum non esse malum, quia nulli alteri nocet nisi sibi ipsi, et similiter de omnibus aliis qui non sunt proximis nocivi. Nos autem hîc dicimus malum communiter omne quod est rationi rectæ repugnans; et secundùm hoc omnis individualis actus est bonus vel malus, ut dictum est in corp. art.

Ad tertium dicendum quòd omnis finis à ratione deliberativâ intentus pertinet ad bonum alicujus virtutis, vel ad malum alicujus vitii. Nam hoc ipsum quod aliquis agit ordinatè ad sustentationem vel quietem sui corporis, ad bonum virtutis ordinatur in eo qui corpus suum ordinat ad bonum virtutis; et idem patet in aliis.

ARTICULUS X. — *Utrùm aliqua circumstantia constituat actum moralem in specie boni vel mali.* — (Sup., art. 5, ad 4, et inf., art. 2, corp., et quæst. 73. art. 7, corp., et ad 1; et 2, dist. 36, art. 5, corp.; et 4, dist. 16, quæst. 3, art. 2, quæst. 3, corp., et dist. 41, art. 4, quæst. 1, corp., et Mal. quæst. 2, art. 6, per tot., et art. 7, et quæst. 7, art. 4, corp.)

Ad decimum sic proceditur. 1. Videtur quòd circumstantia non possit constituere aliquam speciem boni vel mali actûs. Species enim actûs est ex objecto. Sed circumstantiæ differunt ab objecto. Ergo circumstantiæ non dant speciem actui.

2. Præterea, circumstantiæ comparantur ad actum moralem sicut accidentia ejus, ut

dictum est quæst. 7, art. 1. Sed accidens non constituit speciem. Ergo circumstantia non constituit aliquam speciem boni vel mali.

3. Præterea, unius rei non sunt plures species. Unius autem actûs sunt plures circumstantiæ. Ergo circumstantia non constituit actum moralem in aliquâ specie boni vel mali.

Sed contra, locus est circumstantia quædam. Sed locus constituit actum moralem in quâdam specie mali : furari enim. aliquid de loco sacro est sacrilegium. Ergo circumstantia constituit actum moralem in aliquâ specie boni vel mali.

Respondeo dicendum quòd sicut species rerum naturalium constituuntur ex naturalibus formis, ita species moralium actuum constituuntur ex formis, prout sunt à ratione conceptæ, sicut ex supradictis patet, art. 5 hujus quæst.

Quia verò natura determinata est ad unum, nec potest esse processus naturæ in infinitum, necesse est pervenire ad aliquam ultimam formam, ex quâ sumatur differentia specifica, post quam alia differentia specifica esse non possit. Et inde est quòd in rebus naturalibus id quod est accidens alicui rei, non potest accipi ut differentia constituens speciem. Sed processus rationis non est determinatus ad aliquid unum ; sed, quolibet dato, potest ulteriùs procedere ; et ideò quod in actu uno accipitur ut circumstantia superaddita objecto, quod determinat speciem actûs, potest iterùm accipi à ratione ordinante ut principalis conditio objecti determinantis speciem actûs, sicut tollere alienum habet speciem ex ratione alieni ; ex hoc enim constituitur in specie furti ; et si consideretur super hoc ratio loci vel temporis, se habebit in ratione circumstantiæ. Sed quia ratio etiam de loco vel de tempore et aliis hujusmodi ordinare potest, contingit conditionem loci circa objectum accipi ut contrariam ordini rationis, putà quòd ratio ordinat injuriam non esse faciendam loco sacro; unde tollere aliquid alienum de loco sacro addit specialem repugnantiam ad ordinem rationis. Et ideò locus, qui priùs considerabatur ut circumstantia nunc consideratur ut principalis conditio objecti rationi repugnans.

Et per hunc modum quandocumque aliqua circumstantia respicit specialem ordinem rationis vel *pro* vel *contra*, oportet quòd circumstantia det speciem actui morali, vel bono vel malo.

Ad primum ergo dicendum quòd circumstantia secundùm quòd dat speciem actui, consideratur ut quædam conditio objecti, sicut dictum est in corp. art., et quasi quædam specifica differentia ejus.

Ad secundum dicendum quòd circumstantia manens in ratione circumstantiæ, cùm habeat rationem accidentis, non dat speciem: sed in quantum mutatur in principalem conditionem objecti, secundùm hoc dat speciem.

Ad tertium dicendum quòd non omnis circumstantia constituit actum moralem in aliquâ specie boni vel mali, cùm non quælibet circumstantia importet aliquam consonantiam vel dissonantiam ad rationem. Unde non oportet, licèt sint multæ circumstantiæ unius actûs, quòd unus actus sit in pluribus speciebus.

Licèt etiam non sit inconveniens quòd unus actus moralis sit in pluribus speciebus moris etiam disparatis, ut dictum est qu. 1, art. 3, ad 3, et art. 7 huj. qu., ad 1.

ARTICULUS XI. — *Utrùm omnis circumstantia augens bonitatem vel malitiam constituat actum moralem in specie boni vel mali.* — (*Inf., quæst. 73, art. 7, corp.; et 4, dist. 16, quæst. 3, art. 1, qu. 3, corp., et Mal. qu. 1, art. 7.*)

Ad undecimum sic proceditur. 1. Videtur quòd omnis circumstantia pertinens ad bonitatem vel malitiam det speciem actui. *Bonum* enim et *malum* sunt differentiæ specificæ moralium actuum. Quod ergo facit differentiam in bonitate vel malitiâ moralis actûs, facit differre secundùm differentiam specificam; quod est differre secundùm speciem. Sed id quod addit in bonitate vel malitiâ actûs, facit differre secundùm bonitatem et malitiam. Ergo facit differre secundùm speciem ; ergo omnis circumstantia addens in bonitate vel malitiâ actûs, constituit speciem.

2. Præterea, aut circumstantia adveniens habet in se aliquam rationem bonitatis vel malitiæ, aut non. Si non, non potest addere in bonitate vel malitiâ actûs, quia quod non est bonum, non potest facere majus bonum, et quod non est malum non potest facere majus malum. Si autem habet in se rationem bonitatis vel malitiæ, ex hoc ipso habet quamdam speciem boni vel mali. Ergo omnis circumstantia augens bonitatem vel malitiam, constituit novam speciem boni vel mali.

3. Præterea, secundùm Dionysium, 4 c. de div. Nom., part. 4, à med. lect. 22, *malum causatur ex singularibus defectibus* Quælibet autem circumstantia aggravans malitiam habet specialem defectum. Ergo quælibet circumstantia habet novam speciem peccati; et eâdem ratione quælibet augens bonitatem videtur addere novam speciem boni, sicut quælibet unitas addita numero facit novam speciem numeri. Bonum enim consistit in *numero, pondere* et *mensurâ*.

Sed contra, *magis* et *minùs* non diversificant speciem. Sed *magis* et *minùs* est circumstantia addens in bonitate vel malitiâ. Ergo non omnis circumstantia addens in bonitate vel malitiâ, constituit actum moralem in specie boni vel mali.

Respondeo dicendum quòd, sicut dictum est art. præc., circumstantia dat speciem boni vel mali actui morali, in quantum respicit specialem ordinem rationis. Contingit autem quandoque quòd circumstantia non respicit ordinem rationis in bono vel malo, nisi præsupposità aliâ circumstantiâ, à quâ actus moralis habet speciem boni vel mali ; sicut tollere aliquid in magnâ quantitate vel parvâ, non respicit ordinem rationis in bono vel malo, nisi præsupposità aliquâ aliâ conditione per quam actus habeat malitiam, vel bonitatem, putà hoc quod est *esse alienum*, quod repugnat rationi. Unde tollere alienum lege æternâ. Unius enim una est regula et mensura. Sed regula humanæ voluntatis, ex quâ ejus bonitas dependet, est ratio recta. Ergo non dependet bonitas voluntatis à lege æternâ.

2. Præterea, *mensura est homogenea mensurato*, ut dicitur in 10 Metaphys., text. 4. Sed lex æterna non est homogenea voluntati humanæ. Ergo lex æterna non potest esse mensura voluntatis humanæ, ut ab eâ bonitas ejus dependeat.

3. Præterea, mensura debet esse certissima. Sed lex æterna est nobis ignota. Ergo non potest esse nostræ voluntatis mensura, ut ab eâ bonitas voluntatis nostræ dependeat.

Sed contra est quod Augustinus dicit 22 contra Faustum, cap. 27, in princ., quòd *peccatum est dictum, factum vel concupitum aliquid contra æternam legem*. Sed malitia voluntatis est radix peccati. Ergo cùm malitia bonitati opponatur, bonitas voluntatis dependet à lege æternâ.

Respondeo dicendum quòd in omnibus causis ordinatis effectus plus dependet à causâ primâ quàm à causâ secundâ, quia causa secunda non agit nisi in virtute primæ causæ. Quòd autem ratio humana sit regula voluntatis humanæ, ex quâ ejus bonitas mensuretur, habet ex lege æternâ, quæ est ratio divina; unde in Psal. 4, 6, dicitur : *Multi dicunt: Quis ostendit nobis bona? Signatum est super nos lumen vultûs tui, Domine*; quasi diceret : Lumen rationis, quod in nobis est, in tantum potest nobis ostendere bona, et nostram voluntatem regulare, in quantum est lumen vultûs tui, id est, à vultu tuo derivatum. Unde manifestum est quòd multò magis dependet bonitas voluntatis humanæ à lege æternâ quàm à ratione humanâ; et ubi deficit humana ratio, oportet ad rationem æternam recurrere.

Ad primum ergo dicendum quòd unius rei non sunt plures mensuræ proximæ; possunt tamen esse plures mensuræ, quarum una sub aliâ ordinetur.

Ad secundum dicendum quòd mensura proxima est homogenea mensurato; non autem mensura remota.

Ad tertium dicendum quòd licèt lex æterna sit nobis ignota, secundùm quòd est in mente divinâ, innotescit tamen nobis aliqualiter vel per rationem naturalem, quæ ab eâ derivatur ut propria ejus imago, vel per aliqualem revelationem superadditam.

ARTICULUS V. — *Utrùm voluntas discordans à ratione errante sit mala.* — (2, *dist.* 39, *quæst.* 3, *art.* 2, *corp.*, *et art.* 3, *per tot.*; *et* 4, *dist.* 9, *art.* 3, *quæst.* 2, *ad* 2, *et Ver. quæst.* 17, *art.* 5, *et Mal. quæst.* 2, *art.* 2, *ad* 8, *et quodl.* 3, *art.* 27, *et quodl.* 8, *art.* 13 *et* 15, *et quodl.* 9, *art.* 15, *corp.*, *et Rom.* 14, *lect.* 2, *et lect.* 3, *fin.*, *et Gal.* 5.)

Ad quintum sic proceditur. 1. Videtur quòd voluntas discordans à ratione errante non sit mala. Ratio enim est regula voluntatis humanæ, in quantum derivatur à lege æternâ, ut dictum est art. præc. Sed ratio errans non derivatur a lege æternâ. Ergo ratio errans non est regula voluntatis humanæ ; non

est ergo voluntas mala, si discordat à ratione errante.

2. Præterea, secundùm Augustinum, serm. 6 de Verb. Dom., cap. 8, *inferioris potestatis præceptum non obligat, si contrarietur præcepto potestatis superioris; sicut si proconsul jubeat aliquid quod imperator prohibet*. Sed ratio errans quandoque proponit aliquid quod est contra præceptum superioris, scilicet Dei, cujus est summa potestas. Ergo dictamen rationis errantis non obligat; non est ergo voluntas mala, si discordet à ratione errante.

3. Præterea, omnis voluntas mala reducitur ad aliquam speciem malitiæ. Sed voluntas discordans à ratione errante non potest reduci ad aliquam speciem malitiæ : putà si ratio errans errat in hoc quòd dicat esse fornicandum, voluntas ejus qui fornicari non vult, ad nullam malitiam reduci potest. Ergo voluntas discordans à ratione errante non est mala.

Sed contra, sicut in primo dictum est, quæst. 79, art. 13, conscientia nihil aliud est quàm applicatio scientiæ ad aliquem actum. Scientia autem in ratione est. Voluntas ergo discordans à ratione errante est contra conscientiam. Sed omnis talis voluntas est mala; dicitur enim Rom. 14, 23 : *Omne quod non est ex fide, peccatum est*, id est, omne quod est contra conscientiam. Ergo voluntas discordans à ratione errante est mala.

Respondeo dicendum quòd cùm conscientia sit quodammodò dictamen rationis, est enim quædam applicatio scientiæ ad actum, ut in primo dictum est, loc. sup. cit., idem est quærere *utrùm voluntas discordans à ratione errante sit mala*, quod quærere *utrùm conscientia errans obliget*.

Circa quod aliqui distinxerunt tria genera actuum. Quidam enim sunt boni ex genere; quidam sunt indifferentes; quidam sunt mali ex genere. Dicunt ergo quòd si ratio vel conscientia dicat aliquid esse faciendum quod sit bonum ex suo genere, non est ibi error; similiter si dicat aliquid non esse faciendum quod est malum ex suo genere; eâdem enim ratione præcipiuntur bona quâ prohibentur mala. Sed si ratio vel conscientia dicat alicui quòd illa quæ sunt secundùm se mala, homo teneatur facere ex præcepto, vel quòd illa quæ sunt secundùm se bona, sint prohibita, erit ratio vel conscientia errans; et similiter si ratio vel conscientia dicat alicui quòd id quod est secundùm se indifferens, ut levare festucam de terrâ, sit prohibitum vel præceptum, erit ratio vel conscientia errans.

Dicunt ergo quòd ratio vel conscientia errans circa indifferentia, sive præcipiendo sive prohibendo, obligat; ita quòd voluntas discordans à tali ratione errante erit mala, et peccatum. Sed ratio vel conscientia errans præcipiendo ea quæ sunt per se mala, vel prohibendo ea quæ sunt per se bona et necessaria ad salutem, non obligat; unde in talibus voluntas discordans à ratione vel conscientiâ errante non est mala.

Sed hoc irrationabiliter dicitur. In indifferentibus enim voluntas discordans à ratione vel conscientiâ errante est mala aliquo modo propter objectum, à quo bonitas vel malitia voluntatis dependet; non autem propter objectum secundùm sui naturam, sed secundùm quòd per accidens à ratione apprehenditur ut bonum vel malum, ad faciendum vel ad vitandum. Et quia objectum voluntatis est id quod proponitur à ratione, ut dictum est quæst. 7, art. 1, ex quo aliquid proponitur à ratione ut malum, voluntas, dùm in illud fertur, accipit rationem mali. Hoc autem contingit non solùm in indifferentibus, sed etiam in per se bonis vel malis. Non solùm enim id quod est indifferens, potest accipere rationem boni vel mali per accidens, sed etiam id quod est bonum potest accipere rationem mali, vel illud quod est malum, rationem boni, propter apprehensionem rationis; putà abstinere à fornicatione, bonum quoddam est; tamen in hoc bonum non fertur voluntas, nisi secundùm quòd à ratione proponitur. Si ergo proponatur ut malum à ratione errante, fertur in hoc sub ratione mali. Unde voluntas erit mala, quia vult malum, non quidem id quod est malum per se, sed id quod est malum per accidens, propter apprehensionem rationis. Et similiter credere in Christum est per se bonum et necessarium ad salutem; sed voluntas non fertur in hoc, nisi secundùm quòd à ratione proponitur. Unde si à ratione proponatur ut malum, voluntas feretur in hoc ut malum, non quia illud sit malum secundùm se, sed quia est malum per accidens ex apprehensione rationis. Et ideò Philosophus dicit in 7 Ethic., cap. 1 et 2, quòd per se loquendo incontinens jest qui non sequitur rationem rectam, per accidens autem qui non sequitur rationem falsam.

Unde dicendum quòd simpliciter omnis voluntas discordans à ratione, sive rectâ sive errante, semper est mala.

Ad primum ergo dicendum quòd judicium rationis errantis, licèt non derivetur à Deo, tamen ratio errans judicium suum proponit ut verum, et per consequens ut à Deo derivatum, à quo est omnis veritas.

Ad secundum dicendum quòd verbum Augustini habet locum quando cognoscitur quòd inferior potestas præcipit aliquid contra præceptum superioris potestatis. Sed si aliquis crederet quòd præceptum proconsulis esset præceptum imperatoris, contemnendo præceptum proconsulis, contemneret præceptum imperatoris. Et similiter, si aliquis homo cognosceret quòd ratio humana dictaret aliquid contra præceptum Dei, non teneretur rationem sequi; sed tunc ratio non totaliter esset errans. Sed quando ratio errans proponit aliquid ut præceptum Dei, tunc idem est contemnere dictamen rationis, et Dei præceptum.

Ad tertium dicendum quòd ratio, quando apprehendit aliquid ut malum, semper apprehendit illud sub aliquâ ratione mali, putà quia contrariatur divino præcepto, vel quia est scandalum, vel propter aliquod hujusmodi; et tunc ad talem speciem malitiæ reducitur talis mala voluntas.

ARTICULUS VI. — *Utrùm voluntas concordans rationi erranti sit bona.* — (*Sup., art. 5, et locis ibi inductis.*)

Ad sextum sic proceditur. 1. Videtur quòd voluntas concordans rationi erranti sit bona. Sicut enim voluntas discordans à ratione tendit in id quod ratio judicat malum, ita voluntas concordans rationi tendit in id quod ratio judicat bonum. Sed voluntas discordans à ratione etiam errante est mala. Ergo voluntas concordans rationi etiam erranti est bona.

2. Præterea, voluntas concordans præcepto Dei et legi æternæ semper est bona. Sed lex æterna, et præceptum Dei proponitur nobis per apprehensionem rationis etiam errantis. Ergo voluntas concordans etiam rationi erranti est bona.

3. Præterea, voluntas discordans à ratione errante est mala. Si ergo voluntas concordans rationi erranti sit etiam mala, videtur quòd omnis voluntas habentis rationem errantem sit mala; et sic talis homo erit perplexus, et ex necessitate peccabit; quod est inconveniens. Ergo voluntas concordans rationi erranti est bona.

Sed contra, voluntas occidentium Apostolos erat mala; sed tamen concordabat rationi erranti ipsorum, secundùm illud Joan. 16, 2: *Venit hora ut omnis qui interficit vos arbitretur obsequium se præstare Deo.* Ergo voluntas concordans rationi erranti potest esse mala.

Respondeo dicendum quòd, sicut præmissa quæstio eadem est cum quæstione quâ quæritur *utrùm conscientia erronea liget,* ita ista quæstio eadem est cum illâ quâ quæritur *utrùm conscientia erronea excuset.*

Hæc autem quæstio dependet ab eo quod supra de ignorantiâ dictum est. Dictum est enim supra, quæst. 6, art. 8, quòd ignorantia quandoque causat involuntarium, quandoque autem non. Et quia bonum et malum morale consistit in actu, in quantum est voluntarius, ut ex præmissis patet, art. 2 hujus quæst., manifestum est quòd illa ignorantia quæ causat involuntarium, tollit rationem boni et mali moralis; non autem illa quæ involuntarium non causat. Dictum est etiam supra, quæst. 6, art. 8, quòd ignorantia quæ est aliquo modo volita, sive directè sive indirectè, non causat involuntarium. Et dico ignorantiam directè voluntariam, in quam actus voluntatis fertur; indirectè autem propter negligentiam, ex eo quòd aliquis non vult illud scire quod scire tenetur, ut supra dictum est ibid.

Si igitur ratio vel conscientia erret errore voluntario vel directè vel indirectè propter negligentiam, quia est error circa id quod quis scire tenetur, tunc talis error rationis vel conscientiæ non excusat quin voluntas concordans rationi vel conscientiæ sic erranti sit mala. Si autem sit error qui causet involuntarium, proveniens ex ignorantiâ alicujus circumstantiæ absque omni negligentiâ, tunc talis error rationis vel conscientiæ excusat, ut voluntas concordans rationi erranti non sit mala : putà si ratio errans dicat quòd homo teneatur ad uxorem alterius accedere, voluntas concordans huic rationi erranti est mala, eo quòd error iste provenit ex ignorantiâ legis Dei, quam scire tenetur : si autem ratio erret in hoc quòd credat aliquam mulierem submissam esse suam uxorem, et eâ petente debitum, velit eam cognoscere, excusatur voluntas ejus ut non sit mala, quia error iste ex ignorantiâ circumstantiæ provenit, quæ excusat et involuntarium causat.

Ad primum ergo dicendum quòd, sicut Dionysius dicit in 4 cap. de divin. Nom., part. 4, lect. 22, *bonum causatur ex integrâ causâ, malum autem ex singularibus defectibus*. Et ideò ad hoc quòd dicatur malum id in quod fertur voluntas, sufficit sive quòd secundùm suam naturam sit malum, sive quòd apprehendatur ut malum. Sed ad hoc quòd sit bonum, requiritur quòd utroque modo sit bonum.

Ad secundum dicendum quòd lex æterna errare non potest, sed ratio humana potest errare; et ideò voluntas concordans rationi humanæ non semper est recta, nec semper est concordans legi æternæ.

Ad tertium dicendum quòd, sicut in syllogisticis, uno inconvenienti dato, necesse est alia sequi, ita in moralibus, uno inconvenienti posito, ex necessitate alia sequuntur; sicut supposito quòd aliquis quærat inanem gloriam; sive propter inanem gloriam faciat quod facere tenetur, sive dimittat, semper peccabit, nec tamen est perplexus, quia potest intentionem malam dimittere. Et similiter, supposito errore rationis vel conscientiæ, qui procedit ex ignorantiâ non excusante, necesse est quòd sequatur malum in voluntate; nec tamen est homo perplexus, quia potest ab errore recedere, cùm ignorantia sit vincibilis et voluntaria.

ARTICULUS VII. — *Utrùm voluntatis bonitas in his quæ sunt ad finem, dependeat ex intentione finis.* — (2, dist. 38, art. 4, ad 4, et art. 5, corp., et dist. 40, art. 1, et in Exp. litt.)

Ad septimum sic proceditur. 1. Videtur quòd bonitas voluntatis non dependeat ex intentione finis. Dictum est enim supra, art. 2 hujus quæst., quòd bonitas voluntatis dependet ex solo objecto. Sed in his quæ sunt ad finem, aliud est objectum voluntatis, et aliud finis intentus. Ergo in talibus bonitas voluntatis non dependet ab intentione finis.

2. Præterea, velle servare mandatum Dei pertinet ad voluntatem bonam. Sed hoc potest referri ad malum finem, scilicet ad finem inanis gloriæ vel cupiditatis, dùm aliquis vult obedire Deo propter temporalia consequenda. Ergo bonitas voluntatis non dependet ab intentione finis.

3. Præterea, *bonum et malum*, sicut diversificant voluntatem, ita diversificant finem. Sed malitia voluntatis non dependet à malitiâ finis intenti; qui enim vult furari, ut det eleemosynam, voluntatem malam habet, licèt intendat finem bonum. Ergo etiam bonitas voluntatis non dependet à bonitate finis intenti.

Sed contra est quod Augustinus dicit 9 Confessionum, cap. 3, implic., quòd *intentio remuneratur à Deo*. Sed ex eo aliquid remuneratur à Deo, quia est bonum. Ergo bonitas voluntatis ex intentione finis dependet.

Respondeo dicendum quòd intentio dupliciter se potest habere ad voluntatem : uno modo ut præcedens; alio modo ut consequens (1). Præcedit quidem causaliter intentio voluntatem, quando aliquid volumus propter intentionem alicujus finis; et tunc ordo ad finem consideratur ut ratio quædam bonitatis ipsius voliti, putà cùm aliquis vult jejunare propter Deum, habet enim jejunium rationem boni ex hoc ipso quòd fit propter Deum. Unde cùm bonitas voluntatis dependeat à bonitate voliti, ut supra dictum est, art. 1 et 2 hujus quæst., necesse est quòd dependeat ex intentione finis.

Consequitur autem intentio voluntatem, quando accedit voluntati præexistenti, putà si aliquis velit aliquid facere, et postea referat illud in Deum; et tunc primæ voluntatis bonitas non dependet ex intentione sequenti, nisi quatenùs reiteratur actus voluntatis cum sequenti intentione.

Ad primum ergo dicendum quòd quando intentio est causa volendi, ordo ad finem accipitur ut quædam ratio bonitatis in objecto, ut dictum est in corp. art.

Ad secundum dicendum quòd voluntas non potest dici bona, si sit intentio mala causa volendi; qui enim vult dare eleemosynam propter inanem gloriam consequendam, vult id quod de se est bonum sub ratione mali; et ideò prout est volitum ab ipso, est malum; unde voluntas ejus est mala. Sed si intentio sit consequens, tunc voluntas potuit esse bona; et per intentionem sequentem non depravatur ille actus voluntatis, qui præcessit, sed actus voluntatis qui iteratur.

Ad tertium dicendum quòd, sicut jam dictum est, art. præc., ad 1, malum contingit ex singularibus defectibus, bonum autem ex totâ et integrâ causâ. Unde, sive voluntas sit ejus quod est secundùm se malum sub ratione boni, sive sit boni sub ratione mali, semper voluntas erit mala; sed ad hoc quòd sit voluntas bona, requiritur quòd sit boni sub ratione boni, id est, quòd velit bonum et propter bonum.

ARTICULUS VIII. — *Utrùm quantitas bonitatis vel malitiæ in voluntate sequatur quantitatem boni vel mali in intentione.* — (Sup., art. 7, ad 2, et Mal. quæst. 2, art. 2, ad 7.)

Ad octavum sic proceditur. 1. Videtur quòd quantitas bonitatis in voluntate dependeat ex quantitate bonitatis in intentione, quia super illud Matth. 12, 35 : *Bonus homo de thesauro bono cordis sui profert bona*, dicit Glossa interl. : *Tantùm boni quis facit, quantùm intendit*. Sed intentio non solùm dat bonitatem actui exteriori, sed etiam voluntati, ut dictum est art. præc. Ergo tantùm aliquis habet bonam voluntatem, quantùm intendit.

(1) Ita ex codd. emendârunt Conradus et Garcia, et ita habent editi passim. Edit. Rom., *ut concordans*.

2. Præterea, augmentatâ causâ, augmentatur effectus. Sed intentionis bonitas est causa bonæ voluntatis. Ergo quantùm quis intendit de bono, tantùm voluntas est bona.

3. Præterea, in malis quantùm aliquis intendit, tantùm peccat; si enim aliquis projiciens lapidem intenderet facere homicidium, reus esset homicidii. Ergo pari ratione in bonis tantùm est bona voluntas, quantùm aliquis bonum intendit.

Sed contra, potest esse intentio bona, et voluntas mala. Ergo pari ratione potest esse intentio magis bona, et voluntas minùs bona.

Respondeo dicendum quòd circa actum et intentionem finis duplex quantitas potest considerari : una ex parte objecti, quia vult majus bonum, vel agit; alia ex intentione actûs, quia intensè vult vel agit; quod est majus ex parte agentis.

Si igitur loquamur de quantitate utriusque quantùm ad objectum, manifestum est quòd quantitas actûs non sequitur quantitatem intentionis. Quod quidem ex parte actûs exterioris contingere potest dupliciter : uno modo, quia objectum quod ordinatur ad finem intentum, non est proportionatum fini illi; sicut si quis daret decem libras, non posset consequi suam intentionem, si intenderet emere rem valentem centum libras; alio modo propter impedimenta quæ supervenire possunt circa exteriorem actum, quæ non est in potestate nostrâ removere, putà aliquis intendit ire usque Romam, et occurrunt ei impedimenta, quòd non potest hoc facere. Sed ex parte interioris actûs voluntatis non est nisi uno modo, quia interiores actus voluntatis sunt in potestate nostrâ, non autem exteriores actus. Sed voluntas potest velle aliquod objectum non proportionatum fini intento; et sic voluntas, quæ fertur in illud objectum absolutè consideratum, non est tantùm bona, quantùm est intentio. Sed quia etiam ipsa intentio quodammodò pertinet ad actum voluntatis, in quantùm scilicet est ratio ejus, propter hoc redundat quantitas bonæ intentionis in voluntatem, in quantum scilicet voluntas vult aliquod bonum magnum ut finem, licèt illud per quod vult consequi tantum bonum, non sit dignum illo bono.

Si verò consideretur quantitas intentionis et actûs secundùm intentionem utriusque, sic intensio intentionis redundat in actum interiorem et exteriorem voluntatis, quia ipsa intentio quodammodò se habet formaliter ad utrumque, ut ex supra dictis patet, quæst. 12, art. 4, licèt materialiter intentione rectâ existente intensâ, possit esse actus interior vel exterior non ita intensus, materialiter loquendo : putà cùm aliquis non ita intensè vult medicinam sumere, sicut vult sanitatem; tamen hoc ipsum quòd est intensè intendere sanitatem, redundat formaliter in hoc quod est intensè velle medicari. Sed tamen hoc est considerandum, quòd intensio actûs interioris vel exterioris potest referri ad intentionem ut objectum, putà cùm aliquis intendit intensè velle, vel aliquid intensè operari; et tamen non propter hoc intensè vult vel operatur, quia quantitatem intenti boni non sequitur bonitas actûs interioris vel exterioris, ut dictum est, hìc sup. Et inde est quòd non quantùm aliquis intendit mereri, meretur, quia quantitas meriti consistit in intensione actûs, ut infra dicetur quæst. 114, art. 4.

Ad primum ergo dicendum quòd Glossa illa loquitur quantùm ad reputationem Dei, qui præcipuè considerat intentionem finis. Unde alia Glossa (ord. ex Rabano) dicit ibidem quòd *thesaurus cordis intentio est, ex quâ Deus judicat opera.* Bonitas enim intentionis, ut dictum est in corp. art., redundat quodammodò in bonitatem voluntatis, quæ facit etiam exteriorem actum apud Deum meritorium.

Ad secundum dicendum quòd sola bonitas intentionis non est tota causa bonæ voluntatis; unde ratio non sequitur.

Ad tertium dicendum quòd sola malitia intentionis sufficit ad malitiam voluntatis; et ideò etiam quantùm mala est intentio, tantùm etiam mala est voluntas. Sed non est eadem ratio de bonitate, ut dictum est in resp. ad 2.

ARTICULUS IX. — *Utrùm bonitas voluntatis dependeat ex conformitate ad voluntatem divinam.* — (1, dist. 48, art. 1, et Ver. quæst. 22, art. 7, corp.)

Ad nonum sic proceditur. 1. Videtur quòd bonitas voluntatis humanæ non dependeat ex conformitate voluntatis divinæ. Impossibile est enim voluntatem hominis conformari voluntati divinæ, ut patet per id quod dicitur Isa. 55, 9 : *Sicut exaltantur cœli à terrâ, ita exaltatæ sunt viæ meæ à viis vestris, et cogitationes meæ à cogitationibus vestris.* Si ergo ad bonitatem voluntatis requireretur conformitas ad divinam voluntatem, sequeretur quòd impossibile esset hominis voluntatem esse bonam, quod est inconveniens.

2. Præterea, sicut voluntas nostra derivatur à voluntate divinâ, ita scientia nostra derivatur à scientiâ divinâ. Sed non requiritur ad scientiam nostram quòd sit conformis scientiæ divinæ; multa enim Deus scit quæ nos ignoramus. Ergo non requiritur quòd voluntas nostra sit conformis voluntati divinæ.

3. Præterea, voluntas est actionis principium. Sed actio nostra non potest conformari actioni divinæ. Ergo non requiritur quòd voluntas nostra sit conformis voluntati divinæ.

Sed contra est quod dicitur Matth. 26, 39 : *Non sicut ego volo, sed sicut tu vis;* quod dicit, quia *rectum vult esse hominem, et ad Deum dirigi,* ut Augustinus dicit in Enchir. (implic. ex cap. 106, sed express. in Psal. 32, conc. 1, super illud : *Rectos decet collaudatio*). Rectitudo autem voluntatis est bonitas ejus. Ergo bonitas voluntatis dependet ex conformitate ad voluntatem divinam.

Respondeo dicendum quòd, sicut dictum est art. 7 hujus quæst., bonitas voluntatis dependet ex intentione finis. Finis autem ultimus voluntatis humanæ est summum bonum, quod est Deus, ut supra dictum est, quæst. 1, art. 8. Requiritur ergo ad bonitatem humanæ voluntatis quòd ordinetur ad summum bonum.

Hoc autem bonum prin*æ* quidem et per se comparatur ad voluntatem divinam ut objectum proprium ejus; illud autem quod est primum in quolibet genere, est mensura et ratio omnium quæ sunt illius generis. Unumquodque autem rectum et bonum est, in quantum attingit ad propriam mensuram. Ergo ad hoc quòd voluntas hominis sit bona, requiritur quòd conformetur voluntati divinæ.

Ad primum ergo dicendum quòd voluntas hominis non potest conformari voluntati divinæ per æquiparantiam, sed per imitationem, et similiter conformatur scientia hominis scientiæ divinæ, in quantum cognoscit verum, et actio hominis actioni divinæ, in quantum est agenti conveniens; et hoc per imitationem, non autem per æquiparantiam.

Unde patet solutio ad secundum et ad tertium argumentum.

ARTICULUS X. — *Utrùm necessarium sit voluntatem humanam conformari voluntati divinæ in volito, ad hoc quòd sit bona.* — *(Inf., qu. 39, art. 2, ad 3, et 2-2, qu. 104, art. 4, ad 3, et 1, dist. 48, art. 3 et 4, et Ver. qu. 23, art. 7 et 8, et opusc. 9, qu. 87)*

Ad decimum sic proceditur. 1. Videtur quòd voluntas hominis non debeat semper conformari divinæ voluntati in volito. Non enim possumus velle quod ignoramus; bonum enim apprehensum est objectum voluntatis. Sed quid Deus velit ignoramus in plurimis. Ergo non potest humana voluntas divinæ voluntati conformari in volito.

2. Præterea, Deus vult damnare aliquem, quem præscit in mortali peccato moriturum. Si ergo homo teneretur conformare voluntatem suam divinæ voluntati in volito, sequeretur quòd (1) homo teneretur velle suam damnationem, quod est inconveniens.

3. Præterea, nullus tenetur velle aliquid quod est contra pietatem. Sed si homo vellet illud quod Deus vult, hoc esset quandoque contra pietatem, putà cùm Deus vult mori patrem alicujus, si filius hoc idem vellet, contra pietatem esset. Ergo non tenetur homo conformare voluntatem suam voluntati divinæ in volito.

1. Sed contra est quia super illud Psal. 32: *Rectos decet collaudatio,* dicit Glossa ord. ex Aug.: *Rectum cor habet qui vult quod Deus vult.* Sed quilibet tenetur habere rectum cor. Ergo quilibet tenetur velle quod Deus vult.

2. Præterea (2), forma voluntatis est ex objecto, sicut et cujuslibet actûs. Si ergo tenetur homo conformare voluntatem suam voluntati divinæ, sequitur (3) quòd teneatur conformare in volito.

3. Præterea, repugnantia voluntatum consistit in hoc quòd homines diversa volunt. Sed quicumque habet voluntatem repugnantem divinæ voluntati, habet malam volunta-

tem. Ergo quicumque non conformat voluntatem suam voluntati divinæ in volito, habet malam voluntatem.

Respondeo dicendum quòd sicut ex prædictis patet, art. 5 hujus qu., voluntas fertur in suum objectum, secundùm quòd à ratione proponitur. Contingit autem aliquid à ratione considerari diversimodè, ita quòd sub unâ ratione est bonum, et secundùm aliam rationem non bonum. Et ideò si voluntas alicujus velit illud esse, secundùm quòd habet rationem boni est bona; et voluntas alterius, si velit illud idem non esse, secundùm quòd habet rationem mali, erit voluntas etiam bona; sicut judex habet bonam voluntatem, dùm vult occisionem latronis, quia justa est, voluntas autem alterius, putà uxoris vel filii qui vult non occidi ipsum, in quantum est secundùm naturam mala occisio, est etiam bona.

Cùm autem voluntas sequatur apprehensionem rationis vel intellectûs, secundùm quòd ratio boni apprehensi fuerit communior, secundùm hoc et voluntas fertur in bonum communius, sicut patet in exemplo proposito. Nam judex habet curam boni communis, quod est justitia; et ideò vult occisionem latronis, quæ habet rationem boni secundùm relationem ad statum communem; uxor autem latronis considerare habet bonum privatum familiæ; et secundùm hoc vult maritum latronem non occidi. Bonum autem totius universi est id quod est apprehensum à Deo, qui est universi factor et gubernator. Unde quidquid vult, vult sub ratione boni communis, quod est sua bonitas, quæ est bonum totius universi.

Apprehensio autem creaturæ secundùm suam naturam est alicujus boni particularis proportionati suæ naturæ. Contingit autem aliquid esse bonum secundùm rationem particularem quod non est bonum secundùm rationem universalem, aut è converso, ut dictum est hìc, supra. Et ideò contingit quòd aliqua voluntas est bona volens aliquid secundùm rationem particularem consideratum, quod tamen Deus non vult secundùm rationem universalem, et è converso. Et inde est etiam quòd possunt diversæ voluntates diversorum hominum circa opposita esse bonæ, prout sub diversis rationibus particularibus volunt hoc esse vel non esse.

Non est autem recta voluntas alicujus hominis volentis aliquod bonum particulare, nisi referat illud in bonum commune sicut in finem; cùm etiam naturalis appetitus cujuslibet partis ordinetur in bonum commune totius. Ex fine autem sumitur quasi formalis ratio volendi illud quod ad finem ordinatur. Unde ad hoc quòd aliquis rectâ voluntate velit aliquod particulare bonum, oportet quòd illud particulare bonum sit volitum materialiter, bonum autem commune divinum sit volitum formaliter.

Voluntas igitur humana tenetur conformari divinæ voluntati in volito formaliter; tenetur enim velle bonum divinum et commune; sed non materialiter, ratione jam dictâ hìc sup.

Sed tamen quantùm ad utrumque aliquo

---

(1) Cod. Camer. et ex eo Theologi, *sequitur quòd teneatur.*

(2) Hoc argumentum deest in edit. Nicolaï, errante prelo, habetur enim ejus solutio.

(3) Al., *requiritur.*

modo voluntas humana conformatur voluntati divinæ, quia secundùm quòd conformatur voluntati divinæ in communi ratione voliti, conformatur ei in fine ultimo; secundùm autem quòd non conformatur ei in volito materialiter, conformatur ei secundùm rationem causæ efficientis, quia hanc propriam inclinationem consequentem naturam, vel apprehensionem particularem hujus rei habet res à Deo sicut à causâ effectivâ. Unde consuevit dici quòd conformatur quantùm ad hoc voluntas hominis voluntati divinæ, quia vult hoc quod Deus vult eum velle.

Est et alius modus conformitatis secundùm rationem causæ formalis, ut scilicet homo velit aliquid ex charitate, sicut Deus vult; et ista etiam conformitas reducitur ad conformitatem formalem, quæ attenditur ex ordine ad ultimum finem, quod est proprium objectum charitatis.

Ad primum ergo dicendum quòd volitum divinum, secundùm rationem communem, quale sit scire possumus; scimus enim quod Deus quidquid vult, vult sub ratione boni. Et ideò quicumque vult aliquid sub quâcumque ratione boni, habet voluntatem conformem voluntati divinæ quantùm ad rationem voliti. Sed in particulari nescimus quid Deus velit; et quantùm ad hoc non tenemur conformare voluntatem nostram divinæ voluntati. In statu tamen gloriæ omnes videbunt in singulis quæ volent, ordinem eorum ad id quod Deus circa hoc vult; et ideò non solùm formaliter, sed materialiter in omnibus suam voluntatem Deo conformabunt.

Ad secundum dicendum quòd Deus non vult damnationem alicujus sub ratione damnationis, nec mortem alicujus, in quantum est mors, quia ipse *vult omnes homines salvos fieri*; sed vult ista sub ratione justitiæ. Unde sufficit circa talia quòd homo velit justitiam Dei et ordinem naturæ servari.

Unde patet solutio ad tertium.

Ad primum verò quod in contrarium objiciebatur, dicendum quòd magis vult quod Deus vult, qui conformat voluntatem suam voluntati divinæ quantùm ad rationem voliti, quàm qui conformat quantùm ad ipsam rem volitam; quia voluntas principaliùs fertur in finem quàm in id quod est ad finem.

Ad secundum dicendum quòd species et forma actûs magis attenditur secundùm rationem objecti quàm secundùm id quod est materiale in objecto.

Ad tertium dicendum quòd non est repugnantia voluntatum, quando aliqui diversa volunt non secundùm eamdem rationem; sed si sub unâ ratione esset aliquid ab uno volitum, quod alius nollet, hoc induceret repugnantiam voluntatum; quod tamen non est in proposito.

QUÆSTIO XX.

DE BONITATE ET MALITIA EXTERIORUM ACTUUM HUMANORUM. — (*In sex articulos divisa.*)

Deinde considerandum est de bonitate et malitiâ quantùm ad exteriores actus; et circa hoc quæruntur sex : 1° utrùm bonitas et malitia per prius sit in actu voluntatis vel in actu exteriori; 2° utrùm tota bonitas vel malitia actûs exterioris dependeat ex bonitate voluntatis; 3° utrùm sit eadem bonitas et malitia interioris et exterioris actûs; 4° utrùm actus exterior aliquid addat de bonitate vel malitiâ supra actum interiorem; 5° utrùm eventus sequens aliquid addat de bonitate vel malitâ ad actum exteriorem; 6° utrùm idem actus exterior possit esse bonus et malus.

ARTICULUS PRIMUS. — *Utrùm bonitas vel malitia per prius sit in actu voluntatis, vel in actu exteriori.*

Ad primum sic proceditur. 1. Videtur quòd *bonum* et *malum* per prius consistat in actu exteriori quàm in actu voluntatis. Voluntas enim habet bonitatem ex objecto, ut supra dictum est, quæst. 19, art. 1 et 2. Sed actus exterior est objectum actûs voluntatis; dicimur enim velle furtum, vel velle dare eleemosynam. Ergo *bonum* et *malum* per prius est in actu exteriori quàm in actu voluntatis.

2. Præterea, *bonum* per prius convenit fini, quia ea quæ sunt ad finem, habent rationem boni ex ordine ad finem. Actus autem voluntatis non potest esse finis, ut supra dictum est, quæst. 1, art. 1, ad 2; actus autem alterius potentiæ potest esse finis. Ergo per prius consistit bonum in actu potentiæ alterius quàm in actu voluntatis.

3. Præterea, actus voluntatis formaliter se habet ad actum exteriorem, ut supra dictum est, quæst. 18, art. 6. Sed id quod est formale, est posterius, nam forma advenit materiæ. Ergo per prius est *bonum* et *malum* in actu exteriori quàm in actu voluntatis.

Sed contra est quod Augustinus dicit in lib, 1 Retract., cap. 9, parùm à med., quòd *voluntas est quâ peccatur, et rectè vivitur*. Ergo bonum et malum morale per prius consistit in voluntate.

Respondeo dicendum quòd aliqui actus exteriores possunt dici boni vel mali dupliciter. Uno modo secundùm genus suum, et secundùm circumstantias in ipsis consideratas; sicut dare eleemosynam, servatis debitis circumstantiis, dicitur esse bonum. Alio modo dicitur aliquid esse bonum vel malum ex ordine ad finem; sicut dare eleemosynam propter inanem gloriam dicitur esse malum.

Cùm autem finis sit proprium objectum voluntatis, manifestum est quòd ista ratio *boni* vel *mali*, quam habet actus exterior ex ordine ad finem, per prius invenitur in actu voluntatis, et ex eo derivatur ad actum exteriorem.

Bonitas autem vel malitia quam habet actus exterior secundùm se propter debitam materiam et debitas circumstantias, non derivatur à voluntate, sed magis à ratione. Unde si consideretur bonitas exterioris actûs, secundùm quod est in ordinatione et apprehensione rationis, prior est quàm bonitas actûs voluntatis. Sed si consideretur, secundùm quod est in executione operis, sequitur bonitatem voluntatis, quæ est principium ejus.

Ad primum ergo dicendum quòd actus exterior est objectum voluntatis, in quantum proponitur voluntati à ratione ut quoddam bonum apprehensum et ordinatum per rationem; et sic est prius bonum quàm actus voluntatis; in quantum verò consistit in executione operis, est effectus voluntatis, et sequitur voluntatem.

Ad secundum dicendum quòd finis est prior in intentione, sed est posterior in executione.

Ad tertium dicendum quòd forma secundùm quòd est recepta in materiá, est posterior viá generationis quàm materia, licèt sit prior naturá; sed secundùm quòd est in causá agente, est omnibus modis prior. Voluntas autem comparatur ad actum exteriorem sicut causa efficiens. Unde bonitas actús voluntatis est forma exterioris actús, sicut in causá agente existens.

ARTICULUS II. — *Utrùm tota bonitas et malitia exterioris actús dependeat ex bonitate et malitiá voluntatis.*

Ad secundum sic proceditur. 1. Videtur quòd tota bonitas et malitia actús exterioris dependeat ex voluntate. Dicitur enim Matth. 7, 18 : *Non potest arbor bona malos fructus facere, nec arbor mala facere fructus bonos.* Per arborem autem intelligitur voluntas, et per fructus intelligitur opus, secundùm Glossam (ord. August., lib. 1 cont. Julian., cap. 8, ante med.) Ergo non potest esse quòd voluntas interior sit bona, et actus exterior sit malus, converso.

2. Præterea, Augustinus dicit in lib. 1 Retract., cap. 9, quòd nonnisi voluntate peccatur. Si ergo non sit peccatum in voluntate, non erit peccatum in exteriori actu; et ideò tota bonitas vel malitia exterioris actús ex aut è voluntate dependet.

3. Præterea, bonum et malum, de quo nunc loquimur, sunt differentiæ moralis actús. Differentiæ autem per se dividunt genus, secundùm Philosophum, in 7 Metaph., text. 43. Càm igitur actus sit moralis ex eo quòd est voluntarius, videtur quòd *bonum* et *malum* accipitur in actu solùm ex parte voluntatis.

Sed contra est quod Augustin. dicit in lib. contra Mendacium, cap. 7, parùm ante med., quòd *quædam sunt quæ nullo quasi bono fine, aut bonâ voluntate possunt benè fieri.*

Respondeo dicendum quòd, sicut jam dictum est, art. præc., in exteriori actu potest considerari duplex bonitas vel malitia; una secundùm debitam materiam et circumstantias; alia secundùm ordinem ad finem.

Et illa quidem quæ est secundùm ordinem ad finem, tota dependet ex voluntate; illa autem quæ est ex debitá materiá vel circumstantiis, dependet ex ratione; et ex hác dependet bonitas voluntatis, secundùm quòd in ipsam fertur.

Est autem considerandum quòd, sicut supra dictum est, quæst. præc., art. 61, ad 1, ad hoc quòd aliquid sit malum, sufficit unus singularis defectus; ad hoc autem quòd sit simpliciter bonum, non sufficit unum singulare bonum, sed requiritur integritas bonitatis. Si igitur voluntas sit bona et ex objecto proprio, et ex fine, consequens est actum exteriorem esse bonum. Sed non sufficit ad hoc quòd actus exterior sit bonus bonitas (1) voluntatis,

quæ est ex intentione finis. Sed si voluntas sit mala sive ex intentione finis, sive ex actu volito, consequens est actum exteriorem esse malum.

Ad primum ergo dicendum quòd voluntas bona, prout significatur per arborem bonam, est accipienda secundùm quòd habet bonitatem et ex actu volito et ex fine intento.

Ad secundum dicendum quòd non solùm aliquis voluntate peccat, quando vult malum finem, sed etiam quando vult malum actum.

Ad tertium dicendum quòd voluntarium dicitur non solùm actus interior (1) voluntatis, sed etiam actus exteriores, prout à voluntate procedunt et ratione; et ideò circa utrosque actus potest esse differentia boni et mali.

ARTICULUS III. — *Utrùm bonitas et malitia sit eadem exterioris et interioris actús.* — (Inf., art. 4, ad 2.)

Ad tertium sic proceditur. 1. Videtur quòd non eadem sit bonitas vel malitia actús interioris voluntatis et exterioris actús. Actús enim interioris principium est vis animæ interior apprehensiva vel appetitiva; actús autem exterioris principium est potentia exequens motum. Ubi autem sunt diversa principia actionis, ibi sunt diversi actus; actus autem est subjectum bonitatis vel malitiæ; non potest autem esse idem accidens in diversis subjectis. Ergo non potest esse eadem bonitas interioris et exterioris actús.

2. Præterea, virtus est *quæ bonum facit habentem, et opus ejus bonum reddit*, ut dicitur in 2 Ethic., cap. 6, in princ. Sed alia est virtus intellectualis in potentiá imperante, et alia virtus moralis imperata, ut patet in princ. 2 Ethic., cap. 1. Ergo alia est bonitas actús interioris, quæ est potentiæ imperantis, et alia est bonitas actús exterioris, quæ est potentiæ imperatæ.

3. Præterea, causa et effectus idem esse non possunt; nihil enim est causa sui ipsius. Sed bonitas actús interioris est causa bonitatis actús exterioris, aut è converso, ut dictum est, art. 1 hujus quæst. Ergo non potest esse eadem bonitas utriusque.

Sed contra est quod supra ostensum est, qu. 18, art. 6, quòd actus voluntatis se habet ut formale ad actum exteriorem. Ex formali autem et materiali fit unum. Ergo est una bonitas actús interioris et exterioris.

Respondeo dicendum quòd, sicut supra dictum est, quæst. 17, art. 4, et quæst. 18, art. 6, ad 3, actus interior voluntatis, et actus exterior, prout considerantur in genere moris, sunt unus actus. Contingit autem quandoque actum qui est unus subjecto, habere plures rationes bonitatis vel malitiæ, et quandoque unam tantùm. Sic ergo dicendum quòd quandoque est eadem bonitas vel malitia interioris actús et exterioris, quandoque alia et alia.

Sicut enim dictum est, qu. 18, art. 6, prædictæ duæ bonitates vel malitiæ, scilicet interioris et exterioris actús, ad invicem ordinantur. Contingit autem in his quæ ad aliud ordinantur, quòd aliquid est bonum ex hoc

(1) Al., *bonitate.*

(1) Ita codices et editi passim. In edit. Rom. deest interior.

solùm quòd ad aliud ordinatur, sicut potio amara ex hoc solo est bona quòd est sanativa; unde non est alia bonitas sanitatis et potionis, sed una et eadem. Quandoque verò illud quod ad aliud ordinatur, habet in se aliquam rationem boni, etiam præter ordinem ad aliud bonum, sicut medicina saporosa habet rationem boni delectabilis præter hoc quòd est sanativa.

Sic ergo dicendum quòd quando actus exterior est bonus vel malus solùm ex ordine ad finem, tunc est omninò eadem bonitas et malitia actûs voluntatis, quæ per se respicit finem, et actûs exterioris, qui respicit finem mediante actu voluntatis. Cùm autem actus exterior habet bonitatem vel malitiam secundùm se, scilicet secundùm materiam vel circumstantiam, tunc bonitas exterioris actûs est una, et bonitas voluntatis, quæ est ex fine, est alia; ita tamen quòd bonitas finis ex voluntate redundat in actum exteriorem, et bonitas materiæ et circumstantiarum redundat in actum voluntatis, sicut jam dictum est, art. 1 hujus qu.

Ad primum ergo dicendum quòd ratio illa probat quòd actus interior et exterior sunt diversi secundùm genus naturæ; sed tamen ex eis sic diversis constituitur unum in genere moris, ut supra dictum est, quæst. 17. art. 4.

Ad secundum dicendum quòd, sicut dicitur in 6 Ethic., cap. 12, parùm à princ., virtutes morales ordinantur ad ipsos actus virtutum, qui sunt quasi fines; prudentia autem, quæ est in ratione, ad ea quæ sunt ad finem, et propter hoc requiruntur diversæ virtutes. Sed ratio recta de ipso fine virtutum non habet aliam bonitatem quàm bonitatem virtutis, secundùm quòd bonitas rationis participatur in qualibet virtute.

Ad tertium dicendum quòd quando aliquid ex uno derivatur in alterum sicut ex causâ agente univocâ, tunc aliud est quod est in utroque; sicut cùm calidum calefacit, alius numero est calor calefacientis, et calor calefacti, licèt idem sit in specie. Sed quando aliquid derivatur ab uno in alterum secundùm analogiam vel proportionem, tunc est tantùm unum numero; sicut à sano quod est in corpore animalis, derivatur sanum ad medicinam et urinam; nec alia sanitas est medicinæ et urinæ quàm sanitas animalis, quam medicina facit, et urina significat. Et hoc modo à bonitate voluntatis derivatur bonitas actûs exterioris, et è converso, scilicet secundùm ordinem unius ad alterum.

ARTICULUS IV. — *Utrùm actus exterior aliquid addat de bonitate vel malitiâ supra actum interiorem.* — (*Inf., quæst.* 24, *art.* 3, *corp., et* 2-2, *quæst.* 76, *art.* 4, *ad* 2, *et* 2, *dist.* 4, *art.* 3, *et Mal. quæst.* 2, *art.* 2, *ad* 8.)

Ad quartum sic proceditur. 1. Videtur quòd exterior actus non addat in bonitate vel malitiâ supra actum interiorem. Dicit enim Chrysostomus, super Matth., hom. 19, parùm à princ. : *Voluntas est quæ aut remuneratur pro bono, aut condemnatur pro malo.* Opera autem testimonia sunt voluntatis. Non ergo quærit Deus opera propter se, ut sciat quomodò judicet, sed propter alios, ut omnes in-

telligant quia justus est Deus. Sed *malum* vel *bonum* magis est æstimandum secundùm judicium Dei quàm secundùm judicium hominum. Ergo actus exterior nihil addit ad bonitatem vel malitiam super actum interiorem.

2. Præterea, una et eadem est bonitas interioris et exterioris actûs, ut dictum est art. præc. Sed augmentum fit per additionem unius ad alterum. Ergo actus exterior non addit in bonitate vel malitiâ super actum interiorem.

3. Præterea, tota bonitas creaturæ nihil addit supra bonitatem divinam, quia tota derivatur à bonitate divinâ. Sed bonitas actûs exterioris quandoque tota derivatur ex bonitate actûs interioris, quandoque autem è converso, ut dictum est art. præc. Non ergo unum eorum addit in bonitate vel malitiâ super alterum.

Sed contra, omne agens intendit consequi bonum, et vitare malum. Si ergo per actum exteriorem nihil additur de bonitate vel malitiâ, frustra qui habet bonam voluntatem vel malam, facit opus bonum, aut desistit à malo opere ; quod est inconveniens.

Respondeo dicendum quòd si loquamur de bonitate exterioris actûs, quam habet ex bonitate finis, tunc actus exterior nihil addit ad bonitatem, nisi contingat ipsam voluntatem secundùm se fieri meliorem in bonis, vel pejorem in malis. Quod quidem videtur posse contingere tripliciter : uno modo secundùm numerum, putà cùm aliquis vult aliquid facere bono fine vel malo, et tunc quidem non facit, postmodùm autem vult et facit ; duplicatur actus voluntatis, et sic fit duplex bonum vel duplex malum. Alio modo quantùm ad extensionem : putà cùm aliquis vult facere aliquid bono fine vel malo, et propter aliquod impedimentum desistit ; alius autem continuat motum voluntatis, quousque opus perficiat, manifestum est quòd hujusmodi voluntas est diuturnior in bono vel malo ; et secundùm hoc est pejor vel melior. Tertiò secundùm intensionem ; sunt enim quidam actus exteriores qui in quantum sunt delectabiles vel pœnosi, nati sunt intendere voluntatem vel remittere. Constat autem quòd quantò voluntas intensiùs tendit in bonum vel malum, tantò est melior vel pejor.

Si autem loquamur de bonitate actûs exterioris, quam habet secundùm materiam et debitas circumstantias, sic comparatur ad voluntatem ut terminus et finis ; et hoc modo addit ad bonitatem vel malitiam voluntatis : quia omnis inclinatio vel motus perficitur in hoc quòd consequitur finem, vel attingit terminum.

Unde non est perfecta voluntas nisi sit talis quæ opportunitate datâ operetur. Si verò possibilitas desit, voluntate existente perfectâ, ut operaretur, si posset, defectus perfectionis, quæ est ex actu exteriori, est simpliciter involuntarius. Involuntarium autem sicut non meretur pœnam vel præmium in operando bonum aut malum, ita non tollit aliquid de præmio vel de pœnâ, si homo involuntariè simpliciter deficiat ad faciendum bonum vel malum.

. Ad primum ergo dicendum quòd Chrysostomus loquitur, quando voluntas hominis est
consummata et non cessatur ab actu nisi propter impotentiam faciendi.

Ad secundum dicendum quòd ratio illa procedit de bonitate actûs exterioris quam habet
à bonitate finis. Sed bonitas actûs exterioris
quam habet à materiâ et circumstantiis, est
alia à bonitate voluntatis quæ est ex fine; non
autem alia à bonitate voluntatis quam habet
ex ipso actu volito; sed comparatur ad ipsam
ut ratio et causa ejus, sicut supra dictum est,
art. 1 hujus quæst.

Et per hoc etiam patet solutio ad tertium.

ARTICULUS V. — *Utrùm eventus sequens ali-*
quid addat de bonitate vel malitiâ ad exte-
riorem actum. — (*Inf., quæst.* 73, *art.* 8,
et Mal. quæst. 1, *art.* 3, *ad* 15, *et quæst.* 3,
art. 10, *ad* 5.)

Ad quintum sic proceditur. 1. Videtur quòd
eventus sequens addat ad bonitatem vel malitiam actûs. Effectus enim virtute præexistit
in causâ. Sed eventus consequuntur actus,
sicut effectus causas. Ergo virtute præexistunt
in actibus. Sed unumquodque secundùm suam
virtutem judicatur bonum vel malum; nam
virtus est quæ *bonum facit habentem*, ut dicitur
in 2 Ethic., cap. 6, in princ. Ergo eventus addunt aliquid ad bonitatem vel malitiam actûs.

2. Præterea, bona quæ faciunt auditores,
sunt effectus quidam consequentes ex prædicatione doctoris. Sed hujusmodi bona redundant ad meritum prædicatoris, ut patet per id
quod dicitur Philipp. 4, 1 : *Fratres mei cha-*
rissimi et desideratissimi, gaudium meum et
corona mea. Ergo eventus sequens addit aliquid ad bonitatem vel malitiam actûs.

3. Præterea, pœna non additur nisi crescen-
te culpâ; unde dicitur Deuter. 25, 2 : *Pro men-*
surâ peccati erit et plagarum modus. Sed ex
eventu sequente additur ad pœnam; dicitur
enim Exod. 21, 29, quòd *si bos fuerit cornu-*
peta ab heri et nudius tertius, et contestati sunt
dominum ejus, nec recluserit eum, occiderit-
que virum aut mulierem, et bos lapidibus
obruetur, et dominum illius occident. Non autem occideretur, si bos non occidisset hominem, etiam non reclusus. Ergo eventus sequens addit ad bonitatem vel malitiam actûs.

4. Præterea, si aliquis ingerat causam mortis, percutiendo vel sententiam dando, et
mors non sequatur, non contrahitur irregularitas. Contraheretur autem si mors sequeretur. Ergo eventus sequens addit ad bonitatem vel malitiam actûs.

Sed contra, eventus sequens non facit actum
malum qui erat bonus, nec bonum qui erat
malus : putà si aliquis det eleemosynam pauperi, quâ ille abutatur ad peccatum, nihil de-
perit ei qui eleemosynam facit; et similiter, si
aliquis patienter ferat injuriam sibi factam,
non propter hoc excusatur ille qui fecit. Ergo
eventus sequens non addit ad bonitatem vel
malitiam actûs.

Respondeo dicendum quòd eventus sequens
aut est præcogitatus, aut non. Si est præcogitatus, manifestum est quòd addit ad bonitatem
vel malitiam actûs; cùm enim aliquis cogitat
quòd ex opere suo multa mala possunt sequi,

nec propter hoc dimittit, ex hoc apparet voluntas ejus esse magis inordinata.

Si autem eventus sequens non sit præcogitatus, tunc distinguendum est : quia si per se
sequitur ex tali actu, et ut in pluribus, secundùm hoc eventus sequens addit ad bonitatem vel malitiam actûs. Manifestum est enim
meliorem actum esse ex suo genere, ex quo
possunt plura bona sequi, et pejorem, ex quo
nata sunt plura mala sequi.

Si verò per accidens, et ut in paucioribus,
tunc eventus sequens non addit ad bonitatem
vel ad malitiam actûs. Non enim datur judicium de re aliquâ secundùm illud quod est per
accidens, sed solùm secundùm illud quod est
per se.

Ad primum ergo dicendum quòd virtus causæ existimatur secundùm effectus per se, non
autem secundùm effectus per accidens.

Ad secundum dicendum quòd bona quæ auditores faciunt, consequuntur ex prædicatione doctoris sicut effectus per se; unde redundat ad præmium prædicatoris, et præcipuè
quando sunt præintenta.

Ad tertium dicendum quòd eventus ille pro
quo illi pœna infligenda mandatur, et per se
sequitur ex tali causâ, et iterum ponitur ut
præcogitatus, et ideò imputatur ad pœnam.

Ad quartum dicendum quòd ratio illa procederet si irregularitas sequeretur culpam;
non autem sequitur culpam, sed factum, propter aliquem defectum sacramenti.

ARTICULUS VI. — *Utrùm idem actus exterior*
possit esse bonus et malus. — (*Inf., quæst.*
72, *art.* 6, *corp., et* 2-2, *quæst.* 99, *art.* 2,
ad 2, *et art.* 3, *ad* 2, *et* 2, *dist.* 40, *art.* 4, *et*
Mal. quæst. 2, *art.* 4, *et Ver. quæst.* 1, *art.*
4, *corp., et quæst.* 2, *art.* 3, *corp.*)

Ad sextum sic proceditur. 1. Videtur quòd
unus actus possit esse bonus et malus. Motus
enim est unus, qui est continuus, ut dicitur
in 5 Physic., text. 39 et 40. Sed unus motus
continuus potest esse bonus et malus : putà si
aliquis continuè ad ecclesiam vadens primò
quidem intendat inanem gloriam, postea intendat Deo servire. Ergo unus actus potest
esse bonus et malus.

2. Præterea, secundùm Philosophum, in 3
Phys., text. 20 et 21, *actio et passio sunt unus*
actus. Sed potest esse passio bona, sicut
Christi, et actio mala, sicut Judæorum. Ergo
unus actus potest esse bonus et malus.

3. Præterea, cùm servus sit quasi instrumentum domini, actio servi est actio domini,
sicut actio instrumenti est actio artificis. Sed
potest contingere quòd actio servi procedat ex
bonâ voluntate domini, et sic sit bona; et ex
voluntate malâ servi, et sic sit mala. Ergo
idem actus potest esse bonus et malus.

Sed contra, contraria non possunt esse in
eodem. Sed *bonum* et *malum* sunt contraria.
Ergo unus actus non potest esse bonus et
malus.

Respondeo dicendum quòd nihil prohibet
aliquid esse unum, secundùm quòd est in uno
genere, et esse multiplex, secundùm quòd
refertur ad aliud genus; sicut superficies continua est una, secundùm quòd consideratur
in genere quantitatis; tamen est multiplex,

secundùm quòd refertur ad genus coloris, si partim sit alba et partim nigra. Et secundùm hoc nihil prohibet aliquem actum esse unum, secundùm quòd refertur ad genus naturæ, qui tamen non est unus, secundùm quòd refertur ad genus moris; sicut et è converso, ut dictum est art. 3 hujus quæst. Ambulatio enim continua est unus actus secundùm genus naturæ; potest tamen contingere quòd sint plures secundùm genus moris, si mutetur ambulantis voluntas, quæ est principium actuum moralium.

Si ergo accipitur unus actus, prout est in genere moris, impossibile est quòd sit bonus et malus bonitate et malitiâ morali; si tamen sit unus unitate naturæ, et non unitate moris, potest esse bonus et malus.

Ad primum ergo dicendum quòd ille motus continuus qui procedit ex diversâ intentione, licèt sit unus unitate naturæ, non est tamen unus unitate moris.

Ad secundum dicendum quòd actio et passio pertinent ad genus moris, in quantum habent rationem voluntarii; et ideò, secundùm quòd diversâ voluntate dicuntur voluntariæ, secundùm hoc sunt duæ moraliter; et potest ex unâ parte inesse *bonum*, et ex aliâ *malum*.

Ad tertium dicendum quòd actus servi, in quantum procedit ex voluntate servi, non est actus domini, sed solùm in quantum procedit ex mandato domini; unde sic non facit ipsum malum mala voluntas servi.

QUÆSTIO XXI.

DE IIS QUÆ CONSEQUUNTUR ACTUS HUMANOS RATIONE BONITATIS VEL MALITIÆ. — (*In quatuor articulos divisa.*)

Deinde considerandum est de his quæ consequuntur actus humanos ratione bonitatis vel malitiæ; et circa hoc quæruntur quatuor : 1° utrùm actus humanus, in quantum est bonus vel malus, habeat rationem rectitudinis vel peccati; 2° utrùm habeat rationem laudabilis vel culpabilis; 3° utrùm habeat rationem meriti vel demeriti; 4° utrùm habeat rationem meriti vel demeriti apud Deum.

ARTICULUS PRIMUS. — *Utrùm actus humanus, in quantum est bonus vel malus, habeat rationem rectitudinis, vel peccati.* — (*Mal. quæst. 2, art. 2, ad 3.*)

Ad primum sic proceditur. 1. Videtur quòd actus humanus, in quantùm est bonus vel malus, non habeat rationem rectitudinis vel peccati. Peccata enim sunt monstra in naturâ, ut dicitur in 2 Physic., text. 82. Monstra autem non sunt actus, sed sunt quædam res generatæ præter ordinem naturæ; ea autem quæ sunt secundùm artem et rationem, imitantur ea quæ sunt secundùm naturam, ut ibidem dicitur. Ergo actus ex hoc quòd est inordinatus et malus, non habet rationem peccati.

2. Præterea, peccatum, ut dicitur in 2 Physic., loc. cit., accidit in naturâ et arte, cùm non pervenitur ad finem intentum à naturâ vel arte. Sed bonitas vel malitia actûs humani maximè consistit in intentione finis, et ejus prosecutione: Ergo videtur quòd malitia actûs non inducat rationem peccati.

3. Præterea, si malitia actûs induceret rationem peccati, sequeretur quòd ubicumque esset *malum*, ibi esset peccatum. Hoc autem est falsum; nam pœna, licèt habeat rationem mali, non tamen habet rationem peccati. Non ergo ex hoc quòd aliquis actus est malus, habet rationem peccati.

Sed contra, bonitas actûs humani, ut suprà ostensum est, quæst. 19, art. 4, principaliter dependet à lege æternâ; et per consequens malitia ejus in hoc consistit quòd discordat à lege æternâ. Sed hoc facit rationem peccati : dicit enim Augustinus, 22 contra Faustum, cap. 27, in princ., quòd *peccatum est dictum, vel factum, vel concupitum contra legem æternam.* Ergo actus humanus ex hoc quòd est malus habet rationem peccati.

Respondeo dicendum quòd *malum* in plus est quàm *peccatum*, sicut et *bonum* in plus est quàm *rectum*; quælibet enim privatio boni in quocumque constituit rationem mali; sed peccatum propriè consistit in actu qui agitur propter finem aliquem, cùm non habet debitum ordinem ad finem illum.

Debitus autem ordo ad finem secundùm aliquam regulam mensuratur : quæ quidem regula in his quæ secundùm naturam agunt, est ipsa virtus naturæ, quæ inclinat in talem finem. Quando ergo actus procedit à virtute naturali secundùm naturalem inclinationem in finem, tunc servatur rectitudo in actu, quia medium non exit ab extremis, scilicet actus ab ordine activi principii ad finem; quando autem à rectitudine tali actus aliquis recedit, tunc incidit ratio peccati.

In his verò quæ aguntur per voluntatem, regula proxima est ratio humana; regula autem suprema est lex æterna. Quandocumque ergo actus hominis procedit in finem secundùm ordinem rationis et legis æternæ, tunc actus est rectus; quando autem ab hâc rectitudine obliquatur, tunc dicitur peccatum. Manifestum est autem ex præmissis, quæst. 19, art. 3 et 4, quòd omnis actus voluntarius est malus per hoc quòd recedit ab ordine rationis et legis æternæ; et omnis actus bonus concordat rationi et legi æternæ. Unde sequitur quòd actus humanus, ex hoc quòd est bonus vel malus, habeat rationem rectitudinis vel peccati.

Ad primum ergo dicendum quòd monstra dicuntur esse peccata, in quantum producta sunt ex peccato in actu naturæ existente.

Ad secundum dicendum quòd duplex est finis, scilicet ultimus et propinquus. In peccato autem naturæ deficit quidem actus à fine ultimo, qui est perfectio generati; non autem deficit à quocumque fine proximo, operatur enim natura aliquid formando. Similiter in peccato voluntatis semper est defectus ab ultimo fine intento; quia nullus actus voluntatis malus est ordinabilis ad beatitudinem, quæ est ultimus finis; licèt non deficiat ab aliquo fine proximo, quem voluntas intendit et consequitur. Unde etiam cùm ipsa intentio hujus finis ordinetur ad finem ultimum, in ipsâ intentione hujusmodi finis potest inveniri ratio rectitudinis et peccati.

Ad tertium dicendum quòd unumquodque ordinatur ad finem per actum suum; et ideò ratio peccati, quæ consistit in deviatione ab ordine ad finem, propriè consistit in actu. Sed pœna respicit personam peccantem, ut in primo dictum est, quæst. 48, art. 5, ad 4, et art. 6, ad 3.

ARTICULUS II. — *Utrùm actus humanus, in quantum est bonus vel malus, habeat rationem laudabilis vel culpabilis.* — (3, dist. 24, art. 1, quæst. 2, corp., et 4, dist. 16, quæst. 3, art. 2, quæst. 1, ad 1, et quæst. 6, art. 2, ad 3, et Mal. quæst. 2, art. 2, ad 3.)

Ad secundum sic proceditur. 1. Videtur quòd actus humanus ex hoc quòd est bonus vel malus, non habeat rationem laudabilis vel culpabilis. Peccatum enim contingit in his quæ aguntur à naturâ, ut dicitur in 2 Phys., text. 82. Sed tamen ea quæ sunt naturalia, non sunt laudabilia nec culpabilia, ut dicitur in 3 Ethic., cap. 5. Ergo actus humanus, ex hoc quòd est malus vel peccatum, non habet rationem culpæ, et per consequens non ex hoc quòd est bonus, habet rationem laudabilis.

2. Præterea, sicut contingit peccatum in actibus moralibus, ita et in actibus artis, quia, ut dicitur in 2 Physic., text. 82, *peccat grammaticus non rectè scribens, et medicus non rectè dans potionem.* Sed non culpatur artifex ex hoc quòd aliquid malum facit, quia ad industriam artificis pertinet quòd possit et bonum opus facere, et malum, cùm voluerit. Ergo videtur quòd etiam actus moralis ex hoc quòd est malus, non habeat rationem culpabilis.

3. Præterea, Dionysius dicit in 4 cap. de div. Nomin., part. 4, lect. 22, quòd *malum est infirmum et impotens.* Sed infirmitas vel impotentia vel tollit vel diminuit rationem culpæ. Non ergo actus humanus est culpabilis ex hoc quòd est malus.

Sed contra est quod Philosophus dicit, 1 Ethic., cap. 12 et 7, magn. Moral. cap. 19, quòd *laudabilia sunt virtutum opera; vituperabilia autem vel culpabilia opera contraria.* Sed actus boni sunt actus virtutis, quia virtus est quæ *bonum facit habentem, et opus ejus bonum reddit,* ut dicitur in 2 Ethic., cap. 6 : unde actus oppositi sunt actus mali. Ergo actus humanus ex hoc quòd est bonus vel malus, habet rationem laudabilis vel culpabilis.

Respondeo dicendum quòd sicut *malum* est in plus quàm peccatum, ita peccatum est in plus quàm culpa; ex hoc enim dicitur actus culpabilis vel laudabilis, quòd imputatur agenti; nihil enim est aliud laudari vel culpari, quàm imputari alicui malitiam vel bonitatem sui actûs. Tunc autem (1) actus imputatur agenti, quando est in potestate ipsius ita quòd habeat dominium sui actûs.

Hoc autem est in omnibus actibus voluntariis, quia per voluntatem homo dominium sui actûs habet, ut ex supra dictis patet, quæst. 1, art. 1 et 2. Unde relinquitur quòd *bonum* vel *malum* in solis actibus voluntariis constituit rationem laudis vel culpæ, in qui-

bus idem est *malum, peccatum* et *culpa.*

Ad primum ergo dicendum quòd actus naturales non sunt in potestate naturalis agentis, cùm natura sit determinata ad unum; et ideò, licèt in actibus naturalibus sit peccatum, non tamen est ibi culpa.

Ad secundum dicendum quòd ratio aliter se habet in artificialibus, et aliter in moralibus; in artificialibus enim ratio ordinatur ad finem particularem, quod est aliquid per rationem excogitatum; in moralibus autem ordinatur ad finem communem totius humanæ vitæ. Finis autem particularis ordinatur ad finem communem. Cùm autem peccatum sit per deviationem ab ordine ad finem, ut dictum est, art. 1 hujus quæst., in actu artis contingit esse peccatum : uno modo per deviationem à fine particulari intento ab artifice, et hoc peccatum erit proprium arti, putà si artifex intendens facere bonum opus, faciat malum, vel intendens facere malum, faciat bonum; alio modo per deviationem à fine communi humanæ vitæ, et hoc modo dicetur peccare, si intendat facere malum opus, et faciat, per quod alius decipiatur (1). Sed hoc peccatum non est proprium artificis, in quantum artifex, sed in quantum homo est. Unde ex primo peccato culpatur artifex in quantum artifex; sed ex secundo culpatur homo, in quantum homo. Sed in moralibus, ubi attenditur ordo rationis ad finem communem humanæ vitæ, semper peccatum et malum attenditur per deviationem ab ordine rationis ad finem communem humanæ vitæ; et ideò culpatur ex tali peccato homo, et in quantum est homo, et in quantum moralis est. Unde Philosophus dicit in 6 Ethic., cap. 5, circ. fin., quòd *in arte volens autem minùs; eligibilior, circa prudentiam peccans est* sicut et in virtutibus moralibus, quarum prudentia est directiva.

Ad tertium dicendum quòd illa infirmitas quæ est in malis voluntariis, subjacet potestati hominis; et ideò nec tollit nec diminuit rationem culpæ.

ARTICULUS III. — *Utrùm actus humanus, in quantum est bonus vel malus, habeat rationem meriti vel demeriti.* — (2, dist. 40, art. 5, et 4, dist. 16, quæst. 3, art. 1, ad 1, et Mal. quæst. 2, art. 2, ad 3.)

Ad tertium sic proceditur. 1. Videtur quòd actus humanus non habeat rationem meriti vel demeriti propter suam bonitatem vel malitiam. Meritum enim et demeritum dicitur per ordinem ad retributionem, quæ locum solùm habet in his quæ ad alterum sunt. Sed non omnes actus humani boni vel mali sunt ad alterum, sed quidam sunt ad seipsum. Ergo non omnis actus humanus bonus vel malus habet rationem meriti vel demeriti.

2. Præterea, nullus meretur pœnam vel præmium ex hoc quòd disponit ut vult de eo cujus est dominus; sicut si homo destruat rem suam, non punitur sicut si destrueret

(1) Ita codd. Alcan. et Tarrac. atque editi passim. Editi Rom. : *Etiamsi intendat facere malum opus, et faciat per hoc ut alius decipiatur.*

rem alterius. Sed homo est dominus suorum actuum. Ergo ex hoc quòd benè vel malè disponit de suo actu, non meretur pœnam vel præmium.

3. Præterea, ex hoc quòd aliquis sibi ipsi acquirit bonum, non meretur ut ei benè fiat ab alio, et eadem ratio est de malis. Sed ipse actus bonus est quoddam bonum, et perfectio agentis; actus autem inordinatus est quoddam malum ipsius. Non ergo ex hoc quòd homo facit malum actum, vel bonum, meretur, vel demereretur.

Sed contra est quod dicitur Isa. 3, 10 : *Dicite justo, quoniam benè, quoniam fructum adinventionum suarum comedet. Væ impio in malum, retributio enim manuum ejus fiet ei.*

Respondeo dicendum quòd *meritum* et *demeritum* dicuntur in ordine ad retributionem, quæ fit secundùm justitiam. Retributio autem secundùm justitiam fit alicui ex eo quòd agit in profectum vel nocumentum alterius.

Est autem considerandum quòd unusquisque in aliquâ societate vivens, est aliquo modo pars et membrum totius societatis. Quicumque ergo agit aliquid in bonum, vel malum alicujus in societate existentis, hoc redundat in totam societatem; sicut qui lædit manum, per consequens lædit hominem. Cùm ergo aliquis agit in bonum vel malum alterius singularis personæ, cadit ibi dupliciter ratio meriti vel demeriti; uno modo, secundùm quòd debetur ei retributio à singulari persona, quam juvat vel offendit; alio modo, secundùm quòd debetur ei retributio à toto collegio.

Quando verò aliquis ordinat actum suum directè in bonum vel malum totius collegii, debetur ei retributio primò quidem et principaliter à toto collegio, secundariò verò ab omnibus collegii partibus.

Cùm verò aliquis agit quod in bonum proprium vel malum vergit, etiam debetur ei retributio, in quantum etiam hoc vergit in commune, secundùm quòd ipse est pars collegii; licèt non debeatur ei retributio, in quantum est bonum vel malum singularis personæ, quæ est eadem agenti, nisi forte à seipso, secundùm quamdam similitudinem, prout est justitia hominis ad seipsum.

Sic igitur patet quòd actus bonus vel malus habet rationem laudabilis vel culpabilis, secundùm quòd est in potestate voluntatis; rationem verò rectitudinis et peccati secundùm ordinem ad finem; rationem verò meriti et demeriti secundùm retributionem justitiæ ad alterum.

Ad primum ergo dicendum quòd quandoque actus hominis boni vel mali, licèt non ordinentur ad bonum vel malum alterius singularis personæ, tamen ordinantur ad bonum vel ad malum alterius, quod est ipsa communitas.

Ad secundum dicendum quòd homo, qui habet dominium sui actûs, ipse etiam, in quantum est alterius, scilicet communitatis, cujus est pars, meretur aliquid vel demeretur, in quantum actus suos benè vel malè disponit; sicut etiam si alia sua, de quibus

communitati servire debet, benè vel malè dispensat.

Ad tertium dicendum quòd hoc ipsum bonum vel malum quod aliquis sibi facit per suum actum, redundat in communitatem, ut dictum est in corp. art.

ARTICULUS IV. — *Utrùm actus humanus, in quantum est bonus vel malus, habeat rationem meriti vel demeriti apud Deum.* — (*Heb.* 6, *lect.* 3.)

Ad quartum sic proceditur. 1. Videtur quòd actus hominis bonus vel malus non habeat rationem meriti vel demeriti per comparationem ad Deum, quia, ut dictum est art. præc., meritum et demeritum importat ordinem ad recompensationem profectûs vel damni ad alterum illati. Sed bonus actus hominis vel malus non cedit in aliquem profectum vel damnum ipsius Dei; dicitur enim Job. 35, 6 : *Si peccaveris, quid ei nocebis ?.... Porrò si justè egeris, quid donabis ei ?* Ergo actus hominis bonus vel malus non habet rationem meriti vel demeriti apud Deum.

2. Præterea, instrumentum nihil meretur vel demeretur apud eum qui utitur instrumento, quia tota actio instrumenti est utentis ipso. Sed homo in agendo est instrumentum divinæ virtutis principaliter ipsum moventis : unde dicitur Isa. 10, 15 : *Numquid gloriabitur securis contra eum qui secat in eâ ? aut exaltabitur serra contra eum à quo trahitur ?* ubi manifestè hominem agentem comparat instrumento. Ergo homo (1), benè agendo vel malè, non meretur vel demeretur apud Deum.

3. Præterea, actus humanus habet rationem meriti vel demeriti, in quantum ordinatur ad alterum. Sed non omnis actus humanus ordinatur ad Deum. Ergo non omnes actus boni vel mali habent rationem meriti vel demeriti apud Deum.

Sed contra est quod dicitur Eccle. ult., 14 : *Cuncta quæ fiunt adducet Deus in judicium, sive bonum sive malum.* Sed judicium importat retributionem, respectu cujus meritum vel demeritum dicitur. Ergo omnis actus hominis bonus vel malus habet rationem meriti vel demeriti apud Deum.

Respondeo dicendum quòd, sicut dictum est art. præc., actus alicujus hominis habet rationem meriti vel demeriti, secundùm quòd ordinatur ad alterum vel ratione ejus, vel ratione communitatis.

Utroque autem modo actus nostri boni vel mali habent rationem meriti vel demeriti apud Deum. Ratione quidem ipsius, in quantum est ultimus hominis finis; est autem debitum ut ad finem ultimum omnes actus referantur, ut supra habitum est, quæst. 19, art. 10, unde qui facit actum malum non referibilem in Deum, non servat honorem Dei, qui ultimo fini debetur. Ex parte verò totius communitatis universi, quia in quâlibet communitate ille qui regit communitatem, præcipuè habet curam boni communis; unde ad eum pertinet retribuere pro his quæ benè vel malè fiunt in communitate. Est autem

(1) Al. deest *homo.*

Deus gubernator et rector totius universi, sicut in primo habitum est, quæst. 103, art. 6, et specialiter rationalium creaturarum.

Unde manifestum est quòd actus humani habent rationem meriti vel demeriti per comparationem ad ipsum; alioquin sequeretur quòd Deus non haberet curam de actibus humanis.

Ad primum ergo dicendum quòd per actum hominis Deo secundùm se nihil potest accrescere vel deperire; sed tamen homo, in quantum in se est, aliquid subtrahit Deo, vel ei exhibet, cùm servat vel non servat ordinem quem Deus instituit.

Ad secundum dicendum quòd homo sic movetur à Deo ut instrumentum, quod tamen non excluditur (1) quin moveat seipsum per liberum arbitrium, ut ex supradictis patet, quæst. 10, art. 4, et ideò per suum actum meretur vel demeretur apud Deum.

Ad tertium dicendum quòd homo non ordinatur ad communitatem politicam secundùm se totum, et secundùm omnia sua; et ideò non oportet quòd quilibet actus ejus sit meritorius vel demeritorius per ordinem ad communitatem politicam. Sed totum quod homo est, et quod potest et habet, ordinandum est ad Deum; et ideò omnis actus hominis bonus vel malus habet rationem meriti vel demeriti apud Deum, quantùm est ex ipsâ ratione actus.

QUÆSTIO XXII.

De subjecto passionum animæ. — (*In tres articulos divisa.*)

Post hoc considerandum est de passionibus animæ, et primò in generali; secundò in speciali. In generali autem quatuor occurrunt circa eas consideranda : primò quidem de subjecto earum; secundò de differentiâ earum; tertiò de comparatione earum ad invicem; quartò de malitiâ et bonitate ipsarum.

Circa primum quæruntur tria : 1° utrùm aliqua passio sit in animâ; 2° utrùm magis in parte appetitivâ quàm in apprehensivâ; 3° utrùm magis sit in appetitu sensitivo quàm intellectivo, qui dicitur voluntas.

Articulus primus. — *Utrùm aliqua passio sit in animâ.* — (3, dist. 15, quæst. 11, art. 1, et Ver. quæst. 26, art. 1, et 1, corp.)

Ad primum sic proceditur. 1. Videtur quòd nulla passio sit in animâ. Pati enim est proprium materiæ. Sed anima non est composita ex materiâ et formâ, ut in primo habitum est, quæst. 75, art. 5. Ergo nulla passio est in animâ.

2. Præterea, passio est motus, ut dicitur in 3 Physic., text. 19 et seq. Sed anima non movetur, ut probatur in 1 de Animâ, text. 36 et seq. Ergo passio non est in animâ.

3. Præterea, passio est via in corruptionem : nam *omnis passio magis facta abjicit à substantiâ*, ut dicitur in lib. 6 Topic., cap. 2, in explic. loci 19. Sed anima est incorruptibilis. Ergo nulla passio est in animâ.

(1) Al., *excludit*.

Sed contra est quod Apostolus dicit ad Rom. 7, 5 : *Cùm essemus in carne, passiones peccatorum, quæ per legem erant, operabantur in membris nostris.* Peccata autem sunt propriè in animâ. Ergo et *passiones*, quæ dicuntur *peccatorum*, sunt in animâ.

Respondeo dicendum quòd pati dicitur tripliciter : uno modo communiter, secundùm quòd omne *recipere* est *pati*, etiamsi nihil abjiciatur à re, sicut si dicatur aerem pati, quando illuminatur; hoc autem magis est perfici quàm pati. Alio modo dicitur propriè pati, quando aliquid recipitur cum alterius abjectione. Sed hoc contingit dupliciter : quandoque enim abjicitur id quod non est conveniens rei; sicut cùm corpus animalis sanatur, dicitur pati, quia recipit sanitatem ægritudine abjectâ. Alio modo, quando è converso contingit, sicut ægrotare dicitur pati, quia recipitur infirmitas, sanitate abjectâ. Et hic est propriissimus modus passionis. Nam pati dicitur ex eo quòd aliquid trahitur ad agentem; quod autem recedit ab eo quod est sibi conveniens, maximè videtur ad aliud trahi. Et similiter in 1 de Generatione, text. 18, dicitur, quòd quando ex ignobiliori generatur nobilius, est *generatio simpliciter*, et corruptio secundùm quid; è converso autem quando ex nobiliori ignobilius generatur.

Et his tribus modis contingit esse in animâ passionem. Nam secundùm receptionem tantùm dicitur quòd sentire et intelligere est quoddam *pati*. Passio autem cum abjectione non est nisi secundùm transmutationem corporalem : unde passio propriè dicta non potest competere animæ nisi per accidens, in quantum scilicet compositum patitur. Sed in hoc est diversitas : nam quando hujusmodi transmutatio fit in deterius, magis propriè habet rationem passionis, quàm quando fit in melius, unde tristitia magis propriè est passio quàm lætitia.

Ad primum ergo dicendum quòd *pati*, secundum quòd est cum abjectione et transmutatione, proprium est materiæ; unde non invenitur nisi in compositis ex materiâ et formâ. Sed *pati*, prout importat receptionem solam, non est necessarium quòd sit materiæ, sed potest esse cujuscumque existentis in potentiâ. Anima autem, et si non sit composita ex materiâ et formâ, habet tamen aliquid potentialitatis, secundùm quam convenit sibi recipere, et secundùm quod intelligere *pati* est, ut dicitur in 3 de Animâ, text. 2.

Ad secundum dicendum quòd pati et moveri, etsi non conveniat animæ per se, convenit tamen ei per accidens, ut in 1 de Animâ, loc. cit. in arg., dicitur.

Ad tertium dicendum quòd ratio illa procedit de passione quæ est cum transmutatione ad deterius; et hujusmodi passio animæ convenire non potest nisi per accidens; per se autem convenit composito, quod est corruptibile.

Articulus ii. — *Utrùm passio magis sit in parte appetitivâ quàm in apprehensivâ.* — (*Inf.*, quæst. 41, art. 1, corp., et 3, quæst. 15, art. 4, corp., et Ver. quæst. 26, art. 3, *corp.*, *et ad* 18, *et Div. cap.* 2, *lect.* 5, *et* 2 *Ethic.*, *lect.* 6, *fin.*)

Ad .secundum sic proceditur. 1. Videtur quòd passio magis sit in parte animæ apprehensivâ quàm in parte appetitivâ. *Quod enim est primum in quolibet genere, videtur esse maximum illorum quæ sunt in genere illo, et causa aliorum*, ut dicitur in 2 Metaph., text. 4. Sed passio priùs invenitur in parte apprehensivâ quàm in parte appetitivâ; non enim patitur pars appetitiva, nisi passione præcedente in parte apprehensivâ. Ergo passio est magis in parte apprehensivâ quàm in parte appetitivâ.

2. Præterea, quod est magis activum, videtur esse minùs passivum; actio enim passioni opponitur. Sed pars appetitiva est magis activa quàm pars apprehensiva. Ergo videtur quòd in parte apprehensivâ magis sit passio.

3. Præterea, sicut appetitus sensitivus est virtus in organo corporali, ita et vis apprehensiva sensitiva. Sed passio animæ fit propriè loquendo secundùm transmutationem corporalem. Ergo non magis est passio in parte appetitivâ sensitivâ quàm in apprehensivâ sensitivâ.

Sed contra est quod Augustinus dicit in 9 de Civ. Dei, cap. 4, in princ., quòd *motus animi quos Græci* πάθη, *nostri autem, sicut Cicero, perturbationes, quidam affectiones vel affectus, quidam verò, sicut in Græco habetur, expressiùs passiones vocant*. Ex quo patet quòd passiones animæ sunt idem quod affectiones. Sed affectiones manifestè pertinent ad partem appetitivam, et non ad apprehensivam. Ergo et passiones magis sunt in appetitivâ quàm in apprehensivâ.

Respondeo dicendum quòd, sicut jam dictum est, art. præc., nomine passionis importatur quòd patiens trahatur ad id quod est agentis. Magis autem trahitur anima ad rem per vim appetitivam, quàm per vim apprehensivam. Nam per vim appetitivam anima habet ordinem ad ipsas res, prout in seipsis sunt; unde Philosophus dicit in 6 Metaph., text. 8, quòd *bonum* et *malum, quæ sunt objecta appetitivæ potentiæ, sunt in ipsis rebus*. Vis autem apprehensiva non trahitur ad rem, secundùm quod in seipsâ est; sed cognoscit eam secundùm intentionem rei quam in se habet vel recipit secundùm proprium modum (1) : unde et ibidem dicitur, quòd *verum et falsum, quæ ad cognitionem pertinent, non sunt in rebus, sed in mente*. Unde patet quòd ratio passionis magis invenitur in parte appetitivâ quàm in parte apprehensivâ.

Ad primum ergo dicendum quòd intensio (2) è converso se habet in his quæ pertinent ad perfectionem, et in his quæ pertinent ad defectum. Nam in his quæ ad perfectionem pertinent, attenditur intensio per accessum ad unum primum principium; cui quantò

est aliquid propinquius, tantò est magis intensum; sicut intensio lucidi attenditur per accessum ad aliquid summè lucidum; cui quantò aliquid magis appropinquat, tantò est magis lucidum. Sed in his quæ ad defectum pertinent, attenditur intensio, non per accessum ad aliquod summum, sed per recessum à perfecto, quia in hoc ratio privationis et defectûs consistit; et ideò quantò magis recedit à primo, tantò est minùs intensum; et propter hoc in principio semper invenitur parvus defectus, qui postea procedendo magis multiplicatur. Passio autem ad defectum pertinet, quia est alicujus, secundùm quòd est in potentiâ. Unde in his quæ appropinquant primo perfecto, scilicet Deo, invenitur parùm de ratione potentiæ et passionis; in aliis autem consequenter plus : et sic etiam in priori vi animæ, scilicet apprehensivâ, invenitur minùs de ratione passionis.

Ad secundum dicendum quòd vis appetitiva dicitur esse magis activa, quia est magis principium exterioris actûs; et hoc habet ex hoc ipso ex quo habet quòd sit magis passiva, scilicet ex hoc quòd habet ordinem ad rem, prout in seipsâ; per actionem enim exteriorem venimus ad consequendas res.

Ad tertium dicendum quòd, sicut in 1 dictum est, quæst. 78, art. 3, dupliciter organum animæ potest transmutari : uno modo transmutatione spirituali, secundùm quòd recipit intentionem rei; et hoc per se invenitur in actu apprehensivæ virtutis sensitivæ; sicut oculus immutatur à visibili, non ita quòd coloretur, sed ita quòd recipiat intentionem coloris. Est autem et alia naturalis transmutatio organi, prout organum transmutatur quantùm ad suam naturalem dispositionem, putà quòd calefit, aut infrigidatur, vel alio modo simili transmutatur; et hujusmodi transmutatio per accidens se habet ad actum apprehensivæ virtutis sensitivæ, putà cùm oculus fatigatur ex forti intuitu, vel dissolvitur ex vehementiâ visibilis. Sed ad actum appetitûs sensitivi per se ordinatur hujusmodi transmutatio : unde in definitione motuum appetitivæ partis materialiter ponitur aliqua naturalis transmutatio organi, sicut dicitur, quòd ira est *accensio sanguinis circa cor*. Unde patet quòd ratio passionis magis invenitur in actu sensitivæ virtutis appetivæ, quàm in actu sensitivæ virtutis apprehensivæ, licèt utraque sit actus organi corporalis.

ARTICULUS III. — *Utrùm passio sit magis in appetitu sensitivo, quàm intellectivo qui dicitur voluntas.*

Ad tertium sic proceditur. 1. Videtur quòd passio non magis sit in appetitu sensitivo quàm in appetitu intellectivo. Dicit enim Dionysius 2 cap. de div. Nom., part. 1, lect. 4, quòd *Hierotheus ex quâdam est doctus diviniore inspiratione, non solùm discens, sed etiam patiens divina*. Sed passio divinorum non potest pertinere ad appetitum sensitivum, cujus objectum est bonum sensibile. Ergo passio est in appetitu intellectivo, sicut et in sensitivo.

2. Præterea, quantò activum est potentius

---

(1) Al., *motum*.
(2) Ita Garcia cum editis posterioribus. In cod. Alcan. et edit. Rom. deest *intensio*. Al., *intentio*, perperam.

tantò passio est fortior. Sed objectum appetitûs intellectivi, quod est bonum universale, est potentius activum quàm objectum appetitûs sensitivi, quod est particulare bonum. Ergo ratio passionis magis invenitur in appetitu intellectivo quàm in appetitu sensitivo.

3. Præterea, gaudium et amor passiones quædam esse dicuntur. Sed hæc inveniuntur in appetitu intellectivo, et non solùm in sensitivo; alioquin non attribuerentur in Scripturis Deo et Angelis. Ergo passiones non magis sunt in appetitu sensitivo quàm in intellectivo.

Sed contra est quod dicit Damascenus in 2 lib. orth. Fid., cap. 22, describens animales passiones : *Passio est motus appetitivæ virtutis sensibilis in imaginatione boni vel mali; et* aliter : *Passio est motus irrationalis animæ per suspicionem* (1) *boni et mali.*

Respondeo dicendum quòd, sicut jam dictum est, art. 1 hujus quæst., et art. 2, ad 3, passio propriè invenitur ubi est transmutatio corporalis, quæ quidem invenitur in actibus appetitûs sensitivi; et non solùm spiritualis, sicut est in apprehensione sensitivâ, sed etiam naturalis. In actu autem appetitûs intellectivi non requiritur aliqua transmutatio corporalis, quia hujusmodi appetitus non est virtus alicujus organi. Unde patet quòd ratio passionis magis propriè invenitur in actu appetitûs sensitivi quàm intellectivi, ut etiam patet per definitiones Damasceni inductas, in arg. *Sed cont.*

Ad primum ergo dicendum quòd *passio divinorum* ibi dicitur affectio ad divina, et conjunctio ad ipsa per amorem; quod tamen fit sine transmutatione corporali.

Ad secundum dicendum quòd magnitudo passionis non solùm dependet ex virtute agentis, sed etiam ex passibilitate patientis, quia quæ sunt benè passibilia, multùm patiuntur etiam à parvis activis. Licèt ergo objectum appetitûs intellectivi sit magis activum quàm objectum appetitûs sensitivi, tamen appetitus sensitivus est magis passivus.

Ad tertium dicendum quòd amor, et gaudium, et alia hujusmodi, cùm attribuuntur Deo, vel Angelis, aut hominibus secundùm appetitum intellectivum, significant simplicem actum voluntatis cum similitudine effectûs absque passione. Unde dicit Augustinus, 9 de Civ. Dei, cap. 5, in fin. : *Sancti Angeli et sine irâ puniunt, et sine miseriæ compassione subveniunt; et tamen istarum nomina passionum consuetudine locutionis humanæ etiam in eos usurpantur, propter quamdam operum similitudinem, non propter affectionum infirmitatem.*

QUÆSTIO XXIII.

De differentia passionum ab invicem. — (*In quatuor articulos divisa.*)

Deinde considerandum est de passionum differentiâ ab invicem; et circa hoc quærun-

tur quatuor : 1° utrùm passiones quæ sunt in concupiscibili sint diversæ ab his quæ sunt in irascibili ; 2° utrùm contrarietates passionum irascibilis sint secundùm contrarietatem boni et mali ; 3° utrùm sit aliqua passio non habens contrarium ; 4 utrùm sint aliquæ passiones differentes specie in eâdem potentiâ, non contrariæ ad invicem.

Articulus primus. — *Utrùm passiones quæ sunt in concupiscibili, sint diversæ ab his quæ sunt in irascibili.* — (*Ver. quæst. 26, art. 4.*)

Ad primum sic proceditur. 1. Videtur quòd passiones eædem sint in irascibili et in concupiscibili. Dicit enim Philosophus in 2 Ethic., cap. 5, circ. princ., quòd passiones animæ sunt quas sequitur gaudium et tristitia. Sed gaudium et tristitia sunt in concupiscibili. Ergo omnes passiones sunt in concupiscibili; non ergo sunt aliæ in irascibili et aliæ in concupiscibili.

2. Præterea, Matth. 13, super illud : *Simile est regnum cælorum fermento*, etc., dicit Glossa (ordinaria Hieronymi) : *In ratione possideamus prudentiam, in irascibili odium vitiorum, in concupiscibili desiderium virtutum.* Sed odium est in concupiscibili, sicut et amor, qui contrariatur, ut dicitur in 2 Topic., cap. 3, loc. 25. Ergo eadem passio est in concupiscibili et irascibili.

3. Præterea, passiones et actus differunt specie secundùm objecta. Sed passionum irascibilis et concupiscibilis eadem objecta sunt, scilicet *bonum* et *malum.* Ergo eædem passiones sunt irascibilis et concupiscibilis.

Sed contra, diversarum potentiarum actus sunt specie diversi, sicut videre et audire. Sed irascibilis et concupiscibilis sunt duæ potentiæ dividentes appetitum sensitivum, ut in primo dictum est, quæst. 81, art. 2. Ergo cùm passiones sint motus appetitûs sensitivi, ut supra dictum est, quæst. 22, art 2, passiones quæ sunt in irascibili, erunt aliæ secundùm speciem à passionibus quæ sunt in concupiscibili.

Respondeo dicendum quòd passiones quæ sunt in irascibili et in concupiscibili differunt specie. Cùm enim diversæ potentiæ habeant diversa objecta, ut in primo dictum est, quæst. 77, art. 3, necesse est quòd passiones diversarum potentiarum ad diversa objecta referantur. Unde multò magis passiones diversarum potentiarum specie differunt; major enim differentia objecti requiritur ad diversificandam speciem potentiarum quàm ad diversificandam speciem passionum vel actuum.

Sicut enim in naturalibus diversitas generis consequitur diversitatem potentiæ materiæ, diversitas autem speciei diversitatem formæ in eâdem materiâ, ita in actibus animæ actus ad diversas potentias pertinentes sunt non solùm specie, sed etiam genere diversi; actus autem vel passiones respicientes diversa objecta specialia comprehensa sub uno communi objecto unius potentiæ, differunt sicut species illius generis.

Ad cognoscendum ergo quæ passiones sunt in irascibili et quæ in concupiscibili, oportet assumere objectum utriusque potentiæ. Dictum est autem in primo, quæst. 81, art. 2, quòd objectum potentiæ concupiscibilis est *bonum* vel *malum* sensibile simpliciter acceptum, quòd est delectabile vel dolorosum. Sed quia necesse est quòd interdùm anima difficultatem vel pugnam patiatur in adipiscendo aliquod hujusmodi bonum, vel fugiendo aliquod hujusmodi malum, in quantum hoc est quodammodò elevatum supra facilem potestatem animalis, ideò ipsum *bonum* vel *malum*, secundùm quòd habet rationem ardui vel difficilis, est objectum irascibilis. Quæcumque ergo passiones respiciunt absolutè *bonum* vel *malum*, pertinent ad concupiscibilem, ut gaudium, tristitia, amor, odium, et similia; quæcumque verò passiones respiciunt *bonum* vel *malum* sub ratione ardui, prout est aliquod adipiscibile vel fugibile cum aliquâ difficultate, pertinent ad irascibilem, ut audacia et timor, spes et hujusmodi.

Ad primum ergo dicendum quòd, sicut in primo dictum est, quæst. 81, art. 2, ad hoc vis irascibilis data est animalibus ut tollantur impedimenta quibus concupiscibilis in suum objectum tendere prohibetur, vel propter difficultatem boni adipiscendi, vel propter difficultatem mali superandi. Et ideò passiones irascibilis omnes terminantur ad passiones concupiscibilis; et secundùm hoc etiam passiones quæ sunt in irascibili, consequuntur gaudium et tristitia (1), quæ sunt in concupiscibili.

Ad secundùm dicendum quòd odium vitiorum attribuit Hieronymus irascibili, non propter rationem odii, quæ propriè competit concupiscibili, sed propter impugnationem, quæ pertinet ad irascibilem.

Ad tertium dicendum quòd bonum in quantum est delectabile, movet concupiscibilem; sed si bonum habeat quamdam difficultatem ad adipiscendum, ex hoc ipso habet aliquid repugnans concupiscibili. Et ideò necessarium fuit esse aliam potentiam quæ in id tenderet; et ratio est eadem de malis; et hæc potentia est irascibilis. Unde ex consequentii passiones (2) concupiscibilis et irascibilis specie differunt.

ARTICULUS II.—*Utrùm contrarietas passionum irascibilis sit secundùm contrarietatem boni et mali.*—(*Inf.*, *quæst.* 40, *art.* 4, *et quæst.* 45, *art.* 1, 2, *et* 3, *dist.* 26, *quæst.* 1, *art.* 3, *corp.*, *et Ver.* *quæst.* 26, *art.* 4.)

Ad secundum sic proceditur. 1. Videtur quòd contrarietas passionum irascibilis non sit nisi secundùm contrarietatem *boni* et *mali*. Passiones enim irascibilis ordinantur ad passiones concupiscibilis, ut dictum est art. præc., ad 1. Sed passiones concupiscibilis non contrariantur nisi secundùm contrarietatem *boni* et *mali*, sicut amor et odium, gaudium et tristitia. Ergo nec passiones irascibilis.

2. Præterea, passiones differunt secundùm

objecta, sicut et motus secundùm terminos. Sed contrarietas non est in motibus, nisi secundùm contrarietatem terminorum, ut patet in 5 Physic., text. 49. Ergo neque in passionibus est contrarietas passionum nisi secundùm contrarietatem objectorum. Objectum autem appetitûs est *bonum* vel *malum*. Ergo in nullâ potentiâ appetitivâ potest esse contrarietas passionum nisi secundùm contrarietatem *boni* et *mali*.

3. Præterea, omnis passio animæ attenditur secundùm accessum et recessum, ut Avicenna dicit in 6 de Naturalibus. Sed accessus causatur ex ratione boni, recessus autem ex ratione mali; quia sicut *bonum est quod omnia appetunt*, ut dicitur in 1 Ethic., in princ., ita *malum est quod omnia fugiunt*. Ergo contrarietas in passionibus animæ non potest esse nisi secundùm *bonum* et *malum*.

Sed contra, timor et audacia sunt contraria, ut patet in 3 Ethic., cap. 7. Sed timor et audacia non differunt secundùm *bonum* et *malum*, quia utrumque est respectu aliquorum malorum. Ergo non omnis contrarietas passionum irascibilis est secundùm contrarietatem *boni* et *mali*.

Respondeo dicendum quòd passio quidam motus est, ut dicitur in 3 Physic., text. 19 et seq. Unde oportet contrarietatem passionum accipere secundùm contrarietatem motuum vel mutationum. Est autem duplex contrarietas in mutationibus et motibus, ut dicitur in 5 Physic., text. 47, 48 et 49. Una quidem secundùm accessum et recessum ab eodem termino; quæ quidem contrarietas est propriè mutationum, id est, generationis, quæ est mutatio ad esse, et corruptionis, quæ est mutatio ab esse. Alia autem secundùm contrarietatem terminorum, quæ propriè est contrarietas motuum; sicut dealbatio, quæ est motus à nigro in album, opponitur denigrationi, quæ est motus ab albo in nigrum. Sic igitur in passionibus animæ duplex contrarietas invenitur, una quidem secundùm contrarietatem objectorum scilicet *boni* et *mali*; alia verò secundùm accessum et recessum ab eodem termino.

In passionibus quidem concupiscibilis invenitur prima contrarietas tantùm, quæ scilicet est secundùm objecta; in passionibus autem irascibilis invenitur utraque. Cujus ratio est quia objectum concupiscibilis, ut supra dictum est, art. præc., est *bonum* vel *malum sensibile* absolutè. Bonum autem, in quantum bonum, non potest esse terminus ut *à quo*, sed solùm ut *ad quem*, quia nihil refugit bonum, in quantum bonum, sed omnia appetunt ipsum; similiter nihil appetit malum, in quantum hujusmodi, sed omnia fugiunt ipsum; et propter hoc malum non habet rationem termini *ad quem*, sed solùm termini *à quo*. Sic igitur omnis passio concupiscibilis respectu boni, est *ut in ipsum*, sicut amor, desiderium et gaudium; omnis verò passio respectu mali est *ut ab ipso* (1), sicut

---

(1) Ita edit. Rom., *consequuntur gaudium et tristitiam*.

(2) Edit. Rom., *species*, ut habebat cod. Alcan. primâ manu; at substitutum est ibidem *passiones*, ut passim legitur.

(1) Ita codd. et editi passim. Edit. Rom., *est ab ipsâ*.

odium, fuga, seu abominatio, et tristitia. Unde in passionibus concupiscibilis non potest esse contrarietas secundùm accessum et recessum ab eodem objecto. Sed objectum irascibilis est *sensible bonum* vel *malum*, non quidem absolutè, sed sub ratione difficultatis vel arduitatis, ut supra dictum est, art. præc. Bonum autem arduum sive difficile habet rationem ut in ipsum tendatur, in quantum est bonum, quod pertinet ad passionem spei; et ut ab ipso recedatur, in quantum est arduum et difficile, quod pertinet ad passionem desperationis. Similiter malum arduum habet rationem, ut videtur, in quantum est malum; et hoc pertinet ad passionem timoris. Habet etiam rationem ut in ipsum tendatur, sicut in quoddam arduum, per quod scilicet aliquid evadit subjectionem mali; et sic tendit in ipsum audacia.

Invenitur ergo in passionibus irascibilis contrarietas secundùm contrarietatem *boni* et *mali*, sicut inter spem et timorem; et iterùm secundùm accessum et recessum ab eodem termino, sicut inter audaciam et timorem.

Et per hoc patet responsio ad objecta.

ARTICULUS III. — *Utrùm sit aliqua passio animæ non habens contrarium.*

Ad tertium sic proceditur. 1. Videtur quòd omnis passio animæ habeat aliquod contrarium. Omnis enim passio animæ vel est in irascibili, vel in concupiscibili, sicut supra dictum est, art. præc. Sed utræque passiones habent contrarietatem suo modo. Ergo omnis passio animæ habet contrarium.

2. Præterea, omnis passio animæ habet *bonum* vel *malum* pro objecto; quæ sunt objecta universaliter appetitivæ partis. Sed passioni cujus objectum est *bonum*, opponitur passio cujus objectum est *malum*. Ergo omnis passio habet contrarium.

3. Præterea, omnis passio animæ est secundùm accessum vel secundùm recessum, ut dictum est art. præc. Sed cuilibet accessui contrariatur recessus, et è converso. Ergo omnis passio animæ habet contrarium.

Sed contra, ira est quædam passio animæ. Sed nulla passio contraria ponitur iræ, ut patet in 4 Ethic., cap. 5, parùm à princ. Ergo non omnis passio habet contrarium.

Respondeo dicendum quòd singulare est in passione iræ quòd non potest habere contrarium neque secundùm accessum et recessum, neque secundùm contrarietatem boni et mali. Causatur enim ira ex malo difficili jam injacente; ad cujus præsentiam necesse est quòd aut appetitus succumbat, et sic non exit terminos tristitiæ, quæ est passio concupiscibilis; aut habet motum ad invadendum malum læsivum, quod pertinet ad iram; motum autem ad fugiendum habere non potest, quia jam malum ponitur præsens vel præteritum; et sic motui iræ non contrariatur aliqua passio secundùm contrarietatem accessûs et recessûs. Similiter etiam nec secundùm contrarietatem boni et mali, quia malo jam injacenti opponitur bonum jam adeptum, quòd jam non potest habere ratio-

nem ardui vel difficilis; nec post adeptionem boni remanet alius motus, nisi quietatio appetitûs in bono adepto, quæ pertinet ad gaudium, quod est passio concupiscibilis. Unde motus iræ non potest habere aliquem motum animæ contrarium; sed solummodò opponitur ei cessatio à motu, sicut Philosophus dicit in suâ Rhetoricâ, lib. 2, cap. 3, in princ., quòd *mitescere opponitur ei quod est irasci*; quod non est oppositum contrariè, sed negativè vel privativè.

Et per hoc patet responsio ad objecta.

ARTICULUS IV. — *Utrùm sint aliquæ passiones differentes specie in eâdem potentiâ non contrariæ ad invicem.* — (*Inf., quæst.* 15, *art.* 3 *et* 4, *corp., et* 2 *Ethic., lect.* 5.)

Ad quartum sic proceditur. 1. Videtur quòd non possint in aliquâ potentiâ esse passiones specie differentes, et non contrariæ ad invicem. Passiones enim animæ differunt secundùm objecta. Objecta autem passionum animæ sunt *bonum* et *malum*, secundùm quorum differentiam passiones habent contrarietatem. Ergo nullæ passiones ejusdem potentiæ non habentes contrarietatem ad invicem differunt specie.

2. Præterea, differentia speciei est differentia secundùm formam. Sed omnis differentia secundùm formam est secundùm aliquam contrarietatem, ut dicitur in 10 Metaph., text. 24. Ergo passiones ejusdem potentiæ quæ non sunt contrariæ, non differunt specie.

3. Præterea, cùm omnis passio animæ consistat in accessu vel recessu ad *bonum* vel *malum*, necesse videtur quòd omnis differentia passionum animæ sit vel secundùm differentiam boni et mali, vel secundùm differentiam accessûs et recessûs, vel secundùm majorem vel minorem accessum et recessum (1). Sed primæ duæ differentiæ inducunt contrarietatem in passionibus animæ, ut dictum est art. 2 hujus qu.; tertia autem differentia non diversificat speciem, quia sic essent infinitæ species passionum animæ. Ergo non potest esse quòd passiones ejusdem potentiæ animæ differant specie, et non sint contrariæ.

Sed contra, amor et gaudium differunt specie, et sunt in concupiscibili; nec tamen contrariantur ad invicem, quin potiùs unum est causa alterius. Ergo sunt aliquæ passiones ejusdem potentiæ quæ differunt specie, nec sunt contrariæ.

Respondeo dicendum quòd passiones differunt secundùm activa, quæ sunt objecta passionum animæ. Differentia autem activorum potest attendi dupliciter : uno modo secundùm speciem vel naturam ipsorum activorum, sicut ignis differt ab aquâ; alio modo secundùm diversam virtutem activam.

Diversitas autem activi vel motivi, quantùm ad virtutem movendi, potest accipi in passionibus animæ secundùm similitudinem agentium naturalium. Omne enim movens

(1) Ita Theologi et posteriores editiones ex cod. Camer. Cod. Alcan. et edit. Rom., *boni vel mali.... accessûs, vel recessûs.... accessum, vel recessum.*

trahit quodammodò ad se patiens, vel à se repellit. Trahendo quidem ad se, tria facit in ipso. Nam primò quidem dat ei inclinationem vel aptitudinem ut in ipsum tendat; sicut cùm corpus leve, quod est sursùm, dat levitatem corpori generato, per quam habet inclinationem, vel aptitudinem ad hoc quòd sit sursùm. Secundò, si corpus generatum est extra locum proprium, dat ei moveri ad locum. Tertiò dat ei quiescere, in locum cùm pervenerit, quia ex eâdem causâ aliquid quiescit in loco per quam movebatur ad locum. Et similiter intelligendum est de causâ repulsionis.

In motibus autem appetitivæ partis, *bonum* habet quasi virtutem attractivam, *malum* autem virtutem repulsivam. Bonum ergo primò in potentiâ appetitivâ causat quamdam inclinationem, seu aptitudinem, seu connaturalitatem ad bonum quod pertinet ad passionem amoris, cui per contrarium respondet odium ex parte mali. Secundò, si bonum sit nondùm habitum, dat ei motum ad assequendum bonum amatum; et hoc pertinet ad passionem desiderii vel concupiscentiæ; et ex opposito ex parte mali est fuga, vel abominatio. Tertiò, cùm adeptum fuerit bonum, dat appetitus quietationem quamdam in ipso bono adepto; et hoc pertinet ad delectationem vel gaudium, cui opponitur ex parte mali dolor vel tristitia.

In passionibus autem irascibilis præsupponitur quidem aptitudo vel inclinatio ad prosequendum bonum vel fugiendum malum ex concupiscibili, quæ absolutè respicit *bonum* vel *malum*; et respectu boni nondùm adepti est spes et desperatio; respectu autem mali nondùm injacentis est timor et audacia; respectu autem boni adepti non est aliqua passio in irascibili, quia jam non habet rationem ardui, ut supra dictum est, art. præc., sed ex malo jam injacenti sequitur passio iræ.

Sic igitur patet quòd in concupiscibili sunt tres conjugationes passionum, scilicet *amor* et *odium, desiderium* et *fuga, gaudium* et *tristitia*. Similiter in irascibili sunt tres: scilicet *spes* et *desperatio, timor* et *audacia*, et *ira*, cui nulla passio opponitur. Sunt ergo omnes passiones specie differentes undecim, sex quidem in concupiscibili, et quinque in irascibili, sub quibus omnes animæ passiones continentur.

Et per hoc patet responsio ad objecta.

QUÆSTIO XXIV.

DE BONO ET MALO IN ANIMÆ PASSIONIBUS. —
(In quatuor articulos divisa.)

Deinde considerandum est de bono et malo circa passiones animæ; circa hoc quæruntur quatuor: 1° utrùm bonum et malum morale possit in passionibus animæ inveniri; 2° utrùm omnis passio animæ sit mala moraliter; 3° utrùm omnis passio addat vel diminuat ad bonitatem vel malitiam actûs; 4° utrùm aliqua passio sit bona vel mala ex suâ specie.

SUMMÆ. II.

ARTICULUS PRIMUS. —*Utrùm bonum et malum morale possit in passionibus animæ inveniri.* — *(Inf., quæst. 59, art. 1, corp., et ad 2, et 2-2, qu. 85, art. 1, ad 1, et 2, dist. 86, art. 2, Mal. qu. 10, art. 1, ad 1, et qu. 12, art. 2, ad 1, et art. 3, corp.)*

Ad primum sic proceditur. 1. Videtur quòd nulla passio animæ sit bona, vel mala moraliter. Bonum enim et malum morale est proprium hominis; *mores* enim *propriè dicuntur humani*, ut Ambrosius dicit super Lucam, in præfat., propè finem. Sed passiones non sunt propriæ hominum, sed sunt etiam aliis animalibus communes. Ergo nulla passio animæ est bona vel mala moraliter.

2. Præterea, *bonum vel malum hominis est secundùm rationem esse, vel præter rationem esse*, ut Dionysius dicit, cap. 4 de div. Nom., part. 4, lect. 21. Sed passiones animæ non sunt in ratione, sed in appetitu sensitivo, ut supra dictum est, quæst. 22, art. 3. Ergo non pertinent (1) ad bonum vel malum hominis, quod est bonum morale.

3. Præterea, Philosophus dicit in 2 Ethic., cap. 5, quòd *passionibus neque laudamur neque vituperamur*. Sed secundùm bona et mala moralia laudamur et vituperamur. Ergo passiones non sunt bonæ vel malæ moraliter.

Sed contra est quod Augustinus dicit in 14 de Civ. Dei, cap. 7, à med., et cap. 9, in princ., de passionibus animæ loquens: *Mala sunt ista, si malus est amor; bona, si bonus.*

Respondeo dicendum quòd passiones animæ dupliciter possunt considerari: uno modo, secundùm se; alio modo, secundùm quòd subjacent imperio rationis et voluntatis.

Si igitur secundùm se considerentur, prout scilicet sunt motus quidam irrationalis appetitûs; sic non est in eis bonum vel malum morale, quod dependet à ratione, ut supra dictum est, qu. 19, art. 3.

Si autem considerentur secundùm quòd subjacent imperio rationis et voluntatis, sic est in eis bonum vel malum morale. Propinquior enim est appetitus sensitivus ipsi rationi et voluntati, quàm membra exteriora; quorum tamen motus et actus sunt boni vel mali moraliter, secundùm quòd sunt voluntarii; unde multò magis et ipsæ passiones, secundùm quòd sunt voluntariæ, possunt dici bonæ vel malæ moraliter.

Dicuntur autem voluntariæ vel ex eo quòd à voluntate imperantur, vel ex eo quòd à voluntate non prohibentur.

Ad primum ergo dicendum quòd istæ passiones secundùm se consideratæ sunt communes hominibus et animalibus aliis; sed secundùm quòd à ratione imperantur, sunt propriæ hominibus.

Ad secundum dicendum quòd etiam inferiores vires appetitivæ dicuntur rationales secundùm quòd participant aliqualiter rationem, ut dicitur in 1 Ethic., cap. 13.

Ad tertium dicendum quòd Philosophus dicit quòd non laudamur aut vituperamur secundùm passiones absolutè consideratas;

(1) Al., *pertinet.*

sed non removet quin possint fieri laudabiles vel vituperabiles, secundùm quòd à ratione ordinantur, unde subdit : *Non enim laudatur aut vituperatur qui timet aut irascitur, sed qui aliqualiter*, id est, secundùm rationem vel præter rationem.

ARTICULUS II. — *Utrùm omnis passio animæ sit mala moraliter.*—(*Infra, quæst. 59, art. 2 et 3, et 2-2, qu. 123, art. 10, corp., et Mal. qu. 2, art. 1, corp., et 1 Ethic., lect. 16, et 2, lect. 3, et 7 Phys., lect. 6.*)

Ad secundum sic proceditur. 1. Videtur quòd omnes passiones animæ sunt malæ moraliter. Dicit enim Augustinus 9 de Civ. Dei, cap. 4, in princ., et lib. 14, cap. 8, quòd *passiones animæ quidam vocant morbos vel perturbationes animæ.* Sed omnis morbus vel perturbatio animæ est aliquid malum moraliter. Ergo omnis passio animæ moraliter mala est.

2. Præterea, Damascenus dicit, lib. 2 orth. Fid., cap. 22, quòd (1) *operatio quidem quæ secundùm naturam motus est , passio verò quæ præter naturam.* Sed quod est præter naturam in motibus animæ, habet rationem peccati et mali moralis ; unde ipse alibi dicit, lib. 2, cap. 4, quòd *diabolus versus est ex eo quod est secundùm naturam, in id quod est præter naturam.* Ergo hujusmodi passiones sunt malæ moraliter.

3. Præterea, omne quod inducit ad peccatum, habet rationem mali. Sed hujusmodi passiones inducunt ad peccatum ; unde Rom. 7 dicuntur *passiones peccatorum.* Ergo videtur quòd sint malæ moraliter.

Sed contra est quod Augustinus dicit in 14 de Civit. Dei, cap. 9, parùm à princ., quòd *rectus amor omnes istas affectiones rectas habet : metuunt enim peccare, cupiunt perseverare, dolent in peccatis, gaudent in operibus bonis.*

Respondeo dicendum quòd circa hanc quæstionem diversa fuit sententia Stoicorum et Peripateticorum ; nam Stoici dixerunt omnes passiones esse malas ; Peripatetici verò dixerunt passiones moderatas esse bonas.

Quæ quidem differentia, licèt magna videatur secundùm vocem, tamen secundùm rem vel nulla est vel parva, si quis utrorumque intentiones consideret. Stoici enim non discernebant inter sensum et intellectum, et per consequens nec inter intellectivum appetitum et sensitivum ; unde nec discernebant passiones animæ à motibus voluntatis, secundùm hoc quòd passiones animæ sunt in appetitu sensitivo, simplices autem motus voluntatis sunt in intellectivo ; sed omnem rationabilem motum appetitivæ partis vocabant voluntatem, passiones autem dicebant motum progredientem extra limites rationis. Et ideò eorum sententiam sequens Tullius in 3 lib. de Tusculanis Quæstionibus, parùm à princ., omnes passiones vocat *animæ morbos* : ex

quo argumentatur quòd qui **morbosi** sunt sani non sunt ; et qui sani non **sunt** insipientes sunt, unde insipientes *insanos* dicimus. Peripatetici verò omnes motus **appetitûs** sensitivi *passiones* vocant. Unde eas bonas æstimant, cùm sunt à ratione **moderatæ**; malas autem, cùm sunt præter moderationem rationis.

Ex quo patet quòd Tullius **in eodem** libro Peripateticorum sententiam, qui approbabant mediocritatem passionum, **inconvenienter** improbat, dicens quòd omne **malum** etiam mediocre vitandum est ; nam sicut corpus etiam mediocriter ægrum, sanum non est, sic ista mediocritas morborum **vel** passionum animæ sana non est. Non enim passiones dicuntur morbi, vel perturbationes **animæ**, nisi cùm carent moderatione rationis.

Unde patet responsio ad primum.

Ad secundum dicendum quòd in omni passione animæ additur aliquid, **vel** diminuitur à naturali motu cordis, in quantum cor intensiùs vel remissiùs movetur secundùm systolen aut diastolen ; et secundùm hoc habet passionis rationem ; tamen non oportet *quòd* passio semper declinet ab ordine naturalis rationis.

Ad tertium dicendum quòd passiones animæ, in quantum sunt præter ordinem rationis, inclinant ad peccatum ; in quantum autem sunt ordinatæ à ratione, pertinent ad virtutem.

ARTICULUS III. — *Utrùm passio addat vel diminuat ad bonitatem vel malitiam actûs.* — (*Inf., qu. 77, art. 6, et Ver. qu. 26, art. 7, et Mal. qu. 3, art. 2.*)

Ad tertium sic proceditur. 1. Videtur *quòd* passio quæcumque semper diminuat de bonitate actûs moralis. Omne enim quod impedit judicium rationis, ex quo dependet bonitas actûs moralis, diminuit per consequens bonitatem actûs moralis. Sed omnis passio impedit judicium rationis ; dicit enim Sallustius in Catilinario, in princ. orat. Cæsaris : *Omnes homines qui de rebus dubiis consultant, ab odio, irâ, et amicitiâ atque misericordiâ vacuos esse decet.* Ergo omnis passio diminuit bonitatem moralis actûs.

2. Præterea, actus hominis quantò est Deo similior, tantò est melior ; unde dicit Apostolus, Eph. 5, 1 : *Estote imitatores Dei, sicut filii charissimi.* Sed Deus et sancti Angeli *puniunt sine irâ, sine miseriæ compassione subveniunt,* ut Aug. dicit in 9 de Civ. Dei, *cap.* 5, circ. fin. Ergo est melius hujusmodi opera agere sine passione animæ quàm cum passione.

3. Præterea, sicut malum morale attenditur per ordinem ad rationem, ita et bonum morale. Sed malum morale diminuitur per passionem ; minùs enim peccat qui peccat ex passione quàm qui peccat ex industriâ. Ergo minus bonum operatur qui operatur cum passione, quàm qui operatur sine passione (1).

---

(1) Damascenus juxta editionem Lequieni : *Actio enim motus est naturæ consentaneus : passio motus præter naturam.*

(1) Ita post Theologos et Nicolaium ed. Patav. an. 1712. Edit. Rom. et Patav. an. 1698 : *Qui operatur sine passione, quàm cui operatur cum passione.* Cod. Al

Sed contra est quod Augustinus dicit 9 de Civit. Dei, loc. cit., quòd *passio misericordiæ rationi deservit, quando ita præbetur misericordia, ut justitia conservetur, sive cùm indigenti tribuitur, sive cùm ignoscitur pœnitenti.* Sed nihil quod deservit rationi, diminuit bonum morale. Ergo passio animæ non diminuit bonum moris.

Respondeo dicendum quòd Stoici sicut ponebant omnem passionem animæ esse malam, ita ponebant consequenter omnem passionem animæ diminuere actûs bonitatem; omne enim bonum ex permixtione mali vel totaliter tollitur, vel fit minùs bonum.

Et hoc quidem verum est, si dicamus *passiones animæ* solùm inordinatos motus sensitivi appetitûs, prout sunt perturbationes seu ægritudines. Sed si passiones simpliciter nominemus omnes motus appetitûs sensitivi, sic ad perfectionem humani boni pertinet quòd etiam ipsæ passiones sint moderatæ per rationem. Cùm enim bonum hominis consistat in ratione sicut in radice, tantò istud bonum erit perfectius, quantò ad plura, quæ homini conveniunt, derivari potest. Unde **nullus** dubitat quin ad perfectionem moralis boni pertineat quòd actus exteriorum membrorum per rationis regulam dirigantur. Unde cùm appetitus sensitivus possit obedire rationi, ut supra dictum est, quæst. 17, art. 7, ad perfectionem moralis sive humani boni pertinet quòd etiam ipsæ passiones animæ sint regulatæ per rationem.

Sicut igitur melius est quòd homo et velit bonum, et faciat exteriori actu, ita etiam ad perfectionem boni moralis pertinet quòd homo ad bonum moveatur non solùm secundùm voluntatem, sed etiam secundùm appetitum sensitivum, secundùm illud quod in Psalm. 83, 3, dicitur : *Cor meum et caro mea exultaverunt in Deum vivum,* ut *cor* accipiamus pro appetitu intellectivo, *carnem* autem pro appetitu sensitivo.

Ad primum ergo dicendum quòd passiones animæ dupliciter se possunt habere ad judicium rationis : uno modo antecedenter; et sic, cùm obnubilent judicium rationis, ex quo dependet bonitas moralis actûs, diminuunt actûs bonitatem; laudabilius enim est quòd ex judicio rationis aliquis faciat opus charitatis, quàm ex solâ passione misericordiæ. Alio modo se habent consequenter, et hoc dupliciter : uno modo per modum redundantiæ, quia scilicet cùm superior pars animæ intensè movetur in aliquid, sequitur motum ejus etiam pars inferior; et sic passio existens consequenter in appetitu sensitivo est signum intensioris (1) voluntatis; et sic indicat bonitatem moralem majorem. Alio modo per modum electionis, quando scilicet homo ex judicio rationis eligit affici aliquâ passione, ut promptiùs operetur, cooperante appetitu sen-

can.: *Minùs enim peccant qui peccant ex passione, quàm qui peccant ex industriâ. Ergo minus bonum operatur qui operatur bonum secundùm passionem, quàm qui operatur bonum cum passione.*

(1) Ita Nicolaius. Al., *intensionis;* item, *intentionis.*

sitivo; et sic passio animæ addit ad bonitatem actionis.

Ad secundum dicendum quòd in Deo et in Angelis non est appetitus sensitivus, neque etiam membra corporea; et ideò bonum in eis non attenditur, secundùm ordinationem passionum aut corporeorum actuum, sicut in nobis.

Ad tertium dicendum quòd passio tendens in malum præcedens judicium rationis diminuit peccatum, sed consequens aliquo prædictorum modorum auget ipsum, vel significat augmentum ejus.

ARTICULUS IV. — *Utrùm aliqua passio sit bona, vel mala ex suâ specie.* — (2-2, qu. 158, art. 1, corp., et 4, dist. 15, quæst. 2, art. 1, quæst. 1, ad 4, et dist. 50, quæst. 2, art. 4, quæst. 3, ad 3, et Mal. quæst. 10, art. 1.)

Ad quartum sic proceditur. 1. Videtur quòd nulla passio animæ secundùm speciem suam sit bona vel mala moraliter. Bonum enim et malum morale attenditur secundùm rationem. Sed passiones sunt in appetitu sensitivo : et ita idquod est secundùm rationem, accidit eis. Cùm ergo nihil quod est per accidens pertineat ad speciem rei, videtur quòd nulla passio secundùm suam speciem sit bona vel mala.

2 Præterea, actus et passiones habent speciem ex objecto. Si ergo aliqua passio secundùm aliquam suam speciem esset bona vel mala, oporteret quòd passiones quarum objectum est *bonum,* bonæ essent secundùm suam speciem, ut amor, desiderium et gaudium; et passiones quarum objectum est *malum,* essent malæ secundùm suam speciem, ut odium, timor et tristitia. Sed hoc patet esse falsum. Non ergo aliqua passio est bona vel mala ex suâ specie.

3. Præterea, nulla species passionum est quæ non inveniatur in aliquibus animalibus. Sed bonum morale non invenitur nisi in homine. Ergo nulla passio animæ bona est vel mala ex suâ specie.

Sed contra est quod Augustinus dicit 11 de Civ. Dei, cap. 5, quòd *misericordia pertinet ad virtutem;* Philosophus etiam dicit in 2 Ethic., cap. 7, propè fin., quòd *verecundia est passio laudabilis.* Ergo aliquæ passiones sunt bonæ vel malæ secundùm suam speciem.

Respondeo dicendum quòd, sicut de actibus dictum est, qu. 18, art. 6 et 7, et quæst. 20, art. 2, ita et de passionibus dicendum videtur, quòd scilicet species actûs vel passionis dupliciter considerari potest : uno modo, secundùm quòd est in genere naturæ; et sic *bonum* vel *malum* morale non pertinet ad speciem actûs vel passionis; alio modo, secundùm quòd pertinent ad genus moris, prout scilicet participant aliquid de voluntario et judicio rationis; et hoc modo *bonum* et *malum* morale possunt pertinere ad speciem passionis, secundùm quòd accipitur, ut objectum passionis, aliquid de se conveniens rationi, vel dissonum à ratione : sicut patet de verecundiâ, quæ est *timor turpis;* et de invidiâ, quæ est *tristitia de bono alterius;* sic enim pertinent ad speciem exterioris actûs.

Ad primum ergo dicendum quòd ratio illa procedit de passionibus, secundùm quòd pertinent ad speciem naturæ, prout scilicet appetitus sensitivus in se consideratur; secundùm vero quòd appetitus sensitivus obedit rationi, jam bonum et malum rationis non est ex passionibus ejus per accidens, sed per se.

Ad secundum dicendum quòd passiones quæ in bonum tendunt, si sit verum bonum, sunt bonæ; et similiter quæ a vero malo recedunt; è converso verò passiones quæ sunt per recessum à bono, et per accessum ad malum, sunt malæ.

Ad tertium dicendum quòd in brutis animalibus appetitus sensitivus non obedit rationi; et tamen in quantum ducitur quâdam æstimativâ naturali, quæ subjicitur rationi superiori, scilicet divinæ, est in eis quædam similitudo moralis boni quantùm ad animæ passiones.

QUÆSTIO XXV.

DE ORDINE PASSIONUM AD INVICEM. — (*In quatuor articulos divisa.*)

Deinde considerandum est de ordine passionum ad invicem; et circa hoc quæruntur quatuor : 1° de ordine passionum irascibilis ad passiones concupiscibilis; 2° de ordine passionum concupiscibilis ad invicem; 3° de ordine passionum irascibilis ad invicem; 4° de quatuor principalibus passionibus.

ARTICULUS PRIMUS. — *Utrùm passiones irascibilis sint priores passionibus concupiscibilis, vel è converso.* — (*Inf.*, quæst. 40, art. 1, corp., et 2-2, quæst. 141, art. 3, ad 1, et 3, dist. 26, quæst. 2, art. 3, quæst. 2, corp., et Ver. quæst. 25, art. 1, corp., et Mal. quæst. 4, art. 2, ad 12.)

Ad primum sic proceditur. 1. Videtur quòd passiones irascibilis sint priores passionibus concupiscibilis. Ordo enim passionum est secundùm ordinem objectorum; sed objectum irascibilis est bonum arduum, quod videtur esse supremum inter alia bona. Ergo passiones irascibilis videntur præesse passionibus concupiscibilis.

2. Præterea, movens est prius moto. Sed irascibilis comparatur ad concupiscibilem sicut movens ad motum; ad hoc enim datur animalibus, ut tollantur impedimenta, quibus concupiscibilis prohibetur frui suo objecto, ut supra dictum est, quæst. 23, art. 1. Removens autem prohibens habet rationem moventis, ut dicitur in 8 Phys., text. 32. Ergo passiones irascibilis sunt priores passionibus concupiscibilis.

3. Præterea, gaudium et tristitia sunt passiones concupiscibilis. Sed gaudium et tristitia consequuntur ad passiones irascibilis : dicit enim Philosophus, in 4 Ethic., cap. 5, à med., quòd *punitio quietat impetum iræ, delectationem loco tristitiæ faciens.* Ergo passiones concupiscibilis sunt posteriores passionibus irascibilis.

Sed contra, passiones concupiscibilis respi-

ciunt bonum absolutum; passiones autem irascibilis respiciunt bonum contractum, scilicet arduum. Cùm igitur bonum simpliciter sit prius quàm bonum contractum, videtur quòd passiones concupiscibilis sint priores passionibus irascibilis.

Respondeo dicendum quòd passiones concupiscibilis ad plura se habent quàm passiones irascibilis. Nam in passionibus concupiscibilis invenitur aliquid pertinens ad motum, sicut desiderium; et aliquid pertinens ad quietem, sicut gaudium et tristitia. Sed in passionibus irascibilis non invenitur aliquid pertinens ad quietem, sed solùm pertinens ad motum. Cujus ratio est quia id in quo jam quiescitur, non habet rationem difficilis seu ardui, quod est objectum irascibilis.

Quies autem, cùm sit finis motûs, est prior in intentione, sed posterior in executione. Si ergo comparentur passiones irascibilis ad passiones concupiscibilis, quæ significant quietem in bono, manifestè passiones irascibilis præcedunt ordine executionis hujusmodi passiones concupiscibilis, sicut spes præcedit gaudium, unde causat ipsum, secundùm illud Apostoli Rom. 12, 12 : *Spe gaudentes.* Sed passio concupiscibilis importans quietem in malo, scilicet tristitia, media est inter duas passiones irascibilis, sequitur enim timorem; cùm enim occurrerit malum quod timebatur, causatur tristitia; præcedit autem motum iræ, quia cùm ex tristitiâ præcedente aliquis insurgit in vindictam, hoc pertinet ad motum iræ, et quia rependere vicem mali, apprehenditur ut bonum, cùm iratus hoc consecutus fuerit, gaudet. Et sic manifestum est quòd omnis passio irascibilis terminatur ad passionem concupiscibilis pertinentem ad quietem, scilicet vel ad gaudium vel ad tristitiam.

Sed si comparentur passiones irascibilis ad passiones concupiscibilis quæ important motum, sic manifestè passiones concupiscibilis sunt priores, eo quòd passiones irascibilis addunt supra passiones concupiscibilis, sicut et objectum irascibilis addit supra objectum concupiscibilis arduitatem sive difficultatem; spes enim supra desiderium addit quemdam conatum et quamdam elevationem animi ad consequendum bonum arduum; et similiter timor addit supra fugam seu abominationem quamdam depressionem animi propter difficultatem mali.

Sic ergo passiones irascibilis mediæ sunt inter passiones concupiscibilis quæ important motum in bonum vel in malum, et inter passiones concupiscibilis quæ important quietem in bono vel in malo. Et sic patet quòd passiones irascibilis et principium habent à passionibus concupiscibilis, et in passionibus concupiscibilis terminantur.

Ad primum ergo dicendum quòd illa *ratio* procederet, si de ratione objecti concupiscibilis esset aliquid oppositum arduo, sicut de ratione objecti irascibilis est, quòd sit arduum; sed quia objectum concupiscibilis est bonum absolutè, priùs naturaliter est quàm objectum irascibilis, sicut commune proprio.

Ad secundum dicendum quòd removens prohibens non est movens per se, sed per accidens; nunc autem loquimur de ordine passionum per se. Et præterea irascibilis removet prohibens quietem concupiscibilis in suo objecto. Unde ex hoc non sequitur nisi quòd passiones irascibilis præcedunt passiones concupiscibilis ad quietem pertinentes; de quibus etiam tertia ratio procedit.

ARTICULUS II. — *Utrùm amor sit prima passionum concupiscibilis.* — (1, quæst. 20, art. 1, corp., et 3, dist. 27, quæst. 1, art. 3, et 4 cont. Gent., cap. 19, et Ver. quæst. 26, art. 4, corp., et Galat. 5, lect. 6, et 1 Met., lect. 5, fin.)

Ad secundum sic proceditur. 1. Videtur quòd amor non sit prima passionum concupiscibilis. Vis enim concupiscibilis à concupiscentiâ denominatur, quæ est eadem passio cum desiderio. Sed denominatio fit à potiori, ut dicitur in 2 de Animâ, text. 49. Ergo concupiscentia est potior amore.

2. Præterea, amor unionem quamdam importat : est enim *vis unitiva et concretiva*, ut Dionysius dicit, in 4 cap. de div. Nom., part. 2, lect. 9. Sed concupiscentia vel desiderium est motus ad unionem rei concupitæ vel desideratæ. Ergo concupiscentia est prior amore.

3. Præterea, causa est prior effectu. Sed delectatio est quandoque causa amoris; quidam enim propter delectationem amant, ut dicitur in 8 Ethic., cap. 2 et 3. Ergo delectatio est prior amore; non ergo prima inter passiones concupiscibilis est amor.

Sed contra est quod Augustinus dicit in 14 de Civ. Dei, cap. 7 et 9, quòd *omnes passiones ex amore causantur; amor enim inhians habere quod amatur, cupiditas est ; id autem habens, eoque fruens, lætitia est.* Amor ergo est prima passionum concupiscibilis.

Respondeo dicendum quòd objecta concupiscibilis sunt *bonum* et *malum*. Naturaliter autem bonum est prius malo, eò quòd malum est privatio boni; unde et omnes passiones quarum objectum est *bonum*, naturaliter sunt priores passionibus quarum objectum est *malum*, unaquæque scilicet suâ passione oppositâ; quia enim bonum quæritur, ideò refutatur oppositum malum.

Bonum autem habet rationem finis, qui quidem est prior in intentione, sed est posterior in executione. Potest ergo ordo passionum concupiscibilis attendi vel secundùm intentionem, vel secundùm consecutionem.

Secundùm quidem consecutionem illud est prius quod primò fit in eo quod tendit ad finem. Manifestum est autem quòd omne quod tendit ad finem aliquem, primò quidem habet aptitudinem seu proportionem ad finem, nihil enim tendit in finem non proportionatum; secundò movetur ad finem; tertiò quiescit in fine post ejus consecutionem. Ipsa autem aptitudo sive proportio appetitûs ad bonum est amor, qui nihil aliud est quàm complacentia boni; motus autem ad bonum est desiderium vel concupiscentia; quies autem in bono est gaudium vel delectatio. Et ideò secundùm hunc ordinem amor præcedit

desiderium, et desiderium præcedit delectationem.

Sed secundùm ordinem intentionis est è converso; nam delectatio intenta causat desiderium et amorem; delectatio enim est fruitio boni (1), quæ quodammodò est finis, sicut et ipsum bonum, ut supra dictum est, qu. 11, art. 3, ad 3.

Ad primum ergo dicendum quòd hoc modo nominatur aliquid, secundùm quòd nobis innotescit. *Voces* enim *sunt signa intellectuum*, secundùm Philosophum, 1 Perip., in princ. Nos autem ut plurimùm per effectum cognoscimus causam Effectus autem amoris, quando quidem habetur ipsum amatum, est delectatio; quando verò non habetur, est desiderium vel concupiscentia. Ut autem Augustinus dicit in 10 de Trin., cap. 12, à med., *amor magis sentitur, cùm eum prodit indigentia.* Unde inter omnes passiones concupiscibilis magis est sensibilis concupiscentia; et propter hoc ab eâ denominatur potentia

Ad secundum dicendum quòd duplex est unio amati ad amantem. Una quidem realis, secundùm scilicet conjunctionem ad rem ipsam; et talis unio pertinet ad gaudium vel delectationem, quæ sequitur desiderium. Alia autem est unio affectiva, secundùm scilicet quòd aliquid habet aptitudinem vel proportionem, prout scilicet ex hoc quòd aliquid habet aptitudinem ad alterum et inclinationem, jam participat aliquid ejus; et sic amor unionem importat; quæ quidem unio præcedit motum desiderii.

Ad tertium dicendum quòd delectatio causat amorem, secundùm quòd est prior in intentione.

ARTICULUS III. — *Utrùm spes sit prima inter passiones irascibilis.* — (Sup., quæst. 23, art. 4, corp.)

Ad tertium sic proceditur. 1. Videtur quòd spes non sit prima inter passiones irascibilis. Vis enim irascibilis ab irâ denominatur. Cùm ergo denominatio fiat à potiori, videtur quòd ira sit potior et prior quàm spes.

2. Præterea, *arduum* est objectum irascibilis. Sed magis videtur esse arduum quòd aliquis conetur superare malum contrarium, quod imminet ut futurum (quod pertinet ad audaciam), vel quod injacet jam ut præsens (quod pertinet ad iram), quàm quòd conetur acquirere simpliciter aliquod bonum; et similiter magis videtur esse arduum quòd conetur vincere malum præsens quàm malum futurum. Ergo ira videtur esse potior passio quàm audacia, et audacia quàm spes ; et sic spes non videtur esse potior.

3. Præterea, priùs occurrit in motu ad finem recessus à termino, quàm accessus, ad terminum. Sed timor et desperatio important recessum ab aliquo; audacia autem et spes important accessum ad aliquid. Ergo timor et desperatio præcedunt spem et audaciam.

Sed contra, quantò aliquid est propin-

(1) Al. deest *boni*

quius primo, tantò est prius. Sed spes est propinquior amori, qui est prima passionum. Ergo spes est prior inter omnes passiones irascibilis.

Respondeo dicendum quòd, sicut jam dictum est art. 1 huj. quæst., omnes passiones irascibilis important motum in aliquid. Motus autem ad aliquid in irascibili potest causari ex duobus : uno modo ex solâ aptitudine seu proportione ad finem, quæ pertinet ad amorem vel odium; alio modo ex præsentiâ ipsius boni vel mali, quæ pertinet ad tristitiam vel gaudium. Et quidem ex præsentiâ boni non causatur aliqua passio in irascibili, ut dictum est, quæst. 23, art. 3, sed ex præsentiâ mali causatur passio iræ.

Quia igitur in viâ generationis seu consecutionis, proportio vel aptitudo ad finem præcedit consecutionem finis, inde est quòd ira inter omnes passiones irascibilis est ultima ordine generationis. Inter alias autem passiones irascibilis, quæ important motum consequentem amorem, vel odium boni vel mali, oportet quòd passiones quarum objectum est bonum, scilicet *spes* et *desperatio*, sint naturaliter priores passionibus quarum objectum est malum, scilicet *audacia* et *timor*; ita tamen quòd spes est prior desperatione; quia spes est motus in bonum secundùm rationem boni, quod de suâ ratione est attractivum; et ideò est motus in bonum per se; desperatio autem est recessus à bono, qui non competit bono, secundùm quod est bonum, sed secundùm aliquid aliud; unde est quasi per accidens. Et eâdem ratione *timor*, cùm sit recessus à malo, est prior quàm *audacia*. Quòd autem spes et desperatio sint naturaliter priores quàm timor et audacia, ex hoc manifestum est quòd sicut appetitus boni est ratio quare vitetur malum, ita etiam spes et desperatio sunt ratio timoris et audaciæ; nam audacia consequitur spem victoriæ, et timor consequitur desperationem vincendi, ira autem consequitur audaciam : *nullus enim irascitur vindictam appetens, nisi audeat vindicare*, secundùm quod Avicenna dicit in 6 de Naturalibus.

Sic ergo patet quòd spes est prima inter omnes passiones irascibilis.

Et si ordinem omnium passionum secundùm viam generationis scire velimus, primò occurrunt *amor* et *odium*; secundò *desiderium* et *fuga*; tertiò *spes* et *desperatio*; quartò *timor* et *audacia*; quintò *ira*; sextò et ultimò *gaudium* et *tristitia*, quæ consequuntur ad omnes passiones, ut dicitur in 2 Ethic., cap. 5 : ita tamen quòd amor est prior odio, et desiderium fugâ, et spes desperatione, et timor audaciâ, et gaudium quàm tristitia, ut ex prædictis colligi potest, isto art., et art. 1 et 2 præc.

Ad primum ergo dicendum quòd quia ira causatur ex aliis passionibus sicut effectus à causis præcedentibus, ideò ab eâ tanquàm à manifestiori, denominatur potentia.

Ad secundum dicendum quòd *arduum* non est ratio accedendi vel appetendi, sed potiùs *bonum*; et ideò spes, quæ directiùs re-

spicit bonum, est prior; quamvis audacia aliquando sit in magis arduum, vel etiam ira.

Ad tertium dicendum quòd appetitus primò et per se movetur in bonum sicut in proprium objectum; et ex hoc causatur quòd recedat à malo. Proportionatur enim motus appetitivæ partis, non quidem motui naturali, sed intentioni naturæ, quæ per prius intendit finem quàm remotionem contrarii, quæ non quæritur nisi propter adeptionem finis.

ARTICULUS IV. — *Utrùm istæ sint quatuor principales passiones, gaudium, tristitia, spes et timor.* — (*Inf. quæst.* 84, *art.* 4, *ad* 2, *et* 2-2, *qu.* 123, *art.* 12, *ad* 1, *et quæst.* 141, *art.* 7, *ad* 3, *et Ver. qu.* 26, *art.* 5.)

Ad quartum sic proceditur. 1. Videtur quòd non sint istæ quatuor principales passiones, *gaudium et tristitia, spes et timor*. Augustinus enim in 14 de Civ. Dei, cap. 7 et 9, non ponit spem, sed cupiditatem loco ejus.

2. Præterea, in passionibus animæ est duplex ordo, scilicet intentionis et consecutionis, seu generationis. Aut ergo principales passiones accipiuntur secundùm ordinem intentionis, et sic tantùm *gaudium* et *tristitia*, quæ sunt finales, erunt principales passiones; aut secundùm ordinem consecutionis seu generationis; et sic erit *amor* principalis passio. Nullo ergo modo debent dici quatuor passiones istæ principales, *gaudium* et *tristitia, spes et timor*.

3. Præterea, sicut audacia causatur ex spe, ita timor ex desperatione. Aut ergo spes et desperatio debent poni principales passiones, tanquàm causæ; aut spes et audacia, tanquàm sibi ipsis affines.

Sed contra est illud quod Boetius in lib. 1 de Consolat., metr. 7, enumerans quatuor principales passiones dicit :

> Gaudia pelle,
> Pelle timorem,
> Spemque fugato,
> Nec dolor adsit.

Respondeo dicendum quòd hæ quatuor passiones communiter principales esse dicuntur. Quarum duæ, scilicet *gaudium* et *tristitia*, principales dicuntur, quia sunt completivæ et finales simpliciter respectu omnium passionum; unde ad omnes passiones consequuntur, ut dicitur in 2 Ethic., cap. 5. *Timor* autem et *spes* sunt principales, non quidem quasi completivæ simpliciter, sed quia sunt completivæ in genere motûs appetitivi ad aliquid. Nam respectu boni incipit motus in amore, et procedit in desiderium, et terminatur in spe; respectu verò mali incipit in odio, et procedit ad fugam, et terminatur in timore.

Et ideò solet harum quatuor passionum numerus accipi secundùm differentiam præsentis et futuri; motus enim respicit futurum, sed quies est in aliquo præsenti. De bono igitur præsenti est *gaudium*, de malo præsenti est *tristitia*; de bono futuro est *spes*, de malo futuro est *timor*. Omnes autem aliæ passiones, quæ sunt de bono vel de malo præsenti vel futuro , ad has completivè reducuntur.

Unde etiam à quibusdam dicuntur principales hæ prædictæ quatuor passiones, quia sunt generales : quod quidem verum est, si spes et timor designant motum appetitûs communiter tendentem in aliquid appetendum vel fugiendum.

Ad primum ergo dicendum quòd Augustinus ponit desiderium vel cupiditatem loco spei, in quantum ad idem pertinere videntur, id est, ad bonum futurum.

Ad secundum dicendum quòd passiones istæ dicuntur principales secundùm ordinem intentionis et complementi. Et quamvis timor et spes non sint ultimæ passiones simpliciter, tamen sunt ultimæ in genere passionum tendentium in aliud quasi in futurum. Nec potest esse instantia nisi de irâ, quæ tamen non potest poni principalis passio, quia est quidam effectus audaciæ, quæ non potest esse passio principalis , ut infra dicetur , quæst. 45, art. 2 , ad 3.

Ad tertium dicendum quòd desperatio importat recessum à bono, quod est quasi per accidens ; et audacia importat accessum ad malum, quod etiam est per accidens. Ideò hæ passiones non possunt esse principales ; quia quod est per accidens, non potest dici principale ; et sic etiam nec ira potest dici passio principalis, quæ consequitur audaciam.

QUÆSTIO XXVI.
DE PASSIONIBUS ANIMÆ IN SPECIALI , ET PRIMO DE AMORE. — (*In quatuor articulos divisa.*)

Consequenter considerandum est de passionibus animæ in speciali ; et primò de passionibus concupiscibilis ; secundò de passionibus irascibilis.

Prima consideratio erit tripartita : nam primò considerabimus de amore et odio ; secundò de concupiscentiâ et fugâ ; tertiò de delectatione et tristitiâ.

Circa amorem consideranda sunt tria : 1° de ipso amore ; 2° de causâ amoris ; 3° de effectibus ejus.

Circa primum quæruntur quatuor : 1° utrùm amor sit in concupiscibili ; 2° utrùm amor sit passio ; 3° utrùm amor sit idem quod dilectio ; 4° utrùm amor convenienter dividatur in amorem amicitiæ, et in amorem concupiscentiæ.

ARTICULUS PRIMUS. — *Utrùm amor sit in concupiscibili.* — (*Inf.*, art. 2, ad 2, et 3, dist. 26, qu. 1, art. 2, corp. fin., et dist. 27, qu. 1, art. 2, et Mal. qu. 8, art. 3, ad 6, et 3 de Anim., lect. 4.)

Ad primum sic proceditur. 1. Videtur quòd amor non sit in concupiscibili. Dicitur enim Sap. 8, 2 : *Hanc,* scilicet sapientiam, *amavi, et exquisivi à juventute med.* Sed concupiscibilis , cùm sit pars appetitûs sensitivi, non potest tendere in sapientiam, quæ non comprehenditur sensu. Ergo amor non est in concupiscibili.

2. Præterea, amor videtur esse idem cuilibet passioni : dicit enim Augustinus in 14 de Civ. Dei , cap. 7, à med. : *Amor inhians habere quod amatur, cupiditas est ; id autem*

habens, eoque fruens, lætitia ; et fugiens quod ei adversatur, timor est ; idque si acciderit , sentiens, tristitia est. Sed non omnis passio est in concupiscibili ; sed timor etiam hìc enumeratus est in irascibili. Ergo non est simpliciter dicendum quòd amor sit in concupiscibili.

3. Præterea, Dionysius in cap. 4 de div. Nomin., part. 2, lect. 9, ponit quemdam amorem naturalem. Sed amor naturalis magis videtur pertinere ad vires naturales, quæ sunt animæ vegetabilis. Ergo amor non simpliciter est in concupiscibili.

Sed contra est quod Philosophus dicit in 2 Topic., cap. 3, in loco 25, quòd *amor est in concupiscibili.*

Respondeo dicendum quòd amor est aliquid ad appetitum pertinens, cùm utriusque objectum sit *bonum ;* unde secundùm differentiam appetitûs est differentia amoris. Est enim quidam appetitus non consequens apprehensionem ipsius appetentis, sed alterius ; et hujusmodi dicitur *appetitus naturalis.* Res enim naturales appetunt quod eis convenit secundùm suam naturam, non per apprehensionem propriam, sed per apprehensionem instituentis naturam, ut in primo libro dictum est, part. 1, quæst. 103, art. 1, 2 et 3. Alius autem est appetitus consequens apprehensionem ipsius appetentis, sed ex necessitate, non ex judicio libero ; et talis est *appetitus sensitivus* in brutis, qui tamen in hominibus aliquid libertatis participat, in quantum obedit rationi. Alius autem est appetitus consequens apprehensionem appetentis secundùm liberum judicium ; et talis est *appetitus rationalis,* sive *intellectivus,* qui dicitur *voluntas.*

In unoquoque autem horum appetituum amor dicitur illud quod est principium motûs tendentis in finem amatum. In appetitu autem naturali principium hujusmodi motûs est connaturalitas appetentis ad id in quod tendit, quæ dici potest *amor naturalis ;* sicut ipsa connaturalitas corporis gravis ad locum medium est per gravitatem, et potest dici *amor naturalis ;* et similiter coaptatio appetitûs sensitivi vel voluntatis ad aliquod bonum, id est, ipsa complacentia boni, dicitur *amor sensitivus,* vel *intellectivus,* seu *rationalis.* Amor igitur sensitivus est in appetitu sensitivo, sicut amor intellectivus in intellectivo appetitu ; et pertinet ad concupiscibilem, quia dicitur per respectum ad *bonum* absolutè, non per respectum ad *arduum,* quod est objectum irascibilis.

Ad primum ergo dicendum quòd auctoritas illa loquitur de amore intellectivo vel rationali.

Ad secundum dicendum quòd amor dicitur esse *timor, gaudium, cupiditas* et *tristitia,* non quidem essentialiter, sed causaliter.

Ad tertium dicendum quòd amor naturalis non solùm est in viribus animæ vegetativæ, sed etiam in omnibus potentiis animæ, et etiam in omnibus partibus corporis , et universaliter in omnibus rebus ; quia, ut Dionysius dicit cap. 4 de div. Nom., loc. cit. in arg., *omnibus est pulchrum et bonum amabile,* cùm unaquæque res habeat connaturalitatem ad id quod est sibi conveniens secundùm suam naturam.

ARTICULUS II. — *Utrùm amor sit passio.* — *(Inf., art. 2, ad 3 et 4, et quæst. 28, art. 6, ad 1.)*

Ad secundum sic proceditur. 1. Videtur quòd amor non sit passio. Nulla enim virtus passio est. Sed omnis amor est *virtus quædam,* ut dicit Dionysius, cap. 4 de div. Nom., part. 2, lect. 9. Ergo amor non est passio.

2. Præterea, amor est *unio quædam vel nexus,* secundùm Augustinum in lib. 8 de Trin., cap. 10. Sed unio vel nexus non est passio, sed magis relatio. Ergo amor non est passio.

3. Præterea, Damascenus dicit in lib. 2 orth. Fid., cap. 22, quòd passio est *motus quidam.* Amor autem non importat motum appetitûs, qui est desiderium, sed principium hujusmodi motûs. Ergo amor non est passio.

Sed contra est quod Philosophus dicit in 8 Ethic., cap. 5, circ. med., quòd *amor est passio.*

Respondeo dicendum quòd passio est effectus agentis in patiente. Agens autem naturale duplicem effectum inducit in patiens : nam primò quidem dat formam, secundò dat motum consequentem formam; sicut generans dat corpori gravitatem, et motum consequentem ipsam; et ipsa gravitas, quæ est principium motûs ad locum connaturalem, propter connaturalitatem potest (1) quodammodò dici *amor naturalis.* Sic etiam ipsum appetibile dat appetitui primò quidem quamdam coaptationem ad ipsum, quæ est quædam complacentia appetibilis, ex quâ sequitur motus ad appetibile. Nam *appetitivus motus circulo agitur,* ut dicitur in 3 de Animâ, text. 55. Appetibile enim movet appetitum, faciens quodammodò in eo ejus intentionem (2), et appetitus tendit in appetibile realiter consequendum, ut sit ibi finis motûs ubi fuit principium.

Prima ergo immutatio appetitûs ab appetibili vocatur *amor,* qui nihil est aliud quàm complacentia appetibilis; et ex hâc complacentiâ sequitur motus in appetibile, qui est desiderium; et ultimò quies, quæ est gaudium.

Sic ergo cùm amor consistat in quâdam immutatione appetitûs ab appetibili, manifestum est quòd amor est passio, propriè quidem secundùm quòd est in concupiscibili, communiter autem, et extenso nomine, secundùm quòd est in voluntate.

Ad primum ergo dicendum quòd quia virtus significat principium motûs vel actionis; ideò amor, in quantum est principium appetitivi motûs, à Dionysio vocatur *virtus.*

(1) Ita Theologi, Garcia, Nicolaius et edit. Patav.; at cod. Alcan. et edit. Rom.: *Quæ est principium motûs ad locum connaturalem propter gravitatem, potest, etc.*

(2) Ita cum cod. Camer. edit Rom. et Nicolaius, Cod. Alcan., *faciens quodammodò in ejus intentione.* Theologi, *faciens quodammodò in ejus inclinationem.* Edit. Pat., *faciens se quodammodò in ejus intentione.*

Ad secundum dicendum quòd unio pertinet ad amorem, in quantum per complacentiam appetitus amans se habet ad id quod amat, sicut ad seipsum vel aliquid sui. Et sic patet quòd amor non est ipsa relatio unionis, sed unio est consequens amorem. Unde et Dionysius dicit, cap. 4 de div. Nom., part. 2, lect. 9, quòd *amor est virtus unitiva;* et Philosophus dicit in 2 Politic., cap. 2, à med., quòd *unio est opus amoris.*

Ad tertium dicendum quòd amor, etsi non nominet motum appetitus tendentem in appetibile, nominat tamen motum appetitûs, quo immutatur ab appetibili, ut ei appetibile complaceat.

ARTICULUS III. — *Utrùm amor sit idem quod dilectio.* — (2, *dist.* 10, *in Exp. litt., et* 3, *dist.* 27, *quæst.* 11, *art.* 1, *et Ps.* 17, *et Joan.* 21, *lect.* 3.)

Ad tertium sic proceditur. 1. Videtur quòd amor sit idem quod dilectio. Dionysius enim 4 cap. de divin. Nom., lect. 9, dicit quòd *hoc modo se habent amor et dilectio, sicut quatuor et bis duo; rectilineum et rectas habens lineas.* Sed ista significant idem. Ergo amor et dilectio significant idem.

2. Præterea, appetitivi motus secundùm objecta differunt. Sed idem est objectum dilectionis et amoris. Ergo sunt idem.

3. Præterea, si dilectio et amor in aliquo differunt, maximè in hoc differre videntur quòd dilectio sit in bono accipienda, amor autem in malo, ut quidam dixerunt, secundùm quod Augustinus narrat in 14 de Civ. Dei, cap. 7. Sed hoc modo non differunt; quia, ut ibidem Augustinus dicit, in sacris Scripturis utrumque accipitur in bono et in malo. Ergo amor et dilectio non differunt; sicut ipse Augustinus ibidem concludit quòd non est aliud amorem dicere, et aliud dilectionem dicere.

Sed contra est quod Dionysius dicit 4 cap. de div. Nom., lect. 9, quòd *quibusdam sanctorum visum est divinius esse nomen amoris quàm nomen dilectionis.*

Respondeo dicendum quòd quatuor nomina inveniuntur ad idem quodam modo pertinentia, scilicet *amor, dilectio, charitas et amicitia.*

Differunt tamen in hoc quòd *amicitia,* secundùm Philosophum, in 8 Ethic., cap. 5, parùm à med., est quasi habitus; *amor* autem et *dilectio* significantur per modum actûs vel passionis; *charitas* autem utroque modo accipi potest.

Differenter tamen significatur actus per ista tria. Nam *amor* communiùs inter ea est; omnis enim dilectio vel charitas est amor, sed non è converso; addit enim *dilectio* supra amorem electionem præcedentem, ut ipsum nomen sonat; unde dilectio non est in concupiscibili, sed in voluntate tantùm, et est in solâ rationali naturâ; *charitas* autem addit supra amorem perfectionem quamdam amoris, in quantum id quod amatur, magni pretii æstimatur, ut ipsum nomen designat.

Ad primum ergo dicendum quòd Dionysius loquitur de amore et dilectione secundùm quòd sunt in appetitu intellectivo; sic enim amor idem est quod dilectio.

Ad secundum dicendum quòd objectum amoris est communius quàm objectum dilectionis, quia ad plura se extendit amor quàm dilectio, sicut dictum est in corp. art.

Ad tertium dicendum quòd non differunt amor et dilectio secundùm differentiam *boni* et *mali*, sed sicut dictum est in corp. art. In parte tamen intellectivâ idem est amor et dilectio; et sic loquitur ibi Augustinus de amore; unde parùm post subdit, loc. cit. in arg., quòd *recta voluntas est amor bonus*, et quòd *perversa voluntas est malus amor*. Quia tamen amor, qui est passio concupiscibilis, plurimos inclinat ad malum, inde habuerunt occasionem qui prædictam differentiam assignaverunt.

Ad quartum dicendum quòd ideò aliqui posuerunt etiam in ipsâ voluntate nomen amoris esse divinius nomine dilectionis, quia amor importat quamdam passionem, præcipuè secundùm quòd est in appetitu sensitivo; dilectio autem præsupponit judicium rationis : magis autem in Deum homo potest tendere per amorem passivè quodammodò ab ipso Deo attractus, quàm ad hoc eum propria ratio possit ducere; quod pertinet ad rationem dilectionis, ut dictum est in corp. art., et propter hoc divinius est amor quàm dilectio.

ARTICULUS IV. — *Utrùm amor convenienter dividatur in amorem amicitiæ et amorem concupiscentiæ.* — (1, quæst. 60, art. 3, corp., et artic. 4, ad 3, et Mal. quæst. 1, art. 5, corp., et Ver. quæst. 4, art. 3, et Dion. 4, l. 9 et 10, et Joan. 15, lect. 4.)

Ad quartum sic proceditur. 1. Videtur quòd amor inconvenienter dividatur in amorem *amicitiæ* et *concupiscentiæ*. Amor enim est passio, amicitia verò est habitus, ut dicit Philosophus in 8 Ethic., cap. 5, à med. Sed habitus non potest esse pars divisiva passionis. Ergo amor inconvenienter dividitur per amorem *concupiscentiæ* et amorem *amicitiæ*.

2. Preterea, nihil dividitur per id quod ei connumeratur; non enim homo connumeratur animali. Sed concupiscentia connumeratur amori sicut alia passio ab amore. Ergo amor non potest dividi per concupiscentiam.

3. Præterea, secundùm Philosophum in 8 Ethic., cap. 3, triplex est amicitia, *utilis*, *delectabilis* et *honesta*. Sed amicitia *utilis* et *delectabilis* habet concupiscentiam. Ergo concupiscentia non debet dividi contra amicitiam.

Sed contra, quædam dicimur amare, quia ea concupiscimus; sicut dicitur aliquis amare vinum propter dulce, quod in eo concupiscit, ut dicitur in 2 Top., cap. 2, ad loc. 8. Sed ad vinum et ad hujusmodi non habemus amicitiam, ut dicitur in 8 Ethic., cap. 2, in princ. Ergo alius est amor *concupiscentiæ*, et alius est amor *amicitiæ*.

Respondeo dicendum quòd, sicut Philosophus dicit in 2 Rhetor., cap. 4, in princ.,

amare est velle alicui bonum. Sic ergo motus amoris in duo tendit, scilicet in bonum quod quis vult alicui, vel sibi, vel alii, et in illud cui vult bonum. Ad illud ergo bonum quod quis vult alteri, habetur amor *concupiscentiæ*; ad illud autem cui aliquis vult bonum, habetur amor *amicitiæ*.

Hæc autem divisio est secundùm prius et posterius. Nam id quod amatur amore *amicitiæ*, simpliciter et per se amatur; quod autem amatur amore *concupiscentiæ*, non simpliciter et secundùm se amatur, sed amatur alteri. Sicut enim ens per se simpliciter est quod habet esse; ens autem secundùm quid, quod est in alio, ita bonum quod convertitur cum ente, simpliciter quidem est quod ipsam habet bonitatem; quod autem est bonum alterius, est bonum secundùm quid; et per consequens amor quo amatur aliquid, ut ei sit bonum, est amor simpliciter; amor autem quo amatur aliquid, ut sit bonum alterius, est amor secundùm quid.

Ad primum ergo dicendum quòd amor non dividitur per *amicitiam* et *concupiscentiam*, sed per amorem *amicitiæ* et *concupiscentiæ* : nam ille propriè dicitur amicus cui aliquod bonum volumus; illud autem dicimur concupiscere quod volumus nobis.

Et per hoc patet solutio ad secundum.

Ad tertium dicendum quòd in amicitiâ utili et delectabili vult quidem aliquis aliquod bonum amico; et quantùm ad hoc salvatur ibi ratio amicitiæ. Sed quia illud bonum refert ulteriùs ad suam delectationem et utilitatem, inde est quòd amicitia utilis et delectabilis, in quantum trahitur ad amorem concupiscentiæ, deficit à ratione veræ amicitiæ.

QUÆSTIO XXVII.

DE CAUSA AMORIS. — (*In quatuor articulos divisa.*)

Deinde considerandum est de causâ amoris; et circa hoc quæruntur quatuor : 1° utrùm bonum sit sola causa amoris; 2° utrùm cognitio sit causa amoris; 3° utrùm similitudo; 4° utrùm aliqua alia animæ passionum.

ARTICULUS PRIMUS. — *Utrùm bonum sit sola causa amoris.* — (P. 1, quæst. 20, art. 1, et Dion., 4, lect. 4.)

Ad primum sic proceditur. 1. Videtur quòd non solum bonum sit causa amoris. Bonum enim non est causa amoris, nisi quia amatur. Sed contingit etiam malum amari, secundùm illud Psal. 10, 6 : *Qui diligit iniquitatem, odit animam suam*; alioquin omnis amor esset bonus. Ergo non solùm bonum est causa amoris.

2. Præterea, Philosophus dicit in 2 Rhet., cap. 4, à med., quòd *eos qui mala sua dicunt, amamus.* Ergo videtur quòd malum sit causa amoris.

3. Præterea, Dionysius dicit cap. 4 de div. Nom., lect. 9, quòd *non solùm bonum, sed etiam pulchrum est omnibus amabile*.

Sed contra est quod Augustinus dicit 8 de Trinit., cap. 3, in princ. : *Non amatur certè nisi bonum solum.* Ergo bonum est causa amoris.

Respondeo dicendum quòd, sicut supra dictum est, quæst. 26, art. 1, amor ad appetitivam potentiam pertinet, quæ est vis passiva. Unde objectum ejus comparatur ad ipsam sicut causa motûs vel actûs ipsius. Oportet igitur ut illud sit propriè causa amoris quod est amoris objectum. Amoris autem proprium objectum est *bonum*, quia, ut dictum est, quæst. 26, art. 1 et 2, amor importat quamdam connaturalitatem vel complacentiam amantis ad amatum : unicuique autem est bonum id quod est sibi connaturale et proportionatum. Unde relinquitur quòd bonum sit propria causa amoris.

Ad primum ergo dicendum quòd malum nunquàm amatur nisi sub ratione boni, scilicet in quantum est secundùm quid bonum, et apprehenditur ut simpliciter bonum; et sic aliquis amor est malus, in quantum tendit in id quod non est simpliciter verum bonum. Et per hunc modum homo diligit iniquitatem, in quantum per iniquitatem adipiscitur aliquod bonum, putà delectationem vel pecuniam, vel aliquid hujusmodi.

Ad secundum dicendum quòd illi qui mala sua dicunt, non propter mala amantur, sed propter hoc quòd dicunt mala; hoc enim quod est dicere mala sua, habet rationem boni, in quantum excludit fictionem seu simulationem.

Ad tertium dicendum quòd *pulchrum* est idem *bono* solâ ratione differens. Cùm enim bonum sit *quod omnia appetunt,* de ratione boni est quòd in eo quietetur appetitus. Sed ad rationem pulchri pertinet quòd in ejus aspectu seu cognitione quietetur appetitus; unde et illi sensus præcipuè respiciunt pulchrum qui maximè cognoscitivi sunt, scilicet visus et auditus rationi deservientes; dicimus enim *pulchra visibilia* et *pulchros sonos.* In sensibilibus autem aliorum sensuum non utimur nomine pulchritudinis; non enim dicimus *pulchros sapores* aut *odores.* Et sic patet quòd *pulchrum* addit supra *bonum* quemdam ordinem ad vim cognoscitivam; ita quòd *bonum* dicatur id quod simpliciter complacet appetitui; *pulchrum* autem dicatur id cujus ipsa apprehensio placet.

ARTICULUS II. — *Utrùm cognitio sit causa amoris.* — (2–2, *quæst.* 26, *art.* 2, *ad* 1, *et* 1, *dist.* 15, *quæst.* 4, *art.* 1, *ad* 3.)

Ad secundum sic proceditur. 1. Videtur quòd cognitio non sit causa amoris. Quòd enim aliquid quæratur, hoc contingit ex amore. Sed aliqua quæruntur quæ nesciuntur, sicut scientiæ; cùm enim in his *idem sit eas habere quod eas noscere,* ut Augustinus dicit in lib. 83 QQ., quæst. 35, ante med., si cognoscerentur, haberentur, et non quærerentur. Ergo cognitio non est causa amoris.

2. Præterea, ejusdem rationis videtur esse quòd aliquid incognitum ametur, et quòd aliquid ametur plus quàm cognoscatur. Sed aliqua amantur plus quàm cognoscantur, sicut Deus, qui in hâc vitâ potest per seipsum amari, non autem per seipsum cognosci. Ergo cognitio non est causa amoris.

3. Præterea, si cognitio esset causa amoris, non posset inveniri amor ubi non est cognitio. Sed in omnibus rebus invenitur amor, ut dicit Dionysius 4 cap. de divin. Nom. , lect. 9, in princ. ; non autem in omnibus invenitur cognitio. Ergo cognitio non est causa amoris.

Sed contra est quod Augustinus probat in 10 de Trin., in princ. lib., quòd *nullus potest amare aliquid incognitum.*

Respondeo dicendum quòd, sicut dictum est art. præc., bonum est causa amoris per modum objecti. Bonum autem non est objectum appetitûs, nisi prout est apprehensum ; et ideò amor requirit aliquam apprehensionem boni quod amatur. Et propter hoc Philosophus dicit 9 Ethic., cap. 5 et 12, in princ., quòd *visio corporalis est principium amoris sensitivi;* et similiter contemplatio spiritualis pulchritudinis vel bonitatis est principium amoris spiritualis. Sic igitur cognitio est causa amoris eâ ratione quâ et *bonum,* quod non potest amari nisi cognitum.

Ad primum ergo dicendum quòd ille qui quærit scientiam, non omninò ignorat ; sed secundùm aliquid eam præcognoscit vel in universali, vel in aliquo ejus effectu, vel per hoc quòd audit eam laudari, ut Augustinus dicit 10 de Trin., cap. 1, 2 et 3. Sic autem eam cognoscere non est eam habere, sed cognoscere eam perfectè.

Ad secundum dicendum quòd aliquid requiritur ad perfectionem cognitionis, quod non requiritur ad perfectionem amoris. Cognitio enim ad rationem pertinet, cujus est distinguere inter ea quæ secundùm rem sunt conjuncta, et componere quodammodò ea quæ sunt diversa, unum alteri comparando. Et ideò ad perfectionem cognitionis requiritur quòd homo cognoscat sigillatim quidquid est in re, sicut partes, et virtutes, et proprietates. Sed amor est in vi appetitivâ, quæ respicit rem secundùm quòd in se est; unde ad perfectionem amoris sufficit quòd res, prout in se apprehenditur, ametur. Ob hoc ergo contingit quòd aliquid plus ametur quàm cognoscatur, quia potest perfectè amari, etiamsi non perfectè cognoscatur; sicut maximè patet in scientiis, quas aliqui amant propter aliquam summariam cognitionem quam de eis habent, putà quòd sciunt rhetoricam esse scientiam per quam homo potest persuadere; et hoc in rhetoricâ amant. Et similiter est dicendum circa amorem Dei.

Ad tertium dicendum quòd etiam amor naturalis, qui est in omnibus rebus, causatur ex aliquâ cognitione, non quidem in ipsis rebus naturalibus existente, sed in eo qui naturam instituit, ut supra dictum est, quæst. 26, art. 1.

ARTICULUS III. — *Utrùm similitudo sit causa amoris.* — (*Inf., quæst.* 99, *art.* 2, *corp., et de Hebdom. lect.* 2, *fin., et* 4 *Ethic., lect.* 1, *et* 8, *lect.* 3.)

Ad tertium sic proceditur. 1. Videtur quòd similitudo non sit causa amoris. Idem enim non est causa contrariorum. Sed similitudo est causa odii ; dicitur enim Proverb. 13, 10, quòd *inter superbos semper sunt jurgia*; et Philosophus dicit in 8 Ethic., cap. 1, à med., quòd *figuli corrixantur ad invicem*. Ergo similitudo non est causa amoris.

2. Præterea, Augustinus dicit in 4 Confess., cap. 4, circ. med., quòd *aliquis amat in alio quod esse non vellet*, sicut homo amat histrionem, qui non vellet esse histrio. Hoc autem non contingeret, si similitudo esset propria causa amoris; sic enim homo amaret in altero quod ipse haberet vel vellet habere. Ergo similitudo non est causa amoris.

3. Præterea, quilibet homo amat id quo indiget, etiamsi illud non habeat, sicut infirmus amat sanitatem, et pauper divitias. Sed in quantum indiget et caret eis, habet dissimilitudinem ad ipsa. Ergo non solùm similitudo, sed dissimilitudo est causa amoris.

4. Præterea, Philosophus dicit in Rhetor., cap. 4, post princ., quòd *beneficos in pecunias et salutem amamus*; et *similiter eos qui circa mortuos servant amicitiam, omnes diligunt*. Non autem omnes sunt tales. Ergo similitudo non est causa amoris.

Sed contra est quod dicitur Eccli. 13, 19 : *Omne animal diligit simile sibi.*

Respondeo dicendum quòd similitudo, propriè loquendo, est causa amoris.

Sed considerandum est quòd similitudo inter aliqua potest attendi dupliciter : uno modo, ex hoc quòd utrumque habet idem in actu, sicut duo habentes albedinem dicuntur similes; alio modo ex hoc quòd unum habet in potentiâ et in quâdam inclinatione illud quod aliud habet in actu; sicut si dicamus quòd corpus grave existens extra suum locum habet similitudinem cum corpore gravi ·in suo loco existenti: vel etiam secundùm quòd potentia habet similitudinem ad actum ipsum, nam in ipsâ potentiâ quodammodò est actus. Primus ergo similitudinis modus causat amorem amicitiæ, seu benevolentiæ; ex hoc enim quòd aliqui duo sunt similes, quasi habentes unam formam, sunt quodammodò unum in formâ illâ; sicut duo homines sunt unum in specie humanitatis, et duo albi in albedine; et ideò affectus unius tendit in alterum sicut in unum sibi, et vult ei bonum sicut et sibi.

Sed secundus modus similitudinis causat amorem concupiscentiæ vel amicitiam utilis seu delectabilis, quia unicuique existenti in potentiâ, in quantum hujusmodi, inest appetitus sui actûs, et in ejus consecutione delectatur, si sit sentiens et cognoscens.

Dictum est autem supra, quæst. 26. art. 4, quòd in amore concupiscentiæ amans propriè amat seipsum, cùm vult illud bonum quod concupiscit. Magis autem unusquisque seipsum amat quàm alium, quia sibi unus est in substantiâ, alteri verò in similitudine alicujus formæ. Et ideò, si ex eo quòd est sibi similis in participatione formæ, impediatur ipsemet à consecutione boni quod amat, efficitur ei odiosus, non in quantum est similis, sed in quantum est proprii boni impeditivus. Et propter hoc figuli corrixantur ad invicem, quia se invicem impediunt in proprio lucro; et *inter superbos sunt jurgia*, quia se invicem impediunt in propriâ excellentiâ,

quam concupiscunt.

Et per hoc patet responsio ad primum.

Ad secundum dicendum quòd in hoc etiam quòd aliquis in altero amat quod in se non (1) amat, invenitur ratio similitudinis (2) secundùm proportionalitatem. Nam sicut se habet alius ad hoc quod in eo amatur, ita ipse se habet ad hoc quod in se amat : putà si bonus cantor bonum amet scriptorem, attenditur ibi similitudo proportionis, secundùm quòd uterque habet quod convenit ei secundùm suam artem.

Ad tertium dicendum quòd ille qui amat hoc quo indiget, habet similitudinem ad id quod amat, sicut quod est potentia ad actum, ut dictum est in corp. art.

Ad quartum dicendum quòd secundùm eamdem similitudinem potentiæ ad actum ille qui non est liberalis, amat eum qui est liberalis, in quantum expectat ab eo aliquid quod desiderat; et eadem ratio est de perseverantia in amicitiâ ad eum qui non perseverat: utrobique enim videtur esse amicitia propter utilitatem.

Vel dicendum quòd licèt non omnes homines habeant hujusmodi virtutes secundùm habitum completum, habent tamen eas secundùm quædam seminalia rationis (3), secundùm quæ qui non habet virtutem, diligit virtuosum, tanquàm suæ naturali rationi conformem.

ARTICULUS IV. —*Utrùm aliqua alia passionum animæ sit causa amoris.*

Ad quartum sic proceditur. 1. Videtur quòd aliqua alia passio possit esse causa amoris. Dicit enim Philosophus in 8 Ethic., cap. 3, quòd *aliqui amantur propter delectationem*. Sed delectatio est passio quædam. Ergo aliqua alia passio est causa amoris.

2. Præterea, desiderium quædam passio est. Sed aliquos amamus propter desiderium alicujus (4) quod ab eis expectamus, sicut apparet in omni amicitiâ quæ est propter utilitatem. Ergo aliqua alia passio est causa amoris.

3. Præterea, Augustinus dicit in 10 de Trinit., cap. 1, circ. med. : *Cujus rei adipiscendæ spem quisque non gerit, aut tepidè amat, aut omninò non amat, quamvis quàm pulchra sit videat.* Ergo spes est etiam causa amoris.

Sed contra hæc (5) est quòd *omnes aliæ affectiones animæ ex amore causantur*, ut Augustinus dicit 14 de Civ. Dei, cap. 7 et 9.

Respondeo dicendum quòd nulla alia passio est quæ non præsupponat aliquem amorem. Cujus ratio est quia omnis alia passio animæ importat motum ad aliquid vel quietem in aliquo. Omnis autem motus ad aliquid vel quies in aliquo ex aliquâ connaturalitate vel coaptatione procedit, quæ pertinet ad rationem amoris. Unde impossibile est quòd aliqua

---

(1) Ita optimè Garcia, Nicolaius et edit. Patav. In cod. Alcan. et edit. Rom. deest *non*.

(2) Al., *bonum similitudinis.*

(3) An *quædam semina rationis?* ut conjectat Nicolaius.

(4) Ita codd. Alcan. et Tarrac. cum Nicolaio, et edit. Patav. In edit. Rom. aliisque deest *alicujus.*

(5) Al., *hoc.*

alia passio animæ sit causa universaliter omnis amoris.

Contingit tamen aliquam aliam passionem esse causam amoris alicujus, sicut etiam um bonum est causa alterius.

Ad primum ergo dicendum quòd cùm aliquis .at aliquid propter delectationem, amor quidem ille causatur ex delectatione, sed delectatio illa iterùm causatur ex alio amore præcedente; nullus enim delectatur nisi in re aliquo modo amata.

Ad secundum dicendum quòd desiderium rei alicujus semper præsupponit amorem illius rei; et sic desiderium alicujus rei potest esse causa ut res alia ametur; sicut qui desiderat pecuniam, amat propter hoc eum à quo pecuniam recipit.

Ad tertium dicendum quòd spes causat vel auget amorem, et hoc ratione delectationis, quia delectationem causat, et etiam ratione desiderii, quia spes desiderium fortificat; non enim ita intensè desideramus quæ non speramus; sed tamen et ipsa spes est alicujus boni amati.

QUÆSTIO XXVIII.

DE EFFECTIBUS AMORIS. — (*In sex articulos divisa.*)

Deinde considerandum est de effectibus amoris; et circa hoc quæruntur sex: 1° utrùm unio sit effectus amoris; 2° utrùm mutua inhæsio; 3° utrùm extasis sit effectus amoris; 4° utrùm zelus; 5° utrùm amor sit passio læsiva amantis; 6° utrùm amor sit causa omnium quæ amans agit.

ARTICULUS PRIMUS. — *Utrùm unio sit effectus amoris.* — (1 p., quæst. 20, art. 1, ad 3, et quæst. 60, art. 3, ad 2, et 3, dist. 27, quæst. 1, art. 1, et Dion., cap. 4, lect. 10.)

Ad primum sic proceditur. 1. Videtur quòd unio non sit effectus amoris. Absentia enim unioni repugnat. Sed amor compatitur secum absentiam; dicit enim Apostolus ad Galat. 4, 18: *Bonum æmulamini in bono semper,* loquens de se ipso, ut Glossa interl. dicit, *et non tantùm cùm præsens sum apud vos.* Ergo unio non est effectus amoris.

2. Præterea, omnis unio aut est per essentiam, sicut forma unitur materiæ, et accidens subjecto, et pars toti, vel alteri parti ad constitutionem totius; aut est per similitudinem vel generis, vel speciei, vel accidentis. Sed amor non causat unionem essentiæ; alioquin nunquàm haberetur amor ad ea quæ sunt per essentiam divisa; unionem autem quæ est per similitudinem, amor non causat, sed magis ab eâ causatur, ut dictum est quæst. 27, art. 3. Ergo unio non est effectus amoris.

3. Præterea, sensus in actu fit sensibile in actu, et intellectus in actu fit intellectum in actu. Non autem amans in actu fit amatum in actu. Ergo unio magis est effectus cognitionis quàm amoris.

Sed contra est quod dicit Dionysius 4 cap. de div. Nom., lect. 9, circ. fin., quòd *amor quilibet est virtus unitiva.*

Respondeo dicendum quòd duplex est unio amantis ad amatum: una quidem secundùm rem, putâ cùm amatum præsentialiter adest

amanti; alia verò secundùm affectum; quæ quidem unio consideranda est ex apprehensione præcedente, nam motus appetitivus sequitur apprehensionem. Cùm autem sit duplex amor, scilicet *concupiscentiæ et amicitiæ,* uterque procedit ex quâdam apprehensione unitatis amati ad amantem; cùm enim aliquis amat aliquid, quasi concupiscens illud, apprehendit illud quasi pertinens ad suum benè esse. Similiter cùm aliquis amat aliquem amore *amicitiæ,* vult ei bonum, sicut et sibi vult bonum; unde apprehendit eum ut alterum se, in quantum scilicet vult ei bonum, sicut et sibi ipsi; et inde est quòd amicus dicitur esse *alter ipse;* et Augustinus dicit in 4 Confess., cap. 6, circ. fin., et lib. 2 Retract., cap. 6: *Benè quidam dixit de amico suo, dimidium animæ suæ.*

Primam ergo unionem amor facit effectivè, quia movet ad desiderandum et quærendum præsentiam amati quasi sibi convenientis et ad se pertinentis.

Secundam autem unionem facit formaliter, quia ipse amor est talis unio vel nexus. Unde Augustinus dicit in 8 de Trin., cap. 10, quòd *amor est quasi junctura quædam duo aliqua copulans, vel copulare appetens,* amantem scilicet, et quod amatur. Quod enim dicit *copulam,* refertur ad unionem affectûs, sine quâ non est amor; quod verò dicit *copulare intendens,* pertinet ad unionem realem.

Ad primum ergo dicendum quòd objectio illa procedit de unione reali, quam quidem requirit delectatio (1) sicut causam; desiderium verò est in reali absentiâ amati; amor verò et in absentiâ, et in præsentiâ.

Ad secundum dicendum quòd unio tripliciter se habet ad amorem: quædam enim unio est causa amoris; et hæc quidem est unio substantialis quantùm ad amorem quo quis amat seipsum; quantùm verò ad amorem quo quis amat alia, est unio similitudinis, ut dictum est qu. præc., art. 3. Quædam verò unio est essentialiter ipse amor; et hæc est unio secundùm coaptationem affectûs; quæ quidem assimilatur unioni substantiali, in quantum amans se habet ad amatum in amore quidem *amicitiæ,* ut ad seipsum, in amore autem *concupiscentiæ* ut ad aliquid sui. Quædam verò unio est effectus amoris; et hæc est unio realis, quam amans quærit de re amatâ: et hæc quidem unio est secundùm convenientiam amoris. Ut enim Philosophus dicit 2 Polit., cap. 2, post med., *Aristophanes dixit quòd amantes desiderarent ex ambobus fieri unum. Sed quia ex hoc accideret aut ambos aut alterum corrumpi, quærunt unionem quæ convenit et decet, ut scilicet simul conversentur, et simul colloquantur, et in aliis hujusmodi conjungantur.*

Ad tertium dicendum quòd cognitio perficitur per hoc quòd cognitum unitur cognoscenti secundùm suam similitudinem; sed amor facit quòd ipsa res quæ amatur amanti aliquo modo uniatur, ut dictum est art. præc. Unde amor est magis unitivus quàm cognitio.

(1) Ita codd. Alcan. et Camer. cum editis plurimis. Al., *dilectio.*

ARTICULUS II. — *Utrùm mutua inhæsio sit effectus amoris.* — (*Inf., quæst. 66, art. 6, corp., et 3, dist. 27, quæst. 1, art. 1, ad 4.*)

Ad secundum sic proceditur. 1. Videtur quòd amor non causet mutuam inhæsionem, scilicet ut amans sit in amato, et è converso. Quod enim est in altero, continetur in eo. Sed non potest idem esse continens, et contentum. Ergo per amorem non potest causari mutua inhæsio, ut amatum sit in amante, et è converso.

2. Præterea, nihil potest penetrare in interiora alicujus integri nisi per aliquam divisionem. Sed dividere quæ sunt secundùm rem conjuncta, non pertinet ad appetitum, in quo est amor, sed ad rationem. Ergo mutua inhæsio non est effectus amoris.

3. Præterea, si per amorem amans est in amato, et è converso, sequetur quòd hoc modo amatum uniatur amanti, sicut amans amato. Sed ipsa unio est amor, ut dictum est art. præc. Ergo sequitur quòd semper amans ametur ab amato; quod patet esse falsum. Non ergo mutua inhæsio est effectus amoris.

Sed contra est quod dicitur 1 Joan. 4, 16 : *Qui manet in charitate, in Deo manet, et Deus in eo.* Charitas autem est amor Dei. Ergo eâdem ratione quilibet amor facit amatum esse in amante.

Respondeo dicendum quòd iste effectus mutuæ inhæsionis potest intelligi et quantùm ad vim apprehensivam, et quantùm ad vim appetitivam.

Nam quantùm ad vim apprehensivam, amatum dicitur esse in amante, in quantum amatum immoratur in apprehensione amantis, secundùm illud Philipp. 1, 7 : *Eò quòd habeam vos in corde.* Amans verò dicitur esse in amato secundùm apprehensionem, in quantum amans non est contentus superficiali apprehensione amati, sed nititur singula quæ ad amatum pertinent, intrinsecùs disquirere; et sic ad interiora ejus ingreditur; sicut de Spiritu sancto, qui est amor Dei, dicitur 1 ad Corinth. 2, 10, quòd *scrutatur etiam profunda Dei.*

Sed quantùm ad vim appetitivam, amatum dicitur esse in amante, prout est per quamdam complacentiam in ejus affectu, ut vel delectetur in eo, aut in bonis ejus apud præsentiam, vel in absentiâ per desiderium tendat in ipsum amatum per amorem *concupiscentiæ,* vel in bona quæ vult amato, per amorem (1) *amicitiæ;* non quidem ex aliquâ extrinsecâ causâ, sicut cùm aliquis desiderat aliquid propter alterum, vel cùm aliquis vult bonum alteri propter aliquid aliud; sed propter complacentiam amati interiùs radicatam; unde et amor dicitur *intimus,* et dicuntur *viscera charitatis.* E converso autem amans est in amato aliter quidem per amorem *concupiscentiæ,* aliter per amorem *amicitiæ.* Amor namque *concupiscentiæ* non requiescit in quâcumque extrinsecâ aut superficiali adeptione, vel fruitione amati, sed

quærit amatum perfectè habere, quasi ad intima illius perveniens. In amore verò *amicitiæ* amans est in amato, in quantum reputat bona vel mala amici sicut sua, et voluntatem amici sicut suam; ut quasi ipse in suo amico videatur bona vel mala pati et affici. Et propter hoc proprium est amicorum *eadem velle, et in eodem tristari et gaudere,* secundùm Philosophum in 9 Ethic., cap. 3, à med., et in 2 Rhetor., c. 4, in princ., ut sic, in quantum quæ sunt amici, æstimat sua, amans videatur esse in amato, quasi idem factus amato; in quantum autem è converso vult et agit propter amicum sicut propter seipsum, quasi reputans amicum idem sibi, sic amatum est in amante. Potest autem et tertio modo mutua inhæsio intelligi in amore *amicitiæ* secundùm viam redamationis, in quantum mutuò se amant amici, et sibi invicem bona volunt et operantur.

Ad primum ergo dicendum quòd amatum continetur in amante, in quantum est impressum in affectu ejus per quamdam complacentiam; è converso verò amans continetur in amato, in quantum amans sequitur aliquo modo illud quod est intimum amati; nihil enim prohibet diverso modo esse aliquid continens et contentum, sicut genus continetur in specie, et è converso.

Ad secundum dicendum quòd rationis apprehensio præcedit affectum amoris; et ideò sicut ratio disquirit, ita affectus amoris subintrat in amatum, ut ex dictis patet in corp. art.

Ad tertium dicendum quòd illa ratio procedit de tertio modo mutuæ inhæsionis, qui non invenitur in quolibet amore.

ARTICULUS III. — *Utrùm extasis sit effectus amoris.* — (2-2, *quæst.* 175, *art.* 2, *et* 3, *dist.* 27, *quæst.* 1, *art.* 1, ad 4, *et* Ver. *quæst.* 13, *art.* 2, ad 9, *et* 1 Cor. 12.)

Ad tertium sic proceditur. 1. Videtur quòd extasis non sit effectus amoris. Extasis enim quamdam alienationem importare videtur. Sed amor non semper facit alienationem, sunt enim amantes interdùm sui compotes. Ergo amor non facit extasim.

2. Præterea, amans desiderat amatum sibi uniri. Magis ergo amatum trahit ad se quàm etiam pergat in amatum, extra se exiens.

3. Præterea, amor unit amatum amanti, sicut dictum est art. 1 et 2 præc. Si ergo amans extra se tendit, ut in amatum pergat, sequitur quòd semper plus diligat amatum quàm seipsum; quod patet esse falsum. Non ergo extasis est effectus amoris.

Sed contra est quod Dionysius dicit 4 cap. de div. Nom., lect. 10, in princ., quòd *divinus amor extasim facit,* et quòd *ipse Deus propter amorem est extasim passus.* Cùm ergo quilibet amor sit quædam similitudo participata divini amoris, ut ibidem dicitur, lect. 12, videtur quòd quilibet amor causet extasim.

Respondeo dicendum quòd extasim pati aliquis dicitur, cùm extra se ponitur; quod quidem contingit et secundùm vim apprehensivam, et secundùm vim appetitivam. Secundum quidem vim apprehensivam aliquis dicitur

(1) Ita edit. Rom., Nicolai et Patav. 1712. Cod. Alcan. et Theologi, *amato ejus.* Edit. Pat. an. 1698, *amato per ejus amorem.*

extra se poni, quando ponitur extrá cognitionem sibi propriam; vel quia ad superiorem
sublimatur , sicut homo, dùm elevatur ad
comprehendenda aliqua quæ sunt supra sensum et rationem, dicitur extasim pati, in
quantum ponitur extra connaturalem apprehensionem rationis et sensùs; vel quia ad inferiora deprimitur, putá cùm aliquis in fu-
riam vel amentiam cadit, dicitur extasim
passus. Secundùm appetitivam verò partem
dicitur aliquis extasim pati, quando appetitus
alicujus in alterum fertur, exiens quodammodò extra seipsum.

Primam quidem extasim facit amor dispositivè, in quantum scilicet facit meditari de
amato, ut dictum est art. præc., intensa autem meditatio unius abstrahit ab aliis.

Sed secundam extasim facit amor directò,
simpliciter quidem amor *amicitiæ*, amor autem *concupiscentiæ* non simpliciter, sed secundùm quid. Nam in amore *concupiscentiæ*
quodammodò fertur amans extra seipsum,
in quantum scilicet non contentus gaudere
de bono quod habet, quærit frui aliquo extra
se. Sed quia illud extrinsecum bonum quærit sibi habere, non exit simpliciter extra se,
sed talis affectio in fine intra ipsum concluditur. Sed in amore *amicitiæ* affectus alicujus
simpliciter exit extra se; quia vult amico
bonum, et operatur bonum, quasi gerens curam
et providentiam ipsius propter ipsum amicum.

Ad primum ergo dicendum quòd illa ratio
procedit de primá extasi.

Ad secundum dicendum quòd illa ratio
procedit de amore *concupiscentiæ*, qui non
facit simpliciter extasim, ut dictum est in
corp. art.

Ad tertium dicendum quòd ille qui amat,
in tantum extra se exit, in quantum vult bona
amici et operatur; non tamen vult bona amici
magis quàm sua; unde non sequitur quòd alterum plus quàm se diligat.

ARTICULUS IV. — *Utrùm zelus sit effectus amoris. (Mal. quæst. 10, art. 1, ad 2.)*

Ad quartum sic proceditur. 1. Videtur quòd
zelus non sit effectus amoris. Zelus enim est
contentionis principium : unde dicitur 1 ad
Corinth. 3, 3 : *Cùm sit inter vos zelus et contentio*, etc. Sed contentio repugnat amori.
Ergo zelus non est effectus amoris.

2. Præterea, objectum amoris est bonum
quod est communicativum sui. Sed zelus repugnat communicationi; ad zelum enim pertinere videtur quòd quis non patitur consortium in amato; sicut viri dicuntur zelare
uxores, quas nolunt habere communes cum
cæteris. Ergo zelus non est effectus amoris.

3. Præterea, zelus non est sine odio, sicut
nec sine amore; dicitur enim in Psal. 72, 3 :
Zelavi super iniquos. Non ergo debet dici
magis effectus amoris quàm odii.

Sed contra est quod Dionysius dicit 4 c. de
divin. Nomin., lect. 10, quòd *Deus appellatur
zelotes propter multum amorem quem habet ad
existentia.*

Respondeo dicendum quòd zelus, quocumque modo sumatur, ex intensione amoris

provenit. Manifestum est enim quòd quantò
aliqua virtus intensiùs tendit in aliquid, fortiùs repellit omne contrarium vel repugnans.
Cùm igitur amor sit quidam motus in amatum , ut Augustinus dicit in lib. 83 QQ.,
qu. 35 et 36, intensus amor quærit excludere
omne id quod sibi repugnat.

Aliter tamen hoc contingit in amore *concupiscentiæ*, et aliter in amore *amicitiæ.* Nam
in amore *concupiscentiæ*, qui intensè aliquid
concupiscit, movetur contra omne illud quod
repugnat consecutioni vel fruitioni quietæ
ejus quod amatur; et hoc modo viri dicuntur
zelare uxores, ne per consortium aliorum
impediatur singularitas quam in uxore quærunt; similiter etiam qui quærunt excellentiam, moventur contra eos qui excellere videntur, quasi impedientes excellentiam eorum; et iste est zelus invidiæ, de quo dicitur
in Psalm. 36, 1 : *Noli æmulari in malignan-
tibus, neque zelaveris facientes iniquitatem.*
Amor autem *amicitiæ* quærit bonum amici;
unde quandò est intensus, facit hominem moveri contra omne illud quod repugnat bono
amici. Et secundùm hoc aliquis dicitur zelare
pro amico, quando, si quæ dicuntur, vel fiunt
contra bonum amici, homo repellere studet;
et per hunc etiam modum aliquis dicitur zelare pro Deo, quando ea quæ sunt contra honorem vel voluntatem Dei, repellere secundùm posse conatur, secundùm illud Reg. 19,
14 : *Zelatus sum pro Domino exercituum;* et
Joan. 2, super illud : *Zelus domùs tuæ comedit me*, dicit Glossa (ordin., ex Aug. tract. 10
in Joan.) quòd *bono zelo comeditur qui quælibet prava quæ viderit, corrigere satagit, si
nequit, tolerat et gemit.*

Ad primum ergo dicendum quòd Apostolus
ibi loquitur de zelo invidiæ, qui quidem est
causa contentionis, non contra rem amatam,
sed pro re amatá contra impedimenta ipsius.

Ad secundum dicendum quòd bonum amatur, in quantum est communicabile amanti,
unde omne illud quod perfectionem hujus
communicationis impedit, efficitur odiosum;
et sic ex amore boni zelus causatur. Ex defectu autem bonitatis contingit quòd quædam
parva bona non possunt integrè simul possideri à multis, et ex amore talium causatur
zelus invidiæ; non autem propriè ex his quæ
integrè possunt à multis possideri; nullus
enim invidet alteri de cognitione veritatis, quæ
à multis integrè cognosci potest, sed forte de
excellentiá circa cognitionem hujus.

Ad tertium dicendum quòd hoc ipsum quòd
aliquis odio habet ea quæ repugnant amato,
ex amore procedit; unde zelus propriè ponitur effectus amoris magis quàm odii.

ARTICULUS V. — *Utrùm amor sit passio læsiva
amantis.*

Ad quintum sic proceditur. 1. Videtur quòd
amor sit passio læsiva. Languor enim significat læsionem quamdam languentis. Sed amor
causat languorem : dicitur enim Cant. 2, 5 :
*Fulcite me floribus, stipate me malis, quia
amore langueo.* Ergo amor est passio læsiva.

2. Præterea, liquefactio est quædam re-

solutio. Sed amor est liquefactivus; dicitur enim Cant. 5, 6 : *Anima mea liquefacta est, ut dilectus meus locutus est.* Ergo amor est resolutivus; est ergo corruptivus et læsivus.

3. Præterea, fervor designat quemdam excessum in caliditate, qui quidem excessus corruptivus est. Sed fervor causatur ex amore; Dionysius enim, 7 c. cœl. Hier., parùm à princ., inter cæteras proprietates ad amorem Seraphim pertinentes, ponit *calidum*, et *acutum*, et *superfervens;* et Cant. 8, 6, dicitur de amore, quòd *lampades ejus sunt lampades ignis atque flammarum.* Ergo amor est passio læsiva et corruptiva.

Sed contra est quod dicit Dionysius 4 c. de div. Nom., p. 1, lect. 9, quòd *singula seipsa amant contentivè,* id est conservativè. Ergo amor non est passio læsiva, sed magis conservativa et perfectiva.

Respondeo dicendum quòd, sicut supra dictum est, qu. 16, art. 1 et 2, et qu. 27, art. 1, amor significat coaptationem quamdam appetitivæ virtutis ad aliquod bonum. Nihil autem quod coaptatur ad aliquid quod est sibi conveniens, ex hoc ipso læditur; sed magis, si sit possibile, perficitur (1), et melioratur; quod verò coaptatur ad aliquid quod non est sibi conveniens, ex hoc læditur et deterioratur. Amor ergo boni convenientis est perfectivus et meliorativus amantis; amor autem boni quod non est conveniens amanti, est læsivus et deteriorativus amantis. Unde maximè homo perficitur et melioratur per amorem Dei; læditur autem et deterioratur per amorem peccati, secundùm illud Oseæ 9, 10 : *Facti sunt abominabiles, sicut ea quæ dilexerunt.* Et hoc quidem sic dictum est de amore quantùm ad id quod est formale in ipso, quod est scilicet ex parte appetitûs.

Quantùm verò ad id quod est materiale in passione amoris, quod est immutatio aliqua corporalis, accidit quòd amor sit læsivus propter excessum immutationis; sicut accidit in sensu, et in omni actu virtutis animæ qui exercetur per aliquam immutationem organi corporalis.

Ad ea verò quæ in contrarium objiciuntur, dicendum quòd amori attribui possunt quatuor effectus proximi, scilicet *liquefactio, fruitio, languor* et *fervor.* Inter quæ primum est *liquefactio,* quæ opponitur congelationi. Ea enim quæ sunt congelata, in seipsis constricta sunt, ut non possint de facili subintrationem alterius pati. Ad amorem autem pertinet quòd appetitus coaptetur ad receptionem boni amati, prout amatum est in amante, sicut jam supra dictum est, art. 2 hujus qu. Unde cordis congelatio vel duritia est dispositio repugnans amori; sed *liquefactio* importat quamdam mollificationem cordis, quâ exhibet se cor habile ut amatum in ipsum subintret. Si ergo amatum fuerit præsens et habitum, causatur delectatio sive *fruitio;* si autem fuerit absens, consequuntur duæ passiones, scilicet tristitia de absentiâ, quæ significatur per *languorem* (unde et Tul-

lius, in 3 de Tuscul. Quæst., maximè tristitiam *ægritudinem* nominat) et intensum desiderium de consecutione amati, quod significatur per *fervorem.* Et isti quidem sunt effectus amoris formaliter accepti secundùm habitudinem appetitivæ virtutis ad objectum, sed in passione amoris consequuntur aliqui effectus his proportionati secundùm immutationem organi.

ARTICULUS VI. — *Utrùm amor sit causa omnium quæ amans agit.* — (3, dist. 27, quæst. 1, art. 1, corp.)

Ad sextum sic proceditur. 1. Videtur quòd amans non agat omnia ex amore. Amor enim quædam passio est, ut supra dictum est, qu. 26, art. 2. Sed non omnia quæ agit homo, agit ex passione; sed quædam agit ex electione, et quædam ex ignorantiâ, ut dicitur in 3 Ethic., cap. 5. Ergo non omnia quæ homo agit, agit ex amore.

2. Præterea, appetitus est principium motûs et actionis in omnibus animalibus, ut patet in 3 de Animâ, text. 48 et seq. Si igitur omnia quæ quis agit, agit ex amore, aliæ passiones appetitivæ partis erunt superfluæ.

3. Præterea, nihil causatur simul à contrariis causis. Sed quædam fiunt ex odio. Non ergo omnia sunt ex amore.

Sed contra est quod Dionysius dicit 4 c. de div. Nom., lect. 9, quòd *propter amorem boni omnia agunt quæcumque agunt.*

Respondeo dicendum quòd omne agens agit propter finem aliquem, ut supra dictum est, quæst. 1, art. 1 et 2. Finis autem est bonum desideratum et amatum unicuique. Unde manifestum est quòd omne agens, quodcumque sit, agit quamcumque actionem ex aliquo amore.

Ad primum ergo dicendum quòd objectio illa procedit de amore qui est passio in appetitu sensitivo existens; nos autem loquimur nunc de amore communiter accepto, prout comprehendit sub se amorem *intellectualem, rationalem, animalem, naturalem.* Sic enim Dionysius loquitur de amore in 4 cap. de div. Nom., lect. 12.

Ad secundum dicendum quòd ex amore, sicut jam dictum est, qu. 25, art. 2, causatur et desiderium, et tristitia, et delectatio, et per consequens omnes aliæ passiones : unde omnis actio quæ procedit ex quâcumque passione, procedit etiam ex amore sicut ex primâ causâ; unde non superfluunt aliæ passiones, quæ sunt causæ proximæ.

Ad tertium dicendum quòd odium etiam ex amore causatur, sicut infra dicetur, qu. seq., art. 2

QUÆSTIO XXIX.

DE ODIO. — (*In sex articulos divisa.*)

Deinde considerandum est de odio; et circa hoc quæruntur sex : 1° utrùm causa et objectum odii sit malum; 2° utrùm odium causetur ex amore; 3° utrùm odium sit fortius quàm amor; 4° utrùm aliquis possit habere odio seipsum; 5° utrùm aliquis possit habere odio veritatem; 6° utrùm aliquid possit haberi odio in universali

(1) Al., *proficit.*

Articulus primus. — *Utrùm causa et objectum odii sit malum.* — (*Mal. quæst.* 12, *art.* 4, *corp.*)

Ad primum sic proceditur. 1. Videtur quòd objectum et causa odii non sit malum. Omne enim quod est, in quantum hujusmodi, bonum est. Si igitur objectum odii sit malum, sequitur quòd nulla res odio habeatur, sed solùm defectus alicujus rei ; quod patet esse falsum.

2. Præterea, odire malum est laudabile : unde in laudem quorumdam dicitur 2 Mach. 3, 1, quòd *leges optimè custodiebantur propter Oniæ Pontificis pietatem, et animos odio habentes mala.* Si igitur nihil odiatur nisi malum, sequitur quòd omne odium sit laudabile ; quod patet esse falsum.

3. Præterea, idem non est simul bonum et malum. Sed idem diversis est odibile et amabile. Ergo odium non solùm est mali, sed etiam boni.

Sed contra, odium contrariatur amori. Sed objectum amoris est bonum, ut supra dictum est, quæst. 26, art. 1. Ergo objectum odii est malum.

Respondeo dicendum quòd cùm appetitus naturalis derivetur ab aliquâ apprehensione, licèt non conjunctâ, eadem ratio videtur esse de inclinatione appetitûs naturalis et appetitûs animalis, qui sequitur apprehensionem conjunctam, sicut supra dictum est, qu. 26, art. 1. In appetitu autem naturali hoc manifestè apparet, quòd sicut unumquodque habet naturalem consonantiam vel aptitudinem ad id quod sibi convenit, quæ est amor naturalis, ita ad id quod ei repugnat et corruptivum, habet dissonantiam naturalem, quæ est odium naturale. Sic igitur et in appetitu animali seu intellectivo amor est consonantia quædam appetitûs ad id quod apprehenditur ut conveniens ; odium verò est dissonantia quædam appetitûs ad id quod apprehenditur ut repugnans et nocivum.

Sicut autem omne conveniens, in quantum hujusmodi, habet rationem boni ; ita omne repugnans, in quantum hujusmodi, habet rationem mali ; et ideò sicut bonum est objectum amoris, ita *malum* est objectum odii.

Ad primum ergo dicendum quòd ens, in quantum ens, non habet rationem repugnantis, sed magis convenientis, quia omnia conveniunt in ente ; sed ens, in quantum est hoc ens determinatum, habet rationem repugnantis ad aliquod ens determinatum ; et secundùm hoc unum ens est odibile alteri, et est malum, etsi non in se, tamen per comparationem ad alterum.

Ad secundum dicendum quòd, sicut aliquid apprehenditur ut bonum, quod non est verè bonum, ita aliquid apprehenditur ut malum, quod non est verè malum ; unde contingit quandoque nec odium mali nec amorem boni esse bonum.

Ad tertium dicendum quòd contingit idem esse amabile et odibile diversis, secundùm appetitum quidem naturalem, ex hoc quòd unum et idem est conveniens uni secundùm suam naturam, et repugnans alteri, sicut calor convenit igni, et repugnat aquæ ; secun-

dùm appetitum verò animalem, ex hoc quòd unum et idem apprehenditur ab uno sub ratione boni, et ab alio sub ratione mali.

Articulus ii. — *Utrùm odium causetur ex amore.* — (*Sup., quæst.* 28, *art.* 6, *ad* 3, *et inf., art.* 3, *corp., et* 4 *cont., cap.* 19.)

Ad secundum sic proceditur. 1. Videtur quòd amor non sit causa odii. Ea enim quæ ex opposito dividuntur naturaliter sunt simul, ut dicitur in Postprædicamentis (in cap. de *Simul.*) Sed amor et odium, cùm sint contraria, ex opposito dividuntur. Ergo naturaliter sunt simul ; non ergo amor est causa odii.

2. Præterea, unum contrariorum non est causa alterius. Sed amor et odium sunt contraria. Ergo, etc.

3. Præterea, posterius non est causa prioris Sed odium est prius amore, ut videtur ; nam odium importat recessum à malo, amor verò accessum ad bonum. Ergo amor non est causa odii.

Sed contra est quod dicit Augustinus 14 de Civit. Dei, cap. 7 et 9, quòd *omnes affectiones causantur ex amore.* Ergo et odium, cùm sit quædam affectio animæ, causatur ex amore.

Respondeo dicendum quòd, sicut dictum est, art. præc., amor consistit in quâdam convenientiâ amantis ad amatum ; odium verò consistit in quâdam repugnantiâ vel dissonantiâ.

Oportet autem in quolibet priùs considerare quid ei conveniat quàm quid ei repugnet ; per hoc enim aliquid est repugnans alteri, quia est corruptivum vel impeditivum ejus quod est conveniens. Unde necesse est quòd amor sit prior odio, et quòd nihil odio habeatur, nisi hoc quod contrariatur convenienti quod amatur.

Et secundùm hoc omne odium ex amore causatur.

Ad primum ergo dicendum quòd in iis quæ ex opposito dividuntur, quædam inveniuntur quæ sunt naturaliter simul et secundùm rem et secundùm rationem, sicut duæ species animalis, vel duæ species coloris ; quædam verò sunt simul secundùm rationem, sed unum realiter est prius altero et causâ ejus, sicut patet in speciebus numerorum, figurarum et motuum ; quædam verò non sunt simul nec secundùm rem, nec secundùm rationem, sicut substantia et accidens ; nam substantia realiter est causa accidentis ; et ens secundùm rationem priùs attribuitur substantiæ quàm accidenti, quia accidens non attribuitur nisi in quantum est in substantiâ. Amor autem et odium naturaliter quidem sunt simul secundùm rationem, sed non realiter. Unde nihil prohibet amorem esse causam odii.

Ad secundum dicendum quòd amor et odium sunt contraria, quando accipiuntur circa idem ; sed quando sunt de contrariis, non sunt contraria, sed se invicem consequentia ; ejusdem enim rationis est quòd ametur aliquid, et odiatur ejus contrarium ; et sic amor unius rei est causa quòd ejus contrarium odiatur.

Ad tertium dicendun, quòd in executione prius est recedere ab uno termino quàm accedere ad alterum terminum; sed in intentione est è converso; propter hoc enim receditur ab uno termino, ut accedatur ad alterum. Motus autem appetitivus magis pertinet ad intentionem quàm ad executionem; et ideò amor est prior odio, cùm utrumque sit motus appetitivus.

ARTICULUS III. — *Utrùm odium sit fortius quàm amor.*

Ad tertium sic proceditur. 1. Videtur quòd odium sit fortius amore. Dicit enim Augustinus in lib. 83 QQ., quæst. 36, paulò à princ. : *Nemo est qui non magis dolorem fugiat quàm appetat voluptatem.* Sed fugere dolorem pertinet ad odium; appetitus autem voluptatis pertinet ad amorem. Ergo odium est fortius amore.

2. Præterea, debilius vincitur à fortiori. Sed amor vincitur ab odio, quando scilicet amor convertitur in odium. Ergo odium est fortius amore.

3. Præterea, affectio animæ per effectum manifestatur. Sed fortiùs insistit homo ad repellendum odiosum quàm ad prosequendum amatum; sicut etiam bestiæ abstinent à delectabilibus propter verbera, ut Augustinus introducit in lib. 83 QQ., loc. nunc cit. Ergo odium est fortius amore.

Sed contra, bonum est fortius quàm malum, quia *malum non agit nisi in virtute boni,* ut Dionysius dicit, cap. 4 de div. Nom., lect. 16 et seq. Sed odium et amor differunt secundùm differentiam *boni* et *mali.* Ergo amor est fortior odio.

Respondeo dicendum quòd impossibile est effectum suâ causâ esse fortiorem. Omne autem odium procedit ex aliquo amore sicut ex causâ, ut supra dictum est, art. præc. Unde impossibile est quòd odium sit fortius amore simpliciter.

Sed oportet ulteriùs quòd amor simpliciter loquendo sit odio fortior. Fortiùs enim movetur aliquid in finem quàm in ea quæ sunt ad finem. Recessus autem à malo ordinatur ad consecutionem boni sicut ad finem. Unde simpliciter loquendo fortior est motus animæ in bonum quàm in malum.

Sed tamen aliquando videtur odium fortius amore propter duo : primò quidem quia odium est magis sensibile quàm amor. Cùm enim sensûs perceptio sit in quâdam immutatione, ex quo aliquid jam immutatum est, non ita sentitur, sicut quando est in ipso *immutari.* Unde calor febris hecticæ, quamvis sit major, non tamen ita sentitur sicut calor tertianæ; quia calor hecticæ jam versus est quasi in habitum et naturam. Et propter hoc etiam amor magis sentitur in absentiâ amati, sicut Augustinus dicit in 10 de Trin., cap. 12, à med., quòd *amor non ita sentitur, cùm non prodit eum indigentia.* Et propter hoc etiam repugnantia ejus quod oditur, sensibiliùs percipitur quàm convenientia ejus quod amatur. Secundò quia non comparatur odium ad amorem sibi correspondentem. Secundùm enim diversitatem bonorum est diversitas amorum in magnitudine et parvi-

tate, quibus proportionantur opposita odia. Unde odium quod correspondet majori amori, magis movet quàm minor amor.

Et per hoc patet responsio ad primum : nam amor voluptatis est minor quàm amor conservationis sui ipsius, cui respondet fuga doloris; et ideò magis fugitur dolor quàm ametur voluptas.

Ad secundum dicendum quòd odium nunquàm vinceret amorem nisi propter majorem amorem, cui odium correspondet; sic homo magis diligit se quàm amicum, et propter hoc quòd diligit se, habet odio etiam amicum, si sibi contrarietur.

Ad tertium dicendum quòd ideò intensiùs aliquid operatur ad repellendum odiosa, quia odium est magis sensibile.

ARTICULUS IV. — *Utrùm aliquis possit habere odio seipsum.* — (2-2, quæst. 21, art. 7, et 2, dist. 42, quæst. 2, art. 2, quæst. 2, ad 2, et Ps. 10, et Eph. 5, lect. 6.)

Ad quartum sic proceditur. 1. Videtur quòd aliquis possit seipsum odio habere. Dicitur enim in Psalm. 10, 6 : *Qui diligit iniquitatem, odit animam suam.* Sed multi diligunt iniquitatem. Ergo multi odiunt seipsos.

2. Præterea, illum odimus cui volumus et operamur malum. Sed quandoque aliquis vult et operatur sibi ipsi malum, putà illi qui interimunt seipsos. Ergo aliqui seipsos habent odio.

3. Præterea, Boetius dicit in 2 de Consol., prosâ 5, parùm à princ., quòd *avaritia facit homines odiosos; ex quo potest accipi quòd omnis homo odit avarum.* Sed aliqui sunt avari. Ergo illi odiunt seipsos.

Sed contra est quod Apostolus dicit ad Eph. 5, 29, quòd *nemo unquàm carnem suam odio habuit.*

Respondeo dicendum quòd impossibile est quòd aliquis, per se loquendo, odiat seipsum. Naturaliter enim unumquodque appetit bonum, nec potest aliquid sibi appetere nisi sub ratione boni; nam malum est præter voluntatem, ut Dionysius dicit, 4 cap. de divin. Nom., lect. 22. Amare autem aliquem est velle ei bonum, ut supra dictum est, quæst. 26, art. 4. Unde necesse est quòd aliquis amet seipsum; et impossibile est quòd aliquis odiat seipsum, per se loquendo.

Per accidens tamen contingit quòd aliquis seipsum odio habeat, et hoc dupliciter : uno modo ex parte boni quod sibi aliquis vult; accidit enim quandoque illud quod appetitur ut secundùm quid bonum, esse simpliciter malum; et secundùm hoc aliquis per accidens vult sibi malum, quod est odire. Alio modo ex parte sui ipsius, cui vult bonum. Unumquodque enim maximè est id quod est principaliùs in ipso; unde civitas dicitur facere id quod rex facit, quasi rex sit tota civitas. Manifestum est ergo quòd homo maximè est mens hominis. Contingit autem quòd aliqui æstimant se maximè esse illud quod sunt secundùm naturam corporalem et sensitivam; unde amant se secundùm id quod æstimant se esse; sed odiunt id quod verè sunt, dùm volunt contraria rationi.

Et utroque modo ille *qui diligit iniquitatem*, *odit* non solùm *animam suam*, sed etiam se ipsum.

Et per hoc patet responsio ad primum.

Ad secundum dicendum quòd nullus sibi vult et facit malum, nisi in quantum apprehendit illud sub ratione boni. Nam et illi qui interimunt seipsos, hoc ipsum quod est mori, apprehendunt sub ratione boni, in quantum est terminativum alicujus miseriæ vel doloris.

Ad tertium dicendum quòd avarus odit aliquod accidens suum, non tamen propter hoc odit seipsum; sicut æger odit suam ægritudinem ex hoc ipso quòd se amat.

Vel dicendum quòd *avaritia odiosos facit* aliis, non autem sibi ipsi; quinimò causatur ex inordinato sui amore, secundùm quem de bonis temporalibus plus sibi aliquis vult quàm debeat.

ARTICULUS V. — *Utrùm aliquis possit odio habere veritatem.* — (2-2, quæst. 34, art. 1, corp.)

Ad quintum sic procéditur. 1. Videtur quòd aliquis non possit habere odio veritatem. Bonum enim et ens et verum convertuntur. Sed aliquis non potest habere odio bonitatem. Ergo nec veritatem.

2. Præterea, *omnes homines naturaliter scire desiderant*, ut dicitur in principio Met. Sed scientia non est nisi verorum. Ergo veritas naturaliter desideratur et amatur. Sed quod naturaliter inest, semper inest. Nullus ergo potest habere odio veritatem.

3. Præterea, Philosophus dicit in 2 Rhet., cap. 4, à med., quòd *homines amant non fictos*, sed nonnisi propter veritatem. Ergo homo naturaliter amat veritatem; non ergo eam odio habet.

Sed contra est quod Apostolus dicit ad Gal. 4, 16 : *Factus sum vobis inimicus, verum dicens vobis.*

Respondeo dicendum quòd bonum et verum et ens sunt idem secundùm rem, sed differunt ratione; bonum enim habet rationem appetibilis; non autem ens vel verum, quia bonum est *quod omnia appetunt.*

Et ideò bonum secundùm rationem boni non potest odio haberi nec in universali nec in particulari.

Ens autem et verum in universali quidem odio haberi non possunt, quia dissonantia est causa odii, et convenientia causa amoris; ens autem et verum sunt communia omnibus.

Sed in particulari nihil prohibet quoddam ens et quoddam verum odio haberi, in quantum habet rationem contrarii et repugnantis; contrarietas enim et repugnantia non adversatur rationi entis, et veri, sicut adversatur rationi boni. Contingit autem verum aliquod particulare tripliciter repugnare vel contrariari bono amato : uno modo secundùm quòd veritas est causaliter et originaliter in ipsis rebus, et sic homo quandoque odit aliquam veritatem, dùm vellet non esse verum quod est verum; alio modo secundùm quòd veritas est in cognitione ipsius hominis, quæ impedit ipsum à prosecutione amati, sicut si aliqui vellent non cognoscere veritatem fidei

ut liberè peccarent, ex quorum personâ dicitur, Job. 21, 14 : *Scientiam viarum tuarum nolumus*; tertio modo habetur odio veritas particularis, tanquàm repugnans, prout est in intellectu alterius : putà cùm aliquis vult jacere in peccato, odit quòd aliquis veritatem circa peccatum suum cognoscat, et secundùm hoc dicit Augustinus in 10 Confess., cap. 23, à med., quòd *homines amant veritatem lucentem, oderunt eam redarguentem.*

Et per hoc patet responsio ad primum.

Ad secundum dicendum quòd cognoscere veritatem secundùm se est amabile; propter quod dicit Augustinus, loc. cit., quòd *amant eam lucentem.* Sed per accidens cognitio veritatis potest esse odibilis, in quantum impedit ab aliquo desiderato.

Ad tertium dicendum quòd ex hoc procedit quòd non ficti amantur, quòd homo amat secundùm se cognoscere veritatem, quam homines non ficti manifestant.

ARTICULUS VI. — *Utrùm aliquid possit haberi odio in universali.* — (Sup., art. 5, corp.)

Ad sextum sic proceditur. 1. Videtur quòd odium non possit esse alicujus in universali. Odium enim est passio appetitùs sensitivi, qui movetur ex sensibili apprehensione. Sed sensus non potest apprehendere universale. Ergo odium non potest esse alicujus in universali.

2. Præterea, odium causatur ex aliquâ dissonantiâ, quæ communitati repugnat. Sed communitas est de ratione universalis. Ergo odium non potest esse alicujus in universali.

3. Præterea, objectum odii est malum. Malum autem est in rebus, et non in mente, ut dicitur in 6 Metaph., text. 8. Cùm ergo universale sit solùm in mente, quæ abstrahit universale à particulari, videtur quòd odium non possit esse alicujus universalis.

Sed contra est quod Philosophus dicit, in 2 Rhetor., cap. 4, propè fin., quòd *ira semper fit inter singularia, odium autem etiam ad genera; furem enim odit et calumniatorem unusquisque.*

Respondeo dicendum quòd de universali dupliciter contingit loqui : uno modo secundùm quòd subest intentioni universalitatis; alio autem modo dicitur de naturâ cui talis intentio attribuitur; alia est enim consideratio hominis universalis, et alia hominis in eo quòd est homo.

Si igitur universale accipiatur primo modo, sic nulla potentia sensitivæ partis, neque apprehensiva, neque appetitiva, ferri potest in universale, quia universale fit per abstractionem à materiâ individuali, in quâ radicatur omnis virtus sensitiva. Potest tamen aliqua potentia sensitiva, et apprehensiva, et appetitiva, ferri in aliquid universaliter; sicut dicimus quòd objectum visûs est color secundùm genus, non quia visus cognoscat colorem universalem, sed quia, quòd color sit cognoscibilis à visu, non convenit colori, in quantum est hic color, sed in quantum est color simpliciter.

Sic ergo odium etiam sensitivæ partis potest respicere aliquid in universali, quia ex naturâ communi aliquid adversatur animali, et non solùm ex eo quòd est particularis, sicut lupus ovi, unde ovis odit lupum generaliter. Sed ira semper causatur ex aliquo particulari, quia ex aliquo actu lædentis ; actus autem particularium sunt ; et propter hoc Philosophus dicit, lib. 2 Rhet., cap. 4, propè fin. : *Ira semper est ad aliquid particulare, odium verò potest esse ad aliquid in genere.* Sed odium secundùm quòd est in parte intellectivâ, cùm consequatur apprehensionem universalem intellectûs, potest utroque modo esse respectu universalis.

Ad primum ergo dicendum quòd sensus non apprehendit universale prout est universale ; apprehendit tamen aliquid cui per abstractionem accidit universalitas.

Ad secundum dicendum quòd id quod commune est omnibus, non potest esse ratio odii ; sed nihil prohibet aliquid esse commune multis, quod tamen dissonat ab aliis ; et sic est eis odiosum.

Ad tertium dicendum quòa illa objectio procedit de universali, secundùm quòd substat intentioni universalitatis ; sic enim non cadit sub apprehensione vel appetitu sensitivo.

QUÆSTIO XXX.

DE CONCUPISCENTIA. — (*In quatuor articulos divisa.*)

Deinde considerandum est de concupiscentiâ ; et circa hoc quæruntur quatuor : 1° utrùm concupiscentia sit in appetitu sensitivo tantùm ; 2° utrùm concupiscentia sit passio specialis ; 3° utrùm sint aliquæ concupiscentiæ naturales , et aliquæ non naturales ; 4° utrùm concupiscentia sit infinita.

ARTICULUS PRIMUS. — *Utrùm concupiscentia sit tantùm in appetitu sensitivo.* — (*Inf.*, quæst. 32, art. 3, ad 3, et 2, dist. 26, quæst. 1, art. 2, corp., fin.)

Ad primum sic proceditur. 1. Videtur quòd concupiscentia non solùm sit in appetitu sensitivo. Est enim quædam concupiscentia sapientiæ, et , ut dicitur Sap. 6, 21 : *Concupiscentia sapientiæ deducit ad regnum perpetuum.* Sed appetitus sensitivus non potest ferri in sapientiam. Ergo concupiscentia non est in solo appetitu sensitivo.

2. Præterea, desiderium mandatorum Dei non est in appetitu sensitivo : imò Apostolus dicit Rom. 7, 18 : *Non habitat in me, hoc est, in carne meâ, bonum.* Sed desiderium mandatorum Dei sub concupiscentiâ cadit, secundùm illud Ps. 118, 20 : *Concupivit anima mea desiderare justificationes tuas.* Ergo concupiscentia non est solùm in appetitu sensitivo.

3. Præterea, cuilibet potentiæ est concupiscibile proprium bonum. Ergo concupiscentia est in quâlibet potentiâ animæ, et non solùm in appetitu sensitivo.

Sed contra est quod Damascenus dicit, lib. 2 orth. Fidei, cap. 12, quòd *irrationale obediens, et persuasibile rationi dividitur in concupiscentiam et iram. Hæc autem est irrationalis animæ pars passiva et appetitiva.* Ergo concupiscentia est in appetitu sensitivo.

Respondeo dicendum quòd, sicut Philoso-

phus dicit in 1 Rhetor. , cap. 11, parùm à princ. *concupiscentia est appetitus delectabilis.*

Est autem duplex delectatio, ut infra dicetur, quæst. 31 , art. 3 et 4 , una quæ est in bono intelligibili, quod est bonum rationis ; alia quæ est in bono secundùm sensum. Prima quidem delectatio videtur esse animæ tantùm ; secunda autem est animæ et corporis, quia sensus est virtus in organo corporeo. Unde et bonum secundùm sensum est bonum totius conjuncti. Talis autem delectationis appetitus videtur esse concupiscentia quæ simul pertinet et ad animam et ad corpus, ut ipsum nomen concupiscentiæ sonat.

Unde concupiscentia, propriè loquendo, est in appetitu sensitivo, et in vi concupiscibili, quæ ab eâ denominatur.

Ad primum ergo dicendum quòd appetitus sapientiæ vel aliorum spiritualium bonorum interdùm *concupiscentia* nominatur vel propter similitudinem quamdam, vel propter intensionem appetitûs superioris partis, ex quo fit redundantia in inferiorem appetitum ; ut simul etiam ipse inferior appetitus suo modo tendat in spirituale bonum consequens appetitum superiorem, et etiam ipsum corpus spiritualibus deserviat, sicut in Psal. 83, 3 dicitur : *Cor meum et caro mea exultaverunt in Deum vivum.*

Ad secundum dicendum quòd desiderium magis pertinere potest, propriè loquendo, non solùm ad inferiorem appetitum, sed etiam ad superiorem ; non enim importat aliquam consociationem in concupiscendo, sicut concupiscentia, sed simplicem motum in rem desideratam.

Ad tertium dicendum quòd unicuique potentiæ animæ appetere competit proprium bonum appetitu naturali, qui non sequitur apprehensionem ; sed appetere bonum appetitu animali, qui sequitur apprehensionem, pertinet solùm ad vim appetitivam ; appetere autem aliquid sub ratione boni delectabilis secundùm sensum, quod propriè est concupiscere, pertinet ad vim concupiscibilem.

ARTICULUS II. — *Utrùm concupiscentia sit passio specialis.* — (3 dist. 26, quæst. 1, art. 3, corp.)

Ad secundum sic proceditur. 1. Videtur quòd concupiscentia non sit passio specialis potentiæ concupiscibilis. Passiones enim distinguuntur secundùm objecta ; sed objectum concupiscibilis est delectabile secundùm sensum, quod etiam est objectum concupiscentiæ secundùm Philosophum in 1 Rhetor., cap. 11, parùm à princ. Ergo concupiscentia non est passio specialis in concupiscibili.

2. Præterea, Augustinus dicit in lib. 83 QQ., quæst. 33, circ. med., quòd *cupiditas est amor rerum transeuntium ;* et sic ab amore non distinguitur. Omnes autem passiones speciales ab invicem distinguuntur. Ergo concupiscentia non est passio specialis in concupiscibili.

3. Præterea, cuilibet passioni concupiscibilis opponitur aliqua passio specialis in

concupiscibili, ut supra dictum est, quæst. 23, art. 2. Sed concupiscentiæ non opponitur aliqua passio specialis in concupiscibili ; dicit enim Damascenus, lib. 2 orth. Fid., cap. 12, in fin., quòd *expectatum bonum concupiscentiam constituit, præsens verò lætitiam; similiter expectatum malum timorem, præsens verò tristitiam;* ex quo videtur quòd sicut tristitia contrariatur lætitiæ, ita timor contrariatur concupiscentiæ; timor autem non est in concupiscibili, sed in irascibili. Non ergo concupiscentia est specialis passio in concupiscibili.

Sed contra est quòd concupiscentia causatur ab amore, et tendit in delectationem, quæ sunt passiones concupiscibiles; et sic distinguitur ab aliis passionibus concupiscibilis, tanquàm passio specialis.

Respondeo dicendum quòd sicut dictum est, quæst. 23, art. 1, bonum delectabile secundùm sensum est communiter objectum concupiscibilis; unde secundùm ejus differentias diversæ passiones concupiscibilis distinguuntur.

Diversitas autem objecti potest attendi vel secundùm naturam ipsius objecti, vel secundùm diversitatem in virtute agendi. Diversitas quidem objecti activi, quæ est secundùm rei naturam, facit materialem differentiam passionum; sed diversitas quæ est secundùm virtutem activam, facit formalem differentiam passionum, secundùm quam passiones specie differunt.

Est autem alia ratio virtutis motivæ ipsius finis vel boni, secundùm quòd est realiter præsens, et secundùm quòd est absens; nam secundùm quòd est præsens, facit in ipso quiescere; secundùm autem quòd est absens, facit ad ipsum moveri. Unde ipsum delectabile secundùm sensum, in quantum appetitum sibi adaptat quodammodò, et conformat, causat amorem; in quantum verò absens attrahit ad seipsum, causat concupiscentiam; in quantum verò præsens quietat in seipso, causat delectationem.

Sic ergo concupiscentia est passio differens specie et ab amore, et à delectatione; sed concupiscere hoc delectabile vel illud facit concupiscentias diversas numero.

Ad primum ergo dicendum quòd bonum delectabile non est absolutè objectum concupiscentiæ, sed sub ratione absentis, sicut et sensibile sub ratione præteriti est objectum memoriæ : hujusmodi enim particulares conditiones diversificant speciem passionum, vel etiam potentiarum sensitivæ partis quæ respicit particularia.

Ad secundum dicendum quòd illa prædicatio est per causam, non per essentiam; non enim cupiditas est per se amor, sed amoris effectus.

Vel aliter dicendum quòd Augustinus accipit cupiditatem largè pro quolibet motu appetitûs, qui potest esse respectu boni futuri : unde comprehendit sub se et amorem et spem.

Ad tertium dicendum quòd passio quæ directè opponitur concupiscentiæ, innominata

est, quæ (1) ita se habet ad malum, sicut concupiscentia ad bonum. Sed quia est mali absentis (2), sicut et timor, quandoque loco ejus ponitur timor; sicut et quandoque cupiditas loco spei; quod enim est pàrvum bonum vel malum, quasi non reputatur. Et ideò pro omni motu appetitûs in bonum, vel in (3) malum futurum ponitur spes, et timor, quæ respiciunt bonum, vel malum arduum.

ARTICULUS III. — *Utrùm sint aliquæ concupiscentiæ naturales, et aliquæ non naturales.* (*Inf., quæst.* 31, *art.* 3, *et quæst.* 41, *art.* 3, *corp., et q.* 77, *art.* 5, *corp., et* 2-2, *q.* 117, *art.* 5, *ad* 2.)

Ad tertium sic proceditur. 1. Videtur quòd concupiscentiarum non sint quædam naturales, et quædam non naturales. Concupiscentia enim pertinet ad appetitum animalem, ut dictum est art. 1 hujus quæst. Sed appetitus naturalis dividitur contra animalem. Ergo nulla concupiscentia est naturalis.

2. Præterea, diversitas materialis non facit diversitatem secundùm speciem, sed solùm secundùm numerum; quæ quidem diversitas sub arte non cadit. Sed si quæ sint concupiscentiæ naturales et non naturales, non differunt nisi secundùm diversa objecta concupiscibilia, quod facit materialem differentiam, et secundùm numerum tantùm. Non ergo dividendæ sunt concupiscentiæ per naturales et non naturales.

3. Præterea, ratio contra naturam dividitur, ut patet in 2 Phys., in princ., et text. 46. Si igitur in homine est aliqua concupiscentia non naturalis, oportet quòd sit rationalis. Sed hoc esse non potest, quia concupiscentia, cùm sit passio quædam, pertinet ad appetitum sensitivum non autem ad voluntatem, quæ est appetitus rationis. Non ergo sunt concupiscentiæ aliquæ non naturales.

Sed contra est quod Philosophus, in 3 Eth. cap. 11 in princ., et in 1 Rhet., cap. 11, parùm à princ., ponit quasdam concupiscentias naturales, et quasdam non naturales.

Respondeo dicendum quòd, sicut dictum est art. 1 hujus quæst., concupiscentia est appetitus boni delectabilis. Dupliciter autem aliquid est delectabile : uno modo, quia est conveniens naturæ animalis, sicut cibus et potus, et alia hujusmodi; et hujusmodi concupiscentia delectabilis dicitur naturalis; alio modo dicitur aliquid esse delectabile, quia est conveniens animali secundùm apprehensionem; sicut cùm aliquis apprehendit aliquid ut bonum et conveniens, et per consequens delectatur in ipso; et hujusmodi delectabilis concupiscentia dicitur non naturalis, et solet magis dici *cupiditas.*

Primæ ergo concupiscentiæ naturales communes sunt hominibus, et aliis animalibus, quia utrisque est aliquid conveniens et dele-

(1) Ita codd. et editi passim. Edit. Patav. an. 1712, *quia.*

(2) Ita edit. passim. Codd. Alcan., Camer., Tarrac., aliique, *mali et absentis.*

(3) In cit. codd. deest *in.*

ctabile secundùm naturam; et in his omnes homines conveniunt. Unde et Philosophus, in 3 Eth., loc. sup. cit., vocat eas *communes et necessarias*. Sed secundæ concupiscentiæ sunt propriæ hominum, quorum proprium est excogitare aliquid ut bonum, et conveniens, præter id quod natura requirit. Unde et in 1 Rhet., loc. sup. cit., Philosophus dicit primas concupiscentias esse *irrationales*, secundas verò *cum ratione*. Et quia diversi diversimodè ratiocinantur, ideò etiam secundæ dicuntur in 3 Eth., loc. sup. cit., *propriæ* et *appositæ*, scilicet supranaturales (1).

Ad primum ergo dicendum quòd illud idem quod appetitur appetitu naturali, potest appeti appetitu animali, cùm fuerit apprehensum; et secundùm hoc cibi et potus, et hujusmodi, quæ appetuntur naturaliter, potest esse concupiscentia animalis.

Ad secundum dicendum quòd diversitas concupiscentiarum naturalium à non naturalibus non est materialis tantùm, sed etiam quodammodò formalis, in quantum procedit ex diversitate objecti activi. Objectum autem appetitûs est bonum apprehensum. Unde ad diversitatem activi pertinet diversitas apprehensionis, prout scilicet apprenditur aliquid ut conveniens absolutâ apprehensione, ex quâ causantur concupiscentiæ naturales, quas Philosophus in Rhet., loc. sup. cit., vocat *irrationales*; et prout apprehenditur aliquid cum deliberatione, ex quâ causantur concupiscentiæ non naturales, quæ propter hoc in Rhet., ibid., dicuntur *cum ratione*.

Ad tertium dicendum quòd in homine non solùm est ratio universalis, quæ pertinet ad partem intellectivam, sed etiam ratio particularis, quæ pertinet ad partem sensitivam, ut in 1 lib. dictum est, quæst. 78, art. 4, et secundùm hoc etiam concupiscentia quæ est cum ratione, potest ad appetitum sensitivum pertinere. Et propter hoc appetitus sensitivus potest etiam à ratione universali moveri, mediante imaginatione particulari.

ARTICULUS IV. — *Utrùm concupiscentia sit infinita.*

Ad quartum sic proceditur. 1. Videtur quòd concupiscentia non sit infinita. Objectum enim concupiscentiæ est *bonum*, quod habet rationem finis. Qui autem ponit infinitum, excludit finem, ut dicitur in 2 Metaph., text 8. Concupiscentia ergo non potest esse infinita.

2. Præterea, concupiscentia est boni convenientis, cùm procedat ex amore. Sed infinitum, cùm sit improportionatum (2), non potest esse conveniens. Ergo concupiscentia non potest esse infinita.

3. Præterea, infinita non est pertransire; et sic in eis non est pervenire ad ultimum. Sed concupiscenti fit delectatio per hoc quòd attingit ad ultimum. Ergo si concupiscentia esset infinita, sequeretur quòd nunquàm fieret delectatio.

Sed contra est quòd Philosophus dicit in 1

Polit., cap. 6, post med., quòd *in infinitum* (1) *concupiscentiâ existente, homines infinita desiderant.*

Respondeo dicendum quòd, sicut dictum est, art. præc., duplex est concupiscentia, una naturalis, et alia non naturalis. Naturalis quidem concupiscentia non potest esse infinita in actu; est enim ejus quod natura requirit; natura verò semper intendit in aliquid finitum et certum; unde nunquàm homo concupiscit infinitum cibum vel infinitum potum. Sed sicut in naturâ contingit esse infinitum in potentiâ per successionem, ita hujusmodi concupiscentiam contingit infinitam esse per successionem, ut scilicet post adeptum cibum iterùm aliâ vice desideret cibum vel quodcumque aliud quod natura requirit; quia hujusmodi corporalia bona, cùm adveniunt, non perpetuò manent, sed deficiunt. Unde dixit Dominus Samaritanæ, Joan. 4, 13 : *Qui biberit* (2) *ex hâc aquâ, sitiet iterùm.*

Sed concupiscentia non naturalis omninò est infinita; sequitur enim rationem, ut dictum est art. præc., rationi autem competit in infinitum procedere. Unde qui concupiscit divitias, potest eas concupiscere non ad aliquem certum terminum, sed simpliciter se divitem esse, quantumcumque potest.

Potest et alia ratio assignari secundùm Philosophum, in 1 Pol., cap. 6, post med., quare quædam concupiscentia sit finita, et quædam infinita. Semper enim concupiscentia finis est infinita; finis enim per se concupiscitur, ut sanitas; unde major sanitas magis concupiscitur, et sic in infinitum; sicut si album per se disgregat, magis album magis disgregat.

Concupiscentia verò ejus quod est ad finem, non est infinita, si secundùm illam mensuram appetitur quæ convenit fini. Unde qui finem ponunt in divitiis, habent concupiscentiam divitiarum in infinitum; qui autem divitias appetunt propter necessitatem vitæ, concupiscunt divitias finitas sufficientes ad necessitatem vitæ, ut Philosophus dicit ibid. Et eadem est ratio de concupiscentiâ quarumcumque aliarum rerum.

Ad primum ergo dicendum quòd omne quod concupiscitur, accipitur ut quoddam finitum : vel quia est finitum secundùm rem, prout concupiscitur semel in actu (3); vel quia est finitum, secundùm quòd cadit sub apprehensione. Non enim potest sub ratione infiniti apprehendi, quia *infinitum est cujus quantitatem accipientibus semper est aliquid extra sumere*, ut dicitur in 3 Phys., text. 63.

Ad secundum dicendum quòd ratio quodammodò est virtutis infinitæ, in quantum potest in infinitum aliquid considerare, ut apparet in additione numerorum et linearum. Unde infinitum aliquo modo sumptum est proportionatum rationi; nam universale,

(1) Al., *supernaturales*. Codices Alcan. et Camer., *super naturales*.

(2) Cod. Alcan., *non proportionatum*. Perperàm Edit. Rom. *proportionatum*.

(1) Ita cod. Alcan. cui adhærent edit. Patav. Nicolaius, *infinita*. Edit. Rom., *infinitâ concupiscentiæ existente.*

(2) Vulgata, *bibit*.

(3) Ita editi passim. Al., *simul*. Neutrum haberi in quibusdam codd. et editis, notat Garcia. Cod. Alcan., *prout semel concupiscimus in actu.*

quod ratio apprehendit, est quodammodò infinitum, in quantum, in potentiâ continet infinita singularia.

Ad tertium dicendum quòd ad hoc quòd aliquis delectetur, non requiritur quòd omnia consequatur quæ concupiscit ; sed quòd in quolibet concupito quod consequitur delectetur (1).

QUÆSTIO XXXI.

DE DELECTATIONE SECUNDUM SE.—(*In octo articulos divisa.*)

Deinde considerandum est de delectatione, et tristitiâ.

Circa delectationem verò consideranda sunt quatuor : primò, de ipsâ delectatione secundùm se ; secundò, de causis delectationis ; tertiò, de effectibus ejus ; quartò, de bonitate et malitiâ ipsius. Circa primum quæruntur octo : 1° utrùm delectatio sit passio ; 2° utrùm sit in tempore ; 3° utrùm differat à gaudio ; 4° utrùm sit in appetitu intellectivo ; 5° de comparatione delectationum superioris appetitûs ad delectationem inferioris ; 6° de comparatione delectationum sensitivarum ad invicem ; 7° utrùm sit aliqua delectatio non naturalis ; 8° utrùm delectatio possit esse contraria delectationi.

ARTICULUS PRIMUS. — *Utrùm delectatio sit passio.*—(*Inf., art. 4, ad 2, et art. 5, corp., fin., et 4, dist. 49, quæst. 3, art. 1, qu. 1.*)

Ad primum sic proceditur. 1. Videtur quòd delectatio non sit passio. Damascenus enim in 2 lib. orth. Fid., cap. 22, distinguit operationem à passione, dicens quòd *operatio est motus qui est secundùm naturam, passio verò est motus contra naturam.* Sed delectatio est operatio, ut Philosophus dicit in 7 Ethic., cap. 12 et 13, et in 10, cap. 4. Ergo delectatio non est passio.

2. Præterea, pati est moveri, ut dicitur in 3 Physic., text. 19, et 2 de Animâ, text. 54. Sed delectatio non consistit in *moveri*, sed *in motum esse* ; causatur enim delectatio ex bono jam adepto. Ergo delectatio non est passio.

3. Præterea, delectatio consistit in quâdam perfectione delectati ; perficit enim operationem, ut dicitur in 10 Eth., cap. 4, post med. Sed perfici non est pati, vel alterari, ut dicitur in 7 Physicor., text. 16, et in 2 de Animâ text. 58. Ergo delectatio non est passio.

Sed contra est quod Augustinus in 10 et 14 de Civit. Dei, cap. 6 et 8, lib. 14, ponit delectationem, sive gaudium, vel lætitiam, inter alias passiones animæ.

Respondeo dicendum quòd motus appetitûs sensitivi propriè *passio* nominatur, sicut supra dictum est, quæst. 22, art. 3. Affectio autem quæcumque ex apprehensione sensitivâ procedens est motus appetitûs sensitivi. Hoc autem necesse est competere delectationi ; nam, sicut Philosophus dicit in 1 Rhet., cap. 11, in princ., *delectatio est quidam motus*

animæ, et constitutio simul tota, et sensibilis in naturam existentem.

Ad cujus intellectum considerandum est quòd, sicut contingit in rebus naturalibus aliqua consequi suas perfectiones naturales, ita hoc contingit in animalibus, et quamvis moveri ad perfectionem non sit totum simul, tamen consequi naturalem perfectionem est totum simul. Hæc autem est differentia inter animalia et alias res naturales, quòd aliæ res naturales, quando constituuntur in id quod convenit eis secundùm naturam, hoc non sentiunt, sed animalia hoc sentiunt ; et ex isto sensu causatur quidem motus animæ in appetitu sensitivo, et iste motus est delectatio. Per hoc ergo quod dicitur quòd delectatio est *motus animæ*, ponitur in genere ; per hoc autem quòd dicitur *constitutio in existentem naturam*, id est, in id quod existit in naturâ rei, ponitur causa delectationis, scilicet præsentia connaturalis boni ; per hoc autem quod dicitur *simul tota*, ostenditur (1) quòd constitutio non debet accipi prout est in *constitui*, sed prout est in *constitutum esse*, quasi in termino motûs : non enim delectatio est generatio, prout Plato posuit ; sed magis consistit in *factum esse*, ut dicitur in 7 Eth., cap. 12 ; per hoc autem quod dicitur *sensibilis*, excluduntur perfectiones rerum insensibilium, in quibus non est delectatio.

Sic ergo patet quòd, cùm delectatio sit motus in appetitu animali, consequens apprehensionem sensûs, delectatio est passio animæ.

Ad primum ergo dicendum quòd operatio connaturalis non impedita est perfectio secunda, ut habetur in 2 de Animâ, text. 2, 5 et 6, et ideò quando constituuntur res in propriâ operatione connaturali et non impeditâ, sequitur delectatio, quæ consistit in *perfectum esse*, ut dictum est in corp. art. Sic ergo cùm dicitur quòd delectatio est operatio, non est prædicatio per essentiam, sed per causam.

Ad secundum dicendum quòd in animali duplex motus considerari potest : unus secundùm intentionem finis, qui pertinet ad appetitum ; alius secundùm executionem, qui pertinet ad exteriorem operationem. Licèt ergo in eo qui jam consecutus est bonum, in quo delectatur, cesset motus executionis, quo tendit ad finem, non tamen cessat motus appetitivæ partis, quæ sicut priùs desiderabat non habitum, ita postea delectatur in habito. Licèt enim delectatio sit quies quædam appetitûs, consideratâ præsentiâ boni delectantis, quod appetitui satisfacit, tamen adhuc remanet immutatio appetitûs ab appetibili, ratione cujus delectatio motus quidam est.

Ad tertium dicendum quòd, quamvis nomen passionis magis propriè conveniat passionibus corruptivis et in malum tendentibus, sicut sunt ægritudines corporales, et tristitia, et timor in animâ, tamen etiam in bonum ordinantur aliquæ passiones, ut supra di-

(1) Ita Garcia. Nicolaus, et posteriores editiones. Edit. Rom. cum cod. Alcan. : *Sed in quolibet concupito quod consequitur, delectatur.*

(1) Al., *ostendit.*

ctum est, quæst. 22 et 23, art. 1, et secundùm hoc delectatio dicitur passio.

ARTICULUS II. — *Utrùm delectatio sit in tempore.* — *(Inf., art. 6, corp., et 4, dist. 49, quæst. 3, art. 1, quæst. 3, et Ver., quæst. 8, art. 14, ad 12.)*

Ad secundum sic proceditur. 1. Videtur quòd delectatio sit in tempore. Delectatio enim est motus quidam, ut in 1 Rhet., cap. 11, in princ., Philosophus dicit. Sed motus omnis est in tempore. Ergo delectatio est in tempore.

2. Præterea, *diuturnum* vel *morosum* dicitur aliquid secundùm tempus. Sed aliquæ delectationes dicuntur morosæ. Ergo delectatio est in tempore.

3. Præterea, passiones animæ sunt unius generis. Sed aliquæ passiones animæ sunt in tempore. Ergo et delectatio.

Sed contra est quod Philosophus dicit in 10 Ethic., cap. 3 et 4, quòd *secundùm nullum tempus accipiet quis delectationem.*

Respondeo dicendum quòd aliquid contingit esse in tempore dupliciter : uno modo secundùm se, alio modo per aliud, et quasi per accidens. Quia enim tempus est numerus successivorum, illa secundùm se dicuntur esse in tempore de quorum ratione est successio vel aliquid ad successionem pertinens, sicut motus, quies, locutio, et alia hujusmodi. Secundùm aliud verò, et non per se dicuntur esse in tempore illa de quorum ratione non est aliqua successio, sed tamen alicui successivo subjacent, sicut esse hominem de sui ratione non habet successionem ; non enim est motus, sed terminus motûs vel mutationis, scilicet generationis ipsius. Sed quia humanum esse subjacet causis transmutabilibus, secundùm hoc *hominem esse* est in tempore.

Sic igitur dicendum est quòd delectatio secundùm se quidem non est in tempore ; est enim delectatio in bono jam adepto, quod est quasi terminus motus.

Sed si illud bonum adeptum transmutationi subjaceat, erit delectatio per accidens in tempore ; si autem sit omninò intransmutabile, delectatio non erit in tempore nec per se, nec per accidens.

Ad primum ergo dicendum quòd, sicut dicitur in 3 de Animâ, text. 28, motus dupliciter dicitur : uno modo, quia est *actus imperfecti*, scilicet existentis in potentiâ, in quantum hujusmodi ; et talis motus est successivus et in tempore. Alius autem motus est *actus perfecti*, id est, existentis in actu, sicut intelligere, sentire, velle, et hujusmodi, et etiam delectari ; et hujusmodi motus non est successivus, nec per se in tempore.

Ad secundum dicendum quòd delectatio dicitur morosa vel diuturna, secundùm quòd per accidens est in tempore.

Ad tertium dicendum quòd aliæ passiones non habent pro objecto bonum adeptum, sicut delectatio ; unde plus habent de ratione motûs imperfecti quàm delectatio ; et per consequens magis delectationi convenit non esse in tempore.

ARTICULUS III. — *Utrùm delectatio differat à gaudio.* — *(Inf., quæst. 35, art. 2 et 7, corp., et quæst. 41, art. 3, corp., et 3, dist. 17, quæst. 41, art. 2, ad 3, et 4, dist. 49, quæst. 3, art. 3, quæst. 1, ad 3.)*

Ad tertium sic proceditur. 1. Videtur quòd gaudium sit omninò idem quod delectatio. Passiones enim animæ differunt secundùm objecta. Sed idem est objectum gaudii et delectationis, scilicet bonum adeptum. Ergo gaudium est omninò idem quod delectatio.

2. Præterea, unus motus non terminatur ad duos terminos ; sed idem est motus qui terminatur ad gaudium et delectationem, scilicet concupiscentia. Ergo delectatio et gaudium sunt omninò idem.

3. Præterea, si gaudium est aliud à delectatione, videtur quòd pari ratione et *lætitia*, et *exultatio*, et *jucunditas* significent aliquid aliud à delectatione ; et sic erunt omnes diversæ passiones ; quod videtur esse falsum. Non ergo gaudium differt à delectatione.

Sed contra est quòd in brutis animalibus non dicimus *gaudium*; sed in eis dicimus *delectationem.* Non ergo est idem gaudium et delectatio.

Respondeo dicendum quòd gaudium, ut Avicenna dicit in libro suo de Animâ, est quædam species delectationis. Est enim considerandum quòd, sicut sunt quædam concupiscentiæ naturales, quædam autem non naturales, sed consequuntur rationem, ut supra dictum est, quæst. præc., art. 3, ita etiam delectationum quædam sunt naturales, et quædam non naturales, quæ sunt cum ratione ; vel, sicut Damascenus, lib. 2 orth. Fid., cap. 13 et 22, et Gregorius Nyssenus (Nemes., lib. de Nat. hom., cap. 18, in princ.), dicunt : *Voluptatum hæ sunt animæ, illæ corporis;* quod in idem redit. Delectamur enim et in his quæ naturaliter concupiscimus, ea adipiscentes, et in his quæ concupiscimus secundùm rationem. Sed nomen *gaudii* non habet locum nisi in delectatione quæ consequitur rationem. Unde gaudium non attribuimus brutis animalibus, sed solùm nomen delectationis.

Omne autem quod concupiscimus secundùm naturam, possumus etiam cum delectatione (1) rationis concupiscere ; sed non è converso. Unde de omnibus de quibus est delectatio, potest esse gaudium in habentibus rationem, quamvis non semper de omnibus sit gaudium ; quandoque enim aliquis sentit aliquam delectationem secundùm corpus, de quâ tamen non gaudet secundùm rationem. Et secundùm hoc patet quòd delectatio est in plus quàm in gaudium.

Ad primum ergo dicendum quòd cùm objectum appetitûs animalis sit bonum apprehensum, diversitas apprehensionis pertinet quodammodò ad diversitatem objecti ; et sic delectationes animales, quæ dicuntur etiam gaudia, distinguuntur à delectationibus cor-

---

(1) Ita codices, edit. Romana, Nicolai, et Palav. 1698. Edit. Palav. 1712, cum Garciâ, *directione,* .

poralibus, quæ dicuntur solùm delectationes; sicut et de concupiscentiis supra dictum est, quæst. præc., art. 3, ad 2.

Ad secundum dicendum quòd similis differentia invenitur etiam in concupiscentiis; ita quòd delectatio respondeat concupiscentiæ, et gaudium respondeat desiderio; quod magis videtur pertinere ad concupiscentiam animalem; et sic secundùm differentiam motûs est etiam differentia quietis.

Ad tertium dicendum quòd alia nomina ad delectationem pertinentia sunt imposita ab effectibus delectationis; nam *lætitia* imponitur à dilatatione cordis, ac si diceretur *lætitia : exultatio* verò dicitur ab exterioribus signis delectationis interioris, quæ apparent exteriùs, in quantum scilicet interius gaudium prosilit ad exteriora; *jucunditas* verò dicitur à quibusdam specialibus lætitiæ signis vel effectibus; et tamen omnia ista nomina videntur pertinere ad gaudium, non enim utimur eis nisi in naturis rationalibus.

Articulus IV. — *Utrùm delectatio sit in appetitu intellectivo.* — (*Inf., quæst.* 35, *art.* 1, *corp., et* 1, *dist.* 45, *art.* 1, *corp., et* 3, *dist.* 49, *quæst.* 3, *art.* 1, *quæst.* 1 *et* 2.)

Ad quartum sic proceditur. 1. Videtur quòd delectatio non sit in appetitu intellectivo. Dicit enim Philosophus in 1 Rhet., cap. 11, in princ., quòd *delectatio est motus quidam sensibilis*, qui non est in parte intellectivâ. Ergo delectatio non est in parte intellectivâ.

2. Præterea, delectatio est passio quædam. Sed omnis passio est in appetitu sensitivo. Ergo delectatio non est nisi in appetitu sensitivo.

Præterea, delectatio est communis nobis et brutis. Ergo non est nisi in parte quæ nobis et brutis communis est.

Séd contra est quod in Psal. 36, 4, dicitur : *Delectare in Domino.* Sed ad Deum non potest extendi appetitus sensitivus, sed solùm intellectivus. Ergo delectatio potest esse in appetitu intellectivo.

Respondeo dicendum quòd, sicut dictum est art. præc., delectatio quædam sequitur apprehensionem rationis. Ad apprehensionem autem rationis non solùm commovetur appetitus sensitivus per applicationem ad aliquid particulare, sed etiam appetitus intellectivus, qui dicitur voluntas. Et secundùm hoc in appetitu intellectivo, sive in voluntate, est delectatio, quæ dicitur gaudium, non autem delectatio corporalis.

Hoc tamen interest inter delectationem utriusque appetitûs, quòd delectatio appetitûs sensibilis est cum aliquâ transmutatione corporali; delectatio autem appetitûs intellectivi nihil aliud est quàm simplex motus voluntatis. Et secundùm hoc Augustinus dicit in 14 de Civ. Dei, cap. 6, circ. princ., quòd *cupiditas et lætitia nihil est aliud quàm voluntas in eorum consecutione quæ volumus.*

Ad primum ergo dicendum quòd in illâ definitione Philosophi *sensibile* ponitur communiter pro quâcumque apprehensione; dicit enim Philosophus in 10 Ethic., cap. 4, à princ., quòd *secundùm omnem sensum est de-*

lectatio, similiter autem secundùm intellectum et speculationem.

Vel potest dici quòd ipse definit delectationem appetitûs sensitivi.

Ad secundum dicendum quòd delectatio habet rationem passionis, propriè loquendo, in quantum est cum aliquâ transmutatione corporali; et sic non est in appetitu intellectivo, sed secundùm simplicem motum; sic enim etiam est in Deo et in Angelis. Unde dicit Philosophus in 7 Ethic., cap. ult., circ. fin., quòd *Deus simplici operatione gaudet;* et Dionysius dicit in fin. cœl. Hier., quòd *Angeli non sunt susceptibiles nostræ possibilis delectationis, sed congaudent Deo secundùm incorruptionis lætitiam.*

Ad tertium dicendum quòd in nobis non solùm est delectatio in quâ communicamus cum brutis, sed etiam in quâ communicamus cum Angelis, unde ibidem Dionysius dicit quòd *sancti homines multoties fiunt in participatione delectationum angelicarum.* Et ita in nobis est delectatio non solùm in appetitu sensitivo, in quo communicamus cum brutis, sed etiam in appetitu intellectivo, in quo communicamus cum Angelis.

Articulus V. — *Utrùm delectationes corporales et sensibiles sint majores delectationibus spiritualibus et intelligibilibus.* — (*Inf., quæst.* 38, *art.* 4, *et* 4, *dist.* 49, *quæst.* 3, *art.* 5, *quæst.* 1, *et* 1 *Eth., lect.* 13, *et* 13 *Met., lect.* 6.)

Ad quintum sic proceditur. 1 Videtur quòd delectationes corporales et sensibiles sint majores delectationibus spiritualibus et intelligibilibus; omnes enim aliquam delectationem sequuntur, secundùm Philosophum in 10 Ethic., cap. 2. Sed plures sequuntur delectationes sensibiles quàm delectationes spirituales intelligibiles. Ergo delectationes corporales sunt majores.

2. Præterea, magnitudo causæ ex effectu cognoscitur. Sed delectationes corporales habent fortiores effectus; transmutant enim corpus, et in quibusdam insanias faciunt, ut dicitur in 7 Eth., cap. 3, circ. med. Ergo delectationes corporales sunt fortiores.

3. Præterea, delectationes corporales oportet temperare et refrenare propter earum vehementiam. Sed delectationes spirituales non oportet refrenare. Ergo delectationes corporales sunt majores.

Sed contra est quod dicitur in Psal. 118, 103 : *Quàm dulcia faucibus meis eloquia tua, super mel ori meo!* et Philosophus dicit in 10 Ethic., cap. 7, quòd *maxima delectatio est quæ est secundùm operationem sapientiæ.*

Respondeo dicendum quòd, sicut jam dictum est, art. 1 huj. quæst., delectatio provenit ex conjunctione convenientis, cùm sentitur et cognoscitur. In operibus autem animæ, præcipuè sensitivæ et intellectivæ, est hoc considerandum, quòd cùm non transeant in materiam exteriorem, sunt actus vel perfectiones operantis, scilicet intelligere, sentire, velle, et hujusmodi. Nam actiones quæ transeunt in exteriorem materiam, magis sunt actiones et perfectiones materiæ transmutatæ ; motus enim est *actus mobilis à movente*. Sic igitur prædictæ actiones animæ sensitivæ et intellectivæ, et ipsæ sunt quoddam bonum operantis, et sunt etiam cognitæ per sensum et intellectum : unde etiam ex ipsis consurgit delectatio, et non solùm ex earum objectis.

Si igitur comparentur delectationes intelligibiles delectationibus sensibilibus, secundùm quòd delectamur in ipsis actionibus, putà in cognitione sensûs et in cognitione intellectûs, non est dubium quòd multò sunt majores delectationes intelligibiles quàm sensibiles. Multò enim magis delectatur homo de hoc quòd cognoscit aliquid intelligendo, quàm de hoc quòd cognoscit aliquid sentiendo, quia intellectualis cognitio et perfectior est, et etiam magis cognoscitur, quia intellectus magis reflectitur supra actum suum quàm sensus. Est etiam cognitio intellectiva magis dilecta ; nullus est qui non vellet magis carere visu corporali quàm visu intellectuali, eo modo quo bestiæ vel stulti carent, sicut Augustinus dicit in lib. 14 de Trin. (1), cap. 14, à med.

Sed si comparentur delectationes intelligibiles spirituales delectationibus sensibilibus corporalibus, sic secundùm se, et simpliciter loquendo, delectationes spirituales sunt majores. Et hoc apparet secundùm tria quæ requiruntur ad delectationem, scilicet bonum *conjunctum*, et id cui *conjungitur*, et ipsa *conjunctio*. Nam ipsum bonum spirituale est magis quàm corporale bonum, et est magis dilectum. Cujus signum est quòd homines etiam à maximè corporalibus voluptatibus abstinent, ut non perdant honorem, qui est bonum intelligibile. Similiter etiam ipsa pars intellectiva est multò nobilior et magis cognoscitiva quàm pars sensitiva. Conjunctio etiam utriusque est magis intima, et magis perfecta, et magis firma. Intimior quidem est, quia sensus sistit circa exteriora accidentia rei ; intellectus verò penetrat usque ad rei essentiam ; objectum enim intellectûs est *quod quid est*. Perfectior autem est, quia conjunctioni sensibilis ad sensum adjungitur motus, qui est actus imperfectus ; unde et delectationes sensibiles non sunt totæ simul, sed in eis aliquid pertransit, et aliquid expectatur consummandum, ut patet in delectatione ciborum et venereorum ; sed intelligibilia sunt absque motu, unde delectationes tales sunt totæ simul. Est etiam firmior, quia delectabilia corporalia sunt corruptibilia, et citò deficiunt ; bona verò spiritualia sunt incorruptibilia.

Sed quoad nos delectationes corporales sunt magis vehementes propter tria : primò quia sensibilia sunt magis nota quoad nos quàm intelligibilia. Secundò etiam quia delectationes sensibiles, cùm sint passiones sensitivi appetitûs, sunt cum aliquâ transmutatione corporali ; quod non contingit in delectationibus spiritualibus, nisi per quamdam redundantiam à superiori appetitu ad inferiorem. Tertiò quia delectationes corporales

(1) Al., *de Civit. Dei*, perperàm.

appetuntur ut medicinæ quædam contra corporales defectus vel molestias, ex quibus tristitiæ quædam consequuntur : unde delectationes corporales tristitiis hujusmodi supervenientes magis sentiuntur, et per consequens magis acceptantur, quàm delectationes spirituales, quæ non habent tristitias contrarias, ut infra dicetur, quæst. 35, art. 5.

Ad primum ergo dicendum quòd ideò plures sequuntur delectationes corporales, quia bona sensibilia sunt magis et pluribus nota ; et etiam quia homines indigent delectationibus ut medicinis contra multiplices dolores et tristitias. Et cùm plures hominum non possint attingere ad delectationes spirituales, quæ sunt propriè virtuosorum, consequens est quòd declinent ad corporales.

Ad secundum dicendum quòd transmutatio corporis magis contingit ex delectationibus corporalibus, in quantum sunt passiones appetitûs sensitivi.

Ad tertium dicendum quòd delectationes corporales sunt secundùm partem sensitivam, quæ regulatur ratione ; et ideò indigent temperari et refrenari per rationem ; sed delectationes spirituales sunt secundùm mentem, quæ est ipsa regula ; unde sunt secundùm se ipsas sobriæ et moderatæ.

ARTICULUS VI. — *Utrùm delectationes tactûs sint majores delectationibus quæ sunt secundùm alios sensus.* — 2-2, *quæst.* 15, *art.* 3, *corp., et quæst.* 141, *art.* 4, *corp., et ad* 3, *et art.* 7, *corp., et* 4, *dist.* 49, *quæst.* 3, *art.* 5, *quæst.* 2, *et Mal. quæst.* 14, *art.* 4, *corp., et ad* 1.)

Ad sextum sic proceditur. 1. Videtur quòd delectationes quæ sunt secundùm tactum, non sint majores delectationibus quæ sunt secundùm alios sensus. Illa enim delectatio videtur esse maxima, quâ exclusâ gaudium omne cessat. Sed est delectatio quæ est secundùm visum ; dicitur enim Tobiæ 5, 12 : *Quale gaudium erit mihi, qui in tenebris sedeo, et lumen cœli non video?* Ergo delectatio quæ est per visum, est maxima inter sensibiles delectationes.

2. Præterea, unicuique fit delectabile illud quod amat, ut Philosophus dicit in 1 Rhetor., cap. 11. Sed inter omnes sensus maximè diligitur visus. Ergo delectatio quæ est secundùm visum, est maxima.

3. Præterea, principium amicitiæ delectabilis maximè est visio. Sed causa talis amicitiæ est delectatio. Ergo secundùm visum videtur esse maxima delectatio.

Sed contra est quod Philosophus dicit in 3 Ethicor., cap. 10, quòd *maximæ delectationes sunt secundùm tactum.*

Respondeo dicendum quòd, sicut jam dictum est, art 1. huj. qu., unumquodque, in quantum amatur, efficitur delectabile. Sensus autem, ut dicitur in 1 Metaph., in princ., propter duo diliguntur, scilicet propter cognitionem et propter utilitatem : unde et utroque modo contingit esse delectationem secundùm sensum. Sed quia apprehendere ipsam cognitionem tanquàm bonum quoddam, proprium est hominis, ideò primæ delectationes sensuum , quæ scilicet sunt secundùm cognitionem , sunt propriæ hominum ; delectationes autem sensuum , in quantum diliguntur propter utilitatem , sunt communes omnibus animalibus.

Si igitur loquamur de delectatione sensûs quæ est ratione cognitionis , manifestum est quòd secundùm visum est major delectatio quàm secundùm aliquem alium sensum.

Si autem loquamur de delectatione sensûs quæ est ratione utilitatis, sic maxima delectatio est secundùm tactum. Utilitas enim sensibilium attenditur secundùm ordinem ad conservationem naturæ animalis. Ad hanc autem utilitatem propinquiùs se habent sensibilia tactûs ; est enim tactus cognoscitivus eorum ex quibus consistit animal, scilicet calidi et frigidi , et humidi et sicci, et hujusmodi. Unde secundùm hoc delectationes quæ sunt secundùm tactum, sunt majores , quasi fini propinquiores. Et propter hoc etiam animalia , quæ non habent delectationem secundùm sensum , nisi ratione utilitatis, non delectantur secundùm alios sensus nisi in ordine ad sensibilia tactûs ; neque enim odoribus leporum canes gaudent, sed cibatione ; neque leo voce bovis, sed comestione , ut dicitur in 3 Ethic., cap. 10, circ. med.

Cùm igitur delectatio tactûs sit maxima ratione utilitatis, delectatio autem visûs ratione cognitionis, si quis utramque comparare velit , inveniet simpliciter delectationem tactûs esse majorem delectatione visûs , secundùm quòd consistit intra limites sensibilis delectationis : quia manifestum est quòd id quod est naturale, in unoquoque est potentissimum. Hujusmodi autem delectationes tactûs sunt ad quas ordinantur concupiscentiæ naturales, sicut cibi et venerea, et hujusmodi.

Sed si consideremus delectationes visûs , secundùm quòd visus deservit intellectui , sic delectationes visûs erunt potiores, eâ ratione quâ et intelligibiles delectationes sunt potiores sensibilibus.

Ad primum ergo dicendum quòd gaudium, sicut supra dictum est , art. 3 huj. quæst. , significat animalem delectationem ; et hæc maximè pertinet ad visum ; sed delectatio naturalis magis pertinet ad tactum.

Ad secundum dicendum quòd visus maximè diligitur propter cognitionem, eò quòd multas rerum differentias nobis ostendit, ut ibidem dicitur.

Ad tertium dicendum quòd alio modo delectatio est causa amoris carnalis, et alio modo visio ; nam delectatio , et maximè quæ est secundùm tactum, est causa amicitiæ delectabilis per modum finis : visio autem est causa , sicut unde est principium motûs in quantum per visum amabilis imprimitur species rei quæ allicit adamandum, et ad concupiscendam ejus delectationem.

ARTICULUS VII. — *Utrùm aliqua delectatio sit non naturalis.*

Ad septimum sic proceditur. 1.. Videtur quòd nulla delectatio sit innaturalis. Delectatio enim in affectibus animæ proportionatur quieti in corporibus. Sed appetitus corporis naturalis non quiescit nisi in loco connatu-

rali. Ergo nec quies appetitûs animalis , quæ est delectatio, potest esse nisi in aliquo connaturali. Nulla ergo delectatio est non naturalis.

2. Præterea, illud quod est contra naturam, est violentum. Sed *omne violentum est contristans*, ut dicitur in 5 Met.,text. 6. Ergo nihil quod est contra naturam , est delectabile

3. Præterea , constitui in propriam naturam , cùm sentitur, causat delectationem, ut patet in definitione Philosophi supra positâ, art. 1 huj. quæst. Sed constitui in naturam unicuique est naturale, quia motus naturalis est qui est ad terminum naturalem. Ergo omnis delectatio est naturalis.

Sed contra est quod Philosophus dicit, 7 Ethic., cap. 12 et ult., quòd *quædam delectationes sunt ægritudinales, et contra naturam.*

Respondeo dicendum quòd naturale dicitur *quod est secundùm naturam*, ut dicitur 2 Physic. , text. 4 et 5. Natura autem in homine dupliciter sumi potest. Uno modo, prout intellectus et ratio est potissima hominis natura , quia secundùm eam homo in specie constituitur ; et secundùm hoc naturales delectationes hominum dici possunt quæ sunt in eo quod convenit homini secundùm rationem ; sicut delectari in contemplatione veritatis, et in actibus virtutum est naturale homini. Alio modo potest sumi natura in homine secundùm quòd condividitur rationi, scilicet id quod est commune homini et aliis, præcipuè quod rationi non obedit ; et secundùm hoc ea quæ pertinent ad conservationem corporis vel secundùm individuum (ut cibus, potus , lectus et hujusmodi), vel secundùm speciem (sicut venereorum usus), dicuntur homini delectabilia naturaliter.

Secundùm utrasque autem delectationes contingit aliquas esse innaturales, simpliciter loquendo, sed connaturales secundùm quid. Contingit enim in aliquo individuo corrumpi aliquod principiorum naturalium speciei : et sic id quod est contra naturam speciei , fieri per accidens naturale huic individuo, sicut aquæ calefactæ est naturale quòd calefaciat : ita igitur contingit quòd id quod est contra naturam hominis vel quantùm ad rationem, vel quantùm ad corporis conservationem, fiat huic homini connaturale propter aliquam corruptionem naturæ in eo existentem. Quæ quidem corruptio potest esse vel ex parte corporis, sicut ex ægritudine, sicut febricitantibus dulcia videntur amara , et è converso, sive propter malam complexionem, sicut aliqui delectantur in comestione terræ, vel carbonum vel aliquorum hujusmodi ; vel etiam ex parte animæ, sicut propter consuetudinem aliqui delectantur in comedendo homines, vel in coitu bestiarum, aut masculorum, aut aliorum hujusmodi, quæ non sunt secundùm naturam humanam.

Et per hoc patet responsio ad objecta.

ARTICULUS VIII. — *Utrùm delectatio possit esse delectationi contraria.*

Ad octavum sic proceditur. 1. Videtur quòd delectationi non sit delectatio contraria. Passiones enim animæ speciem et contrarietatem recipiunt secundùm objectum. Objectum autem delectationis est bonum. Cùm igitur bonum non sit contrarium bono, sed bonum malo contrarietur, et malum bono, ut dicitur in Prædicamentis, cap. de Oppos., in princ., videtur quòd delectatio non sit contraria delectationi.

2. Præterea, uni est contrarium unum, ut probatur in 10 Metaph., text. 17. Sed delectationi contraria est tristitia. Non ergo delectationi contraria est delectatio.

3. Præterea, si delectationi contraria est delectatio, hoc non est nisi propter contrarietatem eorum in quibus aliquis delectatur. Sed hæc differentia est materialis; contrarietas autem est differentia secundùm formam, ut dicitur in 10 Metaph. text. 13 et 14. Ergo contrarietas non est delectationis ad delectationem.

Sed contra, *ea quæ se impediunt in eodem genere existentia,* secundùm Philosophum, ibid., *sunt contraria.* Sed quædam delectationes se invicem impediunt, ut dicitur in 10 Ethic., cap. 5, circ. med. Ergo aliquæ delectationes sunt contrariæ.

Respondeo dicendum quòd delectatio in affectionibus animæ, sicut dictum est art. 2, hujus quæst., proportionatur quieti in corporibus naturalibus. Dicuntur autem duæ quietes esse contrariæ, quæ sunt in contrariis terminis, sicut quies quæ est sursùm, ei quæ est deorsùm, ut dicitur in 5 Physic., text. 54. Unde et contingit in affectibus animæ duas delectationes esse contrarias.

Ad primum ergo dicendum quòd verbum illud Philosophi est intelligendum, secundùm quòd *bonum* et *malum* accipitur in virtutibus et vitiis; nam inveniuntur duo contraria vitia; non autem invenitur virtus contraria virtuti. In aliis autem nil prohibet duo bona esse ad invicem contraria, sicut *calidum* et *frigidum,* quorum unum est bonum igni, alterum aquæ. Et per hunc modum delectatio potest esse delectationi contraria. Sed hoc in bono virtutis esse non potest, quia bonum virtutis non accipitur nisi per convenientiam ad aliquid unum, scilicet rationem.

Ad secundum dicendum quòd delectatio se habet in affectibus animæ sicut quies naturalis in corporibus; est enim in aliquo convenienti, et quasi connaturali. Tristitia autem se habet sicut quies violenta; tristabile enim repugnat appetitui animali, sicut locus quietis violentæ appetitui naturali. Quieti autem naturali opponitur et quies violenta ejusdem corporis, et quies naturalis alterius, ut dicitur in 5. Physic., text. 54 et seq. Unde delectationi opponitur et delectatio et tristitia.

Ad tertium dicendum quòd ea in quibus delectamur, cùm sint objecta delectationis, non solùm faciunt differentiam materialem, sed etiam formalem, si sit diversa ratio delectabilitatis. Diversa enim ratio objecti diversificat speciem actûs vel passionis, ut ex supra dictis patet, quæst. 23, art. 1.

QUÆSTIO XXXII.
De causa delectationis. — (*In octo articulos divisa.*)

Deinde considerandum est de causis delectationis; et circa hoc quæruntur octo : 1° utrùm operatio sit causa propria delectationis; 2 utrùm motus sit causa delectationis; 3° utrùm spes et memoria; 4° utrùm tristitia; 5° utrùm actiones aliorum sint nobis delectationis causa; 6° utrùm benefacere alteri sit causa delectationis; 7° utrùm similitudo sit causa delectationis; 8° utrùm admiratio sit causa delectationis.

ARTICULUS PRIMUS. — *Utrùm operatio sit causa propria delectationis.* — (4, dist. 49, quæst. 3, art. 5, quæst. 4, corp.)

Ad primum sic proceditur. 1. Videtur quòd operatio non sit propria et prima causa delectationis. Ut enim Philosophus dicit in 1 Rhet., cap. 11, à princ., *delectari consistit in hoc quòd sensus aliquid patiatur;* requiritur enim ad delectationem cognitio, sicut dictum est, quæst. 31, art. 1. Sed per prius sunt cognoscibilia objecta operationum quàm ipsæ operationes. Ergo operatio non est propria causa delectationis.

2. Præterea, delectatio potissimè consistit in fine adepto; hoc enim est quod præcipuè concupiscitur. Sed non semper operatio est finis, sed quandoque ipsum operatum. Non ergo operatio est propria, et per se causa delectationis.

3. Præterea, otium et requies dicuntur per cessationem operationis. Hæc autem sunt delectabilia, ut dicitur in 1 Rhetor., loc. sup. cit. Non ergo operatio est propria causa delectationis.

Sed contra est quod Philosophus dicit 7 Ethic., cap. 12 et 13, et 10, cap. 4 et 5 (implic.), quòd *delectatio est operatio connaturalis, non impedita.*

Respondeo dicendum quòd, sicut supra dictum est, quæst. 31, art 1, ad delectationem duo requiruntur, scilicet consecutio boni convenientis, et cognitio hujusmodi adeptionis. Utrumque autem horum in quâdam operatione consistit; nam actualis cognitio operatio est quædam; similiter bonum conveniens adipiscimur aliquâ operatione; ipsa etiam operatio propria est quoddam bonum conveniens. Unde oportet quòd omnis delectatio aliquam operationem consequatur.

Ad primum ergo dicendum quòd ipsa objecta operationum non sunt delectabilia, nisi in quantum conjunguntur nobis vel per cognitionem solam, sicut cùm delectamur in consideratione, vel inspectione aliquorum; vel quocumque alio modo simul cum cognitione; sicut cùm aliquis delectatur in hoc quòd cognoscit se habere quodcumque bonum, putà divitias, vel honorem, vel aliquid hujusmodi; quæ quidem non essent delectabilia, nisi in quantum apprehenduntur ut habita. Ut enim Philosophus dicit in 2 Polit., cap. 3, ante med., *magnam delectationem habet putare aliquid sibi proprium;* quæ procedit ex naturali amore alicujus ad seipsum. Habere autem hujusmodi nihil est aliud quàm uti eis vel posse uti : et hoc est per aliquam operationem. Unde manifestum est quòd omnis delectatio in operationem reducitur sicut in causam.

Ad secundum dicendum quòd, etiam in illis in quibus operationes non sunt fines, sed operata ipsa, operata sunt delectabilia, in quantum sunt habita, vel facta; quod refertur ad aliquem usum, vel operationem.

Ad tertium dicendum quòd operationes sunt delectabiles, in quantum sunt proportionatæ, et connaturales operanti. Cùm autem virtus humana sit finita, secundùm aliquam mensuram operatio est ei proportionata. Unde si excedat illam mensuram, jam non erit proportionata, nec delectabilis, sed magis laboriosa et attædians. Et secundùm hoc otium, et ludus, et alia quæ ad requiem pertinent, delectabilia sunt, in quantum auferunt tristitiam quæ est ex labore.

ARTICULUS II. — *Utrùm motus sit causa delectationis.* — (4, dist. 49, quæst. 3, art. 2, ad 3.)

Ad secundum sic proceditur. 1. Videtur quòd motus non sit causa delectationis, quia, sicut supra dictum est, quæst. 31, art. 1, bonum præsentialiter adeptum est causa delectationis; unde Philosophus in 7 Ethic. dicit, cap. 12, quòd *delectatio non comparatur generationi, sed operationi rei jam existentis.* Id autem quod movetur ad aliud, nondùm habet illud, sed quodammodò est in viâ generationis respectu illius secundùm quòd omni motui adjungitur generatio et corruptio, ut dicitur in 8 Physic., text. 24. Ergo motus non est causa delectationis.

2. Præterea, motus præcipuè laborem et lassitudinem inducit in operibus. Sed operationes ex hoc quòd sunt laboriosæ, lassantes, non sunt delectabiles, sed magis afflictivæ. Ergo motus non est causa delectationis.

3. Præterea, motus importat innovationem quamdam, quæ opponitur consuetudini. Sed ea quæ sunt consueta sunt nobis delectabilia, ut Philosophus dicit in 1 Rhetor., cap. 11, à princ. Ergo motus non est causa delectationis.

Sed contra est quod Augustinus dicit in 8 Confess., cap. 3, post med. : *Quid est hoc, Domine Deus meus, cùm tu in æternum tibi ipsi sis gaudium, et quædam de te circa te semper gaudeant, quòd hæc rerum pars alterno defectu et profectu, offensionibus et conciliationibus gaudet?* Ex quo accipitur quòd homines gaudent et delectantur in quibusdam alternationibus : et sic motus videtur esse causa delectationis.

Respondeo dicendum quòd ad delectationem tria requiruntur, scilicet bonum delectans, conjunctio delectabilis, et tertium, quod est cognitio hujus conjunctionis.

Et secundùm hæc tria motus efficitur delectabilis, ut Philosophus dicit in 7 Ethic., fortè cap. 12, et in 1 Rhet., cap. 11. Nam ex parte nostrâ, qui delectamur, transmutatio efficitur nobis delectabilis propter hoc quòd natura nostra transmutabilis est; et propter hoc quòd est nobis conveniens nunc, non erit conveniens postea, sicut calefieri ad ignem est conveniens homini in hieme, non autem in æstate. Ex parte verò boni delectantis, quod nobis conjungitur, fit etiam transmutatio delectabilis; quia actio continuata alicujus auget effectum, sicut quantò aliquis diutiùs appropinquat igni, magis calefit et desiccatur. Naturalis autem habitudo in quâdam mensurâ consistit; et ideò quando continuata præsentia delectabilis superexcedit mensuram naturalis habitudinis, efficitur remotio ejus delectabilis. Ex parte verò ipsius cognitionis, quia homo desiderat cognoscere aliquod totum et perfectum. Cùm ergo aliqua non poterunt apprehendi tota simul, delectat in his transmutatio, ut unum transeat, et alterum succedat, et sic totum sentiatur. Unde Augustinus dicit in 4 Confess., cap. 11, à med. : *Non vis utique stare syllabas, sed transvolare, ut aliæ veniant, et totum audias : ita semper omnia, ex quibus unum aliquid constat, et non sunt omnia simul, plus delectant omnia quàm singula, si possint sentiri omnia.*

Si ergo sit aliqua res cujus natura sit intransmutabilis, et non possit in eâ fieri excessus naturalis habitudinis per continuationem delectabilis, et quæ possit totum suum delectabile simul intueri, non erit ei transmutatio delectabilis; et quantò aliquæ delectationes plus ad hoc accedunt, tantò plus continuari possunt.

Ad primum ergo dicendum quòd id quod movetur, etsi nondùm habeat perfectè id ad quod movetur, incipit tamen jam aliquid habere ejus ad quod movetur; et secundùm hoc ipse motus habet aliquid delectationis, deficit tamen à delectationis perfectione, nam perfectiores delectationes sunt in rebus immobilibus. Motus etiam efficitur delectabilis, in quantum per ipsum fit aliquid conveniens quod priùs conveniens non erat, vel desinit (1) esse, ut supra dictum est, in corp. art.

Ad secundum dicendum quòd motus laborem et lassitudinem inducit, secundùm quòd transcendit habitudinem naturalem. Sic autem motus non est delectabilis, sed secundùm quòd removentur contraria habitudinis naturalis.

Ad tertium dicendum quòd id quod est consuetum, efficitur delectabile, in quantum efficitur naturale. Nam consuetudo est quasi altera natura. Motus autem est delectabilis, non quidem quo receditur à consuetudine, sed magis secundùm quòd per ipsum impeditur corruptio naturalis habitudinis, quæ posset provenire ex assiduitate alicujus operationis. Et sic ex eâdem causâ connaturalitatis efficitur consuetudo delectabilis et motus.

ARTICULUS III. — *Utrùm spes et memoria sint causæ delectationis.* — (Inf., quæst. 40, art. 8, et 2-2, qu. 30, art. 1, ad 3, et 12 Met., lect. 6, col. 5.)

Ad tertium sic proceditur. 1. Videtur quòd memoria et spes non sint causæ delectationis. Delectatio enim est de bono præsenti, ut Damascenus dicit, lib. 2 orth. Fid., cap. 13. Sed memoria et spes sunt de absenti; est enim memoria præteritorum; spes verò futurorum. Ergo memoria et spes non sunt causa delectationis.

(1) Ita ead. Alc., Edit. Rom., Nicolai et Pat. ann. 1698. Theologi, et ed. Pat. 1712, *desivit.*

2. Præterea, idem non est causa contrariorum. Sed spes est causa afflictionis; dicitur enim Prov. 13, 12 : *Spes quæ differtur, affligit animam.* Ergo spes non est causa delectationis.

3. Præterea, sicut spes convenit cum delectatione in eo quod est de bono, ita etiam et concupiscentia et amor. Non ergo magis debet assignari spes causa delectationis quàm concupiscentia vel amor.

Sed contra est quod dicitur Rom. 12, 12 : *Spe gaudentes;* et in Psal. 76, 4 : *Memor fui Dei, et delectatus sum.*

Respondeo dicendum quòd delectatio causatur ex præsentiâ boni convenientis, secundùm quod sentitur, vel qualitercumque percipitur. Est autem aliquid præsens nobis dupliciter : uno modo secundùm cognitionem, prout scilicet cognitum est in cognoscente secundùm suam similitudinem; alio modo secundùm rem, prout scilicet unum alteri realiter conjungitur vel actu, vel potentiâ, secundùm quemcumque conjunctionis modum.

Et quia major est conjunctio secundùm rem quàm secundùm similitudinem, quæ est conjunctio cognitionis, itemque major est conjunctio rei in actu quàm in potentiâ, ideò maxima est delectatio quæ fit per sensum, qui requirit præsentiam rei sensibilis; secundùm autem gradum tenet delectatio spei, in quâ non solùm est delectabilis conjunctio secundùm apprehensionem, sed etiam secundùm facultatem vel possibilitatem adipiscendi bonum quod delectat; tertium autem gradum tenet delectatio memoriæ, quæ habet solam conjunctionem apprehensionis.

Ad primum ergo dicendum quòd spes et memoria sunt quidem eorum quæ sunt simpliciter absentia, quæ tamen secundùm quid sunt præsentia, scilicet vel secundùm apprehensionem solam, vel secundùm apprehensionem et facultatem ad minus æstimatam.

Ad secundum dicendum quòd nihil prohibet idem secundùm diversa esse causam contrariorum. Sic igitur spes, in quantum habet præsentem æstimationem boni futuri, delectationem causat; in quantum autem caret præsentiâ ejus, causat afflictionem.

Ad tertium dicendum quòd amor et concupiscentia delectationem causant. Omne enim amatum fit delectabile amanti, eò quòd amor est quædam unio vel connaturalitas amantis ad amatum. Similiter etiam omne concupitum est delectabile concupiscenti, cùm concupiscentia sit præcipuè appetitus delectationis. Sed tamen spes, in quantum importat quamdam certitudinem realis præsentiæ boni delectantis, quam non importat nec amor, nec concupiscentia, magis ponitur causa delectationis quàm illa; et similiter magis quàm memoria, quæ est de eo quod jam transit.

ARTICULUS IV. — *Utrùm tristitia sit causa delectationis.* — (Inf., qu. 35, art. 5, ad 1, et qu. 48, art. 4, corp.)

Ad quartum sic proceditur. 1. Videtur quòd tristitia non sit causa delectationis. Contrarium enim non est causa contrarii. Sed tristitia contrariatur delectationi. Ergo non est causa delectationis

2. Præterea, contrariorum contrarii sunt effectus. Sed delectabilia memorata sunt causa delectationis. Ergo tristia memorata sunt causa doloris et non delectationis.

3. Præterea, sicut se habet tristitia ad delectationem, ita odium ad amorem. Sed odium non est causa amoris, sed magis è converso, ut supra dictum est, quæst. 29, art. 2. Ergo tristitia non est causa delectationis.

Sed contra est quod in Ps. 41, 4, dicitur : *Fuerunt mihi lacrymæ meæ panes die ac nocte.* Per panem autem refectio delectationis intelligitur. Ergo lacrymæ quæ ex tristitiâ oriuntur, videntur esse delectationis causa.

Respondeo dicendum quòd tristitia potest dupliciter considerari : uno modo secundùm quòd est in actu; alio modo secundùm quòd est in memoriâ.

Et utroque modo tristitia potest esse delectationis causa. Tristitia quidem in actu existens est causa delectationis, in quantum facit memoriam rei dilectæ, de cujus absentiâ aliquis tristatur, et tamen de solâ ejus apprehensione delectatur. Memoria autem tristitiæ fit causa delectationis propter subsequentem evasionem; nam carere malo accipitur in ratione boni, unde secundùm quòd homo apprehendit se evasisse ab aliquibus tristibus et dolorosis, accrescit ei gaudii materia, secundùm quod Augustinus dicit 22 de Civ. Dei (implic. cap. ult., sed expres. hoc hab. Greg., 4 Moral., cap. 31, ad fin.), quòd *sæpè læti tristium meminimus, et sani dolorum sine dolore, et inde ampliùs læti et grati sumus;* et in 8 Confess. dicit, cap. 3, ante med., quòd *quantò majus fuit periculum in prælio, tantò majus erit gaudium in triumpho.*

Ad primum ergo dicendum quòd contrarium quandoque per accidens est causa contrarii, sicut frigidum quandoque calefacit, ut dicitur in 8 Phys., text. 8; et similiter tristitia per accidens est delectationis causa, in quantum fit per eam apprehensio alicujus delectabilis.

Ad secundum dicendum quòd tristia memorata, in quantum sunt tristia et delectabilibus contraria, non causant delectationem, sed in quantum ab eis homo liberatur, et similiter memoria delectabilium ex eó quòd sunt amissa, potest causare tristitiam.

Ad tertium dicendum quòd odium etiam per accidens potest esse causa amoris, prout scilicet aliqui diligunt se, in quantum conveniunt in odio unius et ejusdem.

ARTICULUS V. — *Utrùm actiones aliorum sint nobis causa delectationis.*

Ad quintum sic proceditur. 1. Videtur quòd actiones aliorum non sint nobis delectationis causa. Causa enim delectationis est proprium bonum conjunctum. Sed aliorum operationes non sunt nobis conjunctæ. Ergo non sunt nobis causa delectationis.

2. Præterea, operatio est proprium bonum operantis. Si igitur operationes aliorum sint nobis causa delectationis, pari ratione omnia alia bona aliorum erunt nobis delectationis causa; quod patet esse falsum.

3. Præterea, operatio est delectabilis, in

quantum procedit ex habitu nobis innato ; unde dicitur in 2 Eth., cap. 3, in princ., quòd *signum generali habitûs oportet accipere fientem in opere delectationem.* Sed operationes aliorum non procedunt ex habitibus qui in nobis sunt, sed interdùm ex habitibus qui sunt in operantibus. Non ergo operationes aliorum sunt nobis delectabiles, sed ipsis operantibus.

Sed contra est quod dicitur in 2 Canonicâ Joannis, 4 : *Gavisus sum valdè, quia inveni de filiis tuis ambulantes in veritate.*

Respondeo dicendum quòd sicut jam dictum est, art. 1 hujus quæst., ad delectationem duo requiruntur, scilicet consecutio proprii boni, et cognitio proprii boni consecuti.

Tripliciter ergo operatio alterius potest esse delectationis causa : uno modo in quantum per operationem alicujus consequimur aliquod bonum ; et secundùm hoc operationes illorum qui nobis aliquod bonum faciunt, sunt nobis delectabiles, quia benè pati ab alio est delectabile. Alio modo secundùm quòd per operationes aliorum efficitur nobis aliqua cognitio, vel aliqua æstimatio proprii boni ; et propter hoc homines delectantur in hoc quòd laudantur vel honorantur ab aliis, quia scilicet per hoc accipiunt æstimationem in seipsis aliquod bonum esse ; et quia ista æstimatio fortiùs generatur ex testimonio bonorum et sapientum, ideò in horum laudibus et honoribus homines magis delectantur ; et quia adulator est apparens laudator, propter hoc etiam adulationes quibusdam sunt delectabiles ; et quia amor est alicujus boni, et admiratio est alicujus magni, idcircò amari ab aliis, et in admiratione haberi est delectabile, in quantum per hoc fit homini æstimatio propriæ bonitatis vel magnitudinis, in quibus aliquis delectatur. Tertio modo in quantum ipsæ operationes aliorum, si sint bonæ, æstimantur ut bonum proprium propter vim amoris, qui facit æstimare amicum quasi eumdem sibi ; et propter odium, quod facit æstimare bonum alterius esse sibi contrarium, efficitur mala operatio inimici delectabilis. Unde dicitur 1 ad Corinth. 13, 6, quòd *charitas non gaudet super iniquitate, congaudet autem veritati.*

Ad primum ergo dicendum quòd operatio alterius potest esse mihi conjuncta vel per effectum, sicut in primo modo ; vel per apprehensionem, sicut in secundo modo ; vel per affectionem, sicut in tertio modo.

Ad secundum dicendum quòd ratio illa procedit quantùm ad tertium modum, non autem quantùm ad duos primos.

Ad tertium dicendum quòd operationes aliorum, etsi non procedant ex habitibus qui in me sunt, causant tamen in me aliquid delectabile ; vel faciunt mihi æstimationem, sive apprehensionem proprii habitûs ; vel procedunt ex habitu illius qui est unum mecum per amorem.

ARTICULUS VI. — *Utrùm benefacere alteri sit causa delectationis.*

Ad sextum sic proceditur. 1. Videtur quòd benefacere alteri non sit delectationis causa. Delectatio enim causatur ex consecutione proprii boni, sicut supra dictum est, art. præc., et 1 hujus quæst. Sed benefacere non pertinet ad consecutionem proprii boni, sed magis ad emissionem. Ergo magis videtur esse causa tristitiæ quàm delectationis.

2. Præterea, Philosophus dicit in 4 Eth., cap. 1, à med., quòd *illiberalitas connaturalior est hominibus quàm prodigalitas.* Sed ad prodigalitatem pertinet benefacere aliis, ad illiberalitatem autem pertinet desistere à benefaciendo. Cùm ergo operatio connaturalis sit delectabilis unicuique, ut dicitur in 7 Ethic., cap. 14, et 10, cap. 4 et 5, videtur quòd benefacere aliis non sit causa delectationis.

3. Præterea, contrarii effectus ex contrariis causis procedunt. Sed quædam quæ pertinent ad malefacere, sunt naturaliter homini delectabilia, sicut vincere, redarguere vel increpare alios, et etiam punire quantùm ad iratos, ut dicit Philosophus in 1 Rhetor., cap. 11. Ergo benefacere magis est causa tristitiæ quàm delectationis.

Sed contra est quod Philosophus dicit in 2 Polit., cap. 3, à med., quòd *largiri et auxiliari amicis aut extraneis est delectabilissimum.*

Respondeo dicendum quòd hoc ipsum quod est benefacere alteri, potest tripliciter esse delectationis causa : uno modo per comparationem ad effectum, quod est bonum in altero constitutum ; et secundùm hoc, in quantum bonum alterius reputamus quasi nostrum bonum propter unionem amoris, delectamur in bono quod per nos fit aliis, præcipuè amicis, sicut in bono proprio. Alio modo per comparationem ad finem, sicut cùm aliquis per hoc quòd alteri benefacit, sperat consequi aliquod bonum sibi ipsi vel à Deo vel ab homine ; spes autem delectationis est causa. Tertio modo per comparationem ad principium ; et sic hoc quod est benefacere alteri, potest esse delectabile per comparationem ad triplex principium ; quorum unum est facultas benefaciendi, et secundùm hoc benefacere alteri fit delectabile, in quantum per hoc fit homini quædam imaginatio abundantis boni in seipso existentis, ex quo possit aliis communicare ; et ideò homines delectantur in filiis et operibus propriis, sicut quibus communicant proprium bonum. Aliud principium est habitus inclinans, secundùm quem benefacere fit alicui connaturale ; unde liberales delectabiliter dant aliis. Tertium principium est motivum ; putà cùm aliquis movetur ab aliquo quem diligit, ad benefaciendum alicui : omnia enim quæ facimus vel patimur propter amicum, delectabilia sunt, quia amor præcipua causa delectationis est.

Ad primum ergo dicendum quòd emissio, in quantum est indicativa proprii boni, est delectabilis ; sed in quantum evacuat proprium bonum, potest esse contristans, sicut quando est immoderata.

Ad secundum dicendum quòd prodigalitas habet immoderatam emissionem, quæ repugnat naturæ : et ideò prodigalitas dicitur esse contra naturam.

Ad tertium dicendum quòd vincere, redarguere et punire non est delectabile, in quantum est in malum alterius, sed in quantum pertinet ad proprium bonum, quod plus homo amat quàm odiat malum alterius. Vincere enim est delectabile naturaliter, in quantum per hoc fit æstimatio propriæ excellentiæ, et propter hoc omnes ludi in quibus est concertatio, et in quibus potest esse victoria, sunt maximè delectabiles; et universaliter omnes concertationes, secundùm quòd habent spem victoriæ. Redarguere autem et increpare potest esse dupliciter delectationis causa : uno modo in quantum facit homini imaginationem propriæ sapientiæ et excellentiæ; increpare enim et corripere est sapientum et majorum. Alio modo secundùm quòd aliquis increpando et reprehendendo alteri benefacit, quod est delectabile, ut dictum est, in corp. art. Irato autem est delectabile punire, in quantum videtur removere apparentem minorationem, quæ videtur esse ex præcedenti læsione; cùm enim aliquis est ab alio læsus, videtur per hoc ab alio minoratus esse; et ideò appetit ab hâc minoratione liberari per retributionem læsionis. Et sic patet quòd benefacere alteri per se potest esse delectabile; sed malefacere alteri non est delectabile, nisi in quantum videtur pertinere ad proprium bonum.

ARTICULUS VII. — *Utrùm similitudo sit causa delectationis.*

Ad septimum sic proceditur. 1. Videtur quòd similitudo non sit causa delectationis. Principari enim et præesse quamdam dissimilitudinem importat. Sed principari et præesse naturaliter est delectabile, ut dicitur in 1 Rhet., cap. 11, propè fin. Ergo dissimilitudo magis est causa delectationis quàm similitudo.

2. Præterea, nihil magis est dissimile delectationi quàm tristitia. Sed illi qui patiuntur tristitiam, maximè sequuntur delectationes, ut dicitur in 7 Ethic., cap. 14. Ergo dissimilitudo est magis causa delectationis quàm similitudo.

3. Præterea, illi qui sunt repleti aliquibus delectationibus, non delectantur in eis, sed magis fastidiunt eas; sicut patet in repletione ciborum. Non ergo similitudo est delectationis causa.

Sed contra est quòd similitudo est causa amoris, ut dictum est supra, qu. 27, art. 3. Amor autem est causa delectationis. Ergo similitudo est causa delectationis.

Respondeo dicendum quòd similitudo est quædam unitas; unde id quod est simile, in quantum est unum, est delectabile, sicut et amabile, ut supra dictum est, loc. cit.

Et si quidem id quod est simile, proprium bonum non corrumpat, sed augeat, est simpliciter delectabile; putà homo homini, et juvenis juveni. Si verò sit corruptivum proprii boni, sic per accidens efficitur fastidiosum vel contristans; non quidem in quantum est simile et unum; sed in quantum corrumpit id quod est magis unum.

Quòd autem aliquid simile corrumpat pro-

prium bonum, contingit dupliciter : uno modo quia corrumpit mensuram proprii boni per quemdam excessum; bonum enim, præcipue corporale, ut sanitas, in quâdam commensuratione consistit; et propter hoc superabundantes cibi, vel quælibet delectationes corporales, fastidiuntur. Alio modo per directam contrarietatem ad proprium bonum; sicut figuli abominantur alios figulos, non in quantum sunt figuli, sed in quantum per eos amittunt excellentiam propriam sive proprium lucrum, quæ appetunt sicut proprium bonum.

Ad primum ergo dicendum quòd, cùm sit quædam communicatio principantis ad subjectum, est ibi quædam similitudo; tamen secundùm quamdam excellentiam, eò quòd principari et præesse pertinent ad excellentiam proprii boni; sapientum enim et meliorum est principari et præesse; unde per hoc fit homini propriæ bonitatis imaginatio; vel quia per hoc quòd homo principatur et præest, aliis benefacit, quod est delectabile.

Ad secundum dicendum quòd id in quo delectatur tristatus, etsi non sit simile tristitiæ, est tamen simile homini contristato, quia tristitiæ contrariantur proprio bono ejus qui tristatur : et ideò appetitur delectatio ab his qui in tristitiâ sunt, ut conferens ad proprium bonum, in quantum est medicativa contrarii. Et ista est causa quare delectationes corporales, quibus sunt contrariæ quædam tristitiæ, magis appetuntur quàm delectationes intellectuales, quæ non habent contrarietatem tristitiæ, ut infra dicetur, quæst. 35, art. 5. Exinde etiam est quòd omnia animalia naturaliter appetunt delectationem, quia semper animal laborat per sensum et motum. Et propter hoc etiam juvenes maximè delectationes appetunt, propter multas transmutationes in eis existentes, dùm sunt in statu augmenti. Et etiam melancholici vehementer appetunt delectationes ad expellendum tristitiam, quia corpus eorum quasi pravo humore corroditur, ut dicitur in 7 Ethic., cap. 14, post med.

Ad tertium dicendum quòd bona corporalia in quâdam mensurâ consistunt; et ideò super excessus similium corrumpit proprium bonum; et propter hoc efficitur fastidiosus et contristans, in quantum contrariatur bono proprio hominis.

ARTICULUS VIII. — *Utrùm admiratio sit causa delectationis.*

Ad octavum sic proceditur. 1. Videtur quòd admiratio non sit causa delectationis. *Admirari enim est ignorantis naturæ*, ut Damascenus dicit, lib. 2 orth. Fid., cap. 22. Sed ignorantia non est delectabilis, sed magis scientia. Ergo admiratio non est causa delectationis.

2. Præterea, admiratio est principium sapientiæ, quasi via ad inquirendam veritatem, ut dicitur in princ. Metaph., cap. 2, ante med. Sed delectabilius est contemplari jam cognita quàm inquirere ignota, ut Philosophus dicit in 10 Ethic., cap. 7, paulò post princ., cùm hoc habeat difficultatem et impo-

dimentum, illud autem non habeat : delectatio autem causatur ex operatione non impeditâ, ut dicitur in 7 Ethic. , cap. 12 et 13, et
lib. 10, cap. 4 et 5. Ergo admiratio non est
causa delectationis , sed magis delectationem
impedit.

3. Præterea, unusquisque in consuetis delectatur ; unde operationes habituum per
consuetudinem acquisitorum sunt delectabiles. Sed consueta non sunt admirabilia, ut
dicit Augustinus super Joan. , tract. 24 , in
princ. Ergo admiratio contrariatur causæ
delectationis.

Sed contra est quod Philosophus dicit in
1 Rhet., cap. 11, post med., quòd *admiratio
est delectationis causa.*

Respondeo dicendum quòd adipisci desiderata est delectabile, ut supra dictum est, art. 3
hujus quæst., et ideò quantò alicujus rei
amatæ magis accrescit desiderium, tantò magis per adeptionem accrescit delectatio ; et
etiam in ipso augmento desiderii fit augmentum delectationis, secundùm quòd fit etiam
spes rei amatæ, sicut supra dictum est, ibid.,
quòd ipsum desiderium ex spe est delectabile.
Est autem admiratio desiderium quoddam
sciendi ; quod in homine contingit ex hoc quòd
videt effectum, et ignorat causam, vel ex hoc
quòd causa talis effectûs excedit cognitionem
aut facultatem ipsius. Et ideò admiratio est
causa delectationis, in quantum habet adjunctam spem consequendi cognitionem ejus
quod scire desiderat.

Et propter hoc omnia admirabilia sunt
delectabilia , sicut quæ sunt rara, et omnes
repræsentationes rerum, etiam quæ in se
non sunt delectabiles. Gaudet enim anima in
collatione unius ad alterum, quia conferre
unum alteri est proprius, et connaturalis
actus rationis, ut Philosophus dicit in suâ
Poeticâ, cap. 4. Et propter hoc etiam liberari
à magnis periculis magis est delectabile,
quia est admirabile, ut dicitur in 1 Rhet.,
cap. 11.

Ad primum ergo dicendum quòd admiratio
non est delectabilis, in quantum habet ignorantiam, sed in quantum habet desiderium
addiscendi causam ; et in quantum admirans aliquid novum addiscit, scilicet talem
se esse, qualem (1) non æstimabat.

Ad secundum dicendum quòd delectatio
duo habet, scilicet quietem in bono, et hujusmodi quietis perceptionem. Quantùm igitur ad primum, cùm sit perfectius contemplari
veritatem cognitam quàm inquirere ignotam,
contemplationes rerum scitarum per se loquendo sunt magis delectabiles quàm inquisitiones rerum ignotarum ; tamen per accidens, quantùm ad secundum, contingit quòd
inquisitiones sunt quandoque delectabiliores,
secundùm quòd ex majori desiderio procedunt. Desiderium autem majus excitatur ex
perceptione ignorantiæ ; unde maximè homo
delectatur in his quæ de novo invenit aut
addiscit.

Ad tertium dicendum quòd ea quæ sunt
consueta, sunt delectabilia ad operandum ,

in quantum sunt quasi connaturalia. Sed tamen ea quæ sunt rara, possunt esse delectabilia vel ratione cognitionis, quia desideratur
eorum scientia, in quantum sunt mira, vel
ratione operationis, quia ex desiderio magis
inclinatur mens ad hoc quòd intensè in
novitate operetur, ut dicitur in 10 Eth., cap. 4,
vers. fin. Perfectior enim operatio causat perfectiorem delectationem.

QUÆSTIO XXXIII.

De effectibus delectationis.—(*In quatuor
articulos divisa.*)

Deinde considerandum est de effectibus delectationis ; et circa hoc quæruntur quatuor :
1° utrùm delectationis sit dilatare ; 2° utrùm
delectatio causet sui sitim vel desiderium ;
3° utrùm delectatio impediat usum rationis ; 4° utrùm delectatio perficiat operationem.

Articulus primus. — *Utrùm delectationis
sit dilatare.* — (*Inf., quæst. 37, art. 4,
corp.*)

Ad primum sic proceditur. 1. Videtur quòd
dilatatio non sit effectus delectationis. Dilatatio enim videtur ad amorem magis pertinere, secundùm quod dicit Apostolus 2 ad
Cor. 6, 2 : *Cor nostrum dilatatum est.* Unde
et de præcepto charitatis in Psalm. 118, 90,
dicitur : *Latum mandatum tuum nimis.* Sed delectatio est alia passio ab amore. Ergo dilatatio non est effectus delectationis.

2. Præterea, ex hoc quòd aliquid dilatatur, efficitur capacius ad recipiendum. Sed
receptio pertinet ad desiderium, quod est
rei nondùm habitæ. Ergo dilatatio magis
videtur pertinere ad desiderium quàm ad
delectationem.

3. Præterea, constrictio dilatationi opponitur. Sed constrictio videtur ad delectationem
pertinere ; nam illud constringimus quod firmiter volumus retinere : et talis est affectio
appetitûs circa rem delectantem. Ergo dilatatio ad delectationem non pertinet.

Sed contra est quod ad expressionem gaudii
dicitur Isa. 50, 5 : *Videbis, et afflues, et mirabitur, et dilatabitur cor tuum.* Ipsa etiam
delectatio ex dilatatione nomen accepit, ut
lætitia nominetur, sicut supra dictum est,
quæst. 31, art. 3, ad 3.

Respondeo dicendum quòd latitudo est quædam dimensio magnitudinis corporalis : unde
in affectionibus animæ nonnisi secundùm metaphoram dicitur.

Dilatatio autem dicitur quasi motus ad latitudinem ; et competit delectationi secundùm duo quæ ad delectationem requiruntur.
Quorum unum est ex parte apprehensivæ
virtutis, quæ apprehendit conjunctionem alicujus boni convenientis. Ex hác autem apprehensione apprehendit se homo perfectionem quamdam adeptum, quæ est spiritualis
magnitudo ; et secundùm hoc animus hominis
dicitur per delectationem magnificari seu dilatari. Aliud autem est ex parte appetitivæ
virtutis, quæ assentit rei delectabili, et in
eâ quiescit, quodammodò se præbens ei ad
eam interiùs capiendam : et sic dilatatur af

fectus hominis per delectationem, quasi se tradens ad continendum interiùs rem delectantem.

Ad primum ergo dicendum quòd nihil prohibet in his quæ dicuntur metaphoricè, idem diversis attribui secundùm diversas similitudines : et secundùm hoc dilatatio pertinet ad amorem ratione cujusdam extensionis, in quantum affectus amantis ad alios extenditur, ut curet non solùm quæ sua sunt, sed quæ aliorum ; ad delectationem verò pertinet dilatatio, in quantum aliquid in seipso ampliatur, ut quasi capaciùs reddatur.

Ad secundum dicendum quòd desiderium habet quidem aliquam ampliationem ex imaginatione rei desideratæ, sed multò magis ex præsentiâ rei jam delectantis ; quia magis præbet se animus rei jam delectanti quàm rei non habitæ desideratæ ; cùm delectatio sit finis desiderii.

Ad tertium dicendum quòd ille qui delectatur constringit quidem rem delectantem, dùm ei fortiter inhæret ; sed cor suum ampliat, ut perfectè delectabili fruatur.

ARTICULUS II. — *Utrùm delectatio causet sui sitim vel desiderium.* — (4, dist. 49, qu. 3, art. 2, ad 3.)

Ad secundum sic proceditur. 1. Videtur quòd delectatio non causet desiderium sui ipsius. Omnis enim motus cessat, cùm pervenerit ad quietem. Sed delectatio est quasi quædam quies motus desiderii, ut supra dictum est, quæst. 33, art. 4, et quæst. 30, art. 2. Cessat ergo motus desiderii, cùm ad delectationem pervenerit. Non ergo delectatio causat desiderium.

2. Præterea, oppositum non est causa sui oppositi. Sed delectatio quodammodò desiderio opponitur ex parte objecti ; nam desiderium est boni non habiti, delectatio verò boni jam habiti. Ergo delectatio non causat desiderium sui ipsius.

3. Præterea, fastidium desiderio repugnat. Sed delectatio plerùmque causat fastidium. Non ergo facit sui desiderium.

Sed contra est quod Dominus dicit Joan. 4, 13 : *Qui biberit ex hâc aquâ, sitiet iterùm* ; per aquam autem significatur, secundùm Augustinum, tract. 15 in Joan., parùm ante med., delectatio corporalis.

Respondeo dicendum quòd delectatio dupliciter potest considerari : uno modo secundùm quòd est in actu ; alio modo secundùm quòd est in memoriâ. Item sitis vel desiderium potest dupliciter accipi : uno modo propriè, secundùm quòd importat appetitum rei non habitæ ; alio modo communiter, secundùm quòd importat exclusionem fastidii.

Secundùm igitur quòd est in actu, delectatio non causat sitim vel desiderium sui ipsius, per se loquendo, sed solùm per accidens. Si tamen sitis vel desiderium dicatur rei non habitæ appetitus, tunc delectatio non causat simpliciter sitim vel desiderium : nam delectatio est affectio appetitûs circa rem præsentem.

Sed contingit rem præsentem non perfectè haberi ; et hoc potest esse vel ex parte rei ha-

bitæ, vel ex parte habentis. Ex parte quidem rei habitæ, eò quòd res habita non est tota simul, unde successivè recipitur ; et dùm aliquis delectatur in eo quod habet, desiderat potiri eo quod restat ; sicut qui audit primam partem versûs, et in hoc delectatur, desiderat alteram partem versûs audire, ut Augustinus dicit 4 Confess., cap. 11, à med. Et hoc modo omnes ferè delectationes corporales faciunt sui ipsarum sitim, quousque consummentur ; eò quòd tales delectationes consequuntur aliquem motum, sicut patet in delectationibus ciborum. Ex parte autem ipsius habentis, sicut cùm aliquis aliquam rem in se perfectam existentem non statim perfectè habet, sed paulatim acquirit, sicut in mundo isto percipientes aliquid imperfectè de divinâ cognitione delectamur ; et ipsa delectatio excitat sitim vel desiderium perfectæ cognitionis : secundùm quod potest intelligi quod habetur Eccli. 24, 29 : *Qui bibunt me, adhuc sitient.*

Si verò per sitim vel desiderium intelligatur sola intensio affectûs tollens fastidium, sic delectationes spirituales maximè faciunt sitim vel desiderium sui ipsarum. Delectationes enim corporales, quia augmentatæ vel continuatæ faciunt super excrescentiam naturalis habitudinis, efficiuntur fastidiosæ, ut patet in delectatione ciborum, et propter hoc quando aliquis jam pervenit ad perfectum in delectationibus corporalibus, fastidit eas, et quandoque appetit aliquas alias. Sed delectationes spirituales non superexcrescunt naturalem habitudinem, sed perficiunt naturam : unde cùm pervenitur ad consummationem in ipsis, tunc sunt magis delectabiles ; nisi forte per accidens, in quantum operationi contemplativæ adjunguntur aliquæ operationes virtutum corporalium, quæ per assiduitatem operandi lassantur ; et per hunc modum etiam potest intelligi quod dicitur Eccli. 24, 29 : *Qui bibunt me, adhuc sitient :* quia etiam de Angelis, qui perfectè Deum cognoscunt, et delectantur in ipso, dicitur 1 Petr. 1, 12, quòd *desiderant in eum prospicere.*

Si verò consideretur delectatio, prout est in memoriâ, et non in actu, sic per se nata est causare sui ipsius sitim et desiderium, quando scilicet homo redit ad illam dispositionem in quâ erat sibi delectabile quod præteriit ; si verò immutatus sit ab illâ dispositione, memoria delectationis non causat in eo delectationem, sed fastidium, sicut pleno existenti memoria cibi.

Ad primum ergo dicendum quòd quando delectatio est perfecta, tunc habet omnimodam quietem, et cessat motus desiderii tendentis in non habitum ; sed quando imperfectè habetur, tunc non omninò cessat motus desiderii tendentis in non habitum.

Ad secundum dicendum quòd id quod imperfectè habetur, secundùm quid habetur, et secundùm quid non habetur : et ideò simul de eo potest esse et desiderium et delectatio.

Ad tertium dicendum quòd delectationes alio modo causant fastidium, et alio modo desiderium, ut dictum est in corp. art.

ARTICULUS III. — *Utrùm delectatio impediat usum rationis.* — (*Inf., quæst.* 34, *art.* 1, *ad* 1, *et* 2-2, *quæst.* 15, *art.* 3, *quæst.* 53, *art.* 6, *et* 4, *dist.* 40, *quæst.* 3, *ad* 3, *et art.* 5, *quæst.* 1, *ad* 4, *et Mal. quæst.* 10, *art.* 1, *ad* 7.)

Ad tertium sic proceditur. 1. Videtur quòd delectatio non impediat usum rationis. Quies enim maximè confert ad debitum rationis usum ; unde dicitur in 7 Physic., text. 20, quòd *in sedendo et quiescendo fit anima sciens et prudens ;* et Sap. 8, 16 : *Intrans in domum meam conquiescam cum illâ,* scilicet sapientiâ. Sed delectatio est quædam quies. Ergo non impedit, sed magis juvat rationis usum.

2. Præterea, ea quæ non sunt in eodem, etiamsi sint contraria, non se impediunt. Sed delectatio est in parte appetitivâ ; usus autem rationis in parte apprehensivâ. Ergo delectatio non impedit rationis usum.

3. Præterea, quod impeditur ab alio, videtur quodammodò transmutari ab ipso. Sed usus apprehensivæ virtutis magis movet delectationem quàm à delectatione moveatur ; est enim causa delectationis. Ergo delectatio non impedit usum rationis.

Sed contra est quod Philosophus dicit in 6 Eth., cap. 5, quòd *delectatio corrumpit existimationem prudentiæ.*

Respondeo dicendum quòd sicut dicitur in 10 Ethic., cap. 5 : *Delectationes propriæ ad-augent operationes, extraneæ verò impediunt.* Est ergo quædam delectatio quæ habetur de ipso actu rationis, sicut cùm aliquis delecta-tur in contemplando vel ratiocinando ; et talis delectatio non impedit usum rationis, sed adjuvat ; quia illud attentiùs operamur in quo delectamur ; attentio autem adjuvat ope-rationem. Sed delectationes corporales impe-diunt usum rationis triplici ratione : primò quidem ratione distractionis, quia, sicut jam dictum est, quæst. 4, art. 1, ad 3, ad ea in quibus delectamur, multùm attendimus. Cùm autem intentio (1) fortiter inhæserit alicui rei, debilitatur circa alias res, vel totaliter ab eis revocatur ; et secundùm hoc, si delectatio corporalis fuerit magna, vel totaliter impediet usum rationis, ad se intentionem animi at-trahendo, vel multùm impediet. Secundò ra-tione contrarietatis ; quædam enim delecta-tiones, maximè superexcedentes, sunt contra ordinem rationis ; et per hunc modum Philo-sophus dicit in 6 Ethic., cap. 5, quòd *delecta-tiones corporales corrumpunt existimationem prudentiæ,* non autem existimationem specu-lativam, cui delectatio non contrariatur, putà quòd triangulus habet tres angulos æquales duobus rectis ; secundùm autem primum mo-dum utramque impedit. Tertio modo secun-dùm quamdam ligationem, in quantum sci-licet ad delectationem corporalem sequitur quædam transmutatio corporalis, major etiam quàm in aliis passionibus, quantò vehemen-tiùs afficitur appetitus ad rem præsentem quàm ad rem absentem. Hujusmodi autem corporales perturbationes impediunt usum

rationis, sicut patet in vinolentis, qui habent usum rationis ligatum vel impeditum.

Ad primum ergo dicendum quòd delectatio corporalis habet quidem quietem appetitûs in delectabili, quæ quies interdùm contrariatur rationi ; sed ex parte corporis semper habet transmutationem ; et quantùm ad utrumque impedit rationis usum.

Ad secundum dicendum quòd vis appeti-tiva et apprehensiva sunt quidem diversæ partes, sed unius animæ : et ideò cùm inten-tio animæ vehementer applicatur ad actum unius, impeditur ab actu contrario alterius.

Ad tertium dicendum quòd usus rationis requirit debitum usum imaginationis, et alia-rum virium sensitivarum, quæ utuntur or-gano corporali ; et ideò ex transmutatione corporali usus rationis impeditur, impedito actu virtutis imaginativæ et aliarum virium sensitivarum.

ARTICULUS IV. — *Utrùm delectatio perficiat operationem.* — (*Inf., quæst.* 34, *art.* 4, *ad* 3, *et quæst.* 40, *art.* 8, *corp., et* 4, *dist.* 17, *quæst.* 2, *art.* 3, *quæst.* 1, *ad* 3, *et Ver. qu.* 26, *art.* 10, *corp., et ad* 2.)

Ad quartum sic proceditur. 1. Videtur quòd delectatio non perficiat operationem. Omnis enim humana operatio ab usu rationis de-pendet. Sed delectatio impedit usum rationis, ut dictum est art. præc. Ergo delectatio non perficit, sed debilitat operationem humanam.

2. Præterea, nihil est perfectivum sui ip-sius, vel suæ causæ. Sed delectatio est ope-ratio, ut dicitur in 7 Eth., cap. 12 et 13, et in 10, cap. 4, quòd oportet ut intelligatur vel essentialiter, vel causaliter. Ergo delectatio non perficit operationem.

3. Præterea, si delectatio perficit operatio-nem, aut perficit ipsam sicut finis, aut sicut forma, aut sicut agens. Sed non sicut finis, quia operationes non quæruntur propter delectationem, sed magis è converso, ut su-pra dictum est, art. præc. ; nec iterùm per modum efficientis, quia magis operatio est causa efficiens delectationis ; nec iterùm sicut forma, non enim perficit delectatio opera-tionem ut habitus quidam, secundùm Philo-sophum in 10 Ethic., cap. 4, à med. Delecta-tio ergo non perficit operationem.

Sed contra est quod dicitur ibidem quòd *delectatio operationem perficit.*

Respondeo dicendum quòd delectatio du-pliciter operationem perficit : uno modo per modum finis, non quidem secundùm quòd fi-nis dicitur id propter quod aliquid est, sed secundùm quòd omne bonum completivè su-perveniens potest dici finis ; et secundùm hoc dicit Philosophus in 10 Ethic., loc. nunc. cit., quòd *delectatio perficit operationem, sic-ut quidam superveniens finis,* in quantum scilicet super hoc bonum quod est operatio, supervenit aliud bonum quod est delectatio, quæ importat quietationem appetitûs in bono præsupposito. Secundo modo ex parte causæ agentis ; non quidem directè, quia Philoso-phus dicit in 10 Ethic., ibid., quòd *perficit operationem delectatio, non sicut medicus sa-*

(1) Al., *attentio.*

num, sed sicut sanitas; indirectè autem, in quantum scilicet agens, quia delectatur in suâ actione, vehementiùs attendit ad ipsam, et diligentiùs eam operatur : et secundùm hoc dicitur in 10 Ethic., cap. 5, quòd *delecta-. tiones adaugent proprias operationes, et impediunt extraneas.*

Ad primum ergo dicendum quòd non omnis delectatio impedit actum rationis, sed delectatio corporalis, quæ non consequitur actum rationis, sed actum concupiscibilis, qui per delectationem augetur; delectatio autem, quæ consequitur actum rationis, fortificat rationis usum.

Ad secundum dicendum quòd, sicut dicitur in 2 Physic., text. 30, contingit quòd duo sibi invicem sunt causa, ita quòd unum sit causa efficiens, et aliud causa finalis alterius ; et per hunc modum operatio causat delectationem sicut causa efficiens ; delectatio autem perficit operationem per modum finis ut dictum est in corp. art.

Ad tertium patet responsio ex dictis.

QUÆSTIO XXXIV.
DE BONITATE ET MALITIA DELECTATIONUM.
(In quatuor articulos divisa.)

Deinde considerandum est de bonitate et malitiâ delectationum; et circa hoc quæruntur quatuor : 1° utrùm omnis delectatio sit mala; 2° dato quòd non, utrùm omnis delectatio sit bona; 3° utrùm aliqua delectatio sit optima; 4° utrùm delectatio sit mensura vel regula secundùm quam judicetur bonum vel malum in moralibus.

ARTICULUS PRIMUS. — *Utrùm omnis delectatio sit mala.* — (4, dist. 39, quæst. 3, art. 4, quæst. 3, corp., et Ver. quæst. 15, art. 4, et 10 Ethic., lect. 1, 2, 3 et 4.)

Ad primum sic proceditur. 1. Videtur quòd omnis delectatio sit mala. Illud enim quod corrumpit prudentiam, et impedit rationis usum, videtur esse secundùm se malum, quia *bonum hominis est secundùm rationem esse,* ut Dionysius dicit in 4 cap. de div. Nom., part. 4, lect. 21. Sed delectatio corrumpit prudentiam, et impedit rationis usum, et tantò magis, quantò delectationes sunt majores ; unde in delectationibus venereis, quæ sunt maximæ, impossibile est aliquid intelligere, ut dicitur in 7 Ethic., cap. 11, et Hieronymus etiam dicit super Matth. (ubi nihil occurrit ; sed implic. habet ep., ad Ageruch., à med., express. autem Orig., hom. 6 in Num., à med.), quòd *illo tempore quo conjugales actus geruntur, præsentia sancti Spiritûs non dabitur, etiamsi propheta videatur esse qui officio generationis obsequitur.* Ergo delectatio est secundùm se malum. Ergo omnis delectatio est mala.

2. Præterea, illud quod fugit virtuosus, et prosequitur aliquis deficiens à virtute, videtur esse secundùm se malum et fugiendum : quia, ut dicitur in 10 Eth., cap. 5, circ. fin., *virtuosus est quasi mensura et regula humanorum actuum ;* et Apostolus dicit 1 ad Cor. 2, 15 : *Spiritualis judicat omnia.* Sed pueri et bestiæ, in quibus non est virtus, prosequuntur delectationes ; fugit autem eas tempera-

tus. Ergo delectationes secundùm se sunt malæ et fugiendæ.

3. Præterea, virtus et ars sunt circa difficile et bonum, ut dicitur in 2 Ethic., cap. 3, circ. fin. Sed nulla ars ordinata est ad delectationem. Ergo delectatio non est aliquid bonum.

Sed contra est quod in Psalm. 36, 4, dicitur : *Delectare in Domino.* Cùm igitur ad nihil mali auctoritas divina inducat, videtur quòd non omnis delectatio sit mala.

Respondeo dicendum quòd, sicut dicitur in 10 Ethic., cap. 2 et 3, aliqui posuerunt omnes delectationes esse malas. Cujus ratio videtur fuisse, quia intentionem suam referebant ad solas delectationes sensibiles et corporales, quæ sunt magis manifestæ. Nam et in cæteris intelligibilia à sensibilibus antiqui philosophi non distinguebant, nec intellectum à sensu, ut dicitur in lib. 2 de Animâ, text. 150. Delectationes autem corporales arbitrabantur dicendas omnes esse malas; ut sic homines, qui ad delectationes immoderatas sunt proni, à delectationibus se retrahentes, ad medium virtutis perveniant.

Sed hæc existimatio non fuit conveniens. Cùm enim nullus possit vivere sine aliquâ sensibili et corporali delectatione, si illi qui docent omnes delectationes esse malas, deprehendantur aliquas delectationes suscipere, magis homines ad delectationes erunt proclives exemplo operum, verborum doctrinâ prætermissâ. In operationibus enim et passionibus humanis, in quibus experientia plurimùm valet, magis movent exempla quàm verba.

Dicendum est ergo aliquas delectationes esse bonas, et aliquas esse malas. Est enim delectatio quies appetitivæ virtutis in aliquo bono amato, et consequens aliquam operationem. Unde hujus ratio duplex accipi potest : una quidem ex parte boni, in quo aliquis quiescens delectatur : *bonum* enim et *malum* in moralibus dicitur, secundùm quòd convenit rationi, vel discordat ab eâ, ut supra dictum est, quæst. 19, art. 3, sicut in rebus naturalibus aliquid dicitur naturale ex eo quòd naturæ convenit, innaturale verò ex eo quòd est à naturâ discordans. Sicut igitur in naturalibus est quædam quies naturalis, quæ scilicet est in eo quod convenit naturæ, ut cùm grave quiescit deorsùm ; et quædam innaturalis, quæ est in eo quod repùgnat naturæ, sicut cùm grave quiescit sursùm ; ita et in moralibus est quædam delectatio bona, secundùm quòd appetitus superior aut inferior requiescit in eo quod convenit rationi ; et quædam mala ex eo quòd quiescit in eo quod à ratione discordat, et à lege Dei. Alia ratio accipi potest ex parte operationum, quarum quædam sunt malæ, et quædam bonæ. Operationibus autem magis sunt affines delectationes quæ sunt eis conjunctæ, quàm concupiscentiæ quæ tempore eas præcedunt. Unde cùm concupiscentiæ bonarum operationum sint bonæ, malarum verò malæ, multò magis delectationes bonarum operationum sunt bonæ, malarum verò malæ.

Ad primum ergo dicendum quòd, sicut supra dictum est, quæst. 33, art. 3, delectationes quæ sunt de actu rationis, non impediunt rationem, neque corrumpunt prudentiam; sed delectationes extraneæ, cujusmodi sunt delectationes corporales : quæ quidem rationis usum impediunt, sicut supra dictum est, ibid., vel per contrarietatem appetitûs, qui quiescit in eo quod repugnat rationi; et ex hoc habet delectatio quòd sit moraliter mala; vel secundùm quamdam ligationem rationis, sicut in concubitu conjugali, quamvis delectatio sit in eo quod convenit rationi, tamen impedit rationis usum propter corporalem transmutationem adjunctam. Sed ex hoc non consequitur malitiam moralem, sicut nec somnus, quo ligatur usus rationis, moraliter est malus, si sit secundùm rationem receptus, nam et ipsa ratio hoc habet ut quandoque rationis usus intercipiatur. Dicimus tamen, quòd hujusmodi ligamentum rationis ex delectatione in actu conjugali, etsi non habeat malitiam moralem, quia non est peccatum mortale nec veniale, provenit tamen ex quâdam morali malitiâ, scilicet ex peccato primi parentis : nam hoc in statu innocentiæ non erat, ut patet ex his quæ in primo dicta sunt, quæst. 98, art. 2.

Ad secundum dicendum quòd temperatus non fugit omnes delectationes, sed immoderatas et rationi non convenientes. Quòd autem pueri et bestiæ delectationes prosequantur, non ostendit eas universaliter esse malas : quia in eis est naturalis appetitus à Deo, qui movetur in id quod est ei conveniens.

Ad tertium dicendum quòd non omnis boni est ars, sed exteriorum factibilium ut infra dicetur, quæst. 57, art. 3. Circa operationes autem, et passiones quæ sunt in nobis, magis est prudentia et virtus quàm ars : et tamen aliqua ars est factiva delectationis, scilicet pulmentaria et pigmentaria, ut dicitur in 7 Ethic., cap. 21, circ. fin.

ARTICULUS II. — *Utrùm omnis delectatio sit bona.*—(4, dist. 49, quæst. 3, art. 3, quæst. 3, ad 2, et art. 4, quæst. 1, per tot. et 2, corp., et 10 Eth., lect. 1, 2, 3 et 4.)

Ad secundum sic proceditur. 1. Videtur quòd omnis delectatio sit bona. Sicut enim in primo dictum est, quæst. 5, art. 6, bonum in tria dividitur, scilicet *honestum*, *utile* et *delectabile*. Sed honestum omne est bonum, et similiter omne utile. Ergo et omnis delectatio est bona.

2. Præterea, illud secundùm se est bonum quod non quæritur propter aliud, ut dicitur in 1 Ethic., cap. 6 et 7. Sed delectatio non quæritur propter aliud; ridiculum enim videtur ab aliquo quærere quare vult delectari. Ergo delectatio est per se bona. Sed quod per se prædicatur de aliquo, universaliter prædicatur de eo. Ergo omnis delectatio est bona.

3. Præterea, id quod ab omnibus desideratur, videtur esse per se bonum; nam *bonum est quod omnia appetunt*, ut dicitur in 1 Ethic., in princ. Sed omnes appetunt aliquam delectationem, etiam pueri et bestiæ. Igitur delectatio est secundùm se bonum; omnis ergo delectatio est bona.

Sed contra est quod dicitur Proverb. 2, 14 : *Qui lætantur cùm malefecerint, et exultant in rebus pessimis.*

Respondeo dicendum quòd, sicut aliqui Stoïcorum posuerunt omnes delectationes esse malas, ita Epicurei posuerunt delectationem secundùm se esse bonam, et per consequens delectationes omnes esse bonas.

Qui ex hoc decepti esse videntur, quòd non distinguebant inter id quod est bonum simpliciter, et inter id quod est bonum quoad hunc. Simpliciter quidem bonum est quod secundùm se est. Contingit autem, quod non est secundùm se bonum, esse huic bonum dupliciter : uno modo, quia est ei conveniens secundùm dispositionem in quâ nunc est, quæ tamen non est naturalis; sicut leproso bonum est quandoque comedere aliqua venenata, quæ non sunt simpliciter convenientia complexioni humanæ. Alio modo quia id quod non est conveniens, æstimatur ut conveniens.

Et quia delectatio est quies appetitûs in bono, si sit bonum simpliciter illud in quo quiescit appetitus, erit simpliciter delectactio et simpliciter bona; si autem non sit bonum simpliciter, sed quoad hunc, tunc nec delectatio est simpliciter, sed huic; nec simpliciter est bona, sed bona secundùm quid, vel apparens bona.

Ad primum ergo dicendum quòd *honestum* et *utile* dicuntur secundùm rationem; et ideò nihil est honestum vel utile quod non sit bonum. *Delectabile* autem dicitur secundùm appetitum, qui quandoque in illud tendit quod non est conveniens rationi; et ideò non omne delectabile est bonum bonitate morali, quæ attenditur secundùm rationem.

Ad secundum dicendum quòd ideò delectatio non quæritur propter aliud, quia est quies in fine; finem autem contingit esse bonum et malum; quamvis nunquàm sit finis, nisi secundùm quòd est bonum quoad hunc; ita etiam est de delectatione.

Ad tertium dicendum quòd hoc modo omnia appetunt delectationem, sicut et bonum, cùm delectatio sit quies appetitûs in bono. Sed sicut contingit non omne bonum quod appetitur esse per se et verè bonum, ita non omnis delectatio est per se et verè bona.

ARTICULUS III. — *Utrùm aliqua delectatio sit optimum.* — (4, dist. 49, quæst. 3, art. 4, quæst. 2, et 3 cont., cap. 26, et 10 Ethic., lect. 4.)

Ad tertium sic proceditur. 1. Videtur quòd nulla delectatio sit optimum. Nulla enim generatio est optimum, nam generatio non potest esse ultimus finis. Sed delectatio consequitur generationem : nam ex eo quòd aliquid constituitur in suam naturam, delectatur, ut supra dictum est, quæst. 31, art. 1. Ergo nulla delectatio potest esse optimum.

2. Præterea, illud quod est optimum, nullo addito potest fieri melius. Sed delectatio, aliquo addito, fit melior : est enim melior delectatio cum virtute quàm sine virtute. Ergo delectatio non est optimum.

3. Præterea, id quod est optimum, est universaliter bonum, sicut per se bonum existens; nam quod est per se, est prius et potius eo quod est per accidens. Sed delectatio non est universaliter bonum, ut dictum est, art. præc. Ergo delectatio non est optimum.

Sed contra, beatitudo est optimum, cùm sit finis humanæ vitæ. Sed beatitudo non est sine delectatione, dicitur enim in Psalm. 15, 10 : *Adimplebis me lætitid cum vultu tuo; delectationes in dexterà tuà usque in finem.*

Respondeo dicendum quòd Plato non posuit omnes delectationes esse malas, sicut Stoici; neque omnes esse bonas, sicut Epicurei; sed quasdam esse bonas, et quasdam esse malas; ita tamen quòd nulla sit summum bonum vel optimum.

Sed, quantùm ex ejus rationibus datur intelligi, in duobus deficit : in uno quidem, quia cùm videret delectationes sensibiles et corporales in quodam motu et generatione consistere, sicut patet in repletione ciborum et hujusmodi, æstimavit omnes delectationes consequi generationem et motum; unde cùm generatio et motus sint actus imperfecti, sequeretur quòd delectatio non haberet rationem ultimæ perfectionis. Sed hoc manifestè apparet falsum in delectationibus intellectualibus. Aliquis enim non solùm delectatur in generatione scientiæ, putà cùm addiscit aut miratur, sicut supra dictum est, quæst. 32, art. 2 et 8, sed etiam in contemplando secundùm scientiam jam acquisitam. Alio verò modo, quia dicebat *optimum* illud quod est simplicer summum bonum, quod scilicet est ipsum bonum quasi abstractum, et non participatum; sicut ipse Deus est summum bonum. Nos autem loquimur de optimo in rebus humanis. Optimum autem in unaquàque re est ultimus finis. Finis autem, ut supra dictum est, quæst. 1, art. 8, dupliciter dicitur, scilicet ipsa res, et usus rei; sicut finis avari est vel pecunia vel possessio pecuniæ. Et secundùm hoc ultimus finis hominis dici potest vel ipse Deus, qui est summum bonum simpliciter, vel fruitio ipsius, quæ importat delectationem quamdam in ultimo fine.

Et per hunc modum aliqua delectatio hominis potest dici optimum inter bona humana.

Ad primum ergo dicendum quòd non omnis delectatio consequitur generationem; sed aliquæ delectationes consequuntur operationes perfectas, ut dictum est in corp. Et ideò nihil prohibet aliquam delectationem esse optimam, etsi non omnis sit talis.

Ad secundum dicendum quòd ratio illa procedit de optimo simpliciter, per cujus participationem omnia sunt bona, unde ex nullius additione fit melius; sed in aliis bonis universaliter verum est quòd quodlibet bonum ex additione alterius fit melius.

Quamvis posset dici quòd *delectatio non est aliquid extraneum ab operatione virtutis, sed concomitans ipsam*, ut in 1 Ethic. dicitur, cap. 8, à med.

Ad tertium dicendum quòd delectatio non habet quòd sit optimum ex hoc quòd est delectatio, sed ex hoc quòd est perfecta quies in optimo. Unde non oportet quòd omnis

delectatio sit optima, aut etiam bona; sicut aliqua scientia est optima, non tamen omnis.

ARTICULUS IV.—*Utrùm delectatio sit mensura vel regula secundùm quam judicetur bonum vel malum in moralibus. — (4, dist. 49, quæst. 3, art. 4, quæst. 3, ad 1.)*

Ad quartum sic proceditur. 1. Videtur quòd delectatio non sit mensura vel regula boni et mali moralis. *Omnia enim mensurantur primo sui generis,* ut dicitur in 10 Metaph., text. 3 et 4. Sed delectatio non est primum in genere moralium, sed præcedunt ipsam amor et desiderium. Non ergo est regula bonitatis et malitiæ in moralibus.

2. Præterea, mensuram, et regulam oportet esse uniformem; et ideò *motus qui est maximè uniformis, est mensura et regula omnium motuum,* ut dicitur in 10 Metaph., text. 3. Sed delectatio est varia et multiformis; cùm quædam earum sint bonæ, et quædam malæ. Ergo delectatio non est mensura et regula moralium.

3. Præterea, certius judicium sumitur de effectu per causam quàm è converso. Sed bonitas vel malitia operationis est causa bonitatis vel malitiæ delectationis; quia *bonæ delectationes sunt quæ consequuntur bonas operationes; malæ autem quæ malas,* ut dicitur in 10 Ethic., cap. 5, post med. Ergo delectationes non sunt regula et mensura bonitatis et malitiæ in moralibus.

Sed contra est quod Augustinus dicit super illud Psal. 7 : *Scrutans corda et renes Deus :* « *Finis curæ, et cogitationis* (1) *est delectatio,* « *ad quam quis nititur pervenire,* » et Philosophus dicit in 7 Ethic., cap. 11, in princ., quòd *delectatio est finis architectus* (2), id est principalis, *ad quem* (3) *respicientes, unumquodque, hoc quidem malum, hoc autem bonum* (4) *simpliciter dicimus.*

Respondeo dicendum quòd bonitas vel malitia moralis principaliter in voluntate consistit, ut supra dictum est, quæst. 20, art. 1. Utrùm autem voluntas sit bona vel mala, præcipuè ex fine cognoscitur. Id autem habetur pro fine in quo voluntas quiescit. Quies autem voluntatis et cujuslibet appetitûs in bono est delectatio. Et ideò secundùm delectationem voluntatis humanæ præcipuè judicatur homo bonus vel malus; est enim bonus et virtuosus qui gaudet in operibus virtutum; malus autem qui in operibus malis.

Delectationes autem appetitûs sensitivi non sunt regula bonitatis vel malitiæ moralis : nam cibus communiter delectabilis est secundùm appetitum sensitivum boni et mali : sed voluntas bonorum delectatur in eis secundùm convenientiam rationis, quam non curat voluntas malorum.

Ad primum ergo dicendum quòd amor et desiderium sunt priora delectatione in vià

---

(1) Ita codd. Alcan. et Camer. cum Nicolaio ex Augustino. Al., *cognitionis.*

(2) Ita Theologi ex quibusdam codd. et edit. Pat. 1712. Edit. Rom. et Pat. 1698, *architectorum.* Nicolaius, *architecton.*

(3) Al., *ad quam.*

(4) Al., *malum.*

generationis; sed delectatio est prior secundùm rationem finis, qui in operabilibus habet rationem principii, à quo maximè sumitur judicium, sicut à regulâ vel mensurâ.

Ad secundum dicendum quòd omnis delectatio in hoc est uniformis, quòd est quies in aliquo bono; et secundùm hoc potest esse regula vel mensura. Nam ille bonus est cujus voluntas quiescit in vero bono; malus autem cujus voluntas quiescit in malo.

Ad tertium dicendum quòd cùm delectatio perficiat operationem per modum finis, ut supra dictum est, quæst. 33, art. 4, non potest esse operatio perfectè bona, nisi etiam adsit delectatio in bono; nam bonitas rei dependet ex fine; et sic quodammodò bonitas delectationis est causa bonitatis in operatione.

QUÆSTIO XXXV.

DE DOLORE ET TRISTITIA SECUNDUM SE. — (*In octo articulos divisa.*)

Deinde considerandum est de dolore et tristitiâ; et circa hoc primò considerandum est de tristitiâ seu dolore secundùm se; secundò de causis ejus; tertio de effectibus ipsius; quartò de remediis; quintò de bonitate vel malitiâ ejus.

Circa primum quæruntur octo : 1° utrùm dolor sit passio animæ; 2° utrùm tristitia sit idem quod dolor; 3° utrùm tristitia, seu dolor, sit contraria delectationi; 4° utrùm omnis tristitia omni delectationi contrarieretur; 5° utrùm delectationi contemplationis sit aliqua tristitia contraria; 6° utrùm magis fugienda sit tristitia quàm delectatio appetenda; 7° utrùm dolor exterior sit major quàm dolor interior; 8° de speciebus tristitiæ.

ARTICULUS PRIMUS. — *Utrùm dolor sit passio animæ.* — (*P. 3, quæst. 34, art. 8 et 9, et quæst. 85, art. 1, corp.*)

Ad primum sic proceditur. 1. Videtur quòd dolor non sit passio animæ. Nulla enim passio animæ est in corpore. Sed dolor potest esse in corpore; dicit enim Augustinus in lib. de verâ Relig., cap. 12, parùm à princ., quòd *dolor, qui dicitur corporis, est corruptio repentina salutis ejus rei, quam malè utendo anima corruptioni fecit obnoxiam.* Ergo dolor non est passio animæ.

2. Præterea, omnis passio animæ pertinet ad vim appetitivam. Sed dolor non pertinet ad vim appetitivam, sed magis ad apprehensivam; dicit enim Augustinus in lib. de Naturâ boni, cap. 20, post princ., quòd *dolorem in corpore facit sensus resistens corpori potentiori.* Ergo dolor non est passio animæ.

3. Præterea, omnis passio animæ pertinet ad appetitum animalem. Sed dolor non pertinet ad appetitum animalem, sed magis ad appetitum naturalem; dicit enim Augustinus, 8 super Gen. ad litt., cap. 14, circ. med. : *Nisi aliquod bonum remansisset in naturâ, nullius boni amissi esset dolor in pænâ.* Ergo dolor non est passio animæ.

Sed contra est quod Augustinus, 14 de Civ. Dei, cap. 8, à med., ponit dolorem inter passiones animæ, inducens illud Virgilii Æneid. 6, vers. 733 :

Hinc metuunt, cupiunt, gaudentque, dolentque....

Respondeo dicendum quòd, sicut ad delectationem duo requiruntur, scilicet conjunctio boni, et perceptio hujusmodi conjunctionis, ita etiam ad dolorem duo requiruntur, scilicet conjunctio alicujus mali, quod eâ ratione est malum, quia privat aliquo bono, et perceptio hujusmodi conjunctionis. Quidquid autem conjungitur, si non habeat respectu ejus cui conjungitur, rationem boni vel mali, non potest causare delectationem vel dolorem. Ex quo patet quòd aliquid sub ratione boni vel mali est objectum delectationis vel doloris. Bonum autem et malum, in quantum hujusmodi, sunt objecta appetitûs. Unde patet quòd delectatio et dolor ad appetitum pertinent.

Omnis autem motus appetitivus seu inclinatio consequens apprehensionem, pertinet ad appetitum intellectivum vel sensitivum. Nam inclinatio appetitûs naturalis non consequitur apprehensionem ipsius appetentis, sed alterius, ut in 1 dictum est, quæst. 103, art. 1 et 8. Cùm igitur delectatio et dolor præsupponant in eodem subjecto sensum vel apprehensionem aliquam, manifestum est quòd dolor, sicut et delectatio, est in appetitu intellectivo vel sensitivo.

Omnis autem motus appetitûs sensitivi dicitur passio, ut supra dictum est, quæst. 22, art. 2, et præcipuè illi qui defectum sonant. Unde dolor, secundùm quòd est in appetitu sensitivo, propriissimè dicitur passio animæ, sicut molestiæ corporales propriè passiones corporis dicuntur. Unde et Augustinus, 14 de Civ. Dei, cap. 7, circ. fin., dolorem specialiter *ægritudinem* nominat.

Ad primum ergo dicendum quòd dolor dicitur esse corporis, quia causa doloris est in corpore, putà cùm patimur aliquod nocivum corporis, sed motus doloris semper est in animâ : nam *corpus non potest dolere nisi dolente animâ,* ut Augustinus dicit (implic. lib. 12 super Gen. ad litt., cap. 24, in med., et clariùs sup. illud Psalm. 8 : *Repleta est malis,* etc.).

Ad secundum dicendum quòd dolor dicitur esse sensus, non quia sit actus sensitivæ virtutis, sed quia requiritur ad dolorem corporalem, sicut ad delectationem.

Ad tertium dicendum quòd dolor de amissione boni demonstrat bonitatem naturæ; non quia dolor sit actus naturalis appetitûs, sed quia natura aliquid appetit ut bonum, quod cùm removeri sentitur, sequitur doloris passio in appetitu sensitivo.

ARTICULUS II. — *Utrùm tristitia sit idem quod dolor.* — (*3 p., quæst. 15, art. 6, corp., et 3, dist. 15, quæst. 11, art. 3, quæst. 1 et 2, et Ver. quæst. 26, art. 3, ad 9, et art. 4, ad 4.*)

Ad secundum sic proceditur. 1. Videtur quòd tristitia non sit dolor. Dicit enim Augustinus, 14 de Civ. Dei, cap. 7, in fin., quòd *dolor in corporalibus dicitur, tristitia autem dicitur magis in animâ.* Ergo tristitia non est dolor.

2. Præterea, dolor non est nisi de præsenti

malo. Sed tristitia potest esse de præterito et de futuro; sicut pœnitentia est tristitia de præterito, et anxietas de futuro. Ergo tristitia omninò à dolore differt.

3. Præterea, dolor non videtur consequi nisi sensum tactûs. Sed tristitia potest consequi ex omnibus sensibus. Ergo tristitia non est dolor, sed se habet in pluribus.

Sed contra est quod Apostolus dicit ad Rom. 9, 2 : *Tristitia est mihi magna, et continuus dolor cordi meo*, pro eodem utens tristitiâ et dolore.

Respondeo dicendum quòd delectatio et dolor ex duplici apprehensione causari possunt, vel ex apprehensione exterioris sensûs, vel ex apprehensione interiori sive intellectûs sive imaginationis. Interior autem apprehensio ad plura se extendit quàm exterior, eò quòd quæcumque cadunt sub exteriori apprehensione, cadunt sub interiori, sed non è converso. Sola igitur illa delectatio quæ ex interiori apprehensione causatur, *gaudium* nominatur, ut supra dictum est, quæst. 31, art. 3, et similiter ille solus dolor qui ex apprehensione interiori causatur, nominatur *tristitia*. Et sicut illa delectatio quæ ex exteriori apprehensione causatur, *delectatio* quidem nominatur, non autem *gaudium*; ita ille dolor qui ex exteriori apprehensione causatur, nominatur quidem *dolor*, non autem *tristitia*. Sic igitur *tristitia* est quædam species doloris, sicut gaudium est species delectationis.

Ad primum ergo dicendum quòd Augustinus loquitur ibi quantùm ad usum vocabuli, quia dolor magis usitatur in corporalibus doloribus, qui sunt magis noti, quàm in doloribus spiritualibus.

Ad secundum dicendum quòd sensus exterior non percipit nisi præsens; vis autem cognitiva interior potest percipere præsens, præteritum et futurum; et ideò tristitia potest esse de præsenti, præterito et futuro; dolor autem corporalis, qui sequitur apprehensionem sensûs exterioris, non potest esse nisi de præsenti.

Ad tertium dicendum quòd sensibilia tactûs sunt dolorosa, non solùm in quantum sunt improportionata virtuti apprehensivæ, sed etiam in quantum contrariantur naturæ. Aliorum verò sensuum sensibilia possunt quidem esse improportionata virtuti apprehensivæ, non tamen contrariantur naturæ, nisi in ordine ad sensibilia tactûs. Unde solus homo, qui est animal perfectum in cognitione, delectatur in sensibilibus aliorum sensuum secundùm seipsa : alia verò animalia non delectantur in eis, nisi secundùm quòd referuntur ad sensibilia tactûs, ut dicitur in 3 Ethic., cap. 10, à med. Et ideò de sensibilibus aliorum sensuum non dicitur esse dolor, secundùm quòd contrariatur delectationi naturali, sed magis tristitia, quæ contrariatur gaudio animali. Sic igitur si dolor accipiatur pro corporali dolore (quod usitatius est), dolor ex opposito dividitur contra tristitiam, secundùm distinctionem apprehensionis interioris et exterioris, licèt quantùm ad obiecta delectatio ad plura se extendat

quàm dolor corporalis. Si verò dolor accipiatur communiter, sic est genus tristitiæ, ut dictum est in corp. art.

ARTICULUS III. — *Utrùm tristitia sit contraria delectationi.* — (4, dist. 19, quæst. 3, art. 3, quæst. 1.)

Ad tertium sic proceditur. 1. Videtur quòd dolor delectationi non contrarietur. Unum enim contrariorum non est causa alterius. Sed tristitia potest esse causa delectationis : dicitur enim Matth. 5, 5 : *Beati qui lugent, quoniam ipsi consolabuntur.* Ergo non sunt contraria.

2. Præterea, unum contrariorum non denominat aliud. Sed in quibusdam ipse dolor vel tristitia est delectabilis, sicut Augustinus dicit in 3 Confess., cap. 2, in princ., quòd *dolor in spectaculis delectat*; et 4 Confess., cap. 5, in fin., dicit quòd *fletus amara res est, et tamen quandoque delectat.* Ergo dolor non contrariatur delectationi.

3. Præterea, unum contrariorum non est materia alterius, quia contraria simul esse non possunt. Sed dolor potest esse materia delectationis; dicit enim Augustinus in lib. de Pœnit., cap. 13, in fin. : *Semper pœnitens doleat, et de dolore gaudeat*; et Philosophus dicit in 9 Eth., cap. 4, vers. fin., quòd è converso *malus dolet, eò quòd delectatus est.* Ergo delectatio et dolor non sunt contraria.

Sed contra est quod Augustinus dicit, 14 de Civ. Dei, cap. 6, in princ., quòd *lætitia est voluntas in eorum consensione quæ volumus; tristitia autem est voluntas in dissensione ab his quæ volumus.* Sed consentire et dissentire sunt contraria. Ergo lætitia et tristitia sunt contraria.

Respondeo dicendum quòd, sicut Philosophus dicit, 10 Metaph., text. 13 et 14, *contrarietas est differentia secundùm formam.* Forma autem seu species passionis et motûs sumitur ex objecto vel termino. Unde cùm objecta delectationis et tristitiæ seu doloris, sint contraria, scilicet bonum præsens et malum præsens, sequitur quòd dolor et delectatio sint contraria.

Ad primum ergo dicendum quòd nihil prohibet unum contrariorum esse causam alterius per accidens. Sic autem tristitia potest esse causa delectationis : uno quidem modo in quantum tristitia de absentiâ alicujus rei, vel de præsentiâ contrarii vehementiùs quærit id in quo delectetur, sicut sitiens vehementiùs quærit delectationem potûs ut remedium contra tristitiam quam patitur; alio modo in quantum ex magno desiderio delectationis alicujus non recusat aliquis tristitias perferre, ut ad illam delectationem perveniat. Et utroque modo luctus præsens ad consolationem futuræ vitæ perducit, quia ex hoc ipso quòd homo luget pro peccatis vel pro dilatione gloriæ, meretur consolationem æternàm. Similiter meretur etiam eam aliquis ex hoc quòd ad ipsam consequendam non refugit labores et angustias propter ipsam sustinere.

Ad secundum dicendum quòd dolor ipse potest esse delectabilis per accidens, in quantum scilicet habet adjunctam admirationem, ut in spectaculis, vel in quantum facit recordationem rei amatæ, et facit percipere amorem ejus, de cujus absentiâ doletur. Unde, cùm amor sit delectabilis, et dolor, et omnia quæ ex amore consequuntur, in quantum in eis sentitur amor, sunt delectabilia. Et propter hoc etiam dolores in spectaculis possunt esse delectabiles, in quantum in eis sentitur aliquis amor conceptus ad illos qui in spectaculis commemorantur.

Ad tertium dicendum quòd voluntas et ratio supra suos actus reflectuntur, in quantum ipsi actus voluntatis et rationis accipiuntur sub ratione boni vel mali; et hoc modo tristitia potest esse materia delectationis, vel è converso, non per se, sed per accidens, in quantum scilicet utrumque accipitur in ratione boni vel mali.

ARTICULUS IV. — *Utrùm omnis tristitia omni delectationi contrarietur.* — (*Inf.*, *art.* 6, *corp.*, *fin.*, *et quæst.* 38, *art.* 1, *ad* 1, *et* 3, *quæst.* 46, *art.* 8, *ad* 2, *et* 4, *dist.* 14, *quæst.* 1, *art.* 4, *quæst.* 2, *corp.*)

Ad quartum sic proceditur. 1. Videtur quòd omnis tristitia omni delectationi contrarietur. Sicut enim albedo et nigredo sunt contrariæ species coloris, ita delectatio et tristitia sunt contrariæ species animæ passionum. Sed albedo et nigredo universaliter sibi opponuntur. Ergo etiam delectatio et tristitia.

2. Præterea, medicinæ per contraria fiunt. Sed quælibet delectatio est medicina contra quamlibet tristitiam, ut patet per Philosophum, 7 Eth., cap. ult. Ergo quælibet delectatio cuilibet tristitiæ contrariatur.

3. Præterea, contraria sunt quæ se invicem impediunt. Sed quælibet tristitia impedit quamlibet delectationem, ut patet per illud quod dicitur 10 Ethic., cap. 5. Ergo quælibet tristitia cuilibet delectationi contrariatur.

Sed contra, contrariorum non est eadem causa. Sed ab eodem habitu procedit quòd aliquis gaudeat de uno, et tristetur de opposito; ex charitate enim contingit *gaudere cum gaudentibus, et flere cum flentibus,* ut dicitur Rom. 12, 15. Ergo non omnis tristitia omni delectationi contrariatur.

Respondeo dicendum quòd, sicut dicitur in 10 Metaph., text. 13 et 14, *contrarietas est differentia secundùm formam.* Forma autem est et generalis et specialis; unde contingit esse aliqua contraria secundùm formam generis, sicut virtus et vitium, et secundùm formam speciei, sicut justitia et injustitia. Est autem considerandum quòd quædam specificantur secundùm formas absolutas, sicut substantiæ et qualitates; *quædam* verò specificantur per comparationem ad aliquid extra, sicut passiones et motus recipiunt speciem ex terminis, sive ex objectis.

In his ergo quorum species considerantur secundùm formas absolutas, contingit quidem species quæ continentur sub contrariis generibus, non esse contrarias secundùm rationem speciei; non tamen contingit quòd habeant aliquam affinitatem vel convenientiam ad invicem. Intemperantia enim et justitia, quæ sunt in contrariis generibus, virtute

scilicet et vitio, non contrariantur ad invicem secundùm rationem propriæ speciei; nec habent aliquam affinitatem vel convenientiam ad invicem. Sed in illis quorum species sumuntur secundùm habitudinem ad aliquid extrinsecum, contingit quòd species contrariorum generum non solùm non sunt contrariæ ad invicem, sed etiam habent quamdam convenientiam et affinitatem; eò quòd eodem modo se habere ad contraria contrarietatem inducit, sicut accedere ad album, et accedere ad nigrum, habent rationem contrarietatis; sed contrario modo se habere ad contraria habet rationem similitudinis, sicut recedere ab albo, et accedere ad nigrum; et hoc maximè apparet in contradictione, quæ est principium oppositionis. Nam in affirmatione et negatione ejusdem consistit oppositio; sicut *album* et *non album;* in affirmatione autem unius oppositorum, et negatione alterius attenditur convenientia et similitudo; ut si dicam, *nigrum* et *non album.*

Tristitia autem et delectatio, cùm sint passiones, specificantur ex objectis. Et quidem secundùm genus suum contrarietatem habent; nam unum pertinet ad prosecutionem, aliud verò ad fugam, quæ se habent in appetitu sicut affirmatio et negatio in ratione, ut dicitur in 6 Ethic., cap. 2, in princ. Et ideò tristitia et delectatio quæ sunt de eodem, habent oppositionem ad invicem secundùm speciem; tristitia verò et delectatio de diversis (siquidem illa diversa non sunt diversa opposita, sed disparata), non habent oppositionem ad invicem secundùm rationem speciei, sed sunt etiam disparatæ, sicut tristari de morte amici, et delectari in contemplatione. Si verò illa diversa sunt contraria, tunc delectatio et tristitia non solùm non habent contrarietatem secundùm rationem speciei, sed etiam habent convenientiam et affinitatem, sicut gaudere de bono, et tristari de malo.

Ad primum ergo dicendum quòd albedo, et nigredo non habent speciem ex habitudine ad aliquid exterius, sicut delectatio et tristitia, unde non est eadem ratio.

Ad secundum dicendum quòd genus sumitur ex materiâ, ut patet in 8 Metaph., text. 6, in accidentibus autem loco materiæ est subjectum. Dictum est autem, in corp. art., quòd delectatio et tristitia contrariantur secundùm genus; et ideò in quâlibet tristitiâ est contraria dispositio subjecti dispositioni quæ est in quâlibet delectatione; nam in quâlibet delectatione appetitus se habet ut acceptans id quod habet; in quâlibet autem tristitiâ se habet ut fugiens; et ideò ex parte subjecti quælibet delectatio est medicina contra quamlibet tristitiam; et quælibet tristitia est impeditiva cujuslibet delectationis, præcipuè tamen quando delectatio tristitiæ contrariatur etiam secundùm speciem.

Unde patet solutio ad tertium.

Vel aliter dicendum quòd, etsi non omnis tristitia contrarietur omni delectationi secundùm speciem, tamen quantùm ad effectum contrariatur; nam ex uno confortatur natura animalis, ex alio verò quodammodò molestatur.

ARTICULUS V. — *Utrùm delectationi contemplationis sit aliqua tristitia contraria.* — (2-2, *quæst.* 9, *art.* 4, *ad* 2, *et quæst.* 180, *art.* 8, *corp., et* 3, *quæst.* 46, *art.* 7, *ad* 4, *et* 4, *dist.* 49, *qu.* 3, *art.* 3, *qu.* 2, *et opusc.* 2, *cap.* 168, *et* 7 *Eth., lect.* 6.)

Ad quintum sic proceditur. 1. Videtur quòd delectationi contemplationis sit aliqua tristitia contraria. Dicit enim Apostolus, 2 ad Corinth. 7, 10 : *Quæ secundùm Deum est tristitia, pænitentiam in salutem stabilem operatur.* Sed respicere ad Deum pertinet ad superiorem rationem, cujus est contemplationi vacare, secundùm Augustinum in 12 de Trin., cap. 3 et 4. Ergo delectationi contemplationis opponitur tristitia.

2. Præterea, contrariorum contrarii sunt effectus. Si ergo unum contrariorum contemplatum est causa delectationis, aliud erit causa tristitiæ, et sic delectationi contemplationis erit tristitia contraria.

3. Præterea, sicut objectum delectationis est bonum, ita objectum tristitiæ est malum. Sed contemplatio potest habere mali rationem : dicit enim Philosophus in 12 Metaph., text. 51, quòd *quædam inconveniens est meditari.* Ergo contemplationis delectationi potest esse contraria tristitia.

4. Præterea, operatio quælibet, secundùm quòd non est impedita, est causa delectationis, ut dicitur in 7 Ethic., cap. 12 et 13, et in 10, cap. 4 et 5. Sed operatio contemplationis potest multipliciter impediri, vel ut totaliter non sit, vel ut cum difficultate sit. Ergo in contemplatione potest esse tristitia delectationi contraria.

5. Præterea, carnis afflictio est causa tristitiæ. Sed, sicut dicitur Eccle. ult., 12, *frequens meditatio carnis est afflictio.* Ergo contemplatio habet tristitiam delectationi contrariam.

Sed contra est quod dicitur Sap. 8, 16 : *Non habet amaritudinem conversatio illius,* scilicet sapientiæ, *nec tædium convictus ejus, sed lætitiam et gaudium.* Conversatio autem et convictus sapientiæ est per contemplationem. Ergo nulla tristitia est quæ sit contraria delectationi contemplationis.

Respondeo dicendum quòd delectatio contemplationis potest intelligi dupliciter : uno modo ita quòd contemplatio sit delectationis causa, et non objectum ; et tunc delectatio non est de ipsâ contemplatione, sed de re contemplatâ. Contingit autem contemplari aliquid nocivum et contristans, sicut et aliquid conveniens et delectans. Unde si sic delectatio contemplationis accipiatur, nihil prohibet delectationi contemplationis esse tristitiam contrariam.

Alio modo potest dici delectatio contemplationis, quia contemplatio est ejus objectum, et causa, putà cùm aliquis delectatur de hoc ipso quod contemplatur ; et sic, ut dicit Gregorius Nyssenus (Nemesius, lib. de Nat. hom., cap. 18, parùm à princ.), ei delectationi quæ est secundùm contemplationem, non opponitur aliqua tristitia. Et hoc idem Philosophus dicit in 1 Topic., cap. 13, loc. 2 ; et in 10 Ethic., cap. 3, circ. med. Sed hoc est intelligendum per se loquendo. Cujus ratio est quia tristitia per se contrariatur delectationi, quæ est de contrario objecto ; sicut delectationi quæ est de calore, contrariatur tristitia quæ est de frigore. Objecto autem contemplationis nihil est contrarium. Contrariorum enim rationes, secundùm quòd sunt apprehensæ, non sunt contrariæ ; sed unum contrarium est ratio cognoscendi aliud. Unde delectatio quæ est in contemplando, per se loquendo, non potest esse aliqua tristitia contraria.

Sed nec etiam habet tristitiam annexam, sicut corporales delectationes, quæ sunt ut medicinæ quædam contra aliquas molestias ; sicut aliquis delectatur in potu ex hoc quòd anxiatur siti ; quando autem jam tota sitis est repulsa, etiam cessat delectatio potûs. Delectatio enim contemplationis non causatur ex hoc quòd excluditur aliqua molestia, sed ex hoc quòd est secundùm seipsam delectabilis ; non est enim generatio, ut dictum est quæst. 34, art. 3, sed operatio quædam perfecta. Per accidens autem admiscetur tristitia delectationi apprehensionis ; et hoc dupliciter : uno modo ex parte organi ; alio modo ex impedimento apprehensionis. Ex parte quidem organi admiscetur tristitia vel dolor apprehensioni directè quidem in viribus apprehensivis sensitivæ partis, quæ habent organum corporale ; vel ex sensibili, quod est contrarium debitæ complexioni organi (sicut gustus rei amaræ, et olfactus rei fœtidæ), vel ex continuitate sensibilis convenientis, quod per assiduitatem facit super excrescentiam naturalis habitûs, ut supra dictum est, quæst. 33, art. 2, et sic redditur apprehensio sensibilis, quæ priùs erat delectabilis, tædiosa. Sed hæc duo directè in contemplatione mentis locum non habent, quia mens non habet organum corporale ; unde dictum est in auctoritate inductâ, in arg. *Sed cont.*, quòd *non habet contemplatio mentis nec amaritudinem, nec tædium.* Sed quia mens humana utitur in contemplando viribus apprehensivis sensitivis, in quarum actibus accidit lassitudo, ideò indirectè admiscetur aliqua afflictio vel dolor contemplationi. Sed neutro modo tristitia contemplationi adjuncta per accidens contrariatur delectationi ejus. Nam tristitia quæ est de impedimento contemplationis, non contrariatur delectationi contemplationis, sed magis habet affinitatem et convenientiam cum ipsâ, ut ex supra dictis patet, art. præc. Tristitia verò vel afflictio quæ est de lassitudine corporali, non ad idem genus refertur, unde est penitùs disparata. Et sic manifestum est quòd delectationi quæ est de ipsâ contemplatione, nulla tristitia contrariatur, nec adjungitur ei aliqua tristitia, nisi per accidens.

Ad primum ergo dicendum quòd illa tristitia quæ est secundùm Deum, non est de ipsâ contemplatione mentis, sed est de aliquo quod mens contemplatur, scilicet de peccato, quod mens considerat ut contrarium delectationi (1) divinæ.

(1) Ita cod. Alcan., edit. Rom. et Nicolai. Garcia et edit. Patav., *dilectioni.*

Ad secundum dicendum quòd ea quæ sunt contraria in rerum naturâ, secundùm quòd sunt in mente, non habent contrarietatem; non enim rationes contrariorum sunt contrariæ; sed magis unum contrariorum est ratio cognoscendi aliud, propter quod est una scientia contrariorum.

Ad tertium dicendum quòd contemplatio secundùm se nunquàm habet rationem mali, cùm contemplatio nihil aliud sit quàm consideratio veri, quod est bonum intellectûs, sed per accidens tantùm, in quantum scilicet contemplatio vilioris impedit contemplationem melioris; vel ex parte rei contemplatæ, ad quam inordinatè appetitus afficitur.

Ad quartum dicendum quòd tristitia quæ est de impedimento contemplationis, non contrariatur delectationi contemplationis, sed est ei affinis, ut dictum est in corp. art.

Ad quintum dicendum quòd afflictio carnis per accidens et indirectè se habet ad contemplationem mentis, ut dictum est ibid.

ARTICULUS VI. — *Utrùm magis sit fugienda tristitia quàm delectatio appetenda.* — (2-2, quæst. 138, art. 1, corp., et 3, dist. 27, quæst. 1, art. 3, ad 3, et 4, dist. 49, quæst. 3, art. 3, quæst. 3.)

Ad sextum sic proceditur. 1. Videtur quòd magis sit fugienda tristitia quàm delectatio appetenda. Dicit enim Augustinus in lib. 83 QQ., quæst. 36, parùm à princ.: *Nemo est qui non magis dolorem fugiat quàm appetat voluptatem.* Illud autem in quo communiter omnia consentiunt, videtur esse naturale. Ergo naturale est et conveniens quòd plus tristitia fugiatur quàm delectatio appetatur.

2. Præterea, actio contrarii facit ad velocitatem et intensionem motûs; aqua enim calida citiùs et fortiùs congelatur, ut dicit Philosophus in lib. 1 Meteor., cap. 12. Sed fuga tristitiæ est ex contrarietate contristantis; appetitus autem delectationis non est ex aliquâ contrarietate contristantis, sed magis procedit ex convenientiâ delectantis. Ergo major est fuga tristitiæ quàm appetitus delectationis.

3. Præterea, quantò aliquis secundùm rationem fortiori passioni repugnat, tantò laudabilior est et virtuosior; quia *virtus est circa difficile et bonum*, ut dicitur in 2 Ethic., cap. 3, circ. fin. Sed fortis, qui resistit motui quo fugitur dolor, est virtuosior quàm temperatus, qui resistit motui quo appetitur delectatio; dicit enim Philosophus in 1 Rhet., cap. 4, ante med., quòd *fortes et justi maximè honorantur.* Ergo vehementior est motus quo fugitur tristitia, quàm motus quo appetitur delectatio.

Sed contra, *bonum est fortius quàm malum*, ut patet per Dionysium, 4 cap. de div. Nom., part. 4, à med. lect. 21 et 22. Sed delectatio est appetibilis propter bonum, quod est ejus objectum; fuga autem tristitiæ est propter malum. Ergo fortior est appetitus delectationis quàm fuga tristitiæ.

Respondeo dicendum quòd per se loquendo appetitus delectationis est fortior quàm fuga tristitiæ. Cujus ratio est quia causa delectationis est conveniens bonum; causa autem doloris sive tristitiæ est aliquod malum repu-

gnans. Contingit autem aliquod bonum esse conveniens absque omni dissonantiâ; non autem potest esse aliquod malum totaliter absque omni convenientiâ repugnans; unde delectatio potest esse integra et perfecta; tristitia autem est semper secundùm partem. Unde naturaliter major est appetitus delectationis quàm fuga tristitiæ. Alia verò ratio est, quia bonum, quod est objectum delectationis, per seipsum appetitur; malum autem, quod est objectum tristitiæ, est fugiendum, in quantum est privatio boni; quod autem est per se, potius est illo quod est per accidens. Cujus etiam signum apparet in motibus naturalibus. Nam omnis motus naturalis intensior est in fine, cùm appropinquat ad terminum suæ naturæ convenientem, quàm in principio, cùm recedit à termino suæ naturæ non convenienti; quasi natura magis tendat in id quod est sibi conveniens, quàm fugiat id quod est sibi repugnans. Unde et inclinatio appetitivæ virtutis, per se loquendo, vehementiùs tendit in delectationem quàm fugiat tristitiam.

Sed per accidens contingit quòd tristitiam aliquis magis fugiat quàm delectationem appetat; et hoc tripliciter: primò quidem ex parte apprehensionis, quia, ut Augustinus dicit 10 de Trinit., circ. fin. lib., *amor magis sentitur cùm eum prodit indigentia:* ex indigentiâ autem amati procedit tristitia, quæ est ex amissione alicujus boni amati, vel ex incursu alicujus mali contrarii; delectatio autem non habet indigentiam boni amati, sed quiescit in eo jam adepto. Cùm igitur amor sit causa delectationis et tristitiæ, tantò magis fugitur tristitia, quantò magis sentitur amor, ex eo quòd contrariatur amori. Secundò ex parte causæ contristantis vel dolorem inferentis, quæ repugnat bono magis amato quàm sit bonum illud in quo delectamur: magis enim amamus consistentiam corporis naturalem quàm delectationem cibi; et ideò timore doloris qui provenit ex flagellis vel aliis hujusmodi quæ contrariantur bonæ consistentiæ corporis, dimittimus delectationem ciborum vel aliorum hujusmodi. Tertiò ex parte effectûs, scilicet in quantum tristitia impedit non unam tantùm delectationem, sed omnes.

Ad primum ergo dicendum quòd illud quod Augustinus dicit quòd *dolor magis fugitur quàm voluptas appetatur*, est verum per accidens, et non per se; et hoc patet ex eo quod subdit: *Quandoquidem etiam videmus immanissimas bestias à maximis voluptatibus abstinere dolorum metu,* quia contrariantur vitæ, quæ maximè amatur.

Ad secundum dicendum quòd aliter est in motu qui est ab interiori, et aliter in motu qui est ab exteriori. Motus enim qui est ab interiori, magis tendit in id quod est conveniens, quàm recedat à contrario, sicut supra dictum est in corp. art., de motu naturali; sed motus qui est ab extrinseco, intenditur ex ipsâ contrarietate, quia unumquodque suo modo nititur ad resistendum contrario, sicut ad conservationem sui ipsius; unde motus violentus intenditur in principio, et remittitur in fine. Motus autem appetitivæ partis est ab intrinseco, cùm sit ab animâ ad res ; et ideò , per se loquendo, magis appetitur delectatio quàm fugiatur tristitia. Sed motus sensitivæ partis est ab exteriori , quasi à rebus ad animam ; unde magis sentitur quod est magis contrarium. Et sic etiam per accidens , in quantum sensus requiritur ad delectationem et tristitiam. magis fugitur tristitia quàm delectatio appetatur.

Ad tertium dicendum quòd fortis non laudatur ex eo quòd secundùm rationem non vincitur à dolore vel tristitiâ quâcumque, sed ab eâ quæ consistit in periculis mortis ; quæ quidem tristitia magis fugitur quàm appetatur delectatio ciborum vel venereorum, circa quam est temperantia ; sicut vita magis amatur quàm cibus vel coitus. Sed temperatus magis laudatur ex hoc quòd non prosequitur delectationes tactûs , quàm ex hoc quòd non fugit tristitias contrarias, ut patet in 3 Eth., cap. 11.

ARTICULUS VII. — *Utrùm dolor exterior sit major quàm interior.* — (*Inf., quæst. 37 , art. 1, ad 3.*)

Ad septimum sic proceditur. 1. Videtur quòd dolor corporis exterior sit major quàm dolor cordis interior. Dolor enim corporis exterior (1) causatur ex causâ repugnante bonæ consistentiæ corporis, in quâ est vita ; dolor autem interior causatur ex aliquâ imaginatione mali. Cùm ergo vita magis ametur quàm imaginatum bonum , videtur secundùm prædicta quòd dolor exterior sit major quàm dolor interior.

2. Præterea, res magis movet quàm rei similitudo. Sed dolor exterior provenit ex reali conjunctione alicujus contrarii ; dolor autem interior ex similitudine contrarii apprehensâ. Ergo major est dolor exterior quàm dolor interior.

3. Præterea, causa ex effectu cognoscitur. Sed dolor exterior habet fortiores effectus ; faciliùs enim homo moritur propter dolores exteriores quàm propter dolorem interiorem. Ergo exterior dolor est major et magis fugitur quàm dolor interior.

Sed contra est quod dicitur Eccli. 25 , 17 : *Omnis plaga tristitia cordis est, et omnis malitia nequitia mulieris.* Ergo, sicut nequitia mulieris alias nequitias superat, ut ibi intenditur, ita tristitia cordis omnem plagam exteriorem excedit.

Respondeo dicendum quòd dolor exterior et interior in uno conveniunt, et in duobus differunt. Conveniunt quidem in hoc quòd uterque est motus appetitivæ virtutis, ut supra dictum est, art. 1 hujus quæst., sed differunt secundùm illa duo quæ ad tristitiam et delectationem requiruntur, scilicet secundùm causam, quæ est bonum vel malum conjunctum, et secundùm apprehensionem. Causa enim doloris exterioris est malum conjunctum, quod repugnat corpori ; causa autem interioris doloris est malum conjunctum, quod repugnat appetitui. Dolor etiam exterior sequitur ap-

prehensionem sensûs, et specialiter tactûs ; dolor autem interior sequitur apprehensionem interiorem, vel imaginationis scilicet, vel etiam rationis.

Si ergo comparetur causa interioris doloris ad causam exterioris, una per se pertinet ad appetitum, cujus est uterque dolor, alia verò per aliud ; nam dolor interior est ex hoc quòd aliquid repugnat ipsi appetitui ; exterior autem dolor ex eo quòd repugnat appetitui, quia repugnat corpori. Semper autem quod est per se, prius est eo quod est per aliud. Unde ex parte istâ dolor interior præeminet dolori exteriori.

Similiter etiam ex parte apprehensionis : nam apprehensio rationis et imaginationis altior est quàm apprehensio sensûs tactûs. Unde , simpliciter et per se loquendo, dolor interior potior est quàm dolor exterior. Cujus signum est quòd etiam dolores exteriores aliquis voluntariè suscipit, ut evitet interiorem ; et in quantum non repugnat dolor exterior interiori appetitui, fit quodammodò delectabilis et jucundus interiori gaudio.

Quandoque tamen dolor exterior est cum interiori dolore , et tunc dolor augetur ; non solùm enim interior est major quàm exterior, sed etiam universalior. Quidquid enim est repugnans corpori, potest esse repugnans interiori appetitui ; et quidquid apprehenditur sensu, potest apprehendi imaginatione et ratione ; sed non convertitur. Et ideò signanter in auctoritate adductâ (in arg. *Sed contra*), dicitur : *Omnis plaga tristitia cordis est,* quia etiam dolores exteriorum plagarum sub interiori cordis tristitiâ comprehenduntur.

Ad primum ergo dicendum quòd dolor interior potest etiam esse de his quæ contrariantur vitæ ; et sic comparatio doloris interioris ad exteriorem non est accipienda secundùm diversa mala , quæ sunt causa doloris, sed secundùm diversam comparationem hujus causæ doloris ad appetitum.

Ad secundum dicendum quòd tristitia interior non procedit ex similitudine rei apprehensâ sicut ex causâ. Non enim homo tristatur interiùs de ipsâ similitudine apprehensâ, sed de re cujus est similitudo ; quæ quidem res tantò perfectiùs apprehenditur per aliquam similitudinem, quantò similitudo est magis immaterialis et abstracta. Et ideò dolor interior, per se loquendo, est major, tanquàm de majori malo existens, propter hoc quòd interiori apprehensione magis cognoscitur malum.

Ad tertium dicendum quòd immutationes corporales magis causantur ex dolore exteriori ; tum quia causa doloris exterioris est corrumpens conjunctum corporaliter , quod exigit apprehensio tactûs ; tum etiam quia sensus exterior est magis corporalis quàm sensus interior, sicut et appetitus sensitivus quàm intellectivus ; et propter hoc, ut supra dictum est, quæst. 31, art. 4, ex motu appetitûs sensitivi magis corpus immutatur, et similiter ex dolore exteriori magis quàm ex dolore interiori.

(1) Ita cod. Alcan. et edit. Patav. 1712. Nicolaius cum edit. Patav. 1698 : *Dolor enim exterior.* Edit. Rom. aliaque : *Dolor enim cordis exterior.*

ARTICULUS VIII. — *Utrùm sint tantùm quatuor species tristitiæ.* — *(Inf., quæst. 41, art. 4, ad 1, et 2-2, quæst. 35, art. 4, ad 3, et 3, dist. 26, quæst. 2, art. 3, corp., fin., et Ver. quæst. 26, art. 4, ad 6.)*

Ad octavum sic proceditur. 1. Videtur quòd Damascenus, lib. 2 orth. Fid., cap. 13, inconvenienter quatuor tristitiæ species assignet; quæ sunt *acedia, achos,* vel anxietas secundùm Gregorium Nyssenum (seu Nemes. lib. de Nat. hom., cap. 19), *misericordia* et *invidia.* Tristitia enim delectationi opponitur. Sed delectationis non assignantur aliquæ species. Ergo nec tristitiæ species debent assignari.

2. Præterea, *pœnitentia* est quædam species tristitiæ; similiter etiam *nemesis* et *zelus,* ut dicit Philosophus, 2 Rhetor., cap. 9 et 11, quæ quidem sub his speciebus non comprehenduntur. Ergo insufficiens est ejus prædicta divisio.

3. Præterea, omnis divisio debet esse per opposita. Sed prædicta non habent oppositionem ad invicem: nam secundùm Gregorium Nyssenum, loc. sup. cit., *acedia est tristitia vocem amputans; anxietas verò est tristitia aggravans; invidia verò est tristitia in alienis bonis; misericordia autem est tristitia in alienis malis.* Contingit autem aliquem tristari et de alienis malis, et de alienis bonis, et simul cùm hoc interiùs aggravari, et exteriùs vocem amittere. Ergo prædicta divisio non est conveniens.

Sed contra est auctoritas utriusque, scilicet Gregorii Nysseni et Damasceni, locis sup. cit.

Respondeo dicendum quòd ad rationem speciei pertinet quòd se habeat ex additione ad genus. Sed generi potest aliquid addi dupliciter: uno modo quod per se ad ipsum pertinet, et virtute continetur in ipso, sicut *rationale* additur animali; et talis additio facit veras species alicujus generis, ut per Philosophum patet, in 7 Metaph., text. 13, et in 8, text 10. Aliud verò (1) additur generi quasi aliquid extraneum à ratione ipsius, sicut si *album* animali addatur, vel aliquid hujusmodi; et talis additio non facit veras species generis, secundùm quòd communiter loquimur de generibus et speciebus. Interdùm tamen dicitur aliquid esse species alicujus generis propter hoc quòd habet aliquid extraneum, ad quod applicatur generis ratio; sicut carbo et flamma dicuntur esse species ignis, propter applicationem naturæ ignis ad materiam alienam. Et simili modo loquendi dicuntur astrologia et perspectiva species mathematicæ, in quantum principia mathematica applicantur ad materiam naturalem.

Et hoc modo loquendi assignantur hìc species tristitiæ per applicationem rationis tristitiæ ad aliquid extraneum; quod quidem extraneum accipi potest vel ex parte causæ

objecti (1), vel ex parte effectûs. Proprium enim objectum tristitiæ est proprium malum; unde extraneum objectum tristitiæ accipi potest vel secundùm alterum tantùm, quia scilicet est malum, sed non proprium; et sic est *misericordia,* qui est tristitia de alieno malo, in quantum tamen æstimatur ut proprium; vel quantùm ad utrumque, quia neque est de proprio neque de malo, sed de bono alieno, in quantum tamen bonum alienum æstimatur ut proprium malum, et sic est *invidia.* Proprius autem effectus tristitiæ consistit in quâdam fugâ appetitûs; unde extraneum circa effectum tristitiæ potest accipi quantùm ad alterum tantùm, quia scilicet tollitur fuga; et sic est *anxietas,* quæ sic aggravat animum, ut non appareat aliquod refugium, unde alio nomine dicitur *angustia.* Si verò in tantum procedat talis aggravatio, ut etiam exteriora membra immobilitet ab opere, quod pertinet ad *acediam,* sic erit extraneum quantùm ad utrumque, quia nec est fuga, nec est in appetitu. Ideò autem specialiter *acedia* dicitur vocem amputare, quia vox inter omnes exteriores motus magis exprimit interiorem conceptum et affectum, non solùm in hominibus, sed etiam in aliis animalibus, ut dicitur in 1 Politic., cap. 2, circ. med.

Ad primum ergo dicendum quòd delectatio causatur ex bono, quod uno modo dicitur; et ideò delectationis non assignantur tot species, sicut tristitiæ, quæ causatur ex malo, quod multifariàm contingit, ut dicit Dionysius 4 cap. de div. Nom., part. 4, à med. lect. 22.

Ad secundum dicendum quòd *pœnitentia* est de malo proprio, quod per se est objectum tristitiæ, unde non pertinet ad has species: *zelus* verò et *nemesis* sub invidiâ continentur, ut infra patebit, 2-2, quæst. 36, art. 2.

Ad tertium dicendum quòd divisio ista non sumitur secundùm oppositiones specierum, sed secundùm diversitatem extraneorum, ad quæ trahitur ratio tristitiæ, ut dictum est in corp., art.

QUÆSTIO XXXVI.

DE CAUSIS TRISTITIÆ SEU DOLORIS. — *(In quatuor articulos divisa.)*

Deinde considerandum est de causis tristitiæ; et circa hoc quæruntur quatuor: 1° utrùm causa doloris sit bonum amissum vel magis malum conjunctum; 2° utrùm concupiscentia sit causa doloris; 3° utrùm appetitus unitatis sit causa doloris; 4° utrùm potestas cui resisti non potest, sit causa doloris.

ARTICULUS PRIMUS. — *Utrùm causa doloris sit bonum amissum vel malum conjunctum.*

Ad primum sic proceditur. 1. Videtur quòd bonum amissum sit magis causa doloris quàm malum conjunctum. Dicit enim Augustinus in lib. de octo Quæstionibus Dulcitii, quæst. 1, à med., dolorem esse de amissione bonorum temporalium. Eâdem ergo ratione

---

(1) Ita cod. Alcan. cui adhærent edit. Rom. et Patav. 1698, mutantes tantùm *Aliud* in *Aliquid.* Theologi, Nicolaius et edit. Patav. 1712: *Alio modo aliquid additur.*

(1) Ita codd. et editi antiqui, quod Madalena exponit, *causæ,* scilicet *objecti.* Theologi et editi recentiores, *causæ et objecti.*

quilibet dolor ex amissione alicujus boni contingit.

2. Præterea, supra dictum est, quæst. præc., art. 4, quòd dolor, qui delectationi contrariatur, est de eodem de quo est delectatio. Sed delectatio est de bono, sicut supra dictum est ibid. Ergo dolor est principaliter de amissione boni.

3. Præterea, secundùm Augustinum 14 de Civit. Dei, cap. 7 et 9, amor est causa tristitiæ, sicut et aliarum affectionum animæ. Sed objectum amoris est bonum. Ergo dolor vel tristitia magis respicit bonum amissum quàm malum conjunctum.

Sed contra est quod Damascenus dicit in 2 lib. orth. Fid., cap. 12, quòd *expectatum malum timorem constituit, præsens verò tristitiam.*

Respondeo dicendum quòd si hoc modo se haberent privationes in apprehensione animæ, sicut se habent in ipsis rebus, ista quæstio nullius momenti esse videretur. Malum enim, ut in 1 habitum est, quæst. 48, art. 1, *est privatio boni.* Privatio autem in rerum naturâ nihil est aliud quàm carentia oppositi habitûs. Secundùm hoc ergo idem esset tristari de bono amisso, et de malo habito. Sed tristitia est motus appetitûs apprehensionem sequentis: in apprehensione autem ipsa privatio habet rationem cujusdam entis, unde dicitur *ens rationis;* et sic malum, cùm sit privatio, se habet per modum contrarii. Et ideò quantùm ad motum appetitivum differt, utrùm respiciat principalius malum conjunctum vel bonum amissum.

Et quia motus appetitûs animalis hoc modo se habet in operibus animæ, sicut motus naturalis in rebus naturalibus, ex consideratione naturalium motuum veritas accipi potest. Si enim accipiamus in motibus naturalibus accessum et recessum, accessus per se respicit id quod est conveniens naturæ, recessus autem per se respicit id quod est contrarium; sicut grave per se recedit à loco superiori, accedit autem naturaliter ad locum inferiorem. Sed si accipiamus causam utriusque motûs, scilicet gravitatem, ipsa gravitas per prius inclinat ad locum deorsùm quàm trahat à loco sursùm, à quo recedit, ut deorsùm tendat. Sic igitur, cùm tristitia in motibus appetitivis se habeat per modum fugæ vel recessûs, delectatio autem per modum prosecutionis vel accessûs, sicut delectatio per prius respicit bonum adeptum quasi proprium objectum, ita tristitia respicit malum conjunctum; sed causa delectationis et tristitiæ, scilicet amor, per prius respicit bonum quàm malum. Sic ergo eo modo quo objectum est causa passionis, magis propriè est causa tristitiæ vel doloris malum conjunctum quàm bonum amissum.

Ad primum ergo dicendum quòd ipsa amissio boni apprehenditur sub ratione mali, sicut et amissio mali apprehenditur sub ratione boni; et ideò Augustinus dicit dolorem provenire ex amissione temporalium bonorum.

Ad secundum dicendum quòd delectatio et dolor ei contrarius respiciunt idem, sed sub contrariâ ratione. Nam si delectatio est de præsentiâ alicujus, tristitia est de absentiâ ejusdem. In uno autem contrariorum includitur privatio alterius, ut patet in 10 Metaph., text. 15. Et inde est quòd tristitia, quæ est de contrario, est quodammodò de eodem sub contrariâ ratione.

Ad tertium dicendum quòd quando ex unâ causâ proveniunt multi motus, non oportet quòd omnes principaliùs respiciant illud quod principaliùs respicit causa, sed primus tantùm; unusquisque autem aliorum principaliùs respicit illud quod est ei conveniens secundùm propriam rationem.

ARTICULUS II. — *Utrùm concupiscentia sit causa doloris.* — (*Inf.*, art. 4, *corp.*)

Ad secundum sic proceditur. 1. Videtur quòd concupiscentia non sit causa doloris seu tristitiæ. Tristitia enim per se respicit malum, ut dictum est art. præc. Concupiscentia autem est motus quidam appetitûs in bonum; motus autem qui est in unum contrarium, non est causa motûs qui respicit aliud contrarium. Ergo concupiscentia non est causa doloris.

2. Præterea, dolor, secundùm Damascenum, lib. 2 orth. Fid., cap. 12, in fin., est de præsenti; concupiscentia autem est de futuro. Ergo concupiscentia non est causa doloris.

3. Præterea, id quod per se est delectabile, non est causa doloris. Sed concupiscentia est secundùm seipsam delectabilis, ut Philosophus dicit in 1 Rhet., cap. 12, circ. princ. Ergo concupiscentia non est causa doloris seu tristitiæ.

Sed contra est quod Augustinus dicit in Enchirid., cap. 24 : *Subintrantibus ignorantiâ agendarum rerum et concupiscentiâ noxiarum, comites subinferuntur error et dolor.* Sed ignorantia est causa erroris. Ergo concupiscentia est causa doloris.

Respondeo dicendum quòd tristitia est motus quidam appetitûs animalis. Motus autem appetitivus habet, sicut dictum est art. præc., similitudinem appetitûs naturalis. Cujus duplex causa assignari potest : una per modum finis; alia sicut unde est principium motûs; sicut descensionis corporis gravis causa, sicut finis, est locus deorsùm; principium autem motûs est inclinatio naturalis, quæ est ex gravitate. Causa autem motûs appetitivi per modum finis est ejus objectum; et sic supra dictum est, art. præc., quòd causa doloris seu tristitiæ est malum conjunctum.

Causa autem sicut unde est principium talis motûs, est interior inclinatio appetitûs; qui quidem per prius inclinatur ad bonum, et ex consequenti ad repudiandum malum contrarium. Et ideò hujusmodi motûs appetitivi primum principium est amor, qui est prima inclinatio appetitûs ad bonum consequendum; secundum autem principium est odium, quod est inclinatio prima appetitûs ad malum fugiendum.

Sed quia concupiscentia vel cupiditas est primus effectus amoris, quo maximè delectamur, ut supra dictum est quæst. 32, art. 6, ideò frequenter Augustinus cupiditatem vel concupiscentiam pro amore ponit, ut supra dictum est, quæst. 30, art. 2, ad 2, et loco Augusti. ibi cit., et hoc modo concupiscentiam dicit esse universalem causam doloris. Sed ipsa concupiscentia secundùm propriam rationem considerata est interdùm causa doloris. Omno enim quod impedit motum ne perveniat ad terminum, est contrarium motui; illud autem quod est contrarium motui appetitûs, est contristans; et sic per consequens concupiscentia fit causa tristitiæ, in quantum de retardatione boni concupiti, vel totali ablatione tristamur. Universalis autem causa doloris esse non potest, quia magis dolemus de substractione bonorum præsentium, in quibus jam deloctamur, quàm futurorum, quæ concupiscimus.

Ad primum ergo dicendum quòd inclinatio appetitûs ad bonum consequendum est causa inclinationis appetitûs ad malum fugiendum, sicut dictum est in corp. art., et ex hoc contingit quòd motus appetitûs qui respiciunt bonum, ponuntur causa motuum appetitûs qui respiciunt malum.

Ad secundum dicendum quòd illud quod concupiscitur, etsi realiter sit futurum, est tamen quodammodò præsens, in quantum speratur.

Vel potest dici quòd, licèt bonum concupitum sit futurum, tamen impedimentum præsentialiter apponitur, quod dolorem causat.

Ad tertium dicendum quòd concupiscentia est delectabilis, quamdiù manet spes adipiscendi quod concupiscitur; sed, subtractâ spe per impedimentum appositum, concupiscentia dolorem causat.

ARTICULUS III. — *Utrùm appetitus unitatis sit causa doloris.* — (3, *dist.* 15, *quæst.* 2, *art.* 3, *quæst.* 1, *corp.*)

Ad tertium sic proceditur. 1. Videtur quòd appetitus unitatis non sit causa doloris. Dicit enim Philosophus in 10 Ethic., cap. 3, in med., quòd *hæc opinio quæ posuit repletionem esse causam delectationis, et incisionem causam tristitiæ, videtur esse facta ex delectationibus et tristitiis quæ sunt circa cibum.* Sed non omnis delectatio vel tristitia est hujusmodi. Ergo appetitus unitatis non est causa universalis doloris; cùm repletio ad unitatem pertineat, incisio verò multitudinem inducat.

2. Præterea, quælibet separatio unitati opponitur. Si ergo dolor causaretur ex appetitu unitatis, nulla separatio esset delectabilis; quod patet esse falsum in separatione omnium superfluorum.

3. Præterea, eâdem ratione appetimus conjunctionem boni et remotionem mali. Sed sicut conjunctio pertinet ad unitatem, cùm sit unio quædam, ita separatio est contraria unitati. Ergo appetitus unitatis non magis debet poni causa doloris quàm appetitus separationis.

Sed contra est quod Augustinus dicit in lib. 3 de lib. Arbitr., cap. 23, à med., quòd *ex dolore quem bestiæ sentiunt, satis apparet in regendis, animandisque suis corporibus, quàm sint animæ appetentes unitatis. Quid enim est aliud dolor nisi quidam sensus divisionis vel corruptionis impatiens?*

Respondeo dicendum quòd eo modo quo concupiscentia vel cupiditas boni est causa doloris, etiam appetitus unitatis vel amor causa doloris ponendus est.

Bonum enim uniuscujusque rei in quâdam unitate consistit, prout scilicet unaquæque res habet in se unita illa ex quibus consistit ejus perfectio; unde et Platonici posuerunt *unum* esse principium, sicut et *bonum.* Unde naturaliter unumquodque appetit unitatem, sicut et bonitatem.

Et propter hoc sicut amor vel appetitus boni est causa doloris, ita etiam amor vel appetitus unitatis.

Ad primum ergo dicendum quòd non omnis unio perficit rationem boni, sed solùm illa à quâ dependet esse perfectum rei. Et propter hoc etiam non cujuslibet appetitus unitatis est causa doloris vel tristitiæ, ut quidam opinabantur; quorum opinionem ibi Philosophus excludit per hoc quòd quædam repletiones non sunt delectabiles, sicut repleti cibis non delectantur in ciborum sumptione. Talis enim repletio, sive unio magis repugnaret ad perfectum esse, quàm ipsum constitueret. Unde dolor non causatur ex appetitu cujuslibet unitatis, sed ejus in quâ consistit perfectio naturæ.

Ad secundum dicendum quòd separatio potest esse delectabilis, vel in quantum removetur illud quod est contrarium perfectioni rei, vel in quantum separatio habet aliquam unionem adjunctam, putà sensibilis ad sensum.

Ad tertium dicendum quòd separatio nocivorum et corrumpentium appetitur, in quantum tollunt debitam unitatem; unde appetitus hujusmodi separationis non est prima causa doloris, sed magis appetitus unitatis.

ARTICULUS IV. — *Utrùm potestas cui non potest resisti, sit causa doloris.*

Ad quartum sic proceditur. 1. Videtur quòd potestas major non debet poni causa doloris. Quod enim est in potestate agentis, nondùm est præsens, sed futurum. Dolor autem est de malo præsenti. Ergo potestas major non est causa doloris.

2. Præterea, nocumentum illatum est causa doloris. Sed nocumentum potest inferri etiam à potestate minore. Ergo potestas major non debet poni causa doloris.

3. Præterea, causæ appetitivorum motuum sunt interiores inclinationes animæ. Potestas autem major est aliquid exterius. Ergo non debet poni causa doloris.

Sed contra est quod Augustinus dicit in lib. de Nat. boni, cap. 20, non procul à princ. : *In animo dolorem facit voluntas resistens potestati majori, in corpore dolorem facit sensus resistens corpori potentiori.*

Respondeo dicendum quòd, sicut supra dictum est art. 1 hujus quæst., malum conjunctum est causa doloris vel tristitiæ per modum objecti. Id ergo quod est causa conjunctionis mali, debet poni causa doloris vel tristitiæ. Manifestum est autem hoc esse contra inclinationem appetitûs, ut malo præsentialiter inhæreat. Quod autem est contra inclinationem alicujus, nunquam advenit ei nisi per actionem alicujus fortioris; et ideò potestas major ponitur esse causa doloris ab Augustino.

Sed sciendum est quòd si potestas fortior in tantum invalescat quòd mutet contrariam inclinationem in inclinationem propriam, jam non erit aliqua repugnantia vel violentia; sicut quando agens fortius, corrumpendo corpus grave, aufert ei inclinationem quâ tendit deorsùm; et tunc ferri sursùm non est ei violentum, sed naturale. Sic igitur si aliqua potestas major in tantum invalescat, quòd auferat inclinationem voluntatis vel appetitûs sensitivi, ex eâ non sequitur dolor vel tristitia; sed tunc solùm sequitur quando remanet inclinatio appetitûs in contrarium. Et inde est quòd Augustinus dicit, loc. cit. in arg. *Sed cont.*, quòd *voluntas resistens potestati fortiori causat dolorem;* si enim non resisteret, sed cederet consentiendo, non sequeretur dolor, sed delectatio.

Ad primum ergo dicendum quòd major potestas dolorem causat, non secundùm quòd est agens in potentiâ, sed secundùm quòd est agens actu, dùm scilicet facit conjunctionem mali corruptivi.

Ad secundum dicendum quòd nihil prohibet aliquam potestatem quæ non est major simpliciter, esse majorem quantùm ad aliquid; et secundùm hoc aliquod nocumentum inferre potest. Si autem nullo modo major esset, nullo modo posset nocere; unde non posset causam doloris inferre.

Ad tertium dicendum quòd exteriora agentia possunt esse causa motuum appetitivorum, in quantum causant præsentiam objecti; et hoc modo potestas major ponitur causa doloris.

QUÆSTIO XXXVII.

DE EFFECTIBUS DOLORIS VEL TRISTITIÆ.—(*In quatuor articulos divisa.*)

Deinde considerandum est de effectibus doloris vel tristitiæ; et circa hoc quæruntur quatuor: 1° utrùm dolor auferat facultatem addiscendi; 2° utrùm aggravatio animi sit effectus tristitiæ vel doloris; 3° utrùm tristitia vel dolor debilitet omnem operationem; 4° utrùm tristitia noceat corpori magis quàm aliæ passiones animæ.

ARTICULUS PRIMUS. — *Utrùm dolor auferat facultatem addiscendi.*

Ad primum sic proceditur. 1. Videtur quòd dolor non auferat facultatem addiscendi. Dicitur enim Isai. 26, 9 : *Cùm feceris judicia tua in terrâ, justitiam discent omnes habitatores orbis;* et infra 16 : *In tribulatione murmuris doctrina tua eis.* Sed ex judiciis Dei et tribulatione sequitur dolor seu tristitia in cordibus hominum. Ergo dolor vel tristitia non tollit, sed magis auget facultatem addiscendi.

2. Præterea, Isai. 28, 9, dicitur : *Quem docebit scientiam, et quem intelligere faciet auditum? Ablactatos à lacte, avulsos ab uberibus,* id est à delectationibus. Sed dolor et tristitia maximè tollunt delectationes; impedit enim tristitia omnem delectationem, ut dicitur in 7 Ethic., cap. 5, et Eccli. 11, 29,

dicitur, quòd *malitia unius horæ oblivionem facit luxuriæ maximæ.* Ergo dolor non tollit, sed magis præbet facultatem addiscendi.

3. Præterea, tristitia interior præeminet dolori exteriori, ut supra dictum est quæst. 35, art. 7. Sed simul cum tristitiâ potest homo addiscere. Ergo multò magis simul cum dolore corporali.

Sed contra est quod Augustinus dicit in 1 Soliloq., cap. 12, circ. med. : *Quanquàm acerrimè dolore dentium his diebus torquerer, non quidem sinebar animo volvere nisi ea quæ jam fortè didiceram; à discendo autem penitùs impediebar, ad quod mihi totâ intentione animi opus erat.*

Respondeo dicendum quòd, quia omnes potentiæ animæ in unâ essentiâ animæ radicantur, necesse est quòd quando intentio animæ vehementer trahitur ad operationem unius potentiæ, retrahatur ab operatione alterius; unius enim animæ non potest esse nisi una intentio : et propter hoc si aliquid ad se trahat totam intentionem animæ, vel magnam partem ipsius, non compatitur secum aliquid aliud quod magnam attentionem requirat. Manifestum est autem quòd dolor sensibilis maximè trahit ad se intentionem animæ, quia naturaliter unumquodque totâ intentione tendit ad repellendum contrarium, sicut etiam in rebus naturalibus apparet. Similiter etiam manifestum est quòd ad addiscendum aliquid de novo requiritur studium, et conatus cum magnâ intentione, ut patet per illud quod dicitur Prov. 2, 4 : *Si quæsieris sapientiam quasi pecuniam; et sicut thesauros effoderis eam, tunc intelliges disciplinam* (1). Et ideò si sit dolor intensus, impeditur homo ne tunc aliquid addiscere possit; et tantùm potest intendi quòd nec etiam instante dolore potest homo aliquid considerare etiam quod priùs scivit.

In hoc tamen attenditur diversitas secundùm diversitatem amoris, quem homo habet ad addiscendum vel considerandum; quia quantò major fuerit, magis retinet intentionem animi, ne omninò feratur ad dolorem.

Ad primum ergo dicendum quòd tristitia moderata, quæ excludit evagationem animi, potest conferre ad disciplinam suscipiendam, et præcipuè eorum per quæ homo sperat se posse à tristitiâ liberari; et hoc modo *in tribulatione murmuris* homines doctrinam Dei magis recipiunt.

Ad secundum dicendum quòd tam delectatio quàm dolor in quantum ad se trahunt animæ intentionem, impediunt considerationem rationis; unde in 7 Ethic., cap. 11, non procul à fin., dicitur quòd impossibile est in ipsâ delectatione venereorum aliquid intelligere. Sed tamen magis trahit ad se intentionem animæ dolor quàm delectatio; sicut etiam videmus in rebus naturalibus quòd actio corporis naturalis magis intenditur in contrarium, sicut aqua calefacta magis patitur à frigido, ut fortiùs congeletur. Si ergo dolor seu tristitia fuerit moderata, per accidens potest conferre ad addiscendum in quantum au-

(1) Vulgata, *timorem Dei.*

fert superabundantiam delectationum; sed per se impedit, et si intendatur, totaliter aufert.

Ad tertium dicendum quòd dolor exterior accidit ex læsione corporali; et ita magis habet transmutationem corporalem adjunctam quàm dolor interior; qui tamen est major secundùm illud quod est formale in dolore, quod est ex parte animæ. Et ideò dolor corporalis magis impedit contemplationem, quæ requirit omnimodam quietem, quàm dolor interior; et tamen etiam dolor interior, si multùm intendatur, ita trahit intentionem, ut non possit homo de novo aliquid addiscere. Unde et Gregorius propter tristitiam intermisit Ezechielis expositionem, ut patet ex ejusd. hom. 22 in Ezech., circ. fin.

ARTICULUS II. — *Utrùm aggravatio animi sit effectus tristitiæ vel doloris.*

Ad secundum sic proceditur. 1. Videtur quòd aggravatio animi non sit effectus tristitiæ. Dicit enim Apostolus, 2 ad Cor. 7, 11 : *Ecce hoc ipsum contristari vos secundùm Deum, quantam in vobis operatur sollicitudinem, sed defensionem, sed indignationem,* etc. Sed sollicitudo et indignatio ad quamdam erectionem animi pertinent, quæ aggravationi opponitur. Non ergo aggravatio est effectus tristitiæ.

2. Præterea, tristitia delectationi opponitur. Sed effectus delectationis est dilatatio; cui non opponitur aggravatio, sed constrictio. Ergo effectus tristitiæ non debet poni aggravatio.

3. Præterea, ad tristitiam pertinet absorbere, ut patet per illud quod Apostolus dicit 2 ad Cor. 2, 7 : *Ne fortè abundantiori tristitiâ absorbeatur qui est ejusmodi.* Sed quod aggravatur non absorbetur, quinimò sub aliquo ponderoso deprimitur; quod autem absorbetur, intra absorbens includitur. Ergo aggravatio non debet poni effectus tristitiæ.

Sed contra est quod Gregorius Nyssenus, (Nemesius lib. de Nat. hom., cap. 19), et Damascenus, lib. 2 orth. Fid., cap. 13, ponunt tristitiam aggravantem.

Respondeo dicendum quòd effectus passionum animæ quandoque metaphoricè nominatur secundùm similitudinem sensibilium corporum, eò quòd motus appetitûs animalis sunt similes inclinationibus appetitûs naturalis. Et per hunc modum fervor attribuitur amori, dilatatio delectationi, et aggravatio tristitiæ.

Dicitur enim homo aggravari ex eo quòd aliquo pondere impeditur à proprio motu. Manifestum est autem ex prædictis, quæst. 36, art. 1, quòd tristitia contingit ex aliquo malo præsenti; quod quidem ex hoc ipso quòd repugnat motui voluntatis, aggravat animum, in quantum impedit ipsum ne fruatur eo quod vult.

Et si quidem non sit tanta vis mali contristantis, ut auferat spem evadendi, licèt animus aggravetur quantùm ad hoc quòd in præsenti non potitur eo quod vult, remanet tamen motus ad repellendum nocivum contristans. Si verò superexcrescat vis mali in tantum ut spem evasionis excludat, tunc

simpliciter impeditur etiam interior motus animi angustiati, ut neque hàc, neque illàc divertere valeat; et quandoque etiam impeditur exterior motus corporis, ita quòd remaneat homo stupidus in seipso.

Ad primum ergo dicendum quòd illa erectio animi provenit ex tristitiâ quæ est secundùm Deum, propter spem adjunctam de remissione peccati.

Ad secundum dicendum quòd, quantùm ad motum appetitivum pertinet, ad idem refertur constrictio et aggravatio. Ex hoc enim quòd aggravatur animus, ut ad exteriora liberè progredi non possit, ad seipsum retrahitur, quasi in seipso constrictus.

Ad tertium dicendum quòd tristitia absorbere hominem dicitur, quando sic totaliter vis contristantis mali afficit animum, ut omnem spem evasionis excludat; et sic etiam eodem modo aggravat et absorbet; quædam enim se consequuntur in his quæ metaphoricè dicuntur, quæ sibi repugnare videntur, si secundùm proprietatem accipiantur.

ARTICULUS III. — *Utrùm tristitia, vel dolor debilitet omnem operationem.* — (*Inf., quæst. 39, art. 3, ad 3, et qu. 59, art. 3, ad 2.*)

Ad tertium sic proceditur. 1. Videtur quòd tristitia non impediat omnem operationem. Sollicitudo enim ex tristitiâ causatur, ut patet per auctoritatem Apostoli inductam art. præc., arg. 1. Sed sollicitudo adjuvat ad benè operandum; unde Apostolus dicit 2 Timoth. 2, 15 : *Sollicitè cura teipsum exhibere.... operarium inconfusibilem.* Ergo tristitia non impedit operationem, sed magis adjuvat ad benè operandum.

2. Præterea, tristitia causat in multis concupiscentiam, ut dicitur in 7 Eth., cap. ult., ut explicat D. Thom., lect. 14. Sed concupiscentia facit ad intensionem operationis. Ergo et tristitia.

3. Præterea, sicut quædam operationes propriæ sunt gaudentium, ita etiam quædam operationes conveniunt his qui contristantur, sicut lugere. Sed unumquodque augetur ex sibi convenienti. Ergo aliquæ operationes non impediuntur, sed meliorantur propter tristitiam.

Sed contra est quod Philosophus dicit in 10 Ethic., cap. 4, quòd *delectatio perficit operationem, et è converso tristitia impedit.*

Respondeo dicendum quòd, sicut jam dictum est art. præc., tristitia quandoque non ita aggravat vel absorbet animum, ut omnem motum interiorem et exteriorem excludat; sed aliqui motus quandoque ex ipsâ tristitiâ causantur.

Sic ergo operatio ad tristitiam dupliciter potest comparari : uno modo, sicut ad id de quo est tristitia, et sic tristitia quamlibet operationem impedit; nunquàm enim illud quod cum tristitiâ facimus, ita benè facimus sicut illud quod facimus cum delectatione vel sine tristitiâ. Cujus ratio est quia voluntas est causa operationis humanæ; unde quando operatio est de quâ aliquis contristatur, necesse est quòd actio debilitetur.

Alio modo comparatur operatio ad tristitiam sicut ad principium et ad causam, et sic necesse est quòd operatio talis ex tristitiâ augeatur, sicut quantò aliquis magis tristatur de re aliquâ, tantò magis conatur ad expellendam tristitiam, dummodò remaneat spes expellendi; alioquin nullus motus vel operatio ex tristitiâ causaretur.

Et per hoc patet responsio ad objecta.

ARTICULUS IV. — *Utrùm tristitia magis noceat corpori quàm aliæ animæ passiones.* —(*Inf., quæst. 41, art. 1, corp., et 4, dist. quæst. 2, art. 3, quæst. 2, corp.*)

Ad quartum sic proceditur. 1. Videtur quòd tristitia non inferat maximè corpori nocumentum. Tristitia enim habet esse spirituale in animâ. Sed ea quæ habent tantùm esse spirituale, non causant transmutationem corporalem; sicut patet de intensionibus colorum quæ sunt in aere, à quibus nullum corpus coloratur. Ergo tristitia non facit aliquod corporale nocumentum.

2. Præterea, si tristitia facit aliquod corporale nocumentum, hoc non est nisi in quantum habet corporalem transmutationem adjunctam. Sed corporalis transmutatio invenitur in omnibus animæ passionibus, ut supra dictum est, quæst. 22, art. 2, ad 3. Ergo non magis tristitia quàm aliæ animæ passiones corpori nocet.

3. Præterea, Philosophus dicit in 7 Ethic., cap. 3, circ. med., quòd *iræ et concupiscentiæ quibusdam insanias faciunt;* quod videtur esse maximum nocumentum, cùm ratio sit excellentissimum eorum quæ sunt in homine. Desperatio etiam videtur esse magis nociva quàm tristitia, cùm sit causa tristitiæ. Ergo tristitia non magis nocet corpori quàm aliæ animæ passiones.

Sed contra est quod dicitur Prov. 17, 22: *Animus gaudens ætatem floridam facit, spiritus tristis exsiccat ossa;* et Prov. 25, 20 : *Sicut tinea vestimento, et vermis ligno, ita tristitia viri nocet corpori;* et Eccli. 38, 19 : *A tristitiâ festinat mors.*

Respondeo dicendum quòd tristitia inter omnes animæ passiones magis corpori nocet. Cujus ratio est quia tristitia repugnat humanæ vitæ quantùm ad speciem motûs sui, et non solùm quantùm ad mensuram, sed quantitatem, sicut aliæ animæ passiones. Consistit enim humana vita in quâdam motione, quæ a corde in cætera membra diffunditur; quæ quidem motio convenit naturæ humanæ secundùm aliquam determinatam mensuram. Si ergo ista motio procedat ultra mensuram debitam, repugnabit humanæ vitæ secundùm quantitatis mensuram, non autem secundùm similitudinem speciei; si autem impediatur processus hujus motionis, repugnabit vitæ secundùm suam speciem. Est autem attendendum in omnibus animæ passionibus, quòd transmutatio corporalis (1), quæ est in eis materialis, est conformis et proportionata motui appetitûs, qui est formalis, sicut in omnibus materia proportionatur formæ. Illæ ergo animæ passiones quæ important motum

appetitûs ad prosequendum aliquid, non repugnant vitali motioni secundùm speciem, sed possunt repugnare secundùm quantitatem, ut amor, gaudium, desiderium, et hujusmodi. Et ideò ista secundùm speciem suam juvant naturam corporis; sed propter excessum possunt nocere. Passiones autem quæ important motum appetitûs cum fugâ vel retractione quâdam, repugnant vitali motioni, non solùm secundùm quantitatem, sed etiam secundùm speciem motûs, et ideò simpliciter nocent, sicut timor, et desperatio, et præ omnibus tristitia, quæ aggravat animum ex malo præsenti, cujus est fortior impressio quàm futuri.

Ad primum ergo dicendum quòd quia anima naturaliter movet corpus, spiritualis motus animæ naturaliter est causa transmutationis corporalis. Nec est simile de spiritualibus intentionibus, quæ non habent naturaliter ordinem movendi alia corpora, quæ non sunt nata movéri ab animâ.

Ad secundum dicendum quòd aliæ passiones habent transmutationem corporalem conformem secundùm suam speciem motioni vitali; sed tristitia contrariam, ut supra dictum est, in corp. art.

Ad tertium dicendum quòd ex leviori causâ impeditur usus rationis, quàm corrumpatur vita; cùm videamus multas ægritudines usum rationis tollere, quæ nondùm adimunt vitam. Et tamen timor et ira maximè nocumentum corporale afferunt ex permixtione tristitiæ propter absentiam ejus quod cupitur. Ipsa etiam tristitia quandoque rationem aufert, sicut patet in his qui propter dolorem in melancholiam, vel in maniam incidunt.

QUÆSTIO XXXVIII.

DE REMEDIIS TRISTITIÆ SEU DOLORIS. — (*In quinque articulos divisa.*)

Deinde considerandum est de remediis doloris, seu tristitiæ; et circa hoc quæruntur quinque : 1° utrùm dolor vel tristitia mitigetur per quamlibet delectationem; 2° utrùm mitigetur per fletum; 3° utrùm per compassionem amicorum; 4° utrùm per contemplationem veritatis; 5° utrùm per somnum et balnea.

ARTICULUS PRIMUS. — *Utrùm dolor vel tristitia mitigetur per quamlibet delectationem.* — (*Sup., quæst. 35, art. 4, ad 2 et 3, et inf., art. 4, corp., et art. 5, per totum, et quæst. 48, art. 1, et 3, quæst. 46, art. 8, ad 2, et 1 Cor. 7.*)

Ad primum sic proceditur. 1. Videtur quòd non quælibet delectatio mitiget quemlibet dolorem, seu tristitiam. Non enim delectatio tristitiam mitigat, nisi in quantum ei contrariatur; medicinæ enim fiunt per contraria, ut dicitur in 2 Ethic., cap. 3. Sed non quælibet delectatio contrariatur cuilibet tristitiæ, ut supra dictum est, quæst. 35, art. 4. Ergo non quælibet delectatio mitigat quamlibet tristitiam.

2. Præterea, illud quod causat tristitiam, non mitigat tristitiam. Sed aliquæ delectationes causant tristitiam, quia, ut dicitur in 9

(1) Al., *corporis.*

(Dix.)

Ethic., cap. 4, circ. fin., *malus tristatur, quoniam delectatus est.* Non ergo omnis delectatio mitigat tristitiam.

3. Præterea, Augustinus dicit in 4 Confess., cap. 7, in fin., quòd ipse fugit de patriâ, in quâ conversari solitus erat cum amico suo jam mortuo ; *minùs enim eum quærebant oculi ejus, ubi eum videre non solebant.* Ex quo accipi potest quòd illa in quibus nobis amici mortui vel absentes communicaverunt, efficiuntur nobis de eorum morte vel absentiâ dolentibus onerosa. Sed maximè communicaverunt nobis in delectationibus. Ergo ipsæ delectationes efficiuntur nobis dolentibus onerosæ. Non ergo quælibet delectatio mitigat quamlibet tristitiam.

Sed contra est quod Philosophus dicit in 7 Ethic., cap. ult. , quòd *expellit delectatio tristitiam, et quæ contraria, et quæ contingens* (1), *si sit fortis.*

Respondeo dicendum quòd, sicut ex prædictis patet, quæst. 38, art. 1, delectatio est quædam quies appetitûs in bono convenienti; tristitia autem est ex eo quod repugnat appetitui. Unde sic se habet delectatio ad tristitiam in motibus appetitivis, sicut se habet in corporibus quies ad fatigationem, quæ accidit ex aliâ transmutatione innaturali; nam et ipsa tristitia fatigationem quamdam seu ægritudinem appetitivæ virtutis importat. Sicut igitur quælibet quies corporis remedium affert contra quamlibet fatigationem ex quâcumque causâ innaturali provenientem, ita quælibet delectatio remedium affert ad mitigandam quamlibet tristitiam, ex quocumque procedat.

Ad primum ergo dicendum quòd, licèt non omnis delectatio contrarietur omni tristitiæ secundùm speciem, contrariatur tamen secundùm genus, ut supra dictum est, quæst. 35, art. 4, ad 2, et ideò ex parte dispositionis subjecti quælibet tristitia per quamlibet delectationem mitigari potest.

Ad secundum dicendum quòd delectationes malorum non causant tristitiam in præsenti, sed in futuro, in quantum scilicet mali pœnitent de malis de quibus lætitiam habuerunt; et huic tristitiæ subvenitur per contrarias delectationes.

Ad tertium dicendum quòd , quando sunt duæ causæ ad contrarios motus inclinantes, utraque alteram impedit; et tamen illa finaliter vincit quæ fortior est et diuturnior. In eo autem qui tristatur de his in quibus simul cum amico mortuo vel absente delectari consuevit, duæ causæ in contrarium inducentes inveniuntur. Nam mors vel absentia amici recogitata inclinat ad dolorem; bonum autem præsens inclinat ad delectationem ; unde utrumque per alterum minuitur. Sed tamen quia fortiùs movet sensus præsentis quàm memoria præteriti, et amor sui ipsius quàm amor alterius diuturniùs manet, inde est quòd finaliter delectatio tristitiam expellit. Unde post pauca subdit idem Augustinus lib. 4 Conf., cap. 8,¶in princ., quòd *pristinis generibus delectationum cedebat dolor ejus.*

(1) Nicolaius addit , *id est, quælibet.*

ARTICULUS II. — *Utrùm dolor vel tristitia mitigetur per fletum.*

Ad secundum sic proceditur. 1. Videtur quòd fletus non mitiget tristitiam. Nullus enim effectus diminuit suam causam. Sed fletus vel gemitus est effectus tristitiæ. Ergo non minuit tristitiam.

2. Præterea, sicut fletus vel gemitus est effectus tristitiæ, ita risus est effectus lætitiæ. Sed risus non minuit lætitiam. Ergo fletus non mitigat tristitiam.

3. Præterea , in fletu repræsentatur nobis malum contristans. Sed imaginatio rei contristantis auget tristitiam, sicut imaginatio rei delectantis auget lætitiam. Ergo videtur quòd fletus non mitiget tristitiam.

Sed contra est quod Augustinus dicit in 4 Conf., cap. 4, in fin., et cap. 7, parùm ante med., quòd quando dolebat de morte amici, *in solis gemitibus et lacrymis erat ei aliquantula requies.*

Respondeo dicendum quòd lacrymæ et gemitus naturaliter mitigant tristitiam; et hoc duplici ratione : primò quidem quia omne nocivum interiùs clausum magis affligit, quia magis multiplicatur intentio animæ circa ipsum; sed quando ad exteriora diffunditur, tunc animæ intentio ad exteriora quodammodò disgregatur, et sic interior dolor minuitur. Et propter hoc, quando homines qui sunt in tristitiis, exteriùs suam tristitiam manifestant vel fletu, aut gemitu, vel etiam verbo, mitigatur tristitia. Secundò, quia semper operatio conveniens homini secundùm dispositionem in quá est, sibi est delectabilis; fletus autem et gemitus sunt quædam operationes convenientes tristato vel dolenti ; et ideò efficiuntur eis delectabiles. Cùm igitur omnis delectatio aliqualiter mitiget tristitiam vel dolorem, ut dictum est art. præc., sequitur quòd per planctum et gemitum tristitia mitigetur.

Ad primum ergo dicendum quòd ipsa habitudo causæ ad effectum contrariatur habitudini contristantis ad contristatum. Nam omnis effectus est conveniens suæ causæ, et per consequens est ei delectabilis; contristans autem contrariatur contristato ; et ideò effectus tristitiæ habet contrariam habitudinem ad contristatum (1), quàm contristans ad ipsum; et propter hoc mitigatur tristitia per effectum tristitiæ ratione contrarietatis prædictæ.

Ad secundum dicendum quòd habitudo effectûs ad causam est similis habitudini delectantis ad delectatum, quia utrobique convenientia invenitur ; omne autem simile auget suum simile ; et ideò per risum et alios effectus lætitiæ augetur lætitia, nisi fortè per accidens propter excessum.

Ad tertium dicendum quòd imaginatio rei contristantis, quantùm est de se, nata est augere tristitiam; sed ex hoc ipso quòd homo imaginatur quòd facit illud quod convenit sibi secundùm talem statum, consurgit inde

(1) Ita cod. Alcan., codd. cum editis , *magis ad contristatum.*

quædam delectatio Et eâdem ratione si alicui subrepat risus in statu in quo videtur sibi esse lugendum, ex hoc ipso dolet, tanquàm faciat id quod non convenit, ut Tullius dicit in 3 de Tuscul. Quæstionibus, à med.

ARTICULUS III. — Utrùm dolor et tristitia mitigentur per compassionem amicorum. — (Job. 2, fin., et cap. 16, et Rom. 13, lect. 3.)

Ad tertium sic proceditur. 1. Videtur quòd dolor amici compatientis non mitiget tristitiam. Contrariorum enim contrarii sunt effectus. Sed, sicut Augustinus dicit 8 Confess., cap. 4, parùm à princ., quando cum multis gaudetur, in singulis uberius est gaudium, quia fervefaciunt se, et inflammantur ex alterutro. Ergo, pari ratione, quando multi simul tristantur, videtur quòd sit major tristitia.

2. Præterea, hoc requirit amicitia ut amoris vicem quis rependat, ut Augustinus dicit 4 Confess., ex cap. 8 et 9. Sed amicus condolet de dolore amici dolentis. Ergo ipse dolor amici condolentis est amico priùs dolenti de proprio malo causa alterius doloris; et sic, duplicato dolore, videtur tristitia crescere.

3. Præterea, omne malum amici est contristans, sicut et malum proprium; nam amicus est alter ipse. Sed dolor est quoddam malum. Ergo dolor amici condolentis auget tristitiam amico cui condolet.

Sed contra est quod Philosophus dicit in 9 Ethic., cap. 11, ante med., quòd in tristitiis amicus condolens consolatur.

Respondeo dicendum quòd naturaliter amicus condolens in tristitiis est consolativus. Cujus duplicem rationem tangit Philosophus in 9 Ethic., ibid. Quarum prima est quia, cùm ad tristitiam pertineat aggravare, habet rationem cujusdam oneris, à quo aliquis aggravatus allevari conatur. Cùm ergo aliquis videt de suâ tristitiâ alios contristatos, fit ei quasi quædam imaginatio quòd illud onus alii cum ipso ferant, quasi conantes ad ipsum ab onere alleviandum : et ideò leviùs fert tristitiæ onus, sicut etiam in portandis oneribus corporalibus contingit. Secunda ratio et melior est quia per hoc quòd amici contristantur ei, percipit se ab eis amari; quod est delectabile, ut supra dictum est, qu. 32, art. 5. Unde, cùm omnis delectatio mitiget tristitiam, sicut supra dictum est, art. 1 hujus quæst., sequitur quòd amicus condolens tristitiam mitiget.

Ad primum ergo dicendum quòd in utroque amicitia manifestatur, scilicet et quòd congaudet gaudenti, et quòd condolet dolenti; et ideò utrumque ratione causæ redditur delectabile.

Ad secundum dicendum quòd ipse dolor amici secundùm se contristaret; sed consideratio causæ ejus, quæ est amor, magis delectat.

Et per hoc patet responsio ad tertium.

ARTICULUS IV. — Utrùm per contemplationem veritatis dolor et tristitia mitigentur.

Ad quartum sic proceditur. 1. Videtur quòd contemplatio veritatis non mitiget dolorem. Dicitur enim Eccle. 1, 18 : Qui addit scien-

tiam, addit et dolorem (1). Sed scientia ad contemplationem veritatis pertinet. Non ergo contemplatio veritatis mitigat dolorem.

2. Præterea, contemplatio veritatis ad intellectum speculativum pertinet. Sed intellectus speculativus non movet, ut dicitur in 3 de Animâ, text. 58. Cùm igitur gaudium et dolor sint quidam motus animi, videtur quòd contemplatio veritatis nihil faciat ad mitigationem doloris.

3. Præterea, remedium ægritudinis apponendum est ubi est ægritudo. Sed contemplatio veritatis est in intellectu. Non ergo mitigat dolorem corporalem, qui est in sensu.

Sed contra est quod Augustinus dicit in 1 Soliloq., cap. 12, à med. : Videbatur mihi, si se ille mentibus nostris veritatis fulgor aperiret, aut non me sensurum fuisse illum dolorem, aut certè pro nihilo toleraturum.

Respondeo dicendum quòd, sicut supra dictum est, quæst. 31, art. 5, in contemplatione veritatis maxima delectatio consistit. Omnis autem delectatio dolorem mitigat, ut supra dictum est, art. præc., et art. 1 hujus quæst., et ideò contemplatio veritatis mitigat tristitiam vel dolorem; et tantò magis, quantò perfectiùs aliquis est amator sapientiæ. Et ideò homines ex contemplatione divinorum, et futuræ beatitudinis, in tribulationibus gaudent, secundùm illud Jacobi 1, 2 : Omne gaudium existimate, fratres mei, cùm in tentationes varias incideritis ; et, quod est amplius, etiam inter corporis cruciatus hujusmodi gaudium invenitur; sicut Tiburtius martyr, cùm nudatis plantis super ardentes prunas incederet, dixit : Videtur mihi quòd super roseos flores incedam in nomine Jesu Christi.

Ad primum ergo dicendum quòd qui addit scientiam, addit dolorem, vel propter difficultatem et defectum inveniendæ veritatis, vel propter hoc quòd per scientiam homo cognoscit multa quæ voluntati contrariantur. Et sic ex parte rerum cognitarum scientia dolorem causat, ex parte autem contemplationis veritatis delectationem.

Ad secundum dicendum quòd intellectus speculativus non movet animum ex parte rei speculatæ; movet tamen animum ex parte ipsius contemplationis, quæ est quoddam bonum hominis, et naturaliter delectabilis.

Ad tertium dicendum quòd in viribus animæ fit redundantia à superiori ad inferius ; et secundùm hoc delectatio contemplationis, quæ est in superiori parte, redundat ad mitigandum etiam dolorem, qui est in sensu.

ARTICULUS V. — Utrùm dolor et tristitia mitigentur per somnum et balnea.

Ad quintum sic proceditur. 1. Videtur quòd somnus et balneum non mitigent tristitiam. Tristitia enim in animâ consistit. Sed somnus et balneum ad corpus pertinent. Non ergo aliquid faciunt ad mitigationem tristitiæ.

2. Præterea, idem effectus non videtur causari ex contrariis causis. Sed hujusmodi, cum sint corporalia, repugnant contemplationi veritatis, quæ est causa mitigationis tristitiæ,

---

(1) Juxta 70. Vulgata, et laborem.

ut dictum est art. præc. Non ergo per hujusmodi tristitia mitigatur.

3. Præterea, tristitia et dolor, secundùm quòd pertinent ad corpus, in quâdam transmutatione cordis consistunt. Sed hujusmodi remedia magis videntur pertinere ad exteriores sensus et membra, quàm ad interiorem cordis dispositionem. Non ergo per hujusmodi tristitia mitigatur.

Sed contra est quod Augustinus dicit 9 Conf., cap. 12, sub fin. : *Audieram balnei nomen inde dictum, quòd anxietatem pellat ex animo* ; et infra, ibid. : *Dormivi et evigilavi, et non parvâ ex parte mitigatum inveni dolorem meum*. Et inducit quòd in hymno Ambrosii dicitur quòd

> Quies artus solutos
> Reddit laboris usui,
> Mentesque fessas allevat,
> Luctusque solvit anxios.

Respondeo dicendum quòd, sicut supra dictum est, quæst. 37, art. 4, tristitia secundùm suam speciem repugnat vitali motioni corporis ; et ideò illa quæ reformant naturam corporalem in debitum statum vitalis motionis, repugnant tristitiæ, et ipsam mitigant. Per hoc etiam quòd hujusmodi remediis reducitur natura ad debitum statum, causatur ex his delectatio ; hoc enim est quod delectationem facit, ut supra dictum est, quæst. 31, art. 1. Unde, cùm omnis delectatio tristitiam mitiget, per hujusmodi remedia corporalia tristitia mitigatur.

Ad primum ergo dicendum quòd ipsa debita corporis dispositio, in quantum sentitur, delectationem causat, et per consequens tristitiam mitigat.

Ad secundum dicendum quòd delectationum una aliam impedit, ut supra dictum est, quæst. 31, art. 8, et tamen omnis delectatio tristitiam mitigat ; unde non est inconveniens quòd ex causis se invicem impedientibus tristitia mitigetur.

Ad tertium dicendum quòd omnis bona dispositio corporis redundat quodammodò ad cor sicut ad principium et finem corporalium motionum, ut dicitur in lib. de Causâ motûs animalium, seu de comm. animal. Mot., cap. 11, sub fin.

QUÆSTIO XXXIX.

DE BONITATE ET MALITIA TRISTITIÆ SEU DOLORIS. — (*In quatuor articulos divisa.*)

Deinde considerandum est de bonitate et malitiâ doloris vel tristitiæ ; et circa hoc quæruntur quatuor : 1° utrùm omnis tristitia sit malum ; 2° utrùm possit esse bonum honestum ; 3° utrùm possit esse bonum utile ; 4° utrùm dolor corporis sit summum malum.

ARTICULUS PRIMUS. — *Utrùm omnis tristitia sit mala*. — (*Inf., qu. 59, art. 3, et 3, qu. 15, art. 5 et 6, et 3, dist. 15, quæst. 2, art. 2, qu. 1, ad 3, et art. 3, qu. 2, corp., fin., et 4, dist. 49, qu. 3, art. 4, qu. 2.*)

Ad primum sic proceditur. 1. Videtur quòd omnis tristitia sit mala. Dicit enim Gregorius Nyssenus (Nemes., lib. de Nat. hom., .cap. 19, in princ.) . *Omnis tristitia malum est sui ipsius naturâ*. Sed quod naturaliter est

malum, semper et ubique est malum. Ergo omnis tristitia est mala.

2. Præterea, illud quod omnes fugiunt, etiam virtuosi, est malum. Sed tristitiam omnes fugiunt, etiam virtuosi, quia, ut dicitur in 7 Ethic., cap. 11, *etsi prudens non intendat delectari, tamen intendit non tristari*. Ergo tristitia est malum.

3. Præterea, sicut malum corporale est objectum et causa doloris corporalis, ita malum spirituale est objectum et causa tristitiæ spiritualis. Sed omnis dolor corporalis est malum corporis. Ergo omnis tristitia spiritualis est malum animæ.

Sed contra, tristitia de malo contrariatur delectationi de malo. Sed delectatio de malo est mala, unde in detestationem quorumdam dicitur, Prov. 2, 14, quòd *lætantur, cùm malè fecerint*. Ergo tristitia de malo est bona.

Respondeo dicendum quòd aliquid esse bonum vel malum potest dici dupliciter : uno modo simpliciter et secundùm se ; et sic omnis tristitia est quoddam malum ; hoc enim ipsum quod est appetitum hominis anxiari de malo præsenti, rationem mali habet ; impeditur enim per hoc quies appetitûs in bono.

Alio modo dicitur aliquid bonum vel malum ex suppositione alterius, sicut verecundia dicitur esse bonum ex suppositione alicujus turpis commissi, ut dicitur in 4 Ethic., cap. ult. Sic igitur, supposito aliquo contristabili vel doloroso, ad bonitatem pertinet quòd aliquis de malo præsenti tristetur vel doleat ; quòd enim non tristaretur vel non doleret, non posset esse nisi quia vel non sentiret, vel quia non reputaret sibi repugnans ; et utrumque istorum est malum manifestè. Et ideò ad bonitatem pertinet ut suppositâ præsentiâ mali, sequatur tristitia vel dolor. Et hoc est quod Augustinus dicit, 8 super Gen. at litt., cap. 14, circ. med. : *Adhuc est bonum, quod dolet amissum bonum ; nam nisi aliquod bonum remansisset in naturâ, nullius boni amissi dolor esset in pœnâ*.

Sed quia sermones morales sunt in singularibus, quorum sunt operationes, illud quod est ex suppositione bonum, debet bonum judicari ; sicut quod est ex suppositione voluntarium, judicatur voluntarium, ut dicitur in 3 Eth., c. 1, et supra habitum est, qu. 6, art. 6.

Ad primum ergo dicendum quòd Gregorius Nyssenus loquitur de tristitiâ ex parte mali tristantis, non autem ex parte sentientis et repudiantis malum ; et ex hâc etiam parte omnes fugiunt tristitiam, in quantum fugiunt malum ; sed sensum et refutationem mali non fugiunt. Et sic dicendum etiam est de dolore corporali ; nam sensus et recusatio mali corporalis attestatur naturæ bonæ.

Unde patet responsio ad secundum et ad tertium.

ARTICULUS II. — *Utrùm tristitia possit esse bonum honestum.*—(*P. 3, qu. 15, art. 6, ad 2 et 3, et qu. 46, art. 6, ad 2.*)

Ad secundum sic proceditur. 1. Videtur quòd tristitia non habeat rationem boni honesti. Quod enim ad inferos deducit, contrariatur honesto. Sed, sicut dicit Augustinus 12 super Gen. ad litt., cap. 33, circa fi.1, *Ja-*

coo hoc timuisse videtur, ne nimiâ tristitiâ sic perturbaretur, ut non ad requiem beatorum iret, sed ad inferos peccatorum. Ergo tristitia non habet rationem boni honesti.

2. Præterea, bonum honestum habet rationem laudabilis et meritorii. Sed tristitia diminuit rationem laudis et meriti; dicit enim Apostolus, 2 ad Cor. 9, 7 : *Unusquisque, prout destinavit in corde suo, non ex tristitiâ aut ex necessitate.* Ergo tristitia non est bonum honestum.

3. Præterea, sicut Augustinus dicit 14 de Civ. Dei, cap. 15, parùm ante fin., *tristitia est de his quæ nobis nolentibus accidunt.* Sed non velle ea quæ præsentialiter fiunt, est habere voluntatem repugnantem ordinationi divinæ, cujus providentiæ subjacent omnia quæ aguntur. Ergo cùm conformitas humanæ voluntatis ad divinam pertineat rectitudinem voluntatis, ut supra dictum est, quæst. 19, art. 10, videtur quòd tristitia contrarietur rectitudini voluntatis, et sic non habet rationem honesti.

Sed contra, omne quod meretur præmium vitæ æternæ, habet rationem honesti. Sed tristitia est hujusmodi, ut patet per id quod dicitur Matth. 5, 5 : *Beati qui lugent, quoniam ipsi consolabuntur.* Ergo tristitia est bonum honestum.

Respondeo dicendum quòd secundùm illam rationem quâ tristitia est bonum, potest esse bonum honestum. Dictum est enim art. præc. quòd tristitia est bonum secundùm cognitionem et recusationem mali; quæ quidem duo in dolore corporali attestantur bonitati naturæ, ex quâ provenit quòd sensus sentit et natura refugit læsivum, quod causat dolorem. In interiori verò tristitiâ cognitio mali quandoque quidem est per rectum judicium rationis, et recusatio mali est per voluntatem benè dispositam detestantem malum. Omne autem bonum honestum ex his duobus procedit, scilicet ex rectitudine rationis et voluntatis. Unde manifestum est quòd tristitia potest habere rationem boni honesti.

Ad primum ergo dicendum quòd omnes passiones animæ regulari debent secundùm regulam rationis, quæ est radix boni honesti, quam transcendit immoderata tristitia, de quâ loquitur Augustinus; et ideò recedit à ratione honesti.

Ad secundùm dicendum quòd sicut tristitia de malo procedit ex voluntate et ratione rectâ, quæ detestatur malum, ita tristitia de bono procedit ex ratione et voluntate perversâ, quæ detestatur bonum, et ideò talis tristitia impedit laudem vel meritum boni honesti, sicut cùm quis facit cum tristitiâ eleemosynam.

Ad tertium dicendum quòd aliqua præsentialiter eveniunt, quæ non fiunt Deo volente, sed Deo permittente, sicut peccata : unde voluntas repugnans peccato existenti vel in se vel in alio, non discordat à voluntate Dei. Mala verò pœnalia præsentialiter contingunt etiam Deo volente. Non tamen exigitur ad rectitudinem voluntatis quòd ea secundùm se homo velit, sed solùm quòd non contrarietur ordini divinæ justitiæ, ut supra dictum est, quæst. 19, art. 10.

ARTICULUS III. — *Utrùm tristitia possit esse bonum utile.* — (*P. 3, quæst. 15, art. 6, ad 2 et 3, et quæst. 49, art. 6, ad 2.*)

Ad tertium sic proceditur. 1. Videtur quòd tristitia non possit esse bonum utile. Dicitur enim Eccli. 30, 25 : *Multos occidit tristitia, et n.n est utilitas in illâ.*

2. Præterea, electio est de eo quod est utile ad finem aliquem. Sed tristitia non est eligibilis; quinimò idem sine tristitiâ, quàm cum tristitiâ magis est eligendum, ut dicitur in 3 Topic., cap. 2, loc. 23 et 24. Ergo tristitia non est bonum utile.

3. Præterea, omnis res est propter suam operationem, ut dicitur in 2 de Cœlo, text. 17. Sed tristitia impedit operationem, ut dicitur in 10 Ethic., cap. 5, circ. med. Ergo tristitia non habet rationem boni utilis.

Sed contra, sapiens non quærit nisi utilia. Sed, sicut dicitur Eccle. 7, 5 : *Cor sapientum ubi tristitia, et cor stultorum ubi lætitia.* Ergo tristitia est utilis.

Respondeo dicendum quòd ex malo præsenti insurgit duplex appetitivus motus : unus quidem est, quo appetitus contrariatur malo præsenti; et ex istâ parte tristitia non habet utilitatem, quia id quod est præsens, non potest non esse præsens.

Secundus motus consurgit in appetitu ad fugiendum et repellendum malum contristans; et quantùm ad hoc tristitia habet utilitatem, si sit de aliquo quod est fugiendum. Est enim aliquid fugiendum dupliciter : uno modo propter seipsum, ex contrarietate quam habet ad bonum, sicut peccatum; et ideò tristitia de peccato utilis est ad hoc quòd homo fugiat peccatum, sicut Apostolus dicit 2 ad Cor. 7, 9 : *Gaudeo, non quia contristati estis, sed quia contristati estis ad pœnitentiam.* Alio modo est aliquid fugiendum, non quia sit secundùm se malum, sed quia est occasio mali; dùm vel homo nimis inhæret ei per amorem, vel etiam ex hoc quòd præcipitatur in aliquod malum, sicut patet in bonis temporalibus; et secundùm hoc tristitia de bonis temporalibus potest esse utilis, sicut dicitur Eccle. 7, 3 : *Melius est ire ad domum luctûs quàm ad domum convivii; in illâ enim finis cunctorum admonetur hominum.* Ideò autem tristitia in omni malo fugiendo est utilis, quia geminatur fugiendi causa; nam ipsum malum secundùm se fugiendum est; ipsam autem tristitiam secundùm se omnes fugiunt, sicut etiam bonum omnes appetunt, et delectationem de bono. Sicut ergo delectatio de bono facit ut bonum avidiùs quæratur, ita tristitia de malo facit ut malum vehementiùs fugiatur.

Ad primum ergo dicendum quòd auctoritas illa intelligitur de immoderatâ tristitiâ, quæ animum absorbet; hujusmodi enim tristitia immobilitat animum, et impedit fugam mali, ut supra dictum est, quæst. 37, art. 2.

Ad secundum dicendum quòd sicut quodlibet eligibile fit minùs eligibile propter tristitiam, ita quodlibet fugiendum redditur magis fugiendum propter tristitiam; et quantùm ad hoc tristitia est utilis.

Ad tertium dicendum quòd tristitia de operatione aliquâ impedit operationem; sed tristitia de cessatione operationis facit avidiùs operari.

ARTICULUS IV. — *Utrùm dolor corporis sit summum malum.*—(*Inf., quæst. 73, art. 4, et Mal. quæst. 2, art. 10.*)

Ad quartum sic proceditur. 1. Videtur quòd tristitia sit summum malum. *Optimo* enim *opponitur pessimum*, ut dicitur in 8 Ethic., cap. 10, à princ. Sed quædam delectatio est optimum, quæ scilicet pertinet ad felicitatem. Ergo aliqua tristitia est summum malum.

2. Præterea, beatitudo est summum bonum hominis, quia est ultimus hominis finis. Sed beatitudo consistit in hoc quòd homo habeat quidquid velit, et nihil mali velit, ut supra dictum est, quæst. 3, art. 4, arg. 5, et qu. 5, art. 8, arg. 3. Ergo summum bonum hominis est impletio voluntatis ipsius. Sed tristitia consistit in hoc quòd accidit aliquid contra voluntatem, ut patet per Augustinum, 14 de Civit. Dei, cap. 15, parùm ante fin. Ergo tristitia est summum malum hominis.

3. Præterea, Augustinus sic argumentatur in Soliloq. 1, cap. 12, circ. fin.: *Ex duabus partibus compositi sumus, ex animâ scilicet et corpore; quarum pars deterior est corpus. Summum autem bonum est melioris partis optimum; summum autem malum pessimum deterioris. Est autem optimum in animo sapientia, in corpore pessimum dolor. Summum igitur bonum hominis est sapere; summum malum dolere.*

Sed contra, culpa est magis malum quàm pœna, ut in 1 habitum est, quæst. 48, art. 6. Sed tristitia, seu dolor pertinet ad pœnam peccati, sicut frui rebus mutabilibus est malum culpæ; dicit enim Augustinus in lib. de verâ Religione, cap. 12, parùm à princ.: *Quis est dolor qui dicitur animi, nisi carere mutabilibus quibus fruebatur, aut frui se posse speraverat; et hoc est totum quod dicitur malum, id est peccatum, et pœna peccati.* Ergo tristitia seu dolor non est summum malum hominis.

Respondeo dicendum quòd impossibile est aliquam tristitiam seu dolorem esse summum hominis malum. Omnis enim tristitia seu dolor aut est de hoc quod est verè malum, aut est de aliquo apparenti malo, quod est verè bonum. Dolor autem seu tristitia quæ est de verè malo, non potest esse summum malum; est enim aliquid eo pejus, scilicet vel non judicare esse malum illud quod verè est malum, vel etiam non refutare illud. Tristitia autem vel dolor qui est de apparenti malo, quod est verè bonum, non potest esse summum malum, quia pejus esset omninò alienari à vero bono. Unde impossibile est quòd aliqua tristitia vel dolor sit summum hominis malum.

Ad primum ergo dicendum quòd duo bona sunt communia et delectationi et tristitiæ, scilicet judicium verum de bono et malo, et ordo debitus voluntatis approbantis bonum, et recusantis malum. Et sic patet quòd in dolore vel tristitiâ est aliquod bonum, per cujus privationem potest fieri deterius : sed non in omni delectatione est aliquod malum, per cujus remotionem possit fieri melius. Unde dele-

ctatio aliqua potest esse summum hominis bonum eo modo quo supra dictum est, quæst. 34, art. 3; tristitia autem non potest esse summum hominis malum.

Ad secundum dicendum quòd hoc ipsum quod est voluntatem repugnare malo, est quoddam bonum; et propter hoc tristitia vel dolor non potest esse summum malum, quia habet aliquam permixtionem boni.

Ad tertium dicendum quòd pejus est quod nocet meliori, quàm quod nocet pejori. Malum autem dicitur, quia nocet, ut dicit Augustinus in Enchir., cap. 12, unde majus malum est quod est malum animæ, quàm quod est malum corporis. Unde non est efficax ratio quam Augustinus inducit, non ex sensu suo, sed ex sensu alterius.

QUÆSTIO XL.

DE PASSIONIBUS IRASCIBILIS, ET PRIMO DE SPE ET DESPERATIONE. — (*In octo articulos divisa.*)

Consequenter considerandum est de passionibus irascibilis; et primò de spe et desperatione; secundò de timore et audaciâ; tertiò de irâ.

Circa primum quæruntur octo : 1° utrùm spes sit idem quòd desiderium, vel cupiditas; 2° utrùm spes sit in vi apprehensivâ vel in vi appetitivâ; 3° utrùm spes sit in brutis animalibus; 4° utrùm spei contrarietur desperatio; 5° utrùm causa spei sit experientia; 6° utrùm in juvenibus et ebriosis spes abundet; 7° de ordine spei ad amorem; 8° utrùm spes conferat ad operationem.

ARTICULUS PRIMUS. — *Utrùm spes sit idem quòd desiderium vel cupiditas.*—(*Sup., quæst. 25, art. 1, corp., fin., et 3, dist. 26, quæst. 1, art. 1, corp., et Ver. quæst. 4, art. 1, corp., et opusc. 2, cap. 262.*)

Ad primum sic proceditur. 1. Videtur quòd spes sit idem quod desiderium, sive cupiditas. Spes enim ponitur una quatuor principalium passionum. Sed Augustinus enumerans quatuor principales pa siones ponit cupiditatem loco spei, ut patet in 14 de Civ. Dei, cap. 7 et 9. Ergo spes est idem quod cupiditas sive desiderium.

2. Præterea, passiones differunt secundùm objecta. Sed idem est objectum spei et cupiditatis, sive desiderii, scilicet bonum futurum. Ergo spes est idem quod cupiditas sive desiderium.

3. Si dicatur quòd spes addit supra desiderium possibilitatem adipiscendi bonum futurum, contra, id quod per accidens se habet ad objectum, non variat speciem passionibus. Sed possibile se habet per accidens ad bonum futurum, quod est objectum cupiditatis vel desiderii et spei. Ergo spes non est passio specie differens à desiderio vel cupiditate.

Sed contra, diversarum potentiarum sunt diversæ passiones specie differentes. Sed spes est in irascibili; desiderium autem et cupiditas in concupiscibili. Ergo spes differt specie à desiderio seu cupiditate.

Respondeo dicendum quòd species passionis ex objecto consideratur. Circa objectum autem spei quatuor conditiones attenduntur: primò quidem quòd sit bonum; non enim, propriè loquendo, est spes nisi de bono, et per hoc differt spes à timore, qui est de malo; secundò ut sit futurum; non enim spes est de præsenti jam habito : et per hoc differt spes à gaudio, quod est de bono præsenti; tertio requiritur quòd sit aliquid arduum cum difficultate adipiscibile : non enim aliquis dicitur aliquid sperare minimum, quod statim est in suâ potestate ut habeat; et per hoc differt spes à desiderio vel cupiditate, quæ est de bono futuro absolutè; unde pertinet ad concupiscibilem, spes autem ad irascibilem; quartò quòd illud arduum sit possibile adipisci; non enim aliquis sperat id quod omninò adipisci non potest; et secundùm hoc differt spes à desperatione.

Sic ergo patet quòd spes differt à desiderio, sicut differunt passiones irascibilis à passionibus concupiscibilis; et propter hoc spes præsupponit desiderium, sicut et omnes passiones irascibilis præsupponunt passiones concupiscibilis, ut supra dictum est, qu. 25, art. 1.

Ad primum ergo dicendum quòd Augustinus ponit cupiditatem loco spei, propter hoc quòd utraque respicit bonum futurum, et quia bonum quod non est arduum, quasi nihil reputatur, ut sic cupiditas maximè videatur (1) tendere in bonum arduum, in quod etiam tendit spes.

Ad secundum dicendum quòd objectum spei non est bonum futurum absolutè, sed cum arduitate et difficultate adipiscendi, ut dictum est in corp. art.

Ad tertium dicendum quòd objectum spei non tantùm addit possibilitatem super objectum desiderii, sed etiam arduitatem, quæ ad aliam potentiam facit spem pertinere, scilicet ad irascibilem, quæ respicit arduum, ut in 1 dictum est, quæst. 81, art. 2; *possibile* autem et *impossibile* non omninò per accidens se habent ad objectum appetitivæ virtutis. Nam appetitus est principium motionis. Nihil autem movetur ad aliquid, nisi sub ratione possibilis; nullus enim movetur ad id quod existimat impossibile adipisci. Et propter hoc spes differt à desperatione secundùm differentiam *possibilis* et *impossibilis*.

Articulus II. — *Utrùm spes sit in vi apprehensivâ, an in vi appetitivâ.* — (2-2, quæst. 18, art. 1, corp., et 3, dist. 26, quæst. 1, art. 1, corp., et quæst. 2, art. 2, corp., et Ver. quæst. 4, art. 2, corp.)

Ad secundum sic proceditur. 1. Videtur quòd spes pertineat ad vim cognitivam. Spes enim videtur esse expectatio quædam; dicit enim Apostolus Rom. 8, 25 : *Si autem quod non videmus, speramus, per patientiam expectamus.* Sed expectatio videtur ad vim cognitivam pertinere, cujus est expectare (2). Ergo spes ad cognitivam pertinet.

2. Præterea, idem est, ut videtur, spes quod fiducia; unde et sperantes *confidentes* vocamus, quasi pro eodem utentes eo quod est *confidere* et *sperare.* Sed fiducia, sicut et fides, videtur ad vim cognitivam pertinere. Ergo et spes.

3. Præterea, certitudo est proprietas cognitivæ virtutis. Sed certitudo attribuitur spei. Ergo spes ad vim cognitivam pertinet.

Sed contra, spes est de bono, sicut dictum est art. præc. Bonum autem, in quantum hujusmodi, non est objectum cognitivæ, sed appetitivæ virtutis. Ergo spes non pertinet ad cognitivam, sed ad appetitivam virtutem.

Respondeo dicendum quòd, cùm spes importet extensionem quamdam appetitûs in bonum, manifestò pertinet ad appetitivam virtutem; motus enim ad res pertinet propriè ad appetitum; actio verò virtutis cognitivæ perficitur non secundùm motum cognoscentis ad res, sed potiùs secundùm quòd res cognitæ sunt in cognoscente.

Sed quia vis cognitiva movet appetitivam, repræsentando ei suum objectum, secundùm diversas rationes objecti apprehensi, subsequuntur diversi motus in vi appetitivâ. Alius enim motus sequitur in appetitu ex apprehensione boni, et alius ex apprehensione mali; et similiter alius motus ex apprehensione præsentis et futuri, absoluti et ardui, possibilis et impossibilis. Et secundùm hoc spes est motus appetitivæ virtutis, consequens apprehensionem boni futuri ardui possibilis adipisci, scilicet extensio appetitûs in hujusmodi objectum.

Ad primum ergo dicendum quòd quia spes respicit ad bonum possibile, insurgit dupliciter homini motus spei, sicut dupliciter est ei aliquid possibile, scilicet secundùm propriam virtutem, et secundùm virtutem alterius. Quod ergo aliquis sperat per propriam virtutem adipisci, non dicitur expectare, sed sperare tantùm; sed propriè dicitur expectare quod sperat ex auxilio virtutis alienæ, ut dicatur expectare, quasi ex alio spectare, in quantum scilicet vis apprehensiva præcedens non solùm respicit ad bonum quod intendit adipisci, sed etiam ad illud cujus virtute adipisci sperat, secundùm illud Eccli. 51, 10 : *Respiciens eram ad adjutorium hominum.* Motus ergo spei quandoque dicitur expectatio propter inspectionem virtutis cognitivæ præcedentem.

Ad secundum dicendum quòd illud quod homo desiderat et æstimat se posse adipisci, credit se adepturum; et ex tali fide in cognitivâ præcedente motus sequens in appetitu *fiducia* nominatur. Denominatur enim motus appetitivus à cognitione præcedente, sicut effectus ex causâ magis notâ; magis enim cognoscit vis apprehensiva suum actum quàm actum appetitivæ.

Ad tertium dicendum quòd certitudo attribuitur motui non solùm appetitûs sensitivi, sed etiam appetitûs naturalis; sicut dicitur quòd lapis certitudinaliter tendit deorsùm; et hoc propter infallibilitatem, quam habet ex certitudine cognitionis, quæ præcedit motum appetitûs sensitivi, vel etiam naturalis.

ARTICULUS III. — *Utrùm spes sit in brutis animalibus.*—(3, dist. 26, quæst. 1, art. 1, corp.)

Ad tertium sic proceditur. 1. Videtur quòd in brutis animalibus non sit spes. *Spes enim est de futuro bono*, ut Damascenus dicit, lib. 2 orth. Fid., cap. 12, in fin. Sed cognoscere futura non pertinet ad animalia bruta, quæ habent solùm cognitionem sensitivam, quæ non est futurorum. Ergo spes non est in brutis animalibus.

2. Præterea, objectum spei est bonum possibile adipisci. Sed *possibile* et *impossibile* sunt quædam differentiæ *veri* et *falsi*, quæ solùm sunt in mente, ut Philosophus dicit in 6 Metaph., text. 8. Ergo spes non est in brutis animalibus, in quibus non est mens.

3. Præterea, Augustinus dixit, 9 super Gen. ad litt., cap. 14, circa med., quòd *animalia moventur visis*. Sed spes non est de eo quod videtur; nam *quod videt quis, quid sperat?* ut dicitur Roman. 8, 24. Ergo spes non est in brutis animalibus.

Sed contra, spes est passio irascibilis. Sed in brutis animalibus est irascibilis. Ergo et spes.

Respondeo dicendum quòd interiores passiones animalium ex exterioribus motibus deprehendi possunt; ex quibus apparet quòd in animalibus brutis est spes. Si enim canis videat leporem, aut accipiter avem nimis distantem, non movetur ad ipsam, quasi non sperans se eam posse adipisci; si autem sit in propinquo, movetur quasi sub spe adipiscendi.

Ut enim supra dictum est, quæst. 1, art. 2, et quæst. 26, art. 1, appetitus sensitivus brutorum animalium, et etiam appetitus naturalis rerum insensibilium sequuntur apprehensionem alicujus intellectûs; sicut et appetitus naturæ intellectivæ, qui dicitur *voluntas*. Sed in hoc est differentia, quòd voluntas movetur ex apprehensione intellectûs conjuncti; sed motus appetitûs naturalis sequitur apprehensionem intellectûs separati, qui naturam instituit; et similiter appetitus sensitivus brutorum animalium, quæ etiam quodam instinctu naturali agunt. Unde in operibus brutorum animalium et aliarum rerum naturalium apparet similis processus, sicut et in artis operibus. Et per hunc modum in animalibus brutis est spes et desperatio.

Ad primum ergo dicendum quòd, quamvis bruta animalia non cognoscant futurum; tamen ex instinctu naturali movetur animal ad aliquid futurum, ac si futurum prævideret : hujusmodi enim instinctus est eis inditus ab intellectu divino prævidente futura.

Ad secundum dicendum quòd objectum spei non est possibile, prout est quædam differentia veri, sic enim consequitur habitudinem prædicati ad subjectum; sed objectum spei est possibile, quod dicitur secundùm aliquam potentiam : sic enim distinguitur *possibile* in 5 Metaph., text. 17, scilicet in duo possibilia prædicta.

Ad tertium dicendum quòd, licèt id quod est futurum non cadat sub visu, tamen ex his quæ videt animal in præsenti, movetur ejus appetitus in aliquod futurum vel prosequendum vel vitandum.

ARTICULUS IV. — *Utrùm spei contrarietur desperatio.* — (Sup., quæst. 23, art. 2, corp., fin., et huj. quæst. art. 1, ad 3, et 3, dist. 26, quæst. 1, art. 1, corp., et Ver. quæst. 4, art. 1, corp.)

Ad quartum sic proceditur. 1. Videtur quòd desperatio non sit contraria spei. Uni enim unum est contrarium, ut dicitur in 10 Metaph., text. 17. Sed spei contrariatur timor. Non ergo contrariatur ei desperatio.

2. Præterea, contraria videntur esse circa idem. Sed spes et desperatio non sunt circa idem; nam spes respicit bonum, desperatio autem est propter aliquod malum impeditivum adeptionis boni. Ergo spes non contrariatur desperationi.

3. Præterea, motui contrariatur motus (1), quies verò opponitur motui, ut privatio. Sed desperatio magis videtur importare immobilitatem quàm motum. Ergo non contrariatur spei, quæ importat motum extensionis in bonum speratum.

Sed contra est quòd desperatio nominatur per contrarium spei.

Respondeo dicendum quòd, sicut supra dictum est, quæst. 23, art. 2, mutationibus invenitur duplex contrarietas : una secundùm accessum ad contrarios terminos; et talis contrarietas sola invenitur in passionibus concupiscibilis, sicut amor et odium contrariantur; alio modo per accessum et per recessum respectu ejusdem termini; et talis contrarietas invenitur in passionibus irascibilis, sicut supra dictum est, loc. cit.

Objectum autem spei, quod est bonum arduum, habet quidem rationem attractivi, prout consideratur cum possibilitate adipiscendi; et sic tendit in ipsum spes, quæ importat quemdam accessum; sed secundùm quòd consideratur cum impossibilitate obtinendi, habet rationem repulsivi, quia, ut dicitur in 3 Ethic., cap. 3, à med., *cùm ventum fuerit ad aliquid impossibile, tunc homines discedunt*; et sic respicit hoc objectum desperatio. Unde importat motum cujusdam recessûs; et propter hoc contrariatur spei, sicut recessus accessui.

Ad primum ergo dicendum quòd timor contrariatur spei secundùm contrarietatem objectorum, scilicet boni et mali; hæc enim contrarietas invenitur in passionibus irascibilis, secundùm quòd derivantur à passionibus concupiscibilis, sed desperatio contrariatur ei solùm secundùm contrarietatem accessûs et recessûs.

Ad secundum dicendum quòd desperatio non respicit malum sub ratione mali; sed per accidens quandoque respicit malum, in quantum facit impossibilitatem adipiscendi; potest autem esse desperatio ex solo superexcessu boni.

Ad tertium dicendum quòd desperatio non importat solam privationem spei, sed importat quemdam recessum à re desiderata propter æstimatam impossibilitatem adipiscendi. Unde desperatio præsupponit desiderium, sic-

(1) Ita Nicolaius ex codd. Al. : *Motui non contrariatur motus.*

ut et spes; de eo enim quod sub desiderio nostro non cadit, neque spem neque desperationem habemus; et propter hoc etiam utrumque eorum est de bono, quod sub desiderio cadit.

ARTICULUS V. — *Utrùm causa spei sit experientia.* — (*Inf., quæst, 42, art. 5, ad 1, quæst. 45, art. 3, corp.*)

Ad quintum sic proceditur. 1. Videtur quòd experientia non sit causa spei. Experientia enim ad vim cognitivam pertinet; unde Philosophus dicit in 2 Ethic., cap. 1, in princ., quòd *virtus intellectualis indiget experimento et tempore.* Spes autem non est in vi cognitivâ, sed in appetitivâ, ut dictum est art. 2 hujus quæst. Ergo experientia non est causa spei.

2. Præterea, Philosophus dicit in 2 Rhet., cap. 13, circ. med., quòd *senes sunt difficilis spei propter experientiam*; ex quo videtur quòd experientia sit causa defectûs spei. Sed non est idem causa oppositorum. Ergo experientia non est causa spei.

3. Præterea, Philosophus dicit in 2 de Cœl., text. 34, quòd *de omnibus enuntiare aliquid, et nihil prætermittere, quandoque est signum stultitiæ.* Sed quòd homo tentet omnia, ad magnitudinem spei pertinere videtur; stultitia autem provenit ex inexperientiâ. Ergo inexperientia videtur esse magis causa spei quàm experientia.

Sed contra est quòd Philosophus dicit 3 Ethic., cap. 8, à med., quòd *aliqui sunt bonæ spei propter multoties, et multos vicisse*; quod ad experientiam pertinet. Ergo experientia est causa spei.

Respondeo dicendum quòd, sicut supra dictum est, art. 1 hujus quæst., spei objectum est *bonum futurum, arduum, possibile adipisci.* Potest ergo aliquid esse causa spei, vel quia facit homini aliquid esse possibile, vel quia facit eum existimare aliquid esse possibile.

Primo modo est causa spei omne illud quod auget potestatem hominis, sicut divitiæ et fortitudo, et inter cætera etiam experientia : nam per experientiam homo acquirit facultatem aliquid de facili faciendi; et ex hoc sequitur spes. Unde Vegetius dicit in lib. 1 de Re milit., cap. 1, circ. fin. : *Nemo facere metuit quod se benè didicisse confidit.* Alio modo est causa spei omne illud quod facit alicui existimationem quòd aliquid sit sibi possibile; et hoc modo et doctrina et persuasio quælibet potest esse causa spei; et sic etiam experientia est causa spei; in quantum scilicet per experientiam fit homini existimatio quòd aliquid sit sibi possibile, quod impossibile ante experientiam reputabat.

Sed per hunc modum experientia potest esse causa defectûs spei, quia sicut per experientiam fit homini existimatio quòd aliquid sibi sit possibile quod reputabat impossibile; ita è converso per experientiam fit homini existimatio quòd aliquid non sit sibi possibile, quod possibile existimabat.

Sic ergo experientia est causa spei duobus modis; causa autem defectûs spei uno modo,

et propter hoc magis dicere possumus, eam esse causam spei.

Ad primum ergo dicendum quòd experientia in operabilibus non solùm causat scientiam, sed etiam causat quemdam habitum propter consuetudinem, qui facit operationem faciliorem. Sed et ipsa virtus intellectualis facit ad potestatem facilè operandi; demonstrat enim aliquid esse possibile, et sic causat spem.

Ad secundum dicendum quòd in senibus est defectus spei propter experientiam, in quantum experientia facit existimationem impossibilis. Unde ibidem subditur quòd *eis multa evenerunt in deterius.*

Ad tertium dicendum quòd stultitia et inexperientia possunt esse causa spei quasi per accidens, removendo scilicet scientiam, per quam verè existimatur aliquid esse non possibile. Unde eâ ratione inexperientia est causa spei, quâ experientia est causa defectûs spei.

ARTICULUS VI. — *Utrùm in juvenibus et in ebriosis abundet spes.* — (*Inf., quæst. 45, art. 3, corp.*)

Ad sextum sic proceditur. 1. Videtur quòd juventus et ebrietas non sint causa spei. Spes enim importat quamdam certitudinem et firmitatem; unde ad Hebr. 6, spes comparatur anchoræ. Sed juvenes et ebrii deficiunt à firmitate; habent enim animum de facili mutabilem. Ergo juventus et ebrietas non est causa spei.

2. Præterea, ea quæ augent potestatem, maximè sunt causa spei, ut supra dictum est, art. præc. Sed juventus et ebrietas quamdam infirmitatem habent adjunctam. Ergo non sunt causa spei.

3. Præterea, experientia est causa spei, ut dictum est art. 5. Sed juvenibus experientia deficit. Ergo juventus non est causa spei.

Sed contra est quod Philosophus dicit in 3 Ethic., cap. 8, post med., quòd *inebriati sunt bene sperantes*; et in 2 Rhet., cap. 12, ante med., dicitur quòd *juvenes sunt bonæ spei.*

Respondeo dicendum quòd juventus est causa spei propter tria, ut Philosophus dicit in 2 Rhet., ibid. Et hæc tria possunt accipi secundùm tres conditiones boni, quod est objectum spei, quod est *futurum*, et *arduum*, et *possibile*, ut dictum est art. 1 hujus quæst. Juvenes enim multùm habent de futuro, et parùm de præterito; et ideò quia memoria est præteriti, spes autem futuri, parùm habent de memoriâ, sed multùm vivunt in spe. Juvenes etiam propter caliditatem naturæ habent multos spiritus, et ita in eis cor ampliatur : ex amplitudine autem cordis est quòd aliquis ad ardua tendat; et ideò juvenes sunt animosi et bonæ spei. Similiter etiam illi qui non sunt passi repulsam, nec experti impedimenta in suis conatibus, de facili reputant aliquid sibi possibile. Unde et juvenes propter inexperientiam impedimentorum et defectuum, de facili reputant aliquid sibi possibile, et ideò sunt bonæ spei.

Duo etiam istorum sunt in ebriis, scilicet caliditas et multiplicatio spirituum propter vinum; et iterùm inconsideratio periculorum vel defectuum. Et propter eamdem rationem etiam omnes stulti et deliberatione non utentes omnia tentant, et sunt bonæ spei.

Ad primum ergo dicendum quòd in juvenibus et in ebriis licèt non sit firmitas secundùm rei veritatem, est tamen in eis secundùm eorum æstimationem; reputant enim se firmiter assecuturos illud quod sperant.

Et similiter dicendum ad secundum, quòd juvenes et ebrii habent quidem infirmitatem secundùm rei veritatem, sed secundùm eorum existimationem habent potestatem, quia suos defectus non cognoscunt.

Ad tertium dicendum quòd non solùm experientia, sed etiam inexperientia est quodammodò causa spei, ut dictum est art. præc.

ARTICULUS VII. — *Utrùm spes sit causa amoris.* — (*Sup., quæst. 27, art. 4, ad 3, et inf., quæst. 62, art. 4, ad 3, et 2-2, quæst. 17, art. 8, corp., et quæst. 66, art. 6, ad 2, et Ver. quæst. 4, art. 3, corp.*)

Ad septimum sic proceditur. 1. Videtur quòd spes non sit causa amoris, quia, secundùm Augustinum, 14 de Civ. Dei, cap. 7 et 9, *prima affectionum animæ est amor.* Sed spes est quædam affectio animæ. Amor ergo præcedit spem; non ergo spes causat amorem.

2. Præterea, desiderium præcedit spem. Sed desiderium causatur ex amore, ut dictum est qu. 28, art. 6, ad 2. Ergo etiam spes sequitur amorem; non ergo causat ipsum.

3. Præterea, spes causat delectationem, ut supra dictum est, qu. 32, art 3. Sed delectatio non est nisi de amato. Ergo amor præcedit spem.

Sed contra est quod Matth. 1, 2, super illud : *Abraham genuit Isaac, Isaac autem genuit Jacob,* dicit Glossa interl : *Id est, fides spem, spes charitatem.* Charitas autem est amor. Ergo amor causatur à spe.

Respondeo dicendum quòd spes duo respicere potest : respicit enim sicut objectum *bonum* speratum; sed quia bonum speratum est arduum possibile, aliquando autem fit aliquod arduum possibile nobis, non per nos, sed per alios; ideò spes etiam respicit illud per quod fit nobis aliquid possibile.

In quantum igitur spes respicit bonum speratum, spes ex amore causatur; non enim est spes nisi de bono desiderato et amato.

In quantum verò spes respicit illum per quem fit aliquid nobis possibile, sic amor causatur ex spe, et non è converso. Ex hoc enim quòd per aliquem speramus nobis posse provenire bona, movemur in ipsum sicut in bonum nostrum; et sic incipimus ipsum amare. Ex hoc autem quòd amamus aliquem, non speramus de eo nisi per accidens, in quantum scilicet credimus nos redamari ab ipso; unde amari ab aliquo facit nos sperare de eo; sed amor ejus causatur ex spe quam de eo habemus.

Et per hæc patet responsio ad objecta.

ARTICULUS VIII. — *Utrùm spes conferat ad operationem, vel magis impediat.*

Ad octavum sic proceditur. 1. Videtur quòd spes non adjuvet operationem, sed magis impediat. Ad spem enim securitas pertinet. Sed securitas parit negligentiam, quæ impedit operationém. Ergo spes impedit operationem.

2. Præterea, tristitia impedit operationem, ut supra dictum est, qu. 37, art. 3. Sed spes quandoque causat tristitiam; dicitur enim Prov. 13, 12 : *Spes quæ differtur affligit animam.* Ergo spes impedit operationem.

3. Præterea, desperatio contrariatur spei, ut dictum est art 4 hujus quæst. Sed desperatio maximè in rebus bellicis adjuvat operationem : dicitur enim 2 Reg. 2, 26, quòd *periculosa est desperatio.* Ergo spes facit contrarium effectum, impediendo scilicet operationem.

Sed contra est quod dicitur 1 ad Cor. 9, 10, quòd *qui arat debet arare in spe fructûs percipiendi ;* et eadem ratio est in omnibus aliis.

Respondeo dicendum quòd spes per se habet quòd adjuvet operationem intendendo ipsam; et hoc ex duobus : primò quidem ex ratione sui objecti, quod est bonum arduum possibile; existimatio enim ardui excitat attentionem; existimatio verò possibilis non retardat conatum; unde sequitur quòd homo intensè operetur propter spem. Secundò verò ex ratione sui effectûs; spes enim, ut supra dictum est, qu. 32, art. 3, causat delectationem, quæ adjuvat operationem, ut supra dictum est qu. 33, art. 4, unde spes operationem adjuvat.

Ad primum ergo dicendum quòd spes respicit bonum consequendum; securitas autem respicit malum vitandum. Unde securitas magis videtur opponi timori quàm ad spem pertinere; et tamen securitas non causat negligentiam, nisi in quantum diminuit existimationem ardui, in quo etiam diminuitur ratio spei; illa enim in quibus homo nullum impedimentum timet, quasi jam non reputantur ardua.

Ad secundum dicendum quòd spes per se causat delectationem, sed per accidens est ut causet tristitiam, ut supra dictum est, qu. 32, art. 3, ad 2.

Ad tertium dicendum quòd desperatio in bello fit periculosa propter aliquam spem adjunctam. Illi enim qui desperant de fugà, debilitantur in fugiendo; sed sperant mortem suam vindicare, et ideò ex hâc spe acriùs pugnant, unde periculosi hostibus fiunt.

QUÆSTIO XLI

DE TIMORE SECUNDUM SE. — (*In quatuor articulos divisa.*)

Consequenter considerandum est primò de timore, et secundò de audaciâ.

Circa timorem consideranda sunt quatuor : primò de ipso timore; secundò de objecto ejus; tertiò de causâ ipsius; quartò de effectu.

Circa primum quæruntur quatuor : 1° utrùm timor sit passio animæ; 2° utrùm sit specialis passio; 3° utrùm sit aliquis timor naturalis; 4° de speciebus timoris.

ARTICULUS PRIMUS. — *Utrùm timor sit passio animæ.* — (*Inf.*, art. 2, corp.)

Ad primum sic proceditur. 1. Videtur quòd timor non sit passio animæ. Dicit enim Damascenus in lib. 3 orth. Fid., c. 23, quòd *timor est virtus secundùm systolen*, id est, contractionem, *essentiæ desiderativæ*. Sed nulla virtus est passio, ut probatur in 2 Ethic., c. 5. Ergo timor non est passio.

2. Præterea, omnis passio est effectus ex præsentiâ agentis proveniens. Sed timor non est de aliquo præsenti, sed de futuro, ut Damascenus dicit in 2 lib. orth. Fid., cap. 12. Ergo timor non est passio.

3. Præterea, omnis passio animæ est motus appetitûs sensitivi, qui sequitur apprehensionem sensûs. Sensus autem non est apprehensivus futuri, sed præsentis. Cùm ergo timor sit de malo futuro, videtur quòd non sit passio animæ.

Sed contra est quòd Augustinus in 14 de Civ. Dei, cap. 7 et 9, enumerat timorem inter alias animæ passiones.

Respondeo dicendum quòd inter cæteros animæ motus post tristitiam timor magis rationem obtinet passionis. Ut enim supra dictum est, quæst. 22, art. 1, ad rationem passionis primò quidem pertinet quòd sit motus passivæ virtutis, ad quam scilicet comparetur suum objectum per modum activi moventis, eò quòd passio est effectus agentis; et per hunc modum etiam sentire et intelligere dicuntur pati. Secundò magis propriè dicitur passio motus appetitivæ virtutis; habentis organum (1) corporale, qui fit cum aliquâ transmutatione corporali; et adhuc propriissimè illi motus passiones dicuntur qui important aliquod nocumentum. Manifestum est autem quòd timor, cùm sit de malo, ad appetitivam potentiam pertinet, quæ per se respicit bonum et malum; pertinet autem ad appetitum sensitivum; fit enim (2) cum quâdam transmutatione, scilicet cum contractione, ut Damascenus dicit, lib. 3 orth. Fid., cap. 23, et importat etiam habitudinem ad malum secundùm quòd malum habet quodammodò victoriam super aliquem (3). Unde verissimè ipsi competit ratio passionis; tamen post tristitiam, quæ est de præsenti malo; nam timor est de malo futuro, quod non ita movet sicut præsens.

Ad primum ergo dicendum quòd virtus nominat quoddam principium actionis; et ideò in quantum interiores motus appetitivæ virtutis sunt principia exteriorum actuum, dicuntur virtutes. Philosophus autem negat passionem esse virtutem, quæ est habitus.

Ad secundum dicendum quòd sicut passio corporis naturalis provenit ex corporali præ-

sentiâ agentis; ita passio animæ provenit ex animali præsentiâ agentis absque præsentiâ corporali vel reali, in quantum scilicet malum, quod est futurum realiter, est præsens secundùm apprehensionem animæ.

Ad tertium dicendum quòd sensus non apprehendit futurum; sed ex eo quòd apprehendit præsens, animal naturali instinctu movetur ad sperandum futurum bonum, vel timendum futurum malum.

ARTICULUS II. — *Utrùm timor sit specialis passio.*

Ad secundum sic proceditur. 1. Videtur quòd timor non sit specialis passio. Dicit enim Augustinus in lib. 83 QQ., quæst. 33, non procul à fin., quòd *quem non examinat metus, neque cupiditas eum vastat, nec ægritudo*, id est, tristitia, *eum macerat, nec ventilat gestiens et vana lætitia*. Ex quo videtur quòd remoto timore, omnes aliæ passiones removentur. Non ergo est passio specialis, sed generalis.

2. Præterea, Philosophus dicit in 6 Ethic., cap. 2, circ. princ., quòd *ita se habet in appetitu prosecutio et fuga, sicut in intellectu affirmatio et negatio*. Sed negatio non est aliquid speciale in intellectu, sicut nec affirmatio, sed aliquid commune ad multa. Ergo nec fuga in appetitu. Sed nihil est aliud timor quàm fuga quædam mali. Ergo timor non est passio specialis.

3. Præterea, si timor esset passio specialis, præcipuè in irascibili esset. Est autem timor etiam in concupiscibili; dicit enim Philosophus in 2 Rhetor., cap. 5, quòd *timor est tristitia quædam*; et Damascenus dicit, lib. 3 orth. Fid., c. 23, quòd *timor est virtus desiderativa*. Tristitia autem et desiderium sunt in concupiscibili, ut supra dictum est, qu. 30, et 35, art. 1. Non est ergo passio specialis, cùm pertineat ad diversas potentias.

Sed contra est quòd timor condividitur aliis passionibus animæ, ut patet per Damascenum in 2 lib. orth. Fid., cap. 15.

Respondeo dicendum quòd passiones animæ recipiunt speciem ex objectis; unde specialis passio est quæ habet speciale objectum. Timor autem habet speciale objectum, sicut et spes : sicut enim objectum spei est bonum futurum arduum possibile adipisci, ita objectum timoris est malum futurum difficile, cui resisti non potest. Unde timor est specialis passio animæ.

Ad primum ergo dicendum quòd omnes passiones animæ derivantur ex uno principio, scilicet ex amore, in quo habent ad invicem connexionem; et ratione hujus connexionis, remoto timore, removentur aliæ passiones animæ, non ideò quia sit passio generalis.

Ad secundum dicendum quòd non omnis fuga appetitûs est timor, sed fuga ab aliquo speciali objecto, ut dictum est in corp. art. Et ideò licèt fuga sit quoddam generale, tamen timor est passio specialis.

Ad tertium dicendum quòd timor nullo modo est in concupiscibili; non enim respicit malum absolutè, sed cum quâdam difficultate vel arduitate, ut ei resisti vix possit. Sed quia

---

(1) Ita ex cod. Tarrac., Garcia et edit. Patav. ann. 1712. Cod. Alcan. : *Et adhuc etiam magis dicitur propriè*, etc. Al.: *Secundò magis propriè dicitur passio motus appetitivæ virtutis, habentis organum*, etc., intermediis omissis. Edit. 1 Patav. ann. 1698: *Secundò propriè dicitur passio motus appetitivæ magis virtutis habentis organum*, etc., aliis pariter omissis.

(2) Ita cod. Alcan. et edit. Roman. Al., *etiam*.

(3) Ita codd. Alcan., Tarrac. aliique, et edit. Patav. Al., *super aliquod bonum*.

passiones irascibilis derivantur à passionibus concupiscibilis , et ad eas· terminantur , ut supra dictum est , quæst. 25 , art. 1 , ideò timóri attribuuntur ea quæ sunt concupiscibilis. Dicitur enim timor esse tristitia , in quantum objectum timoris est contristans , si præsens fuerit ; unde et Philosophus dicit , ibid., quòd *timor procedit ex phantasid futuri mali corruptivi vel contristativi.* Similiter et desiderium attribuitur à Damasceno timori , quia sicut spes causatur vel oritur à desiderio boni , ita timor est ex fugâ mali ; fuga autem mali oritur ex desiderio boni , ut ex supra dictis patet , quæst. 25 , art. 2 , et q. 29 , art. 2 , et quæst. 36 , art. 2.

ARTICULUS III. — *Utrùm sit aliquis timor naturalis.*

Ad tertium sic proceditur. 1. Videtur quòd timor aliquis sit naturalis. Dicit enim Damascenus in 3 lib. orth. Fid., cap. 23, in princ., quòd *est quidam timor naturalis, nolente animâ dividi à corpore.*

2. Præterea, timor ex amore oritur, ut dictum est. art. præc., ad 1. Sed est aliquis amor naturalis, ut Dionysius dicit, cap. 4 de div. Nom., part. 2, lect. 9. Ergo etiam est aliquis timor naturalis.

3. Præterea, timor opponitur spei , ut supra dictum est , quæst. 40 , art. 4 , ad 1. Sed est aliqua spes naturæ, ut patet per id quod dicitur Rom. 4, 18, de Abraham, quòd *contra spem naturæ in spem* gratiæ *credidit.* Ergo etiam est aliquis timor naturæ.

Sed contra, ea quæ sunt naturalia, communiter inveniuntur in rebus animatis et inanimatis. Sed timor non invenitur in rebus animatis et inanimatis. Ergo timor non est naturalis.

Respondeo dicendum quòd aliquis motus dicitur naturalis, quia ad ipsum inclinat natura. Sed hoc contingit dupliciter : uno modo, quòd totum perficitur à naturâ absque aliquâ operatione apprehensivæ ·virtutis , sicut moveri sursùm est motus naturalis ignis, et augeri est motus naturalis animalium et plantarum. Alio modo dicitur motus naturalis ad quem natura inclinat, licèt non perficiatur nisi per apprehensionem, quia, sicut supra dictum est , quæst. 10 , art. 1 , et quæst. 17, art. 9, ad 2 , motus cognitivæ et appetitivæ virtutis reducuntur in naturam sicut in principium primum.

Et per hunc modum etiam ipsi actus apprehensivæ virtutis , ut intelligere, sentire et memorari, et etiam motus appetitûs animalis quandoque dicuntur naturales. Et per hunc modum potest dici timor naturalis ; et distinguitur à timore non naturali secundùm diversitatem objecti. Est enim, ut Philosophus dicit in 2 Rhet., cap. 5, timor de malo corruptivo , quod natura refugit propter naturale desiderium essendi; et talis timor dicitur esse naturalis: et iterùm de malo contristativo, quod non repugnat naturæ, sed desiderio appetitûs ; et talis timor non est naturalis ; sicut etiam supra, quæst. 30, art. 3, et quæst. 21, art. 7, amor, concupiscentia et delectatio distincta sunt per *naturale* et *non naturale.*

Sed secundùm primam acceptionem *natu-*

ralis, sciendum est quòd quædam de passionibus animæ quandoque dicuntur naturales, ut amor, desiderium et spes ; aliæ verò naturales dici non possunt ; et hoc ideò quia amor et odium, desiderium et fuga important inclinationem quamdam ad prosequendum bonum et fugiendum malum ; quæ quidem inclinatio pertinet etiam ad appetitum naturalem ; et ideò est amor quidam naturalis ; et desiderium vel spes potest quodammodò dici etiam in rebus naturalibus cognitione carentibus. Sed aliæ passiones animæ important quosdam motus, ad quos nullo modo sufficit inclinatio naturalis ; vel quia de ratione harum passionum est sensus seu cognitio, sicut dictum est , quæst. 31 , art. 4 , et quæst. 35 , art. 1, quòd apprehensio requiritur ad rationem delectationis et doloris ; unde qui carent cognitione, non possunt dici delectari vel dolere; aut quia hujusmodi motus sunt contra rationem inclinationis naturalis, putà quòd desperatio refugit bonum propter aliquam difficultatem, et timor refugit impugnationem mali contrarii, ad quod est inclinatio naturalis.

Et ideò hujusmodi passiones nullo modo attribuuntur rebus inanimatis.

Et per hoc patet responsio ad objecta.

ARTICULUS IV. — *Utrùm convenienter assignentur species timoris.* — (2-2, *quæst.* 19, *art.* 1, *ad* 1, *et* 3, *dist.* 26, *quæst.* 1, *art.* 3, *corp., fin., et dist.* 34, *quæst.* 2, *art.* 1, *quæst.* 2, *ad* 6, *et Verit. quæst* 26, *art.* 4, *ad* 7.)

Ad quartum sic proceditur. 1. Videtur quòd inconvenienter Damascenus, lib. 2 orth. Fid., cap. 15, assignet sex species timoris, scilicet *segnitiem, erubescentiam, verecundiam, admirationem, stuporem, agoniam.* Ut enim Philosophus dicit in 2 Rhet., cap. 5, *timor est de malo contristativo.* Ergo species timoris debent respondere speciebus tristitiæ. Sunt autem quatuor species tristitiæ, ut supra dictum est , quæst. 35 , art. 8. Ergo solùm debent esse quatuor species timoris eis correspondentes.

2. Præterea , illud quod in actu nostro consistit, nostræ potestati subjicitur. Sed timor est de malo quod excedit potestatem nostram, ut dictum est art. 2 hujus quæst. Non ergo *segnities,* et *erubescentia,* et *verecundia,* quæ respiciunt operationem nostram, debent poni species timoris.

3. Præterea, timor est de futuro, ut dictum est, art. 1 et 2 hujus quæst. Sed verecundia est de turpi actu jam commisso, ut Gregorius Nyssenus dicit (Nemesius, lib. de Nat. hom., cap. 20). Ergo *verecundia* non est species timoris.

4. Præterea, timor non est nisi de malo. Sed admiratio et stupor sunt de magno et insolito, sive bono, sive malo. Ergo *admiratio* et *stupor* non sunt species timoris.

5. Præterea , philosophi ex admiratione sunt moti ad inquirendum veritatem, ut dicitur in principio Metaph., cap. 2, à princ. Timor autem non movet ad·inquirendum, sed magis ad fugiendum. Ergo *admiratio* non est species timoris.

Sed in contrarium sufficit auctoritas Damasceni et Gregorii Nysseni, loc. sup. cit.

Respondeo dicendum quòd, sicut dictum est art. 2 hujus quæst., timor est de futuro malo quod excedit potestatem timentis, ut scilicet ei resisti non possit. Sicut autem bonum hominis, ita et malum potest considerari vel in operatione ipsius, vel in exterioribus rebus.

In operatione autem ipsius hominis potest duplex malum timeri : primò quidem labor gravans naturam; et sic causatur *segnities*, cùm scilicet aliquis refugit operari propter timorem excedentis laboris. Secundò turpitudo lædens opinionem; et sic si turpitudo timeatur in actu committendo, est erubescentia; si autem sit de turpi jam facto, est *verecundia*.

Malum autem quod in exterioribus rebus consistit, tripliciter potest excedere hominis facultatem ad resistendum. Primò quidem ratione suæ magnitudinis, cùm aliquis scilicet considerat aliquod magnum malum, cujus exitum considerare non sufficit; et sic est *admiratio*. Secundò ratione dissuetudinis, quia scilicet aliquod malum inconsuetum nostræ considerationi offertur, et sic est magnum nostrâ reputatione; et hoc modo est *stupor*, qui causatur ex insolitâ imaginatione. Tertio modo ratione improvisionis, quia scilicet provideri non potest, sicut futura infortunia timentur; et talis timor dicitur *agonia*.

Ad primum ergo dicendum quòd illæ species tristitiæ quæ supra positæ sunt, qu. 35, art. 8, non accipiuntur secundùm diversitatem objecti, sed secundùm effectus, et secundùm quasdam speciales rationes; et ideò non oportet quòd illæ species tristitiæ respondeant istis speciebus timoris, quæ accipiuntur secundùm divisionem propriam objecti ipsius timoris.

Ad secundum dicendum quòd operatio, secundùm quòd jam fit, subditur potestati operantis. Sed aliquid circa operationem considerari potest, facultatem operantis excedens, propter quod aliquis refugit actionem. Et secundùm hoc *segnities, erubescentia* et *verecundia* ponuntur species timoris.

Ad tertium dicendum quòd de actu præterito potest timeri convicium vel opprobrium futurum; et secundùm hoc *verecundia* est species timoris.

Ad quartum dicendum quòd non quælibet *admiratio* et *stupor* sunt species timoris, sed *admiratio* quæ est de magno malo, et *stupor* qui est de malo insolito.

Vel potest dici quòd sicut *segnities* refugit laborem exterioris operationis, ita *admiratio* et *stupor* refugiunt difficultatem considerationis rei magnæ et insolitæ, sive sit bona, sive mala; ut hoc modo se habeant *admiratio* et *stupor* ad actum intellectûs, sicut *segnities* ad exteriorem actum.

Ad quintum dicendum quòd admirans refugit in præsenti dare judicium de eo quod miratur, timens defectum; sed in futuro inquirit. Stupens autem timet et in præsenti judicare, et in futuro inquirere. Unde *admiratio* est principium philosophandi; sed *stupor* est philosophicæ considerationis impedimentum.

QUÆSTIO XLII.

DE OBJECTO TIMORIS. — (*In sex articulos divisa.*)

Deinde considerandum est de objecto timoris; et circa hoc quæruntur sex : 1° utrùm bonum sit objectum timoris vel malum; 2° utrùm malum naturæ sit objectum timoris; 3° utrùm timor sit de malo culpæ; 4° utrùm ipse timor timeri possit; 5° utrùm repentina magis timeantur; 6° utrùm ea contra quæ non est remedium, magis timeantur.

ARTICULUS PRIMUS. — *Utrùm objectum timoris sit bonum vel malum.* — (*Inf., art. 3 et 4, corp., et quæst. 42, art. 2 et 3, corp., et quæst. 43, art. 1, corp., et 2-2, quæst. 19, art. 2, corp., fin., et 3, dist. 26, quæst. 1, art. 2, corp.*)

Ad primum sic proceditur. 1. Videtur quòd bonum sit objectum timoris. Dicit enim Augustinus in lib. 83 QQ., quæst. 33, in princ., quòd *nihil timemus, nisi ne id quod amamus, aut adeptum amittamus, aut non adipiscamur speratum.* Sed id quod amamus est bonum. Ergo timor respicit bonum sicut proprium objectum.

2. Præterea, Philosophus dicit in 2 Rhethor., cap. 5, quòd *potestas, et super alium esse, est terribilis* (1). Sed hujusmodi est quoddam bonum. Ergo bonum est objectum timoris.

3. Præterea, in Deo nihil malum esse potest. Sed mandatur nobis ut Deum timeamus, secundùm illud Psal. 33, 10 : *Timete Deum, omnes sancti ejus.* Ergo etiam timor est de bono.

Sed contra est quod Damascenus dicit in 2 lib. orth. Fid., cap. 12, quòd *timor est de malo futuro.*

Respondeo dicendum quòd timor est quidam motus appetitivæ virtutis. Ad virtutem autem appetitivam pertinet prosecutio et fuga, ut dicitur in 6 Eth., cap. 2. Est autem prosecutio boni, fuga autem mali. Unde quicumque motus appetitivæ virtutis importat prosecutionem, habet aliquod bonum pro objecto; quicumque autem importat fugam, habet malum pro objecto. Unde cùm timor fugam quamdam importet, primò et per se respicit malum sicut proprium objectum.

Potest autem respicere etiam bonum, secundùm quòd habet habitudinem ad malum; quod quidem potest esse dupliciter : uno quidem modo, in quantum per malum privatur bonum : ex hoc autem ipso est aliquid malum, quod est privativum boni. Unde cùm fugiatur malum quia malum est, sequitur ut fugiatur quia privat bonum quod quis amando prosequitur. Et secundùm hoc dicit Augustinus, loc. cit. in arg. 1, quòd *nulla est causa timendi, nisi ne amittatur bonum amatum.* Alio modo comparatur bonum ad malum ut causa ipsius,

(1) Ita passim codd. et editi. Nicolaius, *esse ipsum est terribile.* Aristoteles juxta versionem Trapezuntii : *In potestate alterius esse, ut plurimum natum est timorem inferre.*

in quantum scilicet aliquod bonum suâ virtute potest inducere aliquod nocumentum in bono amato. Et ideò sicut spes, ut supra dictum est, quæst. 40, art. 7, ad duo respicit scilicet ad bonum in quod tendit, et ad id per quod sperat se bonum concupitum adipisci, ita etiam timor ad duo respicit, scilicet ad malum quod refugit, et ad illud bonum quod suâ virtute potest infligere malum.

Et per hunc modum Deus timetur ab homine, in quantum potest infligere pœnam vel spiritualem vel corporalem; et per hunc etiam modum timetur potestas alicujus hominis, maximè quando est læsiva, vel quando est injusta, quia sic in promptu habet nocumentum inferre; item etiam timetur *super alium esse*, id est inniti alii, ut scilicet in ejus potestate sit constitutum nobis nocumentum inferre; sicut ille qui est conscius criminis, timetur (1) ne crimen revelet.

Et per hoc patet responsio ad objecta.

ARTICULUS II. — *Utrùm malum naturæ sit objectum timoris.* — (*Inf., art. 6, ad 2, et 2-2, quæst. 144, art. 1, corp.*)

Ad secundum sic proceditur. 1. Videtur quòd timor non sit de malo naturæ. Dicit enim Philosophus in 2 Rhet., cap. 5, post med., quòd *timor consiliativos facit.* Non autem consiliamur de his quæ à naturâ eveniunt, ut dicitur in 3 Eth., cap. 3. Ergo timor non est de malo naturæ.

2. Præterea, defectus naturales semper homini imminent, ut mors et alia hujusmodi. Si igitur de hujusmodi malis esset timor, oporteret quòd homo semper esset in timore.

3. Præterea, natura non movet ad contraria. Sed malum naturæ provenit ex naturâ. Ergo quòd timendo aliquis refugiat hujusmodi malum, non est à naturâ. Timor ergo naturalis non est de malo naturæ, ad quem tamen hoc malum pertinere videtur.

Sed contra est quod Philosophus dicit in 3 Eth., cap. 6, à med., quòd *inter omnia terribilissimum est mors,* quæ est malum naturæ.

Respondeo dicendum quòd, sicut Philosophus dicit in 2 Rhetor., cap. 5, in princ., *timor provenit ex phantasiâ futuri mali corruptivi vel contristativi.* Sicut autem contristativum malum est quod contrariatur voluntati, ita corruptivum malum est quod contrariatur naturæ; et hoc est malum naturæ. Unde de malo naturæ potest esse timor.

Sed considerandum est quòd malum naturæ quandoque est à causâ naturali; et tunc dicitur malum naturæ, non solùm quia privat naturæ bonum, sed etiam quia est effectus naturæ, sicut mors naturalis, et alii hujusmodi defectus. Aliquando verò malum naturæ provenit ex causâ non naturali, sicut mors quæ violenter infertur à persecutore. Et utroque modo malum naturæ quodammodò timetur, et quodammodò non timetur. Cùm enim timor proveniat ex phantasiâ futuri mali, ut dicit Philosophus, loc. sup. cit., illud quod removet futuri mali phantasiam, excludit etiam timorem. Quòd autem non appareat ali-

(1) Al. , *timet.*

quod malum ut futurum, potest ex duobus contingere : uno quidem modo, ex hoc quòd est remotum et distans; hoc enim propter distantiam imaginamur ut non futurum; et ideò vel non timemus, vel parùm timemus. Ut enim Philosophus dicit in 2 Rhet., cap. 5, circ. princ., *quæ valdè longè sunt, non timentur : sciunt enim omnes quòd morientur ; sed quia non propè est, nihil curant.* Alio modo æstimatur aliquod malum quod est futurum, ut non futurum, propter necessitatem, quæ facit ipsum æstimare ut præsens. Unde Philosophus dicit in 2 Rhetor., cap. 5, circ. med., quòd illi *qui jam decapitantur, non timent, videntes sibi necessitatem mortis imminere.* Sed ad hoc quòd aliquis timeat, oportet adesse aliquam spem salutis.

Sic igitur malum naturæ non timetur, quia non apprehenditur ut futurum. Si verò malum naturæ, quod est corruptivum, apprehendatur ut propinquum, et tamen cum aliquâ spe evasionis, tunc timebitur.

Ad primum ergo dicendum quòd malum naturæ quandoque non provenit à naturâ, ut dictum est in corp., secundùm tamen quòd à naturâ provenit, etsi non ex toto vitari possit, potest tamen differri; et sub hâc spe potest esse consilium de vitatione ipsius.

Ad secundum dicendum quòd malum naturæ, etsi semper immineat, non tamen semper imminet de propinquo; et ideò non semper timetur.

Ad tertium dicendum quòd mors et alii defectus naturæ proveniunt à naturâ universali; quibus tamen repugnat natura particularis, quantùm potest; et sic ex inclinatione particularis naturæ est dolor et tristitia de hujusmodi malis, cùm sunt præsentia; et timor, si immineant in futurum.

ARTICULUS III. — *Utrùm timor sit de malo culpæ.* — (2-2, quæst. 144, art. 1, corp.)

Ad tertium sic proceditur. 1. Videtur quòd timor possit esse de malo culpæ. Dicit enim Augustinus super canon. Joan., tract. 9, circ. med., quòd *timore casto timet homo separationem à Deo.* Sed nihil separat nos à Deo nisi culpa, secundùm illud Isai. 59, 2 : *Peccata vestra diviserunt inter vos et Deum vestrum.* Ergo timor potest esse de malo culpæ.

2. Præterea, Tullius dicit in 4 de Tusculanis Quæstionibus, aliq. à princ., quòd *de illis timemus, cùm futura sunt, de quorum præsentiâ tristamur.* Sed de malo culpæ potest aliquis dolere vel tristari. Ergo etiam malum culpæ aliquis potest timere.

3. Præterea, spes timori opponitur. Sed spes potest esse de bono virtutis, ut patet per Philosophum, in 9 Eth., cap. 4, parùm ante med., et Apostolus dicit ad Gal. 5, 10 : *Confido de vobis in Domino, quòd nihil aliud sapietis.* Ergo etiam timor potest esse de malo culpæ.

4. Præterea, verecundia est quædam species timoris, ut supra dictum est, quæst. 1, art. 4. Sed verecundia est de turpi facto, quod est malum culpæ. Ergo et timor.

Sed contra est quod Philosophus dicit in 2 Rhet., cap. 5, quòd *non omnia mala timentur ; putà si aliquis erit injustus, aut tardus.*

Respondeo dicendum quòd, sicut supra dictum est, quæst. 40, art. 1, et quæst. 41, arf. 2, sicut objectum spei est bonum futurum arduum, quod quis potest adipisci, ita timor est de malo futuro arduo, quod non potest de facili vitari. Ex quo potest accipi quòd id quod omninò subjacet potestati et voluntati nostræ, non habet rationem terribilis; sed illud solùm est terribile quod habet causam extrinsecam. Malum autem culpæ propriam causam habet voluntatem humanam, et ideò propriè non habet rationem terribilis.

Sed quia voluntas ab aliquo exteriori potest inclinari ad peccandum, si illud inclinans habeat magnam vim ad inclinandum, secundùm hoc poterit esse timor de malo culpæ, in quantum est ab exteriori causâ, putà cùm aliquis timet commorari in societate malorum, ne ab eis ad peccandum inducatur. Sed propriè loquendo, in tali dispositione magis timet homo seductionem quàm culpam secundùm propriam rationem, id est, in quantum est voluntaria; sic enim non habet ut timeatur.

Ad primum ergo dicendum quòd separatio à Deo est quædam pœna consequens peccatum; et omnis pœna aliquo modo est ab exteriori causâ.

Ad secundum dicendum quòd tristitia et timor in uno conveniunt, quia utrumque est de malo; differunt autem in duobus : in uno quidem, quia tristitia est de malo præsenti, timor de malo futuro; in alio verò, quia tristitia, cùm sit in concupiscibili, respicit malum absolutè, unde potest esse de quocumque malo, sive parvo, sive magno; timor verò, cùm sit in irascibili, respicit malum cum quâdam arduitate, seu difficultate, quæ tollitur, in quantum aliquid subjacet voluntati. Et ideò non omnia timemus quæ sunt futura, de quibus tristamur cùm sunt præsentia, sed aliqua, quæ scilicet sunt ardua.

Ad tertium dicendum quòd spes est de bono quod quis potest adipisci. Potest autem aliquis adipisci bonum vel per se, vel per alium. Et ideò spes potest esse de actu virtutis, qui est in potestate nostrâ constitutus; sed timor est de malo quod non subjacet nostræ potestati; et ideò semper malum quod timetur est à causâ extrinsecâ, bonum autem quod speratur, potest esse et à causâ intrinsecâ, et à causâ extrinsecâ.

Ad quartum dicendum quòd, sicut supra dictum est, quæst. 41, art. 4, ad 2 et 3, verecundia non est timor de actu ipso peccati, sed de turpitudine vel ignominiâ quæ consequitur ipsum, quæ est à causâ extrinsecâ.

ARTICULUS IV. — *Utrùm timor ipse timeri possit.*

Ad quartum sic proceditur. 1. Videtur quòd timor timeri non possit. Omne enim quod timetur, timendo custoditur, ne amittatur; sicut ille qui timet amittere sanitatem, timendo custodit eam. Si igitur timor timeatur, timendo se custodiet homo ne timeat; quod videtur esse inconveniens.

2. Præterea, timor est quædam fuga. Sed nihil fugit seipsum. Ergo timor non timet timorem.

3. Præterea, timor est de futuro. Sed ille qui timet, jam habet timorem. Non ergo potest timere timorem.

Sed contra est quòd homo potest amare amorem, et dolere de dolore. Ergo etiam pari ratione potest timere timorem.

Respondeo dicendum quòd, sicut dictum est art. præc., illud solùm habet rationem terribilis quod ex causâ extrinsecâ provenit, non autem quod provenit ex voluntate nostrâ. Timor autem partim provenit ex causâ extrinsecâ, et partim subjacet voluntati. Provenit quidem ex causâ extrinsecâ, in quantum est passio quædam consequens phantasiam imminentis mali; et secundùm hoc potest aliquis timere timorem, ne scilicet immineat ei necessitas timendi propter ingruentiam alicujus excellentis mali. Subjacet autem voluntati, in quantum appetitus inferior obedit rationi; unde homo potest timorem repellere; et secundùm hoc timor non potest timeri, ut dicit Augustinus in lib. 83 QQ., qu. 33.

Sed quia rationibus quas inducit aliquis posset uti ad ostendendum quòd timor nullo modo timeatur, ideò ad eas respondendum est.

Ad primum ergo dicendum quòd non omnis timor est unus timor, sed secundùm diversa quæ timentur, sunt diversi timores. Nihil ergo prohibet quin timore (1) aliquis præservet se ab alio timore, et sic custodiat se non timentem illo timore.

Ad secundum dicendum quòd cùm sit alius timor quo timetur malum imminens, et alius timor quo timetur ipse timor mali imminentis, non sequitur quòd idem fugiat seipsum, vel quòd sit idem fuga sui ipsius.

Ad tertium dicendum quòd propter diversitatem timorum jam dictam, timore præsenti potest homo timere futurum timorem.

ARTICULUS V. — *Utrùm repentina magis timeantur.* — (*Inf.*, *quæst.* 48, *art.* 3, *ad* 3.)

Ad quintum sic proceditur. 1. Videtur quòd insolita et repentina non sint magis terribilia. Sicut enim spes est de bono, ita timor est de malo. Sed experientia facit ad augmentum spei in bonis. Ergo etiam facit ad augmentum timoris in malis.

2. Præterea, Philosophus dicit in 2 Rhet., cap. 5, ante med., quòd *magis timentur non qui acutæ sunt iræ, sed mites et astuti.* Constat autem quòd illi qui acutæ iræ sunt, magis habent subitos motus. Ergo ea quæ sunt subita, sunt minùs terribilia.

3. Præterea, quæ sunt subita minùs considerari possunt. Sed tantò aliqua magis timentur, quantò magis considerantur; unde Philosophus dicit, in 3 Ethic., cap. 8, in fin., quòd *aliqui videntur fortes propter ignorantiam; qui si cognoverint quòd aliud sit quàm suspicantur, fugiunt.* Ergo repentina minùs timentur.

Sed contra est quod Augustinus dicit in 2 Confess., cap. 6, à med. : *Timor insolita et repentina exhorrescit, rebus quæ amantur,*

_____

(1) Ita codd. Alcan. et Tarrac. cum editis plurimis. Al., *quin in uno timore;* et infra, *custodiat se non timere tunc illo timore.*

adversantia, dùm præcavet securitati.

Respondeo dicendum quòd, sicut supra dictum est, art 3 hujus quæst., objectum timoris est malum imminens, quod non de facili repelli potest. Hoc autem ex duobus contingit, scilicet ex magnitudine mali, et ex debilitate timentis. Ad utrumque autem horum operatur quòd aliquid sit insolitum et repentinum. Primò quidem facit ad hoc quòd malum imminens majus appareat. Omnia enim corporalia et bona et mala, quantò magis considerantur, minora apparent; et ideò sicut per (1) diuturnitatem dolor præsentis mali mitigatur, ut patet per Tullium in 3 de Tuscul. QQ. aliquant. à med., ita etiam ex præmeditatione minuitur timor futuri mali. Secundò aliquid esse insolitum et repentinum facit ad debilitatem timentis, in quantum subtrahit remedia quæ homo potest præparare ad repellendum futurum malum, quæ esse non possunt quando ex improviso malum occurrit.

Ad primum ergo dicendum quòd objectum spei est bonum quod quis potest adipisci; et ideò ea quæ augmentant potestatem hominis, nata sunt augere spem, et eâdem ratione diminuere timorem, quia timor est de malo cui non de facili potest resisti. Quia igitur experientia facit hominem magis potentem ad operandum, ideò sicut auget spem, ita diminuit timorem.

Ad secundum dicendum quòd illi qui habent iram acutam, non occultant eam; et ideò nocumenta ab eis illata non ita sunt repentina quin prævideantur. Sed homines mites et astuti occultant iram; et ideò nocumentum quod ab eis imminet, non potest prævideri, sed ex improviso advenit; et propter hoc Philosophus dicit quòd tales magis timentur.

Ad tertium dicendum quòd per se loquendo, bona vel mala corporalia in principio majora apparent. Cujus ratio est quia unumquodque magis apparet, contrario juxta se posito; unde cùm aliquis statim à paupertate ad divitias transit, propter paupertatem præexistentem divitias magis æstimat; et è contrario divites statim ad paupertatem devenientes, eam magis horrent. Et propter hoc malum repentinum magis timetur, quia magis videtur esse malum. Sed potest propter aliquod accidens contingere quòd magnitudo alicujus mali lateat, putà cùm hostes se insidiosè occultant; et tunc verum est quòd malum ex diligenti consideratione fit terribilius.

ARTICULUS VI. — *Utrùm ea contra quæ non est remedium, magis timeantur.*

Ad sextum sic proceditur. 1. Videtur quòd ea quæ non habent remedium, non sint magis timenda. Ad timorem enim requiritur quòd remaneat aliqua spes salutis, ut supra dictum est, art. 2 hujus qu. Sed in malis quæ non habent remedium, nulla remanet spes salutis. Ergo talia mala nullo modo timentur.

2. Præterea, malo mortis nullum remedium adhiberi potest; non enim secundùm naturam potest esse reditus à morte ad vitam. Non tamen mors maximè timetur, ut

dicit Philosophus in 2 Rhetor., c. 5, circ. princ. Non ergo ea magis timentur quæ remedium non habent.

3. Præterea, Philosophus dicit in 1 Ethic., c. 6, parùm ante med., quòd *non est magis bonum quod est diuturnius, eò quòd est unius diei; neque quod est perpetuum, eò quòd non est perpetuum.* Ergo eâdem ratione neque majus malum. Sed ea quæ non habent remedium, non videntur differre ab aliis, nisi propter diuturnitatem vel perpetuitatem. Ergo propter hoc non sunt pejora, vel magis timenda.

Sed contra est quod Philosophus dicit in 2 Rhetor., c. 5, circ. med., quòd *omnia timenda sunt terribiliora, quæcumque, si peccaverint, corrigi non contingit, aut quorum auxilia non sunt, aut non facilia.*

Respondeo dicendum quòd objectum timoris est malum. Unde illud quod facit ad augmentum mali, facit ad augmentum timoris.

Malum autem augetur non solùm secundùm speciem ipsius mali, sed etiam secundùm circumstantias, ut ex supra dictis apparet, quæst. 81, art. 3. Inter cæteras autem circumstantias diuturnitas vel etiam perpetuitas magis videtur facere ad augmentum mali. Ea enim quæ sunt in tempore, secundùm durationem temporis quodammodò mensurantur. Unde si pati aliquid in tempore tanto est malum, pati idem in duplo tempore apprehenditur ut duplatum; et secundùm hanc rationem pati idem in infinito tempore, quod est perpetuò pati, habet quodammodò infinitum augmentum.

Mala autem quæ postquàm advenerint, non possunt habere remedium, vel non de facili, accipiuntur ut perpetua vel diuturna; et ideò maximè redduntur timenda.

Ad primum ergo dicendum quòd remedium mali est duplex: unum, per quod impeditur futurum malum, ne adveniat; et tali remedio sublato, aufertur spes, et per consequens timor; unde de tali remedio nunc non loquimur. Aliud remedium mali est, quo malum jam præsens removetur; et de tali remedio nunc loquimur.

Ad secundum dicendum quòd, licèt mors sit irremediabile malum, tamen quia non imminet de propè, non timetur, ut supra dictum est, art. 2 hujus qu.

Ad tertium dicendum quòd Philosophus ibi loquitur de per se bono, quod est bonum secundùm speciem suam; sic autem non fit aliquid magis bonum propter diuturnitatem vel perpetuitatem, sed propter naturam ipsius boni.

QUÆSTIO XLIII.

DE CAUSA TIMORIS. — *(In duos articulos divisa.)*

Deinde considerandum est de causâ timoris; et circa hoc quæruntur duo: 1° utrùm causa timoris sit amor; 2° utrùm causa timoris sit defectus.

ARTICULUS PRIMUS. — *Utrùm causa timoris sit amor.* — *(Inf., art. 2, corp., et 2-2, qu. 19, art. 9, ad 3, et Psal. 28.)*

Ad primum sic proceditur. 1. Videtur quòd

amor non sit causa timoris. Illud enim quod introducit aliquid, est causa ejus. Sed *timor introducit amorem charitatis*, ut Augustinus dicit super Canonicam Joan., tract. 9, ante med. Ergo timor est causa amoris, et non è converso.

2. Præterea, Philosophus dicit in 2 Rhet., cap. 5, ante med., quòd *illi maximè timentur à quibus expectamus imminere nobis aliqua mala*. Sed propter hoc quòd ab aliquo expectamus malum, magis provocamur ad odium ejus quàm ad amorem. Ergo timor magis causatur ab odio quàm ab amore.

3. Præterea, supra dictum est, quæst. 42, art. 3, quòd ea quæ sunt à nobis ipsis, non habent rationem terribilium. Sed ea quæ sunt ex amore, maximè proveniunt ex intimo cordis. Ergo timor ex amore non causatur.

Sed contra est quod Augustinus dicit in lib. 83 QQ., quæst. 33, in princ. : *Nulli dubium est, non aliam esse metuendi causam, nisi ne id quod amamus, aut adeptum amittamus, aut non adipiscamur speratum.* Omnis ergo timor causatur ex hoc quòd aliquid amamus. Amor igitur est causa timoris.

Respondeo dicendum quòd objecta passionum animæ se habent ad eas tanquàm formæ ad res naturales vel artificiales; quia passiones animæ speciem recipiunt ab objectis, sicut res prædictæ à suis formis. Sicut igitur quidquid est causa formæ, est causa rei constitutæ per ipsam, ita etiam quidquid, et quocumque modo est causa objecti, est causa passionis.

Contingit autem aliquid esse causam objecti vel per modum causæ efficientis, vel per modum dispositionis materialis; sicut objectum delectationis est bonum apparens conveniens conjunctum, cujus causa efficiens est illud quod facit conjunctionem, vel quod facit convenientiam vel bonitatem, vel apparentiam hujusmodi boni; causa autem per modum dispositionis materialis est habitus vel quæcumque dispositio, secundùm quam fit alicui conveniens aut apparens illud bonum quod est ei conjunctum.

Sic igitur in proposito objectum timoris est æstimatum malum futurum propinquum, cui resisti de facili non potest; et ideò illud quod potest inferre tale malum, est causa effectiva objecti timoris, et per consequens ipsius timoris; illud autem per quod aliquis ita disponitur, ut aliquid sit ei tale, est causa timoris, et objecti ejus per modum dispositionis materialis; et hoc modo amor est causa timoris. Ex hoc enim quòd aliquis amat aliquod bonum, sequitur quòd privativum talis boni sit ei malum; et per consequens quòd timeat ipsum tanquàm malum.

Ad primum ergo dicendum quòd, sicut supra dictum est, quæst. præc., art. 1, timor per se et primò respicit ad malum quod refugit, quod opponitur alicui bono amato, et sic timor per se nascitur ex amore; secundariò verò respicit ad id per quod provenit tale malum; et sic per accidens quandoque timor inducit amorem, in quantum scilicet homo qui timet puniri à Deo, servat mandata ejus; et sic incipit sperare, et spes introducit amorem, ut supra dictum est, quæst. 40, art. 7.

Ad secundum dicendum quòd ille à quo expectamus mala, primò quidem odio habetur; sed postquàm ab ipso jam incipiunt sperari bona, tunc incipit amari. Bonum autem, cui contrariatur malum quòd timetur, à principio amabatur.

Ad tertium dicendum quòd ratio illa procedit de eo quod est causa mali terribilis per modum efficientis; amor autem est causa ejus per modum materialis dispositionis, ut dictum est in corp. art.

ARTICULUS II. — *Utrùm causa timoris sit defectus.* — (*Psal.* 26.)

Ad secundum sic proceditur. 1. Videtur quòd defectus non sit causa timoris. Illi enim qui potentiam habent, maximè timentur. Sed defectus contrariatur potentiæ. Ergo defectus non est causa timoris.

2. Præterea, illi qui jam decapitantur, maximè sunt in defectu. Sed tales non timent, ut dicitur in 2 Rhet., cap. 5, circa med. Ergo defectus non est causa timoris.

3. Præterea, decertare ex fortitudine provenit, non ex defectu. Sed decertantes timent eos qui cum eisdem (1) decertant, ut dicitur in 2 Rhetor., ibid. Ergo defectus non est causa timoris.

Sed contra, contrariorum contrariæ sunt causæ. Sed divitiæ, et robur, et multitudo amicorum, et potestas excludunt timorem, ut dicitur in 2 Rhet., ibid., à med. Ergo ex defectu horum timor causatur.

Respondeo dicendum quòd, sicut supra dictum est, art. præc., duplex causa timoris accipi potest : una quidem per modum materialis dispositionis ex parte ejus qui timet; alia per modum causæ efficientis ex parte ejus qui timetur.

Quantùm igitur ad primum, defectus per se loquendo est causa timoris; ex aliquo enim defectu virtutis contingit quòd non possit aliquis de facili repellere imminens malum. Sed tamen ad causandum timorem requiritur defectus cum aliquà mensurà. Minor enim est defectus qui causat timorem futuri mali, quàm defectus consequens malum præsens, de quo est tristitia; et adhuc esset major defectus, si totaliter sensus mali auferretur, vel amor boni, cujus contrarium timetur.

Quantùm verò ad secundum, virtus et robur per se loquendo est causa timoris. Ex hoc enim quòd aliquid quod apprehenditur ut nocivum, est virtuosum, contingit quòd ejus effectus repelli non potest. Contingit tamen per accidens quòd aliquis defectus ex istà parte causat timorem, in quantum ex aliquo defectu contingit quòd aliquis velit nocumentum inferre, putà propter injustitiam, vel quia ante læsus fuit, vel quia timet lædi.

Ad primum ergo dicendum quòd ratio illa procedit de causâ timoris ex parte causæ efficientis.

Ad secundum dicendum quòd illi qui jam decapitantur, sunt in passione præsentis mali; et ideò ille defectus excedit mensuram timoris.

Ad tertium dicendum quòd decertantes ti-

_____
(1) Edit. Nicolai habet, *pro eisdem.*

(*Onze.*)

ment, non propter potentiam, quâ decertare possunt, sed propter defectum potentiæ : ex quo contingit quòd se superaturos non confidunt.

QUÆSTIO XLIV.

DE EFFECTIBUS TIMORIS. — (*In quatuor articulos divisu.*)

Deinde considerandum est de effectibus timoris, et circa hoc quæruntur quatuor : 1° utrùm timor faciat contractionem; 2° utrùm faciat consiliativos; 3° utrùm faciat timorem; 4° utrùm impediat operationem.

ARTICULUS PRIMUS. — *Utrùm timor faciat contractionem.* — (*Sup.*, *quæst.* 25, *art.* 1, *corp.*, *et quæst.* 43, *art.* 4, *ad* 1 *et* 2.)

Ad primum sic proceditur.·1. Videtur quòd timor non faciat contractionem. Contractione enim factâ, calor et spiritus ad interiora revocantur. Sed ex multitudine caloris et spirituum in interioribus magnificatur cor ad audacter aliquid aggrediendum, ut patet in iratis, cujus contrarium in timore accidit. Non ergo timor facit contractionem.

2. Præterea, multiplicatis spiritibus et calore in interioribus per contractionem, sequitur quòd homo in vocem prorumpat, ut patet in dolentibus. Sed timentes non emittunt vocem, sed magis redduntur taciturni. Ergo timor non facit contractionem.

3. Præterea, verecundia est quædam species timoris, ut supra dictum est, quæst. 41, art. 4. Sed *verecundati rubescunt*, ut dicit Tullius, 4 de Tuscul. QQ., aliquant. à princ., et Philosoph. in 4 Ethic., cap. ult., circa princ. Rubor autem faciei non attestatur contractioni, sed contrario. Non ergo contractio est effectus timoris.

Sed contra est quod Damascenus dicit in 3 lib. orth. Fid., cap. 23, quòd *timor est virtus secundùm systolem*, id est, secundùm contractionem.

Respondeo dicendum quòd, sicut supra dictum, est quæst. 28, art. 5, in passionibus animæ est sicut formale ipse motus appetitivæ potentiæ, sicut autem materiale transmutatio corporalis, quorum unum alteri proportionatur. Unde secundùm similitudinem et rationem appetitivi motùs sequitur corporalis transmutatio. Quantùm autem ad animalem motum appetitûs, timor contractionem quamdam importat. Cujus ratio est quia timor provenit ex phantasiâ alicujus mali imminentis, quod difficilè repelli potest, ut supra dictum est, quæst. 41, art. 2. Quòd autem aliquid difficilè possit repelli, provenit ex debilitate virtutis, ut supra dictum est, quæst. 43, art. 2. Virtus autem quantò est debilior, tantò ad pauciora se potest extendere. Et ideò ex ipsâ imaginatione, quæ causat timorem, sequitur quædam contractio in appetitu; sicut etiam videmus in morientibus quòd natura retrahitur ad interiora propter debilitatem virtutis; et videmus etiam in civitatibus quòd quando cives timent, retrahunt se ab exterioribus, et recurrunt, quantùm possunt, ad interiora. Et secundùm similitudinem hujus contra-

ctionis, quæ pertinet ad appetitum animalem, sequitur etiam in timore ex parte corporis contractio caloris et spirituum ad interiora.

Ad primum ergo dicendum quòd, sicut Philosophus dicit in lib. de Problematibus, sect. 27, problem. 3, licèt in timentibus retrahantur spiritus ab exterioribus ad interiora, non tamen est idem motus spirituum in iratis et timentibus. Nam in iratis propter calorem et subtilitatem spirituum, quæ proveniunt ex appetitu vindictæ, interiùs fit spirituum motus ab inferioribus ad superiora; et ideò congregantur spiritus et calor circa cor; ex quo sequitur quòd irati redduntur prompti et audaces ad invadendum. Sed in timentibus, propter frigiditatem ingrassantem spiritus moventur à superioribus ad inferiora; quæ quidem frigiditas contingit ex imaginatione defectûs virtutis; et ideò non multiplicantur calor et spiritus circa cor, sed magis à corde refugiunt. Et propter hoc timentes non promptè invadunt, sed magis refugiunt.

Ad secundum dicendum quòd naturale est cuilibet dolenti, sive homini sive animali, quòd utatur quocumque auxilio potest ad repellendum nocivum præsens, quod infert dolorem. Unde videmus quòd animalia dolentia percutiunt vel faucibus vel cornibus. Maximum autem auxilium ad omnia in animalibus est calor et spiritus : et ideò in dolore natura conservat calorem et spiritum interiùs, ut hoc utatur ad repellendum nocivum; et ideò Philosophus dicit in lib. de Problematibus, sect. 27, probl. 9, quòd, multiplicatis spiritibus introrsùm et calore, necesse est quòd emittantur per vocem; et propter hoc dolentes vix se possunt continere quin clament. Sed in timentibus fit motus interioris caloris et spirituum à corde ad inferiora, ut dictum est, ad arg. præc., et ideò timor contrariatur formationi vocis, quæ fit per emissionem spirituum ad superiora per os; et propter hoc timor tacentes facit; et inde est etiam quòd *timor trementes facit*, ut dicit Philosophus in lib. de Problemat., loc. cit., probl. 1.

Ad tertium dicendum quòd pericula mortis non solùm contrariantur appetitui animali, sed etiam contrariantur naturæ; et propter hoc in hujusmodi timore non solùm fit contractio ex parte appetitûs, sed etiam ex parte naturæ corporalis. Sic enim disponitur animal ex imaginatione mortis contrahens calorem ad interiora, sicut quando naturaliter mors imminet; et inde est quòd *timentes mortem pallescunt*, ut dicitur in 4 Eth., cap. 8, parùm à princ. Sed malum quod timet verecundia, non opponitur naturæ, sed solùm appetitui animali; et ideò fit quædam contractio secundùm appetitum animalem, non autem secundùm naturam corporalem; sed magis anima, quasi in se contracta, vacat ad motionem spirituum et caloris; unde fit eorum diffusio ad exteriora; et propter hoc verecundati rubescunt.

Articulus ii. — *Utrùm timor faciat consilia-*
tivos. — (2-2, *quæst.* 47., *art.* 9, ad 3, *et*
quæst. 54, *art.* 2, ad 4, *et qu.* 29, *art.* 7,
corp., *et Psal.* 22, *fin.*)

Ad secundum sic proceditur. 1. Videtur
quòd timor non faciat consiliativos. Non enim
est ejusdem consiliativos facere, et consilium
impedire. Sed timor consilium impedit; omnis enim passio perturbat quietem, quæ requiritur ad bonum usum rationis. Ergo timor
non facit consiliativos.

2. Præterea, consilium est actus rationis
de futuris cogitantis et deliberantis. Sed aliquis timor est *excutiens cogitata, et mentem*
à suo loco removet, ut Tullius dicit in 4 de
Tusculanis Quæstionibus, aliquant. à princ.
Ergo timor non facit consiliativos, sed magis
impedit consilium.

3. Præterea, sicut consilium adhibetur ad
vitanda mala, ita etiam adhibetur ad consequenda bona. Sed sicut timor est de malis vi-
tandis, ita spes est de bonis consequendis.
Ergo timor non facit magis consiliativos quàm
spes.

Sed contra est quod Philosophus dicit in 2
Rhet., cap. 5, circa med., quòd *timor consi-*
liativos facit.

Respondeo dicendum quòd aliquis potest
dici consiliativus dupliciter : uno modo à voluntate, seu sollicitudine consiliandi ; et sic
timor consiliativos facit, quia, ut Philosophus, in 3 Ethic., dicit, cap. 3, *consiliamur de*
magnis, in quibus quasi nobis ipsis discredi-
mus. Ea autem quæ timorem incutiunt, non
sunt simpliciter mala, sed habent quamdam magnitudinem, tum ex eo quòd apprehenduntur ut quæ difficiliter repelli possunt,
tum etiam quia apprehenduntur ut de prope
existentia, sicut jam dictum est, quæst. 42,
art. 2. Unde homines maximè in timoribus
quærunt consiliari.

Alio modo dicitur aliquis consiliativus à
facultate benè consiliandi ; et sic nec timor
nec aliqua passio consiliativos facit ; quia homini affecto secundùm aliquam passionem
videtur aliquid vel majus vel minus quàm sit
secundùm rei veritatem ; sicut amanti videntur eaque amat meliora, et timenti ea quæ
timet terribiliora. Et sic ex defectu rectitudinis judicii quælibet passio, quantùm est de
se, impedit facultatem benè consiliandi.
Et per hoc patet responsio ad primum.

Ad secundum dicendum quòd quantò aliqua
passio est fortior, tantò magis homo secundùm ipsam affectus impeditur ; et ideò, quando
timor fuerit fortis, vult quidem homo consiliari, sed adeò perturbatur in suis cogitationibus, quòd consilium adinvenire non potest ;
si autem sit parvus timor, qui sollicitudinem
consiliandi inducat, nec multùm rationem
conturbet, potest etiam conferre ad facultatem benè consiliandi ratione sollicitudinis
consequentis.

Ad tertium dicendum quòd etiam spes facit
consiliativos ; quia, ut in 2 Rhet. Philosophus
dicit, cap. 5, ante med., *nullus consiliatur de*
his de quibus desperat, sicut nec de impossi-
bilibus, ut dicitur in 3 Ethic., cap. 3. Timor
tamen facit magis consiliativos quàm spes,

quia spes est de bono, prout possumus ipsum
consequi ; timor autem de malo, prout vix
repelli potest ; et ita magis respicit rationem
difficilis timor quàm spes ; in difficilibus autem, maximè in quibus nobis non confidimus,
consiliamur, sicut dictum est in corp. art.

Articulus iii. — *Utrùm timor faciat tremo-*
rem. — (*Sup.*, *art.* 1, ad 2, *fin.*, *et Ps.* 17,
corp. 7.)

Ad tertium sic proceditur. 1. Videtur quòd
tremor non sit effectus timoris. Tremor enim
ex frigore accidit ; videmus enim infrigidatos
tremere. Timor autem non videtur causare
frigus, sed magis calorem desiccantem ; cujus signum est quòd timentes sitiunt, et præcipuè in maximis timoribus, sicut patet in
illis qui ad mortem ducuntur. Ergo timor non
causat tremorem.

2. Præterea, emissio superfluitatum ex calore accidit ; unde ut plurimùm medicinæ
laxativæ sunt calidæ. Sed hujusmodi emis-
siones superfluitatum ex timore frequenter
contingunt. Ergo timor videtur causare calorem ; et sic non causat tremorem.

3. Præterea, in timore calor ab exterioribus ad interiora revocatur. Si igitur propter
hujusmodi revocationem caloris in exterioribus homo tremit, videtur similiter quòd in
omnibus exterioribus membris deberet causari tremor ex timore. Hoc autem non videtur. Non ergo tremor corporis est effectus timoris.

Sed contra est quod Tullius dicit in 4 de
Tuscul. QQ., aliquant. à princ., quòd *timo-*
rem sequitur tremor, et pallor, et dentium
strepitus.

Respondeo dicendum quòd, sicut supra dictum est, art. 1 hujus quæst., in timore fit
quædam contractio ab exterioribus ad interiora ; et ideò exteriora frigida remanent ; et
propter hoc in eis accidit tremor, qui causatur ex debilitate virtutis continentis membra.
Ad hujusmodi autem debilitatem maximè facit defectus caloris, qui est instrumentum
quo anima movet, ut dicitur in 2 de Animâ,
text. 50.

Ad primum ergo dicendum quòd, calore ab
exterioribus ad interiora revocato, multiplicatur calor interiùs, et maximè versùs inferiora, id est, circa nutritivam ; et ideò con-
sumpto humido, consequitur sitis, et etiam
interdùm solutio ventris, et urinæ emissio, et
quandoque etiam seminis ; vel hujusmodi
emissio superfluitatum accidit propter contractionem ventris et testiculorum, ut Philosophus dicit in lib. de Problem., sect. 27,
probl. 2.

Unde patet solutio ad secundum.

Ad tertium dicendum quòd quia in timore
calor deserit cor, à superioribus ad inferiora
tendens, ideò timentibus maximè tremit cor,
et membra quæ habent aliquam connexionem
ad pectus, ubi est cor. Unde timentes maximè
tremunt in voce propter vicinitatem vocalis
arteriæ ad cor ; tremit etiam labium inferius,
et tota inferior mandibula propter continuationem ad cor ; unde et strepitus dentium sequitur ; et eâdem ratione brachia et manus

tremunt; vel etiam quia hujusmodi membra sunt magis mobilia, propter quod et genua tremunt timentibus secundùm illud Isa. 35, 3 : *Confortate manus dissolutas, et genua trementia* (1) *roborate.*

ARTICULUS IV. — *Utrùm timor impediat operationem.*

Ad quartum sic proceditur. 1. Videtur quòd timor impediat operationem. Operatio enim maximè impeditur perturbatione rationis, quæ dirigit in opere. Sed timor perturbat rationem, ut dictum est art. 2 hujus quæst., ad 2. Ergo timor impedit operationem.

2. Præterea, illi qui faciunt aliquid cum timore, faciliùs in operatione deficiunt, sicut si aliquis incedat super trabem in alto positam, propter timorem de facili cadit; non autem caderet, si incederet super eamdem trabem in imo positam, propter defectum timoris. Ergo timor impedit operationem.

3. Præterea, pigritia sive segnities est quædam species timoris. Sed pigritia impedit operationem. Ergo et timor.

Sed contra est quod Apostolus dicit ad Philip. 2, 2 : *Cum metu et tremore vestram salutem operamini;* quod non diceret si timor bonam operationem impediret. Timor ergo non impedit bonam operationem.

Respondeo dicendum quòd operatio hominis exterior causatur quidem ab animâ sicut à primo movente, sed à membris corporeis sicut ab instrumentis. Contingit autem operationem impediri et propter defectum instrumenti, et propter defectum principalis moventis.

Ex parte igitur instrumentorum corporalium, timor, quantùm est de se, semper natus est impedire exteriorem operationem, propter defectum caloris, qui ex timore accidit in exterioribus membris.

Sed ex parte animæ, si sit timor moderatus, non multùm rationem perturbans, confert ad benè operandum, in quantum causat quamdam sollicitudinem, et facit hominem attentiùs consiliari et operari. Si verò timor tantùm increscat quòd rationem perturbet, impedit operationem etiam ex parte animæ. Sed de tali timore Apostolus non loquitur.

Et per hæc patet responsio ad primum.

Ad secundum dicendum quòd illi qui cadunt de trabe in alto positâ, patiuntur perturbationes imaginationis, propter timorem casûs imaginati.

Ad tertium dicendum quòd omnis timens refugit id quod timet; et ideò cùm pigritia sit timor de ipsâ operatione, in quantum est laboriosa, impedit operationem, quia retrahit voluntatem ab ipsâ. Sed timor qui est de aliis rebus, in tantum adjuvat operationem, in quantum inclinat voluntatem ad operandum ea per quæ homo effugit id quod timet.

QUÆSTIO XLV.

DE AUDACIA. — (*In quatuor articulos divisa.*)

Deinde considerandum est de audaciâ; et circa hoc quæruntur quatuor : 1° utrùm audacia sit contraria timori; 2° quomodò auda-

(1) Vulgata, *debilia.*

cia se habeat ad spem; 3° de causâ audaciæ; 4° de effectu ipsius.

ARTICULUS PRIMUS. — *Utrùm audacia sit contraria timori.* — (*Sup.*, quæst. 23, art. 2, corp., fin., et inf., præsent. quæst., art. 3, corp., et 2-2, qu. 123, art. 3, ad 3, et quæst. 129, art. 6, ad 2.)

Ad primum sic proceditur. 1. Videtur quòd audacia non contrarietur timori. Dicit enim Augustinus, in lib. 83 QQ., quæst. 31, à med., et quæst. 34, quòd *audacia vitium est.* Vitium autem virtuti contrariatur. Cùm ergo timor non sit virtus, sed passio, videtur quòd timori non contrarietur audacia.

2. Præterea, uni unum est contrarium. Sed timori contrariatur spes. Non ergo contrariatur ei audacia.

3. Præterea, unaquæque passio excludit passionem oppositam. Sed id quod excluditur per timorem, est securitas; dicit enim Augustinus, 2 Confess., cap. 6, à med., quòd *timor securitati præcavet.* Ergo securitas contrariatur timori. Non ergo audacia.

Sed contra est quod Philosophus dicit in 2 Rhet., cap. 5, à med., quòd *audacia est timori contraria.*

Respondeo dicendum quòd de ratione contrariorum est quòd maximè à se distent, ut dicitur in 10 Metaph., text. 13. Illud autem quod maximè distat à timore est audacia. Timor enim refugit nocumentum futurum propter ejus victoriam super ipsum timentem; sed audacia aggreditur periculum imminens propter victoriam sui supra ipsum periculum. Unde manifestè timori contrariatur audacia.

Ad primum ergo dicendum quòd ira, audacia, et omnium passionum nomina dupliciter accipi possunt: uno modo, secundùm quòd important absolutè motum appetitûs sensitivi in aliquod objectum bonum vel malum; et sic sunt nomina passionum; alio modo, secundùm quòd simul cum hujusmodi motu important recessum ab ordine rationis; et sic sunt nomina vitiorum; et hoc modo loquitur Augustinus de audaciâ. Sed nos loquimur nunc de audaciâ secundùm primum modum.

Ad secundum dicendum quòd uni secundùm idem non sunt plura contraria; sed secundùm diversa nihil prohibet uni plura contrariari; et sic dictum est supra, quæst. 23, art. 2, et quæst. 40, art. 4, quòd passiones irascibilis habent duplicem contrarietatem : unam secundùm oppositionem boni et mali, et sic timor contrariatur spei; aliam secundùm oppositionem accessûs et recessûs; et sic timori contrariatur audacia, spei verò desperatio.

Ad tertium dicendum quòd securitas non significat aliquid contrarium timori, sed solam timoris exclusionem; ille enim dicitur esse securus qui non timet. Unde securitas opponitur timori sicut privatio, audacia autem sicut contrarium; et sicut contrarium includit in se privationem, ita audacia securitatis.

ARTICULUS II. — *Utrùm audacia consequatur spem.* — (*Sup.*, quæst. 25, art. 3, corp., et infra, præsent. quæst., art. 3, corp., et 2-2, quæst. 125, art. 2, ad 3, et quæst. 129, art. 7,

corp., et Ver. quæst. 25, *art.* 5, *ad* 2, *et* 3 *Ethic., lect.* 4, *col.* 3.)

Ad secundum sic proceditur. 1. Videtur quòd audacia non consequatur spem. Audacia enim est respectu malorum et terribilium, ut dicitur in 3 Ethic., cap. 7, circa med. Spes autem respicit bonum, ut supra dictum est, quæst. 40, art. 1. Ergo habent diversa objecta, et non sunt unius ordinis. Ergo audacia non consequitur spem.

2. Præterea, sicut audacia contrariatur timori, ita desperatio spei. Sed timor non sequitur desperationem; quinimò desperatio excludit timorem, ut Philosophus dicit in 2 Rhet., cap. 5, à med. Ergo audacia non consequitur spem.

3. Præterea, audacia intendit quoddam bonum, scilicet victoriam. Sed tendere in bonum arduum pertinet ad spem. Ergo audacia est idem spei. Non ergo consequitur spem.

Sed contra est quod Philosophus dicit in 3 Eth., cap. 8, post med., quòd *illi qui sunt bonæ spei, sunt audaces*. Videtur ergo quòd audacia consequitur spem.

Respondeo dicendum quòd, sicut jam pluries dictum est, et præcipuè quæst. 22, art. 2, omnes hujusmodi passiones animæ ad appetitivam potentiam pertinent. Omnis autem motus appetitivæ potentiæ reducitur ad prosecutionem vel ad fugam. Prosecutio autem vel fuga est alicujus et per se et per accidens; per se quidem est prosecutio boni, fuga verò mali; per accidens autem potest prosecutio esse mali propter aliquod bonum adjunctum, et fuga boni propter aliquod malum adjunctum. Quod autem est per accidens, sequitur ad id quod est per se; et ideò prosecutio mali sequitur prosecutionem boni, sicut et fuga boni sequitur fugam mali. Hæc autem quatuor pertinent ad quatuor passiones: nam prosecutio boni pertinet ad *spem*, fuga mali ad *timorem*, prosecutio mali terribilis pertinet ad *audaciam*, fuga verò boni pertinet ad *desperationem*. Unde sequitur quòd audacia consequitur ad spem; ex hoc enim quòd aliquis sperat superare terribile imminens, ex hoc audacter insequitur ipsum. Ad timorem verò sequitur desperatio; ideò enim aliquis desperat, quia timet difficultatem quæ est circa bonum sperandum.

Ad primum ergo dicendum quòd ratio sequeretur, si bonum et malum essent objecta non habentia ordinem ad invicem. Sed quia malum habet aliquem ordinem ad bonum (est enim posterius bono, sicut privatio habitu), ideò audacia, quæ insequitur malum, est post spem, quæ insequitur bonum.

Ad secundum dicendum quòd, etsi bonum simpliciter sit prius quàm malum, tamen fuga per prius debetur malo quàm bono; sicut insecutio per prius debetur bono quàm malo. Et ideò sicut spes est prior quàm audacia, ita timor est prior quàm desperatio; et sicut ex timore non semper sequitur desperatio, sed quando fuerit intensus, ita ex spe non semper sequitur audacia, sed quando fuerit vehemens.

Ad tertium dicendum quòd audacia, licèt sit circa malum, cui coniunctum est bonum vi-

ctoriæ secundùm æstimationem audacis, tamen respicit malum; bonum verò adjunctum respicit spes; et similiter desperatio respicit bonum directè, quod refugit; malum verò adjunctum respicit timor. Unde propriè loquendo audacia non est pars spei, sed ejus effectus, sicut nec desperatio est pars timoris, sed ejus effectus. Et propter hoc etiam audacia principalis passio esse non potest.

ARTICULUS III. — *Utrùm defectus aliquis sit causa audaciæ.* — (*Sup., quæst.* 25, *art.* 2, *corp.*)

Ad tertium sic proceditur. 1. Videtur quòd defectus aliquis sit causa audaciæ. Dicit enim Philosophus in lib. de Problematibus, lect. 27, probl. 4, quòd *amatores vini sunt fortes et audaces*. Sed ex vino sequitur defectus ebrietatis (1). Ergo audacia causatur ex defectu (2).

2. Præterea, Philosophus dicit in 2 Rhet., cap. 5, à med., quòd *inexperti sunt audaces*. Sed inexperientia defectus quidam est. Ergo audacia ex defectu causatur.

3. Præterea, injusta passi audaciores esse solent; sicut etiam bestiæ, cùm percutiuntur, ut dicitur in 3 Ethic., cap. 8, circa med. Sed injustum pati ad defectum pertinet. Ergo audacia ex aliquo defectu causatur.

Sed contra est quod Philosophus dicit in 2 Rhet., cap. 5, à med., quòd *causa audaciæ est cùm in phantasiâ spes fuerit salutarium ut propè existentium, timendorum autem aut non entium, aut longè entium*. Sed id quod pertinet ad defectum, vel pertinet ad salutarium remotionem, vel ad terribilium propinquitatem. Ergo nihil quod ad defectum pertinet, est causa audaciæ.

Respondeo dicendum quòd, sicut supra dictum est art. præc., audacia consequitur spem, et contrariatur timori. Unde quæcumque nata sunt causare spem, vel excludere timorem, sunt causa audaciæ.

Quia verò timor, et spes, et etiam audacia, cùm sint passiones quædam, consistunt in motu appetitûs, et in quâdam transmutatione corporali, dupliciter potest accipi causa audaciæ, sive quantùm ad provocationem spei, sive quantùm ad exclusionem timoris: uno modo quidem ex parte appetitivi motûs; alio verò modo ex parte transmutationis corporalis.

Ex parte quidem appetitivi motûs, qui sequitur apprehensionem, provocatur spes causans audaciam per ea quæ faciunt nos æstimare quòd possibile sit adipisci victoriam vel secundùm propriam potentiam, sicut fortitudo corporis, experientia in periculis, multitudo pecuniarum, et alia hujusmodi; sive per potentiam aliorum, sicut multitudo amicorum, vel quorumcumque auxiliantium; et præcipuè si homo confidat de auxilio divino. Unde illi qui se benè habent ad divina, audaciores sunt, ut etiam Philosophus dicit in 2 Rhet., cap. 5, sub fin. Timor autem excluditur secundùm istum modum per remotionem

(1) Ita codd. et editi passim. Theologi omittunt, *ebrietatis*.

(2) Ita communiùs. Cod. Alcan., *ex aliquo defectu*. Edit. Rom., *ex ebrietatis defectu.*

terribilium appropinquantium, putà quia homo non habet inimicos, quia nulli nocuit,
quia non videt aliquod periculum imminere;
illis enim videntur maximè pericula imminere qui aliis nocuerunt. Ex parte verò transmutationis corporalis causatur audacia per
provocationem spei et exclusionem timoris,
ex his quæ faciunt caliditatem circa cor. Unde
Philosophus dicit in lib. 3 de Partibus animalium, cap. 6, circa fin., quòd *illi qui habent
parvum cor secundùm quantitatem, sunt magis
audaces; et animalia habentia magnum cor secundùm quantitatem, sunt timida;* quia calor
naturalis non tantùm potest calefacere magnum cor, sicut parvum; sicut ignis non tantùm potest calefacere magnam domum, sicut
parvam. Et in lib. de Probl., sect. 27, probl. 4,
dicit quòd *habentes magnum pulmonem san-
guineum sunt audaciores propter caliditatem
cordis exinde consequentem :* et ibidem dicit
quòd *vini amatores sunt magis audaces propter caliditatem vini.* Unde et supra dictum
est, qu. 40, art. 6, quòd ebrietas facit ad bonitatem spei; caliditas enim cordis repellit timorem, et causat spem, propter cordis extensionem et amplificationem.

Ad primum ergo dicendum quòd ebrietas
causat audaciam, non in quantum est defectus, sed in quantum facit cordis dilatatio-
nem, et in quantum etiam facit æstimationem
cujusdam magnitudinis.

Ad secundum dicendum quòd illi qui sunt
inexperti periculorum, sunt audaciores, non
propter defectum, sed per accidens, in quantum scilicet propter inexperientiam neque
debilitatem suam cognoscunt, neque præsentiam periculorum; et ita per subtractionem
causæ timoris sequitur audacia.

Ad tertium dicendum quòd, sicut Philosophus dicit in 2 Rhet., cap. 5, in fin., *injustum
passi redduntur audaciores, quia æstimant quòd
Deus injustum passis auxilium ferat.* Et sic patet quòd nullus defectus causat audaciam nisi
per accidens, in quantum scilicet habet adjunctam aliquam excellentiam vel veram vel æstimatam, vel ex parte alterius vel ex parte sui.

ARTICULUS IV. — *Utrùm audaces sint promptiores in principio quàm in fine in ipsis
periculis.* — (*Quæst.* 44, *art.* 3, *et quæst.* 45,
art. 1.)

Ad quartum sic proceditur. 1. Videtur quòd
audaces non sint promptiores in principio
quàm in ipsis periculis. Tremor enim ex timore causatur, qui contrariatur audaciæ, ut
ex dictis patet, art. 1 hujus quæst. Sed audaces quandoque in principio tremunt, ut Philosophus dicit in lib. de Problematibus, sect.
27, probl. 3, in fin. Ergo non sunt promptiores in principio quàm in ipsis periculis existentes.

2. Præterea, per augmentum objecti augetur passio; sicut si bonum est amabile,
et magis bonum est magis amabile. Sed arduum est objectum audaciæ. Augmentato
ergo arduo, augmentatur audacia. Sed magis
fit arduum et difficile periculum, quando est
præsens. Ergo debet tunc magis crescere audacia.

3. Præterea, ex vulneribus inflictis prove-

catur ira. Sed ira causat audaciam; dicit enim
Philosophus in 2 Rhetor., cap. 5, in fin., quòd
ira est ausivum. Ergo, quando jam sunt in
ipsis periculis et percutiuntur, videtur quòd
magis audaces reddantur.

Sed contra est quod dicitur in 3 Eth., c. 7,
post med., quòd *audaces prævolantes sunt; et
volantes ante pericula; in ipsis autem discedunt.*

Respondeo dicendum quòd audacia, cùm
sit quidam motus appetitûs sensitivi, sequitur apprehensionem sensitivæ (1) virtutis.
Virtus autem sensitiva non est collativa, nec
inquisitiva singulorum quæ circumstant rem,
sed subitum habet judicium. Contingit autem
quandoque quòd secundùm subitam apprehensionem, non possunt cognosci omnia quæ
difficultatem in aliquo negotio afferunt. Unde
surgit audaciæ motus ad aggrediendum periculum. Unde quando jam experiuntur ipsum
periculum, sentiunt majorem difficultatem
quàm æstimaverunt; et ideò deficiunt.

Sed ratio est discursiva omnium quæ afferunt difficultatem negotio. Et ideò fortes, qui
ex judicio rationis aggrediuntur pericula, in
principio videntur remissi, quia non passione, sed cum deliberatione (2) debitâ aggrediuntur; quando autem sunt in ipsis periculis, non experiuntur aliquid improvisum, sed
quandoque minora illis quæ præcogitave-
runt; et ideò magis persistunt. Vel etiam quia
propter bonum virtutis pericula aggredian-
tur; cujus boni voluntas in eis perseverat,
quantacumque sint pericula. Audaces autem
propter solam æstimationem facientem spem
et excludentem timorem, sicut dictum est
art. præc.

Ad primum ergo dicendum quòd etiam in
audacibus accidit tremor propter revocationem caloris ab exterioribus ad interiora;
sicut etiam in timentibus; sed in audacibus
revocatur calor ad cor, in timentibus autem
ad inferiora.

Ad secundum dicendum quòd objectum
amoris est simpliciter bonum : unde augmentatum simpliciter augmentat amorem. Sed
objectum audaciæ est compositum ex bono et
malo; et motus audaciæ in malum præsupponit motum spei in bonum; et ideò si tantùm
addatur de arduitate ad periculum, quòd excedat spem, non sequetur motus audaciæ,
sed diminuetur; si tamen sit motus audaciæ,
quantò majus est periculum, tantò major audacia reputatur.

Ad tertium dicendum quòd ex læsione non
causatur ira, nisi suppositâ aliquâ spe, ut infra dicetur, quæst. seq., art. 1, et ideò si fuerit tantum periculum quod excedat spem victoriæ, non sequetur ira; sed verum est quòd
si ira sequatur, audacia augebitur.

QUÆSTIO XLVI.

DE IRA SECUNDUM SE. — (*In octo articulos
divisa.*)

Deinde considerandum est de irâ; et primò

(1) Ita codd. Alcan., Tarrac., aliquo cum editis
passim. Al., *appetitivæ.*

(2) Ita codd. et Nicolaius. Al., *non passi, sed cum
deliberatione,* etc.

de irà secundùm se; secundò de causâ factivâ iræ et remedio ejus; tertiò de effectu ejus.

Circa primum quæruntur octo : 1° utrùm ira sit passio specialis; 2° utrùm objectum iræ sit bonum an malum; 3° utrùm ira sit in concupiscibili; 4° utrùm ira sit cum ratione; 5° utrùm ira sit naturalior quàm concupiscentia; 6° utrùm ira sit gravior quàm odium; 7° utrùm ira solùm sit ad illos ad quos est justitia; 8° de speciebus iræ.

ARTICULUS PRIMUS. — *Utrùm ira sit specialis passio.* — (2-2, *quæst.* 158, *art.* 8, *corp.*, *et* 3, *dist.* 5, *quæst.* 2, *art.* 2, *corp.*)

Ad primum sic proceditur. 1. Videtur quòd ira non sit passio specialis. Ab irâ enim denominatur potentia irascibilis. Sed hujus potentiæ non est una tantùm passio, sed multæ. Ergo ira non est passio specialis.

2. Præterea, cuilibet passioni speciali est aliquid contrarium, ut patet inducenti per singula. Sed iræ non est aliqua passio contraria, ut supra dictum est, quæst. 23, art. 3. Ergo ira non est passio specialis.

3. Præterea, una specialis passio non includit aliam; sed ira includit multas passiones; est enim cum tristitiâ, et cum spe, et cum delectatione, ut patet per Philosophum in 2 Rhet., cap. 2. Ergo ira non est passio specialis.

Sed contra est quod Damascenus, lib. 2 orth. Fid., cap. 16, ponit iram specialem passionem; et similiter Tullius, 4 de Tuscul. QQ., aliquant. à princ.

Respondeo dicendum quòd aliquid dicitur generale dupliciter : uno modo per prædicationem, sicut animal est generale ad omnia animalia; alio modo per causam, sicut sol est causa generalis omnium quæ generantur in his inferioribus, secundùm Dionysium in 4 cap. de div. Nom., part. 1, lect. 3. Sicut enim genus continet multas differentias potestate secundùm similitudinem materiæ, ita causa agens continet multos effectus secundùm virtutem activam. Contingit autem aliquem effectum ex concursu diversarum causarum produci. Et quia omnis causa aliquo modo in effectu manet, potest etiam dici tertio modo quòd effectus ex congregatione multarum causarum productus habet quamdam generalitatem, in quantum continet multas causas quodammodò in actu.

Primo ergo modo ira non est passio generalis, sed condivisa aliis passionibus, ut supra dictum est, qu. 23, art. 1 et 4.

Similiter autem nec secundo modo; non est enim causa aliarum passionum, ut supra dictum est, quæst. 25, art. 1 : sed per hunc modum potest dici generalis passio amor, ut patet per Aug. in 14 de Civ. Dei, cap. 7 et 9. Amor enim est prima radix omnium passionum, ut supra dictum est, qu. 25, art. 2.

Sed tertio modo potest ira dici passio generalis, in quantum ex concursu multarum passionum causatur; non enim insurgit motus iræ, nisi propter aliquam tristitiam illatam, et nisi adsit desiderium et spes ulciscendi; quia, ut Philosophus dicit in 2 Rhet., cap. 2, circa princ., *iratus habet spem pu-*

niendi; appetit enim vindictam ut sibi possibilem. Unde, si fuerit multum excellens persona quæ nocumentum intulit, non sequitur ira, sed solùm tristitia, ut Avicenna dicit in lib. de Animâ.

Ad primum ergo dicendum quòd vis irascibilis denominatur ab irâ, non quia omnis motus hujus potentiæ sit ira, sed quia ad iram terminantur omnes motus hujus potentiæ, et inter alios ejus motus iste est manifestior.

Ad secundum dicendum quòd ex hoc ipso quòd ira causatur ex contrariis passionibus, scilicet à spe, quæ est boni, et à tristitiâ, quæ est mali, includit in seipsâ contrarietatem; et ideò non habet contrarium extra se, sicut etiam in mediis coloribus non invenitur contrarietas, nisi quæ est simplicium colorum, ex quibus causantur.

Ad tertium dicendum quòd ira includit multas passiones, non quidem sicut genus species, sed magis secundùm continentiam causæ et effectûs.

ARTICULUS II. — *Utrùm objectum iræ sit bonum vel malum.* — (*Inf.*, *art.* 3 et 6, *corp.*)

Ad secundum sic proceditur. 1. Videtur quòd objectum iræ sit malum. Dicit enim Gregorius Nyssenus (Nemesius, lib. de Nat. hom., cap. 21), quòd *ira est quasi armigera concupiscentiæ*, in quantum scilicet impugnat id quod concupiscentiam impedit. Sed omne impedimentum habet rationem mali. Ergo ira respicit malum tanquàm objectum.

2. Præterea, ira et odium conveniunt in effectu; utriusque enim est inferre nocumentum alteri. Sed odium respicit malum tanquàm objectum, ut supra dictum est, qu. 29, art. 1. Ergo etiam et ira.

3. Præterea, ira causatur ex tristitiâ; unde Philosophus dicit in 7 Ethic., cap. 6, à med., quòd *ira operatur cum tristitiâ*. Sed tristitiæ objectum est malum. Ergo et iræ.

Sed contra est quod Augustinus dicit in 2 Confess., cap. 6, à med., quòd *ira quærit seu appetit vindictam*. Sed appetitus vindictæ est appetitus boni, cùm vindicta ad justitiam pertineat. Ergo objectum iræ est bonum.

Præterea, ira semper est cum spe; unde et delectationem causat, ut dicit Philosophus in 2 Rhet., cap. 2, à princ. Sed spei et delectationis objectum est bonum. Ergo et iræ.

Respondeo dicendum quòd motus appetitivæ virtutis sequitur actum virtutis apprehensivæ. Vis autem apprehensiva dupliciter aliquid apprehendit : uno modo per modum incomplexi; sicut cùm intelligimus quid est homo; alio modo per modum complexi, sicut cùm intelligimus album inesse homini. Unde utroque modo vis appetitiva potest tendere in bonum et malum. Per modum quidem simplicis et incomplexi, cùm appetitus simpliciter sequitur bonum vel inhæret bono, vel refugit malum, et tales motus sunt *desiderium* et *spes*, *delectatio* et *tristitia*, et alia hujusmodi. Per modum autem complexi, sicut cùm appetitus fertur in hoc quod aliquod bonum vel malum insit, vel fiat circa alterum, vel tendendo in hoc, vel refugiendo ab hoc; sicut manifestè patet in *amore* et *odio*; amamus enim aliquem, in quantum volumus ei inesse aliquod bonum ; odimus autem aliquem, in quantum volumus ei inesse aliquod malum.

Et similiter est in irâ. Quicumque enim irascitur, quærit vindicari de aliquo. Et sic motus iræ tendit in duo, scilicet in ipsam vindictam quam appetit, et sperat sicut quoddam bonum, unde et de ipsâ delectatur : tendit etiam in illum de quo quærit vindictam, sicut in contrarium et nocivum, quod pertinet ad rationem mali.

Est autem duplex differentia attendenda circa hoc iræ ad odium et ad amorem : quarum prima est quòd ira semper respicit duo objecta; amor verò et odium quandoque respiciunt unum objectum tantùm; sicut cùm dicitur aliquis amare vinum vel aliquid hujusmodi, aut etiam odire. Secunda est quia utrumque objectum quod respicit amor, est bonum; vult enim amans bonum alicui tanquàm sibi convenienti; utrumque verò eorum quæ respicit odium, habet rationem mali, vult enim odiens malum alicui tanquàm cuidam inconvenienti. Sed ira respicit unum objectum secundùm rationem boni, scilicet vindictam quam appetit, et aliud secundùm rationem mali, scilicet hominem nocivum, de quo vult vindicari; et ideò est passio quodammodò composita ex contrariis passionibus.

Et per hoc patet responsio ad objecta.

ARTICULUS III. — *Utrùm ira sit in concupiscibili.* — (2-2, quæst. 143, art. 3, corp., et 3, dist. 26, quæst. 1 et 2, corp.)

Ad tertium sic proceditur. 1. Videtur quòd ira sit in concupiscibili. Dicit enim Tullius in 4 de Tuscul. QQ., aliquant. à princ., quòd *ira est libido quædam.* Sed libido est in concupiscibili. Ergo et ira.

2. Præterea, Augustinus dicit in Regulâ, quòd *ira crescit in odium:* et Tullius dicit in eodem lib., aliquant. à princ , quòd *odium est ira inveterata.* Sed odium est in concupiscibili, sicut amor. Ergo ira est in concupiscibili.

3. Præterea, Damascenus, lib. 2 orth. Fid., cap. 16, et Gregorius Nyssenus (Nemesius lib. de Nat. hom., cap. 21), dicunt quòd *ira componitur ex tristitiâ et desiderio.* Sed utrumque horum est in concupiscibili. Ergo ira est in concupiscibili.

Sed contra, vis concupiscibilis est alia ab irascibili. Si igitur ira esset in concupiscibili, non denominaretur ab eâ vis irascibilis.

Respondeo dicendum quòd sicut supra dictum est, quæst. 23, art. 1, passiones irascibilis in hoc differunt à passionibus concupiscibilis , quòd objecta passionum concupiscibilis sunt bonum et malum absolutè, objecta autem passionum irascibilis sunt bonum et malum cum quâdam elevatione et arduitate. Dictum est autem art. præc., quòd ira respicit duo objecta , scilicet vindictam quam appetit, et eum de quo vindictam quærit, et circa utrumque quamdam arduitatem ira requirit; non enim insurgit motus iræ nisi aliquâ magnitudine circa utrumque existente: quæcumque enim nihil sunt, aut modica val-

dè, nullo modo digna æstimamus, ut dicit Philosophus in 2 Rhet., cap. 2, parùm à princ. Unde manifestum est quòd ira non est in concupiscibili, sed in irascibili.

Ad primum ergo dicendum quòd Tullius *libidinem* nominat appetitum cujuscumque boni futuri, non habitâ discretione ardui vel non ardui; et secundùm hoc ponit iram sub libidine, in quantum est appetitus vindictæ. Sic autem libido communis est ad irascibilem et concupiscibilem.

Ad secundum dicendum quòd ira dicitur crescere in odium, non quòd eadem numero passio quæ priùs fuit ira, postmodùm fiat odium per quamdam inveterationem; sed per quamdam causalitatem; ira enim per diuturnitatem causat odium.

Ad tertium dicendum quòd ira dicitur componi ex tristitiâ et desiderio, non sicut ex partibus, sed sicut ex causis. Dictum est autem supra, quæst. 25, art. 1, quòd passiones concupiscibilis sunt causæ passionum irascibilis.

ARTICULUS IV. — *Utrùm ira sit cum ratione.*

Ad quartum sic proceditur. 1. Videtur quòd ira non sit cum ratione. Ira enim , cùm sit passio quædam, est in appetitu sensitivo. Sed appetitus sensitivus non sequitur rationis apprehensionem, sed sensitivæ partis. Ergo ira non est cum ratione.

2. Præterea, animalia bruta carent ratione, et tamen in eis invenitur ira. Ergo ira non est cum ratione.

3. Præterea, ebrietas ligat rationem; adjuvat autem ad iram. Ergo ira non est cum ratione.

Sed contra est quod Philosophus dicit in 7 Ethic., cap. 6, in princ., quòd *ira consequitur rationem aliqualiter.*

Respondeo dicendum quòd, sicut supra dictum est, art. 2 hujus quæst., ira est appetitus vindictæ; hæc autem collationem importat pœnæ infligendæ ad nocumentum sibi illatum; unde in 7 Ethic. dicit Philosophus, loc. cit., quòd *syllogizans conferendo, quoniam oportet taliter oppugnare, irascitur confestim* (1). Conferre autem et syllogizare est rationis; et ideò ira est quodammodò cum ratione.

Ad primum ergo dicendum quòd motus appetitivæ virtutis potest esse cum ratione dupliciter : uno modo cum ratione præcipiente, et sic voluntas est cum ratione, unde dicitur *appetitus rationalis;* alio modo cum ratione denuntiante, et sic ira est cum ratione; dicit enim Philosophus, in lib. de Problematibus, sect. 28, probl. 3, quòd *ira est cum ratione, non sicut præcipiente ratione, sed ut manifestante injuriam;* appetitus enim sensitivus immediatè rationi non obedit, sed mediante voluntate.

Ad secundum dicendum quòd bruta animalia habent instinctum naturalem ex divinâ ratione eis inditum, per quem habent motus interiores et exteriores similes motibus ra-

(1) Ita editi passim cum Nicolaio; quidam tantùm pro, *taliter,* habent, *totaliter.* Cod. Alcan. aliique, et Theologi: *Syllogizans, quoniam oportet taliter oppugnare, confestim irascitur.*

tionis, sicut supra dictum est, qu. 40, art. 3.

Ad tertium dicendum quòd sicut dicitur in 7 Ethic., cap. 6, circa princ., *ira audit aliqualiter rationem, sicut nuntiantem quod injuriatum est ei; sed non perfectè audit*, quia non observat regulam rationis in rependendo vindictam. Ad iram ergo requiritur aliquis actus rationis, et additur impedimentum rationis. Unde Philosophus dicit in lib. de Problematibus, sect. 3, probl. 2 et 26, quòd *illi qui sunt multùm ebrii, tanquàm nihil habentes de judicio rationis, non irascuntur; sed quando sunt parum ebrii, irascuntur, tanquàm habentes judicium rationis, sed impeditum.*

ARTICULUS V. — *Utrùm ira sit naturalior quàm concupiscentia.* — (2-2, *quæst.* 156, *art.* 4, *corp.*)

Ad quintum sic proceditur. 1. Videtur quòd ira non sit naturalior quàm concupiscentia. Proprium enim hominis dicitur quòd sit animal mansuetum. Sed mansuetudo opponitur iræ, ut dicit Philosophus in 2 Rhet., cap. 8. Ergo ira non est naturalior quàm concupiscentia, sed omninò videtur esse contra hominis naturam.

2. Præterea, ratio contra naturam dividitur; ea enim quæ secundùm rationem agunt, non dicimus secundùm naturam agere. Sed ira est cum ratione; concupiscentia autem sine ratione, ut dicitur in 7 Ethic., cap. 6, à princ. Ergo concupiscentia est naturalior quàm ira.

3. Præterea, ira est appetitus vindictæ; concupiscentia autem maximè est appetitus delectabilium secundùm tactum, scilicet ciborum et venereorum; hæc autem sunt magis naturalia homini quàm vindicta. Ergo concupiscentia est naturalior quàm ira.

Sed contra est quod Philosophus dicit in 7 Ethic., loc. cit., quòd *ira est naturalior quàm concupiscentia.*

Respondeo dicendum quòd naturale dicitur illud quod causatur à naturâ, ut patet in 2 Physic., text. 4. Unde utrùm aliqua passio sit magis vel minùs naturalis, considerari non potest nisi ex causâ suâ. Causa autem passionis, ut supra dictum est, quæst. 36, art. 2, dupliciter accipi potest : uno modo ex parte objecti, alio modo ex parte subjecti. Si ergo consideretur causa iræ et concupiscentiæ ex parte objecti, sic concupiscentia, et maximè ciborum et venereorum, naturalior est quàm ira, in quantum ista sunt magis naturalia quàm vindicta. Si autem consideretur causa iræ ex parte subjecti, sic quodammodò ira est naturalior, et quodammodò concupiscentia. Potest enim natura alicujus hominis considerari vel secundùm naturam generis, vel secundùm naturam speciei, vel secundùm complexionem propriam individui. Si igitur consideretur natura generis, quæ est natura hujus hominis, in quantum est animal, sic naturalior est concupiscentia quàm ira, quia ex ipsâ naturâ communi habet homo quamdam inclinationem ad appetendum ea quæ sunt conservativa vitæ vel secundum speciem, vel secundùm individuum. Si autem consideremus naturam hominis ex parte speciei,

scilicet in quantum est rationalis, sic ira est magis naturalis homini quàm concupiscentia, in quantum ira est cum ratione magis quàm concupiscentia. Unde Philosophus dicit in 4 Ethic., cap. 5, quòd *humanius est punire*, quod pertinet ad iram, *quàm mansuetum esse*; unumquodque enim naturaliter insurgit contra contraria et nociva. Si verò consideretur natura hujus individui secundùm propriam complexionem, sic ira naturalior est quàm concupiscentia, quia scilicet habitudinem naturalem ad irascendum, quæ est ex complexione, magis de facili sequitur ira quàm concupiscentia, vel aliqua alia passio. Est enim homo dispositus ad irascendum, secundùm quòd habet cholericam complexionem; cholera autem inter alios humores citiùs movetur, assimilatur enim igni; et ideò magis est in promptu illi qui est dispositus secundùm naturalem complexionem ad iram, quòd irascatur, quàm ei qui est dispositus ad concupiscendum, quòd concupiscat. Et propter hoc Philosophus dicit in 7 Ethic., cap. 6, ante med., quòd *ira magis traducitur à parentibus in filios quàm concupiscentia.*

Ad primum ergo dicendum quòd in homine considerari potest et naturalis complexio ex parte corporis, quæ est temperata, et ipsa ratio. Ex parte igitur complexionis corporalis, naturaliter homo secundùm suam speciem est non habens superexcellentiam neque iræ neque alicujus alterius passionis, propter temperamentum suæ complexionis; alia verò animalia, secundùm quòd recedunt ab hâc qualitate complexionis ad dispositionem alicujus complexionis extremæ, secundùm hoc etiam naturaliter disponuntur ad excessum alicujus passionis, ut leo ad audaciam, canis ad iram, lepus ad timorem, et sic de aliis. Ex parte verò rationis est naturale homini et irasci, et mansuetum esse; secundùm quòd ratio quodammodò causat iram, in quantum nuntiat causam iræ; et quodammodò sedat iram, in quantum iratus non totaliter audit imperium rationis, ut supra dictum est, art. præc., ad 3.

Ad secundum dicendum quòd ipsa ratio pertinet ad naturam hominis. Unde ex hoc ipso quòd ira est cum ratione, sequitur quòd secundùm aliquem modum sit homini naturalis.

Ad tertium dicendum quòd ratio illa procedit de irâ et de concupiscentiâ ex parte objecti.

ARTICULUS VI. — *Utrùm ira sit gravior quàm odium.* — (2-2, *quæst.* 159, *art.* 4, *et Mal. quæst.* 12, *art.* 4.)

Ad sextum sic proceditur. 1. Videtur quòd ira sit gravior quàm odium. Dicitur enim Prov. 27, 4, quòd *ira non habet misericordiam, nec erumpens furor.* Odium autem quandoque habet misericordiam. Ergo ira est gravior quàm odium.

2. Præterea, majus est pati malum, et de malo dolere, quàm simpliciter pati. Sed illi qui habet aliquem odio, sufficit quòd ille quem odit, patiatur malum; irato autem non sufficit, sed quærit quòd cognoscat illud, et de illo doleat, ut dicit Philosophus in 2 Rhet., cap. 4, circa fin. Ergo ira est gravior quàm odium.

3. Præterea, quantò ad constitutionem alicujus plura concurrunt, tantò videtur esse stabilius, sicut habitus ille permanentior est qui ex pluribus actibus causatur. Sed ira causatur ex concursu plurium passionum, ut supra dictum est, art. 1 hujus quæst., non autem odium. Ergo ira est stabilior et gravior quàm odium.

Sed contra est quòd Augustinus in Regulâ odium comparat *trabi*, iram verò *festucæ*.

Respondeo dicendum quòd species passionis, et ratio ipsius ex objecto pensatur. Est autem objectum iræ, et odii idem subjecto: nam sicut odiens appetit malum ei quem odit, ita iratus ei contra quem irascitur; sed non eâdem ratione: nam odiens appetit malum inimici in quantum est malum; iratus autem appetit malum ejus contra quem irascitur, non in quantum est malum, sed in quantum habet quamdam rationem boni, scilicet prout æstimat illud esse justum, in quantum est vindicativum. Unde etiam supra dictum est, art. 2 hujus quæst., quòd odium est per applicationem mali ad malum, ira autem per applicationem boni ad malum. Manifestum est autem quòd appetere malum sub ratione justi, minùs habet de ratione mali, quàm velle malum alicujus simpliciter; velle enim malum alicujus sub ratione justi, potest esse etiam secundùm virtutem justitiæ, si præcepto rationis obtemperetur. Sed ira in hoc solùm deficit quòd non obedit rationis præcepto in ulciscendo. Unde manifestum est quòd odium est multò deterius et gravius quàm ira.

Ad primum ergo dicendum quòd in irâ et odio duo possunt considerari, scilicet ipsum quod desideratur, et intensio desiderii. Quantùm igitur ad id quod desideratur, ira habet magis misericordiam quàm odium; quia enim odium appetit malum alterius secundùm se, nullâ mensurâ mali satiatur; ea enim quæ secundùm se appetuntur, sine mensurâ appetuntur, ut Philosophus dicit 1 Polit., cap. 6, à med., sicut avarus divitias. Unde dicitur Eccli. 12, 16: *Inimicus, si invenerit tempus, non satiabitur sanguine.* Sed ira non appetit malum nisi sub ratione justi vindicativi; unde quando malum illatum excedit mensuram justitiæ secundùm æstimationem irascentis, tunc miseretur. Unde Philosophus dicit in 2 Rhet., cap. 4, circa fin., quòd *iratus, si fiant multa, miserebitur; odiens autem pro nullo.* Quantùm verò ad intensionem desiderii, ira magis excludit misericordiam quàm odium, quia motus iræ est impetuosior propter choleræ inflammationem; unde statim subditur, Prov. 27: *Impetum concitati spiritûs ferre quis poterit?*

Ad secundum dicendum quòd, sicut dictum est in corp. art., iratus appetit malum alicujus, in quantum habet rationem justi vindicativi. Vindicta autem fit de ratione per illationem pœnæ. Est autem de ratione pœnæ quòd sit contraria voluntati, et quòd sit afflictiva, et quòd pro aliquâ culpâ inferatur; et ideò iratus hoc appetit ut ille cui nocumentum infert, percipiat, et doleat, et quòd cognoscat, propter injuriam illatam sibi hoc provenire. Sed odiens de hoc nihil curat, quia

appetit malum alterius, in quantum hujusmodi. Non est autem verum quòd id de quo quis tristatur, sit pejus. Injustitia enim et imprudentia, cùm sint mala, quia tamen sunt voluntaria, non contristant eos quibus insunt, ut dicit Philosophus in 2 Rhet., cap. 4, circa fin.

Ad tertium dicendum quòd id quod ex pluribus causis causatur, tunc est stabilius quando causæ accipiuntur unius rationis; sed una causa potest prævalere multis aliis. Odium autem provenit ex permanentiori causâ quàm ira; nam ira provenit ex aliquâ commotione animi propter læsionem illatam; sed odium procedit ex aliquâ dispositione hominis, secundùm quam reputat sibi contrarium et nocivum id quod odit; et ideò sicut passio citiùs transit quàm dispositio vel habitus, ita ira citiùs transit quàm odium; quamvis etiam odium sit passio ex tali dispositione proveniens; et propter hoc Philosophus dicit in 2 Rhet., cap. 4, non remotè à fin., quòd *odium est magis insanabile quàm ira.*

ARTICULUS VII. — *Utrùm ira sit ad illos solùm ad quos est justitia.*

Ad septimum sic proceditur. 1. Videtur quòd ira non solùm sit ad illos ad quos est justitia. Non enim est justitia hominis ad res irrationales. Sed tamen homo quandoque irascitur rebus irrationalibus, putà cùm scriptor ex irâ projicit pennam, vel eques percutit equum. Ergo ira non solùm est ad illos ad quos est justitia.

2. Præterea, non est justitia hominis ad seipsum, nec ad ea quæ sui ipsius sunt, ut dicitur in 5 Ethic., cap. 6 et ult. Sed homo quandoque sibi ipsi irascitur, sicut pœnitens propter peccatum; unde dicitur in Psal. 4, 5: *Irascimini, et nolite peccare.* Ergo non solùm est ad quos est justitia.

3. Præterea, justitia et injustitia potest esse alicujus ad totum aliquod genus, vel ad totam aliquam communitatem, putà cùm civitas aliquem læsit. Sed ira non est ad aliquod genus, sed solùm ad aliquod singularium, ut dicit Philosophus in 2 Rhet., cap. 4, sub fin. Ergo ira non propriè est ad quos est justitia et injustitia.

Sed contrarium accipi potest à Philosopho in 2 Rhet., cap. 2, 3 et 4.

Respondeo dicendum quòd, sicut supra dictum est, art. præc., ira appetit malum, in quantum habet rationem justi vindicativi; et ideò ad eosdem est ira ad quos est justitia et injustitia; nam inferre vindictam ad justitiam pertinet; lædere autem aliquem pertinet ad injustitiam. Unde tam ex parte causæ, quæ est læsio illata ab altero, quàm etiam ex parte vindictæ ejus, quam appetit iratus, manifestum est quòd ad eosdem pertinet ira ad quos justitia et injustitia.

Ad primum ergo dicendum quòd, sicut supra dictum est, art. 4 hujus quæst., ad 2, ira, quamvis sit cum ratione, potest tamen etiam esse in brutis animalibus, quæ ratione carent, in quantum naturali instinctu per imaginationem moventur ad aliquid simile operibus rationis. Sic igitur cùm in homine sit et ratio, et imaginatio, dupliciter in homine potest motus iræ insurgere : uno modo, ex solâ imaginatione nuntiante læsionem ; et sic insurgit aliquis motus iræ etiam ad res irrationales et inanimatas, secundùm similitudinem illius motûs qui est in animalibus contra quodlibet nocivum. Alio modo, ex ratione nuntiante læsionem; et sic, ut Philosophus dicit in 2 Rhet., cap. 3, circa fin., nullo modo potest esse ira ad res insensibiles, neque ad mortuos; tum quia non dolent, quod maximè quærunt irati in eis quibus irascuntur ; tum etiam quia non est ad eos vindicta, cùm eorum non sit injuriam facere.

Ad secundum dicendum quòd, sicut Philosophus dicit in 5 Ethic., circa fin. lib., quædam metaphorica justitia et injustitia est hominis ad seipsum, in quantum scilicet ratio regit irascibilem et concupiscibilem; et secundùm hoc etiam homo dicitur de seipso vindictam facere, et per consequens sibi ipsi irasci; propriè autem et per se non contingit aliquem sibi ipsi irasci.

Ad tertium dicendum quòd Philosophus in 2 Rhet., cap. 4, sub fin., assignat unam differentiam inter odium et iram, quòd odium potest esse ad aliquod genus, sicut habemus odio omne latronum genus, sed ira non est nisi ad aliquod singulare. Cujus ratio est quia odium causatur ex hoc quòd qualitas alicujus rei apprehenditur ut dissonans nostræ dispositioni ; et hoc potest esse vel in universali vel in particulari. Sed ira causatur ex hoc quòd aliquis nos læsit per suum actum; actus autem omnes sunt singularium; et ideò ira semper est circa aliquod singulare. Cùm autem tota civitas nos læserit, tota civitas computatur sicut unum singulare.

ARTICULUS VIII. — *Utrùm convenienter assignentur species iræ.* — (2-2, quæst. 157, art. 5.)

Ad octavum sic proceditur. 1. Videtur quòd Damascenus, lib. 2 orth. Fid., cap. 16, inconvenienter assignat tres species iræ, scilicet *fel, maniam et furorem.* Nullius enim generis species diversificantur secundùm aliquod accidens. Sed ista tria diversificantur secundùm aliquod accidens; principium enim motûs iræ *fel* vocatur, ira autem permanens dicitur *mania ; furor* autem est *ira observans tempus in vindictam.* Ergo non sunt diversæ species iræ.

2. Præterea, Tullius in 4 de Tusculanis Quæstionibus, parùm ante med., dicit quòd *excandescentia græcè dicitur* θυμὸς, *et est ira modò nascens, et modò desistens.* Θυμὸς autem secundùm Damascenum, loco cit., est idem quòd furor. Non ergo furor tempus quærit ad vindictam, sed tempore deficit.

3. Præterea, Gregorius, 21 Moral., cap. 4, circa med., ponit tres gradus iræ, scilicet *iram sine voce,* et *iram cum voce,* et *iram cum verbo expresso,* secundùm illa tria quæ Dominus ponit Matth. 5, 22: *Qui irascitur fratri suo,* ubi tangitur ira sine voce ; et postea subdit: *Qui dixerit fratri suo : Raca,* ubi tangitur ira cum voce, sed necdùm pleno verbo formata : et postea dicit : *Qui autem dixerit fratri suo :*

Fatue, ubi expletur vox perfectione sermonis. Ergo insufficienter divisit Damascenus iram, nihil ponens ex parte vocis.

Sed contra est auctoritas Damasceni et Gregorii Nysseni (Nemes., lib. de Nat. hom., cap. 21).

Respondeo dicendum, quòd tres species iræ quas Damascenus ponit, et etiam Gregorius Nyssenus, sumuntur secundùm ea quæ dant iræ aliquod augmentum. Quod quidem contingit tripliciter : uno modo ex facilitate (1) ipsius motûs; et talem iram vocat *fel,* quia citò accenditur : alio modo ex parte tristitiæ causantis iram, quæ diù in memoriâ manet : et hæc pertinet ad *maniam,* quæ à manendo dicitur. Tertiò ex parte ejus quod iratus appetit, scilicet vindictæ; et hæc pertinet ad *furorem,* qui nunquàm quiescit, donec puniat. Unde Philosophus in 4 Ethic., cap. 5, quosdam irascentium vocat *acutos,* quia citò irascuntur; quosdam *amaros,* quia diù retinent iram; quosdam *difficiles,* quia nunquàm quiescunt, nisi puniant.

Ad primum ergo dicendum quòd omnia illa per quæ ira recipit aliquam perfectionem, non omninò per accidens se habent ad iram; et ideò nihil prohibet secundùm ea species iræ assignari.

Ad secundum dicendum quòd *excandescentia,* quam Tullius ponit, magis videtur pertinere ad primam speciem iræ, quæ perficitur secundùm velocitatem iræ, quàm ad furorem. Nihil autem prohibet ut θυμὸς græcè, quòd latinè *furor* dicitur, utrumque importet, et velocitatem ad irascendum, et firmitatem propositi ad puniendum.

Ad tertium dicendum quòd gradus illi iræ distinguuntur secundùm effectum iræ, non autem secundùm diversam perfectionem ipsius motûs iræ.

QUÆSTIO XLVII.

DE CAUSA EFFECTIVA IRÆ, ET DE REMEDIIS EJUS. — (*In quatuor articulos divisa.*)

Deinde considerandum est de causâ effectivâ iræ, et de remediis ejus; et circa hoc quæruntur quatuor : 1° utrùm semper motivum iræ sit aliquid factum contra eum qui irascitur; 2° utrùm sola parvipensio vel despectio sit motivum iræ; 3° de causâ iræ ex parte irascentis; 4° de causâ iræ ex parte ejus contra quem aliquis irascitur.

ARTICULUS PRIMUS. — *Utrùm semper motivum iræ sit aliquid factum contra eum qui irascitur.*

Ad primum sic proceditur. 1. Videtur quòd non semper aliquis irascatur propter aliquid contra se factum. Homo enim peccando nihil contra Deum facere potest; dicitur enim Job. 35, 6 : *Si multiplicatæ fuerint iniquitates tuæ, quid facies contra illum ?* Dicitur tamen Deus irasci contra homines propter peccata, secundùm illud Psal. 105, 40 : *Iratus est furore Dominus in populum suum.* Ergo non semper aliquis irascitur propter aliquid contra se factum.

2. Præterea, ira est appetitus vindictæ, ut

(1) Ita Garcia et editi passim. Edit. Rom. cum cod. Alcan., *facultate.*

jam supra definita est. Sed aliquis appetit vindictam facere etiam de his quæ contra alios fiunt. Ergo non semper motivum iræ est aliquid contra nos factum.

3. Præterea, sicut Philosophus dicit in 2 Rhet., cap. 2, post med., *homines irascuntur præcipuè contra eos qui despiciunt ea circa quæ ipsi maximè student; sicut qui student in philosophiâ, irascuntur contra eos qui philosophiam despiciunt; et simile est in aliis.* Sed despicere philosophiam non est nocere ipsi studenti. Non ergo semper irascimur propter id quod contra nos fit.

4. Præterea, *ille qui tacet contra contumeliantem, magis ipsum ad iram provocat,* ut dicit Chrysostomus. Sed in hoc contra ipsum nihil agit, quòd tacet. Ergo non semper ira alicujus provocatur propter aliquid quod contra ipsum fit.

Sed contra est quod Philosophus dicit in 2 Rhet., cap. 4, propè fin., quòd *ira fit semper ex his quæ ad seipsum; inimicitia autem et sine his quæ ad ipsum; si enim putemus talem esse, odimus.*

Respondeo dicendum quòd, sicut supra dictum est, quæst. 46, art. 6, ira est appetitus nocendi alteri sub ratione justi vindicativi. Vindicta autem locum non habet nisi ubi præcessit injuria; nec injuria omnis ad vindictam provocat, sed illa sola quæ ad eum pertinet qui appetit vindictam. Sicut enim unumquodque naturaliter appetit proprium bonum, ita etiam naturaliter repellit proprium malum. Injuria autem ab aliquo facta non pertinet ad aliquem, nisi aliquid fecerit quod aliquo modo sit contra ipsum. Unde sequitur quòd motivum iræ alicujus semper sit aliquid contra ipsum factum.

Ad primum ergo dicendum quòd ira non dicitur in Deo secundùm passionem animi, sed secundùm judicium justitiæ, prout vult vindictam facere de peccato. Peccator enim peccando Deo nihil nocere effectivè potest. Tamen ex parte suâ dupliciter contra Deum agit : primò quidem in quantum eum in suis mandatis contemnit; secundò in quantum nocumentum aliquod infert alicui, vel sibi, vel alteri; quod ad Deum pertinet, prout ille cui nocumentum infertur, sub Dei providentiâ et tutelâ continetur.

Ad secundum dicendum quòd irascimur contra illos qui aliis nocent, et vindictam appetimus, in quantum illi quibus nocetur, aliquo modo ad nos pertinent vel per aliquam affinitatem, vel per amicitiam, vel saltem per communionem naturæ.

Ad tertium dicendum quòd id in quo maximè studemus, reputamus esse bonum nostrum : et ideò cùm illud despicitur, reputamus nos quoque despici, et arbitramur nos læsos.

Ad quartum dicendum quòd tunc aliquis tacens ad iram provocat injuriantem, quando videtur ex contemptu tacere, quasi parvipendat alterius iram; ipsa autem parvipensio quidam actus est.

ARTICULUS II. — *Utrùm sola parvipensio vel despectio sit motivum iræ.* — (Inf., art. 3 et 4, corp.)

Ad secundum sic proceditur. 1. Videtur

quòd non sola parvipensio vel despectio sit motivum iræ. Dicit enim Damascenus, lib. 2 orth. Fid., cap. 16, quòd *injuriam passi, vel æstimantes pati, irascimur.* Sed homo potest injuriam pati etiam absque despectu vel parvipensione. Ergo non sola parvipensio est iræ motivum.

2. Præterea, ejusdem est appetere honorem, et contristari de parvipensione. Sed bruta animalia non appetunt honorem. Ergo non contristantur de parvipensione; et tamen in eis provocatur ira propter hoc quòd vulnerantur, ut dicit Philosophus in 3 Ethic., cap. 8, circa med. Ergo non sola parvipensio videtur esse motivum iræ.

3. Præterea, Philosophus in 2 Rhet., cap. 2, ponit multas alias causas iræ, putà *oblivionem et exultationem in infortuniis, denuntiationem malorum, impedimentum consequendæ propriæ voluntatis.* Non ergo sola parvipensio est provocativum iræ.

Sed contra est quod Philosophus dicit in 2 Rhet., loc. cit., quòd *ira est appetitus cum tristitiâ punitionis propter apparentem parvipensionem non convenienter factam.*

Respondeo dicendum quòd omnes causæ iræ reducuntur ad parvipensionem. Sunt enim tres species parvipensionis, ut dicitur in 2 Rhet., ibid., scilicet *despectus, epireasmus,* id est, impedimentum voluntatis implendæ, et *contumeliatio,* et ad hæc tria omnia motiva iræ reducuntur.

Cujus ratio potest accipi duplex : prima est quia ira appetit nocumentum alterius, in quantum habet rationem justi vindicativi; et ideò in tantum quærit vindictam, in quantum videtur esse justa. Justa autem vindicta non fit nisi de eo quod est injustè factum; et ideò provocativum ad iram semper est aliquid sub ratione injusti. Unde dicit Philosophus in 2 Rhet., cap. 3, propè fin., quòd *si homines putaverint se ab eis qui læserunt* (1), *esse justè passos, non irascuntur; non enim fit ira ad justum.* Contingit autem tripliciter nocumentum alicui inferri, scilicet ex *ignorantiâ,* ex *passione* et ex *electione.* Tunc enim aliquis maximè injustum facit, quando ex electione, vel industriâ, vel ex certâ malitiâ nocumentum infert, ut dicitur in 5 Ethic., cap. 8. Et ideò maximè irascimur contra illos quos putamus ex industriâ nobis nocuisse. Si enim putemus, aliquos vel per ignorantiam vel ex passione nobis intulisse injuriam, vel non irascimur contra eos, vel multò minùs. Agere enim aliquid ex ignorantiâ vel ex passione diminuit rationem injuriæ; et est quodammodò provocativum misericordiæ et veniæ. Illi autem qui ex industriâ nocumentum inferunt, ex contemptu peccare videntur; et ideò contra eos maximè irascimur. Unde Philos. dicit in 2 Rhet., cap. 3, circa med., quòd *his qui propter iram aliquid fecerunt, aut non irascimur, aut minùs irascimur; non enim propter parvipensionem videntur egisse.*

Secunda ratio est quia parvipensio excellentiæ hominis opponitur; quæ enim homines nullo modo putant digna esse, parvipen-

(1) Al., *eos qui læserunt.*

dunt, ut dicitur in 2 Rhet., cap. 2, parùm à princ. Ex omnibus autem bonis nostris aliquam excellentiam quærimus; et ideò quodcumque nocumentum nobis inferatur, in quantum excellentiæ derogat, videtur ad parvipensionem pertinere.

Ad primum ergo dicendum quòd ex quâcumque aliâ causâ aliquis injuriam patiatur, quàm ex contemptu, illa causa minuit rationem injuriæ; sed solus contemptus vel parvipensio rationem iræ auget; et ideò est per se causa irascendi.

Ad secundum dicendum quòd, licèt animal brutum non appetat honorem sub ratione honoris, appetit tamen naturaliter quamdam excellentiam, et irascitur contra ea quæ illi excellentiæ derogant.

Ad tertium dicendum quòd omnes illæ causæ ad quamdam parvipensionem reducuntur. Oblivio enim est parvipensionis evidens signum; ea enim quæ magna æstimamus, magis memoriæ indigimus. Similiter ex quâdam parvipensione est quòd aliquis non vereatur contristare aliquem, denuntiando sibi aliqua tristia. Qui etiam in infortuniis alicujus hilaritatis signa ostendit, videtur parùm curare de bono vel malo ejus. Similiter etiam qui impedit aliquem à sui propositi assecutione, non propter aliquam utilitatem sibi inde provenientem, non videtur multùm curare de amicitiâ ejus. Et ideò omnia talia, in quantum sunt signa contemptûs, sunt provocativa iræ.

ARTICULUS III. — *Utrùm excellentia irascentis sit causa iræ.*

Ad tertium sic proceditur. 1. Videtur quòd excellentia alicujus non sit causa quòd faciliùs irascatur. Dicit enim Philosophus in 2 Rhet., cap. 2, circa med., quòd *maximè aliqui irascuntur, cùm tristantur, ut infirmi et egentes, et qui non habent id quod concupiscunt.* Sed omnia ista ad defectum pertinere videntur. Ergo magis facit pronum ad iram defectus quàm excellentia.

2. Præterea, Philosophus dicit ibidem quòd *tunc aliqui maximè irascuntur, quando in eis despicitur id de quo potest esse suspicio quòd vel non insit eis, vel quòd sit in eis debiliter; sed cùm putant se multùm excellere in illis in quibus despiciuntur, non curant.* Sed prædicta suspicio ex defectu provenit. Ergo defectus est magis causa quòd aliquis irascatur, quàm excellentia.

3. Præterea, ea quæ ad excellentiam pertinent, maximè faciunt homines jucundos et bonæ spei esse. Sed Philosophus dicit in 2 Rhet., cap. 3, à med., quòd *in ludo, in risu, in festo, in prosperitate, in consummatione operum, in delectatione non turpi, et in spe optimâ homines non irascuntur.* Ergo excellentia non est causa iræ.

Sed contra est quod Philosophus in eodem libro dicit, cap. 9, quòd *homines propter excellentiam indignantur.*

Respondeo dicendum quòd causa iræ in eo qui irascitur dupliciter accipi potest : uno modo secundùm habitudinem ad motivum iræ; et sic excellentia est causa ut aliquis de facili irascatur; est enim motivum iræ injusta parvipensio, ut dictum est art. præc. Constat autem quòd quandò aliquis est excellentior, injustiùs parvipenditur in hoc in quo excellit; et ideò illi qui sunt in aliquâ excellentiâ, maximè irascuntur, si parvipendantur; putà si dives parvipenditur in pecuniâ, et rhetor in loquendo, et sic de aliis. Alio modo potest considerari causa iræ in eo qui irascitur, ex parte dispositionis quæ in eo relinquitur ex tali motivo. Manifestum est autem quòd nihil movet ad iram nisi nocumentum quod contristat. Ea autem quæ ad defectum pertinent, maximè sunt contristantia, quia homines defectibus subjacentes faciliùs læduntur. Et ista est causa quare homines qui sunt infirmi vel in aliis defectibus, faciliùs irascuntur, quia faciliùs contristantur.

Et per hoc patet responsio ad primum.

Ad secundum dicendum quòd ille qui despicitur in eo in quo manifestè multùm excellit, non reputat se aliquam jacturam pati, et ideò non contristatur; et ex hâc parte minùs irascitur, sed ex aliâ parte, in quantum indigniùs despicitur, habet majorem rationem vel irascendi, nisi fortè reputet se non invideri, subsannari (1) propter despectum, sed propter ignorantiam, vel propter aliud hujusmodi.

Ad tertium dicendum quòd omnia illa impediunt iram, in quantum impediunt tristitiam; sed ex aliâ parte nata sunt provocare iram, secundùm quòd faciunt hominem inconvenientiùs despici.

ARTICULUS IV. — *Utrùm defectus alicujus sit causa ut contra eum faciliùs irascamur.*

Ad quartum sic proceditur. 1. Videtur quòd defectus alicujus non sit causa ut contra ipsum faciliùs irascamur. Dicit enim Philosophus in 2 Rhet., cap. 3, parùm à princ., quòd *his qui confitentur, et pœnitent, et humiliantur, qui non irascimur, sed magis ad eos mitescimus; unde et canes non mordent eos qui resident.* Sed hoc pertinet ad parvitatem et defectum. Ergo parvitas alicujus est causa ut minùs irascamur.

2. Præterea, nullus est major defectus quàm mortis. Sed ad mortuos desinit ira. Ergo defectus alicujus non est causa provocativa iræ contra ipsum.

3. Præterea, nullus æstimat aliquem parvum ex hoc quòd est sibi amicus. Sed ad amicos, si nos offenderint, vel si non juverint, magis offendimur; unde dicitur in Psal. 54, 13 : *Si inimicus meus maledixisset mihi, sustinuissem utique.* Ergo defectus alicujus non est causa ut contra ipsum faciliùs irascamur.

Sed contra est quod Philosophus dicit in 2 Rhet., cap. 2, à princ., quòd *dives irascitur contra pauperem, si eum despiciat; et principans contra subditum.*

Respondeo dicendum quòd, sicut jam supra dictum est, art. 2 et 3 præc., indigna despectio est maximè provocativa iræ.

Defectus igitur vel parvitas ejus contra

---

(1) Ita cod. Alcan., edit. Rom. et Patav. Al., *rideri vel subsannari*; item, *videri vel sublimari.*

quem irascimur, facit ad augmentum iræ, in quantum auget indignam despectionem. Sicut enim quantò aliquis est major, tantò indigniùs despicitur, ita quantò aliquis est minor, tantò indigniùs despicit; et ideò nobiles irascuntur, si despiciantur à rusticis, vel sapientes ab insipientibus, vel domini à servis.

Si verò parvitas vel defectus diminuat despectionem indignam, talis parvitas non auget, sed diminuit iram. Et hoc modo illi qui pœnitent de injuriis factis, et confitentur se malè fecisse, et humiliantur, et veniam petunt, mitigant iram, secundùm illud Proverb. 15, 1 : *Responsio mollis frangit iram;* in quantum scilicet tales videntur non despicere, sed magis magnipendere eos quibus se humiliant.

Et per hoc patet responsio ad primum.

Ad secundum dicendum quòd duplex est causa quare ad mortuos cessat ira : una, quia non possunt dolere et sentire; quod maximè quærunt irati in his quibus irascuntur; alio modo, quia jam videntur ad ultimum malorum pervenisse; unde etiam ad quoscumque graviter læsos cessat ira, in quantum eorum malum excedit mensuram justæ retributionis.

Ad tertium dicendum quòd etiam despectio quæ est ab amicis, videtur esse magis indigna ; et ideò ex simili causâ magis irascimur contra eos, si despiciant vel nocendo, vel non juvando, sicut et contra minores.

QUÆSTIO XLVIII.

DE EFFECTIBUS IRÆ. — *(In quatuor articulos divisa.)*

Deinde considerandum est de effectibus iræ; et circa hoc quæruntur quatuor : 1° utrùm ira causet delectationem; 2° utrùm maximè causet fervorem in corde; 3° utrùm maximè impediat rationis usum; 4° utrùm causet taciturnitatem.

ARTICULUS PRIMUS. — *Utrùm ira causet delectationem.*

Ad primum sic proceditur. 1. Videtur quòd ira non causet delectationem. Tristitia enim delectationem excludit. Sed ira est semper cum tristitiâ, quia, ut dicitur in 7 Ethic., cap. 6, parùm à med., *omnis qui facit aliquid propter iram, facit tristatus.* Ergo ira non causat delectationem.

2. Præterea, Philosophus dicit in 4 Ethic., cap. 5, circa med., quòd *punitio quietat impetum iræ, delectationem pro tristitiâ faciens;* ex quo potest accipi quòd delectatio irato provenit ex punitione. Punitio autem excludit iram. Ergo, adveniente delectatione, ira tollitur. Non est ergo effectus delectationi conjunctus (1).

3. Præterea, nullus effectus impedit causam suam, cùm sit suæ causæ conformis. Sed delectationes impediunt iram, ut dicitur in 2 Rhet., cap. 3, circa med. Ergo delectatio non est effectus iræ.

(1) Ita cod. Alcan. et edit passim. Al., *effectus delectatio conjunctus iræ;* item, *effectus delectationis conjunctus.*

Sed contra est quòd Philosophus in eodem libro , cap. 2 , parùm à princ. , inducit proverbium , quòd *ira multò dulcior melle distillante in pectoribus virorum crescit.*

Respondeo dicendum quòd, sicut Philosophus dicit in 7 Ethic., cap. 14, delectationes, maximè sensibiles et corporales, sunt medicinæ quædam contra tristitiam ; et ideò quantò per delectationem contra majorem tristitiam vel anxietatem remedium præstatur, tantò delectatio magis percipitur ; sicut patet quòd quando aliquis sitit, delectabilior fit ei potus. Manifestum est autem ex prædictis, quæst. 47, art. 1, quòd motus iræ insurgit ex aliquâ illatâ injuriâ contristante, cui quidem tristitiæ remedium adhibetur per vindictam. Et ideò ad præsentiam vindictæ delectatio sequitur, et tantò major, quantò major fuit tristitia.

Si igitur vindicta fuerit præsens realiter, fit perfecta delectatio, quæ totaliter excludit tristitiam; et per hoc quietat motum iræ. Sed antequàm vindicta sit præsens realiter, fit irascenti præsens dupliciter : uno modo per spem, quia nullus irascitur nisi sperans vindictam, ut supra dictum est, quæst. 46, art. 1 ; alio modo secundùm continuam cogitationem; unicuique enim concupiscenti est delectabile immorari in cogitatione eorum quæ concupiscit; propter quod etiam imaginationes somniorum sunt delectabiles. Et ideò, cùm iratus multùm in animo suo cogitet de vindictâ, ex hoc delectatur; tamen delectatio non est perfecta, quæ tollat tristitiam, et per consequens iram.

Ad primum ergo dicendum quòd non de eodem iratus tristatur et gaudet; sed tristatur de illatâ injuriâ, delectatur autem de vindictâ cogitatâ et speratâ. Unde tristitia se habet ad iram sicut principium, sed delectatio sicut effectus vel terminus.

Ad secundum dicendum quòd objectio illa procedit de delectatione quæ causatur ex reali præsentiâ vindictæ, quæ totaliter tollit iram.

Ad tertium dicendum quòd delectationes præcedentes impediunt ne sequatur tristitia, et per consequens impediunt iram; sed delectatio de vindictâ consequitur ipsam iram (1).

ARTICULUS II. — *Utrùm ira maximè causet fervorem in corde.* — *(Verit. quæst. 26 , art. 1, c. fin.)*

Ad secundum sic proceditur. 1. Videtur quòd fervor non sit maximè effectus iræ. Fervor enim, sicut supra dictum est, quæst. 37, art. 2, pertinet ad amorem. Sed amor, sicut supra dictum est, quæst. 27, art. 4, principium est et causa omnium passionum. Cùm ergo causa sit potior effectâ, videtur quòd ira non faciat maximè fervorem.

2. Præterea, illa quæ de se excitant fervorem, per temporis assiduitatem magis augentur, sicut amor diuturnitate convalescit. Sed ira per tractum temporis debilitatur; dicit enim Philosophus, in 2 Rhet., cap. 3, post

(1) In cod. Alcan. et edit. Rom. deest *iram.*

med., quòd *tempus quietat iram*. Ergo ira non propriè causat fervorem.

3. Præterea, fervor additus fervori augmentat fervorem. Sed *major ira superveniens facit iram mitescere*, ut Philosophus dicit in 2 Rhet., ibid. Ergo ira non causat fervorem.

Sed contra est quod Damascenus dicit, lib. 2 orth. Fid., cap. 16, quòd *ira est fervor ejus qui circa cor est sanguinis, ex evaporatione fellis fiens*.

Respondeo dicendum quòd, sicut dictum est quæst. 44, art. 1, corporalis transmutatio quæ est in passionibus animæ, proportionatur-motui appetitûs. Manifestum est autem quòd quilibet appetitus, etiam naturalis, fortiùs tendit in id quod est sibi contrarium, si fuerit præsens; unde videmus quòd aqua calefacta magis congelatur, quasi frigido vehementiùs in calidum agente. Motus autem appetitivus iræ causatur ex aliquâ injuriâ illatâ, sicut ex quodam contrario injacente; et ideò appetitus potissimè tendit ad repellendam injuriam per appetitum vindictæ; et ex hoc sequitur magna vehementia et impetuositas in motu iræ.

Et quia motus iræ non est per modum retractionis, cui proportionatur frigus, sed magis per modum insecutionis, cui proportionatur calor; consequenter sit motus iræ causativus cujusdam fervoris sanguinis et spirituum circa cor, quod est instrumentum passionum animæ.

Et exinde est quòd propter magnam perturbationem cordis, quæ est in irâ, maximè apparent in iratis indicia quædam in exterioribus membris. Unde Gregorius dicit in 5 Moral., cap. 30, ante med. : *Iræ suæ stimulis accensum cor palpitat, corpus tremit, lingua se præpedit, facies ignescit, exasperantur oculi, et nequaquàm recognoscuntur nòti; ore quidem clamorem format, sed sensus quid loquatur ignorat.*

Ad primum ergo dicendum quòd *amor ipse non ita sentitur, nisi cùm eum prodit indigentia*, ut Augustinus dicit in 10 de Trin., cap. ult., circa fin. Et ideò, quando homo patitur detrimentum amatæ excellentiæ propter injuriam illatam, magis sentitur amor; et ideò ferventiùs cor movetur ad removendum impedimentum rei amatæ, ut sic fervor ipse amoris per iram crescat, et magis sentiatur. Et tamen fervor qui consequitur calorem, aliâ ratione pertinet ad amorem et ad iram. Nam fervor amoris est cum quâdam dulcedine et lenitate, est enim in bonum amatum; et ideò assimilatur calori aeris et sanguinis; propter quod sanguinei sunt magis amativi; et dicitur quòd *cogit amare jecur*, in quo sit quædam generatio sanguinis. Fervor autem iræ est cum amaritudine ad consumendum, quia tendit ad punitionem contrarii; unde assimilatur calori ignis et choleræ. Et propter hoc Damascenus dicit, lib. 2 orth. Fid., cap. 16, quòd *procedit ex evaporatione fellis, et fellea nominatur*.

Ad secundum dicendum quòd omne illud cujus causa per tempus diminuitur, necesse est quòd tempore debilitetur. Manifestum est autem quòd memoria tempore diminuitur :

quæ enim antiqua sunt, à memoriâ de facili excidunt. Ira autem causatur ex memoriâ injuriæ illatæ, et ideò causa iræ per tempus diminuitur paulatim, quousque tollatur. Major etiam videtur injuria, quando primò sentitur; et paulatim diminuitur ejus æstimatio, secundùm quòd magis receditur à præsenti sensu injuriæ. Et similiter etiam est de amore, si amoris causa remaneat in solâ memoriâ. Unde Philosophus dicit in 8 Ethic., cap. 5, non procul à princ., quòd *si diuturna fiat amici absentia, videtur amicitiæ oblivionem facere*, sed in præsentiâ amici semper per tempus multiplicatur causa amicitiæ, et ideò amicitia crescit. Et similiter esset de irâ, si continuè multiplicaretur causa ipsius. Tamen hoc ipsum quòd ira citò consumitur, attestatur vehementi furori ipsius. Sicut enim ignis magnus citò extinguitur, consumptâ materiâ, ita etiam ira propter suam vehementiam citò deficit.

Ad tertium dicendum quòd omnis virtus divisa in plures partes diminuitur; et ideò quando aliquis iratus alicui irascitur postmodùm alteri, ex hoc ipso diminuitur ira ad primum; et præcipuè si ad secundum fuerit major ira. Nam injuria quæ excitavit iram ad primum, videbitur comparatione secundæ injuriæ, quæ æstimatur major, esse parva vel nulla.

ARTICULUS III. — *Utrùm ira maximè impediat rationis usum.* — (Inf., art. 4, corp., et 2-2, qu. 41, art. 2, ad 3, et qu. 157, art. 4, corp., et Mal. qu. 12, art. 1.)

Ad tertium sic proceditur. 1. Videtur quòd ira non impediat rationem. Illud enim quod est cum ratione, non videtur esse rationis impedimentum. Sed ira est cum ratione, ut dicitur in 7 Ethic., cap. 6, circa princ. Ergo ira non impedit rationem.

2. Præterea, quantò magis impeditur ratio, tantò diminuitur manifestatio. Sed Philosophus dicit in 7 Eth., loc. cit., quòd *iracundus non est insidiator, sed manifestus*. Ergo ira non videtur impedire usum rationis, sicut concupiscentia, quæ est insidiosa, ut ibidem dicitur.

3. Præterea, judicium rationis evidentius sit ex adjunctione contrarii, quia *contraria juxta se posita magis elucescunt*. Sed ex hoc etiam crescit ira; dicit enim Philosophus in 2 Rhet., cap. 2, post. med., quòd *magis homines irascuntur, si contraria præexistunt, sicut honorati, si dehonorentur*, et sic de aliis. Ergo ex eodem ira crescit, et judicium rationis adjuvatur. Non ergo ira impedit judicium rationis.

Sed contra est quod Gregorius dicit in 5 Moral., cap. 30, parùm à princ., quòd *ira intelligentiæ lucem subtrahit, cùm mentem permovendo confundit*.

Respondeo dicendum quòd mens vel ratio, quamvis non utatur organo corporali in suo proprio actu, tamen, quia indiget ad sui actum quibusdam viribus sensitivis, quarum actus impediuntur corpore perturbato, necesse est quòd perturbationes corporales etiam judicium rationis impediant, sicut patet in ebrietate et somno. Dictum est autem, artic. præc., quòd ira maximè facit perturbaionem corporalem circa cor, ita ut etiam usque ad exteriora membra derivetur. Unde ira inter cæteras passiones manifestiùs impedit judicium rationis, secundùm illud Psalm. 30, 10: *Conturbatus est in irâ oculus meus.*

Ad primum ergo dicendum quòd à ratione est principium iræ quantùm ad motum appetitivum, qui est formalis in irâ; sed perfectum judicium rationis passio iræ præoccupat, quasi non perfectè rationem audiens, propter commotionem caloris velociter impellentis, quæ est materialis in irâ; et quantùm ad hoc, impedit judicium rationis.

Ad secundum dicendum quòd iracundus dicitur esse *manifestus*, non quia manifestum fit sibi quid facere debeat, sed quia manifestè operatur, non quærens aliquam occultationem. Quod partim contingit propter impedimentum rationis, quæ non potest discernere quid sit occultandum et quid manifestandum, nec etiam excogitare occultandi vias; partim verò est ex ampliatione cordis, quæ pertinet ad magnanimitatem, quam facit ira. Unde et de magnanimo Philosophus dicit in 4 Ethic., cap. 3, à med., quòd est *manifestus oditor et amator, et manifestè dicit et operatur.* Concupiscentia autem dicitur esse *latens et insidiosa,* quia ut plurimùm delectabilia quæ concupiscuntur habent turpitudinem quamdam et mollitiem, in quibus homo vult latere. In his autem quæ sunt virilitatis et excellentiæ, cujusmodi sunt vindictæ, quærit homo manifestus esse.

Ad tertium dicendum quòd, sicut dictum est qu. 46, art. 4, motus iræ à ratione incipit; et ideò secundùm idem appositio (1) contrarii ad contrarium adjuvat judicium rationis, et auget iram. Cùm enim aliquis habet honorem vel divitias, et postea incurrit alicujus detrimentum, illud detrimentum apparet majus, tum propter vicinitatem contrarii, tum quia erat inopinatum, et ideò causat majorem tristitiam; sicut etiam magna bona ex inopinato venientia causant majorem delectationem; et secundùm augmentum tristitiæ præcedentis consequenter augetur et ira.

ARTICULUS IV. — *Utrùm ira maximè causet taciturnitatem.*

Ad quartum sic proceditur. 1. Videtur quòd ira non causet taciturnitatem. Taciturnitas enim locutioni opponitur. Sed per incrementum iræ usque ad locutionem pervenitur, ut patet per gradus iræ quos Dominus assignat Matth. 5, 22, dicens : *Qui irascitur fratri....., et qui dixerit fratri suo : Raca..., et qui dixerit fratri suo : Fatue.* Ergo ira non causat taciturnitatem.

2. Præterea, ex hoc quòd custodia rationis deficit, contingit quòd homo prorumpat ad verba inordinata; unde dicitur Proverb. 25, 28 : *Sicut urbs patens, et absque murorum ambitu; ita vir qui non potest cohibere in loquendo spiritum suum.* Sed ira maximè impedit judicium rationis, ut dictum est art.

(1) Al., *oppositio.*

præc. Ergo facit maximè profluere in verba inordinata. Non ergo causal taciturnitatem.

3. Præterea, Matth. 12, 34, dicitur : *Ex abundantiâ cordis os loquitur.* Sed per iram cor maximè perturbatur, ut dictum est artic. 2 hujus qu. Ergo maximè causat locutionem. Non ergo causat taciturnitatem.

Sed contra est quod Gregorius dicit in 5 Moral., cap. 30, circa med., quòd *ira per silentium clausa intra mentem vehementiùs æstuat.*

Respondeo dicendum quòd ira, sicut jam dictum est art. præc., ad 1, et cum ratione est, et impedit rationem; et ex utrâque parte potest taciturnitatem causare.

Ex parte quidem rationis, quando judicium rationis in tantum viget, quod etsi non cohibeat affectum ab inordinato appetitu vindictæ, cohibet tamen linguam ab inordinatâ locutione. Unde Gregorius in 5 Moral., loc. sup. cit., dicit : *Aliquando ira, perturbato animo, quasi ex judicio silentium inducit.*

Ex parte verò impedimenti rationis, quia, sicut dictum est art. 2 huj. quæst., perturbatio iræ usque ad exteriora membra perducitur, et maximè usque ad illa membra in quibus expressiùs relucet vestigium cordis, sicut in oculis, et in facie, et in linguâ; unde, sicut dictum est art. 2 hujus quæst., *lingua se præpedit, facies ignescit, exasperantur oculi.* Potest ergo esse tanta perturbatio iræ quòd omninò impediatur lingua ab usu loquendi; et tunc sequitur taciturnitas.

Ad primum ergo dicendum quòd augmentum iræ quandoque est usque ad impediendam rationem à cohibitione linguæ; quandoque autem ultra procedit, usque ad impediendum motum linguæ et aliorum membrorum exteriorum.

Et per hoc etiam patet solutio ad secundum.

Ad tertium dicendum quòd perturbatio cordis quandoque potest superabundare usque ad hoc quòd per inordinatum motum cordis impediatur motus exteriorum membrorum; et tunc causatur taciturnitas et immobilitas exteriorum membrorum, et quandoque etiam mors. Si autem non fuerit tanta perturbatio, tunc ex superabundantiâ perturbationis cordis sequitur oris locutio.

QUÆSTIO XLIX.
DE HABITIBUS IN GENERALI, QUOAD EORUM SUBSTANTIAM. — (*In quatuor articulos divisa.*)

Post actus et passiones considerandum est de principiis humanorum actuum; et primò de principiis intrinsecis; secundò de principiis extrinsecis. Principium autem intrinsecum est potentia et habitus. Sed quia de potentiis in primâ parte dictum est, qu. 77, nunc restat de habitibus considerandum.

Et primò quidem in generali; secundò verò de virtutibus et vitiis, et hujusmodi aliis habitibus, qui sunt humanorum actuum principia.

Circa ipsos autem habitus in generali quatuor consideranda sunt : 1° quidem de ipsâ substantiâ habituum; 2° de subjecto eorum; 3° de causâ generationis, augmenti et corruptionis ipsorum; 4° de distinctione ipsorum

Circa primum quæruntur quatuor : 1° Utrùm habitus sit qualitas ; 2° utrùm sit determinata species qualitatis ; 3° utrùm habitus importet ordinem ad actum ; 4° de necessitate habitûs.

ARTICULUS PRIMUS. — *Utrùm habitus sit qualitas.*—(1, dist. 3, qu. 5, ad 5 ; et 2, dist. 22, art. 1 et 2, qu. 1, corp., et Verit. qu. 20, art. 2, corp.)

Ad primum sic proceditur. 1. Videtur quòd habitus non sit qualitas. Dicit enim Augustinus in lib. 83 QQ., qu. 73, quòd hoc nomen *habitus* dictum est ab hoc verbo *habere.* Sed habere non solùm pertinet ad qualitatem, sed et ad alia genera ; dicimur enim habere quantitatem et pecuniam, et alia hujusmodi. Ergo habitus non est qualitas.

2. Præterea, habitus ponitur unum prædicamentum, ut patet in lib. Præd., cap. *Habere.* Sed unum prædicamentum non continetur sub alio. Ergo habitus non est qualitas.

3. Præterea, omnis habitus est dispositio, ut dicitur in Prædicam., cap. *de Qualit.* Sed *dispositio est ordo habentis partes*, ut dicitur in 5 Metaph., text. 24. Hoc autem pertinet ad prædicamentum sitûs, Ergo habitus non est qualitas.

Sed contra est quod Philosophus dicit in Prædicam., loc. cit., quòd *habitus est qualitas de difficili mobilis.*

Respondeo dicendum quòd hoc nomen *habitus* ab habendo est sumptum ; à quo quidem nomen *habitus* dupliciter derivatur : uno quidem modo secundùm quòd homo vel quæcumque alia res dicitur aliquid habere ; alio modo secundùm quòd aliqua res aliquo modo habet se in seipsâ, vel ad aliquid aliud.

Circa primum considerandum est quòd *habere*, secundùm quòd dicitur respectu cujuscumque quod habetur, commune est ad diversa genera. Unde Philosophus inter Postprædicamenta *habere* ponit, quæ scilicet diversa rerum genera consequuntur, sicut sunt *opposita, et prius, et posterius,* et alia hujusmodi.

Sed inter ea quæ habentur, talis videtur esse distinctio, quòd quædam sunt in quibus nihil est medium inter habens et id quod habetur, sicut inter subjectum (1) et qualitatem vel quantitatem nihil est medium ; quædam verò sunt in quibus non est aliquod medium inter utrumque, sed sola relatio, sicut dicitur aliquis habere socium vel amicum ; quædam verò sunt inter quæ est aliquid medium, non quidem actio vel passio, sed aliquid per modum actionis vel passionis, prout scilicet unum est ornans vel regens, et aliud ornatum aut rectum. Unde Philosophus dicit in 5 Metaph., text. 25, quòd *habitus dicitur tanquàm actio quædam habentis et habiti ;* sicut est in illis quæ circa nos habemus. Et ideò in his constituitur unum speciale genus rerum, quod dicitur *prædicamentum habitûs ;* de quo dicit Philosophus in 5 Metaph., ibid., quòd *inter habentem indumentum, et indumentum quod habetur, est habitus medius.*

Si autem sumatur *habere* prout res aliqua dicitur quodammodò se habere in seipsâ vel ad aliquid aliud, cùm iste modus se habendi sit secundùm aliquam qualitatem, hoc modo habitus quædam qualitas est ; de quâ Philosophus in 5 Metaph., loc. sup. cit., dicit quòd *habitus dicitur dispositio secundùm quam benè vel malè disponitur dispositum aut secundùm se aut ad aliud ;* ut sanitas habitus quidam est. Et sic loquimur nunc de habitu ; unde dicendum est quòd habitus est qualitas.

Ad primum ergo dicendum quòd objectio illa procedit de *habere* communiter sumpto : sic enim est commune ad multa genera, ut dictum est in corp. art.

Ad secundum dicendum quòd ratio illa procedit de habitu secundùm quòd intelligitur aliquid medium inter habens et id quod habetur ; sic enim est quoddam prædicamentum, ut dictum est in corp. art.

Ad tertium dicendum quòd dispositio quidem semper importat ordinem alicujus habentis partes ; sed hoc contingit tripliciter, ut statim ibidem Philosophus subdit ; scilicet aut secundùm locum, aut secundùm potentiam, aut secundùm speciem ; in quo, ut Simplicius dicit in comment. Prædicamentorum , in cap. *de Qual.,* comprehendit omnes dispositiones ; corporales quidem in eo quòd dicit *secundùm locum ;* et hoc pertinet ad prædicamentum *sitûs,* qui est ordo partium in loco ; quod autem dicit *secundùm potentiam,* includit illas dispositiones quæ sunt in præparatione et idoneitate, nondùm perfectè, sicut scientia et virtus inchoata ; quod autem dicit *secundùm speciem,* includit perfectas dispositiones, quæ dicuntur *habitus,* sicut scientia et virtus completè.

ARTICULUS II. — *Utrùm habitus sit determinata species qualitatis.*

Ad secundum sic proceditur. 1. Videtur quòd habitus non sit determinata species qualitatis, quia, ut dictum est art. præc., habitus, secundùm quòd est qualitas, dicitur *dispositio secundùm quam benè aut malè disponitur dispositum.* Sed hoc contingit secundùm quamlibet qualitatem ; nam et secundùm figuram contingit aliquid benè vel malè esse dispositum, et similiter secundùm calorem et frigus, et secundùm omnia hujusmodi. Ergo habitus non est determinata species qualitatis.

2. Præterea, Philosophus in Prædicamentis, cap. *de Qual.,* caliditatem et frigiditatem dicit esse dispositiones vel habitus, sicut ægritudinem et sanitatem. Sed calor et frigus sunt in tertiâ specie qualitatis. Ergo habitus vel dispositio non distinguitur ab aliis speciebus qualitatis.

3. Præterea, difficilè mobile non est differentia pertinens ad genus qualitatis ; sed magis pertinet ad motum vel passionem. Nullum autem genus determinatur ad speciem per differentiam alterius generis ; sed oportet *differentiam per se advenire generi,* ut Philosophus dicit in 7 Metaph., text. 42 et seq. Ergo, cùm habitus dicatur esse *qualitas difficilè mobilis,* videtur quòd non sit determinata species qualitatis.

(1) Al., *objectum.*

Sed contra est quod Philosophus dicit in Prædicamentis, cap. *de Qual.*, quòd *una species qualitatis est habitus et dispositio.*

Respondeo dicendum quòd Philosophus in Prædicamentis, cap. *de Qual.*, ponit inter quatuor species qualitatis *primam dispositionem et habitum.*

Quarum quidem specierum differentias sic assignat Simplicius in Commentar. Prædicament., ibidem, dicens quòd qualitatum quædam sunt naturales, quæ secundùm naturam insunt, et semper; quædam autem sunt adventitiæ, quæ ab extrinseco efficiuntur, et possunt amitti. Et hæ quidem quæ sunt adventitiæ, sunt habitus et dispositiones, secundùm *facilè et difficilè amissibile* differentes. Naturalium autem qualitatum quædam sunt secundùm id quòd aliquid est in potentia; et sic est secunda species qualitatis; quædam verò, secundùm id quòd aliquid est in actu, et hoc vel in profundum, vel secundùm superficiem; si in profundum quidem, sic est tertia species qualitatis; secundùm verò superficiem est quarta species qualitatis; sicut *figura et forma*, quæ est figura animati. Sed ista distinctio specierum qualitatis inconveniens videtur. Sunt enim multæ figuræ et qualitates possibiles non naturales, sed adventitiæ, et multæ dispositiones non adventitiæ, sed naturales, sicut sanitas et pulchritudo, et hujusmodi; et propter hoc non convenit ordini specierum : semper enim quod naturale est, prius est.

Et ideò aliter accipienda est distinctio dispositionum et habituum ab aliis qualitatibus. Propria enim qualitas importat quemdam modum substantiæ; modus autem est, ut dicit Augustinus, 4 super Genes. ad litt., cap. 3, in med., *quem mensura præfigit;* unde importat quamdam determinationem secundùm aliquam mensuram. Et ideò sicut id secundùm quod determinatur potentia materiæ secundùm esse substantiale, dicitur qualitas, quæ est differentia substantiæ; ita id secundùm quod determinatur potentia subjecti secundùm esse accidentale, dicitur qualitas accidentalis, quæ est etiam quædam differentia, ut patet per Philosophum, in 5 Metaph., text. 19. Modus autem sive determinatio subjecti secundùm esse accidentale potest accipi vel in ordine ad ipsam naturam subjecti, vel secundùm actionem et passionem quæ consequuntur principia naturæ, quæ sunt materia et forma; vel secundùm quantitatem. Si autem accipiatur modus vel determinatio subjecti (1) secundùm quantitatem, sic est quarta species qualitatis. Et quia quantitas secundùm sui rationem est sine motu, et sine ratione boni et mali, ideò ad quartam speciem qualitatis non pertinet quòd aliquid sit benè vel malè dispositum, nec citò vel tardè transiens. Modus autem sive determinatio subjecti secundùm actionem et passionem, attenditur in secundâ vel tertiâ specie qualitatis. Et ideò in utrâque consideratur quòd aliquid facilè vel difficilè fiat, vel quòd sit citò transiens aut diuturnum, non autem considera-

(1) Al., *objecti.*

tur in his aliquid pertinens ad rationem boni vel mali, quia motus et passiones non habent rationem finis. Bonum autem et malum dicitur per respectum ad finem. Sed modus et determinatio subjecti in ordine ad naturam rei pertinet ad primam speciem qualitatis, quæ est *habitus et dispositio*. Dicit enim Philosophus in 7 Phys., text. 17, ac deinceps, loquens de habitibus animæ et corporis, quòd sunt *dispositiones quædam perfecti ad optimum; dico autem perfecti, quod est dispositum secundùm naturam*. Et quia *ipsa forma et natura rei est finis, et cujus causâ fit aliquid*, ut dicitur in 2 Physic., text. 23, ideò in primâ specie consideratur et *bonum* et *malum*, et etiam *facilè* et *difficilè mobile*, secundùm quòd aliqua natura est finis generationis et motûs. Unde in 5 Metaph., text. 25, Philosophus definit habitum, quod est *dispositio secundùm quam aliquis disponitur benè vel malè;* et in 2 Ethic., cap. 4, sive 5, parùm à princ., dicit quòd *habitus sunt secundùm quos ad passiones nos habemus benè vel malè*. Quando enim est modus conveniens naturæ rei, tunc habet rationem boni; quando autem non convenit, tunc habet rationem mali.

Et quia natura est id quod primum consideratur in re, ideò *habitus* ponitur prima species qualitatis.

Ad primum ergo dicendum quòd dispositio ordinem quemdam importat, ut dictum est art. præc., ad 3; unde non dicitur aliquis disponi per qualitatem nisi in ordine ad aliquid; et si addatur *benè* vel *malè*, quod pertinet ad rationem habitus, oportet quòd attendatur ordo ad naturam, quæ est finis. Unde secundùm figuram, vel secundùm calorem vel frigus non dicitur aliquis disponi benè vel malè, nisi secundùm ordinem ad naturam rei, secundùm quòd est conveniens vel non conveniens. Unde et ipsæ figuræ et passibiles qualitates, secundùm quòd considerantur ut convenientes vel non convenientes naturæ rei, pertinent ad habitus vel dispositiones. Nam figura, prout convenit naturæ rei, et color, pertinent ad pulchritudinem; calor autem et frigus, secundùm quòd conveniunt naturæ rei, pertinent ad sanitatem. Et hoc modo caliditas et frigiditas ponuntur à Philosopho in primâ specie qualitatis.

Unde patet solutio ad secundum, licèt à quibusdam aliter solvatur, ut Simplicius dicit in Comment. Prædicamentorum, cap. *de Qualit.*

Ad tertium dicendum quòd ista differentia *difficilè mobile* non diversificat habitum ab aliis speciebus qualitatis, sed à dispositione. Dispositio autem dupliciter accipitur : uno modo secundùm quòd est genus habitus, nam in 5 Metaph., text. 25, *dispositio* ponitur in definitione habitûs. Alio modo secundùm quòd est aliquid contra habitum divisum; et potest intelligi dispositio propriè dicta condividi contra habitum dupliciter : uno modo sicut perfectum et imperfectum in eâdem specie, ut scilicet *dispositio* dicatur retinens nomen commune, quando imperfectè inest, ita quòd de facili amittatur; *habitus* autem, quando perfectè inest, ut non de facili amittatur, et sic dispositio fit habitus, sicut puer fit vir. Alio modo possunt distingui, sicut diversæ species unius generis subalterni, ut dicantur *dispositiones* illæ qualitates primæ speciei quibus convenit secundùm propriam rationem ut de facili amittantur, quia habent causas transmutabiles, ut ægritudo et sanitas; *habitus* verò dicantur illæ qualitates quæ secundum suam rationem habent quòd non de facili transmutentur, quia habent causas immobiles; sicut scientiæ et virtutes; et secundùm hoc dispositio non fit habitus. Et hoc videtur magis consonum intentioni Aristotelis. Unde ad hujus distinctionis probationem, inducit communem loquendi consuetudinem, secundùm quam qualitates quæ secundùm rationem suam sunt facilè mobiles, si ex aliquo accidenti difficilè mobiles reddantur, *habitus* dicuntur; et è converso est de qualitatibus quæ secundùm suam rationem sunt difficilè mobiles : nam si aliquis imperfectè habeat scientiam, ut de facili possit ipsam amittere, magis dicitur disponi ad scientiam quam scientiam habere. Ex quo patet quòd nomen *habitûs* diuturnitatem quamdam importat, non autem nomen *dispositionis*. Nec impeditur quin secundùm hoc *facilè* et *difficilè mobile* sint specificæ differentiæ, propter hoc quòd ista pertinent ad passionem et motum, et non ad genus qualitatis; nam istæ differentiæ, quamvis per accidens videantur se habere ad qualitatem, designant tamen proprias et per se differentias qualitatum, sicut etiam in genere substantiæ frequenter accipiuntur differentiæ accidentales loco substantialium, in quantum per eas designantur principia essentialia.

ARTICULUS III. — *Utrùm habitus importet ordinem ad actum.* — (*Inf., art. 4, corp., et quæst.* 50, *art.* 1, *ad* 3.)

Ad tertium sic proceditur. 1. Videtur quòd habitus non importet ordinem ad actum. *Unumquodque enim agit secundùm quòd est actu.* Sed Philosophus dicit in 3 de Animâ (text. 8), quòd *cùm aliquis sit sciens secundùm habitum, est etiam tunc in potentiâ, aliter tamen quàm ante addiscere.* Ergo habitus non importat habitudinem principii ad actum.

2. Præterea, illud quod ponitur in definitione alicujus, per se convenit illi. Sed *esse principium actionis* ponitur in definitione potentiæ, ut patet in 5 Met., text. 17. Ergo esse principium actûs per se convenit potentiæ. Quod autem est per se, est principium in unoquoque genere. Si ergo etiam habitus sit principium actûs, sequitur quòd sit posterior quàm potentia, et sic non erit prima species qualitatis habitus vel dispositio.

3. Præterea, sanitas quandoque est habitus, et similiter macies et pulchritudo. Sed ista non dicuntur per ordinem ad actum. Non est ergo de ratione habitûs quòd sit principium actûs.

Sed contra est quod Augustinus dicit in lib. de Bono conjugali, cap. 21, paulò à princ., quòd *habitus est quo aliquid agitur, cùm opus est*; et Comment. dicit in 3 de Animâ, com-

ment. 18, quòd *habitus est quo quis agit cùm voluerit.*

Respondeo dicendum quòd habere ordinem ad actum potest competere habitui et secundùm rationem habitûs, et secundùm rationem subjecti in quo est habitus.

Secundùm quidem rationem habitûs convenit omni habitui aliquo modo habere ordinem ad actum; est enim de ratione habitûs ut importet habitudinem quamdam in ordine ad naturam rei, secundùm quòd convenit vel non convenit. Sed natura rei, quæ est finis generationis, ulteriùs etiam ordinatur ad alium finem, qui vel est operatio, vel aliquod operatum, ad quod quis pervenit per operationem. Unde habitus non solùm importat ordinem ad ipsam naturam rei, sed etiam consequenter ad operationem, in quantum hæc est finis naturæ, vel perducens ad finem. Unde et in 5 Metaph., text. 25, dicitur in definitione habitûs quòd *est dispositio secundùm quam benè vel malè disponitur dispositum, aut secundùm se,* id est secundùm suam naturam, *aut ad aliud,* id est, in ordine ad finem.

Sed sunt quidam habitus qui etiam ex parte subjecti in quo sunt primò et principaliter important ordinem ad actum, quia, ut dictum est art. præc., habitus primò et per se importat habitudinem ad naturam rei. Si igitur natura rei, in quâ est habitus, consistat in ipso ordine ad actum, sequitur quòd habitus principaliter importet ordinem ad actum. Manifestum est autem quòd natura et ratio potentiæ est ut sit principium actûs. Unde omnis habitus qui est alicujus potentiæ ut subjecti, principaliter importat ordinem ad actum.

Ad primum ergo dicendum quòd habitus est actus quidam, in quantum est qualitas; et secundùm hoc potest esse principium operationis; sed est in potentiâ per respectum ad operationem : unde habitus dicitur *actus primus,* et operatio *actus secundus,* ut patet in 2 de Animâ, text. 5.

Ad secundum dicendum quòd non est de ratione habitûs quòd respiciat potentiam, sed quòd respiciat naturam. Et quia natura præcedit actionem, quam respicit potentia, ideò prior species qualitatis ponitur habitus quàm potentia.

Ad tertium dicendum quòd sanitas dicitur *habitus* vel *habitualis dispositio* in ordine ad naturam, sicut dictum est in corp. art. : in quantum tamen natura est principium actûs, ex consequenti importat ordinem ad actum. Unde Philosophus dicit in 10 de Historiâ animalium, cap. 1, circ. princ., quòd *homo dicitur esse sanus, vel membrum aliquod, quando potest facere operationem sani;* et est simile in aliis.

ARTICULUS IV. — *Utrùm sit necessarium esse habitum.* — (*Ver. quæst.* 20, *art.* 2, *corp., et Ver. quæst.* 1, *art.* 1, *corp., et ad* 2 *et* 13, *et quæst.* 2, *art.* 2, *corp.*)

Ad quartum sic proceditur. 1. Videtur quòd non sit necessarium esse habitum. Habitus enim sunt quibus aliquid disponitur benè vel malè ad aliquid, sicut dictum est art. 2 hujus qu. Sed per suam formam aliquid benè vel malè disponitur; nam secundùm formam aliquid est bonum, sicut et ens. Ergo nulla necessitas est habituum.

2. Præterea, habitus importat ordinem ad actum. Sed potentia importat principium actûs sufficienter; nam et potentiæ naturales absque habitibus sunt principia actuum. Ergo non fuit necessarium habitus esse.

3. Præterea, sicut potentia se habet ad bonum et ad malum, ita et habitus; et sicut potentia non semper agit, ita nec habitus. Existentibus igitur potentiis, superfluum fuit habitum esse.

Sed contra est quòd *habitus sunt perfectiones quædam*, ut dicitur in 7 Phys., text. 17. Sed perfectio est maximè necessaria rei, cùm habeat rationem finis; ergo necessarium fuit habitus esse.

Respondeo dicendum quòd, sicut supra dictum est, art. 2 et 3 hujus qu., habitus importat dispositionem quamdam in ordine ad naturam rei, et operationem vel finem ejus, secundùm quam benè vel malè aliquid ad hoc disponitur (1).

Ad hoc autem quòd aliquid indigeat disponi ad alterum, tria requiruntur : primò quidem ut id quod disponitur sit alterum ab eo ad quod disponitur, et sic se habeat ad ipsum ut potentia ad actum. Unde, si aliquid sit cujus natura non sit composita ex potentiâ et actu, et cujus substantia sit sua operatio, et ipsum sit propter seipsum, ibi habitus vel dispositio locum non habet, sicut patet in Deo. Secundò requiritur quòd id quod est in potentiâ ad alterum, possit pluribus modis determinari, et ad diversa. Unde si aliquid sit in potentiâ ad alterum, ita tamen quòd non sit in potentiâ nisi ad ipsum, ibi dispositio et habitus locum non habet, quia tale subjectum ex suâ naturâ habet debitam habitudinem ad talem actum. Unde, si corpus cœleste sit compositum ex materiâ et formâ, cùm illa materia non sit in potentiâ ad aliam formam, ut in 1 dictum est, qu. 66, art. 2, non habet ibi locum dispositio vel habitus ad formam aut etiam ad operationem, quia natura cœlestis corporis non est in potentiâ nisi ad unum motum determinatum. Tertiò requiritur quòd plura concurrant ad disponendum subjectum ad unum eorum ad quæ est in potentiâ, quæ diversis modis commensurari possunt; ut sic disponatur benè vel malè ad formam vel ad operationem. Unde qualitates simplices elementorum, quæ secundùm unum modum determinatum naturis elementorum conveniunt, non dicimus *dispositiones* vel *habitus*, sed *simplices qualitates*. Dicimus autem *dispositiones* vel *habitus*, sanitatem, pulchritudinem, et alia hujusmodi, quæ important quamdam commensurationem plurium, quæ diversis modis commensurari possunt. Propter quod Philosophus dicit in 5 Metaph., text. 24 et 25, quòd *habitus est dispositio*; et dispositio est *ordo habentis partes vel secundùm locum, vel secundùm potentiam, vel secundùm speciem*, ut supra dictum est, art. 1 hujus quæst., ad 3.

Quia igitur multa sunt entium, ad quorum naturas et operationes necesse est plura concurrere, quæ diversis modis commensurari possunt, ideò necesse est habitus esse.

Ad primum ergo dicendum quòd per formam perficitur natura rei, sed oportet quòd in ordine ad ipsam formam disponatur sub-jectum aliquâ dispositione; ipsa tamen forma ordinatur ulteriùs ad operationem, quæ est vel finis vel via in finem. Et, siquidem habeat forma determinatè (1) unam tantùm operationem determinatam, nulla alia dispositio requiritur ad operationem præter ipsam formam. Si autem sit talis forma quæ possit diversimodè operari sicut est anima, oportet quòd disponatur ad suas operationes per aliquos habitus.

Ad secundum dicendum quòd potentia quandoque se habet ad multa, et ideò oportet quòd aliquo alio determinetur. Si verò sit aliqua potentia quæ non se habeat ad multa, non indiget habitu determinante, ut dictum est in corp. art., et propter hoc vires naturales non agunt operationes suas mediantibus aliquibus habitibus, quia secundùm seipsas sunt determinatæ ad unum.

Ad tertium dicendum quòd non idem habitus se habet ad bonum et malum, sicut infra patebit, qu. 54, art. 3, eadem autem potentia se habet ad bonum vel malum; et ideò necessarii sunt habitus, ut potentiæ determinentur ad bonum.

QUÆSTIO L.

DE SUBJECTO HABITUUM. — (*In sex articulos divisa.*)

Deinde considerandum est de subjecto habituum; et circa hoc quæruntur sex : 1° utrùm in corpore sit aliquis habitus; 2° utrùm anima sit subjectum habitûs secundùm suam essentiam vel secundùm suam potentiam; 3° utrùm in potentiis sensitivæ partis possit esse aliquis habitus; 4° utrùm in ipso intellectu sit aliquis habitus; 5° utrùm in voluntate sit aliquis habitus; 6° utrùm in substantiis separatis.

ARTICULUS PRIMUS. — *Utrùm in corpore sit aliquis habitus.*

Ad primum sic proceditur. 1. Videtur quòd in corpore non sit aliquis habitus. Ut enim Commentator dicit in 3 de Animâ, comment. 18, *habitus est quo quis agit cùm voluerit*. Sed actiones corporales non subjacent voluntati, cùm sint naturales. Ergo in corpore non potest esse aliquis habitus.

2. Præterea, omnes dispositiones corporales sunt facilè mobiles. Sed habitus est qualitas difficilè mobilis. Ergo nulla dispositio corporalis potest esse habitus.

3. Præterea, omnes dispositiones corporales subjacent alterationi. Sed alteratio non

---

(1) Ita cum cod. Alcan. edit Romana. Nicolaius, *ad hunc.* Edit. Patav., *ad alterum disponitur.* Al. item, *secundùm quem.* Cod. Tarrac., *secundùm quam aliquid ad hoc disponitur.* Vide infra, quæst. 50, art. 5, in corp.

(1) Ita cod. Tarrac., Garcia et edit. Patav. Cod. Alcan. et edit. Rom., *determinare.* Nicolaius, *determinata.*

est nisi in tertiâ specie qualitatis, quæ dividitur contra habitum. Ergo nullus habitus
est in corpore.

Sed contra est quòd Philosophus, in Prædicamentis, cap. *de Qual.*, sanitatem corporis,
vel infirmitatem insanabilem, *habitum* nominari dicit.

Respondeo dicendum quòd, sicut supra dictum est, quæst. præc., art. 2, 3 et 4, habitus est quædam dispositio alicujus subjecti
existentis in potentiâ vel ad formam, vel ad
operationem.

Secundùm ergo quòd habitus importat dispositionem ad operationem, nullus habitus
est principaliter in corpore sicut in subjecto.
Omnis enim operatio corporis est aut à naturali qualitate corporis, aut est ab animâ
movente corpus. Quantùm igitur ad illas
operationes quæ sunt à naturâ, non disponitur corpus per aliquem habitum, quia
virtutes naturales sunt determinatæ ad unum.
Dictum est autem, quæst. præc., art. 4, quòd
habitualis dispositio requiritur ubi subjectum est in potentiâ ad multa. Operationes
verò quæ sunt ab animâ per corpus, principaliter quidem sunt ipsius animæ, secundariò verò ipsius corporis. Habitus autem proportionantur operationibus; unde *ex similibus
actibus similes habitus causantur*, ut dicitur
in 2 Ethic., cap. 1 et 2. Et ideò dispositiones
ad tales operationes principaliter sunt in
animâ; in corpore verò possunt esse secundariò, in quantum scilicet corpus disponitur
et habilitatur ad promptè deserviendum operationibus animæ.

Si verò loquamur de dispositione subjecti
ad formam, sic habitualis dispositio potest
esse in corpore, quod comparatur ad animam
sicut subjectum ad formam; et hoc modo sanitas et pulchritudo, et hujusmodi, *habituales
dispositiones* dicuntur; non tamen perfectè
habent rationem habituum, quia causæ eorum
ex suâ naturâ de facili transmutabiles sunt.

Alexander verò posuit nullo modo habitum vel dispositionem primæ speciei esse in
corpore, ut Simplicius refert in Comm. Præd.,
in cap. *de Qual.*, sed dicebat primam speciem
qualitatis pertinere tantùm ad animam; et
quod Aristot. inducit in Præd. de sanitate et
ægritudine, non inducit quasi pertineant ad
primam speciem qualitatis; sed per modum
exempli; ut sit sensus quòd sicut ægritudo
et sanitas possunt esse facilè vel difficilè mobiles, ita etiam qualitates primæ speciei, quæ
dicuntur *habitus* et *dispositio*. Sed hoc patet
esse contra intentionem Aristot., tum quia
eodem modo loquendi utitur amplificando
de sanitate, et ægritudine, et de virtute, et de
scientiâ; tum quia in 7 Phys., text. 17, ponit
expressè inter habitus pulchritudinem et sanitatem.

Ad primum ergo dicendum quòd objectio
illa procedit de habitu secundùm quòd est
dispositio ad operationem; et de actibus corporis qui sunt à naturâ, non autem de his
qui sunt ab animâ, quorum principium est
voluntas.

Ad secundum dicendum quòd dispositiones
corporales non sunt simpliciter difficilè mo-

biles propter mutabilitatem corporalium causarum; possunt tamen esse difficilè mobiles
per comparationem ad tale subjectum, quia
scilicet tali subjecto durante, amoveri non
possunt, vel quia sunt difficilè mobiles per
comparationem ad alias dispositiones. Sed
qualitates animæ sunt simpliciter difficilè
mobiles propter immobilitatem subjecti. Et
ideò non dicit quòd sanitas difficilè mobilis
simpliciter sit habitus, sed quòd est *ut habitus*, sicut in Græco habetur. Qualitates autem animæ dicuntur simpliciter *habitus*.

Ad tertium dicendum quòd dispositiones
corporales quæ sunt in primâ specie qualitatis, ut quidam posuerunt, differunt à qualitatibus tertiæ speciei in hoc quòd qualitates
tertiæ speciei sunt ut *in fieri* et ut in motu,
unde dicuntur *passiones* vel *passibiles qualitates*; quando autem jam pervenerint ad perfectum quasi ad speciem, tunc jam sunt in
primâ specie qualitatis. Sed hoc improbat
Simplicius in Comm. Præd., cap. *de Qual.*,
quia secundùm hoc calefactio esset in tertiâ
specie qualitatis, calor autem in primâ; Aristot. autem ponit calorem in tertiâ. Unde Porphyrius dicit (sicut Simplicius ibidem refert)
quòd *passio* vel *passibilis qualitas*, et *dispositio* et *habitus* differunt in corporibus secundùm intensionem et remissionem. Quando
enim aliquid recipit caliditatem secundùm
calefieri tantùm, non autem ut calefacere
possit, tunc est *passio*, si sit citò transiens,
vel *passibilis qualitas*, si sit manens. Quando
autem jam ad hoc perducitur quòd potest
etiam alterum calefacere, tunc est *dispositio*.
Si autem ulteriùs in tantum confirmetur,
quòd sit difficilè mobilis, tunc erit *habitus*;
ut sic *dispositio* sit quædam intensio seu perfectio passionis vel passibilis qualitatis, *habitus* autem dispositionis. Sed hoc improbat
Simplicius, quia talis intensio et remissio non
important diversitatem ex parte ipsius formæ,
sed ex diversâ participatione ipsius subjecti;
et ita non diversificarentur per hoc species
qualitatis.

Et ideò aliter dicendum est quòd, sicut supra dictum est, quæst. 49, art. 2, ad 1, commensuratio ipsarum qualitatum passibilium,
secundùm convenientiam ad naturam, habet
rationem *dispositionis*; et ideò factâ altera-
tiòne circa ipsas qualitates passibiles, quæ
sunt *calidum, frigidum, humidum et siccum*,
fit ex consequenti alteratio secundùm ægritudinem et sanitatem. Primò autem et per se
non est alteratio secundùm hujusmodi habitus et dispositiones.

ARTICULUS II. — *Utrùm anima sit subjectum
habitûs secundùm suam essentiam, vel secundùm suam potentiam.* — (1, dist. 26, art. 3,
ad 4 et 5.)

Ad secundum sic proceditur. 1. Videtur
quòd habitus sint in animâ magis secundùm
essentiam quàm secundùm potentiam. Dispositiones enim et habitus dicuntur in ordine
ad naturam, ut dictum est, quæst. 49, art. 3.
Sed natura magis attenditur secundùm essentiam animæ quàm secundùm potentias, quia
anima secundùm suam essentiam est natura
corporis talis, et forma ejus. Ergo habitus

sunt in animâ secundùm ejus essentiam, et non secundùm potentiam.

2. Præterea, accidentis non est accidens, habitûs autem est quoddam accidens. Sed potentiæ animæ sunt de genere accidentium; ut in primo dictum est, quæst. 77, art. 1. Ergo habitus non est in animâ ratione suæ potentiæ.

3. Præterea, subjectum est prius eo quod est in subjecto. Sed habitus, cùm pertineat ad primam speciem qualitatis, est prior quàm potentia, quæ pertinet ad secundam speciem. Ergo habitus non est in potentiâ animæ sicut in subjecto.

Sed contra est quòd Philosophus in 1 Ethic., cap. ult., ponit diversos habitus in diversis partibus animæ.

Respondeo dicendum quòd, sicut supra dictum est, quæst. 49, art. 2 et 3, habitus importat dispositionem quamdam in ordine ad naturam vel ad operationem.

Si ergo accipiatur habitus secundùm quòd habet ordinem ad naturam, sic non potest esse in animâ, si tamen de naturâ humanâ loquamur, quia ipsa anima est forma completiva humanæ naturæ. Unde secundùm hoc magis potest esse aliquis habitus vel dispositio in corpore per ordinem ad animam, quàm in animâ per ordinem ad corpus.

Sed si loquamur de aliquâ superiori naturâ, cujus homo potest esse particeps, secundùm illud 2 Pet. 1, 4 : *Ut simus consortes naturæ divinæ* (1), sic nihil prohibet in animâ secundùm suam essentiam esse aliquem habitum, scilicet gratiam, ut infra dicetur, quæst. 110, art. 4.

Si verò accipiatur habitus in ordine ad operationem, sic maximè habitus inveniuntur in animâ, in quantum anima non determinatur ad unam operationem, sed se habet ad multas, quod requiritur ad habitum, ut supra dictum est, quæst. 49, art. 4. Et quia anima est principium operationum per suas potentias, ideò secundùm hoc habitus sunt in animâ secundùm suas potentias.

Ad primum ergo dicendum quòd essentia animæ pertinet ad naturam humanam, non sicut subjectum disponendum ad aliquid aliud, sed sicut forma et natura ad quam aliquis disponitur.

Ad secundum dicendum quòd accidens per se non potest esse subjectum accidentis. Sed quia etiam in ipsis accidentibus est ordo quidam, subjectum, secundùm quòd est sub uno accidente, intelligitur esse subjectum alterius; et sic dicitur unum accidens esse subjectum alterius, ut superficies est subjectum coloris; et hoc modo potest potentia esse subjectum habitûs.

Ad tertium dicendum quòd habitus præmittitur potentiæ, secundùm quòd importat dispositionem ad naturam; potentia autem semper importat ordinem ad operationem, quæ est posterior, cùm natura sit operationis principium. Sed habitus, cujus potentia est subjectum, non importat ordinem ad naturam,

sed ad operationem; unde est posterior potentiâ.

Vel potest dici quòd habitus præponitur potentiæ sicut completum incompleto, et actus potentiæ; actus enim naturaliter est prior, quamvis potentia sit prior ordine generationis et temporis, ut dicitur in 7 et 9 Metaph., text. 13, ac deinceps, ut et lib. 7, text. 17.

ARTICULUS III. — *Utrùm in potentiis sensitivæ partis possit esse aliquis habitus.* — (3, dist. 23, quæst. 1, art. 1, corp.; et dist. 33, quæst. 2, art. 4, et Verit., quæst. 1, art. 1, corp.)

Ad tertium sic proceditur. 1. Videtur quòd in potentiis sensitivæ partis non possit esse aliquis habitus. Sicut enim potentia nutritiva pars est irrationalis, ita et sensitiva. Sed in potentiis nutritivæ partis non ponitur aliquis habitus. Ergo nec in potentiis sensitivæ partis aliquis habitus debet poni.

2. Præterea, sensitivæ partes sunt communes nobis et brutis. Sed in brutis non sunt aliqui habitus, quia non est in eis voluntas, quæ in definitione habitûs ponitur, ut supra dictum est, quæst. præc., art. 3. Ergo in potentiis sensitivis non sunt aliqui habitus.

3. Præterea, habitus animæ sunt scientiæ et virtutes; et sicut scientia refertur ad vim apprehensivam, ita virtus ad vim appetitivam. Sed in potentiis sensitivis non sunt aliquæ scientiæ, cùm scientia sit universalium, quæ vires sensitivæ apprehendere non possunt. Ergo etiam nec habitus virtutum in partibus sensitivis esse possunt.

Sed contra est quod Philosophus dicit in 3 Ethic., cap. 10, in princ., quòd *aliquæ virtutes*, scilicet temperantia et fortitudo, *sunt irrationabilium partium.*

Respondeo dicendum quòd vires sensitivæ dupliciter possunt considerari : uno modo secundùm quòd operantur ex instinctu naturæ; alio modo secundùm quòd operantur ex imperio rationis.

Secundùm igitur quòd operantur ex instinctu naturæ, sic ordinantur ad unum, sicut et natura; et ideò, sicut in potentiis naturalibus non sunt aliqui habitus, ita etiam nec in potentiis sensitivis, secundùm quòd ex instinctu naturæ operantur.

Secundùm verò quòd operantur ex imperio rationis, sic ad diversa ordinari possunt; et sic possunt in eis esse aliqui habitus, quibus benè aut malè ad aliquid disponuntur.

Ad primum ergo dicendum quòd vires nutritivæ partis non sunt natæ obedire imperio rationis, et ideò non sunt in eis aliqui habitus; sed vires sensitivæ natæ sunt obedire imperio rationis, et ideò in eis esse possunt aliqui habitus; nam secundùm quòd obediunt rationi, quodammodò *rationales* dicuntur, ut in 1 Ethic., cap. ult., dicitur.

Ad secundum dicendum quòd vires sensitivæ in brutis animalibus non operantur ex imperio rationis; sed si sibi relinquantur bruta animalia, operantur ex instinctu naturæ; et sic in brutis animalibus non sunt aliqui habitus ordinati ad operationes; sunt tamen in eis aliquæ dispositiones in ordine ad naturam, ut sanitas et pulchritudo. Sed quia bruta animalia à ratione hominis per quamdam consuetudinem disponuntur ad aliquid operandum sic vel aliter, hoc modo in brutis animalibus habitus quodammodò poni possunt. Unde Augustinus dicit in lib. 83 QQ., quæst. 36, non longè à princ., quòd *videmus immanissimas bestias à maximis voluptatibus absterreri dolorum metu; quod cùm in earum consuetudinem verterit, domitæ et mansuetæ vocantur.* Deficit tamen ratio habitûs quantùm ad usum voluntatis, quia non habent dominium utendi, vel non utendi, quod videtur ad rationem habitûs pertinere. Et ideò, propriè loquendo, in eis habitus esse non possunt.

Ad tertium dicendum quòd *appetitus sensitivus natus est moveri ab appetitu rationali,* ut dicitur in 3 de Animâ, text. 57; sed vires rationales apprehensivæ natæ sunt accipere à viribus sensitivis. Et ideò magis convenit quòd habitus sint in viribus sensitivis appetitivis quàm in viribus sensitivis apprehensivis, cùm in viribus sensitivis appetitivis non sint habitus, nisi secundùm quòd operantur ex imperio rationis. Quamvis etiam in ipsis interioribus viribus sensitivis apprehensivis possunt poni aliqui habitus secundùm quos homo sit benè memorativus, vel cogitativus, vel imaginativus. Unde etiam Philosophus dicit, cap. 2 de Memoriâ et Reminisc., à med., quòd *consuetudo multùm operatur ad benè memorandum,* quia etiam istæ vires moventur ad operandum ex imperio rationis. Vires autem apprehensivæ exteriores, ut visus et auditus, et hujusmodi, non sunt susceptivæ aliquorum habituum; sed secundùm dispositionem suæ naturæ ordinantur ad suos actus determinatos; sicut et membra corporis, in quibus non sunt habitus, sed magis in viribus imperantibus motum ipsorum.

ARTICULUS IV. — *Utrùm in ipso intellectu sit aliquis habitus.* — (*Inf., quæst.* 51, *art.* 3, *corp., et quæst.* 53, *art.* 3, *corp., et quæst.* 56, *art.* 5, *et quæst.* 67, *art.* 2, *corp., et Ver. quæst.* 20, *art.* 2, *corp.*)

Ad quartum sic proceditur. 1. Videtur quòd in intellectu non sint aliqui habitus. Habitus enim operationibus conformantur, ut dictum est, art. 2 hujus quæst. Sed operationes hominis sunt communes animæ et corpori, ut dicitur in 1 de Animâ, text. 64 et seq. Ergo et habitus. Sed intellectus non est actus corporis, ut dicitur in 3 de Animâ, text. 6. Ergo intellectus non est subjectum alicujus habitûs.

2. Præterea, omne quod est in aliquo, est in eo per modum ejus in quo est. Sed id quod est forma sine materiâ, est actus tantùm; quod autem est compositum ex formâ et materiâ, habet potentiam et actum simul. Ergo in eo quod est forma tantùm, non potest esse aliquid quod sit simul in potentiâ et actu, sed solùm in eo quod est compositum ex materiâ et formâ. Sed intellectus est forma sine materiâ. Ergo habitus, qui habet potentiam simul cum actu, quasi medium inter utrum-

que existens, non potest esse in intellectu, sed solùm in conjuncto, quod est compositum ex animâ et corpore.

3. Præterea, habitus est *dispositio secundùm quam aliquis benè vel malè disponitur ad aliquid,* ut dicitur in 5 Metaph., text. 25. Sed quòd aliquis benè vel malè sit dispositus ad actum intellectûs, provenit ex aliquâ corporis dispositione; unde etiam in 2 de Animâ, text. 94, dicitur quòd *molles carne benè aptos mente videmus.* Ergo habitus cognoscitivi non sunt in intellectu, qui est separatus, sed in aliquâ potentiâ quæ est actus alicujus partis corporis.

Sed contra est quòd Philosophus, in 6 Ethic., cap. 2, 3 et 10, ponit *scientiam,* et *sapientiam, et intellectum,* qui est habitus principiorum, in ipsâ intellectivâ parte animæ.

Respondeo dicendum quòd circa habitus cognoscitivos diversimodè sunt aliqui opinati. Quidam enim ponentes intellectum possibilem esse unum in omnibus hominibus, coacti sunt ponere quòd habitus cognoscitivi non sunt in ipso intellectu, sed in viribus interioribus sensitivis. Manifestum est enim quòd homines in habitibus diversificantur; unde non possunt habitus cognoscitivi directè poni in eo quòd unum numero existens est omnibus hominibus commune. Unde, si intellectus possibilis est unus numero omnium hominum, habitus scientiarum, secundùm quos homines diversificantur, non poterunt esse in intellectu possibili sicut in subjecto; sed erunt in viribus interioribus sensitivis, quæ sunt diversæ in diversis.

Sed ista positio primò quidem est contra intentionem Aristotelis. Manifestum est enim quòd vires sensitivæ non sunt rationales per essentiam, sed solùm per participationem, ut dicitur in 1 Ethic., cap. ult. Philosophus autem ponit intellectuales virtutes, quæ sunt sapientia, scientia et intellectus, in eo quod est rationale per essentiam. Unde non sunt in viribus sensitivis, sed in ipso intellectu. Expresse etiam dicit in 3 de Animâ, text. 8 et 18, quòd *intellectus possibilis, cùm sic* (1) *fiant singula,* id est, cùm reducantur in actum singulorum per species intelligibiles, *tunc fit secundùm actum,* eo modo quo sciens dicitur esse in actu; quod quidem accidit cùm aliquis potest (2) operari per seipsum, scilicet considerando. Est quidem igitur et tunc potentia quodammodò, non tamen simpliciter ut ante *addiscere aùt invenire.* Ipse ergo intellectus possibilis est in quo est habitus scientiæ, quo potest considerare etiam cùm non considerat. Secundò etiam hæc positio est contra rei veritatem. Sicut enim ejus est potentia cujus est operatio, ita etiam ejus est habitus cujus est operatio. Intelligere autem et considerare est proprius actus intellectûs. Ergo et habitus quo consideratur est propriè in ipso intellectu.

Ad primum ergo dicendum quòd quidam

(1) Ita cod. Alcan. edit. Rom. et Nicolai. Al. deest sic.

(2) Al., *possit.*

dixerunt, ut Simplicius refert in Comment. Prædicam., cap. *de Qualit.*, quòd quia *omnis operatio hominis est quodammodò conjuncti*, ut Philosophus dicit in 1 de Animâ, text. 64 et seq., ideò nullus habitus est animæ tantùm, sed conjuncti ; et per hoc sequitur quòd nullus habitus sit in intellectu, cùm intellectus sit separatus, ut ratio proposita procedebat.

Sed ista ratio non cogit. Habitus enim non est dispositio objecti ad potentiam, sed magis dispositio potentiæ ad objectum. Unde habitus oportet quòd sit in ipsâ potentiâ, quæ est principium actûs, non autem in eo quod comparatur ad potentiam sicut objectum. Ipsum autem intelligere non dicitur commune esse animæ et corpori, nisi ratione phantasmatis, ut dicitur in 1 de Animâ, text. 66. Patet autem quòd phantasma comparatur ad intellectum possibilem ut objectum, ut dicitur in 3 de Animâ, text. 3 et 39. Unde relinquitur quòd habitus intellectivus sit principaliter ex parte ipsius intellectûs, non autem ex parte phantasmatis, quod est commune animæ et corpori.

Et ideò dicendum est quòd intellectus possibilis est subjectum habitûs. Illi enim competit esse subjectum habitûs quod est in potentiâ ad multa ; et hoc maximè competit intellectui possibili. Unde intellectus possibilis est subjectum habituum intellectualium.

Ad secundum dicendum quòd, sicut potentia ad esse sensibile convenit materiæ corporali, ita potentia ad esse intelligibile convenit intellectui possibili. Unde nihil prohibet in intellectu possibili esse habitum, qui est medius inter puram potentiam et actum perfectum.

Ad tertium dicendum quòd quia vires apprehensivæ interiùs præparant intellectui possibili proprium objectum, ideò ex bonâ dispositione harum virium, ad quam cooperatur bona dispositio corporis, redditur homo habilis ad intelligendum ; et sic habitus intellectivûs secundariò potest esse in istis viribus ; principaliter autem est in intellectu possibili.

ARTICULUS V. — *Utrùm in voluntate sit aliquis habitus.* — (*Sup., quæst. 49, art. 4 ; et 2, dist. 27, art. 1, ad 2 ; et 3, dist. 23, quæst. 1, art. 1, corp.; et dist. 27, quæst. 2, art. 3, ad 5, et Ver. quæst. 1, art. 1, corp., et art. 2, corp.*)

Ad quintum sic proceditur. 1. Videtur quòd in voluntate non sit aliquis habitus. Habitus enim qui in intellectu sunt, sunt species intelligibiles, quibus intelligit actu. Sed voluntas non operatur per aliquas species. Ergo voluntas non est subjectum alicnjus habitûs.

2. Præterea, in intellectu agente non ponitur aliquis habitus, sicut in intellectu possibili, quia est potentia activa. Sed voluntas est maximè potentia activa, quia movet omnes potentias ad suos actus, ut supra dictum est, quæst. 9, art. 1. Ergo in ipsâ non est aliquis habitus.

3. Præterea, in potentiis naturalibus non est aliquis habitus, quia ex suâ naturâ sunt ad aliquid determinatæ. Sed voluntas ex suâ naturâ ordinatur ad hoc quòd tendat in bonum ordinatum ratione. Ergo in voluntate non est aliquis habitus.

Sed contra est quòd justitia est habitus quidam. Sed justitia est in voluntate ; est enim *justitia habitus quidam secundùm quem aliqui volunt et operantur justa*, ut dicitur in 5 Ethic., cap. 1, in princ. Ergo voluntas est subjectum alicujus habitûs.

Respondeo dicendum quòd omnis potentia quæ diversimodè potest ordinari ad agendum, indiget habitu, quo benè disponatur ad suum actum. Voluntas autem, cùm sit potentia rationalis, diversimodè potest ad agendum ordinari ; et ideò oportet in voluntate aliquem habitum ponere, quo benè disponatur ad suum actum. Ex ipsâ etiam ratione habitûs apparet quòd habet quemdam principalem ordinem ad voluntatem, prout habitus est *quo quis utitur, cùm voluerit*, ut supra dictum est, quæst. præc., art. 3.

Ad primum ergo dicendum quòd, sicut in intellectu est aliqua species quæ est similitudo objecti, ita oportet in voluntate et in quâlibet vi appetitivâ esse aliquid quo inclinetur in suum objectum, cùm nihil aliud sit actus appetitivæ virtutis quàm inclinatio quædam, ut supra dictum est, quæst. 6, art. 4, et quæst. 22, art. 2. Ad ea ergo ad quæ sufficienter inclinatur per naturam ipsius potentiæ, non indiget aliquâ qualitate inclinante. Sed quia necessarium est ad finem humanæ vitæ quòd vis appetitiva inclinetur ad aliquid determinatum, ad quod non inclinatur ex naturâ potentiæ, quæ se habet ad multa et diversa, ideò necesse est quòd in voluntate et in aliis viribus appetitivis sint quædam qualitates inclinantes, quæ dicuntur *habitus.*

Ad secundum dicendum quòd intellectus agens est agens tantùm, et nullo modo patiens ; sed voluntas et quælibet vis appetitiva est movens et motum, ut dicitur in 3 de Animâ, text. 54. Et ideò non est similis ratio de utroque ; nam esse susceptivum habitûs convenit ei quod est quodammodò in potentiâ.

Ad tertium dicendum quòd voluntas ex ipsâ naturâ potentiæ inclinatur in bonum rationis. Sed quia hoc bonum multipliciter diversificatur, necessarium est ut ad aliquod determinatum bonum rationis voluntas per aliquem habitum inclinetur, ad hoc quòd sequatur promptior operatio.

ARTICULUS VI. — *Utrùm in Angelis sit aliquis habitus.* — (*Inf., qu. 51, art. 1, corp.*)

Ad sextum sic proceditur. 1. Videtur quòd in Angelis non sint habitus. Dicit enim Maximus, commentator Dionysii, in 7 cap. de cœl. Hier., parùm à princ. : *Non convenit arbitrari virtutes intellectuales,* id est, spirituales, *more accidentium, quemadmodùm et in nobis sunt, in divinis intellectibus,* scilicet Angelis, *esse, ut aliud in alio sit sicut in subjecto ; accidens enim omne illinc repulsum est.* Sed omnis habitus est accidens. Ergo in Angelis non sunt habitus.

2. Præterea, sicut Dionysius dicit in cap. 4 de cœl. Hier., parùm à princ., *sanctæ cœlestium essentiarum dispositiones super omnia alia Dei bonitatem participant.* Sed semper quod est per se, est prius et potius eo quod est per aliud. Ergo Angelorum essentiæ per seipsas perficiuntur ad conformitatem Dei. Non ergo per aliquos habitus. Et hæc videtur esse ratio Maximi, qui ibidem, loc. cit., subdit : *Si enim hoc esset, non utique maneret in semetipsâ harum essentia, nec deificari per se, quantùm foret possibile, valuisset.*

3. Præterea, habitus est dispositio quædam, ut dicitur in 5 Metaph., text. 25. Sed dispositio, ut ibidem dicitur, *est ordo habentis partes.* Cùm ergo Angeli sint simplices substantiæ, videtur quòd in eis non sint dispositiones et habitus.

Sed contra est quod Dionysius dicit, 7 cap. cœl. Hier., parùm à princ., quòd *Angeli primæ hierarchiæ nominantur calefacientes, et Throni, et effusio sapientiæ, manifestativo deiformium ipsorum habituum nomine.*

Respondeo dicendum quòd quidam posuerunt in Angelis non esse habitus, sed quòd quæcumque dicuntur de eis, essentialiter dicuntur. Unde Maximus, post prædicta verba quæ induximus in arg. 2, dicit : *Habitus eorum, atqûe virtutes quæ in eis sunt, essentiales sunt propter immaterialitatem.* Et hoc etiam Simplicius dicit in Comm. Prædicam., cap. *de Qual.* : *Sapientia quæ est in animâ, habitus est; quæ autem in intellectu, substantia; omnia enim quæ sunt divina, et per se sufficientia sunt, et in seipsis existentia.*

Quæ quidem positio partim habet veritatem, et partim continet falsitatem. Manifestum est enim ex præmissis, qu. 49, art. 4, quòd subjectum habitûs non est nisi ens in potentiâ. Considerantes igitur prædicti commentatores quòd Angeli sunt immateriales, et quòd non est in illis potentia materiæ, secundùm hoc ab eis habitum excluserunt et omne accidens. Sed quia licèt in Angelis non sit potentia materiæ, est tamen in eis aliqua potentia (esse enim actum purum est proprium Dei), ideò, in quantum invenitur in eis de potentiâ, in tantum in eis possunt habitus inveniri.

Sed quia potentia materiæ et potentia intellectualis substantiæ non est unius rationis, ideò per consequens nec habitus unius rationis est utrobique. Unde Simplicius dicit in Comment. Prædicam., loc. sup. cit., quòd *habitus intellectualis substantiæ non sunt similes his qui sunt hìc habitus; sed magis sunt similes simplicibus et immaterialibus speciebus, quas continet in seipsâ.*

Circa hujusmodi tamen habitum aliter se habet intellectus angelicus, et aliter intellectus humanus. Intellectus enim humanus, cùm sit infimus in ordine intellectuum, est in potentiâ respectu omnium intelligibilium, sicut materia prima respectu omnium formarum sensibilium; et ideò ad omnia intelligenda indiget aliquo habitu. Sed intellectus an-

gelicus non se habet sicut pura potentia in genere intelligibilium, sed sicut actus quidam; non autem sicut actus purus (hoc enim solius Dei est), sed cum permixtione alicujus potentiæ; et tantò minùs habet de potentialitate, quantò est superior. Et ideò, ut in 1 dictum est, qu. 55, art. 3, in quantum est in potentiâ, indiget perfici habitualiter per aliquas species intelligibiles ad operationem propriam; sed in quantum est actu, per essentiam suam potest aliqua intelligere, ad minus seipsum, et alia secundùm modum suæ substantiæ, ut dicitur in libro de Causis, prop. 8 et 13, et tantò perfectiùs, quantò est perfectior. Sed, quia nullus Angelus pertingit ad perfectionem Dei, sed in infinitum distat, propter hoc ad attingendum ad ipsum Deum per intellectum et voluntatem, indiget aliquibus habitibus, tanquàm in potentiâ existens respectu illius puri actûs. Unde Dionysius dicit, loc. cit. in arg. *Sed cont.*, « *habitus eorum esse deiformes,* » quibus scilicet Deo conformantur. Habitus autem qui sunt dispositiones ad esse naturale, non sunt in Angelis, cùm sint immateriales.

Ad primum ergo dicendum quòd verbum Maximi intelligendum est de habitibus et accidentibus materialibus.

Ad secundum dicendum quòd quantùm ad hoc quod convenit Angelis per suam essentiam, non indigent habitu. Sed quia non ita sunt per seipsos entes, quin participent sapientiam et bonitatem divinam, ideò in quantum indigent participare aliquid ab exteriori, in tantum necesse est in eis ponere habitus.

Ad tertium dicendum quòd in Angelis non sunt partes essentiæ; sed sunt partes secundùm potentiam, in quantum intellectus eorum per plures species perficitur, et voluntas eorum se habet ad plura.

QUÆSTIO LI.

DE CAUSA HABITUUM QUANTUM AD GENERATIONEM IPSORUM. — (*In quatuor articulos divisa.*)

Deinde considerandum est de causâ habituum, et primò quantùm ad generationem ipsorum; secundò quantùm ad augmentum; tertiò quantùm ad diminutionem et corruptionem.

Circa primum quæruntur quatuor : 1° utrùm aliquis habitus sit à naturâ; 2° utrùm aliquis habitus ex actibus causetur; 3° utrùm per unum actum possit generari habitus; 4° utrùm aliqui habitus sint in hominibus infusi à Deo.

ARTICULUS PRIMUS. — *Utrùm aliquis habitus sit à naturâ.* — (*Inf., quæst. 63, art. 1, et 2-2, quæst. 48, art. 15; et 3, dist. 33, quæst. 1, art. 2, quæst. 1, et Ver. quæst 1, art. 8.*)

Ad primum sic proceditur. 1. Videtur quòd nullus habitus sit à naturâ. Eorum enim quæ sunt à naturâ, usus non subjacet voluntati. Sed habitus est *quo quis utitur, cùm voluerit,* ut dicit Commentator in 3 de Animâ, comment. 18. Ergo habitus non est à naturâ.

2. Præterea, natura non facit per duo quod

SUMMÆ THEOLOGICÆ PRIMA SECUNDÆ.

per unum potest facere. Sed potentiæ animæ sunt à naturâ. Si igitur habitus potentiarum à naturâ essent, habitus et potentia essent unum.

3. Præterea, natura non deficit in necessariis. Sed habitus sunt necessarii ad benè operandum, ut supra dictum est, qu. 49, art. 4. Si igitur habitus aliqui essent à naturâ, videtur quòd natura non deficeret quin omnes habitus necessarios causaret. Patet autem hoc esse falsum; ergo habitus non est à naturâ.

Sed contra est quòd in 6 Eth., cap. 6, inter alios habitus ponitur *intellectus principiorum*, qui est à naturâ; unde et principia prima dicuntur naturaliter cognita.

Respondeo dicendum quòd aliquid potest esse naturale alicui dupliciter : uno modo secundùm naturam speciei, sicut naturale est homini esse risibile, et igni ferri sursùm; alio modo secundùm naturam individui; sicut naturale est Socrati vel Platoni esse ægrotativum vel sanativum, secundùm propriam complexionem. Rursùs secundùm utramque naturam potest dici aliquid naturale dupliciter : uno modo, quia totum est à naturâ; alio modo, quia secundùm aliquid est à naturâ, et secundùm aliquid est ab exteriori principio, sicut cùm aliquis sanatur per seipsum, tota sanitas est à naturâ; cùm autem aliquis sanatur auxilio medicinæ, sanitas partim est à naturâ, partim ab exteriori principio.

Si igitur loquamur de habitu secundùm quòd est dispositio subjecti in ordine ad formam, vel naturam, quolibet prædictorum modorum contingit habitum esse naturalem. Est enim aliqua dispositio naturalis, quæ debetur humanæ speciei, extra quam nullus homo invenitur; et hæc est naturalis secundùm naturam speciei. Sed quia talis dispositio quamdam latitudinem habet, contingit diversos gradus hujusmodi dispositionis convenire diversis hominibus secundùm naturam individui; et hujusmodi dispositio potest esse vel totaliter à naturâ, vel partim à naturâ, et partim ab exteriori principio, sicut dictum est supra de his qui sanantur per artem.

Sed habitus qui est dispositio ad operationem, cujus subjectum est potentia animæ, ut dictum est, quæst. 50, articulo 2, potest quidem esse naturalis, et secundùm naturam speciei, et secundùm naturam individui. Secundùm quidem naturam speciei, secundùm quòd se tenet ex parte ipsius animæ, quæ cùm sit forma corporis, est principium specificum; secundùm autem naturam individui, ex parte corporis, quod est materiale principium. Sed tamen neutro modo contingit in hominibus esse habitus naturales, ita quòd sint totaliter à naturâ. In Angelis siquidem contingit, eo quòd habent species intelligibiles naturaliter inditas, quod non competit humanæ naturæ, ut in 1 dictum est, qu. 55, art. 2. Sunt ergo in hominibus aliqui habitus naturales, tanquam partim à naturâ existentes, et partim ab exteriori principio.

Aliter quidem in apprehensivis potentiis, et aliter in appetitivis. In apprehensivis enim

potentiis potest esse habitus naturalis secundùm inchoationem et secundùm naturam speciei et secundùm naturam individui. Secundùm quidem naturam speciei ex parte ipsius animæ, sicut intellectus principiorum dicitur esse habitus naturalis; ex ipsâ enim naturâ animæ intellectualis convenit homini quòd statim cognito quid est totum, et quid est pars, cognoscat quòd omne totum est majus suâ parte; et simile est in cæteris. Sed quid sit totum et quid sit pars cognoscere non potest nisi per species intelligibiles à phantasmatibus acceptas. Et propter hoc Philosophus, in fine Posteriorum, text. ult., circ. med., ostendit quòd cognitio principiorum provenit nobis ex sensu. Secundùm verò naturam individui est aliquis habitus cognoscitivus secundùm inchoationem naturalem, in quantum unus homo ex dispositione organorum est magis aptus ad benè intelligendum quàm alius, in quantum ad operationem intellectûs indigemus virtutibus sensitivis. In appetitivis autem potentiis non est aliquis habitus naturalis secundùm inchoationem ex parte ipsius animæ, quantùm ad ipsam substantiam habitûs, sed solùm quantùm ad principia quædam ipsius, sicut principia juris communis dicuntur esse *seminalia virtutum*. Et hoc ideò quia inclinatio ad objecta propria, quæ videtur esse inchoatio habitûs, non pertinet ad habitum, sed magis pertinet ad ipsam rationem potentiarum. Sed ex parte corporis secundùm naturam individui sunt aliqui habitus appetitivi secundùm inchoationes naturales; sunt enim quidam dispositi ex propriâ corporis complexione ad castitatem vel mansuetudinem, vel ad aliquid hujusmodi.

Ad primum ergo dicendum quòd objectio illa procedit de naturâ secundùm quòd dividitur contra rationem et voluntatem; cùm tamen ipsa ratio et voluntas ad naturam hominis pertineant.

Ad secundum dicendum quòd aliquid etiam naturaliter potest superaddi potentiæ, quod tamen ad ipsam potentiam pertinere non potest; sicut in Angelis non potest pertinere ad ipsam potentiam intellectivam quòd sit per se cognoscitiva omnium, quia oporteret quòd esset actus omnium, quod solius Dei est. Id enim quo aliquid cognoscitur, oportet esse actualem similitudinem ejus quod cognoscitur. Unde sequeretur, si potentia Angeli per seipsam cognosceret omnia, quòd esset similitudo et actus omnium. Unde oportet quòd superaddantur potentiæ intellectivæ ipsius aliquæ species intelligibiles, quæ sunt similitudines rerum intellectarum, quia per participationem divinæ sapientiæ, et non per essentiam propriam possunt intellectus eorum esse actu ea quæ intelligunt. Et sic patet quòd non omne id quod pertinet ad habitum naturalem, potest ad potentiam pertinere.

Ad tertium dicendum quòd natura non æqualiter se habet ad causandas omnes diversitates habituum, quia quædam possunt causari à naturâ, quidam non, ut supra dictum est, in solut. præc. Et ideò non sequitur, si aliqui sint habitus naturales, quòd omnes sint naturales.

Articulus II. — *Utrùm aliquis habitus causetur ex actibus.* — (*Inf., quæst.* 63, *art.* 2, *et Mal. quæst.* 2, *art.* 2, *ad* 4 *et* 6, *et Ver. qu.* 1, *art.* 9, *corp., et ad* 10, *et art.* 2, *ad* 13.)

Ad secundum sic proceditur. 1. Videtur quòd nullus habitus possit ex actu causari. Habitus enim est qualitas quædam, ut supra dictum est, qu. 49, art. 1. Omnis autem qualitas causatur in aliquo subjecto, in quantum est alicujus receptivum. Cùm igitur agens ex hoc quòd agit non recipiat aliquid, sed magis ex se emittat, videtur quòd non possit aliquis habitus in agente ex propriis actibus generari.

2. Præterea, illud in quo causatur aliqua qualitas, movetur ad qualitatem illam, sicut patet in re calefactâ vel infrigidatâ; quod autem producit actum causantem qualitatem, movet, ut patet de calefaciente vel infrigidante. Si igitur in aliquo causaretur habitus per actum sui ipsius, sequeretur quòd idem esset movens et motum, vel idem agens et patiens, quod est impossibile, ut dicitur in 3 Physic., text. 8.

3. Præterea, effectus non potest esse nobilior suâ causâ. Sed habitus est nobilior quàm actus præcedens habitum; quod patet ex hoc quòd nobiliores actus reddit. Ergo habitus non potest causari ab actu præcedente habitum.

Sed contra est quòd Philosophus in 2 Ethic., cap. 1 et 2, docet habitus virtutum et vitiorum ex actibus causari.

Respondeo dicendum quòd in agente quandoque est solum activum principium sui actûs, sicut in igne est solum principium activum calefaciendi; et in tali agente non potest aliquis habitus causari ex proprio actu. Et inde est quòd res naturales *non possunt aliquid consuescere vel dissuescere*, ut dicitur in 2 Ethic., in princ.

Invenitur autem aliquod agens in quo est principium activum et passivum sui actûs, sicut patet in actibus humanis : nam actus appetitivæ virtutis procedunt à vi appetitivâ, secundùm quòd movetur à vi apprehensivâ repræsentante objectum; et ulteriùs vis intellectiva, secundùm quòd ratiocinatur de conclusionibus, habet sicut principium activum, propositionem per se notam. Unde ex talibus actibus possunt in agentibus aliqui habitus causari, non quidem quantùm ad primum activum principium, sed quantùm ad principium actûs quod movet motum. Nam omne quod patitur et movetur ab alio, disponitur per actum agentis. Unde ex multiplicatis actibus generatur quædam qualitas in potentiâ passivâ et motâ, quæ nominatur *habitus*; sicut habitus virtutum moralium causantur in appetitivis potentiis, secundùm quòd moventur à ratione; et habitus scientiarum causantur in intellectu, secundùm quòd movetur à primis propositionibus.

Ad primum ergo dicendum quòd agens, in quantum est agens, non recipit aliquid; sed in quantum agit motum ab alio, sic recipit aliquid à movente; et sic causatur habitus.

Ad secundum dicendum quòd idem secundùm idem non potest esse movens et motum : nihil autem prohibet idem à seipso moveri secundùm diversa, ut in 8 Physic., text. 28 et 29, probatur.

Ad tertium dicendum quòd actus præcedens habitum, in quantum procedit à principio activo, procedit à nobiliori principio quàm sit habitus generatus; sicut ipsa ratio est nobilius principium quàm sit habitus virtutis moralis in vi appetitivâ per actuum consuetudines generatus, et intellectus principiorum est nobilius principium quàm scientia conclusionum.

Articulus III. — *Utrùm per unum actum possit generari habitus.* — (*Inf., quæst.* 71, *art.* 4, *corp.; et* 1, *dist.* 17, *quæst.* 2, *art.* 3, *et Ver. quæst.* 1, *art.* 9, *ad* 12 *et* 13.)

Ad tertium sic proceditur. 1. Videtur quòd per unum actum possit habitus generari. Demonstratio enim actus rationis est. Sed per unam demonstrationem causatur scientia, quæ est habitus conclusionis unius. Ergo habitus potest causari ex uno actu.

2. Præterea, sicut contingit actum crescere per multiplicationem, ita contingit actum crescere per intensionem. Sed multiplicatis actibus generatur habitus. Ergo etiam si multùm intendatur unus actus, poterit esse causa generativa habitûs.

3. Præterea, sanitas et ægritudo sunt habitus quidam. Sed ex uno actu contingit hominem vel sanari vel infirmari. Ergo unus actus potest habitum causare.

Sed contra est quod Philosophus dicit in 1 Ethic., cap. 7, parùm ante fin., quòd *sicut una hirundo ver non facit, nec una dies, ita utique nec beatum, nec felicem una dies, nec paucum tempus.* Sed beatitudo est *operatio secundùm habitum perfectæ virtutis,* ut dicitur in 1 Ethic., ibid., et cap. 10 et 13. Ergo habitus virtutis, et eâdem ratione alius habitus, non causatur per unum actum.

Respondeo dicendum quòd, sicut jam dictum est, art. præc., habitus per actum generatur, in quantum potentia passiva movetur ab aliquo principio activo. Ad hoc autem quòd aliqua qualitas causetur in passivo, oportet quòd activum totaliter vincat passivum. Unde videmus quòd quia ignis non potest totaliter vincere suum combustibile, non statim inflammat ipsum; sed paulatim abjicit contrarias dispositiones, ut sic totaliter vincens ipsum, similitudinem suam ipsi imprimat.

Manifestum est autem quòd principium activum, quod est ratio, non totaliter potest supervincere appetitivam potentiam in uno actu, eò quòd appetitiva potentia se habet diversimodè et ad multa. Judicatur autem per rationem in actu uno aliquid appetendum secundùm determinatas rationes et circumstantias. Unde ex hoc non totaliter vincitur appetitiva potentia, ut feratur in idem ut in pluribus per modum naturæ; quod pertinet ad habitum virtutis. Et ideò habitus virtutis non potest causari per unum actum, sed per multos.

In apprehensivis autem potentiis considerandum est quòd duplex est passivum : unum quidem ipse intellectus possibilis ; aliud autem intellectus, quem , lib. 3 de Animâ, text. 20, vocat Aristoteles *passivum*, qui est *ratio particularis*, id est, vis cogitativa cum memorativâ et imaginativâ. Respectu igitur primi passivi potest esse aliquod activum quod uno actu totaliter vincit potentiam sui passivi, sicut una propositio per se nota convincit intellectum ad assentiendum firmiter conclusioni ; quod quidem non facit propositio probabilis. Unde ex multis actibus rationis oportet causari habitum opinativum, etiam ex parte intellectûs possibilis. Habitum autem scientiæ possibile est causari ex uno rationis actu, quantùm ad intellectum possibilem ; sed quantùm ad inferiores vires apprehensivas, necessarium est eosdem actus pluries reiterari, ut aliquid firmiter memoriæ imprimatur. Unde Philosophus in lib. de Memoriâ et Reminiscentiâ, cap. 2, non procul à fin., dicit quòd *meditatio confirmat memoriam*. Habitus autem corporales possibile est causari ex uno actu, si activum fuerit magnæ virtutis, sicut quandoque medicina fortis statim inducit sanitatem.

Et per hoc patet responsio ad objecta.

ARTICULUS IV. — *Utrùm aliqui habitus sint hominibus infusi à Deo.* — (1, dist. 17, quæst. 1, art. 3, corp.; et 3, dist. 23, quæst. 3, art. 2, ad 3, et Verit. quæst. 12, art. 1, ad 7.)

Ad quartum sic proceditur. 1. Videtur quòd nullus habitus hominibus infundatur à Deo. Deus enim æqualiter se habet ad omnes. Si igitur quibusdam infundit habitus aliquos, omnibus eos infundet ; quod patet esse falsum.

2. Præterea, Deus operatur in omnibus secundùm modum qui convenit naturæ ipsorum : quia *divinæ providentiæ est naturam salvare*, ut dicit Dionysius, 4 cap. de Div. Nom., part. 4, parùm ante fin. lect. 23. Sed habitus in homine naturaliter causantur ex actibus, ut dictum est art. 2 et 3 præc. Non ergo causat Deus in hominibus aliquos habitus absque actibus.

3. Præterea, si aliquis habitus à Deo infunditur, per illum habitum homo potest multos actus producere. Sed ex illis actibus causatur similis habitus, ut in 2 Eth., cap. 1 et 2 , dicitur. Sequitur ergo duos habitus ejusdem speciei esse in eodem, unum acquisitum, et alterum infusum ; quod videtur esse impossibile : non enim duæ formæ ejusdem speciei possunt esse in eodem subjecto. Non ergo habitus aliquis infunditur homini à Deo.

Sed contra est quod dicitur Eccli. 15, 5 : *Implevit* (1) *eum Dominus spiritu sapientiæ et intellectûs.* Sed sapientia et intellectus quidem habitus sunt. Ergo aliqui habitus homini à Deo infunduntur.

Respondeo dicendum quòd duplici ratione aliqui habitus homini à Deo infunduntur : prima ratio est quia aliqui habitus sunt quibus

(1) Vulgata. *adimplebit.*

homo benè disponitur ad finem excedentem facultatem humanæ naturæ, quæ est ultima et perfecta hominis beatitudo, ut supra dictum est, quæst. 5, art. 5. Et quia habitus oportet esse proportionatos ei ad quod homo disponitur secundùm ipsos, ideò necesse est quòd etiam habitus ad hujusmodi finem disponentes excedant facultatem humanæ naturæ. Unde tales habitus nunquàm possunt homini inesse, nisi ex infusione divinâ, sicut est de omnibus gratuitis virtutibus.

Alia ratio est quia Deus potest producere effectus causarum secundarum absque ipsis causis secundis, ut in primo dictum est , qu. 105, art. 6. Sicut igitur quandoque ad ostensionem suæ virtutis producit sanitatem absque naturali causâ, quæ tamen per naturam posset causari , ita etiam quandoque ad ostendendam suam virtutem infundit homini illos etiam habitus qui naturali virtute possunt causari ; sicut Apostolis dedit scientiam Scripturarum et omnium linguarum, quam homines per studium vel consuetudinem acquirere possunt, licèt non ita perfectè.

Ad primum ergo dicendum quòd Deus quantùm ad suam naturam, æqualiter se habet ad omnes, sed secundùm ordinem suæ sapientiæ certâ ratione quædam tribuit aliquibus quæ non tribuit aliis.

Ad secundum dicendum quòd hoc quod Deus in omnibus operatur secundùm modum eorum, non excludit quin Deus quædam operetur quæ natura operari non potest ; sed ex hoc sequitur quòd nihil operatur contra id quod naturæ convenit.

Ad tertium dicendum quòd actus qui producuntur ex habitu infuso, non causant aliquem habitum ; sed confirmant habitum præexistentem, sicut medicinalia adhibita homini sano per naturam non causant aliquam sanitatem, sed sanitatem priùs habitam corroborant.

QUÆSTIO LII.

DE AUGMENTO HABITUUM. — (*In tres articulos divisa.*)

Deinde considerandum est de augmento habituum, et circa hoc quæruntur tria : 1° utrùm habitus augeantur ; 2° utrùm augeantur per additionem ; 3° utrùm quilibet actus augeat habitum.

ARTICULUS PRIMUS. — *Utrùm habitus augeantur.* — (Inf., quæst. 66, art. 1 et 2, corp., et Ver. quæst. 1, art. 2, et quæst. 5, art. 3, et 10 Eth., lect. 3.)

Ad primum sic proceditur. 1. Videtur quòd habitus augeri non possint. Augmentum enim est circa quantitatem, ut dicitur in 5 Physic., text. 18. Sed habitus non sunt in genere quantitatis, sed in genere qualitatis. Ergo circa eos augmentum esse non potest.

2. Præterea, habitus est perfectio quædam, ut dicitur in 7 Physic., text. 17 et 18. Sed perfectio, cùm importet finem et terminum, non videtur posse recipere magis et minus. Ergo habitus augeri non potest.

3. Præterea, in his quæ recipiunt magis et minus , contingit esse alterationem ; alterari enim dicitur quod de minùs calido fit magis

calidum. Sed in habitibus non est alteratio, ut probatur in 7 Physic., text. 15 et 17. Ergo habitus augeri non possunt.

Sed contra est quòd fides est quidem habitus, et tamen augetur; unde discipuli Domino dicunt : *Domine, adauge nobis fidem,* ut habetur Luc. 17, 5. Ergo habitus augentur.

Respondeo dicendum quòd augmentum, sicut et alia ad quantitatem pertinentia, à quantitatibus corporalibus ad res spirituales et intellectuales transferuntur, propter connaturalitatem intellectûs nostri ad res corporales, quæ sub imaginatione cadunt. Dicitur autem in quantitatibus corporeis aliquid magnum, secundùm quòd ad debitam perfectionem quantitatis perducitur; unde aliqua quantitas reputatur magna in homine, quæ non reputatur magna in elephante. Unde et in formis dicimus aliquid magnum ex hoc quòd est perfectum. Et quia bonum habet rationem perfecti, propter hoc *in his quæ non mole magna sunt, idem est esse majus quod melius,* ut Augustinus dicit in 6 de Trinit., cap. 8, à princ. Perfectio autem formæ dupliciter potest considerari : uno modo, secundùm ipsam formam; alio modo, secundùm quòd subjectum participat formam. In quantum igitur attenditur perfectio formæ secundùm ipsam formam, sic dicitur ipsa esse parva vel magna (1) putà magna, vel parva sanitas, vel scientia. In quantum verò attenditur perfectio formæ secundùm participationem subjecti, dicitur magis et minus, puta magis vel minùs album et sanum. Non autem ista distinctio procedit secundùm hoc quòd forma habeat esse præter materiam aut subjectum; sed quia alia est consideratio ejus secundùm rationem speciei suæ, et alia, secundùm quod participatur in subjecto.

Secundùm hoc igitur, circa intensionem et remissionem habituum et formarum fuerunt quatuor opiniones apud philos., ut Simplicius narrat Com. Præd., cap. *de Qualit.* Plotinus enim et alii Platonici ponebant ipsas qualitates et habitus suscipere magis et minus, propter hoc quòd materiales erant; et ex hoc habebant indeterminationem quamdam propter materiæ infinitatem. Alii verò in contrarium ponebant quòd ipsæ qualitates et habitus secundùm se non recipiebant magis et minus; sed *qualia* dicuntur magis et minus, secundùm diversam participationem : putà quòd justitia non dicatur magis et minus, sed justum. Et hanc opinionem tangit Aristoteles in Prædicamentis, loc. cit. Tertia fuit opinio Stoicorum, media inter has; posuerunt enim quòd aliqui habitus secundùm se recipiunt magis et minus, sicuti artes; quidam autem non, sicut virtutes. Quarta opinio fuit quorumdam dicentium quòd qualitates et formæ immateriales non recipiunt magis et minus; materiales autem recipiunt.

Ut igitur hujus rei veritas manifestetur, considerandum est quòd illud secundùm quòd sortitur aliquid speciem, oportet esse fixum et stans, et quasi indivisibile. Quæcumque enim ad illud attingunt, sub spec.e continentur; quæcumque autem recedunt ab illo vel in plus vel in minus, pertinent ad aliam speciem vel perfectiorem vel imperfectiorem. Unde Philosophus dicit in 8 Metaph., text. 10, quòd *species rerum sunt sicut numeri, in quibus additio vel diminutio variat speciem.* Si igitur aliqua forma vel quæcumque res secundùm seipsam vel secundùm aliquid sui sortiatur rationem speciei, necesse est quòd secundùm se considerata habeat determinatam rationem; quæ neque in plus excedere, neque in minus deficere possit; et hujusmodi sunt calor et albedo, et aliæ hujusmodi qualitates, quæ non dicuntur in ordine ad aliud, et multò magis substantia, quæ est per se ens. Illa verò quæ recipiunt speciem ex aliquo ad quod ordinantur, possunt secundùm seipsa diversificari in plus vel in minus; et nihilominùs sunt eadem specie propter unitatem ejus ad quod ordinantur, ex quo recipiunt speciem, sicut motus secundùm se est intensior et remissior; et tamen remanet eadem species propter unitatem termini ex quo specificatur. Et idem potest considerari in sanitate; nam corpus pertingit ad rationem sanitatis secundùm quòd habet dispositionem convenientem naturæ animalis, cui possunt dispositiones diversæ convenientes esse; unde potest variari dispositio in plus vel in minus, et tamen semper remanet sanitatis ratio. Unde Philos. dicit in 10 Eth., cap. 2 vel 3, paulò post princ., quòd sanitas ipsa recipit magis et minus; non enim eadem est commensuratio in omnibus, neque in uno et eodem semper, sed remissa permanet sanitas usque ad aliquid. Hujusmodi autem diversæ dispositiones vel commensurationes sanitatis se habent secundùm excedens et excessum; unde, si nomen sanitatis esset impositum soli perfectissimæ commensurationi, tunc ipsa sanitas non diceretur major vel minor. Sic igitur patet qualiter aliqua qualitas vel forma possit secundùm seipsam augeri vel minui, et qualiter non.

Si verò consideremus qualitatem vel formam secundùm participationem subjecti, sic etiam inveniuntur quædam qualitates et formæ recipere magis et minus, et quædam non. Hujusmodi autem diversitatis causam Simplicius assignat loc. sup. cit., ex hoc quòd substantia secundùm seipsam non potest recipere magis et minus, quia est ens per se. Et ideò omnis forma quæ substantialiter participatur in subjecto, caret intensione et remissione. Unde in genere substantiæ nihil dicitur secundùm magis et minus. Et quia quantitas propinqua est substantiæ, forma et figura etiam consequuntur (1) quantitatem; inde est quòd neque etiam in istis dicitur aliquid secundùm magis aut minus. Unde Philos. dicit in 7 Physic., text. 15, quòd *cùm aliquid accipit formam et figuram, non dicitur alterari, sed magis fieri.* Aliæ verò qualitates quæ sunt magis distantes à substantiâ, et conjunguntur passionibus et actionibus, recipiunt magis et minus secundùm participationem subjecti.

(1) Ita passim cod. et editi. Cod. Alcan. : *Sic dicitur ipsa esse magna, vel pauca, vel parva.*

(1) Ita cum cod. Tarrac. Nicolaius et edit. Patav. Edit. Romana aliæque cum codd. Alcan., *consequitur.*

Potest autem et magis explicari hujusmodi diversitatis ratio. Ut enim dictum est, hìc sup., id à quo aliquid habet speciem, oportet manere fixum et stans in indivisibili (1). Duobus igitur modis potest contingere quòd forma non participatur secundùm magis et minus: uno modo, quia participans habet speciem secundùm ipsam, et inde est quòd nulla forma substantialis participatur secundùm magis et minus, et propter hoc Philosophus dicit in 8 Metaph., text. 10, quòd *sicut numerus non habet magis neque minus, sic neque substantia quæ est secundùm speciem,* id est, quantùm ad participationem formæ specificæ; *sed si quidem cum materiá,* id est, secundùm materiales dispositiones, *invenitur magis et minus in substantiá.* Alio modo potest contingere ex hoc quòd ipsa indivisibilitas est de ratione formæ. Unde oportet quòd si aliquid participet formam, participet illam secundùm rationem indivisibilitatis. Et inde est quòd species numeri non dicuntur secundùm magis et minus, quia unaquæque species in eis constituitur per indivisibilem unitatem. Et eadem ratio est de speciebus quantitatis continuæ, quæ secundùm numeros accipiuntur, ut bicubitum et tricubitum; et de relationibus, ut duplum et triplum; et de figuris, ut trigonum, seu triangulus, et tetragonum, seu quadrangulus. Et hanc rationem ponit Aristoteles in Prædicam., cap. *de Qual.,* ubi assignans rationem quare figuræ non recipiunt magis et minus, dicit : *Quæ quidem recipiunt trigoni* (seu trianguli) *rationem, et circuli, et similiter trigona* (seu trianguli) *vel circuli sunt,* quia indivisibilitas est de ipsá eorum ratione; unde quæcumque participant rationem eorum, oportet quòd indivisibiliter participent.

Sic igitur patet quòd cùm habitus et dispositiones dicantur secundùm ordinem ad aliquid, ut dicitur in 7 Physic., text. 17, dupliciter potest intensio et remissio in habitibus et dispositionibus considerari : uno modo, secundùm se, prout dicitur major vel minor sanitas, vel major vel minor scientia, quæ ad plura vel pauciora se extendit; alio modo, secundùm participationem subjecti, prout scilicet æqualis scientia vel sanitas magis recipitur in uno quàm in alio, secundùm diversam aptitudinem vel ex naturá vel ex consuetudine. Non enim habitus et dispositio dat speciem subjecto; neque iterùm in sui ratione includit indivisibilitatem. Quomodò autem circa virtutem se habeat, infra dicetur, quæst. 66, art. 1, et 2.

Ad primum ergo dicendum quòd, sicut nomen magnitudinis derivatur à quantitatibus corporalibus ad intelligibiles perfectiones formarum, ita etiam et nomen augmenti, cujus terminus est *magnum.*

Ad secundum dicendum quòd habitus quidem perfectio est, non tamen talis perfectio quæ sit terminus sui subjecti, putà dans ei esse specificum : neque etiam in sui ratione terminum includit, sicut species numerorum: unde nihil prohibet quin recipiat magis et minus.

(1) Al., *et stans, et indivisibile.*

Ad tertium dicendum quòd alteratio primò quidem est in qualitatibus tertiæ speciei; in qualitatibus verò primæ speciei potest esse alteratio per posterius. Factá enim alteratione secundùm calidum et frigidum, sequitur animal alterari secundùm sanum et ægrum; et similiter, factá alteratione secundùm passiones appetitûs sensitivi, vel secundùm vires sensitivas apprehensivas, sequitur alteratio secundùm scientiam et virtutes, ut dicitur in 8 Physic., text. 20.

ARTICULUS II. — *Utrùm habitus augeantur per additionem.* — (*Inf., quæst. 66,* art. 1 *et* 2, *corp., et Ver. qu.* 1, *art.* 2, *et quæst.* 5, *art.* 3, *et* 10 *Eth., lect.* 6.)

Ad secundum sic proceditur. 1. Videtur quòd augmentum habituum fiat per additionem. Nomen enim augmenti, ut dictum est art. præc., à quantitatibus corporalibus transfertur ad formas. Sed in quantitatibus corporalibus non fit augmentum sine additione; unde in 1 de Generatione, text. 31, dicitur quòd *augmentum est præexistenti magnitudini additamentum.* Ergo et in habitibus non fit augmentum nisi per additionem.

2. Præterea, habitus non augetur nisi aliquo agente. Sed omne agens aliquid facit in subjecto patiente, sicut calefaciens facit calorem in ipso calefacto. Ergo non potest esse augmentum, nisi aliqua fiat additio.

3. Præterea, sicut id quod non est album est in potentiá ad album, ita id quod est minùs album est in potentiá ad magis album. Sed id quod non est album non fit album nisi per adventum albedinis. Ergo id quod est minùs album non fit magis album nisi per aliquam aliam albedinem supervenientem.

Sed contra est quod Philosophus dicit in 4 Physic., text. 84 : *Ex calido fit magis calidum, nullo facto in materiá calido quod non esset calidum, quando erat minùs calidum.* Ergo pari ratione nec in aliis formis quæ augentur est aliqua additio.

Respondeo dicendum quòd hujus quæstionis solutio dependet ex præmissis. Dictum est enim supra, art. præc., quòd augmentum et diminutio in formis quæ intenduntur et remittuntur, accidit unó modo non ex parte ipsius formæ secundùm se consideratæ, sed ex diversá participatione subjecti. Et ideò hujusmodi augmentum habituum et aliarum formarum non fit per additionem formæ ad formam; sed fit per hoc quòd subjectum magis vel minùs perfectè participat unam et eamdem formam; et sicut per agens quod est actu, fit aliquid actu calidum, quasi de novo incipiens participare formam, non quòd fiat ipsa forma, ut probatur 7 Metaph., text. 32, ita per actionem intensam ipsius agentis efficitur magis calidum, tanquàm perfectiùs participans formam, non tanquàm formæ aliquid addatur. Si enim per additionem intelligeretur hujusmodi augmentum in formis, hoc non posset esse nisi vel ex parte ipsius formæ, vel ex parte subjecti. Si autem ex parte ipsius formæ, jam dictum est art. præc., quòd talis additio vel subtractio speciem variaret, sicut variatur species coloris, quando de pallido fit album. Si verò hujusmodi additio intelligatur ex parte subjecti, hoc non posset esse nisi vel quia aliqua pars subjecti recipit formam quam priùs non habebat, ut si dicatur frigus crescere in homine, qui priùs frigebat in unâ parte, quando jam in pluribus partibus friget; vel quia aliquod aliud subjectum additur participans eamdem formam, sicut si calidum adjungatur calido, vel album albo. Sed secundùm utrumque istorum duorum modorum non dicitur aliquid magis album vel calidum, sed majus.

Sed quia quædam accidentia augentur secundùm seipsa, ut supra dictum est, art. præc., in quibusdam eorum fieri potest augmentum per additionem. Augetur enim motus per hoc quòd ei aliquid additur vel secundùm tempus in quo est, vel secundùm viam per quam est; et tamen manet eadem species propter unitatem termini. Augetur etiam nihilominùs motus per intensionem secundùm participationem subjecti, in quantum scilicet idem motus potest magis vel minùs expeditè aut promptè fieri.

Similiter etiam et scientia potest augeri secundùm seipsam per additionem; sicut cùm aliquis plures conclusiones geometriæ addiscit, augetur in eo habitus ejusdem scientiæ secundùm speciem. Augetur nihilominùs scientia in aliquo secundùm participationem subjecti per intensionem, prout scilicet expeditiùs et clariùs unus homo se habet alio in eisdem conclusionibus considerandis.

In habitibus autem corporalibus non multùm videtur fieri augmentum per additionem, quia non dicitur animal sanum simpliciter aut pulchrum, nisi secundùm omnes partes suas sit tale : quòd autem ad perfectiorem commensurationem perducantur, hoc contingit secundùm transmutationem simplicium qualitatum, quæ non augentur nisi secundùm intensionem ex parte subjecti participantis. Quomodò autem se habeat circa virtutes, infra dicetur, quæst. 66, art. 1.

Ad primum ergo dicendum quòd etiam in magnitudine corporali contingit dupliciter augmentum : uno modo, per additionem subjecti ad subjectum, sicut est in augmento viventium ; alio modo per solam intensionem absque omni additione, sicut est in his quæ rarefiunt, ut dicitur in 4 Physic., text. 93.

Ad secundum dicendum quòd causa augens habitum facit quidem semper aliquid in subjecto, non autem novam formam; sed facit quòd subjectum perfectiùs participet formam præexistentem, aut quòd ampliùs se extendat.

Ad tertium dicendum quòd id quod nondùm est album, est in potentiâ ad formam ipsam, tanquàm nondùm habens formam; et ideò agens causat novam formam in subjecto. Sed id quod est minùs calidum aut album, non est in potentiâ ad formam, cùm jam actu formam habeat; sed est in potentiâ ad perfectum participationis modum; et hoc in eo sequitur per actionem agentis.

ARTICULUS III. — *Utrùm quilibet actus augeat habitum.* — (4, dist. 12, quæst. 2, art. 1, quæst. 1, ad 1.)

Ad tertium sic proceditur. 1. Videtur quòd

quilibet actus augeat habitum. Multiplicatâ enim causâ, multiplicatur effectus. Sed actus sunt causa habituum aliquorum, ut'supra dictum est, quæst. 51, art. 2. Ergo habitus augetur multiplicatis actibus.

2. Præterea, de similibus idem est judicium. Sed omnes actus ab eodem habitu procedentes sunt similes, ut dicitur in 2 Ethic., cap. 1 et 2. Ergo si aliqui actus augeant habitum, quilibet actus augebit ipsum.

3. Præterea, simile augetur suo simili. Sed quilibet actus est similis habitui à quo procedit. Ergo quilibet actus auget habitum.

Sed contra, idem non est contrariorum causa. Sed, sicut dicitur in 2 Eth., cap. 2, circ. med., *aliqui actus ab habitu procedentes diminuunt ipsum*, utpote cùm negligenter fiunt. Ergo non omnis actus habitum auget.

Respondeo dicendum quòd *similes actus similes habitus causant*, ut dicitur in 2 Ethic., cap. 1 et 2. Similitudo autem et dissimilitudo non solùm attenditur secundùm qualitatem eamdem vel diversam, sed etiam secundùm eumdem vel diversum participationis modum. Est enim dissimile non solùm nigrum albo, sed etiam minùs album magis albo; nam etiam motus fit à minùs albo in magis album, tanquàm ex opposito in oppositum, ut dicitur in 5 Physic., text. 52. Quia verò usus habituum in voluntate hominis consistit, ut ex supra dictis patet, quæst. 49, art. 3, et qu. 50, art. 5, sicut contingit quòd aliquis habens habitum non utitur illo, vel etiam agit actum contrarium ; ita etiam potest contingere quòd utitur habitu secundùm actum non respondentem proportionaliter intensioni habitûs.

Si igitur intensio actûs proportionaliter æquetur intensioni habitûs, vel etiam superexcedat, quilibet actus vel auget habitum, vel disponit ad augmentum ipsius, ut loquamur de augmento habituum ad similitudinem augmenti animalis. Non enim quodlibet alimentum assumptum actu auget animal, sicut nec quælibet gutta cavat lapidem; sed multiplicato alimento tandem fit augmentum ; ita etiam multiplicatis actibus crescit habitus. Si verò intensio actûs proportionaliter deficiat ab intensione habitûs, talis actus non disponit ad augmentum habitûs, sed magis ad diminutionem ipsius.

Et per hoc patet responsio ab objecta.

QUÆSTIO LIII.
DE CORRUPTIONE ET DIMINUTIONE HABITUUM.
— (*In tres articulos divisa.*)

Deinde considerandum est de diminutione et corruptione habituum ; et circa hoc quæruntur tria : 1° utrùm habitus corrumpi possit ; 2° utrùm possit diminui ; 3° de modo corruptionis et diminutionis.

ARTICULUS PRIMUS. — *Utrùm habitus corrumpi possit.*—(1, quæst. 89, art. 5, corp.)

Ad primum sic proceditur. 1. Videtur quòd habitus corrumpi non possit. Habitus enim inest sicut natura quædam ; unde operationes secundùm habitum sunt delectabiles. Sed natura non corrumpitur, manente eo cujus est natura. Ergo neque habitus corrumpi potest, manente subjecto.

2. Præterea, omnis corruptio formæ vel est per corruptionem subjecti, vel est à contrario; sicut ægritudo corrumpitur corrupto animali, vel etiam superveniente sanitate. Sed scientia, quæ est quidam habitus, non potest corrumpi per corruptionem subjecti, quia intellectus, qui est subjectum ejus, est substantia quædam quæ non corrumpitur (1), ut dicitur in 1 de Animâ, text. 65. Et similiter etiam non potest corrumpi à contrario; nam species intelligibiles non sunt ad invicem contrariæ, ut dicitur in 7 Metaph., text. 52. Ergo habitus scientiæ nullo modo corrumpi potest.

3. Præterea, omnis corruptio est per aliquem motum. Sed habitus scientiæ, qui est in animâ, non potest corrumpi per motum per se ipsius animæ, quia anima per se non movetur, movetur autem per accidens per motum corporis. Nulla autem transmutatio corporalis videtur posse corrumpere species intelligibiles existentes in intellectu, cùm intellectus sit per se locus specierum sine corpore; unde ponitur quòd nec per sensum nec per mortem corrumpuntur habitus. Ergo scientia corrumpi non potest, et per consequens nec habitus virtutis, qui etiam est in animâ rationali; et sicut Philosophus dicit in 1 Eth., cap. 10, in med., *virtutes sunt permanentiores disciplinis.*

Sed contra est quod Philosophus dicit in libro de Longitudine et Brevitate vitæ, cap. 2, quòd *scientiæ corruptio est oblivio et deceptio.* Peccando etiam aliquis habitum virtutis amittit; et *ex contrariis actibus virtutes generantur et corrumpuntur,* ut dicitur in 2 Ethic., cap. 2, non multùm à princ.

Respondeo dicendum quòd secundùm se dicitur aliqua forma corrumpi per contrarium suum; per accidens autem per corruptionem sui subjecti. Si igitur fuerit aliquis habitus cujus subjectum est corruptibile, et cujus causa habet contrarium, utroque modo corrumpi poterit, sicut patet de habitibus corporalibus, scilicet sanitate et ægritudine. Illi verò habitus quorum subjectum est incorruptibile non possunt corrumpi per accidens.

Sunt tamen habitus quidam qui etsi principaliter sint in subjecto incorruptibili, secundariò tamen sunt in subjecto corruptibili; sicut habitus scientiæ, qui principaliter quidem est in intellectu possibili, secundariò autem in viribus apprehensivis sensitivis, ut supra dictum est, quæst. 50, art. 3, ad 3, et ideò ex parte intellectûs possibilis habitus scientiæ non potest corrumpi per accidens, sed solùm ex parte inferiorum virium sensitivarum.

Est igitur considerandum si possunt hujusmodi habitus per se corrumpi. Si igitur fuerit aliquis habitus qui habeat aliquod contrarium vel ex parte suâ, vel ex parte suæ causæ, poterit per se corrumpi; si verò non habet contrarium, non poterit per se corrumpi. Manifestum est autem quòd species

intelligibilis in intellectu possibili existens non habet aliquid contrarium; neque iterùm intellectui agenti (1), qui est causa ejus, potest aliquid esse contrarium. Unde si aliquis habitus sit in intellectu possibili immediatè ab intellectu agente causatus, talis habitus est incorruptibilis et per se et per accidens. Hujusmodi autem sunt habitus primorum principiorum tam speculabilium quàm practicorum, qui nullâ oblivione vel deceptione corrumpi possunt, sicut Philosophus dicit in 6 Eth., cap. 5, in fin., de prudentiâ, quòd *non perditur per oblivionem.*

Aliquis verò habitus est in intellectu possibili ex ratione causatus, scilicet habitus conclusionum, qui dicitur scientia; cujus causæ dupliciter potest aliquid contrarium esse: uno modo ex parte ipsarum propositionum, ex quibus ratio procedit. Etenim enuntiationi quæ est: *Bonum est bonum,* contraria est ea quæ est: *Bonum non est bonum,* secundùm Philosophum, 2 Periherm., cap. ult., à med. Alio modo quantùm ad ipsum processum rationis, prout syllogismus sophisticus opponitur syllogismo dialectico vel demonstrativo. Sic igitur patet quòd per falsam rationem potest corrumpi habitus veræ opinionis aut etiam scientiæ. Unde Philosophus dicit quòd *deceptio est corruptio scientiæ,* sicut supra dictum est, in arg. Sed cont. Virtutum verò quædam sunt intellectuales, quæ sunt in ipsâ ratione, ut dicitur in 6 Ethic., cap. 1 vel 2, de quibus est eadem ratio quæ est de scientiâ vel opinione.

Quædam verò sunt in parte animæ appetitivâ, quæ sunt virtutes morales; et eadem ratio est de vitiis oppositis. Habitus autem appetitivæ partis causantur per hoc quòd ratio nata est appetitivam partem movere. Unde per judicium rationis in contrarium moventis quocumque modo, scilicet sive ex ignorantiâ, sive ex passione, vel etiam ex electione, corrumpitur habitus virtutis vel vitii.

Ad primum ergo dicendum quòd, sicut dicitur in 7 Ethic., cap. 10, non longè à fin., *habitus similitudinem habet naturæ, deficit tamen ab ipsâ;* et ideò cùm natura rei nullo modo removeatur ab ipsâ, habitus saltem difficilè removetur.

Ad secundum dicendum quòd, etsi speciebus intelligibilibus non sit aliquid contrarium, enuntiationibus tamen et processui rationis potest aliquid esse contrarium, ut dictum est in corp. art.

Ad tertium dicendum quòd scientia non removetur per motum corporalem, quantùm ad ipsam radicem habitûs, sed solùm quantùm ad impedimentum actûs, in quantum intellectus indiget in suo actu viribus sensitivis. quibus impedimentum affertur per corporalem transmutationem. Sed per intelligibilem motum rationis potest corrumpi habitus scientiæ etiam quantùm ad ipsam radicem habitûs; et similiter etiam potest corrumpi habitus virtutis. Tamen quod dicitur *virtutes*

---

(1) Ita ex codd. Nicolaius. Al., *quædam, et non corrumpitur.*

(1) Ita codd. et editi passim. Edit. Rom., *in intellectu agente;* et mox in cod. Tarrac. omittitur, *qui est causa ejus.*

esse permanentiores disciplinis, intelligendum est non ex parte subjecti vel causæ, sed ex parte actûs : nam virtutum usus est continuus per totam vitam, non autem usus disciplinarum.

ARTICULUS II. — *Utrùm habitus possit diminui.*

Ad secundum sic proceditur. 1. Videtur quòd habitus diminui non possit. Habitus enim est quædam qualitas et forma simplex. Simplex autem aut totum habetur aut totum amittitur. Ergo habitus, etsi corrumpi possit, diminui non potest.

2. Præterea, omne quod convenit accidenti, convenit eidem secundùm se vel ratione sui subjecti. Habitus autem secundùm seipsum non intenditur et remittitur ; alioquin sequeretur quòd aliqua species de suis individuis prædicaretur secundùm *magis et minus.* Si verò secundùm participationem subjecti diminui possit, sequitur quòd aliquid accidat habitui proprium, quod non sit commune et et subjecto. Cuicumque autem formæ convenit aliquid proprium præter suum subjectum, illa forma est separabilis, ut dicitur in 1 de Animâ, text. 13. Sequitur ergo quòd habitus sit forma separabilis, quod est impossibile.

3. Præterea, ratio et natura habitûs, sicut et cujuslibet accidentis, consistit in concretione ad subjectum, unde et quodlibet accidens definitur per suum subjectum. Si igitur habitus secundùm seipsum non intenditur neque remittitur, neque etiam secundùm concretionem sui ad subjectum diminui poterit ; et ita nullo modo diminuetur.

Sed contra est quòd contraria nata sunt fieri circa idem. Augmentum autem et diminutio sunt contraria. Cùm igitur habitus possit augeri, videtur quòd etiam possit diminui.

Respondeo dicendum quòd habitus dupliciter diminuuntur, sicut et augentur, ut ex supra dictis patet, quæst. 52, art. 1.

Et sicut ex eâdem causâ augentur ex quâ generantur, ita ex eâdem causâ diminuuntur ex quâ corrumpuntur. Nam diminutio habitûs est quædam via ad corruptionem, sicut è converso generatio habitûs est quoddam fundamentum augmenti ipsius.

Ad primum ergo dicendum quòd habitus secundùm se consideratus est forma simplex ; et secundùm hoc non accidit ei diminutio, sed secundùm diversum modum participandi, qui provenit ex indeterminatione potentiæ ipsius participantis, quæ scilicet diversimodè potest unam formam participare, vel quæ potest ad plura vel ad pauciora extendi.

Ad secundum dicendum quòd ratio illa procederet, si ipsa essentia habitûs nullo modo diminueretur. Hoc autem non ponimus, sed quòd quædam diminutio essentiæ habitûs non habet principium ab habitu, sed à participante.

Ad tertium dicendum quòd quocumque modo significetur accidens, habet dependentiam à subjecto secundùm suam rationem ; aliter tamen et aliter. Nam accidens significatum in abstracto importat habitudinem ad

SUMMÆ. II.

subjectum, quæ incipit ab accidente, et terminatur ad subjectum ; nam albedo dicitur quâ aliquid est album. Et ideò in definitione accidentis abstracti non ponitur subjectum, quasi prima pars definitionis, quæ est genus, sed quasi secunda, quæ est differentia ; dicimus enim quòd simitas est curvitas nasi. Sed in concretis incipit habitudo à subjecto, et terminatur ad accidens, dicitur enim album quod habet albedinem. Propter quod in definitione hujusmodi accidentis ponitur subjectum tanquàm genus, quod est prima pars definitionis ; dicimus enim quòd simum est nasus curvus. Sic igitur id quod convenit accidentibus ex parte subjecti, non autem ex ipsâ ratione accidentis, non attribuitur accidenti in abstracto, sed in concreto ; et hujusmodi est intensio et remissio in quibusdam accidentibus : unde albedo non dicitur *magis et minùs,* sed album. Et eadem ratio est in habitibus et aliis qualitatibus ; nisi quòd quidam habitus augentur vel diminuuntur per quamdam additionem, ut ex supra dictis patet, quæst. 52, art. 2.

ARTICULUS III. — *Utrùm habitus corrumpatur vel diminuatur per solam cessationem ab opere.* — (2-2, qu. 24, art. 10, et 1, dist. 17, quæst. 2, art. 5, corp.)

Ad tertium sic proceditur. 1. Videtur quòd habitus non corrumpatur aut diminuatur per solam cessationem ab opere. Habitus enim permanentiores sunt quàm passibiles qualitates, ut ex supra dictis apparet, qu. 49, art. 2, ad 3. Sed passibiles qualitates non corrumpuntur neque diminuuntur per cessationem ab actu ; non enim albedo diminuitur, si visum non immutet ; neque calor, si non calefaciat. Ergo neque habitus diminuuntur neque corrumpuntur per cessationem ab actu.

2. Præterea, corruptio et diminutio sunt quædam mutationes. Sed nihil mutatur absque aliquâ causâ movente. Cùm igitur cessatio ab actu non importet aliquam causam moventem, non videtur quòd per cessationem ab actu possit esse diminutio vel corruptio habitûs.

3. Præterea, habitus scientiæ et virtutis sunt in animâ intellectivâ, quæ est supra tempus. Ea verò quæ sunt supra tempus non corrumpuntur neque diminuuntur per temporis diuturnitatem. Ergo neque hujusmodi habitus corrumpuntur vel diminuuntur per temporis diuturnitatem, si diù aliquis absque exercitio permaneat.

Sed contra est quod Philosophus, in lib. de Longitudine et Brevitate vitæ, cap. 2, dicit quòd *corruptio scientiæ non solùm est deceptio, sed etiam oblivio* ; et etiam in 8 Eth., cap. 5, parùm à princ., dicitur quòd *multas amicitias inappellatio dissolvit* ; et eâdem ratione alii habitus virtutum per cessationem ab actu diminuuntur vel tolluntur.

Respondeo dicendum quòd, sicut dicitur in 7 Physic., text. 27, aliquid potest esse movens dupliciter : uno modo per se, quod scilicet movet secundùm rationem propriæ formæ, sicut ignis calefacit ; alio modo per accidens, sicut id quod removet prohibens.

(Treize.)

Et hoc modo cessatio ab actu causat corruptionem vel diminutionem habituum, in quantum scilicet removetur actus qui prohibebat causas corrumpentes vel diminuentes habitum. Dictum est enim art. præc., quòd habitus per se corrumpuntur vel diminuuntur ex contrario agente. Unde quorumcumque habituum contraria succrescunt per temporis tractum, quæ oportet subtrahi per actum ab habitu procedentem, hujusmodi habitus diminuuntur vel etiam tolluntur totaliter per diuturnam cessationem ab actu, ut patet etiam in scientiâ et in virtute. Manifestum est enim quòd habitus virtutis moralis facit hominem promptum ad eligendum medium in operationibus et passionibus. Cùm autem aliquis non utitur habitu virtutis ad moderandas passiones vel operationes proprias, necesse est quòd proveniant multæ passiones et operationes præter modum virtutis, ex inclinatione appetitûs sensitivi et aliorum quæ exteriùs movent. Unde corrumpitur virtus vel diminuitur per cessationem ab actu. Similiter etiam est ex parte habituum intellectualium, secundùm quos est homo promptus ad rectè judicandum de imaginatis. Cùm igitur homo cessat ab usu intellectualis habitûs, insurgunt imaginationes extraneæ, et quandoque ad contrarium ducentes; ita quòd nisi per frequentem usum intellectualis habitûs quodammodo succidantur vel comprimantur, redditur homo minùs aptus ad rectè judicandum, et quandoque totaliter disponitur ad contrarium. Et sic per cessationem ab actu diminuitur vel etiam corrumpitur intellectualis habitus.

Ad primum ergo dicendum quòd ita etiam calor per cessationem à calefaciendo corrumperetur, si per hoc increscerct frigidum, quod est calidi corruptivum.

Ad secundum dicendum quòd cessatio ab actu est movens ad corruptionem vel diminutionem, sicut removens prohibens, ut dictum est in corp. art.

Ad tertium dicendum quòd pars intellectiva animæ secundùm se est supra tempus, sed pars sensitiva subjacet tempori, et ideò per temporis cursum transmutatur quantùm ad passiones appetitivæ partis, et etiam quantùm ad vires apprehensivas. Unde Philos. dicit in 4 Physic., text. 117, quòd *tempus est causa oblivionis.*

QUÆSTIO LIV.

DE DISTINCTIONE HABITUUM. — (*In quatuor articulos divisa.*)

Deinde considerandum est de distinctione habituum; et circa hoc quæruntur quatuor : 1° utrùm multi habitus possint esse in unâ potentiâ; 2° utrùm habitus distinguantur secundùm objecta; 3° utrùm habitus distinguantur secundùm bonum et malum; 4° utrùm unus habitus ex multis habitibus constituatur.

ARTICULUS PRIMUS. — *Utrùm multi habitus possint esse in unâ potentiâ.* — (2-2, qu. 67, art. 5, corp., et 3, dist. 33, qu. 1, art. 1, qu. 3, corp., et dist. 35, qu. 2, art. 3, qu. 2, ad 3, et Ver. quæst. 1, art. 12, ad 4, et qu. 15, art. 2, ad 11.)

Ad primum sic proceditur. 1. Videtur quòd non possint esse multi habitus in unâ potentiâ. Eorum quæ secundùm idem distinguuntur, multiplicato uno, multiplicatur et aliud. Sed secundùm idem potentiæ et habitus distinguuntur, scilicet secundùm actus et objecta. Similiter ergo multiplicantur. Non ergo possunt esse multi habitus in unâ potentiâ.

2. Præterea, potentia est virtus quædam simplex ; sed in uno subjecto simplici non potest esse diversitas accidentium ; quia subjectum est causa accidentis ; ab uno autem simplici non videtur procedere nisi unum. Ergo in unâ potentiâ non possunt esse multi habitus.

3. Præterea, sicut corpus formatur per figuram, ita potentia formatur per habitum. Sed unum corpus non potest simul formari diversis figuris. Ergo neque una potentia potest simul formari diversis habitibus. Non ergo plures habitus possunt simul esse in unâ potentiâ.

Sed contra est quòd intellectus est una potentia, in quâ tamen sunt diversarum scientiarum habitus.

Respondeo dicendum quòd, sicut supra dictum est, quæst. 49, art. 4, habitus sunt dispositiones quædam alicujus in potentiâ existentis ad aliquid, sive ad naturam, sive ad operationem vel finem naturæ. Et de illis quidem habitibus qui sunt dispositiones ad naturam, manifestum est quòd possunt plures esse in uno subjecto, eò quòd unius subjecti possunt diversimodè partes accipi, secundùm quarum dispositionem habitus dicuntur ; sicut si accipiantur humani corporis partes, *humores,* prout disponuntur secundùm naturam humanam, est habitus vel dispositio sanitatis ; si verò accipiantur partes similes, ut nervi, et ossa, et carnes, eadem dispositio in ordine ad naturam est fortitudo aut macies ; si verò accipiantur membra, ut manus, et pes, et hujusmodi, earum dispositio naturæ conveniens est pulchritudo. Et sic sunt plures habitus vel dispositiones in eodem.

Si verò loquamur de habitibus qui sunt dispositiones ad opera, qui propriè pertinent ad potentias, sic etiam contingit unius potentiæ esse habitus plures. Cujus ratio est quia subjectum habitûs est potentia passiva, ut supra dictum est, qu. 51, art. 2. Potentia enim activa tantùm non est alicujus habitûs subjectum, ut ex supra dictis patet, ibid. Potentia autem passiva comparatur ad actum determinatum unius speciei, sicut materia ad formam ; eò quòd sicut materia determinatur ad unam formam per unum agens ; ita etiam potentia passiva à ratione unius objecti activi determinatur ad unum actum secundùm speciem. Unde sicut plura objecta possunt movere unam potentiam passivam, ita una potentia passiva potest esse subjectum diversorum actuum vel perfectionum secundùm speciem. Habitus autem sunt quædam qualitates aut formæ inhærentes potentiæ, quibus inclinatur potentia ad determinatos actus (1)

_____

(1) Ita codd. Alcan. et Tarrac., et edit. Patavin:. Edit. Rom., *ad determinationem actûs,* Nicolaius , as *terminationem actûs.*

secundùm speciem. Unde ad unam potentiam possunt plures habitus pertinere, sicut et plures actus specie differentes.

Ad primum ergo dicendum quòd, sicut in rebus naturalibus diversitas specierum est secundùm formam, diversitas autem generum est secundùm materiam, ut dicitur in 5 Metaph., text. 33; ea enim sunt diversa genere quorum est materia diversa; ita etiam diversitas objectorum secundùm genus facit distinctionem potentiarum. Unde Philosophus dicit in 6 Ethic., cap. 1, à med., quòd *ad ea quæ sunt genere altera, sunt etiam animæ particulæ aliæ.* Diversitas verò objectorum secundùm speciem facit diversitatem actuum secundùm speciem, et per consequens habituum. Quæcumque sunt diversa genere, sunt etiam specie diversa; sed non convertitur. Et ideò diversarum potentiarum sunt diversi actus specie, et diversi habitus. Non autem oportet quòd diversi habitus sint diversarum potentiarum, sed possunt esse plures unius; et sicut sunt genera generum, et species specierum, ita etiam contingit esse diversas species habituum et potentiarum.

Ad secundum dicendum quòd potentia, etsi sit quidem simplex secundùm essentiam, est tamen multiplex virtute secundùm quòd ad multos actus specie differentes se extendit: et ideò nihil prohibet in unâ potentiâ esse multos habitus specie differentes.

Ad tertium dicendum quòd corpus formatur per figuram, sicut per propriam terminationem. Habitus autem non est terminatio potentiæ, sed est dispositio ad actum sicut ad ultimum terminum. Et ideò non possunt (1) esse unius potentiæ simul plures actus, nisi fortè secundùm quòd unus comprehenditur sub aliâ; sicut nec unius corporis plures figuræ, nisi secundùm quòd una est in aliâ, sicut trigonum in tetragono. Non enim potest intellectus simul multa actu intelligere; potest tamen simul habitu multa scire.

ARTICULUS II. — *Utrùm habitus distinguantur secundùm objecta.* —(*Inf., art.* 3, *corp., et quæst.* 60, *art.* 1, *corp., et quæst.* 63, *art.* 4, *corp., et* 5 *Ethic., lect.* 1, *fin., et* 2 *de Animâ, lect.* 16, *fin.*)

Ad secundum sic proceditur. 1. Videtur quòd habitus non distinguantur secundùm objecta. Contraria enim sunt specie differentia. Sed idem habitus scientiæ est contrariorum, sicut medicina *sani* et *ægri.* Non ergo secundùm objecta specie differentia habitus distinguuntur.

2. Præterea, diversæ scientiæ sunt diversi habitus. Sed idem scibile pertinet ad diversas scientias; sicut terram esse rotundam demonstrat naturalis et astrologus, ut dicitur in 2 Phys., text. 17. Ergo habitus non distinguuntur secundùm objecta.

3. Præterea, ejusdem actûs est idem objectum. Sed idem actus potest pertinere ad diversos habitus virtutum, si ad diversos fines referatur; sicut dare pecuniam alicui, si sit propter Deum, pertinet ad charitatem; si verò sit propter debitum solvendum, pertinet ad

(1) Al., *possent.*

justitiam. Ergo etiam idem objectum potest ad diversos habitus pertinere. Non ergo est diversitas habituum secundùm diversitatem objectorum.

Sed contra, actus differunt specie secundùm diversitatem objectorum, ut supra dictum est, qu. 1, art. 3, et quæst. 18, art. 2. Sed habitus sunt dispositiones quædam ad actus. Ergo etiam habitus distinguuntur secundùm diversa objecta.

Respondeo dicendum quòd habitus et est forma quædam, et est habitus. Potest ergo distinctio habituum secundùm speciem attendi aut secundùm communem modum quo formæ specie distinguuntur, aut secundùm proprium modum distinctionis habituum. Distinguuntur siquidem formæ ab invicem secundùm diversa principia activa, eò quòd omne agens facit simile secundùm speciem. Habitus autem importat ordinem ad aliquid. Omnia autem quæ dicuntur secundùm ordinem ad aliquid, distinguuntur secundùm distinctionem eorum ad quæ dicuntur. Est autem habitus dispositio quædam ad duo ordinata, scilicet ad naturam et operationem consequentem naturam.

Sic igitur secundùm tria habitus specie distinguuntur : uno quidem modo secundùm principia activa talium dispositionum; alio verò modo secundùm naturam; tertio verò modo secundùm objecta specie differentia, ut per sequentia explicabitur.

Ad primum ergo dicendum quòd in distinctione potentiarum vel etiam habituum, non est considerandum ipsum objectum materialiter, sed ratio objecti differens specie vel etiam genere. Quamvis autem contraria specie differant diversitate rerum, tamen eadem ratio est cognoscendi utrumque quia unum per aliud cognoscitur. Et ideò in quantum conveniunt in unâ ratione cognoscibilis, pertinent ad unum habitum cognoscitivum.

Ad secundum dicendum quòd terram esse rotundam, per aliud medium demonstrat naturalis, et per aliud astrologus. Astrologus enim hoc demonstrat per media mathematica, sicut per figuras eclipsium, vel per aliud hujusmodi; naturalis verò hoc demonstrat per medium naturale, sicut per motum gravium ad medium, vel per aliud hujusmodi. Tota autem virtus demonstrationis, quæ est *syllogismus faciens scire,* ut dicitur in 1 Post., text. 5, dependet ex medio; et ideò diversa media sunt sicut diversa principia activa, secundùm quæ habitus scientiarum diversificantur.

Ad tertium dicendum quòd, sicut Philosophus dicit in 2 Physic., text. 89, et in 7 Ethic., cap. 8, à med., *ita se habet finis in operabilibus, sicut principium in demonstrativis*; et ideò diversitas finium diversificat virtutes, sicut et diversitas activorum principiorum; sunt etiam ipsi fines objecti actuum interiorum, qui maximè pertinent ad virtutes, ut ex supra dictis patet, qu. 19, art. 1 et 2.

ARTICULUS III. —*Utrùm habitus distinguantur secundùm bonum et malum.*

Ad tertium sic proceditur. 1. Videtur quòd habitus non distinguantur secundùm bonum et malum. Bonum enim et malum sunt contraria. Sed idem habitus est contrariorum, ut supra habitum est, art. 2 hujus qu., arg. 1. Ergo habitus non distinguuntur secundùm bonum et malum.

2. Præterea, bonum convertitur cum ente; et sic cùm sit commune omnibus, non potest sumi ut differentia alicujus speciei, ut patet per Philosophum in 4 Topic., cap. ult., loc. 66. Similiter etiam malum , cùm sit privatio, et non ens, non potest esse alicujus entis differentia. Non ergo secundùm bonum et malum possunt habitus specie distingui.

3. Præterea, circa idem objectum contingit esse diversos habitus malos, sicut circa concupiscentias, intemperantiam et insensibilitatem; et similiter etiam plures habitus bonos, scilicet virtutem humanam et virtutem heroicam, sive divinam, ut patet per Philosophum, in 7 Ethic., cap. 1. Non ergo distinguuntur habitus secundùm bonum et malum.

Sed contra est quòd habitus bonus contrariatur habitui malo, sicut virtus vitio. Sed contraria sunt diversa secundùm speciem. Ergo habitus differunt specie secundùm differentiam boni et mali.

Respondeo dicendum quòd, sicut dictum est art. præc., habitus specie distinguuntur non solùm secundùm objecta et principia activa, sed etiam in ordine ad naturam, quod quidem contingit dupliciter : uno modo secundùm convenientiam ad naturam, vel etiam secundùm disconvenientiam ab ipsâ; et hoc modo distinguuntur specie habitus bonus et malus. Nam habitus bonus dicitur qui disponit ad actum convenientem naturæ agentis; habitus autem malus dicitur qui disponit ad actum non convenientem naturæ; sicut actus virtutum naturæ humanæ conveniunt, eò quòd sunt secundùm rationem; actus verò vitiorum, cùm sint contra rationem, à naturâ humanâ discordant. Et sic manifestum est quòd secundùm differentiam boni et mali habitus specie distinguuntur.

Alio modo secundùm naturam habitus distinguuntur, ex eo quòd habitus unus disponit ad actum convenientem naturæ inferiori, alius autem habitus disponit ad actum convenientem naturæ superiori. Et sic virtus humana, quæ disponit ad actum convenientem naturæ humanæ, distinguitur à divinâ virtute vel heroicâ, quæ disponit ad actum convenientem cuidam superiori naturæ.

Ad primum ergo dicendum quòd contrariorum potest esse unus habitus, secundùm quòd contraria conveniunt in una ratione. Nunquàm tamen contingit quòd habitus contrarii sint unius speciei. Contrarietas enim habituum est secundùm contrarias rationes. Et ita secundùm bonum et malum habitus distinguuntur, scilicet in quantum unus habitus est bonus, et alius malus; non autem ex hoc quòd unus est boni, et alius est mali.

Ad secundum dicendum quòd bonum commune omni enti non est differentia constituens speciem alicujus habitûs, sed quoddam bonum determinatum, quod est secundùm convenientiam ad determinatam naturam, scilicet humanam. Similiter etiam malum ,

quod est differentia constitutiva habitûs,.non est privatio pura, sed est aliquid determinatum repugnans determinatæ naturæ.

Ad tertium dicendum quòd plures habitus boni circa idem specie distinguuntur secundùm convenientiam ad diversas naturas ; ut dictum est in corp. art. Plures verò habitus mali distinguuntur circa idem agendum secundùm diversas repugnantias ad id quod est secundùm naturam; sicut uni virtuti contrariantur diversa vitia circa eamdem materiam.

ARTICULUS IV. — Utrùm unus habitus ex multis habitibus constituatur. — (Sup., quæst. 23, art. 2, ad 1.)

Ad quartum sic proceditur. 1. Videtur quòd unus habitus ex pluribus habitibus constituatur. Illud enim cujus generatio non simul perficitur, sed successivè, videtur constitui ex pluribus partibus. Sed generatio habitûs non est simul, sed successivè ex pluribus artibus, ut supra habitum est, qu. 51, art. 3. Ergo unus habitus constituitur ex pluribus habitibus.

2. Præterea , ex partibus constituitur totum. Sed uni habitui assignantur multæ partes, sicut Tullius ponit, lib. 2 de Invent., aliquant. ante fin., multas partes fortitudinis, et temperantiæ, et aliarum virtutum. Ergo unus habitus constituitur ex pluribus.

3. Præterea , de unâ solâ conclusione potest scientia haberi actu et habitu. Sed multæ conclusiones pertinent ad unam scientiam totam, sicut ad geometriam vel arithmeticam. Ergo unus habitus constituitur ex multis.

Sed contra, habitus, cùm sit qualitas quædam, est formâ simplex. Sed nullum simplex constituitur ex pluribus. Ergo unus habitus non constituitur ex pluribus habitibus.

Respondeo dicendum quòd habitus ad operationem ordinatus, de quo nunc principaliter intendimus, est perfectio quædam potentiæ. Omnis autem perfectio proportionatur suo perfectibili. Unde sicut potentia, cùm sit una, ad multa se extendit, secundùm quòd conveniunt in uno aliquo, id est, in generali quâdam ratione objecti,'ita etiam habitus ad multa se extendit, secundùm quòd habent ordinem ad aliquod unum, putà ad unam specialem rationem objecti, vel unam naturam, vel unum principium, ut ex supra dictis patet, art. 2 hujus qu. Si igitur consideremus habitum secundùm ea ad quæ se extendit, sic inveniemus in eo quamdam multiplicitatem. Sed quia illa multiplicitas est ordinata ad aliquid unum, ad quod principaliter respicit habitus, inde est quòd habitus est qualitas simplex non constituta ex pluribus habitibus, etiamsi ad multa se extendat. Non enim unus habitus se extendit ad multa nisi in ordine ad unum, ex quo habet unitatem.

Ad primum ergo dicendum quòd successio in generatione habitûs non contingit ex hoc quòd pars ejus generetur post partem, sed ex eo quòd subjectum non statim consequitur dispositionem firmam et difficilè mobilem; et ex eo quòd primò imperfectè incipit esse in subjecto, et paulatim perficitur; sicut etiam est de aliis qualitatibus.

Ad secundum dicendum quòd partes quæ

singulis virtutibus cardinalibus assignantur, non sunt partes integrales, ex quibus constituatur totum, sed partes subjectivæ, sive potentiales, ut infra patebit, qu. 57, art. 6, ad 4, et 2-2, qu. 48.

Ad tertium dicendum quòd ille qui in aliquâ scientiâ acquirit per demonstrationem scientiam conclusionis unius, habet quidem habitum, sed imperfectè; cùm verò acquirit per aliam demonstrationem scientiam conclusionis alterius, non aggeneratur in eo alius habitus; sed habitus qui priùs inerat, fit perfectior, utpote ad plura se extendens; eò quòd conclusiones et demonstrationes unius scientiæ ordinatæ sunt, et una derivatur ex aliâ.

QUÆSTIO LV.

DE VIRTUTIBUS QUANTUM AD EARUM ESSENTIAS. — (In quatuor articulos divisa.)

Consequenter considerandum est de habitibus in speciali; et quia habitus, ut dictum est qu. præc., art. 3, distinguuntur per bonum et malum, primò dicendum est de habitibus bonis, qui sunt virtutes, et alia eis adjuncta, scilicet dona, beatitudines et fructus; secundò de habitibus malis, scilicet de vitiis et peccatis.

Circa virtutes autem quinque consideranda sunt. Primò de essentiâ virtutis; secundò de subjecto ejus; tertiò de divisione virtutum; quartò de causâ virtutis; quintò de quibusdam proprietatibus virtutis.

Circa primum quæruntur quatuor : 1° utrùm virtus humana sit habitus; 2° utrùm sit habitus operativus; 3° utrùm sit habitus bonus; 4° de definitione virtutis.

ARTICULUS PRIMUS. — Utrùm virtus humana sit habitus. — (Inf., qu. 56, art. 2, corp., et 2, dist. 27, art. 1 et 3, dist. 23, quæst. 1, art. 3, quæst. 1 et 3, et Ver. quæst. 1, art. 1.)

Ad primum sic proceditur. 1. Videtur quòd virtus humana non sit habitus. Virtus enim est ultimum potentiæ, ut dicitur in 1 de Cœlo, text. 116. Sed ultimum uniuscujusque reducitur ad genus illud cujus est ultimum, sicut punctum ad genus lineæ. Ergo virtus reducitur ad genus potentiæ, et non ad genus habitûs (1).

2. Præterea, Augustinus dicit in 2 de libero Arbitr. (implic. cap. 19, à princ, sed express. lib. Retract., cap. 9, parùm ante fin.), quòd virtus est bonus usus liberi arbitrii. Sed usus liberi arbitrii est actus. Ergo virtus non est habitus, sed actus.

3. Præterea, habitibus non meremur, sed actibus; alioquin homo mereretur continuè, etiam dormiendo. Sed virtutibus meremur. Ergo virtutes non sunt habitus, sed actus.

4. Præterea Augustinus dicit in lib. de Moribus Ecclesiæ, cap. 15, in princ., quòd virtus est ordo amoris; et in lib. 83 QQ., qu. 30, parùm à princ., dicit quòd ordinatio, quæ virtus vocatur, est fruendis frui, et utendis uti. Ordo autem seu ordinatio nominat vel

actum vel relationem. Ergo virtus non est habitus, sed actus vel relatio.

5. Præterea, sicut inveniuntur virtutes humanæ, ita et virtutes naturales. Sed virtutes naturales non sunt habitus, sed potentiæ quædam. Ergo etiam neque virtutes humanæ.

Sed contra est quòd Philosophus, in lib. Prædicam., cap. de Qualit., scientiam et virtutem ponit esse habitus.

Respondeo dicendum quòd virtus nominat quamdam potentiæ perfectionem. Uniuscujusque enim perfectio præcipuè consideratur in ordine ad suum finem; finis autem potentiæ actus est, unde potentia dicitur esse perfecta, secundùm quòd determinatur ad suum actum.

Sunt autem quædam potentiæ, quæ secundùm seipsas sunt determinatæ ad suos actus, sicut potentiæ naturales activæ; et ideò hujusmodi potentiæ naturales secundùm seipsas dicuntur virtutes. Potentiæ autem rationales, quæ sunt propriæ hominis, non sunt determinatæ ad unum, sed se habent indeterminatè ad multa; determinantur autem ad actus per habitus, sicut ex supra dictis patet, qu. 49, art. 3, et ideò virtutes humanæ habitus sunt.

Ad primum ergo dicendum quòd quandoque virtus dicitur id ad quod est virtus, scilicet vel objectum virtutis, vel actus ejus; sicut fides dicitur quandoque id quod creditur, quandoque verò ipsum credere, quandoque autem ipse habitus quo creditur. Unde quando dicitur quòd virtus est ultimum potentiæ, sumitur virtus pro objecto virtutis. Id enim in quod ultimò potentia potest, est id quod dicitur virtus rei; sicut si aliquis potest ferre centum libras, et non plus, virtus ejus consideratur secundùm centum libras, non autem secundùm sexaginta. Objectio autem procedebat ac si essentialiter virtus esset ultimum potentiæ.

Ad secundum dicendum quòd bonus usus liberi arbitrii dicitur esse virtus secundùm eamdem rationem, quia scilicet est id ad quod ordinatur virtus sicut ad proprium actum. Nihil est enim aliud actus virtutis quàm bonus usus liberi arbitrii.

Ad tertium dicendum quòd aliquo dicimur mereri dupliciter : uno modo, sicut ipso merito, eo modo quo dicimur currere cursu, et hoc modo meremur actibus; alio modo dicimur mereri aliquo sicut principio merendi, sicut dicimur currere potentiâ motivâ; et sic dicimur mereri virtutibus et habitibus.

Ad quartum dicendum quòd virtus dicitur ordo vel ordinatio amoris, sicut id ad quod est virtus; per virtutem enim ordinatur amor in nobis.

Ad quintum dicendum quòd potentiæ naturales sunt de se determinatæ ad unum, non autem potentiæ rationales; et ideò non est simile, ut dictum est in corp. art.

ARTICULUS II. — Utrùm virtus humana sit habitus operativus. — (Inf., quæst. 61, art. 1, corp., et quæst. 71, art. 1, ad 2, et 2-2, quæst. 58, art. 1, corp., et 3, dist. 26, quæst. 2, art. 1, corp.)

Ad secundum sic proceditur. 1. Vi letur quòd non sit de ratione virtutis humanæ quòd

___

(1) Ita cum codd. Alcan Camer. Colon. et Rom. Nicolaius. AL: Ergo virtus non reducitur ad genus habitûs.

sit habitus operativus. Dicit enim Tullius in 4 de Tuscul. QQ., ante med., quòd *sicut est sanitas et pulchritudo corporis, ita est virtus animæ.* Sed sanitas et pulchritudo non sunt habitus operativi. Ergo neque etiam virtus.

2. Præterea, in rebus naturalibus invenitur virtus non solùm ad agere, sed etiam ad esse, ut patet per Philosophum, in 1 de Cœlo, quòd quædam habent virtutem ut sint semper, quædam verò non ad hoc quòd sint semper, sed aliquo tempore determinato. Sed sicut se habet virtus naturalis in rebus naturalibus, ita se habet virtus humana in rationalibus. Ergo etiam virtus humana non solùm est ad agere, sed etiam ad esse.

3. Præterea, Philosophus dicit in 7 Physic., text. 17, quòd virtus est *dispositio perfecti ad optimum.* Optimum autem, ad quod hominem oportet disponi per virtutem, est ipse Deus, ut probat Augustinus in lib. de Moribus Ecclesiæ, cap. 3, 6 et 14, ad quem disponitur anima per assimilationem ad ipsum. Ergo videtur quòd virtus dicatur qualitas quædam animæ in ordine ad Deum, tanquàm assimilativa ad ipsum, non autem in ordine ad operationem. Non igitur est habitus operativus.

Sed contra est quod Philosophus dicit in 2 Ethic., cap. 6, in princ., quòd *virtus uniuscujusque rei est quæ opus ejus bonum reddit.*

Respondeo dicendum quòd virtus ex ipsâ ratione nominis importat quamdam perfectionem potentiæ, ut supra dictum est, art. præc. Unde cùm duplex sit potentia, scilicet potentia ad esse, et potentia ad agere, utriusque potentiæ perfectio virtus vocatur. Sed potentia ad esse se tenet ex parte materiæ, quæ est ens in potentiá; potentia autem ad agere se tenet ex parte formæ, quæ est principium agendi, eò quòd unumquodque agit, in quantum est actu. In constitutione autem hominis corpus se tenet sicut materia, anima verò sicut forma. Et quantum quidem ad corpus, homo communicat cum aliis animalibus, et similiter quantùm ad vires quæ sunt animæ et corpori communes.

Solæ autem illæ vires quæ sunt propriæ animæ, scilicet rationales, sunt hominis tantùm. Et ideò virtus humana, de quá loquimur, non potest pertinere ad corpus, sed tantùm ad id quod est proprium animæ. Unde virtus humana non importat ordinem ad esse, sed magis ad agere. Et ideò de ratione virtutis humanæ est quòd sit habitus operativus.

Ad primum ergo dicendum quòd modus actionis sequitur dispositionem agentis; unumquodque enim quale est, talia operatur. Et ideò cùm virtus sit principium aliqualis operationis, oportet quòd in operante præexistat secundùm virtutem aliqua conformis dispositio. Facit autem virtus operationem ordinatam; et ideò ipsa virtus est quædam dispositio ordinata in animâ, secundùm scilicet quòd propriæ potentiæ animæ ordinantur aliqualiter ad invicem, et ad id quod est extra. Et ideò virtus, in quantum est conveniens dispositio animæ, assimilatur sanitati et pulchritudini, quæ sunt debitæ dispositiones corporis. Sed per hoc non excluditur quin **virtus** etiam sit operationis principium.

Ad secundum dicendum quòd virtus quæ est ad esse, non est propria hominis, sed solùm virtus quæ est ad opera rationis, quæ sunt propria hominis.

Ad tertium dicendum quòd cùm Dei substantia sit ejus actio, summa assimilatio hominis ad Deum est secundùm aliquam operationem. Unde, sicut supra dictum est, quæst. 3, art. 2, felicitas sive beatitudo per quam homo Deo maximè conformatur, quæ est finis humanæ vitæ, in operatione consistit.

ARTICULUS III. — *Utrùm virtus humana sit habitus bonus.* — (2-2, quæst. 58, art. 1, corp., et 2, dist. 26, quæst. 2, art. 1, corp.)

Ad tertium sic proceditur. 1. Videtur quòd non sit de ratione virtutis quòd sit habitus bonus. Peccatum enim in malo semper sumitur. Sed etiam peccati est aliqua virtus, secundùm illud 1 Corinth. 15, 56 : *Virtus peccati lex.* Ergo virtus non semper est habitus bonus.

2. Præterea, virtus potentiæ respondet. Sed potentia non solùm se habet ad bonum, sed etiam ad malum, secundùm illud Isa. 5, 22 : *Væ qui potentes estis ad bibendum vinum, et viri fortes ad miscendam ebrietatem!* Ergo etiam virtus se habet et ad bonum et ad malum.

3. Præterea, secundùm Apostolum, 2 ad Corinth. 12, 9, *virtus in infirmitate perficitur.* Sed infirmitas est quoddam malum. Ergo virtus non solùm se habet ad bonum, sed etiam ad malum.

Sed contra est quod Augustinus dicit in lib. de Moribus Ecclesiæ, cap. 6, in princ. : *Nemo autem dubitabit quòd virtus animam facit optimam;* et Philosophus dicit in 2 Ethic., cap. 6, quòd *virtus est quæ bonum facit habentem, et opus ejus bonum reddit.*

Respondeo dicendum quòd, sicut supra dictum est, art. 1 hujus quæst., virtus importat perfectionem potentiæ. Unde *virtus cujuslibet rei determinatur ad ultimum in quod res potest,* ut dicitur in 1 de Cœlo, text. 116. Ultimum autem in quod unaquæque potentia potest, oportet quòd sit bonum; nam omne malum defectum quemdam importat; unde Dionysius dicit in 4 cap. de divin. Nom., part. 4, lect. 22, quòd *omne malum est infirmum.* Et propter hoc oportet quòd virtus cujuslibet rei dicatur in ordine ad bonum. Unde virtus humana, quæ est habitus operativus, est bonus habitus, et boni operativus.

Ad primum ergo dicendum quòd, sicut perfectum, ita et bonum dicitur metaphoricè in malis; dicitur enim et perfectus fur sive latro, et bonus fur sive latro, ut patet per Philosophum, in 5 Metaph., text. 21. Secundùm hoc ergo etiam virtus metaphoricè in malis dicitur; et sic *virtus peccati* dicitur lex, in quantum scilicet per legem occasionaliter est peccatum augmentatum, et quasi ad maximum suum posse pervenit.

Ad secundum dicendum quòd malum ebrietatis et nimiæ potationis consistit in defectu ordinis rationis. Contingit autem cum defectu rationis esse aliquam potentiam inferiorem perfectam ad id quod est sui generis, etiam cum repugnantiâ vel defectu rationis. Perfectio autem talis potentiæ, cùm sit cum defectu rationis, non posset dici virtus humana.

Ad tertium dicendum quòd tantò ratio perfectior esse ostenditur, quantò infirmitates corporis et inferiorum partium magis potest vincere seu tolerare. Et ideò virtus humana, quæ rationi attribuitur, in infirmitate perfici dicitur, non quidem rationis, sed in infirmitate corporis et inferiorum partium.

ARTICULUS IV. — *Utrùm virtus convenienter definiatur.* — (2, *dist.* 27, *art.* 2 *et* 3, *dist.* 23, *quæst.* 1, *art.* 2, *quæst.* 3, *et Verit. quæst.* 1, *art.* 2, *per tot., et art.* 9 *ad* 1, *et* 10, *ad* 11.)

Ad quartum sic proceditur. 1. Videtur quòd non sit conveniens definitio virtutis quæ solet assignari, scilicet : *Virtus est bona qualitas mentis, quâ rectè vivitur, quâ nullus malè utitur, quam Deus in nobis sine nobis operatur.* Virtus enim est bonitas hominis ; ipsa enim est quæ *bonum facit habentem.* Sed bonitas non videtur esse bona, sicut nec albedo est alba. Igitur inconvenienter dicitur quòd *virtus est bona qualitas.*

2. Præterea, nulla differentia est communior suo genere, cùm sit generis divisiva. Sed *bonum* est communius quàm qualitas, convertitur enim cum ente. Ergo *bonum* non debet poni in definitione virtutis, ut differentia qualitatis.

3. Præterea, sicut Augustinus dicit in 12 de Trinit., cap. 3, in princ., *ubi primò occurrit aliquid quod non sit nobis pecoribusque commune, illud ad mentem pertinet.* Sed quædam virtutes sunt etiam irrationabilium partium, ut Philosophus dicit in 3 Ethic., cap. 10, in princ. Non ergo omnis virtus est *bona qualitas mentis.*

4. Præterea, rectitudo videtur ad justitiam pertinere ; unde iidem dicuntur *recti et justi.* Sed justitia est species virtutis. Inconvenienter ergo ponitur *rectum* in definitione virtutis, cùm dicitur : *Quâ rectè vivitur.*

5. Præterea, quicumque superbit de aliquo, malè utitur eo. Sed multi superbiunt de virtute ; dicit enim Augustinus in Regulâ, quòd *superbia etiam bonis operibus insidiatur, ut pereant.* Falsum est ergo quòd nemo virtute malè utatur.

6. Præterea, homo per virtutem justificatur. Sed Augustinus super illud Joan. 14 : *Majora horum faciet,* dicit, implic. tract. 27, sed express. serm. 15 de Verb. Apost., cap. 11, circ. med. : *Qui creavit te sine te, non justificabit te sine te.* Inconvenienter ergo dicitur quòd *virtutem Deus in nobis sine nobis operatur.*

Sed contra est auctoritas Augustini ; ex cujus verbis prædicta definitio colligitur, et præcipuè in 2 de libero Arbitr., cap. 19, et lib. 4 contr. Julian., cap. 3, et sup. illud Psal. 118 : *Feci judicium,* etc., conc. 26, ante med.

Respondeo dicendum quòd ista definitio perfectè complectitur totam rationem virtutis. Perfecta enim ratio uniuscujusque rei colligitur ex omnibus causis ejus. Comprehendit autem prædicta definitio omnes causas virtutis. Causa namque formalis virtutis, sicut et cujuslibet rei, accipitur ex ejus genere

et differentiâ, cùm dicitur *bona qualitas* ; genus enim virtutis *qualitas* est ; differentia autem *bonum.* Esset tamen convenientior definitio, si loco qualitatis *habitus* poneretur, qui est genus propinquum. Virtus autem non habet materiam *ex quâ,* sicut nec alia accidentia ; sed habet materiam *circa quam,* et materiam *in quâ,* scilicet subjectum. Materia autem *circa quam* est objectum virtutis, quod non potuit in prædictâ definitione poni, eò quòd per objectum determinatur virtus ad speciem ; hic autem assignatur definitio virtutis in communi ; unde ponitur subjectum loco causæ materialis, cùm dicitur quòd est *bona qualitas mentis.* Finis autem virtutis cùm sit habitus operativus, est ipsa operatio. Sed notandum quòd habituum operativorum aliqui sunt semper ad malum, sicut habitus vitiosi ; aliqui verò quandoque ad bonum, et quandoque ad malum, sicut opinio se habet ad verum et falsum. Virtus autem est habitus semper se habens ad bonum. Et ideò ut discernatur virtus ab his quæ semper se habent ad malum, dicitur : *Quâ rectè vivitur* ; ut autem discernatur ab his quæ se habent quandoque ad bonum, quandoque ad malum, dicitur : *Quâ nullus malè utitur.* Causa autem efficiens virtutis infusæ, de quâ definitio datur, Deus est ; propter quod dicitur : *Quam Deus in nobis sine nobis operatur* ; quæ quidem particula si auferatur, reliquum definitionis erit commune omnibus virtutibus, et acquisitis, et infusis.

Ad primum ergo dicendum quòd id quod primò cadit in intellectu, est ens. Unde unicuique apprehenso à nobis attribuimus quòd sit *ens,* et per consequens quòd sit *unum* et *bonum,* quæ convertuntur cum ente. Unde dicimus quòd essentia est ens, et una, et bona ; et quòd unitas est ens, et una, et bona ; et similiter de bonitate. Non autem hoc habet locum in specialibus formis, sicut est albedo et sanitas ; non enim omne quod apprehendimus, sub ratione albi et sani apprehendimus. Sed tamen considerandum quòd, sicut accidentia et formæ non subsistentes dicuntur entia, non quòd ipsa habeant esse, sed quia eis aliquid est, ita etiam dicuntur bona vel una, non quidem aliquâ aliâ bonitate vel unitate, sed quia eis est aliquid bonum vel unum. Sic igitur et virtus dicitur bona, quia ea aliquid est bonum.

Ad secundum dicendum quòd bonum quod ponitur in definitione virtutis, non est bonum commune, quod convertitur cum ente, et est in plus quàm qualitas ; sed est bonum rationis, secundùm quod Dionysius dicit in cap. de div. Nom., part. 4, lect. 22, quòd *bonum animæ est secundùm rationem esse.*

Ad tertium dicendum quòd virtus non potest esse in irrationali parte animæ, nisi in quantum participat rationem, ut dicitur in 1 Ethic., cap. ult. Et ideò ratio, sive mens est proprium subjectum virtutis humanæ.

Ad quartum dicendum quòd justitiæ est propria rectitudo quæ constituitur circa res exteriores, quæ in usum hominis veniunt, quæ sunt propria materia justitiæ, ut infra patebit, quæst. 60, art. 3, et 2-2, quæst. 67, art. 1 et 2. Sed rectitudo, quæ importat ordinem ad finem debitum et ad legem divinam, quæ est regula voluntatis humanæ, ut supra dictum est, quæst. 19, art. 4, communis est omni virtuti.

Ad quintum dicendum quòd virtute potest aliquis malè uti tanquàm objecto, putà cùm malè sentit de virtute, cùm odit eam, vel superbit de eâ; non autem tanquàm principio usus, ita scilicet quòd malus sit actus virtutis.

Ad sextum dicendum quòd virtus infusa causatur in nobis à Deo sine nobis agentibus, non tamen sine nobis consentientibus; et sic est intelligendum quod dicitur : *Quam Deus in nobis sine nobis operatur*. Quæ verò per nos aguntur, Deus in nobis causat non sine nobis agentibus : ipse enim operatur in omni voluntate et naturâ.

QUÆSTIO LVI.

DE SUBJECTO VIRTUTIS. — (*In sex articulos divisa.*)

Deinde considerandum est de subjecto virtutis; et circa hoc quæruntur sex : 1° utrùm virtus sit in potentiâ animæ sicut in subjecto; 2° utrùm una virtus possit esse in pluribus potentiis; 3° utrùm intellectus possit esse subjectum virtutis; 4° utrùm irascibilis et concupiscibilis; 5° utrùm vires apprehensivæ sensitivæ; 6° utrùm voluntas.

ARTICULUS PRIMUS. — *Utrùm virtus sit in potentiâ animæ sicut in subjecto.* — (*Sup., quæst. 50, art. 1 et 3, quæst. 7, art. 2, corp., et 3, dist. 33, quæst. 2, art. 4, et Verit. quæst. 14, art. 5, corp., et Ver. quæst. 1, art. 3, et opusc. 43, cap. 8.*)

Ad primum sic proceditur. 1. Videtur quòd virtus non sit in potentiâ animæ sicut in subjecto. Dicit enim Augustinus in 2 lib. de libero Arbitr., cap. 19, quòd *virtus est quâ rectè vivitur*. Vivere autem non est per potentiam animæ, sed per ejus essentiam. Ergo virtus non est in potentiâ animæ, sed in ejus essentiâ.

2. Præterea, Philosophus dicit in 2 Ethic., cap. 6 : *Virtus est quæ bonum facit habentem, et opus ejus bonum reddit.* Sed sicut opus constituitur per potentiam, ita habens virtutem constituitur per essentiam animæ. Ergo virtus non magis pertinet ad potentiam animæ quàm ad ejus essentiam.

3. Præterea, potentia est in secundâ specie qualitatis. Virtus autem est quædam qualitas, ut supra dictum est, quæst. præc., art. 4, et quæst. 49, art. 1. Qualitatis autem non est qualitas. Ergo virtus non est in potentiâ animæ sicut in subjecto.

Sed contra, *virtus est ultimum potentiæ*, ut dicitur in 1 de Cœlo, text. 116. Sed ultimum est in eo cujus est ultimum. Ergo virtus est in potentiâ animæ.

Respondeo dicendum quòd virtutem pertinere ad potentiam animæ, ex tribus potest esse manifestum : primò quidem ex ipsâ ratione virtutis, quæ importat perfectionem potentiæ; perfectio autem est in eo cujus est perfectio; secundò ex eo quòd est habitus

operativus, ut supra dictum est, quæst. præc., art. 2. Omnis autem operatio est ab animâ per aliquam potentiam. Tertiò ex hoc quòd disponit ad optimum; optimum autem est finis, qui vel est operatio rei, vel aliquid consecutum per operationem à potentiâ egrediente.

Unde virtus humana est in potentiâ animæ sicut in subjecto.

Ad primum ergo dicendum quòd vivere dupliciter sumitur : quandoque enim dicitur vivere ipsum esse viventis; et sic pertinet ad essentiam animæ, quæ est viventi essendi principium; alio modo vivere dicitur operatio viventis, et sic virtute rectè vivitur, in quantum per eam aliquis rectè operatur.

Ad secundum dicendum quòd bonum vel est finis, vel in ordine ad finem dicitur; et ideò cùm bonum operantis consistat in operatione, hoc etiam ipsum quod virtus operantem bonum facit, refertur ad operationem, et per consequens ad potentiam.

Ad tertium dicendum quòd unum accidens dicitur esse in alio sicut in subjecto, non quia accidens per seipsum possit sustentare aliud accidens, sed quia unum accidens inhæret substantiæ mediante alio accidente, ut color corpori mediante superficie; unde superficies dicitur esse subjectum coloris. Et eo modo potentia animæ dicitur esse subjectum virtutis.

ARTICULUS II. — *Utrùm una virtus possit esse in pluribus potentiis.* — (*Inf., quæst. 60, art. 5, corp.*)

Ad secundum sic proceditur. 1. Videtur quòd una virtus possit esse in pluribus potentiis. Habitus enim cognoscuntur per actus. Sed unus actus progreditur diversimodè à diversis potentiis, sicut ambulatio procedit à ratione sic ut à dirigente, à voluntate sicut à movente, et à potentiâ motivâ sicut ab exequente. Ergo etiam unus habitus virtutis potest in pluribus esse potentiis.

2. Præterea, Philosophus dicit in 2 Ethic., cap. 4, quòd ad virtutem tria requiruntur, scilicet *scire, velle* et *immobiliter operari*. Sed scire pertinet ad intellectum, velle ad voluntatem. Ergo virtus potest esse in pluribus potentiis.

3. Præterea, prudentia est in ratione, cùm sit *recta ratio agibilium*, ut dicitur in 6 Ethic., cap. 5; est etiam in voluntate, quia non potest esse cum voluntate perversâ, ut in eodem libro, cap. 12, in fine, dicitur. Ergo una virtus potest esse in duabus potentiis.

Sed contra virtus est in potentiâ animæ sicut in subjecto. Sed idem accidens non potest esse in pluribus subjectis. Ergo una virtus non potest esse in pluribus potentiis animæ.

Respondeo dicendum quòd aliquid esse in duobus, contingit dupliciter : uno modo sic quòd ex æquo sit in utroque, et sic impossibile est unam virtutem esse in duabus potentiis, quia diversitas potentiarum attenditur secundùm generales conditiones objectorum; diversitas autem habituum secundùm speciales, unde ubicumque est diversitas potentiarum, est diversitas habituum, sed non convertitur. Alio modo potest esse aliquid in duobus vel pluribus, non ex æquo, sed ordine quodam; et sic una virtus pertinere potest ad plures potentias, ita quòd in unâ sit principaliter, et se extendat ad alias per modum diffusionis vel per modum dispositionis, secundùm quòd una potentia movetur ab aliâ, et secundùm quòd una potentia accipit ab aliâ.

Ad primum ergo dicendum quòd idem actus non potest æqualiter et eodem ordine pertinere ad diversas potentias, sed secundùm diversas rationes et diverso ordine.

Ad secundum dicendum quòd scire præexigitur ad virtutem moralem, in quantum virtus moralis operatur secundùm rationem rectam; sed essentialiter in appetendo virtus moralis consistit.

Ad tertium dicendum quòd prudentia realiter est in ratione sicut in subjecto; sed præsupponit rectitudinem voluntatis sicut principium, ut infra dicetur, art. seq., et quæst. 57, art. 4.

ARTICULUS III. — *Utrùm intellectus possit esse subjectum virtutis.*

Ad tertium sic proceditur. 1. Videtur quòd intellectus non sit subjectum virtutis. Dicit enim Augustinus in lib. de Moribus Ecclesiæ, cap. 15, in princ., quòd *omnis virtus est amor.* Subjectum autem amoris non est intellectus, sed solùm vis appetitiva. Ergo nulla virtus est in intellectu.

2. Præterea, virtus ordinatur ad bonum, sicut ex supra dictis patet, quæst. 55, art. 3. Bonum autem non est objectum intellectûs, sed appetitivæ virtutis. Ergo subjectum virtutis non est intellectus, sed appetitiva virtus.

3. Præterea, *virtus est quæ bonum facit habentem,* ut Philosophus dicit, lib. 2 Ethic., c. 6. Sed habitus perficiens intellectum non facit bonum habentem; non enim propter scientiam, vel artem dicitur homo bonus. Ergo intellectus non est subjectum virtutis.

Sed contra est quòd mens maximè dicitur intellectus. Subjectum autem virtutis est mens, ut patet ex definitione virtutis supra inductâ, quæst. præc., art. 4. Ergo intellectus est subjectum virtutis.

Respondeo dicendum quòd, sicut supra dictum est, ibid., *virtus est habitus quo aliquis benè utitur.* Dupliciter autem habitus aliquis ordinatur ad bonum actum : uno modo, in quantum per hujusmodi habitum acquiritur homini facultas ad bonum actum, sicut per habitum grammaticæ habet homo facultatem rectè loquendi, non tamen grammatica facit ut homo semper rectè loquatur, potest enim grammaticus barbarizare, aut solœcismum facere, et eadem ratio est in aliis scientiis et artibus; alio modo aliquis habitus non solùm facit facultatem benè agendi, sed etiam facit quòd aliquis rectè facultate utatur, sicut justitia non solùm facit quòd homo sit promptæ voluntatis ad justa operandum, sed etiam facit ut justè operetur; et quia bonum, sicut et ens, non dicitur simpliciter aliquid secun-

dùm id quod est in potentiâ, sed secundùm id quod est in actu, ideò ab hujusmodi habitibus simpliciter dicitur homo bonum operari et esse bonus, putà quia est justus vel temperatus; et eadem ratio est de similibus. Et quia *virtus est quæ bonum facit habentem, et opus ejus bonum reddit,* hujusmodi habitus simpliciter dicuntur *virtutes,* quia reddunt bonum opus in actu, et simpliciter faciunt bonum habentem. Primi verò habitus non simpliciter dicuntur *virtutes,* quia non reddunt bonum opus nisi in quâdam facultate, nec simpliciter faciunt bonum habentem; non enim dicitur simpliciter aliquis homo bonus ex hoc quòd est sciens vel artifex; sed dicitur bonus solùm secundùm quid, putà bonus grammaticus, aut bonus faber, et propter hoc plerùmque scientia et ars contra virtutem dividitur, quandoque autem virtutes dicuntur, ut patet in 6 Eth., cap. 2, in fine, ex sensu D. Thom.

Subjectum igitur habitûs, qui secundùm quòd dicitur *virtus,* potest esse intellectus non solùm practicus, sed etiam intellectus speculativus absque omni ordine ad voluntatem; sic enim Philosophus in 6 Ethic., cap. 3, *scientiam, sapientiam* et *intellectum,* et etiam *artem* ponit esse intellectuales virtutes.

Subjectum verò habitûs qui simpliciter dicitur *virtus,* non potest esse nisi voluntas vel aliqua potentia, secundùm quòd est mota à voluntate. Cujus ratio est quia voluntas movet omnes alias potentias, quæ aliqualiter sunt rationales, ad suos actus, ut supra habitum est, quæst. 9, art. 1. Et ideò quòd homo actu benè agat, contingit ex hoc quòd homo habet bonam voluntatem. Unde virtus, quæ benè facit agere in actu, non solùm in facultate, oportet quòd vel sit in ipsâ voluntate, vel in aliquâ potentiâ, secundùm quòd est à voluntate mota.

Contingit autem intellectum à voluntate moveri, sicut et alias potentias : considerat enim aliquis aliquid actu, eò quòd vult. Et ideò intellectus, secundùm quòd habet ordinem ad voluntatem, potest esse subjectum virtutis simpliciter dictæ. Et hoc modo intellectus speculativus vel ratio est subjectum fidei : movetur enim intellectus ad assentiendum iis quæ sunt fidei, ex imperio voluntatis; nullus enim credit nisi volens. Intellectus verò practicus est subjectum prudentiæ. Cùm enim prudentia sit *recta ratio agibilium,* requiritur ad prudentiam quòd homo se benè habeat ad principia hujus rationis agendorum, quæ sunt fines ad quos benè se habet homo per rectitudinem voluntatis, sicut ad principia speculabilium per naturale lumen intellectûs agentis. Et ideò sicut subjectum scientiæ, quæ est *ratio recta speculabilium,* est intellectus speculativus in ordine ad intellectum agentem, ita subjectum prudentiæ est intellectus practicus in ordine ad voluntatem rectam.

Ad primum ergo dicendum quòd verbum Augustini intelligendum est de virtute simpliciter dictâ; non quòd omnis talis virtus sit simpliciter amor, sed quia dependet aliqualiter ab amore, in quantum dependet à voluntate, cujus prima affectio est amor, ut supra dictum est, quæst. 25, art. 2.

Ad secundum dicendum quòd bonum uniuscujusque est finis ejus. Et ideò cùm *verum* sit finis intellectûs, cognoscere verum est bonus actus intellectûs; unde habitus perficiens intellectum ad verum cognoscendum vel in speculativis vel in practicis, dicitur virtus.

Ad tertium dicendum quòd ratio illa procedit de virtute simpliciter dictâ.

ARTICULUS IV. — *Utrùm irascibilis et concupiscibilis sint subjectum virtutis.* — (*Inf.*, art. 5, ad 1; et 2, dist. 14, quæst. 2, art. 2, ad 2, et *Ver.* quæst. 1, art. 4, et art. 10, ad 5.)

Ad quartum sic proceditur. 1. Videtur quòd irascibilis et concupiscibilis non possint esse subjectum virtutis. Hujusmodi enim vires sunt communes nobis et brutis. Sed nunc loquimur de virtute secundùm quòd est propria homini; sic enim dicitur virtus humana. Non igitur humanæ virtutis potest esse subjectum irascibilis et concupiscibilis, quæ sunt partes appetitûs sensitivi, ut in primo dictum est, qu. 81, art. 2.

2. Præterea, appetitus sensitivus est vis utens organo corporali. Sed bonum virtutis non potest esse in corpore hominis ; dicit enim Apostolus Rom. 7, 18 : *Scio quòd non habitat in carne meâ bonum.* Ergo appetitus sensitivus non potest esse subjectum virtutis.

3. Præterea, Augustinus probat in lib. de Moribus Eccles., cap. 5, quòd *virtus non est in corpore, sed in animâ, eò quòd per animam corpus regitur. Unde quòd aliquis corpore benè utatur, totum refertur ad animam ; sicut si mihi auriga obtemperans equos quibus præest, rectè regit, hoc totum mihi debetur.* Sed sicut anima regit corpus, ita etiam ratio regit appetitum sensitivum. Ergo totum rationali parti debetur quòd irascibilis et concupiscibilis rectè regantur. Sed virtus est quâ rectè vivitur, ut supra dictum est, quæst. 55, art. 4. Virtus igitur non est in irascibili et concupiscibili, sed solùm in parte rationali.

4. Præterea, *principalis actus virtutis moralis est electio*, ut dicitur in 8 Ethic., cap. 13, in fin. Sed electio non est irascibilis, vel concupiscibilis (1), sed rationis, ut supra dictum est, quæst. 13, art. 1. Ergo virtus moralis non est in irascibili et concupiscibili, sed in ratione.

Sed contra est quòd fortitudo ponitur esse in irascibili, temperantia autem in concupiscibili ; unde Philosophus dicit in 3 Ethic., cap. 10, in princ., quòd hæ virtutes *sunt irrationabilium partium.*

Respondeo dicendum quòd irascibilis et concupiscibilis dupliciter considerari possunt : uno modo secundùm se, in quantum sunt partes appetitûs sensitivi, et hoc modo non competit eis quòd sint subjectum virtutis. Alio modo possunt considerari in quantum participant rationem per hoc quòd natæ sunt rationi obedire, et sic irascibilis vel

concupiscibilis potest esse subjectum virtutis humanæ. Sic enim est principium humani actûs, in quantum participat rationem, et in his potentiis necesse est ponere virtutes. Quòd enim in irascibili et concupiscibili sint aliquæ virtutes, patet. Actus enim qui progreditur ab unâ potentiâ secundùm quòd est ab aliâ mota, non potest esse perfectus, nisi utraque potentia sit benè disposita ad actum; sicut actus artificis non potest esse congruus, nisi etiam artifex sit benè dispositus ad agendum, et etiam ipsum instrumentum. In his igitur circa quæ operatur irascibilis et concupiscibilis, secundùm quòd sunt à ratione motæ, necesse est ut aliquis habitus perficiens ad benè agendum sit non solùm in ratione, sed etiam in irascibili et concupiscibili.

Et quia bona dispositio potentiæ moventis motæ attenditur secundùm conformitatem ad potentiam moventem, ideò virtus quæ est in irascibili et concupiscibili, nihil aliud est quàm quædam habitualis conformitas istarum potentiarum ad rationem.

Ad primum ergo dicendum quòd irascibilis et concupiscibilis secundùm se considerate, prout sunt partes appetitûs sensitivi, communes sunt nobis et brutis; sed secundùm quòd sunt rationales per participationem, ut obedientes rationi, sic sunt propriæ hominis; et hoc modo possunt esse subjectum virtutis humanæ.

Ad secundum dicendum quòd, sicut caro hominis ex se quidem non habet bonum virtutis, fit tamen instrumentum virtuosi actûs, in quantum movente ratione membra nostra exhibemus ad serviendum justitiæ, ita etiam irascibilis et concupiscibilis ex se quidem non habent bonum virtutis, sed magis infectionem fomitis ; in quantum verò conformantur rationi, sic in eis aggeneratur bonum virtutis moralis.

Ad tertium dicendum quòd aliâ ratione regitur corpus ab animâ, et irascibilis et concupiscibilis à ratione. Corpus enim ad nutum obedit animæ absque contradictione in his in quibus natum est ab animâ moveri. Unde Philosophus dicit in 1 Polit., cap. 3, à med., quòd *anima regit corpus despotico principatu*, id est, sicut dominus servum, et ideò totus motus corporis refertur ad animam; et propter hoc in corpore non est virtus, sed solùm in animâ. Sed irascibilis et concupiscibilis non obediunt ad nutum rationi; sed habent proprios motus suos, quibus interdum rationi repugnant : unde in eodem libro, loc. cit., Philosophus dicit quòd *ratio regit irascibilem et concupiscibilem principatu politico*, quo scilicet reguntur liberi, qui habent in aliquibus propriam voluntatem. Et propter hoc etiam oportet in irascibili et concupiscibili esse aliquas virtutes, quibus benè disponantur ad actum.

Ad quartum dicendum quòd in electione duo sunt : scilicet intentio finis, quæ pertinet ad virtutem moralem, et præacceptio ejus quod est ad finem, quod pertinet ad prudentiam, ut dicitur in 6 Ethic., cap. 2 et 5. Quòd autem habeat rectam intentionem finis circa

(1) Cod. Alcan., *et concupiscibilis.*

passiones animæ, noc contingit ex bonâ dispositione irascibilis et concupiscibilis. Et ideò virtutes morales circa passiones sunt in irascibili et concupiscibili ; sed prudentia est in ratione.

ARTICULUS V. — *Utrùm vires apprehensivæ sensitivæ sint subjectum virtutis.* — (*Sup.*, *qu.* 50, *art.* 3, *ad* 3, *et* 3, *dist.* 33, *qu.* 2, *art.* 4, *qu.* 2, *ad* 6, *et* Ver. *quæst.* 1, *art.* 5, *ad* 6.)

Ad quintum sic proceditur. 1. Videtur quòd in viribus sensitivis apprehensivis interiùs possit esse aliqua virtus. Appetitus enim sensitivus potest esse subjectum virtutis, in quantum obedit rationi. Sed vires sensitivæ apprehensivæ interiùs rationi obediunt ; ad imperium enim rationis operatur et imaginativa, et cogitativa, et memorativa. Ergo in his viribus potest esse virtus.

2. Præterea, sicut appetitus rationalis, qui est voluntas, in suo actu potest impediri vel etiam adjuvari per appetitum sensitivum, ita etiam intellectus vel ratio potest impediri vel etiam juvari per vires prædictas. Sicut ergo in viribus sensitivis appetitivis potest esse virtus, ita etiam in apprehensivis.

3. Præterea, prudentia est quædam virtus, cujus partem ponit Tullius memoriam in suâ Rhetoricâ, scil. 2 de Invent., aliquant. ante fin. Ergo etiam in vi memorativâ potest esse aliqua virtus, et eâdem ratione in aliis interioribus apprehensivis viribus.

Sed contra est quòd omnes virtutes vel sunt intellectuales, vel morales, ut dicitur in 2 Ethic., cap. 1 ; morales autem virtutes omnes sunt in parte appetitivâ ; intellectuales autem in intellectu vel ratione, sicut patet in 6 Eth., cap. 1. Nulla ergo virtus est in viribus sensitivis apprehensivis interiùs (1).

Respondeo dicendum quòd in viribus sensitivis apprehensivis interiùs ponuntur aliqui habitus ; quod patet ex hoc præcipuè quòd Philos. dicit in lib. de Memoriâ, cap. 2, circ. med., quòd *in memorando unum post aliud operatur consuetudo, quæ est quasi quædam natura.* Nihil autem est aliud habitus consuetudinalis quàm habitudo acquisita per consuetudinem, quæ est in modum naturæ. Unde de virtute dicit Tullius in suâ Rhetor., loc. cit., in arg. 3, quòd *est habitus in modum naturæ rationi consentaneus.* In homine tamen id quod ex consuetudine acquiritur in memoriâ, et in aliis viribus sensitivis apprehensivis, non est habitus per se, sèd aliquid annexum habitibus intellectivæ partis, ut supra dictum est, art. 2 hujus qu., et quæst. 50, art. 4, ad 3. Sed tamen, si qui sunt habitus in talibus viribus, virtutes dici non possunt. Virtus enim est habitus perfectus, quo non contingit nisi bonum operari. Unde oportet quòd virtus sit in illâ potentiâ quæ est consummativa boni operis. Cognitio autem veri non consummatur in viribus sensitivis apprehensivis ; sed hujusmodi vires sunt quasi

præparatoriæ ad cognitionem intellectivam. Et ideò in hujusmodi viribus non sunt virtutes quibus cognoscitur verum, sed magis in intellectu vel ratione.

Ad primum ergo dicendum quòd appetitus sensitivus se habet ad voluntatem, quæ est appetitus rationis, sicut motus ab eo ; et ideò opus appetitivæ virtutis consummatur in appetitu sensitivo, et propter hoc appetitus sensitivus est subjectum virtutis. Virtutes autem sensitivæ apprehensivæ magis se habent ut moventes respectu intellectûs, eò quòd phantasmata se habent ad animam intellectivam sicut colores ad visum, ut dicitur in 3 de Animâ, text. 18, et ideò opus cognitionis in intellectu terminatur : et propter hoc virtutes cognoscitivæ sunt in ipso intellectu vel ratione.

Et per hoc patet solutio ad secundum.

Ad tertium dicendum quòd memoria non ponitur pars prudentiæ, sicut species est pars generis, quasi ipsa memoria sit quædam virtus per se, sed quia unum eorum quæ requiruntur ad prudentiam, est bonitas memoriæ, ut sic quodammodò se habeat per modum partis integralis.

ARTICULUS VI. — *Utrùm voluntas possit esse subjectum virtutis.* — (3, *dist.* 23, *qu.* 1, *art.* 4, *qu.* 1, *corp.*, *ad* 2 *et* 3, *et dist.* 42, *qu.* 2, *art.* 4, *qu.* 2 *et* 4, *corp.*. *et* Ver. *qu.* 1, *art.* 5, *per tot.*, *et* 12, *ad* 2, *et qu.* 3, *art.* 2, *corp.*)

Ad sextum sic proceditur. 1. Videtur quòd voluntas non sit subjectum alicujus virtutis. Ad id enim quod convenit potentiæ ex ipsâ ratione potentiæ, non requiritur aliquis habitus. Sed de ipsâ ratione voluntatis, cùm sit in ratione, secundùm Philosophum in 3 de Animâ, text. 42, est quòd tendat in id quod est bonum secundùm rationem, ad quod ordinatur omnis virtus, quia unumquodque naturaliter appetit proprium bonum, virtus enim est *habitus per modum naturæ consentaneus rationi*, ut Tullius dicit in suâ Rhet., lib. 2 de Invent., aliquant. ant. fin. Ergo voluntas non est subjectum virtutis.

2. Præterea, omnis virtus aut est intellectualis aut moralis, ut dicitur in 1 Ethic., cap. ult., in fin., et in 2, cap. 1, princ. Sed virtus intellectualis est sicut in subjecto in intellectu et ratione, non autem in voluntate ; virtus autem moralis est sicut in subjecto in irascibili et concupiscibili, quæ sunt rationales per participationem. Ergo nulla virtus est in voluntate sicut in subjecto.

3. Præterea, omnes actus humani, ad quos virtutes ordinantur, sunt voluntarii. Si igitur respectu aliquorum humanorum actuum sit aliqua virtus in voluntate, pari ratione respectu omnium actuum humanorum erit virtus in voluntate. Aut ergo in nullâ aliâ potentiâ erit aliqua virtus, aut ad eumdem actum ordinabuntur duæ virtutes ; quod videtur inconveniens. Voluntas ergo non potest esse subjectum virtutis.

Sed contra est quod major perfectio requiritur in movente quàm in moto. Sed voluntas movet irascibilem et concupiscibilem. Multò ergo magis debet esse virtus in voluntate quàm in irascibili et concupiscibili.

Respondeo dicendum quòd cùm per habitum perficiatur potentia ad agendum, ibi indiget potentia habitu perficiente ad benè agendum (qui quidem habitus est virtus'), ubi ad hoc non sufficit propria ratio potentiæ. Omnis autem potentiæ propria ratio attenditur in ordine ad objectum. Unde cùm, sicut dictum est qu. 1, art. 2, ad 3, et qu. 13, art. 5, ad 2, objectum voluntatis sit bonum rationis voluntati proportionatum, quantùm ad hoc non indiget voluntas virtute perficiente.

Sed si quod bonum immineat homini volendum, quod excedat proportionem volentis, sive quantùm ad totam speciem humanam (sicut bonum divinum, quod transcendit limites humanæ naturæ), sive quantùm ad individuum (sicut bonum proximi), ibi voluntas indiget virtute. Et ideò hujusmodi virtutes quæ ordinant affectum hominis in Deum vel in proximum, sunt in voluntate sicut in subjecto, ut charitas, justitia et hujusmodi.

Ad primum ergo dicendum quòd ratio illa habet locum de virtute quæ ordinat ad bonum proprium ipsius volentis, sicut temperantia et fortitudo, quæ sunt circa passiones humanas, et alia hujusmodi, ut ex dictis patet, in corp. art.

Ad secundum dicendum quòd *rationale per participationem* non solùm est irascibilis et concupiscibilis, *sed omninò*, id est, universaliter, *appetitivum*, ut dicitur in 1 Eth., cap. ult. Sub appetitivo autem comprehenditur voluntas; et ideò si qua virtus est in voluntate, erit moralis, nisi sit theologica, ut infra patebit, qu. 62.

Ad tertium dicendum quòd quædam virtutes ordinantur ad bonum passionis moderatæ; quod est proprium hujus vel illius hominis; et in talibus non est necessarium quòd sit aliqua virtus in voluntate, cùm ad hoc sufficiat natura potentiæ, ut dictum est in corp. art.; sed hoc solum necessarium est in illis virtutibus quæ ordinantur ad aliquod bonum extrinsecum.

QUÆSTIO LVII.
DE DISTINCTIONE VIRTUTUM INTELLECTUALIUM.
— (*In sex articulos divisa.*)

Deinde considerandum est de distinctione virtutum; et primò quantùm ad virtutes intellectuales; secundò quantùm ad morales; tertiò quantùm ad theologicas.

Circa primum quæruntur sex : 1° utrùm habitus intellectuales speculativi sint virtutes; 2° utrùm sint tres, scilicet sapientia, scientia et intellectus; 3° utrùm habitus intellectualis, qui est ars, sit virtus; 4° utrùm prudentia sit virtus distincta ab arte; 5° utrùm prudentia sit virtus necessaria homini; 6° utrùm eubulia, synesis et gnome sint virtutes adjunctæ prudentiæ.

ARTICULUS PRIMUS. — *Utrùm habitus intellectuales speculativi sint virtutes.*

Ad primum sic proceditur. 1. Videtur quòd

habitus intellectuales speculativi non sint virtutes. Virtus enim est habitus operativus, ut supra dictum est, qu. 55, art. 2. Sed habitus speculativi non sunt operativi ; distinguitur enim speculativum à practico, id est, operativo. Ergo habitus intellectuales speculativi non sunt virtutes.

2. Præterea, virtus est eorum per quæ fit homo felix, sive beatus, eò quòd *felicitas est virtutis præmium*, ut dicitur in 1 Ethic., cap. 9. Sed habitus intellectuales non considerant actus humanos aut alia bona humana per quæ homo beatitudinem adipiscitur; sed magis res naturales et divinas. Ergo hujusmodi habitus virtutes dici non possunt.

3. Præterea, scientia est habitus speculativus; sed scientia et virtus distinguuntur, sicut diversa genera non subalternatim posita, ut patet per Philosophum, in 4 Top., cap. 2, loc. 2. Ergo habitus speculativi non sunt virtutes.

Sed contra, soli habitus speculativi considerant necessaria, quæ impossibile est aliter se habere. Sed Philosophus ponit in 6 Ethic., cap. 1, à med., quasdam virtutes intellectuales in parte animæ quæ considerat necessaria, quæ non possunt aliter se habere. Ergo habitus intellectuales speculativi sunt virtutes.

Respondeo dicendum quòd cùm omnis virtus dicatur in ordine ad bonum, sicut supra dictum est, qu. 55, art. 3, duplici ratione aliquis habitus dicitur virtus, ut supra dictum est, qu. 56, art. 3; uno modo quia facit facultatem benè operandi; alio modo quia cum facultate facit etiam usum bonum; et hoc, sicut supra dictum est, ibid., pertinet solùm ad illos habitus qui respiciunt partem appetitivam, eò quòd vis appetitiva animæ est quæ facit uti omnibus potentiis et habitibus.

Cùm igitur habitus intellectuales speculativi non perficiant partem appetitivam, nec aliquo modo ipsam respiciant, sed solam intellectivam, possunt quidem dici virtutes, in quantum faciunt facultatem bonæ operationis quæ est consideratio veri, hoc enim est bonum opus intellectûs ; non tamen dicuntur virtutes secundo modo, quasi facientes benè uti potentiâ seu habitu. Ex hoc enim quòd aliquis habet habitum scientiæ speculativæ, non inclinatur ad utendum; sed fit potens speculari verum in his quorum habet scientiam. Sed quòd utatur scientiâ habitâ, hoc est movente voluntate : et ideò virtus quæ perficit voluntatem, ut charitas vel justitia, facit etiam benè uti hujusmodi speculativis habitibus.

Et secundùm hoc etiam in actibus horum habituum potest esse meritum, si ex charitate fiant, sicut Gregorius dicit in 6 Moral., cap. 18, parùm à princ., quòd *contemplativa est majoris meriti quàm activa.*

Ad primum ergo dicendum quòd duplex est opus, scilicet exterius et interius. *Practicum* ergo vel *operativum*, quod dividitur contra *speculativum*, sumitur ab opere exteriori, ad quod non habet ordinem habitus speculativus, sed tamen habet ordinem ad interius opus intellectûs, quod est speculari verum; et secundùm hoc est habitus operativus.

Ad secundum dicendum quòd virtus est

aliquorum dupliciter : uno modo , sicut objectorum ; et sic hujusmodi virtutes speculativæ non sunt eorum per quæ homo fit beatus ; nisi forte secundùm quòd ly *per* dicit causam efficientem, vel objectum completæ beatitudinis, quod est Deus, quod est summum speculabile ; alio modo dicitur esse virtus aliquorum sicut actuum ; et hoc modo virtutes intellectuales sunt eorum per quæ homo fit beatus, tum quia actus harum virtutum possunt esse meritorii, sicut dictum est in corp. art. , tum etiam quia sunt quædam inchoatio perfectæ beatitudinis quæ in contemplatione veri consistit, sicut supra dictum est, qu. 3, art. 8.

Ad tertium dicendum quòd scientia dividitur contra virtutem secundo modo dictam , quæ pertinet ad vim appetitivam.

ARTICULUS II. — *Utrùm sint tantùm tres habitus intellectuales speculativi, scilicet sapientia, scientia et intellectus.* — (*Inf.*, *qu. 68 , art. 7, corp., et 2-2, qu. 4, art. 8, corp., et qu. 47, art. 5, corp., et 3 cont., cap. 44, fin., et Ver. qu. 1, art. 12, corp., et art. 13, corp.*)

Ad secundum sic proceditur. 1. Videtur quòd inconvenienter distinguantur tres virtutes intellectuales speculativæ, scilicet sapientia, scientia et intellectus. Species enim non debet condividi generi. Sed *sapientia est quædam scientia*, ut dicitur in 6 Ethic., cap. 7. Ergo sapientia non debet condividi scientiæ in numero virtutum intellectualium.

2. Præterea, in distinctione potentiarum, habituum et actuum, quæ attenditur secundùm objecta, attenditur principaliter distinctio quæ est secundùm rationem formalem objectorum, ut ex supra dictis patet, qu. 54, art. 1, ad 1. Non ergo diversi habitus debent distingui secundùm materiale objectum, sed secundùm rationem formalem ipsius objecti. Sed principium demonstrationis est ratio sciendi conclusiones. Non ergo intellectus principiorum debet poni habitus alius, aut alia virtus à scientiâ conclusionum.

3. Præterea, virtus intellectualis dicitur quæ est in ipso rationali per essentiam. Sed ratio etiam speculativa sicut ratiocinatur syllogizando demonstrativè, ita etiam ratiocinatur syllogizando dialecticè. Ergo sicut scientia, quæ causatur ex syllogismo demonstrativo, ponitur virtus intellectualis speculativa, ita etiam et opinio.

Sed contra est quòd Philosophus, 6 Ethic., cap 3, 6 et 7, ponit has solùm tres virtutes intellectuales speculativas, scilicet *sapientiam, scientiam et intellectum.*

Respondeo dicendum quòd, sicut supra dictum est, art. præc., virtus intellectualis speculativa est per quam intellectus speculativus perficitur ad considerandum verum; hoc enim est bonum opus ejus.

Verum autem est dupliciter considerabile : uno modo, sicut per se notum ; alio modo, sicut per aliud notum. Quod autem est per se notum, se habet ut principium, et percipitur statim ab intellectu ; et ideò habitus perficiens intellectum ad hujusmodi veri considerationem vocatur *intellectus*, qui est habitus principiorum.

Verum autem quod est per aliud notum, non statim percipitur ab intellectu, sed per inquisitionem rationis ; et se habet in ratione termini. Quod quidem potest esse dupliciter : uno modo, ut sit ultimum in aliquo genere ; alio modo, ut sit ultimum respectu totius cognitionis humanæ. Et quia *ea quæ sunt posteriùs nota quoad nos, sunt priora, et magis nota secundùm naturam,* ut dicitur in 1 Phys., text. 2 et 3, ideò id quod est ultimum respectu totius cognitionis humanæ, est id quod est primum et maximè cognoscibile secundùm naturam. Et circa hujusmodi est *sapientia*, quæ *considerat altissimas causas,* ut dicitur in 1 Metaph., cap. 1 et 2, unde convenienter judicat et ordinat de omnibus, quia judicium perfectum et universale haberi non potest nisi per resolutionem ad primas causas. Ad id verò quod est ultimum in hoc vel in illo genere cognoscibilium, perficit intellectum *scientia*; et ideò secundùm diversa genera scibilium sunt diversi habitus scientiarum, cùm tamen sapientia non sit nisi una.

Ad primum ergo dicendum quòd sapientia est quædam scientia, in quantum habet id quod est commune omnibus scientiis, ut scilicet ex principiis conclusiones demonstret. Sed quia habet aliquid proprium supra alias scientias, in quantum scilicet de omnibus judicat, et non solùm quantùm ad conclusiones, sed etiam quantùm ad prima principia ; ideò habet rationem perfectioris virtutis quàm scientia.

Ad secundum dicendum quòd quando ratio objecti sub uno actu refertur ad potentiam vel habitum, tunc non distinguuntur habitus vel potentiæ penès rationem objecti, et objectum materiale ; sicut ad eamdem potentiam visivam pertinet videre colorem et lumen, quod est ratio videndi colorem, et simul cum ipso videtur. Principia verò demonstrationis possunt seorsùm considerari, absque hoc quòd considerentur conclusiones. Possunt etiam considerari simul cum conclusionibus, prout principia in conclusiones deducuntur. Considerare ergo hoc secundo modo principia pertinet ad scientiam, quæ considerat etiam conclusiones ; sed considerare principia secundùm seipsa, pertinet ad intellectum. Unde si quis rectè consideret, istæ tres virtutes non ex æquo distinguuntur ab invicem, sed ordine quodam; sicut accidit in totis potentialibus, quorum una pars est perfectior alterâ, sicut anima rationalis est perfectior quàm sensibilis, et sensibilis quàm vegetabilis. Hoc enim modo scientia dependet ab intellectu sicut à principaliori ; et utrumque dependet à sapientiâ sicut à principalissimo, quæ sub se continet et intellectum et scientiam, ut de conclusionibus scientiarum dijudicans, et de principiis earumdem.

Ad tertium dicendum quòd, sicut supra dictum est, quæst. 55, art. 3 et 4, habitus virtutis determinatè se habet ad bonum, nullo autem modo ad malum. Bonum autem intellectûs est *verum*, malum autem ejus est *falsum.* Unde soli illi habitus *virtutes intellectua-*

les dicuntur quibus semper dicitur verum, et nunquàm falsum. Opinio verò et suspicio possunt esse veri et falsi : et ideò non sunt intellectuales virtutes, ut dicitur in 6 Ethic., cap. 3, in princ.

Articulus III. — *Utrùm habitus intellectualis qui est ars, sit virtus.* — (*Inf., qu. 93, art. 1, corp., et 1, qu. 22, art. 2, corp., et 2-2, qu. 47, art. 5, corp., et Ver. qu. 5, art. 1, corp., et 1 Ethic., post princ.*)

Ad tertium sic proceditur. 1. Videtur quòd ars non sit virtus intellectualis. Dicit enim Augustinus, in lib. 2 de libero Arbitrio, cap. 18 et 19, quòd *virtute nullus malè utitur.* Sed arte aliquis malè utitur : potest enim aliquis artifex secundùm scientiam artis suæ malè operari. Ergo ars non est virtus.

2. Præterea, virtutis non est virtus. Artis autem est aliqua virtus, ut dicitur in 6 Eth., cap. 5, circ. fin. Ergo ars non est virtus.

3. Præterea, artes liberales sunt excellentiores quàm artes mechanicæ. Sed sicut artes mechanicæ sunt practicæ, ita artes liberales sunt speculativæ. Ergo, si ars esset virtus intellectualis, deberet virtutibus speculativis annumerari.

Sed contra est quòd Philosophus in 6 Ethic., cap. 3 et 4, ponit artem esse virtutem; nec tamen connumerat eam virtutibus speculativis, quarum subjectum ponit scientificam partem animæ.

Respondeo dicendum quòd ars nihil aliud est quàm *ratio recta aliquorum operum faciendorum;* quorum tamen bonum non consistit in eo quòd appetitus humanus aliquo modo se habet, sed in eo quòd ipsum opus quod fit, in se bonum est. Non enim pertinet ad laudem artificis, in quantum artifex est, quà voluntate opus facit, sed quale sit opus quod facit. Sic igitur ars, propriè loquendo, habitus operativus est.

Et tamen in aliquo convenit cum habitibus speculativis, quia etiam ad ipsos habitus speculativos pertinet, qualiter se habeat res quam considerant, non autem qualiter se habeat appetitus humanus ad illam. Dummodò enim verum geometra demonstret, non refert qualiter se habeat secundùm appetitivam partem, utrùm sit lætus vel iratus, sicut nec in artifice refert, ut dictum est, hic sup. Et ideò eo modo ars habet rationem virtutis, sicut et habitus speculativi, in quantum scilicet nec ars, nec habitus speculativus faciunt bonum opus, quantùm ad usum, quod est proprium virtutis perficientis appetitum, sed solùm quantùm ad facultatem benè agendi.

Ad primum ergo dicendum quòd, cùm aliquis habens artem operatur malum artificium, hoc non est opus artis, imò est contra artem; sicut etiam cùm aliquis sciens verum mentitur, hoc quod dicit non est secundùm scientiam, sed contra scientiam. Unde sicut scientia se habet ad bonum semper, ut dictum est art. præc., ad 3, ita et ars; et secundùm hoc dicitur virtus. In hoc tamen deficit à perfectà ratione virtutis, quia non facit ipsum bonum usum, sed ad hoc aliquid aliud requiritur; quamvis bonus usus sine arte esse non possit.

Ad secundum dicendum quòd quia ad hoc ut homo benè utatur arte quam habet, requiritur bona voluntas, quæ perficitur per virtutem moralem, ideò Philosophus dicit quòd *artis est virtus,* scilicet moralis, in quantum ad bonum usum ejus aliqua virtus moralis requiritur. Manifestum est enim quòd artifex per justitiam, quæ facit voluntatem rectam, inclinatur ut opus fidele faciat.

Ad tertium dicendum quòd etiam in ipsis speculabilibus est aliquid per modum cujusdam operis, putà constructio syllogismi aut orationis congruæ, aut opus numerandi vel mensurandi. Et ideò quicumque ad hujusmodi opera rationis habitus speculativi ordinantur, dicuntur per quamdam similitudinem artes, scilicet liberales, ad differentiam illarum artium quæ ordinantur ad opera per corpus exercita, quæ sunt quodammodò serviles, in quantum corpus serviliter subditur animæ, et homo secundùm animam est liber. Illæ verò scientiæ quæ ad nullum hujusmodi opus ordinantur, simpliciter scientiæ dicuntur, non autem artes. Nec oportet, si liberales artes sunt nobiliores, quòd magis eis conveniat ratio artis.

Articulus IV. — *Utrùm prudentia sit virtus distincta ab arte.* — (*Inf., art. 5, ad 1, et 2-2, qu. 47, art. 4, ad 2.*)

Ad quartum sic proceditur. 1. Videtur quòd prudentia non sit alia virtus ab arte. Ars enim est ratio recta aliquorum operum. Sed diversa genera operum non faciunt ut aliquid amittat rationem artis ; sunt enim diversæ artes circa opera valdè diversa. Cùm igitur etiam prudentia sit quædam ratio recta operum, videtur quòd etiam ipsa debeat dici ars.

2. Præterea, prudentia magis convenit cum arte quàm habitus speculativi; utrumque enim eorum est circa contingens aliter se habere, ut dicitur in 6 Ethic., cap. 4 et 5. Sed quidam habitus speculativi dicuntur artes. Ergo multò magis prudentia debet dici ars.

3. Præterea, ad prudentiam pertinet benè consiliari, ut dicitur in 6 Ethic., cap. 5. Sed etiam in quibusdam artibus consiliari contingit, ut dicitur in 3 Ethic., cap. 3, sicut in arte militari, et gubernativà, et medicinali. Ergo prudentia ab arte non distinguitur.

Sed contra est quòd Philosophus distinguit prudentiam ab arte in 6 Ethic., cap. 5.

Respondeo dicendum quòd ubi invenitur diversa ratio virtutis, ibi oportet virtutes distingui. Dictum est autem supra, art. 1 hujus quæst., et quæst. 56, art. 3, quòd aliquis habitus habet rationem virtutis ex hoc solùm quòd facit facultatem boni operis; aliquis autem ex hoc quòd facit non solùm facultatem boni operis, sed etiam usum. Ars autem facit solùm facultatem boni operis, quia non respicit appetitum; prudentia autem non solùm facit boni operis facultatem, sed etiam usum; respicit enim appetitum, tanquàm præsupponens rectitudinem appetitûs.

Cujus differentiæ ratio est, quia ars est *recta ratio factibilium,* prudentia verò est *recta ratio agibilium.* Differt autem *facere* et *agere,* quia, ut dicitur in 9 Metaph., text. 16, *factie est actus transiens in exteriorem materiam,* sicut ædificare, secare, et hujusmodi; *agere* autem *est actus permanens in ipso agente,* sicut videre, velle, et hujusmodi. Sic igitur se habet prudentia ad hujusmodi actus humanos, qui sunt usus potentiarum et habituum, sicut se habet ars ad exteriores factiones, quia utraque est perfecta ratio respectu illorum ad quæ comparatur. Perfectio autem et rectitudo actionis in speculativis dependet ex principiis, ex quibus ratio syllogizat, sicut dictum est art. 2 hujus quæst., ad 2, quòd scientia dependet ab intellectu, qui est habitus principiorum, et præsupponit ipsum. In humanis autem actibus se habent fines sicut principia in speculativis, ut dicitur in 7 Ethic., cap. 8, à med. Et ideò ad prudentiam, quæ est *recta ratio agibilium,* requiritur quòd homo sit benè dispositus circa fines; quod quidem est per appetitum rectum. Et ideò ad prudentiam requiritur moralis virtus, per quam fit appetitus rectus. Bonum autem artificialium non est bonum appetitûs humani, sed bonum ipsorum operum artificialium; et ideò ars non præsupponit appetitum rectum. Et inde est quòd magis laudatur artifex qui volens peccat, quàm qui peccat nolens; magis autem contra prudentiam est quòd aliquis peccat volens quàm nolens, quia rectitudo voluntatis est de ratione prudentiæ, non autem de ratione artis.

Sic igitur patet quòd prudentia est virtus distincta ab arte.

Ad primum ergo dicendum quòd diversa genera artificialium omnia sunt extra hominem, et ideò non diversificatur ratio virtutis. Sed prudentia est recta ratio ipsorum actuum humanorum, unde diversificatur ratio virtutis, ut dictum est in corp. art.

Ad secundum dicendum quòd prudentia magis convenit cum arte quàm habitus speculativi, quantùm ad subjectum et materiam: utrumque enim est in opinativâ parte animæ, et circa contingens aliter se habere. Sed ars magis convenit cum habitibus speculativis in ratione virtutis, quàm cum prudentiâ, ut ex dictis patet, art. præc.

Ad tertium dicendum quòd prudentia est benè consiliativa de his quæ pertinent ad totam vitam hominis, et ad ultimum finem vitæ humanæ. Sed in artibus aliquibus est consilium de his quæ pertinent ad fines proprios illarum artium. Unde aliqui, in quantum sunt benè consiliativi in rebus bellicis vel nauticis, dicuntur prudentes duces, vel gubernatores, non autem prudentes simpliciter, sed illi solùm qui benè consiliantur de his quæ conferunt ad totam vitam.

ARTICULUS V. — *Utrùm prudentia sit virtus necessaria homini.* — (2-2, quæst. 51, art. 1, ad 3, et Ver. quæst. 1, art. 6, corp.)

Ad quintum sic proceditur. 1. Videtur quòd prudentia non sit virtus necessaria ad benè vivendum. Sicut enim se habet ars ad factibilia, quorum est ratio recta, ita se habet prudentia ad agibilia, secundùm quæ vita hominis consideratur : est enim eorum recta ratio prudentia, ut dicitur in 6 Ethic., cap. 5. Sed ars non est necessaria in rebus factibili-

bus, nisi ad hoc quòd fiant, non autem postquàm sunt factæ. Ergo nec prudentia est necessaria homini ad benè vivendum, postquàm est virtuosus, sed forté solùm quantùm ad hoc ut virtuosus fiat.

2. Præterea, prudentia est per quam rectè consiliamur, ut dicitur in 6 Eth., loc. cit. Sed homo potest ex bono consilio agere, non solùm proprio, sed etiam alieno. Ergo non est necessarium ad benè vivendum quòd ipse homo habeat prudentiam; sed sufficit quòd prudentûm consilia sequatur.

3. Præterea, virtus intellectualis est, secundùm quam contingit semper dicere verùm, et nunquàm falsum. Sed hoc non videtur contingere secundùm prudentiam; non enim est humanum quòd in consiliando de agendis nunquàm erretur, cùm humana agibilia sint contingentia aliter se habere; unde dicitur Sap. 9, 14 : *Cogitationes mortalium timidæ, et incertæ providentiæ nostræ.* Ergo videtur quòd prudentia non debeat poni intellectualis virtus.

Sed contra est quòd Sap. 8, 7, connumeratur aliis virtutibus necessariis ad vitam humanam, cùm dicitur de divinâ sapientiâ : *Sobrietatem et prudentiam docet, justitiam et virtutem, quibus utilius nihil est in hâc vitâ hominibus.*

Respondeo dicendum quòd prudentia est virtus maximè necessaria ad vitam humanam. Benè enim vivere consistit in benè operari. Ad hoc autem quòd aliquis benè operetur, non solùm requiritur quid faciat, sed etiam quomodò faciat, ut scilicet secundùm electionem rectam operetur, non solùm ex impetu aut passione. Cùm autem electio sit eorum quæ sunt ad finem, rectitudo electionis duo requirit, scilicet debitum finem, et id quod convenienter ordinatur ad debitum finem. Ad debitum autem finem homo convenienter disponitur per virtutem, quæ perficit partem animæ appetitivam, cujus objectum est bonum et finis. Ad id autem quod convenienter in finem debitum ordinatur, oportet quòd homo directè disponatur per habitum rationis, quia consiliari et eligere, quæ sunt eorum quæ sunt ad finem, sunt actus rationis. Et ideò necesse est in ratione esse aliquam virtutem intellectualem, per quam perficiatur ratio ad hoc quòd convenienter se habeat ad ea quæ sunt ad finem : et hæc virtus est prudentia. Unde prudentia est virtus necessaria ad benè vivendum.

Ad primum ergo dicendum quòd bonum artis consideratur non in ipso artifice, sed magis in ipso artificiato, cùm ars sit *ratio recta factibilium;* factio enim in exteriorem materiam transiens non est perfectio facientis, sed facti, sicut motus est actus mobilis. Ars autem circa factibilia est. Sed prudentiæ bonum attenditur in ipso agente, cujus perfectio est ipsum agere; est enim prudentia *recta ratio agibilium,* ut dictum est art. præc., et arg. 1 hujus art. Et ideò ad artem non requiritur quòd artifex benè operetur, sed quòd bonum opus faciat. Requireretur autem magis quòd ipsum artificiatum benè operaretur, sicut quòd cultellus benè incideret, vel serra benè secaret, si propriè horum esset agere, et non magis agi, quia non habent dominium sui actûs. Et ideò ars non est necessaria ad benè vivendum ipsi artifici, sed solùm ad faciendum ipsum artificiatum bonum, et ad conservandum ipsum; prudentia autem est necessaria homini ad benè vivendum, non solùm ad hoc quòd fiat bonus.

Ad secundum dicendum quòd dùm homo bonum operatur non secundùm propriam rationem, sed motus ex consilio alterius, nondùm est omninò perfecta operatio ipsius quantùm ad rationem dirigentem, et quantùm ad appetitum moventem; unde, si bonum operetur, non tamen simpliciter benè, quod est benè vivere.

Ad tertium dicendum quòd verum intellectûs practici aliter accipitur quàm verum intellectûs speculativi, ut dicitur in 6 Ethic., cap. 2. Nam verum intellectûs speculativi accipitur per conformitatem intellectûs ad rem. Et quia intellectus non potest infallibiliter conformari in rebus contingentibus, sed solùm in necessariis, ideò nullus habitus speculativus contingentium est intellectualis virtus, sed solùm est circa necessaria. Verum autem intellectûs practici accipitur per conformitatem ad appetitum rectum; quæ quidem conformitas in necessariis locum non habet, quæ voluntate humanâ non fiunt; sed solùm in contingentibus, quæ possunt à nobis fieri, sive sint agibilia interiora, sive factibilia exteriora. Et ideò circa sola contingentia ponitur virtus intellectûs practici, circa factibilia quidem *ars*, circa agibilia verò *prudentia*.

ARTICULUS VI. — *Utrùm eubulia, synesis et gnome sint virtutes adjunctæ prudentiæ.* — (1, qu. 22, art. 1, ad 1, et 2-2, qu. 49, corp., fin., et qu. 51, per tot., et qu. 52, art. 2, corp., et 3, dist. 33, qu. 3, art. 1, qu. 3 et 4, et Ver. qu. 2, art. 12, ad 23, et qu. 5, art. 1, corp.)

Ad sextum sic proceditur. 1. Videtur quòd inconvenienter adjungantur prudentiæ *eubulia, synesis* et *gnome. Eubulia* enim *est habitus quo benè consiliamur,* ut dicitur in 6 Eth., cap. 9. Sed benè consiliari pertinet ad prudentiam, ut in eodem lib. dicitur, cap. 5. Ergo *eubulia* non est virtus adjuncta prudentiæ, sed magis est ipsa prudentia.

2. Præterea, ad superiorem pertinet de inferioribus judicare. Illa ergo virtus videtur suprema, cujus est actus judicium. Sed *synesis* est benè judicativa. Ergo *synesis* non est virtus adjuncta prudentiæ, sed magis ipsa principalis.

3. Præterea, sicut diversa sunt ea de quibus est judicandum, ita etiam diversa sunt ea de quibus est consiliandum. Sed circa omnia consiliabilia ponitur virtus una, scilicet *eubulia.* Ergo ad benè judicandum de agendis non oportet ponere præter *synesim* aliam virtutem, scilicet *gnomen.*

4. Præterea. Tullius ponit in suâ Rhetor., lib. 2 de Invent. aliquant. ante fin., tres alias partes prudentiæ scilicet *memoriam præteritorum, intelligentiam præsentium,* et *provi-*

dentiam futurorum, Macrobius etiam ponit super Somnium Scipionis, lib. 1, cap. 8, quasdam alias partes prudentiæ, scilicet *cautionem, docilitatem,* et alia hujusmodi. Non videntur igitur solæ hujusmodi virtutes prudentiæ adjungi.

Sed contra est auctoritas Philosophi in 6 Eth., cap. 9, 10 et 11, qui has tres virtutes ponit prudentiæ adjunctas.

Respondeo dicendum quòd in omnibus potentiis ordinatis illa est principalior quæ ad principaliorem actum ordinatur. Circa agibilia autem humana tres actus rationis inveniuntur : quorum primus est consiliari, secundus judicare, tertius est præcipere. Primi autem duo respondent actibus intellectûs speculativi, qui sunt *inquirere* et *judicare*; nam *consilium* inquisitio quædam est. Sed tertius actus est propriè practici intellectûs, in quantum est operativus : non enim ratio habet præcipere ea quæ per hominem fieri non possunt. Manifestum est autem quòd in his quæ per hominem fiunt, principalis actus est præcipere, ad quem alii ordinantur. Et ideò virtuti quæ est benè præceptiva, scilicet prudentiæ, tanquàm principaliori adjunguntur tanquàm secundariæ, *eubulia,* quæ est benè consiliativa, et *synesis,* et *gnome,* quæ sunt partes judicativæ; de quarum distinctione dicetur in resp. ad 3.

Ad primum ergo dicendum quòd prudentia est benè consiliativa, non quasi benè consiliari sit immediatè actus ejus, sed quia hunc actum perficit mediante virtute sibi subjectâ, quæ est *eubulia.*

Ad secundum dicendum quòd judicium in agendis ad aliquid ulteriùs ordinatur : contingit enim aliquem benè judicare de aliquo agendo, et tamen non rectè exequi; sed ultimum complementum est, quando ratio jam benè præcepit de agendis.

Ad tertium dicendum quòd judicium de unaquâque re fit per propria principia ejus. Inquisitio autem nondùm est per propria principia, quia his habitis non esset opus inquisitione, sed jam res esset inventa. Et ideò una sola virtus ordinatur ad benè consiliandum, duæ autem virtutes ad benè judicandum, quia distinctio non est in communibus principiis, sed in propriis. Unde et in speculativis una est dialectica inquisitiva de omnibus; scientiæ autem demonstrativæ, quæ sunt judicativæ, sunt diversæ de diversis. Distinguuntur autem *synesis* et *gnome* secundùm diversas regulas, quibus judicatur. Nam *synesis* est judicativa de agendis secundùm communem legem; *gnome* autem secundùm ipsam rationem naturalem in his in quibus deficit lex communis, sicut pleniùs infra patebit, 2-2, qu. 51, art. 4.

Ad quartum dicendum quòd *memoria, intelligentia* et *providentia,* similiter etiam *cautio* et *docilitas,* et alia hujusmodi, non sunt virtutes diversæ à prudentiâ; sed quodam modò comparantur ad ipsam sicut partes integrales, in quantum omnia ista requiruntur ad perfectionem prudentiæ. Sunt etiam et quædam partes subjectivæ, seu species prudentiæ, sicut *œconomica, regnativa,* et hujusmodi. Sed prædicta tria sunt quasi partes potentiales prudentiæ, quia ordinantur sicut secundarium ad principale. Et de his infra dicetur, 2-2, qu. 51.

QUÆSTIO LVIII.

DE DISTINCTIONE VIRTUTUM MORALIUM AB INTELLECTUALIBUS. — (*In quinque articulos divisa.*)

Deinde considerandum est de virtutibus moralibus, et primò de distinctione earum à virtutibus intellectualibus; secundò de distinctione earum ab invicem secundùm propriam materiam; tertiò de distinctione principalium vel cardinalium ab aliis.

Circa primum quæruntur quinque: 1° utrùm omnis virtus sit virtus moralis; 2° utrùm virtus moralis distinguatur ab intellectuali; 3° utrùm sufficienter dividatur virtus per intellectualem et moralem; 4° utrùm moralis virtus possit esse sine intellectuali; 5° utrùm è converso intellectualis virtus possit esse sine morali.

ARTICULUS PRIMUS. — *Utrùm omnis virtus sit moralis.* — (*Inf.*, *quæst.* 68, *art.* 8, *corp.*, *et* 3, *dist.* 23, *quæst.* 1, *art.* 4, *quæst.* 2, *corp.*)

Ad primum sic proceditur. 1. Videtur quòd omnis virtus sit moralis. Virtus enim moralis dicitur à *more*, id est à consuetudine. Sed ad omnium virtutum actus consuescere possumus. Ergo omnis virtus est moralis.

2. Præterea, Philosophus dicit in 2 Ethic., cap. 6, post med., quòd *virtus moralis est habitus electivus in medietate rationis consistens.* Sed omnis virtus videtur esse habitus electivus, quia actus cujuslibet virtutis possumus ex electione facere; omnis etiam virtus aliqualiter in medio rationis consistit, ut infra patebit, quæst. 64, art. 2, 3 et 4. Ergo omnis virtus est moralis.

3. Præterea, Tullius dicit in suâ Rhet. lib. 2 de Invent., aliquant. ante fin., quòd *virtus est habitus in modum naturæ rationi consentaneus.* Sed cùm omnis virtus humana ordinetur ad bonum hominis, oportet quòd sit consentanea rationi, cùm *bonum hominis sit secundùm rationem esse*, ut Dionysius dicit, cap. 4 de div. Nom., part. 4, lect. 22. Ergo omnis virtus est moralis.

Sed contra est quod Philosophus dicit in 1 Ethic., cap. ult., in fin.: *Dicentes de moribus non dicimus quoniam sapiens vel intelligens, sed quoniam mitis vel sobrius.* Sic igitur sapientia et intellectus non sunt morales; quæ tamen sunt virtutes, sicut supra dictum est, qu. præc., art. 2. Non ergo omnis virtus est moralis.

Respondeo dicendum quòd ad hujusmodi evidentiam considerare oportet quid sit mos: sic enim scire poterimus quid sit moralis virtus. *Mos* autem duo significat: quandoque enim significat consuetudinem, sicut dicitur Act. 15, 1: *Nisi circumcidamini secundùm morem Moysi, non poteritis salvi fieri*: quandoque verò significat inclinationem quamdam naturalem, vel quasi naturalem ad aliquid agendum; unde et etiam brutorum animalium dicuntur aliqui *mores.* Unde dicitur 2 Ma-

chab. 11, 11, quòd *leonum more irruentes in hostes prostraverunt eos*: et sic accipitur mos in Psal. 67, 7, ubi dicitur: *Qui habitare facit unius moris in domo.* Et hæ quidem duæ significationes in nullo distinguuntur apud Latinos quantùm ad vocem, in græco autem distinguuntur: nam *ethos*, quod apud nos *morem* significat, quandoque habet primam longam; et scribitur per η, græcam litteram; quandoque habet primam correptam, et scribitur per ε.

Dicitur autem virtus moralis à *more*, secundùm quòd mos significat quamdam inclinationem naturalem, vel quasi naturalem ad aliquid agendum. Et huic significationi moris propinqua est alia significatio, quæ significat consuetudinem; nam consuetudo quodammodò vertitur in naturam, et facit inclinationem similem naturali. Manifestum est autem quòd inclinatio ad actum propriè convenit appetitivæ virtuti, cujus est movere omnes potentias ad agendum, ut ex dictis patet, qu. 9, art. 1. Et ideò non omnis virtus dicitur moralis, sed solùm illa quæ est in vi appetitivâ.

Ad primum ergo dicendum quòd objectio illa procedit de *more*, secundùm quòd significat consuetudinem.

Ad secundum dicendum quòd omnis actus virtutis potest ex electione agi; sed electionem rectam agit sola virtus, quæ est in appetitivâ parte animæ. Dictum est enim supra, quæst. 13, art. 1, quòd eligere est actus appetitivæ partis. Unde habitus electivus, qui scilicet est electionis principium, est solùm ille qui perficit vim appetitivam; quamvis etiam aliorum habituum actus sub electione cadere possint.

Ad tertium dicendum quòd *natura est principium motus*, sicut dicitur in 2 Phys., text. 3. Movere autem ad agendum proprium est appetitivæ partis. Et ideò assimilari naturæ in consentiendo rationi est proprium virtutum quæ sunt in vi appetitivâ.

ARTICULUS II. — *Utrùm virtus moralis distinguatur ab intellectuali.* — (*Inf.*, *quæst.* 62, *art.* 2, *et* 3, *dist.* 24, *quæst.* 1, *art.* 4, *qu.* 3, *ad* 4, *et Ver. quæst.* 14, *art.* 3, *ad* 9, *et Virt. quæst.* 1, *art.* 12, *corp.*, *et* 1 *Ethic.*, *fin.*)

Ad secundum sic proceditur. 1. Videtur quòd virtus moralis ab intellectuali non distinguatur. Dicit enim Augustinus in lib. 4 de Civ. Dei, cap. 21, paulò à princ., quòd *virtus est ars rectè vivendi.* Sed ars est virtus intellectualis. Ergo virtus moralis ab intellectuali non differt.

2. Præterea, plerique in definitione virtutum moralium ponunt scientiam; sicut quidam definiunt quòd perseverantia *est scientia vel habitus eorum quibus est immanendum vel non immanendum*; et sanctitas *est scientia faciens fideles, et servantes quæ ad Deum justa sunt.* Scientia autem est virtus intellectualis. Ergo virtus moralis non debet distingui ab intellectuali.

3. Præterea, Augustinus dicit in 1 Soliloq., cap. 6, à med., quòd *virtus est recta et perfecta ratio.* Sed hoc pertinet ad virtutem in-

tellectualem, ut patet in 6 Ethic., cap. ult., circa med. Ergo virtus moralis non est distincta ab intellectuali.

4. Præterea, nihil distinguitur ab eo quod in ejus definitione ponitur. Sed virtus intellectualis ponitur in definitione virtutis moralis; dicit enim Philosophus in 2 Ethic., cap. 6, circa med., quòd *virtus moralis est habitus electivus existens in medietate determinatá ratione, prout sapiens determinabit.* Hujusmodi autem recta ratio determinans medium virtutis moralis pertinet ad virtutem intellectualem, ut dicitur in 6 Ethic., cap. ult. Ergo virtus moralis non distinguitur ab intellectuali.

Sed contra est quod dicitur in 1 Ethic., cap. ult., in fin. : *Determinatur virtus secundùm differentiam hanc. Dicimus enim harum has quidem* INTELLECTUALES, *has verò* MORALES.

Respondeo dicendum quòd omnium humanorum operum principium primum ratio est : et quæcumque alia principia humanorum operum inveniantur, quodammodò rationi obediunt. diversimodè tamen ; nam quædam rationi obediunt omninò ad nutum absque omni contradictione, sicut corporis membra, si fuerint in suá naturá consistentia ; statim enim ad imperium rationis manus aut pes movetur ad opus. Unde Philosophus dicit in 1 Polit., cap. 3, post med., quòd *anima regit corpus despotico principatu,* id est, sicut dominus servum, qui jus contradicendi non habet.

Posuerunt quidam igitur quòd omnia principia activa quæ sunt in homine, hoc modo se habent ad rationem ; quod quidem si verum esset, sufficeret quòd ratio esset perfecta ad benè agendum ; unde cùm virtus sit habitus quo perficimur ad benè agendum, sequeretur quòd in solá ratione esset ; et sic nulla virtus esset nisi intellectualis. Et hæc fuit opinio Socratis, qui dixit *omnes virtutes esse prudentias,* ut dicitur in 6 Ethic., c. ult. Unde ponebat quòd homo, scientiá in eo existente, peccare non poterat ; sed quicumque peccabat, peccabat propter ignorantiam. Hoc autem procedit ex suppositione falsi ; pars enim appetitiva obedit rationi non omninò ad nutum, sed cum aliquá contradictione. Unde Philosophus dicit in 1 Pol., cap. 3, à med., quòd *ratio imperat appetitivæ principatu politico,* quo scilicet aliquis præest liberis, qui habent jus in aliquo contradicendi. Unde Augustinus dicit super Psalm. 118, conc. 8, circa fin., quòd *interdùm præcedit intellectus, et sequitur tardus aut nullus affectus* ; in tantum quòd quandoque passionibus vel habitibus appetitivæ partis hoc agitur, ut usus rationis in particulari impediatur. Et secundùm hoc aliqualiter verum est quod Socrates dixit quòd *scientiá præsente non peccatur* ; si tamen hæc extendatur usque ad usum rationis in particulari eligibili.

Sic igitur ad hoc quòd homo benè agat, requiritur quòd non solùm ratio sit benè disposita per habitum virtutis intellectualis, sed etiam quòd vis appetitiva sit benè disposita per habitum virtutis moralis. Sicut igitur appetitus distinguitur à ratione, ita virtus

moralis distinguitur ab intellectuali. Unde sicut appetitus est principium humani actûs secundùm hoc quòd participat aliqualiter rationem, ita habitus moralis habet rationem virtutis humanæ, in quantum rationi conformatur.

Ad primum ergo dicendum quòd Augustinus communiter accipit artem pro quálibet rectá ratione ; et sic sub arte includitur etiam prudentia, quæ ita est *recta ratio agibilium,* sicut ars est *recta ratio factibilium ;* et secundùm hoc quod dicit quòd *virtus est ars rectè vivendi,* essentialiter convenit prudentiæ, participativè autem aliis virtutibus, prout secundùm prudentiam diriguntur.

Ad secundum dicendum quòd tales definitiones, à quibuscumque inveniantur datæ, processerunt ex opinione Socraticá ; et sunt exponendæ eo modo quo de arte prædictum est, in solut. præc.

Et similiter dicendum est ad tertium.

Ad quartum dicendum quòd *recta ratio,* quæ est secundùm prudentiam, ponitur in definitione virtutis moralis, non tanquàm pars essentiæ ejus, sed sicut quiddam participatum in omnibus virtutibus moralibus, in quantum prudentia dirigit omnes virtutes morales.

ARTICULUS III. — *Utrùm sufficienter virtus dividitur per moralem et intellectualem.*

Ad tertium sic proceditur. 1. Videtur quòd virtus humana non sufficienter dividatur per virtutem moralem et intellectualem. Prudentia enim videtur esse aliquid medium inter virtutem moralem et intellectualem : connumeratur enim virtutibus intellectualibus in 6 Ethic., cap. 3 et 5, et etiam ab omnibus communiter connumeratur inter quatuor virtutes cardinales, quæ sunt morales, ut infra patebit, qu. 61, art. 1. Non ergo sufficienter dividitur virtus per intellectualem et moralem, sicut per immediata.

2. Præterea, continentia et perseverantia, et etiam patientia non computantur inter virtutes intellectuales ; nec etiam sunt virtutes morales, quia non tenent medium in passionibus, sed abundant in eis passiones. Non ergo sufficienter dividitur virtus per intellectuales et morales.

3. Præterea, fides, spes et charitas quædam virtutes sunt ; non tamen sunt virtutes intellectuales ; hæ enim solùm sunt quinque, scilicet *scientia* et *sapientia, intellectus, prudentia et ars,* ut dictum est quæst. 57, art. 2, 3 et 4. Nec etiam sunt virtutes morales, quia non sunt circa passiones, circa quas maximè est moralis virtus. Ergo virtus non sufficienter dividitur per intellectuales et morales.

Sed contra est quod Philosophus dicit in 2 Ethic., cap. 1, in princ., duplicem esse virtutem, hanc quidem intellectualem, illam autem moralem.

Respondeo dicendum quòd virtus humana est quidam habitus perficiens hominem ad benè operandum. Principium autem humanorum actuum in homine non est nisi duplex, scilicet intellectus sive ratio, et appetitus ; hæc enim sunt duo moventia in homine, ut dicitur in 3 de Animâ, text. 48 et seq. Unde omnis virtus humana oportet quòd sit perfectiva alicujus istorum principiorum. Si quidem igitur sit perfectiva intellectûs speculativi vel practici ad bonum hominis actum, erit virtus intellectualis ; si autem sit perfectiva appetitivæ partis, erit virtus moralis.

Unde relinquitur quòd omnis virtus humana vel est intellectualis vel moralis.

Ad primum ergo dicendum quòd prudentia secundùm essentiam suam est intellectualis virtus ; sed secundùm materiam convenit cum virtutibus moralibus, est enim *recta ratio agibilium*, ut supra dictum est, qu. 57, art. 4, et secundùm hoc virtutibus moralibus connumeratur.

Ad secundum dicendum quòd continentia et perseverantia non sunt perfectiones appetitivæ virtutis sensitivæ ; quod ex hoc patet quòd in continente et perseverante superabundant inordinatæ passiones ; quod non esset, si appetitus sensitivus esset perfectus aliquo habitu conformante ipsum rationi. Est autem continentia, seu perseverantia perfectio rationalis partis, quæ se tenet contra passiones, ne deducatur ; deficit tamen à ratione virtutis, quia virtus intellectiva, quæ facit rationem se benè habere circa moralia, præsupponit appetitum rectum finis, ut rectè se habeat circa principia, id est, fines, ex quibus ratiocinatur, quod continenti et perseveranti deest. Neque etiam potest esse perfecta operatio, quæ à duabus potentiis procedit, nisi utraque potentia perficiatur per debitum habitum ; sicut non sequitur perfecta actio alicujus agentis per instrumentum, si instrumentum non sit benè dispositum, quantùmcumque principale agens sit perfectum. Unde si appetitus sensitivus, quem movet rationalis pars, non sit perfectus, quantùmcumque rationalis pars sit perfecta, actio consequens non erit perfecta ; unde nec principium actionis erit virtus. Et propter hoc continentia à delectationibus, et perseverantia in tristitiis (1) non sunt virtutes, sed aliquid minus virtute, ut Philosophus dicit in 7 Ethic., cap. 1 et 9.

Ad tertium dicendum quòd fides, spes et charitas sunt supra virtutes humanas ; sunt enim virtutes hominis, prout est factus particeps divinæ gratiæ.

ARTICULUS IV. — *Utrùm moralis virtus possit esse sine intellectuali.* — (*Inf., artic.* 5, *corp.*)

Ad quartum sic proceditur. 1. Videtur quòd virtus moralis possit esse sine intellectuali. Virtus enim moralis, ut dicit Tullius, 2 de Invent., aliquant. ante fin., *est habitus in modum naturæ rationi consentaneus.* Sed natura, etsi consentiat alicui superiori rationi moventi, non tamen oportet quòd illa ratio naturæ conjungatur in eodem, sicut patet in rebus naturalibus cognitione carentibus. Ergo potest esse in homine virtus moralis in modum naturæ inclinans ad consentiendum rationi, quamvis illius hominis ratio non sit

(1) Al., *à tristitiis.*

perfecta per virtutem intellectualem.

2. Præterea, per virtutem intellectualem homo consequitur rationis usum perfectum. Sed quandoque contingit quòd aliqui in quibus non multùm viget usus rationis, sunt virtuosi, et Deo accepti. Ergo videtur quòd virtus moralis possit esse sine virtute intellectuali.

3. Præterea, virtus moralis facit inclinationem ad benè operandum. Sed quidam habent naturalem inclinationem ad benè operandum etiam absque rationis judicio. Ergo virtutes morales possunt esse sine intellectuali.

Sed contra est quod Gregorius dicit 22 Moral., cap. 1 (implic.), quòd *cæteræ virtutes, nisi ea quæ appetunt, prudenter agant, virtutes esse nequaquàm possunt.* Sed prudentia est virtus intellectualis, ut supra dictum est, qu. 57, art. 8. Ergo virtutes morales non possunt esse sine intellectualibus.

Respondeo dicendum quòd virtus moralis potest quidem esse sine quibusdam intellectualibus virtutibus, sicut sine sapientiâ, scientiâ et arte ; non autem potest esse sine intellectu et prudentiâ.

Sine prudentiâ quidem esse non potest moralis virtus, quia moralis virtus est *habitus electivus*, id est, faciens bonam electionem. Ad hoc autem quòd electio sit bona, duo requiruntur : primò ut sit debita intentio finis ; et hoc fit per virtutem moralem, quæ vim appetitivam inclinat ad bonum conveniens rationi, quod est finis debitus ; secundò ut homo rectè accipiat ea quæ sunt ad finem, et hoc non potest esse nisi per rationem rectè consiliantem, judicantem et præcipientem ; quod pertinet ad prudentiam et ad virtutes ei annexas, ut supra dictum est, quæst. 57, art. 4, 5 et 6. Unde virtus moralis sine prudentiâ esse non potest.

Et per consequens nec sine intellectu ; per intellectum enim cognoscuntur principia naturaliter nota tam in speculativis quàm in operativis. Unde sicut recta ratio in speculativis, in quantum procedit ex principiis naturaliter cognitis, præsupponit intellectum principiorum ; ita etiam prudentia, quæ est *recta ratio agibilium.*

Ad primum ergo dicendum quòd inclinatio naturæ in rebus carentibus ratione est absque electione ; et ideò talis inclinatio non requirit ex necessitate rationem. Sed inclinatio virtutis moralis est cum electione ; et ideò ad suam perfectionem indiget quòd sit ratio perfecta per virtutem intellectualem.

Ad secundum dicendum quòd in virtuoso non oportet quòd vigeat usus rationis quantùm ad omnia, sed solùm quantùm ad ea quæ sunt agenda secundùm virtutem ; et sic usus rationis viget in omnibus virtuosis ; unde etiam qui videntur simplices, eò quòd carent mundanâ astutiâ, possunt esse prudentes, secundùm illud Matth. 10, 16 : *Estote prudentes sicut serpentes, et simplices sicut columbæ.*

Ad tertium dicendum quòd naturalis inclinatio ad bonum virtutis est quædam inchoatio virtutis, non autem est virtus perfecta. Hujusmodi enim inclinatio quantò est perfectior, tantò potest esse periculosior, nisi recta ratio adjungatur, per quam fiat recta electio eorum quæ conveniunt ad debitum finem; sicut equus currens, si sit cæcus, tantò fortiùs impingit et læditur, quantò fortiùs currit. Et ideò, etsi virtus moralis non sit ratio recta, ut Socrates dicebat, non tamen solùm est secundùm rationem rectam, in quantum inclinat ad id quod est secundùm rationem rectam, ut Platonici posuerunt, sed etiam oportet quòd sit cum ratione rectâ, ut Aristoteles dicit in 6 Ethic., cap. ult., circa med.

ARTICULUS V. — *Utrùm intellectualis virtus possit esse sine morali.*

Ad quintum sic proceditur. 1. Videtur quòd virtus intellectualis possit esse sine virtute morali. Perfectio enim prioris non dependet à perfectione posterioris. Sed ratio est prior appetitu sensitivo, et movens ipsum. Ergo virtus intellectualis, quæ est perfectio rationis, non dependet à virtute morali, quæ est perfectio appetitivæ partis. Potest ergo esse sine câ.

2. Præterea, moralia sunt materia prudentiæ, sicut factibilia sunt materia artis. Sed ars potest esse sine propriâ materiâ, sicut faber sine ferro. Ergo et prudentia potest esse sine virtutibus moralibus, quæ tamen inter omnes intellectuales virtutes maximè moralibus conjuncta videtur.

3. Præterea, prudentia est virtus benè consiliativa, ut dicitur in 6 Ethic., cap. 9. Sed multi benè consiliantur, quibus tamen virtutes morales desunt. Ergo prudentia potest esse sine virtute morali.

Sed contra, velle malum facere opponitur directè virtuti morali; non autem opponitur alicui, quod sine virtute morali esse potest. Opponitur autem prudentiæ quòd volens peccet, ut dicitur in 6 Ethic., cap. 5, circa fin. Non ergo prudentia potest esse sine virtute morali.

Respondeo dicendum quòd aliæ virtutes intellectuales sine virtute morali esse possunt; sed prudentia sine virtute morali esse non potest.

Cujus ratio est quia prudentia est *recta ratio agibilium*, non autem solùm in universali, sed etiam in particulari, in quibus sunt actiones. Recta autem ratio præexigit principia, ex quibus ratio procedit. Oportet autem rationem circa particularia procedere non solùm ex principiis universalibus, sed etiam ex principiis particularibus. Circa principia quidem universalia agibilium homo rectè se habet per naturalem intellectum principiorum, per quem homo cognoscit quòd nullum malum est agendum, vel etiam per aliquam scientiam practicam. Sed hoc non sufficit ad rectè ratiocinandum circa particularia. Contingit enim quandoque quòd hujusmodi universale principium cognitum per intellectum vel scientiam corrumpitur in particulari per aliquam passionem; sicut concupiscenti, quando concupiscentia vincit, videtur hoc esse bonum quod concupiscit, licèt sit contra universale judicium rationis.

Et ideò sicut homo disponitur ad rectè se habendum circa principia universalia per intellectum naturalem vel per habitum scientiæ, ita ad hoc quòd rectè se habeat circa principia particularia agibilium, quæ sunt fines, oportet quòd perficiatur per aliquos habitus, secundùm quos fiat quodammodò homini connaturale rectè judicare de fine; et hoc fit per virtutem moralem : virtuosus enim rectè judicat de fine virtutis, quia *qualis unusquisque est, talis finis videtur ei*, ut dicitur in 3 Ethic., cap. 5, à med. Et ideò ad rectam rationem agibilium, quæ est prudentia, requiritur quòd homo habeat virtutem moralem.

Ad primum ergo dicendum quòd ratio, secundùm quòd est apprehensiva finis, præcedit appetitum finis; sed appetitus finis præcedit rationem ratiocinantem ad eligendum ea quæ sunt ad finem, quod pertinet ad prudentiam; sicut etiam in speculativis intellectus principiorum est principium rationis syllogizantis.

Ad secundum dicendum quòd principia artificialium non dijudicantur à nobis benè vel malè, secundùm dispositionem appetitûs nostri, sicut fines, qui sunt moralium principia, sed solùm per considerationem rationis. Et ideò ars non requirit virtutem perficientem appetitum, sicut requirit prudentia.

Ad tertium dicendum quòd prudentia non solùm est benè consiliativa, sed etiam benè judicativa et benè præceptiva; quod esse non potest nisi removeatur impedimentum passionum corrumpentium judicium, et præceptum prudentiæ; et hoc per virtutem moralem.

QUÆSTIO LIX.

DE DISTINCTIONE VIRTUTUM MORALIUM SECUNDUM RELATIONEM AD PASSIONES. — (*In quinque articulos divisa.*)

Deinde considerandum est de distinctione moralium virtutum ad invicem.

Et quia virtutes morales, quæ sunt circa passiones, distinguuntur secundùm diversitatem passionum, oportet primò considerare in communi comparationem virtutis ad passionem; secundò distinctionem moralium virtutum secundùm passiones.

Circa primum quæruntur quinque : 1° utrùm virtus moralis sit passio; 2° utrùm virtus moralis possit esse cum passione; 3° utrùm possit esse cum tristitiâ; 4° utrùm omnis virtus moralis sit circa passiones; 5° utrùm aliqua virtus moralis possit esse sine passione.

ARTICULUS PRIMUS. — *Utrùm virtus moralis sit passio.* — (3, dist. 23, quæst. 1, art. 3, quæst. 2.)

Ad primum sic proceditur. 1. Videtur quòd virtus moralis sit passio. Medium enim est ejusdem generis cum extremis. Sed virtus moralis est medium inter passiones. Ergo virtus moralis est passio.

2. Præterea, virtus et vitium, cùm sint contraria, sunt in eodem genere. Sed quædam passiones vitia esse dicuntur, ut invi-

dia et ira. Ergo etiam quædam passiones sunt virtutes.

3. Præterea, misericordia quædam passio est; est enim tristitia de alienis malis, ut supra dictum est, qu. 35, art. 8, arg. 3. Hanc autem *Cicero, locutor egregius, non dubitavit appellare virtutem*, ut Augustinus dicit in 9 de Civit. Dei, cap. 5, circa med. Ergo passio potest esse virtus moralis.

Sed contra est quod dicitur in 2 Ethic., cap. 5, à princ., quòd *passiones neque virtutes sunt, neque malitiæ.*

Respondeo dicendum quòd virtus moralis non potest esse passio. Et hoc patet triplici ratione : primò quidem quia passio est motus quidam appetitûs sensitivi, ut supra dictum est, qu. 22, art. 3. Virtus autem moralis non est motus aliquis, sed magis principium appetitivi motûs, habitus quidam existens. Secundò quia passiones ex seipsis non habent rationem boni vel mali. Bonum enim vel malum hominis est secundùm rationem : unde passiones secundùm se consideratæ se habent et ad bonum et ad malum secundùm quòd possunt convenire rationi vel non convenire. Nihil autem tale potest esse virtus , eùm virtus solùm ad bonum se habeat, ut supra dictum est, qu. 55, art. 3. Tertiò quia, dato quòd aliqua passio se habeat ad bonum solum vel ad malum solum, secundùm aliquem modum (1), tamen motus passionis, in quantum passio est, principium habet in ipso appetitu, et terminum in ratione, in cujus conformitatem appetitus tendit. Motus autem virtutis est è converso principium habens in ratione, et terminum in appetitu, secundùm quòd à ratione movetur. Unde in definitione virtutis moralis dicitur in 2 Eth., cap. 6, à med., quòd *est habitus electivus in medietate consistens determinatâ ratione, prout sapiens determinabit.*

Ad primum ergo dicendum quòd virtus secundùm suam essentiam non est medium inter passiones; sed secundùm suum effectum, quia scilicet inter passiones medium constituit.

Ad secundum dicendum quòd si vitium dicatur habitus, secundùm quem quis malè operatur, manifestum est quòd nulla passio est vitium. Si verò dicatur vitium peccatum, quod est actus vitiosus, sic nihil prohibet passionem esse vitium, et è contrario concurrere ad actum virtutis , secundùm quòd passio vel contrariatur rationi, vel sequitur actum rationis.

Ad tertium dicendum quòd misericordia dicitur esse virtus, id est, virtutis actus, secundùm quòd *motus ille animi rationi servit, quando scilicet ita præbetur misericordia, ut justitia conservetur, sive cùm indigenti tribuitur, sive cùm ignoscitur pœnitenti*, ut Aug. dicit ibid., loco citato in arg.

Si tamen misericordia dicatur aliquis habitus quo homo perficitur ad rationabiliter miserendum, nihil prohibet misericordiam sic dictam esse virtutem; et eadem est ratio de similibus passionibus.

(1) Al., *motum.*

ARTICULUS II. — *Utrùm virtus moralis possit esse cum passione.* — (1, *quæst.* 95, *art.* 2, *ad* 2, *et* 2-2, *quæst.* 58, *art.* 9, *et* 4, *dist.* 14, *quæst.* 1, *art.* 1, *quæst.* 2, *ad* 3.)

Ad secundum sic proceditur. 1. Videtur quòd virtus moralis cum passione esse possit. Dicit enim Philosophus in 4 Topic., cap. 5, loc. 54, quòd *mitis est qui non patitur; patiens autem qui patitur, et non deducitur*; et eadem ratio est de omnibus virtutibus moralibus. Ergo omnis virtus moralis est sine passione.

2. Præterea, virtus est quædam recta habitudo animæ, sicut sanitas corporis, ut dicitur in 7 Phys., text. 17, unde virtus *quædam sanitas animæ* esse videtur, ut Tullius dicit in 4 de Tuscul. QQ., ante med. Passiones autem animæ dicuntur *morbi quidam animæ*, ut in eodem libro, circa med., Tullius dicit; sanitas autem non compatitur secum morbum. Ergo neque virtus compatitur secum animæ passionem.

3. Præterea, virtus moralis requirit perfectum usum rationis etiam in particularibus. Sed hic etiam impeditur per passiones. Dicit enim Philosophus, in 6 Ethic., cap. 5, circa med., quòd *delectationes corrumpunt existimationem prudentiæ*; et Sallustius dicit in Catilinario, in princ. orat. Cæsaris, quòd *non facilè verum perspicit animus, ubi illæ officiunt*, scilicet animi passiones. Virtus ergo moralis non potest esse cum passione.

Sed contra est quod Augustinus dicit in 14 de Civit. Dei, cap. 6, in princ. : *Si perversa est voluntas, perversos habebit hos motus, scilicet passionum; si autem recta est, non solùm inculpabiles, verùm etiam laudabiles erunt.* Sed nullum laudabile excluditur per virtutem moralem. Virtus ergo moralis non excludit passiones, sed potest esse cum ipsis.

Respondeo dicendum quòd circa hoc fuit discordia inter Stoicos et Peripateticos, sicut Augustinus dicit in 9 de Civit. Dei, cap. 4, in princ. Stoici enim posuerunt quòd passiones animæ non possunt esse in sapiente sive virtuoso; Peripatetici verò, quorum sectam Aristoteles instituit, ut Augustinus dicit in 9 de Civit. Dei , ibid., posuerunt quòd passiones simul cum virtute morali esse possunt, sed ad medium reductæ.

Hæc autem diversitas, sicut Augustinus ibidem dicit, magis erat secundùm verba quàm secundùm rerum sententias. Quia enim Stoici non distinguebant inter appetitum intellectivum, qui est voluntas, et inter appetitum sensitivum, qui per irascibilem et concupiscibilem dividitur, non distinguebant in hoc passiones animæ ab aliis affectionibus humanis, quòd passiones animæ sint motus appetitûs sensitivi; aliæ verò affectiones, quæ non sunt passiones animæ, sint motus appetitûs intellectivi, qui dicitur voluntas, sicut Peripatetici distinxerunt; sed solùm quantùm ad hoc quòd passiones esse dicebant quascumque affectiones rationi repugnantes; quæ si ex deliberatione oriantur, in sapiente, seu in virtuoso esse non possunt; si autem subitò oriantur, hoc in virtuoso potest accidere, eo quòd *animi visa, quæ appellant phantasias, non est in potestate nostrâ utrùm aliquando incidant animo : et cùm veniunt ex terribili-*

bus rebus, necesse est ut sapientis animum moveant; ita ut pauliser vel pavescat metu, vel tristitiâ contrahatur, tanquàm his passionibus prævenientibus rationis officium; nec tamen approbat ista, eisque consentit, ut Augustinus narrat in 9 de Civit. Dei, loc. sup. cit., ab Aulo Gellio dictum, lib. 19 Noct. Attic., cap. 1.

Si igitur passiones dicantur inordinatæ affectiones, non possunt esse in virtuoso, ita quòd post deliberationem eis consentiatur, ut Stoici posuerunt. Si verò passiones dicantur quicumque motus appetitûs sensitivi, sic possunt esse in virtuoso, secundùm quòd sunt à ratione ordinatæ. Unde Aristoteles dicit in 2 Ethic., cap. 3, parùm ante med., quòd *non benè quidam determinant virtutes impassibilitates quasdam et quietes, quoniam simpliciter dicunt; sed deberent etiam dicere quòd sunt quietes à passionibus, quæ sunt ut non oporiet, et quando non oportet.*

Ad primum ergo dicendum quòd Philosophus exemplum illud inducit, sicut et multa alia in libris logicalibus, non secundùm opinionem propriam, sed secundùm opinionem aliorum. Hæc autem fuit opinio Stoicorum, quòd virtutes essent sine passionibus animæ; quam Philosophus excludit in 2 Ethic., loc. cit., dicens *virtutes non esse impassibilitates.* Potest tamen dici quòd cùm dicitur quòd *mitis non patitur,* intelligendum est secundùm passionem inordinatam.

Ad secundum dicendum quòd ratio illa et omnes similes quas Tullius ad hoc inducit in lib. 4 de Tuscul. QQ., procedunt de passionibus, secundùm quòd significant inordinatas affectiones.

Ad tertium dicendum quòd passio præveniens judicium rationis, si in animo prævaleat, ut ei consentiatur, impedit consilium et judicium rationis; si verò sequatur quasi ex ratione imperatâ, adjuvat ad exequendum imperium rationis.

ARTICULUS III. — *Utrùm virtus moralis possit esse cum tristitiâ.* — (2-2, quæst. 58, art. 9, et 4, dist. 14, quæst. 1, art. 1, quæst. 2, ad 3.)

Ad tertium sic proceditur. 1. Videtur quòd virtus cum tristitiâ esse non possit. Virtutes enim sunt sapientiæ effectus, secundùm illud Sap. 8, 7 : *Sobrietatem et justitiam docet* (scilicet divina sapientia), *prudentiam et virtutem. Sed sapientiæ convictus non habet amaritudinem,* ut postea subditur. Ergo nec virtutes cum tristitiâ esse possunt.

2. Præterea, tristitia est impedimentum operationis, ut patet per Philosophum in 7 Ethic., cap. 13, et in 10, cap. 5. Sed impedimentum bonæ operationis repugnat virtuti. Ergo tristitia repugnat virtuti.

3. Præterea, tristitia est quædam animi ægritudo, ut Tullius eam vocat in 4 de Tuscul. QQ., parùm ante med. Sed ægritudo animæ contrariatur virtuti, quæ est bona animæ habitudo. Ergo tristitia contrariatur virtuti, nec potest simul esse cum eâ.

Sed contra est quòd Christus fuit perfectus virtute. Sed in eo fuit tristitia; dicit enim, ut habetur Matth 26, 38 : *Tristis est anima mea usque ad mortem.* Ergo tristitia potest esse cum virtute.

Respondeo dicendum quòd, sicut dicit Augustinus, 19 de Civ. Dei, cap. 8, Stoici voluerunt pro tribus perturbationibus, in animo sapientis esse tres εὐπαθείας, id est, *tres bonas passiones;* pro cupiditate scilicet *voluptatem,* pro lætitiâ *gaudium,* pro metu *cautionem.* Pro tristitiâ verò negaverunt posse aliquid esse in animo sapientis, duplici ratione : primò quidem quia tristitia est de malo quod jam accidit. Nullum autem malum existimant posse accidere sapienti. Crediderunt enim quòd, sicut solum hominis bonum est virtus, bona autem corporalia nulla bona hominis sunt, ita solum inhonestum est hominis malum, quod in virtuoso esse non potest.

Sed hoc irrationabiliter dicitur : cùm enim homo sit ex animâ et corpore compositus, id quod confert ad vitam corporis conservandam, aliquod bonum hominis est; non tamen maximum, quia eo potest homo malè uti : unde et malum huic bono contrarium in sapiente esse potest, et tristitiam moderatam inducere. Præterea, etsi virtuosus sine gravi peccato esse possit, nullus tamen invenitur qui absque levibus peccatis vitam ducat, secundùm illud 1 Joan. 1, 8 : *Si dixerimus quia peccatum non habemus, ipsi nos seducimus.* Tertiò quia virtuosus, etsi peccatum non habeat, fortè quandoque habuit; et de hoc laudabiliter dolet, secundùm illud 2 Cor. 7, 10 : *Quæ secundùm Deum est tristitia, pœnitentiam in salutem stabilem operatur.* Quartò quia potest etiam dolere laudabiliter de peccato alterius. Unde eo modo quo virtus moralis compatitur alias passiones ratione moderatas, compatitur etiam tristitiam.

Secundò movebantur ex hoc quòd tristitia est de præsenti malo, timor autem de malo futuro; sicut delectatio de bono præsenti, desiderium verò de bono futuro. Potest autem hoc ad virtutem pertinere quòd aliquis bono habito fruatur, vel non habitum habere desideret, vel quòd etiam malum futurum caveat. Sed quòd malo præsenti animus hominis substernatur (quod fit per tristitiam), omninò videtur contrarium rationi; unde cum virtute esse non potest.

Sed hoc irrationabiliter dicitur. Est enim aliquod malum quod potest esse virtuoso præsens, ut dictum est art. præc., quod quidem malum ratio detestatur. Unde appetitus sensitivus in hoc sequitur detestationem rationis, quòd de hujusmodi malo tristatur, moderatè tamen secundùm rationis judicium. Hoc autem pertinet ad virtutem ut appetitus sensitivus rationi conformetur, ut dictum est art. 1 et 2 hujus quæst. Unde ad virtutem pertinet quòd tristetur moderatè in quibus tristandum est, sicut etiam Philosophus dicit in 2 Eth., capp. 6 et 7. Et hoc etiam utile est ad fugiendum mala. Sicut enim bona propter delectationem promptiùs quæruntur, ita mala propter tristitiam fortiùs fugiuntur.

Sic igitur dicendum est quòd tristitia de his quæ conveniunt virtuti, non potest simul esse cum virtute, quia virtus in propriis delectatur; sed de his quæ quocumque modo repugnant virtuti, virtus moderatè tristatur.

Ad primum ergo dicendum quòd ex illâ

auctoritate habetur quòd de sapientiâ sapiens non tristetur, tristatur tamen de his quæ sunt impeditiva sapientiæ. Et ideò in beatis, in quibus nullum impedimentum sapientiæ esse potest, tristitia locum non habet.

Ad secundum dicendum quòd tristitia impedit operationem de quâ tristamur; sed adjuvat ad ea promptiùs exequenda per quæ tristitia fugitur.

Ad tertium dicendum quòd tristitia immoderata est animæ ægritudo; tristitia autem moderata ad bonam habitudinem animæ pertinet secundùm statum præsentis vitæ.

ARTICULUS IV. — *Utrùm omnis virtus moralis sit circa passiones.* — (*Inf.*, quæst. 60, art. 4, corp.)

Ad quartum sic proceditur. 1. Videtur quòd omnis virtus moralis sit circa passiones. Dicit enim Philosophus in 2 Ethic., cap. 3, quòd *circa voluptates et tristitias est moralis virtus.* Sed delectatio et tristitia sunt passiones, ut supra dictum est, quæst. 31, art. 1, et quæst. 35, art. 1. Ergo omnis virtus moralis est circa passiones.

2. Præterea, rationale per participationem est subjectum moralium virtutum, ut dicitur in 1 Eth., cap. ult.; sed hujusmodi pars animæ est in quâ sunt passiones, ut supra dictum est, quæst. 22, art. 3. Ergo omnis virtus moralis est circa passiones.

3. Præterea, in omni virtute morali est invenire aliquam passionem. Aut ergo omnes sunt circa passiones, aut nulla. Sed aliquæ sunt circa passiones, ut fortitudo et temperantia, ut dicitur in 3 Eth., cap. 6 et 10. Ergo omnes virtutes morales sunt circa passiones.

Sed contra est quòd justitia, quæ est virtus moralis, non est circa passiones, ut dicitur in 5 Eth., cap. 1, 2, 3 et 4.

Respondeo dicendum quòd virtus moralis perficit appetitivam partem animæ, ordinando ipsam in bonum rationis. Est autem rationis bonum id quod est secundùm rationem moderatum seu ordinatum. Unde circa omne id quod contingit ratione ordinari et moderari, contingit esse virtutem moralem. Ratio autem ordinat non solùm passiones appetitûs sensitivi, sed etiam ordinat operationes appetitûs intellectivi, qui est voluntas, quæ non est subjectum passionis, ut supra dictum est, quæst 22, art. 3. Et ideò non omnis virtus moralis est circa passiones, sed quædam circa passiones, quædam circa operationes.

Ad primum ergo dicendum quòd non omnis virtus moralis est circa delectationes et tristitias, sicut circa propriam materiam, sed sicut circa aliquid consequens ad (1) proprium actum. Omnis enim virtuosus delectatur in actu virtutis, et tristatur in contrario. Unde Philosophus, post præmissa verba loc. cit. in arg., subdit quòd *si virtutes sunt circa actus, et passiones, omnem autem passionem et omnem actum sequitur delectatio et tristitia; propter hoc* (2) *virtus erit circa delectationes et tristi-*tias, scilicet sicut circa (1) aliquid consequens.

Ad secundum dicendum quòd rationale per participationem non solùm est appetitus sensitivus, qui est subjectum passionum, sed etiam voluntas, in quâ non sunt passiones, ut dictum est in corp. art.

Ad tertium dicendum quòd in quibusdam virtutibus sunt passiones, sicut propria materia, in quibusdam autem non. Unde non est eadem ratio de omnibus, ut infra ostendetur, quæst. 60, art. 2.

ARTICULUS V. — *Utrùm aliqua virtus moralis possit esse absque passione.* — (*Inf.*, quæst. 60, art. 2, corp.)

Ad quintum sic proceditur. 1. Videtur quòd virtus moralis possit esse absque passione. Quantò enim virtus moralis est perfectior, tantò magis superat passiones. Ergo in suo perfectissimo esse est omninò absque passionibus.

2. Præterea, tunc unumquodque est perfectum quando est remotum à suo contrario, et ab his quæ ad contrarium inclinant. Sed passiones inclinant ad peccatum, quod virtuti contrariatur; unde Roman. 7, nominantur *passiones peccatorum.* Ergo perfecta virtus est omninò absque passione.

3. Præterea, secundùm virtutem Deo conformamur, ut patet per Augustinum in lib. de Morib. Eccles., cap. 6 et 11, à med. Sed Deus omnia operatur sine passione. Ergo virtus perfectissima est absque omni passione.

Sed contra est quòd *nullus justus est qui non gaudet justâ operatione*, ut dicitur in 1 Ethic., cap. 8, circa med. Sed gaudium est passio. Ergo justitia non potest esse sine passione, et multò minùs aliæ virtutes.

Respondeo dicendum quòd si passiones dicamus *inordinatas affectiones*, sicut Stoici posuerunt, sic manifestum est quòd virtus perfecta est sine passionibus.

Si verò passiones dicamus *omnes motus appetitûs sensitivi*, sic planum est quòd virtutes morales, quæ sunt circa passiones sicut circa propriam materiam, sine passionibus esse non possunt. Cujus ratio est quia secundùm hoc sequeretur quòd virtus moralis faceret appetitum sensitivum omninò otiosum. Non autem ad virtutem pertinet quòd ea quæ sunt subjecta rationi, à propriis actibus vacent; sed quòd exequantur imperium rationis, proprios actus agendo. Unde sicut virtus membra corporis ordinat ad actus exteriores debitos, ita appetitum sensitivum ad motus proprios ordinatos.

Virtutes autem morales quæ non sunt circa passiones, sed circa operationes, possunt esse sine passionibus; et hujusmodi virtus est justitia, quia per eam applicatur voluntas ad proprium actum, qui non est passio. Sed tamen ad actum justitiæ sequitur gaudium, ad minus in voluntate, quod non est passio; et si hoc gaudium multiplicetur per justitiæ perfectionem, fiet gaudii redundantia usque ad appetitum sensitivum, secundùm quòd vires inferiores sequuntur motum superiorum, ut

(1) Ita cod. Alcan., Theologi et Nicolaius. In edit. Rom. et Patav. deest *ad.*

(2) Ita cum cod. Alc. edit. Romana. Theologi, Nicolaius et edit. Patav., *etiam propter hoc.*

(1) Ita passim. In cod. Alcan. deest *circa.*

supra dictum est, quæst. 17, art. 7, et qu. 24, art. 3. Et sic per redundantiam hujusmodi, quantò magis fuerit perfecta, tantò magis passionem causat.

Ad primum ergo dicendum quòd virtus passiones inordinatas superat, moderatas autem producit.

Ad secundum dicendum quòd passiones in-ordinatæ inducunt ad peccandum, non autem si sint moderatæ.

Ad tertium dicendum quòd bonum in unoquoque consideratur secundùm conditionem suæ naturæ. In Deo autem et Angelis non est appetitus sensitivus, sicut in homine; et ideò bona operatio Dei et Angeli est omninò sine passione, sicut et sine corpore; bona autem operatio hominis est cum passione, sicut et cum corporis ministerio.

QUÆSTIO LX.

DE DISTINCTIONE VIRTUTUM MORALIUM AB INVICEM. — (In quinque articulos divisa.)

Deinde considerandum est de distinctione virtutum moralium ab invicem; et circa hoc quæruntur quinque : 1° utrùm sit tantùm una virtus moralis; 2° utrùm distinguantur virtutes morales quæ sunt circa operationes, ab his quæ sunt circa passiones; 3° utrùm circa operationes sit una tantùm moralis virtus; 4° utrùm circa diversas passiones sint diversæ morales virtutes; 5° utrùm virtutes morales distinguantur secundùm diversa objecta passionum.

ARTICULUS PRIMUS. — Utrùm sit una tantùm virtus moralis. — (3, dist. 35, quæst. 1, art. 1, quæst. 1.)

Ad primum sic proceditur. 1. Videtur quòd sit una tantùm moralis virtus. Sicut enim in actibus moralibus directio pertinet ad rationem, quæ est subjectum intellectualium virtutum; ita inclinatio pertinet ad vim appetitivam; quæ est subjectum moralium virtutum. Sed una est intellectualis virtus dirigens in omnibus moralibus actibus, scilicet prudentia. Ergo etiam una tantùm est moralis virtus inclinans in omnibus moralibus actibus.

2. Præterea, habitus non distinguuntur secundùm materialia objecta, sed secundùm formales rationes objectorum. Formalis autem ratio boni, ad quod ordinatur virtus moralis, est una, scilicet modus rationis. Ergo videtur quòd sit una tantùm moralis virtus.

3. Præterea, moralia recipiunt speciem à fine, ut supra dictum est, quæst. 1, art. 3 et 5. Sed finis omnium virtutum moralium communis est unus, scilicet felicitas; proprii autem et propinqui sunt infiniti; non sunt autem infinitæ virtutes morales. Ergo videtur quòd sit una tantùm.

Sed contra est quòd unus habitus non potest esse in diversis potentiis, ut supra dictum est, quæst. 56, art. 2. Sed subjectum virtutum moralium est pars appetitiva animæ, quæ per diversas potentias distinguitur, ut in 1 dictum est, quæst. 81, art. 2. Ergo non potest esse una tantùm virtus moralis.

Respondeo dicendum quòd, sicut supra dictum est, quæst. 58, art. 2, virtutes morales sunt habitus quidam appetitivæ partis. Habi-

tus autem specie differunt secundùm speciales differentias objectorum, ut supra dictum est, quæst. 54, art. 2. Species autem objecti appetibilis, sicut et cujuslibet rei, attenditur secundùm formam specificam, quæ est ab agente. Est autem considerandum quòd materia patientis se habet ad agens dupliciter : quandoque enim recipit formam agentis secundùm eamdem rationem, prout est in agente, sicut est in omnibus agentibus univocis; et sic necesse est quòd si agens est unum specie, materia recipiat formam unius speciei; sicut ab igne non generatur univocè nisi aliquod existens in specie ignis. Aliquando verò materia recipit formam ab agente non secundùm eamdem rationem, prout est in agente, sicut patet in generantibus non univocis, ut animal generatur à sole; et tunc formæ receptæ in materiâ ab eodem agente non sunt unius speciei, sed diversificantur secundùm diversam proportionem materiæ ad recipiendum influxum agentis; sicut videmus quòd ab unâ actione solis generantur per putrefactionem animalia diversarum specierum, secundùm diversam proportionem materiæ.

Manifestum est autem quòd in moralibus ratio est sicut imperans et movens; vis autem appetitiva sicut imperata et mota. Non autem appetitus recipit impressionem rationis quasi univocè, quia non fit rationale per essentiam, sed per participationem, ut dicitur in 1 Ethic., cap. ult. Unde appetibilia secundùm motionem rationis constituuntur in diversis speciebus, secundùm quòd diversimodè se habent ad rationem; et ita sequitur quòd virtutes morales sint diversæ secundùm speciem, et non una tantùm.

Ad primum ergo dicendum quòd objectum rationis est verum; est autem eadem ratio veri in omnibus moralibus, quæ sunt contingentia agibilia; unde est una sola virtus in eis dirigens, scilicet prudentia. Objectum autem appetitivæ virtutis est bonum appetibile, cujus est diversa ratio secundùm diversam habitudinem ad rationem dirigentem.

Ad secundum dicendum quòd illud formale est unum genere propter unitatem agentis, sed diversificatur specie propter diversas habitudines recipientium, ut supra dictum est, in corp.

Ad tertium dicendum quòd moralia non habent speciem à fine ultimo, sed à finibus proximis; qui quidem etsi infiniti sint numero, non tamen infiniti sunt specie.

ARTICULUS II. — Utrùm virtutes morales quæ sunt circa operationes, distinguantur ab his quæ sunt circa passiones. — (Ver. quæst. 1, art. 13, corp.)

Ad secundum sic proceditur. 1. Videtur quòd virtutes morales non distinguantur ab invicem per hoc quòd quædam sunt circa operationes, quædam circa passiones. Dicit enim Philosophus in 2 Ethic., cap. 3, quòd virtus moralis est circa delectationes, et tristitias optimorum operativa. Sed voluptates et tristitiæ sunt passiones quædam, ut supra dictum est, qu. 31, art. 1, et qu. 35, art. 1. Ergo eadem virtus quæ est circa passiones, est etiam circa operationes, utpote operativa existens.

2. Præterea, passiones sunt principia exteriorum operationum. Si ergo aliquæ virtutes rectificant passiones, oportet quòd etiam per consequens rectificent operationes. Eædem ergo virtutes morales sunt circa passiones et operationes.

3. Præterea, ad omnem operationem exteriorem movetur appetitus sensitivus benè vel malè. Sed motus appetitûs sensitivi sunt passiones. Ergo eædem virtutes quæ sunt circa operationes, sunt circa passiones.

Sed contra est quod Philosophus, 2 Ethic., cap. 3 et 7, et 5, in 4 priorib. capp., ponit justitiam circa operationes; temperantiam autem, et fortitudinem, et mansuetudinem circa passiones quasdam.

Respondeo dicendum quòd operatio et passio dupliciter potest comparari ad virtutem : uno modo sicut effectus; et hoc modo omnis moralis virtus habet aliquas operationes bonas, quarum est productiva, et delectationem aliquam vel tristitiam, quæ sunt passiones, ut supra dictum est, quæst. 59, art. 4, ad 1. Alio modo potest comparari operatio ad virtutem moralem sicut materia circa quam est : et secundùm hoc oportet alias esse virtutes morales circa operationes et alias circa passiones.

Cujus ratio est quia bonum et malum in quibusdam operationibus attenditur secundùm seipsas, qualitercumque homo afficiatur ad eas, in quantum scilicet bonum in eis et malum accipitur secundùm rationem commensurationis ad alterum : et in talibus oportet quòd sit aliqua virtus directiva operationum secundùm seipsas, sicut sunt emptio et venditio, et hujusmodi operationes, in quibus attenditur ratio debiti vel indebiti ad alterum; et propter hoc justitia et partes ejus propriè sunt circa operationes, sicut circa propriam materiam. In quibusdam verò operationibus bonum et malum attenditur solùm secundùm commensurationem ad operantem; et ideò oportet in his bonum et malum considerari secundùm quòd homo benè vel malè afficitur circa hujusmodi : et propter hoc oportet quòd virtutes in talibus sint principaliter circa interiores affectiones, quæ dicuntur animæ passiones, sicut patet de temperantiâ, fortitudine et aliis hujusmodi. Contingit autem quòd in operationibus quæ sunt ad alterum, prætermittatur bonum virtutis propter inordinatam animi passionem; et tunc in quantum corrumpitur commensuratio exterioris operationis, est corruptio justitiæ; in quantum autem corrumpitur commensuratio interiorum passionum, est corruptio alicujus alterius virtutis; sicut cùm propter iram aliquis alium percutit, in ipsâ percussione indebitâ corrumpitur justitia, in immoderantiâ verò iræ corrumpitur mansuetudo. Et idem patet in aliis.

Et per hoc patet responsio ad objecta. Nam prima ratio procedit de operatione, secundùm quòd est effectus virtutis; aliæ duæ rationes procedunt ex hoc quòd ad idem concurrunt operatio et passio; sed in quibusdam virtus est principaliter circa operationem, in quibusdam circa passionem, ratione prædictâ, in corp.

ARTICULUS III. — Utrùm circa operationes sit tantùm una virtus moralis.

Ad tertium sic proceditur. 1. Videtur quòd sit una tantùm virtus moralis circa operationes. Rectitudo enim omnium operationum exteriorum videtur ad justitiam pertinere. Sed justitia est una virtus. Ergo una sola virtus est circa operationes.

2. Præterea, operationes maximè differentes esse videntur quæ ordinantur ad bonum unius, et quæ ordinantur ad bonum multitudinis. Sed ista diversitas non diversificat virtutes morales : dicit enim Philosophus in 5 Ethic., cap. 1, circa fin., quòd justitia legalis, quæ ordinat actus hominum ad commune bonum, non est aliud à virtute, quæ ordinat actus hominis ad unum tantùm, nisi secundùm rationem. Ergo diversitas operationum non causat diversitatem virtutum moralium.

3. Præterea, si sunt diversæ virtutes morales circa diversas operationes, oporteret quòd secundùm diversitatem operationum esset diversitas virtutum moralium. Sed hoc patet esse falsum; nam ad justitiam pertinet in diversis generibus commutationum rectitudinem statuere, et etiam in distributionibus, ut patet in 5 Ethic., cap. 2, à med. Non ergo diversæ virtutes sunt diversarum operationum.

Sed contra est quòd religio est alia virtus à pietate; quarum tamen utraque est circa operationes quasdam.

Respondeo dicendum quòd omnes virtutes morales quæ sunt circa operationes, conveniunt in quâdam generali ratione justitiæ; quæ attenditur secundùm debitum ad alterum; distinguuntur autem secundùm diversas speciales rationes. Cujus ratio est quia in operationibus exterioribus ordo rationis instituitur, sicut dictum est art. præc., non secundùm proportionem ad affectionem hominis, sed secundùm ipsam convenientiam rei in seipsâ; secundùm quam convenientiam accipitur ratio debiti, ex quo constituitur ratio justitiæ. Ad justitiam enim pertinere videtur ut quis debitum reddat. Unde omnes hujusmodi virtutes quæ sunt circa operationes, habent aliquo modo rationem justitiæ. Sed debitum non est unius rationis in omnibus : aliter enim debetur aliquid æquali, aliter superiori, aliter minori; et aliter ex pacto, vel ex promisso, vel ex beneficio suscepto. Et secundùm has diversas rationes debiti sumuntur diversæ virtutes : putà religio est per quam redditur debitum Deo; pietas est per quam redditur debitum parentibus vel patriæ; gratia est per quam redditur debitum benefactoribus, et sic de aliis.

Ad primum ergo dicendum quòd justitia propriè dicta est una specialis virtus, quæ attendit perfectam rationem debiti, quod secundùm æquivalentiam potest restitui; dicitur tamen et ampliato nomine justitia secundùm quamcumque debiti redditionem; et sic non est una specialis virtus.

Ad secundum dicendum quòd justitia quæ intendit bonum commune, est alia virtus à justitiâ quæ ordinatur ad bonum privatum alicujus; unde et jus commune distinguitur à jure privato; et Tullius ponit, lib. 2 de Invent., aliquant. ante fin., unam specialem virtutem *pietatem*, quæ ordinat ad bonum patriæ. Sed justitia ordinans hominem ad bonum commune est generalis per imperium, quia omnes actus virtutum ordinat ad finem suum, scilicet ad bonum commune. Virtus autem, secundùm quòd à tali justitiâ imperatur, etiam *justitiæ* nomen accipit. Et sic virtus à justitiâ legali non differt nisi ratione, sicut solâ ratione differt virtus operans secundùm seipsam, et virtus operans ad imperium alterius.

Ad tertium dicendum quòd in omnibus operationibus ad justitiam specialem pertinentibus est eadem ratio debiti; et ideò est eadem virtus justitiæ, præcipuè quantùm ad commutationes; fortè enim distributiva est alterius speciei à commutativâ. Sed de hoc infra quæretur, 2-2, qu. 61, art. 1.

Articulus IV. — *Utrùm circa diversas passiones diversæ sint virtutes morales.* — (*Inf.*, *art.* 1, *corp.*)

Ad quartum sic proceditur. 1. Videtur quòd circa diversas passiones non sint diversæ virtutes morales. Eorum enim quæ conveniunt in principio, et fine, unus est habitus, sicut patet maximè in scientiis. Sed omnium passionum unum est principium, scilicet amor; et omnes ad eumdem finem terminantur, scilicet delectationem vel tristitiam, ut supra habitum est, qu. 25, art. 1 et 2. Ergo circa omnes passiones est una tantùm moralis virtus.

2. Præterea, si circa diversas passiones essent diversæ virtutes morales, sequeretur quòd tot essent virtutes morales quot passiones. Sed hoc patet esse falsum, quia circa oppositas passiones est una et eadem virtus moralis; sicut fortitudo circa timores et audacias; temperantia circa delectationes et tristitias. Non ergo oportet ut circa diversas passiones (1) sint diversæ virtutes morales.

3. Præterea, amor, concupiscentia et delectatio sunt passiones specie differentes, ut supra habitum est, qu. 23, art. 4. Sed circa omnes has est una virtus, scilicet temperantia. Ergo virtutes morales non sunt diversæ circa diversas passiones.

Sed contra est quòd fortitudo est circa timores et audacias, temperantia circa concupiscentias, mansuetudo circa iras, ut dicitur in 3 Ethic., cap. 6 et 10, et in 4, cap. 5.

Respondeo dicendum quòd non potest dici quòd circa omnes passiones sit una sola virtus moralis. Sunt enim quædam passiones ad diversas potentias pertinentes; aliæ namque pertinent ad irascibilem, aliæ ad concupiscibilem, ut supra dictum est, qu. 23, art. 1. Nec tamen oportet quòd omnis diversitas passionum sufficiat ad virtutes morales diversificandas: primò quidem quia quædam passiones sunt quæ sibi opponuntur secundùm contrarietatem; sicut gaudium et tristitia, timor et audacia, et alia hujusmodi. Et circa hujusmodi passiones sic oppositas opor-

(1) Al., *operationes.*

tet esse unam et eamdem virtutem. Cùm enim virtus moralis in quâdam medietate consistat, medium in contrariis passionibus secundùm eamdem rationem instituitur; sicut et in naturalibus idem est medium inter contraria, ut inter album et nigrum. Secundò quia diversæ passiones inveniuntur secundùm eumdem modum rationi repugnantes, putà secundùm impulsum ad id quod est contra rationem, vel secundùm retractionem ab eo quod est secundùm rationem. Et ideò diversæ passiones concupiscibilis non pertinent ad diversas virtutes morales, quia earum motus secundùm quemdam ordinem se invicem consequuntur, utpote ad idem ordinati, scilicet ad consequendum bonum, vel ad fugiendum malum; sicut ex amore procedit concupiscentia, et ex concupiscentiâ pervenitur ad delectationem. Et eadem ratio est de oppositis, quia ex odio sequitur fuga vel abominatio, quæ perducit ad tristitiam. Sed passiones irascibilis non sunt unius ordinis, sed ad diversa ordinantur. Nam *audacia* et *timor* ordinantur ad aliquod magnum periculum; *spes* et *desperatio* ad aliquod bonum arduum; *ira* autem ad superandum aliquod contrarium, quod nocumentum intulit.

Et ideò circa has passiones diversæ virtutes ordinantur, utpote *temperantia* circa passiones concupiscibilis, *fortitudo* circa timores et audacias, *magnanimitas* circa spem et desperationem, *mansuetudo* circa iras.

Ad primum ergo dicendum quòd omnes passiones conveniunt in uno principio et fine communi, non autem in uno proprio principio, seu fine; unde hoc non sufficit ad unitatem virtutis moralis.

Ad secundum dicendum quòd, sicut in naturalibus idem est principium quo receditur ab uno principio, et acceditur ad aliud, et in rationalibus est eadem ratio contrariorum, ita etiam virtus moralis, quæ in modum naturæ rationi consentit, est eadem contrariarum passionum.

Ad tertium dicendum quòd illæ tres passiones ad idem objectum ordinantur secundùm quemdam ordinem, ut dictum est in corp. art., et ideò ad eamdem virtutem moralem pertinent.

Articulus V. — *Utrùm virtutes morales distinguantur secundùm diversa objecta passionum.*

Ad quintum sic proceditur. 1. Videtur quòd virtutes morales non distinguantur secundùm objecta passionum. Sicut enim sunt objecta passionum, ita sunt objecta operationum. Sed virtutes morales quæ sunt circa operationes, non distinguuntur secundùm objecta operationum; ad eamdem enim virtutem justitiæ pertinet emere vel vendere domum et equum. Ergo etiam nec virtutes morales quæ sunt circa passiones, diversificantur per objecta passionum.

2. Præterea, passiones sunt quidam actus vel motus appetitûs sensitivi. Sed major diversitas requiritur ad diversitatem habituum quàm ad diversitatem actuum. Diversa igitur objecta, quæ non diversificant speciem pas-

sionis, non diversificabunt speciem virtutis moralis, ita scilicet quòd de omnibus delectationibus erit una virtus moralis; et similiter est de aliis.

3. Præterea, magis et minùs non diversificant speciem. Sed diversa delectabilia non differunt nisi secundùm magis et minùs. Ergo omnia delectabilia pertinent ad unam speciem virtutis, et eádem ratione omnia terribilia, et similiter de aliis. Non ergo virtus moralis distinguitur secundùm objecta passionum.

4. Præterea, sicut virtus est operativa boni, ita est impeditiva mali. Sed circa concupiscentias bonorum sunt diversæ virtutes; sicut *temperantia* circa concupiscentias delectationum tactûs, *eutrapelia* circa delectationes ludi. Ergo etiam circa timores malorum debent esse diversæ virtutes.

Sed contra est quòd *castitas* est circa delectabilia venereorum, *abstinentia* verò est circa delectabilia ciborum, et *eutrapelia* circa delectabilia ludorum.

Respondeo dicendum quòd perfectio virtutis ex ratione dependet; perfectio autem passionis ex ipso appetitu sensitivo. Unde oportet quòd virtutes diversificentur secundùm ordinem ad rationem, passiones autem secundùm ordinem ad appetitum. Objecta igitur passionum, secundùm quòd diversimodè ordinantur ad appetitum sensitivum, causant diversas passionum species; secundùm verò quòd comparantur ad rationem, causant diversas species virtutum. Non est autem idem motus rationis et appetitûs sensitivi. Unde nihil prohibet aliquam differentiam objectorum causare diversitatem passionum, quæ non causat diversitatem virtutum, sicut quando una virtus est circa multas passiones, ut dictum est art. præc., et aliquam etiam differentiam objectorum causare diversitatem virtutum, quæ non causat diversitatem passionum, cùm circa unam passionem, putà delectationem, diversæ virtutes ordinentur. Et quia diversæ passiones ad diversas potentias pertinentes semper pertinent ad diversas virtutes, ut dictum est art. præc., ideò diversitas objectorum, quæ respicit diversitatem potentiarum, semper diversificat species virtutum, putà quòd aliquid sit bonum absolutè, et aliquid sit bonum cum aliquâ arduitate.

Et quia ordine quodam ratio inferiores (1) hominis partes regit, et etiam se ad exteriora extendit, ideò etiam secundùm quòd unum objectum passionis apprehenditur sensu vel imaginatione, aut etiam ratione, et secundùm etiam quòd pertinet ad animam, corpus, vel exteriores res, diversam habitudinem habet ad rationem, et per consequens natum est diversificare virtutes. Bonum igitur hominis, quod est objectum amoris, concupiscentiæ et delectationis, potest accipi vel ad sensum corporis pertinens, vel ad interiorem animæ apprehensionem; et hoc sive ordinetur ad bonum hominis in seipso, vel quantùm ad corpus, vel quantùm ad animam, sive or-

dinetur ad bonum hominis in ordine ad alios. Et omnis talis diversitas propter diversum ordinem ad rationem diversificat virtutem.

Sic igitur si consideretur aliquod bonum, si quidem sit per sensum tactûs apprehensum, et ad consistentiam humanæ vitæ pertinens in individuo vel in specie (sicut sunt delectabilia ciborum et venereorum), erit pertinens ad virtutem *temperantiæ.* Delectationes autem aliorum sensuum, cùm non sint vehementes, non præstant aliquam difficultatem rationi; et ideò circa eas non ponitur aliqua virtus, quæ est circa difficile, sicut et ars, ut dicitur in 2 Eth., cap. 3, ad fin. Bonum autem non sensu, sed interiori virtute apprehensum, ad ipsum hominem pertinens secundùm seipsum, est sicut pecunia et honor; quorum pecunia ordinabilis est de se ad bonum corporis, honor autem consistit in apprehensione animæ. Et hæc quidem bona considerari possunt vel absolutè, secundùm quòd pertinent ad concupiscibilem, vel cum arduitate quâdam, secundùm quòd pertinent ad irascibilem. Quæ quidem distinctio non habet locum in bonis quæ delectant tactum, quia hujusmodi sunt quædam infima, et competunt homini secundùm quòd convenit cum brutis. Circa bonum igitur pecuniæ absolutè sumptum, secundùm quòd est objectum concupiscentiæ, vel delectationis aut amoris, est *liberalitas;* circa bonum autem hujusmodi cum arduitate sumptum, secundùm quòd est objectum spei, est *magnificentia;* circa bonum verò quod est honor, si quidem sit absolutè sumptum, secundùm quòd est objectum amoris, sic est quædam virtus, quæ vocatur *philotimia,* id est, amor honoris; si verò cum arduitate consideretur, secundùm quòd est objectum spei, sic est *magnanimitas.* Unde *liberalitas* et *philotimia* videntur esse in concupiscibili; *magnificentia* verò et *magnanimitas* in irascibili. Bonum verò hominis in ordine ad alium non videtur arduitatem habere; sed accipitur ut absolutè sumptum, prout est objectum passionum concupiscibilis. Quod quidem bonum potest esse alicui delectabile, secundùm quòd præbet se alteri vel in his quæ serió fiunt, id est, in actionibus per rationem ordinatis ad debitum finem, vel in his quæ fiunt ludo, id est, in actionibus ordinatis ad delectationem tantùm, quæ non eodem modo se habent ad rationem, sicut prima. In seriis autem se exhibet aliquis alteri dupliciter: uno modo ut delectabilem decentibus verbis et factis; et hoc pertinet ad quamdam virtutem, quam Aristoteles, lib. 2, cap. 7, circa med. (ex sensu D. Thom.) nominat *amicitiam,* et potest dici *affabilitas.* Alio modo præbet se aliquis alteri ut manifestum per dicta et facta; et hoc pertinet ad aliam virtutem, quam nominat *veritatem,* lib. 4 Ethic., cap. 7. Manifestatio enim propinquiùs accedit ad rationem quàm delectatio, et seria quàm jocosa. Unde et circa delectationes ludorum est alia virtus, quam Philosophus, lib. 4 Ethic., cap. 8, *eutrapeliam* nominat. Sic igitur patet quòd secundùm Aristotelem sunt decem virtutes morales circa passiones, scilicet *fortitudo, temperan-tia, liberalitas, magnificentia, magnanimitas, philotimia, mansuetudo, amicitia, veritas et eutrapelia*, et distinguuntur secundùm diver-sas materias, vel secundùm diversas passiones, vel secundùm diversa objecta. Si igitur ad-datur *justitia*, quæ est circa operationes, erunt omnes undecim (1).

Ad primum ergo dicendum quòd omnia objecta ejusdem operationis secundùm spe-ciem, eamdem habitudinem habent ad ratio-nem; non autem omnia objecta ejusdem passionis secundùm speciem; quia operatio-nes non repugnant rationi, sicut passiones.

Ad secundum dicendum quòd aliâ ratione diversificantur passiones, et aliâ virtutes, sic-ut dictum est in corp.

Ad tertium dicendum quòd magis et minùs non diversificant speciem nisi propter diver-sam habitudinem ad rationem.

Ad quartum dicendum quòd bonum fortius est ad movendum quàm malum, quia *malum non agit nisi virtute boni*, ut Dionysius dicit 4 cap. de div. Nom., part. 4, lect. 21 et 22. Unde malum non facit difficultatem rationi, quæ requirat virtutem nisi sit excellens, quod videtur esse unum in uno genere passionis. Unde circa iras non ponitur nisi una virtus, scilicet *mansuetudo*; et similiter circa auda-cias una sola, scilicet *fortitudo*. Sed bonum ingerit difficultatem, quæ requirit virtutem etiamsi non sit excellens in genere talis pas-sionis. Et ideò circa concupiscentias po-nuntur diversæ virtutes morales, ut dictum est in corp.

QUÆSTIO LXI.

DE VIRTUTIBUS CARDINALIBUS. — (*In quinque articulos divisa.*)

Deinde considerandum est de virtutibus cardinalibus; et circa hoc quæruntur quin-que: 1° utrùm virtutes morales debeant dici cardinales vel principales; 2° de numero earum; 3° quæ sint; 4° utrùm differant ad in-vicem; 5° utrùm dividantur convenienter in virtutes politicas, et purgatorias, et purgati animi, et exemplares.

ARTICULUS PRIMUS. — *Utrùm virtutes morales debeant dici cardinales, vel principales.* —
[(*Inf., quæst.* 66, *art.* 4, *corp., et* 3, *dist.* 33, *quæst.* 2, *et Verit. quæst.* 1, *art.* 12, *ad* 24, *et quæst.* 5, *art.* 1, *ad* 2, 4 *et* 11.)

Ad primum sic proceditur. 1. Videtur quòd virtutes morales non debeant dici cardi-nales seu principales. *Quæ enim ex oppo-sito dividuntur, sunt simul naturâ*, ut dici-tur in *Prædicamentis*, cap. de *Simul*, et sic unum non est altero principalius. Sed omnes virtutes ex opposito dividunt genus virtutis. Ergo nullæ earum debent dici prin-cipales.

2. Præterea, finis principalior est his quæ sunt ad finem. Sed virtutes theologicæ sunt circa finem, virtutes autem morales sunt cir-ca ea quæ sunt ad finem. Ergo virtutes mo-

rales, non debent dici principales, seu cardi-nales, sed magis theologicæ.

3. Præterea, principalius est quod est per essentiam, quàm quod est per participatio-nem. Sed virtutes intellectuales pertinent ad rationale per essentiam, virtutes autem mo-rales pertinent ad rationale per participatio-nem, ut supra dictum est, quæst. 58, art. 2. Ergo virtutes morales non sunt principales, sed magis virtutes intellectuales.

Sed contra est quod Ambrosius dicit super Lucam, exponens illud: *Beati pauperes spiritu*, cap. 6, 8: *Scimus virtutes esse quatuor cardina-les, scilicet temperantiam, justitiam, pruden-tiam, fortitudinem*. Hæ autem sunt virtutes mo-rales. Ergo virtutes morales sunt cardinales.

Respondeo dicendum quòd, cùm simpliciter de virtute loquimur, intelligimur loqui de virtute humanâ. Virtus autem humana, ut supra dictum est, quæst. 56, art. 3, secundùm perfectam rationem virtutis dicitur, quæ re-quirit rectitudinem appetitûs: hujusmodi enim virtus non solùm facit facultatem benè agendi, sed ipsum etiam usum boni operis causat. Sed secundùm imperfectam rationem virtutis dicitur virtus, quæ non requirit rectitudi-nem appetitûs, quia solùm facit facultatem benè agendi, non autem causat boni operis usum. Constat autem quòd perfectum est principalius imperfecto. Et ideò virtutes quæ continent rectitudinem appetitûs, dicuntur *principales*. Hujusmodi autem sunt virtutes morales, et inter intellectuales sola prudentia, quæ etiam quodammodò moralis est secun-dùm materiam, ut ex supra dictis patet, qu. 57, art. 4, et quæst. 58, art. 3, ad 1.

Unde convenienter inter virtutes morales ponuntur illæ quæ dicuntur *principales* seu *cardinales*.

Ad primum ergo dicendum quòd quando genus univocum dividitur in suas species, tunc partes divisionis ex æquo se habent secundùm rationem generis, licet secundùm naturam rei una species sit principalior et perfectior aliâ, sicut homo aliis animalibus. Sed quando est divisio alicujus analogi, quod dicitur de plu-ribus secundùm prius et posterius, tunc nihil prohibet unum esse principalius altero etiam secundùm communem rationem, sicut sub-stantia principaliùs dicitur ens. quàm acci-dens. Et talis est divisio virtutum in diversa genera virtutum, eò quòd bonum rationis non secundùm eumdem ordinem invenitur in omnibus.

Ad secundum dicendum quòd virtutes theo-logicæ sunt supra hominem, ut supra dictum est, quæst. 58, art. 3, ad 3. Unde non pro-priè dicuntur virtutes *humanæ*, sed *superhu-manæ*, vel *divinæ*.

Ad tertium dicendum quòd aliæ virtutes intellectuales à prudentiâ (1), etsi sint prin-cipaliores quàm morales quantùm ad subje-ctum, non tamen sunt principaliores quantùm ad rationem virtutis, quæ respicit bonum, quod est objectum appetitûs.

QUÆST. LXI. DE VIRTUTIBUS CARDINALIBUS.

ARTICULUS II. — *Utrùm sint quatuor virtutes cardinales.* — (*Inf., quæst. 66, art. 1, et 4, corp., et 2-2, prol., et quæst. 123, art. 2, et quæst. 162, art. 7, et 3, dist. 33, quæst. 2, art. 1, quæst. 3, et Verit. quæst. 1, art. 2, ad 25 et 26.*)

Ad secundum sic proceditur. 1. Videtur quòd non sint quatuor virtutes cardinales. Prudentia enim est directiva aliarum virtutum moralium, ut ex supra dictis patet, quæst. 57, art. 4 et 5. Sed id quod est directivum aliorum, principalius est. Ergo prudentia sola est virtus principalis.

2. Præterea, virtutes principales sunt aliquo modo morales. Sed ad operationes morales ordinamur per rationem practicam et appetitum rectum, ut dicitur in 6 Ethic., cap. 2. Ergo solæ duæ virtutes cardinales sunt.

3. Præterea, inter alias etiam virtutes una est principalior alterâ. Sed ad hoc quòd virtus dicatur principalis, non requiritur quòd sit principalis respectu omnium, sed respectu quarumdam. Ergo videtur quòd sint multò plures principales virtutes.

Sed contra est quod Gregorius dicit in 2 Moral., cap. 49, circa princ., quòd *in quatuor virtutibus tota boni* (1) *operis structura consurgit.*

Respondeo dicendum quòd numerus aliquorum accipi potest aut secundùm principia formalia, aut secundùm subjecta; et utroque modo inveniuntur quatuor cardinales virtutes.

Principium enim formale virtutis, de quâ nunc loquimur, est rationis bonum. Quod quidem *dupliciter* potest considerari : uno modo secundùm quòd in ipsâ consideratione rationis consistit; et sic erit una virtus principalis, quæ dicitur *prudentia.* Alio modo secundùm quòd circa aliquid ponitur rationis ordo; et hoc vel circa operationes, et sic est *justitia*; vel circa passiones, et sic necesse est esse duas virtutes. Ordinem enim rationis necesse est ponere circa passiones, consideratâ repugnantiâ ipsarum ad rationem. Quæ quidem potest esse dupliciter : uno modo secundùm quòd passio impellit ad aliquid contrarium rationi; et sic necesse est quòd passio reprimatur, et ab hoc denominatur *temperantia*; alio modo secundùm quòd passio retrahit ab eo quod ratio dictat, sicut timor periculorum vel laborum; et sic necesse est quòd homo firmetur in eo quod est rationis, ne recedat; et ab hoc denominatur *fortitudo.*

Et similiter secundùm subjecta idem numerus invenitur. Quadruplex enim invenitur subjectum hujus virtutis, de quâ nunc loquimur : scilicet *rationale per essentiam*, quod prudentia perficit; et *rationale per participationem*, quod dividitur in *tria*, id est, in *voluntatem*, quæ est subjectum justitiæ, et in *concupiscibilem*, quæ est subjectum temperantiæ, et in *irascibilem*, quæ est subjectum fortitudinis.

Ad primum ergo dicendum quòd prudentia est simpliciter principalior omnibus; sed aliæ

ponuntur principales, unaquæque in suo genere.

Ad secundum dicendum quòd rationale per participationem dividitur in tria, ut dictum est in corp.

Ad tertium dicendum quòd omnes aliæ virtutes, quarum una est principalior aliâ, reducuntur ad prædictas quatuor et quantùm ad subjectum, et quantùm ad rationes formales.

ARTICULUS III. — *Utrùm aliæ virtutes magis debeant dici principales quàm istæ.* — (*Sup., art. 1 et 2, et locis ibi not., et 3, dist. 33, quæst. 2, art. 1, quæst. 4.*)

Ad tertium sic proceditur. 1. Videtur quòd aliæ virtutes magis debeant dici principales quàm istæ. Id enim quod est maximum in unoquoque genere, videtur esse principalius. Sed magnanimitas operatur magnum in omnibus virtutibus, ut dicitur in 4 Ethic., cap. 3, à med. Ergo magnanimitas maximè debet dici principalis virtus.

2. Præterea, illud per quod aliæ virtutes firmantur, videtur esse maximè principalis virtus. Sed humilitas est hujusmodi; dicit enim Gregorius, hom. 7 in Evang., in fin., quòd *qui cæteras virtutes sine humilitate congregat, quasi paleas in ventum portat.* Ergo humilitas videtur esse maximè principalis.

3. Præterea, illud videtur esse maximè principale quod est perfectissimum. Sed hoc pertinet ad patientiam, secundùm illud Jacobi 1, 4 : *Patientia opus perfectum habet.* Ergo patientia debet poni principalis.

Sed contra est quòd Tullius in suâ Rhetor. lib. 2 de Invent., aliquant. ante fin., ad has quatuor omnes alias reducit.

Respondeo dicendum quòd, sicut supra dictum est, art. præc., hujusmodi quatuor virtutes cardinales accipiuntur secundùm quatuor formales rationes virtutis, de quâ loquimur. Quæ quidem in aliquibus actibus vel passionibus principaliter inveniuntur; sicut bonum consistens in consideratione rationis principaliter invenitur in ipso rationis imperio, non autem in consilio, neque in judicio, ut supra dictum est, quæst. 64, art. 1, 2 et 5. Similiter autem bonum rationis, prout ponitur in operationibus secundùm rationem recti et debiti, principaliter invenitur in commutationibus vel distributionibus, quæ sunt ad alterum cum æqualitate. Bonum autem refrenandi passiones principaliter invenitur in passionibus, quas maximè difficile est reprimere, scilicet in delectationibus tactûs. Bonum autem firmitatis ad standum in bono rationis contra impetum passionum præcipuè invenitur in periculis mortis, contra quæ difficillimum est stare.

Sic igitur prædictas quatuor virtutes dupliciter considerare possumus : uno modo secundùm communes rationes formales; et secundùm hoc dicuntur principales, quasi generales ad omnes virtutes; ut putà quòd omnis virtus quæ facit bonum in consideratione rationis, dicatur *prudentia*; et quòd omnis virtus quæ facit bonum debiti et recti in operationibus, dicatur *justitia*; et omnis virtus quæ cohibet passiones, et reprimit, dicatur *temperantia*;

(1) Ita ex Gregorio Nicolaius. Al., *bona.*

et omnis virtus quæ facit firmitatem animi contra quascumque passiones, dicatur *fortitudo*, et sic multi loquuntur de istis virtutibus tam sacri doctores quàm etiam philosophi; et sic aliæ virtutes sub ipsis continentur. Unde cessant omnes objectiones.

Alio verò modo possunt accipi, secundùm quòd istæ virtutes denominantur ab eo quod est præcipuum in unaquâque materiâ; et sic sunt speciales virtutes contra alias divisæ; dicuntur tamen principales respectu aliarum propter principalitatem materiæ: putà quòd *prudentia* dicatur quæ præceptiva est; *justitia*, quæ est circa actiones debitas, inter æquales; *temperantia*, quæ reprimit concupiscentias delectationum tactûs; *fortitudo*, quæ firmat contra pericula mortis.

Et sic etiam cessant objectiones, quia aliæ virtutes possunt habere aliquas alias principalitates, sed istæ dicuntur principales ratione materiæ, ut supra dictum est in corp.

ARTICULUS IV. — *Utrùm quatuor virtutes cardinales differant ab invicem.* — (*Inf., quæst. 66, art. 2, corp., et 2-2, quæst. 123, art. 2 et 11, corp., et quæst. 194, art. 1, corp., pr., et 3, dist. 33, quæst. 1, art. 1, quæst. 3, et Ver. quæst. 1, art. 12, ad 13 et 26, et 2 Eth., lect. 8.*)

Ad quartum sic proceditur. 1. Videtur quòd quatuor prædictæ virtutes non sint diversæ virtutes, et ab invicem distinctæ. Dicit enim Gregorius, in 22 Moral, cap. 1, à med.: *Prudentia vera non est, quæ justa, et temperans, et fortis non est; nec perfecta temperantia, quæ fortis, justa et prudens non est; nec fortitudo integra, quæ prudens, temperans et justa non est; nec vera justitia, quæ prudens, fortis et temperans non est.* Hoc autem non contingeret, si prædictæ quatuor virtutes essent ab invicem distinctæ: diversæ enim species ejusdem generis non denominant se invicem. Ergo prædictæ virtutes non sunt ab invicem distinctæ.

2. Præterea, eorum quæ ab invicem sunt distincta, quod est unius, non attribuitur alteri. Sed illud quod est temperantiæ, attribuitur fortitudini. Dicit enim Ambrosius, in 1 lib. de Offic., cap. 36, paulò à princ.: *Jure ea fortitudo vocatur, quando unusquisque seipsum vincit, nullius illecebris emollitur atque inflectitur.* De temperantiâ etiam dicit, cap. 43 et 45, quòd *modum vel ordinem servat omnium quæ vel agenda vel dicenda arbitramur.* Ergo videtur quòd hujusmodi virtutes non sunt ab invicem distinctæ.

3. Præterea, Philosophus dicit in 2 Eth., cap. 4, quòd ad virtutem hæc requiruntur: *Primum quidem, si sciens; deinde, si eligens, et eligens propter hoc; tertium autem, si firme et immobiliter habeat se, et operetur.* Sed horum primum videtur ad prudentiam pertinere, quæ est *recta ratio agibilium*; secundum, scilicet *eligere*, ad temperantiam, ut aliquis non ex passione, sed ex electione agat, passionibus refrenatis; tertium, scilicet *ut aliquis propter debitum finem operetur*, rectitudinem quamdam continet, quæ videtur ad justitiam pertinere; aliud, scilicet *firmitas*

et immobilitas, pertinet ad fortitudinem. Ergo quælibet harum virtutum est generalis ad omnes virtutes. Ergo non distinguuntur ab invicem.

Sed contra est quod Augustinus dicit in lib. de Morib. Eccl., cap. 15, in princ., quòd *quadripartita dicitur virtus ex ipsius amoris vario quodam affectu;* et subjungit de prædictis quatuor virtutibus. Prædictæ ergo quatuor virtutes sunt ab invicem distinctæ.

Respondeo dicendum quòd, sicut supra dictum est, art. præc., prædictæ quatuor virtutes dupliciter à diversis accipiuntur. Quidam enim accipiunt eas, prout significant quasdam generales conditiones humani animi, quæ inveniuntur in omnibus virtutibus, ita scilicet quòd *prudentia* nihil sit aliud quàm quædam rectitudo discretionis in quibuscumque actibus vel materiis; *justitia* verò sit quædam rectitudo animi, per quam homo operatur quod debet in quâcumque materiâ; *temperantia* verò sit quædam dispositio animi, quæ modum quibuscumque passionibus vel operationibus imponit, ne ultra debitum efferantur; *fortitudo* verò sit quædam dispositio animæ, per quam firmetur in eo quod est secundùm rationem, contra quoscumque impetus passionum vel operationum labores. Hæc autem quatuor sic distincta non important diversitatem habituum virtuosorum quantùm ad justitiam, temperantiam et fortitudinem. Cuilibet enim virtuti morali ex hoc quòd est habitus, convenit quædam firmitas, ut à contrario non moveatur; quod dictum est ad *fortitudinem* pertinere; ex hoc verò quòd est virtus, habet quòd ordinetur ad bonum, in quo importatur ratio recti vel debiti; quod dicebatur ad *justitiam* pertinere; in hoc verò quòd est virtus moralis, rationem participans, habet quòd modum rationis in omnibus servet, et ultra se non extendat; quod dicebatur pertinere ad *temperantiam;* solum autem hoc quod est discretionem habere, quod attribuebatur *prudentiæ*, videtur distingui ab aliis tribus, in quantum hoc est ipsius rationis per essentiam, alia verò tria important quamdam participationem rationis per modum applicationis cujusdam ad passiones vel operationes. Sic igitur secundùm prædicta, *prudentia* quidem esset virtus distincta ab aliis tribus; sed aliæ tres non essent virtutes distinctæ ab invicem. Manifestum est enim quòd una et eadem virtus et est habitus, et est virtus, et est moralis.

Alii verò et meliùs accipiunt has quatuor virtutes secundùm quòd determinantur ad materias speciales, unaquæque quidem illarum ad unam materiam, in quâ principaliter laudatur illa generalis conditio, à quâ nomen virtutis accipitur, ut supra dictum est, art. præc. Et secundùm hoc manifestum est quòd prædictæ virtutes sunt diversi habitus secundùm diversitatem objectorum distincti.

Ad primum ergo dicendum quòd Gregorius loquitur de prædictis quatuor virtutibus secundùm primam acceptionem. Vel potest dici quòd istæ quatuor virtutes denominantur ab invicem per redundantiam quamdam. Id enim quod est prudentiæ, redundat in alias virtu-

tes, in quantum à prudentiâ diriguntur; unaquæque verò aliarum redundat in alias eâ
ratione quòd qui potest quod est difficilius,
potest et id quod minùs est difficile. Unde qui
potest refrenare concupiscentias delectabilium secundùm tactum, ne modum excedant,
quod est difficillimum, ex hoc ipso redditur
habilior ut refrenet audaciam in periculis
mortis, ne ultra modum procedat, quòd est
longè facilius; et secundùm hoc fortitudo dicitur temperantia. Temperentia etiam dicitur fortis ex redundantiâ fortitudinis in temperantiam, in quantum scilicet ille qui per
fortitudinem habet animum firmum contra
pericula mortis, quod est difficillimum, est
habilior ut retineat animi firmitatem contra
impetus delectationum; quia, ut dicit Tullius
in 1 de Offic., circa med., in tot. : *Vera magnanimitas in duobus sita; non est consentaneum
ut qui metu non frangitur, cupiditate franga-
tur; nec qui invictum se à labore præstiterit,
vinci à voluptate aliquando possit.*

Et per hoc etiam patet responsio ad secundum. Sic enim temperantia in omnibus modum servat, et fortitudo contra illecebras voluptatum animum servat inflexum, vel in
quantum istæ virtutes denominant quasdam
generales conditiones virtutum, vel per redundantiam prædictam.

Ad tertium dicendum quòd illæ quatuor
generales virtutum conditiones, quas ponit
Philosophus, loc. cit. in arg., non sunt propriæ prædictis virtutibus, sed possunt eis ap-
propriari secundùm modum jam dictum in
corp.

ARTICULUS V. — *Utrùm virtutes cardinales
convenienter dividantur in virtutes politicas, purgatorias, purgati animi, et exemplares.* — (3, dist. 33, qu. 1, art. 4, ad 2,
et dist. 34, qu. 1, art. 1, arg. 6, et ad ejus
sol., et Verit. qu. 26, art. 8, ad 2, et qu. 5,
art. 4, ad 7.)

Ad quintum sic proceditur. 1. Videtur quòd
inconvenienter hujusmodi quatuor virtutes
dividantur in virtutes *exemplares, purgati
animi, purgatorias et politicas.* Ut enim Macrobius dicit in 1 super Somnium Scipionis,
cap. 8, versùs fin., *virtutes exemplares sunt
quæ in ipsâ divinâ mente consistunt.* Sed Philos. in 10 Ethic., cap. 8, circa med., dicit quòd
*ridiculum est Deo justitiam, fortitudinem,
temperantiam et prudentiam attribuere.* Ergo
virtutes hujusmodi non possunt esse exemplares.

2. Præterea, virtutes purgati animi dicuntur quæ sunt absque passionibus. Dicit enim
ibidem Macrobius, loco cit., quòd *temperantia purgati animi est terrenas cupiditates non
reprimere, sed penitùs oblivisci; fortitudinis
autem passiones ignorare, non vincere.* Dictum
est autem supra, qu. 59, art. 2 et 5, quòd hujusmodi virtutes sine passionibus esse non
possunt. Ergo hujusmodi virtutes purgati
animi esse non possunt.

3. Præterea, virtutes *purgatorias* dicit esse
eorum *qui quâdam humanorum fugâ solis se
inserunt divinis.* Sed hoc videtur esse vitiosum : dicit enim Tullius in 1 de Offic., (circa
med. in tit.: *Vera magnanimitas in duobus sita*) :

*Qui despicere se dicunt ea quæ plerique miran-
tur*, scilicet imperia et magistratus, *his non modò non laudi, verùm etiam vitio dandum puto.*
Ergo non sunt aliquæ virtutes *purgatoriæ.*

4. Præterea, virtutes *politicas* esse dicit,
*quibus boni viri reipublicæ consulunt, urbes-
que tuentur.* Sed ad bonum commune sola
justitia legalis ordinatur, ut Philosophus dicit in 5 Ethic., cap. 1. Ergo aliæ virtutes non
debent dici *politicæ.*

Sed contra est quod Macrobius ibidem dicit, loc. cit. : *Plotinus inter philosophiæ pro-
fessores cum Platone princeps : Quatuor sunt,
inquit, quaternarum genera virtutum. Ex his
primæ* politicæ *vocantur, secundæ* purgatoriæ, *tertiæ autem jam purgati animi, quartæ*
exemplares.

Respondeo dicendum quòd, sicut Augustinus dicit in lib. de Moribus Ecclesiæ, cap. 6,
à med., *oportet quòd anima aliquid sequatur,
ad hoc quòd ei possit virtus innasci; et hoc
Deus est, quem si sequimur, benè vivimus.*
Oportet igitur (1) quòd exemplar humanæ
virtutis in Deo præexistat, sicut et in eo
præexistunt omnium rerum rationes. Sic igitur virtus potest considerari, vel prout est
exemplariter in Deo; et sic dicuntur virtutes
exemplares; ita scilicet quòd ipsa divina mens
in Deo dicatur prudentia; temperantia verò
conversio divinæ intentionis ad seipsum; sicut in nobis temperantia dicitur per hoc quòd
concupiscibilis conformatur rationi; fortitudo
autem Dei est ejus immutabilitas; justitia verò
Dei est observatio legis æternæ in suis operibus, sicut Plotinus dixit, cit. à Macrob., ut sup.

Et quia homo secundùm suam naturam est
animal politicum, virtutes hujusmodi, prout
in homine existunt secundùm conditionem
suæ naturæ, *politicæ* vocantur, prout scilicet
homo secundùm has virtutes rectè se habet
in rebus humanis gerendis; secundùm quem
modum hactenùs de his virtutibus locuti sumus.

Sed quia ad hominem pertinet ut etiam ad
divina se trahat, quantùm potest, ut etiam
Philosophus dicit in 5 Ethic., cap. 7, non
longè à fin., et hoc nobis in sacrâ Scripturâ commendatur multipliciter, ut est illud
Matth. 5, 48: *Estote perfecti, sicut et Pater
vester cœlestis perfectus est*, necesse est ponere quasdam virtutes medias inter *politicas*, quæ sunt virtutes humanæ, et *exemplares*, quæ sunt virtutes divinæ; quæ quidem
virtutes distinguuntur secundùm diversitatem motûs et termini, ita scilicet quod quædam sunt virtutes transcendentium (2), et in
divinam similitudinem tendentium; et hæ vocantur virtutes *purgatoriæ*; ita scilicet quòd
prudentia omnia mundana divinorum contemplatione despiciat, omnemque animæ cogitationem in divina sola dirigat; temperantia
verò relinquat, in quantum natura patitur,
quæ corporis usus requirit; fortitudinis autem est ut anima non terreatur propter re-

(1) Ita cum cod. Alcan. Theologi, Nicolaius, edit.
Palav. Al.: *Patet igitur.*

(2) Ita cum cod. Alcan. edit. Patavinæ. Al., *transeuntium.*

cessum à corpore, et accessum ad superna; justitia verò est ut tota anima consentiat ad hujusmodi propositi viam.

Quædam verò sunt virtutes jam assequentium divinam similitudinem, quæ vocantur virtutes *jam purgati animi*; ita scilicet quòd prudentia sola divina intueatur; temperantia terrenas cupiditates nesciat; fortitudo passiones ignoret; justitia cum divinâ mente perpetuo fœdere societur, eam scilicet imitando; quas quidem virtutes dicimus esse beatorum vel aliquorum in hâc vitâ perfectissimorum.

Ad primum ergo dicendum quòd Philosophus loquitur de his virtutibus, secundùm quòd sunt circa res humanas : putà justitia circa emptiones vel venditiones; fortitudo autem circa timores; temperantia circa concupiscentias : sic enim ridiculum est eas Deo attribuere.

Ad secundum dicendum quòd virtutes humanæ sunt circa passiones, scilicet virtutes hominum in hoc mundo conversantium; sed virtutes eorum qui plenam beatitudinem assequuntur sunt absque passionibus. Unde Plotinus dicit, à Macrob., ut sup. in arg. 1, quòd *passiones politicæ virtutes molliunt*, id est, ad medium reducunt; *secundæ*, scilicet purgatoriæ, *auferunt*; *tertiæ*, quæ sunt purgati animi, *obliviscuntur*; in *quartis*, scilicet exemplaribus, *nefas est nominari*. Quamvis dici possit quòd loquitur hìc de passionibus secundùm quòd significant aliquos inordinatos motus.

Ad tertium dicendum quòd deserere res humanas ubi necessitas imponitur, vitiosum est; aliàs est virtuosum. Unde parùm sup., loc. cit. in arg., Tullius præmittit : *His forsitan concedendum est rempublicam non capessentibus, qui excellenti ingenio doctrinæ se dediderunt; et his qui aut valetudinis imbecillitate, aut aliquâ graviori causâ impediti à republicâ recesserunt, cum ejus administrandæ potestatem aliis laudemque concederent.* Quod consonat ei quod Augustinus dicit 19 de Civ. Dei, cap. 19, in fin. : *Otium sanctum quærit charitas veritatis; negotium justum suscipit necessitas charitatis. Quam sarcinam si nullus imponit, percipiendæ atque intuendæ vacandum est veritati; si autem imponitur, suscipienda est propter charitatis necessitatem.*

Ad quartum dicendum quòd sola justitia legalis directè respicit bonum commune; sed per imperium omnes alias virtutes ad bonum commune trahit, ut in 5 Ethic. cap. 1, post med., dicit Philosophus. Est enim considerandum quòd ad politicas virtutes, secundùm quòd hìc dicuntur, pertinet non solùm benè operari ad commune, sed etiam benè operari ad partes communis, scilicet ad domum, vel aliquam singularem personam.

QUÆSTIO LXII.

DE VIRTUTIBUS THEOLOGICIS. — (*In quatuor articulos divisa.*)

Deinde considerandum est de virtutibus theologicis; et circa hoc quæruntur quatuor : 1° utrùm sint aliquæ virtutes theologicæ; 2° utrùm virtutes theologicæ distinguantur ab intellectualibus et moralibus; 3° quot et quæ sint; 4° de ordine earum.

ARTICULUS PRIMUS. — *Utrùm sint aliquæ virtutes theologicæ.* — (*Inf.*, art. 2 et 3, corp., et 3, dist. 23, qu. 1, art. 4, qu. 3, et dist. 26, qu. 2, art. 3, qu. 1, corp., et *Ver.* qu. 1, art. 5, ad 12, et art. 12, corp., fin.)

Ad primum sic proceditur. 1. Videtur quòd non sint aliquæ virtutes theologicæ; ut enim dicitur in 7 Physic., text. 17, *virtus est dispositio perfecti ad optimum; dico autem perfectum quod est dispositum secundùm naturam.* Sed id quòd est divinum, est supra naturam hominis. Ergo virtutes theologicæ non sunt virtutes hominis.

2. Præterea, virtutes theologicæ dicuntur quasi virtutes divinæ. Sed virtutes divinæ sunt exemplares, ut dictum est qu. 61, art. 5, quæ quidem non sunt in nobis, sed in Deo. Ergo virtutes theologicæ non sunt virtutes hominis.

3. Præterea, virtutes theologicæ dicuntur quibus ordinamur in Deum, qui est primum principium et ultimus finis. Sed homo ex ipsâ naturâ rationis et voluntatis habet ordinem ad primum principium et ad ultimum finem. Non ergo requiruntur aliqui habitus virtutum theologicarum, quibus ratio et voluntas ordinetur in Deum.

Sed contra est quòd præcepta legis sunt de actibus virtutum. Sed de actibus fidei, spei et charitatis dantur præcepta in lege divinâ; dicitur enim Eccli. 2, 8 : *Qui timetis Deum, credite illi*; item : *Sperate in illum*; item : *Diligite illum*; ergo fides et charitas sunt virtutes in Deum ordinantes. Sunt ergo theologicæ.

Respondeo dicendum quòd per virtutem perficitur homo ad actus quibus in beatitudinem ordinatur; ut ex supra dictis patet, qu. 3, art. 5, et quæst. 2, art. 7, et qu. 55, art. 3. Est autem duplex hominis beatitudo, sive felicitas, ut supra dictum est, qu. 3, art. 2, ad 4, et qu. 5, art. 5. Una quidem proportionata humanæ naturæ, ad quam scilicet homo pervenire potest per principia suæ naturæ. Alia autem est beatitudo naturam hominis excedens, ad quam homo solâ divinâ virtute pervenire potest secundùm quamdam Divinitatis participationem; secundùm quod dicitur 2 Petr. 1, quòd per Christum facti sumus *consortes divinæ naturæ*.

Et quia hujusmodi beatitudo proportionem humanæ naturæ excedit, principia naturalia hominis, ex quibus procedit ad benè agendum secundùm suam proportionem, non sufficient ad ordinandum hominem in beatitudinem prædictam; unde oportet quòd superaddantur homini divinitùs aliqua principia, per quæ ita ordinetur ad beatitudinem supernaturalem, sicut per principia naturalia ordinatur ad finem connaturalem; non tamen absque adjutorio divino : et hujusmodi principia virtutes dicuntur theologicæ : tum quia habent Deum pro objecto, in quantum per eas rectè ordinamur in Deum; tum quia à solo Deo nobis infunduntur; tum quia solâ divinâ revelatione in sacrâ Scripturâ hujusmodi virtutes traduntur.

Ad primum ergo dicendum quòd aliqua natura potest attribui alicui rei dupliciter : uno modo essentialiter, et sic hujusmodi virtutes theologicæ excedunt hominis naturam ; àlio modo participativè, sicut lignum ignitum participat naturam ignis, et sic quædammodò fit homo particeps divinæ naturæ, ut dictum est in corp. art. Et sic istæ virtutes conveniunt homini secundùm naturam participatam.

Ad secundum dicendum quòd istæ virtutes non dicuntur divinæ, sicut quibus Deus sit virtuosus, sed sicut quibus nos efficimur virtuosi à Deo, et in ordine ad Deum ; unde non sunt exemplares, sed exemplatæ.

Ad tertium dicendum quòd ad Deum naturaliter ratio et voluntas ordinatur, prout est naturæ principium et finis ; secundùm tamen proportionem naturæ. Sed ad ipsum, secundùm quòd est objectum beatitudinis supernaturalis, ratio et voluntas secundùm suam naturam non ordinantur sufficienter.

ARTICULUS II. — *Utrùm virtutes theologicæ distinguantur ab intellectualibus et moralibus.* — (Sup., qu. 58 , art. 2, et 3, dist. 23, quæst. 1, art. 4, qu. 3, ad 4, et Verit. qu. 14, art. 3, ad 9, et Virt. quæst. 1, art. 12, corp.)

Ad secundum sic proceditur. 1. Videtur quòd virtutes theologicæ non distinguantur à moralibus et intellectualibus. Virtutes enim theologicæ si sunt in animâ humanâ, oportet quòd perficiant ipsam vel secundùm partem intellectivam, vel secundùm partem appetitivam. Sed virtutes quæ perficiunt partem intellectivam, dicuntur intellectuales ; virtutes autem quæ perficiunt partem appetitivam, sunt morales. Ergo virtutes theologicæ non distinguuntur à virtutibus moralibus et intellectualibus.

2. Præterea, virtutes theologicæ dicuntur quæ ordinant nos ad Deum. Sed inter intellectuales virtutes est aliqua quæ ordinat nos ad Deum, scilicet sapientia, quæ est de divinis, utpote causam altissimam considerans. Ergo virtutes theologicæ ab intellectualibus virtutibus non distinguuntur.

3. Præterea, Augustinus in lib. de Moribus Ecclesiæ, cap. 15, in princ., manifestat in quatuor virtutibus cardinalibus, quòd ipsum *ordo amoris.* Sed amor est charitas, quæ ponitur virtus theologica. Ergo virtutes morales non distinguuntur à theologicis.

Sed contra, id quod est supra naturam hominis distinguitur ab eo quod est secundùm naturam hominis. Sed virtutes theologicæ sunt super naturam hominis, cui secundùm naturam conveniunt virtutes intellectuales et morales, ut ex supra dictis patet, qu. 58, art. 4 et 5. Ergo distinguuntur ab invicem.

Respondeo dicendum quòd, sicut supra dictum est, qu. 54 art 2, habitus specie distinguuntur secundùm formalem differentiam objectorum. Objectum autem theologicarum virtutum est ipse Dèus, qui est ultimus re-

rum finis, prout nostræ rationis cognitionem excedit. Objectum autem virtutum intellectualium et moralium est aliquid quod humanâ ratione comprehendi potest. Unde virtutes theologicæ specie distinguuntur à moralibus et intellectualibus.

Ad primum ergo dicendum quòd virtutes intellectuales et morales perficiunt intellectum et appetitum hominis secundùm proportionem naturæ humanæ ; sed theologicæ supernaturaliter.

Ad secundum dicendum quòd sapientia, quæ à Philosopho, lib. 6 Eth., cap. 3 et 7, ponitur *intellectualis virtus,* considerat divina secundùm quòd sunt investigabilia ratione humanâ ; sed theologica virtus est circa ea secundùm quòd rationem humanam excedunt.

Ad tertium dicendum quòd, licèt charitas sit amor, non tamen omnis amor est charitas. Cùm ergo dicitur quòd *omnis virtus est ordo amoris,* potest intelligi vel de amore communiter dicto, vel de amóre charitatis. Si de amore communiter dicto, sic dicitur quælibet virtus esse *ordo amoris,* in quantum ad quamlibet cardinalium virtutum requiritur ordinata affectio, omnis autem affectionis radix et principium est amor, ut supra dictum est, qu. 25, art. 2. Si autem intelligatur de amore charitatis, non datur per hoc intelligi quòd quælibet alia virtus essentialiter sit charitas, sed quòd omnes aliæ virtutes aliqualiter à charitate dependeant, ut infra patebit qu. 62, art. 4, et 2-2, qu. 23, art. 7 et 8.

ARTICULUS III. — *Utrùm convenienter fides, spes et charitas ponantur virtutes theologicæ.* — (2-2, prol., et qu. 17, art. 6, et 3, dist. 23, qu. 1, art. 5, et dist. 26, qu. 2, art. 3, qu. 1, et Ver. qu. 1, art. 5, ad 12, et art. 12, corp., fin., et ad 10, et 1 Cor. 3, lect. 2, fin., et lect. 4, fin.)

Ad tertium sic proceditur. 1. Videtur quòd inconvenienter ponantur tres virtutes theologicæ, fides, spes et charitas. Virtutes enim theologicæ se habent in ordine ad beatitudinem divinam sicut inclinatio naturæ ad finem connaturalem. Sed inter virtutes ordinatas ad finem connaturalem ponitur una sola virtus naturalis, scilicet *intellectus principiorum.* Ergo debet poni una sola virtus theologica.

2. Præterea, theologicæ virtutes sunt perfectiores virtutibus intellectualibus et moralibus. Sed inter intellectuales virtutes *fides* non ponitur, sed est aliquid minus virtute, cùm sit cognitio imperfecta ; similiter etiam inter virtutes morales non ponitur *spes,* sed est aliquid minus virtute, cùm sit passio. Ergo multò minùs debent poni virtutes theologicæ.

3. Præterea, virtutes theologicæ ordinant animam hominis ad Deum. Sed ad Deum non potest anima hominis ordinari nisi per intellectivam partem, in quâ est intellectus et voluntas. Ergo non debent esse nisi duæ virtutes theologicæ, una quæ perficiat intellectum, alia quæ perficiat voluntatem.

SOMMÆ. II.

(Quinze.)

Sed contra est quod Apostolus dicit 1 ad Corinth. 13, 13 : *Nunc autem manent fides, spes, charitas, tria hæc.*

Respondeo dicendum quòd, sicut supra dictum est, art. 1 hujus quæst., virtutes theologicæ hoc modo ordinant hominem ad beatitudinem supernaturalem, sicut per naturalem inclinationem ordinatur homo in finem sibi connaturalem.

Hoc autem contingit secundùm duo : primò quidem secundùm rationem vel intellectum, in quantum continet prima principia universalia cognita nobis per naturale lumen intellectûs, ex quibus procedit ratio tam in speculandis , quàm in agendis ; secundò per rectitudinem voluntatis naturaliter tendentis in bonum rationis.

Sed hæc duo deficiunt ab ordine beatitudinis supernaturalis, secundùm illud 1 ad Corinth. 2, 6 : *Oculus non vidit, et auris non audivit, et in cor hominis non ascendit, quæ præparavit Deus diligentibus se.* Unde oportuit quòd quantùm ad utrumque aliquid homini supernaturaliter adderetur ad ordinandum ipsum in finem supernaturalem. Et primò quidem quantùm ad intellectum adduntur homini quædam principia supernaturalia, quæ divino lumine capiuntur ; et hæc sunt credibilia , de quibus est fides. Secundò verò est voluntas, quæ ordinatur in illum finem et quantùm ad motum intentionis in ipsum tendentem, sicut in id quod est possibile consequi, quod pertinet ad *spem ;* et quantùm ad unionem quamdam spiritualem, per quam quodammodò transformatur in illum finem, quod fit per *charitatem.* Appetitus enim uniuscujusque rei naturaliter movetur et tendit in finem sibi connaturalem ; et iste motus provenit ex quâdam conformitate rei ad suum finem.

Ad primum ergo dicendum quòd intellectus indiget speciebus intelligibilibus , per quas intelligat ; et ideò oportet quòd in eo ponatur aliquis habitus naturalis superadditus potentiæ. Sed ipsa natura voluntatis sufficit ad naturalem ordinem in finem sive quantùm ad intentionem finis, sive quantùm ad conformitatem ad ipsum. Sed in ordine ad ea quæ supra naturam sunt, ad nihil horum sufficit natura potentiæ ; et ideò oportet fieri superadditionem habitûs supernaturalis quantùm ad utrumque.

Ad secundum dicendum quòd fides et spes imperfectionem quamdam important, quia fides est de his quæ non videntur, et spes de his quæ non habentur. Unde habere fidem et spem de his quæ subduntur humanæ potestati, deficit à ratione virtutis. Sed habere fidem et spem de his quæ sunt supra facultatem naturæ humanæ, excedit omnem virtutem homini proportionatam, secundùm illud 1 ad Corinth. 1, 15 : *Quod infirmum est Dei, fortius est hominibus.*

Ad tertium dicendum quòd ad appetitum duo pertinent, scilicet motus in finem, et conformatio ad finem per amorem, et sic oportet quòd in appetitu humano duæ virtutes theologicæ ponantur, scilicet spes et charitas.

ARTICULUS IV. — *Utrùm fides sit prior spe, et spes charitate.* — (2-2, quæst. 4, art. 8, et quæst. 17, art. 7 et 8, et 3, dist. 23, qu. 2, art. 5, et Virt. qu. 4, art. 3.)

Ad quartum sic proceditur. 1. Videtur quòd non sit hic ordo theologicarum virtutum, quòd fides sit prior spe, et spes prior charitate. Radix enim est prior eo quod est ex radice. Sed charitas est radix omnium virtutum, secundùm illud ad Ephes. 3, 17 : *In charitate radicati et fundati.* Ergo charitas est prior aliis.

2. Præterea, Augustinus dicit in 1 de Doct. christ., cap. 37 : *Non potest aliquis diligere quod esse non crediderit. Porrò si credit et diligit, benè agendo efficit ut etiam speret.* Ergo videtur quòd fides præcedat charitatem, et charitas spem.

3. Præterea, amor est principium omnis affectionis, ut supra dictum est, quæst. 25, art. 2. Sed spes nominat quamdam affectionem : est enim quædam passio, ut supra dictum est, quæst. 25, art. 2. Ergo charitas, quæ est amor, est prior spe.

Sed contra est ordo quo Apostolus, 1 Cor. 13, 13, ista enumerat, dicens : *Nunc autem manent fides, spes et charitas.*

Respondeo dicendum quòd duplex est ordo, scilicet generationis et perfectionis. Ordine quidem generationis , quo materia est prior formâ, et imperfectum perfecto, in uno et eodem fides præcedit spem et spes charitatem secundùm actus ; nam habitus simul infunduntur. Non enim potest in aliquid motus appetitivus tendere vel sperando vel amando, nisi quod est apprehensum sensu aut intellectu. Per fidem autem apprehendit intellectus ea quæ sperat et amat. Unde oportet quòd ordine generationis fides præcedat spem et charitatem. Similiter autem ex hoc homo aliquid amat, quòd apprehendit illud ut bonum suum. Per hoc autem quòd homo ab aliquo sperat se bonum consequi posse, reputat ipsum, in quo spem habet, quoddam bonum suum. Unde ex hoc ipso quòd homo sperat de aliquo, procedit ad amandum ipsum. Et sic ordine generationis secundùm actum spes præcedit charitatem.

Ordine verò perfectionis charitas præcedit fidem et spem, eò quòd tam fides quàm spes per charitatem formatur, et perfectionem virtutis acquirit. Sic enim charitas est mater omnium virtutum et radix, in quantum est omnium virtutum forma, ut infra dicetur. qu. 62, art. 4, et 2-2, qu. 23, art. 7 et 8.

Et per hoc patet responsio ad primum.

Ad secundum dicendum quòd Augustinus loquitur de spe quâ quis sperat ex meritis jam habitis se ad beatitudinem perventurum, quod est spei formatæ, quæ sequitur charitatem. Potest autem aliquis sperare, antequàm habeat charitatem , non ex meritis quæ jam habet, sed quæ sperat se habiturum.

Ad tertium dicendum quòd, sicut supra dictum est, qu. 40, art. 7, cùm de passionibus ageretur, spes respicit duo : unum quidem sicut principale objectum, scilicet bonum quod speratur ; et respectu hujus semper amor præcedit spem, nunquàm enim speratur aliquod bonum nisi desideratum et amatum. Respicit etiam spes illum à quo se sperat posse consequi bonum; et respectu hujus primò quidem spes præcedit amorem, quamvis postea ex ipso amore spes augeatur; per hoc enim quòd aliquis reputat per aliquem se posse consequi aliquod bonum, incipit amare ipsum; et ex hoc ipso quòd ipsum amat, postea fortiùs de eo sperat.

QUÆSTIO LXIII.

DE CAUSA VIRTUTUM. — (*In quatuor articulos divisa.*)

Deinde considerandum est de causâ virtutum; et circa hoc quæruntur quatuor: 1° utrùm virtus sit in nobis à naturâ; 2° utrùm aliqua virtus causetur in nobis ex assuetudine operum; 3° utrùm aliquæ virtutes morales sint in nobis per infusionem; 4° utrùm virtus quam acquirimus ex assuetudine operum, sit ejusdem speciei cum virtute infusâ.

ARTICULUS PRIMUS. — *Utrùm virtus insit nobis à naturâ.* (*Sup., qu.* 51, *art.* 1, *et* 2-2, *qu.* 47, *art.* 15, *et* 3, *dist.* 33, *qu.* 1, *art.* 2, *qu.* 1, *et Virt. qu.* 1, *art.* 2, *et Gal. lect.* 6, *et* 2 *Ethic., lect.* 1.)

Ad primum sic proceditur. 1. Videtur quòd virtus sit in nobis à naturâ. Dicit enim Damascenus in 3 lib. orth. Fid., cap. 14, circ. fin. : *Naturales sunt virtutes, et æqualiter insunt omnibus.* Et Antoninus dicit in Serm. ad monach. : *Si naturam voluntas mutaverit, perversitas est. Conditio servetur, et virtus est.* Et Matth. 4, super illud : *Circuibat Jesus docens*, etc., dicit Glossa ord. : *Docet naturales virtutes, scilicet justitiam, castitatem, humilitatem, quas naturaliter habet homo.*

2. Præterea, bonum virtus est secundùm rationem esse, ut ex dictis patet, quæst. 55, art. 4. Sed id quod est secundùm rationem, est homini naturale, cùm ratio sit hominis natura. Ergo virtus inest homini à naturâ.

3. Præterea, illud dicitur esse nobis naturale quod nobis à nativitate inest. Sed virtutes quibusdam à nativitate insunt; dicitur enim Job. 31, 18 : *Ab infantiâ crevit mecum miseratio, et de utero matris egressa est mecum.* Ergo virtus inest homini à naturâ.

Sed contra, id quod inest homini à naturâ est omnibus hominibus commune, et non tollitur per peccatum, quia etiam *in dæmonibus bona naturalia manent*, ut Dionysius dicit in 4 cap. de divin. Nom., lect. 16. Sed virtus non inest omnibus hominibus : et abjicitur per peccatum. Ergo non inest homini à naturâ.

Respondeo dicendum quòd circa formas corporales aliqui dixerunt, quòd sunt totaliter ab intrinseco, sicut ponentes latitationem formarum; aliqui verò totaliter sunt ab extrinseco, sicut ponentes formas corporales esse ab aliquâ causâ separatâ; aliqui verò, quòd partim sint ab intrinseco, in quantum scilicet præexistunt in materiâ in potentiâ, et partim ab extrinseco, in quantum scilicet reducuntur ad actum per agens.

Ita etiam circa scientias et virtutes aliqui quidem posuerunt eas totaliter esse ab intrinseco, ita scilicet quòd omnes virtutes et scientiæ naturaliter præexistunt in animâ; sed per disciplinam et exercitium impedimenta scientiæ et virtutis tolluntur, quæ adveniunt animæ ex corporis gravitate, sicut cùm ferrum clarificatur per limationem; et hæc fuit opinio Platonicorum. Alii verò dixerunt quòd sunt totaliter ab extrinseco, id est, ex influentiâ intelligentiæ agentis, ut ponit Avicenna. Alii verò dixerunt quòd secundùm aptitudinem scientiæ, virtutes sunt in nobis à naturâ, non autem secundùm perfectionem, ut Philosophus dicit in 2 Ethic., cap. 1, circ. princ. Et hoc verius est.

Ad cujus manifestationem oportet considerare quòd aliquid dicitur alicui homini naturale dupliciter : uno modo ex naturâ speciei; alio modo ex naturâ individui. Et quia unumquodque habet speciem secundùm suam formam, individuatur verò secundùm materiam, forma verò hominis est anima rationalis, materia verò corpus; ideò id quod convenit homini secundùm animam rationalem, est ei naturale secundùm rationem speciei; id verò quod est ei naturale secundùm determinatam corporis complexionem, est ei naturale secundùm naturam individui; quod enim est naturale homini ex parte corporis secundùm speciem, quodammodò refertur ad animam, in quantum scilicet tale corpus est tali animæ proportionatum.

Utroque autem modo virtus est homini naturalis secundùm quamdam inchoationem : secundùm quidem naturam speciei, in quantum in ratione hominis insunt naturaliter quædam principia naturaliter cognita tam scibilium quàm agendorum; quæ sunt quædam seminaria intellectualium virtutum et moralium, in quantum in voluntate quidem naturalis appetitus boni, quod est secundùm rationem; secundùm verò naturam individui, in quantum ex corporis dispositione aliqui sunt dispositi vel meliùs vel pejùs ad quasdam virtutes, prout scilicet vires quædam sensitivæ actus sunt quarumdam partium corporis, ex quarum dispositione adjuvantur vel impediuntur hujusmodi vires in suis actibus, et per consequens vires rationales, quibus hujusmodi sensitivæ vires deserviunt; et secundùm hoc unus homo habet naturalem aptitudinem ad scientiam, alius ad fortitudinem, alius ad temperantiam. Et his modis tam virtutes intellectuales quàm morales secundùm quamdam aptitudinis inchoationem sunt in nobis à naturâ, non autem consummatio earum, quia natura determinatur ad unum; consummatio autem hujusmodi virtutum non est secundùm unum modum actionis, sed diversimodè secundùm diversas materias, in quibus virtutes operantur, et secundùm diversas circumstantias. Sic ergo patet quòd virtutes in nobis sunt à naturâ secundùm aptitudinem et inchoationem, non autem secundùm perfectionem, præter virtutes theologicas, quæ sunt totaliter ab extrinseco.

Et per hoc patet responsio ad objecta. Nam primæ duæ rationes procedunt, secundùm quòd seminaria virtutum insunt nobis à naturâ, in quantum rationales sumus; tertia verò ratio procedit secundùm quòd ex naturali dispositione corporis, quam habet ex nativitate, unus habet aptitudinem ad miserendum, alius ad temperatè vivendum, alius ad aliam virtutem.

ARTICULUS II. — *Utrùm aliqua virtus causetur in nobis ex assuetudine operum.* — (*Sup.,* quæst. 51, art. 2, et 3, et inf., quæst. 65, art. 2, corp., et quæst. 92, art. 1, ad 1, et 2, dist. 44, quæst. 1, art 1, ad 6, et 3, dist. 33, quæst. 1, art. 2, quæst. 2, et Virt. qu. 1, art. 9.)

Ad secundum sic proceditur. 1. Videtur quòd virtutes in nobis causari non possint ex assuetudine operum, quia super illud Rom. 14 : *Omne quòd non est ex fide, peccatum est,* dicit Glossa Augustini ord. ex lib. Sent., cap. 104 : *Omnis infidelium vita peccatum est ; et nihil est bonum sine summo bono. Ubi deest cognitio veritatis, falsa est virtus etiam in optimis moribus.* Sed fides non potest acquiri ex operibus, sed causatur in nobis à Deo, secundùm illud Ephes. 2, 8 : *Gratiâ estis salvati per fidem.* Ergo nulla virtus potest in nobis acquiri ex assuetudine operum.

2. Præterea, peccatum cùm contrarietur virtuti, non compatitur secum virtutem. Sed homo non potest vitare peccatum nisi per gratiam Dei, secundùm illud Sap. 8, 21 : *Didici* (1) *quòd non possim esse aliter continens, nisi Deus dederit.* Ergo nec virtutes aliquæ possunt in nobis causari ex assuetudine operum, sed solùm ex dono Dei.

3. Præterea, actus qui sunt sine virtute, deficiunt à perfectione virtutis. Sed effectus non potest esse perfectior causâ. Ergo virtus non potest causari ex actibus præcedentibus virtutem.

Sed contra est quod Dionysius dicit, 4 cap. de div. Nom., part. 4, lect. 16 et 22 implic., quòd *bonum est virtuosius quàm malum.* Sed ex malis actibus causantur habitus vitiorum. Ergo multò magis ex bonis actibus possunt causari habitus virtutum.

Respondeo dicendum quòd de generatione habituum ex actibus in generali, supra dictum est, quæst. 51, art. 2 et 3. Nunc autem specialiter quantùm ad virtutem considerandum est quòd, sicut supra dictum est, qu. 55, art. 3 et 4, virtus hominis perficit ipsum ad bonum. Cùm autem ratio boni consistat *in modo, specie et ordine,* ut Augustinus dicit in lib. de Naturâ boni, cap. 3, sive *in numero, pondere et mensurâ,* ut dicitur Sap. 11, oportet quòd bonum hominis secundùm aliquam regulam consideretur. Quæ quidem est duplex, ut supra dictum est, quæst. 19, art. 3 et 4, scilicet ratio humana et lex divina. Et quia lex divina est superior regula, ideò ad plura se extendit; ita quòd quidquid regulatur ratione humanâ, regulatur etiam lege divinâ; sed non convertitur. Virtus igitur hominis ordinata ad bonum, quod modificatur secundùm regulam rationis humanæ, potest ex actibus humanis causari, in quantum hu-

jusmodi actus procedunt à ratione, sub cujus potestate et regulâ tale bonum consistit.

Virtus verò ordinans hominem ad bonum, secundùm quòd modificatur per legem divinam, et non per rationem humanam, non potest causari per actus humanos, quorum principium est ratio; sed causatur solùm in nobis per operationem divinam. Et ideò hujusmodi virtutem definiens Augustinus, sup. illud Psalmi 118 : *Feci judicium,* etc., conc. 26, ant. med., ubi dicit *Deum operari in nobis justitiam,* posuit in definitione virtutis : *Quam Deus in nobis sine nobis operatur.*

Et de hujusmodi etiam virtute prima ratio procedit.

Ad secundum dicendum quòd virtus divinitùs infusa, maximè si in suâ perfectione consideretur, non compatitur secum aliquod peccatum mortale; sed virtus humanitùs acquisita potest secum compati aliquem actum peccati, etiam mortalis, quia usus habitûs in nobis est nostræ voluntati subjectus, ut supra dictum est, qu. 49, art. 3. Non autem per unum actum peccati corrumpitur habitus virtutis acquisitæ; habitui enim non contrariatur directè actus, sed habitus. Et ideò licèt sine gratiâ homo non possit peccatum mortale vitare, ita quòd nunquàm peccet mortaliter, non tamen impeditur quin possit habitum virtutis acquirere, per quam à malis operibus abstineat ut in pluribus, et præcipuè ab his quæ sunt valdè rationi contraria. Sunt etiam quædam peccata mortalia quæ homo sine gratiâ nullo modo potest vitare, quæ scilicet directè opponuntur virtutibus theologicis, quæ ex dono gratiæ sunt in nobis. Hoc tamen infra manifestius fiet, art. seq.

Ad tertium dicendum quòd, sicut dictum est art. 1 hujus quæst., et quæst. 51, art. 1, virtutum acquisitarum præexistunt in nobis quædam semina, sive principia secundùm naturam; quæ quidem principia sunt nobiliora virtutibus eorum virtute acquisitis; sicut intellectus principiorum speculabilium est nobilior scientiâ conclusionum, et naturalis rectitudo rationis est nobilior rectificatione appetitûs, quæ fit per participationem rationis; quæ quidem rectificatio pertinet ad virtutem moralem. Sic igitur actus humani, in quantum procedunt ex altioribus principiis, possunt causare virtutes acquisitas humanas.

ARTICULUS III. — *Utrùm aliquæ virtutes morales sint in nobis per infusionem.* — (*Sup.,* quæst. 51, art. 3, et quæst. 55, art. 4, ad 6, et inf., quæst. 65, art. 2, et 3, dist. 33, quæst. 1, art 2, quæst. 3, et 4, dist. 17, quæst. 1, art. 3, quæst. 1, corp., et Virt. quæst. 1, art. 10.)

Ad tertium sic proceditur. 1. Videtur quòd præter virtutes theologicas non sint aliæ virtutes nobis infusæ à Deo. Ea enim quæ possunt fieri à causis secundis, non fiunt immediatè à Deo, nisi fortè aliquando miraculosè, quia, ut Dionysius dicit, implic. cap. 8, 10, et 15 cœl. Hierarch., *lex Divinitatis est ultima per media adducere.* Sed virtutes intellectuales et morales possunt in nobis causari

_____
(1) Vulgata : *Et ut scivi* ; et mox : *Deus det.*

per nostros actus, ut dictum est art. præc. Non ergo convenienter causantur in nobis per infusionem.

2. Præterea, in operibus Dei multò minùs est aliquid superfluum quàm in operibus naturæ. Sed ad ordinandum nos in bonum supernaturale sufficiunt virtutes theologicæ. Ergo non sunt aliæ virtutes supernaturales, quas oporteat in nobis causari à Deo.

3 Præterea, natura non facit per duo quod potest facere per unum, et multò minùs Deus. Sed *Deus inseruit animæ nostræ semina virtutum,* ut dicit Glossa, Hebr. 1. Ergo non oportet quòd alias virtutes in nobis per infusionem causet.

Sed contra est quod dicitur Sap. 8, 7 : *Sobrietatem et justitiam docet, prudentiam et virtutem.*

Respondeo dicendum quòd oportet effectus esse suis causis et principiis proportionatos. Omnes autem virtutes tam intellectuales quàm morales, quæ ex nostris actibus acquiruntur, procedunt ex quibusdam naturalibus principiis in nobis præexistentibus, ut supra dictum est, art. 1 hujus quæst., et quæst. 51, art. 1. Loco quorum naturalium principiorum conferuntur nobis à Deo virtutes theologicæ, quibus ordinamur ad finem supernaturalem, sicut supra dictum est quæst. 62, art. 3. Unde oportet quòd his etiam virtutibus theologicis proportionaliter respondeant alii habitus divinitùs causati in nobis, qui sic se habent ad virtutes theologicas, sicut se habent virtutes morales et intellectuales ad principia naturalia virtutum.

Ad primum ergo dicendum quòd aliquæ quidem virtutes morales et intellectuales possunt causari in nobis ex nostris actibus ; tamen illæ non sunt proportionatæ virtutibus theologicis, et ideò oportet alias eis proportionatas immediatè à Deo causari.

Ad secundum dicendum quòd virtutes theologicæ sufficienter nos ordinant in finem supernaturalem, secundùm quamdam inchoationem, quantùm scilicet ad ipsum Deum immediatè ; sed oportet quòd per alias virtutes infusas perficiatur anima circa alias res, in ordine tamen ad Deum.

Ad tertium dicendum quòd virtus illorum principiorum naturaliter inditorum non se extendit ultra proportionem naturæ ; et ideò in ordine ad finem supernaturalem indiget homo perfici per alia principia superaddita.

ARTICULUS IV. — *Utrùm virtus quam acquirimus ex operum assuetudine sit ejusdem speciei cum virtute infusâ.* — (3, dist. 33, quæst. 1, art. 2, quæst. 4, et 4, dist. 14, quæst. 1, art. 2, ad 4, et dist. 50, quæst. 1, art. 2, ad 4, et Virt., quæst. 1, art. 10, ad 7, 8 et 9, et quæst. 5, art. 4, corp.)

Ad quartum sic proceditur. 1. Videtur quòd virtutes infusæ non sint alterius speciei à virtutibus acquisitis. Virtus enim acquisita et virtus infusa secundùm prædicta non videntur differre nisi secundùm ordinem ad ultimum finem. Sed habitus et actus humani non recipiunt speciem ab ultimo fine, sed à proximo. Non ergo virtutes morales vel

intellectuales infusæ differunt specie ab acquisitis.

2. Præterea, habitus per actus cognoscuntur. Sed idem est actus temperantiæ infusæ et acquisitæ, scilicet moderari concupiscentias tactûs. Ergo non differunt specie.

3. Præterea, virtus acquisita et virtus infusa differunt secundùm illud quod est immediatè à Deo factum et à creaturâ. Sed idem est specie homo quem Deus formavit et quem generat natura, et oculus quem cæco nato dedit et quem virtus formativa causat. Ergo videtur quòd est eadem specie virtus acquisita et infusa.

Sed contra, quælibet differentia in definitione posita, mutata diversificat speciem. Sed in definitione virtutis infusæ ponitur : *Quam Deus in nobis sine nobis operatur,* ut supra dictum est, quæst. 55, art. 4. Ergo virtus acquisita, cui hoc non convenit, non est ejusdem speciei cum infusâ.

Respondeo dicendum quòd dupliciter habitus distinguuntur specie : uno modo, sicut prædictum est quæst. 54, art. 2, secundùm speciales et formales rationes objectorum. Objectum autem virtutis cujuslibet est bonum consideratum in materiâ propriâ ; sicut temperantiæ objectum est bonum delectabilium in concupiscentiis tactûs ; cujus quidem objecti formalis ratio est à ratione, quæ instituit modum in his concupiscentiis ; materiale autem est id quod est ex parte concupiscentiarum. Manifestum est autem quòd alterius rationis est modus qui imponitur in hujusmodi concupiscentiis secundùm regulam rationis humanæ, et secundùm regulam divinam : putà in sumptione ciborum ratione humanâ modus statuitur ut non noceat valetudini corporis, nec impediat rationis actum ; secundùm autem regulam legis divinæ requiritur quòd *homo castiget corpus suum et in servitutem redigat* per abstinentiam cibi et potûs, et aliorum hujusmodi. Unde manifestum est quòd temperantia infusa et acquisita differunt specie ; et eadem ratio est de aliis virtutibus.

Alio modo habitus distinguuntur specie secundùm ea ad quæ ordinantur. Non enim est eâdem specie sanitas hominis et equi, propter diversas naturas ad quas ordinantur. Et eodem modo dicit Philosophus in 3 Politic., cap. 3, à princ., quòd *diversæ sunt virtutes civium, secundùm quòd benè se habent ad diversas politias.* Et per hunc etiam modum differunt specie virtutes morales infusæ, per quas homines benè se habent in ordine ad hoc quòd sint *cives sanctorum et domestici Dei* ; et aliæ virtutes acquisitæ, secundùm quas homo se benè habet in ordine ad res humanas.

Ad primum ergo dicendum quòd virtus infusa et acquisita non solùm differunt secundùm ordinem ad ultimum finem, sed etiam secundùm ordinem ad propria objecta, ut dictum est in corp. art.

Ad secundum dicendum quòd aliâ ratione modificat concupiscentias delectabilium tactûs temperantia acquisita et temperantia infusa, ut dictum est in corp. art., unde non habent eumdem actum.

Ad tertium dicendum quòd oculum cæci

nati Deus fecit ad eumdem actum ad quem formantur alii oculi secundùm naturam, et ideò fuit ejusdem speciei, et eadem ratio esset, si Deus vellet miraculosè causare in homine virtutes, quales acquiruntur ex actibus. Sed ita non est in proposito, ut dictum est in corp. art.

QUÆSTIO LXIV.

DE MEDIO VIRTUTUM. — (*In quatuor articulos divisa.*)

Deinde considerandum est de proprietatibus virtutum; et primò quidem de medio virtutum; secundò de connexione virtutum; tertiò de æqualitate earum; quartò de ipsarum duratione.

Circa primum quæruntur quatuor: 1° utrùm virtutes morales sint in medio; 2° utrùm medium virtutis sit medium rei vel rationis; 3° utrùm intellectuales virtutes consistant in medio; 4° utrùm virtutes theologicæ consistant in medio.

ARTICULUS PRIMUS. — *Utrùm virtutes morales sint in medio.* — (*Inf., art. 4, ad 1 et 4, et 2-2, quæst. 17, art. 5, ad 2, et quæst. 92, art. 1, corp., et 3, dist. 33, quæst. 1, art. 3, qu. 1, et Virt. qu. 1, art. 13, et 2 Ethic., lect. 7.*)

Ad primum sic proceditur. 1 Videtur quòd virtus moralis non consistat in medio. *Ultimum* enim repugnat medii rationi. Sed de ratione virtutis est *ultimum;* dicitur enim in 1 de Cœlo, text. 116, quòd *virtus est ultimum potentiæ.* Ergo virtus moralis non consistit in medio.

2. Præterea, illud quod est maximum, non est medium. Sed quædam virtutes morales tendunt in aliquod maximum, sicut magnanimitas est circa maximos honores, et magnificentia circa maximos sumptus, ut dicitur in 4 Ethic., cap. 2 et 3. Ergo non omnis virtus moralis est in medio.

3. Præterea, si de ratione virtutis moralis sit in medio esse, oportet quòd virtus moralis non perficiatur, sed magis corrumpatur per hoc quòd tendit ad extremum. Sed quædam virtutes morales perficiuntur per hoc quòd tendunt ad extremum, sicut virginitas, quæ abstinet ab omni delectabili venereo, et sic tenet extremum, et est perfectissima castitas; et dare omnia pauperibus est perfectissima misericordia vel liberalitas. Ergo videtur quòd non sit de ratione virtutis moralis esse in medio.

Sed contra est quod Philosophus dicit in 2 Ethic., cap. 6, post med., quòd *virtus moralis est habitus electivus in medietate existens.*

Respondeo dicendum quòd, sicut ex supra dictis patet, quæst. 55, art. 3, virtus de sui ratione ordinat hominem ad bonum. Moralis autem virtus propriè est perfectiva appetitivæ partis animæ circa aliquam determinatam materiam. Mensura autem et regula appetitivi motûs circa appetibilia est ipsa ratio. Bonum autem cujuslibet mensurati et regulati consistit in hoc quòd conformetur suæ regulæ, sicut bonum in artificiatis est ut sequatur regulam artis. Malum autem per consequens in hujusmodi est per hoc quòd aliquid discordat à suâ regulâ vel mensurâ; quod quidem

contingit vel per hoc quòd superexcedit mensuram, vel per hoc quòd deficit ab eâ, sicut manifestò apparet in omnibus regulatis et mensuratis. Et ideò patet quòd bonum virtutis moralis consistit in adæquatione ad mensuram rationis. Manifestum est autem quòd inter excessum et defectum medium est æqualitas, sive conformitas.

Unde manifestè apparet quòd virtus moralis in medio consistit.

Ad primum ergo dicendum quòd virtus moralis bonitatem habet ex regulâ rationis; pro materiâ autem habet passiones vel operationes. Si ergo comparetur virtus moralis ad rationem, sic secundùm id quod rationis est, habet rationem extremi unius, quod est conformitas; excessus verò et defectus habet rationem alterius extremi, quod est deformitas. Si verò consideretur virtus moralis secundùm suam materiam, sic habet rationem medii, in quantum passionem reducit ad regulam rationis. Unde Philosophus dicit in 2 Ethic., cap. 6, post med., quòd *virtus secundùm substantiam medietas est,* in quantum regula virtutis ponitur circa propriam materiam; secundùm *optimum* autem, et *benè,* est extremitas, scilicet secundùm conformitatem rationis.

Ad secundum dicendum quòd medium et extrema considerantur in actionibus et passionibus secundùm diversas circumstantias. Unde nihil prohibet in aliquâ virtute esse extremum secundùm unam circumstantiam, quod tamen est medium secundùm alias circumstantias per conformitatem ad rationem; et sic est in magnificentiâ et magnanimitate; nam si consideretur quantitas absoluta ejus in quod tendit magnificus et magnanimus, dicetur *extremum* et *maximum;* sed si consideretur hoc ipsum per comparationem ad alias circumstantias, sic habet rationem *medii,* quia in hoc maximum tendunt hujusmodi virtutes secundùm regulam rationis, id est, ubi oportet, et quando oportet, et propter quod oportet; excessus autem, si in hoc maximum tendatur, quando non oportet, vel ubi non oportet, vel propter quod non oportet; defectus autem est si non tendatur in hoc maximum, ubi oportet, et quando oportet. Et hoc est quod Philosophus dicit in 4 Ethic., cap. 3, paulo à princ., quòd *magnanimus est quidem magnitudine extremus, eo autem quòd ut oportet, medius.*

Ad tertium dicendum quòd eadem ratio est de virginitate et paupertate, quæ est de magnanimitate. Abstinet enim virginitas ab omnibus venereis, et paupertas ab omnibus divitiis, propter quod oportet, et secundùm quod oportet, id est, secundùm mandatum Dei, et propter vitam æternam. Si autem hoc fiat secundùm quod non oportet, id est, secundùm aliquam superstitionem illicitam, vel etiam propter inanem gloriam, erit superfluum; si autem non fiat quando oportet, vel secundùm quod oportet, est vitium per defectum, ut patet in transgredientibus votum virginitatis vel paupertatis.

ARTICULUS II. — *Utrùm medium virtutis moralis sit medium rei, vel virtutis rationis.* — (2-2, qu. 58, art. 12, et 3, dist. 33, qu. 1, *art. 3, qu. 2, et 4, dist. 14, qu. 1, art. 1, qu. 2, et Mal. qu. 13. art. 2, corp., et Virt. qu. 1, art. 13, ad 11.)*

Ad secundum sic proceditur. 1. Videtur quòd medium virtutis moralis non sit medium rationis, sed medium rei. Bonum enim virtutis moralis consistit in hoc quod est in medio. Bonum autem, ut dicitur in 6 Metaph., text. 8, est in rebus ipsis. Ergo medium virtutis moralis est medium rei.

2. Præterea, ratio est vis apprehensiva. Sed virtus moralis non consistit in medio apprehensionum, sed magis in medio operationum et passionum. Ergo medium virtutis moralis non est medium rationis, sed medium rei.

3. Præterea, medium quod accipitur secundùm proportionem arithmeticam, vel geometricam, est medium rei. Sed tale est medium justitiæ, ut dicitur in 5 Ethic., cap. 3. Ergo medium virtutis moralis non est medium rationis, sed rei.

Sed contra est quod Philosophus dicit in 2 Ethic., cap. 6, à med., quòd *virtus moralis in medio consistit quoad nos determinato ratione.*

Respondeo dicendum quòd medium rationis dupliciter potest intelligi : uno modo secundùm quòd medium in ipso actu rationis existit, quasi ipse actus rationis ad medium reducatur; et sic quia virtus moralis non perficit actum rationis, sed actum virtutis appetitivæ, medium virtutis moralis non est medium rationis.

Alio modo potest dici medium rationis id quod à ratione ponitur in aliquâ materiâ; et sic omne medium virtutis moralis est medium rationis; quia, sicut dictum est art. præc., virtus moralis dicitur consistere in medio per conformitatem ad rationem rectam.

Sed quandoque contingit quòd medium rationis est etiam medium rei; et tunc oportet quòd virtutis moralis medium sit medium rei, sicut est in justitiâ. Quandoque autem medium rationis non est medium rei, sed accipitur per comparationem ad nos; et sic est medium in omnibus aliis virtutibus moralibus. Cujus ratio est quia justitia est circa operationes quæ consistunt in rebus exterioribus, in quibus rectum institui debet simpliciter et secundùm se, ut supra dictum est, qu. 60, art. 2, et ideò medium rationis in justitiâ est idem cum medio rei, in quantum scilicet justitia dat unicuique quod debet et non plus nec minùs. Aliæ verò virtutes morales consistunt circa passiones interiores, in quibus non potest rectum constitui eodem modo, propter hoc quòd homines diversimodè se habent ad passiones. Et ideò oportet quòd rectitudo rationis in passionibus instituatur per respectum ad nos, qui afficimur secundùm passiones.

Et per hoc patet responsio ad objecta : nam duæ primæ rationes procedunt de medio rationis, quod scilicet invenitur in ipso actu rationis; tertia verò ratio procedit de medio justitiæ.

ARTICULUS III. — *Utrùm virtutes intellectuales consistant in medio. — (Inf., art. 4, ad 1 et 2, et 3, dist. 23, quæst. 1, art. 3,* quæst. 3, et Virt. quæst. 1, art. 13, corp. et ad 5 et 19, et quæst. 4, art. 2, ad 7.)

Ad tertium sic proceditur. 1. Videtur quòd virtutes intellectuales non consistunt in medio. Virtutes enim morales consistunt in medio, in quantum conformantur regulæ rationis. Sed virtutes intellectuales sunt in ipsâ ratione; et sic non videntur habere superiorem regulam. Ergo virtutes intellectuales non consistunt in medio.

2. Præterea, medium virtutis moralis determinatur à virtute intellectuali. Dicitur enim in 2 Eth., cap. 6, quòd *virtus consistit in medietate determinatâ ratione, prout sapiens determinabit.* Si igitur virtus intellectualis iterùm consistat in medio, oportet quòd determinetur sibi medium per aliquam aliam virtutem; et sic proceditur in infinitum in virtutibus.

3. Præterea, medium propriè est inter contraria, ut patet per Philosophum in 10 Metaph., text. 22 et 23. Sed in intellectu non videtur esse aliqua contrarietas, cùm etiam ipsa contraria, secundùm quòd sunt in intellectu, non sint contraria, sed simul intelligantur, ut album et nigrum, sanum et ægrum. Ergo in intellectualibus virtutibus non est medium.

Sed contra est quòd *ars est virtus intellectualis,* ut dicitur in 6 Ethic., cap. 3, et tamen *artis est aliquid medium,* ut dicitur in 2 Ethic., cap. 6, circa med. Ergo virtus intellectualis consistit in medio.

Respondeo dicendum quòd bonum alicujus rei consistit in medio, secundùm quòd conformatur regulæ vel mensuræ, quam contingit transcendere, et ab eâ deficere, sicut dictum est art. 5 hujus quæst.

Virtus autem intellectualis ordinatur ad bonum, sicut et moralis, ut supra dictum est, quæst. 55, art. 3. Unde secundùm quòd bonum virtutis intellectualis se habet ad mensuram, sic se habet ad rationem medii. Bonum autem virtutis intellectualis est *verum;* speculativæ quidem virtutis *verum* absolutè, ut in 6 Eth., cap. 2, dicitur; practicæ autem virtutis *verum* secundùm conformitatem ad appetitum rectum. *Verum* autem intellectûs nostri absolutè consideratum est sicut mensuratum à re. Res enim est mensura intellectûs nostri, ut dicitur in 10 Metaph., text. 5. Ex eo enim quòd res est vel non est, veritas est in opinione et in oratione. Sic igitur bonum virtutis intellectualis speculativæ consistit in quodam medio per conformitatem ad ipsam rem, secundùm quòd dicit esse quod est, vel non esse quod non est; in quo ratio veri consistit. Excessus autem est secundùm affirmationem falsam, per' quam dicitur esse quod non est. Defectus autem accipitur secundùm negationem falsam, per quam dicitur non esse quod est.

Verum autem virtutis intellectualis practicæ comparatum quidem ad rem, habet rationem mensurati; et sic eodem modo accipitur medium per conformitatem ad rem in virtutibus intellectualibus practicis, sicut in speculativis; sed respectu appetitûs habet rationem regulæ et mensuræ. Unde idem medium, quod est virtutis moralis, etiam est ipsius prudentiæ, scilicet rectitudo rationis; sed prudentiæ quidem est istud medium ut regulantis et mensurantis; virtutis autem moralis ut mensuratæ et regulatæ. Similiter excessus et defectus accipitur diversimodè utrobique.

Ad primum ergo dicendum quòd etiam virtus intellectualis habet suam mensuram, ut dictum est in corp. art., et per conformitatem ad ipsam accipitur in ipsâ medium.

Ad secundum dicendum quòd non est necesse in infinitum procedere in virtutibus, quia mensura et regula intellectualis virtutis non est aliquod·aliud genus virtutis sed ipsa res.

Ad tertium dicendum quòd ipsæ res contrariæ non habent contrarietatem in animâ, quia unum est ratio cognoscendi alterum; et tamen in intellectu est contrarietas affirmationis et negationis, quæ sunt contraria ut dicitur in fine Perihermenias. Quamvis enim *esse et non esse* non sint contraria, sed contradictoriè opposita, si considerentur ipsa significata prout sunt in rebus, quia alterum est ens, et alterum est purè non ens, tamen si referantur ad actum animæ, utrumque ponit aliquid esse. Unde *esse* et *non esse* sunt contradictoria. Sed opinio quâ opinamur quòd *bonum est bonum*, est contraria opinioni quâ opinamur quòd *bonum non est bonum* : et inter hujusmodi contraria *medium* est virtus intellectualis.

ARTICULUS IV. — *Utrùm virtutes theologicæ consistant in medio* — (2-2, quæst. 17, art. 3, ad 2, et 3, dist. 23, quæst. 1, art. 3, quæst. 4, et Virt. quæst. 1, art. 13, corp. et ad 5 et ad 19, et quæst. 2, art. 2, ad 10 et 13, et Rom. 12, lect. 1.)

Ad quartum sic proceditur. 1. Videtur quòd virtus theologica consistat in medio. Bonum enim aliarum virtutum consistit in medio. Sed virtus theologica excedit in bonitate alias virtutes. Ergo virtus theologica multò magis est in medio.

2. Præterea, medium virtutis moralis accipitur quidem secundùm quòd appetitus regulatur per rationem; intellectualis verò secundùm quòd intellectus noster mensuratur à re. Sed virtus theologica et perfecit intellectum et appetitum, ut supra dictum est, quæst. 62, art. 3. Ergo etiam virtus theologica consistit in medio.

3. Præterea, spes, quæ est virtus theologica, medium est inter desperationem et præsumptionem; similiter etiam fides incedit media inter contrarias hæreses, ut Boetius dicit in lib. de duabus Naturis, implic. à princ. et ad fin.; quòd enim confitemur in Christo unam personam et duas naturas, medium est inter hæresim Nestorii, qui dicit duas personas et duas naturas, et hæresim Eutychetis, qui dicit unam personam et unam naturam. Ergo virtus theologica consistit in medio.

Sed contra, in omnibus in quibus consistit virtus in medio, contingit peccare per excessum, sicut etiam per defectum. Sed circa

Deum, qui est objectum virtutis theologicæ non contingit peccare per excessum; dicitur enim Eccli. 43, 33 : *Benedicentes Deum exaltate illum, quantùm potestis ;·major enim est omni laude.* Ergo virtus theologica non consistit in medio.

Respondeo dicendum quòd, sicut dictum est art. 1 hujus quæst., medium virtutis accipitur per conformitatem ad suam regulam vel mensuram, secundùm quòd contingit ipsam transcendere vel ab eâ deficere. Virtutis autem theologicæ duplex potest accipi mensura : una quidem secundùm ipsam rationem virtutis; et sic mensura et regula virtutis theologicæ est ipse Deus; fides enim nostra regulatur secundùm veritatem divinam, charitas autem secundùm bonitatem ejus, spes autem secundùm magnitudinem omnipotentiæ et pietatis ejus : et ista est mensura excedens omnem humanam facultatem; unde nunquàm potest homo tantùm diligere Deum, quantùm diligi debet, nec tantùm credere aut sperare in ipsum, quantùm debet. Unde multò minùs potest ibi esse excessus, et sic bonum talis virtutis non consistit in medio; sed tantò est melius quantò magis acceditur ad summum.

Alia verò regula vel mensura virtutis theologicæ est ex parte nostrâ; quia, etsi non possumus ferri in Deum quantùm debemus, debemus tamen ferri in ipsum credendo, sperando et amando secundùm mensuram nostræ conditionis. Unde per accidens potest in virtute theologicâ considerari medium, et extrema, ex parte nostrâ.

Ad primum ergo dicendum quòd bonum virtutum intellectualium et moralium consistit in medio per conformitatem ad regulam vel mensuram, quam transcendere contingit; quod non est in virtutibus theologicis, per se loquendo, ut dictum est in corp.

Ad secundum dicendum quòd virtutes morales et intellectuales perficiunt intellectum et appetitum nostrum in ordine ad mensuram et regulam creatam; virtutes autem theologicæ in ordine ad mensuram et regulam increatam. Unde non est similis ratio.

Ad tertium dicendum quòd spes est media inter præsumptionem et desperationem ex parte nostrâ, in quantum scilicet aliquis præsumere dicitur ex eo quòd sperat à Deo bonum quod excedit suam conditionem; vel desperare, quia non sperat quod secundùm suam conditionem sperare posset. Non autem potest esse superabundantia spei ex parte Dei, cujus bonitas est infinita. Similiter etiam fides est media inter contrarias hæreses, non per comparationem ad objectum, quod est Deus, cui non potest aliquis nimis credere, sed in quantum ipsa opinio humana est media inter contrarias opiniones, ut ex supra dictis patet, art. præc., ad 3.

QUÆSTIO LXV.

DE CONNEXIONE VIRTUTUM. — *(In quinque articulos divisa.)*

Deinde considerandum est de connexione virtutum; et circa hoc quæruntur quinque : 1° utrùm virtutes morales sint ad invicem connexæ; 2° utrùm virtutes morales possint esse sine charitate; 3° utrùm charitas possit esse sine eis; 4° utrùm fides et spes possint esse sine charitate; 5° utrùm charitas possit esse sine eis,

ARTICULUS PRIMUS. — *Utrùm virtutes morales sint ad invicem connexæ.* — (*Inf.*, qu. 73, art. 1, et 2-2, *quæst.* 146, art. 4, et 3 p., *quæst.* 85, art. 6, *corp.*, et 3, dist. 36, art. 1 et 2, et *Virt. quæst.* 5, art. 6, et *quodl.* 12, art. 23, et 4 *Ethic.*, *fin.*)

Ad primum sic proceditur. 1. Videtur quòd virtutes morales non sint ex necessitate connexæ. Virtutes enim morales quandoque causantur ex exercitio actuum, ut probatur in 2 Ethic., cap. 1 et 2. Sed homo potest excitari in actibus alicujus virtutis, sine hoc quòd exercitetur in actibus alterius virtutis. Ergo una virtus moralis potest haberi sine alterâ.

2. Præterea, magnificentia et magnanimitas sunt quædam virtutes morales. Sed aliquis potest habere alias virtutes morales, sine hoc quòd habeat magnificentiam et magnanimitatem; dicit enim Philosophus, in 4 Ethic., cap. 2 et 3, quòd *inops non potest esse magnificus*, qui tamen potest habere alias quasdam virtutes; et quòd *ille qui parvis est dignus, et his se dignificat, temperatus est; magnanimus autem non est.* Ergo virtutes morales non sunt connexæ.

3. Præterea, sicut virtutes morales perficiunt partem appetitivam animæ, ita virtutes intellectuales perficiunt partem intellectivam. Sed virtutes intellectuales non sunt connexæ; potest enim aliquis habere unam scientiam sine hoc quòd habeat aliam. Ergo etiam neque virtutes morales sunt connexæ.

4. Præterea, si virtutes morales sint connexæ, hoc non est nisi quia connectuntur in prudentiâ. Sed hoc non sufficit ad connexionem virtutum moralium; videtur enim quòd aliquis possit esse prudens circa agibilia quæ pertinent ad unam virtutem, sine hoc quòd sit prudens in his quæ pertinent ad aliam; sicut etiam aliquis potest habere artem circa aliqua factibilia, sine hoc quòd habeat artem circa alia; prudentia autem est *recta ratio agibilium.* Ergo non est necessarium virtutes morales esse connexas.

Sed contra est quod Ambrosius dicit super Lucam, cap. 6, super illud: *Beati pauperes: Connexæ sibi sunt, concatenatæque virtutes, ut qui unam habet, plures habere videatur.* Augustinus etiam dicit in 6 de Trin., cap. 4, in princ., quòd *virtutes quæ sunt in animo humano, nullo modo separantur ab invicem;* et Gregorius dicit 22 Moral., cap. 1, à med., quòd *una virtus sine aliis aut omninò nulla est, aut imperfecta;* et Tullius dicit in 2 de Tuscul. QQ., ante med.: *Si unam virtutem confessus es te non habere, nullam necesse est te habiturum.*

Respondeo dicendum quòd virtus moralis potest accipi vel perfecta vel imperfecta: imperfecta quidem moralis virtus, ut temperantia vel fortitudo, nihil aliud est quàm aliqua inclinatio in nobis existens ad opus aliquod de genere bonorum faciendum, sive talis inclinatio sit in nobis à naturâ, sive ex assuetudine. Et hoc modo accipiendo virtutes morales, non sunt connexæ; videmus enim aliquem ex naturali complexione, vel ex aliquâ consuetudine esse promptum ad opera liberalitatis, qui tamen non est promptus ad opera castitatis.

Perfecta autem virtus moralis est habitus inclinans in bonum opus benè agendum; et sic accipiendo virtutes morales, dicendum est eas connexas esse, ut ferè ab omnibus ponitur.

Cujus ratio duplex assignatur, secundùm quòd diversimodè aliqui virtutes cardinales distinguunt. Ut enim dictum est, qu. 61, art. 3 et 4, quidam distinguunt eas secundùm quasdam generales conditiones virtutum, utpote quòd discretio pertineat ad prudentiam, rectitudo ad justitiam, moderantia ad temperantiam, firmitas animi ad fortitudinem, in quâcumque materiâ ista considerentur. Et secundùm hoc manifestè apparet ratio connexionis; non enim firmitas habet laudem virtutis, si sit sine moderatione, vel rectitudine, aut discretione: eadem ratio est de aliis. Et hanc rationem connexionis assignat Gregorius, 22 Moral., cap. 1, post med., dicens quòd *virtutes, si sint disjunctæ, non possunt esse perfectæ secundùm rationem virtutis, quia nec prudentia vera est, quæ justa, et temperans, et fortis non est;* et idem subdit de aliis virtutibus. Et similem rationem assignat Augustinus in 6 de Trin., cap. 4, in princ.

Alii verò distinguunt prædictas virtutes secundùm materias; et secundùm hoc assignatur ratio connexionis ab Aristotele in 6 Eth., cap. ult., quia, sicut supra dictum est, qu. 58, art. 4, nulla virtus moralis potest sine prudentiâ haberi, eò quòd proprium virtutis moralis est facere electionem rectam, cùm sit habitus electivus. Ad rectam autem electionem non solùm sufficit inclinatio in debitum finem, quod est directè per habitum virtutis moralis; sed etiam quòd aliquis directè eligat ea quæ sunt ad finem; quod fit per prudentiam, quæ est consiliativa, et judicativa, et præceptiva eorum quæ sunt ad finem. Similiter etiam prudentia non potest haberi, nisi habeantur virtutes morales, cùm prudentia sit *recta ratio agibilium,* quæ sicut ex principiis procedit ex finibus agibilium, ad quos aliquis rectè se habet per virtutes morales. Unde sicut scientia speculativa non potest haberi sine intellectu principiorum, ita nec prudentia sine virtutibus moralibus. Ex quo manifestè sequitur virtutes morales esse connexas.

Ad primum ergo dicendum quòd virtutum moralium quædam perficiunt hominem secundùm communem statum, scilicet quantùm ad ea quæ communiter in omni vitâ hominum occurrunt agenda. Unde oportet quòd homo simul exercitetur circa materias omnium virtutum moralium. Et si quidem circa omnes exercitetur benè operando, acquiret habitus omnium virtutum moralium; si autem exercitetur benè operando circa unam materiam, non autem circa aliam, putà benè se habendo circa iras, non autem circa concupiscentias, acquiret quidem habitum aliquem ad refrenandum iras; qui tamen non babebit rationem virtutis propter defectum prudentiæ, quæ circa concupiscentias corrumpitur; sicut etiam naturales inclinationes non habent perfectam rationem virtutis, si prudentia desit. Quædam verò virtutes morales sunt quæ perficiunt hominem secundùm aliquem eminentem statum, sicut magnificentia et magnanimitas. Et quia exercitium circa materias harum virtutum non occurrit unicuique communiter, potest aliquis habere alias (1) virtutes morales, sine hoc quòd habitus harum virtutum habeat actu, loquendo de virtutibus acquisitis; sed tamen, acquisitis aliis virtutibus, habet istas virtutes in potentiâ propinquâ. Cùm enim aliquis per exercitium adeptus est liberalitatem circa mediocres donationes et sumptus, si superveniat ei abundantia pecuniarum, modico exercitio acquiret magnificentiæ habitum; sicut geometer modico studio acquirit scientiam alicujus conclusionis, quam nunquàm consideravit. Illud autem habere dicimur quod in promptu est ut habeamus, secundùm illud Philosophi in 2 Physic., text. 56 : *Quod parùm deest, quasi nihil deesse videtur.*

Et per hoc patet responsio ad secundum.

Ad tertium dicendum quòd virtutes intellectuales sunt circa diversas materias ad invicem non ordinatas, sicut patet in diversis scientiis et artibus; et ideò non invenitur in eis connexio quæ invenitur in virtutibus moralibus existentibus circa passiones et operationes, quæ manifestè habent ad invicem ordinem. Nam omnes passiones à quibusdam primis procedentes, scilicet amore et odio, ad quasdam alias terminantur, scilicet delectationem et tristitiam. Et similiter omnes operationes quæ sunt virtutis moralis materia, habent ordinem ad invicem, et etiam ad passiones. Et ideò tota materia moralium virtutum sub unâ ratione prudentiæ cadit. Habent tamen omnia intelligibilia ordinem ad prima principia; et secundùm hoc omnes virtutes intellectuales dependent ab intellectu principiorum, sicut prudentia à virtutibus moralibus, ut dictum est in corp. art. Principia autem universalia, quorum est intellectus principiorum, non dependent à conclusionibus, de quibus sunt reliquæ intellectuales virtutes, sicut morales dependent à prudentiâ eò quòd appetitus movet quodam modo rationem, et ratio appetitum, ut supra dictum est, quæst. 9, art. 1, et quæst. 58, art. 5, ad 1.

Ad quartum dicendum quòd ea ad quæ inclinant virtutes morales, se habent ad prudentiam sicut principia; non autem factibilia se habent ad artem sicut principia, sed solùm sicut materia. Manifestum est autem quòd etsi ratio possit esse recta in unâ parte materiæ, et non in aliâ, nullo tamen modo potest dici ratio recta, si sit defectus cujuscumque principii; sicut si quis erraret circa hoc prin-

(1) Ita cod. Alcan. aliique. In editis deest *alias.*

cipium : *Omne totum est majus suâ parte*, non posset habere scientiam geometricam, quia oporteret multùm recedere à veritate in sequentibus. Et præterea agibilia sunt ordinata ad invicem, non autem factibilia, ut dictum est in solut. præc. Et ideò defectus prudentiæ circa unam partem agibilium induceret defectum etiam circa alia agibilia; quod in factibilibus non contingit.

ARTICULUS II. — *Utrùm virtutes morales possint esse sine charitate.* — (*Inf.*, quæst. 71, art. 4, corp., 2-2, qu. 23, art. 7, et qu. 51, art. 2, corp., qu. 108, art. 2, ad 2, et Verit. qu. 14, art. 6, et Virt. qu. 2, art. 4, ad 1, et quodlib. 12, art. 23, fin.)

Ad secundum sic proceditur. 1. Videtur quòd virtutes morales possint esse sine charitate. Dicitur enim in lib. Sent. Prosperi, cap. 7, quòd *omnis virtus præter charitatem potest esse communis bonis et malis.* Sed charitas non potest esse nisi in bonis ut dicitur ibid. Ergo aliæ virtutes possunt haberi sine charitate.

2. Præterea, virtutes morales possunt acquiri ex actibus humanis, ut dicitur in 2 Eth., cap. 1 et 2. Sed charitas non habetur nisi ex infusione, secundùm illud Rom. 5, 5 : *Charitas Dei diffusa est in cordibus nostris per Spiritum sanctum, qui datus est nobis.* Ergo aliæ virtutes possunt haberi sine charitate.

3. Præterea, virtutes morales connectuntur ad invicem, in quantum dependent à prudentiâ. Sed charitas non dependet à prudentiâ, imò prudentiam excedit, secundùm illud Ephes. 3, 19 : *Supereminentem scientiæ charitatem Christi.* Ergo virtutes morales non connectuntur charitati, sed sine eâ esse possunt.

Sed contra est quod dicitur 1 Joan. 3, 14 : *Qui non diligit, manet in morte.* Sed per virtutes perficitur vita spiritualis; ipsæ enim sunt *quibus rectè vivitur*, ut Augustinus dicit in 2 de liber. Arbitr., cap. 17 et 19. Ergo non possunt esse sine dilectione charitatis.

Respondeo dicendum quòd, sicut supra dictum est, qu. 63, art. 3, virtutes morales, prout sunt operativæ boni in ordine ad finem qui non excedit facultatem naturalem hominis, possunt per opera humana acquiri; et sic acquisitæ sine charitate esse possunt, sicut fuerunt in multis gentilibus.

Secundùm autem quòd sunt operativæ boni in ordine ad ultimum finem supernaturalem, sic perfectè et verè habent rationem virtutis; et non possunt humanis actibus acquiri, sed infunduntur à Deo; et hujusmodi virtutes morales sine charitate esse non possunt. Dictum est enim supra, art. 1 hujus quæst., et quæst. 58, art. 4, quòd aliæ virtutes morales non possunt esse sine prudentiâ. Prudentia autem non potest esse sine virtutibus moralibus, in quantum virtutes morales faciunt benè se habere ad quosdam fines, ex quibus procedit ratio prudentiæ. Ad rectam autem rationem prudentiæ multò magis requiritur quòd homo benè se habeat circa ultimum finem, quod fit per charitatem, quàm circa alios fines, quod fit per virtutes morales; sicut ratio recta in speculativis maximè indiget primo principio indemonstrabili, quod est contradictoria non simul esse vera. Unde manifestum fit quòd nec prudentia infusa potest esse sine charitate, nec aliæ virtutes morales consequenter, quæ sine prudentiâ esse non possunt.

Patet igitur ex dictis quòd solæ virtutes infusæ sunt perfectæ, et simpliciter dicendæ virtutes, quia benè ordinant hominem ad finem ultimum simpliciter; aliæ verò virtutes, scilicet acquisitæ, sunt secundùm quid virtutes, non autem simpliciter; ordinant enim hominem benè respectu finis ultimi in aliquo genere, non autem respectu finis ultimi simpliciter. Unde Rom. 14, 23, super illud : *Omne quod non est ex fide, peccatum est,* dicit Glossa Augustini, ord. ex cap. 106. Sentent.: *Ubi deest agnitio veritatis, falsa est virtus etiam in optimis moribus.*

Ad primum ergo dicendum quòd virtutes ibi accipiuntur secundùm imperfectam rationem virtutis ; alioquin, si virtus moralis secundùm perfectam rationem virtutis accipiatur, bonum facit habentem ; et per consequens in malis esse non potest.

Ad secundum dicendum quòd ratio illa procedit de virtutibus moralibus acquisitis.

Ad tertium dicendum quòd etsi charitas excedat scientiam et prudentiam, tamen prudentia dependet à charitate, ut dictum est in corp. art., et per consequens omnes virtutes morales infusæ.

ARTICULUS III. — *Utrùm charitas possit esse sine aliis virtutibus moralibus. — (Virt. qu. 1, art. 10, ad 4, et qu. 2, art. 3, ad 8, et qu. 5, art. 2, corp., et quodl. 13, art. 23, fin.)*

Ad tertium sic proceditur. 1. Videtur quòd charitas sine aliis virtutibus moralibus haberi possit. Ad id enim ad quod sufficit unum, indebitum est quòd plura ordinentur. Sed sola charitas sufficit ad omnia opera virtutis implenda, ut patet per id quod dicitur 1 ad Cor. 13, 4 : *Charitas patiens est, benigna est,* etc. Ergo videtur quòd, habitâ charitate, aliæ virtutes superfluerent.

2. Præterea, qui habet habitum virtutis, de facili operatur ea quæ sunt virtutis, et ei secundùm se placent ; unde et *signum habitûs est delectatio quæ fit in opere,* ut dicitur in 2 Ethic., cap. 3, in princ. Sed multi habent charitatem absque peccato mortali existentes, qui tamen difficultatem in operibus virtutum patiuntur, neque eis secundùm se placent, sed solùm secundùm quòd referuntur ad charitatem. Ergo multi habent charitatem qui non habent alias virtutes.

3. Præterea, charitas in omnibus sanctis invenitur. Sed quidam sunt sancti, qui tamen aliquibus virtutibus carent ; dicit enim Beda quòd *sancti magis humiliantur de virtutibus quas non habent, quàm de virtutibus quas habent, glorientur.* Ergo non est necessarium quòd qui habet charitatem, omnes virtutes morales habeat.

Sed contra est quòd per charitatem tota lex impletur ; dicitur enim Rom. 13, 8, quòd *qui diligit proximum, legem implevit.* Sed tota lex impleri non potest nisi per omnes virtutes morales, quia lex præcipit de omnibus actibus virtutum, ut dicitur in 5 Eth., cap. 1 et 2, post med. Ergo qui habet charitatem, habet omnes virtutes morales. Augustinus etiam dicit in quâdam epist. (quid simile habet serm. 39 et 46, de Temp., à princ., sed ex epist. non occurrit) quòd *charitas includit in se omnes virtutes cardinales.*

Respondeo dicendum quòd cum charitate simul infunduntur omnes virtutes morales.

Cujus ratio est quia Deus non minùs perfectè operatur in operibus gratiæ quàm in operibus naturæ. Sic autem videmus in operibus naturæ quòd non invenitur principium aliquorum operum in aliquâ re, quin inveniantur in eâ quæ sunt necessaria ad hujusmodi opera perficienda ; sicut in animalibus inveniuntur organa, quibus perfici possunt opera ad quæ peragenda anima habet potestatem. Manifestum est autem quòd charitas, in quantum ordinat hominem ad finem ultimum, est principium omnium bonorum operum, quæ in finem ultimum ordinari possunt. Unde oportet quòd cum charitate simul infundantur omnes virtutes morales, quibus homo perficit singula genera bonorum operum. Et sic patet quòd virtutes morales infusæ non solùm habent connexionem propter prudentiam, sed etiam propter charitatem ; et quòd qui amittit charitatem per peccatum mortale, amittit omnes virtutes morales infusas.

Ad primum ergo dicendum quòd ad hoc quòd actus inferioris potentiæ sit perfectus, requiritur quòd non solùm adsit perfectio in superiori potentiâ, sed etiam in inferiori. Si enim principale agens debito modo se haberet, non sequeretur actio perfecta, si instrumentum non esset benè dispositum. Unde oportet ad hoc quòd homo benè operetur in his quæ sunt ad finem, quòd non solùm habeat virtutem quâ benè se habeat circa finem, sed etiam virtutes quibus benè se habeat circa ea quæ sunt ad finem. Nam virtus quæ est circa finem, se habet ut principalis et motiva, respectu earum quæ sunt ad finem. Et ideò cum charitate necesse est etiam habere alias virtutes.

Ad secundum dicendum quòd quandoque contingit quòd aliquis habens habitum patitur difficultatem in operando ; et per consequens non sentit delectationem et complacentiam in actu propter aliquod impedimentum extrinsecùs superveniens ; sicut ille qui habet habitum scientiæ, patitur difficultatem in intelligendo propter somnolentiam vel aliquam infirmitatem. Et similiter habitus moralium virtutum infusarum patiuntur interdùm difficultatem in operando propter aliquas dispositiones contrarias ex præcedentibus actibus relictas ; quæ quidem difficultas non ita accidit in virtutibus moralibus acquisitis, quia per exercitium actuum, quo acquiruntur, tolluntur etiam contrariæ dispositiones.

Ad tertium dicendum quòd aliqui sancti dicuntur aliquas virtutes non habere, in quantum patiuntur difficultatem in actibus earum, ratione jam dictâ in solut. princ.. quam vis habitus omnium virtutum habeant,

ARTICULUS IV. — *Utrùm fides et spes possint esse sine charitate.* — (*Inf., quæst. 71, art. 4, corp.*)

Ad quartum sic proceditur. 1. Videtur quòd fides et spes nunquàm sint sine charitate. Cùm enim sint virtutes theologicæ, digniores esse videntur virtutibus moralibus etiam infusis. Sed virtutes morales infusæ non possunt esse sine charitate. Ergo neque fides et spes.

2. Præterea, *nullus credit nisi volens*, ut Augustinus dicit super Joan., tract. 26, parùm à princ. Sed charitas est in voluntate sicut perfectio ejus, ut supra dictum est, qu. 62, art. 3. Ergo fides non potest esse sine charitate.

3. Præterea, Augustinus dicit in Enchir., cap. 8, propè fin., quòd *spes sine amore esse non potest.* Amor autem est charitas; de hoc enim amore ibi loquitur. Ergo spes non potest esse sine charitate.

Sed contra est quod Matth. 1 dicitur in Glossâ interl., in princ., quòd *fides generat spem, spes verò charitatem.* Sed generans est prius generato, et potest esse sine eo. Ergo fides potest esse sine spe, et spes sine charitate.

Respondeo dicendum quòd fides et spes, sicut et virtutes morales, dupliciter considerari possunt : uno modo secundùm inchoationem quamdam ; alio modo secundùm perfectum esse virtutis. Cùm enim virtus ordinetur ad bonum opus agendum, virtus quædam perfecta dicitur ex hoc quòd potest in opus perfectè bonum : quod quidem est dùm non solùm bonum est quod fit, sed etiam benè fit ; alioquin, si bonum sit quod fit, non autem benè fiat, non erit perfectè bonum ; unde nec habitus, qui est talis operis principium, habebit perfectè rationem virtutis ; sicut si aliquis operetur justa, bonum quidem facit ; sed non erit opus perfectæ virtutis, nisi hoc benè faciat, id est, secundùm electionem rectam, quod per prudentiam. Et ideò justitia sine prudentiâ non potest esse virtus perfecta.

Sic igitur fides et spes sine charitate possunt quidem aliqualiter esse ; perfectæ autem virtutis rationem sine charitate non habent. Cùm enim fidei opus sit credere Deo, credere autem sit alicui propriâ voluntate assentire, si non debito modo velit, non erit fidei opus perfectum : quòd autem debito modo velit, hoc est per charitatem, quæ perficit voluntatem. *Omnis enim rectus motus voluntatis ex recto amore procedit*, ut Augustinus dicit in 14 de Civ. Dei, cap. 9, à princ. Sic igitur fides est quidem sine charitate, sed non perfecta virtus ; sicut temperantia vel fortitudo sine prudentiâ. Et similiter dicendum est de spe ; nam actus spei est expectare futuram beatitudinem à Deo : qui quidem actus perfectus est, si fiat ex meritis quæ quis habet, quod non potest esse sine charitate ; si autem hoc expectet ex meritis quæ nondùm habet, sed proponit in futurum acquirere, erit actus imperfectus : et hoc potest esse sine charitate. Et ideò fides et spes possunt esse sine charitate ; sed sine charitate, propriè loquendo, virtutes non sunt. Nam ad rationem virtutis pertinet ut non solùm secundùm ipsam ali-

quod bonum operemur, sed etiam benè, ut dicitur in 2 Eth., cap. 6, in princ.

Ad primum ergo dicendum quòd virtutes morales dependent à prudentiâ. Prudentia autem infusa nec rationem prudentiæ habere potest absque charitate, utpote deficiente debitâ habitudine ad primum principium, quod est ultimus finis. Fides autem et spes secundùm proprias rationes nec à prudentiâ, nec à charitate dependent ; et ideò sine charitate esse possunt, licèt non sint virtutes charitate, ut dictum est in corp. art.

Ad secundum dicendum quòd ratio illa procedit de fide quæ habet perfectam rationem virtutis.

Ad tertium dicendum quòd Augustinus loquitur ibi de spe, secundùm quòd aliquis expectat futuram beatitudinem per merita quæ jam habet ; quod non est sine charitate.

ARTICULUS V. — *Utrùm charitas possit esse sine fide et spe.*

Ad quintum sic proceditur. 1. Videtur quòd charitas possit esse sine fide et spe. Charitas enim est amor Dei. Sed Deus potest à nobis amari naturaliter, etiam non præsuppositâ fide vel spe futuræ beatitudinis. Ergo charitas potest esse sine fide et spe.

2. Præterea, charitas est radix omnium virtutum, secundùm illud Ephes. 3, 17 : *In charitate radicati et fundati.* Sed radix aliquando est sine ramis. Ergo charitas potest esse aliquando sine fide, et spe, et aliis virtutibus.

3. Præterea, in Christo fuit perfecta charitas : et ipse tamen non habuit fidem et spem, quia fuit perfectus comprehensor, ut infra dicetur, p. 3, qu. 7, art. 3 et 4, et qu. 9, art. 2. Ergo charitas potest esse sine fide et spe.

Sed contra est quod Apostolus dicit Hebr. 11, 6 : *Sine fide impossibile est placere Deo :* quod maximè pertinet ad charitatem, ut patet secundùm illud Proverb. 8, 17 : *Ego diligentes me diligo.* Spes etiam est quæ introducit ad charitatem, ut supra dictum est, qu. 62, art. 4. Ergo charitas non potest haberi sine fide et spe.

Respondeo dicendum quòd charitas non solùm significat amorem Dei, sed etiam amicitiam quamdam ad ipsum ; quæ quidem super amorem addit *mutuam redamationem cum quâdam communicatione mutuâ*, ut dicitur in 8 Ethic., cap. 2. Et quod hoc ad charitatem pertineat, patet per id quod dicitur 1 Joan. 4, 16 : *Qui manet in charitate, in Deo manet, et Deus in eo ;* et 1 ad Cor. 1, 9, dicitur . *Fidelis Deus, per quem vocati estis in societatem Filii ejus.* Hæc autem societas hominis ad Deum, quæ est quædam familiaris conversatio cum ipso, inchoatur quidem hìc in præsenti per gratiam ; perficietur autem in futuro per gloriam ; quorum utrumque fide et spe tenetur. Unde sicut aliquis non posset cum aliquo amicitiam habere, si discrederet vel desperaret se posse habere aliquam societatem vel familiarem conversationem cum ipso, ita aliquis non potest habere amicitiam ad Deum, quæ est charitas, nisi fidem habeat, per quam credat hujusmodi societatem et conversationem hominis cum Deo, et speret se ad hanc societatem pertinere.

Et sic charitas sine fide et spe nullo modo esse potest.

Ad primum ergo dicendum quòd charitas non est qualiscumque amor Dei, sed amor Dei quo diligitur ut beatitudinis objectum, ad quod ordinamur per fidem et spem.

Ad secundum dicendum quòd charitas est radix fidei et spei, in quantum dat eis perfectionem virtutis; sed fides et spes secundùm rationem propriam præsupponuntur ad charitatem, ut supra dictum est, qu. 62, art. 4, et sic charitas sine eis esse non potest.

Ad tertium dicendum quòd Christo defuit fides et spes, propter id quod est imperfectionis (1) in eis; sed loco fidei habuit apertam visionem; et loco spei plenam comprehensionem; et sic fuit perfecta charitas in eo.

QUÆSTIO LXVI.

De æqualitate virtutum. — (In sex articulos divisa.)

Deinde considerandum est de æqualitate virtutum; et circa hoc quæruntur sex : 1° utrùm virtus possit esse major vel minor; 2° utrùm omnes virtutes simul in eodem existentes sint æquales; 3° de comparatione virtutum moralium ad intellectuales; 4° de comparatione virtutum moralium ad invicem; 5° de comparatione virtutum intellectualium ad invicem; 6° de comparatione virtutum theologicarum ad invicem.

Articulus primus. — Utrùm virtus possit esse major vel minor. — (Inf., art. 2, corp., et qu. 73, art. 2, ad 3, et qu. 112, art. 4, corp., et 2-2, qu. 5, art. 4, et 3, dist. 36, art. 4, et Mal. quæst. 2, art. 6, ad 8, et Virt. qu. 5, art. 3.)

Ad primum sic proceditur. 1. Videtur quòd virtus non possit esse major vel minor. Dicitur enim Apoc. 21, quòd latera civitatis Hierusalem sunt æqualia. Per hæc autem significantur virtutes, ut Glossa, ord. ex Nic. de Lyr., dicit ibid. Ergo omnes virtutes sunt æquales : non ergo potest esse virtus major virtute.

2. Præterea, omne illud cujus ratio consistit in maximo, non potest esse majus vel minus. Sed ratio virtutis consistit in maximo; est enim virtus ultimum potentiæ, ut Philosophus dicit in 1 de Cœlo, text. 116, et Augustinus, in 2 de lib. Arbitr., cap. 19, in princ., ait quòd virtutes sunt maxima bona, quibus nullus potest malè uti. Ergo videtur quòd virtus non possit esse major neque minor.

3. Præterea, quantitas effectûs pensatur secundùm virtutem agentis. Sed virtutes perfectæ, quæ sunt virtutes infusæ, sunt à Deo, cujus virtus est uniformis et infinita. Ergo videtur quòd virtus non possit esse major virtute.

Sed contra, ubicumque potest esse augmentum et superabundantia, potest esse inæqualitas Sed in virtutibus invenitur superabun-

dantia et augmentum; dicitur enim Matth. 5, 20 : Nisi abundaverit justitia vestra plus quàm Scribarum et Pharisæorum, non intrabitis in regnum cœlorum; et Prov. 15, 5, dicitur : In abundanti justitiâ virtus maxima est. Ergo videtur quòd virtus possit esse major vel minor.

Respondeo dicendum quòd cùm quæritur utrùm virtus una possit esse major aliâ, quæstio dupliciter intelligi potest : uno modo in virtutibus specie differentibus; et sic manifestum est quòd una virtus est aliâ major; semper enim est potior causa suo effectu; et in effectibus tantò aliquid est potius, quantò est causæ propinquius. Manifestum est autem ex dictis, qu. 61, art. 2, quòd causa et radix humani boni est ratio. Et ideò prudentia, quæ perficit rationem, præfertur in bonitate aliis virtutibus moralibus perficientibus vim appetitivam, in quantum participat rationem; et in his etiam tantò est una altera melior, quantò magis ad rationem accedit; unde et justitia, quæ est in voluntate, præfertur aliis virtutibus moralibus; et fortitudo, quæ est in irascibili, præfertur temperantiæ. quæ est in concupiscibili, quæ minùs participat rationem, ut patet in 7 Ethic., cap. 6.

Alio modo potest intelligi quæstio in virtute ejusdem speciei; et sic secundùm ea quæ dicta sunt supra, qu. 52, art. 1, cùm de intensionibus habituum ageretur, virtus potest dupliciter dici major et minor : uno modo secundùm seipsam; alio modo ex parte participantis subjecti. Si igitur secundùm seipsam consideretur, magnitudo vel parvitas ejus attenditur secundùm ea ad quæ se extendit. Quicumque autem habet aliquam virtutem, putà temperantiam, habet ipsam quantùm ad omnia ad quæ se temperantia extendit; quod de scientiâ et arte non contingit; non enim quicumque est grammaticus, scit omnia quæ ad grammaticam pertinent. Et secundùm hoc benè dixerunt Stoici, ut Simplicius dicit in Comment. Præd., cap. de Qualit., quòd virtus non recipit magis neque minus, sicut scientia vel ars, eò quòd ratio virtutis consistit in maximo.

Si verò consideretur virtus ex parte subjecti participantis, sic contingit virtutem esse majorem vel minorem, sive secundùm diversa tempora in eodem, sive in diversis hominibus, quia ad attingendum medium virtutis, quod est secundùm rationem rectam, unus est meliùs dispositus quàm alius, vel propter majorem assuetudinem, vel propter meliorem dispositionem naturæ, vel propter perspicacius judicium rationis, aut etiam propter majus gratiæ donum, quod unicuique donatur secundùm mensuram donationis Christi, ut dicitur ad Eph. 4, 7.

Et in hoc deficiebant Stoici, æstimantes nullum esse virtuosum dicendum nisi qui summè fuerit dispositus ad virtutem. Non enim exigitur ad rationem virtutis quòd attingat rectæ rationis medium in indivisibili, sicut Stoici putabant; sed sufficit propè medium esse, ut in 2 Ethic., cap. 6, ante med., dicitur. Idem etiam indivisibile signum unus propinquiùs et promptiùs attingit quàm alius, sicut etiam patet in sagittatoribus trahentibus ad certum signum.

(1) Ita cod. Alcan. et Camer. cum Nicolaio. Edit. Rom. et Patav.: Propter id quod est aliquid imperfectionis, etc.

Ad primum ergo dicendum quòd æqualitas illa non est secundùm quantitatem absolutam, sed est secundùm (1) proportionem intelligenda, quia omnes virtutes proportionaliter crescunt in homine, ut infra dicetur, art. seq.

Ad secundum dicendum quòd illud *ultimum* quod pertinet ad virtutem, potest habere rationem *magis* vel *minùs* boni, secundùm prædictos modos; cùm non sit ultimum indivisibile, ut dictum est in corp. art.

Ad tertium dicendum quòd Deus non operatur secundùm necessitatem naturæ, sed secundùm ordinem suæ sapientiæ, secundùm quam diversam mensuram virtutis hominibus largitur, secundùm illud ad Eph. 4, 7 : *Unicuique nostrûm data est gratia secundùm mensuram donationis Christi.*

ARTICULUS II. — *Utrùm omnes virtutes simul in eodem existentes sint æquales.* — (*Sup., art. 1, ad 1, et inf., quæst. 73, art. 2, ad 3, et 2, dist. 42, qu. 2, art. 5, ad 6, et 3, dist. 36, art. 4, et Mal. qu. 1, art. 9, et ad 8, et Virt. qu. 5, art. 3.*)

Ad secundùm sic proceditur. 1. Videtur quòd non omnes virtutes in uno et eodem sint æqualiter intensæ. Dicit enim Apostolus 1 ad Cor. 7, 7 : *Unusquisque enim habet proprium donum à Deo, alius quidem sic, alius autem sic.* Non esset autem unum donum magis proprium alicui quàm aliud, si omnes virtutes dono Dei infusas quilibet æqualiter haberet. Ergo videtur quòd non omnes virtutes sint æquales in uno et eodem.

2. Præterea, si omnes virtutes essent æquè intensæ in uno et eodem, sequeretur quòd quicumque excederet aliquem in unâ virtute, excederet ipsum in omnibus aliis virtutibus. Sed hoc patet esse falsum, quia diversi sancti de diversis virtutibus præcipuè laudantur, sicut Abraham de fide, Moyses de mansuetudine, Job de patientiâ; unde de quolibet confessore cantatur in Ecclesiâ : *Non est inventus similis illi, qui conservaret legem Excelsi,* eò quòd quilibet habuit prærogativam alicujus virtutis. Non ergo omnes virtutes sunt æquales in uno et eodem.

3. Præterea, quantò habitus est intensior, tantò homo secundùm ipsum delectabiliùs et promptiùs operatur. Sed experimento patet quòd unus homo delectabiliùs et promptiùs operatur actum unius virtutis quàm actum alterius. Non ergo omnes virtutes sunt æquales in uno et eodem.

Sed contra est quod Augustinus dicit in 6 de Trinit., cap. 4, in princ., quòd *quicumque sunt æquales in fortitudine, æquales sunt in prudentiâ et temperantiâ,* et sic de aliis. Hoc autem non esset, nisi omnes virtutes unius hominis essent æquales. Ergo omnes virtutes unius hominis sunt æquales.

Respondeo dicendum quòd quantitas virtutum, sicut ex dictis patet, art. præc., potest attendi dupliciter : uno modo secundùm rationem speciei ; et sic non est dubium quòd

una virtus unius hominis sit major quàm alia, sicut charitas fide et spe.

Alio modo potest attendi secundùm participationem subjecti, prout scilicet intenditur vel remittitur in subjecto ; et secundùm hoc omnes virtutes unius hominis sunt æquales quâdam æqualitate proportionis, in quantum æqualiter crescunt in homine ; sicut digiti manûs sunt inæquales secundùm quantitatem, sed sunt æquales secundùm proportionem, cùm proportionabiliter augeantur.

Hujusmodi autem æqualitatis oportet eodem modo rationem accipere, sicut et connexionis. Æqualitas enim est quædam connexio unitatum (1) secundùm quantitatem. Dictum est autem supra, qu. 65, art. 1, quòd ratio connexionis virtutum dupliciter assignari potest : uno modo secundùm intellectum eorum qui intelligunt per has quatuor virtutes quatuor conditiones generales virtutum, quarum una simul invenitur cum aliis in quâlibet materiâ ; et sic virtus in quâlibet materiâ non potest æqualis dici, nisi habeat omnes istas conditiones æquales. Et hanc rationem æqualitatis virtutum assignat Augustinus in 6 de Trinit., cap. 4, circ. princ., dicens : *Si dixeris æquales esse istos fortitudine, sed illum præstare prudentiâ, sequitur quòd hujus fortitudo minùs prudens sit, ac per hoc nec fortitudine æquales sint, quando est illius fortitudo prudentior; atque ita de cæteris virtutibus invenies, si omnes eâdem consideratione percurras.*

Alio modo assignata est ratio connexionis virtutum secundùm eos qui intelligunt hujusmodi virtutes habere materias determinatas ; et secundùm hoc ratio connexionis virtutum moralium accipitur ex parte prudentiæ, et ex parte charitatis quantùm ad virtutes infusas ; non autem ex parte inclinationis, quæ est ex parte subjecti, ut supra dictum est, quæst. 65, art. 1 et 2. Sic igitur et ratio æqualitatis virtutum potest accipi ex parte prudentiæ quantùm ad id quod est formale in omnibus virtutibus moralibus. Existente enim ratione æqualiter perfectâ in uno et eodem, oportet quòd proportionaliter secundùm rationem rectam medium constituatur in quâlibet materiâ virtutum. Quantùm verò ad id quod est materiale in virtutibus moralibus, scilicet inclinationem ipsam ad actum virtutis, potest esse unus homo magis promptus ad actum unius virtutis quàm ad actum alterius vel ex naturâ, vel ex consuetudine (2), vel etiam ex gratiæ dono.

Ad primum ergo dicendum quòd verbum Apostoli potest intelligi de donis gratiæ gratis datæ, quæ non sunt communia omnibus, nec omnia æqualia in uno et eodem.

Vel potest dici quòd refertur ad mensuram gratiæ gratum facientis, secundùm quam unus abundat in omnibus virtutibus plus quàm alius, propter majorem abundantiam prudentiæ, vel etiam charitatis, in quâ connectuntur omnes virtutes infusæ.

Ad secundum dicendum quòd unus san-

(1) Ita codd. Alcan. et Camer. cum Nicolaio. Edit. Rom. et Patav. : *Non solùm est secundùm quantitatem absolutam, sed etiam secundùm,* etc.

(1) Ita Nicolaius cum Mss. Al., *virtutum.*
(2) Al., *vel consuetudine.*

ctus laudatur præcipuè de unâ virtute, et alius de aliâ, propter excellentiorem promptitudinem ad actum unius virtutis quàm ad actum alterius.

Et secundùm hoc etiam patet responsio ad tertium.

ARTICULUS III. — *Utrùm virtutes morales præemineant intellectualibus.* — (*Sup., qu. 61, art. 1, ad 3, et inf., qu. 68, art. 7 et 8, corp. et 2-2, quæst. 23, art. 6, ad 1, et quæst. 191, art. 5, corp., et 4, dist. 23, quæst. 3, art. 3, et Virt. quæst. 1, art. 2, corp.*)

Ad tertium sic proceditur. 1. Videtur quòd virtutes morales præemineant intellectualibus. Quod enim magis est necessarium et permanentius, est melius. Sed virtutes morales sunt permanentiores etiam disciplinis, quæ sunt virtutes intellectuales; et sunt etiam magis necessariæ ad vitam humanam. Ergo sunt præferendæ virtutibus intellectualibus.

2. Præterea, de ratione virtutis est quòd bonum faciat habentem. Sed secundùm virtutes morales dicitur homo bonus, non autem secundùm virtutes intellectuales, nisi fortè secundùm solam prudentiam. Ergo virtus moralis est melior quàm virtus intellectualis.

3. Præterea, finis est nobilior his quæ sunt ad finem. Sed, sicut dicitur in 6 Ethic., cap. 12, in med., *virtus moralis facit rectam intentionem finis, prudentia autem facit rectam electionem eorum quæ sunt ad finem.* Ergo virtus moralis est nobilior prudentiâ, quæ est virtus intellectualis circa moralia.

Sed contra, virtus moralis est in rationali per participationem; virtus autem intellectualis in rationali per essentiam, sicut dicitur in 1 Ethic., cap. ult., circ. fin. Sed rationale per essentiam est nobilius quàm rationale per participationem. Ergo virtus intellectualis est nobilior virtute morali.

Respondeo dicendum quòd aliquid potest dici majus vel minus dupliciter: uno modo simpliciter; alio modo secundùm quid. Nihil enim prohibet aliquid esse melius simpliciter, ut philosophari quàm ditari; quod tamen non est melius secundùm quid, id est, necessitatem patienti. Simpliciter autem consideratur unumquodque, quando consideratur secundùm propriam rationem suæ speciei. Habet autem virtus speciem ex objecto, ut ex dictis patet, quæst. 54, art. 2, et quæst. 60, art. 1. Unde, simpliciter loquendo, illa virtus nobilior est quæ habet nobilius objectum. Manifestum est autem quòd objectum rationis est nobilius quàm objectum appetitús; ratio enim apprehendit aliquid in universali, sed appetitus tendit in res quæ habent esse particulare. Unde, simpliciter loquendo, virtutes intellectuales, quæ perficiunt rationem, sunt nobiliores quàm morales, quæ perficiunt appetitum.

Sed si consideretur virtus in ordine ad actum, sic virtus moralis, quæ perficit appetitum, cujus est movere alias potentias ad actum, ut supra dictum est, quæst. 9, art. 1, nobilior est. Et quia virtus dicitur ex eo quòd

est principium alicujus actûs, cùm sit perfectio potentiæ, sequitur etiam quòd ratio virtutis magis competat virtutibus moralibus quàm virtutibus intellectualibus; quamvis virtutes intellectuales sint nobiliores habitus simpliciter.

Ad primum ergo dicendum quòd virtutes morales sunt magis permanentes quàm intellectuales, propter exercitium earum in his quæ pertinent ad vitam communem. Sed manifestum est quòd objecta disciplinarum, quæ sunt necessaria et semper eodem modo se habentia, sunt permanentiora quàm objecta virtutum moralium, quæ sunt quædam particularia agibilia. Quòd autem virtutes morales sint magis necessariæ ad vitam humanam, non ostendit eas esse nobiliores simpliciter, sed quoad hoc; quinimò virtutes intellectuales speculativæ ex hoc ipso quòd non ordinantur ad aliud, sicut utile ordinatur ad finem, sunt digniores. Hoc enim contingit quia secundùm eas quodammodò inchoatur in nobis beatitudo, quæ consistit in cognitione veritatis, sicut supra dictum est, qu. 3, art. 6.

Ad secundum dicendum quòd secundùm virtutes morales dicitur homo bonus simpliciter, et non secundùm intellectuales virtutes, eâ ratione quâ appetitus movet alias potentias ad suum actum, ut supra dictum est, quæst. 9, art. 1, et quæst. 56, art. 3. Unde per hoc etiam non probatur nisi quòd virtus moralis sit melior secundùm quid.

Ad tertium dicendum quòd prudentia non solùm dirigit virtutes morales in eligendo ea quæ sunt ad finem, sed etiam in præstituendo finem. Est autem finis uniuscujusque virtutis moralis attingere medium in propriâ materiâ; quod quidem medium determinatur secundùm rectam rationem prudentiæ, ut dicitur in 2 Ethic., cap. 6, et in 6, cap. ult.

ARTICULUS IV. — *Utrùm justitia sit præcipua inter virtutes morales.* — (*Sup., art. 1, corp., et inf., quæst. 68, art. 7, corp., et 2-2, quæst. 58, art. 12, et quæst. 123, art. 12, et quæst. 140, art. 8, et 3, dist. 35, quæst. 1, art. 3, et 4, dist. 32, quæst. 3, art. 3, corp., et Virt. quæst. 5, art. 3, corp.*)

Ad quartum sic proceditur. 1. Videtur quòd justitia non sit præcipua inter virtutes morales. Majus enim est dare alicui de proprio quàm reddere alicui quod ei debetur. Sed primum pertinet ad liberalitatem, secundum autem ad justitiam. Ergo videtur quòd liberalitas sit major virtus quàm justitia.

2. Præterea, illud videtur esse maximum in unoquoque, quod est perfectissimum in ipso. Sed, sicut dicitur Jacobi 1, 4, *patientia opus perfectum habet.* Ergo videtur quòd patientia sit major quàm justitia.

3. Præterea, magnanimitas operatur magnum in omnibus virtutibus, ut dicitur in 4 Ethic., cap. 3. Ergo magnificat etiam ipsam justitiam. Est igitur major quàm justitia.

Sed contra est quod Philosophus dicit in 5 Ethic., cap. 1, paulò ante fin., quòd *justitia est præclarissima virtutum.*

Respondeo dicendum quòd virtus aliqua secundùm suam speciem potest dici major vel simpliciter, vel secundùm quid. Simpliciter quidem dicitur major, secundùm quòd in eâ majus bonum rationis relucet, ut supra dictum est, art. 1 hujus quæst., et secundùm hoc justitia inter omnes virtutes morales præcellit, tanquàm propinquior rationi. Quod patet et ex subjecto, et ex objecto. Ex subjecto quidem, quia est in voluntate sicut in subjecto; voluntas autem est appetitus rationalis, ut ex dictis patet, quæst. 55, art. 5 et 1 p., quæst. 80. Secundùm autem objectum sive materiam, quia est circa operationes quibus homo ordinatur non solùm in seipso, sed etiam ad alterum. Unde *justitia est præclarissima virtutum*, ut dicitur in 5 Ethic., loc. sup. cit.

Inter alias autem virtutes morales, quæ sunt circa passiones, tantò in unaquâque magis relucet rationis bonum, quantò circa majora motus appetitivus subditur rationi. Maximum autem in his quæ ad hominem pertinent, est vita, à quâ omnia alia dependent. Et ideò fortitudo, quæ appetitivum motum subdit rationi in his quæ ad mortem et vitam pertinent, primum locum tenet inter virtutes morales, quæ sunt circa passiones, tamen ordinatur infra justitiam. Unde Philosophus dicit in 1 Rhet., cap. 9, à princ., quòd *necesse est maximas esse virtutes quæ sunt aliis honoratissimæ : siquidem est virtus potentia benefactiva. Propter hoc fortes et justos maximè honorant. Hæc quidem in bello*, scilicet fortitudo, *hæc autem*, scilicet justitia, *et in bello, et in pace utilis est.*

Post fortitudinem autem ordinatur temperantia, quæ subjicit rationi appetitum circa ea quæ immediatè ordinantur ad vitam vel in eodem secundùm numerum, vel in eodem secundùm speciem, scilicet in cibis et venereis; et sic istæ tres virtutes simul cum prudentiâ dicuntur esse principales etiam dignitate.

Secundùm quid autem dicitur aliqua virtus esse major, secundùm quòd adminiculum vel ornamentum præbet principali virtuti; sicut substantia est simpliciter dignior accidente, aliquod tamen accidens est secundùm quid dignius substantiâ, in quantum perficit substantiam in aliquo esse accidentali.

Ad primum ergo dicendum quòd actus liberalitatis oportet quòd fundetur super actum justitiæ; non enim esset liberalis datio, si non de proprio daret, ut in 2 Polit., cap. 3, circ. med., dicitur. Unde liberalitas sine justitiâ esse non posset, quæ secernit suum à non suo; justitia autem potest esse sine liberalitate. Unde justitia simpliciter est major liberalitate, tanquàm communior, et fundamentum ipsius. Liberalitas autem est secundùm quid major, cùm sit quidam ornatus justitiæ, et supplementum ejus.

Ad secundum dicendum quòd patientia dicitur habere *opus perfectum* in tolerantiâ malorum, in quibus non solùm excludit injustam vindictam, quam etiam excludit justitia; neque solùm odium, quod facit charitas; neque solùm iram, quod facit mansuetudo;

sed etiam excludit tristitiam inordinatam, quæ est radix omnium prædictorum. Et ideò in hoc est perfectior et major, quia in hâc materiâ extirpat radicem; non autem est simpliciter perfectior omnibus aliis virtutibus, quia fortitudo non solùm sustinet molestias absque perturbatione, quod est patientiæ; sed etiam ingerit se eis cùm opus fuerit; unde quicumque est fortis, est patiens; sed non convertitur. Est autem patientia quædam fortitudinis pars.

Ad tertium dicendum quòd magnanimitas non potest esse nisi aliis virtutibus præexistentibus, ut dicitur in 4 Ethic., cap. 3, à princ. Unde comparatur ad alias sicut ornatus earum; et sic secundùm quid est major omnibus aliis, non tamen simpliciter.

ARTICULUS V. — *Utrùm sapientia sit maxima inter virtutes intellectuales.* — (*Sup.*, qu. 57, art. 2, ad 2, et inf., qu. 68, art. 7, corp., et 1 *Eth.*, princ., et lib. 6, lect. 6 et 7.)

Ad quintum sic proceditur. 1. Videtur quòd sapientia non sit maxima inter virtutes intellectuales. Imperans enim majus est eo cui imperat. Sed prudentia videtur imperare sapientiæ; dicitur enim 1 Ethic., cap. 2, quòd *quales* (1) *disciplinarum debitum est esse in civitatibus, et quales unumquodque addiscere, et usquequò, hæc præordinat*, scilicet politica, quæ ad prudentiam pertinet, ut dicitur in 6 Ethic., cap. 8. Cùm igitur inter disciplinas etiam sapientia contineatur, videtur quòd prudentia sit major quàm sapientia.

2. Præterea, de ratione virtutis est quòd ordinet hominem ad felicitatem; est enim virtus *dispositio perfecti ad optimum*, ut dicitur in 7 Physic., text. 17. Sed prudentia est *recta ratio agibilium*, per quæ homo ad felicitatem perducitur; sapientia autem non considerat humanos actus, quibus ad beatitudinem pervenitur. Ergo prudentia est major virtus quàm sapientia.

3. Præterea, quantò cognitio est perfectior, tantò videtur esse major. Sed perfectiorem cognitionem habere possumus de rebus humanis, de quibus est scientia, quàm de rebus divinis, de quibus est sapientia, ut distinguit Augustinus in 14 de Trinit., cap 14, in princ., quia divina incomprehensibilia sunt, secundùm illud Job. 36, 26 : *Ecce Deus magnus vincens scientiam nostram.* Ergo scientia est major virtus quàm sapientia.

4. Præterea, cognitio principiorum est dignior quàm cognitio conclusionum. Sed sapientia concludit ex principiis indemonstrabilibus, quorum est intellectus, sicut et aliæ scientiæ. Ergo intellectus est major virtus quàm sapientia.

Sed contra est quod Philosophus dicit in 6 Ethic., cap. 7, parùm à princ., quòd *sapientia est sicut caput inter virtutes intellectuales.*

Respondeo dicendum quòd, sicut dictum est art. 1 hujus quæst., magnitudo virtutis secundùm suam speciem consideratur ex objecto. Objectum autem sapientiæ præcedit

(1) Al., *quale.*

inter objecta omnium virtutum intellectualium ; considerat enim causam altissimam,
quæ Deus est , ut dicitur in princ. Metaph. ,
cap. 1 et 2. Et quia per causam judicatur de
effectu , et per causam superiorem de causis
inferioribus, inde est quòd sapientia habet
judicium de omnibus aliis virtutibus intellectualibus , et ejus est ordinare omnes ,
et ipsa est quasi architectonica respectu
omnium.

Ad primum ergo dicendum quòd cùm prudentia sit circa res humanas, sapientia verò
circa causam altissimam, *impossibile est quòd
prudentia sit major virtus quàm sapientia,
nisi*, ut dicitur in 6 Ethic. , cap. 7 , parùm à
princ. , *maximum eorum quæ sunt in mundo,
esset homo.* Unde dicendum est, sicut in eodem
lib. dicitur, ibid. , quòd prudentia non imperat ipsi sapientiæ , sed potiùs è converso,
quia *spiritualis judicat omnia, et ipse à ne-
mine judicatur*, ut dicitur 1 ad Corinth. 2, 15.
Non enim prudentia habet se intromittere de
altissimis, quæ considerat sapientia, sed imperat de his quæ ordinantur ad sapientiam,
scilicet quomodò homines debeant ad sapientiam pervenire ; unde in hoc est prudentia,
seu politica ministra sapientiæ ; introducit
enim ad eam, præparans ei viam, sicut ostia-
rius ad regem.

Ad secundum dicendum quòd prudentia
considerat ea quibus pervenitur ad felicitatem ; sed sapientia considerat ipsum objectum
felicitatis, quod est altissimum intelligibile.
Et si quidem esset perfecta consideratio sapientiæ respectu sui objecti, esset perfecta
felicitas in actu sapientiæ. Sed quia actus
sapientiæ in hâc vitâ est imperfectus respectu principalis objecti, quod est Deus, ideò
actus sapientiæ est quædam inchoatio seu
participatio futuræ felicitatis ; et sic propinquiùs se habet ad felicitatem quàm prudentia.

Ad tertium dicendum quòd sicut Philosophus dicit in 1 de Animâ, text. 1, *una notitia
præfertur alteri, aut ex eo quòd est nobilio-
rum, aut propter certitudinem.* Si igitur subjecta sint æqualia in bonitate et nobilitate, illa
quæ est certior, erit major virtus ; sed illa
quæ est minùs certa de altioribus et majoribus, præfertur ei quæ est magis certa de inferioribus rebus. Unde Philosophus dicit in 2
de Cœlo, text. 60, quòd *magnum est de rebus
cœlestibus aliquid posse cognoscere etiam debili
et topicâ ratione;* et in 1 de Partibus animalium, cap. 5, circa princ. , dicit quòd *amabile
est magis parvum aliquid cognoscere de rebus
nobilioribus quàm multa cognoscere de rebus
ignobilioribus.* Sapientia igitur, ad quam pertinet Dei cognitio, homini maximè in statu
hujus vitæ non potest perfectè advenire, ut sit
quasi ejus possessio ; sed hoc solius Dei est,
ut dicitur in 1 Metaph., cap. 2, post med. Sed
tamen illa modica cognitio quæ per sapientiam de Deo haberi potest, omni alii cognitioni præfertur.

Ad quartum dicendum quòd veritas et cognitio principiorum indemonstrabilium dependet ex ratione terminorum. Cognito enim
quid est totum et quid est pars, statim cogno-

scitur quòd omne totum est majus suâ parte.
Cognoscere autem rationem entis et non entis , et totius et partis, et aliorum quæ consequuntur ad ens , ex quibus sicut ex terminis constituuntur principia indemonstrabilia,
pertinet ad sapientiam, quia ens commune
est proprius effectus causæ altissimæ, scilicet Dei. Et ideò sapientia non solùm utitur
principiis indemonstrabilibus, quorum est
intellectus , concludendo ex eis , sicut etiam
aliæ scientiæ , sed etiam judicando de eis,
et disputando contra negantes. Unde sequitur quòd sapientia sit major virtus quàm intellectus.

ARTICULUS VI. — *Utrùm charitas sit maxima
inter virtutes theologicas.* — (2-2, *quæst.* 23,
art. 6, *et quodl.* 30, *art.* 4, *et* 3, *dist.* 33,
quæst. 2, *ad* 3, *et* 2 *cont.*, *cap.* 43, *ad* 13,
et Virt. quæst. 2, *art.* 1, *corp.*, *fin.*, *et
ad* 17, *et art.* 5, *corp.*, *et ad* 4, *et* 1 *Cor.* 13,
lect. 3.)

Ad sextum sic proceditur. 1. Videtur quòd
charitas non sit maxima inter virtutes theologicas. Cùm enim fides sit in intellectu, spes
autem et charitas in vi appetitivâ, ut supra
dictum est, qu. 62, art. 3, videtur quòd fides
comparetur ad spem et charitatem, sicut virtus intellectualis ad moralem. Sed virtus intellectualis est major morali, ut ex dictis patet, art. 3 hujus qu. Ergo fides est major spe
et charitate.

2. Præterea, quod se habet ex additione
ad aliud, videtur esse majus eo. Sed spes,
ut videtur, se habet ex additione ad charitatem : præsupponit enim spes amorem,
ut Augustinus dicit in Enchirid. , cap. 8,
versùs fin.; addit enim quemdam motum pro-
tensionis in rem amatam. Ergo spes est major charitate.

3. Præterea, causa est potior effectu. Sed
fides et spes sunt causa charitatis ; dicitur
enim Matth. 1, in Glossâ (interlin., super illud : *Abraham genuit Isaac*), quòd *fides generat spem, et spes charitatem.* Ergo fides et spes
sunt majores charitate.

Sed contra est quod Apostolus dicit 1 ad
Cor. 13, 13 : *Nunc autem manent fides, spes,
charitas, tria hæc; major autem horum est
charitas.*

Respondeo dicendum quòd, sicut supra dictum est, art. 1 et 3 hujus quæst., magnitudo
virtutis secundùm suam speciem consideratur
ex objecto. Cùm autem tres virtutes theologicæ respiciant Deum sicut proprium objectum, non potest una earum dici major alterâ
ex hoc quòd sit circa majus objectum, sed ex
eo quòd una se habeat propinquiùs ad objectum quàm alia.

Et hoc modo charitas est major aliis : nam
aliæ important in sui ratione quamdam distantiam ab objecto ; est enim fides de non
visis, spes autem de non habitis ; sed amor
charitatis est de eo quod jam habetur ; est
enim amatum quodammodò in amante, et
etiam amans per affectum trahitur ad unionem amati, propter quod dicitur 1 Joan. 4,
16 : *Qui manet in charitate, in Deo manet, et
Deus in eo.*

Ad primum ergo dicendum quòd non hoc modo se habet fides ad spem et charitatem (1), sicut prudentia ad virtutem moralem; et hoc propter duo : primò quidem quia virtutes theologicæ habent objectum, quod est supra animam humanam; sed prudentia et virtutes morales sunt circa ea quæ sunt infra hominem. In his autem quæ sunt supra hominem, nobilior est dilectio quàm cognitio : perficitur enim cognitio, secundùm quòd cognita sunt in cognoscente; dilectio verò, secundùm quòd diligens trahitur ad rem dilectam. Id autem quod est supra hominem, nobilius est in seipso, quàm sit in homine, quia unumquodque est in altero per modum ejus in quo est; è converso autem est in his quæ sunt infra hominem. Secundò quia prudentia moderatur motus appetitivos ad morales virtutes pertinentes; sed fides non moderatur motum appetitivum tendentem in Deum, qui pertinet ad virtutes theologicas, sed solùm ostendit objectum. Motus autem appetitivus in objectum excedit cognitionem humanam, secundùm illud ad Ephes. 3, 19 : *Supereminentem scientiæ charitatem Christi.*

Ad secundum dicendum quòd spes præsupponit amorem ejus quod quis adipisci se sperat, qui est *amor concupiscentiæ;* quo quidem amore magis se amat qui concupiscit bonum, quàm aliquid aliud. Charitas autem importat *amorem amicitiæ,* ad quam pervenitur spe, ut supra dictum est, qu. 42, art. 4.

Ad tertium dicendum quòd causa perficiens est potior suo effectu, non autem causa disponens; sic enim calor ignis esset potior quàm anima, ad quam disponit materiam; quod patet esse falsum. Sic autem fides generat spem, et spes charitatem, secundùm scilicet quòd una disponit ad alteram.

QUÆSTIO LXVII.

DE DURATIONE VIRTUTUM POST HANC VITAM.
— (*In sex articulos divisa.*)

Deinde considerandum est de duratione virtutum post hanc vitam; et circa hoc quæruntur sex : 1° utrùm virtutes morales maneant post hanc vitam; 2° utrùm virtutes intellectuales; 3° utrùm fides; 4° utrùm remaneat spes; 5° utrùm remaneat aliquid fidei vel spei; 6° utrùm maneat charitas.

ARTICULUS PRIMUS. — *Utrùm virtutes morales maneant post hanc vitam.* — (*Inf., art. 2, corp., et ad 1, et quæst. 78, art. 6, corp., et 2-2, quæst. 52, art. 3, ad 2, et 3', dist. 33, quæst. 1, art. 4, et 4, dist. 14, quæst. 1, art. 3, quæst. 3, et Virt., quæst. 5, art. 4.*)

Ad primum sic proceditur. 1. Videtur quòd virtutes morales non maneant post hanc vitam. Homines enim in statu futuræ gloriæ erunt similes Angelis, ut dicitur Matth. 22. Sed ridiculum est in Angelis ponere virtutes morales, ut dicitur in 10 Ethic., cap. 8, circa

med. Ergo neque in hominibus post hanc vitam erunt virtutes morales.

2. Præterea, virtutes morales perficiunt hominem in vitâ activâ. Sed vita activa non manet post hanc vitam; dicit enim Gregorius in 4 Moral., cap. 18, ante med. : *Activæ vitæ opera cum corpore transeunt.* Ergo virtutes morales non manent post hanc vitam.

3. Præterea, temperantia et fortitudo, quæ sunt virtutes morales, sunt irrationalium partium, ut Philosophus dicit in 3 Ethic., cap. 10, in princ. Sed irrationales partes animæ corrumpuntur corrupto corpore, eò quòd sunt actus organorum corporalium. Ergo videtur quòd virtutes morales non maneant post hanc vitam.

Sed contra est quod dicitur Sap. 1, 15, quòd *justitia perpetua est et immortalis.*

Respondeo dicendum quòd, sicut Augustinus dicit in 14 de Trin., cap. 9, à princ., Tullius posuit post hanc vitam quatuor virtutes cardinales non esse, sed in aliâ vitâ homines esse beatos *solâ cognitione naturæ, quâ nihil est melius aut amabilius,* ut Augustinus dicit ibidem, eâ scilicet naturâ quæ creavit omnes naturas. Ipse autem postea determinat hujusmodi quatuor virtutes in futurâ vitâ existere; tamen alio modo.

Ad cujus evidentiam sciendum est quòd in hujusmodi virtutibus aliquid est formale, et aliquid quasi materiale. Materiale quidem est in his virtutibus inclinatio quædam partis appetitivæ ad passiones vel operationes secundùm modum aliquem. Sed quia iste modus determinatur à ratione, ideò formale in omnibus virtutibus est ipse ordo rationis.

Sic igitur dicendum est quòd hujusmodi virtutes morales in futurâ vitâ non manent quantum ad id quod est materiale in eis; non enim habebunt in futurâ vitâ locum concupiscentiæ et delectationes ciborum et venereorum; neque etiam timores et audaciæ circa pericula mortis; neque etiam distributiones et communicationes rerum quæ veniunt in usum præsentis vitæ.

Sed quantùm ad id quod est formale, remanebunt in beatis perfectissimè post hanc vitam, in quantum ratio uniuscujusque rectissima erit circa ea quæ ad ipsum pertinent secundùm statum illum; et vis appetitiva omninò movebitur secundùm ordinem rationis in his quæ ad statum illum pertinent. Unde Augustinus ibidem dicit quòd *prudentia ibi erit sine ullo periculo erroris; fortitudo sine molestiâ tolerandorum malorum; temperantiæ sine repugnatione libidinum; ut prudentia sit nullum bonum Deo præponere vel æquare, fortitudinis, ei firmissimè inhærere; temperantiæ, nullo defectu noxio delectari.* De justitiâ verò manifestum est quem actum ibi habebit, scilicet esse subditum Deo, quia etiam in hâc vitâ ad justitiam pertinet esse subditum superiori.

Ad primum ergo dicendum quòd Philosophus loquitur ibi de hujusmodi virtutibus moralibus quantùm ad id quod materiale est in eis; sicut de justitiâ, quantùm ad communicationes et distributiones; de fortitudine quantùm ad terribilia et pericula; de temperantiâ, quantùm ad concupiscentias pravas.

Et similiter dicendum est ad secundum; ea enim quæ sunt activæ vitæ, materialiter se habent ad virtutes.

Ad tertium dicendum quòd status post hanc vitam est duplex : unus quidem ante resurrectionem, quando animæ erunt à corporibus separatæ; alius autem post resurrectionem, quando animæ iteratò corporibus suis unientur. In illo ergo resurrectionis statu erunt vires irrationales in organis corporis sicut et nunc sunt; unde et poterit in irascibili esse fortitudo, et in concupiscibili temperantia, in quantum utraque vis perfectè erit disposita ad obediendum rationi. Sed in statu ante resurrectionem partes irrationales non erunt actu in animâ, sed solùm radicaliter in essentiâ ipsius, ut in primo dictum est, qu. 77, art. 8; unde nec hujusmodi virtutes erunt in actu nisi in radice, scilicet in ratione et voluntate, in quibus sunt seminaria quædam harum virtutum, ut dictum est ibid.; sed justitia, quæ est in voluntate, etiam actu remanebit; unde specialiter de eâ dictum est in corp., quòd est *perpetua et immortalis*, tum ratione subjecti, quia voluntas incorruptibilis est, tum etiam propter similitudinem actûs, ut priùs dictum est, ibid.

ARTICULUS II. — *Utrùm virtutes intellectuales maneant post hanc vitam.* — (*Inf., quæst. 98, art. 6, ad 2, et 2, dist. 6, art. 4, ad 3, et dist. 34, art. 5, et 3 cont., cap. 21, et Mal. quæst. 2, art. 12, et opusc. 2, cap. 118.*)

Ad secundum sic proceditur. 1. Videtur quòd virtutes intellectuales non maneant post hanc vitam. Dicit enim Apostolus 1 ad Cor. 13, 8, quòd *scientia destruetur*; et ratio est quia *ex parte cognoscimus.* Sed sicut cognitio scientiæ est *ex parte*, id est, imperfecta, ita etiam cognitio aliarum virtutum intellectualium quamdiù hæc vita durat. Ergo omnes virtutes intellectuales post hanc vitam cessabunt.

2. Præterea, Philosophus dicit in Prædicamentis, cap. de Qualit., circa princ., quòd scientia, cùm sit habitus, est qualitas difficilè mobilis : non enim de facili amittitur nisi ex aliquâ forti transmutatione vel ægritudine. Sed nulla est tanta transmutatio corporis humani, sicut per mortem. Ergo scientia et aliæ virtutes intellectuales non manent post hanc vitam.

3. Præterea, virtutes intellectuales perficiunt intellectum ad benè operandum proprium actum. Sed actus intellectûs non videtur esse post hanc vitam, eò quòd *nihil intelligit anima sine phantasmate*, ut dicitur in 3 de Animâ, text. 30; phantasmata autem post hanc vitam non manent, cùm non sint nisi in organis corporeis. Ergo virtutes intellectuales non manent post hanc vitam.

Sed contra est quòd firmior est cognitio universalium et necessariorum quàm particularium et contingentium. Sed in homine remanet post hanc vitam cognitio particula-

rium et contingentium, putà eorum quæ quis facit vel passus est, secundùm illud Luc. 16, 25 : *Recordare quia recepisti bona in vitâ tuâ, et Lazarus similiter mala.* Ergo multò magis remanet cognitio universalium et necessariorum, quæ pertinet ad scientiam et ad alias virtutes intellectuales.

Respondeo dicendum quòd, sicut in primo dictum est, quæst. 79, art. 6, quidam posuerunt quòd species intelligibiles non permanent in intellectu possibili, nisi quamdiù actu intelligit; nec est aliqua conservatio specierum, cessante consideratione actuali, nisi in viribus sensitivis, quæ sunt actus corporalium organorum, scilicet imaginativâ et memorativâ. Hujusmodi autem vires corrumpuntur corrupto corpore; et ideò secundùm hoc scientia nullo modo post hanc vitam remanebit corpore corrupto, neque aliqua alia intellectualis virtus.

Sed hæc opinio est contra sententiam Aristotelis, qui in 3 de Animâ, text. 8, dicit quòd *intellectus possibilis est in actu, cùm sit singula, sicut sciens; cùm tamen sit in potentiâ ad considerandum in actu.* Est etiam contra rationem, quia species intelligibiles recipiuntur in intellectu possibili immobiliter secundùm modum recipientis; unde et intellectus possibilis dicitur *locus specierum*, quasi species intelligibiles conservans. Sed phantasmata, ad quæ respiciendo homo intelligit in hâc vitâ, applicando ad ipsa species intelligibiles, ut in primo dictum est, quæst. 85, art. 1 et 2, corrupto corpore corrumpuntur.

Unde quantùm ad ipsa phantasmata quæ sunt quasi materialia in virtutibus intellectualibus, virtutes intellectuales destruuntur destructo corpore; sed quantùm ad species intelligibiles, quæ sunt in intellectu possibili, virtutes intellectuales manent. Species autem se habent in virtutibus intellectualibus sicut formales. Unde intellectuales virtutes manent post hanc vitam quantùm ad id quod est formale in eis, non autem quantùm ad id quod est materiale, sicut et de moralibus dictum est art. præc.

Ad primum ergo dicendum quòd verbum Apostoli est intelligendum quantùm ad id quod est materiale in scientiâ, et quantùm ad modum intelligendi, quia scilicet neque phantasmata remanebunt destructo corpore, neque erit usus scientiæ per conversionem ad phantasmata.

Ad secundum dicendum quòd per ægritudinem corrumpitur habitus scientiæ quantùm ad id quod est materiale in eo, scilicet quantùm ad phantasmata; non autem quantùm ad species intelligibiles, quæ sunt in intellectu possibili.

Ad tertium dicendum quòd anima separata post mortem habet alium modum intelligendi quàm per conversionem ad phantasmata, ut in primo dictum est, quæst. 89, art. 1, et sic scientia manet; non tamen secundùm eumdem modum operandi, sicut et de virtutibus moralibus dictum est art. præc.

ARTICULUS III. — *Utrùm fides maneat post hanc vitam.* — (*Inf., art.* 5, *et* 2-2, *quæst.* 4, *art.* 4, *et ad* 1, *quæst.* 18, *art.* 2, *corp., fin., et quæst.* 7, *art.* 3, *ad* 3, *dist.* 31, *art.* 1, *quæst.* 2 *et* 3, *et Ver. quæst.* 27, *art.* 5, *ad* 6, *fin., et Virt. quæst.* 5, *art.* 4, *ad* 10.)

Ad tertium sic proceditur. 1. Videtur quòd fides maneat post hanc vitam. Nobilior enim est fides quàm scientia. Sed scientia manet post hanc vitam, ut dictum est art. præc. Ergo et fides.

2. Præterea, 1 ad Cor. 3, 11, dicitur : *Fundamentum aliud nemo potest ponere, præter id quod positum est, quod est Christus Jesus,* id est, fides Christi Jesu. Sed, sublato fundamento, non remanet id quod superædificatur. Ergo, si fides non remanet post hanc vitam, nulla alia virtus remaneret.

3. Præterea, cognitio fidei et cognitio gloriæ differunt secundùm perfectum et imperfectum. Sed cognitio imperfecta potest esse simul cum cognitione perfectâ; sicut in Angelo simul potest esse cognitio vespertina cum cognitione matutinâ; et aliquis homo potest simul habere de eâdem conclusione . scientiam per syllogismum demonstrativum, et opinionem per syllogismum dialecticum. Ergo etiam fides simul esse potest post hanc vitam cum cognitione gloriæ.

Sed contra est quod Apostolus dicit 2 ad Cor. 5, 6 : *Quamdiù sumus in corpore, peregrinamur à Domino; per fidem enim ambulamus, et non per speciem.* Sed illi qui sunt in gloriâ, non peregrinantur à Domino, sed sunt ei præsentes. Ergo fides non manet post hanc vitam in gloriâ.

Respondeo dicendum quòd oppositio est per se, et propria causa quod unum oppositum excludatur ab alio, in quantum scilicet in omnibus oppositis includitur oppositio affirmationis et negationis. Invenitur autem in quibusdam oppositio secundùm contrarias formas, sicut in coloribus album et nigrum; in quibusdam autem secundùm perfectum et imperfectum; unde in alterationibus *magis* et *minus* accipiuntur ut contraria, ut cùm de minùs calido fit magis calidum, ut dicitur in 5 Physic. , text. 19. Et quia perfectum et imperfectum opponuntur, impossibile est quòd simul secundùm idem sit perfectio et imperfectio. Est autem considerandum quòd imperfectio quidem est de ratione rei, et pertinet ad speciem ipsius, sicut defectus rationis pertinet ad rationem speciei equi vel bovis; et quia unum et idem numero manens non potest transferri de unâ specie in aliam, inde est quòd tali imperfectione sublatâ, tollitur species rei, sicut jam non esset bos vel equus, si esset rationalis. Quandoque verò imperfectio non pertinet ad rationem speciei, sed accidit individuo secundùm aliquid aliud; sicut alicui homini quandoque accidit defectus rationis, in quantum impeditur in eo rationis usus propter somnum, vel ebrietatem, vel aliquid hujusmodi. Patet autem quòd tali imperfectione remotâ, nihilominùs substantia remanet.

Manifestum est autem quòd imperfectio

cognitionis est de ratione fidei, ponitur enim in ejus definitione; fides enim est *substantia sperandarum rerum, argumentum non apparentium,* ut dicitur ad Hebr. 11, 1, et Augustinus dicit, tract. 40 in Joan., à med. : *Quid est fides? credere quod non vides.* Quòd autem cognitio sit sine apparitione vel visione, hoc ad imperfectionem cognitionis pertinet; et sic imperfectio cognitionis est de ratione fidei. Unde manifestum est quòd fides non potest esse perfecta cognitio eadem numero manens.

Sed ulteriùs considerandum est utrùm simul possit esse cum cognitione perfectâ; nihil enim prohibet aliquam cognitionem imperfectam simul esse aliquando cum cognitione perfectâ. Est igitur considerandum quòd cognitio potest esse imperfecta tripliciter : uno modo ex parte objecti cognoscibilis; alio modo ex parte medii; tertio modo ex parte subjecti. Ex parte quidem objecti cognoscibilis differunt secundùm perfectum et imperfectum cognitio matutina et vespertina in Angelis; nam cognitio matutina est de rebus secundùm quòd habent esse in Verbo; cognitio autem vespertina est de iis, secundùm quòd habent esse in propriâ naturâ, quod est imperfectum respectu primi esse. Ex parte verò medii differunt secundùm perfectum et imperfectum cognitio quæ est de aliquâ conclusione per medium demonstrativum, et per medium probabile. Ex parte verò subjecti differunt secundùm perfectum et imperfectum opinio, fides et scientia. Nam de ratione opinionis est quòd accipiatur unum cum formidine alterius oppositi; unde non habet firmam inhæsionem. De ratione verò scientiæ est quòd habeat firmam inhæsionem cum visione intellectivâ; habet enim certitudinem procedentem ex intellectu principiorum. Fides autem medio modo se habet; excedit enim opinionem in hoc quòd habet firmam inhæsionem; deficit verò à scientiâ in eo quòd non habet visionem.

Manifestum est autem quòd perfectum et imperfectum non possunt simul esse secundùm idem; sed ea quæ differunt secundùm perfectum et imperfectum, secundùm aliquid idem possunt simul esse in aliquo alio eodem. Sic igitur cognitio perfecta et imperfecta ex parte objecti nullo modo possunt esse de eodem objecto; possunt tamen convenire in eodem medio et in eodem subjecto. Nihil enim prohibet quòd unus homo simul et semel per unum et idem medium habeat cognitionem de duobus, quorum unum est perfectum, et aliud imperfectum, sicut de sanitate et ægritudine, et bono et malo. Similiter etiam impossibile est quòd cognitio perfecta et imperfecta ex parte medii conveniant in uno medio; sed nihil prohibet quin conveniant in uno objecto et in uno subjecto; potest enim unus homo cognoscere eamdem conclusionem per medium probabile et demonstrativum. Et similiter est impossibile quòd cognitio perfecta et imperfecta ex parte subjecti sint simul in eodem subjecto. Fides autem in sui ratione habet imperfectionem quæ est ex parte subjecti, ut scilicet credens non videat id quod credit; beatitudo autem de sui ratione habet perfectionem ex parte subjecti, ut scilicet beatus videat id quo beatificatur, ut supra dictum est, quæst. 3, art. 8. Unde manifestum est quòd impossibile est quòd fides maneat simul cum beatitudine in eodem subjecto.

Ad primum ergo dicendum quòd fides est nobilior quàm scientia ex parte objecti, quia ejus objectum est veritas prima; sed scientia habet perfectiorem modum cognoscendi, quia non repugnat perfectioni beatitudinis, scilicet visioni, sicut repugnat ei modus fidei.

Ad secundum dicendum quòd fides est *fundamentum* quantùm ad id quod habet de cognitione; et ideò, quando perficietur cognitio, erit perfectius fundamentum.

Ad tertium patet solutio ex his quæ supra dicta sunt in corp. art.

ARTICULUS IV. — *Utrùm spes maneat post mortem in statu gloriæ.* — (1-2, quæst. 18, art. 2, et 3, dist. 31, quæst. 2, art. 1, quæst. 2, et Virt. quæst. 4, art. 4.)

Ad quartum sic proceditur. 1. Videtur quòd spes maneat post mortem in statu gloriæ. Spes enim nobiliori modo perficit appetitum humanum quàm virtutes morales. Sed virtutes morales manent post hanc vitam, ut patet per Augustinum in 14 de Trin., cap. 9, à med. Ergo multò magis spes.

2. Præterea, spei opponitur timor. Sed timor manet post hanc vitam; et in beatis quidem timor filialis, qui manet in seculum; et in damnatis timor pœnarum. Ergo spes pari ratione potest permanere.

3. Præterea, sicut spes est futuri boni, ita et desiderium. Sed in beatis est desiderium futuri boni et quantùm ad gloriam corporis, quàm animæ beatorum desiderant, ut dicit Augustinus 12 super Genes. ad litter., cap. 35, et etiam quantùm ad gloriam animæ, secundùm illud Eccli. 24, 29 : *Qui edunt me, adhuc esurient; et qui bibunt me, adhuc sitient* : et 1 Petr. 1, 12, dicitur : *In quem desiderant Angeli prospicere.* Ergo videtur quòd possit esse spes post hanc vitam in beatis.

Sed contra est quod Apostolus dicit Rom. 8, 24 : *Quod videt quis, quid sperat?* Sed beati vident id quod est objectum spei, scilicet Deum. Ergo non sperant.

Respondeo dicendum quòd, sicut dictum est art. præc., id quod de ratione sui importat imperfectionem subjecti, non potest simul stare cum subjecto oppositâ perfectione perfecto; sicut patet quòd motus in ratione sui importat imperfectionem subjecti; est enim *actus existentis in potentiâ, in quantum hujusmodi*; unde quando illa potentia reducitur ad actum, jam cessat motus, non enim adhuc albatur, postquàm jam aliquid factum est album. Spes autem importat motum quemdam in id quod non habetur, ut patet ex his quæ supra de passione spei diximus, quæst. 40, art. 1 et 2. Et ideò, quando habetur id quod speratur, scilicet divina fruitio, jam spes esse non poterit.

Ad primum ergo dicendum quòd spes est nobilior virtutibus moralibus quantùm ad objectum, quod est Deus; sed actus virtutum moralium non repugnant perfectioni beatitudinis, sicut actus spei, nisi fortè ratione materiæ, secundùm quam non manent. Non enim virtus moralis perficit appetitum solum in id quod nondùm habetur, sed etiam circa id quod præsentialiter habetur.

Ad secundum dicendum quòd duplex est timor : servilis et filialis, ut infra dicetur, 2-2, qu. 19, art. 2. Servilis quidem est timor pœnæ, qui non poterit esse in gloriâ, nullâ possibilitate ad pœnam remanente. Timor verò filialis habet duos actus, scilicet revereri Deum; et quantùm ad hunc actum manet; et timere separationem ab ipso et quantùm ad hunc actum non manet. Separari enim à Deo habet rationem mali; nullum autem malum ibi timebitur, secundùm illud Prov. 1, 33 : *Abundantiâ perfruetur, malorum timore sublato.* Timor autem opponitur spei per oppositionem boni et mali, ut supra dictum est, quæst. 40, art. 1, et ideò timor qui re manet in gloriâ, non opponitur spei. In damnatis autem magis potest esse timor pœnæ quàm in beatis spes gloriæ; quia in damnatis erit successio pœnarum; et sic remanet ibi ratio futuri, quod est objectum timoris. Sed gloria sanctorum est absque successione secundùm quamdam æternitatis participationem, in quâ non est præteritum et futurum, sed solùm præsens. Et tamen nec etiam in damnatis est propriè timor; nam sicut supra dictum est, quæst. 42, art. 2, timor nunquàm est sine aliquâ spe evasionis; quæ omninò in damnatis non erit; unde nec in illis etiam erit timor, nisi communiter loquendo, secundùm quòd quælibet expectatio mali futuri dicitur timor.

Ad tertium dicendum quòd quantùm ad gloriam animæ non potest esse in beatis desiderium, secundùm quòd respicit futurum, ratione jam dictâ in corp. et quæst. 33, art. 2. Dicitur autem ibi esse esuries et sitis per remotionem fastidii; et eâdem ratione dicitur esse desiderium in Angelis. Respectu autem gloriæ corporis in animabus sanctorum potest quidem esse desiderium, non tamen spes, propriè loquendo; neque secundùm quòd spes est virtus theologica (sic enim ejus objectum est Deus, non autem aliquod bonum creatum); neque secundùm quòd communiter sumitur, quia objectum spei est arduum, ut supra dictum est, qu. 40, art. 1. Bonum autem, cujus jam inevitabilem causam habemus, non comparatur ad nos in ratione ardui; unde non propriè dicitur aliquis qui habet argentum, sperare se habiturum aliquid quod statim in potestate ejus est ut emat; et similiter illi qui habent gloriam animæ, non propriè dicuntur sperare gloriam corporis, sed solùm desiderare.

ARTICULUS V. — *Utrùm aliquid fidei vel spei remaneat in gloriâ.* — (3, dist. 31, quæst. 2, art. 1, quæst. 1 et 3, et Ver. quæst. 34, art. 5, ad 6, et Virt. quæst. 5, art. 14, ad 10.)

Ad quintum sic proceditur. 1. Videtur quòd aliquid fidei vel spei remaneat in gloriâ. Remoto enim quod est proprium, remanet id quod est commune, sicut dicitur in lib. de

Causis, propos. 1, quòd remoto rationali, remanet vivum; et remoto vivo, remanet ens. Sed in fide est aliquid quod habet commune cum beatitudine, scilicet ipsa cognitio; aliquid autem quod est sibi proprium, scilicet ænigma, est enim fides cognitio ænigmatica. Ergo, remoto ænigmate fidei, adhuc remanet ipsa cognitio fidei.

2. Præterea, fides est quoddam spirituale lumen animæ, secundùm illud Eph. 1, 18: *Illuminatos oculos cordis vestri in agnitionem Dei.* Sed hoc lumen est imperfectum respectu luminis gloriæ, de quo dicitur in Psalm. 35, 10: *In lumine tuo videbimus lumen.* Lumen autem imperfectum remanet, superveniente lumine perfecto; non enim candela extinguitur, claritate solis superveniente. Ergo videtur quòd ipsum lumen fidei maneat cum lumine gloriæ.

3. Præterea, substantia habitûs non tollitur per hoc quòd subtrahitur materia; potest enim homo habitum liberalitatis retinere, etiam amissâ pecuniâ; sed actum habere non potest. Objectum autem fidei est veritas prima non visa. Ergo, hoc remoto per hoc quòd videtur veritas prima, adhuc potest remanere ipse habitus fidei.

Sed contra est quòd fides est quidam habitus simplex. Simplex autem vel totum tollitur, vel totum remanet. Cùm igitur fides non totaliter maneat, sed evacuetur, ut dictum est art. 3 hujus quæst., videtur quòd totaliter tollatur.

Respondeo dicendum quòd quidam dixerunt quòd spes totaliter tollitur; fides autem partim tollitur, scilicet quantùm ad ænigma; et partim manet, scilicet quantùm ad substantiam cognitionis.

Quod quidem si sic intelligitur, quòd maneat non idem numero, sed idem genere, verissimè dictum est. Fides enim cum visione patriæ convenit in genere, quod est cognitio; spes autem non convenit cum beatitudine in genere; comparatur enim spes ad beatitudinis fruitionem sicut motus ad quietem in termino.

Si autem intelligatur quòd eadem numero cognitio quæ est fidei, maneat in patriâ, hoc est omninò impossibile. Non enim, remotâ differentiâ alicujus speciei, remanet substantia generis eadem numero; sicut remotâ differentiâ constitutivâ albedinis, non remanet eadem substantia coloris numero; ut sic idem color numero sit quandoque albedo, quandoque verò nigredo. Non enim comparatur genus ad differentiam, sicut materia ad formam, ut remaneat substantia generis eadem numero differentiâ remotâ; sicut remanet eadem numero substantia materiæ, remotâ formâ. Genus enim et differentia non sunt partes speciei (1); sed sicut species significat totum, id est, compositum ex materiâ et formâ in rebus materialibus, ita differentia significat totum, et similiter genus; sed genus denominat totum ab eo quod est sicut materia, differentia verò ab eo quod est sicut forma, species verò ab utroque; sicut in homine sensitiva natura materialiter se habet ad intellectivam; animal

autem dicitur, quod habet naturam sensitivam; rationale, quod habet intellectivam; homo, quod habet utrumque : et sic idem totum significatur per hæc tria, sed non ab eodem. Unde patet quòd cùm differentia non sit nisi designativa generis, remotâ differentiâ, non potest substantia generis eadem remanere; non enim remanet eadem animalitas, si sit alia anima constituens animal. Unde non potest esse quòd eadem numero cognitio quæ priùs fuit ænigmatica, postea fiat visio aperta. Et sic patet quòd nihil idem numero vel specie, quod est in fide, remanet in patriâ, sed solùm idem genere.

Ad primum ergo dicendum quòd, remoto rationali, non remanet vivum idem numero, sed idem genere, ut ex dictis patet in corp. art.

Ad secundum dicendum, quòd imperfectio luminis candelæ non opponitur perfectioni solaris luminis, quia non respiciunt idem subjectum; sed imperfectio fidei et perfectio gloriæ opponuntur ad invicem, et respiciunt idem subjectum (1): unde non possunt esse simul, sicut nec claritas aeris cum obscuritate ejus.

Ad tertium dicendum quòd ille qui amittit pecuniam, non amittit possibilitatem habendi pecuniam; et ideò convenienter remanet habitus liberalitatis. Sed in statu gloriæ non solùm actu tollitur objectum fidei, quod est non visum, sed etiam secundùm possibilitatem, propter beatitudinis stabilitatem; et ideò frustra talis habitus remaneret.

ARTICULUS VI.—*Utrùm remaneat charitas post hanc vitam in gloriâ.*—(Inf., quæst. 3, art. 3, ad 2, et 3, dist. 31, quæst. 2, et Ver. quæst. 27, art. 5, ad 6, et Virt. quæst. 2, art. 12, ad 20.)

Ad sextum sic proceditur. 1. Videtur quòd charitas non maneat post hanc vitam in gloriâ, quia, ut dicitur 1 ad Corinth. 13, 10, *cùm venerit quod perfectum est, evacuabitur quod ex parte est,* id est, quod est imperfectum. Sed charitas viæ est imperfecta. Ergo evacuabitur, adveniente perfectione gloriæ.

2. Præterea, habitus et actus distinguuntur secundùm objecta. Sed objectum amoris est bonum apprehensum. Cùm ergo alia sit apprehensio præsentis vitæ, et alia apprehensio futuræ vitæ, videtur quòd non maneat eadem charitas utrobique.

3. Præterea, eorum quæ sunt unius rationis, imperfectum potest venire ad æqualitatem perfectionis (2) per continuum augmentum. Sed charitas viæ nunquàm potest pervenire ad æqualitatem charitatis patriæ, quantùmcumque augeatur. Ergo videtur quòd charitas viæ non remaneat in patriâ.

Sed contra est quod Apostolus dicit 1 ad Cor. 13, 8: *Charitas nunquàm excidit.*

Respondeo dicendum quòd, sicut supra dictum est, art. 3 hujus quæst., quando imperfectio alicujus rei non est de ratione speciei ipsius, nihil prohibet idem numero quod priùs fuit imperfectum, postea perfectum esse, sicut homo per augmentum perficitur, et albedo

---

(1) Nicol. addit : *Alioquin non prædicarentur de specie.*

(1) AL, *objectum.*
(2) An *perfectioris?*

per intensionem. Charitas autem est amor, de cujus ratione non est aliqua imperfectio; potest enim esse et habiti et non habiti, et visi et non visi. Unde charitas non evacuatur per gloriæ perfectionem, sed eadem numero manet.

Ad primum ergo dicendum quòd imperfectio charitatis per accidens se habet ad ipsam, quia non est de ratione amoris imperfectio. Remoto autem eo quod est per accidens, nihilominùs remanet substantia rei. Unde, evacuatâ imperfectione charitatis, non evacuatur ipsa charitas.

Ad secundum dicendum quòd charitas non habet pro objecto ipsam cognitionem; sic enim non esset eadem in viâ et in patriâ; sed habet pro objecto ipsam rem cognitam, quæ est eadem, scilicet ipsum Deum.

Ad tertium dicendum quòd charitas viæ per augmentum non potest pervenire ad æqualitatem charitatis patriæ, propter differentiam quæ est ex parte causæ. Visio enim est quædam causa amoris, ut dicitur in 9 Ethic., cap. 5, à princ.; Deus autem quantò perfectiùs cognoscitur, tantò perfectiùs amatur.

QUÆSTIO LXVIII.

DE DONIS. — *(In octo articulos divisa.)*

Consequenter considerandum est de donis; et circa hoc quæruntur octo : 1° utrùm dona differant à virtutibus; 2° de necessitate donorum; 3° utrùm dona sint habitus; 4° quæ et quot sint; 5° utrùm dona sint connexa; 6° utrùm maneant in patriâ; 7° de comparatione eorum ad invicem; 8° de comparatione eorum ad virtutes.

ARTICULUS PRIMUS. — *Utrùm dona differant à virtutibus.*

Ad primum sic proceditur. 1. Videtur quòd dona non distinguantur à virtutibus. Gregorius enim, in 1 Moral., cap. 12, in princ., exponens illud Job 1 : *Nati sunt ei septem filii,* dicit : *Septem nobis nascuntur filii, cùm per conceptionem bonæ cogitationis sancti Spiritûs septem in nobis virtutes oriuntur;* et inducit illud quod habetur Isa 11, 2 : *Requiescet super eum spiritus... intellectûs,* etc., ubi enumerantur septem Spiritûs sancti dona. Ergo septem dona Spiritûs sancti sunt virtutes.

2. Præterea, Augustinus, in lib. 1 de Quæstionibus evangel., quæst. 8, exponens illud quod habetur Matth. 12 : *Tunc vadit, et assumit septem alios spiritus,* etc., dicit : *Septem vitia sunt contraria septem virtutibus Spiritûs sancti,* id est, septem donis. Sunt autem septem vitia contraria virtutibus communiter dictis. Ergo dona non distinguuntur à virtutibus communiter dictis.

3. Præterea, quorum est definitio eadem, ipsa quoque sunt eadem. Sed definitio virtutis convenit donis; unumquodque enim donum est *bona qualitas mentis, quâ rectè vivitur,* etc. Similiter definitio doni convenit virtutibus infusis : est enim donum *datio irreddibilis,* secundùm Philosophum, lib. 4 Top., cap. 4, loc. 59. Ergo virtutes et dona non distinguuntur.

4. Præterea, plures eorum quæ numerantur inter dona, sunt virtutes; nam, sicut supra dictum est, quæst. 57, art. 2, sapientia, et intellectus, et scientia sunt virtutes intellectuales; consilium ad prudentiam pertinet; pietas autem species est justitiæ; fortitudo autem quædam virtus est moralis. Ergo videtur quòd dona et virtutes non distinguantur.

Sed contra est quòd Gregorius, in 1 Moral., cap. 12, distinguit septem dona, quæ dicit significari per septem filios Job, à tribus virtutibus theologicis, quas dicit significari per tres filias Job; et in 2 Moral., cap. 26, ante med., distinguit eadem septem dona à quatuor virtutibus cardinalibus, quas dicit significari per quatuor angulos domûs.

Respondeo dicendum quòd si loquamur de dono et virtute secundùm nominis rationem, sic nullam oppositionem habent ad invicem. Nam ratio virtutis sumitur, secundùm quòd perficit hominem ad benè agendum, ut supra dictum est, quæst. 55, art. 3 et 4. Ratio autem doni sumitur secundùm comparationem ad causam à quâ est. Nihil autem prohibet, illud quod est ab alio ut donum, esse perfectivum alicujus ad benè operandum; præsertim cùm supra dixerimus, quæst. 63, art. 3, quòd virtutes quædam nobis sunt infusæ à Deo. Unde secundùm hoc donum à virtute distingui non potest.

Et ideò quidam posuerunt quòd dona non essent à virtutibus distinguenda. Sed eis remanet non minor difficultas, ut scilicet rationem assignent quare quædam virtutes dicantur et non omnes; et quare aliquæ computentur inter dona, quæ non computantur inter virtutes, ut patet de timore.

Unde alii dixerunt dona à virtutibus esse distinguenda; sed non assignaverunt convenientem distinctionis causam, quæ scilicet ita communis esset virtutibus, quod nullo modo donis, aut è converso. Considerantes enim aliqui quòd inter septem dona quatuor pertinent ad rationem, scilicet *sapientia, scientia, intellectus et consilium,* et tria ad vim appetitivam, scilicet *fortitudo, pietas et timor,* posuerunt quòd dona perficiebant liberum arbitrium, secundùm quòd est facultas rationis; virtutes verò, secundùm quòd est facultas voluntatis : quia invenerunt duas solas virtutes in ratione vel intellectu, scilicet fidem et prudentiam; alias verò in vi appetitivâ, vel affectivâ. Oporteret autem, si hæc distinctio esset conveniens, quòd omnes virtutes essent in vi appetitivâ, et omnia dona in ratione.

Quidam verò considerantes quòd Gregorius dicit in 2 Moral., cap. 26, ante med., quòd *donum Spiritûs sancti, quod in mente sibi subjectâ format prudentiam, temperantiam, justitiam et fortitudinem, eamdem mentem munit contra singula tentamenta per septem dona,* dixerunt quòd virtutes ordinantur ad benè operandum, dona verò ad resistendum tentationibus. Sed nec ista distinctio sufficit, quia etiam virtutes tentationibus resistunt inducentibus ad peccata, quæ contrariantur virtutibus; unumquodque enim resistit naturaliter suo contrario; quod præcipuè patet de charitate, de quâ dicitur Cant. 8,

7 : Aquæ multæ non potuerunt exstinguere charitatem.

Alii verò considerantes quòd ista dona traduntur in Scripturâ, secundùm quòd fuerunt in Christo, ut patet Isa. 11, dixerunt quòd virtutes ordinantur simpliciter ad benè operandum; sed dona ordinantur ad hoc ut per ea conformemur Christo, præcipuè quantùm ad ea quæ passus est, quia in passione ejus præcipuè hujusmodi dona resplenduerunt. Sed hoc etiam non videtur esse sufficiens, quia ipse Dominus præcipuè nos inducit ad sui conformitatem, secundùm humilitatem et mansuetudinem, Matth. 11, 29 : *Discite à me quia mitis sum et humilis corde*, et secundùm charitatem, Joan. 15, 12 : *Diligatis invicem, sicut dilexi vos.* Et hæ etiam virtutes præcipuè in passione Christi resplenduerunt.

Et ideò ad distinguendum dona à virtutibus debemus sequi modum loquendi Scripturæ, in quâ nobis traduntur, non quidem sub nomine donorum, sed magis sub nomine spirituum. Sic enim dicitur Isai. 11, 2 : *Requiescet super eum spiritus sapientiæ et intellectûs, etc.* Ex quibus verbis manifestè datur intelligi quòd ista septem enumerantur ibi, secundùm quòd sunt in nobis ab inspiratione divinâ. Inspiratio autem significat quamdam motionem ab exteriori. Est enim considerandum quòd in homine est duplex principium movens : unum quidem interius, quod est ratio; aliud autem exterius, quod est Deus, ut supra dictum est, quæst. 9, art. 4 et 6; et etiam Philosophus dicit hoc in cap. de bonâ Fortunâ, scilicet cap. 8 libri 7 magn. Moral., à princ. Manifestum est autem quòd omne quod movetur, necesse est proportionatum esse motori; et hæc est perfectio mobilis, in quantum est mobile, dispositio quâ disponitur ad hoc quòd benè moveatur à suo motore. Quantò igitur movens est altior, tantò necesse est quòd mobile perfectiori dispositione ei proportionetur; sicut videmus quòd perfectiùs oportet esse discipulum dispositum ad hoc quòd altiorem doctrinam capiat à doctore. Manifestum est autem quòd virtutes humanæ perficiunt hominem, secundùm quòd homo natus est moveri per rationem in his quæ interiùs vel exteriùs agit. Oportet igitur inesse homini altiores perfectiones, secundùm quas sit dispositus ad hoc quòd divinitùs moveatur; et istæ perfectiones vocantur dona, non solùm quia infunduntur à Deo, sed quia secundùm ea homo disponitur ut efficiatur promptè mobilis ab inspiratione divinâ, sicut dicitur Isa. 50, 5 : *Dominus aperuit mihi aurem; ego autem non contradico, retrorsùm non abii;* et Philosophus etiam dicit in cap. de bonâ Fortunâ, loc. sup. cit. (implic.), quòd *his qui moventur per instinctum divinum, non expedit consiliari secundùm rationem humanam, sed quòd sequantur interiorem instinctum, quia moventur à meliori principio quàm sit ratio humana.* Et hoc est quod quidam dicunt quòd dona perficiunt hominem ad altiores actus quàm sint actus virtutum.

Ad primum ergo dicendum quòd hujusmodi dona nominantur quandoque *virtutes* secundùm communem rationem virtutis;

habent tamen aliquid superveniens (1) rationi communi virtutis, in quantum sunt quædam divinæ virtutes perficientes hominem, in quantum est à Deo motus. Unde et Philosophus in 7 Ethic., cap. 1, supra virtutem communem ponit quamdam virtutem heroicam vel divinam, secundùm quam dicuntur aliqui *divini* viri.

Ad secundum dicendum quòd vitia, in quantum sunt contra bonum rationis, contrariantur virtutibus; in quantum autem sunt contra divinum instinctum, contrariantur donis; idem enim contrariatur Deo et rationi, cujus lumen à Deo derivatur.

Ad tertium dicendum quòd definitio illa datur de virtute secundùm communem modum virtutis. Unde si volumus definitionem restringere ad virtutes, prout distinguuntur à donis, dicemus, quòd hoc quod dicitur : *Quâ rectè vivitur*, intelligendum est de rectitudine vitæ quæ accipitur secundùm regulam rationis. Similiter autem donum, prout distinguitur à virtute infusâ, potest dici id quod datur à Deo in ordine ad motionem ipsius, quia scilicet facit hominem benè sequentem suos instinctus.

Ad quartum dicendum quòd sapientia dicitur *intellectualis virtus*, secundùm quòd procedit ex judicio rationis; dicitur autem *donum*, secundùm quòd operatur ex instinctu divino. Et similiter dicendum est de aliis.

ARTICULUS II. — *Utrùm dona homini sint necessaria ad salutem.* — (*Inf., art. 3, ad 1, et 3.*)

Ad secundum sic proceditur. 1. Videtur quòd dona non sint necessaria homini ad salutem. Dona enim ordinantur ad quamdam perfectionem ultra communem perfectionem virtutis. Non autem est homini necessarium ad salutem ut hujusmodi perfectionem consequatur, quæ est ultra communem statum virtutis : quia hujusmodi perfectio non cadit sub præcepto, sed sub consilio. Ergo dona non sunt necessaria homini ad salutem.

2. Præterea, ad salutem hominis sufficit quòd homo se benè habeat et circa divina, et circa humana. Sed per virtutes theologicas homo se habet benè circa divina, per virtutes autem morales circa humana. Ergo dona non sunt homini necessaria ad salutem.

3. Præterea, Gregorius dicit in 2 Moral., cap. 26, à princ., quòd *Spiritus sanctus dat sapientiam contra stultitiam, intellectum contra hebetudinem, consilium contra præcipitationem, fortitudinem contra timorem, scientiam contra ignorantiam, pietatem contra duritiam, humilitatem contra superbiam.* Sed sufficiens remedium potest adhiberi ad omnia ista tollenda per virtutes. Ergo dona non sunt necessaria homini ad salutem.

Sed contra, inter dona summum videtur esse sapientia, infimum autem timor. Utrumque autem horum necessarium est ad salutem; quia de sapientiâ dicitur Sap. 7, 28 : *Neminem diligit Deus nisi eum qui cum sapientiâ inhabitat :* et de timore dicitur Eccli. 1, 28 : *Qui sine timore est, non poterit justificari.* Ergo

(1) Ita cum cod. aliisque editis passim. Codex Tarrac., *supereminens.*

etiam alia dona media sunt necessaria ad salutem.

Respondeo dicendum quòd, sicut dictum est art. præc., dona sunt quædam hominis perfectiones, quibus homo disponitur ad hoc quòd benè sequatur instinctum divinum. Unde in his in quibus non sufficit instinctus rationis, sed est necessarius Spiritûs sancti instinctus, per consequens est necessarium donum.

Ratio autem hominis est perfecta dupliciter à Deo; primo quidem naturali perfectione, secundùm scilicet lumen naturale rationis; alio autem modo quâdam supernaturali perfectione per virtutes theologicas, ut dictum est supra, quæst. 62, art. 1. Et quamvis hæc secunda perfectio sit major quàm prima, tamen prima-perfectio perfectiori modo habetur ab homine quàm secunda; nam prima habetur ab homine quasi plena possessio, secunda autem habetur quasi imperfecta; imperfectè enim diligimus et cognoscimus Deum. Manifestum est autem quòd unumquodque quod perfectè habet naturam, vel formam aliquam, aut virtutem, potest per se secundùm illam operari, non tamen exclusâ operatione Dei, qui in omni naturâ et voluntate interiùs operatur; sed id quod imperfectè habet naturam aliquam, vel formam, aut virtutem, non potest per se operari, nisi ab altero moveatur; sicut sol, quia est perfectè lucidus, per seipsum potest illuminare; luna autem, in quâ est imperfectè natura lucis, non illuminat nisi illuminata. Medicus etiam, qui perfectè novit artem medicinæ, potest per se operari; sed discipulus ejus, qui nondùm est plenè instructus, non potest per se operari, nisi ab eo instruatur. Sic igitur quantùm ad ea quæ subsunt humanæ rationi, in ordine scilicet ad finem connaturalem homini, homo potest operari per judicium rationis; si tamen etiam in hoc homo adjuvetur à Deo per specialem instinctum, hoc erit superabundantis bonitatis. Unde secundùm philosophos, non quicumque habebat virtutes morales acquisitas, habebat virtutes heroicas vel divinas.

Sed in ordine ad finem ultimum supernaturalem, ad quem ratio movet, secundùm quòd est aliqualiter et imperfectè informata per virtutes theologicas, non sufficit ipsa motio rationis, nisi desuper adsit instinctus et motio Spiritûs sancti, secundùm illud Rom. 8, 14 : *Qui spiritu Dei aguntur, hi filii Dei sunt... et hæredes;* et in Psalm. 142, 10, dicitur *Spiritus tuus bonum deducet me in terram rectam;* quia scilicet in hæreditatem illius terræ beatorum nullus potest pervenire nisi moveatur et deducatur à Spiritu sancto. Et ideò ad illum finem consequendum necessarium est homini habere donum Spiritûs sancti.

Ad primum ergo dicendum quòd dona excedunt communem perfectionem virtutum, non quantùm ad genus operum, eo modo quo consilia præcedunt præcepta, sed quantùm ad modum operandi, secundùm quòd movetur homo ab altiori principio.

Ad secundum dicendum quòd per virtutes theologicas et morales non ita perficitur homo in ordine ad ultimum finem, quin semper indigeat moveri quodam superiori instinctu Spiritûs sancti, ratione jam dictâ in corp. art.

Ad tertium dicendum quòd rationi humanæ non sunt omnia cognita neque omnia possibilia, sive accipiatur ut perfecta perfectione naturali, sive accipiatur ut perfecta theologicis virtutibus; unde non potest quantùm ad omnia repellere stultitiam et alia hujusmodi, de quibus ibi fit mentio. Sed ille cujus scientiæ et potestati omnia subsunt, suâ motione ab omni stultitiâ, et ignorantiâ, et hebetudine, et duritiâ, et cæteris hujusmodi nos tutos reddit. Et ideò dona Spiritûs sancti, quæ faciunt nos benè sequentes instinctum ipsius, dicuntur contra hujusmodi defectus dari.

ARTICULUS III. — *Utrùm dona Spiritûs sancti sint habitus.*

Ad tertium sic proceditur. 1. Videtur quòd dona Spiritûs sancti non sint habitus. Habitus enim est qualitas in homine manens; est enim *qualitas difficilè mobilis*, ut dicitur in Prædicamentis, cap. de Qualit., à princ. Sed proprium Christi est quòd dona Spiritûs sancti in eo requiescant, ut dicitur Isa. 11, et Joan. 1, 33, dicitur : *Super quem videris Spiritum descendentem, et manentem super eum, hic est qui baptizat.* Quod exponens Gregorius in 2 Moral., cap. 27, circa med., dicit : *In cunctis fidelibus, Spiritus sanctus venit, sed in solo Mediatore semper singulariter permanet.* Ergo dona Spiritûs sancti non sunt habitus.

2. Præterea, dona Spiritûs sancti perficiunt hominem, secundùm quòd agitur à Spiritu Dei, sicut dictum est, art. 1 et 2 præc. Sed in quantum homo agitur à Spiritu Dei, se habet quodammodò ut instrumentum respectu ejus; non autem convenit ut instrumentum perficiatur per habitum, sed principale agens. Ergo dona Spiritûs sancti non sunt habitus.

3. Præterea, sicut dona Spiritûs sancti sunt ex inspiratione divinâ, ita donum prophetiæ. Sed prophetia non est habitus; non enim spiritus prophetiæ adest prophetis semper, ut Gregorius dicit in primâ hom. super Ezech., aliquant. à princ. Ergo neque etiam dona Spiritûs sancti sunt habitus.

Sed contra est id quod Dominus dicit discipulis de Spiritu sancto loquens, Joan. 14, 17 : *Apud vos manebit, et in vobis erit.* Spiritus autem sanctus non est in hominibus absque donis ejus. Ergo dona ejus manent in hominibus. Ergo non solùm sunt actus vel passiones, sed etiam habitus permanentes.

Respondeo dicendum quòd, sicut dictum est art. 1 hujus quæst., dona sunt quædam perfectiones hominis, quibus disponitur ad hoc quòd homo benè sequatur instinctum Spiritûs sancti. Manifestum est autem ex supra dictis, quæst. 56, art. 4, et quæst. 68, art. 1, quòd virtutes morales perficiunt vim appetitivam, secundùm quòd participat aliqualiter rationem, in quantum scilicet nata est moveri per imperium rationis. Hoc igitur modo dona Spiritûs sancti se habent ad homines in comparatione ad Spritum sanctum, sicut virtutes morales se habent ad vim appetitivam in comparatione ad rationem. Virtutes autem morales habitus quidam sunt, quibus vires appetitivæ disponuntur ad promptè obediendum rationi.

Unde et dona Spiritûs sancti sunt quidam habitus quibus homo perficitur ad promptè obediendum Spiritui sancto

Ad primum ergo dicendum quòd Gregorius, ibidem, lib. 2 Moral., cap. 26, à princ., solvit, dicens quòd in illis donis sine quibus ad vitam perveniri non potest, Spiritus sanctus in electis omnibus semper manet, sed in aliis non semper manet. Septem autem dona sunt necessaria ad salutem, ut dictum est, art. 2 hujus quæst. Unde quantùm ad ea Spiritus sanctus semper manet in sanctis.

Ad secundum dicendum quòd ratio illa procedit de instrumento, cujus non est agere, sed solùm agi. Tale autem instrumentum non est homo, sed sic agitur à Spiritu sancto, quod etiam agit, in quantum est liberi arbitrii; unde indiget habitu.

Ad tertium dicendum quòd prophetia est de donis quæ sunt ad manifestationem Spiritûs, non autem ad necessitatem salutis. Unde non est simile.

ARTICULUS IV. — Utrùm convenienter septem dona Spiritûs sancti enumerentur. — (2-2, quæst. 8, art. 6, et 3, dist. 34, quæst. 1, art. 2, et dist. 25, quæst. 2, art. 2, quæst. 3, Isa. 11, lect. 2.)

Ad quartum sic proceditur. 1. Videtur quòd inconvenienter septem dona Spiritûs sancti enumerentur. In illâ enim enumeratione ponuntur quatuor pertinentia ad virtutes intellectuales, scilicet sapientia, intellectus, scientia et consilium, quod pertinet ad prudentiam; nihil autem ibi ponitur quod pertineat ad artem, quæ est quinta virtus intellectualis; similiter etiam ponitur aliquid pertinens ad justitiam, scilicet pietas, et aliquid pertinens ad fortitudinem, scilicet fortitudinis donum; nihil autem ponitur ibi pertinens ad temperantiam. Ergo insufficienter enumerantur dona.

2. Præterea, pietas est pars justitiæ. Sed circa fortitudinem non ponitur aliqua pars ejus, sed ipsa fortitudo. Ergo non debuit poni pietas, sed ipsa justitia.

3. Præterea, virtutes theologicæ maximè ordinant nos ad Deum. Cùm ergo dona perficiant hominem, secundùm quòd movetur à Deo, videtur quòd debuissent poni aliqua dona pertinentia ad theologicas virtutes.

4. Præterea, sicut Deus timetur, ita etiam amatur, et in ipsum aliquis sperat, et de eo delectatur. Amor autem, spes et delectatio sunt passiones condivisæ timori. Ergo sicut timor ponitur donum, ita et alia tria debent poni dona.

5. Præterea, intellectui adjungitur sapientia, quæ regit ipsum; fortitudini autem consilium; pietati verò scientia. Ergo et timori debuit addi aliquod donum directivum. In

convenienter ergo septem dona Spiritûs sancti enumerantur.

Sed in contrarium est auctoritas Scripturæ, Isaiæ 11.

Respondeo dicendum quòd, sicut dictum est art. præc., dona sunt quidam habitus perficientes homines ad hoc quòd promptè sequatur instinctum Spiritûs sancti, sicut virtutes morales perficiunt vires appetitivas ad obediendum rationi. Sicut autem vires appetitivæ natæ sunt moveri per imperium rationis, ita omnes vires humanæ natæ sunt moveri per instinctum Dei, sicut à quâdam superiori potentiâ. Et ideò in omnibus viribus hominis, quæ possunt esse principia humanorum actuum, sicut sunt virtutes, ita etiam sunt dona, scilicet in ratione et in vi appetitivâ.

Ratio autem est speculativa et practica; et in utrâque consideratur apprehensio veritatis, quæ pertinet ad inventionem et judicium de veritate. Ad apprehensionem igitur veritatis perficitur speculativa ratio per intellectum, practica verò per consilium. Ad rectè autem judicandum speculativa quidem per sapientiam, practica verò per scientiam perficitur. Appetitiva autem virtus in his quidem quæ sunt ad alterum, perficitur per pietatem; in his autem quæ sunt ad seipsum, perficitur per fortitudinem contra timorem periculorum, contra concupiscentiam verò inordinatam delectabilium per timorem, secundùm illud Prov. 15, 27 : In timore (1) Domini declinat omnis à malo; et in Psal. 118, 120 : Confige timore tuo carnes meas, à judiciis enim tuis timui. Et sic patet quòd hæc dona extendunt se ad omnia ad quæ se extendunt virtutes tam intellectuales quàm morales.

Ad primum ergo dicendum quòd dona Spiritûs sancti perficiunt hominem in his quæ pertinent ad benè vivendum, ad quæ non ordinatur ars, sed ad exteriora factibilia; est enim ars ratio recta non agibilium, sed factibilium, ut dicitur in 6 Ethic., cap. 4. Potest tamen etiam dici quòd quantùm ad infusionem donorum, ars pertinet ad Spiritum sanctum, qui est principaliter movens; non autem ad homines, qui sunt quædam organa ejus, dùm ab eo moventur. Temperantiæ autem respondet quodammodò donum timoris; sicut enim ad virtutem temperantiæ pertinet secundùm ejus propriam rationem ut aliquis recedat à delectationibus pravis propter bonum rationis, ita ad donum timoris pertinet quòd aliquis recedat à delectationibus pravis propter Dei timorem.

Ad secundum dicendum quòd nomen justitiæ imponitur à rectitudine rationis; et ideò nomen virtutis est convenientius quàm nomen doni. Sed nomen pietatis importat reverentiam quam habemus ad patrem et ad patriam. Et quia pater omnium Deus est, etiam cultus Dei pietas nominatur, ut Augustinus dicit in 10 de Civ. Dei, cap. 1, versùs fin. Et ideò convenienter donum, quo aliquis propter reverentiam Dei bonum operatur ad omnes, pietas nominatur.

(1) Vulgata, per timorem.

Ad tertium dicendum quòd animus hominis non movetur à Spiritu sancto, nisi ei secundum aliquam modum uniatur; sicut instrumentum non movetur ab artifice nisi per contactum aut per aliquam aliam unionem. Prima autem unio hominis est per fidem, spem et charitatem. Unde istæ virtutes præsupponuntur ad dona, sicut radices quædam donorum. Unde omnia dona pertinent ad has tres virtutes, sicut quædam derivationes prædictarum virtutum.

Ad quartum dicendum quòd amor, spes et delectatio habent bonum pro objecto. Summum autem bonum Deus est. Unde nomina harum passionum transferuntur ad virtutes theologicas, quibus anima conjungitur Deo. Timoris autem objectum est malum, quod Deo nullo modo competit; unde non importat conjunctionem ad Deum, sed magis recessum ab aliquibus rebus propter reverentiam Dei; et ideò non est nomen virtutis theologicæ, sed doni, quod eminentiùs retrahit à malis quàm virtus moralis.

Ad quintum dicendum quòd per sapientiam dirigatur et hominis intellectus, et hominis affectus; et ideò ponuntur duo correspondentia sapientiæ, tanquàm directivo; ex parte quidem intellectûs donum intellectûs; ex parte autem affectûs donum timoris. Ratio enim timendi Deum præcipuè sumitur ex consideratione excellentiæ divinæ, quam considerat sapientia.

ARTICULUS V. — *Utrùm dona Spiritûs sancti sint connexa.* — (2-2, *quæst. 19, art. 9, corp., et 3 p., quæst. 7, art. 5, ad 3, et 3, dist. 36, art. 5, et Virt. quæst. 5, art. 2, ad 6, et 1 Cor. 3.*)

Ad quintum sic proceditur 1. Videtur quòd dona non sint connexa. Dicit enim Apostolus 1 Cor. 12, 8 : *Alii datur per Spiritum sermo sapientiæ, alii sermo scientiæ secundùm eumdem Spiritum.* Sed sapientia et scientia inter dona Spiritûs sancti computantur. Ergo dona Spiritûs sancti dantur diversis, et non connectuntur sibi invicem in eodem.

2. Præterea, August. dicit in 14 de Trin., cap. 1, à med., quòd *scientiâ non pollent fideles plurimi, quamvis polleant ipsâ fide.* Sed fidem concomitatur aliquod de donis, ad minus donum timoris. Ergo videtur quòd dona non sint de necessitate connexa in uno et eodem.

3. Præterea, Gregorius in 1 Moral., dicit quòd *minor est sapientia, si intellectu careat; et valdè inutilis est intellectus, si ex sapientiâ non subsistat; vile est consilium* (1) *cui opus fortitudinis deest; et valdè fortitudo destruitur* (2), *nisi per consilium fulciatur: nulla est scientia, si utilitatem pietatis non habet; et valdè inutilis est pietas, si scientiâ discretione careat; timor quoque ipse, si non has virtutes habuerit, ad nullum opus bonæ actionis surgit.* Ex quibus videtur quòd unum do-

num possit sine alio haberi. Non ergo dona Spiritûs sancti sunt connexa.

Sed contra est quod ibidem Gregorius præmittit dicens : *Illud in Job filiorum convivio perscrutandum videtur, quòd semetipsos invicem pascunt.* Per filios autem Job, de quibus loquitur, significantur dona Spiritûs sancti. Ergo dona Spiritûs sancti sunt connexa per hoc quòd se invicem reficiunt.

Respondeo dicendum quòd hujus quæstionis veritas de facili ex præmissis potest haberi. Dictum est enim supra, art. 3 hujus quæst., quòd sicut vires appetitivæ disponuntur per virtutes morales in comparatione ad regimen rationis, ita omnes vires animæ disponuntur per dona in comparatione ad Spiritum sanctum moventem. Spiritus autem sanctus habitat in nobis per charitatem, secundùm illud Rom. 5, 5 : *Charitas Dei diffusa est in cordibus nostris per Spiritum sanctum, qui datus est nobis* ; sicut et ratio nostra perficitur per prudentiam.

Unde sicut virtutes morales connectuntur sibi invicem in prudentiâ, ita dona Spiritûs sancti connectuntur sibi invicem in charitate; ita scilicet quòd qui charitatem habet, omnia dona Spiritûs sancti habet, quorum nullum sine charitate haberi potest.

Ad primum ergo dicendum quòd sapientia et scientia uno modo possunt considerari, secundùm quòd sunt gratiæ gratis datæ, prout scilicet aliquis abundat in tantum in cognitione rerum divinarum et humanarum, ut possit etiam fideles instruere et adversarios confundere; et sic loquitur ibi Apostolus de sapientiâ et scientiâ; unde signanter fit mentio de sermone sapientiæ et scientiæ. Alio modo possunt accipi, prout sunt dona Spiritûs sancti; et sic sapientia et scientia nihil aliud sunt quàm quædam perfectiones humanæ mentis, secundùm quas disponitur ad sequendum instinctum Spiritûs sancti in cognitione divinorum et humanorum. Et sic patet quòd hujusmodi dona sunt in omnibus habentibus charitatem.

Ad secundum dicendum quòd Augustinus ibi loquitur de scientiâ, exponens prædictam auctoritatem Apostoli; unde loquitur de scientiâ prædicto modo acceptâ, secundùm quòd est gratia gratis data; quod patet ex hoc quod subdit : *Aliud enim est scire tantummodò quid homo credere debeat propter adipiscendam vitam beatam, quæ non nisi æterna est; aliud autem est scire quemadmodùm hoc ipsum et piis opituletur, et contra impios defendatur; quam proprio appellare vocabulo scientiam videtur Apostolus.*

Ad tertium dicendum quòd, sicut uno modo connexio virtutum cardinalium probatur per hoc quòd una earum perficitur quodammodò per aliam, ut supra dictum est, qu. 65, art. 1, ita Gregorius eodem modo vult probare connexionem donorum per hoc quòd unum sine alio non potest esse perfectum. Unde præmittit dicens : *Valdè singula quælibet destituitur, si non una virtus alii virtuti suffragetur.* Non ergo datur intelligi quòd unum donum possit esse sine alio; sed quòd intellectus, si esset sine sapientiâ, non esset de-

---

(1) Ita cum Gregorii textu cod. Alcan., et edit. passim. Nicolaius, *nec utile est consilium.* Alii, *inutile est consilium.*

(2) Ita cum Gregorio Mss. Editi plures, *destituitur.*

num; sicut temperantia, si esset sine justitiâ, non esset virtus.

ARTICULUS VI. — *Utrùm dona Spiritûs sancti remaneant in patriâ.* —(2-2, qu. 8, art. 7, et 3 p., qu. 7, art. 5, ad 3, et 3, dist. 34, qu. 1, art. 3, et dist. 35, qu. 2, art. 2, qu. 3, et art. 4, qu. 3.)

Ad sextum sic proceditur. 1. Videtur quòd dona Spiritûs sancti non maneant in patriâ. Dicit enim Gregorius in 2 Moral., cap. 26, parùm à princ., quòd *Spiritus sanctus contra singula tentamenta septem donis erudit mentem.* Sed in patriâ non erunt aliqua tentamenta, secundùm illud Is. 11, 9 : *Non nocebunt, et non occident in universo monte sancto meo.* Ergo dona Spiritûs sancti non erunt in patriâ.

2. Præterea, dona Spiritûs sancti sunt habitus quidam, ut supra dictum est, art. 3 hujus qu. Frustra autem essent habitus, ubi actus esse non possunt. Actus autem quorumdam donorum in patriâ esse non possunt ; dicit enim Gregorius in 1 Moral., cap. 15, à princ., quòd *intellectus facit audita penetrare, et consilium prohibet esse præcipitem, et fortitudo facit non metuere adversa, et pietas replet cordis viscera operibus misericordiæ.* Hæc autem non competunt statui patriæ. Ergo hujusmodi dona non erunt in statu gloriæ.

3. Præterea, donorum quædam perficiunt hominem in vitâ contemplativâ, ut *sapientia* et *intellectus* ; quædam in vitâ activâ, ut *pietas* et *fortitudo.* Sed activa vita cum hâc vitâ terminatur, ut Gregorius dicit in 6 Moral., cap. ult., ante med. Ergo in statu gloriæ non erunt omnia dona Spiritûs sancti.

Sed contra est quod Ambrosius dicit in lib. 1 de Spiritu sancto, cap. 20, parùm à princ. : *Civitas Dei illa Hierusalem cælestis non meatu alicujus fluvii terrestris abluitur ; sed ex vitæ fonte procedens Spiritus sanctus, cujus nos brevi satiamur haustu, in illis cælestibus spiritibus redundantiùs videtur affluere, pleno septem virtutum spiritualium fervens meatu.*

Respondeo dicendum quòd de donis dupliciter possumus loqui : uno modo, quantùm ad essentiam donorum ; et sic perfectissimè erunt in patriâ, sicut patet per auctoritatem Ambrosii inductam. Cujus ratio est quia dona Spiritûs sancti perficiunt mentem humanam ad sequendam motionem Spiritûs sancti ; quod præcipuè erit in patriâ, quando *Deus erit omnia in omnibus,* ut dicitur 1 ad Cor. 15, 28, et quando homo erit totaliter subditus Deo.

Alio modo possunt considerari quantùm ad materiam circa quam operantur ; et sic in præsenti habent operationem circa aliquam materiam, circa quam non habebunt operationem in statu gloriæ ; et secundùm hoc non manebunt in patriâ, sicut supra de virtutibus cardinalibus dictum est, qu. 67, art. 1.

Ad primum ergo dicendum quòd Gregorius loquitur ibi de donis secundùm quòd competunt statui præsenti ; sic enim donis protegimur contra tentamenta malorum ; sed in statu gloriæ, cessantibus malis, per dona Spiritûs sancti perficiemur in bono.

Ad secundum dicendum quòd Gregorius in singulis donis ponit aliquid quod transit cum statu præsenti, et aliquid quod permanet in futuro ; dicit enim, loco cit. in arg., quòd *sapientia mentem de æternorum spe et certitudine reficit ;* quorum duorum spes transit, sed certitudo remanet ; et de intellectu dicit quòd *in eo quòd audita penetrat, reficiendo cor, tenebras ejus illustrat ;* quorum auditus transit, quia *non docebit vir fratrem suum,* ut dicitur Jerem. 31, 34 ; sed illustratio mentis manebit. De consilio autem dicit quòd *prohibet esse præcipitem,* quod est necessarium in præsenti ; et iterùm quòd *ratione animum replet,* quod est necessarium etiam in futuro. De fortitudine verò dicit quòd *adversa non metuit,* quod est necessarium in præsenti ; et iterùm quòd *confidentiæ cibos apponit,* quod permanet etiam in futuro. De scientiâ verò unum tantùm ponit, scilicet quòd *ignorantiæ jejunium superat,* quod pertinet ad statum præsentem ; sed quod addit : *In ventre mentis,* potest figuraliter intelligi repletio cognitionis, quæ pertinet etiam ad statum futurum. De pietate verò dicit quòd *cordis viscera misericordiæ operibus replet,* quod quidem secundùm verba pertinet tantùm ad statum præsentem ; sed ipse intimus affectus proximorum per viscera designatus pertinet etiam ad futurum statum, in quo pietas non exhibebit misericordiæ opera, sed congratulationis affectum. De timore verò dicit quòd *premit mentem, ne de præsentibus superbiat,* quod pertinet ad statum præsentem ; et quòd *de futuris cibo spei confortat,* quod etiam pertinet ad statum præsentem, quantùm ad spem ; sed potest etiam ad statum futurum pertinere ; quantùm ad confortationem de rebus hìc speratis et ibi obtentis.

Ad tertium dicendum quòd ratio illa procedit de donis quantùm ad materiam. Opera enim activæ vitæ non erunt materia donorum, sed omnia habebunt actus suos circa ea quæ pertinent ad vitam contemplativam, quæ est vita beata.

ARTICULUS VII. — *Utrùm dignitas donorum attendatur secundùm enumerationem Isaiæ 11.* — (*Isa.* 11, lect. 2.)

Ad septimum sic proceditur. 1. Videtur quòd dignitas donorum non attendatur secundùm enumerationem quâ enumerantur Isa. 11. Illud enim videtur esse potissimùm in donis quod maximè Deus ab homine requirit. Sed maximè requirit Deus ab homine timorem : dicitur enim Deuter. 10, 12 : *Et nunc, Israel, quid Dominus Deus tuus petit à te, nisi ut timeas Dominum Deum tuum?* et Malach. 1, 6, dicitur : *Si ego Dominus, ubi timor meus?* Ergo videtur quòd *timor,* qui enumeratur ultimò, non sit infimum donorum, sed maximum.

2. Præterea, pietas videtur esse quoddam bonum universale ; dicit enim Apostolus 1 ad Timoth. 4, 8, quòd *pietas ad omnia utilis est.*

Sed bonum universale præfertur particularibus bonis. Ergo *pietas,* quæ penultimò enumeratur, videtur esse potissimum donorum.

3. Præterea, scientia perficit judicium hominis ; consilium autem ad inquisitionem pertinet. Sed judicium præeminet inquisitioni. Ergo *scientia* est potiùs donum quàm *consilium*, cùm tamen post enumeretur.

4. Præterea, fortitudo pertinet ad vim appetitivam, scientia autem ad rationem. Sed ratio est eminentior quàm vis appetitiva. Ergo et *scientia* est eminentius donum quàm *fortitudo*, quæ tamen primò enumeratur. Non ergo dignitas donorum attenditur secundùm ordinem enumerationis eorum.

Sed contra est quod Augustinus dicit in lib. 1 de Serm. Dom. in monte, cap. 4, in princ. : *Videtur mihi septiformis operatio Spiritûs sancti, de quâ Isaias loquitur, his gradibus, sententiisque congruere,* de quibus fit mentio Matth. 5 ; *sed interest ordinis ; nam ibi* (scilicet in Isaiâ) *numeratio ab excelsioribus cœpit, hic verò ab inferioribus.*

Respondeo dicendum quòd dignitas donorum dupliciter potest attendi : uno modo simpliciter, scilicet per comparationem ad proprios actus, prout procedunt à suis principiis ; alio modo secundùm quid, scilicet per comparationem ad materiam.

Simpliciter autem loquendo de dignitate donorum, eadem est ratio comparationis in ipsis et in virtutibus, quia dona ad. omnes actus potentiarum animæ perficiunt hominem, ad quos perficiunt virtutes, ut supra dictum est, art. 3 hujus quæst. Unde, sicut virtutes intellectuales præferuntur virtutibus moralibus, et in ipsis virtutibus intellectualibus contemplativæ præferuntur activis, ut sapientia, intellectus et scientia, prudentiæ et arti (1), ita tamen quòd sapientia præfertur intellectui, et intellectus scientiæ, sicut prudentia et synesis eubuliæ, ita etiam in donis sapientia et intellectus, scientia et consilium præferuntur pietati, et fortitudini, et timori, in quibus etiam pietas præfertur fortitudini, et fortitudo timori, sicut justitia fortitudini, et fortitudo temperantiæ. Sed quantùm ad materiam fortitudo et consilium præferuntur scientiæ et pietati, quia scilicet fortitudo et consilium habent in arduis locum, pietas autem et etiam scientia in communibus.

Sic igitur donorum dignitas ordini enumerationis respondet, partim quidem simpliciter, secundùm quòd sapientia et intellectus omnibus præferuntur, partim autem secundùm ordinem materiæ, secundùm quòd consilium et fortitudo præferuntur scientiæ et pietati.

Ad primum ergo dicendum quòd timor maximè requiritur, quasi primordium quoddam perfectionis donorum, quia *initium sapientiæ timor Domini,* non propter hoc quòd sit cæteris dignius ; prius enim est secundùm ordinem generationis ut aliquis recedat à malo, quod fit per timorem, ut dicitur Proverb. 16, quàm quòd operetur bonum, quod fit per alia dona.

Ad secundum dicendum quòd pietas non

comparatur in verbis Apostoli omnibus donis Dei, sed soli corporali exercitationi, de quâ præmittit quòd *ad modicum utilis est.*

Ad tertium dicendum quòd scientia etsi præferatur consilio ratione judicii, tamen consilium præfertur ratione materiæ : nam consilium non habet locum nisi in arduis, ut dicitur in 3 Ethic., cap. 3 ; sed judicium scientiæ in omnibus locum habet.

Ad quartum dicendum quòd dona directiva, quæ pertinent ad rationem, donis exequentibus digniora sunt, si considerentur per comparationem ad actus, prout egrediuntur à potentiis : ratio enim appetitivæ præeminet, ut regulans regulato. Sed ratione materiæ adjungitur consilium fortitudini, sicut directivum exequenti, et similiter scientia pietati, quia scilicet consilium et fortitudo in arduis locum habent ; scientia autem et pietas etiam in communibus. Et ideò consilium simul cum fortitudine ratione materiæ numeratur ante scientiam et pietatem.

ARTICULUS VIII. — *Utrùm virtutes sint præferendæ donis.* — (Inf., quæst. 69, art. 1, ad 1, et 2-2, quæst. 9, art. 1, ad 3, et 3, dist. 34, qu. 1, art. 1, ad 5, et dist. 35, quæst. 2, art. 3, et quæst. 2, ad 2, et Virt. qu. 2, art. 2, ad 17.)

Ad octavum sic proceditur. 1. Videtur quòd virtutes sint præferendæ donis. Dicit enim Augustinus in 15 de Trinit., cap. 18, in princ., de charitate loquens : *Nullum est istô Dei dono excellentius ; solum est quod dividit inter filios regni æterni, et filios perditionis æternæ. Dantur et alia per Spiritum sanctum munera, sed sine charitate nihil prosunt.* Sed charitas est virtus. Ergo virtus est potior donis Spiritûs sancti.

2. Præterea, ea quæ sunt priora naturaliter, videntur esse potiora. Sed virtutes sunt priores donis Spiritûs sancti ; dicit enim Gregorius in 2 Moral., cap. 26, parùm à princ., quòd *donum Spiritûs sancti in subjectâ mente ante alia justitiam, prudentiam, fortitudinem et temperantiam format ; et sic eamdem mentem septem mox virtutibus,* id est donis, *temperat, ut contra stultitiam, sapientiam ; contra hebetudinem, intellectum; contra præcipitationem, consilium; contra timorem, fortitudinem; contra ignorantiam, scientiam ; contra duritiam, pietatem; contra superbiam det timorem.* Ergo virtutes sunt potiores donis.

2. Præterea, *virtutibus nullus malè uti potest,* ut Augustinus dicit, lib. 2 de lib. Arbitr., cap. 19, in princ. Donis autem potest aliquis malè uti ; dicit enim Gregorius in 1 Moral., cap. 18, in princ., quòd *hostiam nostræ precis immolamus, ne sapientia elevet ; ne intellectus, dùm subtiliter currit, oberret ; ne consilium, dùm se multiplicat, confundat ; ne fortitudo, dùm fiduciam præbet, præcipitet ; ne scientia, dùm novit et non diligit, inflet ; ne pietas, dùm se infra rectitudinem inclinat, intorqueat ; ne timor dùm plus justo trepidat, in desperationis foveam mergat.* Ergo virtutes sunt digniores donis Spiritûs sancti.

Sed contra est quòd dona dantur in adjutorium virtutum contra defectus, ut patet in auctoritate inductâ arg. 2, et sic videtur quòd perficiant illud quod virtutes perficere non possunt. Sunt ergo dona potiora virtutibus.

Respondeo dicendum quòd, sicut ex supra dictis patet, quæst. 57, 58 et 62, virtutes in tria genera distinguuntur : sunt enim quædam virtutes theologicæ, quædam intellectuales, quædam morales. Virtutes quidem theologicæ sunt quibus mens humana Deo conjungitur; virtutes autem intellectuales sunt quibus ratio ipsa perficitur; virtutes autem morales sunt quibus vires appetitivæ perficiuntur ad obediendum rationi. Dona autem Spiritûs sancti sunt quibus omnes vires animæ disponuntur ad hoc quòd subdantur motioni divinæ.

Sic ergo eadem videtur esse comparatio donorum ad virtutes theologicas, per quas homo unitur Spiritui sancto moventi, sicut virtutum moralium ad virtutes intellectuales, per quas perficitur ratio, quæ est virtutum moralium motiva. Unde, sicut virtutes intellectuales præferuntur virtutibus moralibus, et regulant eas; ita virtutes theologicæ præferuntur donis Spiritûs sancti, et regulant ea. Unde Gregorius dicit in 1 Moral., cap. 12, in fine, quòd *neque ad denarii perfectionem septem filii*, id est, septem dona, *perveniunt, nisi in fide, spe et charitate fiat omne quod agunt.*

Sed si comparemus dona ad alias virtutes intellectuales vel morales, dona præferuntur virtutibus, quia dona perficiunt vires animæ in comparatione ad Spiritum sanctum moventem; virtutes autem perficiunt vel ipsam rationem, vel alias vires in ordine ad rationem. Manifestum est autem quòd ad altiorem motorem oportet majori perfectione mobile esse dispositum. Unde perfectiora sunt dona virtutibus.

Ad primum ergo dicendum quòd charitas est virtus theologica, de quâ concedimus quòd sit potior donis.

Ad secundum dicendum quòd aliquid est prius altero dupliciter : uno modo ordine perfectionis et dignitatis; sicut dilectio Dei est prior dilectione proximi; et hoc modo dona sunt priora virtutibus intellectualibus et moralibus; posteriora verò virtutibus theologicis. Alio modo ordine generationis seu dispositionis; sicut dilectio proximi præcedit dilectionem Dei quantùm ad actum; et sic virtutes morales et intellectuales præcedunt dona : quia per hoc quòd homo benè se habet circa rationem propriam, disponitur ad hoc quòd se benè habeat in ordine ad Deum.

Ad tertium dicendum quòd sapientia et intellectus, et alia hujusmodi, sunt dona Spiritûs sancti, secundùm quòd per charitatem informantur, quæ *non agit perperàm*, ut dicitur 1 ad Corinth. 13, 4. Et ideò sapientiâ, et intellectu, et aliis hujusmodi nullus malè utitur, secundùm quòd sunt dona Spiritûs sancti. Sed ad hoc quòd à charitatis perfectione non recedant, unum ab altero adjuvatur. Et hoc est quod Gregorius intendit dicere.

QUÆSTIO LXIX.

DE BEATITUDINIBUS. — (*In quatuor articulos divisa.*)

Deinde considerandum est de beatitudinibus; et circa hoc quæruntur quatuor : 1° utrùm beatitudines à donis et virtutibus distinguantur; 2° de præmiis beatitudinum, utrùm pertineant ad hanc vitam; 3° de numero beatitudinum; 4° de convenientiâ præmiorum quæ eis attribuuntur.

ARTICULUS PRIMUS. — *Utrùm beatitudines distinguantur à virtutibus et donis.* — (*Inf., quæst. 70, art. 2, corp., et 3, dist. 34, quæst. 1, art 4, et Isa. 11, lect. 1, et Matth. 5.*)

Ad primum sic proceditur. 1. Videtur quòd beatitudines à virtutibus et donis non distinguantur. Augustinus enim in lib. 1 de Serm. Dom. in monte, cap. 4, à princ., attribuit beatitudines in Matth. 5 enumeratas donis Spiritûs sancti. Ambrosius autem super Lucam, cap. 6, sup. illud : *Beati pauperes,* attribuit beatitudines ibi enumeratas quatuor virtutibus cardinalibus. Ergo beatitudines non distinguuntur à virtutibus et donis.

2. Præterea, humanæ voluntatis non est nisi duplex regula, scilicet ratio et lex æterna, ut supra dictum est, quæst. 19, art. 3 et 4. Sed virtutes perficiunt hominem in ordine ad rationem, dona autem in ordine ad legem æternam Spiritûs sancti, ut ex dictis patet, quæst. 68, art. 1. Ergo non potest esse aliquid aliud pertinens ad rectitudinem voluntatis humanæ præter virtutes et dona. Non ergo beatitudines ab eis distinguuntur.

3. Præterea, in enumeratione beatitudinum ponitur mititas et justitia et misericordia, quæ dicuntur esse quædam virtutes. Ergo beatitudines non distinguuntur à donis et virtutibus.

Sed contra est quòd quædam enumerantur inter beatitudines, quæ nec sunt virtutes nec dona, sicut paupertas et luctus et pax. Differunt ergo beatitudines à virtutibus et à donis.

Respondeo dicendum quòd, sicut supra dictum est, quæst. 2 et 3, beatitudo est ultimus finis humanæ vitæ. Dicitur enim aliquis jam finem habere propter spem finis obtinendi. Unde et Philosophus dicit in 1 Ethic., cap. 9, ad fin., quòd *pueri dicuntur beati propter spem*; et Apostolus dicit Rom. 8, 24 : *Spe salvi facti sumus.* Spes autem de fine consequendo insurgit ex hoc quòd aliquid convenienter movetur ad finem, et appropinquat ad ipsum; quod quidem fit per aliquam actionem. Ad finem autem beatitudinis movetur aliquis, et appropinquat per operationes virtutum, et præcipuè per operationes donorum, si loquamur de beatitudine æternâ, ad quam ratio non sufficit, sed in eam inducit Spiritus sanctus, ad cujus obedientiam et sequelam per dona perficimur.

Et ideò beatitudines distinguuntur quidem à virtutibus et donis, non sicut habitus ab eis distincti, sed sicut actus distinguuntur ab habitibus.

Ad primum ergo dicendum quòd Augustinus et Ambrosius attribuunt beatitudines donis et virtutibus, sicut actus attribuuntur habitibus. Dona autem sunt eminentiora virtutibus cardinalibus, ut supra dictum est, qu. 68, art. 8. Et ideo Ambrosius exponens beatitudines turbis propositas, attribuit eas virtutibus cardinalibus; Augustinus autem exponens beatitudines discipulis propositas in monte, tanquam perfectioribus, attribuit eas donis Spiritûs sancti.

Ad secundum dicendum quòd ratio illa probat quòd non sunt alii habitus rectificantes humanam vitam præter virtutes et dona.

Ad tertium dicendum quòd mititas accipitur pro actu mansuetudinis. Et similiter dicendum est de justitiâ et misericordiâ. Et quamvis hæc videantur esse virtutes, attribuuntur tamen donis, quia etiam dona perficiunt homines circa omnia circa quæ perficiunt virtutes, ut dictum est, qu. 68, art. 4.

ARTICULUS II. — *Utrùm præmia quæ attribuuntur beatitudinibus, ad hanc vitam pertineant.* — (2-2, quæst. 8, art. 5, et Matth. 5.)

Ad secundum sic proceditur. 1. Videtur quòd præmia quæ attribuuntur beatitudinibus, non pertineant ad hanc vitam. Dicuntur enim aliqui beati propter spem præmiorum, ut dictum est art. præc. Sed objectum spei beatitudo est futura. Ergo præmia ista pertinent ad vitam futuram.

2. Præterea, Luc. 6 ponuntur quædam pœnæ per oppositum ad beatitudines, cùm dicitur : *Væ vobis qui estis saturati, quia esurietis; væ vobis qui ridetis nunc, quia lugebitis et flebitis.* Sed istæ pœnæ non intelliguntur in hâc vitâ, quia frequenter homines in hâc vitâ non puniuntur, secundùm illud Job. 21, 13 : *Ducunt in bonis dies suos.* Ergo nec præmia beatitudinum pertinent ad hanc vitam.

3. Præterea, regnum cœlorum, quod ponitur præmium paupertatis, est beatitudo cœlestis, ut Augustinus dicit in 19 de Civit. Dei (quod simile habet cap. 4 et 20, sed meliùs lib. 1 de Serm. Dom. in monte, cap. 1). Plena etiam saturitas nonnisi in futurâ vitâ habetur, secundùm illud Psal. 16, 15 : *Satiabor, cùm apparuerit gloria tua.* Visio etiam Dei, et manifestatio filiationis divinæ ad vitam futuram pertinent, secundùm illud 1 Joan. 3, 2 : *Nunc filii Dei sumus, et nondùm apparuit quid erimus : scimus quoniam cùm apparuerit, similes ei erimus, quoniam videbimus eum sicuti est.* Ergo præmia illa pertinent ad vitam futuram.

Sed contra est quod Augustinus dicit in lib. 1 de Sermone Domini in monte, cap. 4, versùs fin. : *Ista quidem in hâc vitâ compleri possunt, sicut completa in Apostolis esse credimus; nam illa omnimoda et in angelicam formam mutatio, quæ post hanc vitam promittitur, nullis verbis exponi potest.*

Respondeo dicendum quòd circa ista præmia expositores sacræ Scripturæ diversimodè sunt locuti : quidam enim omnia ista præmia ad futuram beatitudinem pertinere dicunt, sicut Ambrosius super Lucam, cap. 6, sup. illud : *Beati pauperes.* Augustinus verò, loc. sup. cit., dicit ea ad præsentem vitam pertinere. Chrysostomus autem in suis homiliis, hom. 15 in Matth., à princ., quædam eorum dicit pertinere ad futuram. vitam, quædam autem ad præsentem.

Ad cujus evidentiam considerandum est quòd spes futuræ beatitudinis potest esse in nobis propter duo : primò quidem propter aliquam præparationem vel dispositionem ad futuram beatitudinem, quod est per modum meriti; alio modo per quamdam inchoationem imperfectam futuræ beatitudinis in viris sanctis etiam in hâc vitâ. Aliter enim habetur spes fructificationis arboris, cùm virescit frondibus; et aliter, cùm jam primordia fructuum incipiunt apparere.

Sic igitur ea quæ in beatitudinibus tanguntur tanquàm merita (1), sunt quædam præparationes vel dispositiones ad beatitudinem vel perfectam vel inchoatam; ea verò quæ ponuntur tanquàm præmia, possunt esse vel ipsa beatitudo perfecta, et sic pertinent ad futuram vitam; vel aliqua inchoatio beatitudinis, sicut est in viris perfectis, et sic præmia pertinent ad præsentem vitam. Cùm enim aliquis incipit proficere in actibus virtutum et donorum, potest sperari de eo quòd perveniet ad perfectionem viæ et ad perfectionem patriæ.

Ad primum ergo dicendum quòd spes est de futurâ beatitudine sicut de ultimo fine; potest etiam esse de auxilio gratiæ, sicut de eo quod ducit ad finem, secundùm illud Psal. 37, 6 : *In Deo speravit cor meum, et adjutus sum.*

Ad secundum dicendum quòd mali, etsi interdùm in hâc vitâ temporales pœnas non patiantur, patiuntur tamen spirituales. Unde Augustinus dicit in 1 Confess., cap. 12, in fine : *Jussisti, Domine, et sic est, ut pœna sibi sit inordinatus animus.* Et Philosophus dicit in 9 Ethic., cap. 4, sub fin., quòd contendit ipsorum anima, hoc quidem hùc trahit, illud autem illùc; et postea concludit : *Si autem sic miserum est malum esse, fugienda est malitia intensè.* Et similiter è converso boni, etsi in hâc vitâ quandoque non habeant corporalia præmia, nunquam tamen deficiunt à spiritualibus etiam in hâc vitâ, secundùm illud Matth. 19, 29, et Marc. 10, 30 : *Centuplum accipietis.... etiam in hoc seculo.*

Ad tertium dicendum quòd omnia illa præmia perfectè quidem consummabuntur in vitâ futurâ, sed interim etiam in hâc vitâ quodammodò inchoantur. Nam regnum cœlorum, ut Augustinus dicit, loc. cit. in corp., potest intelligi perfectæ sapientiæ initium, secundùm quòd incipit in eis spiritus regnare. Possessio etiam terræ significat affectum bonum animæ quiescentis per desiderium in stabilitate hæreditatis perpetuæ per terram significatæ. Consolantur autem in hâc vitâ, Spiritu (2) sancto, qui paracletus, id est, consolator, dicitur, participando. Saturantur etiam in hâc vitâ illo cibo de quo Dominus dicit, Joan. 4, 34 : *Meus cibus est ut faciam voluntatem Patris mei* (3). In hâc etiam vitâ consequuntur homines misericordiam Dei; in hâc etiam vitâ, purgato oculo per donum intellectûs, Deus quodammodò videri potest; si-

---

(1) Nicolaius, *materia.*
(2) Al., *per Spiritum.*
(3) Vulgata, *ejus qui misit me.*

militer etiam in hâc vitâ qui motus suos pacificant ad similitudinem Dei accedentes, filii Dei nominantur. Tamen hæc perfectiùs erunt in patriâ.

ARTICULUS III. — *Utrùm convenienter enumerentur beatitudines.* — (3, dist. 34, quæst. 1, art. 4.)

Ad tertium sic proceditur. 1. Videtur quòd inconvenienter enumerentur beatitudines. Attribuuntur enim beatitudines donis, ut dictum est art. 1 hujus quæst., ad 1. Donorum autem quædam pertinent ad vitam contemplativam, scilicet *sapientia* et *intellectus*. Nulla autem beatitudo ponitur in actu contemplationis, sed omnes in his quæ pertinent ad vitam activam. Ergo insufficienter beatitudines enumerantur.

2. Præterea, ad vitam activam non solùm pertinent dona exequentia, sed etiam quædam dona dirigentia, ut *scientia* et *consilium*. Nihil autem ponitur inter beatitudines quod directè ad actum scientiæ vel consilii pertinere videatur. Ergo insufficienter beatitudines enumerantur.

3. Præterea, inter dona exequentia in vitâ activâ *timor* ponitur ad paupertatem pertinere; *pietas* autem videtur pertinere ad beatitudinem misericordiæ. Nihil autem ponitur directè ad fortitudinem pertinens. Ergo insufficienter enumerantur beatitudines.

4. Præterea, in sacrâ Scripturâ tanguntur multæ aliæ beatitudines, sicut Job 5, 17, dicitur : *Beatus homo qui corripitur à Deo*; et sic in Psal. 1, 1, dicitur : *Beatus vir qui non abiit in consilio impiorum* ; et Proverb. 3, 13 : *Beatus vir qui invenit sapientiam.* Ergo insufficienter beatitudines enumerantur.

5. Sed contra, videtur quòd superfluè enumerentur. Sunt enim septem dona Spiritûs sancti; beatitudines autem tanguntur octo.

6. Præterea, Luc. 6 ponuntur quatuor tantùm beatitudines. Superfluè ergo enumerantur septem vel octo in Matth. 5.

Respondeo dicendum quòd beatitudines istæ convenientissimè enumerantur.

Ad cujus evidentiam est considerandum quòd triplicem beatitudinem aliqui posuerunt. Quidam enim posuerunt beatitudinem in vitâ voluptuosâ, quidam in vitâ activâ, quidam verò in vitâ contemplativâ. Hæ autem tres beatitudines diversimodè se habent ad beatitudinem futuram, cujus spe dicimur hîc beati. Nam beatitudo voluptuosa, quia falsa est, et rationi contraria, impedimentum est beatitudinis futuræ. Beatitudo verò activæ vitæ dispositiva est ad beatitudinem futuram. Beatitudo autem contemplativa, si sit perfecta, est essentialiter ipsa futura beatitudo ; si autem est imperfecta, est quædam inchoatio ejus. Et ideò Dominus primò quidem posuit quasdam beatitudines quasi removentes impedimentum voluptuosæ beatitudinis. Consistit enim voluptuosa vita in duobus: primò quidem in affluentiâ exteriorum bonorum, sive sint divitiæ, sive sint honores; à quibus quidem retrahitur homo per virtutem, sic ut moderatè eis utatur; per donum autem excellentiori modo, ut scilicet homo totaliter

ea contemnat. Unde prima beatitudo ponitur Matth. 5 : *Beati pauperes spiritu ;* quod potest referri vel ad contemptum divitiarum, vel ad contemptum honorum, quod fit per humilitatem. Secundò verò voluptuosa vita consistit in sequendo proprias passiones sive irascibilis, sive concupiscibilis. A sequelâ autem passionum irascibilis retrahit virtus, ne homo in eis superfluat secundùm regulam rationis; donum autem excellentiori modo, ut scilicet homo secundùm voluntatem divinam totaliter ab eis tranquillus reddatur; unde secunda beatitudo ponitur : *Beati mites.* A sequelâ verò passionum concupiscibilis retrahit virtus, moderatè hujusmodi passionibus ùtendo; donum verò eas, si necesse fuerit, totaliter abjiciendo; quinimò, si necessarium fuerit, voluntarium luctum assumendo. Unde tertia beatitudo ponitur : *Beati qui lugent.*

Activa verò vita in his consistit præcipuè quæ proximis exhibemus vel sub ratione debiti, vel sub ratione spontanei beneficii. Et ad primum quidem nos virtus disponit, ut ea quæ debemus proximis, non recusemus exhibere, quod pertinet ad justitiam; donum autem ad hoc ipsum abundantiori quodam affectu nos inducit, ut scilicet ferventi desiderio opera justitiæ impleamus, sicut ferventi desiderio esuriens et sitiens cupit cibum vel potum. Unde quarta beatitudo ponitur : *Beati qui esuriunt et sitiunt justitiam.* Circa spontanea verò dona nos perficit virtus, ut illis donemus quibus ratio dictat esse donandum, putà amicis aut aliis nobis conjunctis; quod pertinet ad virtutem liberalitatis; sed donum propter Dei reverentiam solùm necessitatem considerat in his quibus gratuita beneficia præstat. Unde dicitur Lucæ 14, 12 : *Cùm facis prandium aut cœnam, noli vocare amicos aut fratres tuos*, etc., *sed voca pauperes et debiles*, etc., quod propriè est misereri. Et ideò quinta beatitudo ponitur : *Beati misericordes.*

Ea verò quæ ad contemplativam vitam pertinent, vel sunt ipsa beatitudo finalis, vel aliqua inchoatio ejus; et ideò non ponuntur in beatitudinibus tanquàm merita, sed tanquàm præmia. Ponuntur autem tanquàm merita effectus activæ vitæ, quibus homo disponitur ad contemplativam vitam. Effectus autem activæ vitæ, quantùm ad virtutes et dona, quibus homo perficitur in seipso, est munditia cordis, ut scilicet mens hominis passionibus non inquinetur. Unde sexta beatitudo ponitur : *Beati mundo corde.* Quantùm verò ad virtutes et dona quibus homo perficitur in comparatione ad proximum, effectus activæ vitæ est pax, secundùm illud Isaiæ 32, 17 : *Opus justitiæ pax.* Et ideò septima beatitudo ponitur : *Beati pacifici.*

Ad primum ergo dicendum quòd actus donorum pertinentium ad vitam activam exprimuntur in ipsis meritis; sed actus donorum pertinentium ad vitam contemplativam exprimuntur in præmiis, ratione jam dictâ in corp. art. Videre enim Deum respondet dono intellectûs, et conformari Deo quâdam filiatione adoptivâ, pertinet ad donum sapientiæ.

Ad secundum dicendum quòd in his quæ

pertinent ad activam vitam, cognitio non quæritur propter seipsam, sed propter operationem, ut etiam Philosophus dicit in 2 Ethic., cap. 2, in princ. Et ideò quia beatitudo aliquid ultimum importat, non computantur inter beatitudines actus donorum dirigentium in vitâ activâ, quos scilicet eliciunt; sicut consiliari est actus consilii, et judicare est actus scientiæ; sed magis attribuuntur eis actus operativi, in quibus dirigunt (1); sicut scientiæ lugere, et consilio misereri.

Ad tertium dicendum quòd in attributione beatitudinum ad dona possunt duo considerari: quorum unum est conformitas materiæ; et secundùm hoc primæ omnes quinque beatitudines possunt attribui scientiæ et consilio tanquàm dirigentibus; sed inter dona exequentia distribuuntur (2): ita scilicet quòd esuries, et sitis justitiæ, et etiam misericordia pertineant ad pietatem, quæ perficit hominem in his quæ sunt ad alterum; mititas autem ad fortitudinem. Dicit enim Ambrosius super Lucam, cap. 6, super illud: *Beati pauperes*, quòd *fortitudinis est iram vincere, indignationem cohibere*; est enim fortitudo circa passiones irascibilis. Paupertas verò et luctus pertinent ad donum timoris, quo homo se retrahit à cupiditatibus et delectationibus mundi. Alio modo possumus in his beatitudinibus considerare motiva ipsarum; et sic quantùm ad aliqua eorum oportet aliter attribuere: præcipuè enim ad mansuetudinem movet reverentia ad Deum, quæ pertinet ad pietatem; ad lugendum autem movet præcipuè scientia, per quam homo cognoscit defectus suos et rerum mundanarum, secundùm illud Eccl. 1, 18: *Qui addit scientiam, addit et dolorem;* ad esuriendum autem justitiæ opera præcipuè movet animi fortitudo; ad miserendum verò præcipuè movet consilium Dei, secundùm illud Dan. 4, 24: *Consilium meum regi placeat; peccata tua eleemosynis redime, et iniquitates tuas misericordiis pauperum.* Et hunc modum attributionis sequitur Augustinus in lib. 1 de Serm. Domini in monte, cap. 4.

Ad quartum dicendum quòd necesse est beatitudines omnes quæ in sacrâ Scripturâ ponuntur, ad has reduci vel quantùm ad merita, vel quantùm ad præmia, quia necesse est quòd omnes pertineant aliquo modo ad vitam activam, vel ad vitam contemplativam. Unde quod dicitur: *Beatus vir qui corripitur à Domino*, pertinet ad beatitudinem luctûs; quod verò dicitur: *Beatus vir qui non abiit in consilio impiorum*, pertinet ad munditiam cordis; quod verò dicitur: *Beatus vir qui invenit sapientiam*, pertinet ad præmium septimæ beatitudinis. Et idem patet de omnibus aliis quæ possunt induci.

Ad quintum dicendum quòd octava beatitudo est quædam confirmatio et manifestatio omnium præcedentium. Ex hoc enim quòd aliquis est confirmatus in paupertate spiritûs

et mititate, et aliis sequentibus, provenit quòd ab his bonis propter aliquam persecutionem non recedit. Unde octava beatitudo quodammodò ad septem præcedentes pertinet.

Ad sextum dicendum quòd Lucas narrat sermonem Domini factum esse ad turbas. Unde beatitudines enumerantur ab eo secundùm capacitatem turbarum, quæ solam voluptuosam, et temporalem, et terrenam beatitudinem noverunt. Unde Dominus per quatuor beatitudines, quatuor excludit quæ ad prædictam beatitudinem pertinere videntur. Quorum primum est abundantia bonorum exteriorum; quod excludit per hoc quod dicit: *Beati pauperes*. Secundum est quòd sit benè homini quantùm ad corpus in cibis, et potibus, et aliis hujusmodi; et hoc excludit per secundum, quod ponit: *Beati qui esuritis.* Tertium est quòd sit homini benè quantùm ad cordis jucunditatem; et hoc excludit tertiò dicens: *Beati qui nunc fletis.* Quartum est exterior hominum favor; et hoc excludit quartò dicens: *Beati eritis, cùm vos oderint homines.* Et, sicut Ambrosius dicit, loc. sup. cit., *paupertas pertinet ad temperantiam, quæ illecebrosa non quærit; esuries ad justitiam, quia qui esurit, compatitur, et compatiendo largitur; fletus ad prudentiam, cujus est flere occidua; pati odium hominum, ad fortitudinem.*

ARTICULUS IV. — *Utrùm præmia beatitudinum convenienter enumerentur.* — (3, dist. 34, quæst. 1, art. 4.)

Ad quartum sic proceditur. 1. Videtur quòd præmia beatitudinum inconvenienter enumerentur. In regno enim cœlorum, quod est vita æterna, bona omnia continentur. Posito ergo regno cœlorum, non oportuit alia præmia ponere.

2. Præterea, regnum cœlorum ponitur pro præmio et in primâ beatitudine, et in octavâ. Ergo eâdem ratione debuit poni in omnibus.

3. Præterea, in beatitudinibus proceditur ascendendo, sicut Augustinus dicit, lib. 1 de Serm. Domini in monte, cap. 4, in princ. In præmiis autem videtur procedi descendendo; nam possessio terræ est minùs quàm regnum cœlorum. Ergo inconvenienter hujusmodi præmia assignantur.

Sed contra est auctoritas ipsius Domini præmia hujusmodi proponentis.

Respondeo dicendum quòd præmia ista convenientissimè assignantur, consideratâ conditione beatitudinum secundùm tres beatitudines supra assignatas, art. præc.

Tres enim primæ beatitudines accipiuntur per retractationem ab his in quibus voluptuosa beatitudo consistit, quam homo desiderat, quærens id quod naturaliter desideratur, non ubi quærere debet, scilicet in Deo, sed in rebus temporalibus et caducis; et ideò præmia trium primarum beatitudinum accipiuntur secundùm ea quæ in beatitudine terrenâ aliqui quærunt. Quærunt enim homines in rebus exterioribus, scilicet divitiis et honoribus, excellentiam quamdam et abundantiam; quorum utrumque importat regnum cœlorum, per quod homo consequitur excellen-

---

(1) Ita codd. Tarrac. et Alcan. Editi passim, *diriguntur.*

(2) Ita cod. Alcan. et editi passim. Garcia, ex cod. Tarrac., *attribuuntur.*

tiam et abundantiam bonorum in Deo; et ideò regnum cœlorum Dominus pauperibus spiritu repromisit. Quærunt autem homines feroces et immites per litigia et bella securitatem sibi acquirere, inimicos suos destruendo; unde Dominus repromisit mitibus securam et quietam possessionem terræ viventium, per quam significatur soliditas æternorum bonorum. Quærunt autem homines in concupiscentiis et delectationibus mundi habere consolationem contra præsentis vitæ labores; et ideò Dominus consolationem vitæ lugentibus repromittit.

Aliæ verò duæ beatitudines pertinent ad opera activæ beatitudinis, quæ sunt opera virtutum ordinantium hominem ad proximum; à quibus operibus aliqui retrahuntur propter inordinatum amorem proprii boni; et ideò Dominus attribuit illa præmia his beatitudinibus, propter quæ homines ab eis discedunt. Discedunt enim aliqui ab operibus justitiæ non reddentes debitum, sed potiùs aliena rapientes, ut bonis temporalibus impleantur; et ideò Dominus esurientibus justitiam saturitatem repromisit. Discedunt etiam aliqui ab operibus misericordiæ, ne se immisceant miseriis alienis; et ideò Dominus misericordibus repromittit misericordiam, per quam ab omni miseriâ liberentur.

Aliæ verò duæ ultimæ beatitudines pertinent ad contemplativam felicitatem seu beatitudinem; et ideò secundùm convenientiam dispositionum quæ ponuntur in merito, præmia redduntur. Nam munditia oculi disponit ad clarè videndum; unde mundis corde divina visio repromittitur. Constituere verò pacem vel in seipso, vel inter alios, manifestat hominem esse Dei imitatorem, qui est Deus unitatis et pacis, et ideò pro præmio redditur ei gloria divinæ filiationis, quæ est in perfectâ conjunctione ad Deum per sapientiam consummatam.

Ad primum ergo dicendum quòd, sicut Chrysostomus dicit, hom. 15 in Matth., ante med., omnia præmia ista unum sunt in re, scilicet beatitudo æterna, quam intellectus humanus non capit; et ideò oportuit quòd per diversa bona nobis nota describeretur, observatâ convenientiâ ad merita, quibus præmia attribuuntur.

Ad secundum dicendum quòd, sicut octava beatitudo est firmitas quædam omnium beatitudinum, ita debentur ei omnium beatitudinum præmia; et ideò redit ad caput, ut intelligantur ei consequenter omnia præmia attribui.

Vel secundùm Ambrosium, sup. illud Luc. 6 : *Beati pauperes*, pauperibus spiritu repromittitur regnum cœlorum quantùm ad gloriam animæ, sed passis persecutionem in corpore quantùm ad gloriam corporis.

Ad tertium dicendum quòd etiam præmia secundùm additionem se habent ad invicem; nam plus est possidere terram regni cœlorum, quàm simpliciter habere; multa enim habemus quæ non firmiter et pacificè possidemus. Plus est etiam consolari in regno, quàm habere et possidere; multa enim cum dolore possidemus. Plus est etiam saturari,

quàm simpliciter consolari; nam saturitas abundantiam consolationis importat. Misericordia verò excedit saturitatem, ut plus scilicet homo accipiat quàm meruerit vel desiderare potuerit. Adhuc autem majus est Deum videre; sicut major est qui in curiâ regis non solùm prandet, sed etiam faciem regis videt; summam autem dignitatem in domo regiâ filius regis habet.

QUÆSTIO LXX.

DE FRUCTIBUS SPIRITÛS SANCTI. — (*In quatuor articulos divisa.*)

Deinde considerandum est de fructibus; et circa hoc quæruntur quatuor: 1° utrùm fructus Spiritûs sancti sint actus; 2° utrùm differant à beatitudinibus; 3° de eorum numero; 4° de oppositione eorum ad opera carnis.

ARTICULUS PRIMUS. — *Utrùm fructus Spiritûs sancti, quos Apostolus nominat ad Galat. 5, sint actus.* — (*Gal. 5, lect. 5.*)

Ad primum sic proceditur. 1. Videtur quòd fructus Spiritûs sancti, quos Apostolus nominat ad Gal. 5, non sint actus. Id enim cujus est alius fructus, non debet dici fructus; sic enim in infinitum iretur. Sed actuum nostrorum est aliquis fructus; dicitur enim Sap. 3, 15 : *Bonorum laborum gloriosus est fructus*; et Joan. 6, 37 : *Qui metit, mercedem accipit, et fructum congregat in vitam æternam.* Ergo ipsi actus nostri non dicuntur fructus.

2. Præterea, sicut Augustinus dicit in 10 de Trinit., cap. 10, paulò à princ., *fruimur cognitis, in quibus voluntas ipsa delectata conquiescit.* Sed voluntas nostra non debet conquiescere in actibus nostris propter se. Ergo actus nostri fructus dici non debent.

3. Præterea, inter fructus Spiritûs sancti enumerantur ab Apostolo aliquæ virtutes, scilicet charitas, mansuetudo, fides et castitas. Virtutes autem non sunt actus, sed habitus, ut supra dictum est, qu. 55, art. 1. Ergo fructus non sunt actus.

Sed contra est quod dicitur Matth. 12, 33 : *Ex fructibus arbor cognoscitur*, id est, ex operibus suis homo, ut ibi exponitur à sanctis. Ergo ipsi actus humani dicuntur fructus.

Respondeo dicendum quòd nomen *fructus* à corporalibus ad spiritualia est translatum. Dicitur autem in corporalibus *fructus* id quod ex plantâ producitur, cùm ad perfectionem pervenerit, et quamdam in se suavitatem habet.

Qui quidem fructus ad duo comparari potest, scilicet ad arborem producentem ipsum, et ad hominem, qui fructum ex arbore adipiscitur. Secundùm hoc igitur nomen *fructus* in rebus spiritualibus dupliciter accipere possumus: uno modo, ut dicatur fructus hominis quasi arboris id quod ab eo producitur; alio modo, ut dicatur fructus hominis id quod homo adipiscitur. Non autem omne id quod adipiscitur homo, habet rationem fructûs, sed id quod est ultimum delectationem habens. Habet enim homo agrum et arborem, quæ *fructus* non dicuntur, sed solùm id quod est ultimum, quod scilicet ex agro et arbore homo intendit habere. Et secundùm hoc fructus hominis dicitur ultimus hominis finis, quo debet frui.

Si autem dicatur fructus hominis id quod ex homine producitur, sic ipsi actus humani fructus dicuntur. Operatio enim est actus secundus operantis, et delectationem habet, si sit conveniens operanti. Si igitur operatio hominis procedat ab homine secundùm facultatem suæ rationis, sic dicitur esse fructus rationis; si verò procedat ab homine secundùm altiorem virtutem, quæ est virtus Spiritûs sancti, et sic dicitur esse operatio hominis fructus Spiritûs sancti, quasi cujusdam divini seminis. Dicitur enim 1 Joan. 3, 9 : *Omnis qui natus est ex Deo, peccatum non facit, quoniam semen ipsius in eo manet.*

Ad primum ergo dicendum quòd cùm fructus habeat quodammodò rationem ultimi et finis, nihil prohibet alicujus fructus esse alium fructum, sicut finis ad finem ordinatur. Opera igitur nostra, in quantum sunt effectus quidam Spiritûs sancti in nobis operantis, habent rationem fructûs; sed in quantum ordinantur ad finem vitæ æternæ, sic magis habent rationem florum; unde dicitur Eccli. 24, 23 : *Flores mei fructus honoris et honestatis.*

Ad secundum dicendum quòd cùm dicitur voluntas in aliquo propter se delectari, potest intelligi dupliciter: uno modo, secundùm quòd ly, *propter*, dicit causam finalem, et sic propter se non delectatur aliquis nisi in ultimo fine; alio modo, secundùm quòd designat causam formalem, et sic propter se aliquis potest delectari in omni eo quod delectabile est secundùm suam formam, sicut patet quòd infirmus delectatur in sanitate propter se, sicut in fine; in medicinâ autem suavi, non sicut in fine, sed sicut in habente saporem delectabilem; in medicinâ autem austerâ nullo modo propter se, sed solùm propter aliud. Sic igitur dicendum est quòd in Deo delectari debet homo propter se sicut propter ultimum finem; in actibus autem virtuosis non sicut propter finem, sed propter honestatem, quam continet delectabile in virtuosis (1). Unde Ambrosius dicit, lib. de Paradiso, cap. 13, et lib. de Isaac., cap. 5, vers. fin., quòd *opera virtutum dicuntur fructus, quia suos possessores sanctâ et sincerâ delectatione reficiunt.*

Ad tertium dicendum quòd nomina virtutum sumuntur quandoque pro actibus earum, sicut Augustinus dicit, tract. 40 in Joan., post med., et lib. 3 de Doctr. christ., c. 10, à med., quòd *fides est credere quod non vides; et charitas est motus animi ad diligendum Deum et proximum.* Et hoc modo sumuntur nomina virtutum in enumeratione fructuum.

ARTICULUS II. — *Utrùm fructus à beatitudinibus differant.* — (Gal. 5, lect. 9.)

Ad secundum sic proceditur. 1. Videtur quòd fructus à beatitudinibus non differant. Beatitudines enim attribuuntur donis, ut supra dictum est, quæst. 69, art. 3. Sed dona perficiunt hominem, secundùm quòd movetur

à Spiritu sancto. Ergo beatitudines ipsæ sunt fructus Spiritûs sancti.

2. Præterea, sicut se habet fructus vitæ æternæ ad beatitudinem futuram, quæ est rei, ita se habent fructus præsentis vitæ ad beatitudinem præsentis vitæ, quæ est spei. Sed fructus vitæ æternæ est ipsa beatitudo futura. Ergo fructus vitæ præsentis sunt ipsæ beatitudines.

3. Præterea, de ratione fructûs est quòd sit quiddam ultimum et delectabile. Sed hoc pertinet ad rationem beatitudinis, ut supra dictum est, qu. 3, art. 1, et qu. 11, art. 3. Ergo eadem ratio est fructûs et beatitudinis. Ergo non debent ab invicem distingui.

Sed contra, quorum species sunt diversæ, ipsa quoque sunt diversa. Sed in diversas partes dividuntur et fructus et beatitudines, ut patet per enumerationem utrorumque. Ergo fructus differunt à beatitudinibus.

Respondeo dicendum quòd plus requiritur ad rationem beatitudinis quàm ad rationem fructûs. Nam ad rationem fructûs sufficit quòd sit aliquid habens rationem ultimi et delectabilis. Sed ad rationem beatitudinis ulteriùs requiritur quòd sit aliquid perfectum et excellens. Unde omnes beatitudines possunt dici fructus, sed non convertitur. Sunt enim fructus quæcumque virtuosa opera in quibus homo delectatur; sed beatitudines dicuntur solùm perfecta opera, quæ etiam ratione suæ perfectionis magis attribuuntur donis quàm virtutibus, ut supra dictum est, quæst. 69, art. 1 et 3.

Ad primum ergo dicendum quòd ratio illa probat quòd beatitudines sint fructus, non autem quòd omnes fructus beatitudines sint.

Ad secundum dicendum quòd fructus vitæ æternæ est simpliciter ultimus et perfectus; et ideò in nullo distinguitur à beatitudine æternâ futurâ. Fructus autem præsentis vitæ non sunt simpliciter ultimi et perfecti; et ideò non omnes fructus sunt beatitudines.

Ad tertium dicendum quòd aliquid amplius est de ratione beatitudinis quàm de ratione fructûs, ut dictum est in corp. art.

ARTICULUS III. — *Utrùm fructus convenienter enumerentur ab Apostolo.* — (3, dist. 34, qu. 1, art. 5, corp., et Virt. quæst. 2, art. 1, ad 12, et Gal. 5, lect. 6.)

Ad tertium sic proceditur. 1. Videtur quòd Apostolus inconvenienter enumeret ad Gal. 5 duodecim fructus. Alibi enim dicit esse tantùm unum fructum præsentis vitæ, secundùm illud Rom. 6, 22 : *Habetis fructum vestrum in sanctificatione;* et Isa. 27, 9, dicitur : *Hic est omnis fructus ut auferatur peccatum.* Non ergo ponendi sunt duodecim fructus.

2. Præterea, fructus est qui ex spirituali semine exoritur, ut dictum est art. 1 hujus qu. Sed Dominus, Matth. 13, ponit triplicem terræ bonæ fructum ex spirituali semine provenientem, scilicet *centesimum, sexagesimum et trigesimum.* Ergo non sunt ponendi duodecim fructus.

3. Præterea, fructus habet in sui ratione quòd sit ultimum et delectabile. Sed ratio ista non invenitur in omnibus fructibus ab Apo-

---

(1) Ita editi libri, quos vidimus, omnes. Cod. Alc. *Quam continent delectabilem virtuosis.*

stolo enumeratis; patientia enim et longanimitas videntur in rebus contristantibus esse;
fides autem non habet rationem ultimi, sed
magis rationem primi fundamenti. Superfluè
igitur hujusmodi fructus enumerantur.

4. Sed contra, videtur quòd insufficienter
et diminutè enumerentur. Dictum est enim,
art. præc., quòd omnes beatitudines fructus
dici possunt. Sed non omnes hìc enumerantur; nihil enim hìc ponitur ad actum sapientiæ
pertinens, et multarum aliarum virtutum.
Ergo videtur quòd insufficienter enumerentur fructus.

Respondeo dicendum quòd numerus duodecim fructuum ab Apostolo enumeratorum
conveniens est; et possunt significari per duodecim fructus de quibus dicitur Apocal. ult.,
2 : *Ex utráque parte fluminis lignum vitæ,
afferens fructus duodecim.*

Quia verò fructus dicitur, quod ex aliquo
principio procedit sicut ex semine vel radice,
attendenda est distinctio horum fructuum secundùm diversum processum Spiritûs sancti
in nobis. Qui quidem processus attenditur
secundùm hoc ut primò mens hominis in seipsâ ordinetur; secundò verò ordinetur ad ea
quæ sunt juxta; tertiò verò ad ea quæ sunt
infra. Tunc autem benè mens hominis disponitur in seipsâ, quandò mens hominis benè
se habet in bonis et in malis. Prima autem
dispositio mentis humanæ ad bonum est per
amorem, qui est prima affectio, et omnium
affectionum radix, ut supra dictum est, qu.
25, art. 1 et 2, et ideò inter fructus spiritûs
primò ponitur *charitas*, in quâ specialiter
Spiritus sanctus datur, sicut in propriâ similitudine, cùm et ipse sit amor; unde dicitur
Rom. 5, 5 : *Charitas Dei diffusa est in cordibus nostris per Spiritum sanctum, qui datus
est nobis.* Ad amorem autem charitatis ex
necessitate sequitur *gaudium*; omnis enim
amans gaudet ex conjunctione amati; charitas autem semper habet præsentem Deum
quem amat, secundùm illud 1 Joan. 4, 16 :
*Qui manet in charitate, in Deo manet, et Deus
in eo.* Unde sequela charitatis est *gaudium*.
Perfectio autem gaudii est *pax* quantùm ad
duo : primò quidem quantùm ad quietem ab
exterioribus conturbantibus; non enim potest
perfectè gaudere de bono amato qui in ejus
fruitione ab aliis perturbatur; et iterum qui
perfectè cor habet in uno pacatum, à nullo alio
molestari potest, cùm alia quasi nihil reputet;
unde dicitur in Psal. 118, 165 : *Pax multa diligentibus legem tuam, et non est illis scandalum,*
quia scilicet ab exterioribus non perturban-
tur quin Deo fruantur. Secundò quantùm ad
sedationem desiderii fluctuantis : non enim
perfectè gaudet de aliquo, cui non sufficit id de
quo gaudet. Hæc autem duo importat *pax*, scilicet ut neque ab exterioribus perturbemur, et
ut desideria nostra conquiescant in uno. Unde
post charitatem et gaudium tertiò ponitur *pax*.
In malis autem benè se habet mens quantùm
ad duo : primò quidem ut non perturbetur
mens per imminentiam malorum, quod pertinet ad *patientiam*; secundò ut non perturbetur in dilatione bonorum, quod pertinet ad
longanimitatem; nam carere bono habet ra-

tionem mali, ut dicitur in 5 Ethic., cap. 3, in
fine.

Ad id autem quod est juxta hominem, scilicet proximum, benè disponitur mens hominis, primò quidem quantùm ad voluntatem
benè faciendi; et ad hoc pertinet *bonitas*; secundò quantùm ad beneficentiæ executionem; et ad hoc pertinet *benignitas*; dicuntur
enim benigni quos bonus ignis amoris fer-
vere facit ad benefaciendum proximis; tertiò
quantùm ad hoc quòd æquanimiter toleren-
tur mala ab eis illata; et ad hoc pertinet *mansuetudo*, quæ cohibet iras; quartò quantùm
ad hoc quòd non solum per iram proximis
non noceamus, sed etiam neque per fraudem
vel per dolum; et ad hoc pertinet *fides*, si
pro fidelitate sumatur; sed si sumatur pro
fide quâ creditur in Deum, sic per hanc ordinatur homo ad id quod est supra se, ut scilicet homo intellectum suum Deo subjiciat,
et per consequens omnia quæ ipsius sunt.

Sed ad id quod infra est, benè disponitur
homo primò quidem quantùm ad exteriores
actiones per *modestiam*, quæ in omnibus dictis et factis modum observat; quantùm ad
interiores concupiscentias, per *continentiam*
et *castitatem*, sive hæc duo distinguantur per
hoc quòd *castitas* refrenat hominem ab illici-
tis, *continentia* verò à licitis; sive per hoc
quòd *continens* patitur concupiscentias, sed
non deducitur, *castus* autem neque patitur
neque deducitur.

Ad primum ergo dicendum quòd sanctificatio fit per omnes virtutes, per quas etiam
peccata tolluntur. Unde fructus ibi singulariter nominantur propter unitatem generis (1), quod in multas species dividitur, secundùm quas dicuntur multi fructus.

Ad secundum dicendum quòd fructus *cen-
tesimus*, *sexagesimus* et *trigesimus* non diversificantur secundùm diversas species virtuosorum actuum, sed secundùm diversos
perfectionis gradus etiam unius virtutis; sicut continentia conjugalis dicitur significari
per fructum *trigesimum*; continentia vidualis
per *sexagesimum*; virginalis autem per *centesimum*. Et aliis etiam modis sancti distinguunt tres evangelicos fructus secundùm tres
gradus virtutis; et ponuntur tres gradus, quia
cujuslibet rei perfectio attenditur secundùm
principium, medium et finem.

Ad tertium dicendum quòd hoc ipsum quod
est in tristitiis non perturbari, rationem delectabilis habet; et fides, etiamsi accipiatur
prout est fundamentum, habet quamdam rationem ultimi et delectabilis, secundùm quòd
continet certitudinem. Unde Glossa (interl.
sup. loc. Apost.) exponit : *Fides*, id est, *de
invisibilibus certitudo.*

Ad quartum dicendum quòd, sicut Augustinus dicit super Epist. ad Galat., cap. 5,
sup. illud : « *Fructus autem Spiritûs,* » *Apostolus non hoc ita suscepit, ut doceret, quot
sunt vel opera carnis, vel fructus Spiritûs;
sed ut ostenderet, in quo genere illa vitanda*

(1) Ita post Garciam Theologi emendant, et Nicolaius ex Ms. Cod. Alcan., aliique cum antiquis
edit., *propter virtutem generis.*

illa verò sectanda sint. Unde potuissent vel plures, vel etiam pauciores fructus enumerari. Et tamen omnes donorum et virtutum actus possunt secundùm quamdam convenientiam ad hæc reduci, secundùm quòd omnes virtutes et dona necesse est quòd ordinent mentem aliquo prædictorum modorum. Unde et actus sapientiæ et quorumcumque donorum ordinantur ad bonum reducuntur ad charitatem, gaudium et pacem. Ideò tamen potiùs hæc quàm alia enumeravit, quia hìc enumerata magis important vel fruitionem bonorum, vel sedationem malorum; quod videtur ad rationem fructûs pertinere.

ARTICULUS IV. — *Utrùm fructus Spiritûs sancti contrarientur operibus carnis.*—(Gal. 5, lect. 6, fine.)

Ad quartum sic proceditur. 1. Videtur quòd fructus Spiritûs sancti non contrarientur operibus carnis, quæ Apostolus enumerat, Gal. 5. Contraria enim sunt in eodem genere. Sed opera carnis non dicuntur fructus. Ergo fructus Spiritûs eis non contrariantur.

2. Præterea, unum uni est contrarium. Sed plura enumerat Apostolus opera carnis quàm fructus Spiritûs. Ergo fructus Spiritûs et opera carnis non contrariantur.

3. Præterea, inter fructus Spiritûs primò ponuntur *charitas, gaudium* et *pax*; quibus non correspondent ea quæ primò enumerantur inter opera carnis, quæ sunt *fornicatio, immunditia* et *impudicitia.* Ergo fructus Spiritûs non contrariantur operibus carnis.

Sed contra est quod Apostolus dicit ibidem, 17, quòd *caro concupiscit adversùs spiritum, et spiritus adversùs carnem.*

Respondeo dicendum quòd opera carnis et fructus Spiritûs possunt accipi dupliciter: uno modo secundùm communem rationem, et hoc modo in communi fructus Spiritûs sancti contrariantur operibus carnis. Spiritus enim sanctus movet humanam mentem ad id quod est secundùm rationem, vel potiùs ad id quod est supra rationem; appetitus autem carnis, qui est appetitus sensitivus, trahit ad bona sensibilia, quæ sunt infra hominem. Unde sicut motus sursùm, et motus deorsùm contrariantur in naturalibus, ita in operibus humanis contrariantur opera carnis fructibus Spiritûs.

Alio modo possunt considerari secundùm proprias rationes singulorum fructuum enumeratorum et operum carnis; et sic non oportet quòd singula singulis contraponantur, quia, sicut dictum est art. præc., ad 4, Apostolus non intendit enumerare omnia opera spiritualia, nec omnia opera carnalia.

Sed tamen secundùm quamdam adaptationem Augustinus super Epistolam ad Galat., cap. 5, sup. illud: *Fructus autem Spiritûs,* contraponit singulis operibus carnis singulos fructus: sicut *fornicationi,* quæ est amor explendæ libidinis à legitimo connubio solutus, opponitur *charitas,* per quam anima conjungitur Deo, in quâ etiam est vera castitas. *Immunditiæ* autem sunt omnes perturbationes de illâ fornicatione conceptæ, quibus *gaudium* tranquillitatis opponitur.

Idolorum autem *servitus,* per quam bellum est gestum adversùs Evangelium Dei, opponitur *paci.* Contra *veneficia* autem, *inimicitias* et *contentiones, animositates, æmulationes* et *dissensiones* opponuntur *longanimitas* ad sustinendum mala hominum inter quos vivimus, et ad curandum *benignitas,* et ad ignoscendum *bonitas.* *Hæresibus* autem opponitur *fides; invidiæ mansuetudo; ebrietatibus et comessationibus :ontinentia.*

Ad primum ergo dicendum quòd id quod procedit ab arbore contra naturam arboris, non dicitur esse fructus ejus, sed magis corruptio quædam. Et quia virtutum opera sunt connaturalia rationi, opera verò vitiorum sunt contra rationem, ideò opera virtutum fructus dicuntur, non autem opera vitiorum.

Ad secundum dicendum quòd *bonum* contingit uno modo, *malum* verò *omnifariàm,* ut Dionysius dicit 4 cap. de div. Nom., part. 4, lect. 22. Unde et uni virtuti plura vitia opponuntur. Et propter hoc non est mirum, si plura ponuntur opera carnis quàm fructus Spiritûs.

Ad tertium patet solutio ex dictis in corp

QUÆSTIO LXXI.

DE VITIIS ET PECCATIS SECUNDUM SE. — (*In sex articulos divisa.*)

Consequenter considerandum est de vitiis et peccatis.

Circa quæ sex consideranda occurrunt: primò quidem de ipsis vitiis et peccatis secundùm se; secundò de distinctione eorum; tertiò de comparatione eorum ad invicem; quartò de subjecto peccati; quintò de causâ ejus; sextò de effectu ipsius.

Circa primum quæruntur sex: 1° utrùm vitium contrarietur virtuti; 2° utrùm vitium sit contra naturam; 3° quid sit pejus, utrùm vitium vel actus vitiosus; 4° utrùm actus vitiosus possit esse simul cum virtute; 5° utrùm in omni peccato sit aliquis actus; 6° de definitione peccati quam Augustinus ponit, lib. 22 contra Faustum: *Peccatum est dictum, vel factum, vel concupitum contra legem æternam.*

ARTICULUS PRIMUS. — *Utrùm vitium contrarietur virtuti.* — (*Sup., quæst. 66, art. 1, ad 2, et Ver. quæst. 14, art. 6, ad 2, et Virt. quæst. 1, art. 1, ad 1 et 5, et quæst. 2, art. 13, corp.*)

Ad primum sic proceditur. 1. Videtur quòd vitium non contrarietur virtuti; uni enim unum est contrarium, ut probatur in 10 Metaph., text. 17. Sed virtuti contrariantur peccatum et malitia. Non ergo contrariatur ei vitium, quia vitium dicitur, etiamsi sit indebita dispositio membrorum corporalium, vel quarumcumque rerum.

2. Præterea, virtus nominat quamdam perfectionem potentiæ. Sed vitium nihil nominat ad potentiam pertinens. Ergo vitium non contrariatur virtuti.

3. Præterea, Tullius dicit in 4 de Tusc. Quæst., parùm ante med., quòd *virtus est quædam sanitas animæ.* Sanitati autem opponitur ægritudo vel morbus magis quàm

vitium. Ergo virtuti non contrariatur vitium.

Sed contra est quod dicit Augustinus in libro de Perfectione justitiæ, cap. 2, circ. fin., quòd *vitium est qualitas secundùm quam malus est animus; virtus autem est qualitas quæ facit bonum habentem*, ut ex supra dictis patet, qu. 55, art. 3 et 4. Ergo vitium contrariatur virtuti.

Respondeo dicendum quòd circa virtutem duo possumus considerare, scilicet ipsam essentiam virtutis, et id ad quod est virtus. In essentiâ quidem virtutis aliquid considerari potest directè, et aliquid ex consequenti. Directè quidem virtus importat dispositionem quamdam alicujus convenienter se habentis secundùm modum suæ naturæ. Unde Philosophus dicit in 7 Physic., text. 17, quòd *virtus est dispositio perfecti ad optimum; dico autem perfecti, quod est dispositum secundùm naturam*. Ex consequenti autem sequitur quòd virtus sit bonitas quædam. In hoc enim consistit uniuscujusque rei bonitas quòd convenienter se habet secundùm modum suæ naturæ. Id autem ad quod virtus ordinatur, est actus bonus, ut ex supra dictis patet, quæst. 55, art. 3, et quæst. 56, art. 3.

Secundùm hoc igitur tria inveniuntur opponi virtuti: quorum unum est *peccatum*, quod opponitur sibi ex parte ejus ad quod virtus ordinatur; nam peccatum propriè nominat actum inordinatum, sicut actus virtutis est actus ordinatus et debitus. Secundùm autem quòd ad rationem virtutis consequitur quòd sit bonitas quædam, opponitur virtuti *malitia*. Sed secundùm id quod directè est de ratione virtutis, opponitur virtuti *vitium*; vitium enim uniuscujusque rei esse videtur quòd non sit disposita secundùm quòd convenit suæ naturæ. Unde Augustinus dicit in 3 de lib. Arb., cap. 4, in fin.: *Quod perfectioni naturæ deesse perspexeris, id voca vitium.*

Ad primum ergo dicendum quòd illa tria non contrariantur virtuti secundùm idem; sed *peccatum* quidem contrariatur, secundùm quòd virtus est operativa boni, *malitia* autem, secundùm quòd est bonitas quædam; *vitium* autem propriè, secundùm quòd est virtus.

Ad secundum dicendum quòd virtus non solùm importat perfectionem potentiæ, quæ est principium agendi; sed etiam importat debitam dispositionem ejus cujus est virtus; et hoc ideò quia unumquodque operatur secundùm quòd actu est. Requiritur ergo quòd aliquid sit in se benè dispositum, quod debet esse boni operativum. Et secundùm hoc virtuti vitium opponitur.

Ad tertium dicendum quòd, sicut Tullius dicit in 4 de Tuscul. QQ., parùm ante med., *morbi et ægrotationes partes sunt vitiositatis*. In corporibus enim morbum appellat *totius corporis corruptionem*, putà febrem vel aliquid hujusmodi; ægrotationem verò *morbum cum imbecillitate*; vitium autem, *cùm partes corporis inter se dissident*. Et quamvis in corpore quandoque sit morbus sine ægrotatione,

putà cùm aliquis est interiùs malè dispositus, non tamen exteriùs præpeditur à solitis operationibus, in animo tamen, ut ipse dicit, *hæc duo non possunt nisi cogitatione secerni*. Necesse est enim quòd quandocumque aliquis interiùs est malè dispositus habens inordinatum affectum, ex hoc imbecillis reddatur ad debitas operationes exercendas; quia *unaquæque arbor ex suo fructu cognoscitur*, id est, homo ex opere, ut dicitur Matth. 12. Sed vitium animi, ut Tullius ibidem dicit, *est habitus aut affectio animi in totâ vitâ inconstans et à seipsâ dissentiens*; quod quidem invenitur etiam absque morbo, vel ægrotatione, utpote cùm aliquis ex infirmitate vel ex passione peccat. Unde in plus se habet *vitium* quàm *ægrotatio*, vel *morbus*, sicut etiam *virtus* in plus se habet quàm *sanitas*; nam sanitas etiam quædam virtus ponitur in 7 Physic., text. 17, et ideò virtuti convenientiùs opponitur vitium quàm ægrotatio vel morbus.

ARTICULUS II. — *Utrùm vitium sit contra naturam.* — (2-2, quæst. 154, art. 12, et 4, dist. 41, art. 3, quæst. 1, ad 1, et Mal. qu. 14, art. 2, ad 8, et qu. 15, art. 1, ad 7, et Rom. 6, lect. 8, et Gal. 5, lect. 6.)

Ad secundum sic proceditur. 1. Videtur quòd vitium non sit contra naturam. Vitium enim contrariatur virtuti, ut dictum est, art. præc. Sed virtutes non sunt in nobis à naturâ, sed causantur in nobis per infusionem, aut ab assuetudine, ut dictum est qu. 63, art. 2 et 3. Ergo vitia non sunt contra naturam.

2. Præterea, ea quæ sunt contra naturam, non possunt assuefieri; sicut lapis nunquàm assuescit ferri sursùm, ut dicitur in 2 Eth., cap. 1, in princ. Sed aliqui assuefiunt ad vitia. Ergo vitia non sunt contra naturam.

3. Præterea, nihil quod est contra naturam, invenitur in habentibus illam naturam, ut in pluribus. Sed vitia inveniuntur in hominibus, ut in pluribus, quia, sicut dicitur Matth. 7, 13, *lata est via quæ ducit ad perditionem, et multi vadunt per eam*. Ergo vitium non est contra naturam.

4. Præterea, peccatum comparatur ad vitium, sicut actus ad habitum, ut ex supra dictis patet, art. præc. Sed peccatum definitur esse *dictum, vel factum, vel concupitum contra legem Dei*, ut patet per Augustinum 22 contra Faustum, cap. 27, in princ.; lex autem Dei est supra naturam. Magis ergo dicendum est quòd vitium sit contra legem, quàm quòd sit contra naturam.

Sed contra est quod Augustinus dicit in 3 de lib. Arb., cap. 13, circ. fin.: *Omne vitium eo ipso quòd vitium est, contra naturam est.*

Respondeo dicendum quòd, sicut dictum est art. præc., vitium virtuti contrariatur. Virtus autem uniuscujusque rei consistit in hoc quòd sit benè disposita secundùm convenientiam suæ naturæ, ut supra dictum est, ibid. Unde oportet quòd in quâlibet re vitium dicatur ex hoc quòd est disposita contra id quod convenit suæ naturæ; unde et de hoc unaquæque res vituperatur; à vitio autem nomen vituperationis tractum (1) creditur, ut Augustinus dicit in 3 de lib. Arb., cap. 14, ad fin.

Sed considerandum est quòd natura uniuscujusque rei potissimè est forma, secundùm quam res speciem sortitur. Homo autem in specie constituitur per animam rationalem. Et ideò id quod est contra ordinem rationis, propriè est contra naturam hominis, in quantum est homo; quod autem est secundùm rationem, est secundùm naturam hominis, in quantum est homo. *Bonum autem hominis est secundùm rationem esse, et malum hominis est præter rationem esse,* ut Dionysius dicit 4 cap. de div. Nom., part. 4, lect. 22. Unde virtus humana, quæ hominem facit bonum, et ipsus ipsius bonum reddit, in tantum est secundùm naturam hominis, in quantum convenit rationi; vitium autem in tantum est contra naturam hominis, in quantum est contra ordinem rationis.

Ad primum ergo dicendum quòd virtutes etsi non causentur à naturà secundùm suum esse perfectum, tamen inclinant ad id quod est secundùm naturam, id est, secundùm ordinem rationis. Dicit enim Tullius in Rhetor. suâ, lib. 2 de Invent., aliquant. ante fin., quòd *virtus est habitus in modum naturæ rationi consentaneus.* Et hoc modo virtus dicitur esse secundùm naturam; et per contrarium intelligitur quòd vitium sit contra naturam.

Ad secundum dicendum quòd Philosophus ibi loquitur de his quæ sunt contra naturam, secundùm quòd esse contra naturam opponitur ei quod est esse à naturà; non autem secundùm quòd esse contra naturam opponitur ei quod est esse secundùm naturam; eo modo quo virtutes dicuntur esse secundùm naturam, in quantum inclinant ad id quod naturæ convenit.

Ad tertium dicendum quòd in homine est duplex natura, scilicet rationalis et sensitiva. Et quia per operationem sensûs homo pervenit ad actus rationis, ideò plures sequuntur inclinationes naturæ sensitivæ quàm ordinem rationis. Plures enim sunt qui assequuntur principium rei, quàm qui ad consummationem perveniunt. Ex hoc autem vitia et peccata in hominibus proveniunt, quòd sequuntur inclinationem naturæ sensitivæ contra ordinem rationis.

Ad quartum dicendum quòd quidquid est contra rationem artificiati, est etiam contra naturam artis, quâ artificiatum producitur. Lex autem æterna comparatur ad ordinem rationis humanæ, sicut ars ad artificiatum. Unde ejusdem rationis est quòd vitium et peccatum sit contra ordinem rationis humanæ, et quòd sit contra legem æternam. Unde Augustinus dicit in 3 de lib. Arb., cap. 6, in princ., quòd *à Deo habent omnes naturæ quòd naturæ sunt; et in tantum sunt vitiosæ, in quantum ab ejus, quâ factæ sunt, arte discedunt.*

ARTICULUS III. — *Utrùm vitium sit pejus quàm actus vitiosus.* — (*Sup.,* art. 2, cont., et Mal. qu. 2, art. 2, ad 9, et art. 5, ad 8.*)

Ad tertium sic proceditur. 1. Videtur quòd vitium, id est, habitus malus, sit pejus quàm peccatum, id est, actus malus. Sicut enim bonum quod est diuturnius, est melius, ita malum quod est diuturnius, est pejus. Sed habitus vitiosus est diuturnior quàm actus vitiosi, qui statim transeunt. Ergo habitus vitiosus est pejor quàm actus vitiosus.

2. Præterea, plura mala sunt magis fugienda quàm unum malum. Sed habitus malus virtualiter est causa multorum malorum actuum. Ergo habitus vitiosus est pejor quàm actus vitiosus.

3. Præterea, causa est potior quàm effectus. Sed habitus perficit actum tam in bonitate quàm in malitià. Ergo habitus est potior actu et in bonitate et in malitià.

Sed contra, pro actu vitioso aliquis justò punitur; non autem pro habitu vitioso, si non procedat ad actum. Ergo actus vitiosus est pejor quàm habitus vitiosus.

Respondeo dicendum quòd habitus medio modo se habet inter potentiam et actum. Manifestum est autem quòd actus in bono et malo præeminet potentiæ, ut dicitur in 9 Metaph., text. 19; melius est enim benè agere, quàm posse benè agere; et similiter vituperabilius est malè agere, quàm posse malè agere. Unde etiam sequitur quòd habitus in bonitate et in malitià medium gradum obtineat inter potentiam et actum, ut scilicet sicut habitus bonus vel malus præeminet in bonitate vel malitià potentiæ, ita etiam subdatur actui. Quod etiam ex hoc apparet quòd habitus non dicitur bonus vel malus, nisi ex hoc quod inclinat ad actum bonum vel malum. Unde propter bonitatem vel malitiam actus dicitur habitus bonus vel malus.

Et sic potior est actus in bonitate vel malitià quàm habitus, quia propter quod unumquodque tale, et illud magis est.

Ad primum ergo dicendum quòd nihil prohibet aliquid esse simpliciter altero potius, quod tamen secundùm quid ab eo deficit. Simpliciter enim potius judicatur quod præeminet quantùm ad id quod per se consideratur in utroque; secundùm quid autem, quod præeminet secundùm id quod per accidens se habet ad utrumque. Ostensum est autem, in corp., ex ipsâ ratione actus et habitûs, quòd actus est potior in bonitate et malitià quàm habitus. Quòd autem habitus sit diuturnior quàm actus, accidit ex eo quòd utrumque invenitur in tali naturâ, quæ non potest semper agere, et cujus actio est in motu transeunte. Unde simpliciter actus est potior tam in bonitate quàm in malitià; sed habitus est potior secundùm quid.

Ad secundum dicendum quòd habitus non est simpliciter plures actus, sed secundùm quid, id est, virtute. Unde ex hoc non potest concludi quòd habitus sit simpliciter potior in bonitate vel malitià quàm actus.

Ad tertium dicendum quòd habitus est causa actûs in genere causæ efficientis; sed actus est causa habitûs in genere causæ finalis, secundùm quam consideratur ratio boni et mali; et ideò in bonitate et malitiâ actus præeminet habitui.

ARTICULUS IV. — *Utrùm peccatum simul possit esse cum virtute.* — (*Sup.*, quæst. 63, *art.* 1, *ud* 2, *et inf.*, quæst. 72, *art.* 1, *ad* 2, *et* quæst. 87, *art.* 2, *ad* 3, *et* 2-2, quæst. 24, *art.* 12, *et Mal.* quæst. 2, *art.* 9, *ad* 13, *et Virt.* quæst. 1, *art.* 1, *ad* 5.)

Ad quartum sic proceditur. 1. Videtur quòd actus vitiosus, sive peccatum, non possit simul esse cum virtute. Contraria enim non possunt esse simul in eodem. Sed peccatum quodammodò contrariatur virtuti, ut dictum est art. 1 hujus quæst. Ergo peccatum non potest simul esse cum virtute.

2. Præterea, peccatum est pejus quàm vitium, id est, actus malus quàm habitus malus. Sed vitium non potest simul esse in eodem cum virtute. Ergo nec peccatum.

3. Præterea, sicut peccatum accidit in rebus voluntariis, ita et in rebus naturalibus, ut dicitur in 2 Physic., text. 82. Sed nunquàm in rebus naturalibus accidit peccatum nisi per aliquam corruptionem virtutis naturalis, sicut monstra accidunt corrupto aliquo principio in semine, ut dicitur in 2 Physic., ibid. Ergo etiam in rebus voluntariis non accidit peccatum nisi corruptâ aliquâ virtute animæ; et sic peccatum et virtus non possunt esse in eodem.

Sed contra est quod Philosophus dicit in 2 Ethic., cap. 2 et 3, in fine, quòd *per contraria virtus generatur et corrumpitur.* Sed unus actus virtuosus non causat virtutem, ut supra habitum est, quæst. 51, art. 3. Ergo neque unus actus peccati tollit virtutem. Possunt ergo simul in eodem esse.

Respondeo dicendum quòd peccatum comparatur ad virtutem, sicut actus malus ad habitum bonum. Aliter autem se habet habitus in animâ, et forma in re naturali. Forma enim naturalis ex necessitate producit operationem sibi convenientem; unde non potest esse simul cum formâ naturali actus formæ contrariæ; sicut non potest esse cum calore actus infrigidationis, neque simul cum levitate motus descensionis, nisi forte ex violentiâ exterioris moventis. Sed habitus in animâ non ex necessitate producit suam operationem, sed homo utitur eo cùm voluerit; unde simul habitu in homine existente, potest n on uti habitu, aut agere contrarium actum; et sic potest habens virtutem procedere ad actum peccati. Actus verò peccati si comparetur ad ipsam virtutem, prout est habitus quidam, non potest ipsam corrumpere, si sit unus tantùm. Sicut enim non generatur habitus per unum actum, ita nec per unum actum corrumpitur, ut supra dictum est, quæst. 63, art. 2, ad 2.

Sed si comparetur actus peccati ad causam virtutum, sic possibile est quòd per unum actum peccati aliquæ virtutes corrumpantur. Quodlibet enim peccatum mortale contrariatur charitati, quæ est radix omnium virtutum infusarum, in quantum sunt virtutes; et ideò

per unum actum peccati mortalis exclusâ charitate, excluduntur per consequens omnes virtutes infusæ, in quantum sunt virtutes. Et hoc dico propter fidem et spem, quarum habitus remanent informes post peccatum mortale; et sic non sunt virtutes.

Sed peccatum veniale, quod non contrariatur charitati, nec excludit ipsam, per consequens etiam non excludit alias virtutes. Virtutes verò acquisitæ non tolluntur per unum actum cujuscumque peccati.

Sic igitur peccatum mortale non potest simul esse cum virtutibus infusis; potest tamen simul esse cum virtutibus acquisitis; peccatum verò veniale potest simul esse et cum virtutibus infusis et cum acquisitis.

Ad primum ergo dicendum quòd peccatum non contrariatur virtuti secundùm se, sed secundùm suum actum. Et ideò peccatum non potest simul esse cum actu virtutis; potest tamen simul esse cum habitu.

Ad secundum dicendum quòd vitium directè contrariatur virtuti, sicut et peccatum actui virtuoso; et ideò vitium excludit virtutem, sicut peccatum excludit actum virtutis.

Ad tertium dicendum quòd virtutes naturales agunt ex necessitate; et ideò, integrâ existente virtute, nunquàm peccatum potest in actu inveniri. Sed virtutes animæ non producunt actus ex necessitate; unde non est similis ratio.

ARTICULUS V. — *Utrùm in quolibet peccato sit aliquis actus.* — (2-2, quæst. 54, *art.* 2, *ad* 2, *et* quæst. 79, *art.* 3, *et* 2, *dist.* 35, *art.* 3, *et dist.* 40, quæst. 11, *art.* 1, *ad* 4, *et Pot.* quæst. 1, *art.* 6, *ad* 9, *et* quæst. 2, *art.* 1, *ad* 6, *et Mal.* quæst. 8, *art.* 1.)

Ad quintum sic proceditur. 1. Videtur quòd in quolibet peccato sit aliquis actus. Sicut enim meritum comparatur ad virtutem, ita peccatum ad vitium comparatur. Sed meritum non potest esse absque aliquo actu. Ergo nec peccatum potest esse absque aliquo actu.

2. Præterea, Augustinus dicit in lib. 3 de libero Arbitrio (implic. cap. 18, in princ., sed expres. lib. de verâ Relig., cap. 14, in princ.), quòd *omne peccatum adeò est voluntarium, quòd si non sit voluntarium, non est peccatum.* Sed non potest esse aliquod voluntarium nisi per actum voluntatis. Ergo omne peccatum habet aliquem actum.

3. Præterea, si peccatum esset absque aliquo actu, sequeretur quòd ex hoc ipso quòd aliquis cessat ab actu debito, peccaret. Sed continuè aliquis cessat ab actu debito, ille scilicet qui nunquàm actum debitum operatur. Ergo sequeretur quòd continuè peccaret, quod est falsum. Non ergo est aliquod peccatum absque actu.

Sed contra est quod dicitur Jac. 4, 17 *Scienti bonum facere, et non facienti, peccatum est illi.* Sed non facere non importat aliquem actum. Ergo peccatum potest esse absque actu.

Respondeo dicendum, quòd quæstio ista principaliter movetur propter peccatum omissionis, de quo aliqui diversimodè opinantur. Quidam enim dicunt quòd in omni peccato omissionis est aliquis actus vel interior vel exterior; interior quidem, sicut cùm aliquis vult non ire ad ecclesiam, quando ire tenetur; exterior autem, sicut cum aliquis illà horà quà ad ecclesiam ire tenetur, vel etiam ante, occupat se talibus quibus ab eundo ad ecclesiam impeditur; et hoc quodammodò videtur in primum redire; qui enim vult aliquid cum quo aliud simul esse non potest, ex consequenti vult illo carere; nisi forte non perpendat quòd per hoc quod vult facere impeditur ab eo quod facere tenetur; in quo casu posset per negligentiam culpabilis judicari. Alii verò dicunt quòd in peccato omissionis non requiritur aliquis actus; ipsum enim non facere quod quis facere tenetur, peccatum est.

Utraque autem opinio secundùm aliquid veritatem habet. Si enim intelligatur in peccato omissionis illud solùm quod per se pertinet ad rationem peccati, sic quandoque omissionis peccatum est cum actu interiori, ut cùm aliquis vult non ire ad ecclesiam; quandoque verò absque omni actu vel interiori vel exteriori, sicut cùm aliquis horà quà tenetur ire ad ecclesiam, nihil cogitat de eundo vel non eundo ad ecclesiam.

Si verò in peccato omissionis intelligantur etiam causæ vel occasiones omittendi, sic necesse est in peccato omissionis aliquem actum esse. Non enim est peccatum omissionis, nisi cùm aliquis prætermittit quod potest facere et non facere. Quòd autem aliquis declinet ad non faciendum illud quod potest facere et non facere, non est nisi ex aliquà causà, vel occasione conjunctà vel præcedente. Et si quidem causa illa non sit in potestate hominis, omissio non habet rationem peccati, sicut cùm aliquis propter infirmitatem prætermittit ad ecclesiam ire. Si verò causa vel occasio omittendi subjaceat voluntati, omissio habet rationem peccati; et tunc semper oportet quòd ista causa, in quantum est voluntaria, habeat aliquem actum ad minus interiorem voluntatis. Qui quidem actus quandoque directè fertur in ipsam omissionem, putà cùm aliquis vult non ire ad ecclesiam, vitans laborem; et tunc talis actus per se pertinet ad omissionem; voluntas enim cujuscumque peccati per se pertinet ad peccatum illud, eò quòd voluntarium est de ratione peccati. Quandoque autem actus voluntatis directè fertur in aliud, per quod homo impeditur ab actu debito; sive illud in quod fertur voluntas, sit conjunctum omissioni, putà cùm aliquis vult ludere quando ad ecclesiam deberet ire; sive etiam sit præcedens, putà cùm aliquis vult diù vigilare de sero, ex quo sequitur quòd non vadat horà matutinali ad ecclesiam. Et tunc actus iste interior per accidens se habet ad omissionem, quia omissio sequitur præter intentionem. Hoc autem dicimus per accidens esse quod est præter intentionem, ut patet in 2 Physic. (implic. text. 49, 50 et seq.). Unde manifestum est quòd tunc peccatum omissionis habet quidem aliquem actum conjunctum vel præcedentem, qui tamen per accidens se habet ad peccatum omissionis.

Judicium autem de rebus dandum est secundùm illud quod est per se, et non secundùm illud quod est per accidens. Unde veriùs dici potest quòd aliquod peccatum possit esse absque omni actu; alioquin etiam ad essentiam aliorum peccatorum actualium pertinerent actus et occasiones circumstantes.

Ad primum ergo dicendum quòd plura requiruntur ad bonum quàm ad malum, eò quòd *bonum contingit ex totà integrà causà, malum autem ex singularibus defectibus*, ut Dionysius dicit, cap. 4 de div. Nom., part. 4, lect. 22. Et ideò peccatum potest contingere, sive aliquis faciat quod non debet, sive non faciendo (1) quod debet; sed meritum non potest esse, nisi aliquis faciat voluntariè quod debet. Et ideò meritum non potest esse sine actu; sed peccatum potest esse sine actu.

Ad secundum dicendum quòd aliquid dicitur voluntarium, non solùm quia cadit super ipsum actus voluntatis, sed quia in potestate nostrà est ut fiat vel non fiat, ut dicitur in 3 Ethic., cap. 5. Unde etiam ipsum non velle potest dici voluntarium, in quantum in potestate hominis est velle et non velle.

Ad tertium dicendum quòd peccatum omissionis contrariatur præcepto affirmativo, quod obligat semper, sed non ad semper; et ideò solùm pro tempore illo aliquis cessando ab actu peccat, pro quo præceptum affirmativum obligat.

ARTICULUS VI. — *Utrùm convenienter definiatur peccatum esse dictum, vel factum, vel concupitum contra legem æternam.* — (*Inf.,* quæst. 76, art. 2, ad 1, et 2, dist. 35, art. 2, corp., et ad 3, et Mal. quæst. 2, art. 1, corp., et ad 2.)

Ad sextum sic proceditur. 1. Videtur quòd inconvenienter definiatur peccatum, cùm dicitur : *Peccatum est dictum, vel factum, vel concupitum contra legem æternam. Dictum* enim, vel *factum,* vel *concupitum* importat aliquem actum. Sed non omne peccatum importat aliquem actum, ut dictum est art. præc. Ergo hæc definitio non includit omne peccatum.

2. Præterea, Augustinus dicit in libro de duabus animabus, cap. 12, in princ., vel 11, in fin. : *Peccatum est voluntas retinendi vel consequendi quod justitia vetat.* Sed voluntas sub concupiscentià comprehenditur, secundùm quòd concupiscentia largo modo sumitur pro omni appetitu. Ergo suffecisset dicere : *Peccatum est concupitum contra legem æternam;* nec oportuit addere *dictum,* vel *factum.*

3. Præterea, peccatum propriè consistere videtur in aversione a fine; nam bonum et malum principaliter considerantur secundùm finem, ut ex supra dictis patet, quæst. 1, art. 3, et qu. 18, art. 4 et 6, unde et Augustinus in lib. 1 de libero Arbitr., cap. ult., à princ., per comparationem ad finem definit peccatum, dicens quòd *peccare nihil est aliud quàm ne-*

<hr>

(1) Ita passim editi cum Mss. Nicolaius, *non faciai.*

glectis æternis, temporalia sectari; et in lib. 83 QQ., qu. 30, circ. princ., dicit quòd *omnis humana perversitas est uti fruendis, et frui utendis.* Sed in præmissâ definitione nulla fit mentio de aversione à debito fine. Ergo insufficienter definitur peccatum.

4. Præterea, ex hoc dicitur aliquid esse prohibitum, quia legi contrariatur. Sed non omnia peccata sunt mala, quia prohibita; sed quædam sunt prohibita, quia mala. Non ergo in communi definitione peccati debuit poni quòd sit *contra legem Dei.*

5. Præterea, peccatum significat malum hominis actum, ut ex dictis patet, art. 1 hujus qu. Sed *malum hominis est contra rationem esse,* ut Dionysius dicit, 4 cap. de div. Nom., part. 4, lect. 22. Ergo potiùs debuit dici quòd peccatum sit contra rationem, quàm quòd peccatum sit contra legem æternam.

In contrarium sufficit auctoritas Augustini, lib. 22 contra Faust., cap. 27, in princ.

Respondeo dicendum quòd, sicut ex dictis patet, art. 1 hujus quæst., peccatum nihil aliud est quàm actus humanus malus. Quòd autem aliquis actus sit humanus, habet ex hoc quòd est voluntarius, sicut ex supra dictis patet, qu. 1, art. 1, sive sit voluntarius, quasi à voluntate elicitus, ut ipsum velle vel eligere; sive quasi à voluntate imperatus, ut exteriores actus vel locutionis vel operationis. Habet actus humanus quòd sit malus ex eoquòd caret debitâ commensuratione. Omnis autem commensuratio cujuscumque rei attenditur per comparationem ad aliquam regulam; à quâ si divertat, incommensurata erit. Regula autem voluntatis humanæ est duplex: una propinqua, et homogenea, scilicet ipsa humana ratio; alia verò est prima regula, scilicet lex æterna, quæ est quasi ratio Dei.

Et ideò Augustinus in definitione peccati posuit duo: unum quod pertinet ad substantiam actûs humani, quod est quasi materiale in peccato, cùm dixit, *dictum, vel factum, vel concupitum;* aliud autem quod pertinet ad rationem mali, quod est quasi formale in peccato, cùm dixit, *contra legem æternam.*

Ad primum ergo dicendum quòd affirmatio et negatio reducuntur ad idem genus, sicut in divinis *genitum* et *ingenitum* ad relationem, ut Augustinus dicit in 5 de Trin., cap. 6 et 7. Et ideò pro eodem est accipiendum *dictum* et *non dictum, factum* et *non factum.*

Ad secundum dicendum quòd prima causa peccati est in voluntate, quæ imperat omnes actus voluntarios, in quibus solis invenitur peccatum. Et ideò Augustinus quandoque per solam voluntatem definit peccatum. Sed quia etiam ipsi exteriores actus pertinent ad substantiam peccati, cùm sint secundùm se mali, ut dictum est in corp., quæst. 20, necesse fuit quòd in definitione peccati poneretur etiam aliquid pertinens ad exteriores actus.

Ad tertium dicendum quòd lex æterna primò et principaliter ordinat hominem ad finem; consequenter autem facit hominem benè se habere circa ea quæ sunt ad finem; et ideò in hoc quod dicit, *contra legem æternam,* tangit aversionem à fine, et omnes alias inordinationes.

Ad quartum dicendum quòd cùm dicitur quòd non omne peccatum ideò est malum quia est prohibitum, intelligitur de prohibitione factâ per jus positivum. Si autem referatur ad jus naturale, quod continetur primò quidem in lege æternâ, secundariò verò in naturali judicatorio rationis humanæ, tunc omne peccatum est malum, quia prohibitum; ex hoc enim ipso quòd est inordinatum, juri naturali repugnat.

Ad quintum dicendum quòd à theologis consideratur peccatum præcipuè secundùm quòd est offensa contra Deum; à Philosopho autem morali, secundùm quòd contrariatur rationi. Et ideò Augustinus convenientiùs definit peccatum ex hoc quòd est *contra legem æternam,* quàm ex hoc quòd est *contra rationem;* præcipuè cùm per legem æternam regulemur in multis quæ excedunt rationem humanam, sicut in his quæ sunt fidei.

QUÆSTIO LXXII.

DE DISTINCTIONE PECCATORUM. — (*In novem articulos divisa.*)

Deinde considerandum est de distinctione peccatorum vel vitiorum; et circa hoc quæruntur novem: 1° utrùm peccata distinguantur specie secundùm objecta; 2° de distinctione peccatorum spiritualium et carnalium; 3° utrùm secundùm causas; 4° utrùm secundùm eos in quos peccatur; 5° utrùm secundùm diversitatem reatûs; 6° utrùm secundùm omissionem et commissionem; 7° utrùm secundùm diversum processum peccati; 8° utrùm secundùm abundantiam et defectum; 9° utrùm secundùm diversas circumstantias.

ARTICULUS PRIMUS. — *Utrùm peccata differant specie secundùm objecta.* — (*Inf., art. 3 et 4, corp., art. 5, ad 1, et 2-2, prol., et qu. 39, art. 2, corp., et 2, dist. 42, quæst. 2, art. 2, quæst. 1, ad 2, et qu. 2, corp., et Mal. quæst. 2, art. 6, corp., et quæst. 14, art. 2, corp., et Ps. 50.*)

Ad primum sic proceditur 1. Videtur quòd peccata non differant specie secundùm objecta. Actus enim humani præcipuè dicuntur boni vel mali per comparationem ad finem, ut supra ostensum est, quæst. 1, art. 3, et quæst. 18, art. 4 et 6. Cùm igitur peccatum nihil aliud sit quàm actus hominis malus, sicut dictum est, quæst. præc., art. 1, videtur quòd secundùm fines peccata debeant distingui specie magis quàm secundùm objecta.

2. Præterea, malum, cùm sit privatio, distinguitur specie secundùm diversas species oppositorum. Sed peccatum est quoddam malum in genere humanorum actuum. Ergo peccata magis distinguuntur specie secundùm opposita quàm secundùm objecta.

3. Præterea, si peccata specie differrent secundùm objecta, impossibile esset idem peccatum specie circa diversa objecta inveniri. Sed inveniuntur aliqua hujusmodi peccata: nam superbia est in rebus spiritualibus et in corporalibus, ut Gregorius dicit in lib. 34 Moral., cap. 18, ante med.; avaritia etiam est circa diversa genera rerum. Ergo peccata non distinguuntur specie secundùm objecta

Sed contra est quòd peccatum est *dictum*, *vel factum, vel concupitum contra legem Dei*. Sed *dicta*, vel *facta*, vel *concupita* distinguuntur specie secundùm diversa objecta; quia actus per objecta distinguuntur, ut supra dictum est, qu. 18, art. 2. Ergo etiam peccata secundùm objecta specie distinguuntur.

Respondeo dicendum quòd, sicut dictum est quæst. præc., art. 6, ad rationem peccati duo concurrunt, scilicet actus voluntarius, et inordinatio ejus, quæ est per recessum à lege Dei. Horum autem duorum unum per se comparatur ad peccantem, qui intendit talem actum voluntarium exercere in tali materiâ; aliud autem, scilicet inordinatio actûs, per accidens se habet ad intentionem peccantis. *Nullus* enim *intendens ad malum operatur*, ut Dionysius dicit 4 cap. de div. Nom., part. 4,˙ lect. 14 et 22. Manifestum est autem quòd unumquodque consequitur speciem secundùm illud quod est per se, non autem secundùm id quod est per accidens, quia ea quæ sunt per accidens, sunt extra rationem speciei. Et ideò peccata specie distinguuntur ex parte actuum voluntariorum magis quàm ex parte inordinationis in peccato existentis. Actus autem voluntarii distinguuntur specie secundùm objecta, ut in superioribus ostensum est, quæst. 18, art. 2.

Unde sequitur quòd peccata propriè distinguantur specie secundùm objecta.

Ad primum ergo dicendum quòd finis principaliter habet rationem boni; et ideò comparatur ad actum voluntatis, qui est primordialis in omni peccato, sicut objectum; unde in idem redit quòd peccata differant secundùm objecta vel secundùm fines.

Ad secundum dicendum quòd peccatum non est pura privatio, sed est actus debito ordine privatus. Et ideò peccata magis distinguuntur specie secundùm opposita; quamvis, etiamsi distinguantur secundùm opposita virtutes, in idem rediret; virtutes enim distinguuntur specie secundùm objecta, ut supra dictum est, quæst. 60, art. 5.

Ad tertium dicendum quòd nihil prohibet in diversis rebus specie vel genere differentibus invenire unam formalem rationem objecti, à quâ peccatum speciem recipit. Et hoc modo superbia circa diversas res excellentiam quærit; avaritia verò abundantiam eorum quæ usui humano accommodantur.

ARTICULUS II. — *Utrùm convenienter distinguantur peccata spiritualia à carnalibus.* — (*Inf., quæst.* 73, *art.* 5, *corp.*, *et* 2-2, *quæst.* 118, *art.* 6, *corp.*, *et* 1 *Cor.* 6, *lect.* 3, *et* 2 *Cor.* 7.)

Ad secundum sic proceditur. 1. Videtur quòd inconvenienter distinguantur peccata spiritualia à carnalibus. Dicit enim Apostolus ad Galat. 5, 19 : *Manifesta sunt opera carnis, quæ sunt fornicatio, immunditia, impudicitia, luxuria, idolorum servitus, veneficia*, etc., ex quo videtur quòd omnia peccatorum genera sunt opera carnis. Sed peccata carnalia dicuntur *opera carnis*. Ergo non sunt distinguenda peccata carnalia à spiritualibus.

2. Præterea, quicumque peccat, secundùm carnem ambulat, secundùm illud Rom. 8, 13 · *Si secundùm carnem vixeritis, moriemini; si autem spiritu facta carnis mortificaveritis, vivetis*. Sed vivere, vel ambulare secundùm carnem videtur pertinere ad rationem peccati carnalis. Ergo omnia peccata sunt carnalia. Non ergo sunt distinguenda peccata carnalia à spiritualibus.

3. Præterea, superior pars animæ, quæ est mens vel ratio, *spiritus* nominatur, secundùm illud Ephes. 4, 23 : *Renovamini spiritu mentis vestræ*; ibi *spiritus* pro ratione ponitur, ut ibi Glossa interl. et ord. dicit. Sed omne peccatum quod secundùm carnem committitur, à ratione derivatur per consensum, quia superioris rationis est consentire in actum peccati, ut infra dicetur, qu. 74, art. 7. Ergo eadem sunt peccata carnalia et spiritualia. Non ergo sunt distinguenda ab invicem.

4. Præterea, si aliqua peccata specialiter sunt carnalia, hoc potissimè intelligendum videtur de illis peccatis quibus in corpus suum peccat aliquis. Sed, sicut Apostolus dicit 1 ad Cor. 6, 18, *omne peccatum quodcumque fecerit homo, extra corpus est; qui autem fornicatur, in corpus suum peccat*. Ergo sola fornicatio esset peccatum carnale; cùm tamen Apostolus ad Ephes. 5, etiam avaritiam carnalibus peccatis annumeret.

Sed contra est quod Gregorius 31 Moral., cap. 17, parùm ante fin., dicit quòd *septem capitalium vitiorum quinque sunt spiritualia, et duo carnalia*.

Respondeo dicendum quòd, sicut dictum est art. præc., peccata recipiunt speciem ex objectis. Omne autem peccatum consistit in appetitu alicujus commutabilis boni, quod inordinatè appetitur; et per consequens in eo jam habito inordinatè aliquis delectatur. Ut autem ex superioribus patet, qu. 31, art. 3, duplex est delectatio : una quidem animalis, quæ consummatur in solâ apprehensione alicujus rei ad votum habitæ; et hæc etiam potest dici delectatio spiritualis, sicut cùm aliquis delectatur in laude humanâ, vel in aliquo hujusmodi. Alia verò delectatio est corporalis, sive naturalis, quæ in ipso tactu corporali perficitur, quæ potest etiam dici delectatio carnalis.

Sic igitur illa peccata quæ perficiuntur in delectatione spirituali, vocantur peccata spiritualia; illa verò quæ perficiuntur in delectatione carnali, vocantur peccata carnalia; sicut gula, quæ perficitur in delectatione ciborum, et luxuria, quæ perficitur in delectatione venereorum. Unde et Apostolus dicit 2 ad Cor. 7, 1 : *Emundemus nos ab omni inquinamento carnis et spiritûs*.

Ad primum ergo dicendum quòd, sicut Glossa (ord. ex 14 de Civit. Dei, cap. 2, circ. fin.), ibidem dicit, illa vitia dicuntur *opera carnis*, non quia in voluptate carnis perficiantur, sed *caro* sumitur ibi pro homine, qui dùm secundùm se vivit, secundùm carnem vivere dicitur, ut etiam Augustinus dicit 14 de Civ. Dei (ib. et cap. 3, à med.). Et hujus ratio est ex hoc quòd omnis rationis humanæ defectus ex sensu carnali aliquo modo initium habet.

Et per hoc etiam patet responsio ad secundum.

Ad tertium dicendum quòd in peccatis etiam carnalibus est aliquis actus spiritualis, scilicet actus rationis ; sed finis horum peccatorum, à quo denominantur, est delectatio carnis.

Ad quartum dicendum quòd, sicut Glossa ordin. ibidem dicit, *specialiter in fornicationis peccato servit anima corpori, in tantum ut nihil aliud in ipso momento cogitare homini liceat.* Delectatio autem gulæ, etsi sit carnalis, non ita absorbet rationem.

Vel potest dici quòd in hoc peccato etiam quædam injuria fit corpori, dùm inordinatè maculatur ; et ideò per hoc solum peccatum dicitur specialiter homo in corpus peccare. Avaritia verò, quæ carnalibus peccatis connumeratur, pro adulterio ponitur, quod est injusta usurpatio uxoris alienæ.

Vel potest dici quòd res in quâ delectatur avarus, corporale quoddam est, et quantùm ad hoc connumeratur peccatis carnalibus. Sed ipsa delectatio non pertinet ad carnem, sed ad spiritum ; et ideò Gregorius dicit, libro 31 Moral., cap. 17, ante fin., quòd est *spirituale peccatum.*

ARTICULUS III. — *Utrùm peccata distinguantur specie secundum causas.* — (2-2, prol., et 2, dist. 28, qu. 1, art. 1, corp.)

Ad tertium sic proceditur. 1. Videtur quòd peccata distinguantur specie secundùm causas. Ab eodem enim habet res speciem à quo habet esse. Sed peccata habent esse ex suis causis. Ergo ab eis etiam speciem sortiuntur. Differunt ergo specie secundùm diversitatem causarum.

2. Præterea, inter alias causas minùs videtur pertinere ad speciem causa materialis. Sed objectum in peccato est sicut causa materialis. Cùm ergo secundùm objecta peccata specie distinguantur, videtur quòd peccata multò magis secundùm alias causas distinguantur specie.

3. Præterea, Augustinus, super illud Psal. 79 : *Incensa igni et suffossa*, dicit quòd *omne peccatum est ex timore malè humiliante, vel ex amore malè inflammante* ; dicitur in 1 Joan. 2, 16, quòd *omne quod est in mundo, aut est concupiscentia carnis, aut est concupiscentia oculorum, aut superbia vitæ.* Dicitur autem aliquid esse in mundo propter peccatum, secundùm quòd mundi nomine amatores mundi significantur, ut Augustinus dicit super Joan., tract. 2, inter med. et fin. Gregorius etiam 31 Moral., cap. 17, versùs fin., distinguit omnia peccata secundùm septem vitia capitalia. Omnes autem hujusmodi divisiones respiciunt causas peccatorum. Ergo videtur quòd peccata differant specie secundùm diversitatem causarum.

Sed contra est quia secundùm hoc omnia peccata essent unius speciei, cùm ex unâ causâ causentur. Dicitur enim Eccli. 10, 15, quòd *initium omnis peccati est superbia* ; et 1 ad Timoth. ult., 10, quòd *radix omnium malorum est cupiditas.* Manifestum est autem esse diversas species peccatorum. Non ergo

peccata distinguuntur specie secundùm diversitates causarum.

Respondeo dicendum quòd cùm quatuor sint causarum genera, diversimodè diversis attribuuntur. Causa enim formalis et materialis respiciunt propriè substantiam rei ; et ideò substantiæ secundùm formam et materiam, specie et genere distinguuntur. Agens autem et finis respiciunt directè motum et operationem ; et ideò motus et operationes secundùm hujusmodi causas specie distinguuntur.

Diversimodè tamen ; nam principia activa naturalia sunt determinata semper ad eosdem actus ; et ideò diversæ species in actibus naturalibus attenduntur non solùm secundùm objecta, quæ sunt fines vel termini, sed etiam secundùm principia activa ; sicut calefacere et infrigidare distinguuntur specie secundùm calidum et frigidum. Sed principia activa in actibus voluntariis, cujusmodi sunt actus peccatorum, non se habent ex necessitate ad unum : et ideò ex uno principio activo, vel motivo possunt diversæ species peccatorum procedere ; sicut ex timore malè humiliante potest procedere quòd homo furetur, quòd occidat et quòd deserat gregem sibi commissum ; et hæc eadem possunt procedere ex amore malè inflammante (1). Unde manifestum est quòd peccata non differant specie secundùm diversas causas activas vel motivas, sed solùm secundùm diversitatem causæ finalis, quia finis est objectum voluntatis. Ostensum est enim supra, qu. 1, art. 3, et qu. 18, art. 4 et 6, quòd actus humani habent speciem ex fine.

Ad primum ergo dicendum quòd principia activa in actibus voluntariis, cùm non sint determinata ad unum, non sufficiunt ad producendum humanos actus, nisi determinetur voluntas ad unum per intentionem finis, ut patet per Philosophum in 9 Metaph., text. 15 et 16, et ideò à fine perficitur esse et species peccati.

Ad secundum dicendum quòd objecta, secundùm quòd comparantur ad actus exteriores, habent rationem materiæ *circa quam* ; sed secundùm quòd comparantur ad actum interiorem voluntatis, habent rationem finium ; et ex hoc habent quòd dent speciem actui. Quamvis etiam secundùm quòd sunt materia *circa quam*, habeant rationem terminorum, à quibus motus specificantur, ut dicitur in 5 Physic., text. 4, et in 10 Ethic., cap. 4, sed tamen etiam termini motùs dant speciem motibus, in quantum habent rationem finis.

Ad tertium dicendum quòd illæ divisiones peccatorum non dantur ad distinguendas species peccatorum, sed ad manifestandas diversas causas eorum.

ARTICULUS IV. — *Utrùm peccatum convenienter distinguatur in peccatum in Deum, in seipsum, et in proximum.* — (1, dist. 42, qu. 2, art. 2, qu. 2, et Psal. 25, corp. 2.)

Ad quartum sic proceditur. 1. Videtur quòd inconvenienter peccatum distinguatur per peccatum quod est in Deum, in proximum et

(1) Ita Nicolaius. Al. deest *malè inflammante.*

in seipsum Illud enim quod est commune omni peccato, non debet poni quasi pars in divisione peccati. Sed commune est omni peccato quòd sit contra Deum; ponitur enim in definitione peccati quòd *sit contra legem Dei,* ut supra dictum est, qu. 71, art. 6. Non ergo peccatum in Deum debet poni quasi pars in divisione peccatorum.

2. Præterea, omnis divisio debet fieri per opposita. Sed ista tria genera peccatorum non sunt opposita; quicumque enim peccat in proximum, peccat in seipsum et in Deum. Non ergo peccatum convenienter dividitur secundùm hæc tria.

3. Præterea, ea quæ sunt extrinsecùs, non conferunt speciem. Sed Deus et proximus sunt extra nos. Ergo per hæc non distinguuntur peccata secundùm speciem. Inconvenienter igitur secundùm hæc tria peccatum dividitur.

Sed contra est quod Isidorus in lib. de summo Bono, distinguens peccata, dicit quòd *homo dicitur peccare in se, in Deum et in proximum.*

Respondeo dicendum quòd, sicut supra dictum est, qu. 71, art. 1 et 6, peccatum est actus inordinatus. Triplex autem ordo in homine debet esse: unus quidem secundùm comparationem ad regulam rationis, prout scilicet omnes actiones et passiones nostræ debent secundùm regulam rationis commensurari; alius autem ordo est per comparationem ad regulam divinæ legis, per quam homo in omnibus dirigi debet. Et si quidem homo naturaliter esset animal solitarium, hic duplex ordo sufficeret. Sed quia homo est naturaliter animal politicum et sociale, ut probatur in 1 Polit., cap. 2, à princ., ideò necesse est quòd sit tertius ordo, quòd homo ordinetur ad alios homines, quibus convivere debet.

Horum autem ordinum primus continet secundum, et excedit ipsum. Quæcumque enim continentur sub ordine rationis, continentur sub ordine ipsius Dei. Sed quædam continentur sub ordine ipsius Dei, quæ excedunt rationem humanam, sicut ea quæ sunt fidei, et quæ debentur soli Deo. Unde qui in talibus peccat, dicitur in Deum peccare, sicut hæreticus, et sacrilegus, et blasphemus. Similiter etiam secundus ordo includit tertium, et excedit ipsum, quia in omnibus in quibus ordinamur ad proximum, oportet nos dirigi secundùm regulam rationis. Sed in quibusdam dirigimur secundùm rationem, quantùm ad nos tantùm, non autem quantùm ad proximum: et quando in his peccatur, dicitur homo peccare in seipsum, sicut patet de guloso, luxurioso et prodigo; quando verò peccat homo in his quibus ad proximum ordinatur, dicitur peccare in proximum, sicut patet de fure et homicidà.

Sunt autem diversa quibus homo ordinatur ad Deum, ad proximum et ad seipsum. Unde hæc distinctio peccatorum est secundùm objecta, secundùm quæ diversificantur species peccatorum; unde hæc distinctio peccatorum propriè est secundùm diversas peccatorum species; nam et virtutes, quibus peccata opponuntur, secundùm hanc differentiam specie distinguuntur. Manifestum est enim ex dictis, qu. 62, art. 1, 2 et 3, quòd virtutibus theologicis homo ordinatur ad Deum; temperantiâ verò et fortitudine ad seipsum, justitiâ autem ad proximum.

Ad primum ergo dicendum quòd peccare in Deum, secundùm quòd ordo qui est ad Deum includit omnem humanum ordinem, commune est omni peccato; sed quantùm ad id quòd ordo Dei excedit alios duos ordines, sic peccatum in Deum est speciale genus peccati.

Ad secundum dicendum quòd quando aliqua quorum unum includit alterum, ab invicem distinguuntur, intelligitur fieri distinctio, non secundùm illud quòd unum continetur in altero, sed secundùm id quòd unum excedit alterum; sicut patet in divisione numerorum et figurarum; non enim triangulus dividitur contra quadratum, secundùm quòd continetur in eo, sed secundùm quòd exceditur ab eo; et similiter est dicendum de ternario et quaternario.

Ad tertium dicendum quòd Deus et proximus, quamvis sint exteriora respectu ipsius peccantis, non tamen sunt extranea respectu actûs peccati; sed comparantur ad ipsum sicut propria objecta ipsius.

ARTICULUS V. — *Utrùm divisio peccatorum quæ est secundùm reatum, diversificet speciem.* — (*Inf.,* qu. 88, art. 1 et 2, et 1, dist. 17, qu. 2, art. 5, corp., et 2, dist. 42, qu. 1, art. 3, et 4, dist. 21, qu. 3, art. 2, qu. 4, ad 5, et 3 cont., cap. 139, fin., et 167.)

Ad quintum sic proceditur. 1. Videtur quòd divisio peccatorum quæ est secundùm reatum, diversificet speciem, putà cùm dividitur secundùm *veniale* et *mortale.* Ea enim quæ in infinitum differunt, non possunt esse unius speciei, nec etiam unius generis. Sed veniale et mortale peccatum differunt in infinitum; veniali enim debetur pœna temporalis, mortali pœna æterna: mensura autem pœnæ respondet quantitati culpæ, secundùm illud Deuteron. 25, 2: *Pro mensurâ delicti erit et plagarum modus.* Ergo veniale et mortale non sunt unius generis, nec dicendum, quòd sint unius speciei (1).

2. Præterea, quædam peccata sunt mortalia ex suo genere, sicut homicidium et adulterium; quædam verò ex suo genere sunt peccata venialia, sicut verbum otiosum, et risus superfluus. Ergo peccatum veniale et mortale specie differunt.

3. Præterea, sicut se habet actus virtuosus ad præmium, ita se habet peccatum ad pœnam. Sed præmium est finis virtuosi actûs. Ergo et pœna est finis peccati. Sed peccata distinguuntur specie secundùm fines, ut dictum est art. 1 hujus quæst., ad 1. Ergo etiam distinguuntur specie secundùm reatum pœnæ.

Sed contra, ea quæ constituunt speciem,

---

(1) Ita cum. ccd. Alcan. aliisque Nicolaius, et edit. Patav. Roman.: *Nec dùm quòd sint unius speciei.* Theologi legendum monent: *Nedùm unius specia.*

sunt priora, sicut differentiæ specificæ. Sed pœna sequitur culpam, sicut effectus ejus. Ergo peccata non differunt specie secundùm reatum pœnæ.

Respondeo dicendum quòd eorum quæ specie differunt, duplex differentia invenitur : una quidem quæ constituit diversitatem specierum, et talis differentia nunquàm invenitur nisi in speciebus diversis, sicut *rationale* et *irrationale, animatum* et *inanimatum*; alia autem differentia est consequens diversitatem speciei, et talis differentia, etsi in aliquibus consequatur diversitatem speciei, in aliis tamen potest inveniri in eâdem specie (1); sicut *album* et *nigrum* consequuntur diversitatem speciei corvi et cycni, tamen invenitur hujusmodi differentia in eâdem hominis specie.

Dicendum est ergo quòd differentia *venialis* et *mortalis* peccati, vel quæcumque alia differentia quæ sumitur penès reatum, non potest esse differentia constituens diversitatem speciei. Nunquàm enim id quod est per accidens, constituit speciem. Id autem quod est præter intentionem agentis, est per accidens, ut patet in 2 Physic., text. 50. Manifestum est autem quòd pœna est præter intentionem peccantis : unde per accidens se habet ad peccatum ex parte ipsius peccantis.

Ordinatur tamen ad peccatum ab exteriori, scilicet ex justitiâ judicantis, qui secundùm diversas conditiones peccatorum diversas pœnas infligit. Unde differentia quæ est ex reatu pœnæ, potest consequi diversam speciem peccatorum; non autem constituit diversitatem speciei.

Differentia autem peccati *venialis* et *mortalis* consequitur diversitatem inordinationis quæ complet rationem peccati. Duplex enim est inordinatio : una per subtractionem principii ordinis; alia, quâ etiam salvato principio ordinis, fit inordinatio circa ea quæ sunt post principium; sicut in corpore animalis quandoque quidem inordinatio complexionis procedit usque ad destructionem principii vitalis; et hæc est mors; quandoque verò, salvo principio vitæ, fit deordinatio quædam in humoribus, et tunc est ægritudo. Principium autem totius ordinis in moralibus est finis ultimus, qui ita se habet in operativis, sicut principium indemonstrabile in speculativis, ut dicitur in 7 Ethic., cap. 8, circ. med. Unde quando anima deordinatur per peccatum usque ad aversionem ab ultimo fine, scilicet Deo, cui unitur per charitatem, tunc est peccatum mortale; quando verò fit deordinatio citra aversionem à Deo, tunc est peccatum veniale. Sicut enim in corporibus deordinatio mortis, quæ est per remotionem principii vitæ, est irreparabilis secundùm naturam, inordinatio autem ægritudinis reparari potest propter id quod salvatur principium vitæ, similiter est in his quæ pertinent ad animam; nam in speculativis, qui errat circa principia, impersuasibilis est; qui autem errat salvatis principiis, per ipsa principia revocari potest.

Et similiter in operativis, qui peccando avertitur ab ultimo fine, quantùm est ex naturâ peccati, habet lapsum irreparabilem, et ideò dicitur peccare mortaliter, æternaliter puniendus. Qui verò peccat citra aversionem à Deo, ex ipsâ ratione peccati reparabiliter deordinatur, quia salvatur principium; et ideò dicitur peccare venialiter, quia scilicet non ita peccat, ut mereatur interminabilem pœnam.

Ad primum ergo dicendum quòd peccatum mortale et veniale differunt in infinitum ex parte aversionis, non autem ex parte conversionis, per quam respicit objectum, unde peccatum speciem habet. Unde nihil prohibet in eâdem specie inveniri aliquod peccatum mortale et veniale, sicut primus motus in genere adulterii est peccatum veniale; et verbum otiosum, quod plerumque est veniale, potest etiam esse mortale.

Ad secundum dicendum quòd ex hoc quòd invenitur aliquod peccatum mortale ex genere, et aliquod peccatum veniale ex genere, sequitur quòd talis differentia consequatur diversitatem peccatorum secundùm speciem, non autem quòd causet eam. Talis autem differentia potest inveniri etiam in his quæ sunt ejusdem speciei, ut dictum est in corp. art.

Ad tertium dicendum quòd præmium est de intentione merentis vel virtuosè agentis; sed pœna non est de intentione peccantis, sed magis est contra voluntatem ipsius. Unde non est similis ratio.

ARTICULUS VI. — *Utrùm peccatum commissionis et omissionis differant specie.* — (2, dist. 42, qu. 2, art. 2.)

Ad sextum sic proceditur. 1. Videtur quòd peccatum commissionis et omissionis specie differant. *Delictum* enim contra *peccatum* dividitur Eph. 2, 1, ubi dicitur : *Cùm essetis mortui delictis et peccatis vestris*, et exponit ibi Glossa interlin. : *Delictis, id est, dimittendo quæ jubentur, et peccatis, scilicet agendo prohibita*. Ex quo patet quòd per *delictum* intelligitur peccatum omissionis ; per *peccatum*, peccatum commissionis. Differunt igitur specie, cùm ex opposito dividantur tanquàm diversæ species.

2. Præterea, peccato per se convenit quòd sit contra legem Dei ; ponitur enim in ejus definitione, ut ex supra dictis patet, quæst. 71, art. 6. Sed in lege Dei alia sunt præcepta affirmativa, contra quæ est peccatum omissionis ; et alia præcepta negativa, contra quæ est peccatum commissionis. Ergo peccatum omissionis et peccatum commissionis differunt specie.

3. Præterea, omissio et commissio differunt, sicut affirmatio et negatio. Sed affirmatio et negatio non possunt esse unius speciei, quia negatio non habet speciem ; *non entis enim non sunt species, neque differentiæ*, ut Philosophus dicit, lib. 4 Phys., text. 67. Ergo omissio et commissio non possunt esse unius speciei.

Sed contra, in eâdem specie peccati invenitur omissio et commissio. Avarus enim et aliena rapit, quod est peccatum commissiouis; et sua non dat quibus dare debet, quod est peccatum omissionis. Ergo omissio et commissio non differunt specie.

Respondeo dicendum quòd in peccatis invenitur duplex differentia, una materialis et alia formalis; materialis quidem attenditur secundùm naturalem speciem actuum peccati; formalis autem secundùm ordinem ad unum finem proprium, quod etiam (1) est objectum proprium. Unde inveniuntur aliqui actus materialiter specie differentes, qui tamen formaliter sunt in eàdem specie peccati, quia ad idem ordinantur; sicut ad eamdem speciem homicidii pertinet jugulatio, lapidatio et perforatio, quamvis actus sint specie differentes secundùm speciem naturæ.

Sic ergo, si loquamur de specie peccati omissionis et commissionis materialiter, differunt specie; largè tamen loquendo de specie, secundùm quòd negatio vel privatio speciem habere potest.

Si autem loquamur de specie peccati omissionis et commissionis formaliter, sic non differunt specie, quia ad idem ordinantur, et ex eodem motivo procedunt. Avarus enim ad congregandum pecuniam et rapit, et non dat ea quæ dare debet; et similiter gulosus ad satisfaciendum gulæ et superflua comedit, et jejunia debita prætermittit; et idem est videre in cæteris. Semper enim in rebus negatio fundatur super aliquà affirmatione, quæ est quodammodò causa ejus. Unde etiam in rebus naturalibus ejusdem rationis est quòd ignis calefaciat, et quòd non infrigidet.

Ad primum ergo dicendum quòd illa divisio quæ est per commissionem et omissionem, non est secundùm diversas species formales, sed materiales tantùm, ut dictum est in corp. art.

Ad secundum dicendum quòd necesse fuit in lege Dei proponi diversa præcepta affirmativa et negativa, ut gradatim homines introducerentur ad virtutem, priùs quidem abstinendo à malo, ad quod inducimur per præcepta negativa, et postmodùm faciendo bonum ad quod inducimur per præcepta affirmativa. Et sic præcepta affirmativa et negativa non pertinent ad diversas virtutes, sed ad diversos gradus virtutis; et per consequens non oportet quòd contrarientur diversis peccatis secundùm speciem. Peccatum etiam non habet speciem ex parte aversionis, quia secundùm hoc est negatio vel privatio; sed ex parte conversionis, secundùm quòd est actus quidam. Unde secundùm diversa præcepta legis non diversificantur peccata secundùm speciem.

Ad tertium dicendum quòd objectio illa procedit de materiali diversitate speciei. Sciendum est tamen quòd negatio, etsi propriè non sit in specie, constituitur tamen in specie per reductionem ad aliquam affirmationem quam sequitur.

Articulus VII. — *Utrùm convenienter dividatur peccatum in peccatum cordis, oris et operis.* — (*Inf.*, *quæst.* 110, *art.* 5 *et* 6,

(1) Al. deest *etiam*.

corp., *et* 2-2, *prol.*, *et* 2, *dist.* 42, *quæst.* 2, *art.* 2, *quæst.* 1.)

Ad septimum sic proceditur. 1. Videtur quòd inconvenienter dividatur peccatum in peccatum *cordis, oris* et *operis*. Augustinus enim in 12 de Trinitate, cap. 12, ponit tres gradus peccati; quorum primus est, *cùm carnalis sensus illecebram quamdam ingerit*, quod est peccatum cogitationis; secundus gradus est, *quando solâ cogitationis delectatione aliquis contentus est*; tertius gradus est, *quando faciendum decernitur per consensum.* Sed tria hæc pertinent ad peccatum cordis. Ergo inconvenienter peccatum cordis ponitur quasi unum genus peccati.

2. Præterea, Gregorius in 4 Moral., cap. 25, à princ., ponit quatuor gradus peccati, quorum primus est *culpa latens in corde;* secundus, *cùm exteriùs publicatur;* tertius est, *cùm consuetudine roboratur;* quartus est, *cùm usque ad præsumptionem divinæ misericordiæ, vel ad desperationem homo procedit;* ubi non distinguitur peccatum operis à peccato oris; et adduntur duo alii peccatorum gradus. Ergo inconveniens fuit prima divisio.

3. Præterea, non potest esse peccatum in ore vel in opere, nisi fiat priùs in corde. Ergo ista peccata specie non differunt. Non ergo debent contra se invicem dividi.

Sed contra est quod Hieronymus dicit super Ezech. (in illud cap. 43 : *Cùm compleveris expiationem*) : *Tria sunt generalia delicta, quibus humanum subjacet genus; aut enim cogitatione, aut sermone, aut opere peccamus.*

Respondeo dicendum quòd aliqua inveniuntur differre specie dupliciter : uno modo ex eo quòd utrumque habet speciem completam, sicut equus et bos differunt specie; alio modo prout secundùm diversos gradus in aliquâ generatione vel motu accipiuntur diversæ species; sicut ædificatio est completa generatio domûs; collocatio autem fundamenti, et erectio parietis sunt species incompletæ, ut patet per Philosophum in 10 Ethic., cap. 4, et idem etiam potest dici in generationibus animalium.

Sic igitur peccatum dividitur per hæc tria, scilicet peccatum *oris, cordis* et *operis*, non sicut per diversas species completas; nam consummatio peccati est in opere, unde peccatum operis habet speciem completam; sed prima inchoatio ejus est quasi fundatio in corde; secundus autem gradus ejus est in ore, secundùm quòd homo prorumpit facilè ad manifestandum conceptum cordis; tertius autem gradus jam est in consummatione operis. Et sic hæc tria differunt secundùm diversos gradus peccati. Patet tamen quòd hæc tria pertinent ad unam perfectam peccati speciem, cùm ab eodem motivo procedant. Iracundus enim ex hoc quòd appetit vindictam primò quidem perturbatur in corde; secundò in verba contumeliosa prorumpit; tertiò verò procedit usque ad facta injuriosa; et idem patet in luxuriâ et in quolibet alio peccato.

Ad primum ergo dicendum quòd omne peccatum cordis convenit in ratione occulti; et secundùm hoc ponitur unus gradus, qui tamen per tres gradus distinguitur, scilicet *cogitationis, delectationis* et *consensûs.*

Ad secundum dicendum quòd peccatum oris et operis conveniunt in manifestatione; et propter hoc ea Gregorius, loc. cit. in arg., sub uno computat; Hieronymus autem, loc. cit. in arg. *Sed cont.*, distinguit ea, quia in peccato oris est manifestatio tantùm, et principaliter intenta; in peccato verò operis est principaliter expletio interioris conceptûs cordis, sed manifestatio est ex consequenti; consuetudo verò et desperatio sunt gradus consequentes post speciem perfectam peccati, sicut adolescentia et juventus post perfectam hominis generationem.

Ad tertium dicendum quòd peccatum cordis et oris non distinguuntur à peccato operis, quando simul cum eo conjunguntur, sed prout quodlibet horum per se invenitur; sicut etiam pars motûs non distinguitur à toto motu, quando motus est continuus, sed solùm quandò motus sistit in medio.

ARTICULUS VIII. — *Utrùm superabundantia et defectus diversificent species peccatorum.* — (*Mal. quæst.* 2, *art.* 6, *corp., et quæst.* 14, *art.* 3.)

Ad octavum sic proceditur. 1. Videtur quòd superabundantia et defectus non diversificent species peccatorum. Superabundantia enim et defectus differunt secundùm *magis* et *minus.* Sed *magis* et *minus* non diversificant speciem. Ergo superabundantia et defectus non diversificant speciem peccatorum.

2. Præterea, sicut peccatum in agibilibus est ex hoc quòd receditur à rectitudine rationis, ita falsitas in speculativis est ex hoc quòd receditur à veritate rei. Sed non diversificatur species falsitatis ex hoc quòd aliquis dicit plus vel minus esse quàm sit in re. Ergo etiam non diversificatur species peccati ex hoc quòd recedit à rectitudine rationis in plus vel minus.

3. Præterea, *ex duabus speciebus non constituitur una species,* ut Porphyrius dicit (in Isagog., cap. ult., et Aristot., 1 Metaph., text. 37). Sed superabundantia et defectus uniuntur in uno peccato; sunt enim simul quidam illiberales et prodigi; quorum duorum illiberalitas est peccatum secundùm defectum; prodigalitas autem secundùm superabundantiam. Ergo superabundantia et defectus non diversificant speciem peccatorum.

Sed contra, *contraria differunt secundùm speciem;* nam *contrarietas est differentia secundùm formam,* ut dicitur in 10 Metaph., text. 13 et 14. Sed vitia quæ differunt secundùm superabundantiam et defectum, sunt contraria, sicut illiberalitas prodigalitati. Ergo differunt secundùm speciem.

Respondeo dicendum quòd cùm in peccato sint duo, scilicet ipse actus et inordinatio ejus prout receditur ab ordine rationis et legis divinæ, species peccati attenditur non ex parte inordinationis, quæ est præter intentionem peccantis, ut supra dictum est, art. 1 hujus quæst., sed magis ex parte ipsius actûs, secundùm quòd terminatur ad objectum in quod fertur intentio peccantis. Et ideò ubi-

cumque occurrit diversum motivum inclinans intentionem ad peccandum, ibi est diversa species peccati. Manifestum est autem quòd non est idem motivum ad peccandum in peccatis quæ sunt secundùm superabundantiam, et in peccatis quæ sunt secundùm defectum; quinimò sunt contraria motiva; sicut motivum in peccato intemperantiæ est amor delectationum corporalium; motivum autem in peccato insensibilitatis est odium earum.

Unde hujusmodi peccata non solùm differunt specie, sed etiam sunt sibi invicem contraria.

Ad primum ergo dicendum quòd *magis* et *minus,* etsi non sint causa diversitatis speciei, consequuntur tamen quandoque species differentes, prout proveniunt ex diversis formis, sicut si dicatur quòd ignis est levior aere. Unde Philosophus dicit in 8 Ethic., cap. 1, in fin., quòd *qui posuerunt non esse diversas species amicitiarum propter hoc quòd dicuntur secundùm magis et minus, non sufficienti crediderunt signo.* Et hoc modo superexcedere rationem et deficere ab eâ pertinent ad diversa peccata secundùm speciem, in quantum consequuntur diversa motiva.

Ad secundum dicendum quòd intentio peccantis non est ut recedat à ratione; et ideò non efficitur ejusdem rationis peccatum superabundantiæ et defectûs propter recessum ab eâdem rationis rectitudine. Sed quandoque ille qui dicit falsum intendit veritatem occultare, unde quantum ad hoc non refert utrùm dicit plus vel minus. Si tamen recedere à veritate non (1) fit præter intentionem, tunc manifestum est quòd ex diversis causis aliquis movetur ad dicendum plus vel minus; et secundùm hoc diversa est ratio falsitatis, sicut patet de jactatore, qui superexcedit dicendo falsum, quærens gloriam, et de deceptore, qui diminuit evadens debiti solutionem; unde et quædam falsæ opiniones sunt sibi invicem contrariæ.

Ad tertium dicendum quòd prodigus et illiberalis potest esse aliquis secundùm diversa, ut scilicet sit aliquis illiberalis in accipiendo quæ non debet, et prodigus in dando quæ non debet. Nihil autem prohibet, contraria inesse eidem secundùm diversa.

ARTICULUS IX. — *Utrùm peccata diversificentur specie secundùm diversas circumstantias.* — (2-2, *quæst.* 53, *art.* 2, *ad* 3, *et quæst.* 92, *art.* 2, *corp., et quæst.* 148, *art.* 4, *ad* 1, 2 *et* 3, *et* 3, *dist.* 36, *art.* 5, *et Mal. quæst.* 2, *art.* 6, *et quæst.* 4, *art.* 8.)

Ad nonum sic proceditur. 1. Videtur quòd vitia et peccata diversificentur specie secundùm diversas circumstantias, quia ut dicit Dionysius, 4 cap. de div. Nom., part. 4, lect. 22, *malum contingit ex singularibus defectibus.* Singulares autem defectus sunt corruptiones singularum circumstantiarum. Ergo ex singulis circumstantiis corruptis singulæ species peccatorum consequuntur.

2. Præterea, peccata sunt quidam actus humani. Sed actus humani interdùm accipiunt

(1) Ita codd. Tarrac. et Alcan. Al. deest *non.*

speciem à circumstantiis, ut supra habitum est, qu. 18, art. 10. Ergo peccata differunt specie, secundùm quòd diversæ circumstantiæ corrumpuntur.

3. Præterea, diversæ species gulæ assignantur secundùm particulas quæ in hoc versiculo continentur :

Præproperè, lautè, nimis, ardenter, studiosè.

Hæc autem pertinent ad diversas circumstantias ; nam *præproperè* est antequàm oportet ; *nimis* plus quàm oportet ; et idem patet in aliis. Ergo species peccati diversificantur secundùm diversas circumstantias.

Sed contra est quod Philosophus dicit in 3 Ethic., cap. 7, in princ., et in 4, cap. 1, quòd singula vitia peccant agendo *plus quàm oportet et quando non oportet* ; et similiter secundùm omnes alias circumstantias. Non ergo secundùm hoc diversificantur peccatorum species.

Respondeo dicendum quòd, sicut dictum est art. præc., ubi occurrit aliud motivum ad peccandum, ibi est alia peccati species : quia motivum ad peccandum est finis et objectum. Contingit autem quandoque quòd in corruptionibus diversarum circumstantiarum est idem motivum ; sicut illiberalis ab eodem motivo habet quòd accipiat quando non oportet, et ubi non oportet, et plus quàm oportet ; et similiter de aliis circumstantiis ; hoc enim facit propter inordinatum appetitum pecuniæ congregandæ. Et in talibus diversarum circumstantiarum corruptiones non diversificant species peccatorum, sed pertinent ad unam et eamdem peccati speciem.

Quandoque verò contingit quòd corruptiones diversarum circumstantiarum proveniunt à diversis motivis : putà quòd aliquis præproperè comedat, potest provenire ex hoc quòd homo non potest ferre dilationem cibi propter facilem consumptionem humiditatis ; quòd verò appetat immoderatum cibum, potest contingere propter virtutem naturæ potentem ad convertendum multum cibum ; quòd autem aliquis appetat cibos deliciosos, contingit propter appetitum delectationis quæ est in cibo. Unde in talibus diversarum circumstantiarum corruptiones inducunt diversas peccati species.

Ad primum ergo dicendum quòd malum, in quantum hujusmodi, privatio est ; et ideò diversificatur specie secundùm ea quæ privantur, sicut et cæteræ privationes. Sed peccatum non sortitur speciem ex parte privationis vel aversionis, ut supra dictum est, art. 1 hujus quæst., sed ex conversione ad objectum actûs.

Ad secundum dicendum quòd circumstantia nunquàm transfert actum in aliam speciem, nisi quando est aliud motivum.

Ad tertium dicendum quòd in diversis speciebus gulæ diversa sunt motiva, sicut dictum est in corp. art.

QUÆSTIO LXXIII.

DE COMPARATIONE PECCATORUM AD INVICEM. —
(*In decem articulos divisa.*)

Deinde considerandum est de comparatione peccatorum ad invicem ; et circa hoc quærun-

tur decem : 1º utrùm omnia peccata et vitia sint connexa ; 2º utrùm omnia sint paria ; 3º utrùm gravitas peccatorum attendatur secundùm objecta ; 4º utrùm secundùm dignitatem virtutum quibus peccata opponuntur, 5º utrùm peccata carnalia sint graviora quàm spiritualia ; 6º utrùm secundùm causas peccatorum attendatur gravitas peccatorum ; 7º utrùm secundùm circumstantias ; 8º utrùm secundùm quantitatem nocumenti ; 9º utrùm secundùm conditionem personæ in quam peccatur ; 10º utrùm propter magnitudinem personæ peccantis aggravetur peccatum.

ARTICULUS PRIMUS. — *Utrùm omnia peccata sint connexa.* — (3 p., quæst. 86, art. 3, et 3, dist. 36, art. 5, et dist. 15, quæst. 1, art. 3, qu. 1, corp., et dist. 16, quæst. 2, art. 1, quæst. 2, corp., et dist. 18, quæst. 2, art. 5, quæst. 3, ad 1.)

Ad primum sic proceditur. 1. Videtur quòd omnia peccata sint connexa. Dicitur enim Jacobi 2, 16 : *Quicumque totam legem servaverit, offendat autem in uno, factus est omnium reus.* Sed idem est esse reum omnium mandatorum legis, quòd habere omnia peccata, quia, sicut Ambrosius dicit, lib. de Parad., cap. 8, ante med., *peccatum est transgressio legis divinæ, et cælestium inobedientia mandatorum.* Ergo quicumque peccat in uno peccato, subjicitur omnibus peccatis.

2. Præterea, quodlibet peccatum excludit virtutem sibi oppositam. Sed qui caret unâ virtute, caret omnibus, ut patet ex supradictis, qu. 65, art. 1. Ergo qui peccat in uno peccato, privatur omnibus virtutibus. Sed qui caret virtute, habet vitium oppositum. Ergo qui habet unum peccatum, habet omnia peccata.

3. Præterea, virtutes omnes sunt connexæ quæ conveniunt in uno principio, ut supra habitum est, quæst. 65, art. 1 et 2. Sed sicut virtutes conveniunt in uno principio, ita et peccata, quia sicut amor Dei, qui facit civitatem Dei, est principium et radix omnium virtutum, ita amor sui, qui facit civitatem Babylonis, est radix omnium peccatorum, ut patet per Augustinum, 14 de Civ. Dei, cap. 28 et ult., et in Psal. 64, parùm à princ. Ergo etiam omnia vitia et peccata sunt connexa ; ita ut qui unum habet, habeat omnia.

Sed contra, quædam vitia sunt sibi invicem contraria, ut patet per Philosophum in 2 Ethic., cap. 8. Sed impossibile est contraria simul inesse eidem. Ergo impossibile est omnia peccata et vitia sibi esse invicem connexa.

Respondeo dicendum quòd aliter se habet intentio agentis secundùm virtutem ad sequendum rationem, et aliter intentio peccantis ad divertendum à ratione. Cujuslibet enim agentis secundùm virtutem intentio est ut ipsius rationis regulam sequatur ; et ideò omnium virtutum intentio in idem tendit ; et propter hoc omnes virtutes habent connexionem ad invicem in ratione rectâ agibilium, quæ est prudentia, sicut supra dictum est, quæst. 65, art. 1. Sed intentio peccantis non est ad hoc quòd recedat ab eo quod est se cundùm rationem, sed potiùs quòd tendat in aliquod bonum appetibile, à quo speciem sortitur. Hujusmodi autem bona, in quæ tendit intentio peccantis à ratione recedens, sunt diversa, nullam connexionem habentia ad invicem; imò etiam interdùm sunt contraria.

Cùm igitur vitia et peccata speciem habeant secundùm illud ad quod convertuntur, manifestum est quòd secundùm illud quod perficit species peccatorum, nullam connexionem habent peccata ad invicem. Non enim peccatum committitur in accedendo à multitudine ad unitatem, sicut accidit in virtutibus, quæ sunt connexæ, sed potiùs in recedendo ab unitate ad multitudinem.

Ad primum ergo dicendum quòd Jacobus loquitur de peccato, non ex parte conversionis, secundùm quòd peccata distinguuntur, sicut dictum est in corp. art., et quæst. 72, art. 1; sed loquitur de eis ex parte aversionis, in quantum scilicet homo peccando recedit à legis mandato. Omnia autem legis mandata sunt ab uno et eodem, ut ipse ibidem dicit; et ideò idem Deus contemnitur in omni peccato; et ex hâc parte dicit quòd *qui offendit in uno, factus est omnium reus,* quia scilicet uno peccato peccando, incurrit pœnæ reatum ex hoc quòd contemnit Deum, ex cujus contemptu provenit omnium peccatorum reatus.

Ad secundum dicendum quòd, sicut supra dictum est, quæst. 71, art. 4, non per quemlibet actum peccati tollitur virtus opposita; nam peccatum veniale virtutem non tollit; peccatum autem mortale tollit virtutem infusam, in quantum avertit à Deo; sed unus actus peccati etiam mortalis non tollit habitum virtutis acquisitæ; sed si multiplicentur actus, in tantum quòd generetur contrarius habitus, excluditur habitus virtutis acquisitæ; quâ exclusâ, excluditur prudentia, quia cùm homo agit contra quamcumque virtutem, agit contra prudentiam, sine quâ nulla virtus moralis esse potest, ut supra habitum est, qu. 58, art. 4, et qu. 65, art. 1, et ideò per consequens excluduntur omnes virtutes morales quantùm ad perfectum et formale esse virtutis, quod habent secundùm quòd participant prudentiam; remanent tamen inclinationes ad actus virtutum non habentes rationem virtutis. Sed non sequitur quòd propter hoc homo incurrat omnia vitia vel peccata, primò quidem quia uni virtuti plura vitia opponuntur, ita quòd virtus potest privari per unum eorum, etiamsi alterum eorum non adsit; secundò quia peccatum directè opponitur virtuti, quantùm ad inclinationem virtutis ad actum, ut supra dictum est, qu. 81, art. 1. Unde, remanentibus aliquibus inclinationibus virtuosis, non potest dici quòd homo habeat vitia vel peccata opposita.

Ad tertium dicendum quòd amor Dei est congregativus, in quantum affectum hominis à multis ducit in unum; et ideò virtutes quæ ex amore Dei causantur, connexionem habent. Sed amor sui disgregat affectum hominis in diversa, prout scilicet homo se amat appetendo sibi bona temporalia, quæ sunt varia et diversa; et ideò vitia et peccata, quæ causantur ex amore sui, non sunt connexa.

ARTICULUS II. — *Utrùm omnia peccata sint paria.* — (1, dist. 42, art. 5, et 3 cont., cap. 139, et Mal. quæst. 2, art. 9, et Matth. 11, col. 2.)

Ad secundum sic proceditur. 1. Videtur quòd omnia peccata sint paria. Peccare enim est facere quod non licet. Sed facere quæ non licet, uno et eodem modo in omnibus reprehenditur. Ergo peccare uno et eodem modo reprehenditur. Non ergo unum peccatum est alio gravius.

2. Præterea, omne peccatum consistit in hoc quòd homo transgreditur regulam rationis quæ ita se habet ad actus humanos, sicut regula linearis in corporalibus rebus. Ergo peccare simile est ei quod est lineas transilire. Sed lineas transilire est æqualiter et uno modo, etiamsi aliquis longiùs recedat vel propinquiùs stet, quia privationes non recipiunt magis vel minus. Ergo omnia peccata sunt æqualia.

3. Præterea, peccata virtutibus opponuntur. Sed omnes virtutes æquales sunt, ut Tullius dicit in Paradoxis, paradox. 3. Ergo omnia peccata sunt paria.

Sed contra est quod Dominus dicit ad Pilatum, Joan. 19, 11 : *Qui tradidit me tibi, majus peccatum habet;* et tamen constat quòd Pilatus aliquod peccatum habuit. Ergo unum peccatum est majus alio.

Respondeo dicendum quòd opinio Stoicorum fuit, quam Tullius prosequitur in Paradoxis, loc. cit., quòd omnia peccata sunt paria. Et ex hoc etiam derivatus est quorumdam hæreticorum error, qui ponentes omnia peccata esse paria, dicunt etiam omnes pœnas inferni esse pares.

Et quantùm ex verbis Tullii perspici potest, Stoici ducebantur ex hoc quòd considerabant peccatum ex parte privationis tantùm, prout scilicet est recessus à ratione; unde simpliciter æstimantes quòd nulla privatio susciperet magis et minus, posuerunt omnia peccata esse paria.

Sed si quis diligenter consideret, inveniet duplex privationum genus : est enim quædam simplex et pura privatio, quæ consistit quasi in *corruptum esse;* sicut mors est privatio vitæ, et tenebra est privatio luminis : et tales privationes non recipiunt magis et minus, quia nihil residuum est de habitu opposito; unde non minùs est mortuus aliquis primo die mortis, et tertio vel quarto, quàm post annum, quando jam cadaver fuerit resolutum; et similiter non est magis tenebrosa domus, si lucerna sit operta pluribus velaminibus, quàm si sit operta uno solo velamine totum lumen intercludente. Est autem alia privatio non simplex, sed aliquid retinens de habitu opposito; quæ quidem privatio magis consistit in *corrumpi* quàm in *corruptum esse,* sicut ægritudo, quæ privat debitam commensurationem humorum, ita tamen quòd aliquid ejus remaneat, alioquin non remaneret animal vivum; et similiter est de turpitudine et aliis hujusmodi. Hujusmodi autem privationes recipiunt magis et minus ex parte ejus quod remanet de habitu contrario. Multùm enim refert ad ægritudinem vel turpitudinem, utrùm plus vel minùs à debitâ commensuratione humorum vel membrorum recedatur. Et similiter dicendum est de vitiis et peccatis ; sic enim in eis privatur debita commensuratio rationis, ut non totaliter ordo rationis tollatur; alioquin malum, si sit integrum, destruit seipsum, ut dicitur in 4 Eth., cap. 5, ante med. Non enim posset remanere substantia actûs, vel-affectio (1) agentis, nisi aliquid remaneret de ordine rationis. Et ideò multùm interest ad gravitatem peccati utrùm plus vel minùs recedatur à rectitudine rationis. Et secundùm hoc dicendum est quòd non omnia peccata sunt paria.

Ad primum ergo dicendum quòd peccata committere non licet propter aliquam de ordinationem quam habent, unde illa quæ majorem deordinationem continent, sunt magis illicita, et per consequens graviora peccata.

Ad secundum dicendum quòd ratio illa procedit de peccato, ac si esset privatio pura.

Ad tertium dicendum quòd virtutes sunt æquales proportionaliter in uno et eodem; tamen una virtus præcedit aliam dignitate secundùm suam speciem; unus etiam homo est alio virtuosior in eâdem specie virtutis, ut supra habitum est, quæst. 66, art. 1 et 2. Et tamen si virtutes essent pares, non sequeretur vitia esse paria, quia virtutes habent connexionem, non autem vitia, seu peccata.

ARTICULUS III. — *Utrùm gravitas peccatorum varietur secundùm objecta.* — (*Inf.*, *art. 4, 5 et 9, corp., et quæst. 74, art. 9, corp., et 2-2, quæst. 74, art. 2, ad 1, et Mal. quæst. 2, art. 2, ad 6.*)

Ad tertium sic proceditur. 1. Videtur quòd peccatorum gravitas non varietur secundùm objecta. Gravitas enim peccati pertinet ad modum vel qualitatem ipsius peccati. Sed objectum est materia ipsius peccati. Ergo secundùm diversa objecta peccatorum gravitas non variatur.

2. Præterea, gravitas peccati est intensio malitiæ ipsius. Peccatum autem non habet rationem malitiæ ex parte conversionis ad proprium objectum, quod est quoddam bonum appetibile, sed magis ex parte aversionis. Ergo gravitas peccatorum non variatur secundùm diversa objecta.

3. Præterea, peccata quæ habent diversa objecta, sunt diversorum generum. Sed ea quæ sunt diversorum generum, non sunt comparabilia, ut probatur in 7 Physic., text. 30, 31, 32. Ergo unum peccatum non est gravius altero secundùm diversitatem objectorum.

Sed contra, peccata recipiunt speciem ex objectis, ut ex supra dictis patet, quæst. 72, art. 1. Sed aliquorum peccatorum unum est gravius altero secundùm suam speciem, sicut homicidium furto. Ergo gravitas peccatorum differt secundùm objecta.

Respondeo dicendum quòd, sicut ex supra dictis patet, art. præc., et quæst. 72, art. 5, gravitas peccatorum differt eo modo quo una ægritudo est alia gravior; sicut enim bonum sanitatis consistit in quâdam commensura-

tione humorum per convenientiam ad naturam animalis, ita bonum virtutis consistit in quâdam commensuratione humani actûs secundùm convenientiam ad regulam rationis.

Manifestum est autem quòd tantò est gravior ægritudo, quantò tollitur debita humorum commensuratio per incommensurationem (1) prioris principii; sicut ægritudo quæ provenit in corpore humano ex corde, quod est principium vitæ, vel ex aliquo quod appropinquat cordi, periculosior est. Unde oportet etiam quòd peccatum sit tantò gravius, quantò deordinatio contingit circa aliquod principium quod est prius in ordine rationis. Ratio autem ordinat omnia in agibilibus ex fine ; et ideò quantò peccatum contingit in actibus humanis ex altiori fine, tantò peccatum est gravius. Objecta autem actuum sunt fines eorum, ut ex supra dictis patet, quæst. 72, art. 3, ad 2; et ideò secundùm diversitatem objectorum attenditur diversitas gravitatis in peccatis; sicut patet quòd res exteriores ordinantur ad hominem sicut ad finem, homo autem ordinatur ulteriùs in Deum sicut in finem. Unde peccatum quod est circa ipsam substantiam hominis, sicut homicidium, est gravius peccato quod est circa res exteriores, sicut furtum; et adhuc est gravius peccatum quod immediatè contra Deum committitur, sicut infidelitas, blasphemia, et hujusmodi; et in ordine quorumlibet horum peccatorum unum peccatum est gravius altero, secundùm quòd est circa aliquid principalius vel minùs principale. Et quia peccata habent speciem ex objectis, differentia gravitatis quæ attenditur penès objecta est prima et principalis, quasi consequens speciem.

Ad primum ergo dicendum quòd objectum, etsi sit materia, circa quam terminatur actus, habet tamen rationem finis, secundùm quòd intentio agentis fertur in ipsum, ut supra dictum est, quæst. 72, art. 3, ad 2. Forma autem actûs moralis dependet ex fine, ut ex superioribus patet, quæst. præc., art. 6, et quæst. 18, art. 6.

Ad secundum dicendum quòd ex ipsâ indebitâ conversione ad aliquod bonum commutabile sequitur aversio ab incommutabili bono, in quâ perficitur ratio mali. Et ideò oportet quòd secundùm diversitatem eorum quæ pertinent ad conversionem, sequatur diversa gravitas malitiæ in peccatis.

Ad tertium dicendum quòd omnia objecta humanorum actuum habent ordinem ad invicem; et ideò omnes actus humani quodammodò conveniunt in uno genere, secundùm quòd ordinantur ad ultimum finem. Et ideò nihil prohibet omnia peccata esse comparabilia.

ARTICULUS IV. — *Utrùm gravitas peccatorum differat secundùm dignitatem virtutum quibus opponuntur.* — (2-2, quæst. 20, art. 3, et quæst. 116, art. 2, corp., et quæst. 119, art. 2, corp., et Mal. quæst. 2, art. 10.)

Ad quartum sic proceditur. 1. Videtur quòd

_____

(1) AL, *actio.*

(1) Ita post Garciam Nicolaius et edit. Patavina. Cod. Alcan. et edit. Rom., *per commensurationem.*

gravitas peccatorum non differat secundùm dignitatem virtutum quibus peccata opponuntur, ut scilicet majori virtuti gravius peccatum opponatur, quia, ut dicitur Proverb. 15, 5, *in abundanti justitiâ virtus maxima est.* Sicut autem dicit Dominus, Matth. 5, abundans justitia cohibet iram, quæ est minus peccatum quàm homicidium, quod cohibet minor justitia. Ergo maximæ virtuti opponitur minimum peccatum.

2. Præterea, in 2 Ethic., cap. 3, circ. fin., dicitur quòd *virtus est circa difficile et bonum;* ex quo videtur quòd major virtus sit circa magis difficile. Sed minus est peccatum si homo deficiat in magis difficili, quàm si deficiat in minùs difficili. Ergo majori virtuti minus peccatum opponitur.

3. Præterea, charitas est major virtus quàm fides et spes, ut dicitur 1 ad Cor. 13. Odium autem, quod opponitur charitati, est minus peccatum quàm infidelitas vel desperatio, quæ opponuntur fidei et spei. Ergo majori virtuti opponitur minus peccatum.

Sed contra est quod Philosophus dicit in 8 Ethic., cap. 10, parùm à princ., quòd *pessimum optimo contrarium est.* Optimum autem in moralibus est maxima virtus; pessimum autem gravissimum peccatum. Ergo maximæ virtuti opponitur gravissimum peccatum.

Respondeo dicendum quòd virtuti opponitur aliquod peccatum dupliciter: uno quidem modo principaliter et directè, quod scilicet est circa idem objectum; nam contraria circa idem sunt; et hoc modo oportet quòd majori virtuti opponatur gravius peccatum; sicut enim ex parte objecti attenditur major gravitas peccati, ita etiam major dignitas virtutis; utrumque enim ex objecto speciem sortitur, ut ex supra dictis patet, quæst. 60, art. 5, et quæst. 72, art. 1. Unde oportet quòd maximæ virtuti directè contrarietur maximum peccatum, quasi maximè ab eodem distans in eodem genere.

Alio modo potest considerari oppositio virtutis ad peccatum secundùm quamdam extensionem virtutis cohibentis peccatum. Quantò enim fuerit virtus major, tantò magis elongat hominem à peccato sibi contrario, ita quòd non solùm ipsum peccatum, sed etiam inducentia ad peccatum cohibet. Et sic manifestum est quòd quantò aliqua virtus fuerit major, tantò etiam minora peccata cohibet; sicut etiam sanitas, quantò fuerit major, tantò etiam minores discrepantias excludit. Et per hunc modum majori virtuti minus peccatum opponitur ex parte effectûs.

Ad primum ergo dicendum quòd ratio illa procedit de oppositione quæ attenditur secundùm cohibitionem peccati; sic enim abundans justitia etiam minora peccata cohibet.

Ad secundum dicendum quòd majori virtuti quæ est circa bonum magis difficile, contrariatur directè peccatum quod est circa malum magis difficile. Utrobique enim invenitur quædam eminentia ex eo quòd ostenditur voluntas proclivior in bonum vel in malum ex hoc quòd difficultate non vincitur.

Ad tertium dicendum quòd charitas non est quicumque amor, sed amor Dei; unde non opponitur ei quodcumque odium directè, sed odium Dei, quod est gravissimum peccatorum.

ARTICULUS V. — *Utrùm peccata carnalia sint minoris culpæ quàm spiritualia.* — (2-2, quæst. 154, art. 3, et 4, dist. 9, art. 3, quæst. 5, corp., et dist. 33, quæst. 1, art. 3, quæst. 2, ad 3, et Ver. quæst. 25, art. 6, ad 2, et Isa. 1, lect. 6, fin.)

Ad quintum sic proceditur. 1. Videtur quòd peccata carnalia non sint minoris culpæ quàm peccata spiritualia. Adulterium enim gravius peccatum est quàm furtum; dicitur enim Prov. 6, 30 : *Non grandis est culpa, cùm quis furatus fuerit... Qui autem adulter est, propter cordis inopiam perdet animam suam.* Sed furtum pertinet ad avaritiam, quæ est peccatum spirituale; adulterium autem ad luxuriam, quæ est peccatum carnale. Ergo peccata carnalia sunt majoris culpæ.

2. Præterea, Augustinus dicit super Levit. (ubi non occurrit, sed hab. lib. 2 de Civ. Dei, cap. 4, et lib. 4, cap. 31, ante med.), quòd *diabolus maximè gaudet de peccato luxuriæ et idololatriæ.* Sed de majori culpâ magis gaudet. Ergo cùm luxuria sit peccatum carnale, videtur quòd peccata carnalia sint maximæ culpæ.

3. Præterea, Philosophus probat in 7 Ethic., cap. 6, quòd *incontinens concupiscentiæ est turpior quàm incontinens iræ.* Sed ira est peccatum spirituale, secundùm Gregorium, 31 Mor., cap. 17, versùs fin.; concupiscentia autem pertinet ad peccata carnalia. Ergo peccatum carnale est gravius quàm peccatum spirituale.

Sed contra est quod Gregorius dicit, lib. 33 Moral., cap. 11, circ. med., quòd peccata carnalia sunt minoris culpæ et majoris infamiæ quàm spiritualia.

Respondeo dicendum quòd peccata spiritualia sunt majoris culpæ quàm peccata carnalia. Quod non est sic intelligendum, quasi quodlibet peccatum spirituale sit majoris culpæ quolibet peccato carnali; sed quia considerata hâc solâ differentiâ spiritualitatis et carnalitatis, graviora sunt quàm cætera peccata, cæteris paribus.

Cujus ratio triplex potest assignari : prima quidem ex parte subjecti; nam peccata spiritualia pertinent ad spiritum, cujus est converti ad Deum, et ab eo averti; peccata verò carnalia consummantur in delectatione carnalis appetitûs, ad quem principaliter pertinet ad bonum corporale converti; et ideò peccatum carnale, in quantum hujusmodi, plus habet de conversione, propter quod etiam est majoris adhæsionis; sed peccatum spirituale habet plus de aversione, ex quâ procedit ratio culpæ; et ideò peccatum spirituale, in quantum hujusmodi, est majoris culpæ. Secunda ratio potest sumi ex parte ejus in quem peccatur; nam peccatum carnale, in quantum hujusmodi, est in corpus proprium, quod est minùs diligendum secundùm ordinem charitatis, quàm Deus et proximus, in quos peccatur per peccata spiritualia; et ideò peccata spiritualia, in quantum hujusmodi, sunt majoris culpæ. Tertia ratio potest sumi ex parte motivi, quia quantò est gravius impulsivum ad peccandum, tantò homo minùs peccat, ut infra dicetur, art. seq.; peccata autem carnalia habent vehementius impulsivum, id est, ipsam concupiscentiam carnis nobis innatam; et ideò peccata spiritualia, in quantum hujusmodi, sunt majoris culpæ.

Ad primum ergo dicendum quòd adulterium non solùm pertinet ad peccatum luxuriæ, sed etiam pertinet ad peccatum injustitiæ; et quantùm ad hoc potest ad avaritiam reduci, ut Glossa (Hieron.) dicit ad Eph. 5, super illud : *Omnis fornicator, aut immundus, aut avarus*, etc., et tunc gravius est adulterium quàm furtum, quantò homini charior est uxor quàm res possessa.

Ad secundum dicendum quòd diabolus dicitur maximè gaudere de peccato luxuriæ, quia est maximæ adhærentiæ et difficilè ab eo homo potest eripi. *Insatiabilis est enim delectabilis appetitus*, ut Philosophus dicit in 3 Ethic., cap. 12, à med.

Ad tertium dicendum quòd, sicut Philosophus dicit, lib. 7 Ethic., cap. 6, turpius est esse incontinentem concupiscentiæ quàm incontinentem iræ, quia minùs participat de ratione; et secundùm hoc etiam dicit in 3 Ethic., 10, circ. fin., quòd *peccata intemperantiæ sunt maximè exprobrabilia, quia sunt circa illas delectationes quæ sunt communes nobis et brutis*; unde quodammodò per ista peccata homo brutalis redditur; et inde est quòd, sicut Gregorius dicit, loc. cit. in arg. *Sed cont.*, sunt majoris infamiæ.

ARTICULUS VI. — *Utrùm gravitas peccatorum attendatur secundùm causam peccati.* — (2-2, quæst. 148, art. 3, corp., et 2, dist. 13, in Expos. litt., et Mal. quæst. 2, art. 1, et 10, corp.).

Ad sextum sic proceditur. 1. Videtur quòd gravitas peccatorum non attendatur secundùm peccati causam. Quantò enim peccati causa fuerit major, tantò vehementiùs movet ad peccandum; et ita difficiliùs potest ei resisti. Sed peccatum diminuitur ex hoc quòd ei difficiliùs resistitur; hoc enim pertinet ad infirmitatem peccantis ut non facilè resistat peccato; peccatum autem quod est ex infirmitate, levius judicatur. Non ergo peccatum habet gravitatem ex parte suæ causæ.

2. Præterea, concupiscentia est generalis quædam causa peccati; unde dicit Glossa (ord. ex lib. de Spir. et Litt., cap. 4), super illud Rom. 7 : *Nam concupiscentiam nesciebam*, etc. : *Bona est lex, quæ dùm concupiscentiam prohibet, omne malum prohibet*. Sed quantò homo fuerit victus majori concupiscentiâ, tantò est minus peccatum. Gravitas ergo peccati diminuitur ex magnitudine causæ.

3. Præterea, sicut rectitudo rationis est causa virtuosi actûs, ita defectus rationis videtur esse causa peccati. Sed defectus rationis quantò fuerit major, tantò est minus peccatum, in tantum quòd qui caret usu ra-

tionis, omninò excusatur à peccato; et qui ex ignorantiâ peccat, leviùs peccat. Ergo gravitas peccati non augetur ex magnitudine causæ.

Sed contra, multiplicatâ causâ, multiplicatur effectus. Ergo, si causa peccati major fuerit, peccatum erit gravius.

Respondeo dicendum quòd in genere peccati, sicut et in quolibet alio genere, potest accipi duplex causa : una quæ est per se, et propria causa peccati, quæ est ipsa voluntas peccandi; comparatur enim ad actum peccati, sicut arbor ad fructum, ut dicitur in Glossâ, Augustini lib. 1 cont. Jul., cap. 8, ante med., super illud Matth. 7 : *Non potest arbor bona fructus malos facere*. Et hujusmodi causa quantò fuerit major, tantò peccatum erit gravius. Quantò enim voluntas fuerit major ad peccandum, tantò homo graviùs peccat.

Aliæ verò causæ peccati accipiuntur quasi extrinsecæ et remotæ, ex quibus scilicet voluntas inclinatur ad peccandum; et in his causis est distinguendum : quædam enim harum inducunt voluntatem ad peccandum secundùm ipsam naturam voluntatis, sicut finis, quod est proprium objectum voluntatis; et ex tali causâ augetur peccatum; graviùs enim peccat cujus voluntas ex intentione pejoris finis inclinatur ad peccandum. Aliæ verò causæ sunt quæ inclinant voluntatem ad peccandum præter naturam et ordinem ipsius voluntatis, quæ nata est moveri liberè ex seipsâ secundùm judicium rationis. Undo causæ quæ diminuunt judicium rationis, sicut ignorantia, vel quæ diminuunt liberum motum voluntatis, sicut infirmitas, vel violentia, aut metus, aut aliquid hujusmodi, diminuunt peccatum, sicut et diminuunt voluntarium; in tantum quòd si actus sit omninò involuntarius, non habet rationem peccati.

Ad primum ergo dicendum quòd objectio illa procedit de causâ movente extrinsecâ, quæ diminuit voluntarium; cujus quidem causæ augmentum diminuit peccatum, ut dictum est in corp.

Ad secundum dicendum quòd si sub concupiscentiâ includatur etiam ipse motus voluntatis, sic ubi est major concupiscentia, est majus peccatum. Si verò concupiscentia dicatur passio quædam, quæ est motus vis concupiscibilis, sic major concupiscentia præcedens judicium rationis et motum voluntatis, diminuit peccatum, quia qui majori concupiscentiâ stimulatus peccat, cadit ex graviori tentatione, unde minùs ei imputatur. Si verò concupiscentia sic sumpta sequatur judicium rationis et motum voluntatis, sic ubi est major concupiscentia, est majus peccatum. Insurgit enim interdùm major concupiscentiæ motus ex hoc quòd voluntas effrenatè tendit in suum objectum.

Ad tertium dicendum quòd ratio illa procedit de causâ quæ causat involuntarium : et hæc diminuit peccatum, ut dictum est in corp. art.

ARTICULUS VII. — *Utrùm circumstantia aggravet peccatum.*

Ad septimum sic proceditur. 1. Videtur quòd circumstantia non aggravet peccatum. Peccatum enim habet gravitatem ex suâ specie. Circumstantia autem non dat speciem peccato, cùm sit quoddam accidens ejus. Ergo gravitas peccati non consideratur ex circumstantiâ.

2. Præterea, aut circumstantia est mala, aut non; si circumstantia mala est, ipsa per se causat quamdam speciem mali; si verò non sit mala, non habet unde augeat malum. Ergo circumstantia nullo modo auget peccatum.

3. Præterea, malitia peccati est ex parte aversionis. Sed circumstantiæ consequuntur peccatum ex parte conversionis. Ergo non augent malitiam peccati.

Sed contra est quòd ignorantia circumstantiæ diminuit peccatum; qui enim peccat ex ignorantiâ circumstantiæ, meretur veniam, ut dicitur in 3 Ethic., cap. 1, circ. med. Hoc autem non esset, nisi circumstantia aggravaret peccatum. Ergo circumstantia peccatum aggravat.

Respondeo dicendum quòd *unumquodque ex eodem natum est augeri, ex quo causatur,* sicut Philosophus dicit de habitu virtutis in 2 Ethic., cap. 1 et 2. Manifestum est autem quòd peccatum causatur ex defectu alicujus circumstantiæ; ex hoc enim receditur ab ordine rationis quòd aliquis in operando non observat debitas circumstantias. Unde manifestum est quòd peccatum natum est aggravari per circumstantiam.

Sed hoc quidem contingit tripliciter: uno quidem modo, in quantum circumstantia transfert in aliud genus peccati; sicut peccatum fornicationis consistit in hoc quòd homo accedit ad non suam; si autem addatur hæc circumstantia, ut illa ad quam accedit, sit alterius uxor, transfertur jam in aliud genus peccati, scilicet in injustitiam, in quantum homo usurpat rem alterius; et secundùm hoc adulterium est gravius peccatum quàm fornicatio. Aliquando verò circumstantia non aggravat peccatum, quasi trahens in aliud genus peccati, sed solùm quia multiplicat rationem peccati; sicut si prodigus det quando non debet, et cui non debet, multiplicius peccat eodem genere peccati, quàm si solùm det cui non debet, et ex hoc ipso peccatum fit gravius; sicut etiam ægritudo est gravior quæ plures partes corporis inficit. Unde et Tullius dicit in Paradoxis, parad. 3, à med., quòd *in patris vitâ violandâ multa peccantur; violatur enim is qui procreavit, qui aluit, qui erudivit, qui in sede, ac domo, atque in republicâ collocavit.* Tertio modo circumstantia aggravat peccatum ex eo quòd auget deformitatem provenientem ex aliâ circumstantiâ, sicut accipere alienum constituit peccatum furti; si autem addatur hæc circumstantia ut multùm accipiat de alieno, erit peccatum gravius; quamvis accipere multùm vel parùm de se non dicat rationem boni vel mali.

Ad primum ergo dicendum quòd aliqua circumstantia dat speciem actui morali, ut supra habitum est, qu. 18, art. 10. Et tamen circumstantia quæ non dat speciem, potest aggravare peccatum, quia sicut bonitas rei non solùm pensatur ex suâ specie, sed etiam ex aliquo accidente, ita malitia actûs non solùm pensatur ex specie actûs, sed etiam ex circumstantiâ.

Ad secundum dicendum quòd utroque modo circumstantia potest aggravare peccatum. Si enim sit mala, non tamen propter hoc oportet quòd constituat speciem peccati; potest enim addere rationem malitiæ in eâdem specie, ut dictum est in corp. art. Si autem non sit mala, potest aggravare peccatum in ordine ad malitiam alterius circumstantiæ.

Ad tertium dicendum quòd ratio debet ordinare actum non solùm quantùm ad objectum, sed etiam quantùm ad omnes circumstantias. Et ideò aversio quædam à regulâ rationis attenditur secundùm corruptionem cujuslibet circumstantiæ, putà si aliquis operetur quando non debet, vel ubi non debet; et hujusmodi aversio sufficit ad rationem mali. Hanc autem aversionem à regulâ rationis sequitur aversio à Deo, cui debet homo per rectam rationem conjungi.

ARTICULUS VIII. — *Utrùm gravitas peccati augeatur secundùm majus nocumentum.* — (2-2, quæst. 34, art. 4, et quæst. 73, art. 3, corp., et quæst. 79, art. 2, corp., et quæst. 14, art. 4, et Mal. quæst. 2, art. 10, corp.)

Ad octavum sic proceditur. 1. Videtur quòd gravitas peccati non augeatur secundùm majus nocumentum. Nocumentum enim est quidam eventus consequens actum peccati. Sed eventus sequens non addit ad bonitatem vel malitiam actûs, ut supra dictum est, qu. 20, art. 5. Ergo peccatum non aggravatur propter majus nocumentum.

2. Præterea, nocumentum maximè invenitur in peccatis quæ sunt contra proximum, quia sibi ipsi nemo vult nocere. Deo autem nemo potest nocere, secundùm illud Job. 35, 6: *Si multiplicatæ fuerint iniquitates tuæ, quid facies contra illum?... Homini qui est similis tibi, nocebit impietas tua.* Si ergo peccatum aggravaretur propter majus nocumentum, sequeretur quòd peccatum quo quis peccat in proximum, esset gravius peccato quo quis peccat in Deum vel in seipsum.

3. Præterea, majus nocumentum infertur alicui, cùm privatur vitâ gratiæ, quàm cùm privatur vitâ naturæ, quia vita gratiæ est melior quàm vita naturæ, in tantum quòd homo debet vitam naturæ contemnere, ne amittat vitam gratiæ. Sed homo qui inducit aliquam mulierem ad fornicandum, quantùm est de se, privat eam vitâ gratiæ, inducens eam ad peccatum mortale. Si ergo peccatum esset gravius propter majus nocumentum, sequeretur quòd simplex fornicator gravius peccaret quàm homicida; quod est manifestè falsum. Non ergo peccatum est gravius propter majus nocumentum.

Sed contra est quod Augustinus dicit in 3 de libero Arbit., cap. 14, circ. fin.: *Quia vitium naturæ adversatur, tantùm additur malitiæ vitiorum, quantùm integritati naturarum*

minuitur. Sed diminutio integritatis naturæ est nocumentum. Ergo tantò gravius est peccatum, quantò majus est nocumentum.

Respondeo dicendum quòd nocumentum tripliciter se habere potest ad peccatum : quandoque enim nocumentum quod provenit ex peccato, est prævisum, et intentum, sicut cùm aliquis aliquid operatur animo nocendi alteri, ut homicida vel fur; et tunc directè quantitas nocumenti adauget gravitatem peccati, quia tunc nocumentum est per se objectum peccati. Quandoque autem nocumentum est prævisum, sed non intentum, sicut cùm aliquis transiens per agrum, ut compendiosiùs vadat ad fornicandum, infert scienter nocumentum his quæ sunt seminata in agro, licèt non animo nocendi; et sic etiam quantitas nocumenti aggravat peccatum, sed indirectè, in quantum scilicet ex voluntate multùm inclinatâ ad peccandum procedit quòd aliquis non prætermittat facere damnum sibi vel alii, quod simpliciter non vellet. Quandoque autem nocumentum nec est prævisum nec intentum; et tunc si per accidens hoc nocumentum se habeat ad peccatum, non aggravat peccatum directè; sed propter negligentiam considerandi nocumenta quæ consequi possent, imputantur homini ad pœnam mala quæ eveniunt præter ejus intentionem, si dabat operam rei illicitæ. Si verò nocumentum per se sequatur ex actu peccati, licèt non sit intentum nec prævisum, directè peccatum aggravat, quia quæcumque per se consequuntur ad peccatum, pertinent quodammodò ad ipsam peccati speciem : putà, si aliquis publicè fornicetur, sequitur scandalum plurimorum; quod quamvis ipse non intendat, nec forte prævideat, directè per hoc aggravatur peccatum.

Aliter tamen videtur se habere circa nocumentum pœnale, quod incurrit ipse qui peccat. Hujusmodi autem nocumentum si per accidens se habeat ad actum peccati, et non sit prævisum nec intentum, non aggravat peccatum, neque sequitur majorem gravitatem peccati; sicut si aliquis currens ad occidendum, impingat et lædat sibi pedem. Si verò tale nocumentum per se consequatur ad actum peccati, licèt forte nec sit prævisum nec intentum, tunc majus nocumentum non facit gravius peccatum, sed è converso gravius peccatum inducit gravius nocumentum; sicut aliquis infidelis, qui nihil audivit de pœnis inferni, graviorem pœnam in inferno patietur pro peccato homicidii quàm pro peccato furti; quia enim hoc nec intendit nec prævidit, non aggravatur ex hoc peccatum, sicut contingit circa fidelem, qui ex hoc ipso videtur peccare graviùs, quòd majores pœnas contemnit, ut impleat voluntatem peccati; sed gravitas hujusmodi nocumenti solùm causatur ex gravitate peccati.

Ad primum ergo dicendum quòd, sicut etiam supra dictum est, quæst. 20, artic. 5, cùm de bonitate et malitiâ exteriorum actuum ageretur, eventus sequens, si sit prævisus et intentus, addit ad bonitatem vel malitiam actûs.

Ad secundum dicendum quòd quamvis no-

cumentum aggravet peccatum, non tamen sequitur quòd ex solo nocumento peccatum aggravetur; quinimò peccatum per se est gravius propter inordinationem, ut supra dictum est, art. 3 hujus qu. Unde et ipsum nocumentum aggravat peccatum, in quantum facit actum esse magis inordinatum. Unde non sequitur quòd, si nocumentum maximè habet locum in peccatis quæ sunt contra proximum, illa peccata sint gravissima, quia multò major inordinatio invenitur in peccatis quæ sunt contra Deum, et in quibusdam eorum quæ sunt contra seipsum. Et tamen potest dici quòd etsi Deo nullus possit nocere quantùm ad ejus substantiam, potest tamen nocumentum attentare in his quæ Dei sunt, sicut extirpando fidem, violando sacra, quæ sunt peccata gravissima. Sibi etiam aliquis quandoque scienter et volenter infert nocumentum, sicut patet in his qui se interimunt, licèt finaliter hoc referant ad aliquod bonum apparens, putà ad hoc quòd liberentur ab aliquâ angustiâ.

Ad tertium dicendum quòd illa ratio non sequitur propter duo : primò quidem quia homicida intendit directè nocumentum proximi, fornicator autem qui provocat mulierem, non intendit nocumentum, sed delectationem; secundò quia homicida est per se et sufficiens causa corporalis mortis; spiritualis autem mortis nullus potest esse alteri causa per se sufficiens, quia nullus spiritualiter moritur nisi propriâ voluntate peccando.

ARTICULUS IX. — *Utrùm peccatum aggravetur secundùm conditionem personæ in quam peccatur.* — (2-2, quæst. 61, art. 2, ad 3, et art. 8, corp., et quæst. 65, art. 4, et 3 p., qu. 80, art. 5, corp., et 1, dist. 20, art. 2, corp., et opusc. 3, cap., 238, fin., et Psal. 12, et Rom. 2, lect. 2, et 1 Corinth. 10, lect. 7.)

Ad nonum sic proceditur. 1. Videtur quòd propter conditionem personæ in quam peccatur, peccatum non aggravetur. Si enim hoc esset, maximè aggravaretur ex hoc quò1 aliquis peccat in aliquem virum justum et sanctum. Sed ex hoc non aggravatur peccatum; minùs enim læditur ex injuriâ illatâ virtuosus, qui æquanimiter tolerat, quàm alii, qui etiam interiùs scandalizati læduntur. Ergo conditio personæ in quam peccatur, non aggravat peccatum.

2. Præterea, si conditio personæ aggravaret peccatum, maximè aggravaret ex propinquitate, quia, sicut Tullius dicit in Paradox., parad. 3, ad fin., *in servo necando semel peccatur; in patris vitâ violandâ multa peccantur.* Sed propinquitas personæ in quam peccatur non videtur aggravare peccatum, quia unusquisque sibi ipsi maximè est propinquus; et tamen minùs peccat qui aliquod damnum sibi infert, quàm si inferret alteri, putà si occideret equum suum, quàm si occideret equum alterius, ut patet per Philosophum in 5 Eth., cap. ult., à med. Ergo propinquitas personæ non aggravat peccatum.

3. Præterea, conditio personæ peccantis præcipuè aggravat peccatum ratione digni-

tatis vel scientiæ, secundùm illud Sap. 6, 7 : *Potentes potenter tormenta patientur ;* et Luc. 12, 47 : *Servus sciens voluntatem domini, et non faciens, plagis vapulabit multis.* Ergo pari ratione ex parte personæ in quam peccatur magis aggravaret peccatum dignitas aut scientia personæ in quam peccatur. Sed non videtur graviùs peccare qui facit injuriam personæ ditiori vel potentiori quàm alicui paùperi, quia *non est personarum acceptio apud Deum*, Coloss. 3, 25, secundùm cujus judicium gravitas peccati pensatur. Ergo conditio personæ, in quam peccatur, non aggravat peccatum.

Sed contra est quòd in sacrâ Scripturâ specialiter vituperetur peccatum quod contra servos Dei committitur, sicut dicitur 3 Regum 19, 14 : *Altaria tua destruxerunt, et prophetas tuos occiderunt gladio.* Vituperatur etiam maximò peccatum commissum in personas propinquas, secundùm illud Mich. 7, 6 : *Filius contumeliam facit patri, filia consurgit adversùs matrem suam.* Vituperatur etiam specialiter peccatum quod committitur in personas in dignitate constitutas, ut patet Job. 34, 18 : *Qui dicit regi, Apostata, qui vocat duces impios.* Ergo conditio personæ in quam peccatur aggravat peccatum.

Respondeo dicendum quòd persona in quam peccatur est quodammodò objectum peccati. Dictum est autem supra, art. 3 hujus quæst., quòd prima gravitas peccati attenditur ex parte objecti ; ex quo quidem tantò attenditur major gravitas in peccato, quantò objectum ejus est principalior finis. Fines autem principales humanorum actuum sunt Deus, ipse homo, et proximus ; quidquid enim facimus, propter aliquod eorum facimus, quamvis etiam horum trium unum sub altero ordinetur. Potest igitur ex parte horum trium considerari major vel minor gravitas in peccato secundùm conditionem personæ in quam peccatur.

Primò quidem ex parte Dei, cui tantò magis aliquis homo conjungitur, quantò est virtuosior vel Deo sacratior ; et ideò injuria tali personæ illata magis redundat in Deum, secundùm illud Zachar. 2, 8 : *Qui vos tetigerit, tangit pupillam oculi mei.* Unde peccatum fit gravius ex hoc quòd peccatur in personam magis Deo conjunctam vel ratione virtutis vel ratione officii. Ex parte etiam sui ipsius manifestum est quòd tantò aliquis graviùs peccat, quantò aliquis magis in conjunctam personam seu naturali necessitudine, seu beneficiis, seu quâcumque conjunctione peccaverit ; quia videtur in seipsum magis peccare ; et pro tanto graviùs peccat, secundùm illud Eccli. 14, 5 : *Qui sibi nequam est, cui* (1) *bonus erit?* Ex parte verò proximi tantò graviùs peccatur, quantò peccatum plures tangit ; et ideò peccatum quod fit in personam publicam, putà regem, vel principem, qui gerit personam totius multitudinis, est gravius quàm peccatum quod committitur contra unam personam privatam : unde specialiter dicitur Exodi 24, 28 : *Principi populi tui non*

maledices ; et similiter injuria quæ fit alicui famosæ personæ, videtur esse gravior ex hoc quòd in scandalum et in turbationem (1) plurimorum redundat.

Ad primum ergo dicendum quòd ille qui infert injuriam virtuoso, quantùm est in se turbat eum et interiùs et exteriùs ; sed quòd iste interiùs non turbetur, contingit ex ejus bonitate, quæ non diminuit peccatum injuriantis.

Ad secundum dicendum quòd nocumentum quod quis sibi ipsi infert in his quæ subsunt dominio propriæ voluntatis, sicut in rebus possessis, habet minùs de peccato quàm si alteri inferatur, quia propriâ voluntate hoc agit ; sed in his quæ non subduntur dominio voluntatis, sicut sunt naturalia et spiritualia bona, est gravius peccatum nocumentum sibi ipsi inferre ; gravius enim peccat qui occidit seipsum, quàm qui occidit alterum. Sed quia res propinquorum nostrorum non subduntur voluntatis nostræ dominio, non procedit ratio quantùm ad nocumenta rebus illorum illata, quòd circa ea minùs peccetur, nisi fortè velint vel ratum habeant.

Ad tertium dicendum quòd non est acceptio personarum, si Deus graviùs punit peccantem contra excellentiores personas ; hoc enim fit propter hoc quòd hoc redundat in plurimum nocumentum.

ARTICULUS X. — *Utrùm magnitudo personæ peccantis aggravet peccatum.*—(Inf., qu. 89, art. 3 et 5, corp., et qu. 102, art. 3, ad 2, et 2-2, qu. 100, art. 1, ad 7, et Mal. qu. 7, art. 10, ad 5, et Psal. 24.)

Ad decimum sic proceditur. 1. Videtur quòd magnitudo personæ peccantis non aggravet peccatum. Homo enim maximè redditur magnus ex hoc quòd Deo adhæret, secundùm illud Eccli. 25, 13 : *Quàm magnus est qui invenit sapientiam et scientiam ! sed non est super timentem Dominum.* Sed quantò aliquis mágis Deo adhæret, tantò minùs imputatur ei aliquid ad peccatum ; dicitur enim 2 Paralipom. 30, 18 : *Dominus bonus propitiabitur cunctis qui in toto corde requirunt Dominum Deum patrum suorum ; et non imputabitur eis quòd minùs sanctificati sunt.* Ergo peccatum non aggravatu rex magnitudine personæ peccantis.

2. Præterea, *non est personarum acceptio apud Deum*, ut dicitur Rom. 2, 11. Ergo non magis punit pro uno et eodem peccato unum quàm alium. Non ergo aggravatur peccatum ex magnitudine personæ peccantis.

3. Præterea, nullus debet ex bono incommodum reportare. Reportaret autem, si id quod agit, magis ei imputaretur (2) ad culpam. Ergo propter magnitudinem personæ peccantis non aggravatur peccatum.

Sed contra est quod Isidorus dicit in 2 de summo Bono, cap. 18, in fin. : *Tantò majus cognoscitur peccatum esse, quantò major qui peccat habetur.*

Respondeo dicendum quòd duplex est peccatum. Quoddam est ex subreptione proveniens propter infirmitatem humanæ naturæ; et tale peccatum minùs imputatur ei qui est major in virtute, eò quòd minùs negligit hujusmodi peccata reprimere, quæ tamen omninò subterfugere infirmitas humana non sinit.

Alia verò peccata sunt ex deliberatione procedentia; et ista peccata tantò magis alicui imputantur, quantò major est. Et hoc potest esse propter quatuor : primò quidem quia faciliùs possunt resistere peccato majores, putà qui excedunt in scientiâ et virtute, unde Dominus dicit Luc. 12, 47, quòd *servus sciens voluntatem domini sui, et non faciens, plagis vapulabit multis* ; secundò propter ingratitudinem, quia omne bonum quo aliquis magnificatur, est Dei beneficium, cui homo fit ingratus peccando ; et quantùm ad hoc quælibet majoritas, etiam in temporalibus bonis peccatum aggravat, secundùm illud Sap. 6, 6 : *Potentes potenter tormenta patientur* ; tertiò propter specialem repugnantiam actûs peccati ad magnitudinem personæ; sicut si princeps justitiam violet, qui ponitur justitiæ custos ; et si sacerdos fornicetur, qui castitatem vovit. Quartò propter exemplum sive scandalum, quia, ut Gregorius dicit in Pastorali, part. 1, cap. 2, à med., *in exemplum culpa vehementer extenditur, quando pro reverentiâ gradûs peccator honoratur.* Ad plurium etiam notitiam perveniunt peccata magnorum, et magis homines ea indignè ferunt.

Ad primum ergo dicendum quòd auctoritas illa loquitur de his quæ per subreptionem infirmitatis humanæ negligenter aguntur.

Ad secundum dicendum quòd Deus non accipit personas, si majores plus punit, quia ipsorum majoritas facit ad gravitatem peccati, ut dictum est in corp. art.

Ad tertium dicendum quòd homo magnus (1) non reportat incommodum ex bono quod habet, sed ex malo usu illius.

QUÆSTIO LXXIV.

DE SUBJECTO PECCATORUM. — (*In decem articulos divisa.*)

Deinde considerandum est de subjecto vitiorum, sive peccatorum ; et circa hoc quæruntur decem : 1° utrùm voluntas possit esse subjectum peccati ; 2° utrùm voluntas sola sit peccati subjectum ; 3° utrùm sensualitas possit esse subjectum peccati ; 4° utrùm possit esse subjectum peccati mortalis ; 5° utrùm ratio possit esse subjectum peccati ; 6° utrùm delectatio morosa vel non morosa sit in ratione inferiori sicut in subjecto ; 7° utrùm peccatum consensûs in actum sit in superiori ratione sicut in subjecto ; 8° utrùm ratio inferior possit esse subjectum peccati mortalis ; 9° utrùm ratio superior possit esse subjectum peccati venialis ; 10° utrùm in ratione superiori possit esse peccatum veniale circa proprium objectum.

ARTICULUS PRIMUS. — *Utrùm voluntas sit subjectum peccati.* — (4, *dist.* 18, *quæst.* 1, *art.* 1, *quæst.* 1, *ad* 2, *et* 3 *cont.*, *cap.* 109,

(1) Al., *malus.*

fin., et Mal. quæst. 7, *art.* 1, *ad* 16, *et Matth.* 15.)

Ad primum sic procedilur. 1. Videtur quòd voluntas non possit esse subjectum peccati. Dicit enim Dionysius in 4 cap. de div. Nom., part. 4, à med. lect. 22, quòd *malum est præter voluntatem et intentionem.* Sed peccatum habet rationem mali. Ergo peccatum non potest esse in voluntate.

2. Præterea, voluntas est boni vel apparentis boni. Ex hoc autem quòd voluntas vult bonum, non peccat ; hoc autem quòd vult apparens bonum, quod non est verè bonum, magis pertinere videtur ad defectum virtutis apprehensivæ quàm ad defectum voluntatis. Ergo peccatum nullo modo est in voluntate.

3. Præterea, non potest esse idem subjectum peccati et causa efficiens, quia *causa efficiens et materialis non incidunt in idem,* ut dicitur in 2 Physic., text. 70 et seq. Sed voluntas est causa efficiens peccati ; prima enim causa peccandi est voluntas, ut Augustinus dicit in lib. de duabus Animabus, cap. 10 et 11. Ergo non est subjectum peccati.

Sed contra est quod Augustinus dicit in lib. 1 Retract., cap. 9, circ. med., quòd *voluntas est quâ peccatur, et rectè vivitur.*

Respondeo dicendum quòd peccatum quidam actus est, sicut supra dictum est, quæst. 71, art. 1 et 6. Actuum autem quidam transeunt in exteriorem materiam, ut urere et secare ; et hujusmodi actus habent pro materiâ et subjecto id in quod transit actio, sicut Philosophus dicit in 3 Physic., text. 18, quòd *motus est actus mobilis à movente.* Quidam verò actus sunt non transeuntes in exteriorem materiam, sed manentes in agente, sicut appetere et cognoscere ; et tales actus sunt omnes actus morales, sive sint actus virtutum, sive peccatorum. Unde oportet quòd proprium subjectum actûs peccati sit potentia quæ est principium actûs.

Cùm autem proprium sit actuum moralium quòd sint voluntarii, ut supra habitum est, quæst. 1, art. 1, et quæst. 18, art. 6, sequitur quòd voluntas, quæ est principium actuum voluntariorum sive bonorum sive malorum, quæ sunt peccata, sit principium peccatorum. Et ideò sequitur quòd peccatum sit in voluntate sicut in subjecto.

Ad primum ergo dicendum quòd malum dicitur esse præter voluntatem, quia voluntas non tendit in ipsum malum sub ratione mali. Sed quia aliquod malum est apparens bonum, ideò voluntas aliquando appetit aliquod malum ; et secundùm hoc peccatum est in voluntate.

Ad secundum dicendum quòd si defectus apprehensivæ virtutis nullo modo subjaceret voluntati, non esset peccatum nec in voluntate, nec in apprehensivâ virtute ; sicut patet in his qui habent ignorantiam invincibilem. Et ideò relinquitur quòd etiam defectus apprehensivæ virtutis subjacens voluntati reputetur in peccatum.

Ad tertium dicendum quòd ratio illa procedit in causis efficientibus quarum actiones transeunt in materiam exteriorem, et quæ non movent se, sed alia; cujus contrarium est in voluntate; unde ratio non sequitur.

ARTICULUS II. — *Utrùm sola voluntas sit subjectum peccati.* — (*Inf., art. 3, corp., et quæst. 83, art. 1, corp., et 2, dist. 44, in Exposit. lit., ad 2, et Mal. quæst. 2, art. 2 et 3.*)

Ad secundum sic proceditur. 1. Videtur quòd sola voluntas sit subjectum peccati. Dicit enim Augustinus in libro de duabus Animabus, cap. 10, parùm ante med., quòd *non nisi voluntate peccatur.* Sed peccatum est sicut in subjecto in potentiâ quâ peccatur. Ergo sola voluntas est subjectum peccati.

2. Præterea, peccatum est quoddam malum contra rationem. Sed bonum et malum ad rationem pertinens est objectum solius voluntatis. Ergo sola voluntas est subjectum peccati.

3. Præterea, omne peccatum est actus voluntarius, quia, ut dicit Augustinus in lib. 3 de lib. Arbit., cap. 18, (implic., sed express. lib de verâ Relig. cap. 14, in princ.), *peccatum adeò est voluntarium, quòd si non sit voluntarium, non est peccatum.* Sed actus aliarum virium non sunt voluntarii, nisi in quantum illæ vires moventur à voluntate; hoc autem non sufficit ad hoc quòd sint subjectum peccati; quia secundùm hoc etiam membra exteriora, quæ moventur à voluntate, essent subjectum peccati; quod patet esse falsum. Ergo sola voluntas est subjectum peccati.

Sed contra, peccatum virtuti contrariatur: contraria autem sunt circa idem. Sed aliæ etiam vires animæ præter voluntatem sunt subjecta virtutum, ut supra dictum est, quæst. 56. Ergo non sola voluntas est subjectum peccati.

Respondeo dicendum quòd, sicut ex prædictis patet, art. præc., omne quod est principium voluntarii actûs, est subjectum peccati. Actus autem voluntarii dicuntur non solùm illi qui eliciuntur à voluntate, sed etiam illi qui à voluntate imperantur, ut supra dictum est, qu. 6, art. 4, cùm de voluntario ageretur. Unde non solùm voluntas potest esse subjectum peccati, sed omnes illæ potentiæ quæ possunt moveri ad suos actus, vel ab eis reprimi per voluntatem; et eædem etiam potentiæ sunt subjecta habituum moralium bonorum vel malorum: quia ejusdem est actus et habitus.

Ad primum ergo dicendum quòd non peccatur nisi voluntate sicut primo movente; aliis autem potentiis peccatur sicut ab ea motis.

Ad secundum dicendum quòd bonum et malum pertinent ad voluntatem, sicut per se objecta ipsius; sed aliæ potentiæ habent aliquod determinatum bonum et malum, ratione cujus potest in eis esse et virtus, et vitium, et peccatum, secundùm quòd participant voluntate et ratione.

Ad tertium dicendum quòd membra corporis non sunt principia actuum, sed solùm organa; unde comparantur ad animam moventem sicut servus, qui agitur et non

agit. Potentiæ autem appetitivæ interiores comparantur ad rationem quasi liberæ, quia agunt quodammodò et aguntur, ut patet per id quod dicitur 1 Polit., cap. 3, à med. Et præterea actus exteriorum membrorum sunt actiones in exteriorem materiam transeuntes, sicut patet de percussione in peccato homicidii. Et propter hoc non est similis ratio.

ARTICULUS III. — *Utrùm in sensualitate possit esse peccatum.* — (2, dist. 24, quæst. 3, art. 2, et dist. 31, quæst. 2, art. 1, ad 4, et Ver. quæst. 15, art. 5, et Mal. quæst. 7, art. 6.)

Ad tertium sic proceditur. 1. Videtur quòd in sensualitate non possit esse peccatum. Peccatum enim est proprium homini, qui ex suis actibus laudatur vel vituperatur. Sed sensualitas est communis nobis et brutis. Ergo in sensualitate non potest esse peccatum.

2. Præterea, *nullus peccat in eo quod vitare non potest,* sicut Augustinus dicit in lib. 3 de libero Arbitr., cap. 18, circ. princ. Sed homo non potest vitare quin actus sensualitatis sit inordinatus; est enim *sensualitas perpetuæ corruptionis, quamdiù in hâc mortali vitâ vivimus; unde per serpentem significatur,* ut Augustinus dicit 12 de Trin., cap. 12 et 13. Ergo inordinatio motûs sensualitatis non est peccatum.

3. Præterea, illud quod homo ipse non facit, non imputatur ei ad peccatum. Sed *hoc solùm videmur nos ipsi facere, quod cum deliberatione rationis facimus,* ut Philosophus dicit in 9 Ethic., cap. 8, circ. med. Ergo motus sensualitatis, qui est sine deliberatione rationis, non imputatur homini ad peccatum.

Sed contra est quod dicitur Rom. 7, 19: *Non enim quod volo bonum, hoc ago; sed quod odi malum, illud facio;* quod exponit Augustinus, lib. 3 cont. Julian., cap. 26, et de Verb. Apost. serm. 12, cap. 2 et 3, de malo concupiscentiæ, quod constat esse motum quemdam sensualitatis. Ergo in sensualitate est aliquod peccatum.

Respondeo dicendum quòd, sicut supra dictum est, art. 2 et 3 hujus qu., peccatum potest inveniri in quâlibet potentiâ cujus actus potest esse voluntarius et inordinatus, in quo consistit ratio peccati. Manifestum est autem quòd actus sensualitatis potest esse voluntarius, in quantum sensualitas, id est, appetitus sensitivus, nata est à voluntate moveri. Unde relinquitur quòd in sensualitate possit esse peccatum.

Ad primum ergo dicendum quòd aliquæ vires sensitivæ partis, etsi sint communes nobis et brutis, tamen in nobis habent aliquam excellentiam ex hoc quòd rationi junguntur, sicut nos præ aliis animalibus habemus in parte sensitivâ, cogitativam et reminiscentiam, ut in primo dictum est, quæst. 78, art. 4. Et per hunc modum etiam appetitus sensitivus in nobis præ aliis animalibus habet quamdam excellentiam, scilicet quod natus est obedire rationi; et quantùm ad hoc potest esse principium actûs voluntarii; et per consequens subjectum peccati.

Ad secundum dicendum quòd perpetua corruptio sensualitatis est intelligenda quantùm ad fomitem, qui nunquàm totaliter tollitur in hâc vitâ; transit enim peccatum originale reatu, et remanet actu. Sed talis corruptio fomitis non impedit quin homo rationabili voluntate possit reprimere singulos motus inordinatos sensualitatis, si præsentiat, putà divertendo cogitationem ad alia. Sed dùm homo cogitationem ad aliud divertit, potest etiam circa illud aliquis inordinatus motus insurgere; sicut cùm aliquis transfert cogitationem suam à delectationibus carnis, volens concupiscentiæ motus vitare, ad speculationem scientiæ, insurgit quandoque aliquis motus inanis gloriæ impræmeditatus. Et ideò non potest homo vitare omnes hujusmodi motus propter corruptionem prædictam. Sed hoc solùm sufficit ad rationem peccati volunrii quòd possit vitare singulos.

Ad tertium dicendum quòd illud quod homo facit sine deliberatione rationis, non perfectè ipse facit, quia nihil operatur ibi id quod est principale in homine; unde non est perfectè actus humanus; et per consequens non potest esse perfectus actus virtutis vel peccati, sed aliquid imperfectum in genere horum. Unde talis motus sensualitatis rationem præveniens est peccatum veniale; quod est quiddam imperfectum in genere peccati.

ARTICULUS IV. — *Utrùm in sensualitate possit esse peccatum mortale.* — (*Inf., quæst. 89, art. 5, corp., et 2, dist. 24, quæst. 3, art. 2, ad 3, et Verit. quæst. 25, art. 5, et Mal. quæst. 7, art. 6, et quodl. 4, art. 22, corp.*)

Ad quartum sic proceditur. 1. Videtur quòd in sensualitate possit esse peccatum mortale. Actus enim ex objecto cognoscitur. Sed circa objecta sensualitatis contingit peccare mortaliter, sicut circa delectabilia carnis. Ergo actus sensualitatis potest esse peccatum mortale; et ita in sensualitate peccatum mortale invenitur.

2. Præterea, peccatum mortale contrariatur virtuti. Sed virtus potest esse in sensualitate: temperantia enim et fortitudo sunt virtutes irrationabilium partium, ut Philosophus dicit in 3 Eth., cap. 10, in princ. Ergo in sensualitate potest esse peccatum mortale, cùm contraria sint nata fieri circa idem.

3. Præterea, veniale peccatum est dispositio ad mortale. Sed dispositio et habitus sunt in eodem. Cùm igitur veniale peccatum sit in sensualitate, ut dictum est art. 3 hujus qu., ad 3, etiam mortale peccatum esse poterit in eâdem.

Sed contra est quod Augustinus dicit in lib. 1 Retract., cap. 23, à princ. (et habetur in Glossâ ord., sup. illud : *Ego autem carnalis sum*, Rom. 7) : *Inordinatus concupiscentiæ motus, qui est peccatum sensualitatis; potest etiam esse in his qui sunt in gratiâ*, in quibus tamen peccatum mortale non invenitur. Ergo inordinatus motus sensualitatis non est peccatum mortale.

Respondeo dicendum quòd, sicut inordinatio corrumpens principium vitæ corporalis causat corporalem mortem, ita etiam inordinatio corrumpens principium spiritualis vitæ, quod est finis ultimus, causat mortem spiritualem peccati mortalis, ut supra dictum est, qu. 72, art. 5. Ordinare autem aliquid in finem non est sensualitatis, sed solùm rationis. Inordinatio autem à fine non est nisi ejus cujus est ordinare in finem. Unde peccatum mortale non potest esse in sensualitate, sed solùm in ratione.

Ad primum ergo dicendum quòd actus sensualitatis potest concurrere ad peccatum mortale; sed tamen actus peccati mortalis non habet quòd sit peccatum mortale ex eo quòd est sensualitatis, sed ex eo quòd est rationis, cujus est ordinare in finem. Et ideò peccatum mortale non attribuitur sensualitati, sed rationi.

Ad secundum dicendum quòd actus virtutis non perficitur per id quod est sensualitatis tantùm, sed magis per id quod est rationis et voluntatis, cujus est eligere; nam actus virtutis moralis non est sine electione; unde semper cum actu virtutis moralis, quæ perficit vim appetitivam, est etiam actus prudentiæ, quæ perficit vim rationalem; et idem est etiam de peccato mortali, sicut dictum est, in solut. præc.

Ad tertium dicendum quòd dispositio tripliciter se habet ad id ad quod disponit : quandoque enim est idem et in eodem, sicut scientia inchoata dicitur esse dispositio ad scientiam perfectam; quandoque autem est in eodem, sed non idem, sicut calor est dispositio ad formam ignis; quandoque verò nec idem, nec in eodem, sicut in his quæ habent ordinem ad invicem, ut ex uno perveniatur in aliud; sicut bonitas imaginationis est dispositio ad scientiam, quæ est in intellectu. Et hoc modo veniale peccatum, quod est in sensualitate, potest esse dispositio ad peccatum mortale, quod est in ratione.

ARTICULUS V. — *Utrùm peccatum possit esse in ratione.* — (*Inf., art. 6, corp., et 2, dist. 24, quæst. 3, et Ver. quæst. 17, art. 2, corp.*)

Ad quintum sic proceditur. 1. Videtur quòd peccatum non possit esse in ratione. Cujuslibet enim potentiæ peccatum est aliquis defectus ipsius. Sed defectus rationis non est peccatum, sed magis excusat peccatum; excusatur enim aliquis à peccato propter ignorantiam. Ergo in ratione non potest esse peccatum.

2. Præterea, primum subjectum peccati est voluntas, ut dictum est art. 1 hujus quæst. Sed ratio præcedit voluntatem, cùm sit directiva ipsius. Ergo peccatum esse non potest in ratione.

3. Præterea, non potest esse peccatum nisi circa ea quæ sunt in nobis. Sed perfectio et defectus rationis non est eorum quæ sunt in nobis; quidam enim sunt naturaliter ratione deficientes, vel ratione solertes. Ergo in ratione non est peccatum.

Sed contra est quod Augustinus dicit in lib. 12 de Trin., cap 12, quòd peccatum est in ratione inferiori et in ratione superiori.

Respondeo dicendum quòd peccatum cujuslibet potentiæ consistit in actu ipsius, sicut ex dictis patet, art. 1, 2 et 3 hujus quæst. Habet autem ratio duplicem actum : unum quidem secundùm se in comparatione ad proprium objectum, quod est cognoscere aliquod verum ; alius autem actus rationis est, in quantum est directiva aliarum virium.

Utroque igitur modo contingit esse peccatum in ratione : et primò quidem, in quantum errat in cognitione veri, quod quidem tunc imputatur ei ad peccatum, quando habet ignorantiam vel errorem circa id quod potest et debet scire. Secundò quando inordinatos actus inferiorum virium vel imperat, vel etiam post deliberationem non coercet.

Ad primum ergo dicendum quòd ratio illa procedit de defectu rationis qui pertinet ad actum proprium, respectu proprii objecti ; et hoc quando est defectus cognitionis ejus quod quis non potest scire ; tunc enim talis defectus rationis non est peccatum, sed excusat à peccato, sicut patet in his quæ per furiosos committuntur. Si verò sit defectus rationis circa id quod homo potest et debet scire, non omninò homo excusatur à peccato ; sed ipse defectus imputatur ei ad peccatum. Defectus autem qui est solùm in dirigendo alias vires, semper imputatur ei ad peccatum, quia huic defectui occurrere potest per proprium actum.

Ad secundum dicendum quòd, sicut supra dictum est, quæst. 17, art. 1, cùm de actibus voluntatis et rationis ageretur, voluntas quodammodò movet et præcedit rationem, et ratio quodammodò voluntatem ; unde et motus voluntatis dici potest rationalis, et actus rationis potest dici voluntarius. Et secundùm hoc in ratione invenitur peccatum ; vel prout est defectus ejus voluntarius, vel prout ratio est principium actûs voluntatis.

Ad tertium patet responsio ex dictis ad 1 arg.

ARTICULUS VI. — *Utrùm peccatum morosæ delectationis sit in ratione.* — (*Inf., qu. 88, art. 5, ad 1, et 2, dist. 24, qu. 3, art. 4, et Ver. qu. 15, art. 4, corp.*)

Ad sextum sic proceditur. 1. Videtur quòd peccatum morosæ delectationis non sit in ratione. Delectatio enim importat motum appetitivæ virtutis, ut supra dictum est, quæst. 31, art. 1. Sed vis appetitiva distinguitur à ratione, quæ est vis apprehensiva. Ergo delectatio morosa non est in ratione.

2. Præterea, ex objectis cognosci potest ad quam potentiam actus pertineat, per quem potentia ordinatur ad objectum. Sed delectatio quandoque est morosa circa bona sensibilia, et non circa bona rationis. Ergo peccatum delectationis morosæ non est in ratione.

3. Præterea, morosum dicitur aliquid propter diuturnitatem temporis. Sed diuturnitas temporis non est ratio quòd aliquis actus per-

tineat ad aliquam potentiam. Ergo delectatio morosa non pertinet ad rationem.

Sed contra est quod Augustinus dicit in 12 de Trinit., cap. 12, ante med., quòd *consensus illecebræ si solâ cogitatione delectationis contentus est, sic habendum existimo velut cibum vetitum mulier sola comederit.* Per mulierem autem intelligitur ratio inferior, sicut ibidem ipse exponit. Ergo peccatum morosæ delectationis est in ratione.

Respondeo dicendum quòd, sicut jam dictum est, art. præc., peccatum contingit esse in ratione, non solùm quantùm ad proprium ipsius actum, sed quandoque in quantum est directiva humanorum actuum. Manifestum est autem quòd ratio non solùm est directiva exteriorum actuum, sed etiam interiorum passionum. Et ideò quando deficit ratio in directione interiorum passionum, dicitur esse peccatum in ratione, sicut etiam quando deficit in directione exteriorum actuum.

Deficit autem in directione passionum interiorum dupliciter : uno modo, quando imperat illicitas passiones, sicut quando homo ex deliberatione provocat sibi motum iræ vel concupiscentiæ ; alio modo, quando non reprimit illicitum passionis motum ; sicut cùm aliquis, postquàm deliberavit quòd motus passionis insurgens est inordinatus, nihilominùs circa ipsum immoratur, et ipsum non expellit. Et secundùm hoc dicitur peccatum delectationis morosæ esse in ratione.

Ad primum ergo dicendum quòd delectatio quidem est in vi appetitivâ sicut in proximo principio ; sed in ratione est sicut in primo motivo, secundùm hoc quod supra dictum est, art. 1 hujus quæst., quòd actiones quæ non transeunt in exteriorem materiam, sunt sicut in subjecto in suis principiis.

Ad secundum dicendum quòd ratio actum proprium elicitum habet circa proprium objectum ; sed directionem habet circa omnia objecta inferiorum virium, quæ per rationem dirigi possunt ; et secundùm hoc etiam delectatio circa sensibilia objecta pertinet ad rationem.

Ad tertium dicendum quòd delectatio dicitur morosa non ex morâ temporis, sed ex eo quòd ratio deliberans circa eam immoratur ; nec tamen eam repellit, *tenens et volvens libenter, quæ statim ut attigerunt animum, respui debuerunt*, ut Augustinus dicit 12 de Trinitate, cap. 12, circ. med.

ARTICULUS VII. — *Utrùm peccatum consensûs in actum sit in ratione superiori.* — (*Sup., quæst. 15, art. 4, et inf., præs. quæst., art. 8, ad 1, et 2, dist. 24, quæst. 3, art. 1, et 4, et Ver. quæst. 15, art. 3 et 5, et Mal. quæst. 15, art. 2, ad 9.*)

Ad septimum sic proceditur. 1. Videtur quòd peccatum consensûs in actum non sit in ratione superiori. Consentire enim est actus appetitivæ virtutis, ut supra habitum est, quæst. 15, art. 1. Sed ratio est vis apprehensiva. Ergo peccatum consensûs in actum non est in ratione superiori.

2. Præterea, *ratio superior intendit rationibus æternis inspiciendis et consulendis, ut*

Augustinus dicit 12 de Trinit., cap. 7, in fin. Sed quandoque consentitur in actum non consultis rationibus æternis; non enim semper homo cogitat de rebus divinis, quando consentit in aliquem actum. Ergo peccatum consensûs in actum non semper est in ratione superiori.

3. Præterea, sicut per rationes æternas potest homo regulare actus exteriores, ita etiam interiores delectationes, vel alias passiones. Sed *consensus in delectationem absque hoc quòd opere statuatur implendum, est rationis inferioris*, ut dicit Augustinus 12 de Trin., cap. 12, ante med. Ergo etiam consensus in actum peccati debet interdùm attribui rationi inferiori.

4. Præterea, sicut ratio superior excedit inferiorem, ita ratio excedit vim imaginativam. Sed quandoque procedit homo in actum per apprehensionem virtutis imaginativæ absque omni deliberatione rationis, sicut cùm aliquis ex impræmeditato movet manum aut pedem. Ergo etiam quandoque potest ratio inferior consentire in actum peccati absque ratione superiori.

Sed contra est quod Augustinus dicit 12 de Trinit., cap. 12, ante med.: *Si in consensione malè utendi rebus, quæ per sensum corporis sentiuntur, ita decernitur quodcumque peccatum, ut si potestas sit, etiam corpore compleatur, intelligenda est mulier cibum illicitum viro dedisse;* per quem superior ratio significatur. Ergo ad rationem superiorem pertinet consentire in actum peccati.

Respondeo dicendum quòd consensus importat judicium quoddam de eo in quod consentitur. Sicut enim ratio speculativa judicat et sententiat de rebus intelligibilibus, ita ratio practica judicat et sententiat de agendis.

Est autem considerandum quòd in omni judicio ultima sententia pertinet ad supremum judicatorium, sicut videmus in speculativis quòd ultima sententia de aliquâ propositione datur per resolutionem ad prima principia : quamdiù enim remanet aliquod principium altius, adhuc per ipsum potest examinari id de quo quæritur : unde adhuc est suspensum judicium, quasi nondùm datâ finali sententiâ. Manifestum est autem quòd actus humani regulari possunt ex regulâ rationis humanæ, quæ sumitur ex rebus creatis, quas naturaliter homo cognoscit; et ulteriùs ex regulâ legis divinæ, ut supra dictum est, quæst. 19, art. 4. Unde cùm regula legis divinæ sit superior, consequens est ut ultima sententia, per quam judicium finaliter terminatur, pertineat ad rationem superiorem, quæ intendit rationibus æternis. Cùm autem de pluribus occurrit judicandum, finale judicium est de eo quod ultimò occurrit. In actibus autem humanis ultimò occurrit ipse actus; præambulum autem est ipsa delectatio, quæ inducit ad actum.

Et ideò ad rationem superiorem propriè pertinet consensus in actum; ad rationem verò inferiorem, quia habet inferius judicium, pertinet judicium præambulum, quod est de delectatione; quamvis etiam et de delectatione superior ratio judicare possit, quia

quidquid judicio subditur inferioris, subditur etiam judicio superioris, sed non convertitur.

Ad primum ergo dicendum quòd consentire est actus appetitivæ virtutis non absolutè, sed consequens ad actum rationis deliberantis et judicantis, ut supra dictum est, quæst. 15, art. 3. In hoc enim terminatur consensus, quia voluntas tendit in id quod est jam ratione judicatum. Unde consensus potest attribui et voluntati et rationi.

Ad secundum dicendum quòd ex hoc ipso quòd ratio superior non dirigit actus humanos secundùm legem divinam, impediens actum peccati, dicitur ipsa consentire, sive cogitet de lege æternâ, sive non. Cùm enim cogitat de lege Dei, actu eam contemnit; cùm verò non cogitat, eam negligit per modum omissionis cujusdam. Unde omnibus modis consensus in actum peccati procedit ex superiori ratione; quia, ut Augustinus dicit 12 de Trinit., cap. 12, ante med., *non potest peccatum efficaciter perpetrandum mente decerni, nisi illa mentis intentio, penès quam summa potestas est membra in opus movendi, vel ab opere cohibendi, malæ actioni cedat, aut serviat.*

Ad tertium dicendum quòd ratio superior per considerationem legis æternæ sicut potest dirigere vel cohibere actum exteriorem, ita etiam delectationem interiorem; sed tamen, antequàm ad judicium superioris rationis deveniatur, statim ut sensualitas proponit delectationem, inferior ratio per rationes temporales deliberans quandoque hujusmodi delectationem acceptat; et tunc consensus in delectationem pertinet ad inferiorem rationem. Si verò etiam consideratis rationibus æternis, homo in eodem consensu perseveret, jam talis consensus ad superiorem rationem pertinebit.

Ad quartum dicendum quòd apprehensio virtutis imaginativæ est subita et sine deliberatione; et ideò potest aliquem actum causare, antequàm superior vel inferior ratio etiam habeat tempus deliberandi. Sed judicium rationis inferioris est cum deliberatione, quæ indiget tempore, in quo etiam ratio superior deliberare potest; unde si non cohibeat ab actu peccati per suam deliberationem, meritò illi imputabitur.

ARTICULUS VIII. — *Utrùm consensus in delectationem sit peccatum mortale.* — (2-2, q. 154, art. 4, corp., et q. 180, art. 7, et 2, dist. 24, q. 3, art. 4, et Ver. q. 15, art. 4, et Mal. q. 15, art. 2, ad 16 et 17, et quodl. 12, art. 34.)

Ad octavum sic proceditur. 1. Videtur quòd consensus in delectationem non sit peccatum mortale. Consentire enim in delectationem pertinet ad rationem inferiorem, cujus non est intendere rationibus æternis, vel legi divinæ, et per consequens nec ab eis averti. Sed omne peccatum mortale est per aversionem à lege divinâ, ut patet per definitionem Augustini de peccato mortali datam, quæ supra posita est, quæst. 71, art. 6. Ergo consensus in delectationem non est peccatum mortale.

2. Præterea, consentire in aliquid non est

malum, nisi quia illud est malum in quod consentitur. Sed *propter quod unumquodque, et illud magis*, vel saltem non minùs. Non ergo illud in quod consentitur potest esse minus malum quàm consensus. Sed delectatio sine opere non est peccatum mortale, sed veniale tantùm. Ergo nec consensus in delectationem est peccatum mortale.

3. Præterea, delectationes differunt in bonitate et malitiâ secundùm differentiam operationum, ut dicit Philosophus in 10 Ethic., cap. 3 et 5. Sed alia operatio est interior cogitatio, et alia actus exterior, putà fornicationis. Ergo delectatio consequens actum interioris cogitationis, tantùm differt à delectatione fornicationis in bonitate vel malitiâ, quantùm differt cogitatio interior ab actu exteriori; et per consequens etiam eodem modo differt consentire in utrumque. Sed cogitatio interior non est peccatum mortale, nec etiam consensus in cogitationem. Ergo per consequens (1) nec consensus in delectationem.

4. Præterea, exterior actus fornicationis vel adulterii non est peccatum mortale ratione delectationis, quæ etiam invenitur in actu matrimoniali, sed ratione inordinationis ipsius actûs. Sed ille qui consentit in delectationem, non propter hoc consentit in deordinationem actûs. Ergo non videtur mortaliter peccare.

5. Præterea, peccatum homicidii est gravius quàm simplicis fornicationis. Sed consentire in delectationem quæ consequitur cogitationem de homicidio, non est peccatum mortale. Ergo multò minùs consentire in delectationem quæ consequitur cogitationem de fornicatione, est peccatum mortale.

6. Præterea, oratio dominica quotidiè dicitur pro remissione venialium, ut Augustinus dicit in Enchir., cap. 78, in fine. Sed consensum in delectationem Augustinus docet esse abolendum per orationem dominicam; dicit enim in 12 de Trin., cap. 12, à med., quòd *hoc est longè minus peccatum quàm si opere statuatur implendum; et ideò de talibus quoque cogitationibus venia petenda est, pectusque percutiendum, atque dicendum: Dimitte nobis debita nostra*. Ergo consensus in delectationem est peccatum veniale.

Sed contra est quod Augustinus post pauca subdit: *Totus homo damnabitur, nisi hæc quæ sine voluntate operandi, sed tamen cum voluntate animum talibus oblectandi, solius cogitationis sentiuntur esse peccata, per Mediatoris gratiam remittantur*. Sed nullus damnatur nisi pro peccato mortali. Ergo consensus in delectationem est peccatum mortale.

Respondeo dicendum quòd circa hoc aliqui diversimodè opinati sunt: quidam enim dixerunt quòd consensus in delectationem non est peccatum mortale, sed veniale tantùm; alii verò dixerunt quòd est peccatum mortale; et hæc opinio est communior et verisimilior.

Est enim considerandum quòd cùm omnis delectatio consequatur aliquam operationem,

(1) Ita communiter. Nicolaius: *Ergo nec delectatio, et per consequens*, etc.

ut dicitur in 10 Ethic., cap. 4, à med., et iterùm cùm omnis delectatio habeat aliquod objectum, delectatio quælibet potest comparari ad duo, scilicet ad operationem quam consequitur, et ad objectum in quo quis delectatur. Contingit autem quòd aliqua operatio sit objectum delectationis, sicut et aliqua alia res, quia ipsa operatio potest accipi ut bonum, et finis, in quo quis delectatus requiescit; et quandoque quidem ipsamet operatio quam consequitur delectatio, est objectum delectationis, in quantum scilicet vis appetitiva, cujus est delectari, reflectitur in ipsam operationem sicut in quoddam bonum: putà cùm aliquis cogitat et delectatur de hoc ipso quod cogitat, in quantum sua cogitatio ei placet; quandoque verò delectatio consequens unam operationem, putà cogitationem aliquam, habet pro objecto aliam operationem quasi rem cogitatam; et tunc talis delectatio procedit ex inclinatione appetitûs, non quidem in cogitationem, sed in operationem cogitatam. Sic igitur aliquis de fornicatione cogitans, de duobus potest delectari: uno modo de ipsâ cogitatione, alio modo de ipsâ fornicatione cogitatâ. Delectatio autem de cogitatione ipsâ sequitur inclinationem affectûs in cogitationem ipsam; cogitatio autem ipsa secundùm se non est peccatum mortale, imò quandoque est veniale tantùm, putà cùm aliquis inutiliter cogitat de eâ; quandoque autem sine peccato omninò, putà cùm aliquis utiliter de eâ cogitat, sicut cùm vult de eâ prædicare vel disputare; et ideò per consequens affectio et delectatio quæ sic est de cogitatione fornicationis, non est de genere peccati mortalis, sed quandoque est peccatum veniale, quandoque nullum; unde nec consensus in talem delectationem est peccatum mortale. Et secundùm hoc prima opinio habet veritatem.

Quòd autem aliquis cogitans de fornicatione delectetur de ipso actu cogitato, hoc contingit ex hoc quòd affectio ejus inclinata est in hunc actum. Unde quòd aliquis consentiat in talem delectationem, hoc nihil aliud est quàm quòd ipse consentiat in hoc quòd affectus suus sit inclinatus in fornicationem; nullus enim delectatur nisi in eo quod est conforme appetitui ejus. Quòd autem aliquis ex deliberatione eligat quòd affectus suus conformetur his quæ secundùm se sunt peccata mortalia, est peccatum mortale. Unde talis consensus in delectationem peccati mortalis est peccatum mortale, ut secunda opinio ponit.

Ad primum ergo dicendum quòd consensus in delectationem potest esse non solùm rationis inferioris, sed etiam superioris, ut dictum est art. præc. Et tamen ipsa ratio inferior potest averti à rationibus æternis, quia etsi non intendit eis, ut secundùm eas regulans, quod est proprium superioris rationis, intendit tamen eis, ut secundùm eas regulata; et hoc modo ab eis se avertens potest peccare mortaliter: nam et actus inferiorum virium et etiam exteriorum membrorum possunt esse peccata mortalia, secundùm quòd deficit ordinatio superioris rationis regulantis eos secundùm rationes æternas.

Ad secundum dicendum quòd consensus in

peccatum, quod est veniale ex genere, est veniale peccatum, et secundùm hoc potest concludi quòd consensus in delectationem quæ est de ipsâ vanâ cogitatione fornicationis, est peccatum veniale. Sed delectatio quæ est in ipso actu fornicationis, de genere suo est peccatum mortale; sed quòd ante consensum sit veniale peccatum tantùm, hoc est per accidens, scilicet propter imperfectionem actûs; quæ quidem imperfectio tollitur per consensum deliberatum supervenientem; unde ex hoc adducitur in suam naturam, ut sit peccatum mortale.

Ad tertium dicendum quòd ratio illa procedit de delectatione quæ habet cogitationem pro objecto.

Ad quartum dicendum quòd delectatio quæ habet actum exteriorem pro objecto, non potest esse absque complacentiâ exterioris actûs secundum se, etiamsi non statuatur implendum propter prohibitionem alicujus superioris; unde actus sit inordinatus, et per consequens delectatio erit inordinata.

Ad quintum dicendum quòd etiam consensus in delectationem quæ procedit ex complacentiâ actûs homicidii cogitati, est peccatum mortale; non autem consensus in delectationem quæ procedit ex complacentiâ cogitationis de homicidio.

Ad sextum dicendum quòd oratio dominica non solùm contra peccata venialia dicenda est, sed etiam contra mortalia.

ARTICULUS IX. — *Utrùm in superiori ratione possit esse peccatum veniale, secundùm quòd est directiva inferiorum virium.* — (*Inf.*, art. 10, et locis ibid. inductis.)

Ad nonum sic proceditur. 1. Videtur quòd in superiori ratione non possit esse peccatum veniale, secundùm quòd est directiva inferiorum virium, id est secundùm quòd consentit in actum peccati. Dicit enim Augustinus in 12 de Trin., cap. 7, in fin., quòd *ratio superior inhæret rationibus æternis*. Sed peccare mortaliter est per aversionem à rationibus æternis. Ergo videtur quòd in superiori ratione non possit esse peccatum, nisi peccatum mortale.

2. Præterea, superior ratio se habet in vitâ spirituali tanquàm principium, sicut et cor in vitâ corporali. Sed infirmitates cordis sunt mortales. Ergo peccata superioris rationis sunt mortalia.

3. Præterea, peccatum veniale fit mortale, si fiat ex contemptu. Sed hoc non videtur esse sine contemptu quòd aliquis ex deliberatione peccet etiam venialiter. Cùm ergo consensus rationis superioris semper sit cum deliberatione legis divinæ, videtur quòd non possit esse sine peccato mortali propter contemptum divinæ legis.

Sed contra, consensus in actum peccati pertinet ad rationem superiorem, ut supra dictum est, art. 7 hujus quæst. Sed consensus in actum peccati venialis est peccatum veniale. Ergo in superiori ratione potest esse peccatum veniale.

Respondeo dicendum quòd, sicut Augustinus dicit 12 de Trin., cap. 7, in fin., *ratio superior inhæret rationibus æternis conspicien-*dis aut consulendis. Conspiciendis quidem, secundùm quòd earum veritatem speculatur; *consulendis* autem, secundùm quòd per rationes æternas de aliis judicat et ordinat; ad quod pertinet quòd deliberando per rationes æternas consentit in aliquem actum, vel dissentit ab eo.

Contingit autem quòd inordinatio actûs in quem consentit, non contrariatur rationibus æternis, quia non est cum aversione à fine ultimo, sicut contrariatur actus peccati mortalis; sed est præter eas, sicut actus peccati venialis. Unde quando ratio superior in actum peccati venialis consentit, non avertitur à rationibus æternis; unde non peccat mortaliter, sed venialiter.

Et per hoc patet responsio ad primum.

Ad secundum dicendum quòd duplex est infirmitas cordis: una quæ est in ipsâ substantiâ cordis, et immutat naturalem complexionem ipsius, et talis infirmitas semper est mortalis; alia est autem infirmitas cordis propter aliquam inordinationem vel motûs ejus, vel alicujus eorum quæ circumstant cor; et talis infirmitas non semper est mortalis. Et similiter in ratione superiori semper est peccatum mortale, quando tollitur totaliter ipsa ordinatio rationis superioris ad proprium objectum, quod est rationes æternæ (1), sed quando est inordinatio circa hoc, non est peccatum mortale sed veniale.

Ad tertium dicendum quòd deliberatus consensus in peccatum non semper pertinet ad contemptum legis divinæ, sed solùm quando peccatum legi divinæ contrariatur.

ARTICULUS X. — *Utrùm in ratione superiori possit esse peccatum veniale secundùm seipsam.* — (2; dist. 24, quæst. 3, art. 5, et Ver. quæst. 15, art. 5, et Mal. quæst. 7, art. 1, ad 12 et 17, et art. 3, ad 17, et art. 5.)

Ad decimum sic proceditur. 1. Videtur quòd in superiori ratione non possit esse peccatum veniale secundùm seipsam, id est, secundùm quòd inspicit rationes æternas. Actus enim potentiæ non invenitur esse deficiens, nisi per hoc quòd inordinatè se habet circa suum objectum. Sed objectum superioris rationis sunt æternæ rationes, à quibus deordinari non est sine peccato mortali. Ergo in superiori ratione non potest esse peccatum veniale secundùm seipsam.

2. Præterea, cùm ratio sit vis deliberativa, actus rationis semper est cum deliberatione; sed omnis inordinatus motus in his quæ Dei sunt, si sit cum deliberatione, est peccatum mortale. Ergo in ratione superiori secundùm seipsam nunquàm est peccatum veniale.

3. Præterea, contingit quandoque quòd peccatum ex subreptione est peccatum veniale; peccatum autem ex deliberatione est peccatum mortale per hoc quòd ratio deliberans recurrit ad aliquod majus bonum, contra quod homo agens graviùs peccat, sicut cùm de actu delectabili inordinato ratio deliberat quòd est contra legem Dei, graviùs peccat consentiendo quàm si solùm consideraret quod est contra

(1) Ita cum cod. Alcan. Nicolaius. Al., *rationis æternæ.*

virtutem moralem. Sed ratio superior non potest recurrere ad aliquod altius quàm sit suum objectum. Ergo, si motus ex subreptione non sit peccatum mortale, neque etiam deliberatio superveniens faciet ipsum esse peccatum mortale; quod patet esse falsum. Non ergo in ratione superiori secundùm seipsam potest esse peccatum veniale.

Sed contra, motus subreptitius infidelitatis est peccatum veniale. Sed pertinet ad superiorem rationem secundùm seipsam. Ergo in ratione superiori potest esse peccatum veniale secundùm seipsam.

Respondeo dicendum quòd ratio superior aliter fertur in suum objectum, atque aliter in objecta inferiorum virium, quæ per ipsam diriguntur. In objecta enim inferiorum virium non fertur, nisi in quantum de eis consulit rationes æternas. Unde non fertur in ea nisi per modum deliberationis. Deliberatus autem consensus in his quæ ex genere suo sunt mortalia, est mortale peccatum. Et ideò ratio superior semper mortaliter peccat, si actus inferiorum virium in quos consentit, sint peccata mortalia.

Sed circa proprium objectum habet duos actus, scilicet simplicem intuitum et deliberationem, secundùm quòd etiam de proprio objecto consulit rationes. Secundùm autem simplicem intuitum, potest aliquem inordinatum motum habere circa divina, putà cùm quis patitur subitum infidelitatis motum. Et quamvis infidelitas secundùm suum genus sit peccatum mortale, tamen subitus motus infidelitatis est peccatum veniale, quia peccatum mortale non est nisi contra legem Dei. Potest autem aliquid horum quæ pertinent ad fidem subitò rationi occurrere sub quâdam aliâ ratione, antequàm super hoc consulatur vel consuli possit ratio æterna, id est, lex Dei, putà cùm quis resurrectionem mortuorum subitò apprehendit ut impossibilem secundùm naturam, et simul apprehendendo renititur (1), ante quàm tempus habeat deliberandi, quòd hoc est nobis traditum ut credendum secundùm legem divinam. Si verò post hanc deliberationem motus infidelitatis maneat, est peccatum mortale. Et ideò circa proprium objectum, etsi sit peccatum mortale ex genere, potest ratio superior peccare venialiter in subitis motibus, vel etiam mortaliter per deliberatum consensum; in his autem, quæ pertinent ad inferiores vires, semper peccat mortaliter in his quæ sunt peccata mortalia ex suo genere, non autem in his quæ secundùm suum genus sunt venialia peccata.

Ad primum ergo dicendum quòd peccatum quod est contra rationes æternas, etsi sit peccatum mortale ex genere, potest tamen esse peccatum veniale propter imperfectionem actûs subiti, ut dictum est in corp. art.

Ad secundum dicendum quòd in operativis ad rationem, ad quam pertinet deliberatio, pertinet etiam simplex intuitus eorum ex quibus deliberatio procedit; sicut enim in speculativis ad rationem pertinet et syllogizare,

(1) Al., remittitur.

et propositiones formare; et ideò etiam ratio potest habere subitum motum.

Ad tertium dicendum quòd una et eadem res potest diversas considerationes habere, quarum una est alterâ altior; sicut Deum esse potest considerari, vel in quantum est cognoscibile ratione humanâ, vel in quantum traditur revelatione divinâ, quæ est consideratio altior. Et ideò quamvis objectum rationis superioris sit quiddam secundùm naturam rei altissimum, tamen potest etiam reduci in quamdam altiorem considerationem, et hâc ratione quòd in motu subito non erat peccatum mortale, per deliberationem reducentem in altiorem considerationem fit peccatum mortale, sicut supra expositum est, in corp. articuli.

QUÆSTIO LXXV.

DE CAUSIS PECCATORUM IN GENERALI. — (*In quatuor articulos divisa.*)

Deinde considerandum est de causis peccatorum; et primò in generali, secundò in speciali.

Circa primum quæruntur quatuor : 1° utrùm peccatum habeat causam; 2° utrùm habeat causam interiorem; 3° utrùm habeat causam exteriorem; 4° utrùm peccatum sit causa peccati.

ARTICULUS PRIMUS. — *Utrùm peccatum habeat causam.* — (*Inf.*, art. 1 et 4, corp., et ad 1, quæst. 78, art. 4, corp., et 2, dist. 36, art. 1, corp.*)

Ad primum sic proceditur. 1. Videtur quòd peccatum non habeat causam. Peccatum enim habet rationem mali, ut dictum est, qu. 71, art. 6. Sed malum non habet causam, ut Dionysius dicit, 4 cap. de div. Nom., art. 4, lect. 23. Ergo peccatum non habet causam.

2. Præterea, causa est ad quam de necessitate sequitur aliud. Sed quod est ex necessitate, non videtur esse peccatum, eò quòd omne peccatum est voluntarium. Ergo peccatum non habet causam.

3. Præterea, si peccatum habet causam, aut habet pro causâ bonum aut malum. Non autem bonum, quia bonum non facit nisi bonum; *non enim potest arbor bona fructus malos facere*, ut dicitur Matth. 7, 18. Similiter autem nec malum potest esse causa peccati, quia malum pœnæ sequitur ad peccatum; malum autem culpæ est idem quod peccatum. Peccatum igitur non habet causam.

Sed contra, omne quod fit, habet causam: quia, ut dicitur Job. 5, 6, *nihil in terrâ sine causâ fit.* Sed peccatum fit; est enim *dictum, vel factum, vel concupitum contra legem Dei.* Ergo peccatum habet causam.

Respondeo dicendum quòd peccatum est quidam actus inordinatus. Ex parte igitur actûs potest habere per se causam, sicut et quilibet alius actus; ex parte autem inordinationis habet causam eo modo quo negatio vel privatio potest habere causam.

Negationis autem alicujus potest duplex causa assignari: primò quidem defectus causæ affirmationis, id est, ipsius causæ negatio, est causa negationis secundùm seipsam; ad remotionem enim causæ sequitur remotio effectûs,

sicut obscuritatis causa est absentia solis.
Alio modo causa affirmationis, ad quam sequitur negatio, est per accidens causa negationis consequentis ; sicut ignis causando calorem ex principali intensione, consequenter
causat privationem frigiditatis : quorum primum potest sufficere ad simplicem negationem.

Sed cùm inordinatio peccati et quodlibet
malum non sit simplex negatio, sed privatio
ejus quod aliquid natum est et debet habere,
necesse est quòd talis inordinatio habeat causam agentem per accidens. Quod enim natum
est et debet inesse, nunquàm abesset nisi
propter causam aliquam impedientem. Et
secundùm hoc consuevit dici quòd malum,
quod in quâdam privatione consistit, habet
causam deficientem vel agentem per accidens.
Omnis autem causa per accidens reducitur ad
causam per se. Cùm igitur peccatum ex parte
inordinationis habeat causam agentem per
accidens, ex parte autem actûs habeat causam
agentem per se, sequitur quòd inordinatio
peccati consequatur ex ipsâ causâ actûs. Sic
igitur voluntas carens directione regulæ rationis, et legis divinæ, intendens aliquod bonum commutabile, causat actum quidem peccati per se, sed inordinationem actûs per accidens, et præter intentionem ; provenit enim
defectus ordinis in actu ex defectu directionis
in voluntate.

Ad primum ergo dicendum quòd peccatum
non solùm significat ipsam privationem boni,
quæ est inordinatio, sed significat actum sub
tali privatione, quæ habet rationem mali ;
quod quidem qualiter habeat causam, dictum
est in corp. art.

Ad secundum dicendum quòd si illa definitio causæ universaliter debeat verificari,
oportet ut intelligatur de causâ sufficienti et
non impeditâ. Contingit enim aliquid esse
causam sufficientem alterius ; et tamen non
ex necessitate sequitur effectus propter aliquod impedimentum superveniens ; alioquin
sequeretur quòd omnia ex necessitate con-
tingerent, ut patet in 6 Metaph., text. 5. Sic
igitur, etsi peccatum habeat causam, non tamen sequitur quòd sit necessaria, quia effectus potest impediri.

Ad tertium dicendum quòd, sicut dictum
est in corp. art., voluntas sine adhibitione
regulæ rationis vel legis divinæ est causa
peccati. Hoc autem quod est non adhibere
regulam rationis vel legis divinæ, secundùm
se non habet rationem mali, nec pœnæ, nec
culpæ, antequàm applicetur ad actum. Unde
secundùm hoc peccati primi non est causa
malum, sed bonum aliquod cum absentiâ alicujus alterius boni.

ARTICULUS II. — *Utrùm peccatum habeat
causam interiorem.* — (Inf., art. 3, corp.)

Ad secundum sic proceditur. 1. Videtur
quòd peccatum non habeat causam interiorem. Id enim quod est interius alicujus rei,
semper adest ei. Si igitur peccatum habeat
causam interiorem, semper homo peccaret,
cùm positâ causâ ponatur effectus.

2. Præterea, idem non est causa sui ipsius.

Sed interiores motus hominis sunt peccatum.
Ergo non sunt causa peccati.

3. Præterea, quidquid est intra hominem,
aut est naturale, aut voluntarium. Sed id
quod est naturale, non potest esse peccati
causa, quia *peccatum est contra naturam,* ut
dicit Damascenus, lib. 2 orth. Fid., cap. 3 et
4, et lib. 4, cap. 21 ; quod autem est voluntarium, si sit inordinatum, jam est peccatum.
Non ergo aliquid intrinsecum potest esse
causa primi peccati.

Sed contra est quod Augustinus dicit, lib. de
duab. Anim., cap. 10 et 11, et lib. 1 Retract.,
cap. 9, et lib. 3 de lib. Arb., cap. 17, quòd
voluntas est causa peccati.

Respondeo dicendum quòd, sicut jam dictum est, art. præc., per se causam peccati
oportet accipere ex parte ipsius actûs. Actûs
autem humani potest accipi causa interior,
et mediata, et immediata. Immediata quidem
causa humani actûs est ratio et voluntas, secundùm quam homo est liber arbitrio ; causa
remota est apprehensio sensitivæ partis , et etiam appetitus sensitivus. Sicut enim
ex judicio rationis voluntas movetur ad aliquid secundùm rationem, ita etiam ex apprehensione sensûs appetitus sensitivus in
aliquid inclinatur ; quæ quidem inclinatio
interdùm trahit voluntatem et rationem, sicut
infra patebit, quæst. 77, art. 1.

Sic igitur duplex causa peccati interior potest assignari : una proxima ex parte rationis
et voluntatis ; alia verò remota ex parte imaginationis vel appetitûs sensitivi.

Sed quia supra dictum est, art. præc., ad 3,
quòd causa peccati est aliquod bonum apparens cum defectu debiti motivi,
scilicet regulæ rationis vel legis divinæ,
ipsum motivum quod est apparens bonum,
pertinet ad apprehensionem sensûs et appetitum , ipsa autem absentia debitæ regulæ
pertinet ad rationem, quæ nata est hujusmodi regulam considerare ; sed ipsa perfectio
voluntarii actûs peccati pertinet ad voluntatem, ita quòd ipse voluntatis actus præmissis
suppositis jam est quoddam peccatum.

Ad primum ergo dicendum quòd id quod
est intrinsecum sicut potentia naturalis,
semper inest ; id autem quod est intrinsecum
sicut actus interior appetitivæ vel apprehensivæ virtutis, non semper inest. Ipsa autem
potentia voluntatis est causa peccati in potentiâ, sed reducitur in actum per motus præcedentes et sensitivæ partis primò, et rationis
consequenter. Ex hoc enim quòd aliquid proponitur ut appetibile secundùm sensus , et
appetitus sensitivus inclinatur in illud, ratio
interdùm cessat à consideratione regulæ debitæ ; et sic voluntas producit actum peccati.
Quia igitur motus præcedentes non semper
sunt in actu, neque peccatum semper est in
actu.

Ad secundum dicendum quòd non omnes
motus interiores sunt de substantiâ peccati,
quod consistit principaliter in actu voluntatis, sed quidam præcedunt, et quidam consequuntur ipsum peccatum.

Ad tertium dicendum quòd illud quod est
causa peccati sicut potentia producens actum,

est naturale; motus etiam sensitivæ partis, ex quo sequitur peccatum, interdùm est naturalis, sicut cùm propter appetitum cibi aliquis peccat. Sed efficitur peccatum innaturale ex hoc ipso quòd deficit regula naturalis, quam homo secundùm naturam suam debet attendere.

ARTICULUS III. — *Utrùm peccatum habeat causam exteriorem.* — (*Inf., quæst. 80, art. 1 et 3, et 1 p., quæst. 115, art. 4, corp., et 2-2, quæst. 73, art. 3, corp., et ad 2, et quæst. 115, art. 2, ad 1 et 2, et Mal. quæst. 3, art. 3, per tot., et art. 4, corp.*)

Ad tertium sic proceditur. 1. Videtur quòd peccatum non habeat causam exteriorem. Peccatum enim est actus voluntarius. Voluntaria autem sunt eorum quæ sunt in nobis; et ita non habent exteriorem causam. Ergo peccatum non habet exteriorem causam.

2. Præterea, sicut natura est principium interius, ita etiam voluntas. Sed peccatum in rebus naturalibus nunquàm accidit nisi ex aliquâ interiori causâ; ut putà monstruosi partus proveniunt ex corruptione alicujus principii interioris. Ergo neque in moralibus potest contingere peccatum nisi ex interiori causâ. Non ergo habet peccatum causam exteriorem.

3. Præterea, multiplicatâ causâ, multiplicatur effectus. Sed quantò plura sunt et majora exteriùs inducentia ad peccandum, tantò minùs id quod quis inordinatè agit, ei imputatur ad peccatum. Ergo nihil exterius est causa peccati.

Sed contra est quod dicitur Num. 31, 16 : *Nonne istæ sunt quæ deceperunt filios Israel, et prævaricari vos fecerunt in Domino super peccato Phogor?* Ergo aliquid exterius potest esse causa faciens peccare.

Respondeo dicendum quòd, sicut supra dictum est, art. præc., causa interior peccati est et voluntas ut perficiens actum peccati, et ratio quantùm ad carentiam debitæ regulæ, et appetitus sensitivus inclinans. Sic ergo aliquid extrinsecum tripliciter posset esse causa peccati, vel quia moveret immediatè ipsam voluntatem, vel quia moveret rationem, vel quia moveret appetitum sensitivum.

Voluntatem autem, ut supra dictum est, quæst. 9, art 6, et quæst. 10, art. 4, interiùs movere non potest nisi Deus, qui non potest esse causa peccati, ut infra ostendetur, qu. 79, art. 1.

Unde relinquitur quòd nihil exterius potest esse causa peccati, nisi vel in quantum movet rationem, sicut homo vel dæmon persuadens peccatum; vel sicut movens appetitum sensitivum, sicut aliqua sensibilia exteriora movent appetitum sensitivum. Sed neque persuasio exterior in rebus agendis ex necessitate movet rationem; neque etiam res exteriùs propositæ ex necessitate movent appetitum sensitivum, nisi forte aliquo modo dispositum; et tamen etiam appetitus sensitivus non ex necessitate movet rationem et voluntatem.

Unde aliquid exterius potest esse aliqua causa movens ad peccandum, non tamen suf-

ficienter ad peccandum inducens; sed causa sufficienter complens peccatum est sola voluntas.

Ad primum ergo dicendum quòd ex hoc ipso quòd exteriora moventia ad peccandum non sufficienter et ex necessitate inducunt, sequitur quòd remaneat in nobis peccare et non peccare.

Ad secundum dicendum quòd per hoc quòd ponitur interior causa peccati, non excluditur exterior; non enim id quod est exterius, est causa peccati nisi mediante causâ interiori, ut dictum est in corp. art.

Ad tertium dicendum quòd multiplicatis exterioribus causis inclinantibus ad peccandum, multiplicantur actus peccati, quia plures ex illis causis et pluries inclinant ad actus peccati. Sed tamen minuitur ratio culpæ, quæ consistit in hoc quòd aliquid sit voluntarium et in nobis.

ARTICULUS IV. — *Utrùm peccatum sit causa peccati.* — (*Inf., quæst. 84; et 2, dist. 36, art. 1, et dist. 42, quæst. 2, art. 1, 2 et 5, corp., et Mal. quæst. 8, art. 1, corp., et Rom. 1, lect. 7.*)

Ad quartum sic proceditur. 1. Videtur quòd peccatum non sit causa peccati. Sunt enim quatuor genera causarum, quorum nullum potest ad hoc congruere quòd peccatum sit causa peccati. Finis enim habet rationem boni; quod non competit peccato, quod de suâ ratione est malum; et eâdem ratione nec peccatum potest esse causa efficiens, quia *malum non est causa agens, sed est infirmum et impotens,* ut Dionysius dicit, 4 cap. de div. Nom., part. 4, lect. 22. Causa autem materialis et formalis videntur habere solùm locum in naturalibus corporibus, quæ sunt composita ex materiâ et formâ. Ergo peccatum non potest habere causam materialem et formalem.

2. Præterea, *agere sibi simile est rei perfectæ,* ut dicitur in 4 Meteor. (forte ex cap. 2, express. lib. 2 de Animâ, text. 54). Sed peccatum de sui ratione est imperfectum. Ergo peccatum non potest esse causa peccati.

3. Præterea, si hujus peccati sit causa aliud peccatum, eâdem ratione et illius erit causa aliquod aliud peccatum; et sic proceditur in infinitum, quod est inconveniens. Non ergo peccatum est causa peccati.

Sed contra est quod Gregorius dicit super Ezech., hom. 11, post med. : *Peccatum quod per pœnitentiam citiùs non deletur, peccatum est, et causa peccati.*

Respondeo dicendum quòd cùm peccatum habeat causam ex parte actûs, hoc modo unum peccatum posset esse causa alterius, sicut unus actus humanus potest esse causa alterius. Contingit igitur unum peccatum esse causam alterius secundùm quatuor genera causarum.

Primò quidem secundùm modum causæ efficientis vel moventis, et per se et per accidens. Per accidens quidem, sicut removens prohibens dicitur movens per accidens; cùm enim per unum actum peccati homo amittit gratiam, vel charitatem, vel verecundiam, vel quodcumque aliud retrahens à peccato, incidit ex hoc in aliud peccatum; et sic primum peccatum est causa secundi per accidens. Per se autem, sicut cùm ex uno actu peccati homo disponitur ad hoc quòd alium actum consimilem facilius committit; ex actibus enim causantur dispositiones et habitus inclinantes ad similes actus. Secundùm verò genus causæ materialis unum peccatum est causa alterius, in quantum præparat ei materiam, sicut avaritia præparat materiam litigio, quod plerumque est de divitiis congregatis. Secundùm verò genus causæ finalis unum peccatum est causa alterius, in quantum propter finem unius peccati aliquis committit aliud peccatum; sicut cùm aliquis committit simoniam propter finem ambitionis, vel fornicationem propter furtum. Et quia finis dat formam in moralibus, ut supra habitum est, quæst. 1, art. 3, et quæst. 18, art. 4 et 6, ex hoc etiam sequitur quòd unum peccatum sit formalis causa alterius; in actu enim fornicationis quæ propter furtum committitur, est quidem fornicatio sicut materiale, furtum verò sicut formale.

Ad primum ergo dicendum quòd peccatum, in quantum est inordinatum, habet rationem mali; sed in quantum est actus quidam, habet aliquod bonum saltem apparens pro fine; et ita ex parte actûs potest esse causa et finalis et effectiva alterius peccati, licèt non ex parte inordinationis. Materiam autem habet peccatum non *ex quâ*, sed *circa quam*. Formam autem habet ex fine. Et ideò secundùm quatuor genera causarum peccatum potest dici causa peccati, ut dictum est in corp. art.

Ad secundum dicendum quòd peccatum est imperfectum imperfectione morali ex parte inordinationis; sed ex parte actûs potest habere perfectionem naturæ; et secundùm hoc potest esse causa peccati.

Ad tertium dicendum quòd non omnis causa peccati est peccatum; unde non oportet quòd procedatur in infinitum; sed potest perveniri ad aliquod peccatum, cujus causa non est aliud peccatum.

QUÆSTIO LXXVI.

DE CAUSIS PECCATI IN SPECIALI. — (*In quatuor articulos divisa.*)

Deinde considerandum est de causis peccati in speciali; et primò de causis interioribus in speciali; secundò de exterioribus; tertiò de peccatis quæ sunt causa aliorum peccatorum.

Prima autem consideratio secundùm præmissa erit tripartita: nam primò agetur de ignorantiâ, quæ est causa peccati ex parte rationis; secundò de infirmitate, seu passione, quæ est causa peccati ex parte appetitûs sensitivi; tertiò de malitiâ, quæ est causa peccati ex parte voluntatis.

Circa primum quæruntur quatuor: 1° utrùm ignorantia sit causa peccati; 2° utrùm ignorantia sit peccatum; 3° utrùm totaliter à peccato excuset; 4° utrùm diminuat peccatum.

ARTICULUS PRIMUS. — *Utrùm ignorantia possit esse causa peccati.* — (*Inf.*, art. 3, corp.; et 2, dist. 42, art. 1, corp., et ad 3, et *Mal.* quæst. 3, art. 3, per tot., et quæst. 7, art. 1, corp., fin., et ad 6.)

Ad primum sic proceditur. 1. Videtur quòd ignorantia non possit esse causa peccati, quia quod non est, nullius est causa. Sed ignorantia est non ens, cùm sit privatio quædam scientiæ. Ergo ignorantia non est causa peccati.

2. Præterea, causæ peccati sunt accipiendæ ex parte conversionis, ut ex supradictis patet, qu. 75, art. 1. Sed ignorantia videtur respicere aversionem. Ergo non debet poni causa peccati.

3. Præterea, omne peccatum in voluntate consistit, ut supra dictum est, qu. 74, art. 1 et 2. Sed voluntas non fertur nisi in aliquod cognitum, quia bonum apprehensum est objectum voluntatis. Ergo ignorantia non potest esse causa peccati.

Sed contra est quod Augustinus dicit in lib. de Nat. et Grat., cap. 67, ante med., quòd *quidam per ignorantiam peccant*.

Respondeo dicendum quòd, secundùm Philosophum, in 8 Physic., text. 27, causa movens est duplex: una per se, et alia per accidens. Per se quidem est, quæ propriâ virtute movet, sicut generans est causa movens gravia et levia; per accidens autem, sicut removens prohibens, vel sicut ipsa remotio prohibentis.

Et hoc modo ignorantia potest esse causa actûs peccati; est enim privatio scientiæ perficientis rationem, quæ prohibet actum peccati, in quantum dirigit actus humanos.

Considerandum est autem quòd ratio secundùm duplicem scientiam est humanorum actuum directiva, scilicet secundùm scientiam universalem et particularem. Conferens enim de agendis utitur quodam syllogismo, cujus conclusio est judicium, seu electio, vel operatio; actiones autem in singularibus sunt; unde conclusio syllogismi operativi est singularis. Singularis autem propositio non concluditur ex universali, nisi mediante aliquâ propositione singulari; sicut homo prohibetur ab actu parricidii per hoc quòd scit patrem non esse occidendum, et per hoc quòd scit hunc esse patrem. Utriusque ergo ignorantia potest causare parricidii actum, scilicet et universalis principii, quod est quædam regula rationis, et singularis circumstantiæ. Unde patet quòd non quælibet ignorantia peccantis est causa peccati, sed illa tantùm quæ tollit scientiam prohibentem actum peccati. Unde si voluntas alicujus esset sic disposita quòd non prohiberetur ab actu parricidii, etiam si patrem agnosceret, ignorantia patris non est huic causa peccati, sed concomitanter se habet ad peccatum; et ideò talis non peccat propter ignorantiam, sed *peccat ignorans*, secundùm Philosophum in 3 Ethic., cap. 1, à med., et 2.

Ad primum ergo dicendum quòd non ens non potest esse alicujus causa per se; potest tamen esse causa per accidens, sicut remotio prohibentis.

Ad secundum dicendum quòd sicut scientia, quam tollit ignorantia, respicit peccatum ex parte conversionis, ita etiam ignorantia ex parte conversionis est causa peccati ut removens prohibens.

Ad tertium dicendum quòd in illud quod est quantùm ad omnia ignotum, non potest ferri voluntas; sed si aliquod est secundùm aliquid notum et secundùm aliquid ignotum, potest voluntas illud velle; et hoc modo ignorantia est causa peccati; sicut cùm aliquis scit hunc quem occidit esse hominem, sed nescit eum esse patrem; vel cùm aliquis scit aliquem actum esse delectabilem, nescit tamen eum esse peccatum.

ARTICULUS II. — *Utrùm ignorantia sit peccatum.* — (*Inf., quæst.* 84, *art.* 4, *ad* 5, *et quæst.* 105, *art.* 2, *et* 9, *et* 2-2, *quæst.* 53, *art.* 2, *ad* 2; *et* 2, *dist.* 42, *art.* 2, *quæst.* 1, *ad* 3, *et Mal. quæst.* 3, *art.* 7, *corp., et ad* 1, 7 *et* 11, *et quodl.* 1, *art.* 19, *corp.*)

Ad secundum sic proceditur. 1. Videtur quòd ignorantia non sit peccatum. Peccatum enim est *dictum, vel factum, vel concupitum contra legem Dei*, ut supra habitum est, qu. 71, art. 6. Sed ignorantia non importat aliquem actum neque interiorem neque exteriorem. Ergo ignorantia non est peccatum.

2. Præterea, peccatum directiùs opponitur gratiæ quàm scientiæ. Sed privatio gratiæ non est peccatum, sed magis pœna quædam consequens peccatum. Ergo ignorantia, quæ est privatio scientiæ, non est peccatum.

3. Præterea, si ignorantia est peccatum, hoc non est nisi in quantum est voluntaria. Sed si ignorantia sit peccatum, in quantum est voluntaria, videtur peccatum in ipso actu voluntatis consistere magis quàm in ignorantiâ. Ergo ignorantia non erit peccatum, sed magis aliquid consequens ad peccatum.

4. Præterea, omne peccatum per pœnitentiam tollitur, nec aliquod peccatum transiens reatu remanet actu, nisi solùm originale. Ignorantia autem non tollitur per pœnitentiam, sed adhuc remanet actu, omni reatu per pœnitentiam remoto. Ergo ignorantia non est peccatum, nisi forte sit originale.

5. Præterea, si ipsa ignorantia sit peccatum, quamdiù remaneret ignorantia in homine, tamdiù actu peccaret. Sed continuè manet ignorantia in ignorante. Ergo ignorans continuè peccaret, quod patet esse falsum, quia sic ignorantia esset peccatum gravissimum. Non ergo ignorantia est peccatum.

Sed contra, nihil meretur pœnam nisi peccatum. Sed ignorantia meretur pœnam, secundùm illud 1 ad Corinth. 14, 38: *Si quis ignorat, ignorabitur.* Ergo ignorantia est peccatum.

Respondeo dicendum quòd ignorantia in hoc à nescientiâ differt quòd nescientia dicit simplicem scientiæ negationem; unde cuicumque deest aliquarum rerum scientia, potest dici nescire illas; secundùm quem modum Dionysius in Angelis nescientiam ponit, 7 cœl. Hierarch., à med. cap. 5; ignorantia verò importat scientiæ privationem, dùm scilicet alicui deest scientia eorum quæ aptus natus est scire.

Horum autem quædam aliquis scire tenetur, illa scilicet sine quorum scientiâ non potest debitum actum rectè exercere. Unde omnes tenentur scire communiter ea quæ sunt fidei, et universalia juris præcepta; singuli autem ea quæ ad eorum statum vel officium spectant. Quædam verò sunt quæ etsi aliquis natus est scire, non tamen ea scire tenetur, sicut theoremata geometriæ, et contingentia particularia, nisi in casu.

Manifestum est autem quòd quicumque negligit habere vel facere id quod tenetur habere vel facere, peccat peccato omissionis. Unde propter negligentiam ignorantia eorum quæ aliquis scire tenetur est peccatum; non autem imputatur homini ad negligentiam si nesciat ea quæ scire non potest. Unde horum ignorantia *invincibilis* dicitur, quia studio superari non potest. Et propter hoc talis ignorantia, cùm non sit voluntaria, eo quòd non est in potestate nostrâ eam repellere. non est peccatum. Ex quo patet quòd nulla ignorantia invincibilis est peccatum; ignorantia autem vincibilis est peccatum si sit eorum quæ aliquis scire tenetur, non autem si sit eorum quæ quis scire non tenetur.

Ad primum ergo dicendum quòd, sicut supra dictum est, qu. 71, art. 6, ad 1, in hoc quod dicitur *dictum*, vel *factum*, vel *concupitum*, sunt intelligendæ etiam negationes oppositæ, secundùm quòd omissio habet rationem peccati; et ita negligentia, secundùm quam ignorantia est peccatum, continetur sub prædictâ definitione peccati, in quantum prætermittitur aliquid quod debuit dici, vel fieri, vel concupisci ad scientiam debitam acquirendam.

Ad secundum dicendum quòd privatio gratiæ etsi secundùm se non sit peccatum, tamen ratione negligentiæ præparandi se ad gratiam potest habere rationem peccati, sicut et ignorantia; et tamen quantùm ad hoc est dissimile, quia homo potest aliquam scientiam acquirere per suos actus; gratia verò non acquiritur ex nostris actibus, sed ex Dei munere.

Ad tertium dicendum quòd sicut in peccato transgressionis peccatum non consistit in solo actu voluntatis, sed etiam in actu volito, qui est imperatus à voluntate, ita in peccato omissionis non solùm actus voluntatis est peccatum, sed etiam ipsa omissio, in quantum est aliqualiter voluntaria; et hoc modo ipsa negligentia sciendi, vel etiam ipsa inconsideratio est peccatum.

Ad quartum dicendum quòd licèt transeunte reatu per pœnitentiam, remaneat ignorantia, secundùm quòd est privatio scientiæ, non tamen remanet negligentia, secundùm quam ignorantia peccatum dicitur.

Ad quintum dicendum quòd, sicut in aliis peccatis omissionis, solo illo tempore homo actu peccat, pro quo præceptum affirmativum obligat; ita est etiam de peccato ignorantiæ. Non enim continuò ignorans actu peccat, sed solùm quando est tempus acquirendi scientiam quam habere tenetur.

ARTICULUS III. — *Utrùm ignorantia excuset ex toto à peccato.* — (*Sup., quæst.* 74, *art.*

1, ad 2, et art. 5, corp., et ad 1; et 2, dist. 22, quæst. 2, art. 2; et 4, dist. 9, art. 3, quæst. 2, et Mal. qu. 3, art. 8, et quodl. 9, art. 15, corp., et Ps. 14, col. 4, et Rom. 1, lect. 7, princ.)

Ad tertium sic proceditur. 1. Videtur quòd ignorantia ex toto excuset à peccato, quia, ut Augustinus dicit, lib. 1 Retract., cap. 9, à med., *omne peccatum voluntarium est.* Sed ignorantia causat involuntarium, ut supra habitum est, quæst. 6, art. 8. Ergo ignorantia totaliter excusat peccatum.

2. Præterea, id quod aliquis facit præter intentionem, per accidens agit. Sed intentio non potest esse de eo quod est ignotum. Ergo id quod per ignorantiam homo agit, per accidens se habet in actibus humanis. Sed quod est per accidens non dat speciem. Nihil ergo quod est per ignorantiam factum debet judicari peccatum vel virtuosum in humanis actibus.

3. Præterea, homo est subjectum virtutis et peccati, in quantum est particeps rationis. Sed ignorantia excludit scientiam, per quam ratio perficitur. Ergo ignorantia totaliter excusat à peccato.

Sed contra est quod Augustinus dicit in lib. 3 de libero Arb., cap. 18, à princ., quòd *quædam per ignorantiam facta rectè improbantur.* Sed solùm illa rectè improbantur quæ sunt peccata. Ergo quædam per ignorantiam facta sunt peccata. Non ergo ignorantia omninò excusat à peccato.

Respondeo dicendum quòd ignorantia de se habet quòd faciat actum quem causat, involuntarium esse. Jam autem dictum est, art. 1 et 2 hujus quæst., quòd ignorantia dicitur causare actum quem scientia opposita prohibebat; et ita talis actus, si scientia adesset, esset contrarius voluntati, quod importat nomen involuntarii. Si verò scientia, quæ per ignorantiam privatur, non prohiberet actum propter inclinationem voluntatis in ipsum, ignorantia hujus scientiæ non facit hominem involuntarium, sed non volentem, ut dicitur in 3 Ethic., cap. 1, et talis ignorantia, quæ non est causa actûs peccati, ut dictum est hìc et art. 1 hujus quæst., quia non causat involuntarium, non excusat à peccato. Et eadem ratio est de quâcumque ignorantiâ non causante, sed consequente vel concomitante actum peccati.

Sed ignorantia quæ est causa actûs, quia causat involuntarium, de se habet quòd excuset à peccato, eo quòd voluntarium est de ratione peccati.

Sed quòd aliquando non totaliter excuset à peccato, potest contingere ex duobus : uno modo ex parte rei ipsius ignoratæ. In tantum enim ignorantia excusat à peccato, in quantum ignoratur aliquid esse peccatum. Potest autem contingere quòd aliquis ignoret quidem aliquam circumstantiam peccati, quam si sciret, retraheretur à peccando, sive illa circumstantia faciat ad rationem peccati, sive non; et tamen adhuc remanet in ejus scientiâ aliquid per quod cognoscit illud esse actum peccati, putà si aliquis percutiens aliquem scit quidem ipsum esse hominem, quod

sufficit ad rationem peccati, non tamen scit eum esse patrem, quod est circumstantia constituens novam speciem peccati; vel forte nescit, quòd ille se defendens repercutiat eum, quod si sciret, non percuteret, quod non pertinet ad rationem peccati. Unde licèt talis propter ignorantiam peccet, non tamen totaliter excusatur à peccato, quia adhuc remanet ei cognitio peccati. Alio modo potest hoc contingere ex parte ipsius ignorantiæ, quia scilicet ipsa ignorantia est voluntaria vel directè, sicut cùm aliquis studiosè vult nescire aliqua, ut liberiùs peccet; vel indirectè, sicut cùm aliquis propter laborem, vel propter alias occupationes, negligit addiscere id per quod à peccato retraheretur. Talis enim negligentia facit ignorantiam ipsam esse voluntariam et peccatum, dummodò sit eorum quæ quis scire tenetur et potest. Et ideò talis ignorantia non totaliter excusat à peccato. Si verò sit talis ignorantia quæ omninò sit involuntaria, sive quia est invincibilis, sive quia est ejus quod quis scire non tenetur, talis ignorantia omninò excusat à peccato.

Ad primum ergo dicendum quòd non omnis ignorantia causat involuntarium, sicut supra dictum est, qu. 6, art. 8. Unde non omnis ignorantia totaliter excusat à peccato.

Ad secundum dicendum quòd in quantum remanet in ignorante de voluntario, in tantum remanet de intentione peccati; et secundùm hoc non erit per accidens peccatum.

Ad tertium dicendum quòd si esset talis ignorantia quæ totaliter usum rationis excluderet, omninò à peccato excusaret, sicut patet in furiosis et amentibus; non autem semper ignorantia causans peccatum est talis; et ideò non semper totaliter excusat à peccato.

ARTICULUS IV. — *Utrùm ignorantia diminuat peccatum.* — (Sup., art. 3, et locis ibidem annotatis.)

Ad quartum sic proceditur. 1. Videtur quòd ignorantia non diminuat peccatum. Illud enim quod est commune (1) omni peccato, non diminuit peccatum. Sed ignorantia est communis omni peccato; dicit enim Philosophus in 3 Ethic., cap. 1, à med., quòd *omnis malus est ignorans.* Ergo ignorantia non diminuit peccatum.

2. Præterea, peccatum additum peccato facit majus peccatum. Sed ipsa ignorantia est peccatum, ut dictum est art. 2 hujus quæst. Ergo non diminuit peccatum.

3. Præterea, non est ejusdem aggravare et diminuere peccatum. Sed ignorantia aggravat peccatum, quoniam super illud Apostoli Rom. 2, 4 : *Ignoras quoniam benignitas Dei ad pænitentiam te adducit?* dicit Ambr. (implic., et Gloss. ord.): *Gravissimè peccas, si ignoras.* Ergo ignorantia non diminuit peccatum.

4. Præterea, si aliqua ignorantia diminuit peccatum, hoc maximè videtur de illâ quæ totaliter tollit usum rationis. Sed hujusmodi ignorantia non diminuit peccatum, sed magis auget; dicit enim Philosophus in Ethic., cap. 5, ante med., quòd *ebrius meretur dupli-*

(1) Illic et infra, nonnulli editi habent præpositionem *in.*

ees mulctationes. Ergo ignorantia non minuit peccatum.

Sed contra, quidquid est ratio remissionis peccati, alleviat peccatum. Sed ignorantia est hujusmodi, ut patet 1 ad Tim. 1, 13 : *Misericordiam consecutus sum, quia ignorans feci.* Ergo ignorantia diminuit vel alleviat peccatum.

Respondeo dicendum quòd quia omne peccatum est voluntarium, in tantum ignorantia potest diminuere peccatum, in quantum diminuit voluntarium; si autem voluntarium non diminuat, nullo modo diminuet peccatum. Manifestum est autem quòd ignorantia quæ totaliter à peccato excusat, quia totaliter voluntarium tollit, peccatum non minuit, sed omninò aufert.

Ignorantia verò, quæ non est causa peccati, sed concomitanter se habet ad peccatum, nec minuit peccatum nec auget.

Illa igitur sola ignorantia potest peccatum minuere quæ est causa peccati; et tamen totaliter à peccato non excusat. Contingit autem quandoque quòd talis ignorantia directè et per se est voluntaria, sicut cùm aliquis suâ sponte nescit aliquid ut liberiùs peccet; et talis ignorantia videtur augere voluntarium et peccatum; ex intentione (1) enim voluntatis ad peccandum provenit quòd aliquis vult subire ignorantiæ damnum propter libertatem peccandi. Quandoque verò ignorantia quæ est causa peccati non est directè voluntaria, sed indirectè vel per accidens, putà cùm aliquis non vult laborare in studio, ex quo sequitur eum esse ignorantem; vel cùm aliquis vult bibere vinum immoderatè; ex quo sequitur eum inebriari, et discretione carere; et talis ignorantia diminuit voluntarium, et per consequens peccatum. Cùm enim aliquid non cognoscitur esse peccatum, non potest dici quòd voluntas directè et per se feratur in peccatum, sed per accidens; unde est ibi minor contemptus, et per consequens minus peccatum.

Ad primum ergo dicendum quòd ignorantia secundùm quam *omnis malus est ignorans*, non est causa peccati, sed aliquid consequens ad causam, scilicet ad passionem vel habitum inclinantem ad peccatum.

Ad secundum dicendum quòd peccatum peccato additum facit plura peccata, non tamen facit semper majus peccatum, quia fortè non coincidunt in idem peccatum, sed sunt plura; et potest contingere, si primum diminuat secundum, quòd ambo simul non habeant tantam gravitatem, quantam unum solùm haberet; sicut homicidium gravius peccatum est, si sit à sobrio homine factum, quàm si fiat ab ebrio homine; quamvis hæc sint duo peccata, quia ebrietas plus diminuit de ratione sequentis peccati quàm sit sua gravitas.

Ad tertium dicendum quòd verbum Ambrosii potest intelligi de ignorantiâ simpliciter affectatâ; vel potest intelligi in genere peccati ingratitudinis, in quâ summus gradus est quòd homo etiam beneficia non reco-

gnoscat; vel potest intelligi de ignorantiâ infidelitatis, quæ fundamentum spiritualis ædificii subvertit.

Ad quartum dicendum quòd ebrius meretur quidem *duplices mulctationes* propter duo peccata quæ committit, scilicet ebrietatem et aliud peccatum quod ex ebrietate sequitur; tamen ebrietas ratione ignorantiæ adjunctæ diminuit sequens peccatum; et fortè plus quàm sit gravitas ipsius ebrietatis, ut dictum est in sol. 2.

Vel potest dici quòd illud verbum inducitur secundùm ordinationem cujusdam Pittaci legislatoris, qui statuit ebrios, si percusserint, ampliùs puniendos, non ad veniam respiciens, quam ebrii debent magis habere, sed ad utilitatem, quia plures injuriantur ebrii quàm sobrii, ut patet per Philosophum, in 2 Polit., sub fin.

QUÆSTIO LXXVII.

DE CAUSA PECCATI EX PARTE APPETITUS SENSITIVI. — (*In octo articulos divisa.*)

Deinde considerandum est de causâ peccati ex parte appetitûs sensitivi, utrùm passio animæ sit causa peccati; et circa hoc quæruntur octo : 1° utrùm passio appetitûs sensitivi possit movere vel inclinare voluntatem; 2° utrùm possit superare rationem contra ejus scientiam; 3° utrùm peccatum quod ex passione provenit, sit peccatum ex infirmitate; 4° utrùm hæc passio quæ est amor sui, sit causa omnis peccati; 5° de illis tribus causis quæ ponuntur 1 Joan. 2, 16 : *Concupiscentia oculorum, concupiscentia carnis, et superbia vitæ;* 6° utrùm passio quæ est causa peccati, diminuat ipsum; 7° utrùm totaliter excuset; 8° utrùm peccatum quod ex passione est, possit esse mortale.

ARTICULUS PRIMUS. — *Utrùm voluntas moveatur à passione appetitûs sensitivi.* — (Sup., quæst. 9, art. 1, et quæst. 10, art. 3, et 2-2, quæst. 156, art. 1, corp., et 3 p., quæst. 46, art. 7, ad 1, et Ver. quæst. 5, art. 10, quæst. 23, art. 3, ad 3 et 6.)

Ad primum sic proceditur. 1. Videtur quòd voluntas non moveatur à passione appetitûs sensitivi. Nulla enim potentia passiva movetur nisi à suo objecto. Voluntas autem est potentia passiva et activa simul, in quantum est movens et mota, sicut Philosophus dicit in 3 de Animâ, text. 54, universaliter de vi appetitivâ. Cùm ergo objectum voluntatis non sit passio appetitûs sensitivi, sed magis bonum rationis, videtur passio appetitûs sensitivi non moveat voluntatem.

2. Præterea, superior motor non movetur ab inferiori, sicut anima non movetur à corpore. Sed voluntas, quæ est appetitus rationalis, comparatur ad appetitum sensitivum, sicut motor superior ad inferiorem; dicit enim Philosophus, in 3 de Animâ, text. 57, quòd *appetitus rationalis movet appetitum sensitivum, sicut in corporibus cælestibus sphæra movet sphæram.* Ergo voluntas non potest moveri à passione appetitûs sensitivi.

3. Præterea, nullum immateriale potest moveri ab aliquo materiali. Sed voluntas est

potentia quædam immaterialis; non enim utitur organo corporali, cùm sit in ratione, ut dicitur in 3 de Animâ, text. 42; appetitus autem sensitivus est vis materialis, utpote fundata in organo corporali. Ergo passio appetitûs sensitivi non potest movere appetitum intellectivum.

Sed contra est quod dicitur Danielis 13, 56 : *Concupiscentia subvertit cor tuum.*

Respondeo dicendum quòd passio appetitûs sensitivi non potest directè trahere aut movere voluntatem, sed indirectè potest; et hoc dupliciter : uno quidem modo secundùm quamdam abstractionem; cùm enim omnes potentiæ animæ in unâ essentiâ animæ radicentur, necesse est quòd quando una potentia intenditur in suo actu, altera in suo actu remittatur, vel etiam totaliter in suo actu impediatur, tum quia omnis virtus ad plura dispersa fit minor, unde è contrario quando intenditur circa unum, minùs potest ad alia dispergi; tum quia in operibus animæ requiritur quædam intentio, quæ dùm vehementer applicatur ad unum, non potest alteri vehementer attendere. Et secundùm hunc modum per quamdam distractionem, quando motus appetitûs sensitivi fortificatur secundùm quamcumque passionem, necesse est quòd remittatur, vel totaliter impediatur motus proprius appetitûs rationalis, qui est voluntas.

Alio modo ex parte objecti voluntatis, quod est bonum ratione apprehensum. Impeditur enim judicium et apprehensio rationis propter vehementem et inordinatam apprehensionem imaginationis et judicium virtutis æstimativæ, ut patet in amentibus. Manifestum est autem quòd passionem appetitûs sensitivi sequitur imaginationis apprehensio et judicium æstimativæ, sicut etiam dispositionem linguæ sequitur judicium gustûs; unde videmus quòd homines in aliquâ passione existentes non facilè imaginationem avertunt ab his circa quæ afficiuntur; unde per consequens judicium rationis plerùmque sequitur passionem appetitûs sensitivi, et per consequens motus voluntatis, qui natus est semper sequi judicium rationis.

Ad primum ergo dicendum quòd per passionem appetitûs sensitivi fit aliqua immutatio circa judicium de objecto voluntatis, sicut dictum est in corp. art., quamvis ipsa passio appetitûs sensitivi non sit directè voluntatis objectum.

Ad secundum dicendum quòd superius non movetur ab inferiori directè; sed indirectè quodammodò moveri potest, sicut dictum est n corp. art.

Et similiter dicendum est ad tertium.

ARTICULUS II. — *Utrùm ratio possit superari à passione contra suam scientiam.* — (*Mal. quæst.* 3, *art.* 6.)

Ad secundum sic proceditur. 1. Videtur quòd ratio non possit superari à passione contra suam scientiam. Fortius enim non vincitur à debiliori. Sed scientia propter suam certitudinem est fortissimum eorum

quæ in nobis sunt. Ergo non potest superari à passione, quæ est debilis (1), et citò transiens.

2. Præterea, voluntas non est nisi boni vel apparentis boni. Sed cùm passio trahit voluntatem in id quod est verè bonum, non inclinat rationem contra scientiam ; cùm autem trahit eam in id quod est apparens bonum, et non existens, trahit eam in id quod rationi videtur. Hoc autem est in scientiâ rationis quod ei videtur. Ergo passio nunquàm inclinat rationem contra suam scientiam.

3. Præterea, si dicatur quòd trahit rationem scientem aliquid in universali, ut contrarium judicet in particulari, contra, universalis et particularis propositio si opponantur, opponuntur secundùm contradictionem, sicut : *Omnis homo, et non omnis homo.* Sed duæ opiniones, quæ sunt contradictoriæ, sunt contrariæ, ut dicitur in 2 Periherm., cap. ult. Si igitur aliquis sciens aliquid in universali, judicaret oppositum in singulari, sequeretur quòd haberet simul contrarias opiniones, quod est impossibile.

4. Præterea, quicumque scit universale, scit etiam particulare, quod novit sub universali contineri; sicut qui scit omnem mulam esse sterilem, scit hoc animal esse sterile, dummodò ipsum sciat esse mulam, ut patet per id quod dicitur in 1 Posteriorum, text. 2. Sed ille qui scit aliquid in universali, putà nullam fornicationem esse faciendam, scit hoc particulare sub universali contineri, putà hunc actum esse fornicarium (2). Ergo videtur quòd etiam in particulari sciat.

5. Præterea, *ea quæ sunt in voce, sunt signa intellectûs animæ,* secundùm Philosophum, in princ. lib. 1 Periherm. Sed homo in passione existens frequenter confitetur, id quod eligit, esse malum etiam in particulari. Ergo etiam in particulari habet scientiam. Sic igitur videtur quòd passiones non possint trahere rationem contra scientiam universalem; quia non potest esse quòd habeat scientiam universalem, et æstimet oppositum in particulari.

Sed contra est quod dicit Apostolus Roman. 7, 23 : *Video aliam legem in membris meis repugnantem legi mentis meæ, et captivantem me in lege peccati.* Lex autem quæ est in membris, est concupiscentia; de quâ supra locutus fuerat. Cùm igitur concupiscentia sit passio quædam, videtur quòd passio trahat rationem etiam contra hoc quod scit.

Respondeo dicendum quòd opinio Socratis fuit, ut Philosophus dicit in 7 Ethic., cap. 2, in princ., quòd scientia nunquàm posset superari à passione; unde ponebat omnes virtutes esse scientias, et omnia peccata esse ignorantias. In quo quidem aliqualiter rectè sapiebat; quia cùm voluntas sit boni vel apparentis boni, nunquàm voluntas in malum movetur nisi id quod non est bonum,

_____

(1) Nicolaius, *mobilis.*
(2) Ita codd. et exempla omnia. Theologi supplendum consent: *Hunc actum non esse faciendum.*

aliqualiter rationi bonum appareat; et propter hoc voluntas nunquam in malum tenderet, nisi cum aliquâ ignorantiâ, vel errore rationis. Unde dicitur Prov. 14, 22 : *Errant qui operantur malum.*

Sed quia experimento patet quòd multi agunt contra ea quorum scientiam habent, et hoc etiam auctoritate divinâ confirmatur, secundùm illud Luc. 12, 47 : *Servus qui cognovit voluntatem domini sui, et non fecit, plagis vapulabit multis*; et Jacobi 4, 17, dicitur : *Scienti bonum facere, et non facienti, peccatum est illi*, non simpliciter verum dixit; sed oportet distinguere, ut Philosophus tradit in 7 Ethic., cap. 3. Cùm enim ad rectè agendum homo dirigatur duplici scientiâ, scilicet universali et particulari, utriusque defectus sufficit ad hoc quòd impediatur rectitudo voluntatis et operis, ut supra dictum est, quæst. 76, art. 1. Contingit ergo quòd aliquis habeat scientiam in universali, putà nullam fornicationem esse faciendam, sed tamen non cognoscat in particulari, hunc actum, qui est fornicatio, non esse faciendum; et hoc sufficit ad hoc quòd voluntas non sequatur universalem scientiam rationis. Et iterum considerandum est quòd nihil prohibet aliquid sciri in habitu, quod tamen actu non consideratur. Potest igitur contingere quòd aliquis etiam rectam scientiam habeat in singulari, et non solùm in universali, sed tamen in actu non consideret; et tunc non videtur difficile quòd præter id quod actu non considerat, homo agat. Quòd autem homo non consideret in particulari id quod habitualiter scit, quandoque quidem contingit ex solo defectu intentionis; putà cùm homo sciens geometriam, non intendit ad considerandum geometriæ conclusiones, quas statim in promptu habet considerare; quandoque autem homo non considerat id quod habet in habitu, propter aliquod impedimentum superveniens, putà propter aliquam occupationem exteriorem, vel propter aliquam infirmitatem corporalem; et hoc modo, ille qui est in passione constitutus, non considerat in particulari id quod scit in universali, in quantum passio impedit talem considerationem.

Impedit autem tripliciter : primò quidem per quamdam distractionem, sicut supra expositum est, art. præc.; secundò per contrarietatem, quia plerumque passio inclinat ad contrarium hujus quod scientia universalis habet; tertiò per quamdam immutationem corporalem, ex quâ ratio quodammodò ligatur, ne liberè in actum exeat; sicut etiam somnus vel ebrietas, quâdam corporali transmutatione factâ, ligat usum rationis. Et quòd hoc contingat in passionibus, patet ex hoc quòd aliquando, cùm passiones multùm intenduntur, homo amittit totaliter usum rationis; multi enim propter abundantiam amoris et iræ sunt in insaniam conversi. Et per hunc modum passio trahit rationem ad judicandum in particulari contra scientiam quam habet in universali.

Ad primum ergo dicendum quòd scientia universalis, quæ est certissima, non habet

principalitatem in operatione, sed magis scientia particularis, eò quòd operationes sunt circa singularia; unde non est mirum si in operabilibus passio agit contra scientiam universalem, absente consideratione in particulari.

Ad secundum dicendum quòd hoc ipsum quòd rationi videatur in particulari aliquid bonum, quod non est bonum, contingit ex aliquâ passione; et tamen hoc particulare judicium est contra universalem scientiam rationis.

Ad tertium dicendum quòd non posset contingere quòd aliquis haberet simul in actu scientiam aut opinionem veram de universali affirmativo, et opinionem falsam de particulari negativo, aut è converso; sed benè potest contingere quòd aliquis habeat veram scientiam habitualiter de universali affirmativo, et falsam opinionem in actu de particulari negativo; actus enim directè non contrariatur habitui, sed actui.

Ad quartum dicendum quòd ille qui habet scientiam in universali, propter passionem impeditur ne possit sub illâ universali sumere, et ad conclusionem pervenire; sed assumit sub aliâ universali, quam suggerit inclinatio passionis, et sub eâ concludit. Unde Philosophus dicit in 7 Ethic., cap. 3, quòd syllogismus incontinentis habet quatuor propositiones, duas particulares et duas universales : quarum una est rationis, putà nullam fornicationem esse committendam; alia est passionis, putà delectationem esse sectandam. Passio igitur ligat rationem, ne assumat, et concludat sub primâ; unde eâ durante assumit, et concludit sub secundâ.

Ad quintum dicendum quòd, sicut ebrius quandoque proferre potest verba significantia profundas sententias, quas tamen mente dijudicare non potest, ebrietate prohibente, ita in passione existens etsi ore proferat hoc non esse faciendum, tamen interiùs hoc animo sentit quod sit faciendum, ut dicitur in 7 Ethic., cap. 3, à med.

ARTICULUS III. — *Utrùm peccatum quod est ex passione, debeat dici ex infirmitate.* — (*Inf., quæst. 85, art. 3, ad 4; et 2, dist. 22, quæst. 2, art. 2, ad 5, et in Exp. lit., fin.; et 4, dist. 19, quæst. 1, art. 3, quæst. 2, ad 2, et Mal. quæst. 3, art. 8, ad 5, et art. 9, 10, 11 et 12, corp., et Psalm. 9, corp., 3.*)

Ad tertium sic proceditur. 1. Videtur quòd peccatum quod est ex passione, non debeat dici ex infirmitate. Passio enim est quidam vehemens motus appetitûs sensitivi, ut dictum est art. 1 hujus qu. Vehementia autem motûs magis attestatur fortitudini quàm infirmitati. Ergo peccatum quod est ex passione, non debet dici ex infirmitate.

2. Præterea, infirmitas hominis maximè attenditur secundùm illud quod est in eo fragilius. Hoc autem est caro; unde dicitur in Psalm. 77, 39 : *Recordatus est quia caro sunt.* Ergo magis debet dici peccatum ex infirmitate quod est ex aliquo corporis defectu, quàm quod est ex animæ passione.

3. Præterea, ad ea non videtur homo esse

infirmus quæ ejus voluntati subduntur. Sed tacere vel non tacere ea ad quæ passio inclinat, hominis voluntati subditur, secundùm illud Genes. 4, 7 : *Subter te erit appetitus tuus, et tu dominaberis illius.* Ergo peccatum quod est ex passione, non est ex infirmitate.

Sed contra est quòd Tullius, in 4 lib. de Tuscul. QQ., ante med., et deinc., passiones animæ *ægritudines* vocat. Ægritudines autem alio nomine *infirmitates* dicuntur. Ergo peccatum quod est ex passione, debet dici ex infirmitate.

Respondeo dicendum quòd causa peccati propria est ex parte animæ, in quâ principaliter est peccatum. Potest autem dici infirmitas in animâ ad similitudinem infirmitatis corporis. Dicitur autem corpus hominis esse infirmum, quando debilitatur, vel impeditur in executione propriæ operationis propter aliquam inordinationem partium corporis, ita scilicet quòd humores et membra hominis non subdantur virtuti regitivæ et motivæ corporis; unde et membrum dicitur esse infirmum, quando non potest perficere operationem membri sani, sicut oculus, quando non potest clarè videre, ut dicit Philosophus in 10 de Historiis animalium, cap. 1, circa princ. Unde et infirmitas animæ dicitur, quando impeditur anima in propriâ operatione propter inordinationem partium ipsius. Sicut autem partes corporis dicuntur esse inordinatæ, quando non sequuntur ordinem naturæ, ita et partes animæ dicuntur esse inordinatæ, quando non subduntur ordini rationis; ratio enim est vis regitiva partium animæ.

Sic ergo quando extra ordinem rationis vis concupiscibilis aut irascibilis aliquâ passione afficitur, et per hoc impedimentum præstatur modo prædicto debitæ actioni hominis, dicitur peccatum esse ex infirmitate. Unde et Philosophus in 7 Ethic., cap. 8, circa princ., comparat incontinentem epileptico, cujus partes moventur in contrarium ejus quod ipse disponit.

Ad primum ergo dicendum quòd, sicut quantò fuerit motus fortior in corpore præter ordinem naturæ, tantò est major infirmitas, ita quantò fuerit motus fortior passionis præter ordinem rationis, tantò est major infirmitas animæ.

Ad secundum dicendum quòd peccatum principaliter consistit in actu voluntatis, qui non impeditur per corporis infirmitatem; potest enim qui est corpore infirmus promptam habere voluntatem ad aliquid faciendum; impeditur autem per passionem, ut supra dictum est, art. 1 hujus quæst. Unde cùm dicitur peccatum esse ex infirmitate, magis est referendum ad infirmitatem animæ quàm ad infirmitatem corporis. Dicitur tamen etiam ipsa infirmitas animæ infirmitas carnis, in quantum ex conditione carnis passiones animæ insurgunt in nobis, eò quòd appetitus sensitivus est virtus utens organo corporali.

Ad tertium dicendum quòd in potestate quidem voluntatis est assentiri vel non assentiri his in quæ passio inclinat, et pro

tanto dicitur noster appetitus sub nobis esse; sed tamen iste assensus vel dissensus voluntatis impeditur per passionem modo prædicto in corp. art., et art. 1 hujus quæst.

ARTICULUS IV. — *Utrùm amor sui sit principium omnis peccati.* — (*Inf., art. 5, corp., et quæst. 84, art. 2, ad 3, et 2-2, quæst. 25, art. 7, ad 1, et quæst. 153, art. 5, ad 3; et 2, dist. 42, quæst. 1, art. 1, corp., et Mal. quæst. 8, art. 1, ad 19.*)

Ad quartum sic proceditur. 1. Videtur quòd amor sui non sit principium omnis peccati. Id enim quod est secundùm se bonum et debitum, non est propria causa peccati. Sed amor sui est secundùm se bonum et debitum : unde præcipitur homini ut diligat proximum sicut seipsum, Lev. 19. Ergo amor sui non potest esse propria causa peccati.

2. Præterea, Apostolus dicit, Rom. 7, 8 : *Occasione acceptâ peccatum per mandatum operatum est in me omnem concupiscentiam;* ubi Glossa ord., ex lib. de Spiritu et Litt., cap. 4, dicit quòd *bona est lex, quæ dùm concupiscentiam prohibet, omne malum prohibet;* quod dicitur propter hoc, quia concupiscentia est causa omnis peccati. Sed concupiscentia est alia passio ab amore, ut supra habitum est, qu. 3, art. 2, et qu. 23, art. 4. Ergo amor sui non est causa omnis peccati.

3. Præterea, Augustinus super illud Psalm. 79, *Incensa igni, et suffossa,* dicit quòd *omne peccatum est ex amore malè inflammante, vel ex timore malè humiliante.* Non ergo solus amor sui est causa peccati.

4. Præterea, sicut homo peccat quandoque propter inordinatum sui amorem, ita etiam interdùm peccat propter inordinatum amorem proximi. Ergo amor sui non est causa omnis peccati.

Sed contra est quod Augustinus dicit 14 de Civ. Dei, cap. 28, in princ., et in Psal. 64, à princ., quòd *amor sui usque ad contemptum Dei facit civitatem Babylonis.* Sed per quodlibet peccatum pertinet homo ad civitatem Babylonis. Ergo amor sui est causa omnis peccati.

Respondeo dicendum quòd, sicut supra dictum est, quæst. 75, art. 1, propria et per se causa peccati accipienda est ex parte conversionis ad commutabile bonum; ex quâ quidem parte omnis actus peccati procedit ex aliquo inordinato appetitu alicujus temporalis boni. Quòd autem aliquis appetat inordinatè aliquod temporale bonum, procedit ex hoc quòd inordinatè amat se ipsum; hoc enim est amare aliquem, velle ei bonum. Unde manifestum est quòd inordinatus amor sui est causa omnis peccati.

Ad primum ergo dicendum quòd amor sui ordinatus est debitus et naturalis, ita scilicet quòd velit sibi bonum quod congruit; sed amor sui inordinatus qui perducit ad contemptum Dei, ponitur esse causa peccati, secundùm August., loc. cit. in arg. *Sed cont.*

Ad secundum dicendum quòd concupiscentia quâ aliquis appetit sibi bonum, reducitur ad amorem sui sicut ad causam, ut jam dictum est in corp.

Ad tertium dicendum quòd aliquis dicitur amare et illud bonum quod optat sibi, et se, cui bonum optat. Amor igitur, secundùm quòd dicitur ejus esse quod optatur, putà quòd aliquis dicitur amare vinum vel pecuniam, respicit (1) pro causâ timorem, qui pertinet ad fugam mali; omne enim peccatum provenit vel ex inordinato appetitu alicujus boni, vel ex inordinatâ fugâ alicujus mali. Sed utrumque horum reducitur ad amorem sui; propter hoc enim homo vel appetit bona, vel fugit mala, quia amat seipsum.

Ad quartum dicendum quòd amicus est quasi alter ipse, ex Ethic. 9, c. 4; et ideò quòd peccatur propter amorem amici, videtur propter amorem sui peccari.

ARTICULUS V. — *Utrùm convenienter ponantur causæ peccatorum concupiscentia carnis, concupiscentia oculorum et superbia vitæ* —(*Inf.*, quæst. 108, art. 3, ad 4; et 2, dist. 52, quæst. 2, art. 1, et *Mal.* quæst. 8, art. 1, ad 23.)

Ad quintum sic proceditur. 1. Videtur quòd inconvenienter ponantur causæ peccatorum esse *concupiscentia carnis*, *concupiscentia oculorum*, et *superbia vitæ*, quia, secundùm Apostolum, 1 ad Timoth., ult., 10, *radix omnium malorum est cupiditas*. Sed superbia vitæ sub cupiditate non continetur. Ergo non debet poni inter causas peccatorum.

2. Præterea, concupiscentia carnis maximè ex visione oculorum excitatur, secundùm illud. Dan. 13, 56 : *Species decepit te.* Ergo non debet dividi concupiscentia oculorum contra concupiscentiam carnis.

3. Præterea, concupiscentia est delectabilis appetitus, ut supra habitum est, qu. 30, art. 2. Delectationes autem contingunt non solùm secundùm visum, sed etiam secundùm alios sensus. Ergo deberet etiam poni *concupiscentia auditûs* et aliorum sensuum.

4. Præterea, sicut homo inducitur ad peccandum ex inordinatâ concupiscentiâ boni, ita etiam ex inordinatâ fugâ mali, ut dictum est art. præc., ad 3. Sed nihil hìc enumeratur pertinens ad fugam mali. Ergo insufficienter causæ peccatorum tanguntur.

Sed contra est quod dicitur 1 Joan. 2, 16 : *Omne quod est in mundo, aut est concupiscentia carnis, aut est concupiscentia oculorum, aut superbia vitæ* (2). In mundo autem dicitur aliquid esse propter peccatum; unde et ibidem dicitur quòd *totus mundus in maligno positus est.* Ergo prædicta tria sunt causæ peccatorum.

Respondeo dicendum quòd, sicut jam dictum est, art. præc., inordinatus amor sui est causa omnis peccati. In amore autem sui includitur inordinatus appetitus boni; unusquisque enim appetit bonum ei quem amat. Unde manifestum est quòd inordinatus appetitus boni est causa omnis peccati.

Bonum autem dupliciter est objectum sensibilis appetitûs, in quo sunt animæ passiones, quæ sunt causa peccati : uno modo absolutè, secundùm quòd est objectum concupiscibilis; alio modo sub ratione ardui, prout est objectum irascibilis, ut supra dictum est, quæst. 23, art. 1. Est autem duplex concupiscentia, sicut supra habitum est, quæst. 30, art. 3 : una quidem naturalis, quæ est eorum quibus natura corporis sustentatur, sive quantùm ad conservationem individui, sicut cibus et potus, et alia hujusmodi, sive quantùm ad conservationem speciei, sicut in venereis; et horum inordinatus appetitus dicitur *concupiscentia carnis.*

Alia est concupiscentia animalis, eorum scilicet quæ per sensum carnis sustentationem aut delectationem non afferunt, sed sunt delectabilia secundùm apprehensionem imaginationis, aut alicujus hujusmodi acceptionis (1), sicut sunt pecunia, ornatus vestium, et alia hujusmodi; et hæc quidem animalis concupiscentia vocatur *concupiscentia oculorum;* sive intelligatur concupiscentia oculorum, id est, ipsius visionis, quæ fit per oculos, ut referatur ad curiositatem, secundùm quòd Augustinus exponit in 10 Conf., cap. 35, parùm à princ., sive referatur ad concupiscentiam rerum, quæ exteriùs oculis proponuntur, ut referatur ad cupiditatem, secundùm quòd ab aliis exponitur.

Appetitus autem inordinatus boni ardui pertinet ad *superbiam vitæ;* nam superbia est appetitus inordinatus excellentiæ, ut inferiùs dicetur, quæst. 84, art. 2, et 2-2, quæst. 162, art. 1.

Et sic patet quòd ad ista tria reduci possunt omnes passiones quæ sunt causa peccati : nam ad duo prima reducuntur omnes passiones concupiscibilis; ad tertium autem omnes passiones irascibilis; quod ideò non dividitur in duo, quia omnes passiones irascibilis (2) conformantur concupiscentiæ animali.

Ad primum ergo dicendum quòd secundùm quòd cupiditas importat universaliter appetitum cujuslibet boni, sic etiam *superbia vitæ* continetur sub cupiditate. Quomodò autem cupiditas, secundùm quòd est speciale vitium, quod *avaritia* nominatur, sit radix omnium peccatorum, infra dicetur, quæst. 84, art. 1.

Ad secundum dicendum quòd *concupiscentia oculorum* non dicitur hic concupiscentia omnium rerum quæ videri oculis possunt, sed solùm earum in quibus non quæritur delectatio carnis quæ est secundùm tactum, sed solùm delectatio oculi, id est, cujuscumque apprehensivæ virtutis.

Ad tertium dicendum quòd sensus visûs est excellentior inter omnes alios sensus, et ad plura se extendens, ut dicitur in 1 Metaph., in princ., et ideò nomen ejus transfertur ad omnes alios sensus, et etiam ad omnes interiores apprehensiones, ut August. dicit in

_____

(1) Al., *recipit.*

(2) Vulgata : *Concupiscentia carnis est, et concupiscentia oculorum, et superbia vitæ.*

_____

(1) Ita Mss. et exempla plurima. Al., *acceptationis.*

(2) Ita cum codd. Alcan. et Camer. Nicolaius. Edit. Rom. et Patav. addunt hìc, *naturaliter.*

libro de Verbis Domini, serm. 33, à med.

Ad quartum dicendum quòd fuga mali causatur ex appetitu boni, ut supra dictum est, quæst. 25, art. 2, et quæst. 39, art. 2; et ideò ponuntur solùm passiones inclinantes ad bonum tanquàm causæ earum quæ faciunt inordinatè fugam mali.

ARTICULUS VI. — *Utrùm peccatum allevietur propter passionem.* — (*Sup., quæst. 23, art. 3, ad 3. et quæst. 47, art. 2, corp., et Ver. quæst. 26, art. 7, et Mal. quæst. 3, art. 11.*)

Ad sextum sic proceditur. 1. Videtur quòd peccatum non allevietur propter passionem. Augmentum enim causæ auget effectum : si enim calidum dissolvit, magis calidum magis dissolvit. Sed passio est causa peccati, ut habitum est art. præc. Ergo quantò est intensior passio, tantò majus est peccatum. Passio igitur non minuit peccatum, sed auget.

2. Præterea, sicut se habet passio bona ad meritum, ita se habet mala passio ad peccatum. Sed bona passio auget meritum; tantò enim aliquis magis videtur mereri, quantò ex majori misericordiâ pauperi subvenit. Ergo etiam mala passio magis aggravat peccatum quàm alleviet.

3. Præterea, quantò intensiori voluntate aliquis facit peccatum, tantò graviùs videtur peccare. Sed passio impellens voluntatem facit eam vehementiùs ferri in actum peccati. Ergo passio aggravat peccatum.

Sed contra, passio ipsa concupiscentiæ vocatur *tentatio carnis*. Sed quantò aliquis majori tentatione prosternitur, tantò minùs peccat, ut patet per Augustinum, lib 14 de Civ. Dei, cap. 12, in fin.

Respondeo dicendum quòd peccatum essentialiter consistit in actu liberi abitrii, quod est facultas voluntatis et rationis. Passio autem est motus appetitûs sensitivi. Appetitus autem sensitivus potest se habere ad liberum arbitrium et antecedenter et consequenter. Antecedenter quidem, secundùm quòd passio appetitûs sensitivi trahit vel inclinat rationem vel voluntatem, ut supra dictum est, art. 1 et 2 hujus quæst., et quæst. 10, art. 3. Consequenter autem, secundùm quòd motus superiorum virium, si sint vehementes, redundant in inferiores. Non enim potest voluntas intensè moveri in aliquid, quin excitetur aliqua passio in appetitu sensitivo.

Si igitur accipitur passio secundùm quòd præcedit actum peccati, sic necesse est quòd diminuat peccatum. Actus enim in tantum est peccatum, in quantum est voluntarius, et in nobis existens. Esse autem aliquid in nobis dicitur per rationem et per voluntatem. Unde quantò (1) ratio et voluntas ex se aliquid agunt, non ex impulsu passionis, magis est voluntarium et in nobis existens; et secundùm hoc passio minuit peccatum, in quantum minuit voluntarium.

Passio autem consequens non diminuit peccatum, sed magis auget, vel potiùs est si-

(1) Ita cum Mss. edit. Rom. et Patav. Nicolaius cum Theologis, *quando.*

gnum magnitudinis ejus, in quantum scilicet demonstrat intensionem voluntatis ad actum peccati. Et sic verum est quòd quantò aliquis majori libidine vel concupiscentiâ peccat, tantò magis peccat.

Ad primum ergo dicendum quòd passio est causa peccati ex parte conversionis. Gravitas autem peccati magis attenditur ex parte aversionis, quæ quidem ex conversione sequitur per accidens, id est, præter intentionem peccantis. Causæ autem per accidens augmentatæ non augmentant effectus, sed solùm causæ per se.

Ad secundum dicendum quòd bona passio consequens judicium rationis augmentat meritum : si autem præcedat, ut scilicet homo magis ex passione quàm ex judicio rationis moveatur ad benè agendum, talis passio diminuit bonitatem, et laudem actûs,

Ad tertium dicendum quòd etsi motus voluntatis sit intensior ex passione incitatus, non tamen ita est voluntatis proprius, sicut si solâ ratione moveretur ad peccandum.

ARTICULUS VII. — *Utrùm passio totaliter excuset à peccato.* — (*Inf., art. 8, ad 3, et Mal. quæst. 3, art. 10, corp.*)

Ad septimum sic proceditur. 1. Videtur quòd passio totaliter excuset à peccato. Quidquid enim causat involuntarium, excusat totaliter à peccato. Sed *concupiscentia carnis*, quæ est quædam passio, causat involuntarium, secundùm illud Gal. 5, 17 : *Caro concupiscit adversùs spiritum, ut non quæcumque vultis illa faciatis.* Ergo passio totaliter excusat à peccato.

2. Præterea, passio causat ignorantiam quamdam in particulari, ut dictum est art. 2 huj. quæst., et quæst. 76, art. 3. Sed ignorantia particularis totaliter excusat à peccato, sicut supra habitum est, quæst. 76, art. 3. Ergo passio totaliter excusat à peccato.

3. Præterea, infirmitas animæ gravior est quàm infirmitas corporis. Sed infirmitas corporis totaliter excusat à peccato, ut patet in phreneticis. Ergo multò magis passio, quæ est infirmitas animæ.

Sed contra est quod Apostolus, Rom. 7, vocat *passiones peccatorum*, non nisi quia peccata causant; quod non esset, si à peccato totaliter excusarent. Ergo passiones non totaliter à peccato excusant.

Respondeo dicendum quòd secundùm hoc solùm actus aliquis qui de genere suo est malus, totaliter à peccato excusatur, quòd totaliter involuntarius redditur. Unde, si sit talis passio quæ totaliter involuntarium reddat actum sequentem, totaliter à peccato excusat, alioquin non totaliter.

Circa quod duo consideranda videntur : primò quidem, quòd aliquid potest esse voluntarium vel secundùm se, sicut quando voluntas directè in ipsum fertur; vel secundùm suam causam, quando voluntas fertur in causam, et non in effectum, ut patet in eo qui voluntariè inebriatur; ex hoc enim quasi voluntarium ei imputatur quod per ebrietatem committit. Secundò considerandum est quòd aliquid dicitur voluntarium directè vel indirectè; directè quidem id in quod voluntas fertur; indirectè autem illud quod voluntas potuit prohibere, sed non prohibet.

Secundùm hoc igitur distinguendum est, quia passio quandoque quidem est tanta quòd totaliter aufert usum rationis, sicut patet in his qui propter amorem vel iram insaniunt; et tunc si talis passio à principio fuerit voluntaria, imputatur actus ad peccatum, quia est voluntarius in suâ causâ, sicut etiam de ebrietate dictum est, hìc sup. Si verò causa non fuerit voluntaria, sed naturalis, putà cùm aliquis ex ægritudine vel aliquâ hujusmodi causâ incidit in talem passionem quæ totaliter aufert usum rationis, actus omninò redditur involuntarius, et per consequens totaliter à peccato excusatur. Quandoque verò passio non est tanta quòd totaliter intercipiat usum rationis, et tunc ratio potest passionem excludere divertendo ad alias cogitationes, vel impedire ne suum consequatur effectum; quia membra non applicantur operi nisi per consensum rationis, ut supra dictum est, quæst. 17, art. 9. Unde talis passio non totaliter excusat à peccato.

Ad primum ergo dicendum quòd hoc quod dicitur: *Ut non quæcumque vultis, illa facia-tis,* non est referendum ad ea quæ fiunt per exteriorem actum, sed ad interiorem concu-piscentiæ motum; vellet enim homo nunquàm concupiscere malum; sicut etiam exponitur id quod dicitur Rom. 7, 19: *Quod odi malum, illud facio.* Vel potest referri ad voluntatem præcedentem passionem, ut patet in inconti-nentibus, qui contra suum propositum agunt propter suam concupiscentiam.

Ad secundum dicendum quòd ignorantia particularis quæ totaliter excusat, est igno-rantia circumstantiæ; quam quidem quis scire non potest, debitâ diligentiâ adhibitâ; sed passio causat ignorantiam juris in parti-culari, dùm impedit applicationem commu-nis scientiæ ad particularem actum; quam quidem passionem ratio repellere potest, ut dictum est in corp. art.

Ad tertium dicendum quòd infirmitas cor-poris est involuntaria; esset autem simile, si esset voluntaria, sicut de ebrietate dictum est in corp. art., quæ est quædam corporalis in-firmitas.

ARTICULUS VIII.—*Utrùm peccatum quod est ex passione, possit esse mortale.* — (*Mal. quæst. 3, art. 10, et 3 Ethic., lect. 17.*)

Ad octavum sic proceditur. 1. Videtur quòd peccatum quod est ex passione, non possit esse mortale. Veniale enim peccatum dividi-tur contra mortale. Sed peccatum quod est ex infirmitate, est veniale, cùm habeat in se causam veniæ. Cùm igitur peccatum quod est ex passione sit ex infirmitate, videtur quòd non possit esse mortale.

2. Præterea, causa est potior effectu (1). Sed passio non potest esse peccatum mortale: non enim in sensualitate est peccatum mor-tale, ut supra habitum est, quæst. 74, art. 4.

(1) Ita ex cod. Camer. Theologi, Nicolaius, et edit. Patavinæ. Edit. Rom. cum cod. Alcan aliisque: *Causa non est potior effectu.*

Ergo peccatum quod est ex passione non potest esse mortale.

3. Præterea, passio abducit à ratione, ut ex dictis patet, art. 1 et 2 hujus quæst. Sed ra-tionis est converti ad Deum, vel averti à Deo; in quo consistit ratio peccati mortalis. Pec-catum ergo quod est ex passione non potest esse mortale.

Sed contra est quod Apostolus dicit Rom. 7, 5, quòd *passiones peccatorum operantur in membris nostris ad fructificandum morti.* Hoc autem est proprium mortalis peccati quòd fructificet morti. Ergo peccatum quod est ex passione, potest esse mortale.

Respondeo dicendum quòd peccatum mor-tale, ut supra dictum est, quæst. 72, art. 5, consistit in aversione ab ultimo fine, qui est Deus; quæ quidem aversio pertinet ad ratio-nem deliberantem, cujus etiam est ordinare in finem. Hoc igitur solummodò potest còn-tingere quòd inclinatio animæ in aliquid quod contrariatur ultimo fini, non sit peccatum mortale, quia ratio deliberans non potest oc-currere; quod contingit in subitis motibus. Cùm autem ex passione aliquis procedit ad actum peccati, vel ad consensum delibera-tum, hoc non fit subitò: unde ratio deliberans potest hìc occurrere, potest enim excludere, vel saltem impedire passionem, ut dictum est art. præc.; unde, si non occurrat, est pecca-tum mortale; sicut videmus quòd multa ho-micidia et multa adulteria per passionem committuntur.

Ad primum ergo dicendum quòd veniale dicitur tripliciter: uno modo ex causâ, quia scilicet habet aliquam causam veniæ, quæ diminuit peccatum, et sic peccatum ex infir-mitate vel ignorantiâ dicitur veniale; alio modo ex eventu, sicut omne peccatum per pœnitentiam fit veniale, id est, veniam con-sequitur; tertio modo dicitur veniale ex ge-nere, sicut verbum otiosum, et hoc solum veniale opponitur mortali. Objectio autem procedit de primo.

Ad secundum dicendum quòd passio est causa peccati ex parte conversionis. Quòd autem sit mortale, est ex parte aversionis, quæ per accidens sequitur ad conversionem, ut dictum est art. 6 hujus quæst., ad 1; unde ratio non sequitur.

Ad tertium dicendum quòd ratio non sem-per in suo actu totaliter à passione impedi-tur: unde remanet ei liberum arbitrium, ut possit averti vel converti ad Deum. Si autem totaliter tolleretur usus rationis, jam non es-set peccatum nec mortale, nec veniale.

QUÆSTIO LXXVIII.

DE CAUSA PECCATI QUÆ EST MALITIA. — (*In quatuor articulos divisa.*)

Deinde considerandum est de causâ peccati quæ est ex parte voluntatis, quæ dicitur mali-tia; et circa hoc quæruntur quatuor: 1° utrùm aliquis possit ex certâ malitiâ seu industriâ peccare; 2° utrùm quicumque peccat ex ha-bitu, peccet ex certâ malitiâ; 3° utrùm qui-cumque peccat ex certâ malitiâ, peccet ex habitu; 4° utrùm ille qui peccat ex certâ malitiâ, gravius peccet quàm ille qui peccat ex passione.

ARTICULUS PRIMUS. — *Utrùm aliquis peccet ex certâ malitiâ.* — (2-2, *quæst.* 161, *art.* 2, *corp., et* 3 *p., qu.* 88, *art.* 4, *corp.; et* 2, *dist.* 7, *quæst.* 1, *art.* 2, *corp., et Mal. quæst.* 2, *art.* 8, *ad* 4, *et quæst.* 3, *art.* 2, *per tot., et art.* 4, *corp., et ad* 7 *et* 8, *et ad Rom.* 2, *lect.* 1.)

Ad primum sic proceditur. 1. Videtur quòd nullus peccet ex industriâ, sive ex certâ malitiâ. Ignorantia enim opponitur industriæ, seu certæ malitiæ. Sed *omnis malus est ignorans*, secundùm Philosophum, lib. 3 Ethic., cap. 1, à med.; et Prov. 14, 22, dicitur : *Errant qui operantur malum.* Ergo nullus peccat ex certâ malitiâ.

2. Præterea, Dionysius dicit, 4 cap. de divin. Nomin., part. 4, lect. 14 et 22, quòd *nullus intendens ad malum operatur.* Sed hoc videtur esse peccare ex malitiâ, intendere malum in peccando; quod enim est præter intentionem, est quasi per accidens, et non denominat actum. Ergo nullus ex malitiâ peccat.

3. Præterea, malitia ipsa peccatum est. Si igitur malitia sit causa peccati, sequetur quòd peccatum sit causa peccati in infinitum, quod est inconveniens. Nullus igitur ex malitiâ peccat.

Sed contra est quod dicitur Job. 34, 27 : *Quasi de industriâ recesserunt à Deo, et vias ejus intelligere noluerunt.* Sed recedere à Deo est peccare. Ergo aliqui peccant ex industriâ seu ex certâ malitiâ.

Respondeo dicendum quòd homo, sicut et quælibet alia res, naturaliter habet appetitum boni; unde quòd ad malum ejus appetitus declinet, contingit ex aliquâ corruptione seu inordinatione in aliquo principiorum hominis : sic enim in actionibus rerum naturalium peccatum invenitur. Principia autem actuum humanorum sunt intellectus et appetitus tam rationalis, qui dicitur voluntas, quàm sensitivus. Peccatum igitur in humanis actibus contingit quandoque sicut (1) ex defectu intellectûs, putà cùm aliquis per ignorantiam peccat, et ex defectu appetitûs sensitivi, sicut cùm aliquis ex passione peccat; ita etiam ex defectu voluntatis, qui est inordinatio ipsius.

Est autem voluntas inordinata, quando minus bonum magis amat. Consequens autem est ut aliquis eligat pati detrimentum in bono minùs amato, ad hoc quòd potiatur bono magis amato; sicut cùm homo vult pati abscisionem membri etiam scienter, ut conservet vitam quam magis amat.

Ita per hunc modum, quando aliqua inordinata voluntas aliquod bonum temporale plus amat, putà divitias vel voluptatem, quàm ordinem rationis vel legis divinæ, vel charitatem Dei, vel aliquid hujusmodi, sequitur quòd velit dispendium pati in aliquo spiritualium bonorum, ut potiatur aliquo temporali bono. Nihil autem est aliud malum quàm pri-

(1) Ita Mss. et edit. passim. Theologi removent *sicut.*

vatio alicujus boni; et secundùm hoc aliquis scienter vult aliquod malum spirituale, quod est malum simpliciter, per quod bono spirituale privatur, ut bono temporali potiatur. Unde dicitur ex certâ malitiâ vel industriâ peccare, quasi scienter malum eligens.

Ad primum ergo dicendum quòd ignorantia quandoque quidem excludit scientiam quâ aliquis simpliciter scit hoc esse malum quod agitur; et tunc dicitur ex ignorantiâ peccare; quandoque autem excludit scientiam quâ homo scit hoc nunc esse malum, sicut cùm ex passione peccatur; quandoque autem habitus excludit scientiam quâ aliquis scit hoc malum non sustinendum esse propter consecutionem illius boni, scit tamen simpliciter hoc esse malum; et sic dicitur ignorare qui ex certâ malitiâ peccat.

Ad secundum dicendum quòd malum non potest esse secundùm se intentum ab aliquo; potest tamen esse intentum ad vitandum aliud malum, vel ad consequendum aliud bonum, ut dictum est in corp. art., et in tali casu aliquis eligeret consequi bonum per se intentum, absque hoc quòd pateretur detrimentum alterius boni; sicut aliquis lascivus vellet frui delectatione absque offensâ Dei; sed duobus propositis, magis vult peccando incurrere offensam Dei, quàm delectatione privari.

Ad tertium dicendum quòd malitia ex quâ aliquis dicitur peccare, potest intelligi malitia habitualis, secundùm quòd habitus malus à Philosopho, lib. 5 Eth., cap. 1, à princ., nominatur *malitia*, sicut habitus bonus nominatur *virtus* : et secundùm hoc aliquis dicitur ex malitiâ peccare, quia peccat ex inclinatione habitûs. Potest etiam intelligi malitia actualis, sive ipsa mali electio *malitia* nominetur (et sic dicitur aliquis ex malitiâ peccare, in quantum ex mali electione peccat), sive etiam malitia dicatur aliqua præcedens culpa, ex quâ oritur subsequens culpa, sicut cùm aliquis impugnat fraternam gratiam ex invidiâ; et tunc idem non est causa sui ipsius; sed actus interior est causa actûs exterioris, et unum peccatum est causa alterius; non tamen in infinitum, quia est devenire ad aliquod primum peccatum, quod non causatur ex aliquo priori peccato, ut ex supradictis patet, quæst. 75, art. 4, ad 3.

ARTICULUS II. — *Utrùm quicumque peccat ex habitu, peccet ex certâ malitiâ.* — (*Inf.,* art. 3, *et Rom.* 1, *lect.* 1.)

Ad secundum sic proceditur. 1. Videtur quòd non omnis qui peccat ex habitu, peccet ex certâ malitiâ. Peccatum enim quod est ex certâ malitiâ, videtur esse gravissimum. Sed quandoque homo aliquod leve peccatum committit ex habitu, sicut cùm dicit verbum otiosum. Non ergo omne peccatum quod est ex habitu, est ex certâ malitiâ.

2. Præterea, *actus ex habitu procedentes sunt similes actibus ex quibus habitus generantur*, ut dicitur in 2 Ethic., cap. 1 et 2. Sed actus præcedentes habitum vitiosum non sunt ex certâ malitiâ. Ergo etiam peccata quæ sunt ex habitu non sunt ex certâ malitiâ.

3. Præterea, in his quæ aliquis ex certâ malitiâ committit, gaudet postquàm commisit, secundùm illud Proverb. 2, 14 : *Qui lætantur cùm malè fecerint, et exultant in rebus pessimis :* et hoc ideò quia unicuique est delectabile, cùm consequitur id quod intendit, et qui operatur quod est ei quodammodò connaturale secundùm habitum. Sed illi qui peccant ex habitu, post peccatum commissum dolent : *pœnitudine enim replentur pravi ,* id est, habentes habitum vitiosum, ut dicitur in 9 Ethic., cap. 4, sub fin. Ergo peccata quæ sunt ex habitu, non sunt ex certâ malitiâ.

Sed contra , peccatum ex certâ malitiâ dicitur esse quod est ex electione mali. Sed unicuique est eligibile id ad quod inclinatur per proprium habitum, ut dicitur in 6 Ethic., cap. 2, de habitu virtuoso. Ergo peccatum quod est ex habitu, est ex certâ malitiâ.

Respondeo dicendum quòd non est idem peccare habentem habitum, et peccare ex habitu. Uti enim habitu non est necessarium, sed subjacet voluntati habentis. Unde et habitus definitur esse *quo quis utitur cùm voluerit,* ut sup., quæst.50, art. 1. Et ideò sicut potest contingere quòd aliquis habens habitum vitiosum prorumpat in actum virtutis, eò quòd ratio non totaliter corrumpitur per malum habitum, sed aliquid ejus integrum manet, ex quo provenit quòd peccator aliqua operatur de genere bonorum, ita etiam potest contingere quòd aliquis habens habitum vitiosum interdùm non ex habitu operetur, sed ex passione insurgente, vel etiam ex ignorantiâ.

Sed quandocumque utitur habitu vitioso, necesse est quòd ex certâ malitiâ peccet : quia unicuique habenti habitum est per se diligibile (1) id quod est ei conveniens secundùm proprium habitum; quia sic fit ei quodammodò connaturale, secundùm quòd consuetudo et habitus vertitur in naturam. Hoc autem quod est alicui conveniens secundùm habitum vitiosum, est id quod excludit bonum spirituale : ex quo sequitur quòd homo eligat malum spirituale, ut adipiscatur bonum quod est ei secundùm habitum conveniens. Et hoc est ex certâ malitiâ peccare. Unde manifestum est quòd quicumque peccat ex habitu, peccet ex certâ malitiâ.

Ad primum ergo dicendum quòd peccata venialia non excludunt bonum spirituale, quod est gratia Dei vel charitas; unde non dicuntur mala simpliciter, sed secundùm quid; et propter hoc nec habitus ipsorum possunt dici simpliciter mali, sed solùm secundùm quid.

Ad secundum dicendum quòd actus qui procedunt ex habitibus, sunt similes secundùm speciem actibus ex quibus habitus generantur; differunt tamen ab eis sicut perfectum ab imperfecto; et talis est differentia peccati quod committitur ex certâ malitiâ, ad peccatum quod committitur ex aliquâ passione.

Ad tertium dicendum quòd ille qui peccat ex habitu, semper gaudet de hoc quod ex habitu operatur, quamdiù habitu utitur. Sed

(1) Ita Mss. et editi passim. Theologi, *eligibile.*

quia potest habitu non uti, sed per rationem, quæ non est totaliter corrupta, aliquid aliud meditari , potest contingere quòd non utens habitu doleat de hoc quod per habitum commisit. Et sic plerumque tales pœnitent de peccato, non quia eis peccatum secundùm se displiceat, sed propter aliquod incommodum quod ex peccato incurrunt.

ARTICULUS III. — *Utrùm ille qui peccat ex certâ malitiâ, peccet ex habitu.—(Sup., art. 2, et Rom. 1, lect. 3.)*

Ad tertium sic proceditur. 1. Videtur quòd quicumque peccat ex certâ malitiâ, peccet ex habitu. Dicit enim Philosophus in 5 Ethic., cap. 9, à med., quòd *non est cujuslibet injusta facere, qualiter injustus facit,* scilicet ex electione, *sed solùm habentis habitum.* Sed peccare ex certâ malitiâ est peccare ex electione mali , ut dictum est art. 1 hujus quæst. Ergo peccare ex certâ malitiâ non est nisi habentis habitum.

2. Præterea, Origenes dicit in 1 Periarchon (sive de Principiis, cap. 3, in fin.), quòd *non ad subitum quis evacuatur aut deficit, sed paulatim per partes defluere necesse est.* Sed maximus defluxus esse videtur ut aliquis ex certâ malitiâ peccet. Ergo non statim à principio, sed per multam consuetudinem, ex quâ habitus generari potest , aliquis ad hoc devenit ut ex certâ malitiâ peccet.

3. Præterea , quandocumque aliquis ex certâ malitiâ peccat, oportet quòd ipsa voluntas de se inclinetur ad malum quod eligit. Sed ex naturâ potentiæ non inclinatur homo ad malum, sed magis ad bonum. Ergo oportet, si eligit malum, quòd hoc sit ex aliquo supervenienti, quod est passio vel habitus. Sed quando aliquis peccat ex passione, non peccat ex certâ malitiâ, sed ex infirmitate, ut dictum est quæst. præc., art. 3. Ergo quandocumque aliquis peccat ex certâ malitiâ, oportet quòd peccet ex habitu.

Sed contra, sicut se habet habitus bonus ad electionem boni, ita habitus malus ad electionem mali. Sed quandoque aliquis non habens habitum virtutis eligit id quod est bonum secundùm virtutem. Ergo etiam quandoque aliquis non habens habitum vitiosum potest eligere malum; quod est ex certâ malitiâ peccare.

Respondeo dicendum quòd voluntas aliter se habet ad bonum , et aliter ad malum. Ex naturâ enim suæ potentiæ inclinatur ad bonum rationis sicut ad proprium objectum; unde et omne peccatum dicitur esse contra naturam. Quòd ergo in aliquod malum voluntas eligendo inclinetur, oportet quòd aliunde contingat ; et quandoque quidem contingit ex defectu rationis, sicut cùm aliquis ex ignorantiâ peccat, quandoque autem ex impulsu appetitûs sensitivi, sicut cùm peccat ex passione. Sed neutrum horum est ex certâ malitiâ peccare; sed tunc solùm ex certâ malitiâ aliquis peccat, quando ipsa voluntas ex seipsâ movetur ad malum; quod potest contingere dupliciter : uno quidem modo per hoc quòd homo habet aliquam dispositionem corruptam inclinantem ad malum, ita quòd secundùm illam dispositionem sit homini quasi conveniens, et simile aliquod malum; et in hoc ratione convenientiæ tendit voluntas quasi in bonum, quia unumquodque secundùm se tendit in id quod sibi est conveniens. Talis autem dispositio corrupta vel est aliquis habitus acquisitus ex consuetudine, quæ vertitur in naturam, vel est aliqua ægritudinalis habitudo ex parte corporis, sicut aliquis habens quasdam naturales inclinationes ad aliqua peccata propter corruptionem naturæ in ipso (1). Alio modo contingit quòd voluntas per se tendit in aliquod malum per remotionem alicujus prohibentis : putà si aliquis prohibeatur peccare, non quia peccatum ei secundùm se displiceat, sed propter spem vitæ æternæ, vel propter timorem gehennæ, remotâ spe per desperationem, vel timore per præsumptionem, sequitur quòd ex certâ malitiâ quasi absque freno peccet.

Sic igitur patet quòd peccatum quod est ex certâ malitiâ, semper præsupponit in homine aliquam inordinationem, quæ tamen non semper est habitus. Unde non est necessarium quòd quicumque peccat ex certâ malitiâ, peccet ex habitu.

Ad primum ergo dicendum quòd operari qualiter injustus operatur, non solùm est operari injusta ex certâ malitiâ, sed etiam delectabiliter, et sine gravi renisu rationis; quod non est nisi ejus qui habet habitum.

Ad secundum dicendum quòd non statim ad hoc aliquis labitur quòd ex certâ malitiâ peccet; sed præsupponitur aliquid, quod tamen non semper est habitus, ut dictum est in corp. art.

Ad tertium dicendum quòd illud per quod voluntas inclinatur ad malum, non semper habitus est vel passio, sed quiddam aliud, ut dictum est in corp. art.

Ad quartum dicendum quòd non est similis ratio de electione boni et de electione mali, quia malum nunquàm est sine bono naturæ, sed bonum potest esse sine malo culpæ perfectè (2).

ARTICULUS IV. — *Utrùm ille qui peccat ex certâ malitiâ, graviùs peccet quàm qui ex passione.* — (*Sup., quæst. 67, art. 2, corp., et 2-2, quæst. 7, art. 3, corp.; et 2, dist. 7, quæst. 1, art. 2, corp., fin., et Mal. quæst. 3, art. 13, et quodl. 2, art. 15, corp.*)

Ad quartum sic proceditur. 1. Videtur quòd ille qui peccat ex certâ malitiâ, non peccet graviùs quàm ille qui peccat ex passione. Ignorantia enim excusat peccatum vel in toto vel in parte. Sed major est ignorantia in eo qui peccat ex certâ malitiâ, quàm in eo qui peccat ex passione; nam ille qui peccat ex certâ malitiâ, patitur ignorantiam principii, quæ est maxima, ut Philosophus dicit in 7 Ethic., cap. 8, à med. ; habet enim malam existimationem de fine, qui est principium in operativis. Ergo magis excusatur à peccato

(1) Ita editi passim. Codex Alcan. : *Sicut aliqui habent quasdam naturales inclinationes ad aliqua peccata propter corruptionem naturæ in ipsis.*

(2) Al., *perfectæ.*

qui peccat ex certâ malitiâ, quàm ille qui peccat ex passione.

2. Præterea, quantò aliquis habet majus impellens ad peccandum, tantò minùs peccat, sicut patet de eo qui majori impetu passionis ducitur in peccatum. Sed ille qui peccat ex certâ malitiâ, impellitur ab habitu, cujus est fortior impulsio quàm passionis. Ergo ille qui peccat ex habitu, minùs peccat quàm ille qui peccat ex passione.

3. Præterea, peccare ex certâ malitiâ est peccare ex electione mali. Sed ille qui peccat ex passione, etiam eligit malum. Ergo non minùs peccat quàm ille qui peccat ex certâ malitiâ.

Sed contra est quòd peccatum quod ex industriâ committitur, ex hoc ipso graviorem pœnam meretur, secundùm illud Job. 34, 26 : *Quasi impios percussit eos in loco videntium, qui quasi de industriâ recesserunt ab eo.* Sed pœna non augetur nisi propter gravitatem culpæ. Ergo peccatum ex hoc aggravatur quòd est ex industriâ, seu certâ malitiâ.

Respondeo dicendum quòd peccatum quod est ex certâ malitiâ est gravius peccato quod est ex passione, triplici ratione.

Primò quidem quia cùm peccatum principaliter in voluntate consistat, quantò motus peccati est magis proprius voluntati, tantò peccatum est gravius, cæteris paribus. Cùm autem ex certâ malitiâ peccatur, motus peccati est magis proprius voluntati, quæ ex seipsâ in malum movetur, quàm quando ex passione peccatur, quasi ex quodam extrinseco impulsa ad peccandum. Unde peccatum ex hoc ipso quòd est ex malitiâ, aggravatur, et tantò magis, quantò fuerit vehementior malitia; ex eo verò quòd est ex passione, diminuitur tantò magis, quantò passio fuerit magis vehemens. Secundò quia passio quæ inclinat voluntatem ad peccandum, citò transit; et sic homo citò redit ad bonum propositum, pœnitens de peccato; sed habitus, quo homo ex malitiâ peccat, est qualitas permanens; et ideò qui ex malitiâ peccat, diuturniùs peccat. Unde Philosophus in 7 Ethic., cap. 9 vel 8, in princ., comparat intemperatum qui peccat ex malitiâ, infirmo qui continuè laborat; incontinentem autem qui peccat ex passione, ei qui laborat interpolatè. Tertiò quia ille qui peccat ex certâ malitiâ est malè dispositus quantùm ad ipsum finem, qui est principium in operabilibus; et sic ejus defectus est periculosior quàm ejus qui ex passione peccat, cujus propositum tendit in bonum finem, licèt hoc propositum interrumpatur ad horam propter passionem. Semper autem defectus principii est pessimus. Unde manifestum est quòd gravius est peccatum quod est ex malitiâ, quàm quod est ex passione.

Ad primum ergo dicendum quòd ignorantia electionis, de quâ objectio procedit, neque excusat, neque diminuit peccatum, ut supra dictum est, quæst. 76, art. 4. Unde neque major ignorantia talis facit esse minus peccatum.

Ad secundum dicendum quòd impulsio quæ

est ex passione, est quasi ex exteriori defectu, respectu voluntatis (1); sed per habitum inclinatur voluntas quasi ab interiori. Unde non est similis ratio.

Ad tertium dicendum quòd aliud est peccare eligentem, et aliud peccare ex electione. Ille enim qui peccat ex passione, peccat quidem eligens, non tamen ex electione, quia electio non est in eo primum peccati principium; sed inducitur ex passione ad eligendum id quod extra passionem existens non eligeret. Sed ille qui peccat ex certâ malitiâ, secundùm se eligit malum, eo modo quo dictum est art. 2 et 3 hujus quæst., et ideò electio, quæ est in ipso, est principium peccati; et propter hoc dicitur ex electione peccare.

QUÆSTIO LXXIX.

DE CAUSIS EXTERIORIBUS PECCATI. — (*In quatuor articulos divisa.*)

Deinde considerandum est de causis exterioribus peccati; et primò ex parte Dei; secundò ex parte diaboli; tertiò ex parte hominis. Circa primum quæruntur quatuor: 1° utrùm Deus sit causa peccati; 2° utrùm actus peccati sit à Deo; 3° utrùm Deus sit causa excæcationis et obdurationis; 4° utrùm hæc ordinentur ad salutem eorum qui excæcantur, vel obdurantur.

ARTICULUS PRIMUS. — *Utrùm Deus sit causa peccati.* — (*Inf., quæst. 80, art. 1, corp., et Mal. quæst. 3, art. 1.*)

Ad primum sic proceditur. 1. Videtur quòd Deus sit causa peccati. Dicit enim Apostolus, Rom. 1, 28, de quibusdam: *Tradidit eos Deus in reprobum sensum, ut faciant ea quæ non conveniunt;* et Glossa (August. lib. de Grat. et lib. Arbitr., cap. 21, ibid.) dicit quòd *Deus operatur in cordibus hominum, inclinando voluntates eorum in quodcumque voluerit, sive in bonum, sive in malum.* Sed facere quæ non conveniunt, et inclinari secundùm voluntatem ad malum, est peccatum. Ergo Deus hominibus est causa peccati.

2. Præterea, Sap. 14, 11, dicitur: *Creaturæ Dei in odium factæ sunt, et in tentationem animabus hominum.* Sed tentatio solet dici provocatio ad peccandum. Cùm ergo creaturæ non sint factæ nisi à Deo, ut in 1 habitum est, qu. 44, art. 1, videtur quòd Deus sit causa provocans hominem ad peccandum.

3. Præterea, quidquid est causa causæ, est causa effectûs. Sed Deus est causa liberi arbitrii, quod est causa peccati. Ergo Deus est causa peccati.

4. Præterea, omne malum opponitur bono. Sed non repugnat divinæ bonitati quòd ipse sit causa mali pœnæ; de isto enim malo dicitur Isaiæ 45, 7, quòd *Deus est creans malum :* et Amos 3, 6 : *Si est malum in civitate, quod Deus non fecerit.* Ergo etiam divinæ bonitati non repugnat quòd Deus sit causa culpæ.

(1) Ita cum cod. Alcan. edit. Pat. 1712. Alia Paiav. 1698, cum Rom. et Nicolaio : *Quasi ex exteriori defectu voluntatis.*

Sed contra, Sap. 11, 25, dicitur : *Nihil odisti eorum quæ fecisti.* Odit autem Deus peccatum, secundùm illud Sap. 14, 9 : *Odio est Deo impius et impietas ejus.* Ergo Deus non est causa peccati.

Respondeo dicendum quòd homo dupliciter est causa peccati vel sui vel alterius : uno modo directè, inclinando scilicet voluntatem suam vel alterius ad peccandum; alio modo indirectè, dùm scilicet non retrahit aliquos à peccato. Unde Ezech. 3, 18, speculatori dicitur : *Si non dixeris impio : Morte morieris* (1)....*, sanguinem ejus de manu tuâ requiram.*

Deus autem non potest esse directè causa peccati vel sui vel alterius; quia omne peccatum est per recessum ab ordine, qui est in Deum sicut in finem. Deus autem omnia inclinat et convertit in seipsum sicut in ultimum finem, sicut Dionysius dicit cap. 1 de div. Nom., vers. fin. lect. 3; unde impossibile est quòd sit sibi vel alii causa discedendi ab ordine, qui est in ipsum. Unde non potest directè esse causa peccati.

Similiter etiam neque indirectè. Contingit enim quòd Deus aliquibus non præbet auxilium ad evitandum peccata; quod si præberet, non peccarent. Sed hoc totum facit secundùm ordinem suæ sapientiæ et justitiæ, cùm ipse sit sapientia et justitia : unde non imputatur ei quòd alius peccet, sicut causæ peccati; sicut gubernator non dicitur causa submersionis navis ex hoc quòd non gubernat navem, nisi quando subtrahit gubernationem potens et debens gubernare.

Et sic patet quòd Deus nullo modo est causa peccati.

Ad primum ergo dicendum quòd quantùm ad verba Apostoli, ex ipso textu patet solutio. Si enim Deus tradit aliquos in reprobum sensum, jam ergo reprobum sensum habent ad faciendum ea quæ non conveniunt. Dicitur ergo tradere eos in reprobum sensum in quantum non prohibet eos quin suum sensum reprobum sequantur, sicut dicimur exponere illos quos non tuemur. Quod autem Augustinus dicit in lib. de Grat. et lib Arb., unde sumpta est Glossa, quòd *Deus inclinat voluntates hominum in bonum et malum,* sic intelligendum est, quòd in bonum quidem directè inclinat voluntatem; in malum autem, in quantum non prohibet, sicut dictum est in corp. art. Et tamen hoc etiam contingit ex merito præcedentis peccati.

Ad secundum dicendum quòd, cùm dicitur : *Creaturæ Dei factæ sunt in odium et in tentationem animabus hominum,* hæc præpositio *in* non ponitur causaliter, sed consecutivè; non enim Deus fecit creaturas ad malum hominum, sed hoc consecutum est propter insipientiam hominum; unde subditur : *Et in muscipulam pedibus insipientium,* qui scilicet per suam insipientiam utuntur creaturis ad aliud quàm ad quod factæ sunt.

(1) Vulgata : *Si dicente me ad impium : Morte morieris, non annuntiaveris ei, neque locutus fueris,* etc.

Ad tertium dicendum quòd effectus causæ mediæ procedens ab eâ, secundùm quòd subditur ordini causæ primæ, reducitur etiam in causam primam; sed si procedat à causâ mediâ, secundùm quòd exit ordinem causæ primæ, non reducitur in causam primam; sicut si minister faciat aliquid contra mandatum domini, hoc non reducitur in dominum sicut in causam. Et similiter peccatum, quod liberum arbitrium committit contra præceptum Dei, non reducitur in Deum sicut in causam.

Ad quartum dicendum quòd pœna opponitur bono ejus qui punitur, qui privatur quocumque bono; sed culpa opponitur bono ordinis, qui est in Deum, unde directè opponitur bonitati divinæ; et propter hoc non est similis ratio de culpâ et pœnâ.

ARTICULUS II. — *Utrùm actus peccati sit à Deo.* — (*Inf., quæst.* 80, *art.* 1, *corp., et* 1, *dist.* 40, *quæst.* 4, *art.* 2, *et dist.* 42, *quæst.* 2, *art.* 1, *et* 2, *dist.* 37, *quæst.* 2, *et dist.* 44, 1, *art.* 1, *et* 3 *cont., cap.* 162, *et Mal. quæst.* 3, *art.* 2, *et Rom.* 11, *lect.* 5.)

Ad secundum sic proceditur. 1. Videtur quòd actus peccati non sit à Deo. Dicit enim Augustinus in lib. de Perfect. justitiæ, cap. 11, circ. med., quòd *actus peccati non est res aliqua.* Omne autem quod est à Deo, est res aliqua. Ergo actus peccati non est à Deo.

2. Præterea, homo non dicitur esse causa peccati, nisi quia homo est causa actûs peccati; *nullus* enim *intendens ad malum operatur*, ut Dionysius dicit, 4 cap. de div. Nom., part. 4, lect. 14 et 22. Sed Deus non est causa peccati, ut dictum est art. præced. Ergo Deus non est causa actûs peccati.

3. Præterea, aliqui actus secundùm suam speciem sunt mali et peccata, ut ex supra dictis patet, quæst. 18, art. 2 et 8. Sed quidquid est causa alicujus, est causa ejus quod convenit ei secundùm suam speciem. Si ergo Deus esset causa actûs peccati, sequeretur quòd esset causa peccati. Sed hoc non est verum, ut ostensum est art. præc. Ergo Deus non est causa actûs peccati.

Sed contra, actus peccati est quidam motus liberi arbitrii. Sed *voluntas Dei est causa omnium motionum*, ut Augustinus dicit in 3 de Trinit., cap. 4 et 9, in fin. Ergo voluntas Dei est causa actûs peccati.

Respondeo dicendum quòd actus peccati et est ens, et est actus; et ex utroque habet quòd sit à Deo. Omne enim ens, quocumque modo sit, oportet quòd derivetur à primo ente, ut patet per Dionysium, 5 cap. de div. Nom., lect. 1 et 2. Omnis autem actio causatur ab aliquo existente in actu, quia nihil agit nisi secundùm quòd est actu. Omne autem ens actu reducitur in primum actum, scilicet Deum, sicut in causam, qui est per suam essentiam actus. Unde relinquitur quòd Deus sit causa omnis actionis, in quantum est actio.

Sed peccatum nominat ens et actionem cum quodam defectu. Defectus autem ille est ex causâ creatâ, scilicet libero arbitrio, in quantum deficit ab ordine primi agentis, scilicet

Dei. Unde defectus iste non reducitur in Deum sicut in causam, sed in liberum arbitrium; sicut defectus claudicationis reducitur in tibiam curvam sicut in causam, non autem in virtutem motivam, à quâ tamen causatur quidquid est motionis in claudicatione. Et secundùm hoc Deus est causa actûs peccati; non tamen est causa peccati, quia non est causa hujus quòd actus sit cum defectu.

Ad primum ergo dicendum quòd Augustinus nominat ibi *rem* id quod est res simpliciter, scilicet substantiam; sic enim actus peccati non est res.

Ad secundum dicendum quòd in hominem sicut in causam reducitur non solùm actus, sed etiam ipse defectus, quia scilicet non subditur ei cui debet subdi; licèt hoc ipse non intendat principaliter; et ideò homo est causa peccati; sed Deus sic est causa actûs, quòd nullo modo est causa defectûs concomitantis actum; et ideò non est causa peccati.

Ad tertium dicendum quòd, sicut dictum est supra, quæst. 72, art. 1, actus et habitus non recipiunt speciem ex ipsâ privatione, in quâ consistit ratio mali, sed ex aliquo objecto, cui conjungitur talis privatio. Et sic ipse defectus, qui dicitur non esse à Deo, pertinet ad speciem actûs consequenter, et non quasi differentia specifica.

ARTICULUS III. — *Utrùm Deus sit causa excæcationis et indurationis.* — (1 p., qu. 23, art. 3, et 2-2, quæst. 15, art. 1, et 1, dist. 40, quæst. 4, art. 2, et 3 cont., cap. 162, et Ver. quæst. 24, art. 10, corp., et Joan. 11, lect. 6, et Rom. 1, lect. 7, et cap. 9, lect. 2, et 1 Cor. 4.)

Ad tertium sic proceditur. 1. Videtur quòd Deus non sit causa excæcationis et indurationis. Dicit enim Augustinus in lib. 83 QQ., quæst. 3, quòd Deus non est causa ejus quo homo fit deterior (1). Sed per excæcationem et obdurationem homo fit deterior. Ergo Deus non est causa excæcationis et obdurationis.

2. Præterea, Fulgentius dicit, lib. 1 de dupl. Prædest., ad Monimum, cap. 19, ad fin., quòd *Deus non est ultor illius rei cujus est auctor.* Sed Deus est ultor cordis obdurati, secundùm illud Eccli. 3, 27 : *Cor durum malè habebit in novissimo.* Ergo Deus non est causa obdurationis.

3. Præterea, idem effectus non attribuitur causis contrariis. Sed causa excæcationis dicitur esse malitia hominis, secundùm illud Sapientiæ 2, 21 : *Excæcavit enim eos malitia eorum*; et etiam diabolus, secundùm illud 2 ad Cor. 4, 4 : *Deus hujus seculi excæcavit mentes infidelium*; quæ quidem causæ videntur esse contrariæ Deo. Ergo Deus non est causa excæcationis et obdurationis.

Sed contra est quod dicitur Isai. 6, 10 : *Excæca cor populi hujus, et aures ejus aggrava*; et Rom. 9, 18, dicitur : *Cujus vult miseretur, et quem vult indurat.*

Respondeo dicendum quòd excæcatio et

(1) Ita cod. Alean. Nicolaius, *per quod* Edit. Rom. et Patav., *quòd homo sit deterior.*

(*Vingt.*)

obduratio duo important. Quorum unum est motus animi humani inhærentis malo, et aversi à divino lumine; et quantùm ad hoc Deus non est causa excæcationis et obdurationis, sicut non est causa peccati.

Aliud autem est subtractio gratiæ, ex quâ sequitur quòd mens divinitùs non illuminetur ad rectè videndum, et cor hominis non emolliatur ad rectè vivendum; et quantùm ad hoc Deus est causa excæcationis et obdurationis.

Est autem considerandum quòd Deus est causa universalis illuminationis animarum, secundùm illud Joan. 1, 9 : *Erat lux vera, quæ illuminat omnem hominem venientem in hunc mundum;* sicut sol est universalis causa illuminationis corporum; aliter tamen et aliter : nam sol agit illuminando per necessitatem naturæ; Deus autem agit voluntariè per ordinem suæ sapientiæ. Sol autem, licèt quantùm est de se, omnia corpora illuminet, si quod tamen impedimentum inveniat in aliquo corpore, relinquit illud tenebrosum; sicut patet de domo cujus fenestræ sunt clausæ; sed tamen illius obscurationis nullo modo causa est sol, non enim suo judicio agit ut lumen interius non immittat; sed causa ejus est solùm ille qui claudit fenestram. Deus autem proprio judicio lumen gratiæ non immittit illis in quibus obstaculum invenit. Unde causa subtractionis gratiæ est non solùm ille qui ponit obstaculum gratiæ, sed etiam Deus, qui suo judicio gratiam non apponit. Et per hunc modum Deus est causa excæcationis et aggravationis aurium et obdurationis cordis; quæ quidem distinguuntur secundùm effectus gratiæ, quæ et perficit intellectum dono sapientiæ, et affectum emollit igne charitatis. Et quia ad cognitionem intellectûs maximè deserviunt duo sensus, scilicet visus et auditus, quorum unus deservit inventioni, scilicet visus, alius disciplinæ, scilicet auditus, ideò quantùm ad visum ponitur *excæcatio;* quantùm ad auditum, *aurium aggravatio;* quantùm ad affectum, *obduratio.*

Ad primum ergo dicendum quòd cùm excæcatio et induratio ex parte subtractionis gratiæ sint quædam pœnæ, ex hâc parte eis homo non fit deterior; sed deterior factus per culpam hæc incurrit, sicut et cæteras pœnas.

Ad secundum dicendum quòd objectio illa procedit de obduratione secundùm quòd est culpa.

Ad tertium dicendum quòd malitia est causa excæcationis meritoria, sicut culpa est causa pœnæ; et hoc etiam modo diabolus excæcare dicitur, in quantum inducit ad culpam.

ARTICULUS IV. — *Utrùm excæcatio et obduratio semper ordinentur ad salutem ejus qui excæcatur et obduratur.*

Ad quartum sic proceditur. 1. Videtur quòd excæcatio et obduratio semper ordinentur ad salutem ejus qui excæcatur et obduratur. Dicit enim Augustinus in Ench., cap. 11, circ. princ., quòd *Deus, cùm sit summè bonus, nullo modo permitteret fieri aliquod malum, nisi posset ex quolibet malo elicere bonum.* Multò igitur magis ordinat ad bonum illud malum cujus ipse est causa. Sed excæcatio-

nis et obdurationis Deus est causa, ut dictum est art. præc. Ergo hæc ordinantur ad salutem ejus qui excæcatur, vel obduratur.

2. Præterea, Sap. 1, 13, dicitur quòd *Deus non delectatur in perditione impiorum* (1). Videretur autem in perditione eorum delectari, si eorum excæcationem in bonum eorum non converteret; sicut medicus videretur delectari afflictione infirmi, si medicinam amaram, quam infirmo propinat, ad ejus sanitatem non ordinaret. Ergo Deus excæcationem convertit in bonum excæcatorum.

3. Præterea, *Deus non est personarum acceptor,* ut dicitur Act. 10, 34. Sed quorumdam excæcationem ordinat ad eorum salutem, sicut quorumdam Judæorum, qui excæcati sunt, ut Christo non crederent, et non credentes occiderent, et postmodùm compuncti converterentur, sicut de quibusdam legitur Act. 2, ut patet per Augustinum in lib. de QQ. evangel. (scilicet secundùm Matth. quæst.14). Ergo Deus omnium excæcationem convertit in eorum salutem.

4. Sed contra, *non sunt facienda mala, ut eveniant bona,* ut dicitur Rom. 3. Sed excæcatio est malum. Ergo Deus non excæcat aliquos propter eorum bonum.

Respondeo dicendum quòd excæcatio est quoddam præambulum ad peccatum. Peccatum autem ad duo ordinatur; ad unum quidem per se, scilicet ad damnationem; ad aliud autem ex divinâ misericordiâ vel providentiâ, scilicet ad sanationem, in quantum Deus permittit aliquos cadere in peccatum, ut peccatum suum agnoscentes humilientur et convertantur, sicut Augustinus dicit in lib. de Naturâ et Gratiâ, cap. 22, 24 et 28.

Unde et excæcatio ex sui naturâ ordinatur ad damnationem ejus qui excæcatur; propter quod ponitur etiam reprobationis effectus. Sed ex divinâ misericordiâ excæcatio ad tempus ordinatur medicinaliter ad salutem eorum qui excæcantur. Sed hæc misericordia non omnibus impenditur excæcatis, sed prædestinatis solùm, quibus *omnia cooperantur in bonum,* sicut dicitur Rom. 8. Unde quantùm ad quosdam, excæcatio ordinatur ad sanationem; quantùm autem ad alios, ad damnationem, ut August. dicit in lib. de QQ. evang., loc. cit. in arg. 3.

Ad primum ergo dicendum quòd omnia mala quæ Deus facit, vel permittit fieri, ordinantur ad aliquod bonum; non tamen semper in bonum ejus in quo est malum, sed quandoque ad bonum alterius, vel etiam totius universi; sicut culpam tyrannorum ordinat in bonum martyrum, et pœnam damnatorum ordinat ad gloriam justitiæ suæ.

Ad secundum dicendum quòd Deus non delectatur in perditione hominum quantùm ad ipsam perditionem, sed ratione suæ justitiæ, vel propter bonum quod inde provenit.

Ad tertium dicendum quòd hoc quòd Deus aliquorum excæcationem ordinat in eorum salutem, misericordiæ est; quòd autem excæcatio aliorum ordinetur ad eorum damnatio-

---

(1) Vulgata : *Deus mortem non fecit, nec lætatur in perditione vivorum.*

nem, justitiæ est; quòd autem misericordiam quibusdam impendit, et non omnibus, non facit personarum acceptionem in Deo, sicut in primo dictum est, qu. 23, art. 5, ad 3.

Ad quartum dicendum quòd mala culpæ non sunt facienda, ut veniant bona; sed mala pœnæ sunt inferenda propter bonum.

QUÆSTIO LXXX.

DE CAUSA PECCATI EX PARTE DIABOLI. —
(In quatuor articulos divisa.)

Deinde considerandum est de causa peccati ex parte diaboli; et circa hoc quæruntur quatuor : 1° utrùm diabolus sit directè causa peccati; 2° utrùm diabolus inducat ad peccandum, interiùs persuadendo; 3° utrùm possit necessitatem peccandi inducere; 4° utrùm omnia peccata ex diaboli suggestione proveniant.

ARTICULUS PRIMUS. — *Utrùm diabolus sit homini directè causa peccandi.* — *(Sup., qu. 75, art. 3, et 3 p., qu. 8, art. 7, et Mal. qu. 3, art. 3 et 4, et quodl. 3, art. 8, corp.)*

Ad primum sic proceditur. 1. Videtur quòd diabolus sit homini directè causa peccandi. Peccatum enim directè in affectu consistit. Sed Augustinus dicit 4 de Trinit., cap. 12, in princ., quòd *diabolus suæ societati malignos affectus inspirat;* et Beda super Act. (super illud cap. 5 : *Anania, cur tentavit,* etc.), dicit quòd *diabolus animam in affectum malitiæ trahit;* et Isidorus dicit in lib. 2 de summo Bono, cap. 41, in fin., et lib. 3, cap. 5, quòd *diabolus corda hominum occultis cupiditatibus replet.* Ergo diabolus directè est causa peccati.

2. Præterea, Hieronymus dicit, lib. 2 cont. Jovinian., cap. 2, à med., quòd *sicut Deus est perfector boni, ita diabolus est perfector mali.* Sed Deus est directè causa bonorum nostrorum. Ergo diabolus est directè causa peccatorum nostrorum.

3. Præterea, Philosophus dicit in quodam cap. Ethic. Eudemicæ (scilicet cap. 18, lib. 7, à princ.) : *Oportet esse quoddam principium extrinsecum humani consilii.* Consilium autem humanum non solùm est de bonis, sed etiam de malis. Ergo sicut Deus movet ad consilium bonum, et per hoc directè est causa boni, ita diabolus movet hominem ad consilium malum, et per hoc sequitur quòd diabolus directè sit causa peccati.

Sed contra est quòd Augustinus probat in lib. 1 de liber. Arb., cap. 11, circ. princ., et in 3, cap. 17 et 18, quòd *nulla alia re fit mens hominis serva libidinis, nisi propria voluntate.* Sed homo non fit servus libidinis nisi per peccatum. Ergo causa peccati non potest esse diabolus, sed sola propria voluntas.

Respondeo dicendum quòd peccatum actus quidam est. Unde hoc modo potest esse aliquid directè causa peccati, per quem modum aliquis directè est causa alicujus actûs; quod quidem non contingit nisi per hoc quòd proprium principium illius actûs movet ad agendum. Proprium autem principium actûs peccati est voluntas, quia omne peccatum est voluntarium. Unde nihil potest directè esse causa peccati, nisi quòd potest movere voluntatem ad agendum.

Voluntas autem, sicut supra dictum est, qu. 9, art. 3, 4 et 6, à duobus moveri potest : uno modo ab objecto, sicut dicitur quòd appetibile apprehensum movet appetitum; alio modo ab eo quod interiùs inclinat voluntatem ad volendum; hoc autem non est nisi vel ipsa voluntas, vel Deus, ut supra ostensum est, loc. cit. Deus autem non potest esse causa peccati, ut dictum est qu. 79, art. 1. Relinquitur ergo quòd ex hâc parte sola voluntas hominis sit directè causa peccati ejus.

Ex parte autem objecti potest intelligi quòd aliquid moveat voluntatem tripliciter : uno modo ipsum objectum propositum, sicut dicimus quòd cibus excitat desiderium hominis ad comedendum; alio modo ille qui proponit vel offert hujusmodi objectum; tertio modo ille qui persuadet objectum propositum habere rationem boni, quia et hic aliqualiter proponit proprium objectum voluntati, quod est rationis bonum verum vel apparens. Primo igitur modo res sensibiles exteriùs apparentes movent voluntatem hominis ad peccandum; secundo autem et tertio modo vel diabolus vel etiam homo potest incitare ad peccandum, vel offerendo aliquid appetibile sensui, vel persuadendo rationi.

Sed nullo istorum trium modorum potest aliquid esse directa causa peccati, quia voluntas non ex necessitate movetur ab aliquo objecto, nisi ab ultimo fine, ut supra dictum est, qu. 10, art. 1 et 2. Unde non est sufficiens causa peccati neque exteriùs oblata, neque ille qui eam proponit, neque ille qui persuadet. Unde sequitur quòd diabolus non sit causa peccati directè vel sufficienter, sed solùm per modum persuadentis vel proponentis appetibile.

Ad primum ergo dicendum quòd omnes illæ auctoritates, et si quæ similes inveniantur, sunt referendæ ad hoc quòd diabolus suggerendo, vel aliqua appetibilia proponendo, inducit ad affectum peccati.

Ad secundum dicendum quòd similitudo illa est attendenda quantùm ad hoc quòd diabolus quodammodò est causa peccatorum nostrorum, sicut Deus est aliquo modo causa bonorum nostrorum, non tamen attenditur quantùm ad modum causandi : nam Deus causat bona interiùs movendo voluntatem, quod diabolo convenire non potest.

Ad tertium dicendum quòd Deus est universale principium omnis interioris motûs humani; sed quòd determinetur ad malum consilium voluntas humana, hoc directè quidem est ex voluntate humanâ et diabolo per modum persuadentis, vel appetibilia proponentis.

ARTICULUS II. — *Utrùm diabolus possit inducere ad peccandum interiùs instigando.* — *(Mal. qu. 3, art. 4, et qu. 16, art. 2, et quodl. 3, art. 8, corp.)*

Ad secundum sic proceditur. 1. Videtur quòd diabolus non possit inducere ad peccandum interiùs instigando. Interiores enim motus animæ sunt quædam opera vitæ. Sed nullum opus vitæ potest esse nisi à principio intrinseco, nec etiam opus animæ vegetabilis, quod est infimum inter opera vitæ. Ergo dia-

·bolus secundùm interiores motus non potest hominem instigare ad malum.

2. Præterea, omnes interiores motus secundùm ordinem naturæ à sensibus exterioribus oriuntur. Sed præter ordinem naturæ aliquid operari est solius Dei, ut in 1 dictum est, qu. 110, art. 4. Ergo diabolus non potest in interioribus motibus hominis aliquid operari, nisi secundùm ea quæ in exterioribus sensibus apparent.

3. Præterea, interiores actus animæ sunt intelligere et imaginari. Sed quantùm ad neutrum horum potest diabolus aliquid operari, quia, ut in 1 habitum est (implic. qu. 111, art. 2, ad 2, et art. 3, ad 2), diabolus non imprimit in intellectum humanum; in phantasiam etiam videtur quòd imprimere non possit, quia formæ imaginariæ, tanquàm magis spirituales, sunt digniores quàm formæ quæ sunt in materiâ sensibili, quas tamen ·diabolus imprimere non potest, ut patet ex ·his quæ in primo habita sunt, quæst. 110, art. 2, et qu. 111, art. 2, et art. 3, ad 2. Ergo diabolus non potest secundùm interiores motus inducere hominem ad peccatum.

Sed contra est quia secundùm hoc nunquàm tentaret hominem, nisi visibiliter apparendo : quod patet esse falsum.

Respondeo dicendum quòd interior pars animæ est intellectiva et sensitiva. Intellectiva autem continet intellectum et voluntatem. Et de voluntate quidem jam dictum est, art. præc., et p. 1, qu. 111, art. 1, quomodò ad eam diabolus se habet.

Intellectus autem per se quidem movetur ·ab aliquo illuminante ipsum ad cognitionem veritatis; quod diabolus circa hominem non intendit, sed magis obtenebrat rationem ejus ad consentiendum peccato; quæ quidem obtenebratio provenit ex phantasiâ et appetitu sensitivo. Unde tota interior operatio diaboli esse videtur circa phantasiam et appetitum sensitivum; quorum utrumque commovendo potest inducere ad peccatum.

Potest enim operari ad hoc quòd imaginationi aliquæ formæ imaginariæ præsententur : potest etiam facere quòd appetitus sensitivus concitetur ad aliquam passionem. Dictum est enim in primo lib., quæst. 110, art. 3, quòd natura corporalis spirituali naturaliter ·obedit ad motum localem. Unde et diabolus omnia illa causare potest quæ ex motu locali corporum inferiorum provenire possent, nisi ·virtute divinâ reprimatur. Quod autem aliquæ formæ repræsententur imaginationi, sequitur quandoque ad motum localem. Dicit enim Philosophus in· libro de Somno et Vigiliâ (veļ lib. de Insomn., qui illi annectitur, cap. 3 et 4), quòd cùm animal dormierit, descendente plurimo sanguine ad principium sensitivum, simul descendunt motus, sive impressiones relictæ ex sensibilium motionibus, quæ in sensibilibus speciebus conservantur, et movent principium apprehensivum, ita quòd apparent ac si tunc principium sensitivum à rebus ipsis exterioribus immutaretur. Unde talis motus ·localis spirituum vel humorum procurari potest à dæmonibus, sive dormiant, sive vigilent homines. Et sic sequitur quòd homo

aliqua imaginetur.

Similiter etiam appetitus sensitivus concitatur ad aliquas passiones secundùm quemdam determinatum motum cordis et spirituum. Unde ad hoc etiam diabolus potest cooperari. Et ex hoc quòd passiones aliquæ concitantur in appetitu sensitivo, sequitur quòd et motum, sive intentionem sensibilem prædicto modo reductam ad principium apprehensivum magis homo percipiat, quia, ut Philosophus in eodem lib., ut sup., cap. 2, versùs fin., dicit : *Amantes modicâ similitudine in apprehensionem rei amatæ moventur.* Contingit etiam ex hoc quòd passio est concitata, ut id quod proponitur imaginationi, judicetur prosequendum, quia ei qui à passione detinetur, videtur esse bonum id ad quod per passionem inclinatur. Et per hunc modum interiùs diabolus inducit ad peccandum.

Ad primum ergo dicendum quòd etsi opera vitæ semper sint ab aliquo principio intrinseco, tamen ad ea potest cooperari aliquod exteriùs agens, sicut etiam ad opera animæ vegetabilis operatur calor exterior, ut faciliùs digeratur cibus.

Ad secundum dicendum quòd hujusmodi apparitio formarum imaginabilium non est omninò præter ordinem naturæ, nec est per solum imperium, sed per motum localem, ut dictum est in corp. art.

Unde patet responsio ad tertium, quia formæ illæ sunt a sensibus acceptæ primordialiter.

ARTICULUS III. — *Utrùm diabolus possit necessitatem inferre ad peccandum.* — (*Mal. quæst. 3, art. 3, ad 9, et art. 4, corp., et quæst. 16, art. 2, ad 10, et art. 12, ad 10.*)

Ad tertium sic proceditur. 1. Videtur quòd diabolus possit necessitatem inferre ad peccandum. Potestas enim major potest necessitatem inferre minori. Sed de diabolo dicitur Job. 41, 24 : *Non est potestas super terram quæ ei valeat comparari* (1). Ergo potest homini terreno necessitatem inferre ad peccandum.

2. Præterea, ratio hominis non potest moveri nisi secundùm ea quæ exteriùs sensibus proponuntur, et imaginationi repræsentantur : quia *omnis nostra cognitio ortum habet à sensu; et non est intelligere sine phantasmate*, ut dicitur in lib. 3 de Animâ, text. 30 et 39. Sed diabolus potest movere imaginationem hominis, ut dictum est art. præc., et etiam exteriores sensus. Dicit enim Augustinus in libro 83 QQ., qu. 12, circ. princ., quòd *serpit hoc malum*, scilicet quod est à diabolo, *per omnes aditus sensibiles, dat se figuris, accommodat se coloribus, adhæret sonis, infundit se saporibus.* Ergo potest rationem hominis ex necessitate inclinare ad peccandum.

3. Præterea, secundùm Augustinum, libro 19 de Civ. Dei, cap. 4, ante med., *nonnullum peccatum est cùm caro concupiscit adversùs spiritum.* Sed concupiscentiam carnis diabolus potest causare, sicut et cæteras passiones, eo modo quo supra dictum est, art. præc. Ergo ex necessitate potest inducere ad peccandum.

Sed contra est quod dicitur 1 Petr. ult., 8 ·

(1) Vulgata : *Quæ comparetur ei.*

Adversarius vester diabolus, tanquàm leo rugiens, circuit quærens quem devoret; cui resistite fortes in fide. Frustra autem talis admonitio daretur, si homo ei ex necessitate succumberet. Non ergo potest homini necessitatem inducere ad peccandum.

Præterea, Jacobi 4 similiter dicitur: *Subditi estote Deo; resistite autem diabolo, et fugiet à vobis:* quod nec rectè aut verè diceretur, si diabolus posset inferre qualemcumque necessitatem ad peccandum; quia sic ei nunquàm resisti posset, nec à resistentibus ipse fugeret. Ergo talem necessitatem ad peccandum non infert.

Respondeo dicendum quòd diabolus propria virtute, nisi refrenetur à Deo, potest aliquem inducere ex necessitate ad faciendum aliquem actum qui de suo genere peccatum est; non autem potest inducere necessitatem peccandi.

Quod patet ex hoc quòd homo motivo ad peccandum non resistit nisi per rationem; cujus usum totaliter impedire potest movendo imaginationem et appetitum sensitivum, sicut in arreptitiis patet. Sed tunc, ratione sic ligatâ, quidquid homo agat, non imputatur ei ad peccatum. Sed si ratio non sit totaliter ligata, ex eâ parte quâ est libera, potest resistere peccato, sicut supra dictum est, qu. 77, art. 7. Unde manifestum est quòd diabolus nullo modo potest necessitatem inducere homini ad peccandum.

Ad primum ergo dicendum quòd non quælibet potestas major homine potest movere voluntatem hominis, sed solus Deus, ut supra habitum est, qu. 9, art. 6.

Ad secundum dicendum quòd illud quod est apprehensum per sensum, vel imaginationem, non ex necessitate movet voluntatem, si homo habeat usum rationis; nec semper hujusmodi apprehensio ligat rationem.

Ad tertium dicendum quòd concupiscentia carnis contra spiritum, quando ratio ei actualiter resistit, non est peccatum, sed materia exercendæ virtutis; quòd autem ratio ei non resistat, non est in potestate diaboli; et ideò non potest inducere necessitatem peccati.

ARTICULUS IV. — *Utrùm omnia peccata hominum sint ex suggestione diaboli.* — (1 p., qu. 63, art. 2, corp., et quæst. 114, art. 3, et 3, quæst. 8, art. 7, ad 2, et Mal. quæst. 3, art. 5.)

Ad quartum sic proceditur. 1. Videtur quòd omnia peccata hominum sint ex suggestione diaboli. Dicit enim Dionysius, 4 cap. de div. Nom., part. 4, lect. 19, quòd *multitudo dæmonum causa est omnium malorum et sibi, et aliis.*

2. Præterea, quicumque peccat mortaliter, efficitur servus diaboli, secundùm illud Joan. 8, 34: *Qui facit peccatum, servus est peccati.* Sed *ei aliquis in servitutem addicitur à quo est superatus,* ut dicitur 2 Petr. 2, 19. Ergo quicumque facit peccatum, superatus est à diabolo.

3. Præterea, Gregorius dicit, libro 4 Moral., cap. 10, à med., quòd *peccatum diaboli est irreparabile, quia cecidit nullo suggerente.* Si igitur aliqui homines peccarent per liberum

arbitrium nullo suggerente, eorum peccatum esset irremediabile; quod patet esse falsum. Ergo omnia peccata humana à diabolo suggeruntur.

Sed contra est quod dicitur in lib. de ecclesiasticis Dogmatibus, cap. 82: *Non omnes cogitationes nostræ malæ à diabolo excitantur, sed aliquoties ex nostri arbitrii motu emergunt.*

Respondeo dicendum quòd occasionaliter quidem et indirectè diabolus est causa omnium peccatorum nostrorum, in quantum induxit primum hominem ad peccandum, ex cujus peccato in tantum vitiata est humana natura, ut omnes ad peccandum proclives simus; sicut si diceretur esse causa combustionis lignorum qui ligna siccaret, ex quo sequeretur quòd facilè incenderentur.

Directè autem non est causa omnium peccatorum humanorum, ita quòd singula peccata persuadeat. Quod Origenes, lib. 3 Periar., cap. 2, probat ex hoc quia etiamsi diabolus non esset, homines haberent appetitum ciborum, et venereorum, et similium; qui posset esse inordinatus, nisi ratione ordinaretur, quod subjacet libero arbitrio.

Ad primum ergo dicendum quòd multitudo dæmonum est causa omnium malorum nostrorum secundùm primam originem, ut dictum est in corp. art.

Ad secundum dicendum quòd non solùm fit servus alicujus qui ab eo superatur, sed etiam qui ei voluntariè se subjicit; et hoc modo fit servus diaboli, qui motu proprio peccat.

Ad tertium dicendum quòd peccatum diaboli fuit irremediabile, quia nec aliquo suggerente peccavit, nec habuit aliquam pronitatem ad peccandum ex præcedenti suggestione causatam; quod de nullo hominis peccato dici potest.

QUÆSTIO LXXXI.

DE CAUSA PECCATI EX PARTE HOMINIS. — (*In quinque articulos divisa.*)

Deinde considerandum est de causâ peccati ex parte hominis. Cùm autem homo sit causa peccati alteri homini exteriùs suggerendo, sicut et diabolus, habet quemdam specialem modum causandi peccatum in alterum per originem. Unde de peccato originali dicendum est; et circa hoc tria consideranda occurrunt: primò de ejus traductione; secundò de ejus essentiâ; tertiò de ejus subjecto.

Circa primum quæruntur quinque: 1° utrùm primum peccatum hominis derivetur per originem in posteros; 2° utrùm omnia alia peccata primi parentis, vel etiam aliorum parentum per originem in posteros deriventur; 3° utrùm peccatum originale derivetur ad omnes qui ex Adam per viam seminis generantur; 4° utrùm derivaretur ad illos qui miraculosè ex aliquâ parte humani corporis formarentur; 5° utrùm si fœmina peccâsset, viro non peccante, traduceretur originale peccatum.

ARTICULUS PRIMUS. — *Utrùm primum peccatum primi parentis traducatur per originem in posteros.* — (3 p., quæst. 19, art. 4, ad 1, et 2, dist. 33, qu. 1, art. 1, et 4 cont., *cap. 50, 51 et 52, et Mal. qu. 4, art. 1, et opusc. 3, cap. 201, 202, 203 et 204, et Rom. 5, lect. 3.)*

Ad primum sic proceditur. 1. Videtur quòd primum peccatum primi parentis non traducatur ad alios per originem. Dicitur enim Ezech. 18, 20 : *Filius non portabit iniquitatem patris.* Portaret autem, si ab eo iniquitatem traheret. Ergo nullus trahit ab aliquo parentum per originem aliquod peccatum.

2. Præterea, accidens non traducitur per originem, nisi traducto subjecto, eò quòd accidens non transit de subjecto in subjectum. Sed anima rationalis, quæ est subjectum culpæ, non traducitur per originem, ut in 1 ostensum est, qu. 118, art. 2. Ergo neque aliqua culpa per originem traduci potest.

3. Præterea, omne illud quod traducitur per originem humanam, causatur ex semine. Sed semen non potest causare peccatum, eò quòd caret rationali parte animæ, quæ sola potest esse causa peccati. Ergo nullum peccatum potest trahi per originem.

4. Præterea, quod est perfectius in naturâ, virtuosius est ad agendum. Sed caro perfecta non potest inficere animam sibi unitam; alioquin anima non posset emundari à culpâ originali, dùm est carni unita. Ergo multò minùs semen potest inficere animam.

5. Præterea, Philosophus dicit in 3 Ethic., cap. 5, à med., quòd *propter naturam turpes nullus increpat, sed eos qui propter desidiam et negligentiam.* Dicuntur autem *naturâ turpes,* qui habent turpitudinem ex suâ origine. Ergo nihil quod est per originem est increpabile, neque peccatum.

Sed contra est quod Apostolus dicit Roman. 5, 12 : *Per unum hominem peccatum in hunc mundum intravit;* quod non potest intelligi per modum imitationis vel incitationis, propter hoc quod dicitur Sap. 2, 24 : *Invidiâ diaboli mors intravit in orbem terrarum.* Restat ergo quòd per originem à primo homine peccatum in mundum intravit.

Respondeo dicendum quòd secundùm fidem catholicam est tenendum quòd primum peccatum primi hominis originaliter transit in posteros. Propter quod etiam pueri mox nati deferuntur ad baptismum, tanquàm ab aliquâ infectione culpæ abluendi. Contrarium autem est hæresis Pelagianæ, ut patet per Augustinum in plurimis suis libris, ut lib. 1 Retract., cap. 9, ad fin., et lib. de peccat. Merit. et Remiss., cap. 9, et lib. 1 cont. Jul., cap. 3, et lib. 3, cap. 1, et lib. de Dono persever., cap. 11 et 12.

Ad investigandum autem qualiter peccatum primi parentis originaliter possit transire in posteros, diversi diversis viis processerunt. Quidam enim considerantes quòd peccati subjectum est anima rationalis, posuerunt quòd cùm semine rationalis anima traducatur, ut sic ex infectâ animâ infecta animæ derivari videantur.

Alii verò hoc repudiantes tanquàm erroneum, conati sunt ostendere quomodò culpâ animæ parentis traducitur in prolem, etiamsi anima non traducatur, per hoc quòd corporis

defectus traducuntur à parente in prolem, sicut leprosus generat leprosum, et podagricus podagricum, propter aliquam corruptionem seminis, licèt talis corruptio non dicatur lepra vel podagra. Cùm autem corpus sit proportionatum animæ, et defectus animæ redundent in corpus, et è converso, simili modo dicunt quòd culpabilis defectus animæ per traductionem seminis in prolem derivatur, quamvis semen actualiter non sit culpæ subjectum.

Sed omnes hujusmodi viæ insufficientes sunt, quia dato quòd aliqui defectus corporales à parente transeant in prolem per originem, et etiam aliqui defectus animæ ex consequenti propter corporis indispositionem (sicut interdùm ex fatuis fatui generantur); tamen hoc ipsum quod est ex origine aliquem defectum habere, videtur excludere rationem culpæ, de cujus ratione est quòd sit voluntaria. Unde etiam posito quòd anima rationalis traduceretur, ex hoc ipso quòd infectio animæ prolis non esset in ejus voluntate, amitteret rationem culpæ obligantis ad pœnam, quia, ut Philosophus dicit in 3 Ethic., cap. 5, à med., nullus improperabit cæco nato, sed magis miserebitur.

Et ideò aliâ viâ procedendum est, dicendo quòd omnes homines qui nascuntur ex Adam possunt considerari ut unus homo, in quantum conveniunt in naturâ, quam à primo parente accipiunt; secundùm quòd in civilibus omnes homines qui sunt unius communitatis, reputantur quasi unum corpus, et tota communitas quasi unus homo; sicut etiam Porphyrius dicit, cap. de Specie, circ. med., quòd *participatione speciei plures homines sunt unus homo.* Sic igitur multi homines ex Adam derivati sunt tanquàm multa membra unius corporis. Actus autem unius membri corporalis, putà manus, non est voluntarius voluntate ipsius manûs, sed voluntate animæ, quæ primò movet membrum. Unde homicidium quod manus committit, non imputaretur manui ad peccatum, si consideraretur manus secundùm se, ut divisa à corpore; sed imputatur ei, in quantum est aliquid hominis, quod movetur à primo principio motivo hominis. Sic igitur inordinatio quæ est in isto homine ex Adam generato, non est voluntaria voluntate ipsius, sed voluntate primi parentis, qui movet motione generationis omnes qui ex ejus origine derivantur, sicut voluntas animæ movet omnia membra ad actum. Unde peccatum quod sic à primo parente in posteros derivatur, dicitur *originale,* sicut peccatum quod ab animâ derivatur ad membra corporis, dicitur *actuale:* et sicut peccatum actuale quod per membrum aliquod committitur, non est peccatum illius membri, nisi in quantum illud membrum est aliquid ipsius hominis, propter quod vocatur *peccatum humanum,* ita peccatum originale non est peccatum hujus personæ, nisi in quantum hæc persona recipit naturam à primo parente; unde et vocatur *peccatum naturæ,* secundùm illud Ephes. 2, 3 : *Eramus naturâ filii iræ.*

Ad primum ergo dicendum quòd filius dicitur non portare peccatum patris, quia non punitur pro peccato patris, nisi sit particeps culpæ. Et sic est in proposito; derivatur enim per originem culpa à patre in filium, sicut et peccatum actuale per imitationem.

Ad secundum dicendum quòd etsi anima non traducatur, quia virtus seminis non potest causare animam rationalem, movet tamen ad ipsam dispositivè; unde per virtutem seminis traducitur humana natura à parente in prolem, et simul cum naturâ naturæ infectio. Ex hoc enim fit iste qui nascitur, consors culpæ primi parentis, quòd naturam ab eo sortitur per quamdam generativam motionem.

Ad tertium dicendum quòd etsi culpa non sit actu in semine, est tamen ibi virtute humana natura (1), quam concomitatur talis culpa.

Ad quartum dicendum quòd semen est principium generationis, quæ est proprius actus naturæ, ejus propagationi deserviens; et ideò magis inficitur anima per semen quàm per carnem jam perfectam, quæ jam determinata est ad personam.

Ad quintum dicendum quòd illud quod est per originem, non est increpabile, si consideretur iste qui nascitur secundùm se; sed si consideretur prout refertur ad aliquod principium, sic potest esse ei increpabile; sicut aliquis qui nascitur, patitur ignominiam generis ex culpâ alicujus progenitorum causatam.

Articulus II. — *Utrùm etiam alia peccata primi parentis vel proximorum parentum traducuntur in posteros.* — (2, dist. 20, quæst. 2, art. 3, ad 1, et dist. 32, quæst. 1, art. 1, et 4 cont., cap. 52, ad 12, et Mal. quæst. 5, art. 8.)

Ad secundum sic proceditur. 1. Videtur quòd etiam alia peccata vel ipsius primi parentis, vel proximorum parentum traducantur in posteros. Pœna enim nunquàm debetur nisi culpæ. Sed aliqui puniuntur judicio divino pro peccato proximorum parentum, secundùm illud Exod. 20, 5 : *Ego sum Deus zelotes, visitans iniquitatem patrum in filios in tertiam et quartam generationem.* Judicio etiam humano in crimine læsæ majestatis filii exhæredantur pro peccato parentum. Ergo etiam culpa proximorum parentum transit ad posteros.

2. Præterea, magis potest transferre in alterum id quod habet aliquis à seipso, quàm id quod habet ex alio, sicut ignis magis potest calefacere quàm aqua calefacta. Sed homo transfert in prolem per originem peccatum quod habet ab Adam. Ergo multò magis peccatum quod ipse commisit.

3. Præterea, ideò contrahimus à primo parente peccatum originale, quia in eo fuimus sicut in principio naturæ, quam ipse corrupit. Sed similiter fuimus in proximis parentibus sicut in quibusdam naturæ principiis, quæ etsi sit corrupta, potest adhuc magis corrumpi per peccatum, secundùm illud Apoc. ult., 11 : *Qui in sordibus est, sordescat adhuc.*

Ergo filii contrahunt peccata proximorum parentum per originem, sicut et primi parentis.

Sed contra, bonum est magis diffusivum sui quàm malum. Sed merita proximorum parentum non traducuntur ad posteros. Ergo multò minùs peccata.

Respondeo dicendum quòd Augustinus quæstionem movet in Enchir., cap. 46 et 47, et insolutam relinquit.

Sed si aliquis diligenter attendat, impossibile est quòd aliqua peccata proximorum parentum, vel etiam primi parentis, præter primum, per originem traducantur. Cujus ratio est quia homo generat sibi idem in specie, non autem secundùm individuum : et ideò ea quæ directè pertinent ad individuum, sicut personales actus, et quæ ad eos pertinent, non traducuntur à parentibus in filios : non enim grammaticus traducit in filium scientiam grammaticæ, quam proprio studio acquisivit; sed ea quæ pertinent ad naturam speciei, traducuntur à parentibus in filios, nisi sit defectus naturæ, sicut oculatus generat oculatum, nisi natura deficiat; et si natura sit fortis, etiam aliqua accidentia individualia propagantur in filios, pertinentia ad dispositionem naturæ, sicut velocitas corporis, bonitas ingenii, et alia hujusmodi; nullo autem modo ea quæ sunt purè personalia, ut dictum est hìc sup. Sicut autem ad personam pertinet aliquid secundùm seipsam, et aliquid ex dono gratiæ, ita etiam ad naturam potest aliquid pertinere secundùm seipsam, scilicet quod causatur ex principiis ejus, et aliquid ex dono gratiæ. Et hoc modo justitia originalis, sicut in 1 dictum est, quæst. 100, art. 1, erat quoddam donum gratiæ toti humanæ naturæ divinitùs collatum in primo parente, quod quidem primus homo amisit per primum peccatum. Unde, sicut illa originalis justitia traducta fuisset in posteros simul cum naturâ, ita etiam inordinatio opposita. Sed alia peccata actualia vel primi parentis vel aliorum non corrumpunt naturam quantùm ad id quod naturæ est, sed solùm quantùm ad id quod personæ est, id est, secundùm pronitatem ad actum. Unde alia peccata non traducuntur.

Ad primum ergo dicendum quòd pœnâ spirituali, sicut Augustinus dicit in epistolâ ad Avitum (seu ad Auxilium), nunquàm puniuntur filii pro parentibus, nisi communicent in culpâ vel per originem, vel per imitationem, quia omnes animæ immediatè sunt Dei, ut dicitur Ezech. 18. Sed pœnâ corporali interdùm judicio divino vel humano puniuntur filii pro parentibus, in quantum filius est aliquid patris secundùm corpus.

Ad secundum dicendum quòd illud quod habet aliquis ex se, magis potest traducere, dummodò sit traducibile; sed peccata actualia proximorum parentum non sunt traducibilia, quia sunt purè personalia, ut dictum est in corp. art.

Ad tertium dicendum quòd primum peccatum corrumpit naturam humanam corruptione ad naturam pertinente; alia verò peccata corrumpunt eam corruptione per-

---

(1) Ita optimè codd. Tarrac. et Alean. Editi passim, *humanæ naturæ.*

tinente ad solam personam.

ARTICULUS III. — *Utrùm peccatum primi parentis transeat per originem in omnes homines.* — (1 p., quæst. 100, art. 1, corp., et 3, quæst. 32, art. 8, et quæst. 52, art. 7, ad 2, et quæst. 68, art. 9, corp., et 2, dist. 51, quæst. 1, art. 2, et 3, dist. 3, quæst. 4, art. 2, et 4 cont., cap. 50 et 52, et Mal. quæst. 4, art. 6, et quodl. 6, art. 7, et Rom. 5, lect. 3, fin.)

Ad tertium sic proceditur. 1. Videtur quòd peccatum primi parentis non transeat per originem in omnes homines. Mors enim est pœna consequens originale peccatum. Sed non omnes qui procedunt seminaliter ex Adam, morientur; illi enim qui, vivi reperientur in adventu Domini, nunquàm morientur, ut videtur per hoc quod dicitur 1 Thessalon. 4, 14 : *Nos, qui vivimus, non præveniemus in adventu Domini eos qui dormierunt.* Ergo illi non contrahunt originale peccatum.

2. Præterea, nullus dat alteri quod ipso non habet. Sed homo baptizatus non habet peccatum originale. Ergo non traducitur ipsum in prolem.

3. Præterea, donum Christi est majus quàm peccatum Adæ, ut Apostolus dicit Rom. 5. Sed donum Christi non transit in omnes homines. Ergo nec peccatum Adæ.

Sed contra est quod Apostolus dicit Rom. 5, 12 : *Mors in omnes pertransiit, in quo omnes peccaverunt.*

Respondeo dicendum quòd secundùm fidem catholicam firmiter est tenendum quòd omnes homines, præter solum Christum, ex Adam derivati peccatum originale ex Adam contrahunt; alioquin non omnes indigerent redemptione, quæ est per Christum; quod est erroneum.

Ratio autem sumi potest ex hoc quod supra dictum est, art. 1 hujus quæst., scilicet quòd sic ex peccato primi parentis traducitur culpa originalis in posteros, sicut à voluntate animæ per motionem membrorum traducitur peccatum actuale ad membra corporis. Manifestum est autem quòd peccatum actuale traduci potest ad omnia membra quæ nata sunt moveri à voluntate. Unde et culpa originalis traducitur ad omnes illos qui moventur ab Adam motione generationis.

Ad primum ergo dicendum quòd probabiliùs et convenientiùs tenetur quòd omnes illi qui in adventu Domini reperientur, morientur, et post modicum resurgent, ut in tertio libro pleniùs dicetur (quem non absolvit; vide Supplem., quæst. 78, art. 2, arg. 3).

Si tamen hoc verum sit, quod alii dicunt, quòd illi nunquàm morientur, sicut Hieronymus narrat diversorum opiniones in quàdam epistolà ad Minerium, de resurrectione carnis (quæ incipit : *In ipso jam perfectionis artic.*, ante med.), dicendum est ad argumentum quòd illi, etsi non moriantur, est tamen in eis reatus mortis, sed pœna aufertur à Deo, qui etiam peccatorum actualium pœnas condonare potest

Ad secundum dicendum quòd peccatum originale per baptismum aufertur reatu, in quantum anima recuperat gratiam quantùm ad mentem; remanet tamen peccatum originale actu quantùm ad fomitem, qui est inordinatio partium inferiorum animæ et ipsius corporis, secundùm quod homo generat, et non secundùm mentem; et ideo baptizati traducunt peccatum originale. Non enim parentes generant, in quantum sunt renovati per baptismum, sed in quantum retinent adhuc aliquid de vetustate primi peccati.

Ad tertium dicendum quòd, sicut peccatum Adæ traducitur in omnes qui ab Adam corporaliter generantur, ita gratia Christi traducitur in omnes qui ab eo spiritualiter generantur per fidem et baptismum; et non solùm ad removendam culpam primi parentis, sed etiam ad removendum peccata actualia, et ad introducendum in gloriam.

ARTICULUS IV. — *Utrùm si aliquis ex humanâ carne formaretur miraculosè, contraheret originale peccatum.* — (2, dist. 31, quæst. 1, art. 2, ad 3, et dist. 33, quæst. 1, art. 1, ad 4, et 3, dist. 2, quæst. 1, art. 2, quæst. 2, ad 2, et Mal. quæst. 4, art. 7.)

Ad quartum sic proceditur. 1. Videtur quòd si aliquis formaretur ex carne humanâ miraculosè, contraheret originale peccatum. Dicit enim quædam Glossa (ord. August.) Genes. 3, quòd in *lumbis Adæ fuit tota posteritas corrupta; quia non est separata priùs in loco vitæ, sed postea in loco exilii.* Sed si aliquis homo sic formaretur, sicut dictum est, caro ejus separaretur in loco exilii. Ergo contraheret originale peccatum.

2. Præterea, peccatum originale causatur in nobis, in quantum anima inficitur ex carne. Sed caro tota hominis est infecta. Ergo ex quâcumque parte carnis homo formaretur, anima ejus inficeretur infectione originalis peccati.

3. Præterea, peccatum originale à primo parente pervenit in omnes, in quantum omnes in eo peccante fuerunt. Sed illi qui ex carne humanâ formarentur, in Adam fuissent. Ergo peccatum originale contraherent.

Sed contra est quia non fuissent in Adam secundùm *seminalem rationem* : quod solùm causat traductionem peccati originalis, ut Augustinus dicit 10 super Gen., ad litt., cap. 18, 19, 20.

Respondeo dicendum quòd, sicut jam dictum est art. 1 et 3 hujus quæst., peccatum originale à primo parente traducitur in posteros, in quantum moventur ab ipso per generationem, sicut membra moventur ab animâ ad peccatum actuale. Non autem est motio ad generationem nisi per virtutem activam in generatione (1). Unde illi soli peccatum originale contrahunt, qui ab Adam descendunt per virtutem activam in generatione originaliter ab Adam derivatam, quod est secundùm *seminalem rationem* ab eo descendere ; nam ratio seminalis nihil aliud est

(1) Ita editi passim, Mss. adstipulantibus. Nicolaius hìc et infra ter corrigit, *in generante*.

quàm vis activa in generatione. Si autem aliquis formaretur virtute divinâ ex carne humanâ, manifestum est quòd vis activa non derivaretur ab Adam. Unde non contraheret peccatum originale; sicut nec actus manûs pertineret ad peccatum humanum, si manus non moveretur à voluntate hominis, sed ab aliquo extrinseco movente.

Ad primum ergo dicendum quòd Adam non fuit in loco exilii nisi post peccatum. Unde non propter locum exilii, sed propter peccatum traducitur originalis culpa ad omnes, ad quos activa ejus generatio pervenit.

Ad secundum dicendum quòd caro non inficit animam, nisi in quantum est principium activum in generatione, ut dictum est in corp.

Ad tertium dicendum quòd ille qui formaretur ex carne humanâ, fuisset in Adam secundùm *corpulentam substantiam*, sed non secundùm *seminalem rationem*, ut dictum est in corp. art., et ideò non contraheret originale peccatum.

ARTICULUS V. — *Utrùm si Adam non peccásset, Evâ peccante, filii originale peccatum contraherent.* — (2, dist. 31, quæst. 1, art. 2, ad 4, et 4, dist. 1, quæst. 2, art. 2, quæst. 2, ad 1, et Mal. quæst. 4, art. 7, ad 4 et 5, et Rom. 5, lect. 3, et 1 Cor. 15, lect. 3, med.)

Ad quintum sic proceditur. 1. Videtur quòd si Adam non peccâsset, Evâ peccante, filii originale peccatum contraherent. Peccatum enim originale à parentibus contrahimus, in quantum in eis fuimus, secundùm illud Apostoli Rom. 5, 12 : *In quo omnes peccaverunt.* Sed sicut homo præexistit in patre suo, ita in matre. Ergo ex peccato matris homo peccatum originale contraheret, sicut et ex peccato patris.

2. Præterea, si Eva peccâsset, Adam non peccante, filii passibiles et mortales nascerentur ; mater enim dat materiam in generatione, ut dicit Philosophus in 2 de Generatione animalium, cap. 1, parùm à princ., et cap. 4. Mors autem et omnis passibilitas provenit ex necessitate materiæ. Sed passibilitas et necessitas moriendi sunt pœna peccati originalis ; ergo si Eva peccâsset, Adam non peccante, filii contraherent originale peccatum.

3. Præterea, Damascenus dicit in lib. 3 orthod. Fid., cap. 2, quòd *Spiritus sanctus prævenit* (1) *in Virginem*, de quâ Christus erat absque peccato originali nasciturus, purgans eam. Sed illa purgatio non fuisset necessaria, si infectio originalis peccati non contraheretur ex matre. Ergo infectio originalis peccati ex matre trahitur ; et sic, Evâ peccante, ejus filii peccatum originale contraherent, etiamsi Adam non peccâsset.

Sed contra est quod Apostolus dicit Rom. 5, 12 : *Per unum hominem peccatum in hunc mundum intravit.* Magis autem fuisset dicendum quòd per duos intrâsset, cùm ambo peccaverint, vel potiùs per mulierem, quæ

primò peccavit, si fœmina peccatum originale in prolem transmitteret. Non ergo peccatum originale derivatur in filios à matre, sed à patre

Respondeo dicendum quòd hujus dubitationis solutio ex præmissis patet. Dictum est enim supra art. 1 hujus quæst., quòd peccatum originale à primo parente traducitur, in quantum ipse movet ad generationem natorum. Unde dictum est art. præc., quòd si materialiter tantùm aliquis ex carne humanâ generaretur, originale peccatum non contraheret. Manifestum est autem secundùm doctrinam Philosophorum, quòd principium activum in generatione est à patre, materiam autem mater ministrat. Unde peccatum originale non contrahitur à matre, sed à patre. Et secundùm hoc, si Adam non peccante, Eva peccâsset, filii originale peccatum non contraherent ; è converso autem esset, si Adam peccâsset, et Eva non.

Ad primum ergo dicendum quòd in patre præexistit filius sicut in principio activo, sed in matre sicut in principio materiali et passivo. Unde non est similis ratio.

Ad secundum dicendum quòd quibusdam videtur quòd Evâ peccante, si Adam non peccâsset, filii essent immunes à culpâ ; paterentur tamen necessitatem moriendi, et alias passibilitates provenientes ex necessitate materiæ, quam mater ministrat, non sub ratione pœnæ, sed sicut quosdam naturales defectus. Sed hoc non videtur conveniens. Immortalitas enim et impassibilitas primi status non erat ex conditione materiæ, ut in primo dictum est, qu. 97, art. 1. Sed ex originali justitiâ, per quam corpus subdebatur animæ, quamdiù anima esset subjecta Deo. Defectus autem originalis justitiæ est peccatum originale. Si igitur, Adam non peccante, peccatum originale non transfunderetur in posteros propter peccatum Evæ, manifestum est quòd in filiis non esset defectus originalis justitiæ ; unde non esset in eis passibilitas vel necessitas moriendi.

Ad tertium dicendum quòd illa purgatio præveniens in Beatâ Virgine (1), non requirebatur ad auferendam transfusionem originalis peccati ; sed quia oportebat ut Mater Dei maximâ puritate niteret ; non enim est aliquid dignè receptaculum Dei, nisi sit mundum, secundùm illud Psal. 92, 5 : *Domum tuam, Domine, decet sanctitudo.*

QUÆSTIO LXXXII.

DE ORIGINALI PECCATO QUANTUM AD SUAM ESSENTIAM. — (*In quatuor articulos divisa.*)

Deinde considerandum est de peccato originali quantùm ad suam essentiam ; et circa hoc quæruntur quatuor : 1° utrùm originale peccatum sit habitus ; 2° utrùm sit unum tantùm in uno homine ; 3° utrùm sit concupiscentia ; 4° utrùm æqualiter sit in omnibus.

ARTICULUS PRIMUS. — *Utrùm originale peccatum sit habitus.* — (1, dist. 5, quæst. 1,

---

(1) Ita editi passim. Cod. Alcan., *pervenit*. Al., *provenit*. Item cum textu Damasceni, *supervenit*.

(1) Nicolaius per parenthesim : *Sive superveniens in Beatam Virginem.*

art. 1, et dist. 7, quæst. 1, art. 1, ad 2, et 2,
dist. 30, quæst. 1, art. 3, ad 2, et Verit.
quæst. 20, art. 1, ad 2, et Mal. quæst. 4,
art. 2)

Ad primum sic proceditur. 1. Videtur quòd originale peccatum non sit habitus. Originale enim peccatum est carentia originalis justitiæ, ut Anselmus dicit in libro de Conceptu virginali, cap. 2 et 3 et 26, et sic originale peccatum est quædam privatio. Sed privatio opponitur habitui. Ergo originale peccatum non est habitus.

2. Præterea, actuale peccatum habet plus de ratione culpæ quàm originale, in quantum habet plus de ratione voluntarii. Sed habitus actualis peccati non habet rationem culpæ; alioquin sequeretur quòd homo dormiens culpabiliter peccaret. Ergo nullus habitus originalis habet rationem culpæ.

3. Præterea, in malis actus semper præcedit habitum; nullus enim habitus malus est infusus, sed acquisitus. Sed originale peccatum non præcedit aliquis actus. Ergo originale peccatum non est habitus.

Sed contra est quod Augustinus dicit in lib. de Baptismo puer., seu de peccat. Mer. et Remis. lib. 1, cap. 39, et serm. 45 de Temp., quòd *secundùm peccatum originale parvuli sunt concupiscibiles, etsi non sint actu concupiscentes.* Sed habilitas dicitur secundùm aliquem habitum. Ergo peccatum originale est habitus.

Respondeo dicendum quòd, sicut supra dictum est, quæst. 50, art. 1, duplex est habitus : unus quidem quo inclinatur potentia ad agendum, sicut scientiæ et virtutes dicuntur habitus ; et hoc modo peccatum originale non est habitus. Alio modo dicitur habitus dispositio alicujus naturæ ex multis compositæ secundùm quòd benè se habet vel malè ad aliquid ; et præcipuè cùm talis dispositio fuerit quasi in naturam versa, ut patet de ægritudine et sanitate ; et hoc modo peccatum originale est habitus. Est enim quædam inordinata dispositio proveniens ex dissolutione illius harmoniæ in quâ consistebat ratio originalis justitiæ; sicut etiam ægritudo corporalis est quædam inordinata dispositio corporis, secundùm quam solvitur æqualitas, in quâ consistit ratio sanitatis. Unde peccatum originale languor naturæ dicitur.

Ad primum ergo dicendum quòd, sicut ægritudo corporalis habet aliquid de privatione, in quantum tollitur æqualitas sanitatis, et aliquid habet positivè, scilicet ipsos humores inordinatè dispositos, ita etiam peccatum originale habet privationem originalis justitiæ, et cum hoc inordinatam dispositionem partium animæ. Unde non est privatio pura, sed est quidam habitus corruptus (1).

Ad secundum dicendum quòd actuale peccatum est inordinatio quædam actùs ; originale verò, cùm sit quoddam naturæ, est quædam inordinata dispositio ipsius naturæ, quæ habet rationem culpæ, in quantum derivatur ex primo parente, ut dictum est quæst. præc., art. 1. Hujusmodi autem dispositio na-

turæ inordinata habet rationem habitùs ; sed inordinata dispositio actùs non habet rationem habitùs; et propter hoc peccatum originale potest esse habitus, non autem peccatum actuale.

Ad tertium dicendum quòd objectio illa procedit de habitu quo potentia inclinatur in actum. Talis autem habitus non est peccatum originale; quamvis etiam ex peccato originali sequatur aliqua inclinatio in actum inordinatum, non directè, sed indirectè, scilicet per remotionem prohibentis, id est, originalis justitiæ, quæ prohibebat inordinatos motus sicut etiam ex ægritudine corporali indirectè sequitur inclinatio ad motus corporales inordinatos. Nec debet dici quòd peccatum originale sit habitus infusus aut acquisitus per actum (nisi primi parentis, non autem hujus personæ), sed per vitiatam originem innatus.

ARTICULUS II. — *Utrùm in uno homine sint multa originalia peccata. — (2, dist. 33, quæst. 1, art. 1, et Mal. quæst. 4, art. 1, corp., fin.. et art. 2, princ., et art. 8, ad 1, et Psal. 31, et Rom. 4, lect. 1, et cap. 5, lect. 3.)*

Ad secundum sic proceditur. 1. Videtur quòd in uno homine sint multa originalia peccata. Dicitur enim in Psal. 50, 7 : *Ecce enim in iniquitatibus conceptus sum, et in peccatis concepit me mater mea.* Sed peccatum in quo homo concipitur est originale. Ergo plura peccata originalia sunt in uno homine.

2. Præterea, unus et idem habitus non inclinat ad contraria ; habitus enim inclinat per modum naturæ, quæ tendit in unum. Sed peccatum originale etiam in uno homine inclinat ad diversa peccata contraria. Ergo peccatum originale non est unus habitus, sed plures.

3. Præterea, peccatum originale inficit omnes animæ partes. Sed diversæ partes animæ sunt diversa subjecta peccati, ut ex præmissis patet, quæst. 74. Cùm igitur unum peccatum non possit esse in diversis subjectis, videtur quòd peccatum originale non sit unum, sed multa.

Sed contra est quod dicitur Joan. 1, 29 : *Ecce agnus Dei, ecce qui tollit peccatum mundi;* quod singulariter dicitur, quia *peccatum mundi,* quod est peccatum originale, est unum, ut Glossa ordin. ibid. exponit.

Respondeo dicendum quòd in uno homine est unum peccatum originale. Cujus ratio dupliciter accipi potest : uno modo ex parte causæ peccati originalis. Dictum est enim supra, quæst. præc., art. 2, quòd solum primum peccatum primi parentis in posteros traducitur. Unde peccatum originale in uno homine est unum numero, et in omnibus hominibus est unum proportione, in respectu scilicet ad primum principium.

Alio modo potest accipi ratio ejus ex ipsâ essentiâ originalis peccati : in omni enim inordinatâ dispositione unitas speciei consideratur ex parte causæ; unitas autem secundùm numerum ex parte subjecti, sicut patet in ægritudine corporali; sunt enim diversæ ægritudines specie, quæ ex diversis causis

___
(1) Al., *co:trarius.*

procedunt, putà ex superabundantiâ calidi vel frigidi, vel ex læsione pulmonis vel hepatis ; una autem ægritudo secundùm speciem in uno homine non est nisi una numero. Causa autem hujus corruptæ dispositionis, quæ dicitur originale peccatum, est una tantùm, scilicet privatio originalis justitiæ, per quam sublata est subjectio humanæ mentis ad Deum. Et ideò peccatum originale est unum specie, et in uno homine non potest esse nisi unum numero.

In diversis autem hominibus est, unum specie et proportione, diversum autem numero.

Ad primum ergo dicendum quòd pluraliter dicitur in peccatis, secundùm illum morem divinæ Scripturæ, quo frequenter ponitur pluralis numerus pro singulari, sicut Matth. 2, 20 : Defuncti sunt qui quærebant animam pueri ; vel quia in peccato originali virtualiter præexistunt omnia peccata actualia sicut in quodam principio, unde est multiplex virtute ; vel quia in peccato primi parentis, quod per originem traducitur, fuerunt plures deformitates, scilicet superbiæ, inobedientiæ, gulæ, et alia hujusmodi ; vel quia multæ partes animæ inficiuntur per peccatum originale.

Ad secundum dicendum quòd unus habitus non potest inclinare per se et directò, id est, per propriam formam, ad contraria, sed indirectè et per accidens, scilicet per remotionem prohibentis, sicut solutâ harmoniâ corporis mixti, elementa tendunt in loca contraria ; et similiter, solutâ harmoniâ originalis justitiæ, diversæ animæ potentiæ in diversa feruntur.

Ad tertium dicendum quòd peccatum originale inficit diversas partes animæ, secundùm quòd sunt partes unius totius ; sicut et justitia originalis continebat omnes animæ partes in unum ; et ideò est unum tantùm peccatum originale, sicut etiam est una febris in uno homine, quamvis diversæ partes corporis graventur.

ARTICULUS III. — Utrùm originale peccatum sit concupiscentia. — (P. 3, quæst. 23, art. 1, corp., et 2, dist. 30, quæst. 1, art. 2, corp., et ad 4, et in Expos. lit., et dist. 31, quæst. 2, art. 1, ad 3, et dist. 32, quæst. 1, art. 1, ad 1, 3 et 4, et Mal. quæst. 3, art. 7, corp., fin., et quæst. 4, art. 2, per tot., et art. 4, ad 2, et art. 6, ad 16.)

Ad tertium sic proceditur. 1. Videtur quòd peccatum originale non sit concupiscentia. Omne enim peccatum est contra naturam, ut dicit Damascenus in 2 lib. orth. Fid., cap. 4 et 30. Sed concupiscentia est secundùm naturam ; est enim proprius actus virtutis concupiscibilis, quæ est potentia naturalis. Ergo concupiscentia non est peccatum originale.

2. Præterea, per peccatum originale sunt in nobis passiones peccatorum, ut patet per Apostolum, Rom. 7. Sed multæ aliæ sunt passiones præter concupiscentiam, ut supra habitum est, quæst. 23, art 4. Ergo peccatum originale non magis est concupiscentia quàm aliqua alia passio.

3. Præterea, per peccatum originale deordinantur omnes animæ partes, ut dictum est art. præc., ad 1. Sed intellectus est supremus inter animæ partes, ut patet per Philosophum, in 10 Ethic., cap. 7. Ergo peccatum originale magis est ignorantia quàm concupiscentia.

Sed contra est quod Augustinus dicit in lib. 1 Retract., cap. 15, parùm à princ. : Concupiscentia est reatus originalis peccati.

Respondeo dicendum quòd unumquodque habet speciem à suâ formâ. Dictum est autem supra, art. præc., quòd species peccati originalis sumitur ex suâ causâ. Unde oportet quòd id quod est formale in originali peccato, accipiatur ex parte causæ peccati originalis. Oppositorum autem oppositæ sunt causæ. Est igitur attendenda causa originalis peccati ex causâ originalis justitiæ, quæ ei opponitur.

Tota autem ordinatio originalis justitiæ ex hoc est quòd voluntas hominis erat Deo subjecta. Quæ quidem subjectio primò et principaliter erat per voluntatem, cujus est movere omnes alias partes in finem, ut supra dictum est, quæst. 9, art. 1. Unde ex aversione voluntatis à Deo consecuta est in ordinatio in omnibus aliis animæ viribus. Sic ergo privatio originalis justitiæ, per quam voluntas subdebatur Deo, est formale in peccato originali ; omnis autem alia inordinatio virium animæ se habet in peccato originali sicut quiddam materiale. Inordinatio autem aliarum virium animæ præcipuè in hoc attenditur quòd inordinatò convertuntur ad bonum commutabile ; quæ quidem inordinatio communi nomine potest dici concupiscentia. Et ita peccatum originale materialiter quidem est concupiscentia, formaliter verò est defectus originalis justitiæ.

Ad primum ergo dicendum quòd quia in homine concupiscibilis naturaliter regitur ratione, in tantum concupiscere est homini naturale, in quantum est secundùm rationis ordinem. Concupiscentia autem quæ transcendit limites rationis, inest homini contra naturam ; et talis est concupiscentia originalis peccati.

Ad secundum dicendum quòd, sicut supra dictum est, quæst. 25, art. 1, passiones irascibilis ad passiones concupiscibilis reducuntur sicut ad principaliores ; inter quas concupiscentia vehementiùs movet, et magis sentitur, ut supra habitum est, quæst. 25, art. 2, ad 1 ; et ideò concupiscentiæ attribuitur tanquàm principaliori, et in quâ quodammodò omnes aliæ passiones includuntur.

Ad tertium dicendum quòd, sicut in bonis intellectus et ratio principalitatem habent, ita è converso in malis inferior pars animæ principalior invenitur, quæ obnubilat et trahit rationem, ut supra dictum est, quæst. 80, art. 2. Et propter hoc peccatum originale magis dicitur esse concupiscentia quàm ignorantia ; licèt etiam ignorantia inter defectus materiales peccati originalis contineatur.

ARTICULUS IV. — Utrùm peccatum originale sit æqualiter in omnibus. — (2, dist. 32, quæst. 1, art. 1.)

Ad quartum sic proceditur. 1. Videtur quòd peccatum originale non sit æqualiter in omnibus. Est enim peccatum originale concupiscentia inordinata, ut dictum est art. præc. Sed non omnes æqualiter sunt proni ad concupiscendum. Ergo peccatum originale non est æqualiter in omnibus.

2. Præterea, peccatum originale est quædam inordinata dispositio animæ, sicut ægritudo est quædam inordinata dispositio corporis. Sed ægritudo recipit *magis* et *minus*. Ergo peccatum originale recipit *magis* et *minus*.

3. Præterea, Augustinus dicit in lib. 1 de Nup. et Concupiscent., cap. 23 et 24, quòd *libido transmittit originale peccatum in prolem.* Sed contingit esse majorem libidinem unius in actu generationis, quàm alterius. Ergo peccatum originale potest esse majus in uno quàm in alio.

Sed contra est quia peccatum originale est peccatum naturæ, ut dictum est quæst. præc., art. 2. Sed natura æqualiter est in omnibus. Ergo et peccatum originale.

Respondeo dicendum quòd in originali peccato sunt duo : quorum unum est defectus originalis justitiæ; aliud autem est relatio hujus defectûs ad peccatum primi parentis, à quo per vitiatam originem deducitur.

Quantùm autem ad primum, peccatum originale non recipit *magis* et *minus*, quia totum donum originalis justitiæ est sublatum : privationes autem totaliter aliquid privantes, ut mors et tenebræ, non recipiunt *magis* et *minus*, sicut supra dictum est, quæst. 73, art. 2. Similiter etiam nec quantùm ad secundum; æqualiter enim omnes relationem habent ad primum principium vitiatæ originis, ex quo peccatum originale recipit rationem culpæ; relationes enim non recipiunt *magis* et *minus*. Unde manifestum est quòd peccatum originale non potest esse magis in uno quàm in alio.

Ad primum ergo dicendum quòd, soluto vinculo originalis justitiæ, sub quo quodam ordine omnes vires animæ continebantur, unaquæque vis animæ tendit in suum proprium motum, et tantò vehementiùs, quantò fuerit fortior. Contingit autem vires aliquas animæ esse fortiores in uno quàm in alio, propter diversas corporis complexiones. Quòd ergo unus homo sit pronior ad concupiscendum quàm alter, non est ratione peccati originalis, cum in omnibus æqualiter solvatur vinculum originalis justitiæ, et æqualiter in omnibus partes inferiores animæ sibi relinquantur ; sed accidit hoc ex diversa dispositione potentiarum, sicut dictum est hìc sup.

Ad secundum dicendum quòd ægritudo corporalis non habet in omnibus æqualem causam, etiamsi sit ejusdem speciei; putà si sit febris ex cholerâ putrefactâ, potest esse major vel minor putrefactio, et propinquior vel remotior à principio vitæ. Sed causa originalis peccati in omnibus est æqualis. Unde non est simile.

Ad tertium dicendum quòd libido quæ transmittit peccatum originale in prolem, non

est libido actualis, quia dato quòd virtute divinâ concederetur alicui quòd nullam inordinatam libidinem in actu generationis sentiret, adhuc transmitteret in prolem originale peccatum. Sed libido illa est intelligenda habitualiter, secundùm quòd appetitus sensitivus non continetur sub ratione, soluto vinculo originalis justitiæ; et talis libido in omnibus est æqualis.

QUÆSTIO LXXXIII.
DE SUBJECTO ORIGINALIS PECCATI. — (*In quatuor articulos divisa.*)

Deinde considerandum est de subjecto originalis peccati; et circa hoc quæruntur quatuor : 1° utrùm subjectum originalis peccati per prius sit caro vel anima; 2° si anima, utrùm per essentiam aut per potentias suas; 3° utrùm voluntas per prius sit subjectum peccati originalis, quàm aliæ potentiæ animæ; 4° utrùm aliquæ potentiæ animæ sint specialiter infectæ, scilicet generativa, vis concupiscibilis et sensus tactús.

ARTICULUS PRIMUS. — *Utrùm originale peccatum sit magis in carne quàm in animâ.* — (1, dist. 18, qu. 2, art. 1, ad 3, et dist. 30, qu. 1, art. 2, ad 4, et dist. 31, quæst. 1, art. 1, ad 2 et 4, et quæst. 1, art. 1, per tot., et Ver. quæst. 25, art. 6, corp., et quæst. 27, art. 6, ad 2, et Mal. quæst. 4, art. 3 et 4, et Rom. 5, lect. 3.)

Ad primum sic proceditur. 1. Videtur quòd peccatum originale magis sit in carne quàm in animâ. Repugnantia enim carnis ad mentem ex corruptione originalis peccati procedit. Sed radix hujus repugnantiæ in carne consistit; dicit enim Apostolus ad Rom. 7, 23 : *Video aliam legem in membris meis repugnantem legi mentis meæ.* Ergo originale peccatum in carne principaliter consistit.

2. Præterea, unumquodque potiùs est in causâ quàm in effectu, sicut calor magis est in igne calefaciente quàm in aquâ calefactâ. Sed anima inficitur infectione originalis peccati per semen carnale. Ergo peccatum originale magis est in carne quàm in animâ.

3. Præterea, peccatum originale ex primo parente contrahimus, prout in eo fuimus secundùm *rationem seminalem.* Sic autem non fuit ibi anima, sed sola caro. Ergo originale peccatum non est in animâ, sed in carne.

4. Præterea, anima rationalis creata à Deo corpori infunditur. Si igitur anima per peccatum originale inficeretur, consequens esset quòd ex suâ creatione vel infusione inquinaretur; et sic Deus esset causa peccati, qui est auctor creationis et infusionis.

5. Præterea, nullus sapiens liquorem pretiosum vasi infecto infunderet, ex quo sciret ipsum liquorem infici. Sed anima rationalis est pretiosior omni liquore. Si ergo anima ex corporis unione infici posset infectione originalis culpæ, Deus, qui ipsa sapientia est, nunquàm animam tali corpori infunderet. Infundit autem. Non ergo inquinatur ex carne. Sic igitur peccatum originale non est in animâ, sed in carne.

Sed contra est quòd idem est subjectum virtutis et vitii, sive peccati, quod contrariatur virtuti. Sed caro non potest esse subjectum virtutis. Dicit enim Apostolus ad Rom. 7, 18 : *Scio quòd non habitat in me, hoc est, in carne meâ, bonum.* Ergo caro non potest esse subjectum originalis peccati, sed solùm anima.

Respondeo dicendum quòd aliquid potest esse in aliquo dupliciter : uno modo sicut in causâ vel principali vel instrumentali ; alio modo sicut in subjecto. Peccatum ergo originale omnium hominum fuit quidem in ipso Adam sicut in primâ causâ principali, secundùm illud Apostoli Rom. 5, 12 : *In quo omnes peccaverunt.* In semine autem corporali est peccatum originale sicut in causâ instrumentali, eò quòd per virtutem activam seminis traducitur peccatum originale in prolem simul cum naturâ humanâ. Sed sicut in subjecto peccatum originale nullo modo potest esse in carne, sed solùm in animâ. Cujus ratio est, quia, sicut supra dictum est, quæst. 81, art. 1, hoc modo ex voluntate primi parentis peccatum originale traducitur in posteros per quamdam generativam motionem, sicut à voluntate alicujus hominis derivatur peccatum actuale ad alias partes ejus. In quâ quidem derivatione potest attendi quòd quidquid provenit ex motione voluntatis peccati ad quamcumque partem hominis quæ quocumque modo potest esse particeps peccati vel per modum subjecti, vel per modum instrumenti, habet rationem culpæ ; sicut ex voluntate gulæ provenit (1) concupiscentia cibi ad concupiscibilem, et sumptio cibi ad manus et eos, quæ in quantum moventur à voluntate ad peccandum, sunt instrumenta peccati. Quod verò ulteriùs derivatur ad vim nutritivam, et ad interiora membra, quæ non sunt nata moveri à voluntate, non habet rationem culpæ. Sic igitur cùm anima possit esse subjectum culpæ, caro autem de se non habeat quòd sit subjectum culpæ, quidquid pervenit de corruptione primi peccati ad animam, habet rationem culpæ ; quod autem pervenit ad carnem, non habet rationem culpæ, sed pœnæ. Sic igitur anima est subjectum peccati originalis, non autem caro.

Ad primum ergo dicendum quòd, sicut Augustinus dicit in lib. 1 Retract., cap. 26, vers. fin., Apostolus loquitur ibi de homine jam redempto, qui liberatus est à culpâ, sed subjacet pœnæ, ratione cujus peccatum dicitur habitare in carne. Unde ex hoc non sequitur quòd caro sit subjectum culpæ, sed solùm pœnæ.

Ad secundum dicendum quòd peccatum originale causatur ex semine sicut ex causâ instrumentali : non autem oportet quòd aliquid sit principalius in causâ instrumentali quàm in effectu, sed solùm in causâ principali. Et hoc modo peccatum originale potiori modo fuit in Adam, in quo fuit secundùm rationem peccati actualis.

Ad tertium dicendum quòd anima hujus hominis non fuit secundùm *seminalem rationem* in Adam peccante sicut in principio effectivo, sed sicut in principio dispositivo ; eò

quòd semen corporale, quod ex Adam traducitur, suâ virtute non efficit animam rationalem, sed ad eam disponit.

Ad quartum dicendum quòd infectio originalis peccati nullo modo causatur à Deo, sed ex solo peccato primi parentis per carnalem generationem. Et ideò cùm creatio importet respectum animæ ad solum Deum, non potest dici quòd anima ex suâ creatione inquinetur. Sed infusio importat respectum et ad Deum infundentem, et ad carnem, cui infunditur anima. Et ideò habito respectu ad Deum infundentem, non potest dici quòd anima per infusionem maculetur, sed solùm habito respectu ad corpus, cui infunditur.

Ad quintum dicendum quòd bonum commune præfertur bono singulari ; unde Deus secundùm suam sapientiam non prætermittit universalem ordinem rerum, qui est ut tali corpori talis anima infundatur, ut vitetur singularis infectio hujus animæ ; præsertim cùm natura animæ hoc habeat ut esse non incipiat nisi in corpore, ut in 1 habitum est, quæst. 118, art. 3. Melius est autem ei sic esse secundùm naturam, quàm nullo modo esse, præsertim cùm possit per gratiam damnationem evadere.

ARTICULUS II. — *Utrùm peccatum originale sit per prius in essentiâ animæ quàm in potentiis.* — (*Inf., art. 3, et 2, dist. 31, qu. 2, art. 1, et Ver. quæst. 25, art. 6, corp., et quæst. 27 art. 6, ad 2, et Mal. quæst. 4, art. 1.*)

Ad secundum sic proceditur. 1. Videtur quòd peccatum originale non sit per prius in essentiâ animæ quàm in potentiis. Anima enim nata est esse subjectum peccati quantùm ad id quod potest à voluntate moveri. Sed etiam non movetur à voluntate secundùm suam essentiam, sed solùm secundùm potentias. Ergo peccatum originale non est in animâ secundùm suam essentiam, sed solùm secundùm potentias.

2. Præterea, peccatum originale opponitur originali justitiæ. Sed originalis justitia erat in aliquâ potentiâ animæ, quæ est subjectum virtutis. Ergo et peccatum originale est magis in potentiâ animæ quàm in ejus essentiâ.

3. Præterea, sicut à carne peccatum originale derivatur ad animam, ita ab essentiâ animæ derivatur ad potentias. Sed peccatum originale magis est in animâ quàm in carne. Ergo etiam magis est in potentiis animæ quàm in ejus essentiâ.

4. Præterea, peccatum originale dicitur esse concupiscentia, ut dictum est quæst. 82, art. 3. Sed concupiscentia est in potentiis animæ. Ergo et peccatum originale.

Sed contra est quòd peccatum originale dicitur esse peccatum naturale, ut supra dictum est, quæst. 81, art.1. Anima autem est forma et natura corporis secundùm essentiam suam, et non secundùm potentias, ut in 1 habitum est, quæst. 76, art. 1. Ergo anima est subjectum originalis peccati principaliter secundùm suam essentiam.

Respondeo dicendum quòd illud animæ est

principaliter subjectum alicujus peccati ad quod primò pertinet causa motiva illius peccati; sicut si causa motiva ad peccandum sit delectatio sensûs, quæ pertinet ad vim concupiscibilem, sicut objectum proprium ejus, sequitur quòd vis concupiscibilis sit proprium subjectum illius peccati.

Manifestum est autem quòd peccatum originale causatur per originem. Unde illud animæ quod primò attingitur ab origine hominis, est primum subjectum originalis peccati. Attingit autem origo animam ut terminum generationis, secundùm quòd est forma corporis; quod quidem convenit ei secundùm essentiam propriam, ut in 1 habitum est, quæst. 76, art. 1. Unde anima secundùm essentiam est primum subjectum originalis peccati.

Ad primum ergo dicendum quòd sicut motio voluntatis alicujus propriè pervenit ad potentias animæ, non autem ad animæ essentiam; ita motio voluntatis primi generantis per viam generationis pervenit primò ad animæ essentiam, ut dictum est in corp.

Ad secundum dicendum quòd etiam originalis justitia pertinebat primordialiter ad essentiam animæ; erat enim donum divinitùs datum humanæ naturæ, quam per prius respicit essentia animæ quàm potentias. Potentiæ enim magis videntur pertinere ad personam, in quantum sunt principia personalium actuum. Unde sunt propria subjecta peccatorum actualium, quæ sunt peccata personalia.

Ad tertium dicendum quòd corpus comparatur ad animam sicut materia ad formam; quæ etsi sit posterior in ordine generationis, est tamen prior ordine perfectionis et naturæ. Essentia autem animæ comparatur ad potentias, sicut subjectum ad accidentia propria, quæ sunt posteriora subjecto et ordine generationis, et etiam perfectionis. Unde non est similis ratio.

Ad quartum dicendum quòd concupiscentia se habet materialiter, et ex consequenti in peccato originali, ut supra dictum est, quæst. 82, art. 3.

ARTICULUS III. — *Utrùm peccatum originale per prius inficiat voluntatem quàm alias potentias.* — (*Inf., art. 4, ad 1, et 2, dist. 30, quæst. 1, art. 3, corp., et ad 4, et Ver. quæst. 25, art. 6, corp., et quæst. 27, art. 6. ad 2, et Mal. quæst. 4, art. 3.*)

Ad tertium sic proceditur. 1. Videtur quòd peccatum originale non per prius inficiat voluntatem quàm alias potentias. Omne enim peccatum principaliter pertinet ad potentiam per cujus actum causatur. Sed peccatum originale causatur per actum generativæ potentiæ. Ergo inter cæteras potentias animæ videtur magis pertinere ad generativam potentiam.

2. Præterea, peccatum originale per semen carnale traducitur. Sed aliæ vires animæ propinquiores sunt carni quàm voluntas, sicut patet de omnibus sensitivis, quæ utuntur organo corporali. Ergo magis in eis est peccatum originale quàm in voluntate.

3. Præterea, intellectus est prior voluntate; non enim est voluntas nisi de bono intellecto. Si ergo peccatum originale inficit omnes potentias animæ, videtur quòd per prius inficiat intellectum, tanquàm priorem.

Sed contra est quòd justitia originalis per prius respicit voluntatem; est enim rectitudo voluntatis, ut Anselmus dicit in lib. de Conceptu virginali, cap. 3, à med. Ergo peccatum originale, quod ei opponitur, per prius respicit voluntatem.

Respondeo dicendum quòd in infectione peccati originalis duo est considerare: primò quidem inhærentiam ejus ad subjectum, et secundùm hoc primò respicit essentiam animæ, ut dictum est art. præc. Deinde oportet considerare inclinationem ejus ad actum, et hoc modo respicit potentias animæ.

Oportet ergo quòd illam per prius respiciat quæ primam inclinationem habet ad peccandum. Hæc autem est voluntas, ut ex supra dictis patet, quæst. 74, art. 1 et 2. Unde peccatum originale per prius respicit voluntatem.

Ad primum ergo dicendum quòd peccatum originale non causatur in homine per potentiam generativam prolis, sed per actum potentiæ generativæ parentis. Unde oportet quòd sua (1) potentia generativa sit primum subjectum originalis peccati.

Ad secundum dicendum quòd peccatum originale habet duplicem processum; unum quidem à carne ad animam; alium verò ab essentiâ animæ ad potentias. Primus quidem processus est secundùm ordinem generationis; secundus autem secundùm ordinem perfectionis. Et ideò quamvis aliæ potentiæ, scilicet sensitivæ, propinquiores sint carni, quia tamen voluntas est propinquior essentiæ animæ, tanquàm superior potentia, primò pervenit ad ipsam infectio originalis peccati.

Ad tertium dicendum quòd intellectus quodammodò præcedit voluntatem, in quantum proponit ei suam objectum; alio verò modo voluntas præcedit intellectum secundùm ordinem motionis ad actum; quæ quidem motio pertinet ad peccatum.

ARTICULUS IV. — *Utrùm præfatæ potentiæ sint magis infectæ quàm aliæ.* — (2, dist. 24, quæst. 2, art. 5, et dist. 31, quæst. 1, art. 2, et 4, dist. 31, quæst. 1, art. 1, ad 1, et Ver. quæst. 25, art. 6, corp., et Mal. qu. 4, art. 2, ad 12, et art. 5, ad 5.)

Ad quartum sic proceditur. 1. Videtur quòd prædictæ potentiæ non sint magis infectæ quàm aliæ. Infectio enim originalis peccati magis videtur pertinere ad illam partem quæ priùs potest esse subjectum peccati. Hæc autem est rationis pars, et præcipuè voluntas. Ergo ipsa est magis infecta per peccatum originale.

2. Præterea, nulla vis animæ inficitur per culpam, nisi in quantum potest obedire rationi. Generativa autem non potest obedire, ut dicitur in 1 Ethic., cap. ult., sub fin. Ergo generativa non est maximè infecta per originale peccatum.

(1) Nicolai., *ejus potentia*

3. Præterea, visus inter alios sensus est spiritualior et propinquior rationi, in quantum plures differentias rerum ostendit, ut dicitur in 1 Metaph., circ. princ. lib. Sed infectio culpæ primò est in ratione. Ergo visus magis est infectus quàm tactus.

Sed contra est quod Augustinus dicit in 14 de Civ. Dei, cap. 16, 17, 19 et 24, quòd *infectio originalis culpæ maximè apparet in motu genitalium membrorum, qui rationi non subditur.* Sed illa membra deserviunt generativæ virtuti in commixtione sexuum, in quâ est delectatio secundùm tactum, quæ maximè concupiscentiam movet. Ergo infectio originalis peccati maximè pertinet ad ista tria, scilicet potentiam generativam, vim concupiscibilem et sensum tactûs.

Respondeo dicendum quòd illa corruptio præcipuè *infectio* nominari solet, quæ nata est in aliud transferri ; unde et morbi contagiosi, sicut lepra, scabies, et hujusmodi, *infectiones* dicuntur. Corruptio autem originalis peccati traducitur per actum generationis, sicut supra dictum est, quæst. 81, art. 1. Unde potentiæ quæ ad hujusmodi actum concurrunt, maximè dicuntur esse infectæ. Hujusmodi autem actus deservit generativæ, in quantum ad generationem ordinatur; habet autem in se delectationem tactûs, quæ est maximum objectum concupiscibilis. Et ideò cùm omnes partes animæ dicantur esse corruptæ per peccatum originale; specialiter tres prædictæ dicuntur esse corruptæ et infectæ.

Ad primum ergo dicendum quòd peccatum originale ex eâ parte quæ inclinat in peccata actualia, præcipuè pertinet ad voluntatem, ut dictum est art. præc. Sed ex eâ parte quâ traducitur in prolem, pertinet propinquè ad potentias prædictas, ad voluntatem autem remotè.

Ad secundum dicendum quòd infectio actualis culpæ non pertinet nisi ad potentias quæ moventur à voluntate peccantis. Sed infectio originalis culpæ non derivatur à voluntate ejus qui ipsam contrahit, sed per originem naturæ, cui deservit potentia generativa. Et ideò in eâ est infectio originalis peccati.

Ad tertium dicendum quòd visus non pertinet ad actum generationis nisi secundùm dispositionem remotam, prout scilicet per visum apparet species concupiscibilis; sed delectatio perficitur in tactu; et ideò talis infectio magis attribuitur tactui quàm visui.

QUÆSTIO LXXXIV.

DE CAUSA PECCATI, SECUNDUM QUOD UNUM PECCATUM ALTERIUS PECCATI CAUSA EST. — *(In quatuor articulos divisa.)*

Deinde considerandum est de causâ peccati, secundùm quòd unum peccatum est causa alterius; et circa hoc quæruntur quatuor: 1° utrùm cupiditas sit radix omnium peccatorum; 2° utrùm superbia sit initium omnis peccati; 3° utrùm præter superbiam et avaritiam, debeant dici capitalia vitia aliqua specialia peccata; 4° quot et quæ sint capitalia vitia.

ARTICULUS PRIMUS. — *Utrum cupiditas sit radix omnium peccatorum.* — *(Infr., art. 2, circ. fin., et art. 3, ad 1, et art. 4, ad 4, et 2-2, quæst. 119, art. 2, ad 1, et Mal. quæst. 8, art. 1, ad 1, et quæst. 23, art. 1, ad 5, et Rom. 7, lect. 2, et 1 Cor. 11, lect. 4, fin., et 1 Eth., lect. 6.)*

Ad primum sic proceditur. 1. Videtur quòd cupiditas non sit radix omnium peccatorum. Cupiditas enim, quæ est immoderatus appetitus divitiarum, opponitur virtuti liberalitatis. Sed liberalitas non est radix omnium virtutum. Ergo cupiditas non est radix omnium peccatorum.

2. Præterea, appetitus eorum quæ sunt ad finem, procedit ex appetitu finis. Sed divitiæ, quarum appetitus est cupiditas, non appetuntur nisi ut utiles ad aliquem finem, sicut dicitur in 1 Ethic., cap. 5, circ. fin. Ergo cupiditas non est radix omnis peccati, sed procedit ex aliâ priori radice.

3. Præterea, frequenter invenitur quòd avaritia, quæ *cupiditas* nominatur, oritur ex aliis peccatis, putà cùm quis appetit pecuniam propter ambitionem, vel ut satisfaciat gulæ. Non ergo est radix omnium peccatorum.

Sed contra est quod dicit Apost. 1 ad Timoth. ult., 10 : *Radix omnium malorum est cupiditas.*

Respondeo dicendum quòd secundùm quosdam cupiditas tripliciter dicitur : uno modo, prout est appetitus inordinatus divitiarum, et sic est speciale peccatum; alio modo, secundùm quòd significat inordinatum appetitum cujuscumque boni temporalis, et sic est genus omnis peccati; nam in omni peccato est inordinata conversio ad commutabile bonum, ut dictum est quæst. 71, art. 6, et qu. 72, art. 1. Tertio modo sumitur prout significat quamdam inclinationem naturæ corruptæ ad bona corruptibilia inordinatè appetenda; et sic dicunt, cupiditatem esse radicem omnium peccatorum ad similitudinem radicis arboris, quæ ex terrâ trahit alimentum; sic enim ex amore rerum temporalium omne peccatum procedit.

Et hæc quidem, quamvis vera sint, non tamen videntur esse secundùm intentionem Apostoli, qui dixit cupiditatem esse radicem omnium peccatorum. Manifestè enim ibi loquitur contra eos qui *cùm velint divites fieri, incidunt in tentationes et laqueum diaboli ; eò quòd radix omnium malorum est cupiditas.* Unde manifestum est quòd loquitur de cupiditate secundùm quòd est appetitus inordinatus divitiarum. Et secundùm hoc dicendum est quòd cupiditas, secundùm quòd est speciale peccatum, dicitur radix omnium peccatorum ad similitudinem radicis arboris, quæ alimentum præstat toti arbori. Videmus enim quòd per divitias homo acquirit facultatem perpetrandi quodcumque peccatum, et adhibendi (1) desiderium cujuscumque peccati, eò quòd ad habenda quæcumque temporalia bona potest homo per pecuniam juvari, secundùm

---

(1) Ita cum cod. Alcan. edit. Rom. et Patav. ann. 1698. Al., *habendi* ; item, *adipiscendi* ; *Garcia, adimplendi.*

quod dicitur Eccle. 10, 19 : *Pecuniæ obediunt omnia.* Et secundùm hoc patet quòd cupiditas divitiarum est radix omnium peccatorum.

Ad primum ergo dicendum quòd non ab eodem oritur virtus et peccatum. Oritur enim peccatum ex appetitu commutabilis boni ; et ideò appetitus illius boni quod juvat ad consequenda omnia temporalia bona, radix peccatorum dicitur. Virtus autem oritur ex appetitu incommutabilis boni ; et ideò charitas, quæ est amor Dei, ponitur radix virtutum, secundùm illud Ephes. 3, 17 : *In charitate radicati et fundati.*

Ad secundum dicendum quòd appetitus pecuniarum dicitur esse radix peccatorum, non quidem quia divitiæ propter se quærantur tanquàm ultimus finis, sed quia multùm quæruntur ut utiles ad omnem temporalem finem. Et quia universale bonum est appetibilius quàm aliquod particulare bonum, ideò magis movet appetitum quàm quædam bona singularia, quæ simul cum multis aliis per pecuniam haberi possunt.

Ad tertium dicendum quòd sicut in rebus naturalibus non quæritur quid semper fiat, sed quid in pluribus accidat, eò quòd natura corruptibilium rerum impediri potest ut non semper eodem modo operetur, ita etiam in moralibus consideratur quod ut in pluribus est, non autem quod semper est, eò quòd voluntas non ex necessitate operatur. Non igitur dicitur avaritia radix omnium malorum, quin interdùm aliquod aliud malum sit radix ejus ; sed quia ex ipsâ frequentiùs alia mala oriuntur ratione prædictâ in corp. art.

ARTICULUS II. — *Utrùm superbia sit initium omnis peccati.* — (2 2, quæst. 162, art. 2, et art. 5, ad 1, et art. 7, ad 1, et 2, dist. 42, quæst. 2, art. 1, ad 8. et 4, dist. 17, qu. 2, art. 1, quæst. 1, corp., et Rom. 1, lect. 8, fin., et cap. 7, lect. 4, et 1 Cor. 11, lect. 2.)

Ad secundum sic procedilur. 1. Videtur quòd superbia non sit initium omnis peccati. Radix enim est quoddam principium arboris ; et ita videtur idem esse radix et initium peccati. Sed cupiditas est radix omnis peccati, ut dictum est art. præc. Ergo ipsa etiam est initium omnis peccati, non autem superbia.

2. Præterea, Eccli. 10, 14, dicitur : *Initium superbiæ hominis est apostatare à Deo.* Sed apostasia à Deo est quoddam peccatum. Ergo aliquod peccatum est initium superbiæ. Ergo ipsa non est initium omnis peccati.

3. Præterea, illud videtur esse initium omnis peccati quod facit omnia peccata. Sed hoc est inordinatus amor sui, qui facit civitatem Babylonis, ut Augustinus dicit in 14 de Civ. Dei, cap. ult., et in Psalm. 64, à princ. Ergo amor sui est initium omnis peccati, non autem superbia.

Sed contra est quod dicitur Eccli. 10, 15 : *Initium omnis peccati est superbia.*

Respondeo dicendum quòd quidam dicunt superbiam dici tripliciter. Uno modo, secundùm quod superbia significat inordinatum appetitum propriæ excellentiæ ; et sic dicunt quòd est speciale peccatum. Alio modo, secundùm quòd importat quemdam actualem contemptum Dei, quantùm ad hunc effectum qui est non subdi ejus præcepto ; et sic dicunt quòd est generale peccatum. Tertio modo secundùm quòd importat quamdam inclinationem ad hujusmodi contemptum ex corruptione naturæ ; et sic dicunt quòd est initium omnis peccati. Et differt à cupiditate ; quia cupiditas respicit peccatum ex parte conversionis ad bonum commutabile, ex quo peccatum quodammodò nutritur et fovetur, et propter hoc cupiditas dicitur *radix* ; sed superbia respicit peccatum ex parte aversionis à Deo, cujus præcepto homo subdi recusat ; et ideò vocatur *initium,* quia ex parte aversionis incipit ratio mali.

Et hæc quidem quamvis vera sint, tamen non sunt secundùm intentionem Sapientis, qui dicit : *Initium omnis peccati est superbia.* Manifestè enim loquitur de superbiâ, secundùm quòd est inordinatus appetitus propriæ excellentiæ, ut patet per hoc quod subdit : *Sedes ducum superborum destruxit Deus* ; et de hâc materiâ loquitur ibi ferè in toto capitulo. Et ideò dicendum est quòd superbia etiam secundùm quòd est speciale peccatum, est initium omnis peccati.

Considerandum est enim quòd in actibus voluntariis, cujusmodi sunt peccata, duplex ordo invenitur, scilicet intentionis et executionis. In primo quidem ordine habet rationem principii finis, ut supra multoties dictum est qu. 1, art. 1, ad 1, et art. 3, ad 2, quæst. 20, art. 1, ad 2, et quæst. 57, art. 4. Finis autem in omnibus bonis temporalibus acquirendis est ut homo per illa quamdam perfectionem singularem et excellentiam habeat. Et ideò ex hâc parte superbia, quæ est appetitus excellentiæ, ponitur initium omnis peccati. Sed ex parte executionis est primum id quod præbet opportunitatem adimplendi omnia desideria peccati, quòd habet rationem radicis, scilicet divitiæ. Et ideò ex hâc parte avaritia ponitur esse radix omnium malorum, ut dictum est art. præc.

Et per hoc patet responsio ad primum.

Ad secundum dicendum quòd *apostatare à Deo* dicitur esse initium superbiæ ex parte aversionis ; ex hoc enim quòd homo non vult subdi Deo, sequitur quòd inordinatè velit propriam excellentiam in rebus temporalibus : et sic apostasia à Deo non sumitur ibi quasi speciale peccatum, sed magis ut quædam conditio generalis omnis peccati, quæ est aversio ab incommutabili bono.

Vel potest dici quòd apostatare à Deo dicitur esse initium superbiæ, quia est prima superbiæ species. Ad superbiam enim pertinet cuique superiori nolle subjici, et præcipuè nolle subdi Deo ; ex quo contingit quòd homo supra se ipsum indebitè extollatur quantùm ad alias superbiæ species.

Ad tertium dicendum quòd in hoc homo se amat quòd sui excellentiam vult ; idem enim est se amare, quòd sibi velle bonum. Unde ad idem pertinet quòd ponatur initium omnis peccati superbia, vel amor proprius.

ARTICULUS III. — *Utrùm præter superbiam et avaritiam sint alia peccata specialia, quæ dici debeant capitalia.* — (*Inf.*, *art.* 4, *et locis ibi citatis.*)

Ad tertium sic proceditur. 1. Videtur quòd præter superbiam et avaritiam non sint quædam alia peccata specialia quæ dicantur capitalia. Ita enim se videtur habere caput ad animalia, sicut radix ad plantas, ut dicitur in 2 de Animâ, text. 88; nam radices sunt ori similes. Si igitur cupiditas dicitur *radix omnium malorum*, videtur quòd ipsa sola debeat dici vitium capitale, et nullum aliud peccatum.

2. Præterea, caput habet quemdam ordinem ad alia membra in quantum à capite in omnia membra diffunduntur quodammodò sensus et motus. Sed peccatum dicitur per privationem ordinis. Ergo peccatum non habet rationem capitis; et ita non debent poni aliqua capitalia peccata.

3. Præterea, capitalia crimina dicuntur quæ capite plectuntur. Sed tali pœnâ puniuntur quædam peccata in singulis generibus. Ergo vitia capitalia non sunt aliqua determinata secundùm speciem.

Sed contra est quòd Gregorius, 31 Moralium, cap. 17, versùs fin., enumerat quædam specialia vitia, quæ dicit esse *capitalia*.

Respondeo dicendum quòd *capitale* dicitur à capite. Caput autem propriè quidem est quoddam membrum animalis, quod est principium et directivum totius animalis. Unde metaphoricè omne principium et directivum *caput* vocatur; et etiam homines qui allos dirigunt et gubernant, *capita* aliorum esse dicuntur.

Dicitur ergo vitium capitale uno modo à capite propriè dicto; et secundùm hoc peccatum capitale dicitur peccatum quod capitis pœnâ punitur. Sed sic nunc non intendimus de capitalibus peccatis, sed secundùm quòd alio modo dicitur peccatum capitale, prout metaphoricè significat principium vel directivum aliorum: et sic dicitur vitium capitale ex quo alia vitia oriuntur, et præcipuè secundùm originem causæ finalis, quæ est formalis origo, ut supra dictum est, quæst. 18, art. 6, et quæst. 72, art 6. Et ideò vitium capitale non solùm est principium aliorum, sed etiam est directivum, et quodammodò ductivum aliorum. Semper enim ars vel habitus, ad quem pertinet finis, principatur et imperat circa ea quæ sunt ad finem. Unde Gregorius, 31 Moralium, cap. 17, à med., hujusmodi vitia capitalia ducibus exercituum comparat.

Ad primum ergo dicendum quòd capitale dicitur denominativè à capite; quod quidem est per quamdam derivationem, vel participationem capitis, sicut habens aliquam proprietatem capitis, et non sicut simpliciter caput. Et ideò capitalia vitia dicuntur non solùm illa quæ habent rationem primæ originis, sicut avaritia, quæ dicitur *radix*, et superbia, quæ dicitur *initium*; sed etiam illa quæ habent rationem originis propinquæ respectu plurium peccatorum.

Ad secundum dicendum quòd peccatum ca-

ret ordine ex parte aversionis; ex hâc enim parte habet rationem mali; malum autem, secundùm Augustinum, in libro de Naturâ boni, cap. 4, est *privatio modi, speciei et ordinis*. Sed ex parte conversionis respicit quoddam bonum; et ideò ex hâc parte dicitur habere ordinem.

Ad tertium dicendum quòd illa ratio procedit de capitali peccato, secundùm quòd dicitur à reatu pœnæ. Sic autem hìc non loquimur.

ARTICULUS IV. — *Utrùm convenienter dicantur septem vitia capitalia.* — (2, *dist.* 42, *quæst.* 2, *art.* 3, *Mal. quæst.* 8, *art.* 1.)

Ad quartum sic proceditur. 1. Videtur quòd non sit dicendum septem esse vitia capitalia, quæ sunt *inanis gloria, invidia, ira, avaritia, tristitia, gula, luxuria.* Peccata enim virtutibus opponuntur. Virtutes autem principales sunt quatuor, ut supra dictum est, quæst. 61, art. 2 et 3. Ergo et vitia principalia sive capitalia non sunt nisi quatuor.

2. Præterea, passiones animæ sunt quædam causæ peccati, ut supra dictum est, quæst. 77. Sed passiones animæ principales sunt quatuor, de quarum duabus nulla fit mentio inter prædicta peccata, scilicet de spe et timore; enumerantur autem aliqua vitia ad quæ pertinet delectatio et tristitia; nam delectatio pertinet ad gulam et luxuriam; tristitia verò ad acediam et invidiam. Ergo inconvenienter enumerantur principalia peccata.

3. Præterea, ira non est principalis passio. Non ergo debuit poni inter principalia vitia.

4. Præterea, sicut cupiditas sive avaritia est radix peccati, ita superbia est peccati initium, ut supra dictum est, art. 2 hujus quæst. Sed avaritia ponitur unum de septem vitiis capitalibus. Ergo superbia inter vitia capitalia enumeranda esset.

5. Præterea, quædam peccata committuntur quæ ex nullo horum causari possunt; sicut cùm aliquis errat ex ignorantiâ, vel cùm aliquis ex aliquâ bonâ intentione committit aliquod peccatum, putà cùm aliquis furatur ut det eleemosynam. Ergo insufficienter capitalia vitia enumerantur.

Sed in contrarium est auctoritas Gregorii sic enumerantis, 31 Moral., cap. 17, versùs fin.

Respondeo dicendum quòd, sicut dictum est art. præc., vitia capitalia dicuntur ex quibus alia oriuntur, præcipuè secundùm rationem causæ finalis. Hujusmodi autem origo potest attendi dupliciter: uno quidem modo secundùm conditionem peccantis, qui sic dispositus est ut maximè afficiatur ad unum finem, ex quo ut plurimum in alia peccata procedat. Sed iste modus originis sub arte cadere non potest, eò quòd infinitæ sunt particulares hominum dispositiones. Alio modo secundùm naturalem habitudinem ipsorum finium ad invicem; et secundùm hoc in pluribus unum vitium ex alio oritur. Unde iste modus originis sub arte cadere potest. Secundùm hoc ergo illa vitia capitalia dicuntur, quorum fines habent quasdam primarias rationes mo-

(Vingt-une.)

vendi appetitum; et secundùm harum rationum distinctionem distinguuntur capitalia vitia.

Movet autem aliquid appetitum dupliciter: uno modo directè et per se; et hoc modo bonum movet appetitum ad prosequendum, malum autem secundùm eamdem rationem ad fugiendum. Alio modo indirectè, et quasi per aliud, sicut aliquis aliquod malum prosequitur propter aliquod bonum adjunctum, vel aliquod bonum fugit propter aliquod malum adjunctum.

Bonum autem hominis est triplex : est enim primò quoddam bonum animæ, quod scilicet ex solâ apprehensione rationem appetibilitatis habet, sicut excellentia laudis vel honoris, et hoc bonum inordinatè prosequitur *inanis gloria;* aliud est bonum corporis, et hoc vel pertinet ad conservationem individui, sicut cibus et potus, et hoc bonum inordinatè prosequitur *gula;* aut ad conservationem speciei, sicut coitus, et ad hoc ordinatur *luxuria;* tertium bonum est exterius, scilicet divitiæ, et ad hoc ordinatur *avaritia.* Et eadem quatuor vitia inordinatè fugiunt quatuor mala contraria.

Vel aliter, bonum præcipuè movet appetitum ex hoc quòd participat aliquid de proprietate felicitatis, quam naturaliter omnes appetunt. De cujus ratione est primò quædam perfectio; nam felicitas est perfectum bonum, ad quod pertinet excellentia vel claritas, quam appetit *superbia* vel *inanis gloria.* Secundò de ratione ejus est sufficientia, quam appetit *avaritia* in divitiis eam promittentibus. Tertiò est de conditione ejus delectatio, sine quâ felicitas esse non potest, ut dicitur in 1 Ethic., cap. 7, et in 10, cap. 6, 7, et 8, et hanc appetunt *gula et luxuria.*

Quòd autem aliquis bonum fugiat propter aliquod malum conjunctum, hoc contingit dupliciter : quia aut hoc est respectu boni proprii, et sic est *acedia,* quæ tristatur de bono spirituali propter laborem corporalem adjunctum; aut est de bono alieno, et hoc si sit sine insurrectione, pertinet ad *invidiam,* quæ tristatur de bono alieno, in quantum est impeditivum propriæ excellentiæ; aut est cum quâdam insurrectione ad vindictam, et sic est *ira.* Et ad eadem vitia pertinet prosecutio mali opposili.

Ad primum ergo dicendum quòd non est eadem ratio originis in virtutibus et vitiis. Nam virtutes causantur per ordinem appetitûs ad rationem, vel etiam ad bonum incommutabile, quod est Deus; vitia autem oriuntur ex appetitu boni commutabilis. Unde non oportet quòd principalia vitia opponantur principalibus virtutibus.

Ad secundum dicendum quòd timor et spes sunt passiones irascibilis. Omnes autem passiones irascibilis oriuntur ex passionibus concupiscibilis; quæ etiam omnes ordinantur quodammodò ad delectationem et tristitiam; et ideò delectatio et tristitia principaliter connumerantur in peccatis capitalibus, tanquàm principalissimæ passiones, ut supra habitum est, qu. 25, art. 4.

Ad tertium dicendum quòd ira, licèt non

sit principalis passio, quia tamen habet specialem rationem appetitivi motûs, prout aliquis impugnat bonum alterius sub ratione honesti, id est, justi vindicativi, ideò distinguitur ab aliis capitalibus vitiis.

Ad quartum dicendum quòd superbia dicitur esse *initium omnis peccati,* secundùm rationem finis, ut dictum est art. 2 hujus qu., et secundùm eamdem rationem accipitur principalitas vitiorum capitalium. Et ideò superbia, quasi universale vitium, non connumeratur aliis (1), sed magis ponitur velut *regina quædam omnium vitiorum,* sicut Gregorius dicit, lib. 31 Moral., cap. 17, versùs fin. Avaritia autem dicitur *radix* secundùm aliam rationem, sicut supra dictum est, art. 1 hujus quæst.

Ad quintum dicendum quòd ista vitia dicuntur capitalia, quia ex eis ut frequentiùs alia oriuntur. Unde nihil prohibet aliqua peccata interdùm ex aliis causis oriri.

Potest tamen dici quòd omnia peccata quæ ex ignorantiâ proveniunt, possunt reduci ad acediam, ad quam pertinet negligentia, quâ aliquis recusat bona spiritualia acquirere propter laborem. Ignorantia enim quæ potest esse causa peccati, ex negligentiâ provenit, ut supra dictum est, qu. 76, art. 1 et 2. Quòd autem aliquis committat aliquod peccatum ex bonâ intentione, videtur ad ignorantiam pertinere, in quantum scilicet ignorat quòd *non sunt facienda mala, ut eveniant bona.*

QUÆSTIO LXXXV.

DE EFFECTIBUS PECCATI. — (*In sex articulos divisa.*)

Deinde considerandum est de effectibus peccati; et primò quidem de corruptione boni naturæ; secundò de maculâ animæ; tertiò de reatu pœnæ.

Circa primum quæruntur sex : 1° utrùm bonum naturæ diminuatur per peccatum; 2° utrùm totaliter tolli possit; 3° de quatuor vulneribus quæ Beda ponit, quibus natura humana vulnerata est propter peccatum; 4° utrùm privatio modi, speciei et ordinis sit effectus peccati; 5° utrùm mors et alii defectus corporales sint effectus peccati; 6° utrùm sint aliquo modo homini naturales.

ARTICULUS PRIMUS. — *Utrùm peccatum diminuat bonum naturæ.* — (1 p., quæst. 48, art. 4, et 2, dist. 3, quæst. 2, art. 1, ad 5, et dist. 30, quæst. 1, art. 1, ad 1, et 3, dist. 20, art. 1, quæst. 1, ad 2, et 3 cont., cap. 12, et Mal. quæst. 2, art. 2.)

Ad primum sic proceditur. 1. Videtur quòd peccatum non diminuat bonum naturæ. Peccatum enim hominis non est gravius quàm peccatum dæmonis. Sed bona naturalia in dæmonibus manent integra post peccatum, ut Dionysius dicit 4 cap. de div. Nom., part. 4, lect. 19. Ergo peccatum etiam bonum naturæ humanæ non diminuit.

2. Præterea, transmutato posteriori, non transmutatur prius; manet enim substantia

eadem, transmutatis accidentibus. Sed natura præexistit actioni voluntariæ. Ergo, factâ deordinatione circa actionem voluntariam per peccatum, non transmutatur propter hoc natura, ita quòd bonum naturæ diminuatur.

3. Præterea, peccatum est actus quidam; diminutio autem est passio. Nullum autem agens ex hoc ipso quod agit, patitur; potest autem contingere quòd in unum agat, et ab alio patiatur. Ergo ille qui peccat, per peccatum non diminuit bonum suæ naturæ.

4. Præterea, nullum accidens agit in suum subjectum, quia quod patitur, est potentiá ens; quod autem subjicitur accidenti, jam est actu ens secundùm accidens illud. Sed peccatum est in bono naturæ, sicut accidens in subjecto. Ergo peccatum non diminuit bonum naturæ : diminuere enim quoddam agere est.

Sed contra est quòd, sicut dicitur Lucæ 10, *homo descendens ab Hierusalem in Jericho*, id est, in defectum peccati, *expoliatur gratuitis, et vulneratur in naturalibus*, ut Beda exponit (ut habet Gloss. ordin., sed non sub ejus nomine). Ergo peccatum diminuit bonum naturæ.

Respondeo dicendum quòd bonum naturæ humanæ potest tripliciter dici : primò ipsa principia naturæ, ex quibus ipsa natura constituitur, et proprietates ex his causatæ, sicut potentiæ animæ, et alia hujusmodi. Secundò quia homo à naturâ habet inclinationem ad virtutem, ut supra habitum est, qu. 63, art. 1. Ipsa autem inclinatio ad virtutem est quoddam bonum naturæ. Tertio modo potest dici bonum naturæ, donum originalis justitiæ, quod fuit in primo homine collatum toti humanæ naturæ.

Primum igitur bonum naturæ nec tollitur nec diminuitur per peccatum. Tertium verò bonum naturæ totaliter est ablatum per peccatum primi parentis. Sed medium bonum naturæ, scilicet ipsa naturalis inclinatio ad virtutem, diminuitur per peccatum. Per actus enim humanos fit quædam inclinatio ad similes actus, ut supra dictum est, qu. 51, art. 2. Oportet autem quòd ex hoc quòd aliquid inclinatur ad unum contrariorum, diminuatur inclinatio ejus ad aliud. Unde cùm peccatum sit contrarium virtuti, ex hoc ipso quòd homo peccat, diminuitur bonum naturæ, quod est inclinatio ad virtutem.

Ad primum ergo dicendum quòd Dionysius loquitur de bono primo naturæ, quod est *esse, vivere et intelligere*, ut patet ejus verba intuenti.

Ad secundum dicendum quòd natura etsi sit prior quàm voluntaria actio, tamen habet inclinationem ad quamdam voluntariam actionem. Unde ipsa natura secundùm se non variatur propter variationem voluntariæ actionis; sed ipsa inclinatio variatur ex illâ parte quâ ordinatur ad terminum (1).

Ad tertium dicendum quòd actio voluntaria procedit ex diversis potentiis, quarum una est activa, et alia passiva. Et ex hoc

(1) Ita cum codd. Alcan. et Tarrac. editi passim. Edit. Rom., *ad Deum.*

contingit quòd per actiones voluntarias causatur aliquid vel aufertur ab homine sic agente, ut supra dictum est, quæst. 51, art. 2, cùm de generatione habituum ageretur.

Ad quartum dicendum quòd accidens non agit effectivè in subjectum, agit tamen formaliter in ipsum, eo modo loquendi quo dicitur quòd albedo facit album. Et sic nihil prohibet quòd peccatum diminuat bonum naturæ : eo tamen modo quo est ipsa diminutio boni naturæ, in quantum pertinet ad inordinationem actûs. Sed quantùm ad inordinationem agentis, oportet dicere quòd talis inordinatio causatur per hoc quòd in actibus animæ aliquid est activum et aliquid passivum, sicut sensibile movet appetitum sensitivum, et appetitus sensitivus inclinat rationem et voluntatem, ut supra dictum est, qu. 77, art. 1, et qu. 80, art. 2, et ex hoc causatur inordinatio, non quidem ita quòd accidens agat in proprium subjectum, sed secundùm quòd objectum agit in potentiam, et una potentia agit in aliam, et deordinat ipsam.

ARTICULUS II. — *Utrùm totum bonum humanæ naturæ possit auferri per peccatum.* — (*Inf.*, quæst. 93, art. 6, ad 1, et p. 1, quæst. 48, art. 4, et 2, dist. 6, art. 4, ad 3, et dist. 34, art. 5, et Mal. qu. 2, art. 12, et 3 cont., cap. 118.)

Ad secundum sic proceditur. 1. Videtur quòd totum bonum humanæ naturæ possit per peccatum auferri. Bonum enim naturæ humanæ finitum est, cùm et ipsa natura humana sit finita. Sed quodlibet finitum totaliter consumitur, factâ continuâ ablatione. Cùm ergo bonum naturæ continuè per peccatum diminui possit, videtur quòd possit quandoque totaliter consumi.

2. Præterea, eorum quæ sunt unius naturæ, similis est ratio de toto et de partibus; sicut patet in aere, et in aquâ, et carne, et omnibus corporibus similium partium. Sed bonum naturæ est totaliter uniforme. Cùm igitur pars ejus possit auferri per peccatum, totum etiam per peccatum auferri posse videtur.

3. Præterea, bonum naturæ quod per peccatum minuitur, est habilitas ad virtutem. Sed in quibusdam propter peccatum habilitas prædicta totaliter tollitur, ut patet in damnatis, qui reparari ad virtutem non possunt, sicut nec cæcus ad visum. Ergo peccatum potest totaliter tollere bonum naturæ.

Sed contra est quod Augustinus dicit in Enchir., cap. 13 et 14, quòd *malum non est nisi in bono.* Sed malum culpæ non potest esse in bono virtutis vel gratiæ, quia est ei contrarium. Ergo oportet quòd sit in bono naturæ. Non ergo totaliter tollit ipsum.

Respondeo dicendum quòd, sicùt dictum est art. præc., bonum naturæ quod per peccatum diminuitur, est naturalis inclinatio ad virtutem; quæ quidem convenit homini ex hoc ipso quòd rationalis est; ex hoc enim habet quòd secundùm rationem operetur, quod est agere secundùm virtutem. Per peccatum autem non potest totaliter ab homine tolli quòd sit rationalis, quia jam non esset capax peccati. Unde non est possibile quòd prædictum naturæ bonum totaliter tollatur.

Cùm autem inveniatur hujusmodi bonum continuè diminui per peccatum, quidam ad hujus manifestationem usi sunt quodam exemplo, in quo invenitur aliquod finitum in infinitum diminui, tamen nunquàm totaliter consumi. Dicit enim Philosophus in 1 Physic., text. 37, quòd si ab aliquâ magnitudine ûnitâ continuè auferatur aliquid secundùm eamdem quantitatem, totaliter tandem consumetur, putà si à quâcumque quantitate finitâ semper subtraxero mensuram palmi. Si verò fiat subtractio secundùm eamdem proportionem, et non secundùm eamdem quantitatem, poterit in infinitum subtrahi, putà si quantitas dividatur in duas partes, et à dimidio subtrahatur dimidium, ita poterit in infinitum procedi : ita tamen quòd semper quod posteriùs subtrahitur, erit minus eo quod priùs subtrahebatur.

Sed hoc in proposito non habet locum. Non enim sequens peccatum minùs diminuit bonum naturæ quàm præcedens, sed forte magis, si sit gravius.

Et ideò aliter est dicendum quòd prædicta inclinatio intelligitur ut media inter duo : fundatur enim, sicut in radice, in naturâ rationali, et tendit in bonum virtutis, sicut in terminum et finem. Dupliciter igitur potest intelligi ejus diminutio : uno modo ex parte radicis ; alio modo ex parte termini. Primo quidem modo non diminuitur per peccatum, eò quòd peccatum non diminuit ipsam naturam, ut supra dictum est, art. præc. Sed diminuitur secundo modo, in quantum scilicet ponitur impedimentum pertingendi ad terminum. Si autem primo modo diminueretur, oporteret quòd quandoque totaliter consumeretur, naturâ rationali totaliter consumptâ. Sed quia diminuitur ex parte impedimenti, quod apponitur ne pertingat ad terminum, manifestum est quòd diminui quidem potest in infinitum, quia in infinitum possunt impedimenta opponi, secundùm quòd homo potest in infinitum addere peccatum peccato; non tamen potest totaliter consumi, quia semper manet radix talis inclinationis; sicut patet de diaphano corpore, quod quidem habet inclinationem ad susceptionem lucis ex hoc ipso quòd est diaphanum; diminuitur autem hæc inclinatio, vel habilitas ex parte nebularum supervenientium, cùm tamen semper maneat in radice naturæ.

Ad primum ergo dicendum quòd objectio illa procedit quando fit diminutio per subtractionem; hîc autem fit diminutio per appositionem impedimenti; quod neque tollit, neque diminuit radicem inclinationis, ut dictum est in corp.

Ad secundum dicendum quòd inclinatio naturalis est quidem tota uniformis, sed tamen habet respectum et ad principium et ad terminum : secundùm quam diversitatem quodammodò diminuitur, et quodammodò non diminuitur.

Ad tertium dicendum quòd etiam in damnatis manet naturalis inclinatio ad virtutem; alioquin non esset in eis remorsus conscientiæ. Sed quòd non reducatur in actum, contingit quia deest gratia secundùm divinam justitiam; sicut etiam in cæco remanet aptitudo ad videndum in ipsâ radice naturæ in quantum est animal naturaliter habens visum; sed non reducitur in actum, quia deest causa quæ reducere possit, formando organum; quod requiritur ad videndum.

ARTICULUS III. — *Utrùm convenienter ponantur vulnera naturæ ex peccato consequentia, infirmitas, ignorantia, malitia, et concupiscentia.* — (*Inf.,* art. 5, corp., et *Mal.* quæst. 2, art. 2, corp., fin., et *Gal.* 3, lect. 7.)

Ad tertium sic proceditur. 1. Videtur quòd inconvenienter ponantur vulnera naturæ esse ex peccato consequentia, scilicet *infirmitas, ignorantia, malitia et concupiscentia.* Non enim idem est effectus et causa ejusdem. Sed illa ponuntur causa peccatorum, ut ex supra dictis patet, qu. 76, art. 1, et qu. 77, art. 3 et 5, et qu. 78. Ergo non debent poni inter effectus peccati.

2. Præterea, *malitia* nominatur quoddam peccatum. Non ergo debet poni inter effectus peccati.

3. Præterea, *concupiscentia* est quiddam naturale, cùm sit actus virtutis concupiscibilis. Sed illud quod est naturale, non debet poni vulnus naturæ. Ergo *concupiscentia* non debet poni vulnus naturæ.

4. Præterea, dictum est qu. 77, art. 3, quòd idem est peccare ex infirmitate, et ex passione. Sed *concupiscentia* passio quædam est. Ergo non debet contra infirmitatem dividi.

5. Præterea, Augustinus in libro de Naturâ et Gratiâ, cap. 67, à med., et libro 1 Retract., cap. 9, à med., ponit duo pœnalia animæ peccanti, scilicet *ignorantiam et difficultatem;* ex quibus oritur *error et cruciatus;* quæ quidem quatuor non concordant istis quatuor. Ergo videtur quòd alterum eorum insufficienter ponatur.

In contrarium autem est auctoritas Bedæ (quo loco, non occurrit).

Respondeo dicendum quòd per justitiam originalem perfectè ratio continebat inferiores animæ vires; et ipsa ratio à Deo perficiebatur ei subjecta. Hæc autem originalis justitia subtracta est per peccatum primi parentis, sicut jam dictum est, qu. 81, art. 2. Et ideò omnes vires animæ remanent quodammodò destitutæ proprio ordine, quo naturaliter ordinantur ad virtutem; et ipsa destitutio *vulneratio naturæ* dicitur.

Sunt autem quatuor potentiæ animæ quæ possunt esse subjectæ virtutum, ut supra dictum est, qu. 74, scilicet *ratio,* in quâ est prudentia; *voluntas,* in quâ est justitia; *irascibilis,* in quâ est fortitudo; *concupiscibilis,* in quâ est temperantia. In quantum ergo ratio destituitur suo ordine ad verum, est *vulnus ignorantiæ;* in quantum verò voluntas destituitur ordine ad bonum, est *vulnus malitiæ;* in quantum verò irascibilis destituitur suo ordine ad arduum, est *vulnus infirmitatis;* in quantum verò concupiscentia destituitur ordine ad delectabile moderatum ratione, est *vulnus concupiscentiæ*

Sic igitur ista quatuor sunt vulnera inflicta toti humanæ naturæ ex peccato primi parentis. Sed quia inclinatio ad bonum virtutis in unoquoque diminuitur per peccatum actuale, ut ex dictîs patet, art. 1 et 2 hujus quæst., etiam ista sunt quatuor vulnera ex aliis peccatis consequentia, in quantum scilicet per peccatum et ratio hebetatur præcipuè in agendis, et voluntas induratur ad bonum, et major difficultas benè agendi accrescit, et concupiscentia magis exardescit.

Ad primum ergo dicendum quòd nihil prohibet id quod est effectus unius peccati, esse alterius peccati caùsam. Ex hoc enim quòd anima deordinatur per peccatum præcedens, faciliùs inclinatur ad peccandum.

Ad secundum dicendum quòd *malitia* non sumitur hîc pro peccato, sed pro quâdam pronitate voluntatis ad malum, secundùm quod dicitur Genes. 8, 21 : *Proni sunt sensus hominis ad malum ab adolescentiâ suâ* (1).

Ad tertium dicendum quòd, sicut supra dictum est, quæst. 82, art. 3, ad 1, *concupiscentia* in tantum est naturalis homini, in quantum subditur rationi, quòd autem excedat limites rationis, hoc est homini contra naturam.

Ad quartum dicendum quòd *infirmitas* communiter potest dici omnis passio, in quantum debilitat robur animæ, et impedit rationem. Sed Beda accipit *infirmitatem* strictè, secundùm quòd opponitur fortitudini, quæ pertinet ad irascibilem.

Ad quintum dicendum quòd *difficultas*, quæ ponitur ab Augustino, includit ista tria quæ pertinent ad appetitivas potentias, scilicet *malitiam, infirmitatem et concupiscentiam.* Ex his enim tribus contingit quòd aliquis nòh facilè tendit in bonum. *Error* autem et *dolor* sunt vulnera consequentia; ex hoc enim aliquis dolet quòd infirmatur circa ea quæ concupiscit.

ARTICULUS IV. — *Utrùm privatio modi, speciei et ordinis sit effectus peccati.* — (*Ver.* quæst. 1, art. 8, ad 12.)

Ad quartum sic proceditur. 1. Videtur quòd privatio modi, speciei et ordinis non sit effectus peccati. Dicit enim Augustinus in lib. de Naturâ boni, cap. 3, circa fin., quòd *ubi hæc tria magna sunt, magnum bonum est ; ubi parva, parvum ; ubi nulla, nullum.* Sed peccatum non annullat bonum naturæ. Ergo non privat modum, speciem et ordinem.

2. Præterea, nihil est causa sui ipsius. Sed peccatum est *privatio modi, speciei et ordinis,* ut Augustinus dicit in lib. de Naturâ boni, cap. 4, 36 et 37. Ergo privatio modi, speciei et ordinis non est effectus peccati.

3. Præterea, diversa peccata diversos habent effectus. Sed modus, species et ordo, cùm sint quædam diversa, diversas privationes habere videntur. Ergo per diversa peccata privantur. Non ergo est effectus cujuslibet peccati privatio modi, speciei et ordinis.

Sed contra est quòd peccatum est in animâ, sicut infirmitas in corpore, secundùm illud Psal. 6, 3 : *Miserere mei, Domine, quoniam infirmus sum.* Sed infirmitas privat modum, speciem et ordinem ipsius corporis. Ergo peccatum privat modum, speciem et ordinem animæ.

Respondeo dicendum quòd, sicut in primo dictum est, quæst. 5, art. 5, modus, species et ordo consequuntur unumquodque bonum creatum, in quantum hujusmodi, et quia unumquodque ens. Omne enim esse (1), et bonum consideratur per aliquam formam, secundùm quam sumitur species. Forma autem uniuscujusque rei qualiscumque sit, sive substantialis, sive accidentalis, est secundùm aliquam mensuram. Unde et in 8 Metaph., text. 10, dicitur quòd *formæ rerum sunt sicut numeri ;* et ex hoc habet modum quemdam, qui mensuram respicit. Ex formâ verò suâ unumquodque ordinatur ad aliud. Sic igitur secundùm diversos gradus bonorum sunt diversi gradus modi, speciei et ordinis.

Est ergo quoddam bonum pertinens ad ipsam substantiam naturæ, quod habet suum modum, speciem et ordinem ; et illud nec privatur nec diminuitur per peccatum. Est etiam quoddam bonum naturalis inclinationis ; et hoc etiam habet suum modum, speciem et ordinem ; et hoc diminuitur per peccatum, ut dictum est art. 2 hujus quæst., sed non totaliter tollitur. Est etiam quoddam bonum virtutis et gratiæ, quod etiam habet suum modum, speciem et ordinem ; et hoc totaliter tollitur per peccatum mortale. Est etiam quoddam bonum quod est ipse actus ordinatus, quod etiam habet suum modum, speciem et ordinem ; et hujus privatio est essentialiter ipsum peccatum. Et sic patet qualiter peccatum est privatio modi, et speciei, et ordinis ; et privat, vel diminuit modum, speciem et ordinem.

Unde patet responsio ad duo prima.

Ad tertium dicendum quòd modus, species et ordo se consequuntur, sicut ex dictis patet in corp. art. Unde simul privantur et diminuuntur.

ARTICULUS V. — *Utrùm mors et alii corporales defectus sint effectus peccati.* — (2-2, qu. 164, et 2, dist. 30, quæst. 1, art. 1, et 3, dist. 16, qu. 1, art. 1, et 4, prol., princ., et dist. 4, qu. 3, art. 1, qu. 5, et 4 cont., cap. 52, et Mal. qu. 5, art. 4, et opusc. 3, cap. 197, 198, 199, 241, 242, et Rom. 3, lect. 3, et Hebr. 9, fin.)

Ad quintum sic proceditur. 1. Videtur quòd mors et alii corporales defectus non sint effectus peccati. Si enim causa fuerit æqualis, et effectus erit æqualis. Sed hujusmodi defectus non sunt æquales in omnibus, sed in quibusdam hujusmodi defectus magis abundant ; cùm tamen peccatum originale sit in omnibus æquale, sicut dictum est quæst. 82, art. 4, cujus videntur hujusmodi defectus maximè esss effectus. Ergo mors et hujusmodi defe-

---

(1) Vulgata : *Sensus enim et cogitatio humani cordis in malum vona sunt ab adolescentiâ suâ.*

(1) Ita cum cod. Alcan. aliisque editi ferè omnes. Garcia depravatam putat lectionem ; cur? Pro *esse,* habet *ens* edit. Pat. an. 1698.

ctus non sunt effectus peccati.

2. Præterea, remotâ causâ, removetur effectus. Sed remoto omni peccato per baptismum, vel pœnitentiam, non removentur hujusmodi defectus. Ergo non sunt effectus peccati.

3. Præterea, peccatum actuale habet plus de ratione culpæ quàm originale. Sed peccatum actuale non transmutat naturam corporis ad aliquem defectum. Ergo multò minùs peccatum originale. Non ergo mors et alii defectus corporales sunt effectus peccati.

Sed contra est quod Apostolus dicit Rom. 5, 11 : *Per unum hominem peccatum in hunc mundum intravit, et per peccatum mors.*

Respondeo dicendum quòd aliquid est causa alterius dupliciter : uno modo quidem per se, alio modo per accidens. Per se quidem est causa alterius quod secundùm virtutem suæ naturæ, vel formæ producit effectrm; unde sequitur quòd effectus sit per se intentus à causâ. Unde cùm mors et hujusmodi defectus sint præter intentionem peccantis, manifestum est quòd peccatum non est per se causa istorum defectuum.

Per accidens autem aliquid est causa alterius, si sit causa removens prohibens; sicut dicitur in 8 Physic., text. 32, quòd divellens columnam, per accidens movet lapidem columnæ superpositum ; et hoc modo peccatum primi parentis est causa mortis, et omnium hujusmodi defectuum in naturâ humanâ, in quantum per peccatum primi parentis sublata est originalis justitia, per quam non solùm inferiores animæ vires continebantur sub ratione absque omni deordinatione, sed totum corpus continebatur sub animâ absque omni defectu, ut in primo habitum est, qu. 97, art. 1. Et ideò, subtractâ hâc originali justitiâ per peccatum primi parentis, sicut vulnerata est humana natura quantùm ad animam per deordinationem potentiarum, ut supra dictum est, art. præc., et qu. 83, art. 3, ita etiam est corruptibilis effecta per deordinationem ipsius corporis. Subtractio autem originalis justitiæ habet rationem pœnæ, sicut etiam subtractio gratiæ. Unde etiam mors et omnes defectus corporales consequentes sunt quædam pœnæ originalis peccati. Et quamvis hujusmodi defectus non sint intenti à peccante, sunt tamen ordinati secundùm justitiam Dei punientis.

Ad primum ergo dicendum quòd æqualitas causæ per se causat æqualem effectum. Augmentatâ enim vel diminutâ causâ per se, augetur vel diminuitur effectus. Sed æqualitas causæ removentis prohibens non ostendit æqualitatem effectuum; si quis enim æquali impulsu divellat duas columnas, non sequitur quòd lapides superpositi æqualiter moveantur; sed ille velociùs movebitur qui gravior erit secundùm proprietatem suæ naturæ, cui relinquitur remoto prohibente. Sic igitur, remotâ originali justitiâ, natura corporis humani relicta est sibi; et secundùm hoc, secundùm diversitatem naturalis complexionis quorumdam corpora pluribus defectibus subjacent; quorumdam verò paucioribus, quamvis existente originali peccato æquali.

Ad secundum dicendum quòd culpa originalis et actualis removetur ab eodem, à quo

etiam removentur et hujusmodi defectus, secundùm illud Apostoli Rom. 8, 11 : *Vivificabit mortalia corpora vestra per inhabitantem Spiritum ejus in vobis.* Sed utrumque fit secundùm ordinem divinæ sapientiæ congruo tempore. Oportet enim quòd ad immortalitatem et impassibilitatem gloriæ, quæ in Christo inchoata est, et per Christum nobis acquisita, perveniamus conformati priùs passionibus ejus. Unde oportet quòd ad tempus ejus passibilitas in nostris corporibus remaneat ad impassibilitatem gloriæ promerendam conformiter Christo.

Ad tertium dicendum quòd in peccato actuali duo possumus considerare, scilicet ipsam substantiam actûs, et rationem culpæ. Ex parte quidem substantiæ actûs potest peccatum actuale aliquem defectum corporalem causare, sicut ex superfluo cibo aliqui infirmantur et moriuntur; sed ex parte culpæ privat gratiam, quæ datur homini ad rectificandum animæ actus, non autem ad cohibendum defectus corporales, sicut originalis justitia cohibebat. Et ideò peccatum actuale non causat hujusmodi defectus, sicut originale.

ARTICULUS VI. — *Utrùm mors et alii defectus sint naturales homini.* — (2, dist. 30, qu. 1, art. 1, corp., fin., et ad 1, 3, dist. 16, qu. 1, art. 1, ad 3, et Mal. qu. 5, art. 5, et Rom. 5, lect. 3, et Hebr. 9.)

Ad sextum sic proceditur. 1. Videtur quòd mors et hujusmodi defectus sint homini naturales. Corruptibile enim et incorruptibile differunt genere, ut dicitur in 10 Met., text. 26. Sed homo est ejusdem generis cum aliis animalibus, quæ sunt naturaliter corruptibilia. Ergo homo est naturaliter corruptibilis.

2. Præterea, omne quod est compositum ex contrariis, est naturaliter corruptibile, quasi habens in se causam corruptionis suæ. Sed corpus humanum est hujusmodi. Ergo est naturaliter corruptibile.

3. Præterea, calidum naturaliter consumit humidum. Vita autem hominis conservatur per calidum et humidum. Cùm igitur operationes vitæ expleantur per actum caloris naturalis, ut dicitur in 2 de Animâ, text. 50, videtur quòd mors et hujusmodi defectus sint homini naturales.

1. Sed contra, quidquid est homini naturale, Deus in homine fecit. Sed *Deus mortem non fecit,* ut dicitur Sap. 1, 13. Ergo mors non est homini naturalis.

2. Præterea, id quod est secundùm naturam, non potest dici pœna nec malum, quia unicuique rei est conveniens id quod ei est naturale. Sed mors et hujusmodi defectus sunt pœna peccati originalis, ut supra dictum est, art. præc. Ergo non sunt homini naturales.

3. Præterea, materia proportionatur formæ, et quælibet res suo fini. Finis autem hominis est beatitudo perpetua, ut supra dictum est, in procem. hujus part., et qu. 3, art. 8. Forma etiam humani corporis est anima rationalis, quæ est incorruptibilis, ut in 1 habitum est, quæst. 75, art. 6. Ergo corpus humanum est naturaliter incorruptibile.

Respondeo dicendum quòd de unaquâque

re corruptioili dupliciter loqui possumus : uno modo secundùm naturam universalem; alio modo secundùm naturam particularem. Natura quidem particularis est propria virtus activa et conservativa uniuscujusque rei; et secundùm hanc omnis corruptio et defectus est contra naturam, ut dicitur in 2 de Cœlo, text. 37, quia hujusmodi virtus intendit esse et conservationem ejus cujus est.

Natura verò universalis est virtus activa in aliquo universali principio naturæ, putà in aliquo cœlestium corporum, vel alicujus superioris substantiæ, secundùm quòd etiam Deus à quibusdam dicitur *natura naturans;* quæ quidem virtus intendit bonum et conservationem universi, ad quod exigitur alternatio generationis et corruptionis in rebus; et secundùm hoc corruptiones et defectus rerum sunt naturales, non quidem secundùm inclinationem formæ, quæ est principium essendi et perfectionis, sed secundùm inclinationem materiæ, quæ proportionaliter attribuitur tali formæ secundùm distributionem universalis agentis. Et quamvis omnis forma intendat perpetuum esse, quantùm potest, nulla tamen forma rei corruptibilis potest assequi perpetuitatem sui, præter animam rationalem, eò quòd ipsa non est subjecta omninò materiæ corporali, sicut aliæ formæ; quin-imò habet propriam operationem immaterialem, ut in primo habitum est, qu. 75, art. 2, et qu. 76, art. 1, ad 4. Unde ex parte suæ formæ naturalior est homini incorruptio quàm aliis rebus corruptibilibus. Sed quia et ipsa habet materiam ex contrariis compositam, ex inclinatione materiæ sequitur corruptibilitas in toto. Et secundùm hoc homo est naturaliter corruptibilis secundùm naturam materiæ sibi relictæ, sed non secundùm naturam formæ.

Tres autem primæ rationes procedunt ex parte materiæ; aliæ verò tres ex parte formæ. Unde et earum solutionem considerandum est quòd forma hominis, quæ est anima rationalis, secundùm suam incorruptibilitatem, proportionata est suo fini, qui est beatitudo perpetua; sed corpus humanum, quod est corruptibile (1), secundùm suam naturam consideratum, quodammodò proportionatum est suæ formæ, et quodammodò non. Duplex enim conditio potest attendi in aliquá materiá : una scilicet quam agens eligit, alia quæ non est ab agente electa, sed est secundùm conditionem naturalem materiæ; sicut faber ad faciendum cultellum eligit materiam duram et ductilem, quæ subtiliari possit, ut sit apta incisioni; et secundùm hanc conditionem ferrum est materia proportionata cultello; sed hoc quòd ferrum sit frangibile, et rubiginem contrahens, consequitur ex naturali dispositione ferri; nec hoc eligit artifex in ferro, sed magis repudiaret, si posset; unde hæc dispositio materiæ non est proportionata intentioni artificis, nec intentioni artis. Similiter corpus humanum est materia electa à naturá quantùm ad hoc quod est temperatæ complexionis, ut possit esse con-

venientissimum organum tactûs et aliarum virtutum sensitivarum et motivarum; sed quòd sit corruptibile, hoc est ex conditione materiæ; nec est electum à naturá; quin potiùs natura eligeret materiam incorruptibilem, si posset. Sed Deus, cui subjacet omnis natura, in ipsá institutione hominis supplevit defectum naturæ; et dono justitiæ originalis dedit corpori incorruptibilitatem quamdam, ut in primo dictum est, quæst. 97, art. 1. Et secundùm hoc dicitur quòd *Deus mortem non fecit,* et quòd mors est pœna peccati.

Unde patet responsio ad objecta.

QUÆSTIO LXXXVI.
DE MACULA PECCATI. — (*In duos articulos divisa.*)

Deinde considerandum est de maculá peccati; et circa hoc quæruntur duo : 1° utrùm macula animæ sit effectus peccati; 2° utrùm remaneat in animá post actum peccati.

ARTICULUS PRIMUS. — *Utrùm peccatum causet aliquam maculam in animá.* — (*Inf.*, qu. 89, *art.* 1, *et* 1-2, *quæst.* 87, *art.* 6, *corp.*, 4, *dist.* 18, *qu.* 1, *art.* 2, *qu.* 1, *corp.*)

Ad primum sic proceditur. 1. Videtur quòd peccatum non causet aliquam maculam in animá. Natura enim superior non potest inquinari ex contactu naturæ inferioris; unde *radius solaris non inquinatur per tactum corporum fœtidorum,* ut Augustinus dicit in libro contra quinque Hæreses, cap. 5, à med. Sed anima humana est multò superioris naturæ quàm res commutabiles, ad quas peccando convertitur. Ergo ex eis maculam non contrahit peccando.

2. Præterea, peccatum est principaliter in voluntate, ut supra dictum est, qu. 74, art. 1 et 2; voluntas autem est in ratione, ut dicitur in 3 de Animá, text. 42. Sed ratio, sive intellectus non maculatur ex consideratione quarumcumque rerum, sed magis perficitur. Ergo nec voluntas ex peccato maculatur.

3. Præterea, si peccatum maculam causat, aut macula illa est aliquid positivè, aut est privatio pura. Si sit aliquid positivè, non potest esse nisi dispositio vel habitus; nihil enim aliud videtur ex actu causari. Dispositio autem et habitus non est; contingit enim remotá dispositione vel habitu, adhuc remanere maculam, ut patet in eo qui peccavit mortaliter prodigalitate, et postea transmutatur mortaliter peccando in habitum vitii oppositi. Non ergo macula ponit aliquid positivè in animá. Similiter etiam nec est privatio pura, quia omnia peccata eveniunt ex parte aversionis et privationis gratiæ. Sequeretur ergo quòd omnium peccatorum esset una macula. Ergo macula non est effectus peccati.

Sed contra est quod dicitur Eccli. 47, 22. Salomoni : *Dedisti maculam in gloriá tuá;* et Ephes. 5, 27 : *Ut exhiberet sibi gloriosam Ecclesiam non habentem maculam aut rugam,* et utrobique loquitur de maculá peccati. Ergo macula est effectus peccati.

Respondeo dicendum quòd macula propriè dicitur in corporalibus, quando aliquod corpus nitidum perdit suum nitorem ex contactu alterius corporis, sicut vestis, et aurum, et argentum, aut aliud hujusmodi.

In rebus autem spiritualibus ad similitudinem hujus oportet maculam dici. Habet autem anima hominis duplicem nitorem, unum quidem ex refulgentiâ luminis naturalis rationis, per quam dirigitur in suis actibus; alium verò ex refulgentiâ divini luminis, scilicet sapientiæ et gratiæ, per quam etiam homo perficitur ad benè et decenter agendum. Est autem quasi quidam animæ tactus, quando inhæret aliquibus rebus per amorem. Cùm autem peccat, adhæret aliquibus rebus contra lumen rationis, et divinæ legis, ut ex supra dictis patet, quæst. 71, art 6.

Unde ipsum detrimentum nitoris ex tali contactu proveniens macula animæ metaphoricè vocatur.

Ad primum ergo dicendum quòd anima non inquinatur ex rebus inferioribus virtute earum, quasi agentibus eis in animam; sed magis è converso anima suâ actione se inquinat, inordinatè eis inhærendo contra lumen rationis et divinæ legis.

Ad secundum dicendum quòd actio intellectûs perficitur secundùm quòd res intelligibiles sunt in intellectu per modum ipsius intellectûs; et ideò intellectus ex eis non inficitur, sed magis perficitur. Sed actus voluntatis consistit in motu ad ipsas res, ita quòd amor rei amatæ animam conglutinat; et ex hoc anima maculatur, quando inordinatè inhæret, secundùm illud Oseæ 9, 10 : *Facti sunt abominabiles, sicut ea quæ dilexerunt.*

Ad tertium dicendum quòd macula non est aliquid positivè in animâ, nec significat privationem solam, sed significat privationem quamdam nitoris animæ in ordine ad suam causam, quæ est peccatum; et ideò diversa peccata diversas maculas inducunt; et est simile de umbrâ, quæ est privatio luminis ex objecto alicujus corporis, et secundùm diversitatem corporum objectorum diversificantur umbræ.

ARTICULUS II. — *Utrùm macula maneat in animâ post actum peccati.* — (*Inf.*, qu. 87, art. 6, corp., et ad 1.)

Ad secundum sic proceditur. 1. Videtur quòd macula non maneat in animâ post actum peccati. Nihil enim manet in animâ post actum, nisi habitus vel dispositio. Sed macula non est habitus vel dispositio, ut supra habitum est, art. præc., arg. 3. Ergo macula non manet in animâ post actum peccati.

2. Præterea, hoc modo se habet macula ad peccatum, sicut umbra ad corpus, ut supra dictum est, art. præc., ad 4. Sed transeunte corpore non manet umbra. Ergo et transeunte actu peccati, non manet macula.

3. Præterea, omnis effectus dependet ex suâ causâ. Causa autem maculæ est actus peccati. Ergo, remoto actu peccati, non remanet macula in animâ.

Sed contra est quod dicitur Josue 22, 17 : *An parum est vobis, quia peccatis in Beelphegor, et usque in præsentem diem macula hujus sceleris in vobis permanet?*

Respondeo dicendum quòd macula peccati remanet in animâ etiam transeunte actu peccati.

Cujus ratio est quia macula, sicut dictum est art. præc., importat quemdam defectum nitoris propter recessum à lumine rationis vel divinæ legis. Et ideò quamdiù homo manet extra hujusmodi lumen, manet in eo macula peccati; sed postquàm redit ad lumen rationis, et ad lumen divinum, quod fit per gratiam, tunc macula cessat. Licèt autem cesset actus peccati, quo homo discessit à lumine rationis vel legis divinæ, non tamen statim homo ad illud redit in quo fuerat; sed requiritur aliquis motus voluntatis contrarius primo motui; sicut si aliquis sit distans alicui per aliquem motum, non statim cessante motu fit ei propinquus, sed oportet quòd appropinquet rediens per motum contrarium.

Ad primum ergo dicendum quòd post actum peccati nihil positivè remanet in animâ, nisi dispositio vel habitus; remanet tamen aliquid privativè, scilicet privatio conjunctionis ad divinum lumen.

Ad secundum dicendum quòd transeunte obstaculo corporis, remanet corpus diaphanum in æquali propinquitate et habitudine ad corpus illuminans; et ideò statim umbra transit : sed remoto actu peccati, non remanet anima in eâdem habitudine ad Deum. Unde non est similis ratio.

Ad tertium dicendum quòd actus (1) peccati facit distantiam à Deo; quam quidem distantiam sequitur defectus nitoris hoc modo, sicut motus localis facit localem distantiam (2). Unde, sicut cessante motu locali, non tollitur distantia localis, ita nec cessante actu peccati, tollitur macula.

QUÆSTIO LXXXVII.

DE REATU PŒNÆ. — (*In octo articulos divisa.*)

Deinde considerandum est de reatu pœnæ; et primò de ipso reatu; secundò de mortali et veniali peccato, quæ distinguuntur secundùm reatum.

Et circa primum quæruntur octo : 1° utrùm reatus pœnæ sit effectus peccati; 2° utrùm peccatum possit esse pœna alterius peccati; 3° utrùm aliquod peccatum faciat reum æternâ pœnâ; 4° utrùm faciat reum pœnâ infinitâ secundùm quantitatem; 5° an omne peccatum faciat reum æternâ et infinitâ pœnâ; 6° utrùm reatus pœnæ possit remanere post peccatum; 7° utrùm omnis pœna inferatur pro aliquo peccato; 8° utrùm unus sit reus pœnæ pro peccato alterius.

ARTICULUS PRIMUS. — *Utrùm reatus pœnæ sit effectus peccati.* — (2, dist. 30, qu. 1, art. 2, corp., et dist. 22, quæst. 1, art. 1, corp., et dist. 42, qu. 1, art. 2, corp., et in Exposit. litt.)

Ad primum sic proceditur. 1. Videtur quòd

(1) Ita communiter. Cod. Alcan., *affectus*, eumdem cum aliis Mss. et editis verborum ordinem retinens.

(2) Garcia sic ponenda censet : *Actus peccati facit distantiam à Deo hoc modo sicut motus localis facit distantiam localem; quam quidem distantiam sequitur defectus nitoris.*

reatus pœnæ non sit effectus peccati. Quod enim per accidens se habet ad aliquid, non videtur esse proprius effectus ejus. Sed reatus pœnæ per accidens se habet ad peccatum, cùm sit præter intentionem peccantis. Ergo reatus pœnæ non est effectus peccati.

2. Præterea, malum non est causa boni. Sed pœna bona est, cùm sit justa, et à Deo. Ergo non est effectus peccati, quod est malum.

3. Præterea, Augustinus dicit in 1 Conf., cap. 12, in fin., quòd *omnis inordinatus animus sibi ipsi est pœna*. Sed pœna non causat reatum alterius pœnæ, quia sic iretur in infinitum. Ergo peccatum non causat reatum pœnæ.

Sed contra est quod dicitur Rom. 2, 9.: *Tribulatio et angustia in omnem animam operantis malum*. Sed operari malum est peccare. Ergo peccatum inducit pœnam quæ nomine *tribulationis et angustiæ* designatur.

Respondeo dicendum quòd ex rebus naturalibus ad res humanas derivatur ut id quod contra aliquid insurgit, ab eo detrimentum patiatur. Videmus enim in rebus naturalibus quòd unum contrarium vehementiùs agit altero contrario superveniente; propter quod *aquæ calefactæ magis congelantur*, ut dicitur in 1 Meteor., cap. 12, circa fin. Unde in hominibus hoc ex naturali inclinatione invenitur ut unusquisque deprimat eum qui contra ipsum insurgit. Manifestum est autem quòd quæcumque continentur sub aliquo ordine, sunt quodammodò unum in ordine ad principium ordinis; unde quidquid contra ordinem aliquem insurgit, consequens est ut ab eo ordine et principe ordinis deprimatur.

Cùm autem peccatum sit actus inordinatus, manifestum est quòd quicumque peccat, contra aliquem ordinem agit; et ideò ab ipso ordine consequens est quòd deprimatur; quæ quidem depressio pœna est. Unde secundùm tres ordines quibus subditur humana voluntas, triplici pœnâ potest homo puniri: primò quidem enim subditur humana natura ordini propriæ rationis; secundò ordini exterioris hominis gubernantis, vel spiritualiter, vel temporaliter, politicè seu œconomicè; tertiò subditur universali ordini divini regiminis. Quilibet autem horum ordinum per peccatum pervertitur, dùm ille qui peccat, agit et contra rationem, et contra legem humanam, et contra legem divinam.

Unde triplicem pœnam incurrit: unam quidem à seipso, quæ est conscientiæ remorsus; aliam verò ab homine; tertiam verò à Deo.

Ad primum ergo dicendum quòd pœna consequitur peccatum, in quantum malum est ratione suæ inordinationis. Unde sicut malum est per accidens in actu peccantis præter (1) intentionem ipsius, ita et reatus pœnæ.

Ad secundum dicendum quòd pœna quidem justa esse potest et à Deo, et ab homine inflicta;

unde ipsa pœna non est effectus peccati directè, sed solùm dispositivè. Sed peccatum facit hominem esse reum pœnæ, quod est malum; dicit enim Dionysius, 4 cap. de div. Nomin., part. 4, lect. 18, quòd *puniri non est malum, sed fieri pœnd dignum*. Unde reatus pœnæ directè ponitur effectus peccati.

Ad tertium dicendum quòd pœna illa inordinati animi debetur peccato ex hoc quòd ordinem rationis pervertit. Fit autem reus alterius pœnæ per hoc quòd pervertit ordinem legis divinæ vel humanæ.

ARTICULUS II. — *Utrùm peccatum possit esse pœna peccati.* — (2-2, quæst. 36, art. 2, ad 4, et 1, dist. 46, art. 2, ad 4, et 2, dist. 36, art. 2, et Mal. quæst. 1, art. 4, ad 1, et Rom. 1, lect. 7.)

Ad secundum sic proceditur. 1. Videtur quòd peccatum non possit esse pœna peccati. Pœnæ enim sunt inductæ, ut per eas homines reducantur ad bonum virtutis, ut patet per Philosophum, in 10 Ethic., cap. ult., parùm à princ. Sed per peccatum non reducitur homo in bonum virtutis, sed in oppositum. Ergo peccatum non est pœna peccati.

2. Præterea, pœnæ justæ sunt à Deo, ut patet per Augustinum, in lib. 83 QQ., qu. 82. Peccatum autem non est à Deo, et est injustum. Non ergo peccatum potest esse pœna peccati.

3. Præterea, de ratione pœnæ est quòd sit contra voluntatem. Sed peccatum est à voluntate, ut ex supra dictis patet, quæst. 74, art. 1 et 2. Ergo peccatum non potest esse pœna peccati.

Sed contra est quod Gregorius dicit super Ezech., hom. 11, à med., et lib. 25 Moral., cap. 9, circa princ., quòd *quædam peccata sunt pœnæ peccati*.

Respondeo dicendum quòd de peccato dupliciter loqui possumus, per se scilicet, et per accidens. Per se quidem nullo modo peccatum potest esse pœna peccati. Peccatum enim per se consideratur secundùm quòd egreditur à voluntate; sic enim habet rationem culpæ. De ratione autem pœnæ est quòd sit contra voluntatem, ut in 1 habitum est, quæst. 48, art. 5. Unde manifestum est quòd peccatum, per se loquendo, nullo modo potest esse pœna peccati.

Per accidens autem peccatum potest esse pœna peccati tripliciter: primò quidem ex parte causæ, quæ est remotio prohibentis. Sunt enim causæ inclinantes ad peccatum, passiones, tentatio diaboli, et alia hujusmodi; quæ quidem causæ impediuntur per auxilium divinæ gratiæ, quæ subtrahitur per peccatum. Unde cùm ipsa subtractio gratiæ sit quædam pœna (1), et à Deo, ut supra dictum est, quæst. 79, art. 3, sequitur quòd per accidens etiam peccatum quod ex hoc sequitur, pœna dicatur. Et hoc modo loquitur Apostolus Rom. 1, 24, dicens: *Propter quòd tradidit eos Deus in desideria cordis eorum*, quæ sunt animæ passiones, quia scilicet deserti homines ab auxilio divinæ gratiæ, vincuntur à passionibus. Et hoc modo semper

(1) Ita cum cod. Alcan. edit. Rom. et Nicolai. Edit. Palavina cum Garciâ, *et præter*.

(1) Nicolaius, *pœna à Deo*

peccatum dicitur esse pœna præcedentis peccati. Alio modo ex parte substantiæ actûs, qui afflictionem inducit; sive sit actus interior, ut patet in ipsâ irâ et invidiâ; sive actus exterior, ut patet cùm aliqui gravi labore opprimuntur, et damno, ut expleant actum peccati, secundùm illud Sap. 5, 7 : *Lassati sumus in viâ iniquitatis.* Tertio modo ex parte effectûs, ut scilicet aliquod peccatum dicatur pœna respectu effectûs consequentis. Sed his duobus ultimis modis unum peccatum non solùm est pœna præcedentis peccati, sed etiam sui.

Ad primum ergo dicendum quòd hoc etiam quòd aliqui puniuntur à Deo, dùm permittit eos in aliqua peccata profluere, ad bonum virtutis ordinatur, quandoque quidem etiam ipsorum qui peccant, quae scilicet post peccatum humiliores et cautiores resurgunt. Semper autem est ad emendationem aliorum, qui videntes aliquos ruere de peccato in peccatum, magis reformidant peccare. In aliis autem duobus modis manifestum est quòd pœna ordinatur ad emendationem, quia hoc ipsum quòd homo laborem et detrimentum patitur in peccando, natum est retrahere homines à peccato.

Ad secundum dicendum quòd ratio illa procedit de peccato secundùm se.

Et similiter dicendum est ad tertium.

ARTICULUS III. — *Utrùm aliquod peccatum inducat reatum æternæ pœnæ.* — (*Inf., art. 5, et p. 3, quæst. 86, art. 4, et 2, dist. 42, qu. 1, art. 5, et 3, dist. 29, quæst 1, art. 3, et 4, dist. 46, quæst. 1, art. 2, et 3 cont., cap. 147 et 169, et 4, cap. 95, et opusc. 3, cap. 185 et 188, et Rom. 2, lect. 2.*)

Ad tertium sic proceditur. 1. Videtur quòd nullum peccatum inducat reatum æternæ pœnæ. Pœna enim justa adæquatur culpæ; justitia enim æqualitas est; unde dicitur Isaiæ, 27, 8 : *In mensurâ contra mensuram, cùm abjecta fuerit, judicabis eam.* Sed peccatum est temporale. Ergo non inducit reatum pœnæ æternæ.

2. Præterea, pœnæ medicinæ quædam sunt, ut dicitur in 2 Ethic., cap. 3, ante med. Sed nulla medicina debet esse infinita, quia ordinatur ad finem; quod autem ordinatur ad finem, non est infinitum, ut Philosophus dicit in 1 Polit., cap. 6, circa med. Ergo nulla pœna debet esse infinita.

3. Præterea, nullus semper facit aliquid, nisi propter se in ipso delectetur (1). Sed *Deus.... non delectatur in perditione hominum* (2), ut dicitur Sap. 1, 13. Ergo non puniet homines pœnâ sempiternâ.

4. Præterea, nihil quod est per accidens, est infinitum. Sed pœna est per accidens; non est enim secundùm naturam ejus qui punitur. Ergo non potest in infinitum durare.

Sed contra est quod dicitur Matth. 25, 46 :

Ibunt hi in supplicium æternum; et Marc. 3, 79, dicitur : *Qui autem blasphemaverit in Spiritum sanctum, non habebit remissionem in æternum, sed erit reus æterni delicti.*

Respondeo dicendum quòd, sicut supra dictum est, art. 1 hujus quæst., peccatum ex hoc inducit reatum pœnæ, quòd pervertit aliquem ordinem. Manente autem causâ, manet effectus; unde quamdiù perversitas ordinis remanet, necesse est quòd remaneat reatus pœnæ. Pervertit autem aliquis ordinem quandoque quidem reparabiliter, quandoque autem irreparabiliter. Semper enim defectus, quo subtrahitur principium, irreparabilis est; si autem salvetur principium, ejus virtute alii defectus reparari possunt; sicut si corrumpatur principium visivum, non potest fieri visionis reparatio nisi solâ virtute divinâ; si verò, salvo principio visivo, aliqua impedimenta adveniant visioni, reparari possunt per naturam vel per artem. Cujuslibet autem ordinis est aliquod principium, per quod aliquis fit particeps illius ordinis. Et ideò si per peccatum corrumpatur principium ordinis quo voluntas hominis subditur Deo, erit inordinatio, quantùm est de se, irreparabilis, etsi reparari possit virtute divinâ. Principium autem hujus ordinis est ultimus finis, cui homo inhæret per charitatem.

Et ideò quæcumque peccata avertunt à Deo, charitatem auferentia, quantùm est de se, inducunt reatum æternæ pœnæ.

Ad primum ergo dicendum quòd pœna peccato proportionatur secundùm acerbitatem tam in judicio divino quàm in humano. Sed, sicut Augustinus dicit 21 de Civit. Dei, cap. 11, in nullo judicio requiritur ut pœna adæquetur culpæ secundùm durationem. Non enim quia adulterium vel homicidium in momento committitur, propter hoc momentaneâ pœnâ punitur, sed quandoque quidem perpetuo carcere vel exilio, quandoque etiam morte; in quâ non consideratur occisionis mora, sed potiùs quòd in perpetuum auferatur à societate viventium : et sic repræsentat suo modo æternitatem pœnæ inflictæ divinitùs. Justum tamen est secundùm Gregorium, l. 4 Dialog., cap. 44, quòd *qui in suo æterno peccavit contra Deum, in æterno Dei puniatur.* Dicitur autem aliquis *in suo æterno* peccâsse, non solùm secundùm continuationem actûs in totâ hominis vitâ durantis, sed quia ex hoc ipso quòd finem in peccato constituit, voluntatem habet in æternum peccandi. Unde dicit Gregorius 4 Moral. (ubi non occurrit, sed habetur loc. sup. cit.), quòd *iniqui voluissent sine fine vivere, ut sine fine potuissent in iniquitatibus permanere.*

Ad secundum dicendum quòd pœna quæ etiam secundùm leges humanas infligitur, non semper est medicinalis ei qui punitur, sed solùm aliis; sicut cùm latro suspenditur, non ut ipse emendetur, sed propter alios, ut saltem metu pœnæ peccare desistant, secundùm illud Prov. 19, 25 : *Pestilente flagellato, stultus sapientior erit.* Sic igitur et æternæ pœnæ reproborum à Deo inflictæ, sunt medicinales his qui consideratione pœnarum abstinent à peccatis, secundùm illud Psal. 59, 6 : *Dedisti metuentibus te significationem, ut fugiant à facie arcûs, ut liberentur dilecti tui.*

Ad tertium dicendum quòd Deus non delectatur in pœnis propter ipsas, sed delectatur in ordine suæ justitiæ, quæ hoc requirit.

Ad quartum dicendum quòd pœna etsi per accidens ordinetur ad naturam, per se tamen ordinatur ad privationem (1) ordinis, et ad Dei justitiam ; et ideò, durante inordinatione, semper durat pœna.

ARTICULUS IV. — *Utrùm peccato debeatur pœna infinita secundùm quantitatem.*

Ad quartum sic proceditur. 1. Videtur quòd peccato debeatur pœna infinita secundùm quantitatem. Dicitur enim Jerem. 10, 24 : *Corripe me, Domine, verumtamen in judicio, et non in furore tuo, ne fortè ad nihilum redigas me.* Ira autem Dei, vel furor metaphoricè significat vindictam divinæ justitiæ; redigi autem in nihilum, est pœna infinita; sicut et ex nihilo aliquid facere, est virtutis infinitæ. Ergo secundùm vindictam divinam peccatum punitur pœnâ infinitâ secundùm quantitatem.

2. Præterea, quantitati culpæ respondet quantitas pœnæ, secundùm illud Deuter. 25, 2 : *Pro mensurâ peccati erit et plagarum modus.* Sed peccatum quod contra Deum committitur, est infinitum; tantò enim gravius est peccatum, quantò major est persona contra quam peccatur ; sicut gravius peccatum est percutere principem, quàm percutere hominem privatum. Dei autem magnitudo est infinita. Ergo pœna infinita debetur pro peccato quod contra Deum committitur.

3. Præterea, dupliciter est aliquid infinitum, duratione scilicet, et quantitate. Sed duratione est pœna infinita. Ergo et quantitate.

Sed contra est quòd secundùm hoc omnium peccatorum mortalium pœnæ essent æquales ; non enim est infinitum infinito majus.

Respondeo dicendum quòd pœna proportionatur peccato. In peccato autem duo sunt : quorum unum est aversio ab incommutabili bono, quod est infinitum, unde ex hâc parte peccatum est infinitum ; aliud quod est in peccato, est inordinata conversio ad commutabile bonum, et ex hâc parte peccatum est finitum, tum quia ipsum bonum commutabile est finitum, tum etiam quia ipsa conversio est finita ; non enim possunt esse actus creaturæ infiniti.

Ex parte igitur aversionis respondet peccato pœna damni, quæ etiam est infinita ; est enim amissio infiniti boni, scilicet Dei. Ex parte autem inordinatæ conversionis respondet ei pœna sensûs, quæ etiam est finita.

Ad primum ergo dicendum quòd omninò redigi in nihilum eum qui peccat, non convenit divinæ justitiæ, quia repugnat perpetuitati pœnæ, quæ est secundùm divinam justitiam, ut dictum est in corp., et art. præc. Sed in nihilum redigi dicitur, qui spiritualibus bonis privatur, secundùm illud 1 Cor. 13, 2 :

(1) Ita enim cod. Alcan. aliisque editis quos vidimus omnes. Theologi, *ad reparationem.*

Si non habuero charitatem, nihil sum.

Ad secundum dicendum quòd ratio illa procedit de peccato ex parte aversionis ; sic enim homo contra Deum peccat.

Ad tertium dicendum quòd duratio pœnæ respondet durationi culpæ, non quidem ex parte actûs, sed ex parte maculæ, quâ durante manet reatus pœnæ ; sed acerbitas pœnæ respondet gravitati culpæ. Culpa autem quæ est irreparabilis, de se habet quòd perpetuò duret ; et ideò debetur ei pœna æterna. Non autem ex parte conversionis habet infinitatem ; et ideò non debetur ei ex hâc parte pœna infinita secundùm quantitatem.

ARTICULUS V. — *Utrùm omne peccatum inducat reatum pœnæ æternæ.* — (Sup., art. 3, et locis ibid. citatis.)

Ad quintum sic proceditur. 1. Videtur quòd omne peccatum inducat reatum pœnæ æternæ. Pœna enim, ut dictum est art. præc., proportionatur culpæ. Sed pœna æterna differt à temporali in infinitum. Nullum autem peccatum differre videtur ab altero in infinitum; cùm omne peccatum sit humanus actus, qui infinitus esse non potest. Cùm ergo alicui peccato debeatur pœna æterna, sicut dictum est art. 3 hujus qu., videtur quòd nulli peccato debeatur pœna temporalis tantùm.

2. Præterea, peccatum originale est minimum peccatorum ; unde et Augustinus dicit in Ench., cap. 93, quòd *mitissima pœna est eorum qui pro solo peccato originali puniuntur.* Sed peccato originali debetur pœna perpetua ; nunquàm enim videbunt regnum Dei pueri qui sine baptismo decesserunt cum originali peccato, ut patet per id quod Dominus dicit Joan. 3, 3 : *Nisi quis renatus fuerit denuò, non potest videre regnum Dei.* Ergo multò magis omnium aliorum peccatorum pœna erit æterna.

3. Præterea, peccato non debetur major pœna ex hoc quòd alteri peccato adjungitur ; cùm utrumque peccatum suam habeat pœnam taxatam secundùm divinam justitiam. Sed peccato veniali debetur pœna æterna, si cum mortali peccato inveniatur in aliquo damnato, quia in inferno nulla esse potest remissio. Ergo peccato veniali simpliciter debetur pœna æterna. Nulli ergo peccato debetur pœna temporalis.

Sed contra est quod Gregorius dicit in 4 Dialog., cap. 39, quòd *quædam leviores culpæ post hanc vitam remittuntur.* Non ergo omnia peccata pœnâ æternâ puniuntur.

Respondeo dicendum quod, sicut supra dictum est, art. 1 et 3 hujus qu., peccatum causat reatum pœnæ æternæ, in quantum irreparabiliter repugnat ordini divinæ justitiæ, per hoc scilicet quòd contrariatur ipsi principio ordinis, quod est ultimus finis. Manifestum est autem quòd in quibusdam peccatis est quidem aliqua inordinatio, non tamen per contrarietatem ad ultimum finem, sed solùm circa ea quæ sunt ad finem in quantum plus vel minùs debitè eis intenditur, salvato tamen ordine ad ultimum finem, putà cùm homo etsi nimis ad aliquam rem temporalem afficiatur, non tamen pro eâ vellet Deum offendere, aliquid contra præceptum ejus faciendo. Unde hujusmodi peccatis non debetur æterna pœna, sed temporalis.

Ad primum ergo dicendum quòd peccata non differunt in infinitum ex parte conversionis ad bonum commutabile, in quâ consistit substantia actûs, differunt autem in infinitum ex parte aversionis. Nam quædam peccata committuntur per aversionem ab ultimo fine, quædam verò per inordinationem circa ea quæ sunt ad finem; finis autem ultimus ab his quæ sunt ad finem in infinitum differt.

Ad secundum dicendum quòd peccato originali non debetur pœna æterna ratione suæ gravitatis, sed ratione conditionis subjecti, scilicet hominis qui sine gratiâ invenitur, per quam solùm fit remissio pœnæ.

Et similiter dicendum est ad tertium de veniali peccato. Æternitas enim pœnæ non respondet quantitati culpæ, sed irremissibilitati ipsius, ut dictum est art. 3 hujus quæst.

ARTICULUS VI. — *Utrùm reatus pœnæ remaneat post peccatum.* — (2, dist. 42, quæst. 1, art. 2, et 4, dist. 14, quæst. 2, art. 3, qu. 2, ad 1, et Ver. qu. 28, art. 2, ad 2.)

Ad sextum sic proceditur. 1. Videtur quòd reatus pœnæ non remaneat post peccatum. Remotâ enim causâ, removetur effectus. Sed peccatum est causa reatûs pœnæ. Ergo, remoto peccato cessat reatus pœnæ.

2. Præterea, peccatum removetur per hoc quòd homo ad virtutem redit. Sed virtuoso non debetur pœna, sed magis præmium. Ergo, remoto peccato, non remanet reatus pœnæ.

3. Præterea, *pœnæ sunt medicinæ*, ut dicitur in 2 Ethic., cap. 3, à princ. Sed postquàm aliquis jam est ab infirmitate curatus, non adhibetur ipsi medicina. Ergo, remoto peccato, non remanet debitum pœnæ.

Sed contra est quod dicitur 2 Regum 12, 13, quòd *David dixit ad Nathan : Peccavi Domino. Dixitque Nathan ad David : Dominus quoque transtulit peccatum tuum, non morieris. Verumtamen, quia blasphemare fecisti inimicos nomen Domini, filius* (1) *qui natus est tibi, morte morietur.* Punitur ergo aliquis à Deo etiam postquàm ei peccatum dimittitur, et sic reatus pœnæ remanet, peccato remoto.

Respondeo dicendum quòd in peccato duo possunt considerari, scilicet actus culpæ, et macula sequens. Planum est autem quòd cessante actu peccati, remanet reatus in omnibus peccatis actualibus. Actus enim peccati facit hominem reum pœnæ, in quantum transgreditur ordinem divinæ justitiæ, ad quem non redit nisi per quamdam recompensationem pœnæ, quæ ad æqualitatem justitiæ reducit, ut scilicet qui plus voluntati suæ indulsit quàm debuit, contra mandatum Dei agens, secundùm ordinem divinæ justitiæ aliquid contra illud quod vellet, spontaneus vel invitus patiatur. Quod etiam in injuriis ho-

(1) Vulgata : *Inimicos Domini propter verbum hoc, filius,* etc.

minibus factis observatur, ut per recompensationem pœnæ reintegretur æqualitas justitiæ. Unde patet quòd cessante actu peccati vel injuriæ illatæ, adhuc remanet debitum pœnæ.

Sed si loquamur de ablatione peccati quantùm ad maculam, sic manifestum est quòd macula peccati ab animâ auferri non potest, nisi per hoc quòd anima Deo conjungitur; per cujus distantiam detrimentum proprii nitoris incurrebat, quòd est macula, ut supra dictum est, quæst. 86, art. 1. Conjungitur autem Deo homo per voluntatem. Unde macula peccati ab homine tolli non potest, nisi voluntas hominis ordinem divinæ justitiæ acceptet, ut scilicet vel ipse sibi pœnam spontaneus assumat in recompensationem culpæ præteritæ, vel etiam à Deo illatam patienter sustineat; utroque enim modo pœna rationem satisfactionis habet.

Pœna autem satisfactoria diminuit aliquid de ratione pœnæ. Est enim de ratione pœnæ quòd sit contra voluntatem. Pœna autem satisfactoria, etsi secundùm absolutam considerationem sit contra voluntatem, non tamen ut nunc, et per hoc est voluntaria; unde simpliciter est voluntaria, secundùm quid autem involuntaria, sicut patet ex his quæ supra de voluntario et involuntario dicta sunt, quæst. 6, art. 6. Dicendum est ergo quòd remotâ maculâ culpæ, potest quidem remanere reatus, non pœnæ simpliciter, sed satisfactoriæ.

Ad primum ergo dicendum quòd, sicut cessante actu peccati, remanet macula, ut supra dictum est, qu. 86, art. 2, ita etiam potest remanere reatus; cessante verò maculâ, non remanet reatus secundùm eamdem rationem, ut dictum est in corp. art.

Ad secundum dicendum quòd virtuoso non debetur pœna simpliciter; potest tamen ei deberi pœna ut satisfactoria, quia hoc ipsum ad virtutem pertinet ut satisfaciat pro his in quibus offendit vel Deum vel hominem.

Ad tertium dicendum quòd remotâ maculâ sanatum est vulnus peccati quantùm ad voluntatem. Requiritur autem adhuc pœna ad sanationem aliarum virium animæ, quæ per peccatum præcedens deordinatæ fuerunt, ut scilicet per contraria curentur. Requiritur etiam ad restituendum æqualitatem justitiæ, et ad amovendum scandalum aliorum, ut ædificentur in pœnâ qui sunt scandalizati culpâ, ut patet ex exemplo de David inducto, in arg. *Sed cont.*

ARTICULUS VII. — *Utrùm omnis pœna sit propter aliquam culpam.* — (3 p., quæst. 14, art. 1, ad 2, et 2, dist. 30, quæst 1, art. 2, et dist. 36, art. 4, et 4, dist. 15, çu 1, art. 4, quæst. 2, ad 3, et 3 cont., cap. 141, et Mal. quæst. 2, art. 4, corp.)

Ad septimum sic proceditur. 1. Videtur quòd non omnis pœna sit propter aliquam culpam. Dicitur enim Joan. 9, 3, de cæco nato : *Neque hic peccavit, neque parentes ejus, ut nasceretur cæcus.* Et similiter vidimus quòd multi pueri etiam baptizati graves pœnas patiuntur, ut putà febres, dæmonum oppressiones, et multa hujusmodi; cùm tamen in eis non sit peccatum, postquàm sunt baptizati; et ante-quàm sint baptizati, non est in eis plus de peccato quàm in aliis pueris qui hæc non patiuntur. Non ergo omnis pœna pro peccato est.

2. Præterea, ejusdem rationis esse videtur quòd peccatores prosperentur, et quòd aliqui innocentes puniantur. Utrumque autem in rebus humanis frequenter invenimus. Dicitur enim de iniquis in Psalm. 72, 5 : *In labore hominum non sunt, et cum hominibus non flagellabuntur*; et Job. 21, 7 : *Impii vivunt, sublevati sunt, confortatique divitiis*; et Habacuc 1, 13, dicitur : *Quare respicis contemptores, et taces conculcante impio justiorem se* (1)? Non ergo omnis pœna infligitur pro culpâ.

3. Præterea, de Christo dicitur 1 Petri 2, 22, quòd *peccatum non fecit, nec inventus est dolus in ore ejus*; et tamen ibidem dicitur quòd *passus est pro nobis*. Ergo non semper pœna à Deo dispensatur pro culpâ.

Sed contra est quod dicitur Job. 4, 5 : *Quis unquàm innocens periit, aut quando recti deleti sunt? Quin potiùs vidi eos qui operantur iniquitatem, flante Deo, periisse.* Et Augustinus dicit in 1 Retract., cap. 9, ad fin., quòd *omnis pœna justa est, et pro peccato aliquo impenditur.*

Respondeo dicendum quòd, sicut jam dictum est, art. præc., pœna potest dupliciter considerari, simpliciter, et in quantum satisfactoria.

Pœna quidem satisfactoria est quodammodò voluntaria; et quia contingit eos qui differunt in reatu pœnæ, esse unum secundùm voluntatem unione amoris, inde est quòd interdùm aliquis qui non peccavit, pœnam voluntarius pro alio portat; sicut etiam in rebus humanis videmus quòd aliquis in se transfert alterius debitum.

Si verò loquamur de pœnâ simpliciter, secundùm quòd habet rationem pœnæ, sic semper habet ordinem ad culpam propriam : sed quandoque quidem ad culpam actualem, putà quando aliquis vel à Deo vel ab homine pro peccato commisso punitur; quandoque verò ad culpam originalem, et hoc quidem vel principaliter, vel consequenter. Principaliter quidem pœna originalis peccati est quòd natura humana sibi relinquitur destituta auxilio originalis justitiæ; sed ad hoc consequuntur omnes pœnalitates, quæ ex defectu naturæ hominibus contingunt.

Sciendum tamen est quòd quandoque aliquid videtur esse pœnale, quod tamen non habet simpliciter rationem pœnæ. Pœna enim est species mali, ut in 1 dictum est, qu. 48, art. 5. Malum autem est privatio boni. Cùm autem sint plura hominis bona, scilicet animæ, corporis et exteriorum rerum, contingit interdùm quòd homo patiatur detrimentum in minori bono, ut augeatur in majori; sicut cùm patitur detrimentum pecuniæ propter sanitatem corporis, vel in utroque horum propter salutem animæ et propter gloriam Dei; et tunc tale detrimentum non est simpliciter malum hominis, sed secundùm quid;

unde non habet simpliciter rationem pœnæ, sed medicinæ; nam et medici austeras potiones propinant infirmis, ut conferant sanitatem. Et quia hujusmodi non propriè habent rationem pœnæ, non reducuntur ad culpam sicut ad causam, nisi pro tanto quia hoc ipsum quòd oportet humanæ naturæ medicinas pœnales adhibere, est ex corruptione naturæ, quæ est pœna originalis peccati. In statu enim innocentiæ non opportuisset aliquem ad profectum virtutis inducere per pœnalia exercitia. Unde hoc ipsum quod est pœnale in talibus reducitur ad originalem culpam sicut ad causam.

Ad primum ergo dicendum quòd hujusmodi defectus eorum qui nascuntur, vel etiam puerorum, sunt effectus et pœnæ originalis peccati, ut dictum est in corp. art. et qu. 85, art. 5, et manent etiam post baptismum propter causam superiùs dictam, et quòd non sint æqualiter in omnibus, contingit propter naturæ diversitatem, quæ sibi relinquitur, ut supra dictum est, qu. 82, art. 4, ad 2. Ordinantur tamen hujusmodi defectus secundùm divinam providentiam ad salutem hominum, vel eorum qui patiuntur, vel aliorum qui pœnis admonentur, et etiam ad gloriam Dei.

Ad secundum dicendum quòd bona temporalia et corporalia sunt quidem aliqua bona hominis, sed parva; bona verò spiritualia sunt magna hominis bona. Pertinet igitur ad divinam justitiam ut virtuosis det spiritualia bona, et de temporalibus bonis vel malis tantùm det eis, quantùm sufficit ad virtutem. Ut enim Dionysius dicit, 8 cap. de div. Nom., lect. 4, *divinæ justitiæ est non emollire optimorum fortitudinem materialium donationibus.* Aliis verò hoc ipsum quòd temporalia dantur, in malum spiritualium cedit. Unde in Psal. 72, 6, concluditur : *Ideò tenuit eos superbia.*

Ad tertium dicendum quòd Christus pœnam sustinuit satisfactoriam, non pro suis, sed pro nostris peccatis.

ARTICULUS VIII. — *Utrùm aliquis puniatur pro peccato alterius.* — (2-2, qu. 108, art. 4, corp., et ad 1, et 2, dist. 33, quæst. 1, art. 2, et 4, dist. 46, art. 2, quæst. 3, corp., et qu. 2, art. 2, quæst. 2, ad 3, et Mal. quæst. 4, art. 1, ad 19, et art. 8, ad 6, 7, 8, 9, 12 et 15, et quæst. 5, art. 4, corp., et quodl. 12, art. 24, ad 1, et Psal. 18, fin., et Isai. 14, et Joan. 9.)

Ad octavum sic proceditur. 1. Videtur quòd aliquis puniatur pro peccato alterius. Dicitur enim Exodi 20, 5 : *Ego sum Deus zelotes, visitans iniquitatem patrum in filios in tertiam et quartam generationem his* (1) *qui oderunt me*; et Matth. 23, 35, dicitur : *Ut veniat super vos omnis sanguis justus qui effusus est super terram.*

2. Præterea, justitia humana derivatur à justitiâ divinâ. Sed secundùm justitiam humanam aliquando filii puniuntur pro parentibus, sicut patet in crimine læsæ majestatis. Ergo etiam secundùm divinam justitiam unus punitur pro peccato alterius.

(1) Vulgata : *Quare respicis super iniqua agentes, et taces devorante impio justiorem se?*

(1) Vulgata, *eorum.*

3. Præterea, si dicatur filius non puniri pro peccato patris, sed pro peccato proprio, in quantum imitatur malitiam paternam, non magis hoc dicetur de filiis quàm de extraneis, qui simili pœnâ puniuntur in his quorum peccata imitantur. Non ergo videtur quòd filii pro peccatis propriis puniantur, sed pro peccatis parentum.

Sed contra est quod dicitur Ezech. 18, 20 : *Filius non portabit iniquitatem patris.*

Respondeo dicendum quòd si loquamur de pœnâ satisfactoriâ, quæ voluntariè assumitur, contingit quòd unus portet pœnam alterius, in quantum sunt quodammodò unum, sicut jam dictum est, art. præc.

Si autem loquamur de pœnâ pro peccato inflictâ, in quantum habet rationem pœnæ, sic solùm unusquisque pro peccato suo punitur, quia actus peccati aliquid personale est.

Si autem loquamur de pœnâ quæ habet rationem medicinæ, sic contingit quòd unus punitur pro peccato alterius. Dictum est enim art. præc., quòd detrimenta corporalium rerum, vel etiam ipsius corporis, sunt quædam pœnales medicinæ ordinatæ ad salutem animæ. Unde nihil prohibet talibus pœnis aliquem puniri pro peccato alterius, vel à Deo vel ab homine, utpote filios pro patribus, et subditos pro dominis, in quantum sunt quædam res eorum, ita tamen quòd si filius vel subditus est particeps culpæ, hujusmodi pœnalis defectus habet rationem pœnæ quantùm ad utrumque, scilicet et eum qui punitur, et eum pro quo punitur ; si verò non sit particeps culpæ, habet rationem pœnæ quantùm ad eum pro quo punitur, quantùm verò ad eum qui punitur, rationem medicinæ tantùm ; nisi per accidens, in quantum peccato alterius consentit ; ordinatur enim ei ad bonum animæ, si patienter sustineat. Pœnæ verò spirituales non sunt medicinales, quia bonum animæ non ordinatur ad aliud melius bonum. Unde in bonis animæ nullus patitur detrimentum sine culpâ propriâ. Et propter hoc etiam talibus pœnis, ut dicit Augustinus in epist. ad Avitum (ad Auxilium), unus non punitur pro alio, quia quantùm ad animam talis non est res patris. Unde et hujus causam Dominus assignans dicit Ezech. 18, 4 : *Omnes animæ meæ sunt.*

Ad primum ergo dicendum quòd utrumque dictum videtur esse referendum ad pœnas temporales vel corporales, in quantum filii sunt quædam res parentum, et successores prædecessorum. Vel si referatur ad pœnas spirituales, hoc dicitur propter imitationem culpæ ; unde in Exod. additur : *His qui oderunt me* ; et in Matth. 23, 32, dicitur : *Et vos implete mensuram patrum vestrorum.* Dicit autem puniri peccata patrum in filiis, quia filii in peccatis parentum nutriti proniores sunt ad peccandum tum propter consuetudinem, tum etiam propter exemplum patrum, quasi auctoritatem eorum sequentes ; sunt etiam majori pœnâ digni, si pœnas patrum videntes correcti non sunt. Ideò autem addit : *In tertiam et quartam generationem,* quia tantùm consueverunt homines vivere, ut tertiam, et quar-

tam generationem videant ; et sic mutuò videre possunt et filii peccata parentum ad imitandum, et patres pœnas filiorum ad dolendum.

Ad secundum dicendum quòd pœnæ illæ sunt corporales et temporales, quas justitia humana uni pro peccato alterius infligit ; et sunt remedia quædam, vel medicinæ contra culpas sequentes, ut vel ipsi qui puniuntur, vel alii cohibeantur à similibus culpis.

Ad tertium dicendum quòd magis dicuntur (1) puniri pro peccatis aliorum propinqui quàm extranei, tum quia pœnæ propinquorum quodammodò redundant in illos qui peccaverunt, ut dictum est in corp. art., in quantum filius est quædam res patris ; tum etiam quia et domestica exempla, et domesticæ pœnæ magis movent. Unde quando aliquis nutritus est in peccatis parentum, vehementiùs ea sequitur ; et si ex eorum pœnis non est deterritus, obstinatior videtur ; unde et est majori pœnâ dignus.

QUÆSTIO LXXXVIII.

DE PECCATO VENIALI ET MORTALI. — (*In sex articulos divisa.*)

Deinde quia peccatum veniale et mortale distinguuntur secundùm reatum, considerandum est de eis ; et primò considerandum est de veniali per comparationem ad mortale, secundò de veniali secundùm se.

Circa primum quæruntur sex : 1° utrùm veniale peccatum convenienter dividatur contra mortale ; 2° utrùm distinguantur genere ; 3° utrùm veniale peccatum sit dispositio ad mortale ; 4° utrùm veniale peccatum possit fieri mortale ; 5° utrùm circumstantia aggravans possit de veniali peccato facere mortale ; 6° utrùm peccatum mortale possit fieri veniale.

ARTICULUS PRIMUS. —*Utrùm veniale peccatum convenienter dividatur contra mortale.*—(2, *dist.* 42, *qu.* 1, *art.* 3, *et* 3 *cont.,* *cap.* 139, *fin., et* 143, *et Mal. quæst* 7, *art.* 1.)

Ad primum sic proceditur. 1. Videtur quòd veniale peccatum non convenienter dividatur contra mortale. Dicit enim Augustinus 22 lib. contra Faustum, cap. 27, in princ. : *Peccatum est dictum, vel factum, vel concupitum contra legem æternam.* Sed esse contra legem æternam, dat peccato quòd sit mortale. Ergo omne peccatum est mortale. Non ergo peccatum veniale dividitur contra mortale.

2. Præterea, Apostolus dicit, 1 Corinth. 10, 31 : *Sive manducatis, sive bibitis, sive aliquid aliud* (2) *facitis, omnia in gloriam Dei facite.* Sed contra hoc præceptum facit quicumque peccat ; non enim peccatum fit propter gloriam Dei. Cùm ergo facere contra præceptum sit peccatum mortale, videtur quòd quicumque peccat, mortaliter peccet.

3. Præterea, quicumque amore alicui rei inhæret ei vel sicut fruens, vel sicut utens, ut patet per Augustinum 1 de Doct. christ., cap. 3 et 4. Sed nullus peccans inhæret bono commutabili, quasi utens ; non enim refert

(1) Alcan. et Nicol., *debent.*
(2) In Vulgatâ deest *aliud.*

ipsum ad bonum quod nos beatos facit, quod proprie est uti, ut Augustinus dicit ibid., cap. 3. Ergo quicumque peccat, fruitur bono commutabili. Sed *frui rebus utendis est huma-na perversitas*, ut Augustinus dicit in lib. 83 QQ., quæst. 30, parùm à princ. Cùm ergo perversitas peccatum mortale nominetur, videtur quòd quicumque peccat, mortaliter peccet.

4. Præterea, quicumque accedit ad unum terminum, ex hoc ipso recedit ab alio. Sed quicumque peccat, accedit ad bonum commutabile. Ergo recedit à bono incommutabili. Ergo peccat mortaliter. Non ergo convenienter peccatum veniale contra mortale dividitur.

Sed contra est quod Augustinus dicit in homil. super Joan. (scilicet tract. 41, à med., et in Enchir. cap. 44, in fin.), quòd *crimen est quod damnationem meretur, veniale autem est quod non meretur damnationem.* Sed crimen nominat peccatum mortale. Ergo veniale peccatum convenienter dividitur contra mortale.

Respondeo dicendum quòd aliqua, secundùm quòd propriè accipiuntur, non videntur esse opposita, quæ si metaphoricè accipiantur, opponi inveniuntur; sicut ridere non opponitur ei quod est arescere; sed secundùm quòd ridere metaphoricè de prato dicitur, propter ejus floritionem et virorem, opponitur ei quod est arescere.

Similiter si mortale propriè accipiatur, prout refertur ad mortem corporalem, non videtur oppositionem habere cum veniali, nec ad idem genus pertinere. Sed si mortale accipiatur metaphoricè, secundùm quòd dicitur in peccatis, mortale opponitur ei quod est veniale. Cùm enim peccatum sit quædam infirmitas animæ, ut supra habitum est, quæst. 61, art. 1, ad 3, et quæst. 72, art. 5, et quæst. 74, art 9, ad 2, peccatum aliquod mortale dicitur ad similitudinem morbi; qui dicitur mortalis ex eo quòd inducit defectum irreparabilem per destitutionem alicujus principii, ut dictum est quæst. 72, art. 5. Principium autem spiritualis vitæ, quæ est secundùm virtutem, est ordo ad ultimum finem, ut supra dictum est, quæst. 72, art. 5, et quæst. 87, art. 3, qui quidem, si destitutus fuerit, reparari non potest per aliquod principium intrinsecum, sed solùm per virtutem divinam, ut supra dictum est, quæst. 87, art. 3, quia inordinationes eorum quæ sunt ad finem, reparantur ex fine; sicut error qui accidit circa conclusiones, per veritatem principiorum reparatur. Defectus ergo ordinis ultimi finis non potest per aliquid aliud reparari quod sit principalius, sicut nec error qui est circa principia; et ideò hujusmodi peccata dicuntur mortalia, quasi irreparabilia. Peccata autem quæ habent inordinationem circa ea quæ sunt ad finem, conservato ordine ad ultimum finem, reparabilia sunt; et hæc dicuntur venialia. Tunc enim peccatum veniam habet, quando reatus pœnæ tollitur, qui cessat cessante peccato, ut dictum est quæst. 87, art. 6. Secundùm hoc ergo mortale et veniale opponuntur, sicut reparabile et irreparabile;

et hoc dico per principium interius, non autem per comparationem ad virtutem divinam, quæ omnem morbum et corporalem et spiritualem potest reparare.

Et propter hoc veniale peccatum convenienter dividitur contra mortale.

Ad primum ergo dicendum quòd divisio peccati in veniale et mortale non est divisio generis in species, quæ æqualiter participant rationem generis, sed analogi in eâ de quibus prædicatur secundùm prius et posterius; et ideò perfecta ratio peccati, quam Augustinus ponit, convenit peccato mortali. Peccatum autem veniale dicitur peccatum secundùm rationem imperfectam et in ordine ad peccatum mortale; sicut accidens dicitur ens in ordine ad substantiam, secundùm imperfectam rationem entis; non enim est contra legem, quia venialiter peccans non facit quod lex prohibet, nec prætermittit id ad quod lex per præceptum obligat; sed facit præter legem, quia non observat modum rationis, quem lex intendit.

Ad secundum dicendum quòd illud præceptum Apostoli est affirmativum, unde non obligat ad semper; et sic non facit contra hoc præceptum quicumque non actu refert in gloriam Dei omne quod facit. Sufficit ergo quòd aliquis habitualiter referat se et omnia sua in Deum, ad hoc quòd non semper mortaliter peccet, cùm aliquem actum non refert in gloriam Dei actualiter. Veniale autem peccatum non excludit habitualem ordinationem actûs humani in gloriam Dei, sed solùm actualem, quia non excludit charitatem, quæ habitualiter ordinat in Deum. Unde non sequitur quòd ille qui peccat venialiter, peccet mortaliter.

Ad tertium dicendum quòd ille qui peccat venialiter, inhæret bono temporali non ut fruens, quia non constituit in eo finem, sed ut utens, referens in Deum non actu, sed habitu.

Ad quartum dicendum quòd bonum commutabile non accipitur ut terminus contrapositus incommutabili bono, nisi quando constituitur in eo finis. Quod enim est ad finem, non habet rationem termini.

ARTICULUS II. — *Utrùm peccatum mortale et veniale differant genere.* — (Sup., quæst. 72, art. 5, et 2, dist. 24, quæst. 3, art. 6, ad 6, et dist. 42, quæst. 1, art. 4, corp., et 4, dist. 16, quæst. 3, art. 2, quæst. 4, ad 5, et Mal. quæst. 1, art. 8, corp., et quæst. 7, art. 1, et opusc. 3, cap. 178.)

Ad secundum sic proceditur. 1. Videtur quòd peccatum veniale et mortale non differant genere, scilicet quòd aliquod sit peccatum mortale ex genere, et aliquod veniale ex genere. Bonum enim et malum ex genere in actibus humanis accipitur per comparationem ad materiam, sive ad objectum, ut supra dictum est, qu. 18, art. 2 et 8. Sed secundùm quodlibet objectum vel materiam contingit peccare mortaliter et venialiter: quodlibet enim bonum commutabile potest homo diligere vel infra Deum, quod est peccare venialiter, vel supra Deum, quod est peccare mortaliter. Ergo peccatum veniale et mortale non differunt genere.

2. Præterea, sicut dictum est supra, art. præc., peccatum mortale dicitur quod est irreparabile; peccatum autem veniale, quod est reparabile. Sed esse irreparabile convenit peccato quod fit ex malitiâ, quod secundùm quosdam irremissibile dicitur; esse autem reparabile convenit peccato quod fit per infirmitatem vel ignorantiam, quod dicitur remissibile. Ergo peccatum mortale et veniale differunt, sicut peccatum quod est ex malitiâ commissum, vel ex infirmitate et ignorantiâ. Sed secundùm hoc non differunt peccata genere, sed causâ, ut supra dictum est, qu. 76, 77 et 78. Ergo peccatum veniale et mortale non differunt genere.

3. Præterea, supra dictum est, quæst. 74, art. 3, ad 3, et art. 10, quòd subiti motus tam sensualitatis quàm rationis sunt peccata venialia. Sed subiti motus inveniuntur in quolibet peccati genere. Ergo non sunt aliqua peccata venialia ex genere.

Sed contra est quòd Augustinus in sermone de Purgatorio enumerat quædam genera peccatorum venialium, et quædam genera peccatorum mortalium.

Respondeo dicendum quòd peccatum veniale à veniâ dicitur. Potest igitur aliquod peccatum dici veniale uno modo, quia est veniam consecutum; et sic dicit Ambrosius, lib. de Parad., cap. 14, à med., quòd *omne peccatum per pœnitentiam sit veniale*, et hoc dicitur veniale ex eventu; alio modo dicitur veniale, quia non habet in se unde veniam non consequatur vel totaliter vel in parte. In parte quidem, sicut cùm habet in se aliquid diminuens culpam, ut cùm fit ex infirmitate vel ignorantiâ; et hoc dicitur veniale ex causâ; in toto autem ex eo quòd non tollit ordinem ad ultimum finem, unde non meretur pœnam æternam, sed temporalem; et de hoc veniali ad præsens intendimus; de primis enim duobus constat quòd non habent genus aliquod determinatum.

Sed veniale tertio modo dictum potest habere genus determinatum, ita quòd aliquod peccatum dicatur veniale ex genere, et aliquod mortale ex genere, secundùm quòd genus vel species actûs determinatur ex objecto. Cùm enim voluntas fertur in aliquid quod secundùm se repugnat charitati, per quam homo ordinatur in ultimum finem, illud peccatum ex suo objecto habet quòd sit mortale, unde est mortale ex genere; sive sit contra dilectionem Dei, sicut blasphemia, perjurium et hujusmodi; sive contra dilectionem proximi, sicut homicidium, adulterium, et similia; unde hujusmodi sunt peccata mortalia ex suo genere. Quandoque verò voluntas peccantis fertur in id quod in se continet quamdam inordinationem, non tamen contrariatur dilectioni Dei et proximi, sicut verbum otiosum, risus superfluus, et alia hujusmodi; et talia sunt peccata venialia ex suo genere, ut supra dictum est, quæst. 87, art. 5.

Sed quia actus mortales recipiunt rationem boni et mali non solùm ex objecto, sed etiam

ex aliquâ dispositione agentis, ut supra habitum est, quæst. 77, art. 6, et quæst. 78, art. 4, contingit quandoque quòd id quod est peccatum veniale ex genere, ratione sui objecti, sit mortale ex parte agentis, vel quia in eo constituit finem ultimum, vel quia ordinat ipsum ad aliquid quod est peccatum mortale ex genere, putà cùm aliquis ordinat verbum otiosum ad adulterium committendum.

Similiter etiam ex parte agentis contingit quòd aliquod peccatum quod ex suo genere est mortale, sit veniale, propter hoc scilicet quòd actus est imperfectus, id est, non deliberatus ratione, quæ est principium proprium mali actûs, sicut supra dictum est, quæst. 74, art. 10, de subitis motibus infidelitatis.

Ad primum ergo dicendum quòd ex hoc ipso quòd aliquis eligit id quod repugnat divinæ charitati, convincitur præferre illud charitati divinæ, et per consequens plus amare ipsum quàm Deum; et ideò aliqua peccata ex genere quæ de se (1) repugnant charitati, habent quòd aliquid diligatur supra Deum; et sic sunt ex genere suo mortalia.

Ad secundum dicendum quòd ratio illa procedit de peccato veniali ex causâ.

Ad tertium dicendum quòd ratio illa procedit de peccato quod est veniale propter imperfectionem actûs.

ARTICULUS III.—*Utrùm peccatum veniale sit dispositio ad mortale.* — (2-2, quæst. 24, art. 10, corp., fin., et qu. 186, art. 9, corp., et 1, dist. 17, quæst. 2, art. 5, corp., fin., et 2, dist. 42, quæst. 1, art. 3, et Ver. quæst. 24, art. 6, ad 16, et Mal. quæst. 7, art. 1, ad 7, et art. 3, corp.. et ad 1, et 3, art. 6, ad 5, et quæst. 14, art. 2, corp.)*

Ad tertium sic proceditur. 1. Videtur quòd peccatum veniale non sit dispositio ad mortale. Unum enim oppositum non disponit ad aliud. Sed peccatum veniale et mortale ex opposito dividuntur, ut dictum est art. 1 hujus quæst. Ergo peccatum veniale non est dispositio ad mortale.

2. Præterea, actus disponit ad aliquid simile in specie sibi; unde in 2 Ethic., cap. 1 et 2, dicitur quòd *ex similibus actibus generantur similes dispositiones et habitus*. Sed peccatum mortale et veniale differunt genere, seu specie, ut dictum est art. præc. Ergo peccatum veniale non disponit ad mortale.

3. Præterea, si peccatum dicatur veniale, quòd disponit ad mortale, oportebit quòd quæcumque disponunt ad mortale peccatum, sint peccata venialia. Sed omnia bona opera disponunt ad peccatum mortale: dicit enim Augustinus in regulâ, quòd *superbia bonis operibus insidiatur, ut pereant*. Ergo etiam bona opera erunt peccata venialia, quod est inconveniens.

Sed contra est quod dicitur Eccli. 19, 1: *Qui spernit minima, paulatim defluit.* Sed ille qui peccat venialiter, videtur minima spernere. Ergo paulatim disponitur ad hoc quòd

(1) Ita optimè codd. et editi passim. Theologi *quod de se.*

totaliter defluat per peccatum mortale.

Respondeo dicendum quòd disponens est quodammodò causa : unde secundùm duplicem modum causæ est duplex dispositionis modus. Est enim causa quædam movens directè ad effectum, sicut calidum calefacit ; est etiam causa indirectè movens, removendo prohibens, sicut removens columnam dicitur removere lapidem superpositum. Et secundùm hoc actus peccati dupliciter ad aliquid disponit : uno quidem modo directè, et sic disponit ad actum similem secundùm speciem, et hoc modo primò et per se peccatum veniale ex genere non disponit ad mortale ex genere, cùm differant specie ; sed per hunc modum peccatum veniale potest disponere per quamdam consequentiam ad peccatum quod est mortale ex parte agentis. Augmentatâ enim dispositione vel habitu per actus peccatorum venialium, in tantum potest libido peccandi crescere, quòd ille qui peccat, finem suum constituet in peccato veniali. Nam unicuique habenti habitum, in quantum hujusmodi, finis est operatio secundùm habitum ; et sic multoties peccando venialiter, disponitur ad peccatum mortale.

Alio modo actus humanus disponit ad aliquid, removendo prohibens ; et hoc modo peccatum veniale ex genere potest disponere ad mortale peccatum ex genere. Qui enim peccat venialiter ex genere, prætermittit aliquem ordinem ; et ex hoc quòd consuescit voluntatem suam in minoribus debito ordini non subjicere, disponitur ad hoc quòd etiam voluntatem suam non subjiciat ordini ultimi finis, eligendo id quod est peccatum mortale ex genere.

Ad primum ergo dicendum quòd peccatum veniale et mortale non dividuntur ex opposito, sicut duæ species unius generis, ut dictum est art. 1 hujus quæst., ad 1 ; sed sicut accidens contra substantiam dividitur. Unde sicut accidens potest esse dispositio ad formam substantialem, ita et veniale peccatum ad mortale.

Ad secundum dicendum quòd peccatum veniale non est simile mortali in specie ; est tamen simile ei in genere, in quantum utrumque importat defectum debiti ordinis, licèt aliter et aliter, ut dictum est art. 1 et 2 hujus quæst.

Ad tertium dicendum quòd opus bonum non est per se dispositio ad mortale peccatum ; potest tamen esse materia vel occasio peccati mortalis per accidens. Sed peccatum veniale per se disponit ad mortale, ut dictum est in corp.

ARTICULUS IV. — *Utrùm peccatum veniale possit fieri mortale.* — (*Sup., art. 2, corp., et 2, dist. 24, quæst. 3, art. 7, et Mal. quæst. 7, art. 3, et Psal. 10.*)

Ad quartum sic proceditur. 1. Videtur quòd peccatum veniale possit fieri mortale. Dicit enim Augustinus, exponens illud Joan. 3 : *Qui incredulus est Filio, non videbit vitam,* tract. 12, circ. fin. : *Peccata minima* (id est, venialia) *si negligantur, occidunt.* Sed ex hoc dicitur peccatum mortale, quia spiritualiter

occidit animam. Ergo peccatum veniale potest fieri mortale.

2. Præterea, motus sensualitatis ante consensum rationis est peccatum veniale, post consensum verò est peccatum mortale, ut supra dictum est, quæst. 74, art. 8, ad 2. Ergo peccatum veniale potest fieri mortale.

3. Præterea, peccatum veniale et mortale differunt, sicut morbus curabilis et incurabilis, ut dictum est art. 1 hujus quæst. Sed morbus curabilis potest fieri incurabilis. Ergo peccatum veniale potest fieri mortale.

4. Præterea, dispositio potest fieri habitus. Sed peccatum veniale est dispositio ad mortale, ut dictum est art. præc. Ergo veniale peccatum potest fieri mortale.

Sed contra, ea quæ differunt in infinitum, non transmutantur in invicem. Sed peccatum mortale et veniale differunt in infinitum, ut ex prædictis patet (articulis præcedentibus). Ergo veniale non potest fieri mortale.

Respondeo dicendum quòd peccatum veniale fieri mortale, potest tripliciter intelligi : uno modo sic quòd idem actus numero primo sit peccatum veniale, et postea mortale, et hoc esse non potest, quia peccatum principaliter consistit in actu voluntatis, sicut et quilibet actus moralis. Unde non dicitur unus actus moraliter, si voluntas mutetur, quamvis etiam actio secundùm naturam sit continua ; si autem voluntas non mutetur, non potest esse quòd de veniali fiat mortale. Alio modo potest intelligi, ut id quod est veniale ex genere, fiat mortale ; et hoc quidem possibile est, in quantum constituitur in eo finis, vel in quantum refertur ad mortale peccatum sicut ad finem, ut dictum est art. 2 hujus quæst. Tertio modo potest intelligi ita quòd multa venialia peccata constituant unum peccatum mortale. Quod si sic intelligatur quòd ex multis peccatis venialibus integraliter constituatur unum peccatum mortale, falsum est ; non enim omnia peccata venialia de mundo possunt habere tantum de reatu, quantum unum peccatum mortale. Quod patet ex parte durationis, quia peccatum mortale habet reatum pœnæ æternæ, peccatum autem veniale reatum pœnæ temporalis, ut dictum est art. 2 hujus quæst. Patet etiam ex parte pœnæ damni, quia peccatum mortale meretur carentiam visionis divinæ, cui nulla alia pœna comparari potest, ut Chrysostomus dicit, hom. 24 in Matth., aliquant. ante fin. Patet etiam ex parte pœnæ sensûs, quantùm ad vermem conscientiæ ; licèt forte quantùm ad pœnam ignis non sint improportionabiles pœnæ.

Si verò intelligatur quòd multa peccata venialia faciunt unum mortale dispositivè, sic verum est, sicut supra ostensum est, art. 3 hujus quæst., secundùm duos modos dispositionis, quibus peccatum veniale disponit ad mortale.

Ad primum ergo dicendum quòd Augustinus loquitur in illo sensu quòd multa peccata venialia dispositivè causant mortale.

Ad secundum dicendum quòd ille idem motus sensualitatis qui præcessit consensum rationis, nunquàm sit peccatum mortale, sed ipse actus rationis consentientis.

Ad tertium dicendum quòd morbus corporalis non est actus, sed dispositio quædam permanens; unde eadem manens potest mutari. Sed peccatum veniale est actus transiens, qui resumi non potest; et quantùm ad hoc non est simile.

Ad quartum dicendum quòd dispositio quæ fit habitus, est sicut imperfectum in eâdem specie; sicut imperfecta scientia, dùm perficitur, fit habitus. Sed veniale peccatum est dispositio alterius generis, sicut accidens ad formam substantialem, in quam nunquàm mutatur.

ARTICULUS V. — *Utrùm circumstantia possit facere de veniali mortale.* — (2-2, quæst 110, art. 4, ad 5, et 4, dist. 16, quæst. 3, art 2 et 4, et Mal. quæst. 2, art. 8, et quæst. 7, art. 4, per tot., et art 7, corp., princ.)

Ad quintum sic proceditur. 1. Videtur quòd circumstantia possit de veniali peccato facere mortale. Dicit enim Augustinus in serm. de Purgatorio, quòd *si diù teneatur iracundia et ebrietas, si assidua sit, transeunt in numerum peccatorum mortalium.* Sed ira et ebrietas non sunt ex suo genere peccata mortalia, sed venialia; alioquin semper essent mortalia. Ergo circumstantia facit peccatum veniale esse mortale.

2. Præterea, Magister dicit, dist. 24 lib. 2 Sent., quòd *delectatio, si sit morosa, est peccatum mortale; si autem non sit morosa, est peccatum veniale.* Sed morositas est quædam circumstantia. Ergo circumstantia facit de peccato veniali mortale.

3. Præterea, plus differunt malum et bonum, quàm veniale peccatum et mortale, quorum utrumque est in genere mali. Sed circumstantia facit de actu bono malum, sicut patet cùm quis dat eleemosynam propter inanem gloriam. Ergo multò magis potest facere de peccato veniale mortale.

Sed contra est quòd cùm circumstantia sit accidens, quantitas ejus non potest excedere quantitatem ipsius actûs, quam habet ex suo genere; semper enim subjectum præeminet accidenti. Si igitur actus ex suo genere sit peccatum veniale, non poterit per circumstantiam fieri peccatum mortale, cùm peccatum mortale in infinitum quodammodò excedat quantitatem venialis, ut ex dictis patet, art. præc., in arg. *Sed cont.*

Respondeo dicendum quòd, sicut supra dictum est, quæst. 7, art. 1, cùm de circumstantiis ageretur, circumstantia, in quantum hujusmodi, est accidens moralis actûs. Contingit tamen circumstantiam accipi ut differentiam specificam actûs moralis; et tunc amittit rationem circumstantiæ, et constituit speciem moralis actûs. Hoc autem contingit in peccatis, quando circumstantia addit deformitatem alterius generis; sicut cùm aliquis accedit ad non suam, est actus deformis deformitate oppositâ castitati; sed si accedat ad non suam quæ est alterius uxor, additur deformitas opposita justitiæ, contra quam est ut aliquis usurpet rem alienam; et secundùm hoc hujusmodi circumstantia constituit novam speciem peccati, quæ dicitur adulterium. Impossibile est au-

tem quòd circumstantia de peccato veniali faciat mortale, nisi afferat deformitatem alterius generis. Dictum est enim art. 1 hujus quæst., quòd peccatum veniale habet deformitatem per hoc quòd importat deordinationem circa ea quæ sunt ad finem; peccatum autem mortale habet deformitatem per hoc quòd importat deordinationem respectu ultimi finis. Unde manifestum est quòd circumstantia non potest de veniali peccato facere mortale, manens circumstantia; sed solùm tunc quando transfert in aliam speciem, et fit quodammodò differentia specifica moralis actûs.

Ad primum ergo dicendum quòd diuturnitas non est circumstantia trahens in aliam speciem; similiter nec frequentia vel assiduitas, nisi fortè per accidens ex aliquo supervenienti. Non enim aliquid acquirit novam speciem ex hoc quòd multiplicatur vel protelatur; nisi fortè in actu protelato vel multiplicato superveniat aliquid quod variet speciem, putà inobedientia, vel contemptus, vel aliquid hujusmodi. Dicendum est ergo quòd cùm ira sit motus animi ad nocendum proximo, si sit tale nocumentum, in quod tendit motus iræ, quod, ex genere suo, sit peccatum mortale (sicut homicidium, vel furtum), talis ira ex genere suo est peccatum mortale; sed quòd sit peccatum veniale, habet ex imperfectione actûs, in quantum est motus subitus sensualitatis. Si verò sit diuturna, redit ad naturam sui generis per consensum rationis. Si verò nocumentum, in quod tendit motus iræ, esset veniale ex genere suo (putà cùm aliquis in hoc irascitur contra aliquem, quòd vult ei dicere aliquod verbum leve et jocosum, quod modicum ipsum contristet), non erit ira peccatum mortale, quantùmcumque sit diuturna, nisi fortè per accidens, putà si ex hoc grave scandalum oriatur, vel propter aliquid hujusmodi. De ebrietate verò dicendum est quòd secundùm suam rationem habet quòd sit peccatum mortale; quòd enim homo absque necessitate reddat se impotentem ad utendum ratione, per quam homo in Deum ordinatur, et multa peccata occurrentia vitat, ex solâ voluptate vini, expressè contrariatur virtuti. Sed quòd sit peccatum veniale, contingit propter ignorantiam quamdam vel infirmitatem, putà cùm homo nescit virtutem vini, aut propriam debilitatem, unde non putat se inebriari; tunc enim non imputatur ei ebrietas ad peccatum, sed solùm superabundantia potûs. Sed quando frequenter inebriatur, non potest per hanc ignorantiam excusari, quin videatur voluntas ejus eligere magis pati ebrietatem quàm abstinere à vino superfluo; unde redit peccatum ad suam naturam.

Ad secundum dicendum quòd delectatio morosa non dicitur esse peccatum mortale, nisi in his quæ ex suo genere sunt peccata mortalia : in quibus si delectatio non morosa sit peccatum veniale, est ex imperfectione actûs, sicut et de irâ dictum est in solut. præc.; dicitur enim ira diuturna et delectatio morosa, propter approbationem rationis deliberantis.

Ad tertium dicendum quòd circumstantia non facit de bono actu malum, nisi constituens speciem peccati, ut supra etiam habitum est, quæst. 18, art. 10 et 11.

ARTICULUS VI. — *Utrùm peccatum mortale possit fieri veniale.* — (*Mal. quæst.* 7, *art.* 2, *ad* 18, *et art.* 3, *ad* 9.)

Ad sextum sic proceditur. 1. Videtur quòd peccatum mortale possit fieri veniale. Æqualiter enim distat peccatum veniale à mortali, et è contrario. Sed peccatum veniale fit mortale, ut dictum est art. 4 et 5 præc. Ergo etiam peccatum mortale potest fieri veniale.

2. Præterea, peccatum veniale et mortale ponuntur differre secundùm hoc quòd peccans mortaliter diligit creaturam plusquàm Deum; peccans autem venialiter diligit creaturam infra Deum. Contingit autem quòd aliquis committens id quod est ex genere suo peccatum mortale, diligat creaturam infra Deum: putà si aliquis nesciens fornicationem simplicem esse peccatum mortale, et contrariam divino amori, fornicetur; ita tamen quòd propter divinum amorem paratus esset fornicationem prætermittere, si sciret fornicando se contra divinum amorem agere. Ergo peccabit venialiter, et sic peccatum mortale potest veniale fieri.

3. Præterea, sicut dictum est art. præc., arg. 3, plus differt bonum à malo, quàm veniale peccatum à mortali. Sed actus qui est de se malus, potest fieri bonus, sicut homicidium potest fieri actus justitiæ; sicut patet in judice, qui occidit latronem. Ergo multò magis peccatum mortale potest fieri veniale.

Sed contra est quòd æternum nunquàm potest fieri temporale. Sed peccatum mortale meretur pœnam æternam, peccatum autem veniale temporalem pœnam. Ergo peccatum mortale nunquàm potest fieri veniale.

Respondeo dicendum quòd veniale et mortale differant sicut perfectum et imperfectum in genere peccati, ut dictum est art. 1 hujus quæst., ad 1. Imperfectum autem per aliquam additionem potest ad perfectionem venire. Unde et veniale per hoc quòd additur ei deformitas pertinens ad genus peccati mortalis, efficitur mortale; sicut cùm aliquis dicit verbum otiosum, ut fornicetur. Sed id quod est perfectum, non potest fieri imperfectum per additionem. Et ideò peccatum mortale non fit veniale per hoc quòd additur ei aliqua deformitas pertinens ad genus peccati venialis. Non enim diminuitur peccatum ejus qui fornicatur ut dicat verbum otiosum; sed magis aggravatur propter deformitatem adjunctam.

Potest tamen id quod est ex genere mortale, esse veniale propter imperfectionem actûs: quia non perfectè pertingit ad rationem actûs moralis, cùm non sit deliberatus, sed subitus, ut ex dictis patet, art. 2 hujus quæst. Et hoc fit per subtractionem quamdam, scilicet deliberatæ rationis. Et quia à ratione deliberatâ habet speciem moralis actûs, inde est quòd per talem subtractionem solvitur species.

Ad primum ergo dicendum quòd veniale differt à mortali sicut imperfectum à perfecto, ut puer à viro. Fit autem ex puero vir, sed non convertitur. Unde ratio non cogit.

Ad secundum dicendum quòd si sit talis ignorantia quæ peccatum omninò excuset, sicut est furiosi vel amentis, tunc ex tali ignorantiâ fornicationem committens nec venialiter nec mortaliter peccat. Si verò sit ignorantia non invincibilis, tunc ignorantia ipsa est peccatum, et continet in se defectum divini amoris, in quantum negligit homo addiscere ea per quæ potest se in divino amore conservare.

Ad tertium dicendum quòd, sicut Augustinus dicit in libro contra Mendacium, cap. 7, ante med., *ea quæ sunt secundùm se mala, nullo fine benè fieri possunt.* Homicidium autem est occisio innocentis; et hoc nullo modo benè fieri potest. Sed judex qui occidit latronem, vel miles qui occidit hostem reipublicæ, non appellantur homicidæ, ut Augustinus dicit in lib. 1 de lib. Arb., cap. 4 et 5.

QUÆSTIO LXXXIX.
DE PECCATO VENIALI SECUNDUM SE. — (*In sex articulos divisa*).

Deinde considerandum est de peccato veniali secundùm se; et circa hoc quæruntur sex : 1° utrùm peccatum veniale causet maculam in animâ; 2° de distinctione peccati venialis, prout figuratur *per lignum, fœnum, et stipulam*, 1 Corinth. 3; 3° utrùm homo in statu innocentiæ potuerit peccare venialiter; 4° utrùm Angelus bonus vel malus possit peccare venialiter; 5° utrùm primi motus infidelium sint peccata venialia; 6° utrùm veniale possit esse in aliquo simul cum solo peccato originali.

ARTICULUS PRIMUS. — *Utrùm peccatum veniale causet maculam in animâ.* — (3 *p.*, *quæst.* 87, *art.* 2, *ad* 3, *et* 4, *dist.* 16, *quæst.* 2, *ad* 3, *et quæst.* 1, *ad* 1, *et art* 2, *quæst.* 1, *ad* 1, *et Mal. quæst.* 7, *art.* 2, *corp.*, *et Psalm.* 34, *com.* 2.)

Ad primum sic proceditur. 1. Videtur quòd peccatum veniale causet maculam in animâ. Dicit enim Augustinus in lib. de Pœnitentiâ (scilicet hom. ult. inter 50, cap. 2, circa fin.), quòd *peccata venialia, si multiplicentur, decorem nostrum ita exterminant, ut à cœlestis sponsæ amplexibus nos separent.* Sed nihil aliud est macula quàm detrimentum decoris. Ergo peccata venialia causant maculam in animâ.

2. Præterea, peccatum mortale causat maculam in animâ propter inordinationem actûs et affectûs ipsius peccantis. Sed in peccato veniali est quædam deordinatio actûs et affectûs. Ergo peccatum veniale causat maculam in animâ.

3. Præterea, macula animæ causatur ex contactu rei temporalis per amorem, ut supra dictum est, quæst. 86, 1. Sed in peccato veniali anima inordinato amore contingit rem temporalem. Ergo peccatum veniale inducit maculam in animâ.

Sed contra est quod dicitur Ephes. 5, 27 : *Ut exhiberet ipse sibi gloriosam Ecclesiam non habentem maculam, aut rugam.* Glossa interl. *Id est, aliquod peccatum criminale.* Ergo proprium peccati mortalis esse videtur quòd maculam in animâ causet.

Respondeo dicendum quòd, sicut ex dictis patet, quæst. 86, art. 1, macula importat detrimentum nitoris ex aliquo contactu, sicut in corporalibus patet, ex quibus per similitudinem nomen maculæ ad auimam transfertur. Sicut autem in corpore est duplex nitor, unus quidem ex intrinsecâ dispositione membrorum et coloris ; alius autem ex exteriori claritate superveniente, ita etiam in animâ est duplex nitor : unus quidem habitualis, quasi intrinsecus ; alius autem actualis, quasi exterior, fulgor.

Peccatum autem veniale impedit quidem nitorem actualem, non tamen habitualem ; quia non excludit, neque diminuit habitum charitatis et aliarum virtutum, ut infra patebit, 2-2, qu. 24, art. 10, sed solùm impedit earum actum. Macula autem importat aliquid manens in re maculatâ ; unde magis videtur pertinere ad detrimentum habitualis nitoris quàm actualis. Unde, propriè loquendo, peccatum veniale non causat maculam in animâ. Et si alicubi dicatur maculam inducere, hoc est secundùm quid, in quantum impedit nitorem qui est ex actibus virtutum.

Ad primum ergo dicendum quòd Augustinus loquitur in eo casu in quo multa peccata venialia dispositivè inducunt ad mortale ; aliter autem non separarent ab amplexu cœlestis sponsi.

Ad secundum dicendum quòd inordinatio actûs in peccato mortali corrumpit habitum virtutis, non autem in peccato veniali.

Ad tertium dicendum quòd in peccato mortali anima per amorem contingit rem temporalem quasi finem, et per hoc totaliter impeditur influxus splendoris gratiæ, qui provenit in eos qui Deo adhærent ut ultimo fini per charitatem. Sed in peccato veniali non adhæret homo creaturæ tanquàm fini ultimo. Unde non est simile.

ARTICULUS II. — *Utrùm convenienter peccata venialia per lignum, fœnum et stipulam designentur.* — (4, dist. 21, quæst. 1, art. 2, quæst. 2, art. 1, corp., et dist. 46, quæst. 2, art. 3, ad 3.)

Ad secundum sic proceditur. 1. Videtur quòd inconvenienter peccata venialia per *lignum, et fœnum, et stipulam* designentur. *Lignum* enim, *fœnum* et *stipula* dicuntur superædificari spirituali fundamento. Sed peccata venialia sunt præter spirituale ædificium ; sicut etiam quælibet falsæ opiniones sunt præter scientiam. Ergo peccata venialia non convenienter designantur per *lignum, fœnum et stipulam.*

2. Præterea, ille qui ædificat *lignum, fœnum* et *stipulam,* sic *salvus erit quasi per ignem.* Sed quandoque ille qui committit peccata venialia, non erit salvus etiam per ignem, putà cùm peccata venialia inveniuntur in eo qui decedit cum peccato mortali. Ergo inconvenienter per *lignum, fœnum* et *stipulam* peccata venialia designantur.

3. Præterea, secundùm Apostolum alii sunt qui ædificant *aurum, argentum et lapides pretiosos,* id est, amorem Dei et proximi, et bona opera ; et alii qui ædificant *lignum, fœnum et stipulam.* Sed peccata venialia committunt etiam illi qui diligunt Deum et proximum, et bona opera faciunt ; dicitur enim 1 Joan. 1.

8 : *Si dixerimus, quia peccatum non habemus, nos ipsos seducimus.* Ergo non convenienter designantur peccata venialia per ista tria.

4. Præterea, multò plures differentiæ et gradus sunt peccatorum venialium quàm tres. Ergo inconvenienter sub his tribus comprehenduntur.

Sed contra est quod Apostolus 1 ad Cor. 3, 12, dicit de eo qui superædificat *lignum, fœnum et stipulam,* quòd *salvus erit quasi per ignem ;* et sic patietur pœnam, sed non æternam. Reatus autem pœnæ temporalis propriè pertinet ad peccatum veniale, ut dictum est qu. 87, art. 5, et quæst. 88, art. 2. Ergo per illa tria significantur peccata venialia.

Respondeo dicendum quòd quidam intellexerunt fundamentum esse fidem informem, super quam aliqui ædificant bona opera, quæ figurantur per *aurum, argentum* et *lapides pretiosos ;* quidam verò peccata etiam mortalia, quæ figurantur, secundùm eos, per *lignum, fœnum* et *stipulam.* Sed hanc expositionem improbat Augustinus in lib. de Fide et operibus, cap. 15, quia, ut Apostolus dicit ad Galatas 5, qui opera carnis facit, regnum Dei non consequetur, quod est salvum fieri : Apostolus autem dicit quòd *ille qui ædificat lignum, fœnum et stipulam, salvus erit quasi per ignem.* Unde non potest intelligi quòd per *lignum, fœnum et stipulam* peccata mortalia designentur.

Dicunt ergo quidam quòd per *lignum, fœnum* et *stipulam* significantur opera bona, quæ superædificantur quidem spirituali ædificio, sed tamen commiscent se eis peccata venialia ; sicut cùm aliquis habet curam rei familiaris, quod bonum est, commiscet se superfluus amor vel uxoris, vel filiorum, vel possessionum, sub Deo tamen ita scilicet quòd pro his homo nihil vellet facere contra Deum. Sed hoc iterùm non videtur convenienter dici. Manifestum est enim quòd omnia opera bona referuntur ad charitatem Dei et proximi ; unde pertinent ad *aurum, argentum* et *lapides pretiosos :* non ergo ad *lignum, fœnum* et *stipulam.*

Et ideò dicendum est quòd ipsa peccata venialia, quæ admiscent se procurantibus terrena, significantur per *lignum, fœnum et stipulam.* Sicut enim hujusmodi congregantur in domo, et non pertinent ad substantiam ædificii, et possunt comburi ædificio remanente, ita etiam peccata venialia multiplicantur in homine, manente spirituali ædificio ; et pro istis patitur ignem vel temporalis tribulationis in hâc vitâ, vel purgatorii post hanc vitam ; et tamen salutem consequitur æternam.

Ad primum ergo dicendum quòd peccata venialia non dicuntur superædificari spirituali fundamento, quasi directè supra ipsum posita, sed quia ponuntur juxta ipsum, sicut accipitur Psal. 136, 1 : *Super flumina Babylonis,* id est, juxta, quia peccata venialia non destruunt spirituale ædificium, ut dictum est in corp. art.

Ad secundum dicendum quòd non dicitur de quocumque ædificante *lignum, fœnum et stipulam,* quòd *salvus erit sic quasi per ignem ;*

sed solùm de eo qui ædificat supra fundamentum, quod quidem non est fides informis, ut quidam existimabant, sed fides formata charitate, secundum illud Ephes. 3, 17 : *In charitate radicati et fundati.* Ille ergo qui decedit cum peccato mortali et venialibus habet quidem *lignum, fœnum et stipulam,* sed non sunt superædificáta (1), supra fundamentum spirituale : et ideò non erit salvus sic quasi per ignem.

Ad tertium dicendum quòd illi qui sunt abstracti à curâ temporalium rerum, etsi aliquando venialiter peccent, tamen levia peccata venialia committunt, et frequentissimè per fervorem charitatis purgantur ; unde tales non superædificant venialia, quia in eis modicum manet. Sed peccata venialia ipsorum qui circa terrena occupantur, diutiùs manent, quia non ita frequenter recurrere possunt ad hujusmodi peccata venialia delenda per charitatis fervorem.

Ad quartum dicendum quòd, sicut Philosophus dicit in 1 de Cœlo, text. 2, *omnia tribus includuntur, scilicet principio, medio et fine.* Et secundùm hoc omnes gradus venialium peccatorum ad tria reducuntur ; scilicet ad *lignum,* quod diutiùs manet in igne ; ad *stipulam,* quæ citissimè expeditur ; ad *fœnum,* quod medio modo se habet ; secundùm enim quòd peccata venialia sunt majoris vel minoris adhærentiæ vel gravitatis, citiùs vel tardiùs per ignem purgantur.

ARTICULUS III. — *Utrùm homo in statu innocentiæ potuerit peccare venialiter.* — (2, *dist.* 21, *quæst.* 2, *art.* 3, *et* 3, *dist.* 34, *art* 4, *ad* 4, *et Mal. quæst.* 2, *art* 8, *ad* 1, *et quæst.* 7, *art.* 8.)

Ad tertium sic proceditur. 1. Videtur quòd homo in statu innocentiæ potuerit peccare venialiter, quia super illud 1 ad Timoth. 2 : *Adam non est seductus,* dicit Glossa ord. (Aug. 14 de Civ. Dei, cap. 11, in fin.) : *Inexpertus divinæ severitatis in eo falli potuit, ut crederet veniale esse commissum.* Sed hoc non credidisset, nisi venialiter peccare potuisset. Ergo venialiter peccare potuit non peccando mortaliter.

2. Præterea, Augustinus dicit, 11 super Genes. ad litt., cap. 5, in princ. : *Non est arbitrandum quòd esset hominem dejecturus tentator, nisi præcessisset in animâ hominis quædam elatio comprimenda.* Elatio autem delectationem præcedens, quæ facta est per peccatum mortale, non potuit esse nisi peccatum veniale. Similiter etiam in eodem lib. Augustinus dicit, cap. ult. circ. fin., quòd *virum sollicitavit aliqua experiendi cupiditas, cùm mulierem vidisset, sumpto vetito pomo non esse mortuam.* Videtur etiam fuisse in Evâ aliquis infidelitatis motus in hoc quòd de verbis Domini dubitavit, ut patet per hoc quod dixit : *Ne forte moriamur,* ut habetur Gen. 3, 3. Hæc autem videntur venialia peccata. Ergo homo potuit venialiter peccare, antequàm mortaliter peccaret.

3. Præterea, peccatum mortale magis opponitur integritati primi statûs quàm peccatum

(1) Nicolaius, *sed non superædificat.*

veniale. Sed homo potuit peccare mortaliter, non obstante integritate primi statûs. Ergo etiam potuit peccare venialiter.

Sed contra est quòd cuilibet peccato debetur aliqua pœna. Sed nihil pœnale esse potuit in statu innocentiæ, ut Augustinus dicit, 14 de Civ. Dei, cap. 10. Ergo non potuit peccare aliquo peccato quo non ejiceretur ab illo integritatis statu. Sed peccatum veniale non mutat statum hominis. Ergo non potuit peccare venialiter.

Respondeo dicendum quòd communiter ponitur quòd homo in statu innocentiæ non potuit venialiter peccare. Hoc autem non est sic intelligendum, quasi id quod nobis est veniale, si ipse committeret, esset sibi mortale propter altitudinem sui statûs. Dignitas enim personæ est quædam circumstantia aggravans peccatum, non tamen transfert in aliam speciem, nisi forté superveniente deformitate inobedientiæ, vel voti, vel alicujus hujusmodi, quod in proposito dici non potest. Unde id quod est de se veniale, non potuit transferri in mortale propter dignitatem primi statûs.

Sic ergo intelligendum est quòd non potuit peccare venialiter, quia non potuit esse ut committeret aliquid quod esset de se peccatum veniale, antequàm integritatem primi statûs amitteret, peccando mortaliter.

Cujus ratio est quia peccatum veniale in nobis contingit vel propter imperfectionem actûs, sicut subiti motus in genere peccatorum mortalium, vel propter inordinationem existentem circa ea quæ sunt ad finem, servato debito ordine ad finem. Utrumque autem horum contingit propter quemdam defectum ordinis ex eo quòd inferius non continetur firmiter sub superiori. Quòd enim in nobis insurgat subitus motus sensualitatis, contingit ex hoc quòd sensualitas non est omninò subdita rationi ; quòd verò insurgat subitus motus in ratione ipsâ, provenit in nobis ex hoc quòd ipsa executio actûs rationis non subditur deliberationi, quæ est ex altiori bono, ut supra dictum est, quæst. 74, art. 10 ; quòd verò humanus animus inordinetur circa ea quæ sunt ad finem, servato debito ordine ad finem, provenit ex hoc quòd ea quæ sunt ad finem, non ordinantur infallibiliter sub fine, qui tenet summum locum, quasi principium in appetibilibus, ut supra dictum est, quæst. 70, 21, art. 1. In statu autem innocentiæ, ut in 1 habitum est, quæst. 95, art. 1, erat infallibilis ordinis firmitas, ut semper inferius contineretur sub superiori, quamdiù summum hominis contineretur sub Deo, ut etiam Augustinus dicit 14 de Civit. Dei, cap. 13, et ideò oportebat quòd inordinatio in homine non esset, nisi inciperet ab hoc quòd summum hominis non subderetur Deo ; quod fit per peccatum mortale. Ex quo patet quòd homo in statu innocentiæ non potuit peccare venialiter, antequàm peccaret mortaliter.

Ad primum ergo dicendum quòd veniale non sumitur ibi secundùm quòd nunc de veniali loquimur ; sed dicitur veniale quod est facilè remissibile.

Ad secundum dicendum quòd illa elatio quæ

præcessit in animo hominis, fuit primum hominis peccatum mortale; dicitur autem præcessisse dejectionem ejus in exteriorem actum peccati. Hujusmodi autem elationem subsecuta est et experiendi cupiditas in viro, et dubitatio in muliere, quæ ex hoc solo in quamdam aliam elationem prorupit quòd præcepti mentionem à serpente audivit, quasi nollet sub præcepto contineri.

Ad tertium dicendum quòd peccatum mortale in tantum opponitur integritati primi status, quòd corrumpit ipsum, quòd peccatum veniale facere non potest. Et quia non potest simul esse quæcumque inordinatio cum integritate primi status, consequens est quòd primus homo non potuerit peccare venialiter, antequàm peccaret mortaliter.

ARTICULUS IV. — *Utrùm Angelus bonus vel malus possit peccare venialiter.* — *(Mal. qu. 7, art. 9.)*

Ad quartum sic proceditur. 1. Videtur quòd Angelus bonus vel malus possit peccare venialiter. Homo enim cum Angelis convenit in superiori animæ parte, quæ mens 'vocatur, secundùm illud Gregorii in homil. 29 in Evang., parùm à princ. : *Homo intelligit cum Angelis.* Sed homo secundùm superiorem partem animæ potest peccare venialiter. Ergo et Angelus.

2. Præterea, quicumque potest quod est plus, potest etiam quòd est minus. Sed Angelus potuit diligere bonum creatum plus quàm Deum, quod fecit peccando mortaliter. Ergo etiam potuit bonum creatum diligere infra Deum inordinatè, venialiter peccando.

3. Præterea, Angeli mali videntur aliqua facere quæ sunt ex genere suo venialia peccata, provocando homines ad risum et ad alias hujusmodi levitates. Sed circumstantia personæ non facit de veniali mortale, ut dictum est quæst. 83, art. 5, nisi speciali prohibitione superveniente; quod non est in proposito. Ergo Angelus potest peccare venialiter.

Sed contra est quòd major est perfectio Angeli quàm perfectio hominis in primo statu. Sed homo in primo statu non potuit peccare venialiter. Ergo multò minùs Angelus.

Respondeo dicendum quòd intellectus Angeli, sicut in 1 dictum est, quæst. 58, art. 3, non est discursivus, ut scilicet procedat à principiis in conclusiones, seorsùm utrumque intelligens, sicut in nobis contingit; unde oportet quòd quandocumque considerat conclusiones, consideret eas prout sunt in principiis. In appetibilibus autem, sicut multoties dictum est, quæst. 8, art. 2, et quæst, 72, art. 5, fines sunt sicut principia; ea verò quæ sunt ad finem sunt sicut conclusiones. Unde mens Angeli non fertur in ea quæ sunt ad finem, nisi secundùm quòd stant sub ordine finis.

Propter hoc ex naturâ suâ habent quòd non possit in eis esse deordinatio circa ea quæ sunt ad finem, nisi simul sit deordinatio circa finem ipsum, quod est per peccatum mortale.

Sed Angeli boni non moventur in ea quæ sunt ad finem nisi in ordine ad finem debitum, qui est Deus; et propter hoc omnes eorum actus sunt actus charitatis; et sic in eis non potest esse peccatum veniale. Angeli verò mali in nihil moventur nisi in ordine ad finem peccati superbiæ ipsorum ; et ideò in omnibus peccant mortaliter, quæcumque propriâ voluntate agunt. Secus autem est de appetitu naturalis boni, qui est in eis, ut in 1 dictum est, quæst. 63, art. 1, ad 3, et art. 4.

Ad primum ergo dicendum quòd homo convenit quidem cum Angelis in mente sive in intellectu; sed differt in modo intelligendi, ut dictum est in corp., et p. 1, quæst. 55, art. 2.

Ad secundum dicendum quòd Angelus non potuit minùs diligere creaturam quàm Deum, nisi simul referens eam in Deum sicut in ultimum finem, vel in aliquem finem inordinatum, ratione jam dictâ in corp. art.

Ad tertium dicendum quòd omnia illa quæ videntur esse venialia, dæmones procurant, ut homines ad sui familiaritatem attrahant, et sic deducant eos in peccatum mortale; unde in omnibus talibus mortaliter peccant propter intentionem finis.

ARTICULUS V. — *Utrùm primi motus sensualitatis in infidelibus sint peccata mortalia.* — *(2-2, quæst. 158, art. 2, ad 3, et 2, dist. 14, quæst. 3, art. 2, corp., et 3, dist. 23, quæst. 1, art. 3, quæst. 2, ad 3 et 4, dist. 33, quæst. 1, art. 3, quæst. 2, ad 3, et Ver. quæst. 26, art. 6, ad 16, et Mal. quæst. 7, art. 8, et quodl. 8, art. 21, et Rom. 8, in princ.)*

Ad quintum sic proceditur. 1. Videtur quòd primi motus sensualitatis in infidelibus sint peccata mortalia. Dicit enim Apostolus ad Rom. 8, 1, quòd *nihil est damnationis his qui sunt in Christo Jesu, qui non secundùm carnem ambulant;* et loquitur ibi de concupiscentiâ sensualitatis, ut ex præmissis apparet. Hæc ergo causa est quare concupiscere non sit damnabile his qui non secundùm carnem ambulant, consentiendo scilicet concupiscentiæ, quia sunt in Christo Jesu. Sed infideles non sunt in Christo Jesu. Ergo in infidelibus est damnabile. Primi igitur motus infidelium sunt peccata mortalia.

2. Præterea, Anselmus dicit in lib. de Gratiâ et lib. Arb. (sive de Concord. grat. et lib. Arb., à med.) : *Qui non sunt in Christo, sentientes carnem, sequuntur damnationem, etiamsi non secundùm carnem ambulant.* Sed damnatio non debetur nisi peccato mortali. Ergo, cùm homo sentiat carnem secundùm primum motum concupiscentiæ, videtur quòd primus motus concupiscentiæ in infidelibus sit peccatum mortale.

3. Præterea, Anselmus dicit in eodem lib., ibid. : *Sic est factus homo ut concupiscentiam sentire non deberet.* Hoc autem debitum videtur homini remissum per gratiam baptismalem, quam infideles non habent. Ergo quandocumque infidelis concupiscit, etiamsi non consentiat, peccat mortaliter contra debitum faciens.

Sed contra est quod dicitur Act. 10, 34 : *Non est personarum acceptor Deus.* Quod ergo uni non imputat ad damnationem, nec alteri. Sed primos motus fidelibus non imputat ad damnationem. Ergo etiam nec infidelibus.

Respondeo dicendum quòd irrationabiliter

dicitur quòd primi motus infidelium sint peccata mortalia, si eis non consentiant.

Et hoc patet dupliciter : primò quidem quia ipsa sensualitas non potest esse subjectum peccati mortalis, ut supra est habitum, quæst. 74, art. 4; est autem eadem natura sensualitatis in infidelibus et fidelibus; unde non potest esse quòd solus motus sensualitatis in infidelibus sit peccatum mortale. Alio modo ex statu ipsius peccantis; nunquàm enim dignitas personæ diminuit peccatum, sed magis auget, ut ex supra dictis patet, quæst. 73, art. 10; unde nec peccatum est minus in fideli quàm in infideli, sed multò majus. Nam et infidelium peccata magis merentur veniam propter ignorantiam, secundùm illud 1 ad Tim. 1, 13 : *Misericordiam Dei consecutus sum, quia ignorans feci in incredulitate med;* et peccata fidelium aggravantur propter gratiæ sacramenta, secundùm illud Hebr. 10, 29 : *Quantò magis putatis deteriora mereri supplicia, qui.... sanguinem testamenti, in quo sanctificatus est, pollutum duxerit?*

Ad primum ergo dicendum quòd Apostolus loquitur de damnatione debitâ peccato originali, quæ aufertur per gratiam Jesu Christi, quamvis maneat concupiscentiæ fomes; unde hoc quod fideles concupiscunt, non est in eis signum damnationis originalis peccati, sicut est in infidelibus. Et hoc etiam modo intelligendum est dictum Anselmi cit. in arg. 2.

Unde patet solutio ad secundum.

Ad tertium dicendum quòd illud debitum non concupiscendi erat per originalem justitiam; unde id quod opponitur tali debito, non pertinet ad peccatum actuale, sed ad peccatum originale.

ARTICULUS VI. — *Utrùm peccatum veniale possit esse in aliquo cum solo originali.* — (*P.* 1, *qu.* 90, *art.* 4, *ad* 3, *et* 2, *dist.* 28, *art.* 3, *ad* 5, *et dist.* 42, *qu.* 1, *art.* 5, *ad* 7, *et* 4, *dist.* 45, *qu.* 1, *art.* 3, *ad* 5, *et Ver. qu.* 24, *art.* 12, *ad* 2, *et qu.* 28, *art.* 8, *ad* 4, *et Mal. qu.* 5, *art.* 1, *ad* 8, *et qu.* 7, *art.* 10, *ad* 8.)

Ad sextum sic proceditur. 1. Videtur quòd peccatum veniale possit esse in aliquo cum solo originali. Dispositio enim præcedit habitum. Sed veniale est dispositio ad mortale, ut supra dictum est, quæst. 88, art. 3. Ergo veniale in infideli, cui non remittitur originale, invenitur ante mortale. Et sic quandoque infideles habent peccata venialia cum originali sine mortalibus.

2. Præterea, minùs habet de connexione et convenientiâ veniale cum mortali quàm mortale peccatum cum mortali. Sed infidelis subjectus originali peccato potest committere unum peccatum mortale, et non aliud. Ergo et potest committere peccatum veniale, et non mortale.

3. Præterea, determinari potest tempus in quo puer primò potest esse actor peccati actualis, ad quod tempus cùm pervenerit, potest ad minus per aliquod breve spatium stare, quin peccet mortaliter, quia hoc etiam in maximis sceleratis contingit. In illo autem spatio quantùmcumque brevi potest peccare venialiter. Ergo peccatum veniale potest

esse in aliquo cum originali peccato absque mortali.

Sed contra est quia pro peccato originali puniuntur homines in limbo puerorum, ubi non est pœna sensûs, ut infra dicetur (in parte quam non complevit. Vid. Supplem. qu. 69, art. 5); in inferno autem detruduntur homines propter solum peccatum mortale. Ergo non erit locus in quo possit puniri ille qui habet peccatum veniale cum originali solo.

Respondeo dicendum quòd impossibile est quòd peccatum veniale sit in aliquo cum originali peccato absque mortali.

Cujus ratio est quia antequàm ad annos discretionis perveniat, defectus ætatis prohibens usum rationis excusat eum à peccato mortali; unde multò magis excusat eum à peccato veniali, si committat aliquid quod sit ex genere suo tale. Cùm vero usum rationis habere incœperit, non omninò excusatur à culpâ venialis et mortalis peccati; sed primum quod tunc homini cogitandum occurrit, est deliberare de se ipso. Et si quidem seipsum ordinaverit ad debitum finem, per gratiam consequetur remissionem originalis peccati; si verò non ordinet seipsum ad debitum finem, secundùm quòd in illâ ætate est capax discretionis, peccabit mortaliter, non faciens quod in se est; et ex tunc non erit in eo peccatum veniale sine mortali, nisi postquàm totum fuerit ei per gratiam remissum.

Ad primum ergo dicendum quòd veniale non est dispositio ex necessitate præcedens mortale, sed contingenter; sicut quandoque labor disponit ad febrem, non autem sicut calor disponit ad formam ignis.

Ad secundum dicendum quòd non impeditur peccatum veniale esse simul cum solo originali propter distantiam ejus vel convenientiam, sed propter defectum usûs rationis, ut dictum est in corp. art.

Ad tertium dicendum quòd ab aliis peccatis mortalibus potest puer incipiens habere usum rationis per aliquod tempus abstinere; sed à peccato omissionis prædictæ non liberatur, nisi quàm citò potest, se convertat ad Deum. Primum enim quod occurrit homini discretionem habenti, est quòd de ipso cogitet, ad quem alia ordinet sicut ad finem. Finis enim est prior in intentione. Et ideò hoc est tempus pro quo obligatur ex Dei præcepto affirmativo, quo Dominus dicit : *Convertimini ad me, et ego convertar ad vos,* Zach. 1, 3.

QUÆSTIO XC.

DE LEGIBUS. — (*In quatuor articulos divisa.*)

Consequenter considerandum est de principiis exterioribus actuum.

Principium autem exterius ad malum inclinans est diabolus, de cujus tentatione in primo dictum est, quæst. 111, art. 2 et 3. Principium autem exterius movens ad bonum est Deus, qui et nos instruit per legem, et juvat per gratiam.

Unde primò de lege, secundò de gratiâ dicendum est.

Circa legem autem primò oportet considerare de ipsâ lege in communi; secundò de partibus ejus.

Circa legem autem in communi tria occurrunt consideranda : primò quidem de essentiâ ipsius; secundò de differentiâ legum; tertiò de effectibus legis.

Circa primum quæruntur quatuor : 1° utrùm lex sit aliquid rationis; 2° de fine legis ; 3° de causâ ejus ; 4° de promulgatione ipsius.

ARTICULUS PRIMUS. — *Utrùm lex sit aliquid rationis.* —(*Infr., qu. 91, art. 1, corp., et qu. 92, art. 1, corp., et qu. 94, art. 1, corp.*)

Ad primum sic proceditur. 1. Videtur quòd lex non sit aliquid rationis. Dicit enim Apostolus ad Rom. 7, 23 : *Video aliam legem in membris meis,* etc. Sed nihil quod est rationis, est in membris; quia ratio non utitur organo corporali. Ergo lex non est aliquid rationis.

2. Præterea, in ratione non est nisi potentia, habitus et actus. Sed lex non est ipsa potentia rationis; similiter etiam non est aliquis habitus rationis, quia habitus rationis sunt virtutes intellectuales, de quibus supra dictum est, qu. 57; nec etiam actus rationis est, quia cessante rationis actu lex cessaret, putà in dormientibus. Ergo lex non est aliquid rationis.

3. Præterea, lex movet eos qui subjiciuntur legi, ad rectè agendum. Sed movere ad agendum propriè pertinet ad voluntatem, ut patet ex præmissis, qu. 9, art. 1. Ergo lex non pertinet ad rationem, sed magis ad voluntatem, secundùm quòd etiam Jurisperitus dicit lib. 1, ff de Constit. princ. : *Quod placuit principi, legis habet vigorem.*

Sed contra est quòd ad legem pertinet præcipere et prohibere. Sed imperare est rationis, ut supra habitum est, quæst. 17, art. 1. Ergo lex est aliquid rationis.

Respondeo dicendum quòd lex quædam regula est et mensura actuum, secundùm quam inducitur aliquis ad agendum, vel ab agendo retrahitur. Dicitur enim lex à ligando, quia obligat ad agendum. Regula autem et mensura humanorum actuum est ratio, quæ est principium primum actuum humanorum, ut ex prædictis patet, quæst. 66, art. 1. Rationis enim est ordinare ad finem, qui est primum principium in agendis, secundùm Philosophum, 7 Ethic., cap. 8, à mèd. In unoquoque autem genere id quod est principium, est mensura et regula illius generis; sicut unitas in genere numeri, et motus primus in genere motuum.

Unde relinquitur quòd lex sit aliquid pertinens ad rationem.

Ad primum ergo dicendum quòd cùm lex sit regula quædam et mensura, dicitur dupliciter esse in aliquo : uno modo sicut in mensurante et regulante; et quia hoc est proprium rationis, ideò per hunc modum lex est in ratione solâ. Alio modo sicut in regulato et mensurato; et sic lex est in omnibus quæ inclinantur in aliquid ex aliquâ lege; ita quòd qælibet inclinatio proveniens ex aliquâ lege potest dici lex non essentialiter, sed quasi participativè. Et hoc modo inclinatio

ipsa membrorum ad concupiscendum *lex membrorum* vocatur.

Ad secundum dicendum quòd, sicut in actibus exterioribus est considerare operationem et operatum, putà ædificationem et ædificatum, ita in operibus rationis est considerare ipsum actum rationis, qui est intelligere et ratiocinari, et aliquid per hujusmodi actum constitutum; quod quidem in speculativâ ratione primò quidem est definitio, secundò enuntiatio; tertiò verò syllogismus vel argumentatio. Et quia ratio etiam practica utitur quodam syllogismo in operabilibus, ut supra habitum est, qu. 13, art. 3, et qu. 77, art. 2, ad 4, secundùm quod Philosophus docet in Ethic., cap. 3, ideò est invenire aliquid in ratione practicâ quod ita se habeat ad operationes, sicut se habet propositio in ratione speculativâ ad conclusiones; et hujusmodi propositiones universales rationis practicæ ordinatæ ad actiones habent rationem legis; quæ quidem propositiones aliquando actualiter considerantur, aliquando verò habitualiter à ratione tenentur.

Ad tertium dicendum quòd ratio habet vim movendi à voluntate, ut supra dictum est, qu. 17, art. 1. Ex hoc enim quòd aliquis vult finem, ratio imperat de his quæ sunt ad finem. Sed voluntas de his quæ imperantur, ad hoc quod legis rationem habeat, oportet quòd sit aliquâ ratione regulata : et hoc modo intelligitur quòd *voluntas principis habet vigorem legis;* alioquin voluntas principis magis esset iniquitas quàm lex.

ARTICULUS II. — *Utrùm lex ordinetur semper ad bonum commune.* — (*Infr., qu. 91, art.1, corp., et art. 6, ad 3, et qu. 96, art. 1, 2, 3, 4 et 6, corp., et 2-2, quæst. 63, art. 5, corp., et 3 part., quæst. 70, art. 2, ad 2, et 3 cont., cap. 103, fin.*)

Ad secundum sic proceditur. 1. Videtur quòd lex non ordinetur semper ad bonum commune sicut ad finem. Ad legem enim pertinet præcipere et prohibere. Sed præcepta ordinantur ad quædam singularia bona. Non ergo semper finis legis est bonum commune.

2. Præterea, lex dirigit hominem ad agendum. Sed actus humani sunt in particularibus. Ergo et lex ad aliquod particulare bonum ordinatur.

3. Præterea, Isidorus dicit in lib. 5 Etymologiarum, cap. 3 : *Si ratione lex constat, lex erit omne quod ratione constiterit.* Sed ratione consistit non solùm quod ordinatur ad bonum commune, sed etiam quod ordinatur ad privatum bonum unius. Ergo, etc.

Sed contra est quod Isidorus dicit in 5 Etymologiarum, cap. 21, quòd *lex est nullo privato commodo, sed pro communi utilitate civium conscripta.*

Respondeo dicendum quòd, sicut dictum est art. præc., lex pertinet ad id quod est principium humanorum actuum, ex eo quòd est regula et mensura. Sicut autem ratio est principium humanorum actuum, ita etiam in ipsâ ratione est aliquid quod est principium respectu omnium aliorum; unde ad hoc oportet quòd principaliter et maximè pertineat lex. Primum autem principium in operativis, quorum est ratio practica, est finis ultimus. Est autem ultimus finis humanæ vitæ felicitas vel beatitudo, ut supra habitum est, qu. 1, art. 6 et 7, et qu. 2, art 5 et 7. Unde oportet quòd lex maximè respiciat ordinem qui est in beatitudine.

Rursùs cùm omnis pars ordinetur ad totum, sicut imperfectum ad perfectum (unus autem homo est pars communitatis perfectæ), necesse est quòd lex propriè respiciat ordinem ad felicitatem communem. Unde et Philosophus, præmissâ definitione legalium, mentionem facit de felicitate et communione politicâ; dicit enim in 5 Ethic., cap. 1, à med., quòd *legalia justa dicimus factiva et conservativa felicitatis et particularium ipsius politicâ communicatione.* Perfecta enim communitas civitas est, ut dicitur in 1 Politic., cap. 1.

In quolibet autem genere id quod maximè dicitur, est principium aliorum, et alia dicuntur secundùm ordinem ad ipsum; sicut ignis, qui est maximè calidus, est causa caliditatis in corporibus mixtis, quæ in tantum dicuntur calida, in quantum participant de igne. Unde oportet, cùm lex maximè dicatur secundùm ordinem ad bonum commune, quòd quodcumque aliud præceptum de particulari opere non habeat rationem legis, nisi secundùm ordinem ad bonum commune.

Et ideò omnis lex ad bonum commune ordinatur.

Ad primum ergo dicendum quòd præceptum importat applicationem legis ad ea quæ lege regulantur. Ordo autem ad bonum commune, qui pertinet ad legem, est applicabilis ad singulares fines, et secundùm hoc etiam de particularibus quibusdam præcepta dantur.

Ad secundum dicendum quòd operationes quidem sunt in particularibus; sed illa particularia referri possunt ad bonum commune, non quidem communitate generis vel speciei, sed communitate causæ finalis, secundùm quòd bonum commune dicitur finis communis.

Ad tertium dicendum quòd, sicut nihil constat firmiter secundùm rationem speculativam, nisi per resolutionem ad prima principia indemonstrabilia, ita firmiter nihil constat per rationem practicam, nisi per ordinationem ad ultimum finem, qui est bonum commune. Quod autem hoc modo ratione constat, legis rationem habet.

ARTICULUS III. — *Utrùm ratio cujuslibet sit factiva legis.* — (*Inf., quæst. 92, art. 2, ad 2, et quæst. 45, art. 4, corp., et qu. 96, art. 1 et 4, corp., et 2-2, qu. 50, art. 1, ad 3, et quæst. 57, art. 2, corp., et quæst. 60, art. 6, corp., et quæst. 67, art. 1, corp.*)

Ad tertium sic proceditur. 1. Videtur quòd cujuslibet ratio sit factiva legis. Dicit enim Apostolus, ad Rom. 2, 14, quòd *cùm gentes, quæ legem non habent, naturaliter ea quæ legis sunt faciunt, ipsi sibi sunt lex.* Hoc autem communiter de omnibus dicit. Ergo quilibet potest facere sibi legem.

2. Præterea, sicut Philosophus dicit in lib. 2 Ethic., cap. 1, à princ., *intentio legislatoris*

est ut inducat hominem ad virtutem. Sed quilibet homo potest alium inducere ad virtutem. Ergo cujuslibet hominis ratio est factiva legis.

3. Præterea, sicut princeps civitatis est civitatis gubernator, ita quilibet paterfamilias est gubernator domûs. Sed princeps civitatis potest in civitate legem facere. Ergo quilibet paterfamilias potest in suâ domo facere legem.

Sed contra est quod Isidorus dicit in lib. 5 Etymol., cap. 10, et habetur in Decretis, cap. 1, dist. 2 : *Lex est constitutio populi, secundùm (1) quam majores natu simul cum plebibus aliquid sanxerunt.* Non est ergo cujuslibet facere legem.

Respondeo dicendum quòd lex propriè primò et principaliter respicit ordinem ad bonum commune. Ordinare autem aliquid in bonum commune est vel totius multitudinis, vel alicujus gerentis vicem totius multitudinis. Et ideò condere legem vel pertinet ad totam multitudinem, vel pertinet ad personam publicam, quæ totius multitudinis curam habet; quia et in omnibus aliis ordinare in finem est ejus cujus est proprius ille finis.

Ad primum ergo dicendum quòd, sicut supra dictum est art. 1 hujus quæst., ad 1, lex est in aliquo non solùm sicut in regulante, sed etiam participativè sicut in regulato. Et hoc modo unusquisque sibi est lex, in quantum participat ordinem alicujus regulantis; unde et ibidem subditur : *Qui ostendunt opus legis scriptum in cordibus suis.*

Ad secundum dicendum quòd persona privata non potest inducere efficaciter ad virtutem; potest enim solùm monere; sed si sua monitio non recipiatur, non habet vim coactivam, quam debet habere lex, ad hoc quòd efficaciter inducat ad virtutem, ut Philosophus dicit in 10 Ethic., cap. ult. Hanc autem virtutem coactivam habet multitudo, vel persona publica, ad quam pertinet pœnas infligere, ut infra dicetur, 2-2, quæst. 64, art. 3, et ideò solius ejus est leges facere.

Ad tertium dicendum quòd, sicut homo est pars domûs, ita domus est pars civitatis; civitas autem est communitas perfecta, ut dicitur in 1 Polit., cap. 1. Et ideò sicut bonum unius hominis non est ultimus finis, sed ad commune bonum ordinatur, ita etiam bonum unius domûs ordinatur ad bonum unius civitatis, quæ est communitas perfecta. Unde ille qui gubernat aliquam familiam, potest quidem facere aliqua præcepta vel statuta, non tamen quæ propriè habent rationem legis.

ARTICULUS IV. — *Utrùm promulgatio sit de ratione legis.* — (3, dist. 24, quæst. 3, art. 3, corp., et ad 1, et 4, dist. 3, art. 5, quæst. 2, corp.)

Ad quartum sic proceditur. 1. Videtur quòd promulgatio non sit de ratione legis. Lex enim naturalis maximè habet rationem legis. Sed lex naturalis non indiget promulgatione. Ergo non est de ratione legis quòd promulgetur.

2. Præterea, ad legem pertinet propriè obligare ad aliquid faciendum, vel non faciendum. Sed non solùm obligantur ad implen-

(1) Ita editi passim. Cod. Alcan. cum aliis, *in quantum*. Textus Decret., *quâ majores.*

dam legem illi coram quibus promulgatur lex, sed etiam alii. Ergo promulgatio non est de ratione legis.

8. Præterea, obligatio legis extenditur etiam in futurum; quia *leges futuris negotiis necessitatem imponunt*, ut jura dicunt, lib. 1 Cod., tit. de Leg. et Constit. Sed promulgatio fit ad præsentes. Ergo promulgatio non est de necessitate legis.

Sed contra est quod dicitur in Decretis, 4 distinctione (in append. Grat., ad cap. *In istis*), quòd *leges instituuntur, cùm promulgantur.*

Respondeo dicendum quòd, sicut dictum est art. 1 hujus quæst., lex imponitur aliis per modum regulæ et mensuræ. Regula autem et mensura imponitur per hoc quòd applicatur his quæ regulantur et mensurantur. Unde ad hoc quòd lex virtutem obligandi obtineat, quod est proprium legis, oportet quòd applicetur hominibus, qui secundùm eam regulari debent. Talis autem applicatio fit per hoc quòd in notitiam eorum deducitur ex ipsá promulgatione. Unde promulgatio ipsa necessaria est ad hoc quòd lex habeat suam virtutem.

Et sic ex quatuor prædictis potest colligi definitio legis, quæ nihil est aliud quàm *quædam rationis ordinatio ad bonum commune, et ab eo qui curam communitatis habet, promulgata.*

Ad primum ergo dicendum quòd promulgatio legis naturæ est ex hoc ipso quòd Deus eam mentibus hominum inseruit naturaliter cognoscendam.

Ad secundum dicendum quòd illi coram quibus lex non promulgatur, obligantur ad legem observandam, in quantum in eorum notitiam devenit per alios, vel devenire potest promulgatione factá.

Ad tertium dicendum quòd promulgatio præsens in futurum extenditur per infirmitatem scripturæ, quæ quodammodò semper eam promulgat. Unde Isidorus dicit in 5 Etymologiarum, cap. 3, et lib. 2, cap. 10, quòd *lex à legendo vocata est, quia scripta est.*

QUÆSTIO XCI.

DE LEGUM DIVERSITATE. — (*In sex articulos divisa.*)

Deinde considerandum est de diversitate legum; et circa hoc quæruntur sex : 1° utrùm sit aliqua lex æterna; 2° utrùm sit aliqua lex naturalis; 3° utrùm sit aliqua lex humana; 4° utrùm sit aliqua lex divina; 5° utrùm sit una tantùm, vel plures; 6° utrùm sit aliqua lex peccati.

ARTICULUS PRIMUS. — *Utrùm sit aliqua lex æterna.* — (*Inf., quæst. 93, art. 1, per tot., et art. 3 et 4, corp., et art. 5, ad 3, et 4, dist. 33, quæst. 1, art. 1, et 3 cont., cap. 115, et Rom. 8, com. 3, fin.*)

Ad primum sic proceditur. 1. Videtur quòd non sit aliqua lex æterna. Omnis enim lex aliquibus imponitur. Sed non fuit ab æterno cui aliqua lex posset imponi; solus enim Deus fuit ab æterno. Ergo nulla lex est æterna.

2. Præterea, promulgatio est de ratione legis. Sed promulgatio non potuit esse ab æterno, quia non erat ab æterno cui promulga-

retur. Ergo nulla lex potest esse æterna.

3. Præterea, lex importat ordinem ad finem. Sed nihil est æternum, quod ordinetur ad finem; solus enim ultimus finis est æternus. Ergo nulla lex est æterna.

Sed contra est quod Augustinus dicit in 1 de libero Arbit., cap. 6, parùm à med. : *Lex, quæ summa ratio nominatur, non potest cuipiam intelligenti non incommutabilis, æternaque videri.*

Respondeo dicendum quòd, sicut supra dictum est, quæst. præced., art. 1 et 4, nihil est aliud lex quàm dictamen practicæ rationis in principe, qui gubernat aliquam communitatem perfectam.

Manifestum est autem, supposito quòd mundus divinâ providentiâ regatur, ut in 1 habitum est, quæst. 22, art. 1 et 2, quòd tota communitas universi gubernatur ratione divinâ. Et ideò ipsa ratio gubernationis rerum in Deo sicut in principe universitatis existens legis habet rationem. Et quia divina ratio nihil concipit ex tempore, sed habet æternum conceptum, ut dicitur Proverb. 8, inde est quòd hujusmodi legem oportet dicere æternam.

Ad primum ergo dicendum quòd ea quæ in se ipsis non sunt, apud Deum existunt, in quantum sunt ab ipso cognita et præordinata, secundùm illud Rom. 4, 17 : *Qui vocat ea quæ non sunt, tanquàm ea quæ sunt.* Sic igitur æternus divinæ legis conceptus habet rationem legis æternæ, secundùm quòd à Deo ordinatur ad gubernationem rerum ab ipso præcognitarum.

Ad secundum dicendum quòd promulgatio fit et verbo et scripto; et utroque modo lex æterna habet promulgationem ex parte Dei promulgantis, quia et Verbum divinum est æternum, et scriptura libri vitæ est æterna. Sed ex parte creaturæ audientis aut inspicientis non potest esse promulgatio æterna.

Ad tertium dicendum quòd lex importat ordinem ad finem activè, in quantum scilicet per eam ordinantur aliqua in finem; non autem passivè, id est, quòd ipsa lex ordinetur ad finem, nisi per accidens in gubernante, cujus finis est extra ipsum, ad quem etiam necesse est ut lex ejus ordinetur. Sed finis divinæ gubernationis est ipse Deus; nec ejus lex est aliud ab ipso; unde lex æterna non ordinatur in alium finem.

ARTICULUS II. — *Utrùm sit in nobis aliqua lex naturalis.* — (*Inf., quæst. 96, art. 2, ad 3, et quæst. 97, art. 1, ad 1, et 4, dist. 33, quæst. 2, art. 1, corp., et Rom. 8, fin.*)

Ad secundum sic proceditur. 1. Videtur quòd non sit in nobis aliqua lex naturalis. Sufficienter enim homo gubernatur per legem æternam. Dicit enim Augustinus in 1 de lib. Arbit., cap. 6, circa fin., quòd *lex æterna est quâ justum est ut omnia sint ordinatissima.* Sed natura non abundat in superfluis, sicut nec deficit in necessariis. Ergo non est homini aliqua lex naturalis.

2. Præterea, per legem ordinatur homo in suis actibus ad finem, ut supra habitum est, qu. præc., art. 2. Sed ordinatio humanorum actuum ad finem non est per naturam, sicut

accidit in creaturis irrationalibus, quæ solo appetitu naturali agunt propter finem, sed agit homo propter finem per rationem et voluntatem. Ergo non est aliqua lex homini naturalis.

3. Præterea, quantò aliquis est liberior, tanto minùs est sub lege. Sed homo est liberior omnibus aliis animalibus propter liberum arbitrium, quod præ aliis animalibus habet. Cùm igitur alia animalia non subdantur legi naturali, nec homo alicui legi naturali subdetur.

Sed contra est quòd Roman. 2, super illud : *Cùm gentes, quæ legem non habent, naturaliter ea quæ legis sunt, faciunt,* dicit Glossa ordin., *quòd si non habent legem scriptam, habent tamen legem naturalem, quâ quilibet intelligit, et sibi conscius est quid sit bonum et quid malum.*

Respondeo dicendum quòd, sicut supra dictum est, quæst. præc., art. 1, ad 1, lex, cùm sit regula et mensura, dupliciter potest esse in aliquo ; uno modo sicut in regulante et mensurante ; alio modo sicut in regulato et mensurato ; quia in quantum participat aliquid de regulà vel mensurà, sic regulatur vel mensuratur. Unde cùm omnia quæ divinæ providentiæ subduntur, à lege æternà regulentur et mensurentur, ut ex dictis patet art. præc., manifestum est quòd omnia participant aliqualiter legem æternam, in quantum scilicet ex impressione ejus habent inclinationes in proprios actus et fines.

Inter cætera autem rationalis creatura excellentiori quodam modo divinæ providentiæ subjacet, in quantum et ipsa fit providentiæ particeps, sibi ipsi, et aliis providens. Unde et in ipsâ participatur ratio æterna, per quam habet naturalem inclinationem ad debitum actum et finem ; et talis participatio legis æternæ rationali creaturâ *lex naturalis* dicitur. Unde cùm Psalmista dixisset, Psal. 4, 6 : *Sacrificate sacrificium justitiæ,* quasi quibusdam quærentibus quæ sunt justitiæ opera, subjungit : *Multi dicunt : Quis ostendit nobis bona?* Cui quæstioni respondens, dicit : *Signatum est super nos lumen vultûs tui, Domine ;* quasi lumen rationis naturalis, quo discernimus quid sit bonum et quid malum, quod pertinet ad naturalem legem, nihil aliud sit quàm impressio luminis divini in nobis. Unde patet quòd lex naturalis nihil aliud est quàm participatio legis æternæ in rationali creaturâ.

Ad primum ergo dicendum quòd ratio illa procederet, si lex naturalis esset aliquid diversum à lege æternâ ; non autem est nisi quædam participatio ejus, ut dictum est in corp. art.

Ad secundum dicendum quòd omnis operatio rationis et voluntatis derivatur in nobis ab eo quod est secundùm naturam, ut supra habitum est, quæst. 10, art. 1. Nam omnis ratiocinatio derivatur à principiis naturaliter notis ; et omnis appetitus eorum quæ sunt ad finem, derivatur à naturali appetitu ultimi finis ; et sic etiam oportet quòd prima directio actuum nostrorum ad finem fiat per legem naturalem.

Ad tertium dicendum quòd etiam animalia irrationalia participant rationem æternam suo modo, sicut et rationalis creatura. Sed quia rationalis creatura participat eam intellectualiter et rationaliter, ideò participatio legis æternæ in creaturâ rationali propriè lex vocatur ; nam lex est aliquid rationis, ut supra dictum est, quæst. præc., art. 1 ; in creaturâ autem irrationali non participatur rationaliter ; unde non potest dici lex nisi per similitudinem.

ARTICULUS III. — *Utrùm sit aliqua lex humana.* — (Inf., quæst. 95, art. 1, et 2, dist. 9, art. 2, corp., et ad 5, et 3, dist. 40, art. 2, et art. 8, corp., et Rom. 8, corp., et fin., et 3, dist. 37, art. 2, quæst. 2, et 1 Metaph., lect. 5.)

Ad tertium sic proceditur. 1. Videtur quòd non sit aliqua lex humana. Lex enim naturalis est participatio legis æternæ, ut dictum est art. præc. Sed per legem æternam omnia sunt ordinatissima, ut Augustinus dicit in 1 de lib. Arb., cap. 6, circa fin. Ergo lex naturalis sufficit ad omnia humana ordinanda. Non est ergo necessarium quòd sit aliqua lex humana.

2. Præterea, lex habet rationem mensuræ, ut dictum est quæst. præc., art. 1 et 2. Sed ratio humana non est mensura rerum, sed potiùs è converso, ut in 10 Metaphys., text. 5, dicitur. Ergo ex ratione humanâ nulla lex procedere potest.

3. Præterea, mensura debet esse certissima, ut dicitur in 10 Metaph., text. 3. Sed dictamen humanæ rationis de rebus gerendis est incertum, secundùm illud Sap. 11, 14 : *Cogitationes mortalium timidæ, et incertæ providentiæ nostræ.* Ergo ex ratione humanâ nulla lex procedere potest.

Sed contra est quòd Augustinus in 1 de liber. Arb., cap. 6 et seq., ponit duas leges, unam æternam, et aliam temporalem, quam dicit esse humanam.

Respondeo dicendum quòd, sicut supra dictum est, qu. præc., in corp., et ad 2, lex est quoddam dictamen practicæ rationis. Similis autem processus esse invenitur rationis practicæ et speculativæ : utraque enim ex quibusdam principiis ad quasdam conclusiones procedit, ut superiùs habitum est, loc. cit. Secundùm hoc ergo dicendum est quòd sicut in ratione speculativâ ex principiis indemonstrabilibus naturaliter cognitis producuntur conclusiones diversarum scientiarum, quarum cognitio non est nobis naturaliter indita, sed per industriam rationis inventa ; ita etiam ex præceptis legis naturalis, quasi ex quibusdam principiis communibus, et indemonstrabilibus, necesse est quòd ratio humana procedat ad aliqua magis particulariter disponenda ; et istæ particulares dispositiones adinventæ secundùm rationem humanam dicuntur *leges humanæ,* observatis aliis conditionibus quæ pertinent ad rationem legis, ut supra dictum est, quæst. præc.

Unde Tullius dicit in suâ Rhet., lib. 2 de Invent., aliquant. ante fin., quòd *initium juris est à naturâ profectum ; deinde quædam in consuetudinem ex utilitatis ratione* (1) *vene-runt : postea res à naturâ profectas, et con-suetudine probatas legum metus et religio sanxit.*

Ad primum ergo dicendum quòd ratio humana non potest participare ad plenum dictamen rationis divinæ, sed suo modo et imperfectè. Et ideò sicut ex parte rationis speculativæ per naturalem participationem divinæ sapientiæ inest nobis cognitio quorumdam communium principiorum, non autem cujuslibet veritatis propria cognitio, sicut in divinâ sapientiâ continetur, ita etiam ex parte rationis practicæ naturaliter homo participat legem æternam secundùm quædam communia principia, non autem secundùm particulares directiones singulorum, quæ tamen in æternâ lege continentur; et ideò necesse est ulteriùs quòd ratio humana procedat ad particulares quasdam legum sanctiones.

Ad secundum dicendum quòd ratio humana secundùm se non est regula rerum, sed principia ei naturaliter indita sunt regulæ quædam generales et mensuræ omnium eorum quæ sunt per hominem agenda, quorum ratio naturalis est regula et mensura, licèt non sit mensura eorum quæ sunt à naturâ.

Ad tertium dicendum quòd ratio practica est circa operabilia, quæ sunt singularia et contingentia, non autem circa necessaria, sicut ratio speculativa. Et ideò leges humanæ non possunt illam infallibilitatem habere quam habent conclusiones demonstrativæ scientiarum. Nec oportet quòd omnis mensura sit omninò infallibilis et certa, sed secundùm quòd est possibile in genere suo.

ARTICULUS IV. — *Utrùm fuerit necessarium esse aliquam legem divinam.* — (1 *p., qu.* 1, *art.* 2, *et* 3 *p., qu.* 60, *art.* 5, *ad* 3, *et* 3, *dist.* 37, *art.* 3, *et Rom.* 8, *fin.*)

Ad quartum sic proceditur. 1. Videtur quòd non fuerit necessarium esse aliquam legem divinam, quia, ut dictum est art. 3 huj. qu., lex naturalis est quædam participatio legis æternæ in nobis. Sed lex æterna est lex divina, ut dictum est art. 2 hujus quæst. Ergo non oportet quòd præter legem naturalem, et leges humanas ab eâ derivatas, sit aliqua lex divina.

2. Præterea, Eccli. 15, 14, dicitur quòd *Deus dimisit hominem in manu consilii sui.* Consilium autem est actus rationis, ut supra habitum est, quæst. 14, art. 1. Ergo homo dimissus est gubernationi suæ rationis. Sed dictamen rationis humanæ est lex humana, ut dictum est art. præc. Ergo non oportet quòd homo aliquâ lege divinâ gubernetur.

3. Præterea, natura humana est sufficientior irrationalibus creaturis. Sed irrationales creaturæ non habent aliquam legem divinam præter inclinationem naturalem eis inditam. Ergo multò minùs creatura rationalis debet habere aliquam legem divinam præter naturalem legem.

Sed contra est quòd David expetit legem à Deo sibi poni, dicens Psal. 118, 33 : *Legem*

(1) Al., *ex utilitate rationis.*

pone mihi, Domine, viam justificationum tua-rum.

Respondeo dicendum quòd præter legem naturalem et legem humanam, necessarium fuit ad directionem humanæ vitæ habere legem divinam.

Et hoc propter quatuor rationes : primò quidem quia per legem dirigitur homo ad actus proprios in ordine ad ultimum finem. Et si quidem homo ordinaretur tantùm ad finem qui non excederet proportionem naturalis facultatis hominis, non oporteret quòd homo haberet aliquid directivum ex parte rationis supra legem naturalem et legem humanitùs positam, quæ ab eâ derivatur. Sed quia homo ordinatur ad finem beatitudinis æternæ, quæ excedit proportionem naturalis facultatis humanæ, ut supra habitum est, qu. 5, art. 5, ideò necessarium fuit ut supra legem naturalem et humanam dirigeretur etiam ad suum finem lege divinitùs datâ. Secundò quia propter incertitudinem humani judicii, præcipuè de rebus contingentibus et particularibus, contingit de actibus humanis diversorum esse diversa judicia, ex quibus etiam diversæ et contrariæ leges procedunt. Ut ergo homo absque omni dubitatione scire possit quid ei sit agendum et quid vitandum, necessarium fuit ut in actibus propriis dirigeretur per legem divinitùs datam, de quâ constat quòd non potest errare. Tertiò quia de his potest homo legem facere de quibus potest judicare. Judicium autem hominis esse non potest de interioribus actibus, qui latent, sed solùm de exterioribus motibus, qui apparent; et tamen ad perfectionem virtutis requiritur quòd in utrisque actibus homo rectus existat. Et ideò lex humana non potuit cohibere et ordinare sufficienter interiores actus, sed necessarium fuit quòd ad hoc superveniret lex divina. Quartò quia, sicut Augustinus dicit in 1 de libero Arbit., cap. 5 et 6, lex humana non potest omnia quæ malè fiunt, punire, vel prohibere; quia dùm auferre vellet omnia mala, sequeretur quòd etiam multa bona tollerentur, et impediretur utilitas boni communis, quod est necessarium ad conservationem humanam. Ut ergo nullum malum improhibitum et impunitum remaneat; necessarium fuit supervenire legem divinam, per quam omnia peccata prohibentur. Et istæ quatuor causæ tanguntur in psalmo 18, 8, ubi dicitur: *Lex Domini immaculata*, id est, nullam peccati turpitudinem permittens ; *convertens animas*, quia non solùm exteriores actus, sed etiam interiores dirigit; *testimonium Domini fidele*, propter certitudinem veritatis et rectitudinis ; *sapientiam præstans parvulis*, in quantum ordinat hominem ad supernaturalem finem et divinum.

Ad primum ergo dicendum quòd per naturalem legem participatur lex æterna secundùm proportionem capacitatis humanæ naturæ. Sed oportet ut altiori modo dirigatur homo in ultimum finem supernaturalem. Et ideò superadditur lex divinitùs data, per quam lex æterna participatur altiori modo.

Ad secundum dicendum quòd consilium est inquisitio quædam; unde oportet quòd procedat ex aliquibus principiis. Nec sufficit quòd procedat ex principiis naturaliter inditis, quæ sunt præcepta legis naturæ, propter prædicta in corp. art., sed oportet quòd superaddantur quædam alia principia, scilicet præcepta legis divinæ.

Ad tertium dicendum quòd creaturæ irrationales non ordinantur ad altiorem finem quàm sit finis qui est proportionatus naturali virtuti ipsarum. Et ideò non est similis ratio.

ARTICULUS V. — *Utrùm lex divina sit una tantùm.* — (*Inf., quæst.* 107, *art.* 1, *et Galat.* 3, *lect.* 2.)

Ad quintum sic proceditur. 1. Videtur quòd lex divina sit una tantùm. Unius enim regis in uno regno est una lex. Sed totum humanum genus comparatur ad Deum sicut ad unum regem secundùm illud Psalm. 46, 8 : *Rex omnis terræ Deus.* Ergo est una tantùm lex divina.

2. Præterea, lex omnis ordinatur ad finem quem legislator intendit in eis quibus legem fert. Sed unum et idem est quod Deus intendit in omnibus hominibus, secundùm illud 1 ad Tim. 2, 4 : *Vult omnes homines salvos fieri, et ad agnitionem veritatis venire.* Ergo una tantùm est lex divina.

3. Præterea, lex divina propinquior esse videtur legi æternæ, quæ est una, quàm lex naturalis, quantò altior est revelatio gratiæ quàm cognitio naturæ. Sed lex naturalis est una omnium hominum. Ergo multò magis lex divina.

Sed contra est quod Apostolus dicit ad Hebr. 7, 12 : *Translato sacerdotio, necesse est ut legis translatio fiat.* Sed sacerdotium est duplex, ut ibidem dicitur, scilicet sacerdotium Leviticum, et sacerdotium Christi. Ergo etiam duplex est lex divina, scilicet lex vetus et lex nova.

Respondeo dicendum quòd, sicut in 1 dictum est quæst. 30, art. 2 et 3, distinctio est causa numeri. Dupliciter autem inveniuntur aliqua distingui; uno modo sicut ea quæ sunt omninò specie diversa, ut equus et bos; alio modo sicut perfectum et imperfectum in eâdem specie, sicut puer et vir.

Et hoc modo lex divina distinguitur in legem veterem et legem novam. Unde Apostolus ad Galat. 3 comparat statum veteris legis statui pueri existentis sub pædagogo; statum autem novæ legis comparat statui viri perfecti, qui jam non est sub pædagogo.

Attenditur autem perfectio et imperfectio legis secundùm tria quæ ad legem pertinent, ut supra dictum est, quæst. præc., art 2, 3 et 4. Primò enim ad legem pertinet ut ordinetur ad bonum commune sicut ad finem, ut supra dictum est, quæst. præc., art 2. Quod quidem potest esse duplex; scilicet bonum sensibile et terrenum; et ad tale bonum ordinabat directè lex vetus; unde statim Exod. 3, in principio legis invitatur populus ad regnum terrenum Chananæorum; et iterùm bonum intelligibile, et cœleste; et ad hoc ordinat lex nova; unde statim Christus ad regnum cœlorum in suæ prædicationis prin-

cipio invitavit dicens : *Pœnitentiam agite, appropinquabit* (1) *enim regnum cœlorum :* Matth. 4, 17. Et ideò Augustinus dicit in 4 contra Faustum, cap. 2, in princ., quòd temporalium rerum promissiones in Testamento veteri continentur, et ideò Vetus appellatur; sed æternæ vitæ promissio ad novum pertinet Testamentum. Secundò ad legem pertinet dirigere humanos actus secundùm ordinem justitiæ; in quo etiam superabundat lex nova legi veteri, interiores actus animi ordinando, secundùm illud Matth. 5, 20 : *Nisi abundaverit justitia vestra plus quàm Scribarum et Pharisæorum, non intrabitis in regnum cœlorum;* et ideò dicitur quòd lex vetus cohibet manum, lex nova animum. Tertiò ad legem pertinet inducere homines ad observantias mandatorum; et hoc quidem lex vetus faciebat timore pœnarum; lex autem nova facit hoc per amorem, qui in cordibus nostris infunditur per gratiam Christi, quæ in lege novâ confertur, sed in lege veteri figurabatur. Et ideò dicit Augustinus contra Adamantium Manichæi discipulum, cap. 17, aliquant. à princ., quòd *brevis differentia est legis et Evangelii, timor et amor.*

Ad primum ergo dicendum quòd, sicut paterfamilias in domo alia mandata proponit pueris, et alia adultis, ita etiam unus rex Deus in uno suo regno aliam legem dedit hominibus adhuc imperfectis existentibus, et aliam perfectiorem jam manuductis per priorem legem ad majorem capacitatem divinorum.

Ad secundum dicendum quòd salus hominum non poterat esse nisi per Christum, secundùm illud Act. 4, 12 : *Non est aliud nomen datum hominibus, in quo oporteat nos salvos fieri.* Et ideò lex perfectè omnes ad salutem inducens dari non potuit nisi post Christi adventum; antea verò dari oportuit populo ex quo Christus erat nasciturus, legem præparatoriam ad Christi susceptionem, in quâ quædam rudimenta salutaris justitiæ continentur.

Ad tertium dicendum quòd lex naturalis dirigit hominem secundùm quædam præcepta communia, in quibus conveniunt tam perfecti quàm imperfecti; et ideò est una omnium. Sed lex divina dirigit hominem etiam in particularibus quibusdam, ad quæ non similiter se habent perfecti et imperfecti; et ideò oportuit legem divinam esse duplicem, sicut jam dictum est in corp.

ARTICULUS VI. — *Utrùm sit aliqua lex fomitis.* — (*Inf., quæst.* 93, *art.* 3, *ad* 1, *et Rom.* 7, *lect.* 4.)

Ad sextum sic proceditur. 1. Videtur quòd non sit aliqua lex fomitis. Dicit enim Isidorus, in 2 Etymolog., cap. 3, quòd *lex in ratione consistit.* Fomes autem non consistit in ratione, sed magis à ratione deviat. Ergo fomes non habet rationem legis.

2. Præterea, omnis lex obligatoria est, ita quòd qui eam non servant, transgressores dicuntur. Sed fomes non constituit aliquem transgressorem ex hoc quòd ipsum non se-

(1) Vulgata, *appropinquavit.*

quitur; sed magis transgressor redditur, si quis ipsum sequatur. Ergo fomes non habet rationem legis.

3. Præterea, lex ordinatur ad bonum commune, ut supra habitum est, quæst præc., art. 2. Sed fomes non inclinat ad bonum commune, sed magis ad bonum privatum. Ergo fomes non habet rationem legis.

Sed contra est quod Apostolus dicit Rom. 7, 23 : *Video aliam legem in membris meis repugnantem legi mentis meæ.*

Respondeo dicendum quòd, sicut supra dictum est, quæst. præc., art. 1, ad 1, lex essentialiter invenitur in regulante et mensurante, participativè autem in eo quod mensuratur et regulatur; ita quòd omnis inclinatio vel ordinatio quæ invenitur in his quæ subjecta sunt legi, participativè dicitur *lex*, ut ex supra dictis patet, art. 2 hujus quæst. Potest autem in his quæ subduntur. legi aliqua inclinatio inveniri dupliciter à legislatore : uno modo in quantum directè suos inclinat subditos ad aliquid, et interdùm ad diversos actus; secundùm quem modum potest dici quòd alia est lex militum, et alia est lex mercatorum. Alio modo indirectè, in quantum scilicet per hoc quòd legis lator destituit aliquem sibi subditum aliquâ dignitate, sequitur quòd transeat in alium ordinem, et quasi in aliam legem : putà si miles ex militiâ destituatur, transibit in legem rusticorum vel mercatorum.

Sic igitur sub Deo legislatore diversæ creaturæ diversas habent naturales inclinationes, ita ut quod uni est quodammodò lex, alteri sit contra legem; ut si dicam quòd furibundum esse est quodammodò lex canis, est autem contra legem ovis, vel alterius mansueti animalis.

Est ergo hominis lex, quam sortitur ex ordinatione divinâ, secundùm propriam condititionem, ut secundùm rationem operetur. Quæ quidem lex fuit tam valida in primo statu, ut nihil vel præter rationem, vel contra rationem, posset subrepere homini. Sed dùm homo à Deo recessit, incurrit in hoc quòd feratur secundùm impetum sensualitatis : et unicuique etiam particulariter hoc contingit, quantò magis à ratione recesserit; ut sic quodammodò bestiis assimiletur, quæ sensualitatis impetu feruntur, secundùm illud Psalm. 48, 21 : *Homo cùm in honore esset, non intellexit; comparatus est jumentis insipientibus, et similis factus est illis.* Sic igitur ipsa sensualitatis inclinatio, quæ *fomes* dicitur, in aliis quidem animalibus simpliciter habet rationem legis, illo tamen modo quo in talibus lex dici potest secundùm directam inclinationem legis. In hominibus autem secundùm hoc non habet rationem legis, sed magis est deviatio à lege rationis. Sed in quantum per divinam justitiam homo destituitur originali justitiâ, et vigore rationis, ipse impetus sensualitatis, qui eum ducit, habet rationem legis, in quantum est pœnalis, et ex lege divinâ consequens hominem destitutum propriâ dignitate.

Ad primum ergo dicendum quòd ratio illa procedit de fomite secundùm se considerato,

prout inclinat ad malum, sic enim non habet rationem legis, ut dictum est in corp. art., sed secundùm quòd sequitur ex divinæ legis justitiâ; tanquàm si diceretur lex esse quòd aliquis nobilis propter suam culpam ad servilia opera induci permitteretur.

Ad secundum dicendum quòd objectio illa procedit de eo quod est lex, quasi regula et mensura; sic enim deviantes à lege transgressores constituuntur. Sic autem fomes non est lex, sed per quamdam participationem, ut supra dictum est, in corp. art.

Ad tertium dicendum quòd ratio illa procedit de fomite quantùm ad inclinationem propriam, non autem quantùm ad suam originem. Et tamen si consideretur inclinatio sensualitatis, prout est in aliis animalibus, sic ordinatur ad bonum commune, id est, ad conservationem naturæ in specie vel individuo; et hoc est etiam in homine, prout sensualitas subditur rationi; sed fomes dicitur, secundùm quòd exit rationis ordinem.

QUÆSTIO XCII.

DE EFFECTIBUS LEGIS. — (*In duos articulos divisa.*)

Deinde considerandum est de effectibus legis; et circa hoc quæruntur duo : 1° utrùm effectus legis sit homines facere bonos ; 2° utrùm effectus legis sint imperare, vetare, permittere et punire, sicut legisperitus dicit.

ARTICULUS PRIMUS. — *Utrùm effectus legis sit facere homines bonos.* — (*Inf.*, art. 2, ad 4, et 3 cont., cap. 116, § 2, 3 et 4, et Rom. 10.)

Ad primum sic proceditur. 1. Videtur quòd legis effectus non sit facere homines bonos. Homines enim sunt boni per virtutem; virtus enim est quæ *bonum facit habentem*, ut dicitur in 2 Eth., cap. 6, in princ. Sed virtus est homini à solo Deo; ipse enim *eam facit in nobis sine nobis*, ut supra dictum est in definitione virtutis, quæst. 55, art. 4. Ergo legis non est homines facere bonos.

2. Præterea, lex non prodest homini, nisi legi obediat. Sed hoc ipsum quòd homo obedit legi, est ex bonitate. Ergo bonitas præexigitur in homine ad legem. Non igitur lex facit bonos homines.

3. Præterea, lex ordinatur ad bonum commune, ut supra dictum est, qu. 90, art. 2. Sed quidam benè se habent in his quæ ad commune pertinent, qui tamen in propriis non benè se habent. Non ergo ad legem pertinet quòd faciat homines bonos.

4. Præterea, quædam leges sunt tyrannicæ, ut Philosophus dicit in suâ Politicâ, lib. 3, cap. 7, in fin., et lib. 4, cap. 10. Sed tyrannus non intendit ad bonitatem subditorum, sed solùm ad propriam utilitatem. Non ergo legis est facere homines bonos.

Sed contra est quod Philosophus dicit in 1 Ethic., cap. ult., circa princ., quòd *voluntas cujuslibet legislatoris hæc est ut faciat homines bonos.*

Respondeo dicendum quòd, sicut supra dictum est, quæst. 90, art. 1 et 4, lex nihil aliud est quàm dictamen rationis in præsidente, quo subditi gubernantur. Cujuslibet autem subditi virtus est ut benè subdatur ei à quo

gubernatur; sicut virtus irascibilis et concupiscibilis in hoc consistit quòd sint benè obedientes rationi. Et per hunc modum *virtus
cujuslibet subjecti est ut benè subjiciatur prin-
cipanti*, ut Philosophus dicit in 1 Polit., cap.
ult. Ad hoc autem ordinatur unaquæque lex
ut obediatur ei à subditis. Unde manifestum
est quòd hoc sit proprium legis inducere subje-
ctos ad propriam ipsorum virtutem.

Cùm igitur virtus sit quæ facit bonum habentem, sequitur quòd proprius effectus legis
sit bonos facere eos quibus datur, vel simpliciter, vel secundùm quid.

Si enim intentio ferentis legem tendat in
verum bonum, quod est bonum commune secundùm justitiam divinam regulatum, sequitur quòd per legem homines fiant boni simpliciter. Si verò intentio legislatoris feratur
ad id quod non est bonum simpliciter, sed
utile, vel delectabile sibi, vel repugnans justitiæ divinæ, tunc lex non bonos facit homines
simpliciter, sed secundùm quid, scilicet in
ordine ad tale regimen. Sic autem bonum invenitur etiam in per se malis; sicut aliquis
dicitur bonus latro, quia operatur accommodè
ad finem.

Ad primum ergo dicendum quòd duplex
est virtus, ut ex supra dictis patet, quæst. 73,
art. 3 et 4, scilicet acquisita et infusa. Ad
utramque autem aliquid operatur operum as-
suetudo, sed diversimodè; nam virtutem quidem acquisitam causat; ad virtutem autem
infusam disponit, et eam jam habitam conservat et promovet. Et quia lex ad hoc datur
ut dirigat actus humanos, in quantum actus
humani operantur ad virtutem, in tantum lex
facit homines bonos. Unde et Philosophus dicit in 2 Polit. cap. 6, parùm ante finem, et lib.
2 Ethic., cap. 1, quòd *legislatores assuefacien-
tes* (1) *faciunt bonos*.

Ad secundum dicendum quòd non semper
aliquis obedit legi ex bonitate perfectâ virtutis; sed quandoque quidem ex timore pœnæ, quandoque autem ex solo dictamine rationis, quod est quoddam principium virtutis,
ut supra habitum est, qu. 73, art. 1.

Ad tertium dicendum quòd bonitas cujuslibet partis consideratur in proportione ad
suum totum; unde et Augustinus dicit in 3
Confess., cap. 8, paulò à princ., quòd *turpis
est omnis pars quæ suo toti non congruit.* Cùm
igitur quilibet homo sit pars civitatis, impossibile est quòd aliquis homo sit bonus, nisi
sit benè proportionatus bono communi; nec
totum potest benè existere nisi ex partibus sibi proportionatis. Unde impossibile est quòd
bonum commune civitatis benè se habeat,
nisi cives sint virtuosi, ad minus illi quibus
convenit principari. Sufficit autem quantum
ad bonum communitatis quòd alii in tantum
sint virtuosi, quòd principum mandatis obediant. Et ideò Philosophus dicit in 3 Polit.,
cap. 3, quòd *eadem est virtus principis et
boni viri; non autem eadem est virtus cujuscumque civis et boni viri.*

Ad quartum dicendum, quòd lex tyrannica,
cùm non sit secundùm rationem, non est

(1) Nicolaius. *assuefaciendo.*

simpliciter lex, sed magis est quædam perversitas legis; et tamen in quantum habet
aliquid de ratione legis, intendit ad hoc quòd
cives sint boni; non enim habet de ratione
legis, nisi secundùm hoc quòd est dictamen
alicujus præsidentis in subditis (1); et ad hoc
tendit ut subditi legis sint benè obedientes;
quod est eos esse bonos, non simpliciter, sed
in ordine ad tale regimen.

ARTICULUS II. — *Utrùm legis actus convenienter assignentur.*

Ad secundum sic proceditur. 1. Videtur
quòd legis actus non sint convenienter assi-
gnati in hoc quod dicitur, quòd legis actus
est *imperare, vetare, permittere* et *punire.* Lex
enim omnis præceptum commune est, ut le-
gisconsultus Papinianus dicit, lib. 1, ff.
tit. 3, de Legib. et Senatuscons. Sed idem est
imperare quod præcipere. Ergo alia tria superfluunt.

2. Præterea, effectus legis est ut inducat
subditos ad bonum, sicut supra dictum est,
art. præc. Sed consilium est de meliori bono
quàm præceptum. Ergo magis pertinet ad legem consulere quàm præcipere.

3. Præterea, sicut homo aliquis incitatur
ad bonum per pœnas, ita etiam et per præmia. Ergo sicut punire ponitur effectus legis,
ita etiam et præmiare.

4. Præterea, intentio legislatoris est ut homines faciat bonos, sicut supra dictum est,
art. præc. Sed ille qui solo metu pœnarum
obedit legi, non est bonus; nam *timore servili,
qui est timor pœnarum, etsi bonum aliquis faciat, non tamen aliquid benè facit,* ut Augustinus dicit, in Enchir., cap. 121. Non ergo videtur esse proprium legis quòd puniat.

Sed contra est quod Isidorus dicit in 5
Etym., cap. 19: *Omnis lex aut permittit aliquid, ut vir fortis præmium petat; aut vetat,
ut sacrarum virginum nuptias nulli liceat petere; aut punit, ut qui cædem fecerit, capite
plectatur.*

Respondeo dicendum quòd, sicut enuntiatio
est rationis dictamen per modum enuntiandi,
ita etiam lex per modum præcipiendi. Rationis autem proprium est ut ex aliquo ad aliquid inducat. Unde sicut in demonstrativis
scientiis ratio inducit ut assentiatur conclusioni per quædam principia, ita etiam inducit ut assentiatur legis præcepto per aliquid.

Præcepta autem legis sunt de actibus humanis, in quibus lex dirigit, ut supra dictum est,
qu. 90, art. 1, et qu. 91, art. 4. Sunt autem
tres differentiæ humanorum actuum: nam,
sicut supra dictum est, qu. 18, art. 5 et 8,
quidam actus sunt boni ex genere, qui sunt
actus virtutum; et respectu horum ponitur
legis actus *præcipere* vel *imperare*; præcipit
enim lex omnes actus virtutum, ut dicitur in
5 Ethic., cap. 1, à med. Quidam verò sunt
actus mali ex genere, sicut actus vitiosi; et
respectu horum lex habet *prohibere.* Quidam
verò ex genere suo sunt actus indifferentes;

(1) Ita Mss. et exempla omnia quæ vidimus. Theologi: *Nisi hoc quod est dictamen alicujus præsidentis
in subditos*

et·respectu horum lex habet *permittere;* et possunt etiam indifferentes dici omnes illi actus qui sunt vel parùm boni, vel parùm mali. Id autem per quod inducit lex ad hoc quòd sibi obediatur, est timor pœnæ; et quantum ad hoc ponitur legis effectus *punire.*

Ad primum ergo dicendum quòd, sicut cessare à malo habet quamdam rationem boni, ita etiam prohibitio habet quamdam rationem præcepti; et secundùm hoc, largè accipiendo præceptum, universaliter lex *præceptum* dicitur.

Ad secundum dicendum quòd consulere non est proprius actus legis, sed potest pertinere etiam ad personam privatam, cujus non est condere legem. Unde etiam Apostolus, 1 ad Corinth. 7, cùm consilium quoddam daret, dixit: *Ego dico, non Dominus.* Et ideò non ponitur inter effectus legis.

Ad tertium dicendum quòd etiam præmiare potest ad quemlibet pertinere; sed punire non pertinet nisi ad ministrum legis, cujus auctoritate pœna infertur; et ideò præmiare non ponitur actus legis, sed solùm punire.

Ad quartum dicendum quòd per hoc quòd aliquis incipit assuefieri ad vitandum mala et ad implendum bona propter metum pœnæ, perducitur quandoque ad hoc quòd delectabiliter et ex propriâ voluntate hoc faciat; et secundùm hoc lex etiam puniendo perducit ad hoc quòd homines sint boni.

QUÆSTIO XCIII.

DE LEGE ÆTERNA. — (*In sex articulos divisa.*)

Deinde considerandum est de singulis; et primò de lege æternâ; secundò de lege naturali; tertiò de lege humanâ; quartò de lege veteri; quintò de lege novâ, quæ est lex Evangelii.

De sextâ autem lege, quæ est lex fomitis, sufficiat quod dictum est qu. 81, 82 et 83, cùm de peccato originali ageretur.

Circa primum quæruntur sex: 1° quid sit lex æterna; 2° utrùm sit omnibus nota; 3° utrùm omnis lex ab eâ derivetur; 4° utrùm necessaria subjiciantur legi æternæ; 5° utrùm contingentia naturalia subjiciantur legi æternæ; 6° utrùm omnes res humanæ ei subjiciantur.

ARTICULUS PRIMUS. — *Utrùm lex æterna sit summa ratio in Deo existens.* — (*Sup., quæst. 91, art. 1, et inf., præs. quæst., art. 3, et 4, corp., et 4, dist. 33, quæst. 1, art. 1, et 3 cont., cap. 115*).

Ad primum sic proceditur. 1. Videtur quòd lex æterna non sit summa ratio in Deo existens. Lex enim æterna est una tantùm. Sed rationes rerum in mente divinâ sunt plures; dicit enim Augustinus in lib. 83 QQ., quæst. 46, post med., quòd *Deus singula fecit propriis rationibus.* Ergo lex æterna non videtur esse idem quod ratio in mente divinâ existens.

2. Præterea, de ratione legis est quòd verbo promulgetur, ut supra dictum est, quæst. 90, 4. Sed *verbum* in divinis dicitur personaliter, ut in 1 habitum est, quæst. 34, art. 1; *ratio* autem dicetur essentialiter. Non igitur idem est lex æterna quod ratio divina.

3. Præterea, Augustinus dicit in libro de

verâ Relig., cap. 30, in fin., et 31, in princ.: *Apparet supra mentem nostram legem esse, quæ veritas dicitur.* Lex autem supra mentem nostram existens est lex æterna. Ergo veritas est lex æterna. Sed non est eadem ratio veritatis et rationis. Ergo lex æterna non est idem quod ratio summa.

Sed contra est quod Augustinus dicit in 1 de lib. Arbit., cap. 6, circa med., quòd *lex æterna est summa ratio, cui semper obtemperandum est.*

Respondeo dicendum quòd, sicut in quolibet artifice præexistit ratio eorum quæ constituuntur per artem, ita etiam in quolibet gubernante oportet quòd præexistat ratio ordinis eorum quæ agenda sunt per eos qui gubernationi subduntur. Et sicut ratio rerum fiendarum per artem vocatur ars, vel exemplar rerum artificiatarum, ita etiam ratio gubernantis actus subditorum rationem legis obtinet, servatis aliis quæ supra, quæst. 90, esse diximus de legis ratione. Deus autem per suam sapientiam conditor est universarum rerum; ad quas comparatur sicut artifex ad artificiata, ut in 1 habitum est, quæst. 14, art. 8. Est etiam gubernator omnium actuum et motionum quæ inveniuntur in singulis creaturis, ut etiam in 1 habitum est, quæst. 103, art. 5. Unde, sicut ratio divinæ sapientiæ, in quantum per eam cuncta sunt creata, rationem habet artis, vel exemplaris, vel ideæ, ita ratio divinæ sapientiæ moventis omnia ad debitum finem obtinet rationem legis. Et secundùm hoc lex æterna nihil aliud est quàm *ratio divinæ sapientiæ, secundùm quòd est directiva omnium actuum et motionum.*

Ad primum ergo dicendum quòd Augustinus loquitur ibi de rationibus idealibus, quæ respiciunt proprias naturas singularum rerum; et ideò in eis invenitur quædam distinctio et pluralitas, secundùm diversos respectus ad res, ut in 1 habitum est, quæst. 15, art. 2 et 3. Sed lex dicitur directiva actuum in ordine ad bonum commune, ut supra dictum est, quæst. 90, art. 2. Ea autem quæ sunt in seipsis diversa, considerantur ut unum, secundùm quòd ordinantur ad aliquod commune; et ideò lex æterna est una, quæ est ratio hujus ordinis.

Ad secundum dicendum quòd circa verbum quodcumque duo possunt considerari, scilicet ipsum verbum, et ea quæ verbo exprimuntur. Verbum enim vocale est quiddam ab ore hominis prolatum; sed hoc verbo exprimuntur quæ verbis humanis significantur; et eadem ratio est de verbo hominis mentali, quod nihil est aliud quàm quiddam mente conceptum, quo homo exprimit mentaliter ea de quibus cogitat. Sic igitur in divinis ipsum Verbum, quod est conceptio paterni intellectûs, personaliter dicitur; sed omnia, quæcumque sunt in scientiâ Patris, sive essentialia, sive personalia, sive etiam Dei opera, exprimuntur hoc Verbo, ut patet per Augustinum in 15 de Trin., cap. 14, et inter cætera quæ hoc Verbo exprimuntur, etiam ipsa lex æterna Verbo ipso exprimitur. Nec tamen propter hoc sequitur quòd lex æterna personaliter in divinis dicitur; appropriatur tamen Filio própter convenientiam quam habet ratio ad verbum.

Ad tertium dicendum quòd ratio intellectûs divini aliter se habet ad res quàm ratio humani intellectûs. Intellectus enim humanus est mensuratus à rebus, ut scilicet conceptus hominis non sit verus propter seipsum, sed dicitur verus ex hoc quòd consonat rebus. Ex hoc enim quòd res est, vel non est, opinio vera, vel falsa est. Intellectus verò divinus est mensura rerum; quia unaquæque res in tantum habet de veritate, in quantum imitatur intellectum divinum, ut in 1 dictum est, quæst. 16, art. 1. Et ideò intellectus divinus est verus secundùm se; unde ratio ejus est ipsa veritas.

ARTICULUS II. — *Utrùm lex æterna sit omnibus nota.* — (*Sup., quæst. 19, art. 4, ad 3, et art. 5 et 6.*)

Ad secundum sic proceditur. 1. Videtur quòd lex æterna non sit omnibus nota. Quia, ut dicit Apostolus, 1 ad Cor. 2, 11, *quæ sunt Dei, nemo novit nisi Spiritus Dei.* Sed lex æterna est quædam ratio in mente divinâ existens. Ergo omnibus est ignota, nisi soli Deo.

2. Præterea, sicut Augustinus dicit in lib. 1 de lib. Arb., cap. 6, circa fin., *lex æterna est quâ justum est ut omnia sint ordinatissima.* Sed non omnes cognoscunt qualiter omnia sint ordinatissima. Ergo non omnes cognoscunt legem æternam.

3. Præterea, Augustinus dicit in lib. de verâ Relig., cap. 31, non longè à fin., quòd *lex æterna est de quâ homines judicare non possunt.* Sed sicut in 1 Ethic., cap. 3, à med., dicitur, *unusquisque bene judicat quæ cognoscit.* Ergo lex æterna non est nobis nota.

Sed contra est quod Augustinus dicit in lib. 1 de lib. Arb., cap. 6, circa fin., quòd *æternæ legis notio nobis impressa est.*

Respondeo dicendum quòd aliquid cognosci potest dupliciter: uno modo in seipso; alio modo in suo effectu, in quo aliqua similitudo ejus invenitur; sicut aliquis non videns solem in suâ substantiâ cognoscit ipsum in suâ irradiatione.

Sic igitur dicendum est quòd legem æternam nullus potest cognoscere, secundùm quod in seipsâ est, nisi solus Deus, et beati, qui Deum per essentiam vident; sed omnis creatura rationalis ipsam cognoscit secundùm aliquam ejus irradiationem vel majorem, vel minorem. Omnis enim cognitio veritatis est quædam irradiatio et participatio legis æternæ, quæ est veritas incommutabilis, ut Augustinus dicit in lib. de verâ Relig., cap. 31; veritatem autem omnes aliqualiter cognoscunt, ad minus quantùm ad principia communia legis naturalis; in aliis verò quidam plus et quidam minùs participant de cognitione veritatis; et secundùm hoc etiam plus vel minùs cognoscunt legem æternam.

Ad primum ergo dicendum quòd ea quæ sunt Dei, in se ipsis quidem cognosci à nobis non possunt, sed tamen in effectibus suis manifestantur, secundum illud Rom. 1, 20:

Invisibilia Dei per ea quæ facta sunt, intellecta conspiciuntur.

Ad secundum dicendum quòd legem æternam etsi unusquisque cognoscat pro suâ capacitate secundùm modum prædictum, nullus tamen eam comprehendere potest; non enim totaliter manifestari potest per suos effectus. Et ideò non oportet quòd quicumque cognoscit legem æternam secundùm modum prædictum, cognoscat totum ordinem rerum, quo omnia sunt ordinatissima.

Ad tertium dicendum quòd judicare de aliquo potest intelligi dupliciter: uno modo, sicut vis cognitiva dijudicat de proprio objecto, secundùm illud Job 12, 11: *Nonne auris verba dijudicat, et fauces comedentes saporem?* Et secundùm istum modum judicii Philosophus dicit, lib. 1 Ethic., cap. 3, à med., quòd *unusquisque benè dijudicat quæ cognoscit,* judicando scilicet an sit verum quod proponitur. Alio modo, secundùm quòd superior judicat de inferiori quodam practico judicio, an scilicet ita debeat esse, vel non ita; et sic nullus potest judicare de lege æternâ.

ARTICULUS III. — *Utrùm omnis lex à lege æternâ derivetur.*

Ad tertium sic proceditur. 1. Videtur quòd non omnis lex à lege æternâ derivetur. Est enim quædam lex fomitis, ut supra dictum est, quæst. 91, art. 9. Ipsa autem non derivatur à lege divinâ, quæ est lex æterna; ad ipsam enim pertinet prudentia carnis, de quâ Apostolus dicit, Rom. 8, 7, quòd *legi Dei non potest* (1) *esse subjecta.* Ergo non omnis lex procedit à lege æternâ.

2. Præterea, à lege æternâ nihil iniquum procedere potest, quia, sicut dictum est art. præc., arg. 2, *lex æterna est secundùm quam justum est ut omnia sint ordinatissima.* Sed quædam leges sunt iniquæ, secundùm illud Isai. 10, 1: *Væ qui condunt leges iniquas!* Ergo non omnis lex procedit à lege æternâ.

3. Præterea, Augustinus dicit in 1 de lib. Arb., cap. 5, sub fine, quòd *lex quæ populo regendo scribitur, rectè multa permittit quæ per divinam providentiam vindicantur.* Sed ratio divinæ providentiæ est lex æterna, ut dictum est art. 1 hujus quæst. Ergo nec etiam omnis lex recta procedit à lege æternâ.

Sed contra est quod, Proverb. 8, 15, divina Sapientia dicit: *Per me reges regnant, et legum conditores justa decernunt.* Ratio autem divinæ sapientiæ est lex æterna, ut supra dictum est, art. 1 hujus quæst. Ergo omnes leges à lege æternâ procedunt.

Respondeo dicendum quòd, sicut supra dictum est, quæst. 90, art. 1 et 2, lex importat rationem quamdam directivam actuum ad finem. In omnibus autem moventibus ordinatis oportet quòd virtus secundi moventis derivetur à virtute moventis primi, quia movens secundum non movet nisi in quantum movetur à primo. Unde in omnibus gubernantibus idem videmus, quòd ratio gubernationis à primo gubernante ad secundos deri-

(1) Vulgata, *non est.*

vatur, sicut ratio eorum quæ sunt agenda in civitate, derivatur à rege per præceptum in inferiores administratores ; et in artificialibus etiam ratio artificialium actuum derivatur ab architectore ad inferiores artifices, qui manu operantur. Cùm ergo lex æterna sit ratio gubernationis in supremo gubernante, necesse est quòd omnes rationes gubernationis quæ sunt in inferioribus gubernantibus, à lege æternâ deriventur.

Hujusmodi autem rationes inferiorum gubernantium sunt quæcumque aliæ leges præter æternam. Unde omnes leges, in quantum participant de ratione rectâ, in tantum derivantur à lege æternâ ; et propter hoc Augustinus dicit in 1 de liber. Arb., cap. 6, ad fin., quòd *in temporali lege nihil est justum ac legitimum, quod non ex lege æternâ homines sibi derivaverint.*

Ad primum ergo dicendum quòd fomes habet rationem legis in homine, in quantum est pœna consequens divinam justitiam : et secundùm hoc manifestum est quòd derivatur à lege æternâ. In quantum verò inclinat ad peccatum, sic contrariatur legi Dei, et non habet rationem legis, ut ex supra dictis patet, quæst. 91, art. 6.

Ad secundum dicendum quòd lex humana in tantum habet rationem legis, in quantum est secundùm rationem rectam ; et secundùm hoc manifestum est quòd à lege æternâ derivatur. In quantum verò à ratione recedit, sic dicitur lex iniqua ; et sic non habet rationem legis, sed magis violentiæ cujusdam. Et tamen in ipsâ lege iniquâ in quantum servatur aliquid de similitudine legis, propter ordinem potestatis ejus qui legem fert, secundùm hoc etiam derivatur à lege æternâ. *Omnis enim potestas à Domino Deo est* (1), ut dicitur Rom. 13, 1.

Ad tertium dicendum quòd lex humana dicitur aliqua permittere, non quasi approbans, sed quasi ea dirigere non potens. Multa autem diriguntur lege divinâ quæ dirigi non possunt lege humanâ ; plura enim subduntur causæ superiori quàm inferiori. Unde hoc ipsum quòd lex humana non se intromittit de his quæ dirigere non potest, ex ordine legis æternæ provenit. Secùs autem esset, si approbaret ea quæ lex æterna reprobat. Unde ex hoc non habetur quòd lex humana non derivetur à lege æternâ, sed quòd non perfectè eam assequi possit.

ARTICULUS IV. — *Utrùm necessaria et æterna subjiciantur legi æternæ.* — (1 part., qu. 22, art. 2, ad 3, et art. 4, ad 3, et qu. 103, art. 1, ad 3, et 2-2, qu. 49, art. 6, corp.)

Ad quartum sic proceditur. 1. Videtur quòd necessaria et æterna subjiciantur legi æternæ. Omne enim quod rationabile est, rationi subjitur. Sed voluntas divina est rationabilis, cùm sit justa. Ergo rationi subditur. Sed lex æterna est ratio divina. Ergo voluntas Dei subditur legi æternæ. Voluntas autem Dei est aliquid æternum. Ergo etiam æterna et necessaria legi æternæ subduntur.

(1) Vulgata : *Non est enim potestas nisi à Deo.*

2. Præterea, quidquid subjicitur regi, subjicitur legi regis. Filius autem, ut dicitur 1 ad Corinth. 15, 25 et 28, *subjectus erit Deo et Patri, cùm tradiderit ei regnum.* Ergo Filius, qui est æternus, subjicitur legi æternæ.

3. Præterea, lex æterna est ratio divinæ providentiæ. Sed multa necessaria subduntur divinæ providentiæ, sicut permanentia substantiarum incorporalium et corporum cœlestium. Ergo legi æternæ subduntur etiam necessaria.

4. Sed contra, ea quæ sunt necessaria, impossibile est aliter se habere, unde cohibitione non indigent. Sed imponitur homini lex, ut cohibeatur à malis, ut ex supra dictis patet, qu. 92, art. 2. Ergo ea quæ sunt necessaria, legi non subduntur.

Respondeo dicendum quòd, sicut supra dictum est, art. 1 hujus qu., lex æterna est ratio divinæ gubernationis. Quæcumque ergo divinæ gubernationi subduntur, subjiciuntur etiam legi æternæ ; quæ verò gubernationi divinæ non subduntur, neque legi æternæ subduntur. Horum autem distinctio attendi potest ex his quæ circa nos sunt. Humanæ enim gubernationi subduntur ea quæ per homines fieri possunt ; quæ verò ad naturam hominis pertinent, non subduntur gubernationi humanæ, scilicet quòd homo habeat animam, vel manum aut pedes.

Sic igitur legi æternæ subduntur omnia quæ sunt in rebus à Deo creatis, sive sint contingentia, sive sint necessaria ; ea verò quæ pertinent ad naturam vel essentiam divinam, legi æternæ non subduntur, sed sunt realiter ipsa lex æterna.

Ad primum ergo dicendum quòd de voluntate Dei dupliciter possumus loqui : uno modo quantùm ad ipsam voluntatem ; et sic cùm voluntas Dei sit ipsa essentia ejus, non subditur gubernationi divinæ, neque legi æternæ, sed idem est quod lex æterna. Alio modo possumus loqui de voluntate divinâ quantùm ad ipsa quæ Deus vult circa creaturas : quæ quidem subjecta sunt legi æternæ, in quantum horum ratio est in divinâ sapientiâ ; et ratione horum voluntas Dei dicitur rationabilis ; alioquin ratione sui ipsius magis est dicenda ratio.

Ad secundum dicendum quòd Filius Dei non est à Deo factus, sed naturaliter ab ipso genitus ; et ideò non subditur divinæ providentiæ aut legi æternæ, sed magis ipse est lex æterna per quamdam appropriationem, ut patet per Augustinum in lib. de verâ Relig., cap. 31. Dicitur autem esse subjectus Patri ratione humanæ naturæ, secundùm quam etiam Pater dicitur esse major eo.

Tertium concedimus, quia procedit de necessariis creatis.

Ad quartum dicendum quòd, sicut Philosophus dicit in 5 Metaph., text. 6, *quædam necessaria habent causam suæ necessitatis ;* et sic hoc ipsum quòd impossibile est ea aliter se habere, habent ab alio ; et hoc ipsum est cohibitio quædam efficacissima. Nam quæcumque cohibentur in communi, in tantum cohiberi dicuntur, in quantum non possunt aliter facere quàm de eis disponatur.

Articulus v. — *Utrùm naturalia contingentia subsint legi æternæ.* — (1 part., qu. 22, art. 2, et 1, dist. 39, qu. 2, art. 2, et 3 contra, cap. 71, 72 et 73, et Ver. qu. 5, art. 3 et 4; et opusc. 3, cap. 127 usque 136, et opusc. 15, cap. 12 usque 16, et Job. 11.)

Ad quintum sic proceditur. 1. Videtur quòd naturalia contingentia subsint legi æternæ. Promulgatio enim est de ratione legis, ut supra dictum est, qu. 90, art. 4. Sed promulgatio non potest fieri nisi ad creaturas rationales, quibus potest aliquid denuntiari. Ergo solæ creaturæ rationales subsunt legi æternæ; non ergo naturalia contingentia.

2. Præterea, *ea quæ obediunt rationi, participant aliqualiter ratione,* ut dicitur in 1 Ethicor., cap. ult. Lex autem æterna est ratio summa, ut supra dictum est, art. 1 hujus qu. Cùm igitur naturalia contingentia non participent aliqualiter ratione, sed penitùs sint irrationabilia, videtur quòd non subsint legi æternæ.

3. Præterea, lex æterna est efficacissima. Sed in naturalibus contingentibus accidit defectus. Non ergo subsunt legi æternæ.

Sed contra est quod dicitur Prov. 8, 29: *Quando circumdabat mari terminum suum, et legem ponebat aquis, ne transirent fines suos.*

Respondeo dicendum quòd aliter est de lege hominis dicendum, et aliter de lege æternâ; quæ est lex Dei. Lex enim hominis non se extendit nisi ad creaturas rationales, quæ homini subjiciuntur. Cujus ratio est quia lex est directiva actuum qui conveniunt subjectis gubernationi alicujus; unde nullus, propriè loquendo, suis actibus legem imponit. Quæcumque autem aguntur circa usum rerum irrationalium homini subditarum, aguntur per actum ipsius hominis moventis hujusmodi res: nam hujusmodi irrationales creaturæ non agunt se ipsas, sed ab aliis aguntur, ut supra habitum est, qu. 1, art. 2. Et ideò rebus irrationalibus homo legem imponere non potest, quantùmcumque ei subjiciantur; rebus autem rationalibus sibi subjectis potest imponere legem, in quantum suo præcepto vel denuntiatione quácumque imprimit menti earum quamdam regulam, quæ est principium agendi.

Sicut autem homo imprimit denuntiando quoddam interius principium actuum homini sibi subjecto, ita etiam Deus imprimit toti naturæ principia propriorum actuum; et ideò per hunc modum Deus dicitur præcipere toti naturæ, secundùm illud Psalm. 148, 6: *Præceptum posuit, et non præteribit.* Et per hanc etiam rationem omnes motus et actiones totius naturæ legi æternæ subduntur.

Unde aliquo modo creaturæ irrationales subduntur legi æternæ, in quantum moventur à divinâ providentiâ; non autem per intellectum divini præcepti, sicut creaturæ rationales.

Ad primum ergo dicendum quòd hoc modo se habet impressio activa principii intrinseci quantum ad res naturales, sicut se habet promulgatio legis quantùm ad homines, quia per legis promulgationem imprimitur hominibus quoddam directivum principium humanorum actuum, ut dictum est in corp. art.

Ad secundum dicendum quòd creaturæ irrationales non participant ratione humanâ, nec ei obediunt; participant tamen per modum obedientiæ ratione divinâ; ad plura enim se extendit virtus rationis divinæ quàm virtus rationis humanæ. Et sicut membra corporis humani moventur ad imperium rationis, non tamen participant ratione, quia non habent aliquam apprehensionem ordinatam ad rationem, ita etiam creaturæ irrationales moventur à Deo, nec tamen propter hoc sunt rationales.

Ad tertium dicendum quòd defectus qui accidunt in rebus naturalibus, quamvis sint præter ordinem causarum particularium, non tamen sunt præter ordinem causarum universalium, et præcipuè causæ primæ, quæ Deus est, cujus providentiam nihil subterfugere potest, ut in 1 dictum est, qu. 22, art. 2. Et quia lex æterna est ratio divinæ providentiæ, ut dictum est art. 1 hujus quæst.; ideò defectus rerum naturalium legi æternæ subduntur.

Articulus vi. — *Utrùm omnes res humanæ subjiciantur legi æternæ.* — (1 part., qu. 22, art. 2, corp., et ad 2, et 3, dist. 9, qu. 2, art. 2, corp., et ad 5, et 3 cont., cap. 1, 64, 90, 111 et 112, et Ver. qu. 5, art. 5, et opusc. 3, cap. 243.)

Ad sextum sic proceditur. 1. Videtur quòd non omnes res humanæ subjiciantur legi æternæ. Dicit enim Apostolus ad Galat. 5, 18: *Si spiritu Dei ducimini, non estis sub lege.* Sed viri justi, qui sunt filii Dei per adoptionem; spiritu Dei aguntur, secundùm illud Rom. 8, 14: *Qui spiritu Dei aguntur, hi filii Dei sunt.* Ergo non omnes homines sunt sub lege æternâ.

2. Præterea, Apostolus dicit ad Rom. 8, 7: *Prudentia (1) carnis inimica est Deo, legi enim Dei subjecta non est.* Sed multi homines sunt in quibus prudentia carnis dominatur. Ergo legi æternæ, quæ est lex Dei, non subjiciuntur omnes homines.

3. Præterea, Augustinus dicit in 1 de lib. Arb., cap. 6, circa med., quòd *lex æterna est quâ mali miseram, boni vitam beatam merentur.* Sed homines jam beati vel jam damnati non sunt in statu merendi. Ergo non subsunt legi æternæ.

Sed contra est quod Augustinus dicit 19 de Civ. Dei, cap. 12, circa fin.: *Nullo modo aliquid legibus summi Creatoris, ordinationique subtrahitur, à quo pax universitatis administratur*

Respondeo dicendum quòd duplex est modus quo aliquid subditur legi æternæ, ut ex supra dictis patet, art. præc., uno modo in quantum participatur lex æterna per modum cognitionis; alio modo per modum actionis et passionis, in quantum participatur per modum interioris principii motivi.

Et hoc secundo modo subduntur legi æternæ irrationales creaturæ, ut dictum est

---

(1) Vulgata, *Sapientia*

art. præc. Sed quia rationalis natura cum eo quod est commune omnibus creaturis, habet aliquid sibi proprium, in quantum est rationalis, ideò secundùm utrumque modum legi æternæ subditur, quia et notionem legis æternæ aliquo modo habet, ut supra dictum est, art. 2 hujus qu., et iterùm unicuique rationali creaturæ inest naturalis inclinatio ad id quod est consonum legi æternæ. *Sumus enim innati* (1) *ad habendum virtutes*, ut dicitur in lib. 2 Ethic., circa princ. Uterque tamen modus imperfectus quidem est, et quodammodò corruptus in malis, in quibus et inclinatio naturalis ad virtutem depravatur per habitum vitiosum, et iterùm ipsa naturalis cognitio boni in eis obtenebratur per passiones et habitus peccatorum. In bonis autem uterque modus invenitur perfectior, quia et supra cognitionem naturalem boni superadditur eis cognitio fidei et sapientiæ; et supra naturalem inclinationem ad bonum superadditur eis interius motivum gratiæ et virtutis.

Sic igitur boni perfectè subsunt legi æternæ, tanquàm semper secundùm eam agentes; mali autem subsunt quidem legi æternæ, imperfectè quidem quantùm ad actiones ipsorum, prout imperfectè cognoscunt, et imperfectè inclinantur ad bonum; sed quantùm deficit ex parte actionis, suppletur ex parte passionis, prout scilicet in tantum patiuntur quod lex æterna dictat de eis, in quantum deficiunt facere quod legi æternæ convenit. Unde Augustinus dicit in 1 de lib. Arb., cap. 15, aliquant. à princ. : *Justos sub æternd lege agere existimo*; et in libro de catechizandis Rudibus, cap. 18, parùm ante fin., dicit quòd *Deus ex justá miserid animarum se deserentium convenientissimis legibus inferiores partes creaturæ suæ novit ordinare.*

Ad primum ergo dicendum quòd illud verbum Apostoli potest intelligi dupliciter : uno modo, ut esse sub lege intelligatur ille qui nolens obligationem legis, subditur ei quasi cuidam ponderi; unde Glossa (ordinar. August., lib. de Nat. et Grat., cap. 7) ibidem dicit quòd *sub lege est qui timore supplicii, quod lex minatur, non amore justitiæ à malo opere abstinet* ; et hoc modo spirituales viri non sunt sub lege; quia per charitatem, quam Spiritus sanctus cordibus eorum infundit, voluntariè id quod legis est, implent. Alio modo potest etiam intelligi, in quantum hominis opera, qui Spiritu sancto agitur, magis dicuntur esse opera Spiritûs sancti quàm ipsius hominis. Unde cùm Spiritus sanctus non sit sub lege, sicut nec Filius, ut supra dictum est, art. 4 hujus quæst., ad 2, sequitur quod hujusmodi opera, in quantum sunt Spiritûs sancti, non sint sub lege. Et huic attestatur quod Apostolus dicit 2 ad Corinth. 3, 17 : *Ubi Spiritus Domini, ibi libertas.*

Ad secundum dicendum quòd prudentia carnis non potest subjici legi Dei ex parte actionis, quia inclinat ad actiones contrarias legi divinæ; subjicitur tamen legi Dei ex

parte passionis, quia meretur pati pœnam secundùm legem divinæ justitiæ. Nihilominus tamen in nullo homine ita prudentia carnis dominatur, quòd totum bonum naturæ corrumpatur ; et ideò remanet in homine inclinatio ad agendum ea quæ sunt legis æternæ. Habitum est enim supra, qu. 85, art. 2, quòd peccatum non tollit totum bonum naturæ.

Ad tertium dicendum quòd idem est per quod aliquid conservatur in fine, et per quod movetur ad finem; sicut corpus grave gravitate quiescit in loco inferiori, per quam etiam ad locum ipsum movetur. Et sic dicendum est quòd sicut secundùm legem æternam aliqui merentur beatitudinem vel miseriam, ita per eamdem legem in beatitudine vel miseriá conservantur. Et secundùm hoc beati et damnati subsunt legi æternæ.

QUÆSTIO XCIV.

DE LEGE NATURALI. — (*In sex articulos divisa.*)

Deinde considerandum est de lege naturali; et circa hoc quæruntur sex : 1° quid sit lex naturalis; 2° quæ sint præcepta legis naturalis ; 3° utrùm omnes actus virtutum sint de lege naturæ; 4° utrùm lex naturalis sit una apud omnes; 5° utrùm sit mutabilis; 6° utrùm possit à mente hominis deleri.

ARTICULUS PRIMUS. — *Utrùm lex naturalis sit habitus.*

Ad primum sic proceditur. 1. Videtur quòd lex naturalis sit habitus, quia, ut Philosophus dicit in 2 Ethic., cap. 5, in princ., *tria sunt in animá, potentia, habitus et passio.* Sed naturalis lex non est aliqua potentiarum animæ, nec aliqua passionum, ut patet enumerando per singula. Ergo lex naturalis est habitus.

2. Præterea, Basilius dicit (Damascenus, lib. 4 orth. Fid., cap. 23), quòd *conscientia*, sive synderesis, *est lex intellectús nostri*; quod non potest intelligi nisi de lege naturali. Sed synderesis est habitus quidam, ut in 1 habitum est, quæst. 79, art. 12. Ergo lex naturalis est habitus.

3. Præterea, lex naturalis semper in homine manet, ut infra patebit, art. 6 hujus qu. Sed non semper ratio hominis, ad quam lex pertinet, cogitat de naturali lege. Ergo lex naturalis non est actus, sed habitus.

Sed contra est quod Augustinus dicit in lib. de Bono conjugali, cap. 21, à princ., quòd *habitus est quo aliquid agitur, cùm opus est.* Sed naturalis lex non est hujusmodi; est enim in parvulis et damnatis, qui per eam agere non possunt. Ergo lex naturalis non est habitus.

Respondeo dicendum quòd aliquid potest dici esse habitus dupliciter : uno modo propriè et essentialiter; et sic lex naturalis non est habitus. Dictum est enim supra, quæst. 90, art. 1, ad 2, quòd lex naturalis est aliquid per rationem constitutum, sicut etiam propositio est quoddam opus rationis. Non est autem idem quod quis agit, et quo quis agit; aliquis enim per habitum grammaticæ agit orationem

(1) Ita codd. et editi passim. Theologi., *nati.*

nem congruam. Cùm igitur habitus sit quo quis agit, non potest esse quòd lex aliqua sit habitus propriè et essentialiter.

Alio modo potest dici habitus id quod habitu tenetur, sicut dicitur fides id quod fide tenetur. Et hoc modo quia præcepta legis naturalis quandoque considerantur in actu à ratione, quandoque autem sunt in eâ habitualiter tantùm, secundùm hunc modum potest dici quòd lex naturalis sit habitus; sicut etiam principia indemonstrabilia in speculativis non sunt ipsi habitus principiorum, sed sunt principia, quorum est habitus.

Ad primum ergo dicendum quòd Philosophus intendit ibi investigare genus virtutis : et cùm manifestum sit quòd virtus sit quoddam principium actûs, illa tantùm ponit quæ sunt principia humanorum actuum, scilicet *potentias, habitus* et *passiones*. Præter hæc autem tria sunt quædam in animâ, sicut quidam actus, ut velle est in volente et etiam cognita sunt in cognoscente, et proprietates naturales animæ insunt ei, ut immortalitas et alia hujusmodi.

Ad secundum dicendum quòd synderesis dicitur lex intellectûs nostri, in quantum est habitus continens præcepta legis naturalis, quæ sunt prima operum humanorum.

Ad tertium dicendum quòd ratio illa concludit quòd lex naturalis habitualiter tenetur; et hoc concedimus.

Ad id verò quod in contrarium objicitur, dicendum quòd eo quod habitualiter inest, quandoque aliquis uti non potest propter aliquod impedimentum; sicut homo non potest uti habitu scientiæ propter somnum; et similiter puer non potest uti habitu intellectûs principiorum, vel etiam lege naturali, quæ ei habitualiter inest, propter defectum ætatis.

ARTICULUS II. — *Utrùm lex naturalis contineat plura præcepta, vel unum tantùm.*

Ad secundum sic proceditur. 1. Videtur quòd lex naturalis non contineat plura præcepta sed unum tantùm. Lex enim continetur in genere præcepti, ut supra habitum est, qu. 92, art. 2. Si igitur essent multa præcepta legis naturalis, sequeretur quòd etiam essent multæ leges naturales.

2. Præterea, lex naturalis consequitur hominis naturam. Sed humana natura est una secundùm totum, licèt sit multiplex secundùm partes. Aut ergo est unum præceptum tantùm legis naturæ propter unitatem totius, aut sunt multa secundùm multitudinem partium naturæ humanæ; et sic oportebit quòd etiam ea quæ sunt de inclinatione concupiscibilis, pertineant ad legem naturalem.

3. Præterea, lex est aliquid ad rationem pertinens, ut supra dictum est, quæst. 90, art. 1. Sed ratio in homine est una tantùm. Ergo solùm unum præceptum est legis naturalis.

Sed contra est quia sic se habent præcepta legis naturalis in homine quantùm ad operabilia, sicut se habent prima principia in demonstrativis. Sed prima principia indemonstrabilia sunt plura. Ergo etiam præcepta legis naturæ sunt plura.

Respondeo dicendum quòd, sicut supra dictum est, quæst. 90, art. 1, ad 2, et quæst. 91, art. 3, præcepta legis naturæ hoc modo se habent ad rationem practicam, sicut principia prima demonstrationum se habent ad rationem speculativam; utraque enim sunt quædam principia per se nota. Dicitur autem aliquid per se notum dupliciter : uno modo secundùm se, alio modo quoad nos. Secundùm se quidem quælibet propositio dicitur per se nota, cujus prædicatum est de ratione subjecti; contingit tamen quòd ignoranti definitionem subjecti talis propositio non erit per se nota; sicut ista propositio : *Homo rationale* (1), est per se nota secundùm sui naturam, quia qui dicit hominem, dicit rationale; et tamen ignoranti quid sit homo, hæc propositio non est per se nota. Et inde est quòd, sicut dicit Boetius in lib. de Hebdomad., circa princ., *quædam sunt dignitates vel propositiones per se notæ communiter omnibus;* et hujusmodi sunt illæ propositiones quarum termini sunt omnibus noti, ut : *Omne totum est majus suâ parte;* et : *Quæ uni et eidem sunt æqualia, sibi invicem sunt æqualia.* Quædam verò propositiones sunt per se notæ solis sapientibus, qui terminos propositionum intelligunt quid significent; sicut intelligenti quòd Angelus non est corpus, per se notum est quòd non est circumscriptivè in loco; quod non est manifestum rudibus, qui hoc non capiunt. In his autem quæ in apprehensione hominum cadunt, quidam ordo invenitur. Nam illud quod primò cadit sub apprehensione, est ens, cujus intellectus includitur in omnibus, quæcumque quis apprehendit. Et ideò primum principium indemonstrabile est, quòd non est simul affirmare et negare quod fundatur supra rationem entis et non entis; et super hoc principio omnia alia fundantur, ut dicit Philosophus in 4 Metaph., text. 9 et seq.

Sicut autem ens est primum quod cadit in apprehensione simpliciter, ita bonum est primum quod cadit in apprehensione practicæ rationis, quæ ordinatur ad opus. Omne enim agens agit propter finem, qui habet rationem boni. Et ideò primum principium in ratione practicâ est quod fundatur supra rationem boni; quæ est : *Bonum est quod omnia appetunt.* Hoc est ergo primum præceptum legis, quòd *bonum est faciendum et prosequendum, et malum vitandum;* et super hoc fundantur omnia alia præcepta legis naturæ, ut scilicet omnia illa facienda vel vitanda pertineant ad præcepta legis naturæ, quæ ratio practica naturaliter apprehendit esse bona humana. Quia verò bonum habet rationem finis, malum autem rationem contrarii, inde est quòd omnia illa ad quæ homo habet naturalem inclinationem, ratio naturaliter apprehendit ut bona, et per consequens ut opere prosequenda, et contraria eorum ut mala et vitanda. Secundùm igitur ordinem inclinationum naturalium est ordo præceptorum legis naturæ. Inest enim primò inclinatio homini ad bonum secundùm naturam, in quâ communicat cum omnibus substantiis, prout sci-

(1) Nicolaius, *Homo est animal rationale.*

licet quælibet substantia appetit conservationem sui esse secundùm suam naturam; et secundùm hanc inclinationem pertinent ad legem naturalem ea per quæ vita hominis conservatur, et contrarium impeditur. Secundò inest homini inclinatio ad aliqua magis specialia secundùm naturam, in quâ communicat cum cæteris animalibus; et secundùm hoc dicuntur ea esse de lege naturali quæ natura omnia animalia docuit, ut est commixtio maris et fœminæ, et educatio liberorum, et similia. Tertio modo inest homini inclinatio ad bonum secundùm naturam rationis, quæ est sibi propria; sicut homo habet naturalem inclinationem ad hoc quòd veritatem cognoscat de Deo, et ad hoc quòd in societate vivat : et secundùm hoc ad legem naturalem pertinent ea quæ ad hujusmodi inclinationem spectant, utpote quòd homo ignorantiam vitet, quòd alios non offendat, cum quibus debet conversari, et cætera hujusmodi quæ ad hoc spectant.

Ad primum ergo dicendum quòd omnia ista præcepta legis naturæ, in quantum referuntur ad unum primum præceptum, habent rationem unius legis naturalis.

Ad secundum dicendum quòd omnes hujusmodi inclinationes quarumcumque partium naturæ humanæ, putà concupiscibilis et irascibilis, secundùm quòd regulantur ratione, pertinent ad legem naturalem, et reducuntur ad unum primum præceptum, ut dictum est in corp., et secundùm hoc sunt multa præcepta legis naturæ in seipsis, quæ tamen communicant in unâ radice.

Ad tertium dicendum quòd ratio, etsi in se una sit, tamen est ordinativa omnium quæ ad homines spectant; et secundùm hoc sub lege rationis continentur omnia ea quæ ratione regulari possunt.

ARTICULUS III. — *Utrùm omnes actus virtutum sint de lege naturæ.* — (4, dist. 13, quæst. 1, art. 3, quæst. 1, ad 4.)

Ad tertium sic proceditur. 1. Videtur quòd non omnes actus virtutum sint de lege naturæ, quia, ut supra dictum est, qu. 90, art. 2, de ratione legis est ut ordinetur ad bonum commune. Sed quidam virtutum actus ordinantur ad bonum privatum alicujus, ut patet præcipuè in actibus temperantiæ. Non ergo omnes actus virtutum legi subduntur naturali.

2. Præterea, omnia peccata aliquibus virtuosis actibus opponuntur. Si igitur omnes actus virtutum sint de lege naturæ, videtur ex consequenti quòd omnia peccata sint contra naturam; quod tamen specialiter de quibusdam peccatis dicitur.

3. Præterea, in his quæ sunt secundùm naturam, omnes conveniunt. Sed in actibus virtutum non omnes conveniunt; aliquid enim est virtuosum uni, quod est alteri vitiosum. Ergo non omnes actus virtutum sunt de lege naturæ.

Sed contra est quod Damascenus dicit in 2 lib. orth. Fid., cap. 4, circa fin., quòd *virtutes sunt naturales.* Ergo et actus virtuosi subjacent legi naturæ.

Respondeo dicendum quòd de actibus vir-

tuosis dupliciter loqui possumus : uno modo, in quantum sunt virtuosi; alio modo, in quantum sunt tales actus in propriis speciebus considerati. Si igitur loquamur de actibus virtutum, in quantum sunt virtuosi, sic omnes actus virtuosi pertinent ad legem naturæ. Dictum est enim art. præc. quòd ad legem naturæ pertinet omne illud ad quod homo inclinatur secundùm suam naturam. Inclinatur autem unumquodque naturaliter ad operationem sibi convenientem secundùm suam formam, sicut ignis ad calefaciendum. Unde cùm anima rationalis sit propria forma hominis, naturalis inclinatio inest cuilibet homini ad hoc quòd agat secundùm rationem; et hoc est agere secundùm virtutem. Unde secundùm hoc omnes actus virtutum sunt de lege naturali; dictat. enim hoc naturaliter unicuique propria ratio ut virtuosè agat.

Sed si loquamur de actibus virtuosis secundùm seipsos, prout scilicet in propriis speciebus considerantur, sic non omnes actus virtuosi sunt de lege naturæ. Multa enim secundùm virtutem fiunt ad quæ natura non primò inclinat; sed per rationis inquisitionem ea homines adinvenerunt quasi utilia ad benè vivendum.

Ad primum ergo dicendum quòd temperantia est circa concupiscentias naturales cibi et potûs, et venereorum, quæ quidem ordinantur ad bonum commune naturæ, sicut et alia legalia ordinantur ad bonum commune morale.

Ad secundum dicendum quòd natura hominis potest dici vel illa quæ est propria hominis; et secundùm hoc omnia peccata, in quantum sunt contra rationem, sunt etiam contra naturam, ut patet per Damascenum, in 2 lib. orth. Fid., cap. 30, vel illa quæ est communis homini et aliis animalibus; et secundùm hoc quædam specialia peccata dicuntur esse contra naturam, sicut contra commixtionem maris et fœminæ, quæ est naturalis omnibus animalibus, est concubitus masculorum, quod specialiter dicitur vitium contra naturam.

Ad tertium dicendum quòd ratio illa procedit de actibus secundùm seipsos consideratis. Sic enim propter diversas hominum conditiones contingit quòd aliqui actus sunt aliquibus virtuosi, tanquàm eis proportionati et convenientes, qui tamen sunt aliis vitiosi, tanquàm eis non proportionati.

ARTICULUS IV. — *Utrùm lex naturæ sit una apud omnes.* — (3, dist. 37, art. 3, corp., et 4, dist. 33, qu. 1, art. 1, corp., et art. 2, ad 1.)

Ad quartum sic proceditur. 1. Videtur quòd lex naturæ non sit una apud omnes. Dicitur enim in Decretis, dist. 1 (seu in Præludio, dist. 1) quòd *jus naturale est quod in lege et in Evangelio continetur.* Sed hoc non est commune omnibus, quia, ut dicitur Rom. 10, 16, *non omnes obediunt Evangelio.* Ergo lex naturalis non est una apud omnes.

2. Præterea, *quæ sunt secundùm legem, justa esse dicuntur,* ut dicitur in 5 Ethic., cap. 1 et 2. Sed in eodem lib. cap. 10, dicitur quòd

nihil est ita justum apud omnes quin apud aliquos diversificetur. Ergo etiam lex naturalis non est apud omnes eadem.

3. Præterea, ad legem naturæ pertinet id ad quod homo secundùm naturam suam inclinatur, ut supra dictum est, art. 2 hujus qu. Sed diversi homines naturaliter ad diversa inclinantur, alii quidem ad concupiscentiam voluptatum, alii ad desideria honorum, alii ad alia. Ergo non est una lex naturalis apud omnes.

Sed contra est quod Isidorus dicit in libro 5 Etymologiarum, cap. 4 : *Jus naturale est commune omni nationi.*

Respondeo dicendum quòd, sicut supra dictum est, art. 2 hujus qu., ad legem naturæ pertinent ea ad quæ homo naturaliter inclinatur; inter quæ homini proprium est ut inclinetur ad agendum secundùm rationem. Ad rationem autem pertinet ex communibus ad propria procedere, ut patet ex 1 Physic., text. 2, 3 et 4. Aliter tamen circa hoc se habet ratio speculativa et aliter practica : quia enim ratio speculativa præcipuè negotiatur circa necessaria, quæ impossibile est aliter se habere, absque aliquo defectu invenitur veritas in conclusionibus propriis, sicut et in principiis communibus. Sed ratio practica negotiatur circa contingentia, in quibus sunt operationes humanæ ; et ideò, si in communibus sit aliqua necessitas (1), quantò magis ad propria descenditur, tantò magis invenitur defectus.

Sic igitur in speculativis est eadem veritas apud omnes tam in principiis quàm in conclusionibus, licèt veritas non apud omnes cognoscatur in conclusionibus, sed solùm in principiis, quæ dicuntur communes conceptiones. In operativis autem non est eadem veritas vel rectitudo practica apud omnes quantùm ad propria, sed solùm quantùm ad communia, et apud quos est eadem rectitudo in propriis, non est æqualiter omnibus nota. Sic igitur patet quòd quantùm ad communia principia rationis sive speculativæ sive practicæ, est eadem veritas seu rectitudo apud omnes, et æqualiter nota. Quantùm verò ad proprias conclusiones rationis speculativæ, est eadem veritas apud omnes, non tamen æqualiter omnibus nota; apud omnes enim verum est quòd triangulus habet tres angulos æquales duobus rectis, quamvis hoc non sit omnibus notum. Sed quantùm ad proprias conclusiones rationis practicæ, nec est eadem veritas seu rectitudo apud omnes, nec etiam apud quos est eadem, est æqualiter nota. Apud omnes enim hoc rectum est et verum, ut secundùm rationem agatur. Ex hoc autem principio sequitur quasi conclusio propria, quòd deposita sint reddenda, et hoc quidem ut in pluribus verum est; sed potest in aliquo casu contingere quòd sit damnosum, et per consequens irrationabile, si deposita reddantur, putà si aliquis petat ad impugnandam patriam ; et hoc tantò magis invenitur deficere, quantò

(1) Ita codd. Tarrac., Alcan. aliique cum editis passim. Al., *veritas.*

magis ad particularia descenditur : putà si dicatur quòd deposita sunt reddenda cum tali cautione vel tali modo. Quantò enim plures conditiones particulares apponuntur, tantò pluribus modis poterit deficere, ut non sit rectum vel in reddendo vel non reddendo.

Sic igitur dicendum est quòd lex naturæ, quantùm ad prima principia communia, est eadem apud omnes et secundùm rectitudinem, et secundùm notitiam, sed quantùm ad quædam propria, quæ sunt quasi conclusiones principiorum communium, est eadem apud omnes ut in pluribus et secundùm rectitudinem, et secundùm notitiam; sed ut in paucioribus potest deficere et quantùm ad rectitudinem, propter aliqua particularia impedimenta (sicut etiam naturæ generabiles et corruptibiles deficiunt ut in paucioribus propter impedimenta), et etiam quantùm ad notitiam; et hoc propter hoc quòd aliqui habent depravatam rationem ex passione, seu ex malâ consuetudine, seu ex malâ habitudine naturæ ; sicut apud Germanos olim latrocinium non reputabatur iniquum, cùm tamen sit expressè contra legem naturæ, ut refert Julius Cæsar in lib. 6 de Bello Gallico, circa med.

Ad primum ergo dicendum quòd verbum illud non est sic intelligendum, quasi omnia quæ in lege et in Evangelio continentur, sint de lege naturæ, cùm multa tradantur ibi supra naturam; sed ea quæ sunt de lege naturæ, plenariè ibi traduntur. Unde cùm dixisset Gratianus quòd *jus naturale est quod in lege et in Evangelio continetur*, statim explicando subjunxit : *Quo quisque jubetur alii facere quod sibi vult fieri, et prohibetur facere quod sibi nolit fieri.*

Ad secundum dicendum quòd verbum Philosophi est intelligendum de his quæ sunt naturaliter justa, non sicut principia communia, sed sicut quædam conclusiones ex his derivatæ; quæ ut in pluribus habent rectitudinem, et ut in paucioribus deficiunt.

Ad tertium dicendum quòd, sicut ratio in homine dominatur et imperat aliis potentiis; ita oportet quòd omnes inclinationes naturales ad alias potentias pertinentes ordinentur secundùm rationem. Unde hoc est apud omnes communiter receptum (1), ut secundùm rationem dirigantur omnes hominum inclinationes.

ARTICULUS V. — *Utrùm lex naturæ mutari possit.* — (Sup., art. 4, corp., et ad 2, et inf., quæst. 97, art. 1, ad 1, et 3, dist. 37, art. 3, corp., et 4, dist. 33, quæst. 1, art. 2, corp., et art. 2, ad 1.)

Ad quintum sic proceditur. 1. Videtur quòd lex naturæ mutari possit; quia super illud Eccli. 17, 9 : *Addidit eis disciplinam et legem vitæ*, dicit Glossa ordin. : *Legem litteræ, quantùm ad correctionem legis naturalis, scribi voluit.* Sed illud quod corrigitur, mutatur. Ergo lex naturalis potest mutari.

2. Præterea, contra legem naturalem est occisio innocentis, et etiam adulterium et furtum. Sed ista inveniuntur esse mutata à

(1) Ita codd. et editi passim. Edit. Rom., *rectum.*

Deo, putà cùm Deus præcepit Abrahæ quòd occideret filium innocentem, ut habetur Genes. 22, et cùm præcepit Judæis ut mutuata Ægyptiorum vasa subriperent, ut habetur Exod. 12, et cùm præcepit Oseæ ut uxorem fornicariam acciperet, ut habetur Oseæ 1. Ergo lex naturalis potest mutari.

3. Præterea, Isidorus dicit, in lib. 5 Etymolog., cap. 4, quòd *communis omnium possessio et una libertas est de jure naturali.* Sed hæc videmus esse mutata per leges humanas. Ergo videtur quòd lex naturalis sit mutabilis.

Sed contra est quod dicitur in Decretis, dist. 5 (seu in Præludio, dist. 5) : *Naturale jus ab exordio rationalis creaturæ cœpit ; nec variatur tempore, sed immutabile permanet.*

Respondeo dicendum quòd lex naturalis potest intelligi mutari dupliciter : uno modo per hoc quòd aliquid ei addatur ; et sic nihil prohibet legem naturalem mutari ; multa enim supra legem naturalem superaddita sunt ad humanam vitam utilia tam per legem divinam, quàm etiam per leges humanas.

Alio modo potest intelligi mutatio legis naturalis per modum subtractionis, ut scilicet aliquid desinat esse de lege naturali quod priùs fuit secundùm legem naturalem ; et sic, quantùm ad prima principia legis naturæ, lex naturæ est omninò immutabilis ; quantùm autem ad secunda præcepta, quæ diximus esse quasi quasdam proprias conclusiones propinquas primis principiis, sic lex naturalis non immutatur, quin in pluribus sit rectum semper quod lex naturalis habet ; potest tamen mutari et in aliquo particulari, et in paucioribus propter aliquas speciales causas impedientes observantiam talium præceptorum, ut supra dictum est, articulo præced.

Ad primum ergo dicendum quòd lex scripta dicitur esse data ad correptionem legis naturalis, vel quia per legem scriptam suppletum est quod legi naturæ deerat, vel quia lex naturæ in aliquorum cordibus quantùm ad aliqua corrupta erat, in tantum ut existimarent esse bona quæ naturaliter sunt mala ; et talis corruptio correctione indigebat.

Ad secundum dicendum quòd naturali morte moriuntur omnes communiter tam nocentes quàm innocentes ; quæ quidem naturalis mors divinâ potestate inducitur propter peccatum originale, secundùm illud 1 Reg. 2, 6 : *Dominus mortificat et vivificat.* Et ideò absque aliquâ injustitiâ secundùm mandatum Dei potest infligi mors cuicumque homini vel nocenti vel innocenti. Similiter etiam adulterium est concubitus cum uxore alienâ, quæ quidem est ei deputata secundùm legem Dei divinitùs traditam : unde ad quamcumque mulierem aliquis accedat ex mandato divino, non est adulterium nec fornicatio. Et eadem ratio est de furto, quod est acceptio rei alienæ : quidquid enim accipit aliquis ex mandato Dei, qui est dominus universorum, non accipit absque voluntate domini ; quod est furari. Nec solùm in rebus humanis quidquid à Deo mandatur, hoc ipso est debitum ;

sed etiam in rebus naturalibus quidquid à Deo fit, est naturale quodammodò, ut in 1 dictum est, quæst. 105, art. 6, ad 1.

Ad tertium dicendum quòd aliquid dicitur esse de jure naturali dupliciter : uno modo quia ad hoc natura inclinat, sicut non esse injuriam alteri faciendam ; alio modo quia natura non inducit contrarium, sicut possemus dicere quòd hominem esse nudum est de jure naturali, quia natura non dedit ei vestitum, sed ars adinvenit. Et hoc modo *communis omnium possessio et una libertas* dicitur esse de jure naturali, quia scilicet distinctio possessionum et servitus non sunt inductæ à naturâ, sed per hominum rationem ad utilitatem humanæ vitæ ; et sic etiam in hoc lex naturæ non est mutata nisi per additionem.

ARTICULUS VI. — *Utrum lex naturæ possit à corde hominis aboleri.* — (*Inf., quæst.* 99, *art.* 2, *ad* 2.)

Ad sextum sic proceditur. 1. Videtur quòd lex naturæ possit à corde hominis aboleri, quia Rom. 2, super illud : *Cùm gentes, quæ legem non habent,* etc., dicit Glossa ordin., quòd *in interiori homine per gratiam innovato lex justitiæ inscribitur, quam deleverat culpa.* Sed lex justitiæ est lex naturæ. Ergo lex naturæ potest deleri.

2. Præterea, lex gratiæ est efficacior quàm lex naturæ. Sed lex gratiæ deletur per culpam. Ergo multò magis lex naturæ potest deleri.

3. Præterea, illud quod lege statuitur, inducitur quasi justum. Sed multa sunt ab hominibus statuta contra legem naturæ. Ergo lex naturæ potest à cordibus hominum aboleri.

Sed contra est quod Augustinus dicit in 2 Confess., cap. 4, in princ. : *Lex scripta est in cordibus hominum, quam nec nulla quidem delet iniquitas.* Sed lex scripta in cordibus hominum est lex naturalis. Ergo lex naturalis deleri non potest.

Respondeo dicendum quòd, sicut supra dictum est, art. 4 hujus qu., ad legem naturalem pertinent primò quidem quædam præcepta communissima, quæ sunt omnibus nota ; secundariò autem quædam secundaria præcepta magis propria, quæ sunt quasi conclusiones propinquæ principiis.

Quantùm ergo ad illa principia communia, lex naturalis nullo modo potest à cordibus hominum deleri in universali ; deletur tamen in particulari operabili ; secundùm quòd ratio impeditur applicare commune principium ad particulare operabile, propter concupiscentiam, vel aliquam aliam passionem, ut supra dictum est, qu. 77, art. 2 ; quantùm verò ad alia præcepta secundaria, potest lex naturalis deleri de cordibus hominum vel propter malas persuasiones (eo modo quo etiam in speculativis errores contingunt circa conclusiones necessarias), vel etiam propter pravas consuetudines et habitus corruptos, sicut apud quosdam non reputabantur latrocinia peccata, vel etiam vitia contra naturam, ut etiam Apostolus dicit, Rom. 1.

Ad primum ergo dicendum quòd culpa detet legem naturæ in particulari, non autem in universali; nisi forte quantùm ad secundaria præcepta legis naturæ, eo modo quo dictum est in corp.

Ad secundum dicendum quòd gratia, et si sit efficacior quàm natura, tamen natura essentialior est homini, et ideò magis permanens.

Ad tertium dicendum quòd ratio illa procedit de secundis præceptis legis naturæ, contra quæ aliqui legislatores statuta aliqua fecerunt quæ sunt iniqua.

QUÆSTIO XCV.

De lege humana. — (*In quatuor articulos divisa.*)

Deinde considerandum est de lege humanâ, et primò quidem de ipsâ lege secundùm se; secundò de potestate ejus; tertiò de ejus mutabilitate.

Circa primum quæruntur quatuor: 1° de utilitate ipsius; 2° de origine ejus; 3° de qualitate ipsius; 4° de divisione ejusdem.

Articulus primus. — *Utrùm fuerit utile aliquas leges poni ab hominibus.* — (*Sup., quæst.* 91, *art.* 3, *et* 2, *dist.* 9, *art.* 3, *corp., ad* 2, *et ad* 5, *et* 3, *dist.* 40, *art.* 2.)

Ad primum sic proceditur. 1. Videtur quòd non fuerit utile aliquas leges poni ab hominibus. Intentio enim cujuslibet legis est ut per eam homines fiant boni, sicut supra dictum est, qu. 92, art. 1. Sed homines magis inducuntur ad bonum voluntarii per monitiones quàm coacti per leges. Ergo non fuit necessarium leges ponere.

2. Præterea, sicut dicit Philosophus in 5 Ethic., cap. 4, circa med., *ad judicem confugiunt homines sicut ad justum animatum.* Sed justitia animata est melior quàm inanimata quæ legibus continetur. Ergo melius fuisset ut executio justitiæ committeretur arbitrio judicum, quàm quòd super hoc lex aliqua conderetur.

3. Præterea, lex omnis directiva est actuum humanorum, ut ex supra dictis patet, qu. 90, art. 1 et 2. Sed cùm humani actus consistant in singularibus, quæ sunt infinita, non possunt ea quæ ad directionem humanorum actuum pertinent, sufficienter considerari, nisi ab aliquo sapiente, qui inspiciat singula. Ergo melius fuisset arbitrio sapientum dirigi actus humanos quàm aliquâ lege positâ. Ergo non fuit necessarium leges humanas ponere.

Sed contra est quod Isidorus dicit in lib. 5 Etymol., cap. 20: *Factæ sunt leges, ut earum metu humana coerceatur audacia, tutaque sit inter improbos innocentia, et in ipsis improbis formidato supplicio refrenetur nocendi facultas.* Sed hæc sunt necessaria maximè humano generi. Ergo necessarium fuit ponere leges humanas.

Respondeo dicendum quòd, sicut ex supra dictis patet, quæst. 63, art. 1, homini naturaliter inest quædam aptitudo ad virtutem; sed ipsa virtutis perfectio necesse est quòd homini adveniat per aliquam disciplinam; sicut etiam videmus quòd per aliquam industriam subvenitur homini in suis necessitatibus, putà in cibo et vestitu, quorum initia quædam habet

à naturâ, scilicet rationem et manus, non autem ipsum complementum, sicut cætera animalia, quibus natura dedit sufficienter tegumentum et cibum. Ad hanc autem disciplinam non de facili invenitur homo sibi sufficiens, quia perfectio virtutis præcipuè consistit in retrahendo homine ab indebitis delectationibus, ad quas præcipuè homines sunt proni, et maximè juvenes, circa quos est efficacior disciplina. Et ideò oportet quòd hujusmodi disciplinam, per quam ad virtutem pervenitur, homines ab alio sortiantur.

Et quidem quantùm ad illos juvenes qui sunt proni ad actus virtutum ex bonâ dispositione naturæ, vel consuetudine, vel magis divino munere, sufficit disciplina paterna, quæ est per monitiones. Sed quia inveniuntur quidam protervi, et ad vitia proni, qui verbis de facili moveri non possunt, necessarium fuit quòd per vim vel metum cohiberentur à malo, ut saltem sic malefacere desistentes, et aliis quietam vitam redderent, et ipsi tandem per hujusmodi assuetudinem ad hoc perducerentur quòd voluntariè facerent quæ priùs metu implebant, et sic fierent virtuosi. Hujusmodi autem disciplina cogens metu pœnæ est disciplina legum. Unde necessarium fuit ad pacem hominum et virtutem, quòd leges ponerentur, quia, sicut Philosophus dicit in 1 Polit., cap. 2, in fin., *sicut homo si sit perfectus virtute, est optimum animalium, sic si sit separatus à lege et justitiâ, est pessimum omnium,* quia homo habet arma rationis ad expellendas concupiscentias, et sævitias, quæ non habent alia animalia.

Ad primum ergo dicendum quòd homines benè dispositi meliùs inducuntur ad virtutem monitionibus voluntariis quàm coactione; sed quidam malè dispositi non ducuntur ad virtutem, nisi cogantur.

Ad secundum dicendum quòd, sicut Philosophus dicit, 1 Rhet., cap. 1, aliquant. à princ., *melius est omnia ordinari lege, quàm dimittere judicum arbitrio:* et hoc propter tria: primò quidem quia facilius est invenire paucos sapientes, qui sufficiant ad rectas leges ponendas, quàm multos, qui requirerentur ad rectè judicandum de singulis. Secundò quia illi qui leges ponunt, ex multo tempore considerant quid lege ferendum sit; sed judicia de singularibus factis fiunt ex casibus subitò exortis. Faciliùs autem ex multis consideratis potest homo videre quid rectum sit, quàm solùm ex aliquo uno facto. Tertiò quia legislatores judicant in universali et de futuris; sed homines judiciis præsidentes judicant de præsentibus, ad quæ afficiuntur amore vel odio, aut aliquâ cupiditate; et sic eorum depravatur judicium. Quia ergo justitia animata judicis non invenitur in multis, et quia flexibilis est, ideò necessarium fuit, in quibuscumque est possibile, legem determinare quid judicandum sit, et paucissima arbitrio hominum committere.

Ad tertium dicendum quòd quædam singularia, quæ non possunt lege comprehendi, necesse est committere judicibus, ut ibidem Philosophus dicit, loc. sup. cit., putà de eo quod est factum esse vel non esse, et de aliis hujusmodi.

ARTICULUS II. — *Utrùm omnis lex humanitùs posita à lege naturali derivetur.* — (3 cont., cap. 123.)

Ad secundum sic proceditur. 1. Videtur quòd non omnis lex humanitùs posita à lege naturali derivetur. Dicit enim Philosophus, in 5 Eth., cap. 7, in princ., quòd *justum legale est quod principio quidem nihil differt utrùm sic vel aliter fiat.* Sed in his quæ oriuntur ex lege naturali, differt utrùm sic vel aliter fiat. Ergo ea quæ sunt legibus humanis statuta, non omnia derivantur à lege naturæ.

2. Præterea, jus positivum dividitur contra jus naturale, ut patet per Isidorum, in lib. 5 Etymol., cap. 4, et per Philosophum in 5 Ethic., loc. cit. Sed ea quæ derivantur à principiis communibus legis naturæ, sicut conclusiones, pertinent ad legem naturæ, ut supra dictum est, quæst. præc., art. 3 et 4. Ergo ea quæ sunt de lege humanâ, non derivantur à lege naturæ.

3. Præterea, lex naturæ est eadem apud omnes; dicit enim Philosophus in 5 Ethic., cap. 7, in princip., quòd *naturale jus est quod ubique habet eamdem potentiam.* Si igitur leges humanæ à naturali lege derivarentur, sequeretur etiam quòd ipsæ essent eædem apud omnes, quod patet esse falsum.

4. Præterea, eorum quæ à lege naturali derivantur, potest aliqua ratio assignari. Sed non omnium quæ à majoribus lege statuta sunt, ratio reddi potest, ut Jurisperitus dicit, lib. 1, ff. tit. 3 de Legib. et Senatusc. Ergo non omnes leges humanæ derivantur à lege naturali.

Sed contra est quod Tullius dicit in suâ Rhetor., lib. 2 de Invent., aliquant. ante fin.: *Res à naturâ profectas, et à consuetudine probatas legum metus et religio sanxit.*

Respondeo dicendum quòd, sicut Augustinus dicit in 1 de lib. Arb., cap. 5, parùm à princ., *non videtur esse lex quæ justa non fuerit :* unde in quantum habet de justitiâ, in tantum habet de virtute legis. In rebus autem humanis dicitur esse aliquid justum ex eo quòd est rectum secundùm regulam rationis. Rationis autem prima regula est lex naturæ, ut ex supra dictis patet, quæst. præc., art. 2. Unde omnis lex humanitùs posita in tantum habet de ratione legis, in quantum à lege naturæ derivatur. Si verò in aliquo à lege naturali discordet, jam non erit lex, sed legis corruptio.

Sed sciendum est quòd à lege naturali dupliciter potest aliquid derivari : uno modo sicut conclusiones ex principiis, alio modo sicut determinationes quædam aliquorum communium. Primus quidem modus similis est ei quo in scientiis ex principiis conclusiones demonstrativæ producuntur; secundo verò modo simile est quòd in artibus formæ communes determinantur ad aliquid speciale; sicut artifex formam communem domûs necesse est quòd determinet ad hanc vel illam domûs figuram. Derivantur ergo quædam à principiis communibus legis naturæ per modum conclusionum; sicut hoc quod est *non esse occidendum,* ut conclusio quædam derivari potest ab eo quod est *nulli esse faciendum ma-*

lum; quædam verò per modum determinationis, sicut lex naturæ habet quòd ille qui peccat puniatur, sed quòd tali pœnâ vel tali puniatur, hoc est quædam determinatio legis naturæ. Utraque igitur inveniuntur in lege humanâ posita. Sed ea quæ sunt primi modi continentur in lege humanâ, non tanquàm sint solùm lege posita, sed habent etiam aliquid vigoris ex lege naturali. Sed ea quæ sunt secundi modi, ex solâ lege humanâ vigorem habent.

Ad primum ergo dicendum quòd Philosophus loquitur de illis quæ sunt lege posita per determinationem vel specificationem quamdam præceptorum legis naturæ.

Ad secundum dicendum quòd ratio illa procedit de his quæ derivantur à lege naturæ tanquàm conclusiones.

Ad tertium dicendum quòd principia communia legis naturæ non eodem modo applicari possunt omnibus, propter multam varietatem rerum humanarum; et ex hoc provenit diversitas legis positivæ apud diversos.

Ad quartum dicendum quòd verbum illud Jurisperiti intelligendum est in his quæ introducta sunt à majoribus circa particulares determinationes legis naturalis; ad quas quidem determinationes se habet expertorum et prudentum judicium, sicut ad quædam principia, in quantum scilicet statim vident quid congruentiùs sit particulariter determinandum. Unde Philosophus dicit in 6 Ethic., cap. 12, ad fin., quòd *in talibus oportet attendere judicium expertorum et seniorum vel prudentum in demonstrabilibus enuntiationibus et opinionibus, non minùs quàm demonstrationibus.*

ARTICULUS III. — *Utrùm Isidorus convenienter qualitatem legis positivæ describat.*

Ad tertium sic proceditur. 1. Videtur quòd Isidorus inconvenienter qualitatem legis positivæ describat, dicens, lib. 5 Etymol., cap. 21: *Erit lex honesta, justa, possibilis, secundùm naturam, secundùm consuetudinem patriæ, loco temporique conveniens, necessaria, utilis, manifesta quoque, ne aliquid per obscuritatem in captione contineat, nullo privato commodo, sed pro communi utilitate civium scripta.* Supra enim, cap. 2, in tribus conditionibus qualitatem legis explicaverat, dicens: *Lex erit omne quod ratione constiterit dumtaxat, quod religioni congruat, quod disciplinæ conveniat, quod saluti proficiat.* Ergo superfluè postmodùm conditiones legis multiplicat.

2. Præterea, justitia est pars honestatis, ut Tullius dicit, in 1 de Offic., in tit. de quatuor Virtutibus. Ergo postquàm dixerat, *honesta,* superfluè additur, *justa.*

3. Præterea, lex scripta, secundùm Isidorum, lib. 2 Etym., cap. 10, et lib. 5, cap. 3, contra consuetudinem dividitur. Non ergo debuit in definitione legis poni quòd esset secundùm consuetudinem.

4. Præterea, necessarium dupliciter dicitur : scilicet id quod est necessarium simpliciter, quod impossibile est aliter se habere, et hujusmodi necessarium non subjacet humano judicio; unde talis necessitas ad legem humanam non pertinet. Est etiam aliquid ne-

cessarium propter finem; et talis necessitas idem est quod utilitas. Ergo superfluè utrumque ponitur, *necessaria, et utilis.*

Sed contra est auctoritas ipsius Isidori, cit. in arg. 1.

Respondeo dicendum quòd uniuscujusque rei quæ est propter finem, necesse est quòd forma determinetur secundùm proportionem ad finem; sicut forma serræ talis est, qualis convenit sectioni, ut patet in 2 Physic., text. 88. Quælibet etiam res recta et mensurata oportet quòd habeat formam proportionatam suæ regulæ et mensuræ. Lex autem humana utramque habet, quia et est aliquid ordinatum ad finem; et est quædam regula vel mensura regulata vel mensurata quâdam superiorimensurâ; quæ quidem est duplex, scilicet divina lex, et lex naturæ, ut ex supra dictis patet, art. præc., et quæst. 91, art. 2, 3 et 4, et quæst. 93, art. 3. Finis autem humanæ legis est utilitas hominum, sicut etiam Jurisperitus dicit, lib. 25, ff. tit. 3, de Leg. et Senatuscons. Et ideò Isidorus, lib. 5 Etym., cap. 3, in conditione legis primò quidem tria posuit: scilicet quòd *religioni congruat*, in quantum scilicet est proportionata legi divinæ; quòd *disciplinæ conveniat*, in quantum est proportionata legi naturæ; quòd *saluti proficiat*, in quantum est proportionata utilitati humanæ.

Et ad hæc tria omnes aliæ conditiones, quas postea ponit, reducuntur. Nam quod dicitur *honesta* refertur ad hoc quòd *religioni congruat*; quod autem subditur : *Justa, possibilis, secundùm naturam, secundùm consuetudinem patriæ, loco temporique conveniens*, reducitur ad hoc quòd *conveniat disciplinæ*. Attenditur enim humana disciplina primùm quidem quantùm ad ordinem rationis, qui importatur in hoc quòd dicitur *justa*. Secundò quantùm ad facultatem agentium; debet enim esse disciplina conveniens unicuique secundùm suam possibilitatem, observatâ etiam possibilitate naturæ. Non enim eadem sunt imponenda pueris, quæ imponuntur viris perfectis; et secundùm humanam conditionem; non enim potest homo solus in societate vivere, aliorum morem non gerens. Tertiò quantùm ad debitas circumstantias dicit : *Loco temporique conveniens.* Quod vero subditur : *Necessaria, utilis,* etc., refertur ad hoc quòd expediat saluti; ut necessitas referatur ad remotionem malorum, utilitas ad consecutionem bonorum, manifestatio verò ad cavendum nocumentum, quod ex ipsâ lege posset provenire. Et quia, sicut supra dictum est, qu. 90, art. 2, lex ordinatur ad bonum commune, hoc ipsum in ultimâ parte determinationis (1) ostenditur.

Et per hoc patet responsio ad objecta.

ARTICULUS IV. — *Utrùm Isidorus convenienter ponat divisionem humanarum legum.*

Ad quartum sic proceditur. 1. Videtur quòd inconvenienter Isidorus divisionem legum humanarum ponat, sive juris humani. Sub hoc enim jure comprehendit *jus gentium*, quod ideò sic nominatur, ut ipse dicit, lib. 5

(1) Ita codd. et editi passim. Garcia, *descriptionis.*

Etym., cap. 6, quia *eo omnes ferè gentes utuntur.* Sed, sicut ipse dicit, ibid., cap. 4, *jus naturale est quod est commune omnium nationum.* Ergo *jus gentium* non continetur sub jure positivo humano, sed magis sub jure naturali.

2. Præterea, ea quæ habent eamdem vim, non videntur formaliter differre, sed solùm materialiter. Sed *leges, plebiscita, senatusconsulta*, et alia hujusmodi, quæ ponit ibid., cap. 10 et seq., omnia habent eamdem vim. Ergo videtur quòd non differant nisi materialiter. Sed talis distinctio in arte non est curanda, cùm possit esse in infinitum. Ergo inconvenienter hujusmodi divisio humanarum legum introducitur.

3. Præterea, sicut in civitate sunt principes, sacerdotes et milites; ita etiam sunt et alia hominum officia. Ergo videtur quòd, sicut ponitur quoddam jus militare et jus publicum, quod consistit in sacerdotibus et magistratibus, ita etiam debeant poni alia jura ad alia officia civitatis pertinentia.

4. Præterea, ea quæ sunt per accidens, sunt prætermittenda. Sed accidit legi ut ab hoc vel ab alio homine feratur. Ergo inconvenienter ponitur divisio legum humanarum ex nominibus legislatorum, ut scilicet quædam dicatur *Cornelia*, quædam *Falcidia*, etc.

In contrarium auctoritas Isidori, loco citato in arg. 1, sufficiat.

Respondeo dicendum quòd unumquodque potest per se dividi secundùm id quod in ejus ratione continetur; sicut in ratione animalis continetur anima, quæ est rationalis vel irrationalis; et ideò animal propriè et per se dividitur secundùm rationale et irrationale, non autem secundùm album et nigrum, quæ sunt omninò præter rationem ejus. Sunt autem multa de ratione legis humanæ secundùm quorum quodlibet lex humana propriè et per se dividi potest.

Est enim primò de ratione legis humanæ quòd sit derivata à lege naturæ, ut ex dictis patet, art. 2 hujus qu., et secundùm hoc dividitur jus positivum in jus gentium et jus civile, secundùm duos modos quibus aliquid derivatur à lege naturæ, ut supra dictum est, ibid. Nam ad jus gentium pertinent ea quæ derivantur ex lege naturæ sicut conclusiones ex principiis : ut justæ emptiones, venditiones et alia hujusmodi, sine quibus homines ad invicem convivere non possunt; quod est de lege naturæ, quia homo est naturaliter animal sociabile, ut probatur in 1 Polit., cap. 2, à princ. Quæ verò derivantur à lege naturæ per modum particularis determinationis, pertinent ad jus civile, secundùm quòd quælibet civitas aliquid sibi accommodè determinat.

Secundò est de ratione legis humanæ quòd ordinetur ad bonum commune civitatis : et secundùm hoc lex humana dividi potest secundùm diversitatem eorum qui specialiter dant operam ad bonum commune; sicut *sacerdotes* pro populo Deum orantes; *principes* populum gubernantes; et *milites* pro salute populi pugnantes; et ideò istis hominibus specialia quædam jura aptantur.

Tertiò est de ratione legis humanæ ut instituatur à gubernante communitatem civitatis,

sicut supra dictum 'est, qu. 90, art. 3, et secundùm hoc distinguuntur leges humanæ secundùm diversa regimina civitatum. Quorum
unum, secundùm Philosophum, in 3 Polit.,
cap 10, est *regnum*, quando scilicet civitas
gubernatur ab uno; et secundùm hoc accipiuntur *constitutiones principum*. Aliud verò
regimen est *aristocratia*, id est, principatus
optimorum vel optimatum; et secundùm hoc
sumuntur *responsa prudentum*, et etiam *senatusconsulta*. Aliud regimen est *oligarchia*;
id est, principatus paucorum divitum et po-
tentum; et secundùm hoc sumitur *jus præto-
rium*, quod etiam *honorarium* dicitur. Aliud
autem regimen est populi, quod nominatur
democratia; et secundùm hoc sumuntur *plebiscita*. Aliud autem est *tyrannicum*, quod est
omninò corruptum; unde ex hoc non sumitur aliqua lex. Est etiam aliquod regimen ex
istis commixtum, quod est optimum; et secundùm hoc sumitur lex *quam majores natu
simul cum plebibus sanxerunt*, ut Isidorus dicit, lib. 5 Etymol., cap. 10.

Quartò verò de ratione legis humanæ est
quòd sit directiva humanorum actuum; et secundùm hoc secundùm diversa de quibus leges
feruntur, distinguuntur leges, quæ interdum
ab auctoribus nominantur; sicut distinguitur lex *Julia de adulteriis*, lex *Cornelia de si-
cariis*, et sic de aliis, non propter auctores,
sed propter res de quibus sunt.

Ad primum ergo dicendum quòd *jus gentium* est quidem aliquo modo naturale homini,
secundùm quòd est rationalis, in quantum
derivatur à lege naturali per modum conclusionis, quæ non est multùm remota à principiis, unde de facili in hujusmodi homines
consenserunt; distinguitur tamen à lege naturali, maximè ab eo quod est omnibus animalibus commune.

Ad alia patet responsio ex his quæ dicta
sunt in corp. art.

QUÆSTIO XCVI.

DE POTESTATE LEGIS HUMANÆ. — (*In sex articulos divisa.*)

Deinde considerandum est de potestate legis humanæ; et circa hoc quæruntur sex :
1° utrùm humana lex debeat poni in communi;
2° utrùm lex humana debeat omnia vitia cohibere; 3° utrùm omnium virtutum actus habeat ordinare; 4° utrùm imponat homini necessitatem quantùm ad forum conscientiæ;
5° utrùm omnes homines legi humanæ subdantur; 6° utrùm his qui sunt sub lege, liceat
agere præter verba legis.

ARTICULUS PRIMUS. — *Utrùm lex humana debeat poni in communi magis quàm in particulari.* — (*Inf., quæst. 98, art. 6, ad 2, et
2-2, quæst. 147, art. 3 et 4, corp.*)

Ad primum sic proceditur. 1. Videtur quòd
lex humana non debeat poni in communi,
sed magis in particulari. Dicit enim Philosophus, in 5 Ethicor., cap. 7, quòd *legalia sunt
quæcumque in singularibus legem ponunt, et
etiam sententialia*, quæ sunt etiam singularia,
quia de singularibus actibus sententiæ feruntur. Ergo lex non solùm ponitur in communi,
sed etiam in singulari.

2. Præterea, lex est directiva humanorum
actuum, ut supra dictum est, qu. 90, art. 1 et
2. Sed humani actus in singularibus consistunt. Ergo lex humana non debet in universali ferri, sed magis in singulari.

3. Præterea, lex est regula et mensura humanorum actuum, ut supra dictum est, ibid.
Sed *mensura debet esse certissima*, ut dicitur
in 10 Metaph., text. 3. Cùm ergo in actibus
humanis non possit esse aliquod universale
ita certum, quin in particularibus deficiat,
videtur quòd necesse sit leges non in universali, sed in singularibus poni.

Sed contra est quod Jurisperitus dicit (Pom-
ponius et Celsus, ut refertur lib. 1, tit. 3, ff.
de Legib. et Senatuscons.) quòd *jura constitui oportet in his quæ sæpiùs accidunt; ex his
autem quæ forte uno casu accidere possunt,
jura non constituuntur.*

Respondeo dicendum quòd unumquodque
quod est propter finem, necesse est quòd sit
fini proportionatum. Finis autem legis est
bonum commune, quia, ut Isidorus dicit in
lib. 5 Etym., cap. 21, *nullo privato commodo,
sed pro communi utilitate civium lex debet esse
conscripta*. Unde oportet leges humanas esse
proportionatas ad bonum commune. Bonum
autem commune constat ex multis; et ideò
oportet quòd lex ad multa respiciat et secundùm personas, et secundùm negotia, et secundùm tempora. Constituitur enim communitas civitatis ex multis personis, et ejus bonum
per multiplices actiones procuratur; nec ad
hoc instituitur quòd aliquo tempore modico
duret, sed quòd omni tempore perseveret per
civium successionem, ut Augustinus dicit in
2 de Civ. Dei, cap. 21, et lib. 22, cap. 6, vers. fin.

Ad primum ergo dicendum quòd Philosophus in 5 Eth., cap. 7, ponit tres species juris
legalis, quod est jus positivum. Sunt enim
quædam quæ simpliciter in communi ponuntur; et hæc sunt *leges communes*; et quantùm
ad hujusmodi dicit quòd *legale est quod ex
principio quidem nihil differt sic vel aliter;
quando autem ponitur, differt*, putà quòd ca-
ptivi statuto pretio redimantur. Quædam verò
sunt quæ sunt communia quantùm ad aliquid, et singularia quantùm ad aliquid, et
hujusmodi dicuntur *privilegia*, quasi *leges
privatæ*, quia respiciunt singulares personas;
et tamen potestas eorum extenditur ad multa
negotia; et quantùm ad hoc subdit : *Adhuc
quæcumque in singularibus legem ponunt*. Dicuntur etiam quædam legalia, non quia sint
leges, sed propter applicationem legum communium ad aliqua particularia facta, sicut
sunt *sententiæ*, quæ pro jure habentur; et
quantùm ad hoc subdit : *Et sententialia.*

Ad secundum dicendum quòd illud quod
est directivum, oportet esse plurium directivum. Unde in 10 Metaphys., text. 4, Philosophus dicit quòd *omnia quæ sunt unius generis,
mensurantur aliquo uno, quod est primum in
genere illo*. Si enim essent tot regulæ vel
mensuræ, quot sunt mensurata vel regulata,
cessaret utique utilitas regulæ vel mensuræ,
quæ est ut ex uno multa possint cognosci;
et ita nulla esset utilitas legis, si non se ex-
tenderet nisi ad unum singularem actum. Ad

singulares enim actus dirigendos dantur singularia præcepta prudentum; sed lex est præceptum commune, ut supra dictum est, quæst. 94, art. 2 et 3.

Ad tertium dicendum quòd *non est eadem certitudo quærenda in omnibus,* ut in 1 Ethic., cap. 3, in princ., et cap. 7, sub fin., dicitur. Unde in rebus contingentibus, sicut sunt naturalia et res humanæ, sufficit talis certitudo ut aliquid sit verum ut in pluribus, licèt interdùm deficiat ut in paucioribus.

ARTICULUS II. — *Utrùm ad legem humanam* • *pertineat omnia vitia cohibere.* — (*Sup.,* *quæst.* 91, *art.* 4, *corp., fin., et quæst.* 93, *art.* 3, *ad* 3, *et inf., qu.* 90, *art.* 1, *corp., et* 2-2, *quæst.* 69, *art.* 2, *ad* 1, *et quæst.* 77, *art.* 1, *ad* 4, *et quæst.* 78, *art.* 1, *ad* 4, *et Mal. quæst.* 3, *art.* 4, *ad* 6, *et quodl.* 2, *art.* 10, *et ad* 1, *et* 2, *Job* 11.)

Ad secundum sic proceditur. 1. Videtur quòd ad legem humanam pertineat omnia vitia cohibere. Dicit enim Isidorus in lib. 5 Etymol., cap. 20, quòd *leges sunt factæ, ut earum metu coerceatur audacia.* Non autem sufficienter coercetur, nisi quælibet mala cohiberentur per legem. Ergo lex humana debet quælibet mala cohibere.

2. Præterea, intentio legislatoris est cives facere virtuosos. Sed non potest aliquis esse virtuosus, nisi ab omnibus vitiis compescatur. Ergo ad legem humanam pertinet omnia vitia compescere.

3. Præterea, lex humana à lege naturali derivatur, ut supra dictum est, quæst. 91, art. 3, et quæst. 93, art. 3. Sed omnia vitia repugnant legi naturæ. Ergo lex humana omnia vitia debet cohibere.

Sed contra est quod dicitur in 1 de lib. Arb., cap. 5, circa fin. : *Videtur mihi legem istam quæ populo regendo scribitur, rectè ista permittere, et divinam providentiam vindicare.* Sed divina providentia non vindicat nisi vitia. Ergo rectè lex humana permittit aliqua vitia, non cohibendo ipsa.

Respondeo dicendum quòd, sicut jam dictum est, quæst. 90, art. 1 et 2, lex ponitur ut quædam regula, vel mensura humanorum actuum. Mensura autem *debet esse homogenea mensurato,* ut dicitur in 10 Metaph., text. 3 et 4; diversa enim diversis mensurantur. Unde oportet quòd etiam leges imponantur hominibus secundùm eorum conditionem, quia, ut Isidorus dicit, lib. 5 Etymol., cap. 21, *lex debet esse possibilis, et secundùm naturam, et secundùm consuetudinem patriæ.* Potestas autem sive facultas operandi ex interiori habitu, seu dispositione procedit; non enim idem est possibile ei qui non habet habitum virtutis, et virtuoso; sicut etiam non idem possibile puero et viro perfecto; et propter hoc non ponitur eadem lex pueris quæ ponitur adultis; multa enim pueris permittuntur quæ in adultis lege puniuntur, vel etiam vituperantur; et similiter multa sunt permittenda hominibus non perfectis virtute, quæ non essent toleranda in hominibus virtuosis. Lex autem humana ponitur multitudini hominum, in quà major pars est hominum non perfectorum virtute.

Et ideò lege humanâ non prohibentur omnia vitia, à quibus virtuosi abstinent, sed solum graviora, à quibus possibile est majorem partem multitudinis abstinere, et præcipuè quæ sunt in nocumentum aliorum, sine quorum prohibitione societas humana conservari non posset; sicut prohibentur lege humanâ homicidia, furta, et hujusmodi.

Ad primum ergo dicendum quòd audacia pertinere videtur ad invasionem aliorum; unde præcipuè pertinet ad illa peccata quibus injuria proximi irrogatur, quæ lege humanâ prohibentur, ut dictum est in corp. art.

Ad secundum dicendum quòd lex humana intendit homines inducere ad virtutem, non subitò, sed gradatim, et ideò non statim multitudini imperfectorum imponit ea quæ sunt jam virtuosorum, ut scilicet ab omnibus malis abstineant; alioquin imperfecti hujusmodi præcepta ferre non valentes in deteriora mala prorumperent, sicut dicitur Prov. 30, 33 : *Qui nimis* (1) *emungit, elicit sanguinem;* et Matth. 9, quòd *si vinum novum,* id est, præcepta perfectæ vitæ, *mittatur in utres veteres,* id est, in homines imperfectos, *utres rumpuntur, et vinum effunditur,* id est, præcepta contemnuntur, et homines ex contemptu ad pejora mala prorumpunt.

Ad tertium dicendum quòd lex naturalis est quædam participatio legis æternæ in nobis; lex autem humana deficit à lege æternâ. Dicit enim Augustinus in 1 de lib. Arb., cap. 5, in fin. : *Lex ista, quæ regendis civitatíbus fertur, multa concedit, atque impunita relinquit quæ per divinam providentiam vindicantur; neque enim quia non omnia facit, ideò quæ facit, improbanda sunt.* Unde etiam lex humana non omnia potest prohibere quæ prohibet lex naturæ.

ARTICULUS III. — *Utrùm lex humana præcipiat actus omnium virtutum.* — (*Sup., qu.* 93, *art.* 3, *et inf., quæst.* 100, *art.* 2, *corp.*)

Ad tertium sic proceditur. 1. Videtur quòd lex humana non præcipiat actus omnium virtutum. Actibus enim virtutum opponuntur actus vitiosi. Sed lex humana non prohibet omnia vitia, ut dictum est art. præc. Ergo etiam non præcipit actus omnium virtutum.

2. Præterea, actus virtutis à virtute procedit. Sed virtus est finis legis; et ita quod est ex virtute, sub præcepto legis cadere non potest. Ergo lex humana non præcipit actus omnium virtutum.

3. Præterea, lex humana ordinatur ad bonum commune, ut dictum est qu. 90, art. 2. Sed quidam actus virtutum non ordinantur ad bonum commune, sed ad bonum privatum. Ergo lex non præcipit actus omnium virtutum.

Sed contra est quod Philosophus dicit in 5 Ethic., cap. 1, à med., quòd *præcipit lex et fortis opera facere, et quæ temperati, et quæ mansueti; similiter autem secundùm alias virtutes, et malitias, hæc quidem jubens, hæc autem prohibens.*

(1) Vulg. ta : *Qui rehem. nter.*

Respondeo dicendum quòd species virtutum distinguuntur secundùm objecta, ut ex supra dictis patet, qu. 54, art. 1, ad 1, et art. 2. Omnia autem objecta virtutum referri possunt vel ad bonum privatum alicujus personæ, vel ad bonum commune multitudinis ; sicut ea quæ sunt fortitudinis, potest aliquis exequi vel propter conservationem civitatis, vel ad conservandum jus amici sui ; et simile est in aliis.

Lex autem, ut dictum est, quæst. 90, art. 2, ordinatur ad bonum commune ; et ideò nulla virtus est de cujus actibus lex præcipere non possit. Non tamen de omnibus actibus omnium virtutum lex humana præcipit, sed solùm de illis qui ordinabiles sunt ad bonum commune, vel immediatè, sicut cùm aliqua directè propter bonum commune fiunt ; vel mediatè, sicut cùm aliqua ordinantur à legislatore pertinentia ad bonam disciplinam, per quam cives informantur, ut commune bonum justitiæ pacis conservent.

Ad primum ergo dicendum quòd lex humana non prohibet omnes actus vitiosos secundùm obligationem præcepti, sicut nec præcipit omnes actus virtuosos ; prohibet tamen aliquos actus singulorum vitiorum, sicut etiam præcipit quosdam actus singularum virtutum.

Ad secundum dicendum quòd aliquis actus dicitur esse virtutis dupliciter : uno modo ex eo quòd homo operatur virtuosa, sicut actus virtutis justitiæ est facere recta, et actus fortitudinis facere fortia, et sic lex præcipit aliquos actus virtutum ; alio modo dicitur actus virtutis, quia aliquis operatur virtuosa eo modo quo virtuosus operatur, et talis actus semper procedit à virtute, nec cadit sub præcepto legis ; sed est finis, ad quem legislator ducere intendit.

Ad tertium dicendum quòd non est aliqua virtus cujus actus non sint ordinabiles ad bonum commune, ut dictum est in corp., vel mediatè, vel immediatè.

ARTICULUS IV. — *Utrùm lex humana imponat homini necessitatem in foro conscientiæ.* — (2-2, quæst. 60, art. 3, ad 1.)

Ad quartum sic proceditur. 1. Videtur quòd lex humana non imponat homini necessitatem in foro conscientiæ. Inferior enim potestas non potest imponere legem in judicio superioris potestatis. Sed potestas humana, quæ fert legem humanam, est infra potestatem divinam. Ergo lex humana non potest imponere legem quantùm ad judicium divinum, quod est judicium conscientiæ.

2. Præterea, judicium conscientiæ maximè dependet ex divinis mandatis. Sed quandoque divina mandata evacuantur per leges humanas, secundùm illud Matth. 15, 6 : *Irritum fecistis mandatum Dei propter traditiones vestras.* Ergo lex humana non imponit homini necessitatem quantùm ad conscientiam.

3. Præterea, leges humanæ frequenter inferunt calumniam et injuriam hominibus, secundùm illud Isai. 10, 1 : *Væ qui condunt leges iniquas, et scribentes injustitias scripserunt, ut opprimerent in judicio pauperes, et*

vim facerent causæ humilium populi mei ! Sed licitum est unicuique oppressionem et violentiam evitare. Ergo leges humanæ non imponunt necessitatem homini quantùm ad conscientiam.

Sed contra est quod dicitur 1 Petr. 2, 19 . *Hæc est gratia, si propter conscientiam* (1) *sustineat quis tristitias, patiens injustè.*

Respondeo dicendum quòd leges positæ humanitùs vel sunt justæ vel injustæ. Si quidem justæ sint, habent vim obligandi in foro conscientiæ à lege æternâ, à quâ derivantur, secundùm illud Proverb. 8, 15 : *Per me reges regnant, et legum conditores justa decernunt.* Dicuntur autem leges justæ et ex fine, quando scilicet ordinantur ad bonum commune ; et ex auctore, quando scilicet lex lata non excedit potestatem ferentis ; et ex formâ, quando scilicet secundùm æqualitatem proportionis imponuntur subditis onera in ordine ad bonum commune. Cùm enim unus homo sit pars multitudinis, quilibet homo hoc ipsum quod est, et quod habet, est multitudinis, sicut et quælibet pars id quod est, est totius ; unde et natura aliquod detrimentum infert parti, ut salvet totum. Et secundùm hoc leges hujusmodi onera proportionabiliter inferentes, justæ sunt, et obligant in foro conscientiæ, et sunt leges legales.

Injustæ autem sunt leges dupliciter : uno modo per contrarietatem ad bonum humanum è contrario prædictis, vel ex fine, sicut cùm aliquis præsidens leges imponit onerosas subditis, non pertinentes ad utilitatem communem ; sed magis ad propriam cupiditatem vel gloriam ; vel etiam ex auctore, sicut cùm aliquis legem fert ultra sibi commissam potestatem ; vel etiam ex formâ, putà cùm inæqualiter onera multitudini dispensantur, etiamsi ordinentur ad bonum commune. Et hujusmodi magis sunt violentiæ quàm leges, quia, sicut Augustinus dicit in lib. 1 de lib. Arb., cap. 5, parùm à princ., *lex esse non videtur, quæ justa non fuerit.* Unde tales leges non obligant in foro conscientiæ, nisi fortè propter vitandum scandalum vel turbationem ; propter quod etiam homo juri suo debet cedere, secundùm illud Matth. 5, 41 : *Qui angariaverit te mille passus, vade cum eo alia duo ; et qui abstulerit tibi tunicam, da ei et pallium.* Alio modo leges possunt esse injustæ per contrarietatem ad bonum divinum, sicut leges tyrannorum inducentes ad idololatriam, vel ad quodcumque aliud quod sit contra legem divinam ; et tales leges nullo modo licet observare, quia, sicut dicitur Act. 4, *obedire oportet Deo magis quàm hominibus.*

Ad primum ergo dicendum quòd, sicut Apostolus dicit, Rom. 13, 1, *omnis potestas* (humana) *à Deo est ; et ideò qui potestati resistit* (in his quæ ad potestatis ordinem pertinént), *Dei ordinationi resistit* ; et secundùm hoc efficitur reus quantùm ad conscientiam.

Ad secundum dicendum quòd ratio illa procedit de legibus humanis quæ ordinantur contra Dei mandatum ; et ad hoc ordo potestatis

(1) Vulgata, *propter Dei conscientiam.*

non se extendit; unde in talibus legi humanæ non est parendum.

Ad tertium dicendum quòd ratio illa procedit de lege quæ infert gravamen injustum subditis; ad quod etiam ordo potestatis divinitùs concessus non se extendit; unde nec in talibus homo obligatur ut obediat legi, si sine scandalo vel majori detrimento resistere possit.

Articulus v. — *Utrùm omnes subjiciantur legi.*

Ad quintum sic proceditur. 1. Videtur quòd non omnes legi subjiciantur. Illi enim soli subjiciuntur legi, quibus lex ponitur. Sed Apostolus dicit, 1 ad Timoth. 1, 9, quòd *justo non est lex posita.* Ergo justi non subjiciuntur legi humanæ.

2. Præterea, Urbanus II papa dicit (et habetur in Decretis, caus. 19, qu. 2) : *Qui lege privatâ ducitur, nulla ratio exigit ut publicâ constringatur.* Lege autem privatâ Spiritûs sancti ducuntur omnes viri spirituales, qui sunt filii Dei, secundùm illud ad Rom. 8, 14 : *Qui Spiritu Dei aguntur, hi filii Dei sunt.* Ergo non omnes homines legi humanæ subjiciuntur.

3. Præterea, Jurisperitus (Ulpianus) dicit, lib. 1, ff. tit. 3 de Legibus et Senatuscons., quòd *princeps legibus solutus est.* Qui autem est solutus à lege, non subditur legi. Ergo non omnes subjecti sunt legi.

Sed contra est quod Apostolus dicit Rom. 13, 1 : *Omnis anima potestatibus sublimioribus subdita sit.* Sed non videtur esse subditus potestati qui non subjicitur legi quam fert potestas. Ergo omnes homines debent esse legi subjecti.

Respondeo dicendum quòd, sicut ex supra dictis patet, quæst. 90, art. 1, lex de sui ratione duo habet : primò quidem quòd est regula humanorum actuum; secundò quòd habet vim coactivam. Dupliciter ergo aliquis homo potest esse legi subjectus : uno modo sicut regulatum regulæ; et hoc modo omnes illi qui subduntur potestati, subduntur legi quam fert potestas.

Quòd autem aliquis potestati non subdatur, potest contingere dupliciter : uno modo quia est simpliciter absolutus ab ejus subjectione : unde illi qui sunt de unâ civitate vel regno, non subduntur legibus principis alterius civitatis vel regni, sicut nec ejus dominio; alio modo, secundùm quòd regitur superiori lege : putà si aliquis subjectus sit proconsuli, regulari debet ejus mandato, non tamen in his quæ dispensantur ei ab imperatore; quantùm enim ad illa non adstringitur mandato inferioris, cùm superiori mandato dirigatur. Et secundùm hoc contingit quòd aliquis simpliciter subjectus legi secundùm aliqua legi non adstringitur, secundùm quæ regitur superiori lege. Alio verò modo dicitur aliquis subjectus legi, sicut coactum cogenti; et hoc modo homines virtuosi et justi non subduntur legi, sed soli mali. Quod enim est coactum et violentum, est contrarium voluntati; voluntas autem bonorum consonat legi, à quâ malorum voluntas discordat; et ideò

secundùm hoc boni non sunt sub lege, sed solùm mali.

Ad primum ergo dicendum quòd ratio illa procedit de subjectione quæ est per modum coactionis. Sic enim *justis non est lex posita,* quia *ipsi sibi sunt lex, dùm ostendunt opus legis scriptum in cordibus suis,* sicut Apostolus, ad Rom. 2, 15, dicit. Unde in eos non habet lex vim coactivam, sicut habet in injustos.

Ad secundum dicendum quòd lex Spiritûs sancti est superior omni lege humanitùs positâ; et ideò viri spirituales secundùm hoc quòd lege Spiritûs sancti ducuntur, non subduntur legi quantùm ad ea quæ repugnant ductioni Spiritûs sancti; sed tamen hoc ipsum est de ductu Spiritûs sancti quòd homines spirituales legibus humanis subdantur, secundùm illud 1 Petr. 2, 13 : *Subjecti estote omni humanæ creaturæ propter Deum.*

Ad tertium dicendum quòd princeps dicitur esse solutus à lege quantùm ad vim coactivam legis; nullus enim propriè cogitur à seipso; lex autem non habet vim coactivam nisi ex principis potestate. Sic igitur princeps dicitur esse solutus à lege, quia nullus in ipsum potest judicium condemnationis ferre, si contra legem agat. Unde super illud Psal. 50 : *Tibi soli peccavi,* etc., dicit Glossa (ord. Cassiod.), quòd *rex non habet hominem qui sua facta dijudicet.* Sed quantùm ad vim directivam legis princeps subditur legi propriâ voluntate, secundùm quòd dicitur, extra de Constitutionibus, cap. *Cùm omnes : Quod quisque juris in alterum statuit, ipse eodem jure uti debet.* Et Sapientis dicit auctoritas (Catonis in Rudiment.) : *Patere legem quam ipse tuleris.* Et in Codice, lib. 4 de Legib. et Constitut., Theodosius et Valentinianus impp. Volusiano præfecto scribunt : *Digna vox est majestate regnantis, legibus alligatum se principem profiteri; adeò de auctoritate juris nostra pendet auctoritas. Et reverâ majus imperio est subjicere legibus principatum.* Improperatur etiam his à Domino *qui dicunt, et non faciunt,* et *qui aliis onera gravia imponunt, et ipsi nec digito volunt ea movere,* ut dicitur Matth. 23. Unde, quantùm ad Dei judicium, princeps non est solutus à lege quantùm ad vim directivam ejus, sed debet voluntarius, non coactus, legem implere.

Est etiam princeps supra legem, in quantum, si expediens fuerit, potest legem mutare, et in eâ dispensare pro loco et tempore.

Articulus vi. — *Utrùm ei qui subditur legi, liceat præter verba legis agere.* — (*Inf.* qu. 97, art. 3, ad 1, et 2-2, qu. 60, art. 5, ad 2 et 3, et qu. 147, art. 4, corp., et 3, dist. 33, qu. 3, art. 4, qu. 5, corp., et ad 5, et dist 37, art. 4, corp., fin., et 4, dist. 15, qu. 3, art. 2, qu. 1, et 4, corp.)

Ad sextum sic proceditur. 1. Videtur quòd non liceat ei qui subditur legi, præter verba legis agere. Dicit enim Augustinus in lib. de verâ Religione, cap. 31, à med. : *In temporalibus legibus quamvis homines judicent de his, cùm eas instituunt, tamen quando sunt institutæ et firmatæ, non licebit de ipsis judicare, sed secundùm ipsas.* Sed si aliquis prætermittat verba legis, dicens se intentionem legislatoris servare, videtur judicare de lege. Ergo non licet ei qui subditur legi, ut prætermittat verba legis, ut intentionem legislatoris servet.

2. Præterea, ad eum solum pertinet leges interpretari, cujus est condere leges. Sed omnium subditorum legi non est leges condere. Ergo eorum non est interpretari legislatoris intentionem, sed semper secundùm verba legis agere debet.

3. Præterea, omnis sapiens intentionem suam verbis novit explicare. Sed illi qui leges condiderunt, reputari debent sapientes; dicit enim Sapient. Prov. 8, 15 : *Per me reges regnant, et legum conditores justa decernunt.* Ergo de intentione legislatoris non est judicandum nisi per verba legis.

Sed contra est quod Hilarius dicit in 4 de Trinit., circa med. : *Intelligentia dictorum ex causis est assumenda dicendi; quia non sermoni res, sed rei debet esse sermo subjectus.* Ergo magis est attendendum ad causam quæ movit legislatorem, quàm ad ipsa verba legis.

Respondeo dicendum quòd, sicut supra dictum est, qu. 90, art. 2, omnis lex ordinatur ad communem hominum salutem, et in tantum obtinet vim et rationem legis; secundùm verò quòd ab hoc deficit, virtutem obligandi non habet. Unde Jurisperitus dicit, lib. 1, ff. tit. 3, de Legib. et Senatuscons., quòd *nulla ratio juris aut æquitatis benignitas patitur ut quæ salubriter pro salute hominum introducuntur, ea nos duriori interpretatione contra ipsorum commodum perducamus ad severitatem.* Contingit autem multoties quòd aliquid observari communi saluti est utile ut in pluribus, tamen in aliquibus casibus est maximè nocivum. Quia igitur legislator non potest omnes singulares casus intueri, proponit legem secundùm ea quæ in pluribus accidunt, ferens intentionem suam ad communem utilitatem. Unde si emergat casus in quo observatio talis legis sit damnosa communi saluti, non est observanda; sicut si in civitate obsessâ statuatur lex quòd portæ civitatis maneant clausæ, hoc est utile communi saluti ut in pluribus; si tamen contingat casus quòd hostes insequantur aliquos cives, per quos civitas conservatur, damnosissimum esset civitati, nisi eis portæ aperirentur; et ideò in tali casu essent portæ aperiendæ, contra verba legis, ut servaretur utilitas communis, quam legislator intendit.

Sed tamen hoc est considerandum, quòd si observatio legis secundùm verba non habet subitum periculum, cui oporteat statim occurri, non pertinet ad quemlibet ut interpretetur quid sit utile civitati, et quid inutile civitati; sed hoc solùm pertinet ad principes, qui propter hujusmodi casus habent auctoritatem in legibus dispensandi. Si verò sit subitum periculum, non patiens tantam moram ut ad superiorem recurri possit, ipsa necessitas dispensationem habet annexam, quia necessitas non subditur legi.

Ad primum ergo dicendum quòd ille qui in casu necessitatis agit præter verba legis, non

judicat de ipsá lege, sed judicat de casu singulari, in quo videt verba legis observanda non esse.

Ad secundum dicendum quòd ille qui sequitur intentionem legislatoris, non interpretatur legem simpliciter, sed in casu in quo manifestum est per evidentiam nocumenti (1) legislatorem aliud intendisse. Si enim dubium sit, debet vel secundùm verba legis agere, vel superiorem consulere.

Ad tertium dicendum quòd nullius hominis sapientia tanta est ut possit omnes singulares casus excogitare; et ideò non potest sufficienter per verba sua exprimere ea quæ conveniunt ad finem intentum. Et si posset legislator omnes casus considerare, non oporteret ut omnes exprimeret propter confusionem vitandam; sed legem ferre deberet secundùm ea quæ in pluribus accidunt.

QUÆSTIO XCVII.
DE MUTATIONE LEGUM. — (*In quatuor articulos divisa.*)

Deinde considerandum est de mutatione legum; et circa hoc quæruntur quatuor : 1° utrùm lex humana sit mutabilis; 2° utrùm semper debeat mutari, quando aliquid melius occurrerit; 3° utrùm per consuetudinem aboleatur, et utrùm consuetudo obtineat vim legis; 4° utrùm usus legis humanæ per dispensationem rectorum immutari debeat.

ARTICULUS PRIMUS. — *Utrùm lex humana debeat mutari aliquo modo.* — (*Sup., quæst. 96, art. 5, ad 3, et art. 6, per tot., et inf., quæst. 104, art. 3, ad 2.*)

Ad primum sic proceditur. 1. Videtur quòd lex humana nullo modo debeat mutari. Lex enim humana derivatur à lege naturali, ut supra dictum est, qu. 95, art. 2. Sed lex naturalis immobilis permanet. Ergo et lex humana debet immobilis permanere.

2. Præterea, sicut Philosophus dicit in 5 Ethic., cap. 5, à med., *mensura maximè debet esse permanens.* Sed lex humana est mensura humanorum actuum, ut supra dictum est, quæst. 90, art. 1 et 2. Ergo debet immobiliter permanere.

3. Præterea, de ratione legis est quòd sit justa et recta, ut supra dictum est, qu. 95, art. 3. Sed illud quod semel est rectum, semper est rectum. Ergo illud quod est semel lex, semper debet esse lex.

Sed contra est quod Augustinus dicit in 1 de lib. Arb., cap. 6, circa med. : *Lex temporalis, quamvis justa sit, commutari tamen per tempora justè potest.*

Respondeo dicendum quòd, sicut supra dictum est, quæst. 91, art. 3, lex humana est quoddam dictamen rationis, quo diriguntur humani actus, et secundùm hoc duplex causa potest esse quòd lex humana justè mutetur : una quidem ex parte rationis; alia verò ex parte hominum, quorum actus lege regulantur.

Ex parte quidem rationis, quia humanæ rationi naturale esse videtur ut gradatim ab imperfecto ad perfectum perveniat. Unde ri-

(1) Al., *documenti.*

demus in scientiis speculativis, quòd qui primò philosophati sunt, quædam imperfecta
tradiderunt, quæ postmodùm per posteriores
sunt tradita magis perfectè. Ita etiam et in
operabilibus; nam primi qui intenderunt invenire aliquid utile communitati hominum, non
valentes omnia ex se ipsis considerare, instituerunt quædam imperfecta in multis defi-
cientia, quæ posteriores mutaverunt, insti-
tuentes aliqua quæ in paucioribus deficere
possunt à communi utilitate.

Ex parte verò hominum, quorum actus lege
regulantur, lex rectè mutari potest propter
mutationem conditionum hominum, quibus
secundùm diversas eorum conditiones diversa
expediunt, sicut Augustinus ponit exemplum
in 1 de lib. Arb., cap. 6, à princ., quòd si populus sit benè moderatus et gravis, communis-
que utilitatis diligentissimus custos, rectè lex
fertur, quâ tali populo liceat creare sibi magistratus, per quos respublica administretur.
Porrò, si paulatim idem populus depravatus
habeat venale suffragium, et regimen flagitio-
sis sceleratisque committat, rectè adimitur populo talis potestas dandi honores, et ad paucorum bonorum redit arbitrium.

Ad primum ergo dicendum quòd naturalis
lex est participatio quædam legis æternæ, ut
supra dictum est, quæst. 93, art. 3, et ideò
immobilis perseverat; quod habet ex immo-
bilitate et perfectione divinæ rationis instituentis naturam. Sed ratio humana mutabilis
est et imperfecta; et ideò ejus lex mutabilis
est. Et præterea lex naturalis continet quædam universalia præcepta, quæ semper manent; lex verò posita ab homine continet
præcepta quædam particularia secundùm diversos casus qui emergunt.

Ad secundum dicendum quòd mensura debet esse permanens, quantùm est possibile.
Sed in rebus mutabilibus non potest esse aliquid omninò immutabiliter permanens; et
ideò lex humana non potest esse omninò
immutabilis.

Ad tertium dicendum quòd rectum in rebus
corporalibus dicitur absolutè; et ideò semper,
quantùm est de se, manet rectum. Sed rectitudo legis dicitur in ordine ad utilitatem communem, cui non semper proportionatur una
eademque res, sicut supra dictum est, in corp.,
et ideò talis rectitudo mutatur.

ARTICULUS II. — Utrùm lex humana semper sit
mutanda, quando occurrit aliquid melius.

Ad secundum sic proceditur. 1. Videtur
quòd semper lex humana, quando aliquid
melius occurrit, sit mutanda. Leges enim
humanæ sunt adinventæ per rationem humanam, sicut etiam aliæ artes. Sed aliis in artibus mutatur id quod priùs tenebatur, si
aliquid melius occurrat. Ergo idem est etiam
faciendum in legibus humanis.

2. Præterea, ex his quæ præterita sunt,
providere possumus de futuris. Sed nisi leges
humanæ mutatæ fuissent supervenientibus
melioribus adinventionibus, multa inconve-
nientia sequerentur, eò quòd leges antiquæ
inveniuntur multas ruditates continere. Ergo
videtur quòd leges sint mutandæ, quotiescum-
que aliquid melius occurrit statuendum.

SUMMÆ II.

3. Præterea, leges humanæ circa actus singulares hominum statuuntur. In singularibus
autem perfectam cognitionem adipisci non
possumus nisi per experientiam, quæ tempore indiget, ut dicitur in 2 Ethic., in princ.
lib. Ergo videtur quòd per successionem temporis possit aliquid melius occurrere statuendum.

Sed contra est quod dicitur in Decretis, dist.
12, cap. 5 : Ridiculum est, et satis abomina-
bile dedecus, ut traditiones, quas antiquitùs à
Patribus suscepimus, infringi patiamur.

Respondeo dicendum quòd, sicut dictum
est art. præc., lex humana in tantum rectè
mutatur, in quantum per ejus mutationem
communi utilitati providetur. Habet autem
ipsa legis mutatio, quantùm in se est, detrimentum quoddam communis salutis, quia ad
observantiam legum plurimùm valet consuetudo, in tantum quòd ea quæ contra communem consuetudinem fiunt, etiamsi sint le-
viora de se, graviora videntur. Unde quando
mutatur lex, diminuitur vis constrictiva legis,
in quantum tollitur consuetudo. Et ideò nunquàm debet mutari lex humana, nisi ex aliâ
parte tantùm recompensetur communi saluti,
quantùm ex istâ parte derogatur.

Quod quidem contingit vel ex hoc quòd aliqua maxima et evidentissima utilitas ex novo
statuto provenit; vel ex eo quòd est maxima
necessitas, vel ex eo quòd lex consueta aut manifestam iniquitatem continet, aut ejus observatio est plurimùm nociva. Unde dicitur à
jurisperito Ulpiano, lib. 1, ff. tit. 4, de Constit. princip., quòd in rebus novis constituen-
dis evidens debet esse utilitas, ut recedatur ab
eo jure quod diù æquum visum est.

Ad primum ergo dicendum quòd ea quæ
sunt artis, habent efficaciam ex solâ ratione;
et ideò ubicumque melioratio occurrit, est
mutandum quod priùs tenebatur. Sed leges
habent maximam virtutem ex consuetudine,
ut Philosophus dicit in 2 Polit., cap. 6, circ.
fin., et ideò non sunt de facili mutandæ.

Ad secundum dicendum quòd ratio illa concludit quòd leges sunt mutandæ, non tamen
pro quâcumque melioratione; sed pro magnâ utilitate vel necessitate, ut dictum est in
corp. art.

Et similiter dicendum est ad tertium.

ARTICULUS III. — Utrùm consuetudo possit obtinere vim legis. — (2-2, quæst. 79, art. 2,
ad 2, et quæst. 100, art. 2, corp., et quodl. 2,
art. 8, corp., princ., et quodl. 9, art. 15.)

Ad tertium sic proceditur. 1. Videtur quòd
consuetudo non possit obtinere vim legis, nec
legem amovere. Lex enim humana derivatur
à lege naturæ, et à lege divinâ, ut ex supra
dictis patet, qu. 93, art. 3, et qu. 95, art. 2.
Sed consuetudo hominum non potest mutare
legem naturæ, nec legem divinam. Ergo etiam
nec legem humanam immutare potest.

2. Præterea, ex multis malis non potest
fieri unum bonum. Sed ille qui incipit primò
contra legem agere, malè facit. Ergo multiplicatis similibus actibus non efficietur aliquod bonum. Lex autem est quoddam bonum,
cùm sit regula humanorum actuum. Ergo per

consuetudinem non potest removeri lex, ut ipsa consuetudo vim legis obtineat.

3. Præterea, ferre leges pertinet ad publicas personas, ad quas pertinet regere communitatem; unde privatæ personæ legem facere non possunt. Sed consuetudo invalescit per actus privatarum personarum. Ergo consuetudo non potest obtinere vim legis, per quam lex removeatur.

Sed contra est quod Augustinus dicit in epistolâ ad Casulanum : *Mos populi Dei, et instituta majorum pro lege sunt tenenda ; et sicut prævaricatores legum divinarum, ita et contemptores consuetudinum ecclesiasticarum coercendi sunt.*

Respondeo dicendum quòd omnis lex proficiscitur à ratione et voluntate legislatoris : lex quidem divina et naturalis à rationabili Dei voluntate; lex autem humana à voluntate hominis ratione regulatâ. Sicut autem ratio et voluntas hominis manifestantur verbo in rebus agendis, ita etiam manifestantur facto; hoc enim unusquisque eligere videtur ut bonum, quod opere implet. Manifestum est autem quòd verbo humano potest et mutari lex, et etiam exponi, in quantum manifestat interiorem motum et conceptum rationis humanæ; unde etiam et per actus maximè multiplicatos, qui consuetudinem efficiunt, mutari potest lex, et exponi, et etiam aliquid causari quod legis virtutem obtineat, in quantum scilicet per exteriores actus multiplicatos interior voluntatis motus, et rationis conceptus efficacissimè declaratur. Cùm enim aliquid multoties fit, videtur ex deliberato rationis judicio provenire.

Et secundùm hoc consuetudo et habet vim legis, et legem abolet, et est legum interpretatrix.

Ad primum ergo dicendum quòd lex naturalis et divina procedit à voluntate divinâ, ut dictum est in corp., unde non potest mutari per consuetudinem procedentem à voluntate hominis; sed solùm per auctoritatem divinam mutari posset; et inde est quòd nulla consuetudo vim legis obtinere potest contra legem divinam vel legem naturalem. Dicit enim Isidorus in Synonym., lib. 2, cap. 16, circ. med. : *Usus auctoritati cedat; pravum usum lex et ratio vincat.*

Ad secundum dicendum quòd, sicut supra dictum est, qu. 96, art. 6, leges humanæ in aliquibus casibus deficiunt. Unde possibile est quandoque præter legem agere, in casu scilicet in quo deficit lex; et tamen actus non erit malus; et cùm tales casus multiplicantur propter aliquam mutationem hominum, tunc manifestatur per consuetudinem quòd lex ulterius non est utilis; sicut etiam manifestaretur, si lex contraria verbo promulgaretur. Si autem adhuc maneat ratio eadem, propter quam prima lex utilis erat, non consuetudo legem, sed lex consuetudinem vincit; nisi forte propter hoc solùm inutilis lex videatur, quoniam non est possibilis secundùm consuetudinem patriæ, quæ erat una de conditionibus legis. Difficile enim est consuetudinem multitudinis removere.

Ad tertium dicendum quòd multitudo, in

quâ consuetudo introducitur, duplicis conditionis esse potest. Si enim sit libera multitudo, quæ possit sibi legem facere, plus est consensus totius multitudinis ad aliquid observandum, quod consuetudo manifestat, quàm auctoritas principis, qui non habet potestatem condendi legem, nisi in quantum gerit personam multitudinis; unde licèt singulæ personæ non possint condere legem, tamen totus populus condere legem potest. Si verò multitudo non habeat liberam potestatem condendi sibi legem, vel legem à superiori potestate positam removendi, tamen ipsa consuetudo in tali multitudine prævalens obtinet vim legis, in quantum per eos toleratur ad quos pertinet multitudini legem imponere; ex hoc enim ipso videntur approbare quod consuetudo introduxit.

ARTICULUS IV. — *Utrùm rectores multitudinis possint in legibus humanis dispensare.* — (*Sup., quæst. 96, art. 6, et inf., quæst. 100, art. 8, corp., et 2-2, quæst. 88, art. 10, corp., et ad 2, et qu. 89, art. 9, et qu. 147, art. 4, corp., et ad 1, et 3, dist. 37, art. 4, et 4, dist. 15, qu. 3, art. 2, quæst. 1, et dist. 27, quæst. 3, art. 3, 4, et 3 cont., cap. 125, fin.*)

Ad quartum sic proceditur. 1. Videtur quòd rectores multitudinis non possint in legibus humanis dispensare. Lex enim statuta est pro communi utilitate, ut Isidorus dicit, lib. 5 Etym., cap. 21. Sed commune bonum non debet intermitti pro privato commodo alicujus personæ, quia, ut dicit Philosophus in 1 Ethic., cap. 2, *bonum gentis divinius est quàm bonum unius hominis.* Ergo videtur quòd non debeat dispensari cum aliquo, ut contra legem communem agat.

2. Præterea, illis qui super alios constituuntur, præcipitur Deuter. 1, 17 : *Ita parvum audietis ut magnum; nec accipietis cujusquam personam, quia Dei judicium est.* Sed concedere alicui quod communiter denegatur omnibus, videtur esse acceptio personarum. Ergo hujusmodi dispensationes facere rectores multitudinis non possunt, cùm hoc sit contra præceptum legis divinæ.

3. Præterea, lex humana, si sit recta, oportet quòd consonet legi naturali et legi divinæ; aliter enim non congrueret religioni, nec conveniret disciplinæ; quod requiritur ad legem, ut Isidorus dicit lib. 5 Etym., cap. 3. Sed in lege naturali et divinâ nullus homo potest dispensare. Ergo nec etiam in lege humanâ.

Sed contra est quod dicit Apostolus 1 ad Cor. 9, 17 : *Dispensatio mihi credita est.*

Respondeo dicendum quòd dispensatio propriè importat commensurationem alicujus communis ad singula. Unde etiam gubernator familiæ dicitur *dispensator,* in quantum unicuique de familiâ cum pondere et mensurâ distribuit et operationes, et necessaria vitæ. Sic igitur et in quâcumque multitudine ex eo dicitur aliquis dispensare, quia ordinat qualiter aliquod commune præceptum sit à singulis adimplendum.

Contingit autem quandoque quòd aliquod præceptum quod est ad commodum multitudinis ut in pluribus, non est conveniens huic personæ vel in hoc casu, quia vel per hoc impediretur aliquid melius, vel etiam induceretur aliquid malum, sicut ex supra dictis patet, qu. 96, art. 6. Periculosum autem esset ut hoc judicio cujuslibet committeretur, nisi forte propter evidens et subitum periculum, ut supra dictum est, ibid. Et ideò ille qui habet regere multitudinem, habet potestatem dispensandi in lege humanâ, quæ suæ auctoritati innititur, ut scilicet in personis vel in casibus in quibus lex deficit, licentiam tribuat ut præceptum legis non servetur.

Si autem absque hâc ratione pro solâ voluntate licentiam tribuat, non erit fidelis in dispensatione, aut erit imprudens : infidelis quidem, si non habet intentionem ad bonum commune ; imprudens autem, si rationem dispensandi ignoret ; propter quod Dominus dicit Luc. 12, 42 : *Quis, putas, est fidelis dispensator et prudens, quem constituit dominus super familiam suam.*

Ad primum ergo dicendum quòd quando cum aliquo dispensatur ut legem communem non servet, non debet fieri in præjudicium boni communis ; sed eâ intentione ut ad bonum commune proficiat.

Ad secundum dicendum quòd non est acceptio personarum, si non serveatur æqualia in personis inæqualibus. Unde quando conditio alicujus personæ requirit rationabiliter ut in eâ aliquid specialiter observetur, non est personarum acceptio, si ei aliqua specialis gratia fit.

Ad tertium dicendum quòd lex naturalis, in quantum continet præcepta communia, quæ nunquàm fallunt, dispensationem recipere non potest. In aliis verò præceptis, quæ sunt quasi conclusiones præceptorum communium, quandoque per hominem dispensatur, putà quòd mutuum non reddatur proditori patriæ, vel aliquid hujusmodi. Ad legem autem divinam ita se habet quilibet homo sicut persona privata ad legem publicam, cui subjicitur. Unde sicut in lege humanâ publicâ non potest dispensare nisi ille à quo lex auctoritatem habet, vel is cui ipse commiserit, ita in præceptis juris divini, quæ sunt à Deo, nullus potest dispensare nisi Deus, vel is cui ipse specialiter committeret.

QUÆSTIO XCVIII.

DE LEGE VETERI. — (*In sex articulos divisa.*)

Consequenter considerandum est de lege veteri ; et primò de ipsâ lege ; secundò de præceptis ejus.

Circa primum quæruntur sex : 1° utrùm lex vetus sit bona ; 2° utrùm sit à Deo ; 3° utrùm sit à Deo mediantibus Angelis ; 4° utrùm data sit omnibus ; 5° utrùm omnes obliget ; 6° utrùm congruo tempore fuerit data.

ARTICULUS PRIMUS. — *Utrùm lex vetus fuerit bona.* — (*Inf., art. 2, ad 1 et 2, et Rom. 7, lect. 2 et 3, et Gal. 3, lect. 7 et 8.*)

Ad primum sic proceditur. 1. Videtur quòd lex vetus non fuerit bona. Dicitur enim Ezech. 20, 25 : *Dedi eis præcepta non bona, et judicia in quibus non vivent.* Sed lex non dicitur bona nisi propter bonitatem præceptorum quæ continet. Ergo lex vetus non fuit bona.

2. Præterea, ad bonitatem legis pertinet ut communi saluti proficiat, sicut Isidorus dicit, lib. 5 Etym., c. 3. Sed lex vetus non fuit salutifera, sed magis mortifera et nociva ; dicit enim Apostolus, Rom. 7, 8 : *Sine lege peccatum mortuum erat. Ego autem vivebam sine lege aliquando ; sed cùm venisset mandatum, peccatum revixit ; ego autem mortuus sum* ; et Rom. 5, 20 : *Lex subintravit, ut abundaret delictum.* Ergo lex vetus non fuit bona.

3. Præterea, ad bonitatem legis pertinet quòd sit possibilis ad observandum et secundùm naturam, et secundùm humanam consuetudinem. Sed hoc non habuit lex vetus ; dicit enim Petrus, Act. 15, 10 : *Quid tentatis imponere jugum super cervicem discipulorum, quod neque nos, neque patres nostri portare potuimus ?* Ergo videtur quòd lex vetus non fuerit bona.

Sed contra est quod Apostolus dicit, Rom. 7, 12 : *Itaque lex quidem sancta est, et mandatum sanctum, et justum, et bonum.*

Respondeo dicendum quòd absque omni dubio lex vetus bona fuit. Sicut enim doctrina ostenditur esse vera ex hoc quòd consonat rationi, ita etiam lex aliqua ostenditur esse bona ex hoc quòd consonat rationi rectæ. Lex autem vetus rationi consonabat, quia concupiscentiam reprimebat, quæ rationi adversatur, ut patet in illo mandato : *Non concupisces rem proximi tui,* quod ponitur Exod. 20, 17. Ipsa etiam omnia peccata prohibebat, quæ sunt contra rationem. Unde manifestum est quòd bona erat. Et hæc ratio Apostoli, Rom. 7, 22 : *Condelector,* inquit, *legi Dei secundùm interiorem hominem :* et iterùm ibid., 16 : *Consentio legi, quoniam bona est.*

Sed notandum est quòd bonum diversos gradus habet, ut Dionysius dicit, c. 4 de divin. Nomin., part. 4, lect. 16. Est enim aliquod bonum perfectum, et aliquod bonum imperfectum. Perfecta quidem bonitas est in his quæ ad finem ordinantur, quando aliquid est tale quod per se est sufficiens inducere ad finem. Imperfectum autem bonum est quod operatur aliquid ad hoc quòd perveniatur ad finem ; non tamen sufficit ad hoc quòd ad finem perducat ; sicut medicina perfectè bona est quæ hominem sanat ; imperfecta autem est quæ hominem adjuvat, sed tamen sanare non potest. Est autem sciendum quòd est alius finis legis humanæ, et alius legis divinæ. Legis enim humanæ finis est temporalis tranquillitas civitatis ; ad quem finem pervenit lex cohibendo exteriores actus, quantùm ad illa mala quæ possunt perturbare pacificum statum civitatis. Finis autem legis divinæ est perducere hominem ad finem felicitatis æternæ ; qui quidem finis impeditur per quodcumque peccatum, et non solùm per actus exteriores, sed etiam per interiores. Et ideò illud quod sufficit ad perfectionem legis humanæ, ut scilicet peccata prohibeat, et pœnam apponat, non sufficit ad perfectionem legis divinæ; sed oportet quòd hominem totaliter faciat idoneum ad participationem felicitatis æternæ; quod quidem fieri non potest nisi per gratiam Spiritûs sancti, per quam diffunditur charitas in cordibus nostris, quæ legem adimplet. *Gratia enim Dei vita æterna,* ut dicitur Rom. 6, 23. Hanc autem gratiam lex vetus conferre non potuit; reservabatur enim hoc Christo, quia, ut dicitur Joan. 1, 17: *Lex per Moysen data est; gratia et veritas per Jesum Christum facta est.* Et inde est quòd lex vetus bona quidem est, sed imperfecta, secundùm illud Hebr. 7, 19: *Nihil ad perfectum adduxit lex.*

Ad primum ergo dicendum quòd Dominus loquitur ibi de præceptis cæremonialibus; quæ quidem dicuntur *non bona,* quia gratiam non conferebant, per quam homines à peccato mundarentur, cùm tamen per hujusmodi se peccatores ostenderent. Unde signanter dicitur: *Et judicia in quibus non vivunt,* id est, per quæ vitam gratiæ obtinere non possunt. Et postea subditur: *Et pollui eos in muneribus suis,* id est, pollutos ostendi, *cùm offerrent omne quod aperit vulvam, propter delicta sua.*

Ad secundum dicendum quòd lex dicitur occidisse non quidem effectivè, sed occasionaliter ex suâ imperfectione, in quantum scilicet gratiam non conferebat, per quam homines implere possent quod mandabat, vel vitare quod vetabat. Et sic occasio ista non erat data, sed sumpta ab hominibus. Unde et Apostolus ibidem dicit: *Occasione acceptâ peccatum per mandatum seduxit me, et per illud occidit.* Ex hâc etiam ratione dicitur quòd *lex subintravit, ut abundaret delictum;* ut ly *ut* teneatur consecutivè, non causaliter, in quantum scilicet homines accipientes occasionem à lege abundantiùs peccaverunt; tum etiam quia gravius fuit peccatum post legis prohibitionem; tum etiam quia concupiscentia crevit; magis enim concupiscimus quod nobis prohibetur.

Ad tertium dicendum quòd jugum legis servari non poterat sine gratiâ adjuvante, quam lex non dabat. Dicitur enim Rom. 9, 16: *Non est volentis, neque currentis,* scilicet velle et currere in præceptis Dei, *sed miserentis Dei.* Unde in Psal. 118, 32, dicitur: *Viam mandatorum tuorum cucurri, cùm dilatâsti cor meum,* scilicet per donum gratiæ et charitatis.

ARTICULUS II. — *Utrùm lex vetus fuerit à Deo.* — *(Inf., quæst. 106, art. 2, ad 3, et art. 4, ad 3, et quæst. 107, art. 1, corp., fin., et 3 part., quæst. 42, art. 4, ad 2.)*

Ad secundum sic proceditur. 1. Videtur quòd lex vetus non fuerit à Deo. Dicitur enim Deut. 32, 4: *Dei perfecta sunt opera.* Sed lex vetus fuit imperfecta, ut supra dictum est, art. præc., et qu. 91, art. 5. Ergo lex vetus non fuit à Deo.

2. Præterea, Eccle. 3, 14: dicitur: *Didici quòd omnia opera quæ fecit Deus, perseverent in æternum.* Sed lex vetus non perseverat in æternum; dicit enim Apostolus ad Heb. 7,

18: *Reprobatio fit quidem præcedentis mandati propter infirmitatem ejus et inutilitatem.* Ergo lex vetus non fuit à Deo.

3. Præterea, ad sapientem legislatorem pertinet non solùm mala auferre, sed etiam occasiones malorum. Sed vetus lex fuit occasio peccati, ut supra dictum est, art. præc. Ergo ad Deum, cui nullus est similis in legislatoribus, ut dicitur Job. 36, 22, non pertinebat legem talem dare.

4. Præterea, 1 ad Timoth. 2, 4, dicitur quòd *Deus vult omnes homines salvos fieri.* Sed lex vetus non sufficiebat ad salutem hominum, ut supra dictum est, art. præc. Ergo ad Deum non pertinebat talem legem dare. Lex ergo vetus non est à Deo.

Sed contra est quod Dominus dicit Matth. 15, 6, loquens Judæis, quibus erat lex vetus data: *Irritum fecistis mandatum Dei propter traditiones vestras;* et paulò ante præmittitur: *Honora patrem tuum et matrem tuam;* quod manifestè in lege veteri continetur. Ergo lex vetus est à Deo.

Respondeo dicendum quòd lex vetus à bono Deo data est, qui est Pater Domini nostri Jesu Christi. Lex enim vetus homines ordinabat ad Christum dupliciter: uno quidem modo testimonium Christo perhibendo; unde ipse dicit Luc. ult., 44: *Oportet impleri omnia quæ scripta sunt in lege, et in Psalmis, et in prophetis de me;* et Joan. 5, 46: *Si crederetis Moysi, crederetis forsitan et mihi; de me enim ille scripsit.* Alio modo per modum cujusdam dispositionis, dùm retrahens homines à cultu idololatriæ, concludebat eos sub cultu unius Dei, à quo salvandùm erat humanum genus per Christum. Unde Apostolus dicit ad Gal. 3, 23: *Priusquàm veniret fides, sub lege custodiebamur* (1) *conclusi in eam fidem quæ revelanda erat.* Manifestum est autem quòd ejusdem est disponere ad finem, et ad finem perducere; et dico *ejusdem* per se, vel per suos subditos; non enim diabolus legem tulisset, per quam homines adducerentur ad Christum, per quem erat ejiciendus, secundùm illud Matth. 26: *Si Satanas Satanam ejicit, divisum est regnum ejus* (2).

Et ideò ab eodem Deo à quo facta est salus hominum per gratiam Christi, lex vetus data est.

Ad primum ergo dicendum quòd nihil prohibet aliquid non esse perfectum simpliciter, quod tamen est perfectum secundùm tempus; sicut dicitur aliquis puer perfectus non simpliciter, sed secundùm temporis conditionem; ita etiam præcepta quæ pueris dantur, sunt quidem perfecta secundùm conditionem eorum quibus dantur, etsi non sint perfecta simpliciter; et talia fuerunt præcepta legis. Unde Apostolus dicit ad Galat. 3, 25: *Lex pædagogus noster fuit in Christo.*

Ad secundum dicendum quòd opera Dei perseverant in æternum, quæ sic Deus fecit ut in æternum perseverent; et hæc sunt ea quæ sunt perfecta. Lex autem vetus reprobatur tempore perfectionis gratiæ, non tam

(1) Vulgata, *custodiebantur.*
(2) Vulgata, *adversùs se divisum est.*

quàm mala, sed tanquàm infirma et inutilis pro isto tempore, quia, ut subdit, *nihil ad perfectum adduxit lex.* Unde ad Galat. 3, 25, dicit Apostolus : *Ubi venit fides, jam non sumus sub pædagogo.*

Ad tertium dicendum quòd, sicut supra dictum est, qu. 79, art. 4, Deus aliquando permittit aliquos cadere in peccatum, ut exinde humilientur ; ita etiam voluit talem legem dare, quam suis viribus homines implere non possent ; ut sic, dùm homines præsumentes de se, peccatores se invenirent, humiliati recurrerent ad auxilium gratiæ.

Ad quartum dicendum quòd quamvis lex vetus non sufficeret ad salvandum homines ; tamen aderat aliud auxilium à Deo hominibus simul cum lege, per quod salvari poterant, scilicet fides Mediatoris, per quam justificati sunt antiqui patres, sicut etiam nos justificamur ; et sic Deus non deficiebat hominibus quin daret eis salutis auxilia.

Articulus III. — *Utrùm lex vetus data fuerit per Angelos.* — (*Inf., art.* 6, *arg. Sed cont., et Isa.* 6, *com.* 3, *et Gal.* 3, *lect.* 7, *et Coloss.* 2, *lect.* 4, *et Hebr.* 1, *et cap.* 2, *fin., et cap.* 5.)

Ad tertium sic proceditur. 1. Videtur quòd lex vetus non fuerit data per Angelos, sed immediatè à Deo. Angelus enim *nuntius* dicitur ; et sic nomen Angeli ministerium importat, non dominium, secundùm illud Psal. 102, 20 : *Benedicite Domino, omnes Angeli ejus..., ministri ejus.* Sed vetus lex à Domino tradita esse perhibetur ; dicitur enim Exod. 20, 1 : *Locutusque est Dominus sermones hos,* et postea subditur : *Ego enim sum Dominus Deus tuus.* Et idem modus loquendi frequenter repetitur in Exodo, et in libris consequentibus legis. Ergo lex est immediatè data à Deo.

2. Præterea, sicut dicitur Joan. 1, 17, *lex per Moysen data est.* Sed Moyses immediatè accepit à Deo ; dicitur enim Exod. 33, 2 : *Loquebatur Dominus ad Moysen facie ad faciem, sicut loqui solet amicus* (1) *ad amicum suum.* Ergo lex vetus immediatè data est à Deo.

3. Præterea, ad solum principem pertinet legem ferre, ut supra dictum est, qu. 90, art. 3. Sed solus Deus est princeps salutis animarum ; Angeli verò sunt *administratorii spiritus,* ut dicitur ad Hebr. 1, 14. Ergo lex vetus per Angelos dari non debuit, cùm ordinaretur ad animarum salutem.

Sed contra est quod dicit Apostolus ad Galat. 3, 19 : Lex data est *per Angelos in manu Mediatoris ;* et Act. 8, 53, dicit Stephanus : *Accepisti legem in dispositione Angelorum.*

Respondeo dicendum quòd lex data est à Deo per Angelos. Et præter rationem generalem, quam Dionysius assignat in 4 cap. cœlest. Hierar., ante med., quòd *divina debent deferri ad homines mediantibus Angelis,* specialis ratio est quare legem veterem per Angelos dari oportuit.

Dictum est enim, art. 1 hujus quæst., quòd lex vetus imperfecta erat, sed disponebat ad

(1) Vulgata, *homo.*

salutem perfectam generis humani, quæ futura erat per Christum. Sic autem videtur in omnibus potestatibus et artibus ordinatis, quòd ille qui est superior, principalem et perfectum actum operatur per seipsum ; ea verò quæ disponunt ad perfectionem ultimam, operatur per suos ministros ; sicut navifactor compaginat navem per se ipsum, sed præparat materiam per artifices subministrantes. Et ideo conveniens fuit ut lex perfecta novi Testamenti daretur immediatè per ipsum Deum hominem factum ; lex autem vetus per ministros Dei, scilicet per Angelos, daretur hominibus. Et per hunc modum Apostolus ad Hebr. 1, 2, probat eminentiam novæ legis ad veterem, quia in novo Testamento *locutus est nobis Deus in Filio suo ;* in veteri autem Testamento *est sermo factus per Angelos.*

Ad primum ergo dicendum quòd, sicut Gregorius dicit in principio Moralium, in præfat., cap. 1, à med. : *Angelus qui Moysi apparuisse describitur, modò Angelus, modò Dominus memoratur : Angelus videlicet propter hoc quòd exteriùs loquendo serviebat ; Dominus autem dicitur, quia interiùs præsidens loquendi efficaciam ministrabat ;* et inde est etiam quòd quasi ex personâ Domini Angelus loquebatur.

Ad secundum dicendum quòd, sicut Augustinus dicit 12 super Gen. ad litt., cap. 27, paulò post princ., in Exod. dicitur : *Locutus est Dominus Moysi facie ad faciem ;* et paulò post subditur : *Ostende mihi gloriam tuam. Sentiebat ergo quod videbat, et quod non videbat desiderabat.* Non ergo videbat ipsam Dei essentiam, et ita non immediatè ab eo instruebatur. Quod ergo dicitur quòd *loquebatur ei facie ad faciem,* secundùm opinionem populi loquitur Scriptura, qui putabat Moysen *ore ad os loqui* cum Deo, cùm per subjectam creaturam, id est, per Angelum et nubem, ei loqueretur et appareret ; vel per visionem faciei intelligitur quædam eminens contemplatio, et familiaris infra essentiæ divinæ visionem.

Ad tertium dicendum quòd solius principis est suâ auctoritate legem instituere ; sed quandoque legem institutam per alios promulgat ; et ita Deus suâ auctoritate instituit legem, sed per Angelos promulgavit.

Articulus IV. — *Utrùm lex vetus dari debuerit soli populo Judæorum.* — (*Inf., art.* 5, *corp., et* 3, *dist.* 25, *quæst.* 42, *art.* 2, *quæst.* 2, *ad* 3.)

Ad quartum sic proceditur. 1. Videtur quòd lex vetus non debuit dari soli populo Judæorum. Lex enim vetus disponebat ad salutem, quæ futura erat per Christum, ut dictum est art. præc. Sed salus illa non erat futura solùm in Judæis, sed in omnibus gentibus, secundùm illud Isa. 49, 6 : *Parum est ut sis mihi servus ad suscitandas tribus Jacob, et fæces Israel convertendas ; dedi te in lucem gentium, ut sit salus mea usque ad extremum terræ.* Ergo lex vetus dari debuit omnibus gentibus, et non uni populo tantùm.

2. Præterea, sicut dicitur Act. 10, 14, *non est personarum acceptor Deus ; sed in omni.*

gente qui timet Deum, et facit justitiam, acceptus est illi. Non ergo magis uni populo quàm aliis viam salutis debuit aperire.

3. Præterea, lex data est per Angelos, sicut jam dictum est, art. præc. Sed ministeria Angelorum Deus non solùm Judæis, sed omnibus gentibus semper exhibuit : dicitur enim Eccli. 17, 14 : *In unamquamque gentem præposuit rectorem.* Omnibus etiam gentibus temporalia bona largitur, quæ minùs sunt curæ Deo quàm spiritualia bona. Ergo etiam legem omnibus populis debuit dare.

Sed contra est quod dicitur Rom. 3 : *Quid ergo ampliùs Judæo est ?.... Multùm quidem per omnem modum. Primùm quidem quia credita sunt illis eloquia Dei;* et in Psal. 147, 20, dicitur : *Non fecit taliter omni nationi, et judicia sua non manifestavit eis.*

Respondeo dicendum quòd posset una ratio assignari, quare potiùs populo Judæorum data sit lex quàm aliis populis : quia aliis populis ad idololatriam declinantibus, solus populus Judæorum in cultu unius Dei remansit; et ideò alii populi indigni erant legem recipere, ne sanctum canibus daretur.

Sed ista ratio conveniens non videtur, quia populus ille etiam post legem latam ad idololatriam declinavit, quod gravius fuit, ut patet Exod. 32, et Amos 5, 25 : *Numquid hostias et sacrificium obtulistis mihi in deserto quadraginta annis, domus Israel, et portâstis tabernaculum Moloch Deo vestro, et imaginem idolorum vestrorum, sidus Dei vestri, quæ fecistis vobis ?* Expressè etiam dicitur Deut. 9, 6 : *Scito, quòd non propter justitias tuas Dominus Deus tuus dedit tibi terram hanc in possessionem, cùm durissimæ cervicis sis populus.* Sed ratio ibi præmittitur : *Ut compleret verbum suum Dominus, quod sub juramento pollicitus est patribus tuis Abraham, Isaac et Jacob.* Quæ autem promissio eis sit facta, ostendit Apostolus al Gal. 3, 16, dicens : *Abrahæ dictæ sunt promissiones, et semini ejus. Non dicit : Seminibus, quasi in multis; sed quasi in uno : Et semini tuo, qui est Christus.* Deus igitur et legem et alia beneficia specialia illi populo exhibuit propter promissionem eorum patribus factam, ut ex eis Christus nasceretur. Decebat enim ut ille populus ex quo Christus nasciturus erat, quâdam speciali sanctificatione polleret, secundùm illud quod dicitur Lev. 19, 2 : *Sancti eritis (1), quia ego sanctus sum.* Nec etiam fuit propter meritum ipsius Abrahæ, ut talis promissio ei fieret, ut scilicet Christus ex ejus semine nasceretur, sed ex gratuitâ Dei electione et vocatione. Unde dicitur Isa. 41 : *Quis suscitavit ab Oriente justum, vocavit eum ut sequeretur se?* Sic ergo patet quòd ex solâ gratuitâ electione patres promissionem acceperunt, et populus ex eis progenitus legem accepit, secundùm illud Deut. 4, 36 : *Audisti verba illius de medio ignis, quia dilexit patres tuos, et elegit semen eorum post illos.*

Si autem rursùs quæratur quare hunc populum elegit, ut ex eo Christus nasceretur, et non alium, conveniet responsio Augustini,

(1) Vulgata : *Sancti estote.*

quâ dicit super Joan., tract. 26, paulò post princ.: *Quare hunc trahat, et illum non trahat, noli velle dijudicare, si non vis errare.*

Ad primum ergo dicendum quòd quamvis salus futura per Christum esset omnibus gentibus præparata, tamen oportebat ex uno populo Christum nasci, qui propter hoc præ aliis prærogativas habuit, secundùm illud Rom. 9, 4 : *Quorum,* scilicet Judæorum, *est adoptio filiorum, et testamentum, et legislatio, quorum patres, et ex quibus Christus est secundùm carnem.*

Ad secundum dicendum quòd acceptio personarum locum habet in his quæ ex debito dantur; in his verò quæ ex gratuitâ voluntate conferuntur, acceptio personarum locum non habet. Non enim est personarum acceptor qui ex liberalitate de suo dat uni, et non alteri; sed si esset dispensator bonorum communium, et non distribueret æqualiter secundùm merita personarum, esset personarum acceptor. Salutaria autem beneficia Deus humano generi confert ex suâ gratiâ; unde non est personarum acceptor, si quibusdam præ aliis conferat. Unde Augustinus dicit in lib. de Prædest. sanctorum, cap. 8, aliquant. à princ : *Omnes quos Deus docet, misericordiâ docet; quos autem non docet, judicio non docet;* hoc enim venit ex damnatione humani generis pro peccato primi parentis.

Ad tertium dicendum quod beneficia gratiæ subtrahuntur homini propter culpam; sed beneficia naturalia non subtrahuntur; inter quæ sunt ministeria Angelorum, quæ ipse naturarum ordo requirit, ut scilicet per media gubernentur infima; et etiam corporalia subsidia, quæ non solùm hominibus, sed etiam jumentis Deus administrat, secundùm illud Psal. 35, 8 : *Homines et jumenta salvabis, Domine.*

ARTICULUS V. — *Utrùm omnes homines obligarentur servare legem veterem.* — (2-2, qu. 85, art. 4, ad 1, et 3, dist. 25, quæst. 2, art. 2, ad 3, et Rom. 6, lect. 3.)

Ad quintum sic proceditur. 1. Videtur quòd omnes homines obligabantur ad observandam veterem legem. Quicumque enim subditur regi, oportet quòd subdatur legi ipsius. Sed vetus lex est data à Deo, qui est Rex omnis terræ, ut in Ps. 46 dicitur. Ergo omnes habitantes terram tenebantur ad observantiam legis.

2. Præterea, Judæi salvari non poterant, nisi legem veterem observarent; dicitur enim Deut. 27 : *Maledictus qui non permanet in sermonibus legis hujus, nec eos opere perficit!* Si igitur alii homines sine observantiâ legis veteris potuissent salvari, pejor fuisset conditio Judæorum quàm aliorum hominum.

3. Præterea, gentiles ad ritum Judaicum et ad observantias legis admittebantur : dicitur enim Exod. 12, 48 : *Si quis peregrinorum in vestram voluerit transire coloniam, et facere phase Domini, circumcidetur priùs omne masculinum ejus, et tunc ritè celebrabit, eritque sicut indigena terræ.* Frustra autem ad observantias legales fuissent extranei admissi ex ordinatione divinâ, si absque legalibus

observantiis salvari potuissent. Ergo nullus salvari poterat, nisi legem observaret.

Sed contra est quod Dionysius dicit 9 cap. cœlest. Hierarch., post med., quòd *multi gentilium per Angelos sunt reducti in Deum.* Sed constat quòd gentiles legem non observabant. Ergo absque observantiá legis potuerunt aliqui salvari.

Respondeo dicendum quòd lex vetus manifestabat præcepta legis naturæ, et superaddebat quædam propria præcepta.

Quantùm igitur ad illa quæ lex vetus continebat de lege naturæ, omnes tenebantur ad observantiam veteris legis, non quia erant de veteri lege, sed quia erant de lege naturæ; sed quantùm ad illa quæ lex vetus superaddebat, non tenebantur aliqui ad observantiam veteris legis, nisi solus populus Judæorum. Cujus ratio est, quia lex vetus, sicut dictum est art. præc., data est populo Judæorum, ut quamdam prærogativam sanctitatis obtineret propter reverentiam Christi, qui ex illo populo nasciturus erat. Quæcumque autem statuuntur ad specialem aliquorum sanctificationem, non obligant nisi illos; sicut ad quædam obligantur clerici, qui mancipantur divino ministerio, ad quæ laici non obligantur; similiter et religiosi ad quædam perfectionis opera obligantur ex suá professione, ad quæ seculares non obligantur; et similiter ad quædam specialia obligabatur populus ille ad quæ alii populi non obligabantur. Unde dicitur Deut. 18, 13 : *Perfectus eris et absque maculá coram Domino Deo tuo.* Et propter hoc etiam quádam professione utebantur, ut patet Deuteron. 26, 3 : *Profiteor hodié coram Domino Deo tuo,* etc.

Ad primum ergo dicendum quòd quicumque subduntur regi, obligantur ad legem ejus observandam quam omnibus communiter proponit; sed si instituat aliqua observanda à suis familiaribus ministris, ad hæc cæteri non obligantur.

Ad secundum dicendum quòd homo quantò Deo magis conjungitur, tantò efficitur melioris conditionis; et ideò quantò populus Judæorum erat adstrictus magis ad divinum cultum, tantò dignior aliis populis erat : unde dicitur Deuter. 4, 8 : *Quæ est alia gens sic inclyta, ut habeat cæremonias, justaque judicia, et universam legem?* Et similiter etiam quantùm ad hoc sunt melioris conditionis clerici quàm laici, et religiosi quàm seculares.

Ad tertium dicendum quòd gentiles perfectiùs et securiùs salutem consequebantur sub observantiis legis quàm sub solá lege naturali; et ideò ad eas admittebantur; sicut etiam nunc laici transeunt ad clericatum, et seculares ad religionem, quamvis absque hoc possint salvari.

ARTICULUS VI. — *Utrùm lex vetus convenienter data fuerit tempore Moysi.* — (3 *p.*, *quæst.* 70, *art.* 2, *ad* 2, *et* 4, *dist.* 1, *qu.* 1, *art.* 2, *quæst.* 4, *corp., et Gal.* 3, *lect.* 7.)

Ad sextum sic proceditur. 1. Videtur quòd lex vetus non convenienter fuerit data tempore Moysi. Lex enim vetus disponebat ad salutem, quæ erat futura per Christum, sicut dictum est art. 2 hujus qu. Sed statim homo

post peccatum indiguit hujusmodi salutis remedio. Ergo statim post peccatum lex vetus debuit dari.

2. Præterea, lex vetus data est propter sanctificationem eorum ex quibus Christus nasciturus erat. Sed Abrahæ incœpit fieri promissio de semine, quod est Christus, ut habetur Gen. 12. Ergo statim tempore Abrahæ debuit lex dari.

3. Præterea, sicut Christus non est natus ex aliis descendentibus ex Noe, nisi ex Abraham, cui facta est promissio, ita etiam non est natus ex aliis filiis Abrahæ, nisi ex David, cui est promissio renovata, secundùm illud 2 Reg. 23, 1 : *Dixit vir cui constitutum est de Christo Dei Jacob.* Ergo lex vetus debuit dari post David, sicut data est post Abraham.

Sed contra est quod Apostolus dicit ad Gal. 3, 16, quòd *lex propter transgressionem posita est, donec veniret semen cui promiserat, ordinata per Angelos in manu Mediatoris,* id est, ordinabiliter data, ut Glossa ordin. dicit. Ergo congruum fuit ut lex vetus illo temporis ordine traderetur.

Respondeo dicendum quòd convenientissimè lex vetus data fuit tempore Moysi.

Cujus ratio potest accipi ex duobus, secundùm quòd quælibet lex duobus generibus hominum imponitur. Imponitur enim quibusdam duris et superbis, qui per legem compescuntur et domantur; imponitur etiam bonis, qui per legem instructi adjuvantur ad implendum quod intendunt.

Conveniens igitur fuit tali tempore legem veterem dari ad superbiam hominum convincendam. De duobus enim homo superbiebat, scilicet de scientiá et de potentiá : de scientiá quidem, quasi ratio naturalis ei posset sufficere ad salutem; et ideò, ut de hoc ejus superbia convinceretur, permissus est homo regimini suæ rationis absque adminiculo legis scriptæ; et experimento homo discere potuit quòd patiebatur rationis defectum, per hoc quòd homines usque ad idololatriam et et turpissima vitia circa tempora Abrahæ sunt prolapsi. Et ideò post hæc tempora fuit necessarium legem scriptam dari in remedium humanæ ignorantiæ, quia per legem est cognitio peccati, ut dicitur Rom. 7. Sed postquàm homo est instructus per legem, convicta est ejus superbia de infirmitate, dùm implere non poterat quod cognoscebat. Et ideò, sicut Apostolus concludit ad Rom. 8, 31, *quod impossibile erat legi, in quo infirmabatur per carnem, misit Deus Filium suum.... ut justificatio legis impleretur in nobis.* Ex parte verò bonorum lex data est in auxilium; quod quidem tunc maximè populo necessarium fuit quando lex naturalis obscurari incipiebat propter exuberantiam peccatorum. Oportebat enim hujusmodi auxilium quodam ordine dari, ut per imperfecta ad perfectionem manuducerentur. Et ideò inter legem naturæ et legem gratiæ oportuit legem veterem dari.

Ad primum ergo dicendum quòd statim post peccatum primi hominis non competebat legem veterem dari, tum quia nondùm homo recognoscebat se eá indigere, de suá rationæ confisus; tum quia adhuc dictamen legis naturæ nondùm erat obtenebratum per consuetudinem peccandi.

Ad secundum dicendum quòd lex non debet dari nisi populo; est enim præceptum commune, ut dictum est qu. 96, art. 1, ad 2. Et ideò tempore Abrahæ data sunt quædam familiaria præcepta, et quasi domestica Dei ad homines; sed postmodùm multiplicatis ejus posteris, in tantùm quòd populus esset, et liberatis eis à servitute, lex convenienter potuit dari. Nam *servi non sunt pars populi, vel civitatis, cui legem dari competit,* ut Philosophus dicit in 3 Polit., cap. 3, à med.

Ad tertium dicendum quòd quia legem oportebat alicui populo dari, non solùm illi ex quibus est Christus natus, legem acceperunt, sed totus populus consignatus signaculo circumcisionis, quæ fuit signum promissionis Abrahæ factæ, et ab eo creditæ, ut dicit Apostolus Rom. 4. Et ideò etiam ante David oportuit legem dari tali populo jam collecto.

QUÆSTIO XCIX.

DE PRÆCEPTIS VETERIS LEGIS. — (In sex articulos divisa.)

Deinde considerandum est de præceptis veteris legis; et primò de distinctione ipsorum; secundò de singulis generibus distinctis.

Circa primum quæruntur sex : 1° utrùm legis veteris sint plura præcepta, vel unum tantùm; 2° utrùm lex vetus contineat aliqua præcepta moralia; 3° utrùm præter moralia contineat cæremonialia; 4° utrùm contineat præter hæc judicialia; 5° utrùm præter ista tria contineat aliqua alia; 6° de modo quo lex inducebat ad observantiam prædictorum.

ARTICULUS PRIMUS. — *Utrùm in lege veteri contineatur solùm unum præceptum.*

Ad primum sic proceditur. 1. Videtur quòd in lege veteri non contineatur nisi unum præceptum. Lex enim nihil aliud est quàm præceptum, ut supra habitum est, qu. 90, art. 2 et 3. Sed lex vetus est una. Ergo non continet nisi unum præceptum.

2. Præterea, Apostolus dicit Rom. 13, 6 : *Si quod est aliud mandatum, in hoc verbo instauratur :* « *Diliges proximum tuum sicut te ipsum.* » Sed istud mandatum est unum. Ergo lex vetus non continet nisi unum mandatum.

3. Præterea, Matth. 7, 12, dicitur : *Omnia quæcumque vultis ut faciant vobis homines, et vos facite illis; hæc est enim lex et prophetæ.* Sed tota lex vetus continetur in lege et prophetis. Ergo lex vetus non habet nisi unum præceptum.

Sed contra est quod Apostolus dicit ad Eph. 2, 15 : *Legem mandatorum decretis evacuans;* et loquitur de lege veteri, ut patet per Glossam Ambrosii ibidem. Ergo lex vetus continet in se multa mandata.

Respondeo dicendum quòd præceptum legis, cùm sit obligatorium, est de aliquo quod fieri debet. Quòd autem aliquid debeat fieri, hoc provenit ex necessitate alicujus finis. Unde manifestum est quòd de ratione præcepti est quòd importet ordinem ad finem, in quantum scilicet illud præcipitur quod est necessarium, vel expediens ad finem. Contingit au-

tem ad unum finem multa esse necessaria, vel expedientia. Et secundùm hoc possunt de diversis rebus dari diversa præcepta, in quantum ordinantur ad unum finem.

Unde dicendum est quòd omnia præcepta legis veteris sunt unum secundùm ordinem ad unum finem; sunt tamen multa secundùm diversitatem eorum quæ ordinantur ad illum finem.

Ad primum ergo dicendum quòd lex vetus dicitur esse una secundùm ordinem ad finem unum; et tamen continet diversa præcepta secundùm distinctionem eorum quæ ordinantur ad finem; sicut etiam ars ædificativa est una secundùm unitatem finis, quia tendit ad ædificationem domûs; tamen continet diversa præcepta secundùm diversos actus ad hoc ordinatos.

Ad secundum dicendum quòd, sicut Apostolus dicit, 1 ad Timoth. 1, 5, *finis præcepti charitas est;* ad hoc enim omnis lex tendit ut amicitiam constituat vel hominum ad invicem, vel hominis ad Deum. Et ideò tota lex impletur in hoc uno mandato : *Diliges proximum tuum sicut te ipsum,* sicut in quodam fine mandatorum omnium. In dilectione enim proximi includitur etiam Dei dilectio, quando proximus diligitur propter Deum. Unde Apostolus hoc unum præceptum posuit pro duobus, quæ sunt de dilectione Dei et proximi, de quibus dicit Dominus Matth. 22, 40 : *In his duobus mandatis pendet omnis lex et prophetæ.*

Ad tertium dicendum quòd, sicut dicitur in 10 Ethic., cap. 8, parùm à princip., *amicabilia quæ sunt ad alterum, venerunt ex amicabilibus quæ sunt homini ad se ipsum,* dùm scilicet homo ita se habet ad alterum sicut ad se. Et ideò in hoc quod dicitur : *Omnia quæcumque vultis ut faciant vobis homines, et vos facite illis,* explicatur quædam regula dilectionis proximi, quæ etiam implicitè continetur in hoc quod dicitur Matth. 19, 19 : *Diliges proximum tuum sicut te ipsum;* unde est quædam explicatio istius mandati.

ARTICULUS II. — *Utrùm lex vetus contineat præcepta moralia.* — (Sup., quæst. 98, art. 5, corp., et inf., præs. quæst., art. 3, ad 2, et art. 4, corp., et Psal. 18, com. 7, 8, 9.)

Ad secundum sic proceditur. 1. Videtur quòd lex vetus non contineat præcepta moralia. Lex enim vetus distinguitur à lege naturæ, ut supra habitum est, quæst. 91, art. 4, et quæst. 98, art. 5. Sed præcepta moralia pertinent ad legem naturæ. Ergo non pertinent ad legem veterem.

2. Præterea, ibi subvenire debuit homini lex divina, ubi deficit ratio humana, sicut patet in his quæ ad fidem pertinent, quæ sunt supra rationem. Sed ad præcepta moralia ratio hominis sufficere videtur. Ergo præcepta moralia non sunt de lege veteri, quæ est lex divina.

3. Præterea, lex vetus dicitur *littera occidens,* ut patet 1 ad Corinth. 3. Sed præcepta moralia non occidunt, sed vivificant, secundùm illud Psalm. 118, 93 : *In æternum non obliviscar justificationes tuas, quia in ipsis vivificásti me.* Ergo præcepta moralia non pertinent ad veterem legem.

Sed contra est quod dicitur Eccli. 17, 9 : *Addidit illis legis disciplinam, et legem vitæ hæreditavit eos.* Disciplina autem pertinet ad mores : dicit enim Glossa ordin., ad Heb.12, super illud : *Omnis disciplina,* etc. : « *Disciplina est eruditio morum per difficilia.* » Ergo lex à Deo data præcepta moralia continebat.

Respondeo dicendum quòd lex vetus continebat præcepta quædam moralia, ut patet Exod. 20 : *Non occides : Non furtum facies.*

Et hoc rationabiliter ; nam sicut intentio principalis legis humanæ est ut faciat amicitiam hominum ad invicem, ita intentio divinæ legis est ut constituat principaliter amicitiam hominis ad Deum. Cùm autem similitudo sit ratio amoris, secundùm illud Eccli. 13, 19 : *Omne animal diligit simile sibi,* impossibile est esse amicitiam hominis ad Deum, qui est optimus, nisi homines efficiantur boni. Unde dicitur Levit. 19, 2 : *Sancti eritis, quoniam ego sanctus sum.* Bonitas autem hominis est virtus, *quæ facit bonum habentem.* Et ideò oportuit præcepta legis veteris etiam de actibus virtutum dari ; et hæc sunt moralia legis præcepta.

Ad primum ergo dicendum quòd lex vetus distinguitur à lege naturæ, non tanquàm ab eâ omninò aliena, sed tanquàm in aliquid superaddens. Sicut enim gratia præsupponit naturam, ita oportet quòd lex divina præsupponat legem naturalem.

Ad secundum dicendum quòd legi divinæ conveniens erat ut non solùm provideret homini in his ad quæ ratio non potest, sed etiam in his circa quæ contingit rationem hominis impediri. Ratio autem hominis circa præcepta moralia quantùm ad ipsa communissima præcepta legis naturæ non poterat errare in universali ; sed tamen propter consuetudinem peccandi obscurabatur in particularibus agendis. Circa alia verò præcepta moralia, quæ sunt quasi conclusiones deductæ ex communibus principiis legis naturæ, multorum ratio oberrabat, ita ut quædam quæ sunt secundùm se mala, ratio multorum licita judicaret. Unde oportuit contra utrumque defectum homini subveniri per auctoritatem legis divinæ ; sicut etiam inter credenda nobis proponuntur non solùm ea ad quæ ratio attingere non potest (ut Deum esse trinum), sed etiam ea ad quæ ratio recta pertingere potest (ut Deum esse unum), ad excludendum rationis humanæ errorem, qui accidebat in multis.

Ad tertium dicendum quòd, sicut Augustinus probat in lib. de Spiritu et Litterâ, cap.14, etiam littera legis quantùm ad præcepta moralia occidere dicitur occasionaliter, in quantum scilicet præcipit quod bonum est, non præbens auxilium gratiæ ad implendum.

ARTICULUS III. — *Utrùm lex vetus contineat præcepta cæremonialia præter moralia.* — (*Inf.*, art. 4, et 5, corp., et qu. 101, art. 1, 2 et 4, corp., et quæst. 103, art. 3, corp., et ad 3, et quæst. 104, art. 4, et 2–2, quæst. 22, art. 1, ad 2, et quodlib. 2, art. 3, corp., et quodl. 4, art. 13, corp.)

Ad tertium sic proceditur. 1. Videtur quòd lex vetus non contineat præcepta cæremonia-lia præter moralia. Omnis enim lex quæ hominibus datur, est directiva humanorum actuum. Actus autem humani *morales* dicuntur, ut supra dictum est, qu. 1, art. 3. Ergo videtur quòd in lege veteri hominibus datâ non debeant contineri nisi præcepta moralia.

2. Præterea, præcepta quæ dicuntur cæremonialia, videntur ad divinum cultum pertinere. Sed divinus cultus est actus virtutis, scilicet religionis, quæ, ut Tullius dicit in suâ Rhet., lib. 2 de Invent., aliquant. ante fin., *divinæ naturæ cultum cæremoniamque affert.* Cùm igitur præcepta moralia sint de actibus virtutum, ut dictum est art. præc., videtur quòd præcepta cæremonialia non sint distinguenda à moralibus.

3. Præterea, præcepta cæremonialia esse videntur quæ figurativè aliquid significant. Sed, sicut Augustinus dicit in 2 de Doctr. christ., cap. 3 et 4, *verba inter homines obtinuerunt principatum significandi.* Ergo nulla necessitas fuit ut in lege continerentur præcepta cæremonialia de aliquibus actibus figurativis.

Sed contra est quod dicitur Deuter. 4, 13 : *Decem verba, quæ scripsit in duabus tabulis lapideis, mihique mandavit in illo tempore ut docerem vos cæremonias ; et judicia, quæ facere deberetis.* Sed decem præcepta legis sunt moralia. Ergo præter præcepta moralia sunt etiam alia præcepta cæremonialia.

Respondeo dicendum quòd, sicut dictum est art. præc., lex divina principaliter instituitur ad ordinandum homines ad Deum ; lex autem humana principaliter ad ordinandum homines ad invicem. Et ideò leges humanæ non curaverunt aliquid instituere de cultu divino, nisi in ordine ad bonum commune hominum : et propter hoc etiam multa confinxerunt circa res divinas, secundùm quòd videbatur eis expediens ad informandos mores hominum, sicut patet in ritu gentilium. Sed lex divina è converso homines ad invicem ordinavit, secundùm quòd conveniebat ordini qui est in Deum, quem principaliter intendebat. Ordinatur autem homo in Deum non solùm per interiores actus mentis, qui sunt credere, sperare et amare, sed etiam per quædam exteriora opera, quibus homo divinam servitutem profitetur ; et ista opera dicuntur ad cultum Dei pertinere ; qui quidem cultus cæremonia vocatur, quasi munia, id est, dona *Cereris,* quæ dicebatur Dea frugum, eò quòd primò (1) ex frugibus oblationes Deo offerebantur ; sive, ut Maximus Valerius refert, lib. 1, cap. 1. num. 10, nomen *cæremoniæ* introductum est ad significandum cultum divinum apud Latinos, à quodam oppido juxta Romam, quod *Cære* vocabatur, eò quòd Româ captâ à Gallis, illìc sacra Romanorum oblata sunt, et reverentissimè habita. Sic igitur illa præcepta quæ in lege pertinent ad cultum Dei, specialiter cæremonialia dicuntur.

Ad primum ergo dicendum quòd humani actus se extendunt etiam ad cultum divinum ; et ideò etiam de his continet præcepta lex vetus hominibus data.

(1) Al., *prima,* item. *primæ.*

Ad secundum dicendum quòd, sicut supra dictum est, quæst. 94, art. 4, præcepta legis naturæ communia sunt, et indigent determinatione. Determinantur autem et per legem humanam, et per legem divinam. Et sicut ipsæ determinationes quæ fiunt per legem humanam, non dicuntur esse de lege naturæ, sed de jure positivo, ita ipsæ determinationes præceptorum legis naturæ quæ fiunt per legem divinam, distinguuntur à præceptis moralibus, quæ pertinent ad legem naturæ. Colere ergo Deum, cùm sit actus virtutis, pertinet ad præceptum morale; sed determinatio hujus præcepti, ut scilicet colatur talibus hostiis et talibus muneribus, hoc pertinet ad præcepta cæremonialia; et ideò præcepta cæremonialia distinguuntur à præceptis moralibus.

Ad tertium dicendum quòd, sicut Dionysius dicit 1 cap. cœl. Hier., post med., divina hominibus manifestari non possunt nisi sub aliquibus similitudinibus sensibilibus. Ipsæ autem similitudines magis movent animum, quando non solùm verbo exprimuntur, sed etiam sensui offeruntur. Et ideò divina traduntur in Scripturis non solùm per similitudines verbo expressas, sicut patet in metaphoricis locutionibus, sed etiam per similitudines rerum, quæ visui proponuntur, quod pertinet ad præcepta cæremonialia.

ARTICULUS IV. — *Utrùm præter præcepta moralia et cæremonialia, sint etiam præcepta judicialia.* — (*Inf., art.* 5, *corp., et qu.* 101, *art.* 1, *corp., et quæst.* 103, *art.* 1, *corp., et quæst.* 104, *art.* 1, *et* 2-2, *quæst.* 77, *art.* 1, *corp., et quæst.* 122, *art.* 1, *ad* 2, *et* 3 *cont., cap.* 128, *et quodl.* 2, *art.* 8, *corp., et quodl.* 4, *art.* 1, *corp.*)

Ad quartum sic proceditur. 1. Videtur quòd præter præcepta moralia et cæremonialia, non sint aliqua præcepta judicialia in veteri lege. Dicit enim Augustinus contra Faustum, lib. 6, cap. 2. et lib. 10, cap. 2, et lib. 19, cap. 18, quòd in *lege veteri sunt præcepta vitæ agendæ, et præcepta vitæ significandæ.* Sed præcepta vitæ agendæ sunt moralia, præcepta autem vitæ significandæ sunt cæremonialia. Ergo præter hæc duo genera præceptorum non sunt ponenda in lege alia præcepta judicialia.

2. Præterea, super illud Psalm. 118 : *A judiciis tuis non declinavi*, dicit Glossa ord. Cassiod. : *Id est, ab his quæ constituisti regulam vivendi.* Sed regula vivendi pertinet ad præcepta moralia. Ergo præcepta judicialia non sunt distinguenda à moralibus.

3. Præterea, judicium videtur esse actus justitiæ, secundùm illud Psalm. 93, 15 : *Quoadusque justitia convertatur in judicium.* Sed actus justitiæ, sicut et actus cæterarum virtutum, pertinet ad præcepta moralia. Ergo præcepta moralia includunt in se judicialia; et sic non debent ab eis distingui.

Sed contra est quod dicitur Deut. 6, 1 : *Hæc sunt præcepta et cæremoniæ, atque judicia.* Præcepta autem antonomasticè dicuntur moralia. Ergo præter præcepta moralia et cæremonialia, sunt etiam judicialia.

Respondeo dicendum quòd, sicut dictum est art. 2 et 3 hujus quæst., ad legem divinam pertinet ut ordinet homines ad invicem et ad Deum. Utrumque autem horum in communi quidem pertinet ad dictamen legis naturæ, ad quod referuntur moralia præcepta; sed oportet quòd determinetur utrumque per legem divinam vel humanam, quia principia naturaliter nota sunt communia tam in speculativis, quàm in activis. Sicut igitur determinatio communis præcepti de cultu divino fit per præcepta cæremonialia, sic et determinatio communis præcepti de justitiâ observandâ inter homines determinatur per præcepta judicialia.

Et secundùm hoc oportet tria præcepta legis veteris ponere : scilicet moralia, quæ sunt de dictamine legis naturæ; cæremonialia, quæ sunt determinationes cultûs divini; et judicialia, quæ sunt determinationes justitiæ inter homines observandæ.

Unde cùm Apostolus, Rom. 7, dixisset quòd *lex est sancta,* subjungit quòd *mandatum est justum, et bonum, et sanctum :* justum quidem quantùm ad *judicialia;* sanctum quantùm ad *cæremonialia* (nam sanctum dicitur quod est Deo dicatum); bonum, id est, honestum, quantùm ad *moralia.*

Ad primum ergo dicendum quòd tam præcepta moralia quàm etiam judicialia pertinent ad directionem vitæ humanæ; et ideò utraque continentur sub uno membro illorum quæ ponit Augustinus, scilicet sub præceptis vitæ agendæ.

Ad secundum dicendum quòd *judicium* significat executionem justitiæ; quæ quidem est secundùm applicationem rationis ad aliqua particularia determinatè. Unde præcepta judicialia communicant in aliquo cum moralibus, in quantum scilicet à ratione derivantur; et in aliquo cum cæremonialibus, in quantum scilicet sunt quædam determinationes communium præceptorum. Et ideò quandoque sub judiciis comprehenduntur præcepta judicialia et moralia, sicut dicitur Deuter. 5, 1 : *Audi, Israel, cæremonias atque judicia;* quandoque verò judicialia et cæremonialia, sicut dicitur Lev. 18, 4 : *Facietis judicia mea, et præcepta mea servabitis :* ubi *præcepta* ad moralia referuntur, *judicia* verò ad judicialia et cæremonialia.

Ad tertium dicendum quòd actus justitiæ in generali pertinet ad præcepta moralia; sed determinatio ejus in speciali pertinet ad præcepta judicialia.

ARTICULUS V. — *Utrùm aliqua alia præcepta contineantur in lege veteri, præter moralia, judicialia et cæremonialia.* — (*Sup., art.* 4, *corp., et quodl.* 2, *art.* 8, *corp., et Gal.* 5, *lect.* 3, *et Hebr.* 7, *lect.* 2.)

Ad quintum sic proceditur. 1. Videtur quòd aliqua alia præcepta contineantur in lege veteri, præter moralia, judicialia et cæremonialia. Judicialia enim præcepta pertinent ad actum justitiæ, quæ est hominis ad hominem; cæremonialia verò pertinent ad actum religionis, quâ Deus colitur. Sed præter has sunt multæ aliæ virtutes, scilicet temperantia, fortitudo, liberalitas et aliæ plures, ut supra dictum est, quæst. 60, art. 5. Ergo præter prædicta oportet plura alia in lege veteri contineri.

2. Præterea, Deut. 11, 1, dicitur : *Ama Dominum Deum tuum, et observa ejus præcepta, et cæremonias, et judicia, atque mandata.* Sed *præcepta* pertinent ad *moralia*, ut dictum est art. præc. Ergo præter moralia, judicialia et cæremonialia, adhuc alia continentur in lege, quæ dicuntur *mandata.*

3 Præterea, Deut. 6, 17, dicitur : *Custodi præcepta Domini Dei tui, et testimonia, et cæremonias quas tibi præcepi.* Ergo præter omnia præcepta adhuc in lege *testimonia* continentur.

4. Præterea, in Psalmo 118, 93, dicitur : *In æternum non obliviscar justificationes tuas :* Glossa interl. : *Id est, legem.* Ergo præcepta legis veteris non solùm sunt moralia, cæremonialia et judicialia, sed etiam justificationes.

Sed contra est quod dicitur Deut. 6, 1 : *Hæc sunt præcepta, cæremoniæ, atque judicia, quæ mandavit Dominus Deus vobis;* et hæc ponuntur in principio legis. Ergo omnia præcepta legis sub his comprehenduntur.

Respondeo dicendum quòd in lege ponuntur aliqua tanquàm præcepta, aliqua verò tanquàm ad præceptorum impletionem ordinata. Præcepta quidem sunt de his quæ sunt agenda; ad quorum impletionem ex duobus homo inducitur, scilicet ex auctoritate præcipientis, et ex utilitate impletionis; quæ quidem est consecutio alicujus boni utilis, delectabilis, vel honesti, aut fuga alicujus mali contrarii. Oportuit igitur in veteri lege proponi quædam quæ auctoritatem Dei præcipientis indicarent, sicut illud Deuteronom. 6, 4 : *Audi Israel : Dominus Deus tuus Deus unus est;* et illud Genes. 1, 1 : *In principio creavit Deus cœlum et terram.* Et hujusmodi dicuntur *testimonia.* Oportuit etiam quòd in lege proponerentur quædam præmia observantibus legem, et pœnæ transgredientibus, ut patet Deut. 18, 1 : *Si audieris vocem Domini Dei tui.... faciet te excelsiorem cunctis gentibus,* etc. Et hujusmodi dicuntur *justificationes,* secundùm quòd Deus aliquos justè punit vel præmiat. Ipsa autem agenda sub præcepto non cadunt, nisi in quantum habent aliquam debiti rationem. Est autem duplex debitum : unum quidem secundùm regulam rationis; aliud autem secundùm regulam legis determinantis : sicut Philosophus in 5 Ethic., cap. 7, distinguit duplex justum, scilicet *morale* et *legale.* Debitum autem morale est duplex : dictat enim ratio aliquid faciendum vel tanquàm necessarium, sine quo non potest esse ordo virtutis, vel tanquàm utile ad hoc quòd ordo virtutis meliùs conservetur; et secundùm hoc quædam moralium præcisè præcipiuntur, vel prohibentur in lege, sicut : *Non occides : Non furtum facies;* et hæc propriè dicuntur *præcepta.* Quædam verò præcipiuntur vel prohibentur, non quasi præcisè debita, sed propter melius; et ista possunt dici *mandata,* quia quamdam inductionem habent et persuasionem, sicut illud Exod. 22, 26 : *Si pignus acceperis vestimentum à proximo tuo, ante solis occasum*

reddas ei, et aliqua similia. Unde Hieronymus dicit in princip. procem. in Marc. (et hab. in Gloss.), quòd *in præceptis est justitia,, in mandatis verò charitas.* Debitum autem ex determinatione legis in rebus quidem humanis pertinet ad judicialia, in rebus autem divinis ad cæremonialia. Quamvis etiam ea quæ pertinent ad pœnam vel præmia, dici possint *testimonia,* in quantum sunt protestationes quædam divinæ justitiæ. Omnia verò præcepta legis possunt dici *justificationes,* in quantum sunt quædam executiones legalis justitiæ. Possunt etiam aliter mandata à præceptis distingui, ut *præcepta* dicantur quæ Deus per seipsum jussit, *mandata* autem quæ per alios mandavit, ut ipsum nomen sonare videtur.

Ex quibus omnibus apparet quòd omnia legis præcepta continentur sub moralibus, cæremonialibus et judicialibus; alia verò non habent rationem præceptorum, sed ordinantur ad præceptorum observationem, ut dictum est hic supra.

Ad primum ergo dicendum quòd sola justitia inter alias virtutes importat rationem debiti; et ideò moralia in tantum sunt lege determinabilia, in quantum pertinent ad justitiam, cujus etiam quædam pars est religio, ut Tullius dicit, libro 2 de Inventione, aliquant. ante fin. Unde justum legale non potest esse aliquod præter cæremonialia et judicialia præcepta.

Ad alia patet responsio per ea quæ dicta sunt in corp. art.

ARTICULUS VI. — *Utrùm lex vetus debuerit inducere ad observantiam præceptorum per temporales promissiones et comminationes.* — (Sup., quæst. 91, art. 5, corp. et inf., quæst. 107, art. 1, ad 2, et 3, dist. 4, art. 2, corp., et art. 4, et Rom. 8, lect. 3, et cap. 10, et 2 Cor. 11, lect. 6.)

Ad sextum sic proceditur. 1. Videtur quòd lex vetus non debuerit inducere ad observantiam præceptorum per temporales promissiones et comminationes. Intentio enim legis divinæ est ut homines Deo subdat per timorem et amorem; unde dicitur Deut. 10, 12 : *Et nunc, Israel, quid Dominus Deus tuus petit à te, nisi ut timeas Dominum Deum tuum, et ambules in viis ejus, et diligas eum ?* Sed cupiditas rerum temporalium abducit à Deo; dicit enim Augustinus in lib. 83 QQ., qu. 36, circa princ., quòd *venenum charitatis est cupiditas.* Ergo promissiones et comminationes temporales videntur contrariari intentioni legislatoris : quod legem reprobabilem facit, ut patet per Philosophum, in 2 Polit. (implic. cap. 7).

2. Præterea, lex divina est excellentior quàm lex humana. Videmus autem in scientiis quòd quantò aliqua est altior, tantò per altiora media procedit. Ergo cùm lex humana procedat ad inducendum homines per temporales comminationes et promissiones, lex divina non debuit ex his procedere, sed per aliqua majora.

3. Præterea, id non potest esse præmium justitiæ, vel pœna culpæ, quod æqualiter

evenit et bonis et malis. Sed, sicut dicitur Eccle. 9, 2 : *Universa æquè eveniunt justo et impio, bono et malo, mundo et immundo, immolanti victimas et sacrificia contemnenti.* Ergo temporalia bona vel mala non convenienter ponuntur ut pœnæ vel præmia mandatorum legis divinæ.

Sed contra est quod dicitur Isa. 1, 19 : *Si volueritis, et audieritis me, bona terræ comedetis : quod si nolueritis, et me ad iracundiam provocaveritis, gladius devorabit vos.*

Respondeo dicendum quòd, sicut in scientiis speculativis inducuntur homines ad assentiendum conclusionibus per media syllogistica, ita etiam in quibuslibet legibus homines inducuntur ad observantias præceptorum per pœnas et præmia. Videmus autem in scientiis speculativis quòd media proponuntur auditori secundùm ejus conditionem. Unde sicut oportet ordinatè in scientiis procedere, ut ex notioribus disciplina incipiat, ita etiam oportet, qui vult inducere hominem ad observantiam præceptorum, ut ex illis eum movere incipiat quæ sunt in ejus affectu; sicut pueri provocantur ad aliquid faciendum aliquibus puerilibus munusculis.

Dictum est autem supra, qu. 98, art. 1, 2 et 3, quòd lex vetus disponebat ad Christum, sicut imperfectum ad perfectum; unde dabatur populo adhuc imperfecto in comparatione ad perfectionem, quæ erat futura per Christum; et ideò populus ille comparatur puero sub pædagogo existenti, ut patet Galat. 3. Perfectio autem hominis est ut contemptis temporalibus, spiritualibus inhæreat, ut patet per illud quod Apostolus dicit Philip. 3, 13 : *Quæ quidem retrò sunt obliviscens, ad ea quæ priora sunt me extendo... Quicumque ergo perfecti sumus, hoc sentiamus.* Imperfectorum autem est quòd temporalia bona desiderent, in ordine tamen ad Deum, perversorum autem est quòd in temporalibus bonis finem constituant.

Unde legi veteri conveniebat ut per temporalia, quæ erant in affectu hominum imperfectorum, manuduceret homines ad Deum.

Ad primum ergo dicendum quòd *cupiditas,* quà homo constituit finem in temporalibus bonis, *est charitatis venenum;* sed consecutio temporalium bonorum, quæ homo desiderat in ordine ad Deum, est quædam via inducens imperfectos ad Dei amorem, secundùm illud Psalmi 48, 19 : *Confitebitur tibi, cùm benefeceris illi.*

Ad secundum dicendum quòd lex humana inducit homines ex temporalibus præmiis vel pœnis per homines inducendis; lex verò divina ex præmiis vel pœnis exhibendis per Deum; et in hoc procedit per media altiora.

Ad tertium dicendum quòd, sicut patet historias veteris Testamenti revolventi, communis status populi semper sub lege in prosperitate fuit, quamdiù legem observabant; et statim declinantes à præceptis legis divinæ, in multas adversitates incidebant. Sed aliquæ personæ particulares etiam justitiam legis observantiis in aliquas adversitates incidebant, vel quia jam erant spirituales effecti, ut per hoc magis ab affectu tempo-

ralium abstraherentur, et eorum virtus probata redderetur, aut quia opera legis exteriùs implentes, cor totum habebant in temporalibus defixum, et à Deo elongatum, secundùm quod dicitur Isai. 29, 13 : *Populus hic labiis me honorat, cor autem eorum longè est à me* (1).

QUÆSTIO C.

DE PRÆCEPTIS MORALIBUS VETERIS LEGIS.—(In duodecim articulos divisa.)

Deinde considerandum est de singulis generibus præceptorum veteris legis; et primò de præceptis moralibus; secundò de cæremonialibus; tertiò de judicialibus.

Circa primum quæruntur duodecim : 1° utrùm omnia præcepta moralia veteris legis sint de lege naturæ; 2° utrùm præcepta moralia veteris legis sint de actibus omnium virtutum; 3° utrùm omnia præcepta moralia veteris legis reducantur ad decem præcepta decalogi; 4° de distinctione præceptorum decalogi; 5° de numero eorum; 6° de ordine; 7° de modo tradendi ipsa; 8° utrùm sint dispensabilia; 9° utrùm modus observandi virtutem cadat sub præcepto; 10° utrùm modus charitatis cadat sub præcepto; 11° de distinctione aliorum præceptorum moralium; 12° utrùm præcepta moralia veteris legis justificent.

ARTICULUS PRIMUS. — *Utrùm omnia præcepta moralia pertineant ad legem naturæ.* — (Sup., quæst. 49, art. 3, ad 2, et art. 4, corp., et inf., qu. 104, art. 1, corp., et Marc. 13, com. 2.)

Ad primum sic proceditur. 1. Videtur quòd non omnia præcepta moralia pertineant ad legem naturæ. Dicitur enim Eccli. 17, 9 : *Addidit illis disciplinam, et legem vitæ hæreditavit illos.* Sed disciplina dividitur contra legem naturæ, eò quòd lex naturalis non addiscitur, sed ex naturali instinctu habetur. Ergo non omnia præcepta moralia sunt de lege naturæ.

2. Præterea, lex divina perfectior est quàm lex humana. Sed lex humana superaddit aliqua ad bonos mores pertinentia, his quæ sunt de lege naturæ : quod patet ex hoc quòd lex naturæ est eadem apud omnes; hujusmodi autem morum instituta sunt diversa apud diversos. Ergo multò fortiùs divina lex aliqua ad bonos mores pertinentia debuit addere supra legem naturæ.

3. Præterea, sicut ratio naturalis inducit ad aliquos bonos mores, ita et fides; unde etiam dicitur ad Gal. 5, 6, quòd *fides per dilectionem operatur.* Sed fides non continetur sub lege naturæ, quia ea quæ sunt fidei, sunt supra rationem naturalem. Ergo non omnia præcepta moralia legis divinæ pertinent ad legem naturæ.

Sed contra est quod Apostolus dicit Rom. 2, 14, quòd *gentes quæ legem non habent, naturaliter ea quæ legis sunt, faciunt;* quod oportet intelligi ad illa quæ pertinent ad bonos mores. Ergo omnia moralia præcepta legis sunt de lege naturæ.

Respondeo dicendum quòd præcepta mora-

(1) Sic refertur Matth. 15, 6; at loc. cit.: *Appropinquat populus iste ore suo, labiis suis glorificat me; cor autem ejus longè est à me.*

lia à cæremonialibus et judicialibus sunt distincta. Moralia enim sunt de illis quæ secundùm se ad bonos mores pertinent. Cùm autem humani mores dicantur in ordine ad rationem, quæ est proprium principium humanorum actuum, illi mores dicantur boni, qui rationi congruunt; mali autem, qui à ratione discordant. Sicut autem omne judicium rationis speculativæ procedit à naturali cognitione primorum principiorum, ita etiam omne judicium rationis practicæ procedit ex quibusdam principiis naturaliter cognitis, ut supra dictum est, qu. 94, art. 2 et 4, ex quibus diversimodè procedi potest ad judicandum de diversis. Quædam enim sunt in humanis actibus adeò explicita, quòd statim cum modicâ consideratione possunt approbari vel reprobari per illa communia et prima principia. Quædam verò sunt ad quorum judicium requiritur multa consideratio diversarum circumstantiarum, quas considerare diligenter non est cujuslibet, sed sapientum; sicut considerare particulares conclusiones scientiarum non pertinet ad omnes, sed ad solos philosophos. Quædam verò sunt ad quæ dijudicanda indiget homo adjuvari per instructionem divinam, sicut est circa credenda.

Sic igitur patet quòd cùm moralia præcepta sint de his quæ pertinent ad bonos mores, hæc autem sunt quæ rationi conveniunt, omne autem rationis humanæ judicium aliqualiter à naturali ratione derivatur; necesse est quòd omnia præcepta moralia pertineant ad legem naturæ, sed diversimodè.

Quædam enim sunt quæ statim per se ratio naturalis cujuslibet hominis dijudicat esse facienda vel non facienda; sicut : *Honora patrem tuum, et matrem*, et : *Non occides; non furtum facies*; et hujusmodi sunt absolutè de lege naturæ. Quædam verò sunt quæ subtiliori consideratione rationis à sapientibus judicantur esse observanda; et ista sic sunt de lege naturæ, ut tamen indigeant disciplinâ, quâ minores à sapientibus instruantur, sicut illud : *Coram cano capite consurge, et honora personam senis*, et alia hujusmodi. Quædam verò sunt ad quæ judicanda ratio humana indiget instructione divinâ, per quam erudimur de divinis, sicut est illud : *Non facies tibi sculptile, neque omnem similitudinem; non assumes nomen Dei tui in vanum.*

Et per hoc patet responsio ad objecta.

ARTICULUS II. — *Utrùm præcepta moralia legis sint de omnibus actibus virtutum.* — (*Sup., quæst. 49, art. 3, ad 2, et art. 4, corp., et infra, qu. 104, art. 1, corp., et Matth. 23, corp. 2.*)

Ad secundum sic proceditur. 1. Videtur quòd præcepta moralia legis non sint de omnibus actibus virtutum. Observatio enim præceptorum veteris legis *justificatio* nominatur, secundùm illud Psalm. 118, 8 : *Justificationes tuas custodiam.* Sed justificatio est executio justitiæ. Ergo præcepta moralia non sunt nisi de actibus justitiæ.

2. Præterea, id quod cadit sub præcepto, habet rationem debiti. Sed ratio debiti non pertinet ad alias virtutes, nisi ad solam justitiam, cujus proprius actus est reddere unicuique debitum. Ergo præcepta legis moralia non sunt de actibus aliarum virtutum, sed solùm de actibus justitiæ.

3. Præterea, omnis lex ponitur propter bonum commune, ut dicit Isidorus, libro 5 Etymolog., cap. 21. Sed inter virtutes sola justitia respicit bonum commune, ut Philosophus dicit in 5 Ethicor., cap. 1 et 2, et 11. Ergo præcepta moralia sunt solùm de actibus justitiæ.

Sed contra est quod Ambrosius dicit in lib. de Parad., cap. 8, ante med., quòd *peccatum est transgressio legis divinæ, et cælestium inobedientia mandatorum.* Sed peccata contrariantur omnibus actibus virtutum. Ergo lex divina habet ordinare de actibus omnium virtutum.

Respondeo dicendum quòd, cùm præcepta legis ordinentur ad bonum commune, sicut supra habitum est, qu. 90, art. 2, necesse est quòd præcepta legis diversificentur secundùm diversos modos communitatum. Unde Philosophus in suâ Polit., lib. 3, cap. 9, et lib. 4, cap. 1, docet quòd alias leges oportet statuere in civitate quæ regitur à rege, et alias in eâ quæ regitur per populum vel per aliquos potentes de civitate. Est autem alius modus communitatis ad quam ordinatur lex humana, et ad quam ordinatur lex divina. Lex enim humana ordinatur ad communitatem civilem, quæ est hominum ad invicem. Homines autem ordinantur ad invicem per exteriores actus, quibus homines sibi invicem communicant. Hujusmodi autem communicatio pertinet ad rationem justitiæ, quæ est propriè directiva communitatis humanæ. Et ideò lex humana non proponit præcepta, nisi de actibus justitiæ; et si præcipiat actus aliarum virtutum, hoc non est nisi in quantum assumunt rationem justitiæ, ut patet per Philosophum, in 5 Ethic., cap. 1, à med. Sed communitas ad quam ordinat lex divina, est hominum ad Deum vel in præsenti, vel in futurâ vitâ. Et ideò lex divina præcepta proponit de omnibus illis per quæ homines benè ordinentur ad communicationem cum Deo. Homo autem Deo conjungitur ratione, sive mente, in quâ est Dei imago; et ideò lex divina præcepta proponit de omnibus illis per quæ ratio hominis benè ordinata est.

Hoc autem contingit per actus omnium virtutum. Nam virtutes intellectuales ordinant benè actus rationis in seipsis, virtutes autem morales ordinant benè actus rationis circa interiores passiones et exteriores operationes. Et ideò manifestum est quòd lex divina convenienter proponit præcepta de actibus omnium virtutum, ita tamen quòd quædam sine quibus ordo virtutis, qui est ordo rationis, observari non potest, cadunt sub obligatione præcepti; quædam verò quæ pertinent ad benè esse virtutis perfectæ, cadunt sub admonitione consilii.

Ad primum ergo dicendum quòd adimpletio mandatorum legis, etiam quæ sunt de actibus aliarum virtutum, habet rationem justificationis, in quantum justum est ut homo obediat Deo, vel etiam in quantum justum est quòd omnia quæ sunt hominis, rationi sub-dantur.

Ad secundum dicendum quòd justitia pro-priè dicta attendit debitum unius hominis ad alium: sed in omnibus aliis virtutibus atten-ditur debitum inferiorum virium ad ratio-nem; et secundùm rationem hujus debiti Philosophus assignat, in 5 Ethic., cap. ult., quamdam justitiam metaphoricam.

Ad tertium patet responsio per ea quæ di-cta sunt de diversitate communitatis.

ARTICULUS III. — *Utrùm omnia præcepta mo-ralia veteris legis reducantur ad decem præ-cepta decalogi.* — (*Inf., art. 2, et 2-2, qu. 122, art. 6 et 9, ad 2, et 3, dist. 37, art. 2, quæst. 1, corp., et 4, per tot., et Mal. quæst. 14, art. 2, ad 14, et quodl. 7, art. 17, ad 8.*)

Ad tertium sic proceditur. 1. Videtur quòd non omnia præcepta moralia veteris legis re-ducantur ad decem præcepta decalogi. Prima enim et principalia legis præcepta sunt : *Di-liges Dominum Deum tuum, et diliges proxi-mum tuum*, ut habetur Matth. 22, 37. Sed ista duo non continentur in præceptis decalogi. Ergo non omnia præcepta moralia continen-tur in præceptis decalogi.

2. Præterea, præcepta moralia non redu-cuntur ad præcepta cæremonialia, sed potiùs è converso. Sed inter præcepta decalogi est unum cæremoniale, scilicet : *Memento ut diem sabbati sanctifices.* Ergo omnia præcepta mo-ralia non reducuntur ad præcepta decalogi.

3. Præterea, præcepta moralia sunt de omnibus actibus virtutum. Sed inter præce-pta decalogi ponuntur sola præcepta perti-nentia ad actus justitiæ, ut patet discurrenti per singula. Ergo præcepta decalogi non con-tinent omnia præcepta moralia.

Sed contra est quod, Matth. 5, super illud : *Beati estis, cùm maledixerint,* etc., dicit Glossa ordin., quòd *Moyses decem præcepta propo-nens, postea per partes explicat.* Ergo omnia præcepta legis sunt quædam partes præce-ptorum decalogi.

Respondeo dicendum quòd præcepta deca-logi ab aliis præceptis legis differunt in hoc quòd præcepta decalogi per seipsum Deus di-citur populo proposuisse; alia verò præcepta proposuit populo per Moysen. Illa ergo præ-cepta ad decalogum pertinent, quorum noti-tiam homo habet per seipsum à Deo. Hujus-modi verò sunt illa quæ statim ex principiis communibus primis cognosci possunt modicâ consideratione; et iterum illa quæ statim ex fide divinitùs infusâ innotescunt. Inter præ-cepta ergo decalogi non computantur duo ge-nera præceptorum : illa scilicet quæ sunt prima et communia, quorum non oportet ali-quam editionem esse, nisi quòd sunt scri-pta in ratione naturali, quasi per se nota, sicut quòd homo nulli debet malefacere, et alia hujusmodi; et iterùm illa quæ per dili-gentem inquisitionem sapientum inveniuntur rationi convenire; hæc enim proveniunt à Deo ad populum, mediante disciplinâ sapientum.

Utraque tamen horum præceptorum conti-nentur in præceptis decalogi, sed diversi-modè · nam illa quæ sunt prima et commu-

nia, continentur in eis sicut principia in conclusionibus proximis; illa verò quæ per sapientes cognoscuntur, continentur in eis è converso sicut conclusiones in principiis.

Ad primum ergo dicendum quòd illa duo præcepta sunt prima et communia præcepta legis naturæ, quæ sunt per se nota rationi hu-manæ vel per naturam, vel per fidem; et ideò omnia præcepta decalogi ad illa duo referun-tur, sicut conclusiones ad principia communia.

Ad secundum dicendum quòd præceptum de observatione sabbati est secundùm aliquid morale, in quantum scilicet per hoc præcipi-tur quòd homo aliquo tempore vacet rebus divinis, secundùm illud Psalm. 45, 11 : *Va-cate, et videte, quoniam ego sum Deus*; et se-cundùm hoc inter præcepta decalogi compu-tatur; non autem quantùm ad taxationem tem-poris, quia secundùm hoc est cæremoniale.

Ad tertium dicendum quòd ratio debiti in aliis virtutibus est magis latens quàm in ju-stitiâ; et ideò præcepta de actibus aliarum virtutum non sunt ita nota populo, sicut præ-cepta de actibus justitiæ; et propter hoc actus justitiæ specialiter cadunt sub præceptis de-calogi, quæ sunt prima legis elementa.

ARTICULUS IV. — *Utrùm præcepta decalogi con-venienter distinguantur.* — (*Inf., art. 5, et 3, dist. 17, in exp. litt., princ.*)

Ad quartum sic proceditur. 1. Videtur quòd inconvenienter præcepta decalogi distinguan-tur. Latria enim est alia virtus à fide. Sed præ-cepta dantur de actibus virtutum, et hoc quod dicitur in principio decalogi : *Non habebis deos alienos coram me*, pertinet ad fidem; quod autem subditur : *Non facies sculptile*, etc., pertinet ad latriam. Ergo duo sunt præcepta, et non unum, sicut Augustinus dicit, quæst. 71 in Exod., à princ.

2. Præterea, præcepta affirmativa in lege distinguuntur à negativis, sicut : *Honora pa-trem et matrem*, et : *Non occides.* Sed hoc quod dicitur : *Ego sum Dominus Deus tuus*, est af-firmativum; quod autem subditur : *Non ha-bebis deos alienos coram me*, est negativum. Ergo sunt duo præcepta, et non continentur sub uno, ut Augustinus ponit loc. cit.

3. Præterea, Apostolus ad Rom. 7, 7, dicit : *Concupiscentiam nesciebam, nisi lex diceret : Non concupisces*; et sic videtur quòd hoc præceptum : *Non concupisces*, sit unum præ-ceptum. Non ergo debuit distingui in duo.

Sed contra est auctoritas Augustini in Glossâ super Exod., loc. cit., ubi ponit tria præcepta pertinentia ad Deum, et septem ad proximum.

Respondeo dicendum quòd præcepta deca-logi diversimodè à diversis distinguuntur : Hesychius enim, Levit. 26, lib. 7 Comment., cap. 26, super illud : *Decem mulieres in uno clibano coquunt panes*, dicit præceptum de observatione sabbati non esse de decem præ-ceptis, quia non est observandum secundùm litteram secundùm omne tempus. Distinguit tamen quatuor præcepta pertinentia ad Deum, ut primum sit : *Ego sum Dominus Deus tuus*; secundum sit : *Non habebis deos alienos co-ram me*; et sic etiam distinguit hæc duo Hie-ronymus, Oseæ 10, super illud : *Propter duas iniquitates tuas.* Tertium verò præceptum esse dicit : *Non facies tibi sculptile* ; quartum verò : *Non assumes nomen Dei tui in vanum.* Pertinentia verò ad proximum dicit esse sex ; ut primum sit : *Honora patrem et matrem tuam* ; secundum : *Non occides* ; tertium : *Non mœchaberis* ; quartum : *Non furtum facies* ; quintum : *Non falsum testimonium dices* ; sextum : *Non concupisces.*

Sed primò hoc videtur inconveniens quòd præceptum de observatione sabbati præceptis decalogi interponatur, si nullo modo ad decalogum pertineat. Secundò, quia cùm scriptum sit Matth. 6, 24 : *Nemo potest duobus dominis servire,* ejusdem rationis esse videtur, et sub eodem præcepto cadere : *Ego sum Dominus Deus tuus,* et : *Non habebis deos alienos.*

Unde Origenes, hom. 8 in Exod., distinguens etiam quatuor præcepta ordinantia ad Deum, ponit ista duo pro uno præcepto ; secundum verò ponit : *Non facies sculptile* ; tertium verò : *Non assumes nomen Dei tui in vanum* ; quartum : *Memento ut diem sabbati sanctifices.* Alia verò sex ponit, sicut Hesychius.

Sed quia facere sculptile vel similitudinem non est prohibitum nisi secundùm hoc, ut non colantur pro diis (nam in tabernaculo Deus præcepit fieri imaginem Seraphim, ut dicitur Exod. 25), convenientiùs Augustinus, loc. sup. cit., ponit sub uno præcepto : *Non habebis deos alienos,* et : *Non facies sculptile.* Similiter etiam concupiscentia uxoris alienæ ad commixtionem pertinet ad *concupiscentiam carnis.* Concupiscentiæ autem aliarum rerum, quæ desiderantur ad possidendum, pertinent ad *concupiscentiam oculorum.* Unde etiam Augustinus, ibid., ponit duo præcepta de non concupiscendo rem alienam et uxorem alienam ; et sic ponit tria præcepta in ordine ad Deum, et septem in ordine ad proximum ; et hoc melius est.

Ad primum ergo dicendum quòd latria non est nisi quædam protestatio fidei. Unde non sunt alia præcepta danda de latriâ, et alia de fide. Potiùs tamen sunt aliqua præcepta danda de latriâ quàm de fide, quia præceptum fidei præsupponitur ad præcepta decalogi, sicut præceptum dilectionis. Sicut enim prima præcepta communia legis naturæ sunt per se nota habenti rationem naturalem, et promulgatione non indigent, ita etiam et hoc quod est credere in Deum, est primum et per se notum ei qui habet fidem. *Accedentem enim ad Deum oportet credere quia est,* ut dicitur ad Hebr. 11, 6. Et ideò non indiget aliâ promulgatione, nisi infusione fidei.

Ad secundum dicendum quòd præcepta affirmativa distinguuntur à negativis, quando unum non comprehenditur in alio ; sicut in honoratione parentum non includitur quòd nullus homo occidatur, nec è converso ; et propter hoc dantur diversa præcepta super hoc. Sed quando affirmativum comprehenditur sub negativo, vel è converso, non dantur super hoc diversa præcepta ; sicut non datur aliud præceptum de hoc quod est : *Non furtum facies,* et de hoc quod est *conservare rem alienam,* vel *restituere eam* ; et eâdem ratione

non sunt diversa præcepta de credendo in Deum, et de hoc quòd non credatur in alienos deos.

Ad tertium dicendum quòd omnis concupiscentia convenit in unâ communi ratione ; et ideò Apostolus singulariter de mandato concupiscendi loquitur. Quia tamen in speciali diversæ sunt rationes concupiscendi, ideò Augustinus, loc. sup. cit., distinguit diversa præcepta de non concupiscendo ; differunt enim specie concupiscentiæ secundùm diversitatem actionum vel concupiscibilium, ut Philosophus dicit in 10 Ethic., cap. 5.

ARTICULUS V. — *Utrùm præcepta decalogi convenienter enumerentur.* — (3, dist. 37, art. 2, quæst. 2, et 3 cont., cap. 120, fin., et 142.)

Ad quintum sic proceditur. 1. Videtur quòd inconvenienter præcepta decalogi enumerentur. Peccatum enim, ut Ambrosius dicit, lib. de Parad., cap. 8, ante med., est *transgressio legis divinæ, et cælestium inobedientia mandatorum.* Sed peccata distinguuntur per hoc quòd homo peccat vel in Deum, vel in proximum, vel in seipsum. Cùm igitur in præceptis decalogi non ponantur aliqua præcepta ordinantia hominem ad seipsum, sed solùm ordinantia ipsum ad Deum et proximum, videtur quòd insufficiens sit enumeratio præceptorum decalogi.

2. Præterea, sicut ad cultum Dei pertinebat observatio sabbati, ita etiam observatio aliarum solemnitatum, et immolatio sacrificiorum. Sed inter præcepta decalogi est unum pertinens ad observantiam sabbati. Ergo etiam debent esse aliqua pertinentia ad alias solemnitates, et ad ritum sacrificiorum.

3. Præterea, sicut contra Deum peccare contingit perjurando, ita etiam blasphemando, vel aliàs contra doctrinam divinam mentiendo. Sed ponitur unum præceptum prohibens perjurium, cùm dicitur : *Non assumes nomen Dei tui in vanum.* Ergo peccatum blasphemiæ et falsæ doctrinæ debent aliquo præcepto decalogi prohiberi.

4. Præterea, sicut homo naturalem dilectionem habet ad parentes, ita etiam ad filios : mandatum etiam charitatis ad omnes proximos extenditur. Sed præcepta decalogi ordinantur ad charitatem, secundùm illud 1 Timoth.1, 5 : *Finis præcepti charitas est.* Ergo sicut ponitur quoddam præceptum pertinens ad parentes, ita etiam debuerunt poni aliqua præcepta pertinentia ad filios et alios proximos.

5. Præterea, in quolibet genere peccati contingit peccare corde et opere. Sed in quibusdam generibus peccatorum, scilicet in furto et adulterio, seorsùm prohibetur peccatum operis, cùm dicitur : *Non mœchaberis : Non furtum facies* ; et seorsùm peccatum cordis, cùm dicitur : *Non concupisces rem proximi tui,* et : *Non concupisces uxorem proximi tui.* Ergo etiam idem debuit poni in peccato homicidii et falsi testimonii.

6. Præterea, sicut contingit peccatum provenire ex inordinatione concupiscibilis, ita etiam ex inordinatione irascibilis. Sed quibusdam præceptis prohibetur inordinata concupiscentia, cùm dicitur : *Non concupisces.* Ergo etiam aliqua præcepta in decalogo do-

buerunt poni per quæ prohiberetur inordinatio irascibilis. Non ergo videtur quòd convenienter decem præcepta decalogi enumerentur.

Sed contra est quod dicitur Deuteron. 4, 13 : *Ostendit vobis pactum suum, quod præcepit ut faceretis, et decem verba, quæ scripsit in duabus tabulis lapideis.*

Respondeo dicendum quòd, sicut supra dictum est, art. 2 hujus quæst., sicut præcepta legis humanæ ordinant hominem ad quamdam communitatem humanam, ita præcepta legis divinæ ordinant hominem ad quamdam communitatem seu rempublicam hominum sub Deo. Ad hoc autem quòd aliquis in aliquâ communitate benè commoretur, duo requiruntur : quorum primum est ut benè se habeat ad eum qui præest communitati; aliud autem est ut homo benè se habeat ad alios communitatis consocios et comparticipes. Oportet igitur quòd in lege divinâ primò ferantur quædam præcepta ordinantia hominem ad Deum, et inde alia quædam præcepta ordinantia hominem ad alios proximos simul conviventes sub Deo.

Principi autem communitatis tria debet homo, primò fidelitatem, secundò reverentiam, tertiò famulatum. Fidelitas quidem ad dominum in hoc consistit ut honorem principatûs ad alium non deferat; et quantùm ad hoc accipitur primum præceptum, cùm dicitur : *Non habebis deos alienos.* Reverentia autem ad dominum requirit (1) ut nihil injuriosum in eum committatur; et quantùm ad hoc accipitur secundum præceptum, quod est : *Non assumes nomen Domini Dei tui in vanum.* Famulatus autem debetur domino in recompensationem beneficiorum quæ ab ipso percipiunt subditi; et ad hoc pertinet tertium præceptum de sanctificatione sabbati in memoriam creationis rerum.

Ad proximos autem aliquis benè se habet et specialiter, et generaliter. Specialiter quidem quantùm ad illos quorum est debitor, ut eis debitum reddat; et quantùm ad hoc accipitur præceptum de honoratione parentum. Generaliter autem quantùm ad omnes, ut nulli nocumentum inferatur neque opere, neque ore, neque corde. Opere quidem infertur nocumentum proximo, quandoque quidem in propriam personam, quantùm ad consistentiam personæ; et hoc prohibetur per hoc quod dicitur : *Non occides* : quandoque autem in personam conjunctam, quantùm ad propagationem prolis; et hoc prohibetur, cùm dicitur : *Non mœchaberis;* quandoque autem in rem possessam, quæ ordinatur ad utrumque, et quantùm ad hoc dicitur : *Non furtum facies.* Nocumentum autem oris prohibetur, cùm dicitur : *Non loqueris contra proximum tuum falsum testimonium.* Nocumentum autem cordis prohibetur, cùm dicitur: *Non concupisces.*

Et secundùm hanc etiam differentiam possent distingui tria præcepta ordinantia in Deum : quorum primum pertinet ad opus;

unde ibi dicitur : *Non facies sculptile.* Secundum ad os; unde dicitur : *Non assumes nomen Dei tui in vanum.* Tertium pertinet ad cor, quia in sanctificatione sabbati, secundùm quòd est morale præceptum, præcipitur quies cordis in Deum.

Vel secundùm Augustinum, conc. 1 in Psal. 32, ante med., per primum præceptum reveremur unitatem primi principii, per secundum veritatem divinam; per tertium ejus bonitatem, quâ sanctificamur, et in quâ quiescimus sicut in fine.

Ad primum ergo potest responderi dupliciter : primò quidem quia præcepta decalogi referuntur ad præcepta dilectionis. Fuit autem dandum præceptum homini de dilectione Dei et proximi, quia quantùm ad hoc lex naturalis obscurata erat propter peccatum; non autem quantùm ad dilectionem sui ipsius, quia quantùm ad hoc lex naturalis vigebat; vel quia etiam dilectio sui ipsius includitur in dilectione Dei et proximi; in hoc enim homo verè se diligit quòd se ordinat in Deum. Et ideò in præceptis decalogi ponuntur solùm præcepta pertinentia ad proximum et ad Deum.

Aliter potest dici quòd præcepta decalogi sunt illa quæ immediatè populus recipit à Deo : unde dicitur Deuter. 10, 4 : *Scripsit in tabulis juxta id quod priùs scripserat, verba decem, quæ locutus est ad vos Dominus.* Unde oportet præcepta decalogi talia esse quæ statim in mentem populi cadere possint. Præceptum autem habet rationem debiti. Quòd autem homo ex necessitate debeat aliquid Deo vel proximo, hoc de facili cadit in conceptionem hominis, et præcipuè fidelis. Sed quòd aliquid ex necessitate sit debitum homini de his quæ pertinent ad seipsum, et non ad alium, hoc non ita in promptu apparet. Videtur enim primo aspectu quòd quilibet sit liber in his quæ ad ipsum pertinent. Et ideò præcepta quibus prohibentur inordinationes hominis ad ipsum, perveniunt ad populum mediante instructione sapientum. Unde non pertinent ad decalogum.

Ad secundum dicendum quòd omnes solemnitates legis veteris sunt institutæ in commemorationem alicujus divini beneficii vel præteriti commemorati, vel futuri præfigurati; et similiter propter hoc omnia sacrificia offerebantur. Inter omnia autem beneficia Dei commemoranda primum et præcipuum erat beneficium creationis, quod commemoratur in sanctificatione sabbati. Unde Exod. 20, 11, pro ratione hujus præcepti ponitur: *Sex enim diebus fecit Deus cœlum et terram,* etc. Inter omnia autem futura beneficia, quæ erant præfiguranda, præcipuum et finale erat quies mentis in Deo, vel in præsenti per gratiam, vel in futuro per gloriam; quæ etiam figurabatur per observantiam sabbati. Unde dicitur Isa. 63, 13 : *Si averteris à sabbato pedem tuum, facere voluntatem tuam in die sancto meo, et vocaveris sabbatum delicatum, et sanctum Domini gloriosum.* Hæc enim beneficia primò et principaliter sunt in mente hominum, maximè fidelium. Aliæ verò solemnitates celebrantur propter aliqua particularia beneficia temporaliter transeuntia ; sicut celebratio Phase propter beneficium præteritæ liberationis ex Ægypto, et propter futuram passionem Christi ; quæ temporaliter transivit, inducens nos in quietem sabbati spiritualis. Et ideò, prætermissis omnibus aliis solemnitatibus et sacrificiis, de solo sabbato fiebat mentio inter præcepta decalogi.

Ad tertium dicendum quòd sicut Apostolus dicit ad Hebr. 6, 16 : *Homines per majorem se jurant ; et omnis controversiæ eorum finis ad confirmationem est juramentum.* Et ideò quia juramentum est omnibus commune , propter hoc inordinatio circa juramentum specialiter præcepto decalogi prohibetur (1). Peccatum verò falsæ doctrinæ non pertinet nisi ad paucos ; unde non oportebat ut de hoc fieret mentio inter præcepta decalogi ; quamvis etiam quantùm ad aliquem intellectum in hoc quod dicitur : *Non assumes nomen Dei tui in vanum*, prohiberetur falsitas doctrinæ ; una enim Glossa (scil. interl.) exponit : *Non dices Christum esse creaturam.*

Ad quartum dicendum quòd statim ratio naturalis homini dictat quòd nulli injuriam faciat ; et ideò præcepta decalogi prohibentia nocumentum extendunt se ad omnes. Sed ratio naturalis non statim dictat quòd aliquid sit pro alio faciendum, nisi cui homo aliquid debet. Debitum autem filii ad patrem adeò est manifestum, quòd nullá tergiversatione potest negari, eò quòd pater est principium generationis et esse, et insuper educationis et doctrinæ ; et ideò non ponitur sub præcepto decalogi ut aliquod beneficium vel obsequium alicui impendatur, nisi parentibus ; parentes autem non videntur esse debitores filiis propter aliqua beneficia suscepta, sed potiùs è converso ; filius etiam est aliquid patris, et patres amant filios *ut aliquid ipsorum*, sicut dicit Philosophus in 8 Ethic., cap. 12, circa princ. Unde eisdem rationibus non ponuntur aliqua præcepta decalogi pertinentia ad amorem filiorum, sicut neque etiam aliqua ordinantia hominem ad seipsum.

Ad quintum dicendum quòd delectatio adulterii et utilitas divitiarum sunt propter se ipsa appetibilia, in quantum habent rationem boni delectabilis vel utilis ; et propter hoc oportuit in eis prohiberi non solùm opus, sed etiam concupiscentiam. Sed homicidium et falsitas sunt secundùm se ipsa horribilia (quia proximus et veritas naturaliter amantur), et non desiderantur nisi propter aliud ; et ideò non oportuit circa peccatum homicidii et falsi testimonii prohibere peccatum cordis, sed solùm operis.

Ad sextum dicendum quòd, sicut supra dictum est, quæst. 23, art. 1, omnes passiones irascibilis derivantur à passionibus concupiscibilis ; et ideò in præceptis decalogi, quæ sunt quasi prima elementa legis , non erat

mentio facienda de passionibus irascibilis, sed solùm de passionibus concupiscibilis.

ARTICULUS VI. — *Utrùm convenienter ordinentur decem præcepta decalogi.* — (3, dist. 37, art. 2, quæst. 3.)

Ad sextum sic proceditur. 1. Videtur quòd inconvenienter ordinentur decem præcepta decalogi. Dilectio enim proximi videtur esse prævia ad dilectionem Dei, quia proximus est nobis magis notus quàm Deus, secundùm illud 1 Joan. 4, 20 : *Qui fratrem suum, quem videt, non diligit, Deum, quem non videt, quomodò potest diligere?* Sed tria prima præcepta pertinent ad dilectionem Dei, septem verò alia ad dilectionem proximi. Ergo inconvenienter præcepta decalogi ordinantur.

2. Præterea, per præcepta affirmativa imperantur actus virtutum ; per præcepta verò negativa prohibentur actus vitiorum. Sed, secundùm Boetium, in comment. Prædicamentorum (implic. lib. 4, in cap. *de Opp.*, à med.), *priùs sunt extirpanda vitia quàm inserantur virtutes.* Ergo inter præcepta pertinentia ad proximum primò ponenda fuerunt præcepta negativa quàm affirmativa.

3. Præterea, præcepta legis dantur de actibus hominum. Sed prior est actus cordis quàm oris, vel exterioris operis. Ergo inconvenienti ordine præcepta de non concupiscendo, quæ pertinent ad cor, ultimò ponuntur.

Sed contra est quod Apostolus dicit Rom. 13, 1 : *Quæ à Deo sunt, ordinata sunt.* Sed præcepta decalogi sunt immediatè data à Deo, ut dictum est art. 3 hujus quæst. Ergo convenientem ordinem habent.

Respondeo dicendum quòd, sicut dictum est ibid., et art. 5, ad 1, præcepta decalogi dantur de his quæ statim in promptu mens hominis suscipit. Manifestum est autem quòd tantò aliquid magis à ratione suscipitur, quantò contrarium est gravius et magis repugnans rationi. Manifestum est autem quòd cùm rationis ordo à fine incipiat, maximè est contra rationem ut homo inordinatè habeat se circa finem. Finis autem humanæ vitæ et societatis est Deus. Et ideò primò oportuit per præcepta decalogi hominem ordinare ad Deum, cùm ejus contrarium sit gravissimum ; sicut etiam in exercitu, qui ordinatur ad ducem sicut ad finem, primum est quòd miles subdatur duci ; et hujus contrarium est gravissimum ; secundùm verò ut aliis coordinetur. Inter ipsa autem per quæ ordinamur in Deum, primum occurrit quòd homo fideliter ei subdatur, nullam participationem cum inimicis habens ; secundum autem est quòd ei reverentiam exhibeat ; tertium autem est quòd etiam famulatum impendat. Majusque peccatum est in exercitu, si miles infideliter agens cum hoste pactum habeat, quàm si aliquam irreverentiam faciat duci ; et hoc est etiam gravius quam si in aliquo obsequio ducis deficiens inveniatur.

In præceptis autem ordinantibus ad proximum manifestum est quòd magis repugnat rationi et gravius peccatum est, si homo non servet ordinem debitum ad personas quibus est magis debitor. Et ideò inter præcepta ordinantia ad proximum primò ponitur præceptum

(Vingt-cinq.)

pertinens ad parentes. Inter alia verò præcepta etiam apparet ordo secundùm ordinem gravitatis peccatorum; gravius est enim et magis rationi repugnans peccare opere quàm ore, et ore quàm corde; et inter peccata operis gravius est homicidium, per quod tollitur vita hominis jam existentis, quàm adulterium, per quod impeditur certitudo prolis nasciuræ; et adulterium gravius est quàm furtum, quod pertinet ad bona exteriora.

Ad primum ergo dicendum quòd quamvis secundùm viam sensûs proximus sit magis notus quàm Deus, tamen dilectio Dei est ratio dilectionis proximi, ut infra patebit, 2-2, qu. 25, art. 1, et qu. 26, art. 2. Et ideò præcepta ordinantia ad Deum fuerunt præordinanda.

Ad secundum dicendum quòd sicut Deus est universalis causa et principium essendi omnibus, ita et pater est principium quoddam essendi filio; et ideò convenienter post præcepta pertinentia ad Deum ponitur præceptum pertinens ad parentes. Ratio autem procedit quando affirmativa et negativa pertinent ad idem genus operis, quamvis etiam et in hoc non habeat omnimodam efficaciam : etsi enim in executione operis priùs extirpanda sint vitia quàm inserendæ virtutes, secundùm illud Ps. 33, 15 : *Declina* (1) *à malo, et fac bonum*; et Isai. 1, 16 : *Quiescite agere perversè, discite benè facere*; tamen cognitione prior est virtus quàm peccatum, quia *per rectum cognoscitur obliquum*, ut dicitur in 1 de Animâ, text. 85. Per legem autem cognitio peccati habetur, ut Roman. 5 dicitur; et secundùm hoc præceptum affirmativum debuisset primò poni. Sed non est ista ratio ordinis, sed quæ supra posita est, in corp. art., quia in præceptis pertinentibus ad Deum, quæ sunt *primæ tabulæ*, ultimò ponitur præceptum affirmativum, quia ejus transgressio minorem reatum inducit.

Ad tertium dicendum quòd etsi peccatum cordis sit prius in executione, tamen ejus prohibitio posteriùs cadit in ratione.

ARTICULUS VII. — *Utrùm præcepta decalogi convenienter tradantur.* — (3, dist. 27, art. 2, quæst. 1.)

Ad septimum sic proceditur. 1. Videtur quòd præcepta decalogi inconvenienter tradantur. Præcepta enim affirmativa ordinant ad actus virtutum; præcepta autem negativa abstrahunt ab actibus vitiorum. Sed circa quamlibet materiam opponuntur sibi virtutes et vitia. Ergo in quálibet materiâ, de quâ ordinat præceptum decalogi, debuit poni præceptum affirmativum et negativum. Inconvenienter igitur ponuntur quædam affirmativa, et quædam negativa.

2. Præterea, Isidorus dicit, lib. 2 Etymol., cap. 10, quòd *omnis lex ratione constat*. Sed omnia præcepta decalogi pertinent ad legem divinam. Ergo in omnibus debuit ratio assignari, et non solùm in primo et tertio præcepto.

3. Præterea, per observantiam præceptorum meretur aliquis præmia à Deo. Sed di-

vinæ promissiones sunt de præmiis præceptorum. Ergo promissio debuit poni in omnibus præceptis, et non solùm in primo et quarto.

4. Præterea, lex vetus dicitur *lex timoris*, in quantum per comminationes pœnarum inducebat ad observationes præceptorum. Sed omnia præcepta decalogi pertinent ad legem veterem. Ergo in omnibus debuit poni comminatio pœnæ, et non solùm in primo et secundo.

5. Præterea, omnia præcepta Dei sunt in memoriâ retinenda; dicitur enim Proverb. 3, 3 : *Describe ea in tabulis cordis tui*. Inconvenienter ergo in solo tertio præcepto fit mentio de memoriâ; et ita videtur præcepta decalogi inconvenienter tradita esse.

Sed contra est quod dicitur Sap. 11, 21, quòd *Deus omnia fecit in numero, pondere et mensurâ*. Multò magis ergo in præceptis suæ egis congruum modum tradendi servavit.

Respondeo dicendum quòd in præceptis divinæ legis maxima sapientia continetur; unde dicitur Deut. 4, 5 : *Hæc est vestra sapientia et intellectus coram populis*. Sapientis autem est omnia debito modo et ordine disponere. Et ideò manifestum esse debet quòd præcepta legis convenienti modo sunt tradita.

Ad primum ergo dicendum quòd semper ad affirmationem sequitur negatio opposita; non autem semper ad negationem unius oppositi sequitur affirmatio alterius. Sequitur enim : *Si est album, non est nigrum*; non autem sequitur, *si non est nigrum, ergo est album*; quia ad plura sese extendit negatio quàm affirmatio. Et inde est etiam quòd *non esse faciendam injuriam*, quod pertinet ad præcepta negativa, ad plures personas se extendit secundùm primum dictamen rationis, quàm *esse debitum ut alteri obsequium, vel beneficium impendatur*. Inest autem primò dictamen rationis, quo homo debitor est beneficii vel obsequii exhibendi illis à quibus beneficia accepit, si nondùm recompensavit. Duo sunt autem quorum beneficiis sufficienter nullus recompensare potest, scilicet Deus et pater, ut dicitur in 8 Ethic., cap. ult., à med. Et ideò sola duo præcepta affirmativa ponuntur, unum de honoratione parentum, aliud de celebratione sabbati in commemorationem divini beneficii.

Ad secundum dicendum quòd illa præcepta quæ sunt purè moralia, habent manifestam rationem; unde non oportuit quòd in eis aliqua ratio adderetur. Sed quibusdam præceptis additur cæremoniale determinativum præcepti moralis communis, sicut in primo præcepto : *Non facies sculptile*, et in tertio præcepto determinatur dies sabbati; et ideò utrobique oportuit rationem assignari.

Ad tertium dicendum quòd homines ut plurimùm actus suos ad aliquam utilitatem ordinant; et ideò in (1) illis præceptis necesse fuit promissionem præmii apponere ex quibus videbatur nulla utilitas sequi, vel aliqua utilitas impediri. Quia verò parentes sunt jam in recedendo, ab eis non expectatur utilitas; et ideò præcepto de honore parentum

(1) Vulgata, *Diverte*.

(1) Nicolaius omittit, *in*.

additur promissio; similiter etiam in præcepto de prohibitione idololatriæ, quia per hoc videbatur impediri apparens utilitas, quam homines credunt se posse consequi per pactum cum dæmonibus initum.

Ad quartum dicendum quòd pœnæ præcipuè necessariæ sunt contra illos qui sunt proni ad malum, ut dicitur in 10 Ethic., cap. ult., et ideò illis solis præceptis legis additur comminatio pœnarum, in quibus erat pronitas ad malum. Erant autem homines proni ad idololatriam propter generalem consuetudinem gentium; et similiter sunt etiam homines proni ad perjurium propter frequentiam juramenti; et ideò primis duobus præceptis adjungitur comminatio.

Ad quintum dicendum quòd præceptum de sabbato ponitur ut commemorativum beneficii præteriti; et ideò specialiter in eo fit mentio de memoriá. Vel quia præceptum de sabbato habet determinationem adjunctam, quæ non est de lege naturæ; et ideò hoc præceptum speciali admonitione indiguit.

ARTICULUS VIII. — *Utrùm præcepta decalogi sint dispensabilia.* — (*Sup., quæst. 99, art. 5, corp., et 2-2, quæst. 104, art. 4, ad 2; et 1, dist. 47, art. 4, corp.; et 3, dist. 37, art. 4; et 4, dist. 17, quæst. 3, art. 1, quæst. 5, et Mal. quæst. 3, art. 1, ad 7, et quæst. 15, art. 1, ad 8.*)

Ad octavum sic proceditur. 1. Videtur quòd præcepta decalogi sint dispensabilia. Præcepta enim decalogi sunt de jure naturali. Sed jus naturale in aliquibus deficit et mutabile est, sicut et natura humana, ut Philosophus dicit in 5 Ethic., cap. 7. Defectus autem legis in aliquibus particularibus casibus est ratio dispensandi, ut supra dictum est, quæst. 96, art. 6, et quæst. 97, art. 4. Ergo in præceptis decalogi potest fieri dispensatio.

2. Præterea, sicut se habet homo ad legem humanam, ita se habet Deus ad legem datam divinitùs. Sed homo potest dispensare in præceptis legis quam homo statuit. Ergo cùm præcepta decalogi sint instituta à Deo, videtur quòd Deus in eis possit dispensare. Sed prælati vice Dei funguntur in terris; dicit enim Apostolus, 2 ad Cor. 2, 10: *Nam et ego si quid donavi, propter vos donavi in personâ Christi.* Ergo etiam prælati possunt in præceptis decalogi dispensare.

3. Præterea, inter præcepta decalogi continetur prohibitio homicidii. Sed in isto præcepto videtur dispensari per homines; putà cùm secundùm præceptum legis humanæ homines licitè occiduntur, putà malefactores, vel hostes. Ergo præcepta decalogi sunt dispensabilia.

4. Præterea, observatio sabbati continetur inter præcepta decalogi. Sed in hoc præcepto fuit dispensatum: dicitur enim 1 Machab. 2, 41: *Et cogitaverunt in die illá dicentes: Omnis homo quicumque venerit ad nos in bello die sabbatorum, pugnemus adversùs eum.* Ergo præcepta decalogi sunt dispensabilia.

Sed contra est quòd, Isa. 24, 5, quidam reprehenduntur de hoc 'quòd *mutaverunt jus;*

dissipaverunt fœdus sempiternum; quod maximè videtur intelligendum de præceptis decalogi. Ergo præcepta decalogi mutari per dispensationem non possunt.

Respondeo dicendum quòd, sicut supra dictum est, qu. 96, art. 6, et qu. 97, art. 4, tunc in præceptis debet fieri dispensatio, quando occurrit aliquis particularis casus, in quo si verbum legis observaretur, contrariaretur intentioni legislatoris. Intentio autem legislatoris cujuslibet ordinatur primò quidem et principaliter ad bonum commune; secundò autem ad ordinem justitiæ et virtutis, secundùm quem bonum commune conservatur, et ad ipsum pervenitur. Si qua ergo præcepta dentur quæ contineant ipsam conservationem boni communis, vel ipsum ordinem justitiæ et virtutis, hujusmodi præcepta continent intentionem legislatoris; et ideò indispensabilia sunt: putà si poneretur hoc præceptum in aliquá communitate, quòd nullus destrueret rempublicam, neque proderet civitatem hostibus, sive quòd nullus faceret aliquid injustè vel malè, hujusmodi præcepta essent indispensabilia; sed si aliqua alia præcepta traderentur ordinata ad ista præcepta, quibus determinantur aliqui speciales modi, in talibus præceptis dispensatio posset fieri, in quantum per omissionem hujusmodi præceptorum in aliquibus casibus non fieret præjudicium primis præceptis, quæ continent intentionem legislatoris: putà si ad conservationem reipublicæ statueretur in aliquá civitate quòd de singulis vicis aliqui vigilarent ad custodiàm civitatis obsessæ, posset cum aliquibus dispensari propter aliquam majorem utilitatem.

Præcepta autem decalogi continent ipsam intentionem legislatoris, scilicet Dei: nam præcepta primæ tabulæ, quæ ordinant ad Deum, continent ipsum ordinem ad bonum commune et finale, quod Deus est. Præcepta autem secundæ tabulæ continent ordinem justitiæ inter homines observandæ, ut scilicet nulli fiat indebitum, et cuilibet reddatur debitum; secundùm hanc enim rationem sunt intelligenda præcepta decalogi. Et ideò præcepta decalogi sunt omninò indispensabilia.

Ad primum ergo dicendum quòd Philosophus non loquitur de *justo* naturali, quod continet ipsum ordinem justitiæ; hoc enim nunquàm deficit, scilicet justitiam esse servandam, sed loquitur quantùm ad determinatos modos observationis justitiæ, qui in aliquibus fallunt.

Ad secundum dicendum quòd, sicut Apostolus dicit, 2 ad Timoth. 2, 13: *Deus fidelis permanet, negare seipsum non potest.* Negaret autem seipsum, si ordinem suæ justitiæ auferret, cùm ipse sit sua justitia. Et ideò in hoc Deus dispensare non potest, ut homini liceat non ordinatè se habere ad Deum, vel non subdi ordini justitiæ ejus, etiam in his secundùm quæ homines ad invicem ordinantur.

Ad tertium dicendum quòd occisio hominis prohibetur in decalogo, secundùm quòd habet rationem indebiti; sic enim præceptum continet ipsam rationem justitiæ. Lex autem humana hoc concedere non potest, quòd licitè homo indebitò occidatur. Sed malefactores occidi, vel hostes reipublicæ, hoc non est indebitum. Unde hoc non contrariatur præcepto decalogi; nec talis occisio est homicidium, quod præcepto decalogi prohibetur, ut Augustinus dicit in 1 de libero Arbit., cap. 4, ante med. Et similiter cùm alicui aufertur quod suum erat, si debitum est quòd ipsum amittat, hoc non est furtum vel rapina, quæ præcepto decalogi prohibentur. Et ideò quando filii Israel præcepto Dei tulerunt Ægyptiorum spolia, non fuit furtum, quia hoc eis debebatur ex sententiâ Dei. Similiter et Abraham cùm consensit occidere filium, non consensit in homicidium, quia debitum erat eum occidi per mandatum Dei, qui est dominus vitæ et mortis; ipse enim est qui pœnam mortis infligit omnibus hominibus justis et injustis pro peccato primi parentis; cujus sententiæ si homo sit executor auctoritate divinâ, non erit homicida, sicut nec Deus. Et similiter etiam Osee accedens ad uxorem fornicariam vel mulierem adulteram, non est mœchatus nec fornicatus, quia accessit ad eam quæ sua erat secundùm mandatum divinum, qui est auctor institutionis matrimonii. Sic igitur præcepta ipsa decalogi, quantùm ad rationem justitiæ quam continent, immutabilia sunt; sed quantùm ad aliquam determinationem per applicationem ad singulares actus (ut scilicet hoc vel illud sit homicidium, furtum vel adulterium, aut non), hoc quidem est mutabile quandoque solâ auctoritate divinâ, in his scilicet quæ à solo Deo sunt instituta, sicut in matrimonio et in aliis hujusmodi; quandoque etiam auctoritate humanâ, sicut in his quæ sunt commissa hominum jurisdictioni; quantùm enim ad hoc homines gerunt vicem Dei, non autem quantum ad omnia.

Ad quartum dicendum quòd illa excogitatio magis fuit interpretatio præcepti quàm dispensatio. Non enim intelligitur violare sabbatum qui facit opus quod est necessarium ad salutem humanam, sicut Dominus probat Matth. 12.

ARTICULUS IX. — *Utrùm modus virtutis cadat sub præcepto legis.* — (Sup., quæst. 96, art. 3, ad 2, et 2-2, quæst. 44, art. 4, ad 1, et art. 3, corp.; et 2, dist. 28, art. 3, corp.; et 4, dist. 15, quæst. 3, art. 4, quæst. 1, ad 4, et Mal. quæst. 2, art. 4, ad 7.)

Ad nonum sic proceditur. 1. Videtur quòd modus virtutis cadat sub præcepto legis. Est enim modus virtutis ut aliquis justè operetur justa, et fortiter fortia, et similiter de aliis virtutibus. Sed Deuteronomii 16, 20, præcipitur: *Justè quod justum est exequeris* (1). Ergo modus virtutis cadit sub præcepto.

2. Præterea, illud maximè cadit sub præcepto quod est de intentione legislatoris. Sed intentio legislatoris ad hoc fertur principaliter ut homines faciat virtuosos, sicut dicitur in 2 Ethic., cap. 1, à med., et lib. 1, cap. 9 et cap. 13. Virtuosi autem est virtuosè agere. Ergo modus virtutis cadit sub præcepto.

3. Præterea, modus virtutis propriè esse videtur ut aliquis voluntariè et delectabiliter

(1) Vulgata, *persea eris.*

operetur. Sed hoc cadit sub præcepto legis divinæ; dicitur enim in Psalmo 99, 1: *Servite Domino in lætitiâ;* et 2 ad Corinth. 9, 7: *Non ex tristitiâ, aut ex necessitate; hilarem enim datorem diligit Deus;* ubi Glossa (ordinar. Aug. in Psal. 91, ante med.) dicit: *Quidquid boni facis, cum hilaritate fac; et tunc benè facis; si autem cum tristitiâ facis, fit de te, non tu facis.* Ergo modus virtutis cadit sub præcepto legis.

Sed contra, nullus potest operari eo modo quo operatur virtuosus, nisi habeat habitum virtutis, ut patet per Philosophum in 2 Eth., cap. 4 vel 3. Quicumque autem transgreditur præceptum legis, meretur pœnam. Sequeretur ergo quòd ille qui non habet habitum virtutis, quidquid faceret, mereretur pœnam. Hoc autem est contra intentionem legis, quæ intendit hominem, assuefaciendo ad bona opera, inducere ad virtutem. Non ergo modus virtutis cadit sub præcepto.

Respondeo dicendum quòd, sicut supra dictum est, quæst. 90, art. 3, ad 2, præceptum legis habet vim coactivam; illud ergo directè cadit sub præcepto legis ad quod lex cogit. Coactio autem legis est per metum pœnæ, ut dicitur in 10 Ethicor., cap. ult. Nam illud propriè cadit sub præcepto legis, pro quo pœna legis infligitur. Ad instituendam autem pœnam aliter se habet lex divina, et aliter lex humana. Non enim pœna legis infligitur nisi pro illis de quibus legislator habet judicare, quia ex judicio lex punit. Homo autem, qui est legislator humanæ, non habet judicare nisi de exterioribus actibus, quia *homines vident ea quæ parent*, ut dicitur 1 Regum 16, 7. Sed solius Dei, qui est lator legis divinæ, est judicare de interioribus motibus voluntatum, secundùm illud Psalmi 7, 11: *Scrutans corda et renes Deus.*

Secundùm hoc igitur dicendum est, quòd modus virtutis quantùm ad aliquid respicitur à lege humanâ et divinâ; quantùm ad aliquid autem à lege divinâ, sed non à lege humanâ; quantùm ad aliquid verò nec à lege humanâ, nec à lege divinâ. Modus autem virtutis in tribus consistit; secundùm Philosophum in 2 Ethic., cap. 4. Quorum primum est, *si aliquis operetur sciens.* Hoc autem dijudicatur et à lege divinâ, et à lege humanâ; quod enim aliquis facit ignorans, per accidens facit. Unde secundùm ignorantiam aliqua dijudicantur ad pœnam vel ad veniam, tam secundùm legem humanam, quàm secundùm legem divinam. Secundum autem est ut aliquis operetur volens vel eligens, et propter hoc eligens; in quo importatur duplex motus interior, scilicet voluntatis et intentionis, de quibus supra dictum est, quæst. 8 et 12. Et ista duo non dijudicat lex humana, sed solùm divina; lex enim humana non punit eum qui vult occidere, et non occidit; punit autem eum lex divina, secundùm illud Matth. 5, 22: *Qui irascitur fratri suo, reus erit judicio.* Tertium autem ut firmiter et immobiliter habeat et operetur; et ista firmitas propriè pertinet ad habitum, ut scilicet aliquis ex habitu radicato operetur. Et quantùm ad hoc modus virtutis non cadit sub præcepto neque legis divinæ, neque legis humanæ; neque enim ab homine, neque à Deo punitur tanquàm præcepti transgressor, qui debitum parentibus honorem impendit, quamvis non habeat habitum pietatis.

Ad primum ergo dicendum quòd modus faciendi actum justitiæ, qui cadit sub præcepto, est ut fiat aliquid secundùm ordinem juris, non autem quòd fiat ex habitu justitiæ.

Ad secundum dicendum quòd intentio legislatoris est de duobus : de uno quidem, ad quod intendit per præcepta legis inducere, et hoc est virtus; aliud autem est de quo intendit præceptum ferre; et hoc est quod ducit vel disponit ad virtutem, scilicet actus virtutis. Non enim idem est finis præcepti, et id de quo præceptum datur, sicut neque in aliis rebus idem est finis, et quod est ad finem.

Ad tertium dicendum quòd operari sine tristitiâ opus virtutis cadit sub præcepto legis divinæ, quia quicumque cum tristitiâ operatur, non volens operatur. Sed delectabiliter operari, sive cum lætitiâ vel hilaritate, quodammodò cadit sub præcepto, scilicet secundùm quòd sequitur dilectatio, ex dilectione Dei et proximi, quæ cadit sub præcepto, cùm amor sit causa delectationis; et quodammodò non, secundùm quòd delectatio consequitur habitum. *Delectatio enim operis est signum habitûs generati*, ut dicitur in 2 Ethic., cap. 2 vel 3, in princ. Potest enim aliquis actus esse delectabilis vel propter finem, vel propter convenientiam habitûs.

Articulus x. — *Utrùm modus charitatis cadat sub præcepto divinæ legis.* — (2-2, qu. 44, art. 1, ad 1; et 3, dist. 27, qu. 3, art. 4, et dist. 37, art. 6, et Verit. qu. 25, art. 7, ad 8, et qu. 24, art. 12, ad 16, et Mal. qu. 2, art. 5, ad 7, et opusc. 17, cap. 6.)

Ad decimum sic proceditur. 1. Videtur quòd modus charitatis cadat sub præcepto divinæ legis. Dicitur enim Matth. 19, 17 : *Si vis ad vitam ingredi, serva mandata;* ex quo videtur quòd observatio mandatorum sufficiat ad introducendum ad vitam. Sed opera bona non sufficiunt ad introducendum in vitam, nisi ex charitate fiant; dicitur enim 1 ad Cor. 13, 3: *Si distribuero in cibos pauperum omnes facultates meas, et si tradidero corpus meum, ita ut ardeam, charitatem autem non habuero, nihil mihi prodest.* Ergo modus charitatis est in præcepto.

2. Præterea, ad modum charitatis propriè pertinet ut omnia fiant propter Deum. Sed istud cadit sub præcepto; dicit enim Apostolus 1 ad Cor. 10, 31 : *Omnia in gloriam Dei facite.* Ergo modus charitatis cadit sub præcepto:

3. Præterea, si modus charitatis non cadat sub præcepto, ergo aliquis potest implere præcepta legis non habens charitatem; sed quod potest fieri sine charitate, potest fieri sine gratiâ, quæ semper adjuncta est charitati. Ergo aliquis potest implere præcepta legis sine gratiâ. Hoc est autem Pelagiani erroris, ut patet per Augustinum, in lib. de Hæresibus, hæresi 88. Ergo modus charitatis est in præcepto.

Sed contra est quia quicumque non servat præceptum, peccat mortaliter. Si igitur modus charitatis cadat sub præcepto, sequitur quòd quicumque operatur aliquid, et non ex charitate, peccat mortaliter. Sed quicumque non habet charitatem, operatur non ex charitate. Ergo sequitur quòd quicumque non habet charitatem, peccet mortaliter in omni opere quod facit, quantùmcumque sit de genere bonorum; quod est inconveniens.

Respondeo dicendum quòd circa hoc fuerunt contrariæ opiniones. Quidam enim dixerunt absolutè modum charitatis esse sub præcepto. Nec est impossibile observare hoc præceptum charitatem non habenti, quia potest se disponere ad hoc quòd charitas ei infundatur à Deo. Nec quandocumque aliquis non habens charitatem facit aliquid de genere bonorum, peccat mortaliter, quia hoc est præceptum affirmativum, ut ex charitate operetur, et non obligat ad semper, sed pro tempore illo quo aliquis habet charitatem. Alii verò dixerunt quòd omninò modus charitatis non cadit sub præcepto.

Utrique autem quantùm ad aliquid verum dixerunt. Actus enim charitatis dupliciter considerari potest : uno modo, secundùm quòd est quidam actus per se; et hoc modo cadit sub præcepto legis, quod de hoc specialiter datur, scilicet : *Diliges Dominum Deum tuum,* et : *Diliges proximum tuum.* Et quantùm ad hoc primi verum dixerunt; non enim est impossibile hoc præceptum observare, quod est de actu charitatis, quia homo potest se disponere ad charitatem habendam; et quando habuerit eam, potest eâ uti. Alio modo potest considerari actus charitatis, secundùm quòd est modus actuum aliarum virtutum, hoc est, secundùm quòd actus aliarum virtutum ordinantur ad charitatem, quæ *est finis præcepti,* ut dicitur 1 ad Tim. 1. Dictum est enim supra, quæst. 12, art. 4, quòd intentio finis est quidam modus formalis actûs ordinati in finem. Et hoc modo verum est quod secundi dixerunt, quòd modus charitatis non cadit sub præcepto : hoc est dictu (1), quòd in hoc præcepto : *Honora patrem,* non includitur quòd honoretur pater ex charitate, sed solùm quòd honoretur pater. Unde qui honorat patrem, licèt non habeat charitatem, non efficitur transgressor hujus præcepti, etsi sit transgressor præcepti, quod est de actu charitatis; propter quam transgressionem meretur pœnam.

Ad primum ergo dicendum quòd Dominus non dixit : *Si vis ad vitam ingredi, serva unum mandatum,* sed : *Serva omnia mandata;* inter quæ etiam continetur mandatum de dilectione Dei et proximi.

Ad secundum dicendum quòd sub præcepto charitatis continetur ut diligatur Deus ex toto corde; ad quod pertinet ut omnia referantur in Deum; et ideò præceptum charitatis implere homo non potest, nisi etiam omnia referantur in Deum. Sic ergo qui honorat parentes, tenetur ex charitate honorare, non ex vi hujus præcepti, quòd est : *Honora parentes,* sed ex vi hujus præcepti : *Diliges Dominum*

(1) Al., *dictum.*

Deum tuum ex toto corde tuo. Et cùm ista sint duo præcepta affirmativa non obligantia ad *semper,* possunt pro diversis temporibus obligare; et ita potest contingere quòd aliquis implens præceptum de honoratione parentum, non tunc transgrediatur præceptum de omissione (1) modi charitatis.

Ad tertium dicendum quòd observare omnia præcepta legis homo non potest, nisi impleat præceptum charitatis; quod non fit sine gratiâ : et ideò impossibile est, quod Pelagius dixit, hominem implere legem sine gratiâ.

ARTICULUS XI. — *Utrùm convenienter distinguantur alia moralia præcepta legis præter decalogum.* — (*Sup.*, art. 3, et locis ibidem annotatis.)

Ad undecimum sic proceditur. 1. Videtur quòd inconvenienter distinguantur alia moralia præcepta legis præter decalogum, quia, ut Dominus dicit Matth. 22, 40 : *In duobus præceptis charitatis pendet omnis lex et prophetæ.* Sed hæc duo præcepta explicantur per decem præcepta decalogi. Ergo non oportet alia præcepta moralia tradere.

2. Præterea, præcepta moralia à judicialibus et cæremonialibus distinguuntur, ut dictum est, qu. præc., art. 2, 3 et 4. Sed determinationes communium præceptorum moralium pertinent ad judicialia et cæremonialia præcepta; communia autem præcepta moralia sub decalogo continentur, vel etiam decalogo præsupponuntur, ut dictum est, art. 3 hujus qu. Ergo inconvenienter traduntur alia præcepta moralia præter decalogum.

3. Præterea, præcepta moralia sunt de actibus omnium virtutum, ut supra dictum est, art. 2 hujus qu. Sicut igitur in lege ponuntur præcepta moralia præter decalogum pertinentia ad latriam, liberalitatem, et misericordiam, et castitatem, ita etiam deberent poni aliqua præcepta pertinentia ad alias virtutes, putâ ad fortitudinem, sobrietatem, et alia hujusmodi; quod tamen non invenitur. Non ergo convenienter distinguuntur in lege alia præcepta moralia præter decalogum.

Sed contra est quod in Psalm. 18, 8, dicitur : *Lex Domini immaculata, convertens animas.* Sed per alia etiam moralia, quæ decalogo superadduntur, homo conservatur absque maculâ peccati, et anima ejus ad Deum convertitur. Ergo ad legem pertinebat etiam alia præcepta moralia tradere.

Respondeo dicendum quòd, sicut ex dictis patet, qu. præc., art. 3 et 4, præcepta judicialia et cæremonialia ex solâ institutione vim habent, quia ante quàm instituerentur non videbatur referre utrùm sic vel aliter fieret. Sed præcepta moralia ex ipso dictamine naturalis rationis efficaciam habent, etiamsi nunquàm in lege statuantur. Horum autem triplex est gradus. Nam quædam sunt communissima, et adeò manifesta, quòd editione

non indigent, sicut mandata de dilectione Dei et proximi, et alia hujusmodi, ut supra dictum est, art. 1 et 3 hujus qu., quæ sunt quasi fines præceptorum; unde in eis nullus potest errare secundùm judicium rationis. Quædam verò sunt magis determinata, quorum rationem statim quilibet etiam popularis potest de facili videre; et tamen quia in paucioribus circa hujusmodi contingit judicium humanum perverti, hujusmodi editione indigent; et hæc sunt præcepta decalogi. Quædam verò sunt quorum ratio non est adeò cuilibet manifesta, sed solùm sapientibus; et ista sunt præcepta moralia superaddita decalogo, tradita à Deo populo per Moysen et Aaron.

Sed quia ea quæ sunt manifesta, sunt principia cognoscendi eorum (1) quæ non sunt manifesta, alia præcepta moralia superaddita decalogo reducuntur ad præcepta decalogi per modum cujusdam additionis ad ipsa. Nam in primo præcepto decalogi prohibetur cultus alienorum deorum, cui superadduntur alia præcepta prohibitiva eorum quæ ordinantur in cultum idolorum; sicut habetur Deuteronomii 18, 10 : *Non inveniatur in te qui lustret filium suum, aut filiam suam, ducens per ignem... nec sit maleficus, nec incantator, nec qui pythones consulat, nec divinos, aut quærat à mortuis veritatem.* Secundum autem præceptum prohibet perjurium; superadditur autem ei prohibitio blasphemiæ Lev. 14, et prohibitio falsæ doctrinæ Deut. 13. Tertio verò præcepto superadduntur omnia cæremonialia. Quarto autem præcepto de honore parentum superadditur præceptum de honoratione senum, secundùm illud Lev. 19, 33 : *Coram cano capite consurge, et honora personam senis;* et universaliter omnia præcepta inducentia ad reverentiam exhibendam majoribus vel ad beneficia exhibenda vel æqualibus vel minoribus. Quinto autem præcepto, quod est de prohibitione homicidii, additur prohibitio odii et cujuslibet molitionis (2) contra proximum, sicut illud Lev. 19, 19 : *Non stabis contra sanguinem proximi tui;* et etiam prohibitio odii fratris, secundùm illud Lev. 19, 17 : *Ne oderis fratrem tuum in corde tuo.* Præcepto autem sexto, quod est de prohibitione adulterii, superadditur præceptum de prohibitione meretricii, secundùm illud Deuter. 23, 17 : *Non erit meretrix de filiabus Israel, neque fornicator de filiis Israel;* et iterùm prohibitio vitii contra naturam, secundùm illud Lev. 18, 22 : *Cum masculo non commisceberis* (3); *cum omni pecore non coibis.* Septimo autem præcepto de prohibitione furti adjungitur præceptum de prohibitione usuræ, secundùm illud Deut. 23, 19 : *Non fenerberis fratri tuo ad usuram;* et prohibitio fraudis, secundùm illud Deut. 25, 13 : *Non habebis in sacculo diversa pondera;* et universaliter omnia quæ ad prohibitionem calumniæ et rapinæ pertinent. Octavo verò

---

(1) Ita cum Mss. editi omnes quos vidimus. Theologi, *de observatione.*

(1) Ita edit Patav. et Rom. Nicolaius, *ea.*

(2) Ita codex quo utebatur Nicolaius. Editi, *violationis.*

(3) Vulgata, *commiscearis.*

præcepto, quod est de prohibitione falsi testimonii, additur prohibitio falsi judicii, secundùm illud Exod. 23, 2 : *Nec in judicio plurimorum acquiesces sententiæ, ut à veritate devies ;* prohibitio mendacii, sicut ibi 7, subditur : *Mendacium fugies ;* et prohibitio detractionis, secundùm illud Lev. 19, 16 : *Non eris criminator et susurro in populis.* Aliis autem duobus præceptis nulla alia adjunguntur, quia per ea universaliter omnis mala concupiscentia prohibetur.

Ad primum ergo dicendum quòd ad dilectionem Dei et proximi ordinantur quædam præcepta decalogi secundùm manifestam rationem debiti ; alia verò secundùm rationem magis occultam.

Ad secundum dicendum quòd præcepta cæremonialia et judicialia sunt determinativa præceptorum decalogi ex vi institutionis, non autem ex vi naturalis instinctûs, sicut præcepta moralia superaddita.

Ad tertium dicendum quòd præcepta legis ordinantur ad bonum commune, ut supra dictum est, qu. 90, art. 2. Et quia virtutes ordinantes ad alium directè pertinent ad bonum commune, et similiter virtus castitatis, in quantum actus generationis deservit bono communi speciei, ideò de istis virtutibus directè dantur præcepta decalogi, et superaddita. De actu autem fortitudinis datur præceptum proponendum per duces exhortantes in bello, quod pro bono communi suscipitur, ut patet Deut. 20, 3, ubi mandatur sacerdoti ut ad populum dicat, appropinquante jam prælio : *Nolite metuere, nolite cedere.* Similiter etiam actus gulæ prohibendus committitur monitioni paternæ, quia contrariatur bono domestico ; unde dicitur Deut. 21, 20, ex personâ parentum : *Monita nostra audire contemnit, comessationibus vacat, et luxuriæ, atque conviciis.*

Articulus XII. — *Utrùm præcepta moralia veteris legis justificarent.* — (*Sup., qu.* 93, *art.* 1, *et inf., quæst.* 103, *art.* 2 ; *et* 3, *dist.* 40, *quæst.* 1, *art.* 3.)

Ad duodecimum sic proceditur. 1. Videtur quòd præcepta moralia veteris legis justificarent. Dicit enim Apostolus, Rom. 2, 13 : *Non enim auditores legis justi sunt apud Deum, sed factores legis justificabuntur.* Sed factores legis dicuntur qui implent præcepta legis. Ergo præcepta legis adimpleta justificabant.

2. Præterea, Levit. 18, 5, dicitur : *Custodite leges meas atque judicia, quæ faciens homo vivet in eis.* Sed vita spiritualis hominis est per justitiam. Ergo præcepta legis adimpleta justificabant.

3. Præterea, lex divina efficacior est quàm lex humana. Sed lex humana justificat ; est enim quædam justitia in hoc quòd præcepta legis adimplentur. Ergo præcepta legis justificabant.

Sed contra est quod Apostolus dicit, 2 ad Cor. 3, 6 : *Littera occidit ;* quod secundùm Augustinum, in lib. de Spiritu et Litterâ, cap. 14, intelligitur etiam de præceptis moralibus. Ergo præcepta moralia non justificabant.

Respondeo dicendum quòd, sicut *sanum* propriè et primò dicitur quod habet sanitatem, per posterius autem quod significat sanitatem, vel quod conservat sanitatem, ita *justificatio* primò et propriè dicitur ipsa factio justitiæ ; secundariò verò et quasi impropriè dici *justificatio* significatio justitiæ, vel dispositio ad justitiam. Quibus duobus modis manifestum est quòd præcepta legis justificabant, in quantum scilicet disponebant homines ad gratiam Christi justificantem, quam etiam significabant, quia, sicut dicit Augustinus, contra Faustum libro 22, cap. 24, *etiam vita illius populi prophetica erat, et Christi figurativa.*

Sed si loquamur de justificatione propriè dictâ, sic considerandum est quòd justitia potest accipi prout est in habitu vel prout est in actu ; et secundùm hoc *justificatio* dupliciter dicitur : uno quidem modo, secundùm quòd homo fit justus adipiscens habitum justitiæ ; alio verò modo, secundùm quòd opera justitiæ operatur ; ut secundùm hoc justificatio nihil aliud sit quàm justitiæ executio. Justitia autem, sicut et aliæ virtutes, potest accipi et acquisita, et infusa, ut ex supradictis patet, quæst. 63, art. 4. Acquisita quidem causatur ex operibus ; sed infusa causatur ab ipso Deo per ejus gratiam ; et hæc est vera justitia, de quâ nunc loquimur, secundùm quam aliquis dicitur justus apud Deum, secundùm illud Rom. 4, 2 : *Si Abraham ex operibus legis justificatus est, habet gloriam, sed non apud Deum* (1). Hæc igitur justitia causari non poterat per præcepta moralia, quæ sunt de actibus humanis ; et secundùm hoc præcepta moralia justificare non poterant, justitiam causando ; sicut nec judicialia, quæ quodammodò cum moralibus conveniunt, quia sunt etiam de actibus humanis erga homines in-

(1) Quæ sequuntur usque ad verba, *aliter tamen et aliter,* primus ita compegit Nicolaius, cùm omnium Mss. editorumque librorum perturbata esset lectio. Nicolaium secuti sunt editores Patavini. Theologi ex variis codicibus et exemplis sic : « *Hæc igitur justitia causari non poterat per præcepta moralia, quæ sunt de actibus humanis, et* (deest et in cod. Alcan.) *secundùm hoc præcepta moralia justificare non poterant, justitiam causando.* (In cod. cit. statim sequitur : *Si verò accipiatur justificatio pro executione justitiæ.*) *Illa enim sacramenta veteris legis gratiam non conferebant, sicut conferunt sacramenta novæ legis, quæ propter hoc justificare dicuntur. Si verò accipiatur justificatio pro executione justitiæ, sic omnia præcepta legis justificabant ; aliter tamen et aliter,* etc. Cod. Venetus SS. Joannis et Pauli : *Hæc igitur justitia causari non poterat per præcepta moralia, quæ sunt de actibus humanis, et similiter præcepta mobilia* (lege *moralia*) *justificare non poterant, justitiam causando. Si verò accipiatur justificatio pro executione justitiæ, sic præcepta moralia justificabant, in quantum continebant id quod est secundùm se justum. Sed sacramenta illa veteris legis gratiam non conferebant, sicut conferunt sacramenta novæ legis, quæ propter hoc justificare dicuntur. Si verò accipiatur justificatio pro executione justitiæ, sic omnia præcepta legis justificabant, aliter tamen et aliter.* Alii codices eamdem præter propter lectionem exhibent. Edit. Rom. : *Hæc igitur justitia causari non poterat per præcepta moralia, quæ sunt de actibus humanis ; et secundùm hoc præcepta moralia justificare non poterant justitiam causando,* etc., ut in cod. Venet.

vicem exercendis, poterant justificare, justitiam causando, propter eamdem rationem. Sed nec præcepta cæremonialia, quæ ad ritum sacramentorum pertinebant, poterant eo modo justificare; illa enim sacramenta veteris legis gratiam non conferebant, sicut conferunt sacramenta novæ legis, quæ propter hoc justificare dicuntur causaliter. Si verò accipiatur justificatio pro executione justitiæ, sic omnia præcepta legis justificabant, in quantum continebant illud quod est secundùm se justum : aliter tamen, et aliter. Nam præcepta cæremonialia continebant quidem justitiam secundùm se in generali, prout scilicet exhibebantur (1) in cultum Dei; in speciali verò non continebant secundùm se justitiam, nisi ex solâ determinatione legis divinæ; et ideò (2) de hujusmodi præceptis dicitur quòd *non justificabant nisi ex devotione et obedientiâ facientium.* Præcepta verò moralia et judicialia continebant id quod erat secundùm se justum vel in generali (3), vel etiam in speciali ; sed moralia præcepta continebant id quod est secundùm se justum, secundùm justitiam generalem, quæ est *omnis virtus,* ut dicitur in 5 Ethic., cap. 1, à med. Præcepta verò judicialia pertinebant ad justitiam specialem, quæ consistit circa contractus humanæ vitæ, qui sunt inter homines ad invicem.

Ad primum ergo dicendum quòd Apostolus accipit ibi *justificationem* pro executione justitiæ.

Ad secundum dicendum quòd homo faciens præcepta legis dicitur vivere in eis, quia non incurrebat pœnam mortis, quam lex transgressoribus infligebat; in quo sensu inducit hoc Apostolus ad Gal. 3.

Ad tertium dicendum quòd præcepta legis humanæ justificant justitiâ acquisitâ, de quâ non quæritur ad præsens, sed solùm de justitiâ quæ est apud Deum.

QUÆSTIO CI.

DE PRÆCEPTIS CÆREMONIALIBUS SECUNDUM SE.
(*In quatuor articulos divisa.*)

Consequenter considerandum est de præceptis cæremonialibus ; et primò de ipsis secundùm se; secundò de causâ eorum; tertiò de duratione ipsorum.

Circa primum quæruntur quatuor : 1° quæ sit ratio præceptorum cæremonialium; 2° utrùm sint figuralia; 3° utrùm debuerint esse multa; 4° de distinctione ipsorum.

ARTICULUS PRIMUS. — *Utrùm ratio præceptorum cæremonialium in hoc consistat quòd pertinent ad cultum Dei.*—(*Sup., quæst. 99, art. 3, et inf., quæst. 104, art. 1, et quæst. 108, art. 2, corp., et 2-2, quæst. 122, art. 1, ad 2, et quodl. 2, art. 8, corp., et quodl. 4, art. 13.*)

Ad primum sic proceditur. 1. Videtur quòd ratio præceptorum cæremonialium non in hoc

(1) Al., *exhibeant.*
(2) Ita codd. passim et editi. Cod. Alcan., *et solùm.*
(3) Ita cod Venet. cum aliis nonnullis, et edit. Rom. AL. deest, *vel in generali.* Nicolaius, *secundùm se justum etiam in speciali.*

consistat quòd pertinent ad cultum Dei. In lege enim veteri dantur Judæis quædam præcepta de abstinentiâ ciborum, ut patet Levit. 11, et etiam de abstinendo ab aliquibus vestimentis, secundùm illud Levit. 19, 19. *Veste quæ ex duobus texta est, non indueris,* et iterùm quod præcipitur Num. 15, 38 : *Ut faciant sibi fimbrias per angulos palliorum.* Sed hujusmodi non sunt præcepta moralia, quia non manent in novâ lege; nec etiam judicialia, quia non pertinent ad judicium faciendum inter homines. Ergo sunt cæremonialia. Sed in nullo pertinere videntur ad cultum Dei. Ergo non est cæremonialium præceptorum ratio quòd pertineant ad cultum Dei.

2. Præterea, dicunt quidam quòd præcepta cæremonialia dicuntur illa quæ pertinent ad solemnitates, quasi dicerentur à cereis, qui in solemnitatibus accenduntur. Sed multa alia sunt pertinentia ad cultum Dei præter solemnitates. Ergo videtur quòd legis præcepta cæremonialia non eâ ratione dicantur, quia pertinent ad cultum Dei.

3. Præterea, secundùm quosdam præcepta cæremonialia dicuntur quasi normæ, id est, regulæ, salutis; nam χαίρε in græco idem est quod *salve.* Sed omnia præcepta legis sunt regulæ salutis, et non solùm illa quæ pertinent ad Dei cultum. Ergo non solùm illa præcepta dicuntur cæremonialia quæ pertinent ad cultum Dei.

4. Præterea, rabbi Moyses dicit (lib. *Dux errant.*), cap. 27 et 18, quòd *præcepta cæremonialia dicuntur quorum ratio non est manifesta.* Sed multa pertinentia ad cultum Dei habent rationem manifestam, sicut sabbati observatio, et celebratio Phase, Scenopegiæ, et multorum aliorum, quorum ratio assignatur in lege. Ergo cæremonialia non sunt quæ pertinent ad cultum Dei.

Sed contra est quod dicitur Exod. 18, 19 : *Esto populo in his quæ ad Deum pertinent.... ostendasque populo cæremonias et ritum colendi.*

Respondeo dicendum quòd, sicut supra dictum est, qu. 99, art. 4, cæremonialia præcepta determinant præcepta moralia in ordine ad Deum, sicut judicialia determinant præcepta moralia in ordine ad proximum. Homo autem ordinatur ad Deum per debitum cultum; et ideò cæremonialia propriè dicuntur quæ ad cultum Dei pertinent.

Ratio autem hujus nominis posita est supra, qu. 99, art. 3, ubi præcepta cæremonialia ab aliis sunt distincta.

Ad primum ergo dicendum quòd ad cultum Dei pertinent non solùm sacrificia et alia hujusmodi, quæ immediatè ad Deum ordinari videntur, sed etiam debita præparatio colentium Deum ad cultum ipsius ; sicut etiam in aliis quæcumque sunt præparatoria ad finem, cadunt sub scientiâ quæ est de fine. Hujusmodi autem præcepta, quæ dantur in lege de vestibus et cibis colentium Deum et aliis hujusmodi, pertinent ad quamdam præparationem ipsorum ministrantium, ut sint idonei ad cultum Dei; sicut etiam specialibus observantiis aliqui utuntur qui sunt in ministerio regis : unde etiam sub præceptis cæremonialibus continentur.

Ad secundum dicendum quòd illa expositio nominis non videtur esse multùm conveniens, præsertim cùm non multùm inveniatur in lege quòd in solemnitatibus cerei accenderentur; sed in ipso etiam candelabro lucernæ cum oleo olivarum præparabantur, ut patet Lev. 24.

Nihilominùs tamen potest dici quòd in solemnitatibus omnia alia quæ pertinebant ad cultum Dei, diligentiùs observabantur; et secundùm hoc in observatione solemnitatum omnia cæremonialia includuntur.

Ad tertium dicendum quòd nec illa expositio nominis videtur esse multùm conveniens; nomen enim cæremoniæ non est græcum, sed latinum.

Potest dici tamen quòd cùm salus hominis sit à Deo, præcipuè illa præcepta videtur esse salutis regulæ quæ hominem ordinant ad Deum; et sic cæremonialia dicuntur quæ ad cultum Dei pertinent.

Ad quartum dicendum quòd illa ratio cæremonialium est quodammodò probabilis; non quia ex eo dicantur *cæremonialia*, quia eorum ratio non est manifesta; sed hoc est quoddam consequens; quia enim præcepta ad cultum Dei pertinentia oportet esse figuralia, ut infra dicetur, art. seq., inde est quòd eorum ratio non est adeò manifesta.

Articulus II. — *Utrùm præcepta cæremonialia sint figuralia.* — (*Inf., quæst.*103, *art.* 1, *corp., et quæst.* 104, *art.* 2, *et locis ibi cit.*)

Ad secundum sic proceditur. 1. Videtur quòd præcepta cæremonialia non sint figuralia. Pertinet enim ad officium cujuslibet doctoris ut sic pronuntiet ut de facili intelligi possit, sicut Augustinus dicit in 4 de Doct. christ., cap. 4 et 10; et hoc maximè videtur esse necessarium in legislatione, quia præcepta legis populo proponuntur; unde *lex debet esse manifesta*, ut Isidorus dicit, lib. 5 Etym., cap. 21. Si igitur præcepta cæremonialia data sint in alicujus rei figuram, videtur inconvenienter tradidisse hujusmodi præcepta Moyses, non exponens quid figurarent.

2. Præterea, ea quæ in cultum Dei aguntur, maximè debent honestatem habere. Sed facere aliqua facta ad aliqua repræsentanda, videtur esse theatricum, sive poeticum; in theatris enim repræsentabantur olim per aliqua quæ ibi gerebantur, quædam aliorum facta. Ergo videtur quòd hujusmodi non debeant fieri ad cultum Dei. Sed cæremonialia ordinantur ad cultum Dei, ut dictum est art. præc. Ergo cæremonialia non debent esse figuralia.

3. Præterea, Augustinus dicit in Enchir., cap. 3, quòd *Deus maximè colitur fide, spe et charitate*. Sed præcepta quæ dantur de fide, spe et charitate, non sunt figuralia. Ergo præcepta cæremonialia non debent esse figuralia.

4. Præterea, Dominus dicit, Joan. 4, 24 : *Spiritus est Deus; et eos qui adorant eum, in spiritu et veritate adorare oportet.* Sed figura non est ipsa veritas; imò contra se invicem

dividuntur. Ergo cæremonialia, quæ pertinent ad cultum Dei, non debent esse figuralia.

Sed contra est quod Apostolus dicit ad Coloss. 2, 16 : *Nemo judicet vos in cibo, aut in potu, aut in parte diei festi, aut neomeniæ, aut sabbatorum, quæ sunt umbra futurorum.*

Respondeo dicendum quòd, sicut jam dictum est, art. præc., præcepta cæremonialia dicuntur quæ ordinantur ad cultum Dei. Est autem duplex cultus Dei, interior et exterior. Cùm enim homo sit compositus ex animâ et corpore, utrumque debet applicari ad colendum Deum; ut scilicet anima colat interiori cultu, et corpus exteriori; unde dicitur in Psal. 83, 3 : *Cor meum et caro mea exultaverunt in Deum vivum.* Et sicut corpus ordinatur in Deum per animam, ita cultus exterior ordinatur ad interiorem cultum. Consistit autem interior cultus in hoc quòd anima conjungatur Deo per intellectum et affectum. Et ideò secundùm quòd diversimodè intellectus et affectus colentis Deum Deo rectè conjungitur, secundùm hoc diversimodè exteriores actus hominis ad cultum Dei applicantur.

In statu enim futuræ beatitudinis intellectus humanus ipsam divinam veritatem in se ipsâ intuebitur; et ideò exterior cultus non consistet in aliquâ figurâ, sed solùm in laude Dei, quæ procedit ex interiori cognitione et affectione, secundùm illud Isa. 51, 3 : *Gaudium et lætitia invenietur in eâ, gratiarum actio et vox laudis.*

In statu autem præsentis vitæ non possumus divinam veritatem in se ipsâ intueri; sed oportet quòd *radius divinæ veritatis nobis illucescat sub aliquibus sensibilibus figuris*, sicut Dionysius dicit, 1 cap. cœlest. Hierarch., circa med., diversimodè tamen secundùm diversum statum cognitionis humanæ. In veteri enim lege neque ipsa divina veritas in se ipsâ manifesta erat, neque etiam adhuc propalata erat via ad hoc perveniendi, sicut Apostolus dicit ad Hebr. 9. Et ideò oportebat exteriorem cultum veteris legis non solùm esse figurativum futuræ veritatis manifestandæ in patriâ, sed etiam esse figurativum Christi, qui est via ducens ad illam patriæ veritatem.

Sed in statu novæ legis hæc via jam est revelata. Unde hanc præfigurari non oportet sicut futuram, sed commemorari oportet per modum præteriti vel præsentis; sed solùm oportet præfigurari futuram veritatem gloriæ nondùm revelatam; et hoc est quod Apostolus dicit ad Hebr. 10, 1 : *Umbram habet lex futurorum bonorum, non ipsam imaginem rerum.* Umbra enim minùs est quàm imago, tanquàm *imago* pertinet ad novam legem, *umbra* verò ad veterem.

Ad primum ergo dicendum quòd divina non sunt revelanda hominibus nisi secundùm eorum capacitatem; alioquin daretur eis præcipitii materia, dùm contemnerent quæ capere non possent. Et ideò utilius fuit ut sub quodam figurarum velamine divina mysteria rudi populo traderentur; ut sic saltem ea implicitè cognoscerent, dùm illis figuris deservirent ad honorem Dei.

Ad secundum dicendum quòd, sicut poetica

non capiuntur à ratione humanâ propter defectum veritatis qui est in eis, ita etiam ratio humana perfectè capere non potest divina propter excedentem ipsorum veritatem; et ideò utrobique opus est repræsentatione per sensibiles figuras.

Ad tertium dicendum quòd Augustinus ibi loquitur de cultu interiore; ad quem tamen ordinari oportet exteriorem cultum, ut dictum est in corp. art.

Et similiter dicendum est ad quartum, quia per Christum homines pleniùs ad spiritualem Dei cultum sunt introducti.

ARTICULUS III. — *Utrùm debuerint esse multa cæremonialia præcepta.* — (4, dist. 1, qu. 1, art. 5, et qu. 2, ad 2, et Rom. 5, lect. 6.)

Ad tertium sic proceditur. 1. Videtur quòd non debuerint esse multa cæremonialia præcepta. Ea enim quæ sunt ad finem, debent esse fini proportionata. Sed cæremonialia præcepta, sicut dictum est art. 1 et 2 præc., ordinantur ad cultum Dei, et in figuram Christi. Est autem *unus Deus, à quo omnia, et unus Dominus Jesus Christus, per quem omnia*, ut dicitur 1 Corinth. 8, 6. Ergo cæremonialia non debuerunt multiplicari.

2. Præterea, multitudo cæremonialium præceptorum transgressionis erat occasio, secundùm illud quod dicit Petrus, Act. 15, 10 : *Quid tentatis Deum, imponere jugum super cervicem discipulorum, quod neque nos, neque patres nostri portare potuimus?* Sed transgressio divinorum præceptorum contrariatur humanæ saluti. Cùm igitur lex omnis debeat saluti congruere hominum, ut Isidorus dicit, lib. 5 Etymolog., cap. 3, videtur quòd non debuerint multa præcepta cæremonialia dari.

3. Præterea, præcepta cæremonialia pertinebant ad cultum Dei exteriorem et corporalem, ut dictum est art. præc. Sed hujusmodi cultum corporalem lex debebat diminuere, quia ordinabat ad Christum, qui docuit homines Deum colere *in spiritu et veritate*, ut habetur Joan. 4. Non ergo debuerunt multa præcepta cæremonialia dari.

Sed contra est quod dicitur Oseæ 8, 12 : *Scribam ei multiplices leges meas*; et Job 11, 6 : *Ut ostenderet tibi secreta sapientiæ, quòd multiplex sit lex ejus*.

Respondeo dicendum quòd, sicut supra dictum est, qu. 90, art. 2 et 3, et qu. 96, art. 1, omnis lex alicui populo datur. In populo autem duo genera hominum continentur : quidam proni ad malum, qui sunt per præcepta legis coercendi, ut supra dictum est, quæst. 95, art. 1; quidam habentes inclinationem ad bonum vel ex naturâ, vel ex consuetudine, vel etiam ex gratiâ; et tales sunt per legis præceptum instruendi, et in melius promovendi.

Quantùm igitur ad utrumque genus hominum, expediebat præcepta cæremonialia in veteri lege multiplicari. Erant enim in illo populo aliqui ad idololatriam proni, et ideò necesse erat ut ab idololatriæ cultu per præcepta cæremonialia revocarentur ad cultum Dei. Et quia multipliciter homines idololatriæ deserviebant, oportebat è contrario multa institui ad singula reprimenda; et iterùm multa talibus imponi, ut quasi oneratis ex his quæ ad cultum Dei impenderent, non vacaret idolatriæ deservire. Ex parte verò eorum qui erant proni ad bonum, etiam necessaria fuit multiplicatio cæremonialium præceptorum, tum quia per hoc diversimodè mens eorum referebatur in Deum, et magis assiduè; tum etiam quia mysterium Christi, quod per hujusmodi cæremonialia figurabatur, multiplices utilitates attulit mundo; et multa circa ipsum consideranda erant, quæ oportuit per diversa cæremonialia figurari.

Ad primum ergo dicendum quòd, quando id quod ordinatur ad finem, est sufficiens ad ducendum in finem, tunc sufficit unum ad unum finem; sicut una medicina sufficit, si sit efficax, quandoque ad sanitatem inducendam, et tunc non oportet multiplicari medicinam. Sed propter debilitatem et imperfectionem ejus quod est ad finem, oportet ea multiplicari; sicut multa adhibentur remedia infirmo, quando unum non sufficit ad sanandum. Cæremoniæ autem veteris legis invalidæ et imperfectæ erant ad repræsentandum Christi mysterium, quod est superexcellens, et ad subjugandum mentes hominum Deo; unde Apostolus dicit ad Hebr. 7, 18 : *Reprobatio fit præcedentis mandati propter infirmitatem et inutilitatem; nihil enim ad perfectum adduxit lex*. Et ideò oportuit hujusmodi cæremonialia multiplicari.

Ad secundum dicendum quòd sapientis legislatoris est minores transgressiones permittere, ut majores caveantur. Et ideò, ut caveretur transgressio idolatriæ et superbiæ, quæ in Judæorum cordibus nasceretur, si omnia præcepta legis implerent, non propter hoc prætermisit Deus multa cæremonialia præcepta tradere, quia de facili sumebant ex hoc transgrediendi occasionem.

Ad tertium dicendum quòd vetus lex in multis diminuit corporalem cultum; propter quod statuit quòd non in omni loco sacrificia offerrentur, neque à quibuslibet; et multa hujusmodi statuit ad diminutionem exterioris cultûs, sicut etiam rabbi Moyses Ægyptius dicit. Oportebat tamen non ita attenuare corporalem cultum Dei, ut homines ad cultum dæmonum declinarent.

ARTICULUS IV. — *Utrùm cæremoniæ veteris legis convenienter dividantur in sacrificia, sacramenta, sacra et observantias.* — (Coloss. 2, lect. 4, prin.)

Ad quartum sic proceditur. 1. Videtur quòd cæremoniæ veteris legis inconvenienter dividantur in *sacrificia, sacramenta, sacra et observantias*. Cæremoniæ enim veteris legis figurabant Christum. Sed hoc solùm fiebat per sacrificia, per quæ figurabatur sacrificium quo Christus *se obtulit oblationem et hostiam Deo*, ut dicitur ad Ephes. 5, 2. Ergo sola sacrificia erant cæremonialia.

2. Præterea, vetus lex ordinabatur ad novam. Sed in novâ lege ipsum sacrificium est sacramentum altaris. Ergo in veteri lege non debuerunt distingui *sacramenta* contra *sacrificia*.

3. Præterea, *sacrum* dicitur quod est Deo dicatum; secundùm quem modum tabernaculum, et vasa ejus sanctificari (1) dicebantur. Sed omnia cæremonialia erant ordinata ad cultum Dei, ut dictum est art. 1 hujus qu. Ergo cæremonialia omnia *sacra* erant. Non ergo una pars cæremonialium debet *sacra* nominari.

4. Præterea, *observantiæ* ab observando dicuntur. Sed omnia præcepta legis observari debebant; dicitur enim Deut. 8, 11 : *Observa et cave ne quando obliviscaris Domini Dei tui, et negligas mandata ejus, atque judicia, et cæremonias.* Non ergo *observantiæ* debent poni una pars cæremonialium.

5. Præterea, solemnitates inter cæremonialia computantur, cùm sint in umbram futuri, ut patet ad Coloss. 2; similiter etiam oblationes et munera, ut patet per Apostolum ad Hebr. 9, quæ tamen sub nullo horum contineri videntur. Ergo inconveniens est prædicta distinctio cæremonialium.

Sed contra est quòd in veteri lege singula prædicta *cæremoniæ* vocantur. *Sacrificia* enim dicuntur cæremoniæ, Num. 15, 24 : *Offerat vitulum et sacrificium ejus, ac libamenta, ut cæremoniæ postulant.* De sacramento etiam ordinis dicitur Lev. 7, 35 : *Hæc est unctio Aaron et filiorum ejus in cæremoniis.* De sacris etiam dicitur Exod. 38, 21 : *Hæc sunt instrumenta tabernaculi testimonii in cæremoniis Levitarum.* De observantiis etiam dicitur 3 Reg. 9, 6 : *Si aversi fueritis non sequentes me, nec observantes* (2) *cæremonias quas proposui vobis.*

Respondeo dicendum quòd, sicut supra dictum est, art. 1 et 2 hujus qu., cæremonialia præcepta ordinantur ad cultum Dei. In quo quidem cultu considerari possunt et ipse cultus, et colentes, et instrumenta colendi. Ipse autem cultus specialiter consistit in *sacrificiis*, quæ in Dei reverentiam offeruntur. Instrumenta autem colendi pertinent ad *sacra*, sicut est tabernaculum, et vasa, et alia hujusmodi. Ex parte autem colentium duo possunt considerari : scilicet eorum institutio ad cultum divinum, quod fit per quamdam consecrationem vel populi, vel ministrorum; et ad hoc pertinent *sacramenta* ; et iterùm eorum singularis conversatio, per quam distinguuntur ab his qui Deum non colunt; et ad hoc pertinent *observantiæ*, putà in cibis, et vestimentis, et aliis hujusmodi.

Ad primum ergo dicendum quòd sacrificia offerri oportebat et in aliquibus locis et per aliquos homines; et totum hoc ad cultum Dei pertinet. Unde sicut per *sacrificia* significatur Christus immolatus, ita etiam per *sacramenta, et sacra* illorum, figurabantur sacramenta et sacra novæ legis ; et per eorum *observantias* figurabatur conversatio populi novæ legis; quæ omnia ad Christum pertinent.

Ad secundum dicendum quòd sacrificium novæ legis, id est, Eucharistia, continet ipsum Christum, qui est sanctificationis auctor.

(1) Al., *sacrificari.*
(2) Vulgata, *custodientes.*

Sanctificavit enim *per suum sanguinem populum*, ut dicitur ad Hebr. ult., 12. Et ideò hoc sacrificium etiam sacramentum est. Sed sacrificia (1) veteris legis non continebant Christum, sed ipsum figurabant; et ideò non dicuntur *sacramenta*. Sed ad hoc designandum seorsùm erant quædam sacramenta in veteri lege, quæ erant figuræ futuræ consecrationis; quamvis etiam quibusdam consecrationibus quædam sacrificia adjungerentur.

Ad tertium dicendum quòd etiam sacrificia et sacramenta erant sacra (2); sed quædam erant quæ erant sacra, utpote ad cultum Dei dicata, nec tamen erant sacrificia nec sacramenta; et ideò retinebant sibi commune nomen *sacrorum.*

Ad quartum dicendum quòd ea quæ pertinebant ad conversationem populi Deum colentis, retinebant sibi commune nomen *observantiarum*, in quantum à præmissis deficiebant. Non enim dicebantur *sacra*, quia non habebant immediatum respectum ad cultum Dei, sicut tabernaculum et vasa ejus; sed per quamdam consequentiam erant cæremonialia, in quantum pertinebant ad quamdam idoneitatem populi colentis Deum.

Ad quintum dicendum quòd sicut sacrificia offerebantur in determinato loco, ita etiam offerebantur in determinatis temporibus. Unde etiam solemnitates inter sacra computari videntur. Oblationes autem et munera computantur cum sacrificiis, quia Deo offerebantur. Unde Apostolus dicit ad Hebr. 5, 1 : *Omnis pontifex ex hominibus assumptus pro hominibus constituitur in his quæ sunt ad Deum, ut offerat dona et sacrificia pro peccatis.*

QUÆSTIO CII.

DE CÆREMONIALIUM PRÆCEPTORUM CAUSIS. — (*In sex articulos divisa.*)

Deinde considerandum est de causis cæremonialium præceptorum; et circa hoc quæruntur sex : 1° utrùm præcepta cæremonialia habeant causam; 2° utrùm habeant causam litteralem, vel solùm figuralem; 3° de causis sacrificiorum; 4° de causis sacrorum; 5° de causis sacramentorum; 6° de causis observantiarum.

ARTICULUS PRIMUS. — *Utrùm cæremonialia præcepta habeant causam.* — (*Rom.* 4, *lect.* 1.)

Ad primum sic proceditur. 1. Videtur quòd cæremonialia præcepta non habeant causam, quia super illud, Ephes. 2 : *Legem mandatorum decretis evacuans*, dicit Glossa interl. : *Id est, evacuans legem veterem quantùm ad carnales observantias*, DECRETIS, *id est, præceptis evangelicis, quæ ex ratione sunt.* Sed si observantiæ veteris legis ex ratione erant, frustra evacuarentur per rationabilia decreta novæ legis. Non ergo cæremoniales observantiæ veteris legis habebant aliquam rationem.

(1) Al., *sacramenta.*
(2) Ita cod. Alcan., cui concinit Tarrac., ex quo Garcia et edit. Pat. an. 1712, ubi tantùm, *sed quædam erant sacra.* Edit. Rom. : *Quod sacra aut sacrificia, et sacramenta erant.* Nicolaus : *Quod etiam sacrificia et sacramenta erant ; sed quædam erant sacra.* Edit. Patav. an. 1698 : *Quod sacrificia et sacramenta erant sacra, sed quædam erant sacra*, etc.

2. Præterea, vetus lex successit legi naturæ. Sed in lege naturæ fuit aliquod præceptum quod nullam rationem habebat, nisi ut hominis obedientia probaretur, sicut Augustinus dicit 8 super Gen. ad litt., cap. 6 et 13, de prohibitione ligni vitæ. Ergo etiam in veteri lege aliqua præcepta danda erant in quibus hominis obedientia probaretur, quæ de se nullam rationem haberent.

3. Præterea, opera hominis dicuntur *moralia*, secundùm quòd sunt à ratione. Si igitur cæremonialium præceptorum sit aliqua ratio, non differrent à moralibus præceptis. Videtur ergo quòd cæremonialia præcepta non habeant aliquam causam; ratio enim præcepti ex aliquâ causâ sumitur.

Sed contra est quod dicitur in Psal. 18, 9 : *Præceptum Domini lucidum, illuminans oculos.* Sed cæremonialia sunt præcepta Dei. Ergo sunt lucida ; quod non esset, nisi haberent rationabilem causam.

Respondeo dicendum quòd cùm sapientis sit ordinare, secundùm Philosophum in 1 Metaph., cap. 2, à princ., ea quæ ex divinâ sapientiâ procedunt, oportet esse ordinata, ut Apostolus dicit ad Rom. 13. Ad hoc autem quòd aliqua sint ordinata, duo requiruntur : primò quidem quòd aliqua ordinentur ad debitum finem, qui est principium totius ordinis in rebus agendis ; ea enim quæ casu eveniunt, præter intentionem finis, vel quæ non serio fiunt, sed ludo, dicimus esse inordinata.

Secundò oportet quòd id quod est ad finem, sit proportionatum fini ; et ex hoc sequitur quòd ratio eorum quæ sunt ad finem, sumitur ex fine ; sicut ratio dispositionis serræ sumitur ex sectione, quæ est finis ejus, ut dicitur in 2 Phys., text. 88.

Manifestum est autem quòd præcepta cæremonialia, sicut et omnia alia præcepta legis, sunt ex divinâ sapientiâ instituta ; unde dicitur Deut. 4, 6 : *Hæc est sapientia vestra, et intellectus coram populis.* Unde necesse est dicere quòd præcepta cæremonialia sint ordinata ad aliquem finem, ex quo eorum rationabiles causæ assignari possint.

Ad primum ergo dicendum quòd observantiæ veteris legis possunt dici sine ratione quantùm ad hoc quòd ipsa facta in sui naturâ rationem non habebant, putà quòd vestis non conficeretur ex lanâ et lino. Poterant tamen habere rationem ex ordine ad aliud, in quantum scilicet vel aliquid per hoc figurabatur, vel aliquid excludebatur. Sed decreta novæ legis, quæ præcipuè consistunt in fide et dilectione Dei, ex ipsâ naturâ actûs rationabilia sunt.

Ad secundum dicendum quòd prohibitio ligni scientiæ (1) boni et mali non fuit propter hoc quòd illud lignum esset naturaliter malum, sed tamen ipsa prohibitio habuit aliquam rationem ex ordine ad aliud, in quantum scilicet per hoc aliquid figurabatur ; et sic etiam cæremonialia præcepta veteris legis habent rationem in ordine ad aliud.

(1) Ita Mss. et editi passim. Cod. Alcan., *ligni vitæ*, ut est in objectione.

Ad tertium dicendum quòd præcepta moralia secundùm suam naturam habent rationabiles causas, sicut : *Non occides ; non furtum facies.* Sed præcepta cæremonialia habent rationabiles causas ex ordine ad aliud, ut dictum est in corp. art.

ARTICULUS II. — *Utrùm præcepta cæremonialia habeant causam litteralem, vel figuralem tantùm.* — (Rom. 4, lect. 2.)

Ad secundum sic proceditur. 1. Videtur quòd præcepta cæremonialia non habeant causam litteralem, sed figuralem tantùm. Inter præcepta enim cæremonialia præcipua erant circumcisio et immolatio agni paschalis. Sed utrumque istorum non habebat nisi causam figuralem, quia utrumque istorum datum est in signum ; dicitur enim Gen. 17, 11 : *Circumcidetis carnem præputii vestri, ut sit in signum fœderis inter me et vos*; et de celebratione Phase dicitur Exod. 13, 9 : *Erit quasi signum in manu tuâ, et quasi monumentum ante oculos tuos.* Ergo multò magis alia cæremonialia non habent nisi causam figuralem.

2. Præterea, effectus proportionatur suæ causæ. Sed omnia cæremonialia sunt figuralia, ut supra dictum est, quæst. præc., art. 2. Ergo non habent nisi causam figuralem.

3. Præterea, illud quod de se est indifferens utrùm sic vel non sic fiat, non videtur habere aliquam litteralem causam. Sed quædam sunt in præceptis cæremonialibus quæ non videntur differre utrùm sic vel sic fiant, sicut est de numero animalium offerendorum, et aliis hujusmodi particularibus circumstantiis. Ergo præcepta veteris legis non habent rationem litteralem.

Sed contra, sicut præcepta cæremonialia figurabant Christum, ita etiam historiæ veteris Testamenti; dicitur enim 1 ad Cor. 10, 11, quòd *omnia in figurâ contingebant illis.* Sed in historiis veteris Testamenti, præter intellectum mysticum seu figuralem, est etiam intellectus litteralis. Ergo etiam præcepta cæremonialia præter causas figurales, habebant etiam causas litterales.

Respondeo dicendum quòd, sicut suprà dictum est, art. præced., ratio eorum quæ sunt ad finem, oportet quòd à fine sumatur. Finis autem præceptorum cæremonialium est duplex : ordinabantur enim ad cultum Dei pro tempore illo, et ad figurandum Christum ; sicut etiam verba Prophetarum sic respiciebant præsens tempus, quòd etiam in figuram futuri dicebantur, ut Hieronymus dicit super Osee (sup. illud cap. 1 : *Abiit et accepit*). Sic igitur rationes præceptorum cæremonialium veteris legis dupliciter accipi possunt : uno modo ex ratione cultûs divini, qui erat pro tempore illo observandus ; et rationes illæ sunt litterales, sive pertineant ad vitandum idololatriæ cultum, sive ad rememoranda aliqua Dei beneficia, sive ad insinuandam excellentiam divinam, vel etiam ad designandam dispositionem mentis, quæ tunc requirebatur in colentibus Deum. Alio modo possunt eorum rationes assignari, secundùm quòd ordinantur ad figurandum

Christum; et sic habent rationes figurales et mysticas, sive accipiantur ex ipso Christo et Ecclesiâ, quod pertinet ad *allegoriam;* sive ad mores populi christiani, quod pertinet ad *moralitatem;* sive ad statum futuræ gloriæ, prout in eam introducimur per Christum, quod pertinet ad *anagogiam.*

Ad primum ergo dicendum quòd, sicut intellectus metaphoricæ locutionis in Scripturis est litteralis, quia verba ad hoc proferuntur ut hoc significent, ita etiam significationes cæremoniarum legis, quæ sunt commemorativæ beneficiorum Dei, propter quæ institutæ sunt, vel aliorum hujusmodi, quæ ad illum statum pertinebant, non transcendunt ordinem litteralium causarum. Unde oportet quòd assignetur causa celebrationis Phase, quod est signum liberationis ex Ægypto; et circumcisionis, quod est signum pacti quod Deus habuit cum Abraham; quod pertinet ad causam litteralem.

Ad secundum dicendum quòd ratio illa procederet, si cæremonialia præcepta essent data solùm ad figurandum futurum, non autem ad præsentialiter Deum colendum.

Ad tertium dicendum quòd, sicut in legibus humanis dictum est, quæst. 96, art. 1, quòd in universali habent rationem, non autem quantùm ad particulares conditiones, sed hæc sunt ex arbitrio instituentium; ita etiam multæ particulares determinationes in cæremoniis veteris legis non habent aliquam causam litteralem, sed solam figuralem; in communi verò habent etiam causam litteralem.

ARTICULUS III. — *Utrùm possit assignari conveniens ratio cæremoniarum quæ ad sacrificia pertinent.* — (*Isai.* 1, *lect.* 4, *fin.*, *et Psal.* 26, *com.* 2, *et Hebr.* 10, *lect.* 1.)

Ad tertium sic proceditur. 1. Videtur quòd non possit conveniens ratio assignari cæremoniarum quæ ad sacrificia pertinent. Ea enim quæ in sacrificium offerebantur, sunt illa quæ sunt necessaria ad sustentandam humanam vitam, sicut animalia quædam, et panes quidam. Sed Deus tali sustentamento non indiget, secundùm illud Psal. 49, 13 : *Numquid manducabo carnes taurorum, aut sanguinem hircorum potabo?* Ergo inconvenienter hujusmodi sacrificia Deo offerebantur.

2. Præterea, in sacrificium divinum non offerebantur nisi de tribus generibus animalium quadrupedum, scilicet de genere boum, ovium et caprarum; et de avibus communiter quidem turtur et columba, specialiter autem in emundatione leprosi fiebat sacrificium de passeribus. Multa autem animalia alia sunt his nobiliora. Cùm igitur omne quod est optimum, Deo sit exhibendum, videtur quòd non solùm de istis rebus fuerint Deo sacrificia offerenda.

3. Præterea, sicut homo à Deo habet dominium volatilium et bestiarum, ita etiam piscium. Inconvenienter igitur pisces à divino sacrificio excludebantur.

4. Præterea, indifferenter offerri mandabantur turtures et columbæ. Sicut igitur man-

dabantur offerri pulli columbarum, ita et pulli turturum.

5. Præterea, Deus est auctor vitæ non solùm hominum, sed etiam animalium, ut patet per id quod dicitur Gen. 1. Mors autem opponitur vitæ. Non ergo debuerunt Deo offerri animalia occisa, sed magis animalia viventia; præcipuè quia etiam Apostolus monet Rom. 12, 1, *ut exhibeamus corpora nostra hostiam viventem, sanctam, Deo placentem.*

6. Præterea, si animalia Deo in sacrificium non offerebantur nisi occisa, nulla videtur esse differentia, qualiter occidantur. Inconvenienter igitur determinatur modus immolationis, præcipuè in avibus, ut patet Lev. 1 (ubi *retorto ad collum capite interfici jubentur*).

7. Præterea, omnis defectus animalis via est ad corruptionem et mortem. Si igitur animalia occisa Deo offerebantur, inconveniens fuit prohibere oblationem animalis imperfecti, putà claudi, aut cæci, aut aliter maculosi, Levit. 22.

8. Præterea, illi qui offerunt hostias Deo, debent de his participare, secundùm illud Apostoli, 1 Corinth. 10, 18 : *Nonne qui edunt hostias, participes sunt altaris?* Inconvenienter igitur quædam partes hostiarum offerentibus subtrahebantur, scilicet sanguis et adeps, pectusculum et armus dexter, Levit. 3

9. Præterea, sicut holocausta offerebantur in honorem Dei, ita etiam hostiæ pacificæ et hostiæ pro peccato. Sed nullum animal fœminini sexûs offerebatur Deo in holocaustum; fiebant tamen holocausta tam de quadrupedibus quàm de avibus. Ergo inconvenienter in hostiis pacificis, et pro peccato offerebantur animalia feminini sexûs, et tamen in hostiis pacificis non offerebantur aves.

10. Præterea, omnes hostiæ pacificæ unius generis esse videntur. Non ergo debuit poni ista differentia quòd quorumdam pacificorum carne non possent vesci in crastino, quorumdam autem possent, ut mandatur Lev. 7.

11. Præterea, omnia peccata in hoc conveniunt quòd à Deo avertunt. Ergo pro omnibus peccatis in Dei reconciliationem unum genus sacrificii debuit offerri.

12. Præterea, omnia animalia quæ offerebantur in sacrificium, uno modo offerebantur, scilicet occisa. Non videtur ergo conveniens quòd de terræ nascentibus diversimodè fiebat oblatio. Nunc enim offerebantur spicæ, nunc simila, nunc panis, quandoque quidem coctus in clibano, quandoque in sartagine, ibidem, quandoque in craticulà, Levit. 2 et 7.

13. Præterea, omnia quæ in usum nostrum veniunt, à Deo recognoscere debemus. Inconvenienter ergo præter animalia, solùm hæc Deo offerebantur, panis, vinum, oleum, thus, sal.

14. Præterea, sacrificia corporalia exprimunt interius sacrificium cordis, quo homo spiritum suum offert Deo. Sed in interiori sacrificio plus est de dulcedine, quam repræsentat mel, quam de mordacitate, quam repræsentat sal; dicitur enim Eccli. 24, 27 : *Spiritus meus super mel dulcis.* Ergo inconvenienter prohibebatur, Levit. 2, in sacrificio apponi mel et fermentum, quod etiam facit

panem sapidum; et præcipiebatur apponi sal, quod est mordicativum, et thus, quod habet saporem amarum. Videtur ergo quòd ea quæ pertinent ad cæremonias sacrificiorum, non habeant rationabilem causam.

Sed contra est quod dicitur Lev. 1, 9 : *Oblata omnia adolebit sacerdos super altare in holocaustum et odorem suavissimum Domino.* Sed, sicut dicitur Sap. 7, 28, *neminem diligit Deus, nisi cum qui cum sapientiâ inhabitat* ; ex quo potest accipi quòd quidquid est Deo acceptum, est cum sapientiâ. Ergo illæ cæremoniæ sacrificiorum cum sapientiâ erant, velut habentes rationabiles causas.

Respondeo dicendum quòd, sicut supra dictum est, art. præc., cæremoniæ veteris legis duplicem causam habebant : unam scilicet litteralem, secundùm quòd ordinabantur ad cultum Dei; aliam verò figuralem, sive mysticam, secundùm quòd ordinabantur ad figurandum Christum. Et ex utràque parte potest convenienter assignari causa cæremoniarum quæ ad sacrificia pertinebant. Secundùm enim quòd sacrificia ordinabantur ad cultum Dei, causa sacrificiorum dupliciter accipi potest : uno modo secundùm quòd per sacrificia repræsentabatur ordinatio mentis in Deum, ad quam excitabatur sacrificium offerens. Ad rectam autem ordinationem mentis in Deum pertinet quòd omnia quæ homo habet, recognoscat à Deo tanquàm à primo principio, et ordinet in Deum tanquàm in ultimum finem : et hoc repræsentabatur in oblationibus et sacrificiis, secundùm quòd homo ex rebus suis quasi in recognitionem quòd haberet ea à Deo, in honorem Dei ea offerebat; secundùm quod dixit David 1 Paralip. 14 : *Tua sunt omnia, et quæ de manu tuâ accepimus, dedimus tibi.* Et ideò in oblatione sacrificiorum protestabatur homo quòd Deus esset primum principium creationis rerum, et ultimus finis, ad quem essent omnia referenda. Et quia pertinet ad rectam ordinationem mentis in Deum, ut mens humana non recognoscat alium primum auctorem rerum nisi solum Deum, neque in aliquo alio finem suum constituat, propter hoc prohibebatur in lege offerri sacrificium alicui alteri nisi Deo, secundùm illud Ex. 22, 29 : *Qui immolat diis, occidetur, præterquàm Domino soli.* Et ideò de causâ cæremoniarum circa sacrificia potest assignari ratio alio modo ex hoc quòd per hujusmodi homines retrahebantur à sacrificiis idolorum. Unde etiam præcepta de sacrificiis non fuerunt data pópulo Judæorum, nisi postquàm declinavit ad idololatriam, adorando vitulum conflatilem; quasi hujusmodi sacrificia sint instituta, ut populus ad sacrificandum promptus hujusmodi sacrificia magis Deo quàm idolis offerret. Unde dicitur Jer. 7, 22 : *Non sum locutus cum patribus vestris, et non præcepi eis in die quâ eduxi eos de terrâ Ægypti, de verbo holocautomatum et victimarum.* Inter omnia autem dona quæ Deus humano generi jam per peccatum lapso dedit, præcipuum est quòd dedit Filium suum; unde dicitur Joan. 3, 16 : *Sic Deus dilexit mundum, ut Filium suum unigenitum daret, ut omnis qui credit in ipsum, non pereat, sed habeat vitam æternam.* Et ideò potissimùm sacrificium est, quo ipse Christus seipsum obtulit Deo in odorem suavitatis, ut dicitur ad Ephes. 5, 2, et propter hoc omnia alia sacrificia offerebantur in veteri lege, ut hoc unum singulare et præcipuum sacrificium figuraretur, tanquàm perfectum per imperfecta. Unde Apostolus dicit, ad Hebr. 10, 11, quòd *sacerdos veteris legis easdem sæpè offerebat hostias, quæ nunquàm possunt auferre peccata; Christus autem pro peccatis obtulit unam in sempiternum.* Et quia ex figurato sumitur ratio figuræ, ideò rationes sacrificioum figuralium veteris legis sunt sumendæ ex vero sacrificio Christi.

Ad primum ergo dicendum quòd Deus non volebat hujusmodi sacrificia sibi offerri propter ipsas res quæ offerebantur, quasi eis indigeret : unde dicitur Isai. 1, 11 : *Holocausta arietum, et adipem pinguium, et sanguinem vitulorum, et hircorum, et agnorum nolui.* Sed volebat ea sibi offerri, ut supra dictum est, art. præc., tum ad excludendam idololatriam, tum ad significandum debitum ordinem mentis humanæ in Deum, tum etiam ad figurandum mysterium redemptionis humanæ per Christum.

Ad secundum dicendum quòd quantùm ad omnia prædicta ratio conveniens fuit, quare ista animalia offerebantur Deo in sacrificium, et non alia. Primò quidem ad excludendum idololatriam, quia omnia alia animalia offerebant idololatræ diis suis, vel eis ad maleficia utebantur. Ista autem animalia apud Ægyptios, cum quibus conversati erant, abominabilia erant ad occidendum; unde ea non offerebant in sacrificium diis suis; unde dicitur Exod. 8, 26 : *Abominationes Ægyptiorum immolabimus Domino Deo nostro?* Oves enim colebant, hircos venerabantur, quia in eorum figurâ dæmones apparebant : bobus etiam utebantur ad agriculturam, quam inter res sacras habebant. Secundò hoc conveniens erat ad prædictam ordinationem mentis in Deum; et hoc dupliciter : primò quidem quia hujusmodi animalia maximè sunt per quæ sustentatur humana vita; et cum hoc mundissima sunt, et mundissimum habent nutrimentum, alia verò animalia vel sunt sylvestria, et non sunt communiter hominum usui deputata; vel si sunt domestica, immundum habent nutrimentum, ut porcus et gallina; solùm autem id quod est purum, Deo est attribuendum. Hujusmodi autem aves specialiter offerebantur, quia habentur in copiâ in terrâ promissionis. Secundò quia per immolationem hujusmodi animalium puritas mentis designatur, quia, ut dicitur in Glossâ Levit. 1 (seu in proœm. ad Levit., versùs fin.), *vitulum offerimus, cùm carnis superbiam vincimus; agnum, cùm irrationales motus corrigimus; hædum, cùm lasciviam superamus; columbam, cùm simplices sumus; turturem, cùm castitatem servamus; panes azymos, cùm in azymis sinceritatis epulamur.* In columbâ verò manifestum est quòd significatur castitas et simplicitas mentis. Tertiò verò conveniens fuit hæc animalia offerri in figuram Christi, quia, ut in eâdem Glossâ dicitur, *Christus in vitulo offertur, propter virtutem crucis; in agno, propter innocentiam; in ariete, propter principatum; in hirco, propter similitudinem carnis peccati; in turture et columbâ duarum naturarum conjunctio monstrabatur; vel in turture castitas, in columbâ charitas significabatur; in similagine aspersio credentium per aquam baptismi figurabatur.*

Ad tertium dicendum quòd pisces, qui in aquâ vivunt, magis sunt alieni ab homine quàm cætera animalia, quæ vivunt in acre, sicut et homo; et iterùm pisces ex aquâ extracti statim moriuntur; unde non poterant in templo offerri, sicut alia animalia.

Ad quartum dicendum quòd in turturibus meliores sunt majores quàm pulli; in columbis autem è converso; et ideò, ut rabbi Moyses dicit, lib. 3 *Dux errant.*, cap. 47; inter princ. et med. : *Mandantur offerri turtures et pulli columbarum*, quia omne quod est optimum, Deo est attribuendum.

Ad quintum dicendum quòd animalia in sacrificium oblata occidebantur, quia veniunt in usum hominis occisa, secundùm quòd à Deo dantur homini ad esum; et ideò etiam igni cremabantur, quia per ignem decocta fiunt apta humano esui. Similiter etiam per occisionem animalium significatur destructio peccatorum, et quòd homines erant digni occisione pro peccatis suis, ac si illa animalia loco eorum occiderentur ad significandam expiationem peccatorum. Per occisionem etiam hujusmodi animalium significabatur occisio Christi.

Ad sextum dicendum quòd specialis modus occidendi animalia immolata determinabatur in lege ad excludendum alios modos quibus idololatræ animalia idolis immolabant; vel etiam, ut rabbi Moyses dicit, loc. cit., cap. 49, ante med., lex elegit genus occisionis quo animalia minùs affligebantur occisa, per quod etiam excludebatur et immisericordia offerentium, et deterioratio animalium occisorum.

Ad septimum dicendum quòd, quia animalia maculosa solent haberi contemptui etiam apud homines, ideò prohibitum est ne Deo in sacrificium offerrentur; propter quod etiam prohibitum erat ne *mercedem prostibuli, aut pretium canis* (1) in domum Dei offerrent, Deut. 23, 18. Et eâdem etiam ratione non offerebant animalia ante septimum diem, quia talia animalia erant quasi abortiva, nondùm plenò consistentia propter teneritudinem.

Ad octavum dicendum quòd triplex erat sacrificiorum genus : quoddam erat quod totum comburebatur; et hoc dicebatur *holocaustum*, quasi *totum incensum.* Hujusmodi enim sacrificium offerebatur Deo specialiter ad reverentiam majestatis ipsius et amorem bonitatis ejus; et conveniebat perfectionis statui in impletione consiliorum; et ideò totum comburebatur, ut, sicut totum animal resolutum in vaporem sursùm ascendebat,

ita etiam significaretur totum hominem et omnia quæ ipsius sunt Dei dominio esse subjecta, et ei esse offerenda. Aliud autem erat sacrificium *pro peccato*, quod offerebatur Deo ex necessitate remissionis peccati; et conveniebat statui pœnitentium in satisfactione peccatorum; quod dividebatur in duas partes : nam una pars ejus comburebatur, altera verò cedebat in usum sacerdotum, ad significandum quòd expiatio peccatorum fit à Deo per ministerium sacerdotum; nisi quando offerebatur sacrificium pro peccato totius populi, vel specialiter pro peccato sacerdotis; tunc enim totum comburebatur. Non enim debebant in usum sacerdotum venire ea quæ pro peccato eorum offerebantur, ut nihil peccati in eis remaneret; et quia hoc non esset satisfactio pro peccato. Si enim cederet in usum eorum pro quorum peccatis offerebatur, idem esse videretur ac si non offerretur. Tertium verò sacrificium vocabatur *hostia pacifica*, quæ offerebatur Deo vel pro gratiarum actione, vel pro salute et prosperitate offerentium, ex debito beneficii vel accipiendi vel accepti; *et* convenit statui proficientium in impletione mandatorum. Et ista dividebatur in tres partes : nam una pars incendebatur ad honorem Dei, alia pars cedebat in usum sacerdotum, tertia verò pars in usum offerentium, ad significandum quòd salus hominis procedit à Deo dirigentibus ministris Dei, et cooperantibus ipsis hominibus qui salvantur. Hoc autem generaliter observabatur, quòd sanguis et adeps non veniebant neque in usum sacerdotum, neque in usum offerentium; sed sanguis effundebatur ad crepidinem altaris in honorem Dei, adeps verò adurebatur in igne. Cujus ratio una quidem fuit ad excludendam idololatriam. Idololatræ enim bibebant de sanguine victimarum, et comedebant adipes, secundùm illud Deut. 32, 38 : *De quorum victimis comedebant adipes, et bibebant vinum libaminum.* Secunda ratio est ad informationem humanæ vitæ; prohibebatur enim eis usus sanguinis ad hoc quòd horrerent humani sanguinis effusionem; unde dicitur Genes. 9, 4 : *Carnem cum sanguine non comedetis; sanguinem enim animarum vestrarum requiram.* Esus verò adipum prohibebatur eis ad vitandam lasciviam; unde dicitur Ezech. 34, 3. : *Quod crassum erat, occidebatis.* Tertia verò ratio est propter reverentiam divinam, quia sanguis est maximè necessarius ad vitam, ratione cujus dicitur anima esse in sanguine; adeps autem abundantiam nutrimenti demonstrat; et ideò, ut ostenderetur quòd à Deo nobis est et vita, et omnis bonorum sufficientia, ad honorem Dei effundebatur sanguis, et adurebatur adeps. Quarta ratio est quia per hoc figurabatur effusio sanguinis Christi; et pinguedo charitatis ejus, per quam se obtulit Deo pro nobis. De hostiis autem pacificis in usum sacerdotis cedebat *pectusculum et armus dexter*, ad excludendum quamdam divinationis speciem, quæ vocatur *spatulamantia*, quia scilicet in spatulis animalium immolatorum divinabant, et similiter in osse pectoris; et ideò ista offerentibus subtrahebantur. Per hoc etiam significabatur

(1) Ita cum Vulgatâ melioris notæ codd. Al., *carnis.*

quòd sacerdoti erat necessaria sapientia cordis ad instruendum populum, quod significabatur per pectus, quod est tegumentum cordis; et etiam fortitudo ad sustentandum defectus, quæ significatur per armum dextrum.

Ad nonum dicendum quòd quia holocaustum erat perfectissimum inter sacrificia, ideò non offerebatur in holocaustum nisi masculus; nam fœmina est animal imperfectum. Oblatio autem turturum et columbarum erat propter paupertatem offerentium, quia majora animalia offerre non poterant; et quia hostiæ pacificæ gratis offerebantur, et nullus eas offerre cogebatur nisi spontaneus, ideò hujusmodi aves non offerebantur inter hostias pacificas, sed inter holocausta et hostias pro peccato, quas quandoque oportebat offerre. Aves etiam hujusmodi propter altitudinem volatûs congruunt perfectioni holocaustorum, et etiam hostiis pro peccato, quia habent gemitum pro cantu.

Ad decimum dicendum quòd inter omnia sacrificia holocaustum erat præcipuum, quia totum comburebatur in honorem Dei, et nihil ex eo comedebatur. Secundum verò locum in sanctitate tenebat hostia pro peccato, quia comedebatur solùm in atrio à sacerdotibus in ipsâ die sacrificii. Tertium verò gradum tenebant hostiæ pacificæ pro gratiarum actione, quæ comedebantur ipso die, sed ubique in Hierusalem. Quartum verò locum tenebant hostiæ pacificæ ex voto, quarum carnes poterant etiam in crastino comedi. Et est ratio hujus ordinis, quia maximè obligatur homo Deo propter ejus majestatem, secundò propter offensam commissam, tertiò propter beneficia jam suscepta, quartò propter beneficia sperata.

Ad undecimum dicendum quòd peccata aggravantur ex statu peccantis, ut supra dictum est, quæst. 73, art. 10, et ideò alia hostia mandabatur offerri pro peccato sacerdotis et principis, vel alterius privatæ personæ. Est autem attendendum, ut rabbi Moyses dicit, lib. 3 Dux errantium, cap. 47, à med., quòd quantò gravius erat peccatum, tantò vilior species animalis offerebatur pro eo. Unde capra, quod est vilissimum animal, offerebatur pro idololatriâ, quod est gravissimum peccatum; pro ignorantiâ verò sacerdotis offerebatur vitulus; pro negligentiâ autem principis hircus.

Ad duodecimum dicendum quòd lex in sacrificiis providere voluit paupertati offerentium; ut qui non posset habere animal quadrupes, saltem offerret avem, quam qui habere non posset, saltem offerret panem; et si hunc habere non posset, saltem offerret vel farinam vel spicas. Causa verò figuralis est, quia panis significat Christum, qui est panis vivus, ut dicitur Joan. 6, qui quidem erat velut in spicâ pro statu legis naturæ in fide Patrum; erat autem sicut simila in doctrinâ legis et prophetarum; erat autem sicut panis formatus post humanitatem assumptam; coctus igne, id est, formatus Spiritu sancto in clibano uteri virginalis; qui etiam fuit coctus in sartagine per labores quos in mundo

sustinebat; in cruce verò, quasi in craticulâ adustus, ut dicit Glossa ex Hesychio.

Ad decimum tertium dicendum quòd ea quæ in usum hominis veniunt de terræ nascentibus, vel sunt in cibum, et de his offerebatur panis; vel sunt in potum, et de his offerebatur vinum; vel sunt in condimentum, et de his offerebatur oleum, et sal; vel sunt in medicamentum, et de his offerebatur thus, quod est aromaticum et consolidativum. Per panem autem figuratur caro Christi; per vinum autem sanguis ejus, per quem redempti sumus; oleum figurat gratiam Christi, sal scientiam, thus orationem.

Ad decimum quartum dicendum quòd mel non offerebatur in sacrificiis Dei, tum quia consueverat offerri in sacrificiis idolorum; tum etiam ad excludendam omnem carnalem dulcedinem et voluptatem ab his qui Deo sacrificare intendunt. Fermentum verò non offerebatur ad excludendam corruptionem; et fortè etiam quia in sacrificiis idolorum solitum erat offerri. Sal autem offerebatur, quia impedit corruptionem putredinis; sacrificia autem Dei debent esse incorrupta, et etiam quia in sale significatur discretio sapientiæ, vel etiam mortificatio carnis. Thus autem offerebatur Deo ad designandam devotionem mentis, quæ est necessaria offerentibus, et etiam ad designandum odorem bonæ famæ; nam thus et pingue est et odoriferum. Et quia sacrificium zelotypiæ non procedebat ex devotione, sed magis ex suspicione, ideò in eo non offerebatur thus.

ARTICULUS IV. — Utrùm assignari possit certa ratio cæremoniarum quæ ad sacra pertinent.

Ad quartum sic proceditur. 1. Videtur quòd cæremoniarum veteris legis, quæ ad sacra pertinent, sufficiens ratio assignari non possit. Dicit enim Paulus, Act. 17, 24 : Deus, qui fecit mundum et omnia quæ in eo sunt, hic cæli et terræ cùm sit dominus, non in manufactis templis habitat. Inconvenienter igitur ad cultum Dei tabernaculum vel templum in lege veteri est institutum.

2. Præterea, status veteris legis non fuit immutatus nisi per Christum; sed tabernaculum designabat statum veteris legis; non ergo debuit mutari per ædificationem alicujus templi.

3. Præterea, divina lex præcipuò debet homines inducere ad divinum cultum. Sed ad augmentum divini cultûs pertinet quòd fiant multa altaria, et multa templa, sicut patet in novâ lege. Ergo videtur quòd etiam in veteri lege non debuit esse solùm unum templum aut unum tabernaculum, sed multa.

4. Præterea, tabernaculum, seu templum ad cultum Dei ordinabatur. Sed in Deo præcipuè oportet venerari unitatem et simplicitatem. Non videtur igitur fuisse conveniens ut tabernaculum seu templum per quædam vela distingueretur.

5. Præterea, virtus primi moventis, quæ est Deus, primò apparet in parte Orientis, à quâ parte incipit primus motus. Sed tabernaculum fuit institutum ad Dei adorationem

Ergo debebat esse dispositum magis versùs Orientem quàm versùs Occidentem.

6. Præterea, Exod. 20, 4, Dominus præcepit ut *non facerent sculptile, neque aliquam similitudinem.* Inconvenienter igitur in tabernaculo vel in templo fuerunt sculptæ imagines Cherubim. Similiter etiam et arca, et propitiatorium, et candelabrum, et mensa, et duplex altare sine rationabili causâ ibi fuisse videntur.

7. Præterea, Dominus præcepit, Exod. 20, 24 : *Altare de terrâ facietis mihi;* et iterùm : *Non ascendes ad altare meum per gradus.* Inconvenienter igitur mandatur postmodùm altare fieri de lignis auro vel ære contextis, et tantæ altitudinis, ut ad illud nisi per gradus ascendi non possit. Dicitur enim Exod. 27, 1 : *Facies altare de lignis Sethim, quod habebit quinque cubitos in longitudine, et totidem in latitudine, et tres cubitos in altitudine, et operies illud ære;* et Exod. 30, 1, dicitur : *Facies altare ad adolendum thymiamata de lignis Sethim, vestiesque illud auro purissimo.*

8. Præterea, in operibus Dei nihil debet esse superfluum, quia nec in operibus naturæ aliquid superfluum invenitur. Sed uni tabernaculo vel domui sufficit unum operimen.um. Inconvenienter igitur tabernaculo fuerunt apposita multa tegumenta, scilicet *cortinæ, saga cilicina, pelles arietum rubricatæ, pelles hyacinthinæ.*

9. Præterea, consecratio exterior interiorem sanctitatem significat, cujus subjectum est anima. Inconvenienter igitur tabernaculum et ejus vasa consecrabantur, cùm essent quædam corpora inanimata.

10. Præterea, in Psal. 33, 1, dicitur : *Benedicam Dominum in omni tempore, semper laus ejus in ore meo.* Sed solemnitates instituuntur ad laudandum Deum. Non ergo fuit conveniens ut aliqui certi dies statuerentur ad solemnitates peragendas. Sic igitur videtur quòd cæremoniæ sacrorum convenientes causas non haberent.

Sed contra est quod Apostolus dicit ad Hebr. 8, 4, quòd *illi qui offerunt secundùm legem munera, exemplari et umbræ deserviunt cælestium, sicut responsum est Moysi, cùm consummaret tabernaculum : « Vide, inquit, omnia facito secundùm exemplar quod tibi in monte monstratum est. »* Sed valdè rationabile est quod imaginem cœlestem repræsentat. Ergo cæremoniæ sacrorum rationabilem causam habebant.

Respondeo dicendum quòd totus exterior cultus Dei ad hoc præcipue ordinatur ut homines Deum in reverentiâ habeant. Habet autem hoc humanus affectus ut ea quæ communia sunt, et non distincta ab aliis, minùs revereatur; ea verò quæ habent aliquam excellentiæ discretionem ab aliis, magis admiretur et revereatur. Et inde etiam hominum consuetudo inolevit ut reges et principes, quos oportet in reverentiâ haberi à subditis, et pretiosioribus vestibus ornentur, et etiam ampliores et pulchriores habitationes possideant. Et propter hoc oportuit ut aliqua specialia tempora, et speciale tabernaculum, et specialia vasa, et speciales ministri, ad cultum Dei ordinaren-

tur, ut per hoc animi hominum ad majorem Dei reverentiam adducerentur. Similiter etiam status veteris legis, sicut dictum est art. 1 huj. qu., ad 1, et art. 2, institutus erat ad figurandum mysterium Christi. Oportet autem esse aliquid determinatum id per quod aliquid figurari debet, ut scilicet ejus aliquam similitudinem repræsentet; et ideò oportuit aliqua specialia observari in his quæ pertinent ad cultum Dei.

Ad primum ergo dicendum quòd cultus Dei duo respicit, scilicet Deum qui colitur, et homines colentes. Ipse igitur Deus qui colitur nullo corporali loco clauditur; unde propter ipsum non oportuit speciale tabernaculum fieri aut templum. Sed homines ipsum colentes corporales sunt; et propter eos oportuit speciale tabernaculum, vel templum instrui ad cultum Dei, propter duo. Primò quidem ut ad hujusmodi locum convenientes cum hâc cogitatione quòd deputaretur ad colendum Deum, cum majori reverentiâ accederent. Secundò ut per dispositionem talis templi vel tabernaculi significarentur aliqua pertinentia ad excellentiam Divinitatis vel humanitatis Christi. Et hoc est quod Salomon dicit, 3 Reg. 8, 27 : *Si cœlum et cœli cœlorum te capere non possunt, quantò magis domus hæc, quam ædificavi tibi?* et postea subdit : *Sint oculi tui aperti super domum hanc, de quâ dixisti : Erit nomen meum ibi, ut exaudias deprecationem servi tui, et populi tui Israel.* Ex quo patet quòd domus sanctuarii non est instituta ad hoc quòd Deum capiat, quasi localiter inhabitantem; sed ad hoc quòd nomen Dei inhabitet ibi, id est, ut notitia Dei ibi manifestetur per aliqua quæ ibi fiebant vel dicebantur; et quòd propter reverentiam loci orationes fierent ibi magis exaudibiles ex devotione orantium.

Ad secundum dicendum quòd status veteris legis non fuit immutatus ante Christum quantùm ad impletionem legis, quæ facta est solùm per Christum; est tamen immutatus quántùm ad conditionem populi, qui erat sub lege. Nam primò populus fuit in deserto non habens certam mansionem; postmodùm autem habuerunt varia bella cum finitimis gentibus : ultimò autem, tempore David regis et Salomonis, populus ille habuit quietissimum statum. Et tunc primò ædificatum fuit templum in loco quem designaverat Abraham ex divinâ demonstratione ad immolandum. Dicitur enim Genes. 22, 2, quòd Dominus mandavit Abrahæ ut offerret filium suum in holocaustum *super unum montium quem monstravero tibi;* et postea dicit quòd *appellavit nomen illius loci : Dominus videt;* quasi secundùm Dei prævisionem esset locus ille electus ad cultum divinum. Propter quod dicitur Deut. 12, 5 : *Ad locum quem elegerit Dominus Deus vester, venietis, et offeretis holocausta et victimas vestras.* Locus autem ille designari non debuit pro ædificatione templi ante tempus prædictum, propter tres rationes, quas Rabb. Moyses assignat : prima est, ne gentes appropriarent sibi locum illum. Secunda est, ne gentes ipsum destruerent. Tertia verò ratio est, ne quælibet tribus vellet habere locum illum in sorte suâ, et propter hoc orirentur lites et jurgia. Et ideò non fuit ædificatum templum, donec haberent regem, per quem posset hujusmodi jurgium compesci. Antea verò ad cultum Dei erat ordinatum tabernaculum portatile per diversa loca, quasi nondùm existente determinato loco divini cultûs. Et hæc est ratio litteralis diversitatis tabernaculi et templi. Ratio autem figuralis esse potest, quia per hæc duo significatur duplex status. Per tabernaculum enim, quod est mutabile, significatur status præsentis vitæ mutabilis; per templum verò, quod erat fixum et stans, significatur status futuræ vitæ, quæ omninò immutabilis est; et propter hoc in ædificatione templi dicitur, 3 Reg. 6, 7, quòd *non est auditus sonitus mallei vel securis*, ad significandum quòd omnis perturbationis tumultus longè erit à statu futuro. Vel per tabernaculum significatur status veteris legis; per templum autem à Salomone constructum status novæ legis; unde ad constructionem tabernaculi soli Judæi sunt operati; ad ædificationem verò templi cooperati sunt etiam gentiles, scilicet Tyrii et Sidonii.

Ad tertium dicendum quòd ratio unitatis templi vel tabernaculi potest esse et litteralis et figuralis. Litteralis quidem est ratio ad exclusionem idololatriæ, quia gentiles diversis diis diversa templa constituebant. Et ideò ut firmaretur in animis hominum fides unitatis divinæ, voluit Deus ut in uno loco tantùm sibi sacrificium offerretur; et iterùm ut per hoc ostenderet quòd corporalis cultus non propter se erat ei acceptus; et ideò compescebantur ne passim et ubique sacrificia offerrent. Sed cultus novæ legis, in cujus sacrificio spiritualis gratia continetur, est secundùm se Deo acceptus; et ideò multiplicatio altarium et templorum acceptatur in novâ lege. Quantùm verò ad ea quæ pertinebant ad spiritualem cultum Dei, qui consistit in doctrinâ legis et prophetarum, erant etiam in veteri lege diversa loca deputata, in quibus conveniebant ad laudem Dei, quæ dicebantur *synagogæ*; sicut et nunc dicuntur *ecclesiæ*, in quibus populus christianus ad laudem Dei congregatur. Et sic Ecclesia nostra succedit in locum et templi, et synagogæ, quia ipsum sacrificium Ecclesiæ spirituale est; unde non distinguitur apud nos locus sacrificii à loco doctrinæ. Ratio autem figuralis esse potest, quia per hoc significabatur unitas Ecclesiæ vel militantis vel triumphantis.

Ad quartum dicendum quòd, sicut in unitate templi vel tabernaculi repræsentabatur unitas Dei vel unitas Ecclesiæ, ita etiam in distinctione tabernaculi vel templi repræsentabatur distinctio eorum quæ Deo sunt subjecta, ex quibus in Dei venerationem consurgimus. Distinguebatur autem tabernaculum in duas partes : in unam quæ vocabatur *Sancta sanctorum*, quæ erat occidentalis; et aliam quæ vocabatur *Sancta*, quæ erat ad orientem. Et iterùm ante tabernaculum erat atrium. Hæc igitur distinctio duplicem habet rationem : unam quidem, secundùm quòd tabernaculum ordinatur ad cultum Dei; sic enim diversæ partes mundi in distinctione tabernaculi fi-

gurantur. Nam pars illa quæ *Sancta sanctorum* dicitur, figurabat seculum altius, quod est spiritualium substantiarum; pars verò illa quæ dicitur *Sancta*, exprimebat mundum corporalem; et ideò *Sancta à Sanctis sanctorum* distinguebantur quodam velo, quod *quatuor* coloribus erat distinctum, per quos quatuor elementa designantur : scilicet *bysso*, per quod designatur terra, quia byssus, id est, linum, de terrâ nascitur; *purpurâ*, per quam significatur aqua; fiebat enim purpureus color ex quibusdam conchis, quæ inveniuntur in mari; *hyacintho*, per quem significatur aer, quia habet aereum colorem; et *cocco bis tincto*, per quem designatur ignis; et hoc ideò, quia materia quatuor elementorum est impedimentum, per quod velantur nobis incorporales substantiæ (1). Et ideò in interius tabernaculum, id est, in *Sancta sanctorum*, solus summus sacerdos, et semel in anno introibat, ut designaretur quòd hæc est finalis perfectio hominis, ut ad illud seculum introducatur; in tabernaculum verò exterius, id est, in *Sancta*, introibant sacerdotes quotidiè, non autem populus, qui solùm ad atrium accedebat, quia ipsa corporalia populus percipere potest; ad interiores autem eorum rationes soli sapientiæ (2) per considerationem attingere possunt. Secundùm verò rationem figuralem, per exterius tabernaculum, quod dicitur *Sancta*, significatur status veteris legis, ut Apostolus dicit ad Hebr. 9, quia in illud tabernaculum semper introibant sacerdotes sacrificiorum officia consummantes. Per interius verò tabernaculum, quod dicitur *Sancta sanctorum*, significatur vel cœlestis gloria, vel etiam status spiritualis novæ legis, qui est quædam inchoatio futuræ gloriæ, in quem statum nos Christus introduxit; quod figurabatur per hoc quòd summus sacerdos semel in anno solus in Sancta sanctorum introibat. Velum autem figurabat spiritualium occultationem sacrificiorum in veteribus sacrificiis; quod velum quatuor coloribus erat ornatum : *bysso* quidem, ad designandam carnis puritatem; *purpurâ* autem ad figurandum passiones quas sancti sustinuerunt pro Deo; *cocco bis tincto*, ad significandum charitatem geminam Dei et proximi; *hyacintho* autem significabatur cœlestis meditatio. Ad statum autem veteris legis aliter se habebat populus, et aliter sacerdotes : nam populus ipsa corporalia sacrificia considerabat, quæ in atrio offerebantur; sacerdotes verò rationem sacrificiorum considerabant, habentes fidem magis explicitam de mysteriis Christi. Et ideò intrabant in exterius tabernaculum; quod etiam quodam velo distinguebatur ab atrio, quia quædam erant velata populo circa mysterium Christi, quæ sacerdotibus erant nota; non tamen erant eis plenè revelata, sicut postea in novo Testamento, ut habetur Ephes. 3.

(1) Ita melioris notæ codices cum edit. Patav. et Nicolaio. Al.: *Et ideò quia materia quatuor elementorum est impedimentum per quod velantur nobis spirituales substantiæ, in interius tabernaculum,* etc.

(2) Ita codd. et editi passim; ad marginem quorumdam notatur. Al., *sacerdotes*.

Ad quintum dicendum quòd adoratio ad Occidentem fuit introducta in lege ad excludendam idololatriam; nam omnes gentiles in reverentiam solis adorabant ad Orientem. Unde dicitur Ezech. 8, 16, quòd quidam *habebant dorsa contra templum Domini, et facies ad Orientem, et adorabant ad ortum solis.* Unde ad hoc excludendum tabernaculum habebat Sancta sanctorum ad Occidentem, ut versùs Occidentem adorarent. Ratio etiam figuralis esse potest, quia totus status prioris tabernaculi ordinabatur ad significandum mortem Christi, quæ figuratur per occasum, secundùm illud Ps. 97, 51 : *Qui ascendit super occasum, Dominus nomen illi.*

Ad sextum dicendum quòd eorum quæ in tabernaculo continebantur, ratio reddi potest et litteralis et figuralis : litteralis quidem per relationem ad cultum divinum ; et quia dictum est in resp. ad 4, quòd per tabernaculum interius, quod dicebatur *Sancta sanctorum*, significabatur seculum altius spiritualium substantiarum, ideò in illo tabernaculo tria continebantur : scilicet *arca testamenti*, in quâ erat urna aurea habens manna, et *virga Aaron*, quæ fronduerat, et *tabulæ*, in quibus erant scripta decem præcepta legis. Hæc autem arca sita erat inter duos Cherubim, qui se mutuis vultibus respiciebant ; et super arcam erat quædam tabula (1) quæ dicebatur *propitiatorium* subter (2) alas Cherubim, quasi ab ipsis Cherubim portaretur, ac si imaginaretur, quòd illa tabula esset sedes Dei ; unde et *propitiatorium* dicebatur, quasi exinde populo propitiaretur ad preces summi sacerdotis ; et ideò quasi portabatur à Cherubim, quasi Deo obsequentibus. Arca verò testamenti erat tanquàm scabellum sedentis supra propitiatorium. Per hæc autem tria designabantur tria quæ sunt in illo altiori seculo : scilicet Deus, qui super omnia est, et incomprehensibilis omni creaturæ et propter hoc nulla similitudo ejus ponebatur ad repræsentandam ejus invisibilitatem, sed ponebatur quædam figura sedis ejus, quia scilicet natura comprehensibilis est, quæ est subjecta Deo, sicut sedes sedenti. Sunt etiam in illo altiori seculo spirituales substantiæ, quæ Angeli dicuntur ; et hi significantur per duos Cherubim mutuò se respicientes ; ad designandum concordiam eorum ad invicem, secundùm illud Job 25, 2 : *Qui facit concordiam in sublimibus.* Et propter hoc etiam non fuit unus tantùm Cherubim, ut designaretur multitudo cœlestium spirituum, et excluderetur cultus eorum ab his quibus præceptum erat ut solùm unum Deum colerent. Sunt etiam in illo intelligibili seculo rationes omnium eorum quæ in hoc seculo perficiuntur, quodammodò clausæ ; sicut rationes effectuum clauduntur in suis causis, et rationes artificiatorum in artifice ; et hoc significaba-

tur per arcam, in quâ repræsentabantur per tria ibi contenta tria quæ sunt potissima in rebus humanis : scilicet *sapientia*, quæ repræsentabatur per tabulas testamenti ; *potestas regiminis*, quæ repræsentabatur per virgam Aaron ; *vita*, quæ repræsentabatur per manna, quod fuit sustentamentum vitæ. Vel per hæc tria significabantur tria Dei attributa, scilicet *sapientia* in tabulis, *potentia* in virgâ, *bonitas* in manna, tum propter dulcedinem, tum quia ex Dei misericordiâ est populo suo datum ; et ideò in memoriam divinæ misericordiæ conservabatur. Et hæc *tria* etiam figurata sunt in visione Isaiæ, cap. 6. Vidit enim *Dominum sedentem super solium excelsum et elevatum, et Seraphim assistentes, et domum impleri à gloriâ Dei ;* unde et Seraphim dicebant : *Plena est omnis terra gloriâ ejus.* Et sic similitudines Seraphim non ponebantur ad cultum (quod prohibebatur primô legis præcepto), sed in signum ministerii, ut dictum est hîc, supra. In exteriori verò tabernaculo, quod significabat præsens seculum, continebantur etiam tria : scilicet *altare thymiamatis*, quod directè erat contra arcam ; *mensa* autem propositionis, super quam duodecim panes apponebantur, erat posita ex parte aquilonari ; *candelabrum* verò ex parte australi. Quæ tria videntur respondere tribus quæ erant in arcâ clausa ; sed magis manifestè eadem repræsentabant. Oportet enim rationes rerum ad manifestiorem demonstrationem perduci, quàm sint in mente divinâ et Angelorum, ad hoc quòd homines sapientes eas cognoscere possint, qui significantur per sacerdotes ingredientes tabernaculum. In *candelabro* igitur designabatur, sicut in signo sensibili, *sapientia*, quæ intelligibilibus verbis exprimebatur in tabulis. Per *altare* verò *thymiamatis* significabatur *officium sacerdotum*, quorum erat populum ad Deum reducere ; et hoc etiam significabatur per *virgam* ; nam in illo altari incendebatur *thymiama boni odoris*, per quod significabatur *sanctitas populi* acceptabilis Deo. Dicitur enim Apocalyp. 7, quòd per *fumum aromatum significantur justificationes sanctorum* (1). Convenienter autem *sacerdotalis dignitas* in arcâ significabatur per *virgam*, in exteriori verò tabernaculo per *altare thymiamatis* ; quia sacerdos mediator est inter Deum et populum, regens populum per potestatem divinam, quam virga significat ; et fructum sui regiminis, scilicet sanctitatem populi, Deo offert (2), quasi in altari thymiamatis. Per *mensam* autem significatur *temporale nutrimentum vitæ*, sicut et per manna ; sed hoc est communius et grossius nutrimentum, illud autem suavius et subtilius. Convenienter autem *candelabrum* ponebatur ex parte australi, *mensa* autem ex parte aquilonari ; quia australis pars est dextra pars mundi, aquilonaris autem sinistra, ut dicitur in 2 de Cœlo et Mundo, text. 15. Sapientia autem pertinet ad dextram, sicut et cætera spiritualia bona ; temporale

___

(1) Ita codd. Alcan. Venetus SS. Joannis, et Pauli, Parisiensis Nicolai, Salmanticensis, et edit. Patav. ann. 1712. Alii Mss. et editi libri addunt perperàm, *lapidea.* Vide Admonitionem huic parti præmissam cap. 5.

(2) Al., *super.*

(1) Nihil simile in cap. 8 ; at in 19, 8 : *Byssinum enim justificationes sunt sanctorum.*

(2) Ita codd. Alcan. Parisiensis, aliique. Al., *offer-*

autem nutrimentum ad sinistram, secundùm illud Prov. 3, 16 : *In sinistrâ illius divitiæ et gloria.* Potestas autem sacerdotalis media est inter temporalia et spiritualem sapientiam, quia per eam et spiritualis sapientia, et temporalia dispensantur.

Potest autem et horum alia ratio assignari magis litteralis. In arcâ enim continebantur tabulæ legis ad tollendam legis oblivionem; unde dicitur Exod. 24 : *Dabo tibi duas tabulas lapideas, et legem, ac mandata quæ scripsi, ut doceas filios Israel.* Virga verò Aaron ponebatur ibi ad comprimendam dissensionem populi de sacerdotio Aaron. Unde dicitur Num. 17, 10 : *Refer virgam Aaron in tabernaculum testimonii, ut reservetur in signum rebellium filiorum Israel.* Manna autem conservabatur in arcâ ad commemorandum beneficium quod Dominus præstitit filiis Israel in deserto; unde dicitur Exod. 16, 32 : *Imple gomor ex eo, et custodiatur in futuras retrò generationes, ut nôrint panes quibus alui vos in solitudine.* Candelabrum verò erat institutum ad honorificentiam tabernaculi; pertinet enim ad magnificentiam domûs quòd sit benè luminosa. Habebat autem candelabrum septem calamos, ut Josephus dicit, lib. 3 Antiquit., cap. 7 et 8, ad fin., ad significandum septem planetas, quibus totus mundus illuminatur. Et ideò ponebatur candelabrum ex parte australi, quia ex illâ parte est nobis planetarum cursus. Altare verò thymiamatis erat institutum, ut jugiter in tabernaculo esset fumus boni odoris, tum propter venerationem tabernaculi, tum etiam in remedium fœtoris, quem oportebat accidere ex effusione sanguinis et occisione animalium. Ea enim quæ sunt fœtida despiciuntur quasi vilia; quæ verò sunt boni odoris, homines magis appretiantur. Mensa autem apponebatur ad significandum quòd sacerdotes templo servientes in templo victum habere debebant. Unde duodecim panes · superpositos mensæ, in memoriam duodecim tribuum, solis sacerdotibus edere licitum erat, ut habetur Matth. 12. Mensa autem non ponebatur directè in medio ante propitiatorium, ad excludendum ritum idololatriæ. Nam gentiles in sacris lunæ ponebant mensam coram idolo lunæ; unde dicitur Jerem. 7, 18 : *Mulieres conspergunt adipem, ut faciant placentas reginæ cæli.* In atrio verò extra tabernaculum continebatur altare holocaustorum, in quo offerebantur Deo sacrificia de his quæ erant à populo possessa. Et ideò in atrio poterat esse populus, qui hujusmodi Deo offerebat per manus sacerdotum; sed ad interius altare, in quo ipsa devotio et sanctitas populi offerebatur, non poterant accedere nisi sacerdotes, quorum erat Deo offerre populum. Est autem hoc altare extra tabernaculum in atrio constitutum ad removendum cultum idololatriæ : nam gentiles intra templa altaria constituebant ad immolandum idolis.

· Figuralis verò ratio omnium horum assignari potest ex relatione tabernaculi ad Christum qui figurabatur. Est autem considerandum quòd ad designandam imperfectionem legalium figurarum· diversæ figuræ fuerunt

institutæ in templo ad significandum Christum. Ipse enim significatur per propitiatorium, quia *ipse est propitiatio pro peccatis nostris*, ut dicitur 1 Joan. 2, 2. Et convenienter hoc propitiatorium à Cherubim portabatur, quia de eo scriptum est : *Adorent eum omnes Angeli Dei*, ut habetur Hebr. 1, 6. Ipse etiam significatur per arcam, quia sicut arca erat constructa de lignis Sethim, ita corpus Christi de membris purissimis constabat. Erat autem deaurata, quia Christus fuit plenus sapientiâ et charitate, quæ per aurum significatur. Intra arcam autem erat urna aurea, id est, sancta anima, habens manna, id est, omnem plenitudinem sanctitatis et divinitatis. Erat etiam in arcâ virga, id est, potestas sacerdotalis, quia ipse est factus sacerdos in æternum. Erant etiam ibi tabulæ testamenti, ad designandum quòd ipse Christus est legis dator. Ipse etiam Christus significatur per candelabrum, quia ipse dicit, Joan. 8, 12 : *Ego sum lux mundi;* per septem lucernas septem dona sancti Spiritûs. Ipse etiam significatur per mensam, quia ipse est spiritualis cibus, secundùm illud Joan. 6, 51 : *Ego sum panis vivus.* Duodecim etiam panes significabant duodecim apostolos, vel doctrinam eorum. Sive per candelabrum et mensam potest significari doctrina et fides Ecclesiæ, quæ etiam illuminat et spiritualiter reficit. Ipse etiam Christus significatur per duplex altare, scilicet *holocaustorum et thymiamatis*, quia per ipsum oportet nos Deo offerre omnia virtutum opera; sive illa quibus carnem affligimus, quæ offeruntur quasi in altari holocaustorum; sive illa quæ majore mentis perfectione per spiritualia perfectorum desideria Deo offeruntur in Christo, quasi in altari thymiamatis, secundùm illud ad Hebr. ult., 15 : *Per ipsum ergo offeramus hostiam laudis semper Deo.*

Ad septimum dicendum quòd Dominus præcepit altare construi ad sacrificia et munera offerenda in honorem Dei et sustentationem ministrorum qui tabernaculo deserviebant. De constructione autem altaris datur à Domino duplex præceptum : unum quidem ante principio legis, Exod. 20, ubi Dominus mandavit quòd facerent *altare de terrâ*, vel saltem *de lapidibus non sectis;* et iterùm quòd non facerent *altare excelsum*, ad quod oporteret per gradus ascendere; et hoc ad detestandum idololatriæ cultum. Gentiles enim idolis construebant altaria ornata et sublimia, in quibus credebant aliquid sanctitatis et numinis esse. Propter quod etiam Dominus mandavit Deut. 16, 21 : *Non plantabis lucum et omnem arborem juxta altare Domini Dei tui.* Idololatræ enim consueverant sub arboribus sacrificare, propter amœnitatem et umbrositatem.

Quorum etiam præceptorum ratio figuralis fuit, quia in Christo, qui est nostrum altare, debemus confiteri veram carnis naturam quantùm ad humanitatem, quod est *altare de terrâ facere;* et quantùm ad divinitatem debemus in eo confiteri Patris æqualitatem, quod est *non ascendere per gradus ad altare.* Nec etiam juxta Christum debemus admittere doctrinam gentilium ad lasciviam provocantem. Sed facto tabernaculo ad honorem Dei, non erant timendæ hujusmodi occasiones idololatriæ. Et ideò Dominus mandavit quòd fieret *altare holocaustorum de ære*, quod esset omni populo conspicuum; et *altari thymiamatis de auro*, quod soli sacerdotes videbant. Nec erat tanta pretiositas æris, ut per ejus copiam populus ad aliquam idololatriam provocaretur. Sed quia, Exod. 20, 26, ponitur pro ratione hujus præcepti: *Non ascendes per gradus ad altare meum*, id quod subditur: *Ne reveletur turpitudo tua*, considerandum est quòd hoc etiam fuit institutum ad excludendam idololatriam; nam in sacris Priapi sua pudenda gentiles populo denudabant. Postmodùm autem indictus est sacerdotibus feminalium usus ad tegmen pudendorum. Et ideò sine periculo institui poterat tanta altaris altitudo, ut per aliquos gradus ligneos non stantes, sed portatiles in horâ sacrificii sacerdotes ad altare ascenderent sacrificia offerentes.

Ad octavum dicendum quòd corpus tabernaculi constabat ex quibusdam tabulis in longitudine erectis; quæ quidem interiùs tegebantur quibusdam cortinis ex quatuor coloribus variatis, scilicet de *bysso retortâ*, et *hyacintho*, ac *purpurâ*, *coccoque bis tincto*. Sed hujusmodi cortinæ tegebant solùm latera tabernaculi. In tecto autem tabernaculi erat operimentum unum *de pellibus hyacinthinis*, et super hoc aliud *de pellibus arietum rubricatis*, et desuper tertium *de quibusdam sagis cilicinis*, quæ non tantùm operiebant tectum tabernaculi, sed etiam descendebant usque ad terram, et tegebant tabulas tabernaculi exteriùs. Horum autem operimentorum ratio litteralis in communi erat ornatus et protectio tabernaculi, ut in reverentiâ haberetur. In speciali verò secundùm quosdam per *cortinas* designabatur cœlum sidereum, quod est diversis stellis variatum; per *saga*, aquæ quæ sunt supra firmamentum; per *pelles rubricatas*, cœlum empyreum, in quo sunt Angeli; per *pelles hyacinthinas*, cœlum sanctæ Trinitatis.

Figuralis autem ratio horum est, quia per tabulas, ex quibus construebatur tabernaculum, significantur Christi fideles, ex quibus construitur Ecclesia. Tegebantur autem interiùs tabulæ cortinis quadricoloribus, quia fideles interiùs ornantur quatuor virtutibus; nam *in bysso retortâ*, ut Glossa ord. Exod. 26 dicit, *significatur caro castitate renitens*; in *hyacintho mens superna cupiens*; in *purpurâ caro passionibus subjacens*; *in cocco bis tincto mens inter passiones Dei et proximi dilectione præfulgens*. Per operimenta verò tecti designantur prælati et doctores, in quibus debet retineri cœlestis conversatio, quod significatur per *pelles hyacinthinas*, promptitudo ad martyrium, quod significant *pelles rubricatæ*, austeritas vitæ et tolerantia adversorum, quæ significantur per *saga cilicina*, quæ erant exposita ventis et pluviis, ut Glossa dicit loc. cit.

Ad nonum dicendum quòd sanctificatio tabernaculi et vasorum ejus habebat causam litteralem, ut in majori reverentiâ haberetur, quasi per hujusmodi consecrationem divino cultui deputatum.

Figuralis autem ratio est, quia per hujusmodi sanctificationem significatur spiritualis sanctificatio viventis tabernaculi, scilicet fidelium, ex quibus constituitur Ecclesia Christi.

Ad decimum dicendum quòd in veteri lege erant septem solemnitates temporales; et una continua, ut potest colligi Numer. 28 et 29. Erat enim quasi continuum festum, quia quotidiè mane et vespere immolabatur agnus; et per illud continuum festum jugis sacrificii repræsentabatur perpetuitas divinæ beatitudinis. Festorum autem temporalium primum erat quod iterabatur quâlibet septimanâ; et hæc erat *solemnitas sabbati*, quod celebrabatur in memoriam creationis rerum, ut supra dictum est, quæst. 100, art. 5, ad 2. Alia autem solèmnitas iterabatur quolibet mense, scilicet *festum Neomeniæ*, quod celebrabatur ad commemorandum opus divinæ gubernationis; nam hæc inferiora præcipuè variantur secundùm motum lunæ; et ideò celebrabatur hoc festum in novitate lunæ, non autem in ejus plenitudine, ad evitandum idololatrarum cultum, qui in tali tempore lunæ sacrificabant. Hæc autem duo beneficia sunt communia toti humano generi; et ideò frequentiùs iterabantur. Alia verò quinque festa celebrabantur semel in anno; et recolebantur in eis beneficia specialiter illi populo exhibita. Celebrabatur enim *festum Phase* primo mense ad commemorandum beneficium liberationis ex Ægypto. Celebrabatur autem *festum Pentecostes* post quinquaginta dies, ad recolendum beneficium legis datæ. Alia verò tria festa celebrabantur in mense septimo, qui quasi totus apud eos erat solemnis, sicut et septimus dies. In primâ enim die mensis septimi erat *festum Tubarum* in memoriam liberationis Isaac, quando Abraham invenit arietem hærentem cornibus, quem repræsentabant per cornua, quibus buccinabant. Erat autem festum Tubarum quasi quædam invitatio, ut præpararent se ad sequens festum, quod celebrabatur decimo die; et hoc erat *festum Expiationis*, in memoriam illius beneficii quo Deus propitiatus est peccato populi de adoratione vituli ad preces Moysi. Post hoc autem celebrabatur *festum Scenopegiæ*, id est, Tabernaculorum, septem diebus, ad commemorandum beneficium divinæ protectionis et deductionis per desertum, ubi in tabernaculis habitaverunt. Unde in hoc festo debebant habere *fructum arboris pulcherrimæ*, id est, citrum, et *lignum densarum frondium*, id est, myrtum et quæ sunt odorifera, et *spatulas palmarum*, *et salices de torrente*, quæ diù retinent suum virorem (et hæc inveniuntur in terrâ promissionis), ad significandum quòd per aridam terram deserti eos deduxerat Deus ad terram deliciosam. Octavo autem die celebrabatur aliud festum, scilicet *Cœtûs atque Collectæ*, in quo colligebantur à populo ea quæ erant necessaria ad expensas cultûs divini; et significabatur adunatio populi, et pax præstita in terrâ promissionis.

Figuralis autem ratio horum festorum est quia per *juge sacrificium agni* figuratur perpetuitas Christi, qui est agnus Dei, secundùm illud Hebr. ult., 8: *Jesus Christus heri et hodiè, ipse et in secula.* Per *sabbatum* autem designatur spiritualis requies nobis data per Christum, ut habetur ad Hebr. 4. Per *Neomeniam* autem, quæ est incensio (1) novæ lunæ, significatur illuminatio primitivæ Ecclesiæ per Christum, eo prædicante et miracula faciente. Per *festum* autem *Pentecostes* significatur descensus Spiritûs sancti in Apostolos. Per *festum* autem *Tubarum* significatur prædicatio Apostolorum. Per *festum* autem *Expiationis* significatur emundatio à peccatis populi christiani. Per *festum* autem *Tabernaculorum* peregrinatio eorum in hoc mundo, in quo ambulant in virtutibus proficiendo. Per *festum* autem *Cœtûs atque Collectæ* significatur congregatio fidelium in regno cœlorum; et ideo illud festum dicebatur sanctissimum esse. Et hæc tria festa erant continua ad invicem, quia oportet expiatos à vitiis proficere in virtute, quòusque perveniant ad Dei visionem, ut dicitur in Psalmo 83.

ARTICULUS V. — *Utrùm sacramentorum veteris legis conveniens causa esse possit.*

Ad quintum sic proceditur. 1. Videtur quòd sacramentorum veteris legis conveniens causa esse non possit. Ea enim quæ ad cultum divinum fiunt, non debent esse similia his quæ idololatræ observabant; unde dicitur Deuter. 12 : *Non facies similiter Domino Deo tuo. Omnes enim abominationes, quas aversatur Dominus fecerunt diis suis.* Sed cultores idolorum in cultu eorum cultris se incidebant usque ad effusionem sanguinis; dicitur enim 3 Reg. 18, 28, quòd *incidebant se juxta ritum suum cultris et lanceolis, donec perfunderentur sanguine,* propter quod Dominus mandavit Deuter. 14, 1 : *Non vos incidetis, nec facietis calvitium super mortuo; quoniam populus sanctus es Domino Deo tuo, et te elegit, ut sis ei in populum peculiarem de cunctis gentibus quæ sunt super terram.* Inconvenienter igitur circumcisio erat instituta in lege.

2. Præterea, ea quæ in cultum divinum fiunt, debent honestatem et gravitatem habere, secundùm illud Psal. 34, 18 : *In populo gravi laudabo te.* Sed ad levitatem quamdam pertinere videtur ut homines festinanter comedant. Inconvenienter igitur præceptum est Exod. 12, ut comederent festinanter agnum paschalem; et alia etiam circa ejus comestionem sunt instituta quæ videntur omninò irrationabilia esse.

3. Præterea, sacramenta veteris legis figuræ fuerunt sacramentorum novæ legis. Sed per agnum paschalem significatur sacramentum Eucharistiæ, secundùm illud 1 ad Corinth. 5, 7 : *Pascha nostrum immolatus est Christus.* Ergo etiam debuerunt esse aliqua sacramenta in lege quæ præfigurarent alia sacramenta novæ legis, sicut confirmationem et extremam unctionem, et matrimonium, et alia sacramenta.

4. Præterea, purificatio non potest convenienter fieri nisi ab aliquibus immunditiis. Sed quantùm ad Deum nullum corporale re-

putatur immundum, quia omne corpus creatura Dei est; et *omnis creatura Dei bona, et nihil rejiciendum quod cum gratiarum actione percipitur,* ut dicitur 1 ad Tim. 4, 4. Inconvenienter igitur purificabantur propter contactum hominis mortui, vel alicujus hujusmodi corporalis infectionis.

5. Præterea, Eccli. 34, 4, dicitur : *Ab immundo quid mundabitur ?* Sed cinis vaccæ rosæ, quæ comburebatur, immundus erat, quia immundum reddebat, dicitur enim Num. 19, 7, quòd *sacerdos qui immolabat eam, commaculatus erat usque ad vesperum;* similiter et ille qui eam comburebat, et etiam ille qui ejus cineres colligebat. Ergo inconvenienter præceptum ibi fuit ut per hujusmodi cinerem ibi aspersum immundi purificarentur.

6. Præterea, peccata non sunt aliquid corporale, quod possit deferri de loco ad locum; neque etiam per aliquid immundum potest homo à peccato mundari. Inconvenienter igitur ad expiationem peccatorum populi sacerdos super unum hircorum confitebatur peccata filiorum Israel, ut portaret ea in desertum; per alium autem, quo utebantur ad purificationes simul cum vitulo comburente extra castra, immundi reddebantur, ita quòd oportebat eos lavare vestimenta, et carnem aquâ.

7. Præterea, illud quod jam est mundatum, non oportet iterùm mundari. Inconvenienter igitur mundata lepra hominis, vel etiam ejus domus, alia purificatio adhibebatur, ut habetur Levit. 14.

8. Præterea, spiritualis immunditia non potest per corporalem aquam, vel pilorum rasuram emundari. Irrationabile igitur videtur quod Dominus præcepit Exod. 30, 18, *ut fieret labium æneum cum basi suâ ad lovandum manus et pedes sacerdotum, qui ingressuri erant tabernaculum;* et quod præcipitur Num. 8, 7, quòd *Levitæ abstergerentur aquâ lustrationis, et raderent omnes pilos carnis suæ.*

9. Præterea, quod majus est, non potest sanctificari per illud quod minus est. Inconvenienter igitur per quamdam unctionem corporalem, et corporalia sacrificia, et oblationes corporales fiebat in lege consecratio majorum et minorum sacerdotum, ut habetur Levit. 8, et Levitarum, ut habetur Num. 8.

10. Præterea, sicut dicitur 1 Regum 16, 7: *Homines vident ea quæ patent* (1) *; Deus autem intuetur cor.* Sed ea quæ exteriùs patent in homine, est corporalis dispositio, et etiam indumenta. Inconvenienter igitur sacerdotibus majoribus et minoribus quædam specialia vestimenta deputabantur, de quibus habetur Exod. 28. Et sine ratione videtur quòd prohiberetur novæ legis aliquis à sacerdotio propter corporales defectus, secundùm quod dicitur Levit. 21, 17 : *Homo de semine tuo per familias qui habuerit maculam, non offeret panes Deo suo, si cæcus fuerit, vel claudus,* etc. Sic igitur videtur quòd sacramenta veteris legis irrationabilia fuerint.

---

(1) Ita cod. Alcan. Edit. Patav. cum Nicolaio, *inceptio.* Edit. Rom., *intensio.*

(1) Vulgata : *Homo videt ea quæ parent.*

Sed contra est quod dicitur Lev. 20, 8 : *Ego sum Dominus, qui sanctifico vos.* Sed à Deo nihil sine ratione fit; dicitur enim in Psal. 103, 24 : *Omnia in sapientiâ fecisti.* Ergo in sacramentis veteris legis, quæ ordinabantur ad hominum sanctificationem, nihil erat sine rationabili causâ.

Respondeo dicendum quòd, sicut supra dictum est, qu. 101, art. 4, sacramenta propriè dicuntur illa quæ adhibebantur Dei cultoribus ad quamdam consecrationem, per quam scilicet deputabantur quodammodò ad cultum Dei. Cultus autem Dei generali quidem modo pertinebat ad totum populum, sed speciali modo pertinebat ad sacerdotes et Levitas, qui erant ministri cultûs divini. Et ideò in istis sacramentis veteris legis quædam pertinebant communiter ad totum populum, quædam autem specialiter ad ministros. Et circa utrosque tria erant necessaria. Quorum primum est institutio in statu colendi Deum; et hæc quidem institutio communiter quantùm ad omnes fiebat per circumcisionem, sine quâ nullus admittebatur ad aliquid legalium; quantùm verò ad sacerdotes, per sacerdotum consecrationem. Secundò requirebatur usus eorum quæ pertinent ad divinum cultum : et sic quantùm ad populum erat esus paschalis convivii, ad quem nullus incircumcisus admittebatur, ut patet Exod. 12, et quantùm ad sacerdotes oblatio victimarum, et esus panum propositionis et aliorum, quæ erant sacerdotum usibus deputata. Tertiò requirebatur remotio eorum per quæ aliqui impediebantur à cultu divino, scilicet immunditiarum; et sic quantùm ad populum erant institutæ quædam purificationes à quibusdam exterioribus immunditiis, et etiam expiationes à peccatis; quantùm verò ad sacerdotes et Levitas erat instituta ablutio manuum et pedum, et rasio pilorum.

Et hæc omnia habebant rationabiles causas et litterales, secundùm quòd ordinabantur ad cultum Dei pro tempore illo, et figurales, secundùm quòd ordinabantur ad figurandum Christum, ut patebit per singula discurrenti.

Ad primum ergo dicendum quòd litteralis ratio circumcisionis principalis quidem fuit ad protestationem fidei unius Dei. Et quia Abraham fuit primus qui se ab infidelibus separavit, *exiens de domo suâ, et de cognatione suâ,* ideò ipse primus circumcisionem accepit; et hanc causam assignat Apostolus ad Rom. 4, 11 : *Signum accepit circumcisionis, signaculum justitiæ fidei, quæ est in præputio;* quia scilicet in hoc legitur *Abrahæ fides reputata ad justitiam, quia contra spem in spem credidit,* scilicet contra spem naturæ in spem gratiæ, *ut fieret pater multarum gentium,* cùm ipse esset senex, et uxor sua esset anus, et sterilis. Et ut hæc protestatio et imitatio fidei Abrahæ firmaretur in cordibus Judæorum, acceperunt signum in carne suâ, cujus oblivisci non possent; unde dicitur Genes. 17,13 : *Erit pactum meum in carne vestrâ in fædus æternum.* Ideò autem fiebat octavâ die, quia antea puer est valdè tenellus, et posset ex hoc graviter lædi, et reputatur adhuc quasi

quiddam non solidatum; unde etiam nec animalia offerebantur ante octavum diem. Ideò verò non magis tardabatur, ne propter dolorem aliqui signum circumcisionis refugerent, et ne parentes etiam, quorum amor increscit ad filios, post frequentem conversationem, et eorum augmentum, eos circumcisioni subtraherent. Secunda ratio esse potuit ad debilitationem concupiscentiæ in membro illo. Tertia ratio est in sugillationem sacrorum Veneris et Priapi, in quibus illa pars corporis honorabatur. Dominus autem non prohibuit nisi incisionem quæ in cultu idolorum fiebat, cui non erat similis prædicta circumcisio.

Figuralis verò ratio circumcisionis erat, quia figurabatur ablatio corruptionis fienda per Christum, quæ perfectè complebitur in octavâ ætate, quæ est ætas resurgentium. Et quia omnis corruptio culpæ et pœnæ provenit in nos per carnalem originem ex peccato primi parentis, ideò talis circumcisio fiebat in membro generationis; unde Apostolus dicit ad Coloss. 2, 11 : *Circumcisi estis in Christo circumcisione non manu factâ in expoliatione corporis carnis, sed in circumcisione Domini nostri Jesu Christi.*

Ad secundum dicendum quòd litteralis ratio convivii paschalis fuit in commemorationem beneficii quo Deus eduxit eos de Ægypto; unde per hujusmodi convivii celebrationem profitebantur se ad illum populum pertinere quem Deus sibi assumpserat ex Ægypto. Quando enim fuerunt ex Ægypto liberati, præceptum est eis ut sanguine agni linirent superliminaria domorum, quasi protestantes se recedere à ritibus Ægyptiorum, qui arietem colebant; et unde liberati sunt per sanguinis agni aspersionem, vel linitionem in postibus domorum, à periculo exterminii, quod imminebat Ægyptiis. In illo autem exitu eorum de Ægypto duo fuerunt, scilicet festinantia ad egrediendum; *impellebant enim eos Ægyptii, ut exirent velociter,* ut habetur Exod. 12, 33. Imminebatque periculum ei qui non festinaret exire cum multitudine, ne remanens occideretur ab Ægyptiis. Festinantia autem designabatur dupliciter. Uno quidem modo per ea quæ comedebant; præceptum enim eis erat quòd comederent panes azymos in hujus signum quod *non poterant fermentari, cogentibus exire Ægyptiis;* et quòd *comederent assum igni;* sic enim velociùs præparabatur, et quòd *os non comminuerent ex eo,* quia in festinantiâ non vacat ossa frangere. Alio modo quantùm ad modum comedendi; dicitur enim : *Renes vestros accingetis, calceamenta habebitis in pedibus, tenentes baculos in manibus, et comedetis festinanter;* quod manifestè designat homines existentes in promptu itineris. Ad idem etiam pertinet quod eis præcipitur : *In unâ domo comedetis, neque efferetis de carnibus ejus foras,* quia scilicet propter festinantiam non vacabat invicem mittere xenia. Amaritudo autem, quam passi fuerant in Ægypto, significabatur per lactucas agrestes.

Figuralis autem ratio patet, quia per immolationem agni paschalis significabatur immolatio Christi, secundùm illud 1 ad Corinth. 5, 7 : *Pascha nostrum immolatus est Christus.* Sanguis verò agni liberans ab exterminatore, linitis superliminaribus domorum, significat fidem passiouis Christi in corde et ore fidelium, per quam liberamur à peccato et morte, secundùm illud 1 Petr. 1, 18 : *Redempti estis... pretiòso sanguine Agni immaculati.* Comedebantur autem carnes illæ ad significandum esum corporis Christi in sacramento. Erant autem assæ igni, ad significandam passionem vel charitatem Christi. Comedebantur autem cum azymis panibus ad significandum puram conversationem fidelium sumentium corpus Christi, secundùm illud 1 ad Cor. 5, 8 : *Epulemur in azymis sinceritatis et veritatis.* Lactucæ autem agrestes addebantar in signum pœnitentiæ peccatorum, quæ necessaria est sumentibus corpus Christi. Renes autem accingendi sunt cingulo castitatis. Calceamenta autem pedum sunt exempla mortuorum patrum. Baculi autem habendi in manibus significant pastoralem custodiam. Præcipitur autem quòd in unâ domo agnus paschalis comedatur, id est in Ecclesiâ Catholicorum, non in conventiculis hæreticorum.

Ad tertium dicendum quòd quædam sacramenta novæ legis habuerunt in veteri lege sacramenta figuralia sibi correspondentia. Nam circumcisioni respondet baptismus, qui est fidei sacramentum. Unde dicitur ad Col. 2, 11 : *Circumcisi estis in circumcisione Domini nostri Jesu Christi, consepulti ei in baptismo.* Convivio verò agni paschalis respondet in novâ lege sacramentum Eucharistiæ. Omnibus autem purificationibus veteris legis respondet in novâ lege sacramentum pœnitentiæ. Consecratione autem pontificis et sacerdotum respondet sacramentum ordinis. Sacramento autem confirmationis, quod est sacramentum plenitudinis gratiæ, non potest respondere in veteri lege aliquod sacramentum, quia nondùm advenerat tempus plenitudinis, eò quòd *neminem* (1) *ad perfectum adduxit lex,* Hebr. 7, 19. Similiter autem et sacramento extremæ unctionis, quod est quædam immediata præparatio ad introitum gloriæ, cujus additus nondùm patebat in veteri lege, pretio nondùm soluto. Matrimonium autem fuit quidem in veteri lege, prout erat in officium naturæ, non autem prout est sacramentum conjunctionis Christi et Ecclesiæ, quæ nondùm erat facta. Unde et in veteri lege dabatur libellus repudii, quod est contra sacramenti rationem.

Ad quartum dicendum quòd, sicut supra dictum est, in corp., art., purificationes veteris legis ordinabantur ad removendum impedimenta cultûs divini; qui quidem est duplex : scilicet spiritualis, qui consistit in devotione mentis ad Deum; et corporalis, qui consistit in sacrificiis, et oblationibus, et aliis hujusmodi. A cultu autem spirituali impediuntur homines per peccata, quibus homines pollui dicebantur, sicut per idolatriam et homicidium, per adulteria et incestus.

(1) Vulgata, *nihil.*

Et ab istis pollutionibus purificabantur homines per aliqua sacrificia vel communiter oblata pro totâ multitudine, vel etiam pro peccatis singulorum ; non quòd sacrificia illa carnalia haberent ex seipsis virtutem expiandi peccatum ; sed quia significabant expiationem peccatorum futuram per Christum, cujus participes erant etiam antiqui protestantes fidem Redemptoris in figuris sacrificiorum. A cultu verò exteriori impediebantur homines per quasdam immunditias corporales; quæ quidem primò considerabantur in hominibus, et consequenter etiam in aliis animalibus, et in vestimentis, et domibus, et vasis. In hominibus quidem immunditia reputabatur partim quidem ex ipsis hominibus, partim autem ex contactu rerum immundarum. Ex ipsis autem hominibus immundum reputabatur omne illud quod corruptionem aliquam jam habebat, vel erat corruptioni expositum. Et ideò quia mors est corruptio quædam, cadaver hominis reputabatur immundum. Similiter etiam quia lepra ex corruptione humorum contingit, qui etiam exteriùs erumpunt, et alios inficiunt, leprosi etiam reputabantur immundi ; similiter etiam mulieres patientes sanguinis fluxum sive per infirmitatem, sive etiam per naturam vel temporibus menstrui, vel etiam tempore conceptionis; et eâdem ratione viri reputabantur immundi fluxum seminis patientes vel per infirmitatem, vel per pollutionem nocturnam, vel etiam per coitum ; nam omnis humiditas prædictis modis ab homine egrediens, quamdam immundam infectionem habet. Inerat etiam hominibus immunditia quædam ex contactu quarumcumque rerum immundarum.

Istarum autem immunditiarum erat ratio et litteralis, et figuralis. Litteralis quidem propter reverentiam eorum quæ ad divinum cultum pertinent, tum quia homines pretiosas res contingere non solent, cùm fuerint immundi ; tum etiam ut ex raro accessu ad sacra ea magis venerarentur. Cùm enim omnes hujusmodi immunditias rarò aliquis cavere possit, contingebat quòd rarò poterant homines accedere ad attingendum ea quæ pertinebant ad divinum cultum; et sic quando accedebant, cum majori reverentiâ et humilitate mentis accedebant. Erat etiam in quibusdam horum ratio litteralis, ut homines non reformidarent accedere ad divinum cultum, quasi refugientes consortium leprosorum et similium infirmorum, quorum morbus abominabilis erat, et contagiosus. In quibusdam etiam ratio erat ad vitandum idolatriæ cultum; quia gentiles in ritu suorum sacrificiorum utebantur quandoque et humano sanguine, et semine. Omnes autem hujusmodi immunditiæ corporales purificabantur vel per solam aspersionem aquæ, vel, quæ majores erant, per aliquod sacrificium ad expiandum peccatum, ex quo tales infirmitates contingebant.

Ratio autem figuralis harum immunditiarum fuit, quia per hujusmodi exteriores immunditias figurabantur diversa peccata. Nam immunditia cadaveris cujuscumque significat immunditiam peccati, quod est mors animæ. Immunditia autem lepræ significat immunditiam hæreticæ doctrinæ : tum quia hæretica doctrina contagiosa est, sicut et lepra ; tum quia *nulla etiam falsa doctrina est , quæ vera falsis non admisceat* (ut Aug. dicit lib. 3 Quæst. evang., cap. 40); sicut etiam in superficie corporis leprosi apparet quædam distinctio quarumdam macularum ab aliâ carne integrâ. Per immunditiam autem mulieris sanguinifluæ designatur immunditia idololatriæ, propter immolatitium cruorem. Per immunditiam verò viri seminiflui designatur immunditia vanæ locutionis, eò quòd semen est verbum Dei. Per immunditiam verò coitûs et mulieris parientis designatur immunditia peccati originalis. Per immunditiam verò mulieris menstruatæ designatur immunditia mentis per voluptates emollitæ. Universaliter verò per immunditiam contactûs rei immundæ designatur immunditia consensûs in peccatum alterius , secundùm illud 2 ad Cor. 6, 17 : *Exite de medio eorum, et separamini, et immundum ne tetigeritis.* Hujusmodi autem immunditia contactûs derivabatur etiam ad res inanimatas; quidquid enim quocumque modo tangebat immundus, immundum erat. In quo lex attenuavit superstitionem gentilium, qui non solùm per contactum immundi dicebant immunditiam contrahi, sed etiam per collocutionem, aut per aspectum, ut rabbi Moyses dicit, in lib. 3 *Dux errantium,* cap. 48, ante med., de muliere menstruatâ. Per hoc autem mysticè significabatur id quod dicitur Sap. 14, 9 : *Similiter odio sunt Deo impius et impietas ejus.*

Erat autem et immunditia quædam ipsorum rerum inanimatarum secundùm se, sicut erat immunditia lepræ in domo et in vestimentis. Sicut enim morbus lepræ accidit in hominibus ex humore corrupto putrefaciente carnem et corrumpente; ita etiam propter aliquam corruptionem et excessum humiditatis, vel siccitatis, fit quandoque aliqua corruptio in lapidibus domûs, vel etiam in vestimentis. Et ideò hanc corruptionem vocabat lex lepram, ex quâ domus vel vestis immunda judicaretur ; tum quia omnis corruptio ad immunditiam pertinebat, ut dictum est bìc sup., tum etiam quia circa hujusmodi corruptionem gentiles deos penates colebant (1). Et ideò lex præcepit hujusmodi domus, in quibus fuerit talis corruptio perseverans, destrui, et vestes comburi, ad tollendum idololatriæ occasionem. Erat etiam et quædam immunditia vasorum, de quâ dicitur Num. 19, 15 : *Vas quod non habuerit cooperculum et ligaturam desuper, immundum erit.* Cujus immunditiæ causa est, quia in talia vasa de facili poterat aliquid immundum cadere, unde poterant immundari. Erat etiam hoc præceptum ad declinandum idololatriam. Credebant enim idololatræ, quòd si mures, aut lacertæ, vel aliqua hujusmodi , quæ immolabant idolis, caderent in vasa, vel in aquas, essent diis

gratiora. Adhuc etiam aliquæ mulierculæ vasa dimittunt discooperta in obsequium nocturnorum numinum, quæ *Janas* vocant.

Harum autem immunditiarum ratio est figuralis, quia per lepram domûs significatur immunditia congregationis hæreticorum ; per lepram verò in veste lineâ significatur perversitas morum ex amaritudine mentis ; per lepram verò vestis laneæ significatur perversitas adulatorum ; per lepram in stamine significantur vitia animæ; per lepram verò in subtegmine significantur peccata carnalia; sicut enim stamen est in subtegmine, ita anima in corpore. Per vas autem quod non habet cooperculum nec ligaturam, significatur homo qui non habet aliquod velamen taciturnitatis, et qui non constringitur aliquâ censurâ disciplinæ.

Ad quintum dicendum quòd, sicut supra dictum est, in solut. præc., duplex erat immunditia in lege : una quidem per aliquam corruptionem mentis,. vel corporis, et hæc etiam immunditia major erat ; alia verò erat immunditia ex solo contactu rei immundæ, et hæc minor erat, et faciliori ritu expiabatur : nam immunditia prima expiabatur per sacrificia pro peccato, quia omnis corruptio procedit ex peccato, et peccatum significat ; sed secunda immunditia expiabatur per solam aspersionem aquæ cujasdam ; de quâ quidem aquâ expiationis habetur Num. 19 ; mandatur enim ibi à Domino quòd accipiant vaccam rufam in memoriam peccati quod commiserunt in adoratione vituli. Et dicitur vacca magis quàm vitulus, quia sic Dominus synagogam vocare consuevit, secundùm illud Oseæ 4, 16 : *Sicut vacca lasciviens declinavit Israel.* Et hoc fortè ideò, quia vaccas in morem Ægypti coluerunt, secundùm illud Oseæ 10, 5 : *Vaccas Bethaven coluerunt;* et in detestationem peccati idololatriæ immolabatur extra castra ; et ubicumque sacrificium fiebat pro expiatione multitudinis peccatorum, cremabatur extra castra totum. Et ut significaretur per hoc sacrificium emundari populus ab universitate peccatorum, *intingebat sacerdos digitum in sanguine ejus, et aspergebat contra fores sanctuarii septem vicibus;* quia septenarius numerus universitatem significat ; et ipsa etiam aspersio sanguinis pertinebat ad detestationem idololatriæ, in quâ sanguis immolatitius non effundebatur, sed congregabatur, et circa ipsum homines comedebant in honorem idolorum. *Comburebatur autem in igne,* vel quia Deus Moysi in igne apparuit, et in igne data est lex, vel quia per hoc significabatur quòd idolatria totaliter erat extirpanda, et omne quod ad idolatriam pertinebat; sicut vacca *cremabatur cum pelle , et carnibus , sanguine , et fimo flammæ traditis.* Adjungebatur etiam in combustione *lignum cedrinum, hyssopus, coccusque bis tinctus,* ad significandum quòd sicut ligna cedrina non de facili putrescunt, et coccus bis tinctus non amittit colorem, et hyssopus retinet etiam odorem, postquàm fuerit desiccatus ; ita etiam hoc sacrificium erat in conservationem ipsius populi, et honestatis, et devotionis ipsius. Unde dicitur de cineribus

(1) Ita cum quibusdam Mss. editi passim. Codd. Alcan. et Tarrac. : *Contra hujusmodi conceptionem gentiles deos penates (Alcan., ponentes) colebant;* fortè meliùs.

vaccæ, *ut sint multitudini filiorum Israel in custodiam.* Vel, secundùm Josephum, lib. 3 Antiquit., cap. 8, 9 et 10, quatuor elementa significata sunt. Igni enim apponebatur *cedrus,* significans terram propter sui terrestreitatem; *hyssopus* significans aerem propter odorem; *coccus bis tinctus,* significans aquam, eâdem ratione quâ etiam *purpura* propter tincturas, quæ ex aquis sumuntur; ut per hoc exprimeretur quòd illud sacrificium offerebatur creatori quatuor elementorum. Et quia hujusmodi sacrificium offerebatur pro peccato idololatriæ, in ejus detestationem, *et comburens, et cineres colligens, et ille qui aspergit aquas, in quibus cinis ponebatur, immundi reputabantur;* ut per hoc ostenderetur quòd quidquid quocumque modo ad idololatriam pertinet, quasi immundum est abjiciendum. Ab hâc autem immunditiâ purificabantur per solam vestimentorum ablutionem; nec indigebant aquâ aspergi propter hujusmodi immunditiam, quia sic esset processus in infinitum; ille enim qui aspergebat aquam, immundus fiebat; et sic si ipse seipsum aspergeret, immundus remaneret; si autem alius eum aspergeret, ille immundus esset, et similiter ille qui illum aspergeret, et sic in infinitum.

Figuralis autem ratio hujus sacrificii est, quia per vaccam rufam significatur Christus, secundùm infirmitatem assumptam, quam fœmininus sexus designat; sanguinem autem passionis ejus designat vaccæ color. Erat autem vacca rufa *ætatis integræ,* quia omnis operatio Christi est perfecta; *in quâ nulla erat macula, nec portavit jugum,* quia Christus innocens fuit, nec portavit jugum peccati. Præcipitur autem *adduci ad Moysen;* quia imputabant ei transgressionem Mosaicæ legis in violatione sabbati. Præcipitur autem *tradi Eleazaro sacerdoti;* quia Christus occidendus in manus sacerdotum traditus est. *Immolatur autem extra castra,* quia *extra portam Christus passus est. Intingit autem sacerdos digitum in sanguine ejus,* quia per discretionem, quam digitus significat, mysterium passionis Christi est considerandum et imitandum. *Aspergitur autem contra tabernaculum,* per quod Synagoga designatur, vel ad condemnationem Judæorum non credentium, vel ad purificationem credentium; et hoc *septem vicibus,* vel propter septem dona Spiritûs sancti, vel propter septem dies, in quibus omne tempus intelligitur. Sunt autem omnia quæ ad Christi incarnationem pertinent, *igne cremanda,* id est, spiritualiter intelligenda; nam per *pellem* et *carnem* exterior Christi operatio significatur; per *sanguinem* subtilis et interna virtus exteriora facta vivificans; per *fimum* lassitudo, sitis et omnia hujusmodi ad infirmitatem pertinentia. Adduntur autem tria, scilicet *cedrus,* quod significat altitudinem spei, vel contemplationis; *hyssopus,* quod significat humilitatem, vel fidem; *coccus bis tinctus,* quod significat geminam charitatem: per hæc enim debemus Christo passo adhærere. Iste autem cinis combustionis *colligitur à viro mundo,* quia reliquiæ passionis pervenerunt ad gentiles, qui non fuerunt

culpabiles in Christi morte. *Apponuntur autem cineres in aquâ ad expiandum,* quia ex passione Christi baptismus sortitur virtutem emundandi peccata. *Sacerdos* autem, *qui immolabat, et comburebat vaccam, et ille qui comburebat, et qui colligebat cineres, immundus erat, et etiam qui aspergebat aquam,* vel quia Judæi sunt tacti immundi ex occisione Christi, per quem nostra peccata expiantur; et hoc *usque ad vesperum,* id est, usque ad finem mundi, quando reliquiæ Israel convertentur; vel quia illi qui tractant sancta, intendentes ad emundationem aliorum, ipsi etiam aliquas immunditias contrahunt, ut Gregorius dicit in Pastorali, part. 2, cap. 5, circa fin., et hoc *usque ad vesperum,* id est, usque ad finem præsentis vitæ.

Ad sextum dicendum quòd, sicut dictum est in resp. ad 4, immunditia quæ ex corruptione proveniebat vel mentis vel corporis expiabatur per sacrificia pro peccato. Offerebantur autem specialia sacrificia pro peccatis singulorum. Sed quia aliqui negligentes erant circa expiationem hujusmodi peccatorum et immunditiarum, vel etiam propter ignorantiam ab expiatione hujusmodi desistebant, institutum fuit ut semel in anno decimâ die septimi mensis fieret sacrificium expiationis pro toto populo. Et quia, sicut Apostolus dicit ad Hebr. 7, 28: *Lex constituit homines sacerdotes infirmitatem habentes,* oportebat quòd *sacerdos priùs offerret pro seipso vitulum pro peccato* in commemorationem peccati quod Aaron fecerat in conflatione vituli aurei; *et arietem in holocaustum,* per quod significabatur quòd sacerdotis prælatio, quam aries designat, qui est dux gregis, erat ordinanda ad honorem Dei. Deinde autem offerebat pro populo *duos hircos,* quorum unus immolabatur ad expiandum peccatum multitudinis. Hircus enim animal fœtidum est, et de pilis ejus fiunt vestimenta pungentia; ut per hoc significaretur fœtor, et immunditia, et aculei peccatorum. *Hujus* autem *hirci immolati sanguis inferebatur simul etiam cum sanguine vituli in Sancta sanctorum, et aspergebatur ex eo totum Sanctuarium,* ad significandum quòd tabernaculum emundabatur ab immunditiis filiorum Israel. *Corpus* verò *hirci et vituli, quæ immolata sunt pro peccato,* oportebat *comburi,* ad ostendendum consumptionem (1) peccatorum, non autem in altari, quia ibi non comburebantur totaliter nisi holocausta: unde mandatum erat *ut comburerentur extra castra* in detestationem peccati; hoc enim fiebat, quandocumque immolabatur sacrificium pro aliquo gravi peccato, vel pro multitudine peccatorum. *Alter* verò *hircus emittebatur in desertum,* non quidem ut offerretur dæmonibus, quos colebant gentiles in desertis, quia eis nihil licebat immolari, sed ad significandum effectum illius sacrificii immolati; et ideò *sacerdos imponebat manum super caput ejus, confitens peccata filiorum Israel,* ac si ille hircus deportaret ea in desertum, ubi à bestiis comederetur, quasi portans pœnam pro peccatis populi. Dicebatur

(1) Al., *consummationem.*

autem *portare peccata populi*, vel quia in ejus cmissione significabatur remissio peccatorum populi; vel quia colligabatur super caput ejus aliqua schedula, ubi erant scripta peccata.

Ratio autem figuralis horum erat, quia Christus significatur et per *vitulum*, propter virtutem; et per *arietem*, quia ipse est dux fidelium; et per *hircum*, propter *similitudinem carnis peccati*; et ipse Christus est immolatus pro peccatis et sacerdotum, et populi, quia per ejus passionem et majores et minores à peccato mundantur. *Sanguis* autem *vituli et hirci infertur in Sancta per pontificem*, quia per sanguinem passionis Christi patet nobis introitus in regnum cœlorum. *Comburuntur* autem *eorum corpora extra castra*, quia *extra portam Christus passus est*, ut Apostolus dicit ad Hebr. ult., 12. Per *hircum* autem qui emittebatur, potest significari vel ipsa divinitas Christi quæ in solitudinem abiit, homine Christo patiente, non quidem locum mutans, sed virtutem cohibens; vel significatur concupiscentia mala, quam debemus à nobis abjicere, virtuosos autem motus Domino immolare. De immunditiâ verò eorum qui hujusmodi sacrificia comburebant, eadem ratio est quæ in sacrificio vitulæ rufæ dicta est in resp. ad 5.

Ad septimam dicendum quòd per ritum legis leprosus non emundabatur à maculâ lepræ, sed emundatus ostendebatur; et hoc significatur Levit. 14, 3, 4, cùm dicitur de sacerdote: *Cùm evenerit lepram esse emundatam, præcipiet ei qui purificatur.* Jam ergo lepra mundata erat; sed purificari dicebatur, in quantum judicio sacerdotis restituebatur consortio hominum et cultui divino. Contingebat tamen quandoque ut divino miraculo per ritum legis, corporalis mundaretur lepra, quando sacerdos decipiebatur in judicio. Hujusmodi autem purificatio leprosi dupliciter fiebat: nam primò judicabatur esse mundus; secundò autem restituebatur, tanquàm mundus, consortio hominum et cultui divino, scilicet post septem dies. In primâ autem purificatione offerebat pro se leprosus mundatus *duos passeres vivos, et lignum cedrinum, et vermiculum, et hyssopum*, hoc modo ut filo coccineo ligarentur passer et hyssopus simul cum ligno cedrino; ita scilicet quòd lignum cedrinum esset quasi manubrium aspersorii; hyssopus verò et passer erant id quod de aspersorio tingebatur in sanguine alterius passeris immolati in aquis vivis. Hæc autem quatuor offerebat contra quatuor defectus lepræ. Nam contra putredinem offerebatur *cedrus*, quæ est arbor imputribilis; contra fœtorem *hyssopus*, quæ est herba odorifera; contra insensibilitatem *passer vivus*; contra turpitudinem coloris *vermiculus*, qui habet vivum (1) colorem. Passer verò vivus advolare dimittebatur in agrum, quia leprosus restituebatur pristinæ libertati. In octavo verò die admittebatur ad cultum divinum, et restituebatur consortio hominum; primò tamen rasis pilis totius corporis, et lotis vestimentis, eò quòd lepra pilos corrodit, vestimenta coinquinat, et fœtida reddit; et postmodùm sacrificium offerebatur pro delicto ejus, quia lepra plerumque inducitur pro peccato. De sanguine autem sacrificii tingebatur extremum auriculæ ejus qui erat mundandus, et pollices manûs dextræ et pedis: quia in istis partibus primùm lepra dignoscitur et sentitur. Adhibebantur etiam huic rituì tres liquores, scilicet *sanguis* contra sanguinis corruptionem, *oleum* ad designandam sanationem morbi, *aqua viva* ad emundandam spurcitiam.

Figuralis autem ratio erat, quia per duos passeres significantur divinitas et humanitas Christi: quorum unus, scilicet humanitas, *immolatur in vase fictili super aquas viventes*, quia per passionem Christi aquæ baptismi consecrantur; alius autem, scilicet impassibilis divinitas, *vivus remanebat*, quia divinitas mori non potest; unde et *evolabat*, quia passione adstringi non poterat. *Hic* autem *passer vivus simul cum ligno cedrino, et cocco, et vermiculo, et hyssopo*, id est, fide, spe et charitate, ut supra dictum est, art. 4 huj. qu., ad 4, *mittitur in aquâ ad aspergendum*, quia in fide Dei et hominis baptizamur. *Lavat autem homo per aquam baptismi et lacrymarum vestimenta sua*, id est, opera, et *omnes pilos*, id est, cogitationes. *Tingitur* autem *extremum auriculæ dextræ ejus qui mundatur, de sanguine, et ejus auditum muniat contra corrumpentia verba; pollices* autem *manûs dextræ et pedis tinguntur*, ut sit ejus actio sancta. Alia verò quæ ad hanc purificationem pertinent, vel etiam aliarum immunditiarum, non habent aliquid specialiter præter alia sacrificia pro peccatis, vel pro delictis.

Ad octavum et nonum dicendum quòd, sicut populus instituebatur ad cultum Dei per circumcisionem, ita minister per aliquam specialem purificationem vel consecrationem. Unde et separari ab aliis præcipiuntur, quasi specialiter ad ministerium cultûs divini præ aliis deputati; et totum quod circa eos fiebat in eorum consecratione vel institutione, ad hoc pertinebat ut ostenderetur eos habere quamdam prærogativam puritatis, et virtutis, et dignitatis. Et ideò in institutione ministrorum tria fiebant: primò enim purificabantur; secundò ordinabantur et consecrabantur; tertiò applicabantur ad usum ministerii. Purificabantur quidem communiter omnes per oblationem aquæ, et per quædam sacrificia; specialiter autem Levitæ *radebant omnes pilos carnis suæ*, ut habetur Levit. 8, et Num. 8. Consecratio verò circa pontifices et sacerdotes hoc ordine fiebat: primò enim, postquàm abluti erant, induebantur quibusdam vestimentis specialiter pertinentibus ad designandam dignitatem ipsorum. Specialiter autem pontifex oleo unctionis in capite ungebatur, ut designaretur quòd ab ipso diffundebatur potestas consecrandi ad alios, sicut oleum à capite derivatur ad inferiora, ut habetur in Psal. 132, 2: *Sicut unguentum in capite, quod descendit in barbam, barbam Aaron.* Levitæ verò non habebant aliam consecrationem, nisi quòd offerebantur Domino à

---

(1) Al., *vermium.*

filiis Israel per manus pontificis, qui orabat pro eis. Minorum verò sacerdotum solæ manus consecrabantur, quæ erant applicandæ ad sacrificia; et de sanguine animalis immolatitii *tingebatur extremum auriculæ dextræ ipsorum, et pollices pedis aut manûs dextræ*, ut scilicet essent obedientes legi Dei in oblatione sacrificiorum, quod significatur in intinctione *auris dextræ*; et quòd essent solliciti et prompti in executione sacrificiorum, quod significatur in intinctione *pedis et manûs dextræ*. Aspergebantur etiam ipsi et vestimenta eorum sanguine animalis immolati, in memoriam sanguinis agni per quem fuerunt liberati ex Ægypto. Offerebantur autem in eorum consecratione hujusmodi sacrificia: *vitulus pro peccato*, in memoriam remissionis peccati Aaron circa conflationem vituli; *aries in holocaustum*, in memoriam oblationis Abrahæ, cujus obedientiam pontifex imitari debebat; *aries* etiam *consecrationis*, qui erat quasi hostia pacifica, in memoriam liberationis de Ægypto per sanguinem agni; *canistrum* autem *panum*, in memoriam mannæ præstitæ populo. Pertinebat autem ad applicationem ministerii quòd imponebatur super manus eorum *adeps arietis*, et *torta panis unius*, et *armus dexter*; ut ostenderetur quòd accipiebant potestatem hujusmodi offerendi Domino. Levitæ verò applicabantur ad ministerium per hoc quòd intromittebantur in tabernaculum fœderis, quasi ad ministrandum circa vasa Sanctuarii.

Figuralis verò horum ratio erat, quia illi qui sunt consecrandi ad spirituale ministerium Christi, debent primò *purificari per aquam* baptismi et lacrymarum, in fide passionis Christi; quod est expiativum et purgativum sacrificium; et debent *radere omnes pilos carnis*, id est, omnes pravas cogitationes; debent etiam ornari virtutibus, et consecrari oleo Spiritûs sancti, et aspersione sanguinis Christi; et sic debent esse intenti ad exequenda spiritualia ministeria.

Ad decimum dicendum quòd, sicut jam dictum est, in solut. præc., et art. 4 huj. qu., intentio legis erat inducere ad reverentiam divini cultûs; et hoc dupliciter: uno modo excludendo à cultu divino omne id quod poterat esse contemptibile; alio modo apponendo ad cultum divinum omne illud quod videbatur ad honorificentiam pertinere. Et si hoc quidem observabatur in tabernaculo, et vasis ejus, et animalibus immolandis, multò magis hoc observandum erat in ipsis ministris. Et ideò ad removendum contemptum ministrorum, præceptum fuit ut non haberent maculam vel defectum corporalem, quia hujusmodi homines solent apud alios in contemptu haberi. Propter quod etiam institutum fuit ut non sparsim ex quolibet genere ad Dei ministerium applicarentur, sed ex certâ prosapiâ secundùm generis successionem, ut ex hoc clariores et nobiliores haberentur. Ad hoc autem quòd in reverentiâ haberentur, adhibebatur eis specialis ornatus vestium, et specialis consecratio. Et hæc est in communi causa ornatûs vestium.

In speciali autem sciendum est quòd ponti-

fex habebat octo ornamenta: primò enim habebat *vestem lineam*; secundò habebat *tunicam hyacinthinam*, in cujus extremitate versûs pedes ponebantur per circuitum *tintinnabula quædam*, et *mala punica* facta *ex hyacintho, et purpurâ, coccoque bis tincto*; tertiò habebat *superhumerale*, quod tegebat humeros et anteriorem partem usque ad cingulum, quod erat *ex auro, et hyacintho, et purpurâ, coccoque bis tincto, et bysso retortâ*; et super humeros habebat *duos onychinos*, in quibus erant sculpta nomina filiorum Israel. Quartum erat *rationale*, ex eâdem materiâ factum, quod erat quadratum, et ponebatur in pectore, et conjungebatur superhumerali; et in hoc rationali erant *duodecim lapides pretiosi distincti per quatuor ordines*, in quibus etiam sculpta erant nomina filiorum Israel, quasi ad designandum quòd ferret onus totius populi, per hoc quòd habebat nomina eorum in humeris, et quòd jugiter debebat de eorum salute cogitare, per hoc quòd portabat eos in pectore, quasi in corde habens. In quo etiam rationali mandavit Dominus poni *doctrinam et veritatem*; quia quædam pertinentia ad veritatem justitiæ et doctrinæ scribebantur in illo rationali. Judæi tamen fabulantur, quòd in rationali erat lapis, qui secundùm diversos colores mutabatur secundùm diversa quæ debebant accidere filiis Israel; et hoc vocant *veritatem* et *doctrinam*. Quintum erat *baltheus*, id est, cingulus quidam factus ex prædictis quatuor coloribus. Sextum erat *tiara*, id est, mitra quædam de bysso. Septimum autem erat *lamina aurea*, pendens in fronte ejus, in quâ erat scriptum nomen Domini. Octavum autem erant *femoralia linea*, ut operirent carnem turpitudinis suæ, quando accederet ad sanctuarium, vel ad altare. Ex istis autem octo ornamentis minores sacerdotes habebant quatuor, scilicet *tunicam lineam, femoralia, baltheum* et *tiaram*.

Horum ornamentorum quidam rationem litteralem assignant, dicentes quòd in istis ornamentis designabatur dispositio orbis terrarum, quasi pontifex protestaretur, se esse ministrum Creatoris mundi. Unde etiam Sap. 18, 24, dicitur quòd in veste Aaron erat descriptus orbis terrarum. Nam *femoralia linea* figurabant terram, ex quâ linum nascitur; *balthei* circumvolutio significabat oceanum, qui circumcingit terram; *tunica hyacinthina* suo colore significabat aerem, per cujus *tintinnabula* significabantur tonitrua; per *mala granata* coruscationes; *superhumerale* verò significabat suâ varietate cœlum sidereum, *duo onychini* duo hemisphæria, vel solem et lunam; *duodecim* gemmæ in pectore duodecim signa in zodiaco, quæ dicebantur posita in rationali, quia in cœlestibus sunt rationes terrenorum, secundùm illud Job. 38, 33: *Numquid nosti ordinem cœli, et pones rationem ejus in terrâ?* *cidaris* autem, vel *tiara* significabat cœlum empyreum; *lamina aurea* Deum omnibus præsidentem.

Figuralis verò ratio manifesta est: nam maculæ vel defectus corporales, à quibus debebant sacerdotes esse immunes, significant diversa vitia et peccata quibus debent carere. Prohibetur enim esse *cæcus*, id est, ne sit ignorans; ne sit *claudus*, id est, instabilis, et ad diversa se inclinans; ne sit *parvo*, vel *grandi*, vel *torto naso*, id est, ne per defectum discretionis vel in plus, vel in minus excedat, aut etiam aliqua prava exerceat: per nasum enim discretio designatur, quia est discretivus odoris; ne sit *fracto pede*, *vel manu*, id est, ne amittat virtutem benè operandi vel procedendi in virtutibus. Repudiatur etiam, *si habeat gibbum vel ante, vel retrò*, per quem significatur superfluus amor terrenorum; si est *lippus*, id est, per carnalem affectum ejus ingenium obscuratur; contingit enim lippitudo ex fluxu humoris. Repudiatur etiam, si *habeat albuginem in oculo*, id est, præsumptionem candoris justitiæ in suâ cogitatione. Repudiatur etiam, si *habeat jugem scabiem*, id est, petulantiam carnis; et si *habuerit impetiginem*, quæ sine dolore corpus occupat, et membrorum decorem fœdat, per quam avaritia designatur; et etiam si sit *herniosus*, *vel ponderosus*, qui scilicet gestat pondus turpitudinis in corde, licèt non exerceat in opere. Per ornamenta verò designantur virtutes ministrorum Dei. Sunt autem quatuor, quæ sunt necessariæ omnibus ministris : scilicet *castitas*, quæ significatur per *femoralia*; *puritas* verò *vitæ*, quæ significatur per *lineam tunicam*; *moderatio discretionis*, quæ significatur per *cingulum*; et *rectitudo intentionis*, quæ significatur per *tiaram* protegentem caput. Sed præ his pontifices debent quatuor habere : primò quidem *jugem Dei memoriam in contemplatione*, et hoc significat *lamina aurea* habens nomen Dei in fronte: secundò quòd *supportent infirmitates populi*, quod significat *superhumerale*; tertiò quòd *habeant populum in corde et in visceribus per sollicitudinem charitatis*, quod significatur per *rationale*; quartò quòd *habeant conversationem cœlestem per opera perfectionis*, quod significatur per *tunicam hyacinthinam*. Unde et tunicæ hyacinthinæ adjunguntur in extremitate *tintinnabula aurea*, per quæ significatur *doctrina divinorum*, quæ debet conjungi cœlesti conversationi pontificis; adjunguntur etiam *mala punica*, per quæ significatur *unitas fidei, et concordia in bonis moribus*; quia sic conjuncta debet esse ejus doctrina, ut per eam fidei et pacis unitas non rumpatur.

ARTICULUS VI.—*Utrùm fuerit aliqua rationabilis causa observantiarum cæremonialium.*

Ad sextum sic proceditur. 1. Videtur quòd observantiarum cæremonialium nulla fuerit rationabilis causa, quia, ut Apostolus dicit, 1 ad Timoth. 4, 4, *omnis creatura Dei est bona, et nihil rejiciendum quod cum gratiarum actione percipitur*. Inconvenienter igitur prohibiti sunt ab esu quorumdam ciborum, tanquàm immundorum, ut patet Lev. 11.

2. Præterea, sicut animalia dantur in cibum hominis, ita etiam et herbæ; unde dicitur Genes. 9, 3 : *Quasi olera virentia dedi vobis omnem carnem*. Sed in herbis lex non distinxit aliquas immundas, cùm tamen aliquæ illarum sint maximè nocivæ, ut putà ve-

nenosæ. Ergo videtur quòd nec de animalibus aliqua debuerint prohiberi tanquàm immunda.

3. Præterea, si materia est immunda ex quâ aliquid generatur, pari ratione videtur quòd id quod generatur ex eâ, sit immundum. Sed ex sanguine generatur caro. Cùm igitur non omnes carnes prohiberentur tanquàm immundæ, pari ratione nec sanguis debuit prohiberi quasi immundus, aut adeps, qui ex sanguine generatur.

4. Præterea, Dominus dicit, Matth. 10, eos non esse timendos qui occidunt corpus, quia post mortem non habent quid faciant; quod non esset verum, si in nocumentum homini cederet, quid ex eo fieret. Multò igitur minùs pertinet ad animal jam occisum, qualiter ejus carnes decoquantur. Irrationabile igitur videtur esse quod dicitur Exod. 23, 19 : *Non coques hædum in lacte matris suæ.*

5. Præterea, ea quæ sunt primitiva in hominibus et animalibus, tanquàm perfectiora, præcipiuntur Domino offerri. Inconvenienter igitur præcipitur Lev. 19, 23 : *Quando ingressi fueritis terram, et plantaveritis in eâ ligna pomifera, auferetis præputia eorum*, id est, prima germina, *et immunda erunt vobis, nec edetis ex eis.*

6. Præterea, vestimentum extra corpus hominis est. Non igitur debuerunt quædam specialia vestimenta Judæis interdici, putà quòd dicitur Levit. 19, 19 : *Veste quæ ex duobus texta est, non indueris*; et Deuter. 22, 5 : *Non induetur mulier veste virili, et vir non induetur veste fœminâ*; et infra : *Non indueris vestimento quod ex lanâ linoque contextum est.*

7. Præterea, memoria mandatorum Dei non pertinet ad corpus, sed ad cor. Inconvenienter igitur præcipitur Deut. 6, 8, quòd *ligarent præcepta Dei quasi signum in manu suâ, et quòd scriberent in limine ostiorum*, et quòd *per angulos palliorum facerent fimbrias, in quibus ponerent vittas hyacinthinas*, in memoriam mandatorum Dei, ut habetur Num. 15, 38.

8. Præterea, Apostolus dicit, 1 ad Cor. 9, 9, quòd *non est cura Deo de bobus*, et per consequens neque de aliis animalibus irrationabilibus. Inconvenienter igitur præcipitur Deuter. 22 : *Si ambulaveris per viam, et inveneris nidum avis, non tenebis matrem cum filiis*; et Deuter. 25, 4 : *Non alligabis os bovis triturantis*; et Levit. 19, 19 : *Jumenta tua non facies coire cum alterius generis animantibus.*

9. Præterea, inter plantas non fiebat discretio mundorum ab immundis. Ergo multò minùs circa culturam plantarum debuit aliqua discretio adhiberi. Ergo inconvenienter præcipitur Levit. 19, 19 : *Agrum non seres diverso semine*; et Deut. 22, 9 : *Non seres vineam tuam altero semine, et non arabis in bove simul et asino.*

10. Præterea, ea quæ sunt inanimata, maximè videntur hominum potestati esse subjecta. Inconvenienter igitur arcetur homo ab argento et auro, ex quibus fabricata sunt idola, et ab aliis quæ in idolorum domibus inveniuntur, præcepto legis, quod habetur Deuter. 7. Ridiculum etiam videtur esse præ-

ceptum quod habetur Deut. 23, ut egestiones humo operirent fodientes in terrâ.

11. Præterea, pietas maximè in sacerdotibus requiritur. Sed ad pietatem pertinere videtur quòd aliquis funeribus amicorum intersit; unde etiam de hoc Tobias laudatur, ut habetur Tob. 1. Similiter etiam quandoque ad pietatem pertinet quòd aliquis in uxorem accipiat meretricem, quia per hoc eam à peccato et infamiâ liberat. Ergo videtur quòd hæc inconvenienter prohibeantur sacerdotibus Levit. 21.

Sed contra est quod dicitur Deut. 18, 24 : *Tu autem à Domino Deo tuo aliter institutus es;* ex quo potest accipi quòd hujusmodi observantiæ sunt institutæ à Deo ad quamdam specialem illius populi prærogativam. Non ergo sunt irrationabiles, aut sine causâ.

Respondeo dicendum quòd populus Judæorum, ut supra dictum est, art. præc., ad 8, specialiter erat deputatus ad cultum divinum, et inter eos specialiter sacerdotes; et sicut aliæ res quæ applicantur ad cultum divinum, aliquam specialitatem debent habere, quod pertinet ad honorificentiam divini cultûs; ita etiam et in conversatione illius populi, et præcipuè sacerdotum, debuerunt esse aliqua specialia congruentia ad cultum divinum vel spiritualem, vel corporalem. Cultus autem legis figurabat mysterium Christi. Unde omnia eorum gesta figurabant ea quæ ad Christum pertinent, secundùm illud 1 Corinth. 10, 2 : *Omnia in figurâ contingebant illis.* Et ideò rationes harum observantiarum dupliciter assignari possunt : uno modo secundùm congruentiam ad divinum cultum; alio modo secundùm quòd figurant aliquid circa Christianorum vitam.

Ad primum ergo dicendum quòd, sicut supra dictum est, art. præc., ad 4 et 5, duplex pollutio vel immunditia observabatur in lege : una quidem culpæ per quam polluebatur anima; alia autem corruptionis cujusdam, per quam quodammodò inquinatur corpus. Loquendo igitur de primâ immunditiâ, nulla genera ciborum immunda sunt, vel hominem inquinare possunt secundùm suam naturam; unde dicitur Matth. 15, 2 : *Non quod intrat in os, coinquinat hominem; sed quæ procedunt* (1) *de ore, hæc coinquinant hominem,* et exponitur hoc de peccatis. Possunt tamen aliqui cibi per accidens inquinare animam, in quantum scilicet contra obedientiam vel votum, vel ex nimiâ concupiscentiâ comeduntur, vel in quantum præbent fomentum luxuriæ; propter quod aliqui à vino et carnibus abstinent. Secundùm autem corporalem immunditiam, quæ est corruptionis cujusdam, aliquæ animalium carnes immunditiam habent; vel quia ex rebus immundis nutriuntur, sicut porcus; aut immundè conversantur (2), sicut quædam animalia sub terrâ habitantia, sicut talpæ et mures, et alia hujusmodi; unde etiam quemdam fœtorem contrahunt; vel quia eorum carnes propter superfluam humiditatem, vel siccita-

tem corruptos humores in corporibus humanis generant; et ideò prohibitæ sunt eis carnes animalium habentium soleas, id est, ungulam continuam, non fissam, propter eorum terrestreitatem; et similiter sunt eis prohibitæ carnes animalium habentium multas fissuras in pedibus, quia sunt nimis cholerica, et adusta, sicut carnes leonis et hujusmodi : et eâdem ratione prohibitæ sunt eis aves quædam rapaces, quæ sunt nimiæ siccitatis, et quædam aves aquaticæ propter excessum humiditatis; similiter etiam quidam pisces non habentes pinnulas, et squammas, ut anguillæ, et hujusmodi propter excessum humiditatis. Sunt autem eis concessa ad esum animalia ruminantia, et findentia ungulam, quia habent humores benè digestos, et sunt mediæ complexionis; quia nec sunt nimis humida, quod significant ungulæ; neque sunt nimis terrestria, cùm non habeant ungulam continuam, sed fissam. In piscibus etiam concessi sunt eis pisces sicciores; quod significatur per hoc quòd habent squammas et pinnulas; per hoc enim efficitur temperata complexio humida piscium. In avibus etiam sunt eis concessæ magis temperatæ; sicut gallinæ, perdices, et aliæ hujusmodi. Alia ratio fuit in detestationem idololatriæ. Nam gentiles, et præcipuè Ægyptii, inter quos erant nutriti, hujusmodi animalia prohibita idolis immolabant, vel eis ad maleficia utebantur; animalia verò quæ Judæis sunt concessa ad esum, non comedebant; sed ea tanquàm deos colebant, vel propter aliam causam ab eis abstinebant, ut supra dictum est, art. 3 hujus quæst., ad 2. Tertia ratio est ad tollendam nimiam diligentiam circa cibaria; et ideò conceduntur illa animalia quæ de facili et in promptu haberi possunt. Generaliter tamen prohibitus est eis esus omnis sanguinis, et adipis cujuslibet animalis. Sanguinis quidem, tum ad vitandam crudelitatem, ut detestarentur humanum sanguinem effundere, sicut supra dictum est, art. 3 hujus quæst., ad 8, tum etiam ad vitandum idololatriæ ritum, quia eorum consuetudo erat ut circa sanguinem congregatum adunarentur ad comedendum in honorem idolorum, quibus reputabant sanguinem acceptissimum esse; et ideò Dominus mandavit quòd *sanguis effunderetur,* et quòd *pulvere operiretur;* et propter hoc etiam prohibitum est eis comedere animalia suffocata vel strangulata, quia sanguis eorum non separatur à carne, vel quia in tali morte animalia multùm affliguntur; et Dominus voluit eos à crudelitate prohibere etiam circa animalia bruta, ut per hoc magis recederent à crudelitate hominis, habentes exercitium pietatis etiam circa bestias. Adipis etiam esus prohibitus est eis, tum quia idololatræ comedebant illum in honorem deorum suorum; tum etiam quia cremabatur in honorem Dei; tum etiam quia sanguis et adeps non generant bonum nutrimentum, quod pro causâ inducit rabbi Moyses lib. 3 *Dux errantium,* cap. 49, in princ. Causa autem prohibitionis esûs nervorum exprimitur Genes. 32, 32, ubi dicitur quòd *non comedunt filii Israel nervum,* eò quòd *tetigerit an-*

---

(1) Vulgata, *Quod procedit .... coinquinat.*
(2) Al., *immundæ conservantur.*

gelus nervum femoris Jacob, et obstupuerit.

Figuralis autem ratio horum est, quia per omnia hujusmodi animalia prohibita designantur aliqua peccata, in quorum figuram illa animalia prohibebantur. Unde dicit Augustinus, in lib. 6 contra Faustum, cap. 7, circ. princ. : *Si de porco et agno requiratur, utrumque naturâ mundum est, quia omnis creatura Dei bona est ; quâdam verò significatione agnus mundus, porcus immundus est ; tanquàm si stultum et sapientem diceres ; utrumque hoc verbum naturâ vocis, et litterarum, et syllabarum, ex quibus constat, mundum est ; significatione autem unum est mundum, et aliud immundum.* Animal enim quod ruminat et ungulam findit, mundum est significatione, quia *fissio ungulæ* significat distinctionem duorum testamentorum, vel Patris et Filii, vel duarum naturarum in Christo, vel discretionem boni et mali ; *ruminatio* autem significat meditationem Scripturarum, et sanum intellectum earum. Cuicumque autem horum alterum deest, spiritualiter immundus est. Similiter etiam in piscibus illi qui habent squammas et pinnulas, significatione mundi sunt, quia per *pinnulas* significatur vita sublimis, vel contemplatio ; per *squammas* autem significatur aspera vita ; quorum utrumque necessarium est ad munditiam spiritualem. In avibus autem specialia quædam genera prohibentur. In *aquilâ* enim, quæ altè volat, prohibetur superbia ; in *gryphe* autem, qui equis et hominibus infestus est, crudelitas potentium prohibetur ; in *halyæto* autem, qui pascitur minutis avibus, significantur illi qui sunt pauperibus molesti ; in *milvo* autem, qui maximè insidiis utitur, designantur fraudulenti ; in *vulture* autem, qui sequitur exercitum, expectans comedere cadavera mortuorum, significantur illi qui mortes et seditiones hominum affectant, ut inde lucrentur ; per animalia corvini generis significantur illi qui sunt voluptatibus denigrati, vel qui sunt expertes bonæ affectionis, quia corvus semel emissus ab arcâ non est reversus : per *struthionem*, qui cùm sit avis, volare non potest, sed semper est circa terram, significantur Deo militantes, et se negotiis secularibus implicantes ; *nycticorax*, quæ nocte acuti est visûs, in die autem non videt, significat eos qui in temporalibus sunt astuti, in spiritualibus hebetes ; *larus* autem, qui et volat in aere, et natat in aquâ, significat eos qui et circumcisionem, et baptismum venerantur ; vel significat eos qui per contemplationem volare volunt, et tamen vivunt in aquis voluptatum ; *accipiter* verò, qui deservit hominibus ad prædam, significat eos qui ministrant potentibus ad deprædandum pauperes ; per *bubonem*, qui in nocte victum quærit, de die autem latet, significantur luxuriosi, qui occultari quærunt in nocturnis operibus, quæ agunt ; *mergulus* autem, cujus natura est ut sub undis diutiùs immoretur, significat gulosos, qui in aquis deliciarum se immergunt ; *ibis* verò avis est in Africâ, habens longum rostrum, quæ serpentibus pascitur, et forte est idem quod *ciconia* ; et significat invidos, qui de malis aliorum

quasi de serpentibus reficiuntur ; *cycnus* autem est coloris candidi, et longum collum habet, per quod ex profunditate terræ vel aquæ cibum trahit ; et potest significare homines qui per exteriorem justitiæ candorem lucra terrena quærunt ; *onocrotalus* autem avis est in partibus Orientis longo rostro, quæ in faucibus habet quosdam folliculos, in quibus primò cibum reponit, et post horam in ventrem mittit ; et significat avaros, qui immoderatâ sollicitudine necessaria vitæ congregant ; *porphyrio* autem præter modum aliarum avium habet unum pedem latum ad natandum, alium fissum ad ambulandum ; quia et in aquâ natat, ut anates, et in terrâ ambulat, ut perdices ; et solo morsu (1) bibit, omnem cibum aquâ tingens ; et significat eos qui nihil alterius arbitrium facere volunt, sed solùm quod fuerit tinctum aquâ propriæ voluntatis ; per *herodionem*, qui vulgariter *falco* dicitur, significantur illi quorum *pedes sunt veloces ad effundendum sanguinem*, Psalmo 13, 3 ; *charadrius* autem, quæ est avis garrula, significat loquaces ; *upupa* autem, quæ nidificat in stercoribus, et fœtenti pascitur fimo, et gemitum in cantu simulat, significat tristitiam seculi, quæ in hominibus immundis mortem operatur ; per *vespertilionem* autem, quæ circa terram volitat, significantur illi qui seculari scientiâ præditi sola terrena sapiunt. Circa volatilia autem et quadrupedia illa sola conceduntur eis quæ posteriora crura habent longiora, ut salire possint ; alia verò, quæ terræ magis adhærent, prohibentur, quia illi qui abutuntur doctrinâ quatuor Evangelistarum, ut per eam in altum non subleventur, immundi reputantur. In *sanguine* verò, et *adipe*, et *nervo*, intelligitur prohiberi crudelitas, et voluptas, et fortitudo ad peccandum.

Ad secundum dicendum quòd esus plantarum et aliorum terræ nascentium fuit apud homines etiam ante diluvium ; sed esus carnium videtur esse post diluvium introductus ; dicitur enim Genes. 9, 3 : *Quasi olera virentia dedi vobis omnem carnem ;* et hoc ideò quia esus terræ nascentium magis pertinet ad quamdam simplicitatem vitæ ; esus autem carnium ad quasdam delicias et curiositatem vivendi ; spontè enim terra herbam germinat, vel cum modico studio hujusmodi terræ nascentia in magnâ copiâ procurantur : oportet autem cum magno studio animalia nutrire, vel etiam capere. Et ideò volens Dominus populum suum reducere ad simpliciorem victum, multa in genere animalium eis prohibuit, non autem in genere terræ nascentium ; vel etiam quia animalia immolabantur idolis, non autem terræ nascentia.

Ad tertium patet responsio ex dictis in resp. ad 1.

Ad quartum dicendum quòd, etsi bœdus occisus non sentiat qualiter carnes ejus coquantur, tamen in animo decoquentis ad

_____

(1) Ita Mss. et editi libri antiqui, quos sequitur edit. Patav. anni 1698, omittens eum Rom. *et.* Garcia legendum vult, *sola morsu,* vel, *sola avium morsu.* Nicolaius ex Plinio, et cum eo edit. Patav. ann. 1712, *et sola arium morsu.*

quamdam crudelitatem pertinere videtur, si lac matris, quod datum est ei pro nutrimento, adhibeatur ad consumptionem carnium ipsius. Vel potest dici quòd gentiles in solemnitatibus idolorum taliter carnes hœdi decoquebant ad immolandum, vel ad comedendum. Et ideò Exod. 23, 19, postquàm prædictum fuerat de solemnitatibus celebrandis in lege, subditur: *Non coques hœdum in lacte matris suæ.*

Figuralis autem ratio hujus prohibitionis est, quia præfigurabatur quòd Christus, qui est hœdus propter *similitudinem carnis peccati*, Rom. 8, 3, non erat à Judæis *coquendus*, id est, occidendus, *in lacte matris*, id est, in tempore infantiæ. Vel significatur quòd hœdus, id est, peccator, non est *coquendus in lacte matris*, id est, non est blanditiis deliniendus.

Ad quintum dicendum quòd gentiles fructus primitivos, quos fortunatos æstimabant, diis suis offerebant; vel etiam comburebant eos ad quædam magica facienda. Et ideò præceptum est eis ut fructus trium primorum annorum immundos reputarent. In tribus enim annis ferè omnes arbores terræ illius fructum producunt, quæ scilicet vel seminando, vel inserendo, vel plantando coluntur. Rarò autem contingit quòd ossa fructuum arboris, vel semina latentia seminentur; hæc enim tardiùs facerent fructum; sed lex respexit ad id quod frequentiùs fit. Poma autem quarti anni, tanquàm primitiæ mundorum fructuum, Deo offerebantur; quinto autem anno et deinceps comedebantur.

Figuralis autem ratio est quia per hoc præfiguratur quòd post tres status legis, quorum unus est ab Abraham usque ad David, secundus usque ad transmigrationem Babylonis, tertius usque ad Christum, erat Christus Deo offerendus, qui est fructus legis; vel quia primordia nostrorum operum debent esse nobis suspecta propter imperfectionem.

Ad sextum dicendum quòd, sicut dicitur Eccli. 19, 27, *amictus corporis enuntiat de homine;* et ideò voluit Dominus ut populus ejus distingueretur ab aliis populis, non solo signo circumcisionis, quod erat in carne, sed etiam certâ habitûs distinctione. Et ideò prohibitum fuit eis nè induerentur *vestimento ex lanâ et lino contexto,* et ne *mulieres induerentur veste virili,* aut è converso, propter duo: primò quidem ad vitandum idolatriæ cultum. Hujusmodi enim variis vestibus ex diversis contextis gentiles in cultu suorum deorum utebantur, et etiam in cultu Martis mulieres utebantur armis virorum; in cultu autem Veneris è converso viri utebantur vestibus mulierum. Alia ratio est ad declinandam luxuriam; nam per commixtiones varias in vestimentis omnis inordinata commixtio coitûs excluditur. Quòd autem mulier induatur veste virili, aut è converso, incentivum est concupiscentiæ, et occasionem libidini præstat.

Figuralis autem ratio est quia in vestimento *contexto ex lanâ et lino* interdicitur conjun-

ctio simplicitatis et innocentiæ, quæ figuratur per lanam, et subtilitatis et malitiæ, quæ figuratur per linum. Prohibetur etiam quòd mulier non usurpet sibi doctrinam, vel alia virorum officia; vel ne vir inclinet ad mollities mulierum.

Ad septimum dicendum quòd, sicut Hieronymus dicit, super Matth., super illud cap. 23: *Dilatant enim,* etc. : *Dominus jussit ut in quatuor angulis palliorum hyacinthinas fimbrias facerent, ad populum Israel dignoscendum ab aliis populis;* unde per hoc se esse Judæos profitebantur. Et ideò per aspectum hujus signi inducebantur in memoriam suæ legis. Quod autem dicitur : *Ligabis ea in manu tuâ, et erunt semper ante oculos tuos,* Pharisæi malè interpretabantur, scribentes in membranis decalogum Moysi, et ligabant in fronte quasi coronam, ut ante oculos moveretur; cùm tamen intentio Domini mandantis fuerit ut *ligarentur in manu,* id est, in operatione, et *essent ante oculos,* id est, in meditatione. In hyacinthinis autem vittis, quæ palliis inserebantur, significatur cœlestis intentio, quæ omnibus operibus nostris debet adjungi. Potest tamen dici quòd quia populus ille carnalis erat, et duræ cervicis, oportuit etiam per hujusmodi sensibilia eos ad legis observantiam excitari.

Ad octavum dicendum quòd affectus hominis est duplex: unus quidem secundùm rationem, alius verò secundùm passionem. Secundùm igitur affectum rationis non refert, quid homo circa bruta animalia agat, quia omnia sunt subjecta ejus potestati à Deo, secundùm illud psalm. 8, 8 : *Omnia subjecisti sub pedibus ejus;* et secundùm hoc Apostolus dicit quòd *non est cura Deo de bobus,* quia Deus non requirit ab homine quid circa boves agat, vel circa alia animalia. Quantùm verò ad affectum passionis, movetur affectus hominis etiam circa alia animalia; quia enim passio misericordiæ consurgit ex afflictionibus aliorum, contingit autem etiam bruta animalia pœnas sentire, potest in homine consurgere misericordiæ affectus etiam circa afflictiones animalium. Proximum autem est ut qui exercetur in affectu misericordiæ circa animalia, magis ex hoc disponatur ad affectum misericordiæ circa homines; unde dicitur Prov. 12, 10 : *Novit justus animas jumentorum suorum; viscera autem impiorum crudelia.* Et ideò, ut Dominus populum judaicum ad crudelitatem pronum; ad misericordiam revocaret, voluit eos exercere ad misericordiam etiam circa bruta animalia, prohibens quædam circa animalia fieri quæ ad crudelitatem quamdam pertinere videntur. Et ideò prohibuit *ne coqueretur hœdus in lacte matris,* et quòd *non alligaretur os bovi trituranti,* et quòd *non occideretur mater cum filiis.* Quamvis etiam dici possit, quòd hæc prohibita sunt eis in detestationem idololatriæ. Nam Ægyptii nefarium reputabant ut boves triturantes de frugibus comederent. Aliqui etiam malefici utebantur matre oris incubante, et pullis ejus simul captis ad fœcunditatem et fortunam circa nutritionem filiorum; et quia etiam in auguriis reputabatur hoc esse fortunatum quòd inveniretur mater incubans filiis. Circa commixtionem verò animalium diversæ speciei ratio litteralis potuit esse triplex. Una quidem ad detestationem idololatriæ Ægyptiorum, qui diversis commixtionibus utebantur in servitium planetarum, qui secundùm diversas conjunctiones habent diversos effectus, et super (1) diversas species rerum. Alia ratio est ad excludendum concubitus contra naturam. Tertia ratio est ad tollendam universaliter occasionem concupiscentiæ. Animalia enim diversarum specierum non commiscentur de facili ad invicem, nisi hoc per homines procuretur; et in aspectu coitus animalium excitatur homini concupiscentiæ motus. Unde et in traditionibus Judæorum præceptum invenitur, ut rabbi Moyses dicit, libro 3, *Dux errantium*, cap. 50, inter med. et fin., ut homines avertant oculos ab animalibus coeuntibus.

Figuralis autem horum ratio est, quia *bovi trituranti*, id est, prædicatori deferenti segetes doctrinæ, non sunt necessaria victús subtrahenda, ut Apostolus dicit 1 ad Cor. 9: *Matrem etiam non simul debemus tenere cum filiis*; quia in quibusdam retinendi sunt spirituales sensus, quasi filii; et dimittenda est litteralis observantia, quasi mater, sicut in omnibus cæremoniis legis. Prohibetur etiam quòd *jumenta*, id est, populares homines, *non faciamus coire*, id est, conjunctionem habere, *cum alterius generis animantibus*, id est, cum gentilibus, vel Judæis.

Ad nonum dicendum quòd omnes illæ commixtiones in agriculturâ sunt prohibitæ ad litteram, in detestationem idololatriæ; quia Ægyptii in venerationem stellarum diversas commixtiones faciebant et in seminibus, et in animalibus, et in vestibus, repræsentantes diversas conjunctiones stellarum. Vel omnes hujusmodi commixtiones variæ prohibentur ad detestationem coitus contra naturam. Habent tamen figuralem rationem; quia quod dicitur: *Non seres vineam tuam altero semine*, est spiritualiter intelligendum, quòd in Ecclesiâ, quæ est spiritualis vinea, non est seminanda aliena doctrina; et similiter *ager*, id est, Ecclesia, *non est seminandus diverso semine*, id est, catholicâ doctrinâ et hæreticâ. Non est etiam simul *arandum in bove et asino*, quia fatuus sapienti in prædicatione non est sociandus, quia unus impedit alium (2).

(1) Al., *et similiter.*
(2) Deest solutio ad decimum in codicibus, in edit. Rom. 1570, et Antverpiensi 1612, aliisque veteribus; ubi passim notatur in textu, aut ad marginem : *Deest solutio ad* 10. Primus ita supplevit Franciscus Garcia : *Ad decimum dicimus, ex eo quòd inanimata fuerunt hominum potestati subjecta, non rectè inferri quædam eorum non fuisse prohibenda, qualia sunt aurum et argentum, et similia ex quibus idola fabricata fuerunt. Talia enim duplici jure prohibenda fuerunt: vel quia Judæorum animos in malum pronos poterant ad idololatriam incitare, vel quia sicut ipsa idola, ita omnia illa ex quibus fabricata fuerunt, anathemati subjecta erant, et Deo valdè abominanda, quemadmodum in ipsâ Scripturâ evidenter exprimitur his verbis : « Nec inferes « quidpiam ex idolo in domum tuam, ne fias anathe-*

SUMMÆ. II.

« ma; » *sicut et illud Deut.* 7 *de egestis (vel egestionibus) humo operiendis duplex ratio assignari potest, litteralis et mystica. Litteralis est, ne aer è fœtoribus in detrimentum salutis corrumperetur ; deinde propter reverentiam quæ tabernaculo fœderis, in quo Deus dicebatur habitare, debebatur, ne scilicet fœtore aliquo dehonestaretur, uti Scriptura ipsa significat Deut.* 23, *ubi dicto præcepto subjungitur :* « Dominus enim tuus ambulat in « medio castrorum, ut eruat te, et tradat tibi inimicos « tuos, et sint castra tua sancta, et nihil in eis appareat « fœditatis, ne derelinquat te. » *Mystica est quam Gregorius, Moral.* 5, *c.* 12, *posuit, scilicet ut significaretur ut peccata, quæ à mentis nostræ utero, tanquàm excrementa quædam fœtida, foras egeruntur, beneficio pœnitentiæ essent abscondenda ; talis enim est efficacia pœnitentiæ, dicente Davide :* « Beati quorum remissæ sunt « iniquitates, et quorum tecta sunt peccata, » *ps.* 31. *Alteram quoque mysticam rationem Glossa ordinaria nobis significavit, scilicet quòd terrenâ fragilitate consideratâ sordes debemus operire, vel quòd terrâ nostræ fragilitatis aculeo profundæ considerationis suâ fossâ, sordes peccatorum præcipuè elationis atque superbiæ per humilitatem tergendæ et purgandæ sunt.*

Medices hanc exhibet solutionem, nullam defectûs mentionem ingerens ; *Ad decimum dicitur quòd ratio illorum præceptorum in ipsomet textu assignatur ; et primi quidem dùm dicitur Deut.* 7, *in fine :* « Sculptilia « eorum igne combure ; non concupisces argentum et « aurum de quibus facta sunt ; neque assumas ex eis « tibi quidquam, ne offendas propter ea, quia abomi- « natio est Domini Dei tui; » *alterius autem præcepti ratio ibidem redditur, scilicet Deut.* 23, *dùm dicitur :* « Dominus Deus tuus ambulat in medio castrorum, « ut sint castra tua sancta, et nihil in eis appareat « fœditatis. » *Figuralis autem ratio esse poterat ut caveamus quæ ad peccatum pertinent, et quòd peccata abscondere debemus ab oculis Domini per contritionem, confessionem et pœnitentiam.*

Nicolaius, ex edit. Coloniensi, sequentem responsionem adoptat, quam relixêre editiones ambæ Patavinæ : *Ad decimum dicendum, Deut.* 7 *rationabiliter prohiberi argentum et aurum ; non ex eo quòd hominum potestati subjecta non sint ; sed quia sicut ipsa idola, ita et omnia illa ex quibus conflata erant, anathemati subjiciebantur, utpote Deo maximè abominanda. Quod patet ex prædicto capite, ubi subditur :* « Nec inferes « quidpiam ex idolo in domum tuam, ne fias anathe- « ma, sicut et illud est. » *Tum etiam ne accepto auro et argento ex cupiditate, facilè inciderent in idololatriam, ad quam proni erant Judæi. Secundum autem præceptum Deut.* 23 *de egestionibus humo operiendis justum atque honestum fuit, tum ob munditiam corporalem, tum ob aeris salubritatem conservandam, tum ob reverentiam, quæ debebatur tabernaculo fœderis in castris existenti, in quo Dominus habitare dicebatur ; sicut ibi apertè ostenditur, ubi posito illo præcepto, statim subjungitur ejus ratio, scilicet :* « Dominus Deus ambulat « in medio castrorum, ut eruat te, etc., ut sint castra « tua sancta (id est, munda), et nihil in eis appareat « fœditatis. »

Ratio autem figuralis hujus præcepti ex Gregorio, lib. 31 *Moral., cap.* 13, *à med., est, ut significaretur, peccata quæ* « à mentis nostræ utero tanquàm excre- « menta fœtida egeruntur, » *per pœnitentiam tegenda esse, ut Deo accepti simus, juxta illud ps.* 31, 1 : « Beati « quorum remissæ sunt iniquitates, et quorum tecta « sunt peccata, » *vel juxta Glossam (ord. implic.), ut cognitâ miseriâ conditionis humanæ, sordes mentis elatæ ac superbæ sub fossâ profundæ considerationis per humilitatem tegerentur et purgarentur.*

Ad undecimum dicendum quòd malefici, et sacerdotes idolorum utebantur in suis ritibus ossibus vel carnibus hominum mortuorum; et ideò ad extirpandum idololatriæ cultum præcepit Dominus ut sacerdotes minores, qui per tempora certa ministrabant in Sanctuario, *non inquinarentur in mortibus*, nisi valdè propinquorum, scilicet patris et matris, et hujusmodi conjunctarum personarum. Pontifex autem semper debebat esse paratus ad ministerium Sanctuarii; et ideò totaliter prohibitus erat ei accessus ad mortuos, quantùmcumque propinquos. Præceptum etiam est eis *ne ducerent uxorem meretricem, ac repudiatam, sed virginem*, tum propter reverentiam sacerdotum, quorum dignitas quodammodò ex tali conjugio diminui videretur; tum etiam propter filios, quibus esset ad ignominiam turpitudo matris; quod maximè tunc erat vitandum, quando sacerdotii dignitas secundùm successionem generis conferebatur. Præceptum etiam erat eis *ut non raderent caput, nec barbam, nec in carnibus suis facerent incisuram*, ad removendum idololatriæ ritum; nam sacerdotes gentilium radebant caput et barbam. Unde dicitur Baruch 6, 30 : *Sacerdotes sedent habentes tunicas scissas, et capita, et barbam rasam.* Et etiam in cultu idolorum incidebant se cultris, et lanceolis, ut dicitur in 3 Regum 18, unde contraria præcepta sunt sacerdotibus veteris legis.

Spiritualis autem ratio horum est ; quia sacerdotes omninò debent esse immunes *ab operibus mortuis*, quæ sunt opera peccati; et etiam non debent *radere caput*, id est, deponere sapientiam; neque *deponere barbam*, id est, sapientiæ perfectionem; neque etiam *scindere vestimenta, aut incidere carnes*, ut scilicet vitium schismatis non incurrant.

QUÆSTIO CIII.

DE DURATIONE PRÆCEPTORUM CÆREMONIALIUM. — (*In quatuor articulos divisa.*)

Deinde considerandum est de duratione cæremonialium præceptorum; et circa hoc quæruntur quatuor : 1° utrùm præcepta cæremonialia fuerint ante legem; 2° utrùm in lege aliquam virtutem habuerint justificandi; 3° utrùm cessaverint Christo veniente; 4° utrùm sit peccatum mortale observare ea post Christum.

ARTICULUS PRIMUS. — *Utrùm cæremoniæ legis fuerint ante legem.* — (*Hebr. 7, fin.*)

Ad primum sic proceditur. 1. Videtur quòd cæremoniæ legis fuerint ante legem. Sacrificia enim et holocausta pertinent ad cæremonias veteris legis, ut supra dictum est, qu. præc., art. 3. Sed sacrificia et holocausta fuerunt ante legem; dicitur enim Genes. 4, 3, quòd *Cain obtulit de fructibus terræ munera Domino; Abel autem obtulit de primogenitis gregis sui, et de adipibus eorum.* Noe etiam *obtulit holocausta Domino*, ut dicitur Genes. 8, 20; et Abraham similiter, ut dicitur Genes. 22. Ergo cæremoniæ veteris legis fuerunt ante legem.

2. Præterea, ad cæremonias sacrorum (1) pertinet constructio altaris, et ejus inunctio. Sed ista fuerunt ante legem; legitur enim Genes. 13, 18, quòd *Abraham ædificavit altare Domino*; et de Jacob dicitur Genes. 28, 18,

---

(1) Ita codd. Alcan. et Tarrac. cum plurimis exemplis. Al., *sacramentorum.*

---

quòd *tulit lapidem, et erexit in titulum, fundens oleum desuper.* Ergo cæremoniæ legales fuerunt ante legem.

3. Præterea, inter sacramenta legalia primum dicitur fuisse circumcisio. Sed circumcisio fuit ante legem, ut patet Genes. 17. Similiter etiam sacerdotium fuit ante legem; dicitur enim Genes. 14, 18, quòd *Melchisedech erat sacerdos Dei summi* (1). Ergo cæremoniæ sacramentorum fuerunt ante legem.

4. Præterea, discretio mundorum animalium ab immundis pertinet ad cæremonias observantiarum, ut supra dictum est, quæst. 102, art. 6, ad 1. Sed talis distinctio fuit ante legem : dicitur enim Genes. 7, 2 : *Ex omnibus mundis animalibus tolle septena et septena, de animantibus verò immundis duo et duo.* Ergo cæremoniæ legales fuerunt ante legem.

Sed contra est quod dicitur Deut. 6, 1 : *Hæc sunt præcepta et cæremoniæ quæ mandavit Dominus Deus noster* (2), *ut docerem vos.* Non autem indiguissent super his doceri, si priùs prædictæ cæremoniæ fuissent. Ergo cæremoniæ legis non fuerunt ante legem.

Respondeo dicendum quòd, sicut ex dictis patet, quæst. 102, art. 2, cæremoniæ legis ad duo ordinabantur, scilicet ad cultum Dei, et ad figurandum Christum. Quicumque autem colit Deum, oportet quòd per aliqua determinata eum colat, quæ ad exteriorem cultum pertinent. Determinatio autem divini cultûs pertinet ad cæremonias; sicut etiam determinatio eorum per quæ ordinamur ad proximum, pertinet ad præcepta judicialia, ut supra dictum est, quæst. 99, art. 4. Et ideò, sicut inter homines communiter erant aliqua judicialia, non tamen ex auctoritate legis divinæ instituta, sed ratione hominum ordinata, ita etiam erant quædam cæremoniæ, non quidem ex auctoritate alicujus legis determinatæ, sed solùm secundùm voluntatem et devotionem hominum Deum colentium.

Sed quia etiam ante legem fuerunt quidam viri præcipui prophetico spiritu pollentes, credendum est quòd ex instinctu divino, quasi ex quâdam privatâ lege, inducerentur ad aliquem certum modum colendi Deum, qui et conveniens esset interiori cultui, et etiam congrueret ad significandum Christi mysteria, quæ figurabantur etiam per alia eorum gesta, secundùm illud 1 Corinth. 10, 11 : *Omnia in figurâ contingebant illis.*

Fuerunt igitur ante legem quædam cæremoniæ, non tamen cæremoniæ legis, quia non erant per aliquam legis lationem institutæ.

Ad primum ergo dicendum quòd hujusmodi oblationes, et sacrificia, et holocausta offerebant antiqui ante legem ex quâdam devotione propriæ voluntatis, secundùm quòd eis videbatur conveniens; ut in rebus quas à Deo acceperant, et quas in reverentiam divinam offerebant, protestarentur se colere Deum, qui est omnium principium et finis.

Ad secundum dicendum quòd etiam sacra quædam instituerunt, quia videbatur eis

---

(1) Vulgata, *altissimi.*
(2) Vulgata, *vester*

conveniens ut in reverentiam divinam essent aliqua loca ab aliis distincta divino cultui mancipata.

Ad tertium dicendum quòd sacramentum circumcisionis præcepto divino fuit statutum ante legem; unde non potest dici sacramentum legis, quasi in lege institutum, sed solùm quasi in lege observatum; et hoc est quod Dominus dicit Joan. 7, 22 : *Circumcisio non ex Moyse est, sed ex patribus.* Sacerdotium etiam erat ante legem apud colentes Deum secundùm humanam determinationem, qui hanc dignitatem primogenitis attribuebant.

Ad quartum dicendum quòd distinctio mundorum animalium et immundorum non fuit ante legem quantùm ad esum, cùm dictum sit Genes. 9, 3 : *Omne quod movetur, et vivit, erit vobis in cibum;* sed solùm quantùm ad sacrificiorum oblationem, quia de quibusdam determinatis animalibus sacrificia offerebant. Si tamen quantùm ad esum erat aliqua animalium discretio, hoc non erat, quia esus illorum reputaretur illicitus, cùm nullà lege esset prohibitus, sed propter abominationem, vel consuetudinem; sicut et nunc videmus quòd aliqua cibaria sunt in aliquibus terris abominabilia, quæ in aliis comeduntur.

ARTICULUS II. — *Utrùm cæremoniæ veteris legis habuerint virtutem justificandi tempore legis.* — (*Sup., quæst.* 98, *art.* 1, *et quæst.* 100, *art.* 12, *et* 3, *dist.* 40, *quæst.* 1, *art.* 3.)

Ad secundum sic proceditur. 1. Videtur quòd cæremoniæ veteris legis habebant virtutem justificandi tempore legis. Expiatio enim à peccato, et consecratio hominis ad justificationem pertinent. Sed Exod. 29 dicitur quòd per aspersionem sanguinis et inunctionem olei consecrabantur sacerdotes et vestes eorum; et Levit. 16 dicitur quòd sacerdos per aspersionem sanguinis vituli expiabat sanctuarium ab immunditiis filiorum Israel, et à prævaricationibus eorum, atque peccatis. Ergo cæremoniæ veteris legis habebant virtutem justificandi.

2. Præterea, id per quod homo placet Deo, ad justitiam pertinet, secundùm illud Psal. 10, 8 : *Justus Dominus, et justitias dilexit.* Sed per cæremonias aliqui Deo placebant, secundùm illud Levit. 10, 19 : *Quomodò potui... placere Domino in cæremoniis mente lugubri?* Ergo cæremoniæ veteris legis habebant virtutem justificandi.

3. Præterea, ea quæ sunt divini cultûs, magis pertinent ad animam quàm ad corpus, secundùm illud Psal. 18, 8 : *Lex Domini immaculata, convertens animas.* Sed per cæremonias veteris legis mundabatur leprosus, ut dicitur Levit. 14. Ergo multò magis cæremoniæ veteris legis poterant mundare animam justificando.

Sed contra est quod Apostolus dicit Gal. 2, 21 . *Si data esset lex quæ posset justificare, Christus gratis mortuus esset* (1), id est, sine

(1) Vulgata : *Si enim per legem justitia, ergo gratis Christus mortuus est.*

causâ. Sed hoc est inconveniens. Ergo cæremoniæ veteris legis non justificabant.

Respondeo dicendum quòd, sicut supra dictum est, quæst. 102, art. 5, ad 4, in veteri lege duplex immunditia observabatur : una quidem spiritualis, quæ est immunditia culpæ; alia verò corporalis, quæ tollebat idoneitatem ad cultum divinum, sicut leprosus dicebatur immundus, vel ille qui tangebat aliquod morticinum; et sic immunditia nihil aliud erat quàm irregularitas quædam.

Ab hâc igitur immunditiâ cæremoniæ veteris legis habebant virtutem emundandi, quia hujusmodi cæremoniæ erant quædam remedia adhibita ex ordinatione legis ad tollendas prædictas immunditias ex statuto legis inductà. Et ideò Apostolus dicit, ad Hebr. 9, 13, quòd *sanguis hircorum, et taurorum, et cinis vitulæ aspersus inquinatos sanctificat ad emundationem carnis.* Et sicut ista immunditia quæ per hujusmodi cæremonias emundabatur, erat magis carnis quàm mentis, ita etiam ipsæ cæremoniæ *justitiæ, carnis* dicuntur ab ipso Apostolo parùm supra, vers. 10 : *Justitiis,* inquit, *carnis usque ad tempus correctionis impositis.*

Ab immunditiâ verò mentis, quæ est immunditia culpæ, non habebant virtutem expiandi; et hoc ideò, quia expiatio à peccatis nunquàm fieri potuit nisi per Christum, *qui tollit peccata* (1) *mundi,* ut dicitur Joan. 1, 29. Et quia mysterium incarnationis et passionis Christi nondùm erat realiter peractum, veteris legis cæremoniæ non poterant in se continere realiter virtutem profluentem à Christo incarnato et passo, sicut continent sacramenta novæ legis, et ideò non poterant à peccato mundare, sicut Apostolus dicit ad Hebr. 10, 4, quòd *impossibile est sanguine taurorum aut hircorum auferri peccata.* Et hoc est quòd Gal. 4, 9, Apostolus vocat ea *egena, et infirma elementa* : infirma quidem, quia non possunt à peccato mundare; sed hæc infirmitas provenit ex eo quòd sunt egena, id est, eò quòd non continent in se gratiam. Poterat autem mens fidelium tempore legis per fidem conjungi Christo incarnato et passo; et ita ex fide Christi justificabantur; cujus fidei quædam protestatio erat hujusmodi cæremoniarum observatio, in quantum erant figura Christi. Et ideò pro peccatis offerebantur sacrificia quædam in veteri lege, non quia ipsa sacrificia à peccato emundarent, sed quia erant quædam protestationes fidei, quæ à peccato mundabat (2). Et hoc etiam ipsa lex innuit ex modo loquendi. Dicitur enim Lev. 4 et 5, quòd *in oblatione hostiarum pro peccato orabit pro eo sacerdos, et dimittetur ei,* quasi peccatum dimittatur non vi sacrificiorum, sed ex fide et devotione offerentium. Sciendum est tamen quòd hoc ipsum quòd veteris legis cæremoniæ à corporalibus munditiis expiabant, erat in figurà expiationis à peccatis, quæ fit per Christum.

(1) Vulgata ibi, *peccatum.*

(2) Ita cum cod. Alcan. aliisque recentiores editiones, insinuante etiam Garciâ. Al., *mundabant.*

Sic igitur patet quòd cæremoniæ in statu veteris legis non habebant virtutem justificandi.

Ad primum ergo dicendum quòd illa sanctificatio sacerdotis et filiorum ejus, et vestium ipsorum, vel quorumcumque aliorum per aspersionem sanguinis, nihil aliud erat quàm deputatio ad divinum cultum, et remotio impedimentorum ad emundationem carnis, ut Apostolus dicit Hebr. 13, in præfigurationem illius sanctificationis quâ *Jesus per suum sanguinem sanctificavit populum.* Expiatio etiam ad remotionem (1) hujusmodi corporalium immunditiarum referenda est, non ad remotionem culpæ; unde etiam sanctuarium expiari dicitur, quod culpæ subjectum esse non poterat.

Ad secundum dicendum quòd sacerdotes placebant Deo in cæremoniis propter obedientiam, et devotionem, et fidem rei præfiguratæ, non autem propter ipsas res secundùm se consideratas.

Ad tertium dicendum quòd cæremoniæ illæ quæ erant institutæ in emundatione leprosi, non ordinabantur ad tollendam immunditiam infirmitatis lepræ; quod patet ex hoc quòd non adhibebantur hujusmodi cæremoniæ nisi jam emundatio. Unde dicitur Levit. 14, 3, quòd *sacerdos egressus de castris, cùm invenerit lepram esse mundatam, præcipiet ei qui purificatur, ut offerat,* etc. Ex quo patet quòd sacerdos constituebatur judex lepræ mundatæ, non autem emundandæ. Adhibebantur autem hujusmodi cæremoniæ ad tollendam immunditiam irregularitatis. Dicunt tamen quòd quandoque si contingeret sacerdotem errare in judicando, miraculosè leprosus mundabatur à Deo virtute divinâ, non autem virtute sacrificiorum, sicut etiam miraculosè mulieris adulteræ computrescebat femur bibitis aquis in quibus sacerdos meledicta congesserat, ut habetur Num. 5.

ARTICULUS III. — *Utrùm cæremoniæ veteris legis cessaverint in adventu Christi.* — (2-2, quæst. 86, art. 4, ad 1, et 2, dist. 44, quæst. 2, art. 2, ad 3, et 4, dist. 1, quæst. 2, art. 5, quæst. 1 et 2, et dist. 2, quæst. 2, art. 4, quæst. 3, corp., et quodl. 2, art. 8, corp., et Rom. 14, lect. 1 et 2.)

Ad tertium sic proceditur. 1. Videtur quòd cæremoniæ veteris legis non cessaverint in Christi adventu. Dicitur enim Baruch 4, 1 : *Hic est liber mandatorum Dei, et lex quæ est in æternum.* Sed ad legem pertinebant legis cæremoniæ. Ergo legis cæremoniæ in æternum duraturæ erant.

2. Præterea, oblatio mundati leprosi ad legis cæremonias pertinebat. Sed etiam in Evangelio præcipitur leproso emundato ut hujusmodi oblationes offerat. Ergo cæremoniæ veteris legis non cessaverunt Christo veniente.

3. Præterea, manente causâ manet effectus. Sed cæremoniæ veteris legis habebant quasdam rationabiles causas, in quantum

(1) Ita cod. Alcan. aliique, et edit. Patav. Edit. Rom. cum aliis nonnullis : *Hæc ergo expiatio.* Nicolaius : *Hæc ergo expiatio etiam ad remotionem.*

ordinabantur ad divinum cultum, etiam præter hoc quòd ordinabantur in figuram Christi. Ergo cæremoniæ veteris legis cessare non debuerunt.

4. Præterea, circumcisio erat instituta in signum fidei Abrahæ; observatio autem sabbati ad recolendum beneficium creationis; et aliæ solemnitates legis ad recolendum alia beneficia Dei, ut supra dictum est, quæst. præc., art. 4, ad 10. Sed fides Abrahæ est semper imitanda etiam à nobis, et beneficium creationis, et alia Dei beneficia semper sunt recolenda. Ergo ad minus circumcisio et solemnitates legis cessare non debuerunt.

Sed contra est quod Apostolus dicit ad Col. 2, 16 : *Nemo vos judicet in cibo, aut in potu, aut parte diei festi, aut neomeniæ, aut sabbatorum, quæ sunt umbra futurorum;* et ad Hebr. 8, 13, dicitur quòd *dicendo novum testamentum veteravit prius; quod autem antiquatur et senescit, propè interitum est.*

Respondeo dicendum quòd omnia præcepta cæremonialia veteris legis ad cultum Dei sunt ordinata, ut supra dictum est, quæst. 101, art. 1 et 2; exterior autem cultus proportionari debet interiori cultui, qui consistit in fide, spe et charitate. Unde secundùm diversitatem interioris cultûs debuit diversificari exterior cultus. Potest autem triplex status distingui interioris cultûs : unus quidem, secundùm quem habetur fides, et spes de bonis cœlestibus, et de his per quæ in cœlestia introducimur; de utrisque quidem sicut de quibusdam futuris; et talis fuit status fidei et spei in veteri lege. Alius autem est status interioris cultûs, in quo habetur fides et spes de cœlestibus bonis sicut de quibusdam futuris, sed (1) de his per quæ introducimur in cœlestia, sicut de præsentibus, vel præteritis; et iste est status novæ legis. Tertius autem status est in quo utraque habentur ut præsentia, et nihil creditur ut absens, neque speratur ut futurum; et iste est status beatorum.

In illo ergo statu beatorum nihil erit figurale ad divinum cultum pertinens, sed solùm *gratiarum actio et vox laudis;* et ideò dicitur Apocal. 21, 22, de civitate beatorum : *Templum non vidi in eâ; Dominus enim Deus omnipotens templum illius est et Agnus.* Pari igitur ratione cæremoniæ primi statûs, per quas figurabatur et secundus, et tertius, veniente secundo statu, cessare debuerunt, et aliæ cæremoniæ induci, quæ convenirent statui cultûs divini pro tempore illo in quo bona cœlestia sunt futura, beneficia autem Dei, per quæ ad cœlestia introducimur, sunt præsentia.

Ad primum ergo dicendum quòd lex vetus dicitur esse in æternum, secundùm moralia quidem simpliciter et absolutè, secundùm cæremonialia verò quantùm ad veritatem per ea figuratam.

Ad secundum dicendum quòd mysterium redemptionis humani generis completum fuit in passione Christi. Unde tunc Dominus dixit :

(1) Ita Nicolaius cum cod. Alcan., Tarrae aliisque. Al., *scilicet.*

Consummatum est, ut habetur Joan. 19, 30, et ideò tunc totaliter debuerunt cessare legalia, quasi jam veritate eorum consummatâ. In cujus signum in passione Christi velum templi legitur esse scissum, Matth. 27. Et ideò ante passionem Christi, Christo prædicante, et miracula faciente, currebant simul lex et Evangelium, quia jam mysterium Christi erat inchoatum, sed nondùm consummatum. Et propter hoc mandavit Christus Dominus ante passionem leproso ut legales cæremonias observaret.

Ad tertium dicendum quòd rationes litterales cæremoniarum supra assignatæ referuntur ad divinum cultum, qui quidem cultus erat in fide venturi; et ideò jam veniente eo qui venturus erat, et cultus ille cessavit, et omnes rationes ad hunc cultum ordinatæ.

Ad quartum dicendum quòd fides Abrahæ fuit commendata in hoc quòd credidit divinæ promissioni de futuro semine, in quo benedicerentur omnes gentes. Et ideò quamdiù hoc erat futurum, oportebat protestari fidem Abrahæ in circumcisione; sed postquàm jam hoc est perfectum, oportet idem alio signo declarari, scilicet baptismo, qui in hoc circumcisioni succedit, secundùm illud Apostoli ad Coloss. 2, 11: *Circumcisi estis circumcisione non manufactâ in expoliatione corporis carnis, sed in circumcisione Domini nostri Jesu Christi, consepulti ei in baptismo.* Sabbatum autem, quod significabat primam creationem, mutatur in diem dominicum, in quo commemoratur nova creatura inchoata in resurrectione Christi. Et similiter aliis solemnitatibus veteris legis novæ solemnitates succedunt, quia beneficia illi populo exhibita significant beneficia nobis concessa per Christum. Unde festo *Phase* succedit festum Passionis Christi et Resurrectionis; festo *Pentecostes*, in quo fuit data lex vetus, succedit festum Pentecostes, in quo fuit data lex spiritûs vitæ; festo *Neomeniæ* succedit festum beatæ Virginis, in quâ primò apparuit illuminatio solis, id est, Christi per copiam gratiæ; festo *Tubarum* succedunt festa Apostolorum; festo *Expiationis* succedunt festa Martyrum et Confessorum; festo *Tabernaculorum* succedit festum consecrationis Ecclesiæ; festo *Cœtûs* atque *Collectæ* succedit festum Angelorum, vel etiam festum omnium Sanctorum.

ARTICULUS IV. — *Utrùm post passionem Christi legalia possint servari sine peccato mortali.* — (*Inf., qu.* 104, *art.* 3, *corp., et* 2-2, *qu.* 87, *art.* 1, *corp., post med., et qu.* 93, *art.* 1, *et qu.* 94, *art.* 3, *ad* 5, *et* 4, *dist.* 1, *qu.* 2, *art.* 5, *qu.* 3 *et* 4, *et Rom.* 14, *et Gal.* 2.)

Ad quartum sic proceditur. 1. Videtur quòd post passionem Christi legalia possunt sine peccato mortali observari. Non est enim credendum quòd Apostoli post acceptum Spiritum sanctum mortaliter 'peccaverint; ejus enim plenitudine sunt induti virtute ex alto, ut dicitur Luc. ult. Sed Apostoli post adventum Spiritûs sancti legalia observaverunt; dicitur enim Act. 16, quòd Paulus circumcidit Timotheum. Et Act. 21, 26, dicitur quòd Paulus, secundùm consilium Jacobi, *assumptis*

viris..., purificatus cum eis intravit in templum, annuntians expletionem dierum purificationis, donec offerretur pro unoquoque eorum oblatio. Ergo sine peccato mortali possunt post Christi passionem legalia observari.

2. Præterea, vitare consortia gentilium ad cæremonias legis pertinebat. Sed hoc observavit primus pastor Ecclesiæ; dicitur enim ad Galat. 2, 12, quòd *cùm venissent quidam Antiochiam, subtrahebat et segregabat se Petrus à gentilibus.* Ergo absque peccato post passionem Christi legis cæremoniæ observari possunt.

3. Præterea, præcepta Apostolorum non induxerunt homines ad peccatum. Sed ex decreto Apostolorum statutum fuit quòd gentiles quædam de cæremoniis legis observarent; dicitur enim Act. 15, 25: *Visum est Spiritui sancto et nobis, nihil ultra imponere oneris vobis, quàm hæc necessaria, ut abstineatis vos ab immolatis simulacrorum, et sanguine, et suffocato, et fornicatione.* Ergo absque peccato cæremoniæ legales possunt post Christi passionem abservari.

Sed contra est quod Apostolus dicit ad Gal. 5, 2: *Si circumcidamini, Christus nihil vobis proderit.* Sed nihil excludit fructum Christi nisi peccatum mortale. Ergo circumcidi et alias cæremonias observare post passionem Christi, est peccatum mortale.

Respondeo dicendum quòd omnes cæremoniæ sunt quædam protestationes fidei, in quâ consistit interior Dei cultus. Sic autem fidem interiorem potest homo protestari factis, sicut et verbis; et in utrâque protestatione si aliquid homo falsum protestatur, peccat mortaliter. Quamvis autem sit eadem fides quam habemus de Christo, et quam antiqui Patres habuerunt; tamen quia ipsi præcesserunt Christum, nos autem sequimur, eadem fides diversis verbis significatur à nobis, et ab eis; nam ab eis dicebatur: *Ecce virgo concipiet, et pariet filium;* quæ sunt verba futuri temporis; nos autem idem repræsentamus per verba præteriti temporis, dicentes quòd *concepit et peperit.* Et similiter cæremoniæ veteris legis significabant Christum ut nasciturum et passurum; nostra autem sacramenta significant ipsum ut natum et passum.

Sicut igitur peccaret mortaliter qui nunc suam fidem protestando diceret Christum nasciturum, quod antiqui piè et veraciter dicebant, ita etiam peccaret mortaliter, si quis nunc cæremonias observaret quas antiqui piè et fideliter observabant. Et hoc est quod Augustinus dicit contra Faustum, lib. 19, cap. 16, à med.: *Jam non promittitur nasciturus, passurus, resurrecturus, quod illa sacramenta quodammodò personabant; sed annuntiatur quòd natus sit, passus sit, resurrexerit, quod hæc sacramenta quæ à Christianis aguntur, jam personant.*

Ad primum ergo dicendum quòd circa hoc diversimodè sensisse videntur Hieronymus et Augustinus. Hieronymus enim, epist. 75, olim 11 inter op. Aug., et sup. illud Gal. 2: *Sed cùm vidissem,* distinxit duo tempora: unum tempus ante passionem Christi, in quo legalia non erant mortua, quasi non habentia vim obligatoriam aut explativam pro suo modo; nec etiam mortifera, quia non peccabant ea observantes; statim autem post passionem Christi incœperunt esse non solùm mortua, id est, non habentia virtutem et obligationem, sed etiam mortifera, ita scilicet quòd peccabant mortaliter quicumque ea observabant. Unde dicebat quòd Apostoli nunquàm legalia observaverunt post passionem secundùm veritatem, sed solùm quâdam piâ simulatione, ne scilicet scandalizarent Judæos, et eorum conversionem impedirent. Quæ quidem simulatio sic intelligenda est, non quidem ita quòd illos actus secundùm rei veritatem non facerent, sed quia non faciebant tanquàm legis cæremonias observantes; sicut si quis pelliculam virilis membri abscinderet propter sanitatem, non causâ legalis circumcisionis observandæ.

Sed quia indecens videtur quòd Apostoli ea occultarent propter scandalum quæ pertinent ad veritatem vitæ et doctrinæ, et quòd simulatione uterentur in his quæ pertinent ad salutem fidelium; ideò convenientiùs Augustinus, epist. 40, olim 9, distinxit tria tempora : unum quidem ante Christi passionem, in quo legalia neque erant mortifera, neque mortua; aliud autem post tempus Evangelii divulgati, in quo legalia sunt mortua et mortifera; tertium autem est tempus medium, scilicet à passione Christi usque ad divulgationem Evangelii; in quo legalia quidem fuerunt mortua, quia neque vim aliquam habebant, neque aliquis ea observare tenebatur; non tamen fuerunt mortifera, quia illi qui conversi erant ad Christum ex Judæis, poterant illa legalia licitè observare, dummodò non sic ponerent spem in eis quòd ea reputarent sibi necessaria ad salutem, quasi sine legalibus fides Christi justificare non posset. His autem qui convertebantur ex gentilitate ad Christum, non inerat causa ut ea observarent. Et ideò Paulus circumcidit Timotheum, qui ex matre Judæâ genitus erat; Titum autem, qui ex gentilibus natus erat, circumcidere noluit. Ideò autem noluit Spiritus sanctus ut statim inhiberetur his qui ex Judæis convertebantur, observatio legalium, sicut inhibebatur his qui ex gentilibus convertebantur, gentilitatis ritus, ut quædam differentia inter hos ritus ostenderetur. Nam gentilitatis ritus repudiabatur tanquàm omninò illicitus et à Deo semper prohibitus; ritus autem legis cessabat, tanquàm impletus per Christi passionem, utpote à Deo in figuram Christi institutus.

Ad secundum dicendum quòd, secundùm Hieronymum, loc. cit. in resp. ad 1. Petrus simulatoriè se à gentilibus subtrahebat, ut vitaret Judæorum scandalum, quorum erat Apostolus; unde in hoc nullo modo peccavit. Sed Paulus eum similiter simulatoriè reprehendit, ut vitaret scandalum gentilium, quorum erat Apostolus.

Sed Augustinus, loc. sup. cit., hoc improbat, quia Paulus in canonicâ Scripturâ, scilicet Gal. 2, in quâ nefas est credere aliquid falsum esse, dicit quòd *Petrus reprehensibilis erat.* Unde verum est quòd Petrus peccavit, et

Paulus verè eum, non simulatoriè reprehendit. Non autem peccavit Petrus in hoc quòd ad tempus legalia observabat, quia hoc sibi licebat tanquàm ex Judæis converso; sed peccabat in hoc quòd circa legalium observantiam nimiam diligentiam adhibebat, ne scandalizaret Judæos, ita quòd ex hoc sequeretur gentilium scandalum.

Ad tertium dicendum quòd quidam dixerunt quòd illa prohibitio Apostolorum non est intelligenda ad litteram, sed secundùm spiritualem intellectum; ut scilicet in prohibitione *sanguinis* intelligatur prohibitio homicidii; in prohibitione *suffocati* intelligatur prohibitio violentiæ et rapinæ; in prohibitione *immolatorum* intelligatur prohibitio idololatriæ; *fornicatio* autem prohibetur tanquàm per se malum. Et hanc opinionem accipiunt ex quibusdam glossis, quæ hujusmodi præcepta mysticè exponunt.

Sed quia homicidium et rapina etiam apud gentiles reputabantur illicita, non oportuisset super hoc speciale mandatum dari his qui erant ex gentilitate conversi ad Christum. Unde alii dicunt quòd ad litteram illa comestibilia fuerunt prohibita, non propter observantiam legalium, sed propter gulam comprimendam. Unde Hieronymus super illud Ezech. 44; *Omne morticinium*, etc., dicit, circa fin. comment. : *Condemnat sacerdotes, qui in cibis et cæteris hujusmodi hæc cupiditate gulæ non custodiunt.*

Sed quia sunt quædam cibaria magis delicata, et gulam provocantia, non videtur ratio quare fuerunt hæc magis quàm alia prohibita. Et ideò dicendum secundùm tertiam opinionem, quòd ad litteram ista sunt prohibita, non ad observandum cæremonias legis, sed ad hoc quòd posset coalescere unio gentilium et Judæorum simul habitantium. Judæis enim propter antiquam consuetudinem *sanguis* et *suffocatum* erant abominabilia; comestio autem immolatorum simulacris poterat in Judæis aggenerare circa gentiles suspicionem reditùs ad idololatriam. Et ideò ista fuerunt prohibita pro tempore illo, in quo de novo oportebat convenire in unum gentiles et Judæos. Procedente autem tempore, cessante causâ, cessavit et effectus, manifestatâ evangelicæ doctrinæ veritate, in quâ Dominus docet quòd *nihil quod per os intrat, coinquinat hominem*, ut dicitur Matth. 15, 11, et quòd *nihil est rejiciendum quod cum gratiarum actione percipitur*, ut 1 ad Timoth. 4, 4, dicitur. *Fornicatio* autem prohibetur specialiter, quia gentiles non reputabant eam esse peccatum.

QUÆSTIO CIV.

DE PRÆCEPTIS JUDICIALIBUS. — (*In quatuor articulos divisa.*)

Consequenter considerandum est de præceptis judicialibus; et primò considerandum est de ipsis in communi; secundò de rationibus eorum.

Circa primum quæruntur quatuor : 1° quæ sint judicialia præcepta; 2° utrùm sint figuralia; 3° de duratione eorum; 4° de distinctione eorum.

ARTICULUS PRIMUS. — *Utrùm ratio præcepto-*
rum judicialium consistat in hoc quòd sunt
ordinantia ad proximum. — (*Sup., quæst.*
99, art. 4, et locis ibi inductis.)

Ad primum sic proceditur. 1. Videtur quòd
ratio præceptorum judicialium non consistat
in hoc quòd sunt ordinantia ad proximum.
Judicialia enim præcepta à judicio dicuntur.
Sed multa sunt alia quibus homo ad proximum ordinatur, quæ non pertinent ad ordinationem judiciorum. Non ergo præcepta judicialia dicuntur quibus homo ordinatur ad
proximum.

2. Præterea, præcepta judicialia à moralibus distinguuntur, ut supra dictum est, qu.
99, art. 4. Sed multa præcepta moralia sunt
quibus homo ordinatur ad proximum, sicut
patet in septem præceptis secundæ tabulæ.
Non ergo præcepta judicialia dicuntur ex hoc
quòd ad proximum ordinant.

3. Præterea, sicut se habent præcepta cæremonialia ad Deum, ita se habent judicialia
præcepta ad proximum, ut supra dictum est,
qu. 99, art. 4, et qu. 101, art. 1. Sed inter
præcepta cæremonialia sunt quædam quæ
pertinent ad seipsum, sicut observantiæ ciborum, et vestimentorum, de quibus supra
dictum est, quæst. 102, art. 6, ad 1 et ad 6.
Ergo præcepta judicialia non ex hoc dicuntur
quòd ordinent hominem ad proximum.

Sed contra est quod dicitur Ezech. 18, 8,
inter cætera bona opera viri justi : *Si judi-*
cium verum fecerit inter virum et virum. Sed
judicialia præcepta à judicio dicuntur. Ergo
præcepta judicialia videntur dici illa quæ
pertinent ad ordinationem hominum ad invicem.

Respondeo dicendum quòd, sicut ex supra
dictis patet, quæst. 95, art. 2, et quæst. 99,
art. 3 et 4, præceptorum cujuscumque legis
quædam habent vim obligandi ex ipso dictamine rationis, quia naturalis ratio dictat hoc
esse debitum fieri, vel vitari ; et hujusmodi
præcepta dicuntur *moralia*, eò quòd à ratione
dicuntur mores humani. Alia verò præcepta
sunt quæ non habent vim obligandi ex ipso
dictamine rationis, quia scilicet in se considerata non habent absolutè rationem debiti
vel indebiti ; sed habent vim obligandi ex
aliquâ institutione divinâ vel humanâ ; et
hujusmodi sunt determinationes quædam moralium præceptorum. Si igitur determinentur moralia præcepta per institutionem divinam in his per quæ ordinatur homo ad Deum,
talia dicentur *præcepta cæremonialia ;* si autem in his quæ pertinent ad ordinationem
hominum ad invicem, talia dicentur *præcepta*
judicialia.

In duobus ergo consistit ratio judicialium
præceptorum : scilicet ut pertineant ad ordinationem hominum ad invicem ; et ut non
habeant vim obligandi ex solâ ratione, sed
ex institutione.

Ad primum ergo dicendum quòd judicia
exercentur officio aliquorum principum, qui
habent potestatem judicandi. Ad principem
autem pertinet non solùm ordinare de his
quæ veniunt in litigium, sed etiam de voluntariis contractibus, qui inter homines fiunt,

et de omnibus pertinentibus ad populi communitatem, et regimen. Unde præcepta judicialia non solùm sunt illa quæ pertinent ad
lites judiciorum, sed etiam quæcumque pertinent ad ordinationem hominum ad invicem,
quæ subest ordinationi principis tanquàm
supremi judicis.

Ad secundum dicendum quòd ratio illa
procedit de præceptis ordinantibus ad proximum, quæ habent vim obligandi ex solo dictamine rationis.

Ad tertium dicendum quòd etiam in his quæ
ordinant ad Deum, quædam sunt moralia,
quæ ipsa ratio fide informata dictat, sicut
Deum esse amandum et colendum ; quædam
verò sunt cæremonialia, quæ non habent vim
obligationis nisi ex institutione divinâ. Ad
Deum autem pertinent non solùm sacrificia
oblata Deo, sed etiam quæcumque pertinent
ad idoneitatem offerentium et Deum colentium ; homines enim ordinantur in Deum
sicut in finem. Et ideò ad cultum Dei pertinet, et per consequens ad cæremonialia præcepta, quòd homo habeat quamdam idoneitatem respectu cultûs divini. Sed homo non
ordinatur ad proximum sicut in finem, ut
oporteat eum disponi in seipso in ordine ad
proximum ; hæc enim est comparatio servorum ad dominos, qui id quod sunt, dominorum sunt, secundùm Philosophum in 1 Polit., cap. 3, ante med. Et ideò non sunt aliqua
præcepta judicialia ordinantia hominem in
seipso ; sed omnia talia sunt moralia, quia
ratio, quæ est principium moralium, se habet in homine respectu eorum quæ ad ipsum
pertinent, sicut princeps vel judex in civitate. Sciendum tamen quòd quia ordo hominis ad proximum magis subjacet rationi
quàm ordo hominis ad Deum, plura præcepta
moralia inveniuntur per quæ ordinatur homo ad proximum, quàm per quæ ordinatur
homo ad Deum ; et propter hoc etiam oportuit plura esse cæremonialia in lege quàm
judicialia.

ARTICULUS II. — *Utrùm præcepta judicialia*
aliquid figurent. — (*Infra, art. 3, corp.,*
et 2-2, quæst. 87, art. 7, corp.)

Ad secundum sic proceditur. 1. Videtur
quòd præcepta judicialia non figurent aliquid. Hoc enim videtur esse proprium cæremonialium præceptorum, quòd sint in figuram alicujus rei instituta. Si igitur etiam
præcepta judicialia aliquid figurent, non erit
differentia inter judicialia et cæremonialia
præcepta.

2. Præterea, sicut populo Judæorum data
sunt quædam judicialia præcepta, ita etiam
aliis populis gentilium. Sed judicialia præcepta aliorum populorum non figurant aliquid,
sed ordinant quid fieri debeat. Ergo videtur
quòd neque præcepta judicialia veteris legis
aliquid figurarent.

3. Præterea, ea quæ ad cultum divinum
pertinent, figuris quibusdam tradi oportuit,
quia ea quæ Dei sunt, supra nostram rationem sunt, ut supra dictum est, quæst. 101,
art. 2, ad 2. Sed ea quæ sunt proximorum,
non excedunt rationem nostram. Ergo per

judicialia, quæ ad proximum nos ordinant, non oportuit aliquid figurari.

Sed contra est quòd Exod. 21, judicialia præcepta allegoricè et moraliter exponuntur.

Respondeo dicendum quòd dupliciter contingit aliquod præceptum esse figurale : uno modo primò et per se, quia scilicet principaliter est institutum ad aliquid figurandum ; et hoc modo præcepta cæremonialia sunt figuralia ; ad hoc enim sunt instituta ut aliquid figurent pertinens ad cultum Dei, et ad mysterium Christi.

Quædam verò præcepta sunt figuralia non primò et per se, sed ex consequenti ; et hoc modo præcepta judicialia veteris legis sunt figuralia ; non enim sunt instituta ad aliquid figurandum, sed ad ordinandum statum illius populi secundùm justitiam, et æquitatem ; sed ex consequenti aliquid figurabant, in quantum scilicet totus status illius populi, qui per hujusmodi præcepta disponebatur, figuralis erat, secundùm illud 1 ad Cor. 10, 11 : *Omnia in figurâ contingebant illis.*

Ad primum ergo dicendum quòd præcepta cæremonialia alio modo sunt figuralia quàm judicialia, ut dictum est in corp. art.

Ad secundum dicendum quòd populus Judæorum ad hoc electus erat à Deo quòd ex eo Christus nasceretur ; et ideò oportuit totum illius populi statum esse propheticum et figuralem, et Augustinus dicit contra Faustum, lib. 22, cap. 24, in princ. Et propter hoc etiam judicialia illi populo tradita magis sunt figuralia quàm judicialia aliis populis tradita ; sicut etiam bella et gesta illius populi exponuntur mysticè, non autem bella vel gesta Assyriorum vel Romanorum, quamvis longè clariora secundùm homines fuerint.

Ad tertium dicendum quòd ordo ad proximum in populo illo secundùm se consideratus pervius erat rationi ; sed secundùm quòd referebatur ad cultum Dei, superabat rationem ; et ex hâc parte erat figuralis.

ARTICULUS III. — *Utrùm præcepta judicialia veteris legis perpetuam obligationem habebant.* — (*Inf., quæst.* 108, *art.* 1, *corp., et art.* 2, *corp., et ad* 4, *et* 2-2, *quæst.* 62, *art.* 3, *ad* 1, *et quæst.* 81, *art.* 1, *corp., et* 4, *dist.* 15, *quæst.* 1, *art.* 5, *quæst.* 2, *ad* 5, *et quodl.* 2, *art.* 8, *et* 4, *art.* 13, *corp., et Hebr.* 7, *lect.* 2.)

Ad tertium sic proceditur. 1. Videtur quòd præcepta judicialia veteris legis perpetuam obligationem habeant. Præcepta enim judicialia pertinent ad virtutem justitiæ ; nam judicium dicitur justitiæ executio. Justitia autem est *perpetua* et *immortalis*, ut dicitur Sap. 1. Ergo obligatio præceptorum judicialium est perpetua.

2. Præterea, institutio divina est stabilior quàm institutio humana. Sed præcepta judicialia humanarum legum habent perpetuam obligationem. Ergo multò magis præcepta judicialia legis divinæ.

3. Præterea, Apostolus dicit ad Hebr. 7, 18, quòd *reprobatio fit præcedentis mandati propter infirmitatem ipsius et inutilitatem,* quod quidem verum est de mandato cæremoniali, quod *non poterat facere perfectum juxta con-*

scientiam servientem solummodò in cibis, et in potibus, et variis baptismatibus, et justitiis carnis, ut Apostolus dicit ad Hebr. 9, 9. Sed præcepta judicialia erant utilia et efficacia ad id ad quod ordinabantur, scilicet ad justitiam et æquitatem inter homines constituendam. Ergo præcepta judicialia veteris legis non reprobantur, sed adhuc efficaciam habent.

Sed contra est quod Apostolus dicit ad Hebr. 7, 13, quòd, *translato sacerdotio, necesse est ut legis translatio fiat.* Sed sacerdotium est translatum ab Aaron ad Christum. Ergo etiam et tota lex est translata. Non ergo judicialia præcepta adhuc obligationem habent.

Respondeo dicendum quòd judicialia præcepta non habuerunt perpetuam obligationem, sed sunt evacuata per adventum Christi ; aliter tamen quàm cæremonialia : nam cæremonialia adeò sunt evacuata, ut non solùm sint *mortua,* sed etiam *mortifera* observantibus post Christum, maximè post Evangelium divulgatum. Præcepta autem judicialia sunt quidem *mortua,* quia non habent vim obligandi, non tamen sunt *mortifera,* quia si quis princeps ordinaret in regno suo illa judicialia observari, non peccaret, nisi forté hoc modo observarentur, vel observari mandarentur, tanquàm habentia vim obligandi ex veteris legis institutione ; talis enim intentio observandi esset mortifera. Et hujus differentiæ ratio potest accipi ex præmissis, art. præc. Dictum est enim quòd præcepta cæremonialia sunt figuralia primò et per se, tanquàm instituta principaliter ad figuranda Christi mysteria ut futura, et ideò ipsa observatio eorum præjudicat fidei veritati, secundùm quam confitemur illa mysteria jam esse completa. Præcepta autem judicialia non sunt instituta ad figurandum, sed ad disponendum statum illius populi, qui ordinabatur ad Christum ; et ideò, mutato statu illius populi, Christo jam veniente, judicialia præcepta obligationem amiserunt ; lex enim fuit pædagogus ducens ad Christum, ut dicitur ad Gal. 3.

Quia tamen hujusmodi judicialia præcepta non ordinantur ad figurandum, sed ad aliquid f.ciendum, ipsa eorum observatio absolutè non præjudicat fidei veritati ; sed intentio observandi tanquàm ex obligatione legis præjudicat veritati fidei ; quia per hoc haberetur quòd status prioris populi adhuc duraret, et quòd Christus nondum venisset.

Ad primum ergo dicendum quòd justitia quidem perpetuò est observanda ; sed determinatio eorum quæ sunt justa, secundùm institutionem humanam, vel divinam, oportet quòd varietur secundùm diversum hominum statum.

Ad secundum dicendum quòd præcepta judicialia ab hominibus instituta habent perpetuam obligationem, manente illo statu regiminis ; sed si civitas, vel gens ad aliud regimen deveniat, oportet leges mutari ; non enim eædem leges conveniunt in democratiâ, quæ est potestas populi, et in oligarchiâ, quæ est potestas divitum, ut patet per Philosophum in suâ Politicâ, lib. 3, cap. 5, 6 et 9. Et ideò etiam mutato statu illius populi, oportuit præcepta judicialia mutari.

Ad tertium dicendum quòd illa præcepta judicialia disponebant populum ad justitiam et æquitatem, secundùm quòd conveniebat illi statui. Sed post Christum statum illius populi oportuit mutari, ut jam in Christo non esset discretio gentilis et Judæi, sicut antea erat; et propter hoc oportuit etiam præcepta judicialia mutari.

ARTICULUS IV. — *Utrùm præcepta judicialia possint habere aliquam certam divisionem.*

Ad quartum sic proceditur. 1. Videtur quòd præcepta judicialia non possint habere aliquam certam divisionem. Præcepta enim judicialia ordinant homines ad invicem. Sed ea quæ inter homines ordinari oportet, in usum eorum venientia, non cadunt sub certà distinctione, cùm sint infinita. Ergo præcepta judicialia non possunt habere certam distinctionem.

2. Præterea, præcepta judicialia sunt determinationes moralium. Sed moralia præcepta non videntur habere aliquam distinctionem, nisi secundùm quòd reducuntur ad præcepta decalogi. Ergo præcepta judicialia non habent aliquam certam distinctionem.

3. Præterea, præcepta cæremonialia, quia certam distinctionem habent, eorum distinctio in lege innuitur, dùm quædam vocantur *sacrificia*, quædam *observantiæ*. Sed nulla distinctio innuitur in lege præceptorum judicialium. Ergo videtur quòd non habeant certam distinctionem.

Sed contra, ubi est ordo, oportet quòd sit distinctio. Sed ratio ordinis maximè pertinet ad præcepta judicialia, per quæ populus ille ordinabatur. Ergo maximè debent habere distinctionem certam.

Respondeo dicendum quòd cùm lex sit quasi quædam ars humanæ vitæ instituendæ vel ordinandæ, sicut in unaquâque arte est certa distinctio regularum artis, ita oportet in quàlibet lege esse certam distinctionem præceptorum; aliter enim ipsa confusio utilitatem legis auferret.

Et ideò dicendum est quòd præcepta judicialia veteris legis, per quæ homines ad invicem ordinabantur, distinctionem habent secundùm distinctionem ordinationis humanæ. Quadruplex autem ordo in aliquo populo inveniri potest: unus quidem principum populi ad subditos; alius autem subditorum ad invicem; tertius autem eorum, qui sunt de populo, ad extraneos; quartus autem ad domesticos, sicut patris ad filium, uxoris ad virum, et domini ad servum; et secundùm istos quatuor ordines distingui possunt præcepta judicialia veteris legis.

Dantur autem quædam præcepta de institutione principum et officio eorum, et de reverentià eis exhibendà; et hæc est una pars judicialium præceptorum. Dantur etiam quædam præcepta pertinentia ad concives ad invicem, putà circa emptiones, et venditiones, et judicia, et pœnas; et hæc est secunda pars judicialium præceptorum. Dantur etiam quædam præcepta pertinentia ad extraneos, putà de bellis contra hostes, et de susceptione peregrinorum et advenarum; et hæc est tertia pars judicialium præceptorum. Dantur etiam in lege quædam præcepta pertinentia ad domesticam conversationem, sicut de servis, et uxoribus, et filiis; et hæc est quarta pars judicialium præceptorum.

Ad primum ergo dicendum quòd ea quæ pertinent ad ordinationem hominum ad invicem, sunt quidem numero infinita, sed tamen reduci possunt ad aliqua certa secundùm differentiam ordinationis humanæ, ut dictum est in corp. artic.

Ad secundum dicendum quòd præcepta decalogi sunt prima in genere moralium, ut supra dictum est, quæst. 100, art. 3, et ideò convenienter alia præcepta moralia secundùm ea distinguuntur. Sed præcepta judicialia et cæremonialia habent aliam rationem obligationis, non quidem ex ratione naturali, sed ex solà institutione, et ideò distinctionis eorum alia est ratio.

Ad tertium dicendum quòd ex ipsis rebus quæ per præcepta judicialia ordinantur in lege, innuit lex distinctionem judicialium præceptorum.

QUÆSTIO CV

DE RATIONE JUDICIALIUM PRÆCEPTORUM. — (*In quatuor articulos divisa.*)

Deinde considerandum est de ratione judicialium præceptorum; et circa hoc quæruntur quatuor: 1° de ratione præceptorum judicialium quæ pertinent ad principes; 2° de his quæ pertinent ad convictum hominum ad invicem; 3° de his quæ pertinent ad extraneos; 4° de his quæ pertinent ad domesticam conversationem.

ARTICULUS PRIMUS. — *Utrùm convenienter lex vetus de principibus ordinaverit.*

Ad primum sic proceditur. 1. Videtur quòd inconvenienter lex vetus de principibus ordinaverit. Quia, ut Philosophus dicit in 3 Polit., cap. 4, circa princ., *ordinatio populi præcipuè dependet ex maximo principatu.* Sed in lege non invenitur, qualiter debeat institui supremus princeps; invenitur autem de inferioribus principibus; primò quidem Exod. 18, 21: *Provide de omni plebe viros sapientes* (1), etc., et Num. 11, 16: *Congrega mihi septuaginta viros de senioribus* (2) *Israel*; et Deut. 1, 13: *Date ex vobis viros sapientes et gnaros*, etc. Ergo insufficienter lex vetus principes populis ordinavit.

2. Præterea, *optimi est optima adducere*, ut Plato dicit in Timæo, aliquant. à princ. Sed optima ordinatio civitatis vel populi cujuscumque est ut gubernetur per regem; quia hujusmodi regnum maximè repræsentat divinum regimen quo unus Deus mundum gubernat à principio. Igitur lex debuit regem populo instituere, et non permittere hoc eorum arbitrio, sicut permittitur Deut. 17, 14: *Cùm dixeris: Constituam super me regem.... eum constitues*, etc.

3. Præterea, sicut dicitur Matth. 12, 25: *Omne regnum in seipsum divisum* (3) *desolabitur*: quod etiam experimento patuit in po-

(1) Vulgata, *potentes.*
(2) Ibid., *de senibus.*
(3) Ibid., *divisum contra se.*

pulo Judæorum, in quo fuit divisio regni destructionis causa. Sed lex præcipuè debet intendere ea quæ pertinent ad communem salutem populi. Ergo debuit in lege prohiberi divisio regni in duos reges; nec etiam debuit hoc auctoritate divinâ introduci, sicut legitur introductum auctoritate Domini per Ahiam Silonitem prophetam, 3 Reg. 11.

4. Præterea, sicut sacerdotes instituuntur ad utilitatem populi in his quæ ad Deum pertinent, ut patet Hebr. 5, ita principes etiam instituuntur ad utilitatem populi in rebus humanis. Sed sacerdotibus et Levitis, qui sunt in lege, deputatur aliqua ex quibus vivere debeant, sicut decimæ, et primitiæ, et multa alia hujusmodi. Ergo similiter principibus populi debuerunt aliqua ordinari, unde sustentarentur; et præcipuè cùm inhibita sit eis munerum acceptio, ut patet Exod. 23, 8 : *Non accipietis munera, quæ excæcant etiam prudentes, et subvertunt verba justorum.*

5. Præterea, sicut regnum est optimum regimen, ita tyrannis est pessima corruptio regiminis. Sed Dominus regem instituendo, instituit jus tyrannicum; dicitur enim 1 Reg. 8, 2 : *Hoc erit jus regis qui imperaturus est vobis : filios vestros tollet,* etc. Ergo inconvenienter fuit provisum per legem circa principum ordinationem.

Sed contra est quòd populus Israel de pulchritudine ordinationis commendatur Numer. 24, 5 : *Quàm pulchra sunt tabernacula tua, Jacob, et tentoria tua, Israel!* Sed pulchritudo ordinationis populi dependet ex principibus benè institutis. Ergo per legem populus fuit circa principes benè institutus.

Respondeo dicendum quòd circa bonam ordinationem principum in aliquâ civitate vel gente duo sunt attendenda : quorum unum est ut omnes aliquam partem habeant in principatu; per hoc enim conservatur pax populi, et omnes talem ordinationem amant, et custodiunt, ut dicitur in 2 Polit., cap. 1. Aliud est quod attenditur secundùm speciem regiminis vel ordinationis principatuum; cujus cùm sint diversæ species, ut Philosophus tradit in 3 Polit., cap. 5, præcipuæ tamen sunt *regnum,* in quo unus (1) principatur secundùm virtutem; et *aristocratia,* id est, potestas optimatum, in quâ aliqui pauci principantur secundùm virtutem. Unde optima ordinatio principum est in aliquâ civitate, vel regno, in quo unus præficitur secundùm virtutem, qui omnibus præsit; et sub ipso sunt aliqui principantes secundùm virtutem; et tamen talis principatus ad omnes pertinet, tum quia ex omnibus eligi possunt, tum quia etiam ab omnibus eliguntur. Talis verò est omnis politia (2) benè commixta ex *regno,* in quantum unus præest, ex *aristocratiâ,* in quantum multi principantur secundùm virtutem, et ex *democratiâ,* id est, potestate populi, in quan-

tum ex popularibus possunt eligi principes, et ad populum pertinet electio principum. Et hoc fuit institutum secundùm legem divinam. nam Moyses et ejus successores gubernabant populum, quasi singulariter omnibus principantes, quod est quædam species *regni.* Eligebantur autem septuaginta duo seniores secundùm virtutem; dicitur enim Deut. 1,15 : *Tuli de vestris tribubus viros sapientes et nobiles, et constitui eos principes ;* et hoc erat aristocraticum. Sed *democraticum* erat quòd isti de omni populo eligebantur : dicitur enim Exod. 18, 21 : *Provide de omni plebe viros sapientes,* etc., et etiam quòd populus eos eligebat; unde dicitur Deuter. 1, 13 : *Date ex vobis viros sapientes,* etc. Unde patet quòd optima fuit ordinatio principum quam lex instituit.

Ad primum ergo dicendum quòd populus ille sub speciali curâ Dei regebatur; unde dicitur Deuter. 7, 9 : *Te elegit Dominus Deus tuus, ut sis ei populus peculiaris.* Et ideò institutionem summi principis Dominus sibi reservavit, et hoc est quod Moyses petiit Num. 27, 16 : *Provideat Dominus Deus spirituum omnis carnis hominem qui sit super multitudinem hanc;* et sic ex Dei ordinatione institutus est Josue in principatu post Moysen; et de singulis judicibus qui post Josue fuerunt, legitur quòd Deus *suscitavit populo salvatorem;* et quòd *spiritus Domini fuit in eis,* ut patet Judic. 2 et 3. Et ideò etiam electionem regis non commisit Dominus populo, sed sibi reservavit, ut patet Deut. 17, 15 : *Eum constitues regem quem Dominus Deus tuus elegerit.*

Ad secundum dicendum quòd regnum est optimum regimen populi, si non corrumpatur. Sed propter magnam potestatem, quæ regi conceditur, de facili regnum degenerat in tyrannidem, nisi sit perfecta virtus ejus cui talis potestas conceditur : quia *non est nisi virtuosi benè ferre bonas fortunas,* ut Philosophus dicit in 10 Ethic., cap. 8. Perfecta autem virtus in paucis invenitur; et præcipuè Judæi crudeles erant, et ad avaritiam proni; per quæ vitia maximè homines in tyrannidem decidunt. Et ideò Dominus à principio eis regem non instituit cum plenâ potestate, sed judicem et gubernatorem in eorum custodiam; sed postea regem ad petitionem populi quasi indignatus concessit, ut patet per hoc quod dixit ad Samuel 1 Reg. 8, 7 : *Non te abjecerunt, sed me, ne regnem super eos.* Instituit tamen à principio circa regem instituendum, primò quidem modum eligendi, in quo duo determinavit, ut scilicet in ejus electione expectarent judicium Domini, et ut non facerent regem alterius gentis; quia tales reges solent parùm affici ad gentem cui præficiuntur, et per consequens non curare de eâ. Secundò ordinavit circa reges institutos, qualiter deberent se habere quantùm ad seipsos, ut scilicet non multiplicarent currus, et equos, neque uxores, neque etiam immensas divitias, quia ex cupiditate horum principes ad tyrannidem declinant, et justitiam derelinquunt. Instituit etiam qualiter se deberent habere ad Deum, ut scilicet semper legerent, et cogitarent de lege Dei, et semper

---

(1) Ita codd. Camer. et Alcan. quos sequuntur Nicolaius et edit. Patav. Edit. Rom. : *Præcipuè tamen est unum regimen, in quo unus,* etc.

(2) Ita edit. Patav. an. 1712. Nicolaius cum cod. Tarrac. : *Talis est enim omnis politia.* Edit. Rom. cum cod. Camerac. : *Talis est enim (Garcia verò) optima politia.* Cod. Alcan., *politica.*

essent in Dei timore et obedientiâ. Instituit etiam qualiter se haberent ad subditos suos, ut scilicet non superbè eos contemnerent, aut opprimerent, neque etiam à justitiâ declinarent.

Ad tertium dicendum quòd divisio regni et multitudo regum magis est populo illi data in pœnam pro multis dissensionibus eorum, quas maximè contra regem David justum moverant, quàm ad eorum profectum. Unde dicitur Oseæ 13, 11 : *Dabo tibi regem in furore meo ;* et Oseæ 8, 4 : *Ipsi regnaverunt, et non ex me ; principes extiterunt, et non cognovi.*

Ad quartum dicendum quòd sacerdotes per successionem originis sacris deputabantur ; et hoc ideò, ut in majori reverentiâ haberentur, si non quilibet ex populo posset sacerdos fieri, quorum honor cedebat in reverentiam divini cultûs. Et ideò oportuit ut eis specialia quædam deputarentur tam in decimis, quàm in primitiis, quàm etiam in oblationibus et sacrificiis, ex quibus viverent. Sed principes, sicut dictum est in corp. art., assumebantur ex toto populo ; et ideò habebant certas possessiones proprias, ex quibus vivere poterant ; et præcipuè cùm Dominus prohiberet etiam in lege ne superabundarent divitiis, aut magnifico apparatu ; tum quia non erat facile quin ex his in superbiam et tyrannidem erigerentur ; tum etiam quia si principes non erant multùm divites, et erat laboriosus principatus, et sollicitudine plenus ; non multùm affectabatur à popularibus ; et sic tollebatur seditionis materia.

Ad quintum dicendum quòd illud jus non debebatur regi ex institutione divinâ, sed magis prænuntiabatur usurpatio regum, qui sibi jus iniquum constituunt, in tyrannidem degenerantes, et subditos deprædantes, et hoc patet per hoc quod in fine subdit : *Vosque eritis ei servi ;* quod propriè pertinet ad tyrannidem ; quia tyranni suis subditis principantur ut servis ; unde hoc dicebat Samuel ad terrendum eos, ne regem peterent ; sequitur enim : *Noluit autem audire populus vocem Samuelis.* Potest tamen contingere quòd bonus rex absque tyrannide filios tollat, et constituat tribunos, et centuriones, et multa accipiat à subditis suis propter commune bonum procurandum.

ARTICULUS II. — *Utrùm convenienter fuerint tradita præcepta judicialia quantùm ad popularium convictum.*

Ad secundum sic proceditur. 1. Videtur quòd inconvenienter fuerint tradita præcepta judicialia quantùm ad popularium convictum. Non enim possunt homines pacificè vivere ad invicem, si unus accipiat ea quæ sunt alterius. Sed hoc videtur esse inductum in lege ; dicitur enim, Deut. 23, 24 : *Ingressus vineam proximi tui, comede uvas quantùm tibi placuerit.* Ergo lex vetus non convenienter providebat hominum paci.

2. Præterea, ex hoc maximè multæ civitates, et regna destruuntur, quòd possessiones ad mulieres perveniunt, ut Philosophus dicit in 2 Polit., cap. 7, ante med. Sed hoc

fuit introductum in veteri lege ; dicitur enim Num. 27, 8 : *Homo cùm mortuus fuerit absque filio, ad filiam ejus transibit hæreditas.* Ergo non convenienter providit lex saluti populi.

3. Præterea, societas hominum maximè conservatur per hoc quòd homines emendo et vendendo sibi invicem res suas communicant, quibus indigent, ut dicitur in 1 Polit., cap. 5 et 7. Sed lex vetus abstulit virtutem venditionis ; mandavit enim quòd possessio vendita reverteretur ad venditorem in quinquagesimo anno Jubilæi, ut patet Levit. 25. Inconvenienter igitur lex populum illum circa hoc instituit.

4. Præterea, necessitatibus hominum maximè expedit ut homines sint prompti ad mutuum concedendum ; quæ quidem promptitudo tollitur per hoc quòd creditores accepta non reddunt ; unde dicitur Eccli. 29, 10 : *Multi non causâ nequitiæ non fœnerati sunt, sed fraudari gratis timuerunt.* Hoc autem induxit lex primò quidem quia mandavit Deut. 15, 2 : *Cui debetur aliquid ab amico, vel proximo, ac fratre suo, repetere non poterit, quia annus remissionis est Domini ;* et Exod. 22, 10, dicitur quòd *si præsente domino, animal mutuatum mortuum fuerit, reddere non tenetur.* Secundò quia aufertur ei securitas quæ habetur per pignus, dicitur enim Deut. 24, 10 : *Cùm repetes à proximo tuo rem aliquam quam debet tibi, non ingredieris domum ejus ut pignus auferas ;* et iterùm 12 : *Non pernoctabit apud te pignus, sed statim reddes ei.* Ergo insufficienter fuit ordinatum in lege de mutuis.

5. Præterea, ex defraudatione depositi maximum periculum imminet ; et ideò est maxima cautela adhibenda ; unde etiam dicitur 2 Machab. 3, 15, quòd *sacerdotes invocabant eum de cœlo qui de depositis legem posuit, ut his qui deposuerant ea, salva custodiret.* Sed in præceptis veteris legis parva cautela circa deposita adhibetur ; dicitur enim Exod. 22, quòd in amissione depositi statur juramento ejus apud quem fuit depositum. Ergo non fuit circa hoc legis ordinatio conveniens.

6. Præterea, sicut aliquis mercenarius locat operas suas, ita etiam aliqui locant domum, vel quæcumque alia hujusmodi. Sed non est necessarium ut statim pretium locatæ domûs conductor exhibeat. Ergo etiam nimis durum fuit quod præcipitur Levit. 19, 13 : *Non morabitur opus mercenarii tui apud te usque mane.*

7. Præterea, cùm frequenter immineat judiciorum necessitas, facilis debet esse accessus ad judicem. Inconvenienter igitur statuit lex Deut. 17, ut irent ad unum locum expetituri judicium de suis dubiis.

8. Præterea, possibile est non solùm duos, sed etiam tres, vel plures concordare ad mentiendum. Inconvenienter igitur dicitur Deuteron. 19, 15 : *In ore duorum vel trium testium stabit omne verbum.*

9. Præterea, pœna debet taxari secundùm quantitatem culpæ ; unde dicitur etiam Deut. 25, 2 : *Pro mensurâ peccati erit et plagarum modus.* Sed quibusdam æqualibus culpis lex statuit inæquales pœnas ; dicitur enim Exod.

22, 1, quòd *restituet fur quinque boves pro uno bove, et quatuor oves pro und ove.* Quædam etiam non multùm gravia peccata gravi pœnâ puniuntur, sicut Numer. 15, lapidatus est qui collegerat ligna in sabbato; filius etiam protervus propter parva delicta, quia scilicet *comessationibus vacabat, et conviviis,* mandatur lapidari Deut. 21. Igitur inconvenienter in lege sunt institutæ pœnæ.

10. Præterea, sicut Augustinus dicit 21 de Civit. Dei, cap. 11, circa princ., *octo genera pœnarum in legibus esse scribit Tullius, damnum, vincula, verbera, talionem, ignominiam, exilium, mortem, servitutem.* Ex quibus aliqua sunt in lege statuta. *Damnum* quidem, sicut cùm fur condemnabatur ad quintuplum, vel quadruplum; *vincula* verò, sicut Num. 15 mandatur de quodam, quòd in carcerem includatur; *verbera* verò, sicut Deut. 25, 2: *Si eum qui peccavit, dignum viderint plagis, prosternent, et coram se facient verberari;* ignominiam etiam inferebat illi qui nolebat accipere uxorem fratris sui defuncti, quæ tollebat calceamentum illius, et spuebat in faciem illius; *mortem* etiam inferebat, ut patet etiam Levit. 20, 9: *Qui maledixerit patri suo, aut matri, morte moriatur:* pœnam etiam *talionis* lex induxit, dicens Exod. 21, 24: *Oculum pro oculo, dentem pro dente.* Inconveniens igitur videtur quòd alias duas pœnas, scilicet *exilium et servitutem,* lex vetus non inflixit.

11. Præterea, pœna non debetur nisi culpæ. Sed bruta animalia non possunt habere culpam. Ergo inconvenienter eis infligitur pœna Exod. 21, 29: *Bos lapidibus obruetur, qui occiderit virum, aut mulierem;* et Levit. 20, 16, dicitur: *Mulier quæ succubuerit cuilibet jumento, simul interficiatur cum eo.* Sic igitur videtur quòd inconvenienter quæ pertinent ad convictum hominum ad invicem, fuerint in lege veteri ordinata.

12. Præterea, Dominus mandavit, Exod. 21, quòd homicidium morte hominis puniretur. Sed mors bruti animalis multò minùs reputatur quàm occisio hominis. Ergo non potest sufficienter recompensari pœna homicidii per occisionem bruti animalis. Inconvenienter igitur mandatur Deut. 21, 1, quòd *quando inventum fuerit cadaver occisi hominis, et ignorabitur cædis reus, seniores propinquioris civitatis tollant vitulam de armento quæ non traxit jugum, nec terram scidit vomere, et ducent eam ad vallem asperam, atque saxosam, quæ nunquàm arata est, nec sementem recepit; et cædent in eâ cervices vitulæ.*

Sed contra est quod pro speciali beneficio commemoratur in Psal. 147, 20: *Non fecit taliter omni nationi, et judicia sua non manifestavit eis.*

Respondeo dicendum quòd, sicut Augustinus in 2 de Civ. Dei, cap. 21, circa med., introducit à Tullio dictum, *populus est cœtus multitudinis, juris consensu, et utilitatis communione sociatus.* Unde ad rationem populi pertinet ut communicatio hominum ad invicem justis præceptis legis ordinetur. Est autem duplex communicatio hominum ad invicem; una quidem quæ sit auctoritate princi-

pum; alia autem quæ sit propriâ voluntate privatarum personarum. Et quia voluntate uniuscujusque disponi potest quod ejus subditur potestati, ideò auctoritate principum, quibus subjecti sunt homines, oportet quòd judicia inter homines exerceantur, et pœnæ malefactoribus inferantur. Potestati verò privatarum personarum subduntur res possessæ: et ideò propriâ auctoritate in his possunt sibi invicem communicare, putà emendo, vendendo, donando, et aliis hujusmodi modis. Circa utramque autem communicationem lex sufficienter ordinavit. Statuit enim judices, ut patet Deut. 16, 18: *Judices et magistros constitues in omnibus portis ejus, ut judicent populum justo judicio.* Instituit etiam justum judicii ordinem: unde dicitur Deut. 1, 16: *Quod justum est judicate; sive civis ille sit, sive peregrinus, nulla erit personarum distinctio.* Sustulit etiam occasionem injusti judicii, acceptationem munerum judicibus prohibendo, ut patet Exod. 23, et Deut. 16. Instituit etiam numerum testium duorum vel trium, ut patet Deut. 17 et 19. Instituit etiam certas pœnas pro diversis delictis ut post dicetur, in resp. ad 10.

Sed circa res possessas optimum est, sicut dicit Philosophus in 2 Polit., cap. 3, quòd possessiones sint distinctæ, et usus sit partim communis, partim autem per voluntatem possessorum communicetur.

Et hæc tria fuerunt in lege statuta: primo enim ipsæ possessiones divisæ erant in singulos; dicitur enim Num. 33, 52: *Ego dedi vobis terram in possessionem, quam sorte dividetis vobis.* Et quia per possessionum irregularitatem plures civitates destruuntur, ut Philosophus dicit in 2 Polit., cap. 5 et 7, ideò circa possessiones regulandas triplex remedium lex adhibuit: unum quidem, ut secundùm numerum hominum æqualiter dividerentur; unde dicitur Num. 33, 54: *Pluribus dabitis latiorem, et paucioribus angustiorem.* Aliud remedium est ut possessiones non in perpetuum alienentur, sed certo tempore ad suos possessores revertantur, ut non confundantur sortes possessionum. Tertium remedium est ad hujusmodi confusionem tollendam, ut proximi succedant morientibus, primo quidem gradu filius, secundo autem filia, tertio fratres, quarto patrui, quinto quicumque propinqui. Et ad distinctionem sortium conservandam ulteriùs lex statuit ut mulieres quæ sunt hæredes, nuberent suæ tribus hominibus, ut habetur Num. 36.

Secundò verò instituit lex ut quantùm ad aliqua usus rerum esset communis; et primò (1) quantùm ad curam; præceptum est enim Deut. 22, 1: *Non videbis bovem et ovem fratris tui errantem, et præteribis; sed reduces fratri tuo;* et similiter de aliis; secundò quantùm ad fructum; concedebatur enim communiter quantùm ad omnes, ut ingressus

---

(1) Ita Garcia ex cod. Tarrac. et Conrado, quem sequuntur editi passim. In edit. Rom. deest *primò.* Cod. Alcan., *esset communis priæ;* quod legendum putat Madalena *propriè* vel *patriæ.* An pro *primò* errante manu scriptum est?

in vineam amici licitè comedere posset, dùm tamen extra non deferret; quantùm ad pauperes verò specialiter, ut eis relinquerentur manipuli obliti, et fructus, et racemi remanentes, ut habetur Lev. 19, et Deut. 24, et etiam communicabantur ea quæ nascebantur in septimo anno, ut habetur Exod. 23, et Lev. 25.

Tertiò verò statuit lex communicationem factam per eos qui sunt rerum domini : unam pũrè gratuitam; unde dicitur Deut. 14, 28 : *Anno tertio separabis aliam decimam; venientque Levites, et peregrinus, et pupillus, et vidua, et comedent, et saturabuntur;* aliam verò cum recompensatione utilitatis, sicut per venditionem, et emptionem, et locationem, et conductionem, et per mutuum, et iterùm per repositum; de quibus omnibus inveniuntur ordinationes certæ in lege. Unde patet quòd lex vetus sufficienter ordinavit convictum illius populi.

Ad primum ergo dicendum quòd, sicut Apostolus dicit, Rom. 13, 8, *qui diligit proximum, legem implevit,* quia scilicet omnia præcepta legis, præcipuè ordinata ad proximum, ad hunc finem ordinari videntur ut homines se invicem diligant. Ex dilectione autem procedit quòd homines sibi invicem bona communicent, quia dicitur 1 Joan. 3, 17 : *Qui viderit fratrem suum necessitatem patientem, et clauserit viscera sua ab eo, quomodò charitas Dei manet in illo?* Et ideò intendebat lex homines assuefacere ut facilè sibi invicem bona sua communicarent, sicut et Apostolus 1 ad Tim. 6, 18, divitibus mandat *facilè tribuere et communicare.* Non autem facilè communicativus est qui non sustinet quòd proximus aliquid modicum de suo accipiat absque magno sui detrimento. Et ideò lex ordinavit ut liceret intrantem in vineam proximi racemos ibi comedere, non autem extra deferre, ne ex hoc daretur occasio gravis damni inferendi, ex quo pax perturbaretur; quæ inter disciplinatos non perturbatur ex modicorum acceptione, sed magis amicitia confirmatur, et assuefiunt homines ad aliquid facilè communicandum.

Ad secundum dicendum quòd lex non statuit quòd mulieres succederent in bonis paternis, nisi ex defectu filiorum masculorum. Tunc autem necessarium erat ut successio mulieribus concederetur in consolationem patris, cui grave fuisset si ejus hæreditas omninò ad extraneos transiret. Adhibuit tamen circa hoc lex cautela debitam, præcipiens ut mulieres succedentes in hæreditate paternâ nuberent suæ tribûs hominibus, ad hoc quòd sortes tribuum non confunderentur, ut habetur Num. ult.

Ad tertium dicendum quòd, sicut Philosophus dicit in 2 Polit., cap. 5, *regulatio possessionum multum confert ad conservationem civitatis vel gentis.* Unde, sicut ipse dicit ibid., apud quasdam gentilium civitates statutum fuit ut nullus possessionem vendere posset nisi prõ manifesto detrimento. Si enim passim possessiones vendantur, potest contingere quòd omnes possessiones ad paucos deveniant; et ita necesse erit civitatem vel re-

gionem habitatoribus evacuari. Et ideò lex vetus ad hujusmodi periculum removendum sic ordinavit quòd et necessitatibus hominum subveniretur, concedens possessionum venditionem usque ad certum tempus; et tamen periculum removit, præcipiens ut certo tempore possessio vendita ad vendentem rediret; et hoc instituit ut sortes non confunderentur, sed semper remaneret eadem distinctio determinata in tribubus. Quia verò domus urbanæ non erant sorte distinctæ, ideò concessit quòd in perpetuum vendi possent, sicut et mobilia bona. Non enim erat statutus numerus domorum civitatis, sicut erat certa mensura possessionis, ad quam non addebatur. Poterat autem aliquid addi ad numerum domorum civitatis. Domus verò quæ non erant in urbe, sed in villâ muros non habente, in perpetuum vendi non poterant, quia hujusmodi domus non construuntur nisi ad cultum et ad custodiam possessionum. Et ideò lex congruè statuit idem jus circa utrumque.

Ad quartum dicendum quòd, sicut dictum est in resp. ad 1, intentio legis erat assuefacere homines suis præceptis, ad hoc quòd sibi invicem de facili in necessitatibus subvenirent, quia hoc maximè est amicitiæ fomentum; et hanc quidem facilitatem subveniendi non solùm statuit in his quæ gratis et absolutè donantur, sed etiam in his quæ mutuò conceduntur, quia hujusmodi subventio frequentior est, et pluribus necessaria. Hujusmodi autem subventionis facilitatem multipliciter instituit : primò quidem ut faciles se præberent ad mutuum exhibendum, nec ab hoc retraherentur anno remissionis appropinquante, ut habetur Deut. 15. Secundò ne eum cui mutuum concederent, gravarent vel usuris, vel etiam aliqua pignora omninò vitæ necessaria accipiendo; et si accepta fuerint, quòd statim restituerentur. Dicitur enim Deut. 22, 19 : *Non fæneraberis fratri tuo ad usuram;* et 24, 6 : *Non accipies loco pignoris inferiorem, et superiorem molam, quia animam suam apposuit tibi;* et Exod. 22, 26, dicitur : *Si pignus à proximo tuo acceperis vestimentum, ante solis occasum reddes ei.* Tertiò ut non importunè exigerent; unde dicitur Exod. 22, 25 : *Si pecuniam mutuam dederis populo meo pauperi, qui habitat tecum, non urgebis eum quasi exactor;* et propter hoc etiam mandatur Deuter. 24, 13 : *Cùm repetes à proximo tuo rem aliquam, quam debet tibi, non ingredieris in domum ejus, ut pignus auferas; sed stabis foris, et ille tibi proferet quod habuerit;* tum quia domus est tutissimum uniuscujusque receptaculum, unde molestum homini est ut in domo suâ invadatur; tum etiam quia non concedit creditori ut accipiat pignus quod voluerit, sed magis debitori ut det quo minùs indiguerit. Quartò instituit quòd in septimo anno debita penitùs remitterentur. Probabile enim erat ut illi qui commodè reddere possent, ante septimum annum redderent, et gratis mutuantem non defraudarent. Si autem omninò impotentes essent, eâdem ratione eis erat debitum remittendum eâ dilectione quâ etiam erat eis de novo dandum propter indigentiam. Circa animalia verò mutuata hæc lex statuit ut propter negligentiam ejus cui mutuata sunt, si in ipsius absentiâ moriantur; vel debilitentur, reddere ea compellatur. Si verò, eo præsente, et diligenter custodiente, mortua fuerint, vel debilitata, non cogebatur restituere; et maximè si erant mercede conducta; quia ita etiam potuissent mori, et debilitari apud mutuantem; et ita si conservationem animalis consequeretur, jam aliquod lucrum reportaret ex mutuo, et non esset gratuitum mutuum. Et maximè hoc observandum erat, quando animalia erant mercede conducta, quia tunc habebat certum pretium pro usu animalium; unde nihil accrescere debebat per restitutionem animalium, nisi propter negligentiam custodientis. Si autem non essent mercede conducta, potuisset habere aliquam æquitatem ut saltem tantùm restitueret, quantùm usus animalis mortui vel debilitati conduci potuisset.

Ad quintum dicendum quòd hæc differentia est inter mutuum et depositum, quia mutuum traditur in utilitatem ejus cui traditur, sed depositum traditur in utilitatem deponentis; et ideò magis arctabatur aliquis in aliquibus casibus ad restituendum mutuum, quàm ad restituendum depositum. Depositum enim perdi poterat dupliciter : uno modo ex causâ inevitabili vel naturali, putà si esset mortuum vel debilitatum animal depositum; vel extrinsecâ, putà si esset captum ab hostibus, vel si esset comestum à bestiâ; in quo tamen casu tenebatur deferre ad dominum animalis id quod de animali occiso supererat; in aliis autem supra dictis casibus nihil reddere tenebatur, sed solùm ad expurgandam suspicionem fraudis tenebatur juramentum præstare. Alio modo poterat perdi ex causâ evitabili, putà per furtum, et tunc propter negligentiam custodis reddere tenebatur. Sed, sicut dictum est in resp. ad 4, ille qui mutuo accipiebat animal, tenebatur reddere, etiamsi debilitatum aut mortuum fuisset in ejus absentiâ : de minori enim negligentiâ tenebatur quàm depositarius, qui non tenebatur nisi de furto.

Ad sextum dicendum quòd mercenarii, qui locant operas suas, pauperes sunt, de laboribus suis victum quærentes quotidianum; et ideò lex providè ordinavit ut statim eis merces solveretur, ne victus eis deficeret. Sed illi qui locant alias res, divites esse consueverunt, nec ita indigent locationis pretio ad suum victum quotidianum; et ideò non est eadem ratio in utroque.

Ad septimum dicendum quòd judices ad hoc inter homines constituuntur ut determinent quod ambiguum inter homines circa justitiam esse pótest. Dupliciter autem aliquid potest esse ambiguum : uno modo apud simplices; et ad hoc dubium tollendum mandatur Deut. 16, 18, *ut judices et magistri constituerentur per singulas tribus, ut judicarent populum justo judicio.* Alio modo contingit aliquid esse dubium etiam apud peritos; ideò ad hoc dubium tollendum constituit lex ut omnes recurrerent ad locum principalem à Deo electum, in quo et summus sacerdos esset, qui

determinaret dubia circa cæremonias divini cultûs, et summus judex populi, qui determinaret quæ pertinent ad judicia hominum; sicut etiam nunc per appellationem, vel per consultationem causæ ab inferioribus judicibus ad superiores deferuntur. Unde dicitur Deut. 17, 8 : *Si difficile et ambiguum apud te judicium prospexeris, et judicum extra portas tuas videris verba variari, ascende ad locum, quem elegerit Dominus, veniesque ad sacerdotes Levitici generis, et ad judicem qui fuerit illo tempore.* Hujusmodi autem ambigua judicia non frequenter emergebant; unde ex hoc populus non gravabatur.

Ad octavum dicendum quòd in negotiis humanis non potest haberi demonstrativa probatio et infallibilis; sed sufficit aliqua conjecturalis probabilitas, secundùm quam rhetor persuadet. Et ideò, licèt sit possibile duos aut tres testes in mendacium convenire, non tamen est facile nec probabile quòd conveniant; et ideò accipitur eorum testimonium tanquàm verum, et præcipuè si in suo testimonio non vacillent, vel aliàs suspecti non fuerint. Et ad hoc etiam quòd non de facili à veritate testes declinarent, instituit lex ut testes diligentissimè examinarentur, et graviter punirentur qui invenirentur mendaces, ut habetur Deuter. 19. Fuit autem aliqua ratio hujusmodi numeri determinandi ad significandum infallibilem veritatem personarum divinarum; quæ quandoque numerantur duæ, quia Spiritus sanctus est nexus duorum, quandoque exprimuntur tres, ut Augustinus dicit super illud Joan. 8, 17 : *In lege vestrâ scriptum est quia duorum hominum testimonium verum est,* tract. 36 in Joan., ad fin.

Ad nonum dicendum quòd non solùm propter gravitatem culpæ, sed etiam propter alias causas gravis pœna infligitur : primò quidem propter quantitatem peccati, quia majori peccato, cæteris paribus, pœna gravior debetur; secundò propter peccati consuetudinem, quia à peccatis consuetis non facilè homines abstrahuntur nisi per graves pœnas; tertiò propter multam concupiscentiam vel delectationem in peccato; ab his enim non de facili homines abstrahuntur nisi propter graves pœnas; quartò propter facilitatem committendi peccatum, et jacendi in ipso; hujusmodi enim peccata, quando manifestantur, sunt magis punienda ad aliorum terrorem. Circa ipsam etiam quantitatem peccati quadruplex gradus est attendendus etiam circa unum et idem factum : quorum primus est, quando involuntarius peccatum committit; tunc enim, si omninò est involuntarius, totaliter excusatur à pœnâ; dicitur enim Deut. 22, 16, quòd *puella quæ opprimitur in agro, non est rea mortis; quia clamavit, et nullus adfuit qui liberaret eam.* Si verò aliquo modo fuerit voluntarius, sed tamen ex infirmitate peccat, putà cùm quis peccat ex passione, minuitur peccatum; et tunc pœna secundùm veritatem judicii diminui debet; nisi fortè propter communem utilitatem pœna aggravetur ad abstrahendum homines ab hujusmodi peccatis, sicut dictum est hìc, sup. Secundus gradus est, quando quis per ignorantiam peccavit;

et tunc aliquo modo reus reputabatur propter negligentiam addiscendi ; sed tamen non puniebatur per judices, sed expiabat peccatum suum per sacrificia ; unde dicitur Levit. 4, 27 : *Anima quæ peccaverit per ignorantiam...*, *offeret capram immaculatam.* Sed hoc intelligendum est de ignorantiâ facti, non autem de ignorantiâ præcepti divini, quod omnes scire tenebantur. Tertius gradus est, quando aliquis ex superbiâ peccabat, id est, ex certâ electione vel ex certâ malitiâ ; et tunc puniebatur secundùm quantitatem delicti. Quartus autem gradus est, quando peccabat per proterviam et pertinaciam ; et tunc quasi rebellis et destructor ordinationis legis omninò occidendus erat. Et secundùm hoc dicendum est quòd in pœnâ furti considerabatur secundùm legem id quod frequenter accidere poterat ; et ideò pro furto aliarum rerum quæ de facili custodiri possunt à furibus, non reddebat fur nisi duplum. Oves autem non de facili possunt custodiri à furto, quia pascuntur in agris ; et ideò frequentiùs contingebat quòd oves furto subtraherentur ; unde lex majorem pœnam apposuit, ut scilicet quatuor oves pro unâ ove redderentur. Adhuc autem boves difficiliùs custodiuntur, quia habentur in agris, et non ita pascuntur gregat¹m, sicut oves ; et ideò adhuc hìc majorem pœnam apposuit, ut scilicet quinque boves pro uno bove redderentur ; et hoc dico, nisi fortè idem animal inventum fuerit vivens apud eum, quia tunc solùm duplum restituebat, sicut et in cæteris furtis : poterat enim haberi præsumptio quòd cogitaret restituere, ex quo vivum servâsset. Vel potest dici, secundùm Glossam (ordin., princ. cap. 22 Exod.), quòd bos habet quinque utilitates, quia immolatur, arat, pascit carnibus, lac dat, et corium etiam diversis usibus ministrat ; et ideò pro uno bove quinque boves reddebantur. Ovis etiam habet quatuor utilitâtes, quia immolatur, pascit, lac dat, et lanam ministrat. Filius autem contumax, non quia comedebat et bibebat occidebatur, sed propter contumaciam et rebellionem, quæ semper morte puniebatur, ut dictum est hìc, sup. Ille verò qui colligebat ligna in sabbato, lapidatus fuit tanquàm legis violator, quæ sabbatum observari præcipiebat in commemorationem fidei novitatis mundi, sicut supra dictum est, qu. 100, art. 5, in corp., et ad 2, unde occisus fuit tanquàm infidelis.

Ad decimum dicendum quòd lex vetus pœnam mortis infligit in gravioribus criminibus, scilicet in his quæ contra Deum peccantur, et in homicidio, et in furto hominum, et in irreverentiâ ad parentes, et in adulterio, et in incestibus. In furto autem aliarum rerum adhibuit pœnam damni ; in percussuris autem et mutilationibus induxit pœnam talionis, et simi'iter in peccato falsi testimonii ; in aliis autem minoribus culpis induxit pœnam flagellationis vel ignominiæ. Pœnam autem servitutis induxit in duobus casibus : in uno quidem, quando septimo anno remissionis ille qui erat servus, nolebat beneficio legis uti, ut liber exiret ; unde pro pœnâ ei infligebatur ut in perpetuum servus remaneret. Secundò infligebatur furi, quando non habebat quod

posset restituere, sicut habetur Exod. 22. Pœnam autem exilii universaliter lex non statuit, quia in solo populo illo Deus colebatur, omnibus aliis populis per idololatriam corruptis ; unde si quis à populo illo universaliter exclusus esset, daretur ei occasio idololatriæ ; et ideò 1 Reg. 26, 19, dicitur quòd David dixit ad Saül : *Maledicti sunt qui ejecerunt me hodiè, ut non habitem in hæreditate Domini, dicentes : Vade, servi diis alienis.* Erat tamen aliquod particulare exilium ; dicitur enim, Deut. 19, quòd qui percusserat proximum suum nesciens, et qui nullum contra ipsum habuisse odium comprobabatur, ad unam urbium refugii confugiebat, et ibi manebat usque ad mortem summi sacerdotis ; tunc enim ei licebat ad domum suam redire, quia in universali damno populi sueverunt particulares iræ sedari ; et ita proximi defuncti non sic proni erant ad ejus occisionem.

Ad undecimum dicendum quòd animalia bruta mandabantur occidi, non propter aliquam ipsorum culpam, sed in pœnam dominorum, qui talia animalia non custodierant ab hujusmodi peccatis ; et ideò magis puniebatur dominus, si bos cornupeta fuerat ab heri et nudius tertius, in quo casu poterat occurri periculo, quàm si subitò cornupeta efficeretur.

Vel occidebantur animalia in detestationem peccati, et ne ex eorum aspectu aliquis horror hominibus incuteretur.

Ad duodecimum dicendum quòd ratio litteralis illius mandati fuit, ut rabbi Moyses dicit, lib. 3 *Dux errant.*, cap. 41, à med., quia frequenter interfector est de civitate propinquiori. Unde occisio vitulæ fiebat ad explorandum homicidium occultum. Quod quidem fiebat per tria : quorum unum est quòd seniores citati jurabant, nihil se prætermisisse in custodiâ viarum ; aliud est, quia ille cujus erat vitula, damnificabatur in occisione animalis, ut si priùs manifestaretur homicidium, animal non occideretur ; tertium est, quia locus in quo occidebatur vitula, remanebat incultus. Et ideò ad vitandum utrumque damnum homines civitatis de facili manifestarent homicidium, si scirent ; et rarò poterat esse quin aliqua verba, vel indicia super hoc facta essent. Vel hoc fiebat ad terrorem, et in detestationem homicidii. Per occisionem enim vitulæ, quæ est animal utile, et fortitudine plenum, præcipuè antequàm laboret sub jugo, significabatur quòd quicumque homicidium fecisset, quamvis esset utilis et fortis, occidendus erat, et morte crudeli, quod cervicis concisio significabat, et quòd tanquàm vilis et abjectus à consortio hominum excludendus erat, quod significabatur per hoc quòd vitula occisa in loco aspero et inculto relinquebatur in putredinem convertenda. Mysticè autem per vitulam de armento significatur caro Christi, quæ non traxit jugum, quia non fecit peccatum, nec terram scidit vomere, id est. seditionis maculam non admisit. Per hoc autem quòd in valle incultâ occidebatur, significabatur despecta mors Christi, per quam purgantur omnia peccata, et diabolus esse homicidii auctor ostenditur.

ARTICULUS III. — *Utrùm judicialia præcepta sint convenienter tradita quantùm ad extraneos.*

Ad tertium sic proceditur. 1. Videtur quòd judicialia præcepta non sint convenienter tradita quantùm ad extraneos. Dicit enim Petrus, Act. 10, 34 : *In veritate comperi quoniam non est acceptor personarum Deus ; sea in omni gente qui timet Deum, et operatur justitiam, acceptus est illi.* Sed illi qui sunt Deo accepti, non sunt ab Ecclesià Dei excludendi. Inconvenienter igitur mandatur Deuter. 23, 3; quòd *Ammonites et Moabites etiam post decimam generationem non intrabunt in Ecclesiam Domini in æternum;* è contrario autem ibidem, 7, præcipitur de quibusdam gentibus : *Non abominaberis Idumæum, quia frater tuus est; nec Ægyptium, quia advena fuisti in terrà ejus.*

2. Præterea, ea quæ non sunt in potestate nostrà, non merentur aliquam pœnam. Sed quòd homo sit eunuchus, vel ex scorto natus, non est in potestate ejus. Ergo inconvenienter mandatur Deut. 23, 2, quòd *eunuchus, et ex scorto natus non ingrediatur Ecclesiam Domini.*

3. Præterea, lex vetus misericorditer mandavit ut advenæ non affligantur; dicitur enim Exod. 22, 21 : *Advenam non contristabis, neque affliges eum; advenæ enim et ipsi fuistis in terrà Ægypti;* et 23, 9 : *Peregrino molestus non eris; scitis enim advenarum animas, quia et ipsi peregrini fuistis in terrà Ægypti.* Sed ad afflictionem alicujus pertinet quòd usuris opprimatur. Inconvenienter igitur lex permisit Deuteron 23, ut alienis ad usuram pecuniam mutuarent.

4. Præterea, multò magis appropinquant nobis homines quàm arbores. Sed his quæ sunt nobis magis propinqua, magis debemus affectum, et effectus dilectionis impendere, secundùm illud Eccli. 13. 19 : *Omne animal diligit simile sibi, sic et omnis homo proximum sibi.* Inconvenienter igitur Dominus, Deuter. 20, mandavit quòd de civitatibus hostium captis omnes interficerent, et tamen arbores fructiferas non succiderent.

5. Præterea, bonum commune secundùm virtutem est bono privato præferendum ab unoquoque. Sed in bello quod committitur contra hostes, quæritur bonum commune. Inconvenienter igitur mandatur Deut. 20, quòd imminente prælio, aliqui domum remittantur, putà qui ædificavit domum novam qui plantavit vineam, vel qui despondit uxorem.

6. Præterea, ex culpâ non debet quis commodum reportare. Sed quòd homo sit formidolosus, et corde pavidus, culpabile est; contrarium enim est virtuti fortitudinis. Inconvenienter igitur à labore prælii excusabantur formidolosi, et pavidul. cor habentes.

Sed contra est quod Sapientia divina dicit Prov. 8, 8 : *Justi sunt omnes sermones mei, non est in eis parvum quid neque perversum.*

Respondeo dicendum quòd cum extraneis potest esse hominum conversatio dupliciter : uno modo pacificè, alio modo hostiliter, et quantùm ad utrumque modum ordinandum lex convenientia præcepta continebat.

Tripliciter enim offerebatur Judæis occasio ut cum extraneis pacificè communicarent : primò quidem quando extranei per terram eorum transitum faciebant quasi peregrini. Alio modo quando in terram eorum adveniebant ad inhabitandum sicut advenæ; et quantùm ad utrumque lex misericordiæ præcepta posuit; nam Exod. 22, 21, dicitur : *Advenam non contristabis;* et 23, 9, dicitur : *Peregrino molestus non eris.* Tertiò verò, quando aliqui extranei totaliter in eorum consortium et ritum admitti volebant; et in his quidam ordo attendebatur; non enim statim recipiebantur quasi cives; sicut etiam apud quosdam gentilium statutum erat ut non reputarentur cives, nisi qui ex avo, vel atavo cives existerent, ut Philosophus dicit in 3 Polit., cap. 1, à med. Et hoc ideò, quia si statim extranei advenientes reciperentur ad tractandum ea quæ sunt populi, possent multa pericula contingere, dùm extranei non habentes adhuc amorem firmatum ad bonum publicum, aliqua contra populum attentarent. Et ideò lex statuit ut de quibusdam gentibus habentibus aliquam affinitatem ad Judæos, scilicet de Ægyptiis, apud quos nati fuerant et nutriti, et de Idumæis filiis Esaü fratris Jacob in tertià generatione reciperentur in consortium populi; quidam verò, quia hostiliter se ad eos habuerant, sicut Ammonitæ et Moabitæ, nunquàm in consortium populi admitterentur. Amalecitæ autem, qui magis eis fuerunt adversati, et cum eis nullum cognationis habebant consortium quasi hostes perpetui haberentur; dicitur enim Exod. 17, 16 : *Bellum Dei contra Amalec à generatione in generationem.*

Similiter etiam quantùm ad hostilem communicationem cum extraneis lex convenientia præcepta tradidit. Nam primò quidem instituit ut bellum justè iniretur : mandatur enim, Deut. 20, quòd cùm accederent ad expugnandam civitatem, offerrent ei primò pacem; secundò instituit ut fortiter bellum inceptum exequerentur, habentes de Deo fiduciam, et ad hoc meliùs observandum instituit quòd imminente prælio, sacerdos eos confortaret, promittendo auxilium Dei; tertiò mandavit ut impedimenta prælii removerentur, remittendo quosdam ad domum, qui possent impedimenta præstare; quartò instituit ut victorià moderatè uterentur, parcendo mulieribus et parvulis, et etiam ligna fructifera regionis non incidendo.

Ad primum ergo dicendum quòd homines nullius gentis exclusit lex à cultu Dei, et ab his quæ pertinent ad animæ salutem; dicitur enim Exod. 12, 48 : *Si quis peregrinorum in vestram voluerit transire coloniam, et facere Phase Domini, circumcidetur priùs omne masculinum ejus; et tunc rite celebrabit, eritque sicut indigena terræ.* Sed in temporalibus quantum ad ea quæ pertinebant ad communitatem populi, non statim quilibet admittebatur, ratione supra dictà, in corp. art., sed quidam in tertia generatione, scilicet Ægyptii et Idumæi; alii verò perpetuò excludebantur in detestationem culpæ præteritæ, sicut Moabitæ, et Ammonitæ, et Amalecitæ. Sicut enim punitur unus homo propter peccatum quod commisit, ut alii videntes timeant, et peccare desistant ; ita etiam propter aliquod peccatum gens vel civitas potest puniri, ut alii à simili peccato abstineant. Poterat tamen dispensativè aliquis in collegium populi admitti propter aliquem virtutis actum ; sicut Judith 14, 6, dicitur quòd *Achior dux filiorum Ammon appositus est ad populum Israel, et omnis successio generis ejus* ; et similiter Ruth Moabitis, *quæ mulier virtutis erat.* Licèt possit dici quòd illa prohibitio extendebatur ad viros, non ad mulieres, quibus non competit simpliciter esse cives.

Ad secundum dicendum quòd, sicut Philosophus dicit, in 3 Polit., cap. 3, à med., dupliciter aliquis dicitur esse civis, uno modo simpliciter, alio modo secundùm quid. Simpliciter quidem civis est qui potest agere ea quæ sunt civium, putà dare consilium vel judicium in populo. Secundùm quid autem civis dici potest quicumque civitatem inhabitat, etiam viles personæ, et pueri, et senes, qui non sunt idonei ad hoc quòd habeant potestatem in his quæ pertinent ad commune. Ideò ergo spurii propter vilitatem originis excludebantur ab Ecclesiâ, id est, à collegio populi, usque ad decimam generationem ; et similiter eunuchi, quibus non poterat competere honor qui patribus debebatur, et præcipuè in populo Judæorum, in quo Dei cultus conservabatur per carnis generationem. Nam etiam apud gentiles, qui multos filios genuerant, aliquo insigni honore donabantur, sicut Philosophus dicit in 2 Polit., cap. 7, circ. med. Tamen quantùm ad ea quæ ad gratiam Dei pertinebant, eunuchi ab aliis non separabantur, sicut nec advenæ, ut dictum est in corp. art., et ad 1. Dicitur enim Isa. 56, 3 : *Non dicat filius advenæ, qui adhæret Domino, dicens : Separatione dividet me Dominus à populo suo : et non dicat eunuchus : Ecce ego lignum aridum.*

Ad tertium dicendum quòd accipere usuras ab alienis non erat secundùm intentionem legis, sed ex quâdam permissione, propter pronitatem Judæorum ad avaritiam, et ut magis pacificè se haberent ad extraneos, à quibus lucrabantur.

Ad quartum dicendum quòd circa civitates hostium quædam distinctio adhibebatur. Quædam enim erant remotæ, non de numero illarum urbium quæ eis erant repromissæ ; et in talibus urbibus expugnatis occidebantur masculi, qui pugnaverant contra populum Dei ; mulieribus autem et infantibus parcebatur. Sed in civitatibus vicinis, quæ erant eis repromissæ, omnes mandabantur interfici propter iniquitates eorum priores ; ad quas puniendas Dominus populum Israel quasi divinæ justitiæ executorem mittebat ; dicitur enim Deut. 9, 5 : *Quia illæ egerunt impiè, introeunte te, deletæ sunt.* Ligna autem fructifera mandabantur reservari propter utilitatem ipsius populi, cujus ditioni civitas et ejus territorium erat subjiciendum.

Ad quintum dicendum quòd novus ædificator domûs, aut plantator vineæ, vel desponsator uxoris excludebantur à prælio propter duo : primò quidem quia ea quæ homo de novo habet, vel statim paratus est ad habendum, magis solet amare, et per consequens eorum amissionem timere ; unde probabile erat quòd ex tali amore magis mortem timerent, et sic minùs fortes essent ad pugnandum. Secundò quia, sicut Philosophus dicit, in 2 Phys., text. 56, *infortunium videtur quando aliquis appropinquat ad aliquod bonum habendum, si postea impediatur ab illo.* Et ideò ne propinqui remanentes magis contristarentur de morte talium, qui bonis sibi paratis potiti non fuerunt, et etiam populus considerans hæc horreret, hujusmodi homines à mortis periculo sunt sequestrati per subtractionem à prælio.

Ad sextum dicendum quòd timidi remittebantur ad domum, non ut ipsi ex hoc commodum consequerentur, sed ne populus ex eorum præsentiâ incommodum consequeretur, dùm per eorum timorem et fugam etiam alii ad timendum et fugiendum provocarentur.

ARTICULUS IV. — *Utrùm convenienter lex vetus præcepta ediderit circa domesticas personas.*

Ad quartum sic proceditur. 1. Videtur quòd inconvenienter lex vetus præcepta ediderit circa personas domesticas. Servus enim, id quod est, domini est, ut Philosophus dicit in 1 Polit., cap. 3 et 4. Sed id quod est alicujus, perpetuò ejus esse debet. Ergo inconvenienter lex mandavit Exod. 21, quòd servi septimo anno liberi abscederent.

2. Præterea, sicut animal aliquod, ut asinus aut bos, est possessio domini, ita etiam servus. Sed de animalibus præcipitur Deut. 22, quòd restituantur dominis suis, si errare inveniantur. Inconvenienter ergo mandatur Deut. 23, 15 : *Non tradas servum domino suo, qui ad te confugerit.*

3. Præterea, lex divina debet magis ad misericordiam provocare quàm etiam lex humana. Sed secundùm leges humanas graviter puniuntur qui nimis asperè affligunt servos aut ancillas : asperrima autem videtur esse afflictio ex quâ sequitur mors. Inconvenienter igitur statuitur Exod. 21, 21, quòd *qui percusserit servum suum, vel ancillam virgâ, si unâ die supervixerit, non subjacebit pœnæ, quia pecunia illius est.*

4. Præterea, alius est principatus domini ad servum, et patris ad filium, ut dicitur in 1 Polit., cap. 4, circ. med., et in 3, cap. 4. Sed hoc ad principatum domini ad servum pertinet ut aliquis servum vel ancillam vendere possit. Inconvenienter igitur lex permisit quòd aliquis venderet filiam suam in famulam vel in ancillam.

5. Præterea, pater habet sui filii potestatem. Sed ejus est punire excessus, qui habet potestatem super peccantem. Inconvenienter igitur mandatur Deuter. 21, quòd pater ducat filium suum ad seniores civitatis puniendum.

6. Præterea, Dominus prohibuit, Deut. 7, ut cum alienigenis non sociarent conjugia, et conjuncta etiam separarent, ut patet 1 Esdr. 10. Inconvenienter igitur Deuter. 21, conceditur eis ut captivas alienigenarum ducere possint uxores.

7. Præterea, Dominus in uxoribus durendis quosdam consanguinitatis et affinitatis gradus præcepit esse vitandos, ut patet Lev. 18. Inconvenienter igitur mandatur Deut. 25, quòd si aliquis esset mortuus absque liberis, uxorem ipsius frater ejus acciperet.

8. Præterea, inter virum et uxorem sicut est maxima familiaritas, ita debet esse fides firmissima. Sed hoc non potest esse, si matrimonium dissolubile fuerit. Inconvenienter igitur Dominus permisit, Deut. 24, quòd aliquis posset uxorem dimittere, scripto libello repudii, et quòd etiam ulteriùs eam recuperare non posset.

9. Præterea, sicut uxor potest frangere fidem marito, ita etiam servus domino, et filius patri. Sed ad investigandam injuriam servi in dominum, vel filii in patrem non est institutum in lege aliquod sacrificium. Superfluè igitur videtur institui sacrificium zelotypiæ ad investigandum uxoris adulterium, Num. 5. Sic igitur inconvenienter videntur esse tradita in lege præcepta judicialia circa personas domesticas.

Sed contra est quod dicitur in Psal. 18, 10 : *Judicia Domini vera, justificata in semetipsa.*

Respondeo dicendum quòd communio domesticarum personarum ad invicem, ut Philosophus dicit, in 1 Polit., cap. 1, à med., est secundùm quotidianos actus, qui ordinantur ad necessitatem vitæ. Vita autem hominis conservatur dupliciter : uno modo quantùm ad individuum, prout scilicet homo idem numero vivit ; et ad talem vitæ conservationem opitulantur homini exteriora bona, ex quibus homo habet victum, vestitum et alia hujusmodi necessaria vitæ, in quibus administrandis indiget homo servis. Alio modo conservatur vita hominis secundùm speciem per generationem, ad quam indiget homo uxore, ut ex eâ generet filium. Sic igitur in domesticâ communione sunt tres combinationes, scilicet domini ad servum, viri ad uxorem, patris ad filium.

Et quantùm ad omnia ista lex vetus convenientia præcepta tradidit. Nam quantùm ad servos instituit ut modestè tractarentur et quantùm ad labores, ne scilicet immoderatis laboribus affligerentur ; unde Deut. 5, 14, Dominus mandavit *ut in die sabbati requiesceret servus, et ancilla tua, sicut et tu;* iterùm quantùm ad pœnas infligendas ; imposuit enim mutilatoribus servorum ut dimitterent eos liberos, sicut habetur Exod. 21, et simile etiam statuit in ancillâ quam in uxorem aliquis duxerit. Statuit etiam specialiter circa servos qui erant ex populo, ut septimo anno liberi egrederentur cum omnibus quæ apportaverant, etiam vestimentis, ut habetur Exod. 21. Mandatur etiam insuper, Deut. 15, ut eis detur viaticum.

Circa uxores verò statuitur in lege, quantùm ad uxores ducendas, ut scilicet ducant uxores suæ tribûs, sicut habetur Numer. ult., et hoc ideò ne sortes tribuum confundantur : et quòd aliquis in uxorem ducat uxorem fratris defuncti sine liberis, ut habetur Deut. 25, et hoc ideò ut ille qui non potuit habere successores secundùm carnis originem, saltem habeat per quamdam adoptionem, et sic non totaliter memoria defuncti deleatur. Prohibuit etiam quasdam personas ne in conjugium ducerentur, scilicet alienigenas propter periculum seductionis, et propinquas propter reverentiam naturalem quæ eis debetur. Statuit enim qualiter uxores jam ductæ tractari deberent, ut scilicet non leviter infamarentur ; unde mandatur puniri ille qui falsò crimen imponit uxori, ut habetur Deut. 22, et quòd etiam propter uxoris odium filius detrimentum non pateretur, ut habetur Deut. 21, et etiam quòd propter odium uxorem non affligeret, sed potiùs scripto libello eam dimitteret, ut patet Deut. 24. Et ut etiam major dilectio inter conjuges à principio contrahatur, præcipitur quòd cùm aliquis nuper uxorem acceperit, nihil ei publicæ necessitatis injungatur, ut liberè possit lætari cum uxore suâ.

Circa filios autem instituit ut patres eis disciplinam adhiberent, instruendo (1) eos in fide ; unde dicitur Exod. 12, 26 : *Cùm dixerint vobis filii vestri : Quæ est ista religio ? dicetis eis : Victima transitûs Domini est* ; et quòd etiam instituerent eos in moribus ; unde dicitur Deut. 21, 20, quòd patres dicere debent : *Monita nostra audire contemnit, comessationibus vacat, et luxuriæ atque conviviis.*

Ad primum ergo dicendum quòd quia filii Israel erant à Domino de servitute liberati, et per hoc divinæ servituti addicti, noluit Dominus ut in perpetuum servi essent ; unde dicitur Lev. 25, 39 : *Si paupertate compulsus vendiderit se tibi frater tuus, non eum opprimes servitute famulorum, sed quasi mercenarius et colonus erit ; mei enim sunt servi, et ego eduxi eos de terrâ Ægypti, ut non veneant conditione servorum* ; et ideò, quia simpliciter servi non erant, sed secundùm quid, finito tempore dimittebantur liberi.

Ad secundum dicendum quòd mandatum illud intelligitur de servo qui à domino quæritur ad occidendum, vel ad aliquod peccati ministerium.

Ad tertium dicendum quòd circa læsiones servis illatas lex considerâsse videtur, utrùm sit certa vel incerta. Si enim læsio certa esset, lex pœnam adhibuit : pro mutilatione quidem amissionem servi, qui mandabatur libertate donandus, pro morte autem homicidii pœnam, cùm servus in manu domini verberantis moreretur. Si verò læsio non esset certa, sed aliquam apparentiam haberet, lex nullam pœnam infligebat in proprio servo, putà cùm percussus servus non statim moriebatur, sed post aliquos dies ; incertum enim erat utrùm ex percussione mortuus esset, quia si percussisset liberum homi-

(1) Al., *instituendo.*

nem, ita tamen quòd statim non moreretur, sed super baculum suum ambularet, non erat homicidii reus qui percusserat, etiamsi postea moreretur : tenebatur tamen ad impensas solvendas quas percussus in medicos fecerat. Sed hoc in servo proprio locum non habebat, quia quidquid servus habebat, et etiam ipsa persona servi erat quædam possessio domini; et ideò pro causâ assignatur, quare non subjaceat pœnæ pecuniariæ, quia *pecunia illius est.*

Ad quartum dicendum quòd, sicut dictum est in solut. 1 arg., nullus Judæus poterat possidere Judæum quasi simpliciter servum; sed erat servus secundùm quid, quasi mercenarius usque ad tempus; et per hunc modum permittebat lex quòd paupertate cogente aliquis filium vel filiam venderet; et hoc etiam verba ipsius legis ostendunt; dicit enim : *Si quis vendiderit filiam suam in famulam, non egredietur, sicut exire ancillæ consueverunt.* Per hunc etiam modum non solùm filium suum, sed etiam seipsum aliquis vendere poterat magis quasi mercenarium quàm quasi servum, secundùm illud Lev. 25, 39 : *Si paupertate compulsus vendiderit se tibi frater tuus, non eum opprimes servitute famulorum, sed quasi mercenarius et colonus erit.*

Ad quintum dicendum quòd, sicut Philosophus dicit in 10 Ethic., cap. ult., ant. med., principatus paternus habet solùm admonendi potestatem, non autem habet vim coactivam, per quam rebelles et contumaces comprimi possunt : et ideò in hoc casu lex mandabat ut filius contumax à principibus civitatis puniretur.

Ad sextum dicendum quòd Dominus alienigenas prohibuit in matrimonium duci propter periculum seductionis, ne inducerentur in idololatriam; et specialiter hoc prohibuit de illis gentibus quæ in vicino habitabant, de quibus erat magis probabile quòd suos ritus retinerent. Si qua verò idololatriæ cultum dimittere vellet, et ad legis cultum se transferre, poterat in matrimonium duci, sicut patet de Ruth, quam duxit Booz in uxorem; unde ipsa dixerat socrui suæ : *Populus tuus, populus meus; Deus tuus, Deus meus,* ut habetur Ruth 1, 16. Et ideò captiva non aliter permittebatur in uxorem duci, nisi priùs rasâ cæsarie, et circumcisis unguibus, et depositâ veste, in quâ capta est, et fleret patrem et matrem, per quæ significatur idololatriæ perpetua abjectio.

Ad septimum dicendum quòd, sicut Chrysostomus dicit, super Matth., hom. 49, circ. med., quia immitigabile malum erat mors, apud Judæos, qui omnia pro præsenti vitâ faciebant, statutum fuit ut defuncto filius nasceretur ex fratre, quod erat quædam mortis mitigatio. Non autem alius, quàm frater, vel propinquus, jubebatur accipere uxorem defuncti, quia non ita crederetur, qui ex tali conjunctione erat nasciturus, esse ejus filius qui obiit; et iterùm extraneus non ita haberet necessitatem statuere domum ejus qui obierat, sicut frater, cui etiam ex cognatione hoc facere justum erat. Ex quo

patet quòd frater in accipiendo uxorem fratris sui, personâ fratris sui defuncti fungebatur.

Ad octavum dicendum quòd lex permisit repudium uxoris, non quia simpliciter justum esset, sed propter duritiam Judæorum, ut Dominus dicit Matth. 19; sed de hoc oportet pleniùs tractari, cùm de matrimonio agetur. (Vid. Suppl., quæst. 67.)

Ad nonum dicendum quòd uxores fidem matrimonii frangunt per adulterium, et de facili propter delectationem, et latenter, quia *oculus adulteri observat caliginem,* ut dicitur Job. 24, 15. Non autem est similis ratio de filio ad patrem, vel de servo ad dominum, quia talis infidelitas non procedit ex tali concupiscentiâ delectationis, sed magis ex malitiâ, quæ non potest ita latere sicut infidelitas mulieris adulteræ.

QUÆSTIO CVI.

DE LEGE EVANGELICA, QUÆ DICITUR LEX NOVA, SECUNDUM SE. — *(In quatuor articulos divisa.)*

Consequenter considerandum est de lege Evangelii, quæ dicitur lex nova; et primò de ipsâ secundùm se; secundò de ipsâ per comparationem ad legem veterem; tertiò de his quæ in lege novâ continentur.

Circa primum quæruntur quatuor : 1° qualis sit, utrùm scilicet sit scripta, vel indita; 2° de virtute ejus, utrùm justificet; 3° de principio ejus, utrùm debuerit dari à principio mundi; 4° de termino ejus, utrùm scilicet sit duratura usque ad finem, an debeat ei alia lex succedere.

ARTICULUS PRIMUS. — *Utrùm lex nova sit lex scripta.* — *(Inf., art. 2 et 3, corp., et quæst. 107, art. 1, ad 2 et 3, et quæst. 108, art. 1, corp., et ad 1, et quodl. 4, art. 13, corp.)*

Ad primum sic proceditur. 1. Videtur quòd lex nova sit lex scripta. Lex enim nova est ipsum Evangelium. Sed Evangelium est descriptum, Joan. 20, 31 : *Hæc autem scripta sunt, ut credatis.* Ergo lex nova est lex scripta.

2. Præterea, lex indita est lex naturæ, secundùm illud Rom. 2, 14 : *Naturaliter ea quæ legis sunt, faciunt, qui habent opus legis scriptum in cordibus suis.* Si igitur lex Evangelii esset lex indita, non differret à lege naturæ.

3. Præterea, lex Evangelii propria est eorum qui sunt in statu novi Testamenti. Sed lex indita communis est et eis qui sunt in novo Testamento, et eis qui sunt in veteri Testamento; dicitur enim, Sap. 7, 27, quòd *divina sapientia per nationes in animas sanctas se transfert; amicos Dei, et prophetas constituit.* Ergo lex nova non est lex indita.

Sed contra est quòd lex nova est lex novi Testamenti. Sed lex novi Testamenti est indita in corde; Apostolus enim, ad Hebr. 8, 8, inducens auctoritatem quæ habetur Jerem. 31 : *Ecce dies venient, dicit Dominus, et consummabo super domum Israel, et super domum Juda Testamentum novum;* et exponens quod sit hoc Testamentum, dicit : *Quia hoc est Testamentum quod disponam domui Israel.*

dando leges meas in mentem eorum, et in corde eorum super scribam eas. Ergo lex nova est lex indita.

Respondeo dicendum quòd *unaquæque res illud videtur esse quod in eâ est potissimum,* ut Philosophus dicit in 9 Ethic., cap. 4, ante med. Id autem quod est potissimum in lege novi Testamenti, et in quo tota virtus ejus consistit, est gratia Spiritûs sancti, quæ datur per fidem Christi. Et ideò principaliter lex nova est ipsa gratia Spiritûs sancti, quæ datur Christi fidelibus. Et hoc manifestè apparet per Apostolum, qui ad Rom. 3, 27, dicit : *Ubi est ergo gloriatio tua? exclusa est. Per quam legem? factorum? Non, sed per legem fidei;* ipsam enim fidei gratiam *legem* appellat. Et expressiùs ad Rom. 8, 2, dicitur : *Lex spiritûs vitæ in Christo Jesu liberavit me à lege peccati et mortis.* Unde et Augustinus dicit, in lib. de Spiritu et Litterâ, cap. 17 et 26, quòd *sicut lex factorum scripta fuit in tabulis lapideis, ita lex fidei scripta est in cordibus fidelium;* et alibi dicit, in eodem lib., cap. 21, in princ. : *Quæ sunt leges Dei ab ipso Deo scriptæ in cordibus, nisi ipsa præsentia Spiritûs sancti ?* Habet tamen lex nova quædam sicut dispositiva ad gratiam Spiritûs sancti, et ad usum hujus gratiæ pertinentia, quæ sunt quasi secundaria in lege novâ; de quibus oportuit instrui fideles Christi et verbis et scriptis, tam circa credenda quàm circa agenda.

Et ideò dicendum est quòd principaliter lex nova est lex indita, secundariò autem est lex scripta.

Ad primum ergo dicendum quòd in Scripturâ Evangelii non continentur nisi ea quæ pertinent ad gratiam Spiritûs sancti, sicut dispositiva, vel sicut ordinativa ad usum hujus gratiæ. Sicut dispositiva quidem, quantùm ad intellectum, per fidem, per quam datur Spiritûs sancti gratia, continentur in Evangelio ea quæ pertinent ad manifestandam divinitatem vel humanitatem Christi; secundùm affectum verò continentur in Evangelio ea quæ pertinent ad contemptum mundi, per quem homo fit capax Spiritûs sancti gratiæ. Mundus enim, id est, amatores mundi, non potest capere Spiritum sanctum, ut habetur Joan. 14. Usus verò spiritualis gratiæ est in operibus virtutum, ad quæ multipliciter Scriptura novi Testamenti homines exhortatur.

Ad secundum dicendum quòd dupliciter est aliquid inditum homini : uno modo quasi pertinens ad naturam humanam, et sic lex naturalis est lex indita homini; alio modo est aliquid inditum homini, quasi naturæ superadditum per gratiæ donum, et hoc modo lex nova est indita homini non solùm indicans quid sit faciendum, sed etiam adjuvans ad implendum.

Ad tertium dicendum quòd nullus unquàm habuit gratiam Spiritûs sancti nisi per fidem Christi explicitam vel implicitam. Per fidem autem Christi pertinet homo ad novum Testamentum. Unde quibuscumque fuit lex gratiæ indita, secundùm hoc ad novum Testamentum pertinebant.

ARTICULUS II. — *Utrùm lex nova justificet.*

Ad secundum sic proceditur. 1. Videtur quòd lex nova non justificet. Nullus enim justificatur, nisi legi Dei obediat, secundùm illud ad Hebr. 5, 9 : *Factus est,* scilicet Christus, *omnibus obtemperantibus sibi causa salutis æternæ.* Sed Evangelium non semper hoc operatur quòd homines ei obediant; dicitur enim Roman. 10, 16 : *Non omnes obediunt Evangelio.* Ergo lex nova non justificat.

2. Præterea, Apostolus probat ad Rom. quòd lex vetus non justificabat, quia eâ adveniente prævaricatio crevit; dicitur enim Rom. 4, 15 : *Lex iram operatur; ubi enim non est lex, nec prævaricatio.* Sed multò magis lex nova prævaricationem addidit; majori enim pœnâ est dignus qui post legem novam datam adhuc peccat, secundùm illud Hebr. 10, 28 : *Irritam quis faciens legem Moysi, sine ullâ miseratione duobus, vel tribus testibus moritur; quantò magis putatis deteriora mereri supplicia qui Filium Dei conculcaverit?* etc. Ergo lex nova non justificat, sicut nec vetus.

3. Præterea, justificare est proprius effectus Dei, secundùm illud ad Rom. 8, 33 : *Deus est qui justificat.* Sed lex vetus fuit à Deo, sicut et lex nova. Ergo lex nova non magis justificat quàm lex vetus.

Sed contra est quod Apostolus dicit ad Rom. 1, 16 : *Non erubesco Evangelium; virtus enim Dei est in salutem omni credenti.* Non autem est salus nisi justificatis. Ergo lex Evangelii justificat.

Respondeo dicendum quòd, sicut dictum est art. præc., in corp., et ad 1, ad legem Evangelii duo pertinent : unum quidem principaliter, scilicet ipsa gratia Spiritûs sancti interiùs data, et quantùm ad hoc nova lex justificat. Unde Augustinus dicit, in lib. de Spiritu et Litterâ, cap. 17, circ. princ. : *Ibi,* scilicet in veteri Testamento, *lex extrinsecùs est posita, quâ injusti terrerentur; hìc,* scilicet in novo Testamento, *intrinsecùs data est, quâ justificarentur.*

Aliud pertinet ad legem Evangelii secundariò, scilicet documenta fidei et præcepta ordinantia affectum humanum et humanos actus; et quantùm ad hoc nova lex non justificat. Unde Apostolus dicit 2 ad Cor. 3, 6 : *Littera occidit, spiritus autem vivificat,* et Augustinus exponit in lib. de Spiritu et Litterâ, cap. 14 et 17, quòd per litteram intelligitur quælibet scriptura extra homines existens, etiam moralium præceptorum, qualia continentur in Evangelio, unde etiam littera Evangelii occideret, nisi adesset interiùs gratia fidei sanans.

Ad primum ergo dicendum quòd illa objectio procedit de lege novâ, non quantùm ad id quod est principale in ipsâ, sed quantùm ad id quod est secundarium in ipsâ, scilicet quantùm ad documenta et præcepta exteriùs homini posita vel scripto vel verbo.

Ad secundum dicendum quòd gratia novi Testamenti, etsi adjuvet hominem ad non peccandum, non tamen ita confirmat in bono ut homo peccare non possit; hoc enim pertinet ad statum gloriæ. Et ideò si quis post acceptam gratiam novi Testamenti peccaverit, majori pœnâ est dignus, tanquàm majoribus beneficiis ingratus, et auxilio sibi dato non utens; nec tamen propter hoc dicitur quòd lex nova iram operatur, quia, quantùm est de se, sufficiens auxilium dat ad non peccandum.

Ad tertium dicendum quòd legem novam et veterem unus Deus dedit, sed aliter et aliter: nam legem veterem dedit scriptam in tabulis lapideis, legem autem novam dedit scriptam in tabulis cordis carnalibus, ut Apostolus dicit, 2 ad Cor. 3. Proinde, sicut Augustinus dicit, in lib. de Spiritu et Litterâ, cap. 18, in princ., *litteram istam extra hominem scriptam, et ministrationem mortis, et ministrationem damnationis Apostolus appellat; hanc autem*, scilicet novi Testamenti legem, *ministrationem spiritûs, et ministrationem justitiæ dicit, quia per donum Spiritûs operamur justitiam, et à prævaricationis damnatione liberamur.*

ARTICULUS III. — *Utrùm lex nova debuerit dari à principio mundi.* —(Sup., quæst. 91, art. 5, ad 2, et 5.)

Ad tertium sic proceditur. 1. Videtur quòd lex nova debuerit dari à principio mundi. *Non enim est personarum acceptio apud Deum*, ut dicitur ad Rom. 2, 11. Sed *omnes homines peccaverunt, et egent gloriâ Dei*, ut dicitur ad Rom. 3, 23. Ergo à principio mundi lex Evangelii dari debuit, ut omnibus per eam subveniretur.

2. Præterea, sicut in diversis locis sunt diversi homines, ita etiam in diversis temporibus. Sed Deus, *qui vult omnes homines salvos fieri*, ut dicitur 1 ad Tim. 2, 4, mandavit Evangelium prædicari in omnibus locis, ut patet Matth. ult., et Marc. ult. Ergo omnibus temporibus debuit adesse lex Evangelii, ita quòd à principio mundi daretur.

3. Præterea, magis est necessaria homini salus spiritualis, quæ est æterna, quàm salus corporalis, quæ est temporalis. Sed Deus ab initio mundi providit homini ea quæ sunt necessaria ad salutem corporalem, tradens ejus potestati omnia quæ erant propter hominem creata, ut patet Gen. 1. Ergo etiam lex nova, quæ maximè est necessaria ad salutem spiritualem, debuit hominibus à principio mundi dari.

Sed contra est quod Apostolus dicit, 1 ad Corinth. 15, 46 : *Non prius quod spirituale est, sed quod animale.* Sed lex nova est maximè spiritualis. Ergo lex nova non debuit à principio mundi dari.

Respondeo dicendum quòd triplex ratio potest assignari quare lex nova non debuit dari à principio mundi. Quarum prima est, quia lex nova, sicut dictum est art 1 hujus qu., principaliter est gratia Spiritûs sancti, quæ abundanter dari non debuit, antequàm impedimentum peccati ab humano genere tolleretur, consummatâ redemptione per Christum. Unde dicitur Joan. 7, 39 : *Nondùm erat Spiritus datus, quia Jesus nondùm erat glorificatus.* Et hanc rationem manifestè assignat Apostolus ad Rom. 8, 3, ubi postquàm præmiserat de lege spiritûs vitæ, subjungit : *Deus Filium suum mittens in similitudinem carnis peccati, de peccato damnavit peccatum in*

carne, ut justificatio legis impleretur in nobis.

Secunda ratio potest assignari ex perfectione legis novæ : non enim aliquid ad perfectum adducitur statim à principio, sed quodam temporali successionis ordine, sicut aliquis priùs fit puer, et postmodùm vir. Et hanc rationem assignat Apostolus ad Galat. 3, 24 : *Lex pædagogus noster fuit in Christo, ut ex fide justificemur; at ubi venit fides, jam non sumus sub pædagogo.*

Tertia ratio sumitur ex hoc quòd lex nova est lex gratiæ. Et primò oportuit quòd homo relinqueretur sibi in statu veteris legis ut in peccatum cadendo, suam infirmitatem cognoscens, recognosceret se gratiâ indigere. Et hanc rationem assignat Apostolus, ad Rom. 5, 20, dicens : *Lex subintravit, ut abundaret delictum. Ubi autem abundavit delictum, superabundavit et gratia.*

Ad primum ergo dicendum quòd humanum genus propter peccatum primi parentis meruit privari auxilio gratiæ; et ideò *quibuscumque non datur, hoc est ex justitiâ; quibuscumque autem datur, hoc est ex gratiâ,* ut Augustinus dicit in lib. de Perfectione justitiæ (implic. cap. 4, à med., expressè autem epist. 127, olim 107, à med.). Unde non est acceptio personarum apud Deum ex hoc quòd non omnibus à principio mundi legem gratiæ proposuit, quæ erat debito ordine proponenda, ut dictum est in corpore articuli.

Ad secundum dicendum quòd diversitas locorum non variat diversum statum humani generis qui variatur per temporis successionem, et ideò omnibus locis proponitur lex nova, non autem omnibus temporibus; licèt omni tempore fuerint aliqui ad novum Testamentum pertinentes, ut supra dictum est, art. 1 hujus quæst., ad 3.

Ad tertium dicendum quòd ea quæ pertinent ad salutem corporalem, deserviunt homini quantùm ad naturam, quæ non tollitur per peccatum; sed ea quæ pertinent ad spiritualem salutem, ordinantur ad gratiam, quæ amittitur per peccatum; et ideò non est similis ratio de utrisque.

ARTICULUS IV. — *Utrùm lex nova sit duratura usque ad finem mundi.*

Ad quartum sic proceditur. 1. Videtur quòd lex nova non sit duratura usque ad finem mundi, quia, ut Apostolus dicit, 1 ad Corinth. 13, 10, *cùm venerit quod perfectum est, evacuabitur quod ex parte est.* Sed lex nova ex parte est; dicit enim Apostolus ibid.: *Ex parte cognoscimus, et ex parte prophetamus.* Ergo lex nova evacuanda est, alio perfectiori statu succedente.

2. Præterea, Dominus, Joan. 16, promisit discipulis suis in adventu Spiritûs sancti paracleti cognitionem omnis veritatis. Sed nondùm Ecclesia omnem veritatem cognoscit in statu novi Testamenti. Ergo expectandus est alius status, in quo per Spiritum sanctum omnis veritas manifestetur.

3. Præterea, sicut Pater est alius à Filio, et Filius à Patre, ita Spiritus sanctus à Patre et Filio. Sed fuit quidam status conveniens personæ Patris, scilicet status veteris legis, in quo homines generationi intendebant; simi-

liter etiam est alius status conveniens personæ Filii, scilicet status novæ legis, in quo
clerici intendentes sapientiæ, quæ appropriatur Filio, principantur. Ergo erit status tertius Spiritûs sancti, in quo spirituales viri
principabuntur.

4 Præterea, Dominus dicit, Matth. 24, 14 :
*Prædicabitur hoc Evangelium regni in uni-
verso orbe, et tunc veniet consummatio.* Sed
Evangelium Christi jamdiù est prædicatum in
universo orbe, nec tamen adhuc venit con-
summatio. Ergo Evangelium Christi non est
Evangelium regni, sed futurum est aliud
Evangelium Spiritûs sancti, quasi alia lex.

Sed contra est quod Dominus dicit, Matth.24,
34 : *Dico vobis quia non præteribit generatio
hæc, donec omnia fiant,* quod Chrysostomus,
hom. 78 in Matth., parùm à princ., exponit
de generatione fidelium Christi. Ergo status
fidelium Christi manebit usque ad consummationem seculi.

Respondeo dicendum quòd status mundi
variari potest dupliciter : uno modo secundùm diversitatem legis ; et sic huic statui novæ legis nullus alius status succedet. Successit enim status novæ legis statui veteris legis,
tanquàm perfectior imperfectiori. Nullus autem status præsentis vitæ potest esse perfectior quàm status novæ legis ; nihil enim potest
esse propinquius fini ultimo quàm quod immediatè in finem ultimum introducit ; hoc autem facit nova lex, unde Apostolus dicit, ad
Hebr. 10, 19 : *Habentes itaque, fratres, fiduciam in introitu sanctorum in sanguine Christi, quam initiavit nobis viam novam, acce-
damus.* Unde non potest esse aliquis perfectior status præsentis vitæ quàm status novæ
legis, quia tantò est unumquodque perfectius, quantò est ultimo fini propinquius.

Alio modo status hominum variari potest,
secundùm quòd homines diversimodè se habent ad eamdem legem vel perfectiùs, vel minùs perfectè ; et sic status veteris legis frequenter fuit mutatus ; cùm quandoque leges
optimè custodirentur, quandoque autem
omninò prætermitterentur. Sicut etiam et
status novæ legis diversificatur secundùm diversa loca, et tempora, et personas, in quantum gratia Spiritûs sancti perfectiùs vel minùs perfectè ab aliquibus habetur.

Non est tamen expectandum quòd sit aliquis status futurus in quo perfectiùs gratia
Spiritûs sancti habeatur, quàm hactenùs habita fuerit, et maximè ab Apostolis, qui *pri-
mitias Spiritûs acceperunt,* id est, *et tempore
priùs, et cæteris abundantiùs,* ut Glossa interl. dicit, Rom. 8.

Ad primum ergo dicendum quòd, sicut
Dionysius dicit, in lib. eccles. Hier., cap. 5,
parùm à princ., triplex est hominum status.
Primus quidem veteris legis ; secundus novæ
legis ; tertius status succedit non in hâc vitâ,
sed in futurâ, scilicet in patriâ. Sed sicut
primus status est figuralis et imperfectus respectu statûs Evangelii, ita hic status est figuralis et imperfectus respectu statûs patriæ, quo
veniente iste status evacuatur, sicut dicitur 1
ad Corinth. 13, 12 : *Videmus nunc per specu-
lum in ænigmate, tunc autem facie ad faciem.*

Ad secundum dicendum, quòd, sicut Augustinus dicit in lib. contra Faustum (ubi
non occurrit, sed habetur in lib. de Hæresib.,
hæresi 26 et 46), Montanus et Priscilla posuerunt, quòd promissio Domini de Spiritu sancto dando non fuit completa in Apostolis, sed
in eis. Et similiter Manichæi posuerunt, quòd
fuit completa in Manichæo, quem dicebant
esse Spiritum paracletum. Et ideò utrique
non recipiebant Actus Apostolorum, in quibus manifestè ostenditur quòd illa promissio
fuit in Apostolis completa, sicut Dominus iteratò eis promisit Act. 1, 5 : *Baptizabimini
Spiritu sancto non post multos hos dies;* quod
impletum legitur Act. 2. Sed istæ vanitates
(1) excluduntur per hoc quod dicitur Joan.
7, 39 : *Nondùm erat Spiritus datus, quia nondùm Jesus erat glorificatus.* Ex quo datur intelligi quòd statim glorificato Christo in
resurrectione et ascensione, fuit Spiritus
sanctus datus. Et per hoc etiam excluditur
quorumcumque vanitas qui dicerent esse
expectandum aliud tempus Spiritûs sancti.
Docuit autem Spiritus sanctus Apostolos
omnem veritatem de his quæ pertinent ad necessitatem salutis, scilicet de credendis et de
agendis ; non tamen docuit eos de omnibus
futuris eventibus ; hoc enim ad hos non pertinebat, secundùm illud Act. 1, 7 : *Non est
vestrûm nôsse tempora, vel momenta, quæ Pater posuit in potestate suâ.*

Ad tertium dicendum quòd lex vetus non
solùm fuit Patris, sed etiam Filii, quia Christus in veteri lege figurabatur ; unde Dominus dicit Joan. 5, 46 : *Si crederetis Moysi,
crederetis forsitan et mihi ; de me enim ille
scripsit.* Similiter etiam lex nova non solùm
est Christi, sed etiam Spiritûs sancti, secundùm illud Rom. 8, 2 : *Lex Spiritûs vitæ in
Christo Jesu,* etc., unde non est expectanda
alia lex quæ sit Spiritûs sancti.

Ad quartum dicendum quòd cùm Christus
statim in principio evangelicæ prædicationis
dixerit, Matth. 3, 2 : *Appropinquavit regnum
cælorum,* stultissimum est dicere quòd Evangelium Christi non sit Evangelium regni. Sed
prædicatio Evangelii Christi potest intelligi
dupliciter : uno modo quantùm ad divulgationem notitiæ Christi, et sic prædicatum fuit
Evangelium in universo orbe, etiam tempore
Apostolorum, ut Chrysostomus dicit, hom.
76 in Matth., aliquant. à princ. Et secundùm
hoc quod additur : *Et tunc erit consummatio,*
intelligitur hoc de destructione Jerusalem,
de quâ tunc ad litteram loquebatur. Alio
modo potest intelligi prædicatio Evangelii in
universo orbe cum pleno effectu, ita scilicet
quòd in qualibet gente fundetur Ecclesia ; et
ita, sicut dicit Augustinus, in epistolâ ad
Hesych., circ. med., *nondùm est prædicatum
Evangelium in universo orbe ;* sed hoc facto,
veniet consummatio mundi.

QUÆSTIO CVII.

DE COMPARATIONE LEGIS NOVÆ AD VETEREM. —
(In quatuor articulos divisa.)

Deinde considerandum est de comparatione legis novæ ad legem veterem ; et circa

(1) Al., *varietates.*

hoc quæruntur quatuor : 1° utrùm lex nova sit alia lex à lege veteri ; 2° utrùm lex nova impleat veterem ; 3° utrùm lex nova contineatur in veteri ; 4° quæ sit gravior, utrùm lex nova vel vetus.

ARTICULUS PRIMUS. — *Utrùm lex nova sit alia à lege veteri.* — (Sup., quæst. 51, art. 5, et Gal. 1, lect. 2.)

Ad primum sic proceditur. 1. Videtur quòd lex nova non sit alia à lege veteri. Utraque enim lex datur fidem Dei habentibus : quia *sine fide est impossibile placere Deo*, ut dicitur Hebr. 11, 6. Sed eadem fides est antiquorum et modernorum, ut dicitur in Glossâ Matth. 21. Ergo etiam est eadem lex.

2. Præterea, Augustinus dicit in libro contra Adamantium (vel Adimantum), Manichæi discipulum, cap. 17, inter princ. et med., quòd *brevis differentia legis et Evangelii est timor, et amor*. Sed secundùm hæc duo nova lex, et vetus diversificari non possunt ; quia etiàm in veteri lege proponuntur præcepta charitatis : Levit. 19, 18 : *Diliges proximum tuum* (1) ; et Deut. 6, 5 : *Diliges Dominum Deum tuum*. Similiter etiam diversificari non possunt per aliam differentiam quam Augustinus assignat contra Faustum, lib. 4, cap. 11, quòd *vetus Testamentum habuit promissa temporalia, novum Testamentum habet promissa spiritualia et æterna*, quia etiam in novo Testamento promittuntur aliqua promissa temporalia, secundùm illud Marc. 10, 30 : *Accipietis centies tantùm* (2) *in tempore hoc, domos, et fratres*, etc.; et in veteri Testamento sperabantur promissa spiritualia et æterna, secundùm illud ad Hebr. 11, 16 : *Nunc autem meliorem* (patriam) *appetunt, id est, cœlestem ;* quod dicitur de antiquis Patribus. Ergo videtur quòd nova lex non sit alia à veteri.

3. Præterea, Apostolus videtur distinguere utramque legem, ad Rom. 3, veterem legem appelans *legem factorum*, legem verò novam appellans *legem fidei*. Sed lex vetus fuit etiam *fidei*, secundùm illud Hebr., 11, 39 : *Omnes testimonio fidei probati sunt ;* quod dicit de patribus veteris Testamenti. Similiter etiam lex nova est *lex factorum ;* dicitur enim Matth. 5, 44 : *Benefacite his qui oderunt vos ;* et Luc. 22, 19 : *Hoc facite in meam commemorationem.* Ergo lex nova non est alia à lege veteri.

Sed contra est quod Apostolus dicit ad Hebr. 7, 12 : *Translato sacerdotio, necesse est ut legis translatio fiat.* Sed aliud est sacerdotium novi et veteris Testamenti, ut ibidem Apostolus probat. Ergo est etiam alia lex.

Respondeo dicendum quòd, sicut supra dictum est, quæst. 90, art 2, omnis lex ordinat conversationem humanam in ordine ad aliquem finem. Ea autem quæ ordinantur ad finem secundùm rationem finis dupliciter diversificari possunt : uno modo quia ordinantur ad diversos fines ; et hæc est diversitas speciei, maximè si sit finis proximus. Alio modo secundùm propinquitatem ad finem, vel distantiam ab ipso ; sicut patet quòd motus differunt specie, secundùm quòd ordinantur

(1) Vulgata : *Diliges amicum tuum sicut teipsum.*
(2) Ib. vers. 29 : *Nemo est qui reliquerit domum*, etc., *qui non accipiat centies tantùm*, etc.

ad diversos terminos ; secundùm verò quòd una pars motûs est propinquior termino quàm alia, attenditur differentia in motu secundùm perfectum et imperfectum.

Sic ergo duæ leges distingui possunt dupliciter : uno modo quasi omninò diversæ, utpote ordinatæ ad diversos fines, sicut lex civitatis quæ esset ordinata ad hoc quòd populus dominaretur, esset specie differens ab illâ lege quæ esset ad hoc ordinata quòd optimates civitatis dominarentur ; alio modo duæ leges distingui possunt, secundùm quòd una propinquiùs ordinat ad finem, alia verò remotiùs : putà in unâ et eâdem civitate dicitur alia lex quæ imponitur viris perfectis, qui statim possunt exequi ea quæ pertinent ad bonum commune ; et alia lex datur do disciplinâ puerorum, qui sunt instruendi qualiter postmodùm opera virorum exequantur.

Dicendum est ergo quòd secundùm primum modum lex nova non est alia à lege veteri, quia utriusque est unus finis, scilicet ut homines subdantur Deo. Est autem unus Deus et novi et veteris Testamenti, secundùm illud Rom. 3, 30 : *Unus Deus est qui justificat circumcisionem ex fide, et præputium per fidem.*

Alio modo lex nova est alia à lege veteri, quia lex vetus est quasi pædagogus puerorum, ut Apostolus dicit, ad Gal. 3 ; lex autem nova est lex perfectionis, quia est lex charitatis, de quâ Apostolus dicit, ad Coloss. 3, quòd est *vinculum perfectionis.*

Ad primum ergo dicendum quòd unitas fidei utriusque Testamenti attestatur unitati finis. Dictum est enim supra, quæst. 62, art. 1 et 2, quòd objectum theologicarum virtutum, inter quas est fides, est finis ultimus. Sed tamen fides habet alium statum in veteri et in novâ lege ; nam quod illi credebant futurum, nos credimus factum.

Ad secundum dicendum quòd omnes differentiæ quæ assignantur inter novam legem et veterem, accipiuntur secundùm perfectum et imperfectum. Præcepta enim legis cujuslibet dantur de actibus virtutum. Ad facienda autem virtutum opera aliter inclinantur imperfecti, qui nondùm habent virtutis habitum, et aliter illi qui sunt per habitum virtutis perfecti. Illi enim qui nondùm habent habitum virtutis, inclinantur ad agendum virtutis opera ex aliquâ causâ extrinsecâ, putà ex comminatione pœnarum, vel ex promissione aliquarum extrinsecarum remunerationum, putà honoris, vel divitiarum, vel alicujus hujusmodi ; et ideò lex vetus, quæ dabatur imperfectis, id est, nondùm consecutis gratiam spiritualem, dicebatur *lex timoris*, in quantum inducebat ad observationem præceptorum per comminationem quarumdam pœnarum ; et dicitur habere temporalia quædam promissa. Illi autem qui habent virtutem, inclinantur ad virtutis opera agenda propter amorem virtutis, non propter aliquam pœnam, aut remunerationem extrinsecam, et ideò lex nova, cujus principalitas consistit in ipsâ spirituali gratiâ inditâ cordibus, dicitur *lex amoris ;* et dicitur habere promissa spiritualia et æterna, quæ sunt objecta virtutis, præcipuè charitatis ; et ita per se in eâ inclinantur, non quasi in extraneâ, sed quasi in propriâ; et propter hoc etiam lex vetus dicitur cohibere manum, non animum, quia qui timore pœnæ ab aliquo peccato abstinet, non simpliciter ejus voluntas à peccato recedit, sicut recedit voluntas ejus qui amore justitiæ abstinet à peccato; et propter hoc lex nova, quæ est *lex amoris*, dicitur animum cohibere. Fuerunt tamen aliqui in statu veteris Testamenti habentes charitatem et gratiam Spiritûs sancti, qui principaliter expectabant promissiones spirituales et æternas; et secundùm hoc pertinebant ad legem novam. Similiter etiam in novo Testamento sunt aliqui carnales, nondùm pertingentes ad perfectionem novæ legis, quos oportuit etiam in novo Testamento induci ad virtutis opera per timorem pœnarum, et per aliqua temporalia promissa. Lex autem vetus etsi præcepta charitatis daret, non tamen per eam dabatur Spiritus sanctus, per quem *diffunditur charitas in cordibus nostris*, ut dicitur Rom. 5.

Ad tertium dicendum quòd, sicut supra dictum est, quæst. 106, art. 1 et 2, lex nova dicitur *lex fidei*, in quantum ejus principalitas consistit in ipsâ gratiâ, quæ interiùs datur credentibus; unde dicitur *gratia fidei*. Habet autem secundariò aliqua facta et moralia, et sacramentalia; sed in his non consistit principalitas legis novæ, sicut principalitas veteris legis in eis consistebat. Illi autem qui in veteri Testamento Deo fuerunt accepti per fidem, secundùm hoc ad novum Testamentum pertinebant; non enim justificabantur nisi per fidem Christi, qui est auctor novi Testamenti. Unde de Moyse dicit Apostolus ad Hebr. 11, 26, quòd *majores divitias æstimabat thesauro Ægyptiorum improperium Christi.*

ARTICULUS II. — *Utrùm lex nova legem veterem impleat.* — (2-2, quæst. 104, art. 6, ad 2, et 2, dist. 9, art. 8, ad 4, et 4, dist. 44, qu. 2, art. 2, ad 3, et Rom. 3, fin., et Ephes. 2, lect. 5.)

Ad secundùm sic proceditur. 1. Videtur quòd lex nova legem veterem non impleat. Impletio enim contrariatur evacuationi. Sed lex nova evacuat, vel excludit observantias legis veteris; dicit enim Apostolus ad Gal. 5, 2 : *Si circumcidamini, Christus nihil vobis proderit.* Ergo lex nova non est impletiva veteris legis.

2. Præterea, contrarium non est impletivum sui contrarii. Sed Dominus in lege novâ proposuit quædam præcepta contraria præceptis veteris legis; dicitur enim Matth. 5, 31 : *Audistis quia dictum est antiquis : Quicumque dimiserit uxorem suam, det ei libellum repudii. Ego autem dico vobis : Quicumque dimiserit uxorem suam, facit eam mœchari;* et idem consequenter patet in prohibitione juramenti, et etiam in prohibitione talionis, et in odio inimicorum. Similiter etiam videtur Dominus exclusisse præcepta veteris legis de discretione ciborum, Matth. 15, 11, dicens : *Non quod intrat in os coinquinat hominem.* Ergo lex nova non est impletiva veteris.

3. Præterea, quicumque contra legem agit, non implet legem. Sed Christus in aliquibus contra legem fecit; tetigit enim leprosum, ut dicitur Matth. 8, quod erat contra legem : similiter etiam videtur sabbatum pluries violâsse, unde de eo dicebant Judæi, Joan. 9, 16 : *Non est hic homo à Deo, qui sabbatum non custodit.* Ergo Christus non implevit legem; et ita lex nova data à Christo non est veteris impletiva.

4. Præterea, in veteri lege continebantur præcepta moralia, cæremonialia et judicialia, ut supra dictum est, quæst. 99, art. 4. Sed Dominus, Matth. 5, ubi quantùm ad aliqua legem implevit, nullam mentionem videtur facere de judicialibus et cæremonialibus. Ergo videtur quòd lex nova non sit totaliter veteris impletiva.

Sed contra est quod Dominus dicit Matth. 5, 17 : *Non veni solvere legem, sed adimplere;* et postea subdit : *Iota unum, aut unus apex non præteribit à lege, donec omnia fiant.*

Respondeo dicendum quòd, sicut dictum est art. præc., lex nova comparatur ad veterem sicut perfectum ad imperfectum. Omne autem perfectum adimplet id quod imperfecto deest : et secundùm hoc lex nova adimplet veterem legem, in quantum supplet illud quod veteri legi deerat.

In veteri autem lege duo possunt considerari : scilicet finis et præcepta contenta in lege. Finis verò cujuslibet legis est ut homines efficiantur justi et virtuosi, ut dictum est quæst. 92, art. 2. Unde et finis veteris legis erat justificatio hominum, quam quidem lex efficere non poterat, sed figurabat quibusdam cæremonialibus factis, et promittebat verbis, et quantùm ad hoc lex nova implet veterem legem justificando per virtutem passionis Christi; et hoc est quod Apostolus dicit, ad Rom. 8, 3 : *Quod impossibile erat legi, Deus Filium suum mittens in similitudinem carnis peccati, damnavit peccatum in carne, ut justificatio legis impleretur in nobis.* Et quantùm ad hoc lex nova exhibet quod lex vetus promittebat, secundùm illud 2 ad Corinth. 1, 20 : *Quotquot promissiones Dei sunt, in illo est,* id est, in Christo. Et iterùm quantùm ad hoc complet etiam quod vetus lex figurabat : unde ad Colos. 2, 17, dicitur de cæremonialibus, quòd erant *umbra futurorum; corpus autem Christi,* id est, veritas, pertinet ad Christum; unde lex nova dicitur *lex veritatis,* lex autem vetus *umbræ,* vel *figuræ.* Præcepta verò veteris legis adimplevit Christus opere et doctrinâ : opere quidem, quia circumcidi voluit, et alia observare quæ erant tempore illo observanda, secundùm illud Galat. 4, 4 : *Factum sub lege.* Suâ autem doctrinâ adimplevit præcepta legis tripliciter : primò quidem verum intellectum legis exprimendo, sicut patet in homicidio et adulterio, in quorum prohibitione scribæ et pharisæi non intelligebant nisi exteriorem actum prohibitum; unde Dominus legem adimplevit, ostendendo etiam interiores actus peccatorum cadere sub prohibitione; secundò adimplevit Dominus præcepta legis, ordinando quomodò tutiùs observaretur quod lex vetus statuerat, sicut lex vetus statuerat ut homo non pejeraret, et hoc tutiùs observatur, si omninò à juramento abstineat, nisi in causâ necessitatis ; tertiò adimplevit Dominus præcepta legis, superaddendo quædam perfectionis consilia, ut patet Matth. 19, 21, ubi dicenti se observâsse præcepta veteris legis dicit : *Unum tibi deest : si vis perfectius esse, vade, et vende omnia quæ habes*, etc.

Ad primum ergo dicendum quòd lex nova non evacuat observantiam veteris legis, nisi quantùm ad cæremonialia, ut supra dictum est, qu. 103, art. 3 et 4. Hæc autem erant in figuram futuri. Unde ex hoc ipso quòd cæremonialia præcepta sunt impleta, perfectis his quæ figurabantur, non sunt ulteriùs observanda, quia si observarentur, adhuc significaretur aliquid ut futurum, et non impletum ; sicut etiam promissio futuri doni locum jam non habet, promissione jam impletâ per doni exhibitionem. Et per hunc modum cæremoniæ legis tolluntur, cùm implentur.

Ad secundum dicendum quòd, sicut Augustinus dicit contra Faustum, lib. 19, cap. 21, in princ., *præcepta illa Domini non sunt contraria præceptis veteris legis. Quod enim Dominus præcepit de uxore non dimittendâ, non est contrarium ei quod lex præcepit, neque enim ait lex : Qui voluerit, dimittat uxorem, cui esset contrarium non dimittere ; sed utique nolebat dimitti uxorem à viro, qui hanc interposuit moram, ut in dissidium animus præceps libelli conscriptione refractus absisteret.* Unde Dominus ad hoc confirmandum, ut non facilè uxor dimittatur, solam causam fornicationis excepit. Et idem etiam dicendum est in prohibitione juramenti, sicut dictum est in corp., et idem etiam patet in prohibitione talionis ; taxavit enim modum vindictæ lex, ut non procederetur ad immoderatam vindictam ; à quâ Dominus perfectiùs removit eum quem monuit omninò à vindictâ abstinere. Circa odium verò inimicorum removit falsum pharisæorum intellectum, nos monens ut persona odio non haberetur, sed culpa. Circa discretionem verò ciborum, quæ cæremonialis erat, Dominus non mandavit ut tunc non observaretur ; sed ostendit quòd nulli cibi secundùm suam naturam erant immundi, sed solùm secundùm figuram, ut supra dictum est, qu. 102, art. 6, ad 1.

Ad tertium dicendum quòd tactus leprosi erat prohibitus in veteri lege, quia ex hoc incurrebat homo quamdam irregularitatis immunditiam, sicut et ex tactu mortui, ut supra dictum est, qu. 102, art. 5, ad 4. Sed Dominus, qui erat mundator leprosi, immunditiam incurrere non poterat. Per ea autem quæ fecit in sabbato, sabbatum non solvit secundùm rei veritatem ; sicut ipsemet in Evangelio Matth. 12 ostendit, tum quia operabatur miracula virtute divinâ, quæ semper operatur in rebus ; tum quia salutis humanæ opera faciebat, cùm pharisæi etiam saluti animalium in die sabbati providerent ; tum etiam quia ratione necessitatis discipulos excusavit in sabbato spicas colligentes. Sed videbatur solvere secundùm superstitio-

sum intellectum pharisæorum, qui credebant etiam à salubribus operibus esse in die sabbati abstinendum ; quod erat contra intentionem legis.

Ad quartum dicendum quòd cæremonialia præcepta legis non commemorantur Matth. 5, quia eorum observantia totaliter excluditur per impletionem, ut dictum est in corp. et ad 1. De judicialibus verò præceptis commemoravit præceptum talionis, ut quod de hoc diceretur, de omnibus aliis esset intelligendum. In quo quidem præcepto docuit legis intentionem non esse ad hoc quòd pœna talionis quæreretur propter livorem vindictæ, quem ipse excludit, monens quòd homo debet esse paratus etiam majores injurias sufferre, sed solùm propter amorem justitiæ ; quod adhuc in novâ lege remanet.

ARTICULUS III. — *Utrùm lex nova in lege veteri contineatur.* — (Gal. 2, lect. 2.)

Ad tertium sic proceditur. 1. Videtur quòd lex nova in lege veteri non contineatur : lex enim nova præcipuè in fide consistit, unde dicitur *lex fidei*, ut patet Rom. 3. Sed multa credenda traduntur in novâ lege quæ in veteri lege non continentur. Ergo lex nova non continetur in veteri.

2. Præterea, quædam Glossa (Chrys. in Oper. imperf., hom. 10, sub fin.) dicit, Matth. 5, super illud : *Qui solverit unum de mandatis istis minimis*, quòd *mandata legis sunt minora, in Evangelio verò sunt mandata majora.* Majus autem non potest contineri in minori. Ergo lex nova non continetur in veteri.

3. Præterea, quod continetur in altero, simul habetur habito illo. Si igitur lex nova contineretur in veteri, sequeretur quòd habitâ veteri lege, habeatur et nova. Superfluum igitur fuit, habitâ veteri lege, iterùm dari novam. Non ergo nova lex continetur in veteri.

Sed contra est quod dicitur Ezech. 1, 16 : *Rota erat in rotâ* (1), id est, *novum Testamentum in veteri*, ut Gregorius exponit, hom. 6 in Ezech., ante med.

Respondeo dicendum quòd aliquid continetur in alio dupliciter : uno modo in actu, sicut locatum in loco ; alio modo virtute, sicut effectus in causâ, vel completum in incompleto (2), sicut genus continet species potestate, et sicut tota arbor continetur in semine ; et per hunc modum nova lex continetur in veteri. Dictum est enim, art. 1 hujus quæst., in corp., et ad 2, quòd nova lex comparatur ad veterem sicut perfectum ad imperfectum.

Unde Chrysostomus (ex quo non occurrit, sed ex Victore Antioch., in comment. supra hunc loc., colligi potest), exponens illud quod habetur Marci 4 : *Ultrò terra fructificat, primùm herbam, deinde spicam, deinde plenum frumentum in spicâ*, sic dicit : *Primò herbam fructificat in lege naturæ, postmodùm spicas in lege Moysi, postea plenum frumen-*

---

(1) Vulgata : *Quasi sit rota in medio rotæ.*
(2) Garcia cum sequentibus editionibus. Cum Alcan. *complementum in incompleto.* Edit. Rom. aliæque, *complementum in completo.*

tum in Evangelio. Sic igitur est lex nova in veteri, sicut fructus in spicâ.

Ad primum ergo dicendum quòd omnia quæ credenda traduntur in novo Testamento explicitè et apertè traduntur credenda in veteri Testamento, sed implicitè et sub figurâ; et secundùm hoc etiam quantùm ad credenda lex nova continetur in veteri.

Ad secundum dicendum quòd præcepta novæ legis dicuntur esse majora quàm præcepta veteris legis, quantùm ad explicitam manifestationem; sed quantùm ad ipsam substantiam præceptorum novi Testamenti, omnia continentur in veteri Testamento. Unde Augustinus dicit, contra Faustum lib. 19, cap. 23 et 28, quòd *penè omnia quæ monuit, vel præcepit Dominus, ubi adjungebat : « Ego autem dico vobis, » inveniuntur etiam in illis veteribus libris. Sed quia non intelligebant homicidium nisi peremptionem corporis humani, aperuit Dominus omnem iniquum motum ad nocendum fratri in homicidii genere deputari.* Et quantùm ad hujusmodi manifestationes, præcepta novæ legis dicuntur majora præceptis veteris legis; nihil tamen prohibet majus in minori virtute contineri, sicut arbor continetur in semine.

Ad tertium dicendum quòd illud quod implicitè datum est, oportet explicari; et ideò post veterem legem latam oportuit etiam novam legem dari.

ARTICULUS IV. — *Utrùm lex nova sit gravior quàm vetus.* — (3, dist. 40, art. 4, quæst. 4, et quodl. 4, art. 13, corp., et Matth. 1.)

Ad quartum sic proceditur. 1. Videtur quòd lex nova sit gravior quàm lex vetus. Matth. enim 5, super illud : *Qui solverit unum de mandatis his minimis,* dicit Chrysostomus, hom. 10, in Opere imperf., ad fin. : *Mandata Moysi in actu facilia sunt, ut : « Non uccides ; Non adulterabis; » mandata Christi autem, scilicet : « Non irascaris ; Non concupiscas, » in actu difficilia sunt.* Ergo lex nova est gravior quàm vetus.

2. Præterea, facilius est terrenâ prosperitate uti quàm tribulationes perpeti. Sed in veteri Testamento observationem veteris legis consequebatur prosperitas temporalis, ut patet Deut. 28; observatores autem novæ legis consequitur multiplex adversitas, prout dicitur 2 ad Cor. 6, 4 : *Exhibeamus nosmetipsos sicut Dei ministros in multâ patientiâ, in tribulationibus, in necessitatibus, in angustiis,* etc. Ergo lex nova est gravior quàm lex vetus.

3. Præterea, quod se habet ex additione ad alterum, videtur esse difficilius. Sed lex nova se habet ex additione ad veterem; nam lex vetus prohibuit perjurium, lex nova etiam juramentum; lex vetus prohibuit dissidium uxoris sine libello repudii, lex autem nova omninò dissidium prohibuit, ut patet Matth. 5, secundùm expositionem Augustini, lib. 1 de Serm. Domini in monte, cap. 14. Ergo lex nova est gravior quàm vetus.

Sed contra est quod dicitur Matth. 11, 28 : *Venite ad me, omnes qui laboratis et onerati estis;* quod exponens Hilarius, can. 11 in Matth., non procul à fin., dicit : *Legis diffi-*

cultatibus laborantes, et peccatis seculi oneratos ad se advocat; et postmodùm de jugo Evangelii subdit : *Jugum enim meum suave est, et onus meum leve.* Ergo lex nova est levior quàm vetus.

Respondeo dicendum quòd circa opera virtutis, de quibus præcepta legis dantur, duplex difficultas attendi potest : una quidem ex parte exteriorum operum, quæ ex seipsis quamdam difficultatem habent et gravitatem; et quantùm ad hoc lex vetus est multò gravior quàm nova : quia ad plures actus exteriores obligabat lex vetus in multiplicibus cæremoniis, quàm lex nova, quæ præter præcepta legis naturæ paucissima superaddit in doctrinâ Christi et Apostolorum; licèt aliqua sint postmodùm superaddita ex institutione sanctorum Patrum; in quibus etiam Augustinus dicit esse moderationem attendendam, ne conversatio fidelium onerosa reddatur; dicit enim ad inquisitiones Januarii, epist. 55, olim 119, cap. 19, à med., de quibusdam, quòd *ipsam religionem nostram, quam in manifestissimis et paucissimis celebrationum sacramentis Dei voluit misericordia esse liberam, servilibus premunt oneribus; adeò ut tolerabilior sit conditio Judæorum, qui legalibus sarcinis, non humanis præsumptionibus subjiciuntur.*

Alia autem difficultas est circa opera virtutum in interioribus actibus, putà quòd aliquis opus virtutis exerceat promptè et delectabiliter; et circa hoc difficile est virtus; hoc enim non habenti virtutem est valdè difficile, sed per virtutem redditur facile. Et quantùm ad hoc præcepta novæ legis sunt graviora præceptis veteris legis, quia in novâ lege prohibentur interiores motus animi, qui expressè in veteri lege non prohibebantur in omnibus, etsi in aliquibus prohiberentur, in quibus tamen prohibendis pæna non apponebatur. Hoc autem est difficillimum non habenti virtutem, sicut etiam Philosophus dicit in 5 Ethic., cap. 9, ad fin., quòd *operari ea quæ justus operatur, facile est; sed operari ea eo modo quo justus operatur, scilicet delectabiliter et promptè, est difficile non habenti justitiam.* Et sic etiam dicitur 1 Joan. 5, 3, quòd *mandata ejus gravia non sunt;* quod exponens Augustinus, lib. de Nat. et Grat., cap. 69, dicit quòd *non sunt gravia amanti, sed non amanti sunt gravia.*

Ad primum ergo dicendum quòd auctoritas illa loquitur expressè de difficultate novæ legis quantùm ad expressam cohibitionem interiorum motuum.

Ad secundum dicendum quòd adversitates quas patiuntur observatores novæ legis, non sunt ab ipsâ lege impositæ; sed tamen propter amorem, in quo ipsa lex consistit, faciliter tolerantur, quia, sicut Augustinus dicit, in lib. de Verb. Dom. (serm. 9, à med.), *omnia sæva et immania, et facilia, et propè nulla efficit amor.*

Ad tertium dicendum quòd illæ additiones ad præcepta veteris legis ad hoc ordinantur ut faciliùs impleatur quod vetus lex mandabat, sicut Augustinus dicit, lib. 1 de Serm. Dom. in monte, cap. 17 et 19, et ideò per hoc non ostenditur quòd nova lex sit gravior, sed magis quòd sit facilior.

QUÆSTIO CVIII.

DE HIS QUÆ CONTINENTUR IN LEGE NOVA
— *(In quatuor articulos divisa.)*

Deinde considerandum est de his quæ continentur in lege novâ; et circa hoc quæruntur quatuor : 1° utrùm lex nova debeat aliqua opera exteriora præcipere, vel prohibere; 2° utrùm sufficienter se habeat in exterioribus actibus præcipiendis, vel prohibendis; 3° utrùm convenienter instituat homines quantùm ad actus interiores; 4° utrum convenienter superaddat consilia præceptis.

ARTICULUS PRIMUS. — *Utrùm lex nova aliquos exteriores actus debeat præcipere, vel prohibere.*

Ad primum sic proceditur. 1. Videtur quòd lex nova nullos exteriores actus debeat præcipere, vel prohibere. Lex enim nova est Evangelium regni, secundùm illud Matth. 24: *Prædicabitur hoc Evangelium regni in universo orbe.* Sed regnum Dei non consistit in exterioribus actibus, sed solùm in interioribus, secundùm illud Luc 17, 21 : *Regnum Dei intra vos est;* et Rom. 14, 17 : *Non est regnum Dei esca et potus; sed justitia et pax, et gaudium in Spiritu sancto.* Ergo lex nova non debet præcipere vel prohibere aliquos exteriores actus.

2. Præterea, lex nova est lex Spiritûs, ut dicitur Rom. 8. Sed *ubi Spiritus Domini, ibi libertas,* ut dicitur 2 ad Corinth. 3, 17 : non est autem libertas, ubi homo obligatur ad aliqua opera exteriora facienda vel vitanda. Ergo lex nova non continet aliqua præcepta, vel prohibitiones exteriorum actuum.

3. Præterea, omnes exteriores actus pertinere intelliguntur ad manum, sicut interiores actus pertinent ad animum. Sed hæc ponitur differentia inter novam legem et veterem, quòd vetus lex *cohibet manum,* sed lex nova *cohibet animum.* Ergo in lege novâ non debent poni prohibitiones et præcepta exteriorum actuum, sed solùm interiorum.

Sed contra est quòd per legem novam efficiuntur homines *filii lucis;* unde dicitur Joan. 12, 36 : *Credite in lucem, ut filii lucis sitis.* Sed filios lucis decet opera lucis facere, et opera tenebrarum abjicere, secundùm illud Ephes. 5, 8 : *Eratis aliquando tenebræ, nunc autem lux in Domino; ut filii lucis ambulate.* Ergo lex nova quædam exteriora opera debuit prohibere, et quædam præcipere.

Respondeo dicendum quòd, sicut supra dictum est, quæst. 106, art. 1 et 2, principalitas legis novæ est gratia Spiritûs sancti, quæ manifestatur in fide per dilectionem operante. Hanc autem gratiam consequuntur homines per Dei Filium hominem factum, cujus humanitatem Deus replevit gratiâ, et exinde est ad nos derivata. Unde dicitur Joan. 1, 14 : *Verbum caro factum est;* et postea subditur : *Plenum gratiæ et veritatis;* et infra : *De plenitudine ejus nos omnes accepimus, et gratiam pro gratiâ;* unde subditur quòd gratia et ve-

ritas per Jesum Christum facta est. Et ideò convenit ut per aliqua exteriora sensibilia gratia à Verbo incarnato profluens in nos deducatur, et ex gratiâ interiori, per quam caro spiritui subditur, exteriora quædam opera sensibilia producantur.

Sic igitur exteriora opera dupliciter ad gratiam pertinere possunt. Uno modo sicut inducentia aliqualiter ad gratiam; et talia sunt opera sacramentorum, quæ in novâ lege sunt instituta, sicut baptismus, Eucharistia et alia hujusmodi.

Alia verò sunt opera exteriora, quæ ex instinctu gratiæ producuntur; et in his est quædam differentia attendenda. Quædam enim habent necessariam convenientiam, vel contrarietatem ad interiorem gratiam, et quæ in fide per dilectionem operante consistit; et hujusmodi exteriora opera sunt præcepta vel prohibita in lege novâ, sicut præcepta est confessio fidei, et prohibita negatio; dicitur enim Matth. 10, 13 : *Qui confitebitur me coram hominibus, confitebor et ego eum coram Patre meo; qui autem negaverit me coram hominibus, negabo et ego eum coram Patre meo.*

Alia verò sunt opera quæ non habent necessariam contrarietatem vel convenientiam ad fidem per dilectionem operantem; et talia opera non sunt in novâ lege præcepta, vel prohibita ex primâ legis institutione, sed relicta sunt à legislatore (scilicet Christo) unicuique, secundùm quòd aliquis alicujus curam gerere debet; et sic unicuique liberum est circa talia determinare quid sibi expediat facere, vel vitare, et cuicumque præsidenti circa talia ordinare suis subditis, quid sit in talibus faciendum, vel vitandum. Unde etiam quantùm ad hoc dicitur lex Evangelii *lex libertatis;* nam lex vetus multa determinabat, et pauca relinquebat hominum libertati determinanda.

Ad primum ergo dicendum quòd regnum Dei in interioribus actibus consistit principaliter; sed ex consequenti etiam ad regnum Dei pertinent omnia illa sine quibus interiores actus esse non possunt; sicut si regnum Dei est interior justitia, et pax, et gaudium spirituale, necesse est quòd omnes exteriores actus qui repugnant justitiæ, aut paci, aut gaudio spirituali, repugnent etiam regno Dei; et ideò sunt in Evangelio regni prohibendi; illa verò quæ indifferenter se habent respectu horum, putà comedere hos, vel illos cibos, in his non est regnum Dei. Unde Apostolus præmittit : *Non est regnum Dei esca et potus.*

Ad secundum dicendum quòd secundùm Philosophum in 1 Metaph., cap. 2, circ. med., *liber est qui sui causa est.* Ille ergo liberè aliquid agit qui ex seipso agit. Quod autem homo agit ex habitu suæ naturæ convenienti, ex seipso agit, quia *habitus inclinat in modum naturæ.* Si verò habitus esset naturæ repugnans, homo non ageret, secundùm quòd est ipse, sed secundùm aliquam corruptionem sibi supervenientem. Quia igitur gratia Spiritûs sancti est sicut interior habitus nobis infusus, inclinans nos ad rectè operandum, facit nos liberè operari ea quæ conveniunt gratiæ, et vitare ea quæ gratiæ repugnant. Sic igitur lex nova dicitur lex libertatis dupliciter. Uno modo quia non arctat nos ad facienda, vel vitanda aliqua, nisi quæ de se sunt vel necessaria, vel repugnantia saluti, quæ cadunt sub præcepto, vel prohibitione legis. Secundò quia hujusmodi præcepta, vel prohibitiones facit nos liberè implere, in quantum ex interiori instinctu gratiæ ea implemus. Et propter hæc duo lex nova dicitur *lex perfectæ libertatis*, Jacobi 1, 25.

Ad tertium dicendum quòd lex nova prohibendo animum ab inordinatis motibus, oportet etiam quòd cohibeat manum ab inordinatis actibus, qui sunt effectus interiorum motuum.

ARTICULUS II. — *Utrùm lex nova sufficienter exteriores actus ordinaverit. — (Inf., art. 4, et quodl. 4, art. 13, corp.)*

Ad secundum sic proceditur. 1. Videtur quòd lex nova insufficienter exteriores actus ordinaverit. Ad legem enim novam præcipuè pertinere videtur fides per dilectionem operans, secundùm illud ad Galat. 5, 6 : *In Christo Jesu neque circumcisio aliquid valet, neque præputium, sed fides, quæ per dilectionem operatur*. Sed lex nova explicavit quædam credenda, quæ non erant in veteri lege explicita, sicut de fide Trinitatis. Ergo etiam debuit superaddere aliqua exteriora opera moralia, quæ non erant in veteri lege determinata.

2. Præterea, in veteri lege non solùm sunt instituta sacramenta, sed etiam aliqua sacra, ut supra dictum est, quæst. 101, art. 4, et quæst. 102, art. 4. Sed in novà lege etsi sint instituta aliqua sacramenta, nulla tamen sacra instituta à Deo videntur, putà quæ pertineant vel ad sanctificationem alicujus templi, vel vasorum, vel etiam ad aliquam solemnitatem celebrandam. Ergo lex nova insufficienter exteriora opera ordinavit.

3. Præterea, in veteri lege sicut erant quædam observantiæ pertinentes ad Dei ministros, ita etiam erant quædam observantiæ pertinentes ad populum, ut supra dictum est, quæst. 101, art. 4, et 102, art. 5 et 6, cùm de cæremonialibus veteris legis ageretur. Sed in novà lege videntur aliquæ observantiæ esse datæ ministris Dei, ut patet Matth. 10, 9 : *Nolite possidere aurum, neque argentum, neque pecuniam in zonis vestris*, et cætera quæ ibi sequuntur, et quæ dicuntur Luc. 9 et 10. Ergo etiam debuerunt aliquæ observantiæ institui in novà lege ad populum fidelem pertinentes.

4. Præterea, in veteri lege præter moralia et cæremonialia fuerunt quædam judicialia præcepta. Sed in lege novà non traduntur aliqua judicialia præcepta. Ergo lex nova insufficienter exteriora opera ordinavit.

Sed contra est quod Dominus dicit Matth. 7, 21 : *Omnis qui audit verba mea hæc, et facit ea, assimilabitur viro sapienti, qui ædificavit domum suam supra petram*. Sed sapiens ædificator nihil omittit eorum quæ sunt necessaria ad ædificium. Ergo in verbis Christi suf-

ficienter sunt omnia posita quæ pertinent ad salutem humanam.

Respondeo dicendum quòd, sicut dictum est art. præc., lex nova in exterioribus illa solùm præcipere debuit vel prohibere, per quæ in gratiam introducimur, vel quæ pertinent ad rectum gratiæ usum ex necessitate. Et quia gratiam ex nobis consequi non possumus, sed per Christum solùm, ideò sacramenta, per quæ gratiam consequimur, ipse Dominus instituit per seipsum, scilicet Baptismum, Eucharistiam, Ordinem ministrorum novæ legis, instituendo Apostolos, et septuaginta duos discipulos, et Pœnitentiam, et Matrimonium indivisibile; Confirmationem etiam promisit per Spiritûs sancti missionem; ex ejus etiam institutione Apostoli leguntur oleo infirmos ungendo sanâsse, ut habetur Marc. 6, quæ sunt novæ legis sacramenta. Rectus autem gratiæ usus est per opera charitatis; quæ quidem, secundùm quòd sunt de necessitate virtutis, pertinent ad præcepta moralia, quæ etiam in veteri lege tradebantur. Unde quantùm ad hoc lex nova super veterem addere non debuit circa exteriora agenda. Determinatio autem prædictorum operum in ordine ad cultum Dei pertinet ad præcepta cæremonialia legis; in ordine verò ad proximum ad judicialia, ut supra dictum est, quæst. 99, art. 4, et ideò quia istæ determinationes non sunt secundùm se de necessitate interioris gratiæ, in quâ lex consistit, idcircò non cadunt sub præcepto novæ legis, sed relinquuntur humano arbitrio; quædam quidem quantùm ad subditos, quæ scilicet pertinent sigillatim ad unumquemque; quædam verò ad prælatos temporales vel spirituales, quæ scilicet pertinent ad utilitatem communem.

Sic igitur lex nova nulla alia exteriora opera determinare debuit præcipiendo vel prohibendo, nisi sacramenta et moralia præcepta, quæ de se pertinent ad rationem virtutis, putà non esse occidendum, non esse furandum, et alia hujusmodi.

Ad primum ergo dicendum quòd ea quæ sunt fidei, sunt supra rationem humanam; unde in eâ non possumus pervenire nisi per gratiam; et ideò, abundantiori gratiâ superveniente, oportuit plura credenda explicari. Sed ad opera virtutum dirigimur per rationem naturalem, quæ est regula quædam operationis humanæ, ut supra dictum est, qu. 19, art. 3, et quæst. 13, art. 2, et ideò in his non oportuit aliqua præcepta dari ultra moralia legis præcepta, quæ sunt de dictamine rationis.

Ad secundum dicendum quòd in sacramentis novæ legis datur gratia, quæ non est nisi à Christo; et ideò oportuit quòd ab ipso institutionem haberent; sed in sacris non datur aliqua gratia, putà in consecratione templi vel altaris, vel aliorum hujusmodi, aut etiam in ipsâ celebritate solemnitatum. Et ideò quia talia secundùm seipsa non pertinent ad necessitatem interioris gratiæ, Dominus fidelibus instituenda reliquit pro suo arbitrio.

Ad tertium dicendum quòd illa præcepta

Dominus dedit Apostolis, non tanquàm cæremoniales observantias, sed tanquàm moralia instituta; et possunt intelligi dupliciter : uno modo, secundùm Augustinum, in lib. Я de Consensu Evangelistarum, cap. 30, ante med., ut non sint præcepta, sed concessiones. Concessit enim eis ut possent pergere ad prædicationis officium sine perâ, et baculo, et aliis hujusmodi, tanquàm habentes potestatem necessaria vitæ accipiendi ab illis quibus prædicabant; unde subdit : *Dignus est enim operarius cibo suo.* Non autem peccat, sed supererogat, qui sua portat, ex quibus vivat in prædicationis officio, non accipiens sumptum ab his quibus Evangelium prædicat, sicut Paulus fecit. Alio modo possunt intelligi, secundùm aliorum sanctorum expositionem, ut sint quædam statuta temporalia Apostolis data pro illo tempore quo mittebantur ad prædicandum in Judæam ante Christi passionem. Indigebant enim discipuli, quasi adhuc parvuli sub Christi curâ existentes, accipere aliqua specialia instituta à Christo, sicut quilibet subditi à suis prælatis, præcipuè qui erant paulatim exercitandi, ut temporalium sollicitudinem abdicarent; per quod reddebantur idonei ad hoc quòd Evangelium per universum orbem prædicarent. Nec est mirum si adhuc durante statu veteris legis, et nondùm perfectam libertatem Spiritûs consecutis, quosdam determinatos modos vivendi instituit; quæ quidem statuta imminente passione removit, tanquàm discipulis jam per ea sufficienter exercitatis : unde Luc. 22, 35, dicit : *Quando misi vos sine sacculo, et perâ, et calceamentis, numquid defuit aliquid vobis? At illi dixerunt : Nihil. Dixit ergo eis : Sed nunc qui habet sacculum, tollat similiter et peram;* jam enim imminebat tempus perfectæ libertatis, ut totaliter suo dimitterentur arbitrio in his quæ secundùm se non pertinent ad necessitatem virtutis.

Ad quartum dicendum quòd judicialia etiam secundùm se considerata non sunt de necessitate virtutis quantùm ad talem determinationem, sed solùm quantùm ad communem rationem justitiæ; et ideò judicialia præcepta reliquit Dominus disponenda his qui curam aliorum erant habituri vel spiritualem, vel temporalem. Sed circa judicialia præcepta veteris legis quædam explanavit, propter malum intellectum pharisæorum, ut infra dicetur, art. seq., ad 2.

ARTICULUS III. — *Utrùm lex nova hominem circa interiores actus sufficienter ordinaverit.*

Ad tertium sic proceditur. 1. Videtur quòd circa interiores actus lex nova insufficienter hominem ordinaverit. Sunt enim decem præcepta decalogi ordinantia hominem ad Deum et proximum. Sed Dominus solùm circa tria illorum aliquid adimplevit (1), scilicet circa prohibitionem homicidii, et circa prohibitionem adulterii, et circa prohibitionem perjurii.

Ergo videtur quòd insufficienter hominem ordinaverit, adimpletionem aliorum præceptorum prætermittens.

2. Præterea, Dominus nihil ordinavit in Evangelio de judicialibus præceptis, nisi circa repudium uxoris, et circa pœnam talionis, et circa persecutionem inimicorum. Sed multa sunt alia judicialia præcepta veteris legis, ut supra dictum est, quæst. 104, art. 4, et qu. 105. Ergo quantùm ad hoc insufficienter vitam hominum ordinavit.

3. Præterea, in veteri lege præter præcepta moralia et judicialia, erant quædam cæremonialia, circa quæ Dominus nihil ordinavit. Ergo videtur insufficienter ordinâsse.

4. Præterea, ad interiorem bonam mentis dispositionem pertinet ut nullum bonum opus homo faciat propter quemcumque temporalem finem. Sed multa sunt alia temporalia bona quàm favor humanus; multa etiam sunt alia bona opera quàm jejunium, eleemosyna et oratio. Ergo inconveniens fuit quod Dominus docuit solùm circa hæc tria opera gloriam favoris humani vitari, et nihil aliud terrenorum bonorum.

5. Præterea, naturaliter homini inditum est ut sollicitetur circa ea quæ sunt sibi necessaria ad vivendum, in quâ etiam sollicitudine alia animalia cum homine conveniunt; unde dicitur Proverb. 6, 6 : *Vade ad formicam, ó piger, et considera vias (1) ejus; quæ cùm non habeat præceptorem vel ducem, parat in æstate cibum sibi, et congregat in messe quod comedat.* Sed omne præceptum quod datur contra inclinationem naturæ, est iniquum, utpote contra legem naturalem existens. Ergo inconvenienter videtur Dominus prohibuisse sollicitudinem victûs et vestitûs.

6. Præterea, nullus actus virtutis est prohibendus. Sed judicium est actus justitiæ, secundùm illud Psal. 93, 15 : *Quousque justitia convertatur in judicium.* Ergo inconvenienter videtur Dominus judicium prohibuisse; et ita videtur lex nova insufficienter hominem ordinâsse circa interiores actus.

Sed contra est quod Augustinus dicit in lib. 1 de Sermone Domini in monte, cap. 1, circa princ. : *Considerandum est quia cùm dixit : «Qui audit verba mea hæc (2)» satis significat sermonem istum Domini omnibus præceptis quibus christiana vita formatur, esse perfectum.*

Respondeo dicendum quòd, sicut ex inductâ auctoritate Augustini apparet, sermo quem Dominus in monte proposuit, totam informationem christianæ vitæ continet, in quo perfectè interiores motus hominis ordinantur. Nam post declaratum beatitudinis finem, commendatâ apostolicâ dignitate, per quos erat doctrina evangelica promulganda, ordinat interiores hominis motus primò quidem quantùm ad seipsum, et deinde quantùm ad proximum. Quantùm autem ad seipsum dupliciter, secundùm duos interiores hominis motus circa agenda, qui

_____

(1) Ita edit. Rom. et Patav. 1698, cum codicibus. Garcia legendum monet, *explicavit*, et infra, *exæcationem*, ut ex eo habet edit. Patav. 1712. Nicolaius, *explicavit*, et mox, *adimpletionem*.

(1) Al., *viam.*
(2) Ita melioris notæ Mss. et exempla. Al., *verba mea, hoc satis*, etc.

sunt voluntas de agendis, et intentio de fide. Unde primò ordinal hominis voluntatem secundùm diversa legis præcepta, ut scilicet abstineat aliquis non solùm ab exterioribus operibus quæ sunt secundùm se mala, sed etiam ab interioribus, et ab occasionibus malorum. Deinde ordinat intentionem hominis, dicens quòd in bonis quæ agimus, neque quæramus humanam gloriam, neque mundanas divitias, quod est thesaurizare in terrâ. Consequenter autem ordinat interiorem hominis motum quoad proximum, ut scilicet eum non temerariè aut injustè judicemus, aut præsumptuosè; neque tamen sic simus apud proximum remissi, ut eis sacra committamus, si sint indigni. Ultimò autem docet modum adimplendi evangelicam doctrinam, scilicet implorando divinum auxilium, et conatum apponendo ad ingrediendum per angustam portam perfectæ virtutis, et cantelam adhibendo, ne à seductoribus corrumpamur; et quòd observatio mandatorum ejus est necessaria ad virtutem; non autem sufficit sola confessio fidei, vel miraculorum operatio, vel solus auditus.

Ad primum ergo dicendum quòd Dominus circa illa legis præcepta adimpletionem (1) apposuit in quibus scribæ et pharisæi non rectum intellectum habebant; et hoc contingebat præcipuè circa tria præcepta decalogi: nam circa prohibitionem adulterii et homicidii æstimabant solùm exteriorem actum prohiberi, non autem interiorem appetitum; quod magis credebant circa homicidium et adulterium, quàm circa furtum vel falsum testimonium, quia motus iræ in homicidium tendens, et concupiscentiæ motus tendens in adulterium, videntur aliqualiter nobis à naturâ inesse, non autem appetitus furandi, vel falsum testimonium dicendi. Circa perjurium verò habebant falsum intellectum, credentes perjurium quidem esse peccatum, juramentum autem per se esse appetendum et frequentandum, quia videtur ad Dei reverentiam pertinere; et ideò Dominus ostendit juramentum non esse appetendum tanquàm bonum, sed melius esse absque juramento loqui, nisi necessitas cogat.

Ad secundum dicendum quòd circa judicialia præcepta dupliciter scribæ et pharisæi errabant : primò quidem quia quædam quæ in lege Moysi erant tradita tanquàm permissiones (2) æstimabant esse per se justa, scilicet repudium uxoris, et usuras accipere ab extraneis; et ideò Dominus prohibuit uxoris repudium, Matth. 5, et usurarum acceptionem, Luc. 6, 35, dicens : *Date mutuum, nihil inde sperantes.* Alio modo errabant credentes, quædam quæ lex vetus instituerat facienda propter justitiam, esse exequenda ex appetitu vindictæ, vel ex cupiditate temporalium rerum, vel ex odio inimicorum; et hoc in tribus præceptis. Appetitum enim vindictæ credebant esse licitum propter præ-

ceptum datum de pœnâ talionis; quod qui dem fuit datum, ut justitia servaretur, non ut homo vindictam quæreret. Et ideò Dominus ad hoc removendum docet, animum hominis sic debere esse præparatum, ut si necesse sit, etiam paratus sit plura sustinere. Motum autem cupiditatis æstimabant esse licitum propter præcepta judicialia, in quibus mandatur restitutio rei ablatæ fieri etiam cum aliquâ additione, ut supra dictum est, quæst. 105, art. 2, ad 9, et hòc quidem lex mandavit propter justitiam observandam, non ut daret cupiditati locum. Et ideò Dominus docet ut ex cupiditate nostrâ non repetamus, sed simus parati, si necesse fuerit, etiam ampliora dare. Motum verò odii credebant esse licitum propter præcepta legis data de hostium interfectione; quod quidem lex statuit propter justitiam implendam, ut supra dictum est, quæst. 105, art. 3, ad 4, non propter odia exsaturanda. Et ideò Dominus docet ut ad inimicos dilectionem habeamus, et parati simus, si necesse fuerit, etiam benefacere. Hæc enim præcepta secundùm præparationem animi sunt accipienda, ut Augustinus exponit, lib. 1, de Serm. Domini in monte, cap. 19 et seq.

Ad tertium dicendum quòd præcepta moralia omninò in novâ lege remanere debebant, quia secundùm se pertinent ad rationem virtutis; præcepta autem judicialia non remanebant ex necessitate secundùm modum quem lex determinavit, sed relinquebatur arbitrio hominum, utrùm sic vel aliter esset determinandum; et ideò convenienter Dominus circa hæc duo genera præceptorum nos ordinavit. Præceptorum autem cæremonialium observatio totaliter per rei impletionem tollebatur; et ideò circa hujusmodi præcepta in illâ communi doctrinâ nihil ordinatur. Ostendit tamen alibi quòd totus corporalis cultus, qui erat determinatus in lege, erat in spiritualem commutandus, ut patet Joan. 4, 23, ubi dixit : *Veniet hora quando* (1) *neque in monte hoc, neque in Hierosolymis adorabitis Patrem ; sed veri adoratores adorabunt Patrem in spiritu et veritate.*

Ad quartum dicendum quòd omnes res mundanæ ad tria reducuntur, scilicet ad honores, divitias et delicias, secundùm illud 1 Joan. 2, 16 : *Omne quod est in mundo, concupiscentia carnis est,* quod pertinet ad delicias carnis, *et concupiscentia oculorum,* quod pertinet ad divitias, *et superbia vitæ,* quod pertinet ad ambitum gloriæ et honoris. Superfluas autem carnis delicias lex non promisit, sed magis prohibuit. Repromisit autem celsitudinem honoris et abundantiam divitiarum ; dicitur enim Deuter. 28, 1 : *Si audieris vocem Domini Dei tui, faciet te excelsiorem cunctis gentibus,* quantùm ad primum ; et post pauca subdit : *Abundare faciet te omnibus bonis,* quantùm ad secundum. Quæ quidem promissa sic pravè intelligebant Judæi, ut propter ea esset Deo serviendum sicut propter finem. Et ideò Dominus hoc removit, ostendens primò quòd opera virtutum non sunt

---

(1) Al., *explicationem.* Vide notata in 1 arg.; omnia enim puria sunt, præter Nicolaium, qui hìc legit, *explicationem.*

(2) Ita Mss. et editi passim. Al., *promissiones.*

(1) Vulgata : *Venit hora, et nunc est, quando,* etc.

facienda propter humanam gloriam. Et ponit tria opera, ad quæ omnia alia reducuntur; nam omnia quæ aliquis facit ad refrenandum seipsum in suis concupiscentiis, reducuntur ad jejunium; quæcumque verò fiunt propter dilectionem proximi, reducuntur ad eleemosynam; quæcumque verò propter cultum Dei fiunt, reducuntur ad orationem. Ponit autem hæc tria specialiter, quasi præcipua, et per quæ homines maximè solent gloriam venari. Secundò docuit quòd non debemus finem constituere in divitiis, cùm dixit, Matth. 6, 19 : *Nolite thesaurizare vobis thesauros in terrâ.*

Ad quintum dicendum quòd Dominus sollicitudinem necessariam non prohibuit, sed sollicitudinem inordinatam. Est autem quadruplex inordinatio sollicitudinis vitanda circa temporalia. Primò quidem ut in eis finem non constituamus, neque Deo serviamus propter necessaria victûs et vestitûs; unde dicitur: *Nolite thesaurizare vobis*, etc. Secundò ut non sic sollicitemur de temporalibus cum desperatione divini auxilii; unde Dominus dicit, ibid., 32 : *Scit Pater vester quòd his omnibus indigetis.* Tertiò ne sit sollicitudo præsumptuosa, ut scilicet homo confidat se necessaria vitæ per suam sollicitudinem posse procurare absque divino auxilio; quod Dominus removet per hoc quòd homo non potest aliquid adjicere ad staturam suam. Quartò per hoc quòd homo sollicitudinis tempus præoccupat, quia scilicet de hoc sollicitus est nunc, quod non pertinet ad curam præsentis temporis, sed ad curam futuri; unde dicit, ibid., 34, *Nolite solliciti esse in crastinum.*

Ad sextum dicendum quòd Dominus non prohibet judicium justitiæ, sine quo non possunt sancta subtrahi ab indignis; sed prohibet judicium inordinatum, ut dictum est in corp. art.

ARTICULUS IV. — *Utrùm convenienter in lege novâ consilia quædam determinata sint proposita.* — (3 cont., cap. 230, et quodl. 5, art. 19, corp.)

Ad quartum sic proceditur. 1. Videtur quòd inconvenienter in lege novâ consilia quædam determinata sint proposita. Consilia enim dantur de rebus expedientibus ad finem, ut supra dictum est, quæst. 14, art. 2, cùm de consilio ageretur. Sed non eadem omnibus expediunt. Ergo non sunt aliqua consilia determinata omnibus proponenda.

2. Præterea consilia dantur de meliori bono. Sed non sunt determinati gradus melioris boni. Ergo non debent aliqua determinata consilia dari.

3. Præterea, consilia pertinent ad perfectionem vitæ. Sed obedientia pertinet ad perfectionem vitæ. Ergo inconvenienter de eâ consilium non datur in Evangelio.

4. Præterea, multa ad perfectionem vitæ pertinentia inter præcepta ponuntur, sicut hoc quod dicitur : *Diligite inimicos vestros;* et præcepta etiam quæ dedit Dominus Apostolis, Matth. 10. Ergo inconvenienter traduntur consilia in novâ lege, tum quia non omnia ponuntur, tum etiam quia à præceptis non distinguuntur.

Sed contra, consilia sapientis amici magnam afferunt utilitatem, secundùm illud Prov. 27, 9 : *Unguento et variis odoribus delectatur cor, et bonis amici consiliis anima dulcoratur.* Sed Christus maximè est sapiens et amicus. Ergo ejus consilia maximam utilitatem continent, et convenientia sunt.

Respondeo dicendum quòd hæc est differentia inter consilium et præceptum, quòd præceptum importat necessitatem, consilium autem in optione ponitur ejus cui datur; et ideò convenienter in lege novâ, quæ est lex libertatis, supra præcepta sunt addita consilia; non autem in veteri lege, quæ erat lex servitutis.

Oportet igitur quòd præcepta novæ legis intelligantur esse data de his quæ sunt necessaria ad consequendum finem æternæ beatitudinis, in quem lex nova immediatè introducit; consilia verò oportet esse de illis per quæ meliùs et expeditiùs potest homo consequi finem prædictum. Est autem homo constitutus inter res mundi hujus et spiritualia bona, in quibus æterna beatitudo consistit, ita quòd quantò plus inhæret uni eorum, tantò plus recedit ab altero, et è converso. Qui ergo totaliter inhæret rebus hujus mundi, ut in eis finem constituat, habens eas quasi rationes et regulas suorum operum, totaliter excidit à spiritualibus bonis : et ideò hujusmodi inordinatio tollitur per præcepta. Sed quòd homo totaliter ea quæ sunt mundi, abjiciat, non est necessarium ad perveniendum in finem prædictum; quia potest homo utens rebus hujus mundi, dummodò in eis finem non constituat, ad beatitudinem æternam pervenire; sed expeditiùs perveniet totaliter bona hujus mundi abdicando, et ideò de hoc dantur consilia Evangelii.

Bona autem hujus mundi, quæ pertinent ad usum humanæ vitæ, in tribus consistunt, scilicet in divitiis exteriorum bonorum, quæ pertinent *ad concupiscentiam oculorum,* et in deliciis carnis, quæ pertinent *ad concupiscentiam carnis,* et in honoribus, quæ pertinent *ad superbiam vitæ,* sicut patet 1 Joan. 2. Hæc autem tria totaliter derelinquere, secundùm quòd possibile est, pertinet ad consilia evangelica. In quibus etiam tribus fundatur omnis religio, quæ statum perfectionis profitetur : nam divitiæ abdicantur per *paupertatem,* deliciæ carnis per *perpetuam castitatem,* superbia vitæ per *obedientiæ servitutem.*

Hæc autem simpliciter observata pertinent ad consilia simpliciter proposita; sed observatio uniuscujusque eorum in aliquo speciali casu pertinet ad consilium secundùm quid, scilicet in casu illo; putà cùm homo dat aliquam eleemosynam pauperi, quando dare non tenetur, consilium sequitur quantùm ad factum illud; similiter etiam quando aliquo tempore determinato à delectationibus carnis abstinet, ut orationibus vacet, consilium sequitur pro tempore illo; similiter etiam quando aliquis non sequitur voluntatem suam in aliquo facto, quod licitè posset facere, consilium sequitur in illo casu, putà si benè faciat inimicis suis, quando non tenetur, vel si offensam remittat, cujus justè posset exigere vindictam. Et sic etiam omnia consilia particularia ad illa tria generalia et perfecta reducuntur.

Ad primum ergo dicendum quòd prædicta consilia, quantùm est de se, sunt omnibus expedientia, sed ex indispositione aliquorum contingit quòd alicui expedientia non sunt, quia eorum effectus ad hæc non inclinatur. Et ideò Dominus consilia evangelica proponens, semper facit mentionem de idoneitate hominum ad observantiam consiliorum. Dans enim consilium perpetuæ paupertatis, Matth. 19, 21, præmittit: *Si vis perfectus esse*; et postea subdit: *Vade, et vende omnia quæ habes*. Similiter dans consilium perpetuæ castitatis, cùm dixit, ibid. 12 : *Sunt eunuchi qui castraverunt seipsos propter regnum cœlorum*; statim subdit : *Qui potest capere capiat*. Et similiter Apostolus, 1 ad Cor. 7, 35, præmisso consilio virginitatis, dicit: *Porrò hoc ad utilitatem vestram dico, non ut laqueum vobis injiciam.*

Ad secundum dicendum quòd meliora bona particulariter in singulis sunt indeterminata; sed illa quæ sunt simpliciter et absolutè meliora bona in universali, sunt determinata; ad quæ etiam omnia illa particularia reducuntur, ut dictum est in corp. art.

Ad tertium dicendum quòd etiam consilium obedientiæ Dominus intelligitur dedisse in hoc quod dixit : *Et sequatur me*; quem sequimur non solùm imitando opera; sed etiam obediendo mandatis ipsius, secundùm illud Joan. 10, 27 : *Oves meæ vocem meam audiunt, et sequuntur me.*

Ad quartum dicendum quòd ea quæ de verâ dilectione inimicorum et similibus Dominus dicit, Matth. 6, et Luc. 6, si referantur ad præparationem animi, sunt de necessitate salutis, ut scilicet homo sit paratus benefacere inimicis, et alia hujusmodi facere, cùm necessitas hoc requiret; et ideò inter præcepta ponuntur. Sed ut aliquis inimicis hoc exhibeat promptè in actu, ubi specialis necessitas non occurrit, pertinet ad consilia particularia, ut dictum est in corp. art. Illa autem quæ ponuntur Matth. 10, et Luc. 9 et 10, fuerunt quædam præcepta disciplinæ pro tempore illo, vel concessiones quædam, ut supra dictum est, art. 2 huj. quæst., ad 3, et ideò non inducuntur tanquam consilia.

QUÆSTIO CIX.

DE EXTERIORI PRINCIPIO HUMANORUM ACTUUM, SCILICET DE GRATIA DEI. — (*In decem articulos divisa.*)

Consequenter considerandum est de exteriori principio humanorum actuum, scilicet de Deo, prout ab ipso per gratiam adjuvamur ad rectè agendum; et primò considerandum est de gratiâ Dei; secundò de causis ejus; tertiò de ejus effectibus.

Prima autem consideratio erit tripartita : nam primò considerabitur de necessitate gratiæ; secundò de ipsâ gratiâ quantùm ad ejus essentiam; tertiò de ejus divisione.

Circa primum quæruntur decem : 1° utrùm absque gratiâ possit homo aliquid verum cognoscere; 2° utrùm absque gratiâ Dei possit homo aliquod bonum facere, vel velle; 3° utrùm homo absque gratiâ possit Deum diligere super omnia; 4° utrùm absque gratiâ possit per sua naturalia præcepta legis observare; 5° utrùm absque gratiâ possit mereri vitam æternam; 6° utrùm homo possit se ad gratiam præparare sine gratiâ; 7° utrùm absque gratiâ possit resurgere à peccato; 8° utrùm absque gratiâ possit homo vitare peccatum; 9° utrùm homo gratiam consecutus possit absque alio divino auxilio bonum facere, et vitare peccatum; 10° utrùm possit perseverare in bono per seipsum.

ARTICULUS PRIMUS. — *Utrùm homo sine gratiâ aliquod verum cognoscere possit.* — (*Inf.*, art. 2, ad 3, et 2, dist. 28, art. 3.)

Ad primum sic proceditur. 1. Videtur quòd homo sine gratiâ nullum verum cognoscere possit. Quia super illud 1 Corinth. 12, 3 : *Nemo potest dicere : Dominus Jesus, nisi in Spiritu sancto*, dicit Glossa Ambrosii : *Omne verum à quocumque dicatur, à Spiritu sancto est*. Sed Spiritus sanctus habitat in nobis per gratiam. Ergo veritatem cognoscere non possumus sine gratiâ.

2. Præterea, Augustinus dicit in 1 Soliloq., cap. 6, in princ., quòd *disciplinarum certissima talia sunt, qualia illa quæ à sole illustrantur, ut videri possint; Deus autem ipse est qui illustrat; ratio autem ita est in mentibus, ut in oculis est aspectus; mentis autem oculi sunt sensus animæ.* Sed sensus corporis, quantùmcumque sit purus, non potest aliquod visibile videre sine solis illustratione. Ergo humana mens, quantùmcumque sit perfecta, non potest ratiocinando veritatem cognoscere absque illustratione divinâ, quæ ad auxilium gratiæ pertinet.

3. Præterea, humana mens non potest veritatem intelligere nisi cogitando, ut patet per Augustinum, in 14 de Trin., cap. 7. Sed Apostolus dicit, 2 ad Corinth. 3, 5 : *Non sufficientes sumus (1) aliquid cogitare à nobis quasi ex nobis.* Ergo homo non potest cognoscere veritatem per seipsum sine auxilio gratiæ.

Sed contra est quod Augustinus dicit in 1 Retract., cap. 4, ante med : *Non approbo quod in oratione dixi : Deus, qui nonnisi mundos verum scire voluisti; responderi enim potest, multos etiam non mundos multa scire vera.* Sed per gratiam homo mundus efficitur, secundùm illud Psal. 50, 12 : *Cor mundum crea in me, Deus, et spiritum rectum innova in visceribus meis.* Ergo sine gratiâ potest homo per seipsum veritatem cognoscere.

Respondeo dicendum quòd cognoscere veritatem est usus quidam vel actus intellectualis luminis, quia secundùm Apostolum, ad Ephes. 5, 13 : *Omne quod manifestatur, lumen est.* Usus autem quilibet quemdam motum importat, largè accipiendo motum, secundùm quòd intelligere et velle motus quidam esse dicuntur, ut patet per Philosophum in 3 de Animâ, text. 28.

Videmus autem in corporalibus quòd ad motum non solùm requiritur ipsa forma, quæ est principium motûs vel actionis, sed etiam

(1) Vulgata : *Non quòd sufficientes simus.*

requiritur motio primi moventis. Primum autem movens in ordine corporalium est corpus cœleste. Unde quantùmcumque ignis habeat calorem perfectum, non alteraret nisi per motionem corporis cœlestis. Manifestum est autem quòd sicut motus omnes corporales reducuntur in motum cœlestis corporis sicut in primum movens corporale, ita omnes motus tam corporales quàm spirituales reducuntur in primum movens simpliciter, quod est Deus. Et ideò quantùmcumque natura aliqua corporalis vel spiritualis ponatur perfecta, non potest in suum actum procedere, nisi moveatur à Deo; quæ quidem motio est secundùm suæ providentiæ rationem, non secundùm necessitatem naturæ, sicut motio corporis cœlestis. Non solùm autem à Deo est omnis motio sicut à primo movente, sed etiam ab ipso est omnis formalis perfectio sicut à primo actu. Sic igitur actio intellectûs et cujuscumque entis creati dependet à Deo quantùm ad duo : uno modo in quantum ab ipso habet perfectionem, sive formam, per quam agit; alio modo in quantum ab ipso movetur ad agendum. Unaquæque autem forma indita rebus creatis à Deo habet efficaciam respectu alicujus actûs determinati, in quem potest secundùm suam proprietatem; ultra autem non potest nisi per aliquam formam superadditam, sicut aqua non potest calefacere, nisi calefacta ab igne. Sic igitur intellectus humanus habet aliquam formam, scilicet ipsum intelligibile lumen, quod est de se sufficiens ad quædam intelligibilia cognoscenda, ad ea scilicet in quorum notitiam per sensibilia possumus devenire. Altiora verò intelligibilia intellectus humanus cognoscere non potest, nisi fortiori lumine perficiatur, sicut lumine fidei vel prophetiæ, quod dicitur *lumen gratiæ*, in quantum est naturæ superadditum.

Sic igitur dicendum est quòd ad cognitionem cujuscumque veri homo indiget auxilio divino, ut intellectus à Deo moveatur ad suum actum. Non autem indiget ad cognoscendum veritatem in omnibus novâ illustratione superadditâ naturali illustrationi, sed in quibusdam quæ excedunt naturalem cognitionem; et tamen quandoque Deus miraculosè per suam gratiam aliquos instruit de his quæ per naturalem rationem cognosci possunt, sicut et quandoque miraculosè facit quædam quæ natura facere potest.

Ad primum ergo dicendum quòd *omne verum, à quocumque dicatur, est à Spiritu sancto* sicut ab infundente naturale lumen, et movente ad intelligendum et loquendum veritatem, non autem sicut ab inhabitante per gratiam gratum facientem, vel sicut largiente aliquod habituale donum naturæ superadditum. Sed hoc solùm est in quibusdam veris cognoscendis et loquendis, et maximè in illis quæ pertinent ad fidem, de quibus Apostolus loquebatur.

Ad secundum dicendum quòd sol corporalis illustrat exteriùs; sed sol intelligibilis, qui est Deus, illustrat interiùs; unde ipsum lumen naturale animæ inditum est illustratio Dei, quâ illustramur ab ipso ad cognoscen-

dum ea quæ pertinent ad naturalem cognitionem; et ad hoc non requiritur alia illustratio, sed solùm ad illa quæ naturalem cognitionem excedunt.

Ad tertium dicendum quòd semper indigemus divino auxilio ad cogitandum quodcumque, in quantum ipsum movet intellectum ad agendum; actu enim intelligere aliquid, est cogitare, ut patet per Augustinum, 14 de Trinitate, loc. cit. in arg.

ARTICULUS II. — *Utrùm homo possit velle et facere bonum absque gratiâ.* — (*Inf., art. 6, corp., et 2, dist. 28, art. 1, et dist. 39, in Expos. litt., et 4, dist. 17, quæst. 1, art. 2, quæst. 2, ad 1 et 3, et Verit. quæst. 24, art. 1, ad 2, 6 et 9, et art. 14, per tot., et quæst. 26, art. 6, ad 2, et quodl. 1, art. 7, et quodl. 5, art. 2, et 1 Cor. 12.*)

Ad secundum sic proceditur. 1. Videtur quòd homo possit velle et facere bonum absque gratiâ. Illud enim est in hominis potestate cujus ipse est dominus. Sed homo est dominus suorum actuum, et maximè ejus quod est velle, ut supra dictum est, qu. 1, art. 1, et qu. 13, art. 6. Ergo homo potest velle et facere bonum per se ipsum absque auxilio gratiæ.

2. Præterea, unumquodque potest magis in id quod est sibi secundùm naturam, quàm in id quod est sibi præter naturam. Sed peccatum est contra naturam, ut Damascenus dicit in 2 lib. orth. Fid., cap. 30; opus autem virtutis est homini secundùm naturam, ut supra dictum est, quæst. 71, artic. 1. Cùm igitur homo per se ipsum possit peccare, videtur quòd multò magis per se ipsum possit bonum velle et facere.

3. Præterea, *bonum intellectûs est verum,* ut Philosophus dicit in 6 Ethic., cap. 2. Sed intellectus potest cognoscere verum per se ipsum, sicut et quælibet alia res potest suam naturalem operationem per se facere. Ergo multò magis homo potest per se ipsum facere et velle bonum.

Sed contra est quod Apostolus dicit Roman. 9, 16 : *Non est volentis,* scilicet velle, *neque currentis,* scilicet currere, *sed miserentis Dei.* Et Augustinus dicit in lib. de Correptione et Gratiâ, cap. 2, in princ., quòd *sine gratiâ nullum prorsùs sive cogitando, sive volendo, et amando, sive agendo, faciunt homines bonum.*

Respondeo dicendum quòd natura hominis potest dupliciter considerari : uno modo in sui integritate, sicut fuit in primo parente ante peccatum; alio modo, secundùm quòd est corrupta in nobis post peccatum primi parentis.

Secundùm autem utrumque statum natura humana indiget auxilio divino ad faciendum vel volendum quodcumque bonum, sicut primo movente, ut dictum est art. præc. Sed in statu naturæ integræ, quantùm ad sufficientiam operativæ virtutis, poterat homo per sua naturalia velle et operari bonum suæ naturæ proportionatum, quale est bonum virtutis acquisitæ; non autem bonum superexcedens, quale est bonum virtutis infusæ.

Sed in statu naturæ corruptæ etiam deficit homo ab hoc quod secundùm suam naturam potest, ut non possit totum hujusmodi bonum implere per sua naturalia. Quia tamen natura humana per peccatum non est totaliter corrupta, ut scilicet toto bono naturæ privetur; potest quidem etiam in statu naturæ corruptæ per virtutem suæ naturæ aliquod bonum particulare agere, sicut ædificare domos, plantare vineas, et alia hujusmodi; non tamen totum bonum sibi connaturale, ita quòd in nullo deficiat; sicut homo infirmus potest per se ipsum aliquem motum habere, non tamen perfectè potest moveri motu hominis sani, nisi sanetur auxilio medicinæ.

Sic igitur virtute gratuitâ superadditâ virtuti naturæ indiget homo in statu naturæ integræ quantùm ad unum, scilicet ad operandum et volendum bonum supernaturale; sed in statu naturæ corruptæ quantùm ad duo, scilicet ut sanetur et ulteriùs ut bonum supernaturalis virtutis operetur, quod est meritorium. Ulteriùs autem in utroque statu indiget homo auxilio divino, ut ab ipso moveatur ad benè agendum.

Ad primum ergo dicendum quòd homo est dominus suorum actuum, et volendi, et non volendi, propter deliberationem rationis, quæ potest flecti ad unam partem vel ad aliam. Sed quòd deliberet vel non deliberet, et si hujusmodi etiam (1) sit dominus, oportet quòd hoc sit per deliberationem præcedentem; et cùm hoc non procedat in infinitum, oportet quòd finaliter deveniatur ad hoc quòd liberum arbitrium hominis moveatur ab aliquo exteriori principio, quod est supra mentem humanam, scilicet à Deo, ut etiam Philosophus probat in cap. de bonâ Fortunâ (scil. lib. 7 Mor. Eudem., cap. 18), unde mens hominis etiam sani non ita habet dominium sui actûs quin indigeat moveri à Deo; et multò magis liberum arbitrium hominis infirmi post peccatum, per quod impeditur à bono per corruptionem naturæ.

Ad secundum dicendum quòd peccare nihil aliud est quàm deficere à bono quod convenit alicui secundùm suam naturam. Una quæque autem res creata sicut esse non habet nisi ab alio, et in se considerata nihil est, ita indiget conservari in bono suæ naturæ convenienti ab alio; potest enim per se ipsam deficere à bono, sicut et per se ipsam potest deficere in non esse, nisi divinitùs conservaretur.

Ad tertium dicendum quòd etiam verum non potest homo cognoscere sine auxilio divino, sicut supra dictum est, art. 1 hujus quæst., et tamen magis est natura humana corrupta per peccatum quantùm ad appetitum boni, quàm quantùm ad cognitionem veri.

ARTICULUS III. — *Utrùm homo possit diligere Deum super omnia ex solis naturalibus sine gratiâ.* — (1 part., quæst. 60, art. 1; et 2,

(1) Ita edit. Rom. et ambæ Patav. Textus Conradi et Cajetani, *etsi hujus etiam.* Nicolaius cum codd. Alcan., Camer et Paris., *si hujus etiam.*

dist. 3, quæst. 2; et 3, dist. 29, art. 3, et Ver. quæst. 2, art. 2, ad 16, et quæst. 4, art. 1, ad 9, et Viol. 1, art. 8.)

Ad tertium sic proceditur. 1. Videtur quòd homo non possit diligere Deum super omnia ex solis naturalibus sine gratiâ. Diligere enim Deum super omnia est proprius et principalis charitatis actus. Sed charitatem homo non potest habere per se ipsum, quia *charitas Dei diffusa est in cordibus nostris per Spiritum sanctum qui datus est nobis,* ut dicitur Rom. 5, 5. Ergo homo ex solis naturalibus non potest Deum diligere super omnia.

2. Præterea, nulla natura potest supra se ipsam. Sed diligere aliquid plus quàm se, est tendere in aliquid supra se ipsum. Ergo nulla natura creata potest Deum diligere supra se ipsam sine auxilio gratiæ.

3. Præterea, Deo, cùm sit summum bonum, debetur summus amor, qui est ut super omnia diligatur. Sed ad summum amorem Deo impendendum, qui ei à nobis debetur, homo non sufficit sine gratiâ; alioquin frustra adderetur gratia. Ergo homo non potest sine gratiâ ex solis naturalibus diligere Deum super omnia.

Sed contra, primus homo in solis naturalibus constitutus fuit, ut à quibusdam ponitur; in quo statu manifestum est quòd aliqualiter Deum dilexit. Sed non dilexit Deum æqualiter sibi, vel minùs se, quia secundùm hoc peccâsset. Ergo dilexit Deum supra se. Ergo homo ex solis naturalibus Deum potest diligere plus quàm se et super omnia.

Respondeo dicendum quòd, sicut supra dictum est, in 1, quæst. 60, art. 5, in quo etiam circa naturalem dilectionem Angelorum diversæ opiniones sunt positæ, homo in statu naturæ integræ poterat operari virtute suæ naturæ bonum quod est sibi connaturale, absque superadditione gratuiti doni, licèt non absque auxilio Dei moventis. Diligere autem Deum super omnia, est quiddam connaturale homini, et etiam cuilibet creaturæ non solùm rationali, sed irrationali, et etiam inanimatæ secundùm modum amoris qui unicuique creaturæ competere potest. Cujus ratio est quia unicuique naturale est quòd appetat · et amet aliquid, secundùm quòd aptum natum est esse; sic enim agit unumquodque, prout aptum natum est esse (1), ut dicitur in 2 Physic., text. 78. Manifestum est autem quòd bonum partis est propter bonum totius; unde naturali appetitu vel amore unaquæque res particularis amat bonum suum proprium propter bonum commune totius universi, quod est Deus.

(1) Ita edit. Rom. et Patav. an. 1698, mutato tantùm *enim* in *igitur.* Nicolaius, et edit. Patav. an. 1712: *Sic enim agitur unumquodque,* etc. Cod. Tarrac.: *Sic igitur agitur unumquodque prout aptum natum est agi.* Conradus: *Sic enim agitur unumquodque prout aptum natum est.* Antiqua translatio Aristotelis: *Sic igitur unumquodque, prout natum est,* etc. In cod. Alcan. deleto quod priùs scriptum erat habetur: *Appetat, vel amet aliquid secundùm quod aptum natum est esse ut dicitur in 2 Physic.,* aliùs optimè omissis.

Unde et Dionysius dicit in lib. de divin. Nomin., cap. 4, lect. 11, quòd *Deus convertit omnia ad amorem sui ipsius.* Unde homo in statu naturæ integræ dilectionem sui ipsius referebat ad amorem Dei sicut ad finem, et similiter dilectionem omnium aliarum rerum; et ita Deum diligebat plus quàm se ipsum et super omnia. Sed in statu naturæ corruptæ homo ad hoc deficit secundùm appetitum voluntatis rationalis, quæ propter corruptionem naturæ sequitur bonum privatum, nisi sanetur per gratiam Dei.

Et ideò dicendum est, quòd homo in statu naturæ integræ non indigebat dono gratiæ superadditæ naturalibus bonis ad diligendum Deum naturaliter super omnia, licèt indigeret auxilio Dei ad hoc eum moventis; sed in statu naturæ corruptæ indiget homo etiam ad hoc auxilio gratiæ naturam sanantis.

Ad primum ergo dicendum quòd charitas diligit Deum super omnia eminentiùs quàm natura. Natura enim diligit Deum super omnia, prout est principium et finis naturalis boni; charitas autem, secundùm quòd est objectum beatitudinis, et secundùm quòd homo habet quamdam societatem spiritualem cum Deo. Addit etiam charitas super naturalem dilectionem Dei promptitudinem quamdam et delectationem, sicut habitus quilibet virtutis addit super actum bonum qui fit ex solâ naturali ratione hominis virtutis habitum non habentis.

Ad secundum dicendum quòd cùm dicitur quòd nulla natura potest supra se ipsam, non est intelligendum quòd non possit ferri in aliquod objectum quod est supra se; manifestum est enim quòd intellectus noster naturali cognitione potest aliqua cognoscere quæ sunt supra se ipsum, ut patet in naturali cognitione Dei. Sed illud intelligendum est, quòd natura non potest ferri in actum excedentem proportionem suæ virtutis. Talis autem actus non est diligere Deum super omnia; hoc enim est naturale cuilibet naturæ creatæ, ut dictum est in corp. art.

Ad tertium dicendum quòd amor dicitur summus non solùm quantùm ad gradum dilectionis, sed etiam quantùm ad rationem diligendi et dilectionis modum; et secundùm hoc summus gradus dilectionis est quo charitas diligit Deum ut beatificantem, sicut dictum est in corp. art.

ARTICULUS IV. — *Utrùm homo sine gratiâ per sua naturalia legis præcepta implere possit.* — (*Inf., art.* 5, *ad* 1 *et* 2, *et* 3, *dist.* 28, *qu.* 1, *art.* 3, *et dist.* 41, *in Expos. litt., ad* 5, *et Ver. qu.* 24, *art.* 4.)

Ad quartum sic proceditur. 1. Videtur quòd homo sine gratiâ per sua naturalia possit præcepta legis implere. Dicit enim Apostolus, ad Roman. 2, 14, quòd *gentes quæ legem non habent, naturaliter ea quæ legis sunt faciunt.* Sed illud quod naturaliter homo facit, per se ipsum potest facere absque gratiâ. Ergo homo potest legis præcepta facere absque gratiâ.

2. Præterea, Hieronymus (Pelagius) dicit

in Expositione catholicæ fidei (epist. ad Damasc., inter ascitit., sub fin.), illos esse maledicendos qui *Deum præcepisse homini aliquid impossibile dicunt.* Sed impossibile est homini quod per se ipsum implere non potest. Ergo homo potest implere omnia præcepta legis per se ipsum.

3. Præterea, inter omnia præcepta legis maximum est illud : *Diliges Dominum Deum tuum ex toto corde tuo,* ut patet Matth. 22. Sed hoc mandatum potest homo implere ex solis naturalibus, diligendo Deum super omnia, ut supra dictum est, art. præc. Ergo omnia mandata legis potest homo implere sine gratiâ.

Sed contra est quòd Augustinus dicit in lib. de Hæresib., hæresi 88, *hoc pertinere ad hæresim Pelagianorum, ut credant, sine gratiâ hominem posse facere omnia divina mandata.*

Respondeo dicendum quòd implere mandata legis contingit dupliciter : uno modo quantùm ad substantiam operum, prout scilicet homo operatur justa, et fortia, et alia virtutis opera; et hoc modo homo in statu naturæ integræ potuit omnia mandata legis implere; alioquin homo non potuisset in statu illo non peccare; cùm nihil aliud sit peccare quàm transgredi divina mandata; sed in statu naturæ corruptæ non potest homo implere omnia mandata divina sine gratiâ sanante.

Alio modo possunt impleri mandata legis non solùm quantùm ad substantiam operis, sed etiam quantùm ad modum agendi, ut scilicet ex charitate fiant; et sic neque in statu naturæ integræ, neque in statu naturæ corruptæ potest homo implere absque gratiâ legis mandata. Unde Augustinus in lib. de Correptione et Gratiâ, cap. 2, circa princ., cùm dixisset quòd sine gratiâ nullum prorsùs bonum homines faciunt, subdit : *Non solùm ut monstrante ipsâ quid faciendum sit, sciant, verùm etiam ut præstante ipsâ, faciant cum dilectione quod sciunt.*

Indigent insuper in utroque statu auxilio Dei moventis ad mandata implenda, ut dictum est art. 3 hujus quæst.

Ad primum ergo dicendum quòd sicut Augustinus dicit, in lib. de Spiritu et Litterâ, cap. 27, in princ., *non moveat quòd naturaliter dixit eos quæ legis sunt, facere; hoc enim agit spiritus gratiæ, ut imaginem Dei, in quâ naturaliter facti sumus, instauret in nobis.*

Ad secundum dicendum quòd illud quod possumus cum auxilio divino, non est nobis omninò impossibile, secundùm illud Philosophi, in 3 Ethic., cap. 3, circa med. : *Quæ per amicos possumus, aliqualiter per nos possumus.* Unde Hieronymus (Pelagius) ibidem confitetur, *sic nostrum liberum esse arbitrium, ut dicamus nos semper indigere Dei auxilio.*

Ad tertium dicendum quòd præceptum de dilectione Dei non potest homo implere ex puris naturalibus, secundùm quòd ex charitate impletur, ut ex supra dictis patet, art. 3 hujus quæst.

ARTICULUS V. — *Utrùm homo possit mereri vitam æternam sine gratiâ.* —(*Inf., qu.* 94, *art.* 2, *et* 1 *part., qu.* 62, *art.* 4, *corp., et* 1, *dist.* 14, *qu.* 2, *art.* 2, *et qu.* 3, *et* 2, *dist.* 24, *qu.* 1, *art.* 4, *et dist.* 26, *art.* 6, *et dist.* 29, *art.* 1, *et* 3 *cont., cap.* 147 *et* 150, *et quodl.* 1, *art.* 7, *corp.*)

Ad quintum sic proceditur. 1. Videtur quòd homo possit mereri vitam æternam sine gratiâ. Dicit enim Dominus, Matth. 19, 17 : *Si vis ad vitam ingredi, serva mandata* ; ex quo videtur quòd ingredi in vitam æternam sit constitutum in hominis voluntate. Sed id quod in nostrâ voluntate constitutum est, per nos ipsos possumus. Ergo videtur quòd homo per se ipsum possit vitam æternam mereri.

2. Præterea, vita æterna est merces vel præmium quod hominibus redditur à Deo, secundùm illud Matth. 5, 12 : *Merces vestra multa est in cælis.* Sed merces vel præmium redditur à Deo homini secundùm opera ejus, secundùm illud Psalmi 61, 12 : *Tu reddes unicuique secundùm opera ejus.* Cùm igitur homo sit dominus suorum operum, videtur quòd in ejus potestate constitutum sit ad vitam æternam pervenire.

3. Præterea, vita æterna est ultimus finis vitæ humanæ. Sed quælibet res naturalis per sua naturalia potest consequi finem suum. Ergo multò magis homo, qui est altioris naturæ, per sua naturalia potest pervenire ad vitam æternam absque aliquâ gratiâ.

Sed contra est quod Apostolus dicit ad Rom. 6, 23 : *Gratia Dei vita æterna* ; quod ideò dicitur, sicut Glossa Augustini in lib. de Grat. et lib. Arb., cap. 9, circa med., ibidem dicit : *Ut intelligeremus, Deum ad vitam æternam pro suâ miseratione nos perducere.*

Respondeo dicendum quòd actus perducentes ad finem oportet esse fini proportionatos. Nullus autem actus excedit proportionem principii activi; et ideò videmus in rebus naturalibus, quòd nulla res potest perficere effectum per suam operationem, qui excedat virtutem activam; sed solùm potest producere per operationem suam effectum suæ virtuti proportionatum. Vita autem æterna est finis excedens proportionem naturæ humanæ, ut ex supra dictis patet, quæst. 5, art. 5, et ideò homo per sua naturalia non potest producere opera meritoria proportionata vitæ æternæ; sed ad hoc exigitur altior virtus, quæ est virtus gratiæ. Et ideò sine gratiâ homo non potest mereri vitam æternam; potest tamen facere opera perducentia ad bonum aliquod homini connaturale, sicut laborare in agro, bibere, manducare, et habere amicum, et alia hujusmodi, ut Augustinus (alius auctor) dicit in 3 Resp. contra Pelagianos, lib. 3 Hypognost., cap. 4, parùm à princ.

Ad primum ergo dicendum quòd homo suâ voluntate facit opera meritoria vitæ æternæ; sed, sicut Augustinus in eodem libro, ibid., dicit, ad hoc exigitur quòd voluntas hominis præparetur à Deo per gratiam.

Ad secundum dicendum quòd, sicut Glossa (ord. Augustini, lib. de Grat. et lib. Arb., cap. 8, super illud Rom. 6) : *Gratia Dei, vita æterna,* dicit : *Certum est vitam æternam bonis operibus reddi* ; *sed ipsa opera quibus redditur, ad Dei gratiam pertinent* : cùm etiam supra dictum sit, art. præc., quòd ad implendum mandata legis secundùm debitum modum, per quem eorum impletio est meritoria, requiritur gratia.

Ad tertium dicendum quòd objectio illa procedit de fine homini connaturali. Natura autem humana ex hoc ipso quòd nobilior est, potest ad altiorem finem perduci, saltem auxilio gratiæ ad quem inferiores naturæ nullo modo pertingere possunt; sicut homo est meliùs dispositus ad sanitatem qui aliquibus auxiliis medicinæ potest sanitatem consequi, quàm ille qui nullo modo, ut Philosophus introducit, in 2 de Cœlo, text. 64 et 65.

ARTICULUS VI. —*Utrùm homo possit se ipsum ad gratiam præparare per se ipsum absque exteriori auxilio gratiæ.* —(1 *part., qu.* 61, *art.* 2, *ad* 3, *et* 2, *dist.* 5, *qu.* 2, *art.* 1, *et dist.* 28, *qu.* 1, *art.* 4, *et Ver. qu.* 24, *art.* 15, *et qu.* 1, *art.* 7, *et ad Hebr.* 12, *lect.* 3.)

Ad sextum sic proceditur. 1. Videtur quòd homo possit se ipsum ad gratiam præparare per se ipsum absque exteriori auxilio gratiæ. Nihil enim imponitur homini quod sit ei impossibile, ut supra dictum est, art. 4 huj. qu., ad 1. Sed Zach. 1, 3, dicitur : *Convertimini ad me, et ego convertar ad vos.* Nihil autem est aliud se ad gratiam præparare quàm ad Deum converti. Ergo videtur quòd homo per se ipsum possit se ad gratiam præparare absque auxilio gratiæ.

2. Præterea, homo se ad gratiam præparat, faciendo quod in se est, quia si homo facit quod in se est, Deus ei non denegat gratiam; dicitur enim Matth. 7, quòd *Deus dat spiritum bonum petentibus se* (1). Sed illud in nobis esse dicitur quod est in nostrâ potestate. Ergo videtur quòd in nostrâ potestate sit constitutum, ut nos ad gratiam præparemus.

3. Præterea, si homo indiget gratiâ ad hoc quòd præparet se ad gratiam, pari ratione indigebit gratiâ ad hoc quòd præparet se ad illam gratiam; et sic procederetur in infinitum, quod est inconveniens. Ergo videtur standum in primo, ut scilicet homo sine gratiâ possit se ad gratiam præparare.

4. Præterea, Proverb. 16, 1, dicitur quòd *hominis est præparare animum.* Sed illud dicitur esse hominis quod per se ipsum potest. Ergo videtur quòd homo per se ipsum se possit ad gratiam præparare.

Sed contra est quod dicitur Joan. 6, 44 : *Nemo potest venire ad me, nisi Pater, qui misit me, traxerit eum.* Si autem homo se ipsum præparare posset, non oporteret quòd ab alio traheretur. Ergo homo non potest se ad gratiam præparare absque auxilio gratiæ.

Respondeo dicendum quòd duplex est præparatio voluntatis humanæ ad bonum : una quidem, quâ præparatur ad benè operandum et ad Deo fruendum; et talis præparatio voluntatis non potest fieri sine habituali gratiæ dono, quod sit principium operis meritorii, ut dictum est art. præc.

(1) Luc. 11, 13 : *Quantò magis Pater vester de cælo dabit spiritum bonum petentibus se?* Matth. 7, 11, pro, spiritum bonum, legitur, bona.

Alio modo potest intelligi præparatio voluntatis humanæ ad consequendum ipsum gratiæ habitualis donum. Ad hoc autem quòd præparet se homo ad susceptionem hujus doni, non oportet præsupponere aliquod aliud donum habituale in animâ, quia sic procederetur in infinitum; sed oportet præsupponi aliquod auxilium gratuitum Dei interiùs animam moventis, sive inspirantis bonum propositum. His enim duobus modis indigemus auxilio divino, ut supra dictum est, art. 2 et 3 hujus quæst. Quòd autem ad hoc indigeamus auxilio Dei moventis, manifestum est. Necesse est enim, cùm omne agens agat propter finem, quòd omnis causa convertat suos effectus ad suum finem: et ideò, cùm secundùm ordinem agentium, sive moventium sit ordo finium, necesse est quòd ad ultimum finem convertatur homo per motionem primi moventis, ad finem autem proximum per motionem alicujus inferiorum moventium; sicut animus militis convertitur ad quærendum victoriam ex motione ducis exercitûs, ad sequendum autem vexillum alicujus aciei ex motione tribuni. Sic igitur cùm Deus sit primum movens simpliciter, ex ejus motione est quòd omnia in ipsum convertantur secundùm communem intentionem boni, per quam unumquodque intendit assimilari Deo secundùm suum modum. Unde Dionysius, in lib. de div. Nom., cap. 4, lect. 11, dicit quòd *Deus convertit omnia ad se ipsum.* Sed homines justos convertit ad se ipsum sicut ad specialem finem, quem intendunt, et cui cupiunt adhærere sicut bono proprio, secundùm illud Psal. 72, 27: *Mihi adhærere Deo bonum est;* et ideò quòd homo convertatur ad Deum, hoc non potest esse nisi Deo ipsum convertente. Hoc autem est præparare se ad gratiam, quasi ad Deum converti; sicut ille qui habet oculum aversum à lumine solis, per hoc se præparat ad recipiendum lumen solis, quòd oculos suos convertit versùs solem.

Unde patet quòd homo non potest se præparare ad lumen gratiæ suscipiendum nisi per auxilium gratuitum Dei interiùs moventis.

Ad primum ergo dicendum quòd conversio hominis ad Deum fit quidem per liberum arbitrium; et secundùm hoc homini præcipitur quòd se ad Deum convertat. Sed liberum arbitrium ad Deum converti non potest, nisi Deo ipsum ad se convertente, secundùm illud Jerem. 21, 18: *Converte me, et convertar, quia tu Dominus Deus meus;* et Thren. ultimo, 21: *Converte nos, Domine, ad te, et convertemur.*

Ad secundum dicendum quòd nihil homo potest facere, nisi à Deo moveatur, secundùm illud Joan. 15, 5: *Sine me nihil potestis facere.* Et ideò cùm dicitur homo facere quod in se est, dicitur hoc esse in potestate hominis, secundum quòd est motus à Deo.

Ad tertium dicendum quòd illa objectio procedit de gratiâ habituali, ad quam requiritur aliqua præparatio, quia omnis forma requirit susceptibile dispositum. Sed hoc quòd homo moveatur à Deo, non præexigit aliquam aliam motionem, cùm Deus sit primum movens: unde non oportet abire in infinitum.

Ad quartum dicendum quòd hominis est

præparare animum, quia hoc facit per liberum arbitrium; sed tamen hoc non facit sine auxilio Dei moventis, et ad se attrahentis, ut dictum est in corp. art.

ARTICULUS VII. — *Utrùm homo possit resurgere à peccato sine auxilio gratiæ.* — (*Inf.*, quæst. 113, art. 2, et 2-2, quæst. 137, art. 5, ad 3, et 3 part., quæst. 36, art. 3, corp., et 2, dist. 20, quæst. 2, art. 3, ad 5, et dist. 28, art. 2, cont., cap. 157, et 4, cap. 72, princ., et Ver. qu. 24, art. 1, ad 10 et 12, et qu. 28, art. 2.)

Ad septimum sic proceditur. 1. Videtur quòd homo possit resurgere à peccato sine auxilio gratiæ. Illud enim quod præexigitur ad gratiam, fit sine gratiâ. Sed resurgere à peccato præexigitur ad illuminationem gratiæ; dicitur enim ad Ephes. 5, 14: *Exurge à mortuis, et illuminabit te Christus.* Ergo homo potest resurgere à peccato sine gratiâ.

2. Præterea, peccatum virtuti opponitur, sicut morbus sanitati, ut supra dictum est, quæst. 71, art. 1. Sed homo per virtutem naturæ potest resurgere de ægritudine ad sanitatem, sine auxilio exterioris medicinæ, propter hoc quòd intùs manet principium vitæ, à quo procedit operatio naturalis. Ergo videtur quòd homo simili ratione possit reparari per se ipsum, redeundo de statu peccati ad statum justitiæ absque auxilio exterioris gratiæ.

3. Præterea, quælibet res naturalis potest redire per se ipsam ad actum convenientem suæ naturæ sicut aqua calefacta per se ipsam redit ad naturalem frigiditatem, et lapis sursùm projectus per se ipsum redit ad suum motum naturalem. Sed peccatum est quidam actus contra naturam, ut patet per Damascenum, in 2 lib. orthod. Fid., cap. 30. Ergo videtur quòd homo possit per se ipsum redire de peccato ad statum justitiæ.

Sed contra est quod Apostolus dicit ad Galatas 2, 21: *Si data est lex quæ potest justificare, ergo Christus gratis mortuus est* (1), id est, sine causâ. Pari ergo ratione si homo habet naturam, per quam potest justificari, *Christus gratis,* id est, sine causâ *mortuus est.* Sed hoc est inconveniens dicere. Ergo non potest per se ipsum justificari, id est, redire de statu culpæ ad statum justitiæ.

Respondeo dicendum quòd homo nullo modo potest resurgere à peccato per se ipsum sine auxilio gratiæ.

Cùm enim peccatum transiens actu, remaneat reatu, ut supra dictum est, quæst. 87, art. 6, non est idem resurgere à peccato quod cessare ab actu peccati; sed resurgere à peccato, est reparari hominem ad ea quæ peccando amisit. Incurrit autem homo triplex detrimentum peccando, ut ex supra dictis patet, art. 1, quæst. 85, 86 et 87, scilicet maculam, corruptionem naturalis boni, et reatum pœnæ. Maculam quidem incurrit, in quantum privatur decore gratiæ ex deformitate peccati. Bonum autem naturæ corrumpitur, in quan-

(1) Vulgata ibid.: *Si enim per legem justitia; ergo gratis Christus mortuus est.* Ibid. verò Sep. 2, 21. *Si enim data esset lex quæ posset vivificare, verè ex lege esset justitia.*

tum natura hominis deordinatur, voluntate hominis Dei non subjectâ; hoc enim ordine sublato, consequens est ut tota natura hominis peccantis inordinata remaneat. Reatus verò pœnæ est per quem homo peccando mortaliter meretur damnationem æternam. Manifestum est autem de singulis horum trium quòd non possunt reparari nisi per Deum. Cùm enim decor gratiæ proveniat ex illustratione divini luminis, non potest talis decor in animâ reparari, nisi Deo denuò illustrante; unde requiritur habituale donum, quod est gratiæ lumen. Similiter ordo naturæ reparari non potest, ut scilicet voluntas hominis Deo subjiciatur, nisi Deo voluntatem hominis ad se trahente, sicut dictum est art. præc. Similiter etiam reatus pœnæ æternæ remitti non potest nisi à Deo, in quem est offensa commissa, et qui est hominum judex. Et ideò requiritur auxilium gratiæ ad hoc quòd homo à peccato resurgat, et quantùm ad habituale donum, et quantùm ad interiorem Dei motionem.

Ad primum ergo dicendum quòd illud indicitur homini quod pertinet ad actum liberi arbitrii; qui requiritur in hoc quòd homo à peccato resurgat. Et ideò cùm dicitur: *Exurge, et illuminabit te Christus*, non est intelligendum quòd tota exsurrectio à peccato præcedat illuminationem gratiæ; sed quia cùm homo per liberum arbitrium à Deò motum surgere conatur à peccato, recipit lumen gratiæ justificantis.

Ad secundum dicendum quòd naturalis ratio non est sufficiens principium hujus sanitatis, quæ est in homine per gratiam justificantem; sed hujus principium est gratia, quæ tollitur per peccatum. Et ideò non potest homo per se ipsum reparari; sed indiget ut denuò ei lumen gratiæ infundatur, sicut si corpori mortuo resuscitando denuò infunderetur anima.

Ad tertium dicendum quòd quando natura est integra, per se ipsam potest reparari ad id quod est sibi conveniens et proportionatum; sed ad id quod superexcedit suam proportionem, reparari non potest sine exteriori auxilio. Sic igitur humana natura defluens per actum peccati, quia non manet integra, sed corrumpitur, ut supra dictum est, quæst. 85, non potest per se ipsam reparari neque etiam ad bonum sibi connaturale, et multò minùs ad bonum supernaturale justitiæ.

ARTICULUS VIII. — *Utrùm homo sine gratiâ possit non peccare.* — (*Sup.*, qu. 63, art. 2, ad 2, et 3 cont., cap. 160, et *Ver.* qu. 22, art. 5, ad 7, et qu. 24, art. 1, ad 10 et 12, et art. 12, per tot., et 1 Cor. 12, et Hebr. 10, lect. 1.)

Ad octavum sic proceditur. 1. Videtur quòd homo sine gratiâ possit non peccare. *Nullus enim peccat in eo quod vitare non potest*, ut Augustinus dicit in lib. de duab. Animabus, cap. 10 et 11, et de libero Arb. lib. 3, cap. 18. Si ergo homo existens in peccato mortali non possit vitare peccatum, videtur quòd peccando non peccet, quod est inconveniens.

2. Præterea, ad hoc corripitur homo ut non

peccet. Si igitur homo in peccato mortali existens non potest non peccare, videtur quòd frustra ei correptio adhibeatur; quod est inconveniens.

3. Præterea, Eccli. 15, 18, dicitur : *Ante hominem vita et mors, bonum et malum ; quod placuerit ei, dabitur illi*. Sed aliquis peccando non desinit esse homo. Ergo adhuc in ejus potestate est eligere bonum vel malum; et ita potest homo sine gratiâ vitare peccatum.

Sed contra est quod Augustinus dicit, in lib. de Perfectione justitiæ, in fine : *Quisquis negat nos orare debere; ne intremus in tentationem (negat autem hoc qui contendit ad non peccandum gratiæ Dei adjutorium non esse homini necessarium, sed solâ lege acceptâ humanam sufficere voluntatem), ab auribus omnium removendum, et ore omnium anathematizandum esse non dubito.*

Respondeo dicendum quòd de homine dupliciter loqui possumus : uno modo secundùm statum naturæ integræ; alio modo secundùm statum naturæ corruptæ. Secundùm statum quidem naturæ integræ etiam sine gratiâ habituali poterat homo non peccare nec mortaliter, nec venialiter; quia peccare nihil aliud est quàm recedere ab eo quod est secundùm naturam ; quod vitare homo poterat in statu naturæ integræ; non tamen hoc poterat sine auxilio Dei in bono conservantis, quo subtracto, etiam ipsa natura in nihilum decideret.

In statu autem naturæ corruptæ indiget homo gratiâ habituali sanante naturam ad hoc quòd omninò à peccato abstineat. Quæ quidem sanatio primò fit in præsenti vitâ secundùm mentem, appetitu carnali nondùm totaliter reparato. Unde Apostolus, ad Rom. 7, 25, in personâ hominis reparati dicit : *Ego ipse mente servio legi Dei, carne autem legi peccati.* In quo quidem statu potest homo abstinere ab omni peccato mortali, quod in ratione consistit, ut supra habitum est, qu. 74, art. 5, non autem potest homo abstinere ab omni peccato veniali propter corruptionem inferioris appetitûs sensualitatis; cujus motus singulos quidem ratio reprimere potest, et ex hoc habent rationem peccati et voluntarii ; non autem omnes, quia dùm uni resistere nititur, fortassis alius insurgit; et etiam quia ratio non semper potest esse pervigil ad hujusmodi motus vitandos, ut supra dictum est, hîc, sup., et qu. 74, art. 10.

Similiter etiam antequàm hominis ratio, in quâ est peccatum mortale, reparetur per gratiam justificantem, potest singula peccata mortalia vitare, et secundùm aliquod tempus; quia non est necesse quòd continuò peccet in actu. Sed quòd diù maneat absque peccato mortali, esse non potest. Unde et Gregorius dicit, super Ezechiel., hom. 11, à med., et lib. 25 Moral., cap. 9, à princ., quòd *peccatum quod mox per pœnitentiam non deletur, suo pondere ad aliud trahit.* Et hujus ratio est, quia sicut rationi subdi debet inferior appetitus, ita etiam ratio subdi debet Deo, et in ipso constituere finem suæ voluntatis. Per finem autem oportet quòd regulentur omnes actus humani, sicut per rationis judicium regulari debent motus inferioris appetitûs. Sicut ergo inferiori appetitu non totaliter subjecto rationi, non potest esse quin contingant inordinati motus in appetitu sensitivo, ita, etiam ratione hominis non totaliter existente subjectâ Deo, consequens est ut contingant multæ inordinationes in ipsis actibus rationis. Cùm enim homo non habet cor suum firmatum in Deo, ut pro nullo bono consequendo vel malo vitando ab eo separari vellet, occurrunt multa propter quæ consequenda vel vitanda homo recedit à Deo, contemnendo præcepta ipsius; et ita peccat mortaliter, præcipuè quia *in repentinis homo operatur secundùm finem præconceptum, et secundùm habitum præexistentem*, ut Philosophus dicit, in 3 Ethic., cap. 8, ad fin. Quamvis ex præmeditatione rationis homo possit aliquid agere præter ordinem finis præconcepti, et præter inclinationem habitûs.

Sed quia homo non potest semper esse in tali præmeditatione, non potest contingere ut diù permaneat quin operetur secundùm convenientiam (1) voluntatis deordinatæ à Deo, nisi citò per gratiam ad debitum ordinem reparetur.

Ad primum ergo dicendum quòd homo potest vitare singulos actus peccati, non tamen omnes, nisi per gratiam, ut dictum est in corp. Et tamen, quia ex ejus defectu est quòd homo se ad gratiam habendum non præparet, propter hoc à peccato non excusatur, quòd sine gratiâ peccatum vitare non potest.

Ad secundum dicendum quòd *correptio utilis est, ut ex dolore correptionis voluntas regenerationis oriatur; si tamen qui corripitur filius est promissionis, ut strepitu correptionis forinsecùs insonante aut flagellante, Deus in illo intrinsecùs occultâ inspiratione operetur et velle*, ut Augustinus dicit in lib. de Correptione et Gratiâ, cap. 6, parùm à princ. Ideò ergo necessaria est correptio, quia voluntas hominis requiritur ad hoc quòd à peccato abstineat; sed tamen correptio non est sufficiens sine Dei auxilio. Unde Eccle. 7, 14 : *Considera opera Dei, quòd nemo possit corrigere quem ille despexerit.*

Ad tertium dicendum quòd, sicut Augustinus (alius auctor) dicit in Hypognostic., lib. 3, cap. 1 et 2, verbum illud intelligitur de homine secundùm statum naturæ integræ, quando nondùm erat servus peccati; unde poterat peccare et non peccare. Nunc enim, quodcumque vult homo, datur ei; sed hoc quòd bonum velit, habet ex auxilio gratiæ.

ARTICULUS IX. — *Utrùm ille qui jam consecutus est gratiam, per seipsum possit operari bonum, et vitare peccatum absque auxilio gratiæ.*

Ad nonum sic proceditur. 1. Videtur quòd ille qui jam consecutus est gratiam per seipsum possit operari bonum, et vitare peccatum absque alio auxilio gratiæ. Unumquodque enim aut frustra est, aut imperfectum, si non implet illud ad quod datur. Sed gratia ad hoc datur nobis ut possimus bonum facere et

vitare peccatum. Si igitur per gratiam hoc homo non potest, videtur quòd vel gratia sit frustra data, vel sit imperfecta.

2. Præterea, per gratiam ipse Spiritus sanctus in nobis habitat, secundùm illud 1 ad Corinth. 3, 16 : *Nescitis quia templum Dei estis, et Spiritus Dei habitat in vobis?* Sed Spiritus sanctus, cùm sit omnipotens, sufficiens est ut nos inducat ad benè operandum, et ut nos à peccato custodiat. Ergo homo gratiam consecutus potest utrumque prædictorum absque alio auxilio gratiæ.

3. Præterea, si homo consecutus gratiam adhuc alio auxilio gratiæ indiget ad hoc quòd rectè vivat, et à peccato abstineat, pari ratione, etsi illud aliud auxilium gratiæ consecutus fuerit, adhuc alio auxilio gratiæ indigebit. Procedetur ergo in infinitum, quod est inconveniens. Ergo ille qui est in gratiâ, non indiget alio auxilio gratiæ ad hoc quòd benè operetur et à peccato abstineat.

Sed contra est quod Augustinus dicit in lib. de Naturâ et Gratiâ, cap. 26, circa fin., quòd *sicut oculus corporis plenissimè sanus, nisi candore lucis adjutus, non potest cernere; sic et homo perfectissimè etiam justificatus, nisi æternâ luce justitiâ divinitùs adjuvetur, rectè non potest vivere.* Sed justificatio fit per gratiam, secundùm illud Rom. 3, 24 : *Justificati gratis per gratiam ipsius.* Ergo etiam homo jam habens gratiam indiget alio auxilio gratiæ ad hoc quòd rectè vivat.

Respondeo dicendum quòd, sicut supra dictum est, art. 5 hujus quæst., homo ad rectè vivendum dupliciter auxilio Dei indiget : uno quidem modo quantùm ad aliquod habituale donum, per quod natura humana corrupta sanetur, et etiam sanata elevetur ad operanda opera meritoria vitæ æternæ, quæ excedunt proportionem naturæ; alio modo indiget homo auxilio gratiæ, ut à Deo moveatur ad agendum.

Quantùm igitur ad primum auxilii modum, homo in gratiâ existens non indiget alio auxilio gratiæ, quasi aliquo habitu alio infuso.

Indiget tamen auxilio gratiæ secundùm alium modum, ut scilicet à Deo moveatur ad rectè agendum, et hoc propter duo : primò quidem ratione generali, propter hoc quòd, sicut supra dictum est, art. 1 hujus quæst., nulla res creata potest in quemcumque actum prodire, nisi virtute motionis divinæ. Secundò ratione speciali propter conditionem status humanæ naturæ; quæ quidem licèt per gratiam sanetur quantùm ad mentem, remanet tamen in eâ corruptio et infectio quantùm ad carnem, per quam *servit legi peccati*, ut dicitur ad Rom. 7, 25. Remanet etiam quædam ignorantiæ obscuritas in intellectu, secundùm quam, ut etiam dicitur Rom. 8, 26, *quid oremus, sicut oportet, nescimus*; propter varios enim rerum eventus, et quia etiam nos ipsos non perfectè cognoscimus, non possumus ad plenum scire quid nobis expediat, secundùm illud Sap. 9, 14 : *Cogitationes mortalium timidæ, et incertæ providentiæ nostræ.* Et ideò necesse est nobis ut à Deo dirigamur et protegamur, qui omnia novit et omnia potest. Et propter hoc etiam renatis in filios Dei per gratiam convenit dicere : *Et ne nos inducas in tentationem* ; et : *Fiat voluntas tua, sicut in cœlo et in terrâ*, et cætera quæ in oratione Dominicâ continentur ad hoc pertinentia.

Ad primum ergo dicendum quòd donum habitualis gratiæ non ad hoc datur nobis ut per ipsum non indigeamus ulteriùs divino auxilio; indiget enim quælibet creatura ut à Deo conservetur in bono quod ab eo accepit. Et ideò si post acceptam gratiam homo adhuc indiget divino auxilio, non potest concludi quòd gratia sit in vanum data, vel quòd sit imperfecta, quia etiam in statu gloriæ, quando gratia erit omninò perfecta, homo divino auxilio indigebit. Hìc autem aliqualiter gratia imperfecta est, in quantum hominem non totaliter sanat, ut dictum est in corp. art.

Ad secundum dicendum quòd operatio Spiritûs sancti, quæ nos movet et protegit, non circumscribitur per effectum habitualis doni, quod in nobis causat; sed præter hunc effectum nos movet et protegit simul cum Patre et Filio.

Ad tertium dicendum quòd ratio illa concludit quòd homo non indigeat aliâ habituali gratiâ.

ARTICULUS X. — *Utrùm homo in gratiâ constitutus indigeat auxilio gratiæ ad perseverandum.* — (*Inf.*, quæst. 114, art. 2, et 2-2, quæst. 138, art. 4, et 2, dist. 29, in Expos. litt., ad 2. et 3 cont., cap. 155, et Ver. quæst. 24, art. 13, per tot., et quæst. 27, art. 5, ad 3, et Psal. 31, et Joan. 7, lect. 2.)

Ad decimum sic proceditur. 1. Videtur quòd homo in gratiâ constitutus non indigeat auxilio gratiæ ad perseverandum. Perseverantia enim est aliquid minus virtute, sicut et continentia, ut patet per Philosophum, in 7 Ethic. (implic. cap. 7 et 8). Sed homo non indiget alio auxilio gratiæ ad habendum virtutes, ex quo est justificatus per gratiam. Ergo multò minùs indiget auxilio gratiæ ad habendum perseverantiam.

2. Præterea, omnes virtutes simul infunduntur. Sed perseverantia ponitur quædam virtus. Ergo videtur quòd simul cum gratiâ infusis aliis virtutibus perseverantia detur.

3. Præterea, sicut Apostolus dicit Rom. 5, plus restitutum est homini per donum Christi, quàm amiserit per peccatum Adæ. Sed Adam id accepit unde posset perseverare. Ergo multò magis nobis restituitur per gratiam Christi ut perseverare possimus; et ita homo non indiget gratiâ ad perseverandum.

Sed contra est quod Augustinus dicit in lib. de Persever., cap. 2, ante med. : *Cur perseverantia poscitur à Deo, si non datur à Deo? An et ista irrisoria petitio est, cùm id ab eo petitur quod scitur non ipsum dare, sed ipso non dante esse in hominis potestate?* Sed perseverantia petitur etiam ab illis qui sunt per gratiam sanctificati, quod intelligitur, cùm dicimus : *Sanctificetur nomen tuum*, ut ibid., et lib. de Corrept. et Grat., cap. 12, Augustinus confirmat per verba Cypriani. Ergo homo etiam in gratiâ constitutus indiget ut ei perseverantia à Deo detur.

Respondeo dicendum quòd perseverantia tripliciter dicitur. Quandoque enim significat habitum mentis, per quem homo firmiter stat, ne removeatur ab eo quod est secundùm virtutem, per tristitias irruentes; ut sic se habeat perseverantia ad tristitias, sicut continentia ad concupiscentias et delectationes, ut Philosophus dicit in 7 Eth., cap. 7.

Alio modo potest dici perseverantia habitus quidam, secundùm quem homo habet propositum perseverandi in bono usque in finem. Et utroque istorum modorum perseverantia simul cum gratiâ infunditur, sicut et continentia, et cæteræ virtutes.

Alio modo dicitur perseverantia continuatio quædam boni usque ad finem vitæ. Et ad talem perseverantiam habendam homo in gratiâ constitutus non quidem indiget aliquâ aliâ habituali gratiâ, sed divino auxilio ipsum dirigente, et protegente contra tentationum impulsus, sicut ex præcedenti quæstione apparet, scilicet art. præc.

Et ideò postquàm aliquis est justificatus per gratiam, necesse habet à Deo petere prædictum perseverantiæ donum, ut scilicet custodiatur à malo usque ad finem vitæ. Multis enim datur gratia quibus non datur perseverare in gratiâ.

Ad primum ergo dicendum quòd objectio illa procedit de primo modo perseverantiæ, sicut et secunda objectio procedit de secundo.

Unde patet solutio ad secundum.

Ad tertium dicendum quòd, sicut Augustinus dicit, in libro de Naturâ et Gratiâ, cap. 43, et lib. de Corrept. et Grat., cap. 12, parùm à princ., *homo in primo statu accepit donum, per quod perseverare posset, non autem accepit ut perseveraret*, nunc autem per gratiam Christi multi accipiunt et donum gratiæ, quo perseverare possunt, et ulteriùs eis datur quòd perseverent; et sic donum Christi est majus quàm delictum Adæ. Et tamen faciliùs homo per gratiæ donum perseverare poterat in statu innocentiæ, in quo nulla erat rebellio carnis ad spiritum, quàm nunc possimus, quando reparatio gratiæ Christi, etsi sit inchoata quantùm ad mentem, nondùm tamen est consummata quantùm ad carnem; quod erit in patriâ, ubi homo non solùm perseverare poterit, sed etiam peccare non poterit.

QUÆSTIO CX.
DE GRATIA DEI QUANTUM AD EJUS ESSENTIAM. —
(*In quatuor articulos divisa.*)

Deinde considerandum est de gratiâ Dei quantùm ad ejus essentiam; et circa hoc quæruntur quatuor : 1° utrùm gratia ponat aliquid in animâ; 2° utrùm gratia sit qualitas; 3° utrùm gratia differat à virtute infusâ; 4° de subjecto gratiæ.

ARTICULUS PRIMUS. — *Utrùm gratia ponat aliquid in animâ.* — (2, dist. 26, quæst. 1, art. 1, et 3 cont., cap. 155, et Ver. quæst. 27, art. 1.)

Ad primum sic proceditur. 1. Videtur quòd gratia non ponat aliquid in animâ. Sicut enim homo dicitur habere gratiam Dei, ita etiam gratiam hominis; unde dicitur Genes. 39, 21, quòd *Dominus dedit Ioseph gratiam in* conspectu principis carceris. Sed per hoc quòd homo dicitur habere gratiam hominis, nihil ponitur in eo qui gratiam alterius habet sed in eo cujus gratiam habet, ponitur acceptatio quædam. Ergo per hoc quòd homo habere gratiam Dei dicitur, nihil ponitur in animâ, sed solùm significatur acceptatio divina.

2. Præterea, sicut anima vivificat corpus, ita Deus vivificat animam; unde dicitur Deut. 30, 20 : *Ipse est vita tua.* Sed anima vivificat corpus immediatè. Ergo etiam nihil cadit medium inter Deum et animam. Non ergo gratia ponit aliquid creatum in animâ.

3. Præterea, ad Rom. 1, super illud : *Gratia vobis, et pax*, dicit Glossa interl. : *Gratia, id est, remissio peccatorum.* Sed remissio peccatorum non ponit in animâ aliquid, sed solùm in Deo non imputante peccatum, secundùm illud Psal. 31, 2 : *Beatus vir cui non imputavit Dominus peccatum.* Ergo nec gratia ponit aliquid in animâ.

Sed contra, lux ponit aliquid in illuminato. Sed gratia est quædam lux animæ; unde Augustinus dicit in libro de Naturâ et Gratiâ, cap. 22, in princ. : *Prævaricatorem legis dignè lux deserit veritatis, quâ desertus utique fit cæcus.* Ergo gratia ponit aliquid in animâ.

Respondeo dicendum quòd secundùm communem modum loquendi tripliciter gratia accipi consuevit : uno modo pro dilectione alicujus, sicut consuevimus dicere quòd iste miles habet gratiam regis, id est, rex habet eum gratum; secundò sumitur pro aliquo dono gratis dato, sicut consuevimus dicere : Hanc gratiam facio tibi. Tertio modo sumitur pro recompensatione beneficii gratis dati, secundùm quòd dicimur agere gratias beneficiorum. Quorum trium secundum dependet ex primo, ex amore enim quo aliquis habet alium gratum, procedit quòd aliquid ei gratis impendat; ex secundo autem procedit tertium, quia ex beneficiis gratis exhibitis gratiarum actio consurgit.

Quantùm igitur ad duo ultima, manifestum est quòd gratia aliquid ponit in eo qui gratiam accipit : primò quidem ipsum donum gratis datum; secundò hujus doni recognitionem. Sed quantùm ad primum est differentia attendenda circa gratiam Dei et gratiam hominis; quia enim bonum creaturæ provenit ex voluntate divinâ, ideò ex dilectione Dei, quâ vult creaturæ bonum, profluit aliquod bonum in creaturâ. Voluntas autem hominis movetur ex bono præexistente in rebus; et inde est quòd dilectio hominis non causat totaliter rei bonitatem, sed præsupponit ipsam vel in parte vel in toto. Patet igitur quòd quamlibet Dei dilectionem sequitur aliquod bonum in creaturâ causatumquandoque, non tamen dilectioni æternæ coæternum (1). Et secundùm hujusmodi boni differentiam

differens consideratur dilectio Dei ad creaturam : una quidem communis, secundùm quam *diligit omnia quæ sunt*, ut dicitur Sap. 11, secundum quam esse naturale rebus creatis largitur; alia autem dilectio est specialis, secundùm quam trahit creaturam rationalem supra conditionem naturæ ad participationem divini boni ; et secundùm hanc dilectionem dicitur aliquem diligere simpliciter, quia secundùm hanc dilectionem vult Deus simpliciter creaturæ bonum æternum, quod est ipse. Sic igitur per hoc quòd dicitur homo gratiam Dei habere, significatur quiddam supernaturale in homine à Deo proveniens.

Quandoque tamen gratia Dei dicitur ipsa æterna Dei dilectio, secundùm quod dicitur etiam gratia prædestinationis, in quantum Deus gratuitò et non ex meritis aliquos prædestinavit sive elegit; dicitur enim ad Ephes. 1, 5 : *Prædestinavit nos in adoptionem filiorum..., in laudem gloriæ gratiæ suæ.*

Ad primum ergo dicendum quòd etiam in hoc quòd dicitur aliquis habere gratiam hominis, intelligitur in illo esse aliquid quod sit homini gratum, sicut et in hoc quòd dicitur aliquis gratiam Dei habere; sed tamen differenter; nam illud quod est homini gratum in alio homine, præsupponitur ejus dilectioni; causatur autem ex dilectione divinâ quod est in homine Deo gratum, ut dictum est in corp. art.

Ad secundum dicendum quòd Deus est vita animæ per modum causæ efficientis; sed anima est vita corporis per modum causæ formalis. Inter formam autem et materiam non cadit aliquod medium, quia forma per seipsam informat materiam vel subjectum; sed agens informat subjectum, non per suam substantiam, sed per formam, quam causat in materiâ.

Ad tertium dicendum quòd Augustinus dicit, in lib. 1 Retract., c. 25 : « Ubi dixi, gratiam esse in remissionem peccatorum, pacem verò in reconciliationem Dei, non sic accipiendum est, ac si pax ipsa et reconciliatio non pertineant ad gratiam generalem, sed quòd specialiter gratiæ nomine remissionem significaverit peccatorum. » Non ergo sola remissio peccatorum ad gratiam pertinet, sed etiam multa alia Dei dona. Et ideò remissio peccatorum non fit sine aliquo effectu divinitus in nobis causato, ut infra patebit, qu. 113, art. 2.

ARTICULUS II. — *Utrùm gratia sit qualitas animæ.* — (2, dist. 26, quæst. 1, art. 2.)

Ad secundum sic proceditur. 1. Videtur quòd gratia non sit qualitas animæ. Nulla enim qualitas agit in suum subjectum; quia actio qualitatis non est absque actione subjecti; sic oporteret quòd subjectum ageret in seipsum. Sed gratia agit in animam, justificando ipsam. Ergo gratia non est qualitas.

2. Præterea, substantia est nobilior qualitate. Sed gratia est nobilior quàm natura animæ; multa enim possumus per gratiam, ad quæ natura non sufficit, ut supra dictum est, qu. 109, art. 1, 2 et 3. Ergo gratia non est qualitas.

3. Præterea, nulla qualitas remanet, postquàm desinit esse in subjecto. Sed gratia remanet; non enim corrumpitur, quia sic in

(1) Ita enm codd. Tarrac. et Alcan. aliisque edit. Nicolai, et Patav. an. 1712, nisi quia codd. cit. habent, *uilibet Dei dilectioni*. Edit. Rom. et Pat. 1698, *quamlibet Dei dilectionem sequitur aliquod bonum in creaturâ causatum, quandoque tamen dilectioni æternæ coæternum.*

nihilum redigeretur, sicut ex nihilò creatur : unde et dicitur *nova creatura* ad Galat. ult. Ergo gratia non est qualitas.

Sed contra est quod, super illud Psal. 103 : *Ut exhilaret faciem in oleo*, dicit Glossa (ord. Aug.), quòd *gratia est nitor animæ, sanctum concilians amorem.* Sed nitor animæ est quædam qualitas, sicut et pulchritudo corporis. Ergo gratia est quædam qualitas.

Respondeo dicendum quòd, sicut jam dictum est, art. præc., in eo qui dicitur gratiam Dei habere, significatur esse quidam effectus gratuitæ Dei voluntatis. Dictum est autem supra, quæst. 109, art. 1, quòd dupliciter ex gratuitâ Dei voluntate homo adjuvatur : uno modo in quantum anima hominis movetur à Deo ad aliquid cognoscendum, vel volendum, vel agendum; et hoc modo ipse gratuitus effectus in homine non est qualitas, sed motus quidam animæ; *actus* enim *moventis in moto est motus*, ut dicitur in 3 Physic., text. 18.

Alio modo adjuvatur homo ex gratuitâ Dei voluntate secundùm quòd aliquod habituale donum à Deo animæ infunditur; et hoc ideò quia non est conveniens quòd Deus minùs provideat his quos diligit ad supernaturale bonum habendum, quàm creaturas, quas diligit ad bonum naturale habendum. Creaturis autem naturalibus sic providet ut non solùm moveat eas ad actus naturales, sed etiam largiatur eis formas et virtutes quasdam, quæ sunt principia actuum, ut secundùm seipsas inclinentur ad hujusmodi motus; et sic motus quibus à Deo moventur, fiunt creaturis connaturales et faciles, secundùm illud Sap. 8, 1 : *Et disponit omnia suaviter.* Multò igitur magis illis quos movet ad consequendum bonum supernaturale æternum, infundit aliquas formas, seu qualitates supernaturales, secundùm quas suaviter et promptè ab ipso moveantur ad bonum æternum consequendum; et sic donum gratiæ qualitas quædam est.

Ad primum ergo dicendum quòd gratia, secundùm quòd est qualitas, dicitur agere in animam, non per modum causæ efficientis, sed per modum causæ formalis, sicut albedo facit album, et justitia justum.

Ad secundum dicendum quòd omnis substantia vel est ipsa natura rei, cujus est substantia, vel est pars naturæ; secundùm quem modum materia vel forma *substantia* dicitur. Et quia gratia est supra naturam humanam, non potest esse quòd sit substantia aut forma substantialis; sed est forma accidentalis ipsius animæ. Id enim quod substantialiter est in Deo, accidentaliter fit in animâ participante divinam bonitatem, ut de scientiâ patet. Secundùm hoc ergo quia anima imperfectè participat divinam bonitatem, ipsa participatio divinæ bonitatis, quæ est gratia, imperfectiori modo habet esse in animâ quàm anima in seipsâ subsistat; est tamen nobilior quàm natura animæ, in quantum est expressio vel participatio divinæ bonitatis, non autem quantùm ad modum essendi.

Ad tertium dicendum quòd, sicut dicit Boetius, in Isagog. Porphyr., cap. de Accid., *accidentis esse est inesse.* Unde omne accidens non dicitur ens, quasi ipsum esse habeat, sed quia eo aliquid est ; unde et magis dicitur entis quàm ens, ut dicitur in 7 Metaph., text. 2. Et quia ejus est fieri vel corrumpi, cujus est esse, ideò propriè loquendo nullum accidens neque fit, neque corrumpitur ; sed dicitur fieri, vel corrumpi, secundùm quòd subjectum incipit vel desinit esse in actu secundùm illud accidens. Et secundùm hoc etiam gratia dicitur creari ex eo quòd homines secundùm ipsam creantur, id est, in novo esse constituuntur ex nihilo, id est, non ex meritis, secundùm illud Ephes. 2, 10 : *Creati in Christo Jesu in operibus bonis.*

ARTICULUS III. — *Utrùm gratia sit idem quod virtus.* — (3 p., qu. 7, art. 1, corp., et qu. 62, art. 2, corp., et 2, dist. 26, qu. 2, art 4 et 6, et 4, dist. 1, qu. 1, art. 4, qu. 5, et Ver. qu. 27, art. 2.)

Ad tertium sic proceditur. 1. Videtur quòd gratia sit idem quod virtus. Dicit enim Augustinus, quòd *gratia operans est fides quæ per dilectionem operatur*, ut habetur in libro de Spiritu et Litterâ, cap. 14, circa fin., et cap. 32. Sed fides quæ per dilectionem operatur, est virtus. Ergo gratia est virtus.

2. Præterea, cuicumque convenit definitio, convenit et definitum. Sed definitiones de virtute datæ sive à sanctis, sive à philosophis, conveniunt gratiæ ; ipsa enim *bonum facit habentem, et opus ejus bonum reddit;* ipsa etiam *est bona qualitas mentis, quâ rectè vivitur,* etc. Ergo gratia est virtus.

3. Præterea, gratia est qualitas quædam. Sed manifestum est quòd non est in quartâ specie qualitatis, quæ est *forma, et circa aliquid constans figura,* quia non pertinet ad corpus; neque etiam in tertiâ est, quia non est *passio* vel *passibilis qualitas*, quæ est in parte animæ sensitivâ, ut probatur in 8 Physic., text. 14 et seq.; ipsa autem gratia principaliter est in mente; neque iterùm est in secundâ specie, quæ est *potentia* vel *impotentia naturalis,* quia gratia est supra naturam, et non se habet ad bonum et malum, sicut potentia naturalis. Ergo relinquitur quòd sit in primâ specie quæ est *habitus* vel *dispositio.* Habitus autem mentis sunt virtutes; quia etiam ipsa scientia quodammodò est virtus, ut supra dictum est, qu. 57, art. 1 et 2. Ergo gratia est idem quod virtus.

Sed contra, si gratia est virtus, maximè videtur quòd sit aliqua trium theologicarum virtutum. Sed gratia non est fides vel spes, quia hæ possunt esse sine gratiâ gratum faciente; neque etiam charitas, quia *gratia prævenit charitatem*, ut Augustinus dicit in libro de Prædestinatione sanctorum, lib. de Dono persev., cap. 16, in fin. Ergo gratia non est virtus.

Respondeo dicendum quòd quidam posuerunt idem esse gratiam et virtutem secundùm essentiam, sed differre solùm secundùm rationem; ut gratia dicatur, secundùm quòd facit hominem Deo gratum, vel secundùm quòd gratis datur; virtus autem, secundùm quòd perficit ad benè operandum. Et hoc videtur sensisse Magister in 2 Sent., dist. 26. Sed si quis rectè consideret rationem virtutis, hoc stare non potest, quia, ut Philosophus dicit in 7 Physic., text. 17, *virtus est quædam dis-*

positio perfecti ; dico autem perfectum , quod est dispositum secundum naturam. Ex quo patet quòd virtus uniuscujusque rei dicitur in ordine ad aliquam naturam præexistentem, quando scilicet unumquodque sic est dispositum, secundùm quòd congruit suæ naturæ.

Manifestum est autem quòd virtutes acquisitæ per actus humanos, de quibus supra dictum est , quæst. 55 et seq., sunt dispositiones, quibus homo convenienter disponitur in ordine ad naturam, quâ homo est. Virtutes autem infusæ disponunt homines altiori modo, et ad altiorem finem ; unde etiam oportet quòd in ordine ad aliquam altiorem naturam, hoc est, in ordine ad naturam divinam participatam, quæ dicitur *lumen gratiæ* secundùm quòd dicitur 2 Petr. 1, 4 : *Maxima et pretiosa vobis promissa donavit, ut per hæc efficiamini divinæ consortes naturæ.* Et secundùm acceptionem hujusmodi naturæ dicimur regenerari in filios Dei. Sicut igitur lumen naturale rationis est aliquid præter virtutes acquisitas, quæ dicuntur in ordine ad ipsum lumen naturale ; ita etiam ipsum lumen gratiæ, quod est participatio divinæ naturæ, est aliquid præter virtutes infusas, quæ à lumine illo derivantur, et ad illud lumen ordinantur : unde Apostolus dicit ad Ephes. 5, 8 : *Eratis aliquando tenebræ . nunc autem lux in Domino , ut filii lucis ambulate.* Sicut enim virtutes acquisitæ perficiunt hominem ad ambulandum , secundùm quòd congruit lumini naturali rationis ; ita virtutes infusæ perficiunt hominem ad ambulandum, secundùm quòd congruit lumini gratiæ.

Ad primum ergo dicendum quòd Augustinus nominat *fidem per dilectionem operantem* gratiam, quia actus fidei per dilectionem operantis est primus actus in quo gratia gratum faciens manifestatur.

Ad secundum dicendum quòd *bonum* positum in definitione virtutis dicitur secundùm convenientiam ad aliquam naturam præexistentem, vel essentialem, vel participatam ; sic autem *bonum* non attribuitur gratiæ, sed sicut radici bonitatis in homine, ut dictum est in corp. art.

Ad tertium dicendum quòd gratia reducitur ad primam speciem qualitatis ; nec tamen est idem quod virtus , sed habitudo quædam, quæ præsupponitur virtutibus infusis, sicut earum principium et radix.

ARTICULUS IV. — *Utrùm gratia sit in essentiâ animæ sicut in subjecto , an in aliquâ potentiarum.* — (3 p., qu. 7 , art. 2, corp., et qu. 62 , art. 2, corp., et 2, dist. 26 , qu. 1, art. 3, et Ver. qu. 27 , art. 6.)

Ad quartum sic proceditur. 1. Videtur quòd gratia non sit in essentiâ animæ sicut in subjecto , sed in aliquâ potentiarum. Dicit enim Augustinus (alius auctor) in Hypognostic. lib. 3, parùm à princ., quòd *gratia comparatur ad voluntatem, sive ad liberum arbitrium, sicut sessor ad equum.* Sed voluntas, sive liberum arbitrium est potentia quædam, ut in 1 dictum est , qu. 83, art. 2. Ergo gratia est in potentiâ animæ sicut in subjecto.

2. Præterea, *ex gratiâ incipiunt merita hominis ,* ut Augustinus dicit , lib. de Grat. et lib. Arb., c. 4, in princ.; sed meritum consistit in actu, qui ex aliquâ potentiâ procedit. Ergo videtur quòd gratia sit perfectio alicujus potentiæ animæ.

3. Præterea , si essentia animæ sit proprium subjectum gratiæ, oportet quòd anima, in quantum habet essentiam , sit capax gratiæ. Sed hoc est falsum, quia sic sequeretur quòd omnis anima esset gratiæ capax. Non ergo essentia animæ est proprium subjectum gratiæ.

4. Præterea, essentia animæ est prior potentiis ejus. Prius autem potest intelligi sine posteriori. Ergo sequitur quòd gratia possit intelligi in animâ, nullâ parte vel potentiâ animæ intellectâ, scilicet neque voluntate, neque intellectu, neque aliquo hujusmodi, quod est inconveniens.

Sed contra est quòd per gratiam regeneramur in filios Dei. Sed generatio per prius terminatur ad essentiam quàm ad potentias. Ergo gratia per prius est in essentiâ animæ quàm in potentiis.

Respondeo dicendum quòd ista quæstio ex præcedenti dependet. Si enim gratia sit idem quod virtus, necesse est quòd sit in potentiâ animæ sicut in subjecto ; nam potentia animæ est proprium subjectum virtutis, ut supra dictum est, qu. 56, art. 1.

Si autem gratia differt à virtute, non potest dici quòd potentia animæ sit gratiæ subjectum, quia omnis perfectio potentiæ animæ habet rationem virtutis, ut supra dictum est, art. 1, qu. 55 et 56. Unde relinquitur quòd gratia, sicut est prius virtute, ita habeat subjectum prius potentiis animæ, ita scilicet quòd sit in essentiâ animæ. Sicut enim per potentiam intellectivam homo participat cognitionem divinam per virtutem fidei, et secundùm potentiam voluntatis amorem divinum per virtutem charitatis, ita etiam per naturam animæ participat secundùm quamdam similitudinem naturam divinam per quamdam regenerationem, sive recreationem.

Ad primum ergo dicendum quòd sicut ab essentiâ animæ effluunt ejus potentiæ quæ sunt operum principia , ita etiam ab ipsâ gratiâ effluunt virtutes in potentias animæ, per quas potentiæ moventur ad actus. Et secundùm hoc gratia comparatur ad voluntatem, ut movens ad motum, quæ est comparatio sessoris ad equum, non autem sicut accidens ad subjectum.

Et per hoc etiam patet solutio ad secundum. Est enim gratia principium meritorii operis mediantibus virtutibus , sicut essentia animæ est principium operum vitæ mediantibus potentiis.

Ad tertium dicendum quòd anima est subjectum gratiæ, secundùm quòd est in specie intellectualis vel rationalis naturæ. Non autem constituitur anima in specie per aliquam potentiam, cùm potentiæ sint proprietates naturales animæ, speciem consequentes. Et ideò anima secundùm suam essentiam differt specie ab aliis animabus, scilicet brutorum animalium et plantarum. Et propter hoc non sequitur, si essentia humanæ animæ sit subjectum gratiæ, quòd quælibet anima possit esse gratiæ subjectum; hoc enim convenit essentiæ animæ, in quantum est talis speciei.

Ad quartum dicendum quòd cùm potentiæ animæ sint naturales proprietates speciem consequentes, anima non potest sine his esse. Dato autem quòd sine his esset, adhuc tamen anima diceretur secundùm speciem suam intellectualis vel rationalis, non quia actu haberet has potentias, sed propter speciem talis essentiæ, ex quâ natæ sunt hujusmodi potentiæ effluere.

QUÆSTIO CXI.

DE DIVISIONE GRATIÆ. — (*In quinque articulos divisa.*)

Deinde considerandum est de divisione gratiæ; et circa hoc quæruntur quinque : 1° utrùm convenienter dividatur gratia per gratiam gratis datam, et gratiam gratum facientem; 2° de divisione gratiæ gratum facientis per operantem et cooperantem; 3° de divisione ejusdem per gratiam prævenientem et subsequentem; 4° de divisione gratiæ gratis datæ; 5° de comparatione gratiæ gratum facientis et gratis datæ.

ARTICULUS PRIMUS. — *Utrùm gratia convenienter dividatur per gratiam gratum facientem, et gratiam gratis datam.* — (3 part., qu. 7, art. 7, corp., et ad 1, et qu. 61. art. 1, corp., et 3 cont., cap. 134, fin., et Ver. qu. 24, art. 1, et 7, corp., et opusc. 3, cap. 221, et Psal. 24, et Rom. 1, lect. 3, et Ephes. 1, lect. 2.)

Ad primum sic proceditur. 1.Videtur quòd gratia non convenienter dividatur per gratiam gratum facientem et gratiam gratis datam. Gratia enim est quoddam donum Dei, ut ex supra dictis patet, qu. 110, art. 1. Homo autem non ideò est Deo gratus, quia aliquid est ei datum à Deo, sed potiùs è converso; ideò enim aliquid datur alicui gratis à Deo, quia est homo gratus ei. Ergo nulla est gratia gratum faciens.

2. Præterea, quæcumque non dantur ex meritis præcedentibus, dantur gratis. Sed etiam ipsum bonum naturæ datur homini absque merito præcedenti, quia natura præsupponitur ad meritum. Ergo ipsa natura est etiam gratis data à Deo. Natura autem dividitur contra gratiam. Inconvenienter igitur hoc quod est gratis datum, ponitur ut gratiæ differentia, quia invenitur etiam extra gratiæ genus.

3. Præterea, omnis divisio debet esse per opposita. Sed etiam ipsa gratia gratum faciens, per quam justificamur, gratis nobis à Deo conceditur, secundùm illud Rom. 3, 24: *Justificati gratis per gratiam ipsius.* Ergo gratia gratum faciens non debet dividi contra gratiam gratis datam.

Sed contra est quòd Apostolus utrumque attribuit gratiæ, scilicet et *gratum facere,* et *esse gratis datum.* Dicit enim in quantum ad primum ad Ephes. 1, 6 : *Gratificavit nos in dilecto Filio suo.* Quantùm verò ad secundum dicitur ad Rom. 11, 6 : *Si autem gratia, jam non ex operibus; alioquin·gratia jam non est*

gratia. Potest ergo distingui gratia, quæ vel habet unum tantùm, vel utrumque.

Respondeo dicendum quòd, sicut Apostolus dicit, ad Rom. 13, 1, *quæ à Deo sunt, ordinata sunt.* In hoc autem ordo rerum consistit, quòd quædam per alia in Deum reducuntur, ut Dionysius dicit in lib. cœl. Hierarch., cap.6, 7 et 8. Cùm igitur gratia ad hoc ordinetur ut homo reducatur in Deum, ordine quodam hoc agitur, ut scilicet quidam per alios in Deum reducantur.

Secundùm hoc igitur duplex est gratia : una quidem per quam ipse homo Deo conjungitur, quæ vocatur *gratia gratum faciens;* alia verò per quam unus homo cooperatur alteri ad hoc quòd ad Deum reducatur; hujusmodi autem donum vocatur *gratia gratis data,* quia supra facultatem naturæ, et supra meritum personæ homini conceditur. Sed quia non datur ad hoc ut homo ipse per eam justificetur, sed potiùs ut ad justificationem alterius cooperetur, ideò non vocatur gratum faciens. Et de hâc dicit Apostolus, 1 ad Cor. 12, 7 : *Unicuique datur manifestatio Spiritûs ad utilitatem,* scilicet aliorum.

Ad primum ergo dicendum, quòd gratia non dicitur facere gratum effectivè, sed formaliter, scilicet quia per hanc homo justificatur, et dignus efficitur vocari Deo gratus, secundùm quòd dicitur ad Coloss. 1, 12 : *Dignos nos fecit in partem sortis sanctorum in lumine.*

Ad secundum dicendum quòd gratia, secundùm quòd gratis datur, excludit rationem debiti. Potest autem intelligi duplex debitum : unum quidem ex merito proveniens, quod refertur ad personam, cujus est agere meritoria opera, secundùm illud ad Rom. 4, 4 : *Ei qui operatur, merces imputatur secundùm debitum, non secundùm gratiam.* Aliud est debitum secundùm conditionem naturæ; putà si dicamus, debitum esse homini quòd habeat rationem, et alia quæ ad humanam pertinent naturam. Neutro autem modo dicitur debitum propter hoc quòd Deus creaturæ obligetur, sed potiùs in quantum creatura debet subjici Deo, ut in eâ divina ordinatio impleatur; quæ quidem est ut talis natura tales conditiones vel proprietates habeat, et quòd talia operans talia consequatur; dona igitur naturalia carent primo debito, non autem carent secundo debito. Sed dona supernaturalia utroque debito carent; et ideò specialiùs sibi nomen gratiæ vindicant.

Ad tertium dicendum quòd gratia gratum faciens addit aliquid supra rationem gratiæ gratis datæ; quod etiam ad rationem gratiæ pertinet, quia scilicet hominem gratum facit Deo : et ideò gratia gratis data, quæ hoc non facit, retinet sibi nomen commune, sicut in pluribus aliis contingit; et sic opponuntur duæ partes divisionis, sicut *gratum faciens,* et *non faciens gratum.*

ARTICULUS II. — *Utrùm gratia convenienter dividatur per operantem et cooperantem.* — (Inf., art. 3, corp., et 2, dist. 26, qu. 1, art. 5, et Ver. qu. 27, art. 5, ad 1 et 2, 2 Cor. 6, lect. 6.)

d secundum sic proceditur. 1. Videtur

quòd gratia inconvenienter dividatur per operantem et cooperantem. Gratia enim accidens quoddam est, ut supra dictum est, qu. præc., art. 2. Sed accidens non potest agere in subjectum. Ergo nulla gratia debet dici operans.

2. Præterea, si gratia aliquid operetur in nobis, maximè operatur in nobis justificationem. Sed hoc non sola gratia operatur in nobis; dicit enim Augustinus, super illud Joan. 14 : *Opera quæ ego facio, et ipse faciet* (implic. tract. 72 in Joan., sed express. serm. 15 de Verb. Apostoli, cap. 11) : *Qui creavit te sine te, non justificabit te sine te.* Ergo nulla gratia debet dici simpliciter operans.

3. Præterea, cooperari alicui videtur pertinere ad inferius agens, non autem ad principalius. Sed gratia principaliùs operatur in nobis quàm liberum arbitrium, secundùm illud Rom. 9, 16 : *Non est currentis, neque volentis, sed miserentis Dei.* Ergo gratia non debet dici cooperans.

4. Præterea, divisio debet dari per opposita. Sed operari et cooperari non sunt opposita; idem enim potest operari et cooperari. Ergo inconvenienter dividitur gratia per operantem et cooperantem.

Sed contra est quod Augustinus dicit in lib. de Grat. et lib. Arb., cap. 17, à prinei-pio : *Cooperando Deus in nobis perficit quod operando incœpit; quia ipse ut velimus opera-tur incipiens, quia volentibus cooperatur per-ficiens.* Sed operationes Dei, quibus movet nos ad bonum, ad gratiam pertinent. Ergo convenienter gratia dividitur per operantem et cooperantem.

Respondeo dicendum quòd, sicut supra dictum est, qu. 110, art. 2, gratia dupliciter potest intelligi : uno modo divinum auxilium, quo nos movet ad benè volendum et agendum; alio modo habituale donum nobis divinitùs inditum.

Utroque autem modo gratia dicta convenienter dividitur per operantem et cooperantem. Operatio enim alicujus effectûs non attribuitur mobili, sed moventi. In illo ergo effectu in quo mens nostra est mota, et non movens, solus autem Deus movens, operatio Deo attribuitur : et secundùm hoc dicitur *gratia operans.* In illo autem effectu in quo mens nostra et movet et movetur, operatio non solùm attribuitur Deo, sed etiam animæ; et secundùm hoc dicitur *gratia cooperans.* Est autem in nobis duplex actus : primus quidem interior voluntatis; et quantùm ad istum actum voluntas se habet ut mota, Deus autem ut movens, et præsertim cùm voluntas incipit bonum velle, quæ priùs malum volebat; et ideò, secundùm quòd Deus movet humanam mentem ad hunc actum, dicitur *gratia operans.* Alius autem actus est exterior, qui cùm à voluntate imperetur, ut supra habitum est, quæst. 17, art. 9, consequens est quòd ad hunc actum operatio attribuatur voluntati. Et quia etiam ad hunc actum Deus nos adjuvat, et interiùs confirmando voluntatem, ut ad actum perveniat, et exteriùs facultatem operandi præbendo, respectu hu-

jusmodi actûs dicitur *gratia cooperans.* Unde post præmissa verba subdit Augustinus, ibid., 4 : *Ut autem velimus, operatur; cùm autem volumus, ut perficiamus, nobis cooperatur.* Sic igitur si gratia accipiatur pro gratuitá Dei motione, quá movet nos ad bonum meritorium, convenienter dividitur gratia per *operantem et cooperantem.*

Si verò accipiatur gratia pro habituali dono, sic est duplex gratiæ effectus, sicut et cujuslibet alterius formæ; quorum primus est esse, secundus est operatio; sicut caloris operatio est facere calidum, et exterior calefactio. Sic igitur habitualis gratia, in quantum animam sanat vel justificat, sive gratam Deo facit, dicitur *gratia operans;* in quantum verò est principium operis meritorii, quod ex libero arbitrio procedit, dicitur *coope-rans.*

Ad primum ergo dicendum quòd secundùm quòd gratia est quædam qualitas accidentalis, non agit in animam effectivè, sed formaliter; sicut albedo dicitur facere albam superficiem.

Ad secundum dicendum quòd Deus non sine nobis nos justificat, quia per motum liberi arbitrii, dùm justificamur, Dei justitiæ consentimus. Ille tamen motus non est causa gratiæ, sed effectus; unde tota operatio pertinet ad gratiam.

Ad tertium dicendum quòd cooperari dicitur aliquis alicui, non solùm sicut secundarium agens principali agenti, sed sicut adjuvans ad præsuppositum finem. Homo autem per gratiam operantem adjuvatur à Deo, ut bonum velit. Et ideò, præsupposito jam fine, consequens est ut gratia nobis cooperetur.

Ad quartum dicendum quòd gratia operans et cooperans est eadem gratia; sed distinguitur secundùm diversos effectus, ut ex supra dictis patet, in corp. art.

ARTICULUS III. — *Utrùm gratia convenienter dividatur in prævenientem et subsequentem.* — (2, dist. 26, qu. 1, art. 3, et Ver. qu. 27, art. 5, ad 6, et Psal. 22, fin., et 2 Cor. 6.)

Ad tertium sic proceditur. 1. Videtur quòd gratia inconvenienter dividatur in prævenientem et subsequentem. Gratia enim est divinæ dilectionis effectus. Sed Dei dilectio nunquàm est subsequens, sed semper præveniens, secundùm illud 1 Joan. 4, 10 : *Non quasi nos dilexerimus Deum, sed quia ipse prior dilexit nos.* Ergo gratia non debet poni præveniens et subsequens.

2. Præterea, gratia gratum faciens est una tantùm in homine, cùm sit sufficiens, secundùm illud 2 ad Cor. 12, 9 : *Sufficit tibi gratia mea.* Sed idem non potest esse prius et posterius. Ergo gratia inconvenienter dividitur in prævenientem et subsequentem.

3. Præterea, gratia cognoscitur per effectus. Sed infiniti sunt effectus gratiæ, quorum unus præcedit alium. Ergo si penès hos gratia deberet dividi in prævenientem et subsequentem, videtur quòd infinitæ essent species gratiæ. Infinita autem relinquuntur à quálibet arte. Non ergo gratia convenienter dividitur in prævenientem et subsequentem.

Sed contra est quòd gratia Dei ex ejus misericordiâ provenit. Sed utrumque in psal. 58, 11, legitur : *Misericordia ejus præveniet me;* et iterùm, psal. 22, 6 : *Misericordia ejus* (1) *subsequetur me.* Ergo gratia convenienter dividitur in prævenientem et subsequentem.

Respondeo dicendum quòd, sicut gratia dividitur in operantem et cooperantem, secundùm diversos effectus, ita etiam in prævenientem et subsequentem, qualitercumque gratia accipiatur. Sunt autem quinque effectus gratiæ in nobis; quorum primus est, ut anima sanetur; secundus, ut bonum velit; tertius est, ut bonum quod vult, efficaciter operetur; quartus est, ut in bono perseveret; quintus est ut ad gloriam perveniat. Et ideò gratia, secundùm quòd causat in nobis primum effectum, vocatur præveniens respectu secundi effectûs; et prout causat in nobis secundum, vocatur subsequens respectu primi effectûs.

Et sicut unus effectus est posterior uno effectu, et prior alio, ita gratia potest dici præveniens et subsequens secundùm eumdem effectum respectu diversorum; et hoc est quod Augustinus dicit in lib. de Naturâ et Gratiâ, cap. 31, et lib. 2 ad Bonif., cap. 9, in fine : *Prævenit, ut sanemur; subsequitur, ut sanati vegetemur : prævenit, ut vocemur; subsequitur, ut glorificemur.*

Ad primum ergo dicendum quòd dilectio Dei nominat aliquid æternum; et ideò nunquàm potest dici nisi præveniens. Sed gratia significat effectum temporalem, qui potest præcedere aliquid, et ad aliquid subsequi; et ideò gratia potest dici præveniens et subsequens.

Ad secundum dicendum quòd gratia non diversificatur per hoc quòd est præveniens et subsequens, secundùm essentiam, sed solùm secundùm effectus, sicut et de operante, et cooperante dictum est, quia etiam secundùm quòd gratia subsequens ad gloriam pertinet, non est alia numero à gratiâ præveniente, per quam nunc justificamur. Sicut enim charitas viæ non evacuatur, sed perficitur in patriâ, ita etiam et de lumine gratiæ est dicendum, quia neutrum in sui ratione imperfectionem importat.

Ad tertium dicendum quòd quamvis effectus gratiæ possint esse infiniti numero, sicut sunt infiniti actus humani, tamen omnes reducuntur ad aliqua determinata in specie; et præterea omnes conveniunt in hoc quòd unus alium præcedit.

ARTICULUS IV. — *Utrùm gratia gratis data convenienter ab Apostolo dividatur.* — (3 cont., cap. 154, et 1 Cor. 12, lect. 2.)

Ad quartum sic proceditur. 1. Videtur quòd gratia gratis data inconvenienter ab Apostolo distinguatur. Omne enim donum quod nobis à Deo gratis datur, potest dici gratia gratis data. Sed infinita sunt dona quæ nobis gratis à Deo conceduntur tam in bonis animæ, quàm in bonis corporis, quæ tamen nos Deo gratos non faciunt. Ergo gratiæ gratis datæ non possunt comprehendi sub aliquâ certâ divisione.

2. Præterea, gratia gratis data distinguitur contra gratiam gratum facientem. Sed fides pertinet ad gratiam gratum facientem, quia per ipsam justificamur, secundùm illud Rom. 5, 1 : *Justificati igitur ex fide,* etc. Ergo inconvenienter ponitur fides inter gratias gratis datas, præsertim cùm aliæ virtutes ibi non ponantur, ut spes et charitas.

3. Præterea, operatio sanitatum, et loqui diversa genera linguarum, miracula quædam sunt; interpretatio etiam sermonum ad sapientiam vel scientiam pertinet, secundùm illud Dan. 1, 17 : *Pueris his dedit Deus scientiam et disciplinam in omni libro et sapientiâ.* Ergo inconvenienter dividuntur gratia sanitatum, et genera linguarum contra operationem virtutum, et interpretatio sermonum contra sermonem sapientiæ et scientiæ.

4. Præterea, sicut sapientia et scientia sunt quædam dona Spiritûs sancti, ita etiam intellectus, consilium, pietas, et fortitudo, et timor, ut supra dictum est, quæst. 68, art. 4. Ergo hæc etiam debent poni inter gratias gratis datas.

Sed contra est quod Apostolus dicit, 1 ad Corinth. 12, 8, 9, 10 : *Alii per spiritum datur sermo sapientiæ, alii autem sermo scientiæ secundùm eumdem spiritum, alii fides in eodem spiritu, alii gratia sanitatum, alii operatio virtutum, alii prophetia, alii discretio spirituum, alii genera linguarum, alii interpretatio sermonum.*

Respondeo dicendum quòd, sicut supra dictum est, art. 1 huj. quæst., gratia gratis data ordinatur ad hoc quòd homo alteri cooperetur, ut reducatur ad Deum. Homo autem ad hoc operari non potest interiùs movendo (hoc enim solius Dei est), sed solùm exteriùs docendo vel persuadendo. Et ideò gratia gratis data illa sub se continet quibus homo indiget ad hoc quòd alterum instruat in rebus divinis, quæ sunt supra rationem. Ad hoc autem tria requiruntur : primò quidem quòd homo sit sortitus plenitudinem cognitionis divinorum, ut ex hoc instruere alios possit; secundò ut possit confirmare vel probare ea quæ dicit; aliàs non esset efficax ejus doctrina; tertiò ut ea quæ concipit, possit convenienter auditoribus proferre.

Quantùm igitur ad primum tria sunt necessaria, sicut etiam apparet in magisterio humano. Oportet enim quòd qui (1) debet alium instruere in aliquâ scientiâ, primò quidem ut principia illius scientiæ sint ei certissima; et quantùm ad hoc ponitur *fides,* quæ est certitudo de rebus invisibilibus, quæ supponuntur ut principia in catholicâ doctrinâ. Secundò oportet quòd doctor rectè se habeat circa principales conclusiones scientiæ; et sic ponitur *sermo sapientiæ,* quæ est cognitio divinorum. Tertiò oportet ut etiam abundet exemplis et cognitione effectuum, per quos interdùm oportet manifestare causas; et quantùm ad hoc ponitur *sermo scientiæ,* quæ est cognitio rerum humanarum, quia *invisibilia Dei per ea quæ facta sunt, intellecta conspiciuntur,* Rom. 1, 20.

Confirmatio autem in his quæ subduntur

---

(1) Vulgata, *tua.*

(1) Nicolaius, *ille qui.*

rationi, est per argumenta; in his autem quæ
sunt supra rationem divinitùs revelata, confirmatio est per ea quæ sunt divinæ virtuti
propria, et hoc dupliciter: uno quidem modo,
ut doctor sacræ doctrinæ faciat quæ solus
Deus facere potest in operibus miraculosis,
sive sint ad salutem corporum, et quantùm
ad hoc ponitur *gratia sanitatum*, sive ordinentur ad solam divinæ potestatis manifestationem, sicut quòd sol stet aut tenebrescat,
vel quòd mare dividatur; et quantùm ad hoc
ponitur *operatio virtutum*. Secundò, ut possit
manifestare ea quæ solius Dei est scire, et hæc
sunt contingentia futura, et quantùm ad hoc
ponitur *prophetia*; et etiam occulta cordium,
et quantùm ad hoc ponitur *discretio spirituum*.

Facultas autem pronuntiandi potest attendi
vel quantùm ad idioma, in quo aliquis possit
intelligi, et secundùm hoc ponuntur *genera
linguarum*; vel quantùm ad sensum eorum
quæ sunt proferenda, et quantùm ad hoc ponitur *interpretatio sermonum*.

Ad primum ergo dicendum quòd, sicut supra dictum est, art. 1 huj. quæst., non omnia
beneficia quæ nobis divinitùs conceduntur
gratiæ gratis datæ dicuntur, sed solùm illa
quæ excedunt facultatem naturæ, sicut quòd
piscator abundet sermone sapientiæ et scientiæ, et aliis hujusmodi; et talia ponuntur hìc
sub gratiâ gratis datâ.

Ad secundum dicendum quòd *fides* non
numeratur hìc inter gratias gratis datas, secundùm quòd est quædam virtus justificans
hominem in se ipso, sed secundùm hoc quòd
importat quamdam supereminentem certitudinem fidei, ex quâ homo fit idoneus ad instruendum alios de his quæ ad fidem pertinent. Spes autem et charitas pertinent ad vim
appetitivam, secundùm quòd per eam homo
in Deum ordinatur.

Ad tertium dicendum quòd *gratia sanitatum* distinguitur à generali operatione virtutum, quæ habet specialem rationem inducendi ad fidem, ad quam aliquis magis
promptus redditur per beneficium corporalis
sanitatis, quam per fidei virtutem assequitur.
Similiter etiam *loqui variis linguis, et interpretari sermones*, habent speciales quasdam
rationes movendi ad fidem; et ideò ponuntur
speciales gratiæ gratis datæ.

Ad quartum dicendum quòd sapientia et
scientia non computantur inter gratias gratis datas, secundùm quòd enumerantur inter
dona Spiritùs sancti, prout scilicet mens hominis est benè mobilis per Spiritum sanctum
ad ea quæ sunt sapientiæ et scientiæ; sic enim
sunt dona Spiritùs sancti, ut supra dictum
est, quæst. 68, art. 1 et 4. Sed computantur
inter gratias gratis datas, secundùm quòd
important quamdam abundantiam scientiæ
et sapientiæ, ut homo possit non solùm in se
ipso rectè sapere de divinis, sed etiam alios
instruere et contradicentes revincere. Et ideò
inter gratias gratis datas, significanter ponitur *sermo*.(1) *sapientiæ* et *sermo scientiæ*, quia,

(1) Ita Nicolaius ex codd. Tarrac. et Paris. Cod.
Alcan. et textus Conradi, *signanter*. Edit. Rom. et
Patav., *significatur primò sermo*, etc.

ut Augustinus dicit 14 de Trinitate, cap. 1, à
med., *aliud est scire tantummodò quid homo
credere debeat propter adipiscendam vitam beatam; aliud est scire quemadmodùm hoc ipsum
et piis opituletur, et contra impios defendatur.*

ARTICULUS V. — *Utrùm gratia gratis data sit
dignior quàm gratia gratum faciens.* —
(3 part., quæst. 7, art. 7, ad 1.)

Ad quintum sic proceditur. 1. Videtur quòd
gratia gratis data sit dignior quàm gratia gratum faciens. *Bonum enim gentis est melius
quàm bonum unius*, ut Philosophus dicit in 1
Ethic., cap. 2, in fine. Sed gratia gratum faciens ordinatur solùm ad bonum unius hominis; gratia autem gratis data ordinatur
ad bonum commune totius Ecclesiæ, ut supra dictum est, art. 1 et 4 huj. quæst. Ergo
gratia gratis data est dignior quàm gratia
gratum faciens.

2. Præterea, majoris virtutis est quòd aliquid possit agere in aliud, quàm quòd solùm
in se ipso perficiatur, sicut major est claritas
corporis quod potest etiam alia corpora illuminare, quàm ejus quod ita in se lucet, quòd
alia illuminare non potest; propter quod
etiam Philosophus dicit in 5 Ethic., cap. 1,
med., quòd *justitia est præclarissima virtutum*, per quam homo rectè se habet etiam ad
alios. Sed per gratiam gratum facientem homo perficitur in se ipso; per gratiam autem
gratis datam homo operatur ad perfectionem
aliorum. Ergo gratia gratis data est dignior
quàm gratia gratum faciens.

3. Præterea, id quod est proprium meliorum, dignius est quàm id quod est commune
omnium; sicut ratiocinari, quod est proprium hominis, dignius est quàm sentire,
quod est commune omnibus animalibus. Sed
gratia gratum faciens est communis omnibus
membris Ecclesiæ; gratia autem gratis data
est proprium donum digniorum membrorum
Ecclesiæ. Ergo gratia gratis data est dignior
quàm gratia gratum faciens.

Sed contra est quòd Apostolus, 1 ad Corinthios 12, 31, enumeratis gratiis gratis datis,
subdit: *Adhuc excellentiorem viam vobis demonstro*; et, sicut per subsequentia patet, loquitur de charitate, quæ pertinet ad gratiam
gratum facientem. Ergo gratia gratum faciens excellentior est quàm gratia gratis
data.

Respondeo dicendum quòd unaquæque virtus tantò excellentior est, quantò ad altius
bonum ordinatur. Semper autem finis potior
est his quæ sunt ad finem. Gratia autem gratum faciens ordinat hominem immediatè ad
conjunctionem ultimi finis; gratiæ autem
gratis datæ ordinant hominem ad quædam
præparatoria finis ultimi, sicut per prophetiam, et miracula, et alia hujusmodi homines inducuntur ad hoc quòd ultimo fini conjungantur. Et ideò gratia gratum faciens est
multò excellentior quàm gratia gratis data.

Ad primum ergo dicendum quòd, sicut Philosophus dicit, in 12 Metaph., text. 52, bonum multitudinis, sicut exercitûs, est duplex:
unum quidem quod est in ipsâ multitudine,
putà ordo exercitûs; aliud autem quod est
separatum à multitudine, sicut bonum

ñucis ; et hoc melius est, quia ad hoc etiam illud aliud ordinatur. Gratia autem gratis data ordinatur ad bonum commune Ecclesiæ, quod est ordo ecclesiasticus ; sed gratia gratum faciens ordinatur ad bonum commune separatum, quod est ipse Deus. Et ideò gratia gratum faciens est nobilior.

Ad secundum dicendum quòd si gratia gratis data posset hoc agere in altero quod homo per gratiam gratum facientem consequitur, sequeretur quòd gratia gratis data esset nobilior ; sicut excellentior est claritas solis illuminantis quàm corporis illuminati. Sed per gratiam gratis datam homo non potest causare in alio conjunctionem ad Deum, quam ipse habet per gratiam gratum facientem ; sed causat quasdam dispositiones ad hoc. Et ideò non oportet quòd gratia gratis data sit excellentior ; sicut nec in igne calor manifestativus speciei ejus, per quam agit ad inducendum calorem in alia, est nobilior quàm forma substantialis ipsius.

Ad tertium dicendum quòd *sentire* ordinatur ad *ratiocinari* sicut ad finem ; et ideò *ratiocinari* est nobilius. Hìc autem est à converso, quia id quod est proprium ordinatur ad id quod est commune sicut ad finem. Unde non est simile.

QUÆSTIO CXII.

De causa gratiæ. — (*In quinque articulos divisa.*)

Deinde considerandum est de causâ gratiæ ; et circa hoc quæruntur quinque : 1° utrùm solus Deus sit causa efficiens gratiæ ; 2° utrùm requiratur aliqua dispositio ad gratiam ex parte recipientis ipsam per actum liberi arbitrii ; 3° utrùm talis dispositio possit esse necessitas ad gratiam ; 4° utrùm gratia sit æqualis in omnibus ; 5° utrùm aliquis possit scire se habere gratiam.

Articulus primus. — *Utrùm solus Deus sit causa gratiæ.* — (*Sup., quæst. 109, art. 7, corp., et 3 part., quæst. 62, art. 1, corp., et art. 2, ad 2, et 2, dist. 16, art. 4, et 4, dist. 14, quæst. 2, art. 2, et Ver. quæst. 27, art. 3, et Ephes. 3, lect. 3.*)

Ad primum sic proceditur. 1. Videtur quòd non solus Deus sit causa gratiæ. Dicitur enim Joan. 1, 17 : *Gratia et veritas per Jesum Christum facta est.* Sed in nomine Jesu Christi intelligitur non solùm natura divina assumens, sed etiam natura creata assumpta. Ergo aliqua creatura potest esse causa gratiæ.

2. Præterea, ista differentia ponitur inter sacramenta novæ legis et veteris, quòd sacramenta novæ legis causant gratiam quam sacramenta veteris legis solùm significabant. Sed sacramenta novæ legis sunt quædam visibilia elementa. Ergo non solus Deus est causa gratiæ.

3. Præterea, secundùm Dionysium, in lib. cœl. Hier., cap. 3 et 4, *Angeli purgant, et illuminant, et perficiunt et Angelos inferiores, et etiam homines.* Sed rationalis creatura purgatur, illuminatur et perficitur per gratiam. Ergo non solus Deus est causa gratiæ.

Sed contra est quod in Psalm. 83, 12, dici-

tur : *Gratiam et gloriam dabit Dominus.*

Respondeo dicendum quòd nulla res potest agere ultra suam speciem, quia semper oportet quòd causa potior sit effectu. Donum autem gratiæ excedit omnem facultatem naturæ creatæ, cùm nihil aliud sit quàm quædam participatio divinæ naturæ, quæ excedit omnem aliam naturam. Et ideò impossibile est quòd aliqua creatura gratiam causet.

Sic enim necesse est quòd solus Deus deificet, communicando consortium divinæ naturæ per quamdam similitudinis participationem, sicut impossibile est quòd aliquid igniat nisi solus ignis.

Ad primum ergo dicendum quòd humanitas Christi est sicut *quoddam organum Divinitatis ejus*, ut Damascenus dicit, in 3 lib. orthod. Fid., cap. 15, à med. Instrumentum autem non agit actionem agentis principalis propriâ virtute, sed virtute principalis agentis. Et ideò humanitas Christi non causat gratiam propriâ virtute, sed virtute divinitatis adjunctæ, ex quâ actiones humanitatis Christi sunt salutares.

Ad secundum dicendum quòd sicut in ipsâ personâ Christi humanitas causat salutem nostram per gratiam virtute divinâ principaliter operante, ita etiam in sacramentis novæ legis, quæ derivantur à Christo, causatur gratia instrumentaliter quidem per ipsa sacramenta, sed principaliter per virtutem Spiritûs sancti in sacramentis operantis, secundùm illud Joan. 3, 5 : *Nisi quis renatus fuerit ex aquâ et Spiritu sancto, non potest introire in regnum Dei.*

Ad tertium dicendum quòd Angelus purgat, illuminat et perficit Angelum vel hominem, per modum instructionis cujusdam, non autem justificando per gratiam. Unde Dionysius dicit, 7 cap. cœl. Hierarch., à med., quòd hujusmodi *purgatio, et illuminatio, et perfectio nihil est aliud quàm divinæ scientiæ assumptio.*

Articulus II. — *Utrùm requiratur aliqua præparatio et dispositio ad gratiam ex parte hominis.* — (*Inf., qu. 113, art. 3, corp., et 7, corp., et 2-2, qu. 24, art. 10, ad 3, et 4, dist. 17, art. 2, qu. 1 et 2, et art. 3, qu. 1, et Hebr. 12, lect. 3.*)

Ad secundum sic proceditur. 1. Videtur quòd non requiratur aliqua præparatio, sive dispositio ad gratiam ex parte hominis, quia, ut Apostolus dicit, Rom. 4, 4, *ei qui operatur merces non imputatur secundùm gratiam, sed secundùm debitum.* Sed præparatio hominis per liberum arbitrium non est nisi per aliquam operationem. Ergo tolleretur ratio gratiæ.

2. Præterea, ille qui in peccato progreditur, non se præparat ad gratiam habendam. Sed aliquibus in peccato progredientibus data est gratia, sicut patet de Paulo, qui gratiam consecutus est, dùm esset *spirans minarum et cædis in discipulos Domini*, ut dicitur Act. 9, 1. Ergo nulla præparatio ad gratiam requiritur ex parte hominis.

3. Præterea agens infinitæ virtutis non requirit dispositionem in materiâ, cum nec ipsam materiam requirat, sicut in creatione

apparet, cui collatio gratiæ comparatur, quæ dicitur *nova creatura*, ad Galat. ult. Sed solus Deus, qui est infinitæ virtutis, gratiam causat, ut dictum est art. præced. Ergo nulla præparatio requiritur ex parte hominis ad gratiam consequendam.

Sed contra est quod dicitur Amos 4, 12 : *Præparare in occursum Dei tui, Israel*; et 1 Reg. 7, 3, dicitur : *Præparate corda vestra Domino.*

Respondeo dicendum quòd, sicut supra dictum est, quæst. 111, art. 2, gratia dicitur dupliciter : quandoque quidem ipsum habituale donum Dei; quandoque autem auxilium Dei moventis animam ad bonum.

. Primo igitur modo accipiendo gratiam, præexigitur ad gratiam aliqua gratiæ præparatio; quia nulla forma potest esse nisi in materiá disposita.

Sed si loquamur de gratiá secundùm quòd significat auxilium Dei moventis ad bonum, sic nulla præparatio requiritur ex parte hominis, quasi præveniens divinum auxilium; sed potiùs quæcumque præparatio in homine esse potest, est ex auxilio Dei moventis animam ad bonum. Et secundùm hoc ipse bonus motus liberi arbitrii, quo quis præparatur ad donum gratiæ suscipiendum, est actus liberi arbitrii moti á Deo. Et quantùm ad hoc dicitur homo se præparare, secundùm illud Proverb. 16, 1 : *Hominis est præparare animum*; et est principaliter á Deo movente liberum arbitrium. Et secundùm hoc dicitur á Deo voluntas hominis præparari, et á Domino gressus hominis dirigi.

Ad primum ergo dicendum quòd præparatio hominis ad gratiam habendam quædam est simul cum ipsá infusione gratiæ; et talis operatio est quidem meritoria, sed non gratiæ, quæ jam habetur, sed gloriæ, quæ nondùm habetur. Est autem alia præparatio gratiæ imperfecta, quæ aliquando præcedit donum gratiæ gratum facientis, quæ tamen est á Deo movente. Sed ista non sufficit ad meritum, nondùm homine per gratiam justificato, quia nullum meritum potest esse nisi ex gratiá, ut infra dicetur, quæst. 114, art. 2.

Ad secundum dicendum quòd cùm homo ad gratiam se præparare non possit, nisi Deo eum præveniente et movente ad bonum, non refert utrùm subitò vel paulatim aliquis ad perfectam præparationem perveniat. Dicitur enim Eccli. 11, 23 : *Facile est in oculis Dei subitò honestare pauperem.* Contingit autem quandoque quòd Deus movet hominem ad aliquod bonum, non tamen perfectum (1); et talis præparatio præcedit gratiam. Sed quandoque statim perfectè movet ipsum ad bonum, et subitò gratiam homo accipit, secundùm illud Joan. 6, 45 : *Omnis qui audit* (2) *à Patre, et didicit, venit ad me.* Et ita contigit Paulo, quia subitò cùm esset in progressu peccati, perfectè motum est cor ejus á Deo, audiendo, addiscendo et veniendo; et ideò subitò est gratiam consecutus.

(1) Ita codd. et edit. passim. Conradus *verfectè.*
(2) Vulgata, *audivit.*

Ad tertium dicendum quòd agens infinitæ virtutis non exigit materiam vel dispositionem materiæ, quasi præsuppositam ex alterius causæ actione; sed tamen oportet quòd secundùm conditionem rei causandæ in ipsá re causet et materiam, et dispositionem debitam et formam; et similiter ad hoc quòd Deus gratiam infundat animæ, nulla præparatio exigitur quam ipse non faciat.

ARTICULUS III. — *Utrùm necessariò detur gratia se præparanti ad gratiam, vel facienti quod in se est.* — (4, dist. 17, quæst. 1, art. 2, quæst. 3, per tot., et qu. 2, art. 5, quæst. 1, corp., et dist. 20, quæst. 1, art. 1, quæst. 1, corp.)

Ad tertium sic proceditur. 1. Videtur quòd ex necessitate detur gratia se præparanti ad gratiam, vel facienti quod in se est, quia super illud Rom. 3 : *Justitia Dei manifestata est,* dicit Glossa (Rabani lib. 2 Comment. in hunc locum) : *Deus recipit eum qui ad se confugit; aliter esset in eo iniquitas.* Sed impossibile est in Deo iniquitatem esse. Ergo est impossibile quòd Deus non recipiat eum qui ad se confugit. Ex necessitate igitur gratiam assequitur.

2. Præterea, Anselmus dicit, in lib. de Casu diaboli, cap. 3, quòd *ista est causa quare Deus non concedit diabolo gratiam, quia ipse non voluit accipere, nec paratus fuit.* Sed, remotá causá, necesse est removeri effectum. Ergo, si aliquis velit accipere gratiam, necesse est quòd ei detur.

3. Præterea, *bonum est communicativum sui,* ut patet per Dionysium in 4 cap. de div. Nom., in princip. Sed bonum gratiæ est melius quàm bonum naturæ. Cùm igitur forma naturalis ex necessitate adveniat materiæ dispositæ, videtur quòd multò magis gratia ex necessitate detur præparanti se ad gratiam.

Sed contra est quòd homo comparatur ad Deum, sicut lutum ad figulum, secundùm illud Jerem. 18, 6 : *Sicut lutum in manu figuli, sic vos in manu meá.* Sed lutum non ex necessitate accipit formam á figulo, quantùmcumque sit præparatum. Ergo neque homo recipit ex necessitate gratiam á Deo, quantùmcumque se præparet.

Respondeo dicendum quòd, sicut supra dictum est, art. præc., præparatio hominis ad gratiam est á Deo sicut á movente, á libero autem arbitrio sicut á moto.

Potest igitur præparatio dupliciter considerari : uno quidem modo, secundùm quòd est á libero arbitrio; et secundùm hoc nullam necessitatem habet ad gratiæ consecutionem, quia donum gratiæ excedit omnem præparationem virtutis humanæ.

Alio modo potest considerari secundùm quòd est á Deo movente; et tunc habet necessitatem ad id ad quod ordinatur á Deo, non quidem coactionis, sed infallibilitatis, quia intentio Dei deficere non potest, secundùm quòd Augustinus dicit, in lib. 9 de Prædest. sanct. (seu de Dono persev., qui olim illi annectebatur, cap. 14, parùm á princ.), quòd *per beneficia Dei certissimè liberantur quicumque liberantur.* Unde si ex intentione Dei moventis est quòd homo, cujus cor movet, gratiam consequatur, infallibiliter ipsam consequitur, secundùm illud Joan. 6, 45 : *Omnis qui audivit à Patre, et didicit, venit ad me.*

Ad primum ergo dicendum quòd Glossa illa loquitur de illo qui confugit ad Deum per actum meritorium liberi arbitrii jam per gratiam informati; quem si non reciperet, esset contra justitiam, quam ipse statuit.

Vel si referatur ad motum liberi arbitrii ante gratiam, loquitur secundùm quòd ipsum confugium hominis ad Deum est per motionem divinam, quam justum est non deficere.

Ad secundum dicendum quòd defectûs gratiæ prima causa est ex nobis; sed collationis gratiæ prima causa est à Deo, secundùm illud Oseæ 13, 9 : *Perditio tua ex te (1), Israel, tantummodò in me auxilium tuum.*

Ad tertium dicendum quòd etiam in rebus naturalibus dispositio materiæ non ex necessitate consequitur formam, nisi per virtutem agentis, qui dispositionem causat.

Articulus iv. — *Utrùm gratia sit major in uno quàm in alio.* — (*Sup.*, qu. 66, art. 2, ad 1, et 2-2, qu. 4, art. 4, ad 3.)

Ad quartum sic proceditur. 1. Videtur quòd gratia non sit major in uno quàm in alio. Gratia enim causatur in nobis ex dilectione divinâ, ut dictum est qu. 110, art. 1. Sed Sap. 6, 8, dicitur : *Pusillum et magnum ipse fecit, et æqualiter est illi cura de omnibus.* Ergo omnes æqualiter gratiam ab eo consequuntur.

2. Præterea, ea quæ in summo dicuntur, non recipiunt *magis et minus.* Sed gratia in summo dicitur, quia conjungit ultimo fini. Ergo non recipit *magis et minus.* Non est ergo major in uno quàm in alio.

3. Præterea, gratia est vita animæ, ut supra dictum est, quæst. 110, art. 1, ad 2, et art. 4. Sed vivere non dicitur secundùm *magis* et *minus.* Ergo etiam neque gratia.

Sed contra est quod dicitur ad Ephes. 4, 7 : *Unicuique data est gratia secundùm mensuram donationis Christi.* Quod autem mensuratè datur, non omnibus æqualiter datur. Ergo non omnes æqualem gratiam habent.

Respondeo dicendum quòd, sicut supra dictum est, quæst. 52, art. 1 et 2, habitus duplicem magnitudinem habere potest : unam ex parte finis vel objecti, secundùm quòd dicitur una virtus aliâ nobilior, in quantum ad majus bonum ordinatur; aliam verò ex parte subjecti, quod magis vel minùs participat habitum inhærentem.

Secundùm igitur primam magnitudinem gratia gratum faciens non potest esse major et minor, quia gratia secundùm sui rationem conjungit hominem summo bono, quod est Deus.

Sed ex parte subjecti, gratia potest suscipere magis vel minus, prout scilicet unus perfectiùs illustratur à lumine gratiæ quàm alius. Cujus diversitatis ratio quidem est aliquâ ex parte præparantis se ad gratiam; qui enim magis se ad gratiam præparat, plenio-

(1) In Vulgatâ deest, *ex te.*

rem gratiam accipit. Sed ex hâc parte non potest accipi prima ratio hujus diversitatis, quia præparatio ad gratiam non est hominis, nisi in quantum liberum arbitrium ejus præparatur à Deo. Unde prima causa hujus diversitatis accipienda est ex parte ipsius Dei, qui diversimodè suæ gratiæ dona dispensat ad hoc quòd ex diversis gradibus pulchritudo et perfectio Ecclesiæ consurgat; sicut etiam diversos gradus rerum instituit, ut esset universum perfectum. Unde Apostolus, ad Ephes. 4, 12, postquàm dixerat : *Unicuique data est gratia secundùm mensuram donationis Christi*, enumeratis diversis gratiis, subjungit : *Ad consummationem sanctorum in ædificationem corporis Christi.*

Ad primum ergo dicendum quòd cura divina dupliciter considerari potest : uno modo quantùm ad ipsum divinum actum, qui est simplex et uniformis : et secundùm hoc æqualiter se habet ejus cura ad omnes, quia scilicet uno actu simplici et majora et minora dispensat. Alio modo potest considerari ex parte eorum quæ in creaturis ex divinâ curâ proveniunt; et secundùm hoc invenitur inæqualitas, in quantum scilicet Deus suâ curâ quibusdam majora, quibusdam minora providet dona.

Ad secundum dicendum quòd ratio illa procedit secundùm primum modum magnitudinis gratiæ, non enim potest gratia secundùm hoc major esse quòd ad majus bonum ordinet, sed ex eo quòd magis vel minùs ordinat ad idem bonum magis vel minùs participandum. Potest enim esse diversitas intensionis et remissionis, secundùm participationem subjecti et in ipsâ gratiâ et in finali gloriâ.

Ad tertium dicendum quòd vita naturalis pertinet ad substantiam hominis, et ideò non recipit *magis* et *minus;* sed vitam gratiæ participat homo accidentaliter, et ideò eam potest homo magis, vel minùs habere.

Articulus v. — *Utrùm homo possit scire se habere gratiam.* — (3, dist. 16, quæst. 1, art. 1, ad 5, et 4, dist., 21, quæst. 2, art. 2, corp.)

Ad quintum sic proceditur. 1. Videtur quòd homo possit scire se habere gratiam. Gratia enim est in animâ per sui essentiam. Sed certissima cognitio animæ est eorum quæ sunt in animâ per sui essentiam, ut patet per Augustinum, 12 super Genes. ad litt. (implic. cap. 31). Ergo gratia certissimè potest cognosci ab eo qui gratiam habet.

2. Præterea, sicut scientia est donum Dei, ita et gratia. Sed qui à Deo scientiam accipit, scit se scientiam habere, secundùm illud Sap. 7, 17 : *Dominus dedit mihi horum quæ sunt veram scientiam.* Ergo pari ratione qui accipit gratiam à Deo, scit se gratiam habere.

3. Præterea, lumen est magis cognoscibile quàm tenebra, quia secundùm Apostolum ad Ephes. 5, 3, *omne quod manifestatur, lumen est.* Sed peccatum, quod est spiritualis tenebra, per certitudinem potest sciri ab eo qui habet peccatum. Ergo multò magis gratia, quæ est spirituale lumen.

4. Præterea, Apostolus dicit, 1 ad Corinth, 2, 12 : *Nos autem non spiritum hujus mundi accepimus, sed spiritum qui à Deo est, ut sciamus quæ à Deo donata sunt nobis.* Sed gratia est primum donum Dei. Ergo homo, qui accipit gratiam per Spiritum sanctum, per eumdem Spiritum scit gratiam esse sibi datam.

5. Præterea, Genes. 22, 12, ex personâ Domini dicitur ad Abraham : *Nunc cognovi quòd timeas Dominum,* id est, *cognoscere te feci.* Loquitur autem ibi de timore casto, qui non est sine gratiâ. Ergo homo potest cognoscere se habere gratiam.

Sed contra est quod dicitur Eccles. 9, 1, quòd *nemo scit utrùm sit dignus odio vel amore.* Sed gratia gratum faciens facit hominem dignum Dei amore. Ergo nullus potest scire utrùm habeat gratiam gratum facientem.

Respondeo dicendum quòd tripliciter aliquid cognosci potest : uno modo per revelationem, et hoc modo potest aliquis scire se habere gratiam; revelat enim Deus hoc aliquando aliquibus ex speciali privilegio, ut securitatis gaudium etiam in hâc vitâ in eis incipiat, et ut confidentiùs et fortiùs magnifica opera prosequantur, et mala præsentis vitæ sustineant, sicut Paulo dictum est, 2 ad Corinth. 12, 9 : *Sufficit tibi gratia mea.*

Alio modo homo cognoscit aliquid per se ipsum, et hoc certitudinaliter ; et sic nullus potest scire se habere gratiam. Certitudo enim non potest haberi de aliquo, nisi possit dijudicari per proprium principium. Sic enim certitudo habetur de conclusionibus demonstrativis per indemonstrabilia universalia principia. Nullus autem posset scire se habere scientiam alicujus conclusionis, si principium ignoraret. Principium autem gratiæ, et objectum ejus est ipse Deus, qui propter sui excellentiam est nobis ignotus, secundùm illud Job 36, 26 : *Ecce Deus magnus vincens scientiam nostram.* Et ideò ejus præsentia in nobis et absentia per certitudinem cognosci non potest, secundùm illud Job 9, 2 : *Si venerit ad me, non videbo eum, si autem abierit, non intelligam.* Et ideò homo non potest per certitudinem dijudicare, utrùm ipse habeat gratiam; secundùm illud 1 ad Corinth. 4, 3 : *Sed neque me ipsum judico.... Qui autem judicat me, Dominus est.*

Tertio modo cognoscitur aliquid conjecturaliter per aliqua signa ; et hoc modo aliquis cognoscere potest se habere gratiam, in quantum scilicet percipit se delectari in Deo et contemnere res mundanas, et in quantum homo non est conscius sibi alicujus peccati mortalis. Secundùm quem modum potest intelligi quod habetur Apocal. 2, 17 : *Vincenti dabo manna absconditum......, quod nemo novit, nisi qui accipit,* quia scilicet ille qui accipit (1), per quamdam experientiam dulcedinis novit, quam non experitur ille qui non accipit.

(1) Ita cum Mss. editi passim. Quidam, *qui accipit gratiam.* Cod. Alcan. utroque loco pro *accipit,* habet, *accrevit.*

Ista tamen cognitio imperfecta est; unde Apostolus dicit, 1 ad Corinth., 4, 3 : *Nihil mihi conscius sum, sed non in hoc justificatus sum :* quia ut dicitur in psalmo 18, 13, *delicta quis intelligit ? ab occultis meis munda me, et ab alienis parce servo tuo.*

Ad primum ergo dicendum quòd illa quæ sunt per essentiam sui in animâ, cognoscuntur experimentali cognitione, in quantum homo experitur per actus principia intrinseca ; sicut voluntatem percipimus volendo, et vitam in operibus vitæ.

Ad secundum dicendum quòd de ratione scientiæ est quòd homo certitudinem habeat de his quorum habet scientiam ; et similiter de ratione fidei est quòd homo sit certus de his quorum habet fidem ; et hoc ideò, quia certitudo pertinet ad perfectionem intellectûs, in quo prædicta dona existunt. Et ideò quicumque habet scientiam, vel fidem, certus est se habere. Non est autem similis ratio de gratiâ et charitate, et aliis hujusmodi, quæ perficiunt vim appetitivam.

Ad tertium dicendum quòd peccatum habet pro principio et pro objecto bonum commutabile, quod nobis est notum. Objectum autem vel finis gratiæ est nobis ignotum propter sui luminis immensitatem, secundùm illud 1 ad Timoth. ult., 16 : *Lucem habitat inaccessibilem.*

Ad quartum dicendum quòd Apostolus ibi loquitur de donis gloriæ, quæ sunt nobis data in spe ; quæ certissimè cognoscimus per fidem ; licèt non cognoscamus per certitudinem nos habere gratiam, per quam nos possimus ea promereri.

Vel potest dici quòd loquitur de notitiâ privilegiatâ, quæ est per revelationem. Unde subdit : *Nobis autem revelavit Deus per Spiritum sanctum* (1).

Ad quintum dicendum quòd illud verbum Abrahæ dictum potest referri ad notitiam experimentalem, quæ est per exhibitionem operis. In opere enim illo quod fecerat Abraham, cognoscere potuit experimentaliter se Dei timorem habere.

Vel potest hoc etiam ad revelationem referri.

QUÆSTIO CXIII.

DE EFFECTIBUS GRATIÆ. — (*In decem articulos divisa.*)

Deinde considerandum est de effectibus gratiæ; et primò de justificatione impii, quæ est effectus gratiæ operantis ; secundò de merito, quod est effectus gratiæ cooperantis.

Circa primum quæruntur decem : 1° quid sit justificatio impii ; 2° utrùm ad eam requiratur gratiæ infusio ; 3° utrùm ad eam requiratur aliquis motus liberi arbitrii ; 4° utrùm ad justificationem impii requiratur motus fidei ; 5° utrùm ad eam requiratur motus liberi arbitrii contra peccatum ; 6° utrùm præmissis sit connumeranda remissio peccatorum ; 7° utrùm in justificatione impii sit ordo temporis aut sit subitò ; 8° de naturali ordine

(1) Vulgata. *suum.*

eorum quæ ad justificationem concurrunt; 9° utrùm justificatio impii sit maximum opus Dei; 10° utrùm justificatio impii sit miraculosa.

ARTICULUS PRIMUS. — *Utrùm justificatio impii sit remissio peccatorum.*—(*Inf., art.* 6, *ad* 1, *et* 4, *dist.* 17, *quæst.* 1, *art.* 1, *quæst.* 1, *et Ver. quæst.* 28, *art.* 1.)

Ad primum sic proceditur. 1. Videtur quòd justificatio impii non sit remissio peccatorum. Peccatum enim non solùm justitiæ opponitur, sed omnibus virtutibus, ut ex supra dictis patet, quæst. 71, art. 1. Sed justificatio significat motum quemdam ad justitiam. Non ergo omnis peccati remissio est justificatio, cùm omnis motus sit de contrario in contrarium.

2. Præterea, unumquodque debet nominari ab eo quod est potissimùm in ipso, ut dicitur in 2 de animâ, text. 49. Sed remissio peccatorum præcipuè fit per fidem, secundùm illud Act. 15, 9 : *Fide purificans corda eorum;* et per charitatem, secundùm illud Proverb. 10, 12 : *Universa delicta operit charitas.* Magis ergo remissio peccatorum debuit denominari à fide, vel à charitate, quàm à justitiâ.

3. Præterea, remissio peccatorum idem esse videtur quod vocatio; vocatur enim qui distat; distat autem aliquis à Deo per peccatum. Sed vocatio justificationem præcedit, secundùm illud Rom. 8, 30 : *Quos vocavit, hos et justificavit.* Ergo justificatio non est remissio peccatorum.

Sed contra est quod Rom. 8, super illud : *Quos vocavit, hos et justificavit,* dicit Glossa interl., *remissione peccatorum.* Ergo remissio peccatorum est justificatio.

Respondeo dicendum quòd justificatio passivè accepta importat motum ad justitiam, sicut et calefactio motum ad calorem. Cùm autem justitia de sui ratione importet quamdam rectitudinem ordinis, dupliciter accipi potest : uno modo secundùm quòd importat ordinem rectum in ipso actu hominis, et secundùm hoc justitia ponitur virtus quædam : sive sit particularis justitia, quæ ordinat actum hominis secundùm rectitudinem in comparatione ad alium singularem hominem; sive sit justitia legalis, quæ ordinat secundùm rectitudinem actus hominis in comparatione ad bonum commune multitudinis, ut patet in 5 Eth., cap. 1, à med. Alio modo dicitur justitia, prout importat rectitudinem quamdam ordinis in ipsâ interiori dispositione hominis, prout scilicet supremum hominis subditur Deo, et inferiores vires animæ subduntur supremæ, scilicet rationi; et hanc etiam dispositionem vocat Philosophus in 5 Eth., cap. ult., *justitiam metaphoricè dictam.*

Hæc autem justitia in homine potest fieri dupliciter : uno quidem modo per modum simplicis generationis, qui est ex privatione ad formam, et hoc modo justificatio posset competere etiam ei qui non esset in peccato, dùm hujusmodi justitiam à Deo acciperet, sicut Adam dicitur accepisse originalem ju-

stitiam; alio modo potest fieri hujusmodi justitia in homine secundùm rationem motûs, qui est de contrario in contrarium, et secundùm hoc justificatio importat transmutationem quamdam de statu injustitiæ ad statum justitiæ prædictæ. Et hoc modo loquimur hìc de justificatione impii, secundùm illud Apostoli, ad Rom. 4, 5 : *Ei qui non operatur, credenti autem in eum qui justificat impium, reputatur fides ejus ad justitiam, secundùm propositum gratiæ Dei.* Et quia motus denominatur magis à termino *ad quem,* quàm à termino *à quo,* ideò hujusmodi transmutatio, quâ aliquis transmutatur à statu injustitiæ ad statum justitiæ per remissionem peccati, sortitur nomen à termino *ad quem,* et vocatur *justificatio impii.*

Ad primum ergo dicendum quòd omne peccatum, secundùm quòd importat quamdam inordinationem mentis non subditæ Deo, *injustitia* potest dici, prædictæ justitiæ contraria, secundùm illud 1 Joan. 3 : *Omnis qui facit peccatum, et iniquitatem facit, et peccatum est iniquitas;* et secundùm hoc remotio cujuslibet peccati dicitur *justificatio.*

Ad secundum dicendum quòd fides et charitas dicunt ordinem specialem mentis humanæ ad Deum secundùm intellectum vel affectum; sed justitia importat generaliter totam rectitudinem ordinis; et ideò magis denominatur hujusmodi transmutatio à justitiâ quàm à charitate vel fide.

Ad tertium dicendum quòd vocatio refertur ad auxilium Dei interiùs moventis et excitantis mentem ad deserendum peccatum; quæ quidem motio Dei non est ipsa remissio peccati, sed causa ejus.

ARTICULUS II. — *Utrùm ad remissionem culpæ, quæ est justificatio impii, requiratur gratiæ infusio.* — (4, *dist.* 17, *q.* 1, *art.* 3, *q.* 1, *et Ver. q.* 18, *art.* 8.)

Ad secundum sic proceditur. 1. Videtur quòd ad remissionem culpæ, quæ est justificatio impii, non requiratur gratiæ infusio. Potest enim aliquis removeri ab uno contrario sine hoc quòd perducatur ad alterum, si contraria sint mediata. Sed status culpæ et status gratiæ sunt contraria mediata; est enim medius status innocentiæ, in quo homo nec gratiam habet, nec culpam. Ergo potest alicui remitti culpa sine hoc quòd perducatur ad gratiam.

2. Præterea, remissio culpæ consistit in reputatione (1) divinâ, secundùm illud psal. 31, 2 : *Beatus vir cui non imputavit Dominus peccatum.* Sed infusio gratiæ ponit etiam aliquid in nobis, ut supra habitum est, qu. 110, art. 1. Ergo infusio gratiæ non requiritur ad remissionem culpæ.

3. Præterea, nullus subjicitur simul duobus contrariis. Sed quædam peccata sunt contraria, sicut prodigalitas et illiberalitas. Ergo qui subjicitur peccato prodigalitatis, non simul subjicitur peccato illiberalitatis; potest

---

(1) Ita Mss. et editi passim. Theologi legendum censent, *in non reputatione.*

tamen contingere quòd priùs ei subjiciebatur. Ergo peccando vitio prodigalitatis liberatur à peccato illiberalitatis; et sic remittitur aliquod peccatum sine gratiâ.

Sed contra est quod dicitur Rom. 3, 24 : *Justificati gratis per gratiam ipsius.*

Respondeo dicendum quòd homo peccando Deum offendit, sicut ex supra dictis patet, qu. 71, art. 5. Offensa autem non remittitur alicui, nisi per hoc quòd animus offensi pacatur offendenti. Et ideò secundùm hoc peccatum nobis remitti dicitur, quòd Deus nobis pacatur; quæ quidem pax consistit in dilectione quâ Deus diligit nos. Dilectio autem Dei, quantùm est ex parte actûs divini, est æterna et immutabilis; sed quantùm ad effectum quem nobis imprimit, quandoque interrumpitur, prout scilicet ab ipso quandoque deficimus, et quandoque iterùm recuperamus. Effectus autem divinæ dilectionis in nobis, qui per peccatum tollitur, est gratia, quâ homo fit dignus vitâ æternâ, à quâ peccatum mortale excludit. Et ideò non posset intelligi remissio culpæ, si non adesset infusio gratiæ.

Ad primum ergo dicendum quòd plus requiritur ad hoc quòd offendenti remittatur offensa, quàm ad hoc quòd simpliciter aliquis non offendens non habeatur odio. Potest enim apud homines contingere quòd unus homo aliquem alium nec diligat, nec odiat. Sed si eum offendat, quòd ei dimittat offensam, hoc non potest contingere absque speciali benevolentiâ. Benevolentia autem Dei ad hominem reparari dicitur per donum gratiæ: et ideò licèt homo, antequàm peccet, potuerit esse sine gratiâ et sine culpâ, tamen post peccatum non potest esse sine culpâ, nisi gratiam habeat.

Ad secundum dicendum quòd, sicut dilectio Dei non solùm consistit in actu voluntatis divinæ, sed etiam importat quemdam gratiæ effectum, ut supra dictum est, quæst. 110, art. 1, ita etiam et hoc quod est Deum non imputare peccatum homini, importat quemdam effectum in ipso cui peccatum non imputatur; quòd enim alicui non imputetur peccatum à Deo, ex divinâ dilectione procedit.

Ad tertium dicendum quòd, sicut Augustinus dicit in lib. 1 de Nuptiis et Concupiscentiâ, cap. 26, in fin., *si à peccato desistere hoc esset non habere peccatum, sufficeret ut hoc moneret Scriptura:* « *Fili, peccâsti, non adjicias iterùm.* » *Hoc autem non sufficit, sed additur :* « *Et de pristinis deprecare, ut tibi remittantur.* » Transit enim peccatum actu, et remanet reatu; ut supra dictum est, qu. 87, art. 6. Et ideò cùm aliquis à peccato unius vitii transit in peccatum contrarii vitii, desinit quidem habere actum præteriti peccati, sed non desinit habere reatum; unde simul habet reatum utriusque peccati; non enim peccata sunt sibi contraria ex parte aversionis à Deo, ex quâ parte peccatum reatum habet.

ARTICULUS III. — *Utrùm ad justificationem impii requiratur motus liberi arbitrii.* — (*Inf.*, art. 4, 5 et 6, *corp.*, et 3 part., qu. 86, art. 6, ad 1 et 2, dist. 27, qu. 1, art. 2, ad 7,

et 4, dist. 27, quæst. 1, art. 5, quæst. 1, et *Verit.* quæst 28, art. 3 et 4, cor., et Joan. 4, lect 2, et *Ephes.* 5, lect. 5, fin.)

Ad tertium sic proceditur. 1. Videtur quòd ad justificationem impii non requiratur motus liberi arbitrii. Videmus enim quòd per sacramentum baptismi justificantur pueri absque motu liberi arbitrii, et etiam interdùm adulti. Dicit enim Augustinus, in 4 Confess., cap. 4, parùm ante med., quòd cùm quidam suus amicus laboraret febribus, *jacuit diu sine sensu in sudore lethali, et cùm desperaretur, baptizatus est nesciens, et renatus est;* quod fit per gratiam justificantem sed Deus potentiam suam non alligavit sacramentis. Ergo etiam potest justificare hominem sine sacramentis absque omni motu liberi arbitrii.

2. Præterea, in dormiendo homo non habet usum rationis, sine quo non potest esse motus liberi arbitrii. Sed Salomon in dormiendo consecutus est à Deo donum sapientiæ, ut habetur 3 Reg. 3, et 2 Paral. 1. Ergo etiam pari ratione donum gratiæ justificantis quandoque datur homini à Deo absque motu liberi arbitrii.

3. Præterea, per eamdem causam gratia producitur in esse, et conservatur; dicit enim Augustinus, 8 super Gen. ad litt., cap. 10, circ. fin., et cap. 12, in princip., quòd *ita se debet homo ad Deum convertere, ut ab illo semper fiat justus.* Sed absque motu liberi arbitrii gratia in homine conservatur. Ergo absque motu liberi arbitrii potest à principio infundi.

Sed contra est quod dicitur Joan. 6, 45 : *Omnis qui audit à Patre, et didicit, venit ad me.* Sed discere non est sine motu liberi arbitrii, addiscens enim consentit docenti. Ergo nullus venit ad Deum per gratiam justificantem absque motu liberi arbitrii.

Respondeo dicendum quòd justificatio impii fit Deo movente hominem ad justitiam. Ipse enim est qui justificat impium, ut dicitur Rom. 3. Deus autem movet omnia secundùm modum uniuscujusque; sicut in naturalibus videmus quòd aliter moventur ab ipso gravia, et aliter levia, propter diversam naturam utriusque. Unde et hominem ad justitiam movet secundùm conditionem naturæ humanæ. Homo autem secundùm propriam naturam habet quòd sit liberi arbitrii.

Et ideò in eo qui habet usum liberi arbitrii, non fit motio à Deo ad justitiam absque motu liberi arbitrii; sed ita infundit donum gratiæ justificantis quòd etiam simul cum hoc movet liberum arbitrium ad donum gratiæ acceptandum in his qui sunt hujus motionis capaces.

Ad primum ergo dicendum quòd pueri non sunt capaces motûs liberi arbitrii; et ideò moventur à Deo ad justitiam per solam informationem animæ ipsorum. Hoc autem non fit sine sacramento, quia sicut peccatum originale, à quo justificantur, non propriâ voluntate ad eos pervenit, sed per carnalem originem, ita etiam per spiritualem regenerationem à Christo in eos gratia derivatur. Et eadem ratio est de furiosis et amen tibus, qui nunquàm usum liberi arbitrii habuerunt. Sed si quis aliquando habuit usum liberi arbitrii, et postmodùm eo careat vel per infirmitatem vel per somnum, non consequitur gratiam justificantem per baptismum exteriùs adhibitum, aut per aliquod aliud sacramentum, nisi priùs habuerit sacramentum in proposito, quòd sine usu liberi arbitrii non contingit. Et hoc modo ille de quo loquitur Augustinus renatus fuit, quia et priùs et postea baptismum acceptavit.

Ad secundum dicendum quòd etiam Salomon dormiendo non meruit sapientiam, nec accepit; sed in somno declaratum est ei quòd propter præcedens desiderium ei à Deo sapientia infunderetur; unde ex ejus personâ dicitur Sapient. 7, 7 : *Optavi, et datus est mihi sensus.*

Vel potest dici, quòd ille somnus non fuit naturalis, sed somnus prophetiæ, secundùm quod dicitur Num. 12, 6 : *Si quis fuerit inter vos propheta Domini, in visione apparebo ei, vel per somnium loquar ad illum;* in quo casu aliquis usum liberi arbitrii habet. Et tamen sciendum est quòd non est eadem ratio de dono sapientiæ, et de dono gratiæ justificantis. Nam donum gratiæ justificantis præcipuè ordinat hominem ad bonum, quod est objectum voluntatis; et ideò ad ipsum movetur homo per motum voluntatis, qui est motus liberi arbitrii. Sed sapientia perficit intellectum, qui præcedit voluntatem; unde absque completo motu liberi arbitrii potest intellectus dono sapientiæ illuminari; sicut etiam videmus quòd in dormiendo aliqua hominibus revelantur, sicut dicitur Job 33, 15 : *Quando irruit sopor super homines et dormiunt in lectulo, tunc aperit aures virorum, et erudiens eos instruit disciplinâ.*

Ad tertium dicendum quòd in infusione gratiæ justificantis est quædam transmutatio animæ humanæ; et ideò requiritur motus proprius animæ humanæ, ut anima moveatur secundùm modum suum. Sed conservatio gratiæ est absque transmutatione; unde non requiritur aliquis motus ex parte animæ, sed sola continuatio influxûs divini.

ARTICULUS IV. — *Utrùm ad justificationem impii requiratur motus fidei.* — *(3 part., quæst. 86, art. 6, ad 1 et 3, et 2, dist. 26, art. 4, ad 4, et 3, dist. 30, art. 5, ad 3, et 4, dist. 17, quæst. 1, art. 3, quæst. 3, et Ver. quæst. 28, art. 4.)*

Ad quartum sic proceditur. 1. Videtur quòd ad justificationem impii non requiratur motus fidei. Sicut enim per fidem justificatur homo, ita etiam et per quædam alia, scilicet per timorem, de quo dicitur Eccl. 1, 27 : *Timor Domini expellit peccatum; nam qui sine timore est non poterit justificari;* et iterùm per charitatem, secundùm illud Luc. 7, 47 : *Dimissa sunt* (1) *ei peccata multa, quoniam dilexit multùm;* et iterùm per humilitatem, secundùm illud Jac. 4, 6 : *Deus superbis resistit, humilibus autem dat gratiam;* et iterùm per misericordiam, secundùm illud Prov. 15,

27 : *Per misericordiam et fidem purgantur peccata.* Non ergo magis motus fidei requiritur ad justificationem impii quàm motus prædictarum virtutum.

2. Præterea, actus fidei non requiritur ad justificationem, nisi in quantum per fidem homo cognoscit Deum. Sed etiam aliis modis potest homo Deum cognoscere, scilicet per cognitionem naturalem, et per donum sapientiæ. Ergo non requiritur actus fidei ad justificationem impii.

3. Præterea, diversi sunt articuli fidei. Si igitur actus fidei requiratur ad justificationem impii, videtur quòd oporteret hominem, quando primò justificatur, de omnibus articulis fidei cogitare. Sed hoc videtur inconveniens, cùm talis cogitatio longam temporis moram requirat. Ergo videtur quòd actus fidei non requiratur ad justificationem impii.

Sed contra est quod dicitur Rom. 5, 1 : *Justificati igitur ex fide pacem habeamus ad Deum.*

Respondeo dicendum quòd, sicut dictum est art. præc., motus liberi arbitrii requiritur ad justificationem impii, secundùm quòd mens hominis movetur à Deo. Deus autem movet animam hominis convertendo eam ad se ipsum, ut dicitur in psal. 84, 7, secundùm aliam litteram (70 Interpr.) : *Deus tu convertens vivificabis nos.* Et ideò ad justificationem impii requiritur actus mentis, quo convertitur in Deum. Prima autem conversio in Deum fit per fidem, secundùm illud ad Hebr. 11, 6 : *Accedentem ad Deum oportet credere quia est.* Et ideò motus fidei requiritur ad justificationem impii.

Ad primum ergo dicendum quòd motus fidei non est perfectus, nisi sit charitate informatus; unde simul in justificatione impii cum motu fidei est etiam motus charitatis. Movetur autem liberum arbitrium in Deum ad hoc quòd ei se subjiciat; unde etiam concurrit actus timoris filialis, et actus humilitatis. Contingit enim unum et eumdem actum liberi arbitrii diversarum virtutum esse, secundùm quòd una imperat, et aliæ imperantur, prout scilicet actus est ordinabilis ad diversos fines. Actus autem misericordiæ vel operatur circa peccatum per modum satisfactionis, et sic sequitur justificationem; vel per modum præparationis, in quantum misericordes misericordiam consequuntur; et sic etiam potest præcedere justificationem, vel etiam ad justificationem concurrere simul cum prædictis virtutibus, secundùm quòd misericordia includitur in dilectione proximi.

Ad secundum dicendum quòd per cognitionem naturalem homo non convertitur in Deum, in quantum est objectum beatitudinis et justificationis causa. Unde talis cognitio non sufficit ad justificationem. Donum autem sapientiæ præsupponit cognitionem fidei, ut ex supra dictis patet, quæst. 68, art. 4, ad 3.

Ad tertium dicendum quòd, sicut Apostolus dicit ad Rom. 4, 5, *credenti in eum qui justificat impium, reputabitur fides ejus ad justitiam secundùm propositum gratiæ Dei.* Ex quo patet quòd in justificatione impii requiritur actus fidei quantùm ad hoc quòd homo

(1) Vulgata : *Remittuntur ei.*

credat Deum esse justificatorem hominum per mysterium Christi.

ARTICULUS V. — *Utrùm ad justificationem impii requiratur motus liberi arbitrii in peccatum.* — (*Inf., art.* 7, *ad* 1, *et* 2, *quæst.* 88, *art.* 2, *et* 4, *dist.* 17, *qu.* 1. *art.* 3, *qu.* 4, *et* 3 *cont., cap.* 158, *et Ver. quæst.* 28, *art.* 5.)

Ad quintum sic proceditur. 1. Videtur quòd ad justificationem impii non requiratur motus liberi arbitrii in peccatum. Sola enim charitas sufficit ad deletionem peccati, secundùm illud Proverb. 10, 12 : *Universa delicta operit charitas.* Sed charitatis objectum non est peccatum. Ergo non requiritur ad justificationem impii motus liberi arbitrii in peccatum.

2. Præterea, qui in anteriora tendit, ad posteriora respicere non debet, secundùm illud Apostoli ad Philipp. 3, 13 : *Quæ quidem retrò sunt obliviscens, ad ea verò quæ sunt priora, extendens me ipsum, ad destinatum persequor* (1), *ad bravium supernæ vocationis.* Sed tendenti in justitiam retrorsùm sunt peccata præterita. Ergo eorum debet oblivisci, nec in eà se debet extendere per motum liberi arbitrii.

3. Præterea, in justificatione impii non remittitur unum peccatum sine alio ; *impium enim est à Deo dimidiam sperare veniam,* ex cap. *Sunt plures*, dist. 3, de Pœnit. Si igitur in justificatione impii oportet liberum arbitrium moveri contra peccatum, oporteret quòd de omnibus peccatis suis cogitaret, quod videtur inconveniens, tum quia requireretur magnum tempus ad hujusmodi cogitationem ; tum etiam quia peccatorum quorum est homo oblitus, veniam habere non posset. Ergo motus liberi arbitrii in peccatum non requiritur ad justificationem impii.

Sed contra est quod dicitur in Psalm. 31, 5 : *Dixi : Confitebor adversùm me injustitiam meam Domino ; et tu remisisti impietatem peccati mei.*

Respondeo dicendum quòd, sicut supra dictum est, art. 1 huj. quæst., justificatio impii est quidam motus quo humana mens movetur à Deo à statu peccati in statum justitiæ. Oportet igitur quòd humana mens se habeat ad utrumque extremorum secundùm motum liberi arbitrii, sicut se habet corpus localiter motum ab aliquo movente ad duos terminos motûs. Manifestum est autem in motu locali corporum quòd corpus motum recedit à termino *à quo*, et accedit ad terminum *ad quem.* Unde oportet quòd mens humana dùm justificatur, per motum liberi arbitrii recedat à peccato, et accedat ad justitiam.

Recessus autem et accessus in motu liberi arbitrii accipitur secundùm detestationem et desiderium. Dicit enim Augustinus, super Joan. 10, exponens illud : *Mercenarius autem fugit*, tract. 46, ad fin. : *Affectiones nostræ motus animorum sunt ; lætitia animi diffusio ; timor animi fuga est ; progrederis*

(1) Ita reposuit Nicolaius. Al., *ad destinatum persequor bravium.*

animo, cùm appetis ; fugis animo, cùm metuis. Oportet igitur quòd in justificatione impii sit motus liberi arbitrii duplex : unus, quo per desiderium tendat in Dei justitiam ; et alius, quo detestetur peccatum.

Ad primum ergo dicendum quòd ad eamdem virtutem pertinet prosequi unum oppositorum, et refugere aliud ; et ideò sicut ad charitatem pertinet diligere Deum, ita etiam detestari peccata, per quæ anima separatur à Deo.

Ad secundum dicendum quòd ad posteriora non debet homo regredi per amorem ; sed quantùm ad hoc debet ea oblivisci, ut ad ea non afficiatur. Debet tamen eorum recordari per considerationem, ut ea detestetur ; sic enim ab eis recedit.

Ad tertium dicendum quòd in tempore præcedente justificationem oportet quòd homo singula peccata quæ commisit, detestetur, quorum memoriam habet ; et ex tali consideratione præcedenti subsequitur in animâ quidam motus detestantis universaliter omnia peccata commissa ; inter quæ etiam includuntur peccata oblivioni tradita, quia homo in statu illo est sic dispositus, ut etiam de his quæ non meminit contereretur, si memoriæ adessent ; et iste motus concurrit ad justificationem.

ARTICULUS VI. — *Utrùm remissio peccatorum debeat numerari inter ea quæ requiruntur ad justificationem impii.* — (3 part., quæst. 86, art. 6, ad 1 et 2, et quæst. 88. art. 2, corp., et 4, dist. 15, quæst. 4, art. 3, quæst. 5, corp., et 4 cont., cap. 72, et Ver. quæst. 28, art. 6, et Joan. 4, fin., et Ephes. 5, lect. 6, fin.)

Ad sextum sic proceditur. 1. Videtur quòd remissio peccatorum non debeat numerari inter ea quæ requiruntur ad justificationem impii. Substantia enim rei non connumeratur his quæ ad rem requiruntur, sicut homo non debet connumerari animæ et corpori. Sed ipsa justificatio impii est remissio peccatorum, ut dictum est art. 1 huj. quæst. Ergo remissio peccatorum non debet computari inter ea quæ ad justificationem impii requiruntur.

2. Præterea, idem est gratiæ infusio et culpæ remissio, sicut idem est illuminatio et tenebrarum expulsio. Sed idem non debet connumerari sibi ipsi ; unum enim multitudini opponitur. Ergo non debet culpæ remissio connumerari infusioni gratiæ.

3. Præterea, remissio peccatorum consequitur ad motum liberi arbitrii in Deum et in peccatum, sicut effectus ad causam ; per fidem enim et contritionem remittuntur peccata. Sed effectus non debet connumerari suæ causæ ; quia ea quæ connumerantur, quasi ad invicem condivisa, sunt simul naturâ. Ergo remissio culpæ non debet connumerari aliis quæ requiruntur ad justificationem impii.

Sed contra est quòd in enumeratione eorum quæ requiruntur ad rem, non debet prætermitti finis, qui est potissimùm in unoquoque. Sed remissio peccatorum est finis in justificatione impii ; dicitur enim Isa. 27, 9 : *Iste est omnis fructus, ut auferatur peccatum ejus.* Ergo remissio peccatorum debet connumerari inter ea quæ requiruntur ad justificationem impii.

Respondeo dicendum quòd quatuor enumerantur quæ requiruntur ad justificationem impii, scilicet gratiæ infusio, motus liberi arbitrii in Deum per fidem, et motus liberi arbitrii in peccatum, et remissio culpæ.

Cujus ratio est quia, sicut dictum est art. 1 hujus quæst., justificatio est quidam motus quo anima movetur à Deo à statu culpæ in statum justitiæ. In quolibet autem motu, quo aliquid ab altero movetur, tria requiruntur : primò quidem motio ipsius moventis ; secundò motus mobilis ; tertiò consummatio motûs, sive perventio ad finem. Ex parte igitur motionis divinæ accipitur gratiæ infusio ; ex parte verò liberi arbitrii moti accipiuntur duo motus ipsius, secundùm recessum à termino *à quo*, et accessum ad terminum *ad quem*. Consummatio autem, sive perventio ad terminum hujus motûs importatur per remissionem culpæ ; in hoc enim justificatio consummatur.

Ad primum ergo dicendum quòd justificatio impii dicitur esse ipsa remissio peccatorum, secundùm quòd omnis motus accipit speciem à termino. Tamen ad terminum consequendum multa alia requiruntur, ut ex supra dictis patet, art. præc.

Ad secundum dicendum quòd gratiæ infusio et remissio culpæ dupliciter considerari possunt : uno modo secundùm ipsam substantiam actûs, et sic idem sunt ; eodem enim actu Deus et largitur gratiam, et remittit culpam. Alio modo possunt considerari ex parte objectorum ; et sic differunt secundùm differentiam culpæ, quæ tollitur, et gratiæ, quæ infunditur ; sicut etiam in rebus naturalibus generatio et corruptio differunt, quamvis generatio unius sit corruptio alterius.

Ad tertium dicendum quòd ista non est connumeratio secundùm divisionem generis in species, in quâ oportet quòd connumerata sint simul ; sed secundùm differentiam eorum quæ requiruntur ad completionem alicujus, in quâ quidem enumeratione aliquid potest esse prius et aliquid posterius, quia principiorum et partium rei compositæ potest esse aliquid alio prius.

ARTICULUS VII. — *Utrùm justificatio impii fiat in instanti, vel successivè.* —(*Inf.*, art. 8, corp., et 4, dist. 5, quæst. 2, art. 2, qu. 5, ad 1, et dist. 17, quæst. 1, art. 3, quæst. 3, et Ver. quæst. 26, art. 2, ad 12, et quæst. 28, art. 3, ad 10, et 19, et art. 9.)

Ad septimum sic proceditur. 1. Videtur quòd justificatio impii non fiat in instanti, sed successivè, quia, ut dictum est art. 3 hujus quæst., ad justificationem impii requiritur motus liberi arbitrii. Actus autem liberi arbitrii est eligere, qui præexigit deliberationem consilii, ut dictum est quæst. 13, art. 1. Cùm igitur deliberatio discursum quem-

dam importet, qui successionem quamdam habet, videtur quòd justificatio impii sit successiva.

2. Præterea, motus liberi arbitrii non est absque actuali consideratione. Sed impossibile est simul multa intelligere in actu, ut in 1 dictum est, quæst. 85, art. 4. Cùm igitur ad justificationem impii requiratur motus liberi arbitrii in diversa, scilicet in Deum et in peccatum, videtur quòd justificatio impii non possit esse in instanti.

3. Præterea, forma, quæ suscipit *magis* et *minus*, successivè recipitur in subjecto, sicut patet de albedine et nigredine. Sed gratia suscipit *magis* et *minus*, ut supra dictum est, quæst. 112, art. 4. Ergo non recipitur subitò in subjecto. Cùm igitur ad justificationem impii requiratur gratiæ infusio, videtur quòd justificatio impii non possit esse in instanti.

4. Præterea, motus liberi arbitrii, qui ad justificationem impii concurrit, est meritorius ; et ita oportet quòd procedat à gratiâ, sine quâ nullum est meritum, ut infra dicetur, quæst. 114, art. 2. Sed priùs est aliquid consequi formam quàm secundùm formam operari. Ergo priùs infunditur gratia, et postea liberum arbitrium movetur in Deum et in detestationem peccati. Non ergo justificatio est tota simul.

5. Præterea, si gratia infundatur animæ, oportet dare aliquod instans in quo primò animæ insit ; similiter, si culpa remittitur, oportet ultimum instans dare in quo homo culpæ subjaceat ; sed non potest esse idem instans, quia sic opposita simul inessent eidem. Ergo oportet esse duo instantia sibi succedentia, inter quæ, secundùm Philosophum, in 6 Physic., text. 2, oportet esse tempus medium. Non ergo justificatio fit tota simul, sed successivè.

Sed contra est quòd justificatio impii fit per gratiam Spiritus sancti justificantis. Sed Spiritus sanctus subitò advenit mentibus hominum, secundùm illud Act. 2, 2 : *Factus est repentè de cælo sonus tanquàm advenientis spiritûs vehementis ;* ubi dicit Glossa (interl. hîc, et est Ambros., sup. illud Luc. 1 : *Abiit in montana*) quòd *nescit tarda molimina Spiritûs sancti gratia.* Ergo justificatio impii non est successiva, sed instantanea.

Respondeo dicendum quòd tota justificatio impii originaliter consistit in gratiæ infusione. Per eam enim et liberum arbitrium movetur, et culpa remittitur. Gratiæ autem infusio fit in instanti absque successione. Cujus ratio est quia quòd aliqua forma non subitò imprimatur subjecto, contingit ex hoc quòd subjectum non est dispositum, et agens indiget tempore ad hoc quòd subjectum disponat. Et ideò videmus quòd statim cùm materia est disposita per alterationem præcedentem, forma substantialis acquiritur materiæ ; et eâdem ratione quia diaphanum est secundùm se dispositum ad lumen recipiendum, subitò illuminatur à corpore lucido in actu. Dictum est autem supra, quæst. 112, art. 2, quòd Deus ad hoc quòd gratiam infundat animæ, non requirit aliquam disposi-

tionem, nisi quam ipse facit. Facit hujusmodi dispositionem sufficientem ad susceptionem gratiæ quandoque quidem subitò,
quandoque autem paulatim et successivè, ut
supra dictum est, quæst, 112, art. 2, ad 2.
Quòd enim agens naturale non subitò possit
disponere materiam, contingit ex hoc quòd
est aliqua proportio (1) ejus quod in materiâ
resistit, ad virtutem agentis; et propter hoc
videmus quòd quantò virtus agentis fuerit
fortior, tantò materia citiùs disponitur. Cùm
igitur virtus divina sit infinita, potest quamcumque materiam creatam subitò disponere
ad formam, et multò magis liberum arbitrium hominis, cujus motus potest esse instantaneus secundùm naturam. Sic igitur justificatio impii fit à Deo in instanti.

Ad primum ergo dicendum quòd motus
liberi arbitrii, qui concurrit ad justificationem impii, est consensus ad detestandum
peccatum, et ad accedendum ad Deum; qui
quidem consensus subitò fit. Contingit autem
quandoque quòd præcedit aliqua deliberatio,
quæ non est de substantiâ justificationis, sed
via in justificationem; sicut motus localis est
via ad illuminationem, et alteratio ad generationem.

Ad secundum dicendum quòd, sicut in 1
dictum est, quæst. 85, art. 5, nihil prohibet
duo simul intelligere actu, secundùm quòd
sunt quodammodò unum, sicut simul intelligimus subjectum et prædicatum, in quantum
uniuntur in ordine affirmationis unius. Et
per eumdem modum liberum arbitrium potest in duo simul moveri, secundùm quòd
unum ordinatur in aliud. Motus autem liberi
arbitrii in peccatum ordinatur ad motum liberi arbitrii in Deum; propter hoc enim
homo detestatur peccatum, quia est contra
Deum, cui vult adhærere. Et ideo liberum
arbitrium in justificatione impii simul detestatur peccatum, et convertit se ad Deum;
sicut etiam corpus simul recedendo ab uno
loco accedit ad alium.

Ad tertium dicendum quòd non est ratio
quare forma subitò in materiâ non recipiatur, quia magis et minus potest inesse; sic
enim lumen non subitò reciperetur in aere,
qui potest magis et minùs illuminari. Sed
ratio est accipienda ex parte dispositionis
materiæ vel subjecti, ut dictum est in corp.
art.

Ad quartum dicendum quòd in eodem instanti in quo forma acquiritur, incipit res
operari secundùm formam; sicut ignis statim
cùm est generatus, movetur sursùm; et si
motus ejus esset instantaneus, in eodem instanti compleretur. Motus autem liberi arbitrii, qui est velle, non est successivus, sed
instantaneus. Et ideo non oportet quòd justificatio impii sit successiva.

Ad quintum dicendum quòd successio duorum oppositorum in eodem subjecto aliter
est consideranda in his quæ subjacent tempori, et aliter in his quæ sunt supra tempus.
In his enim quæ subjacent tempori, non est

dare ultimum instans, in quo forma prior
subjecto inest; est autem dare ultimum tempus et primum instans in quo forma subsequens inest materiæ, vel subjecto. Cujus ratio est, quia in tempore non potest accipi
ante unum instans aliud instans præcedens
immediatè, eò quòd instantia non consequenter se habent in tempore, sicut nec pun-
cta in lineâ, ut probatur in 6 Physic., text. 1
et seq., sed tempus terminatur ad instans.
Et ideò in toto tempore præcedenti, quo aliquid movetur ad unam formam, subest formæ oppositæ; et in ultimo instanti illius
temporis, quod est primum instans sequentis
temporis, habet formam, quæ est terminus
motûs. Sed in his quæ sunt supra tempus,
aliter se habet. Si qua enim successio sit ibi
affectuum vel intellectualium conceptionum
(putà in Angelis), talis successio non mensuratur tempore continuo, sed tempore dis-
creto; sicut et ipsa quæ mensurantur, non
sunt continua, ut in 1 habitum est, quæst. 53,
art. 2 et 3. Unde in talibus est dandum ultimum instans, in quo primùm fuit, et primum
instans, in quo est id quod sequitur. Nec
oportet esse tempus medium, quia non est
ibi continuitas temporis, quæ hoc require-
bat (1). Mens autem humana, quæ justificatur, secundùm se quidem est supra tempus,
sed per accidens subditur tempori, in quantum scilicet intelligit cum continuo, et tempore secundùm phantasmata, in quibus species intelligibiles considerat, ut in 1 dictum
est, quæst. 85, art. 1 et 2. Et ideò judicandum
est secundùm hoc de ejus mutatione secundùm conditionem motuum temporalium, ut
scilicet dicamus quòd non est dare ultimum
instans in quo culpa infuit, sed ultimum
tempus; est autem dare primum instans in
quo gratia inest; in toto autem tempore præcedenti inerat culpa.

ARTICULUS VIII. — *Utrùm gratiæ infusio sit
prima ordine naturæ inter ea quæ requiruntur ad justificationem impii.* — (4, dist. 17,
quæst. 1, art. 4, quæst. 1, et quæst 2,
art. 5, quæst. 1, ad 2, et Ver. quæst. 26,
art. 7.)

Ad octavum sic proceditur. 1. Videtur quòd
gratiæ infusio non sit prima ordine naturæ
inter ea quæ requiruntur ad justificationem
impii. Prius enim est recedere à malo, quàm
accedere ad bonum, secundùm illud Ps. 33,
15 : *Declina à malo, et fac bonum.* Sed remissio
culpæ pertinet ad recessum à malo, infusio
autem gratiæ pertinet ad prosecutionem boni.
Ergo naturaliter priùs est remissio culpæ
quàm infusio gratiæ.

2. Præterea, dispositio præcedit naturaliter
formam ad quam disponit. Sed motus liberi
arbitrii est quædam dispositio ad susceptionem gratiæ. Ergo naturaliter præcedit infusionem gratiæ.

3. Præterea, peccatum impedit animam, ne
liberè tendat in Deum. Sed prius est removere
id quod prohibet motum, quàm motus sequa-

tur. Ergo priùs est naturaliter remissio culpæ, et motus liberi arbitrii in peccatum, quàm motus liberi arbitrii in Deum, et quàm infusio gratiæ.

Sed contra, causa est prior naturaliter suo effectu. Sed gratiæ infusio causa est omnium aliorum quæ requiruntur ad justificationem impii, ut supra dictum est, articulis præc. Ergo est naturaliter prior.

Respondeo dicendum quòd prædicta quatuor quæ requiruntur ad justificationem impii, tempore quidem sunt simul, quia justificatio impii non est successiva, ut dictum est art. præc.; sed ordine naturæ unum eorum est prius altero; et inter ea naturali ordine primum est gratiæ infusio; secundum motus liberi arbitrii in Deum; tertium est motus liberi arbitrii in peccatum; quartum verò est remissio culpæ.

Cujus ratio est quia in quolibet motu naturaliter primum est motio ipsius moventis; secundum autem est dispositio materiæ, sive motus ipsius mobilis; ultimum verò est finis vel terminus motûs, ad quem terminatur motio moventis. Ipsa igitur Dei moventis motio est gratiæ infusio, ut dictum est supra, art. 6 hujus quæst.; motus autem vel dispositio mobilis est duplex motus liberi arbitrii; terminus autem, vel finis motûs est remissio culpæ, ut ex supra dictis patet, ibid. Et ideò naturali ordine primum in justificatione impii est gratiæ infusio, secundum est motus liberi arbitrii in Deum; tertium verò est motus liberi arbitrii in peccatum; propter hoc enim ille qui justificatur, detestatur peccatum, quia est contra Deum; unde motus liberi arbitrii in Deum præcedit naturaliter motum liberi arbitrii in peccatum, cùm sit causa et ratio ejus; quartum verò et ultimum est remissio culpæ, ad quam ista transmutatio ordinatur sicut ad finem, ut dictum est art. 1 et 6 hujus quæst.

Ad primum ergo dicendum quòd recessus à termino et accessus ad terminum dupliciter considerari possunt : uno modo ex parte mobilis; et sic naturaliter recessus à termino præcedit accessum ad terminum; prius enim est in subjecto mobili oppositum, quod abjicitur, et postmodùm est id quod per motum assequitur mobile. Sed ex parte agentis est è converso : agens enim per formam, quæ in eo præexistit, agit ad removendum contrarium; sicut sol per suam lucem agit ad removendum tenebras : et ideò ex parte solis prius est illuminare quàm tenebras removere; ex parte autem aeris illuminandi prius est purgari à tenebris quàm consequi lumen ordine naturæ, licèt utrumque sit simul tempore. Et quia infusio gratiæ et remissio culpæ dicuntur ex parte Dei justificantis, ideò ordine naturæ prior est gratiæ infusio quàm culpæ remissio. Sed si sumantur ea quæ sunt ex parte hominis justificati; est è converso; nam priùs est ordine naturæ liberatio à culpâ, quàm consecutio gratiæ justificantis.

Vel potest dici quòd termini justificationis sunt culpa sicut *à quo*, et justitia sicut *ad quem*; gratia verò est causa remissionis culpæ

et adeptionis justitiæ.

Ad secundum dicendum quòd dispositio subjecti præcedit susceptionem formæ ordine naturæ; sequitur tamen actionem agentis, per quam etiam ipsum subjectum disponitur; et ideò motus liberi arbitrii naturæ ordine præcedit consecutionem gratiæ; sequitur autem gratiæ infusionem.

Ad tertium dicendum quòd, sicut Philosophus dicit in 2 Physic., text. 89, *in motibus animi omninò præcedit motus in principium speculationis, vel in finem actionis*; sed in exterioribus motibus remotio impedimenti præcedit assecutionem finis. Et quia motus liberi arbitrii est motus animi, priùs naturæ ordine movetur in Deum sicut in finem, quàm ad removendum impedimentum peccati.

Articulus IX. — *Utrùm justificatio impii sit maximum opus Dei.* — (3 part., quæst. 43, art. 4, ad 2, et 4, dist. 17, quæst. 1, art. 5, quæst. 1, ad 1, et dist. 46, quæst. 2, art. 1, quæst. 3, ad 2, et Joan. 14, lect. 4.)

Ad nonum sic proceditur. 1. Videtur quòd justificatio impii non sit maximum opus Dei. Per justificationem enim impii consequitur aliquis gratiam viæ. Sed per glorificationem consequitur aliquis gratiam patriæ, quæ major est. Ergo glorificatio Angelorum vel hominum est majus opus quàm justificatio impii.

2. Præterea, justificatio impii ordinatur ad bonum particulare unius hominis. Sed bonum universi est majus quàm bonum unius hominis, ut patet in 1 Ethic., cap. 2, in fine. Ergo majus opus est creatio cœli et terræ, quàm justificatio impii.

3. Præterea, majus est ex nihilo aliquid facere, et ubi nihil cooperatur agenti, quàm ex aliquo facere aliquid cum aliquâ cooperatione patientis. Sed in opere creationis ex nihilo fit aliquid, unde nihil potest cooperari agenti; sed in justificatione impii Deus ex aliquo aliquid facit, id est, ex impio justum; et est ibi aliqua cooperatio ex parte hominis, quia est ibi motus liberi arbitrii, ut dictum est art. 3 hujus qu. Ergo justificatio impii non est maximum opus Dei.

Sed contra est quod in Psal. 144, 9, dicitur : *Miserationes ejus super omnia opera ejus*, et in Collectâ dicitur : *Deus, qui omnipotentiam tuam parcendo maximè et miserando manifestas*, et Augustinus dicit, tract. 72 in Joan., à med., exponens illud Joan. 14 : *Majora horum faciet*, quòd *majus opus est ut ex impio justus fiat, quàm creare cœlum et terram*.

Respondeo dicendum quòd opus aliquod potest dici magnum dupliciter : uno modo ex parte modi agendi, et sic maximum opus est opus creationis, in quo ex nihilo fit aliquid; alio modo potest dici opus magnum propter magnitudinem ejus quod fit, et secundùm hoc majus opus est justificatio impii, quæ terminatur ad bonum æternum divinæ participationis, quàm creatio cœli et terræ, quæ terminatur ad bonum naturæ mutabilis. Et ideò

Augustinus cùm dixisset, quòd *majus est quòd ex impio fiat justus, quàm creare cœlum et terram*, subjungit : *Cœlum enim, et terra transibit , prædestinatorum autem salus et justificatio permanebit.*

Sed sciendum est quòd aliquid magnum dicitur dupliciter : uno modo secundùm quantitatem absolutam ; et hoc modo donum gloriæ est majus quàm donum gratiæ justificantis impium ; et secundùm hoc glorificatio justorum est majus opus quàm justificatio impii. Alio modo dicitur aliquid magnum quantitate proportionis, sicut dicitur mons parvus et milium magnum ; et hoc modo donum gratiæ impium justificantis est majus quàm donum gloriæ beatificantis justum, quia plus excedit donum gratiæ dignitatem impii, qui erat dignus pœnâ, quàm donum gloriæ dignitatem justi, qui ex hoc ipso quòd est justificatus, est dignus gloriâ. Et ideò Augustinus dicit ibidem : *Judicet qui potest, utrùm majus sit justos Angelos creare, quàm impios justificare. Certè si æqualis est utrumque potentiæ, hoc majoris est misericordiæ.*

Et per hoc patet responsio ad primum.

Ad secundum dicendum quòd bonum universi est majus quàm bonum particulare unius, si accipiatur utrumque in eodem genere. Sed bonum gratiæ unius majus est quàm bonum naturæ totius universi.

Ad tertium dicendum quòd ratio illa procedit ex parte modi agendi, secundùm quem creatio est maximum opus Dei.

ARTICULUS X. — *Utrùm justificatio impii sit opus miraculosum.* — (*Inf., quæst.* 105, *art.* 7, *ad* 1, *et* 3 *part., quæst.* 44, *art.* 3, *ad* 1, *et* 3, *et* 2, *dist.* 28, *quæst.* 1, *art.* 3, *ad* 2, *et* 4, *dist.* 17, *quæst.* 1, *art.* 5, *quæst.* 1, *et Pot. quæst.* 6, *art.* 2, *ad* 6.)

Ad decimum sic proceditur. 1. Videtur quòd justificatio impii sit opus miraculosum. Opera enim miraculosa sunt majora non miraculosis. Sed justificatio impii est majus opus quàm alia opera miraculosa, ut patet per Augustinum in auctoritate inductâ art. præc., arg. *Sed cont.* Ergo justificatio impii est opus miraculosum.

2. Præterea, motus voluntatis ita est in animâ, sicut inclinatio naturalis in rebus naturalibus. Sed quando Deus aliquid operatur in rebus naturalibus contra inclinationem naturæ, est opus miraculosum, sicut cùm illuminat cæcum, vel suscitat mortuum ; voluntas autem impii tendit in malum. Cùm igitur Deus justificando hominem moveat eum in bonum, videtur quòd justificatio impii sit miraculosa.

3. Præterea, sicut sapientia est donum Dei, ita et justitia. Sed miraculosum est quòd aliquis subitò sine studio sapientiam assequatur à Deo. Ergo miraculosum est quòd aliquis impius justificetur à Deo.

Sed contra, opera miraculosa sunt supra potentiam naturalem. Sed justificatio impii non est supra potentiam naturalem ; dicit enim Augustinus, in lib. de Prædest. sanct., cap. 5, sub. fin , quòd *posse habere fidem, sicut posse habere charitatem, naturæ est homi-*

num : habere autem 'fidem, quemadmodùm habere charitatem, gratiæ est fidelium. Ergo justificatio impii non est miraculosa.

Respondeo dicendum quòd in operibus miraculosis tria consueverunt inveniri : quorum unum est ex parte potentiæ agentis, quia solâ divinâ virtute fieri possunt ; et ideò sunt simpliciter mira, quasi habentia causam occultam, ut in 1 dictum est, quæst. 105, art. 7, et secundùm hoc tam justificatio impii, quàm creatio mundi, et universaliter omne opus quod à solo Deo fieri potest, miraculosum dici potest.

Secundò in quibusdam miraculosis operibus invenitur quòd forma inducta est supra naturalem potentiam talis materiæ, sicut in suscitatione mortui vita est supra naturalem potentiam talis corporis ; et quantùm ad hoc justificatio impii non est miraculosa, quia naturaliter anima est gratiæ capax ; eo enim ipso quòd facta est ad imaginem Dei, capax est Dei per gratiam, ut Augustinus dicit, loc. prox. cit.

Tertio modo in operibus miraculosis invenitur aliquid præter solitum et consuetum ordinem causandi effectum ; sicut cùm aliquis infirmus sanitatem perfectam assequitur subitò præter solitum cursum sanationis quæ fit à naturâ vel arte ; et quantùm ad hoc justificatio impii quandoque est miraculosa et quandoque non. Est enim iste communis et consuetus cursus justificationis, ut Deo movente interiùs animam, homo convertatur ad Deum, primò quidem conversione imperfectâ, ut postmodùm ad perfectam deveniat, quia *charitas inchoata meretur augeri, ut aucta mereatur perfici*, sicut Augustinus dicit, tract. 5 in Epist. Joan., ante med. Quandoque verò tam vehementer Deus animam movet, ut statim quamdam perfectionem justitiæ assequatur, sicut fuit in conversione Pauli, adhibitâ etiam exteriùs miraculosâ prostratione : et ideò conversio Pauli tanquàm miraculosa in Ecclesiâ commemoratur.

Ad primum ergo dicendum quòd quædam miraculosa opera, etsi sint minora quàm justificatio impii, quantùm ad bonum quod fit, sunt tamen præter consuetum ordinem talium effectuum ; et ideò plus habent de ratione miraculi.

Ad secundum dicendum quòd non quandocumque res naturalis movetur contra suam inclinationem, est opus miraculosum ; alioquin miraculosum esset quòd aqua calefieret, vel quòd lapis sursùm projiceretur, sed quando (1) hoc fit præter ordinem propriæ causæ, quæ nata est facere hoc. Justificare autem impium nulla alia causa potest nisi Deus, sicut nec aquam calefacere nisi ignis ; et ideò justificatio impii à Deo quantùm ad hoc non est miraculosa.

Ad tertium dicendum quòd, sapientiam et scientiam homo natus est acquirere à Deo

---

(1) Ita codd. Tarrac., Camer., Alcan. et Paris., cum Nicolaio et edit. Patav. 1712. Edit. Rom. et Patav. 1698, *quandoque*; hæc tamen posterior habet in margine : Al., *quando.*

per proprium ingenium et studium; et ideò quando præter hunc modum homo sapiens vel sciens efficitur, est miraculosum. Sed gratiam justificantem non est homo natus acquirere per suam operationem, sed Deo operante. Unde non est simile.

QUÆSTIO CXIV.

DE MERITO, QUOD EST EFFECTUS GRATIÆ COO-
PERANTIS. — (*In decem articulos divisa.*)

Deinde considerandum est de merito, quod est effectus gratiæ cooperantis; et circa hoc quæruntur decem : 1° utrùm homo possit aliquid mereri à Deo; 2° utrùm aliquis sine gratiâ possit mereri vitam æternam; 3° utrùm aliquis per gratiam possit mereri vitam æternam ex condigno; 4° utrùm gratia sit principium merendi, mediante charitate principaliter; 5° utrùm homo possit sibi mereri primam gratiam; 6° utrùm homo possit eam mereri alii; 7° utrùm possit sibi aliquis mereri reparationem post lapsum; 8° utrùm possit sibi aliquis mereri augmentum gratiæ vel charitatis; 9° utrùm possit sibi mereri finalem perseverantiam; 10° utrùm bona temporalia cadant sub merito.

ARTICULUS PRIMUS. — *Utrùm homo possit aliquid mereri à Deo.* — (*Sup., quæst. 21, art. 4, et 2, dist. 5, quæst. 2, art. 1, et dist. 28, art. 4, et Hebr. 6, lect. 3.*)

Ad primum sic proceditur. 1. Videtur quòd homo non possit aliquid mereri à Deo. Nullus enim videtur mercedem mereri ex hoc quòd reddit alteri quod debet. Sed per omnia bona quæ facimus, non possumus sufficienter recompensare Deo quod debemus, quin semper ampliùs debeamus, ut etiam Philosophus dicit in 8, cap. ult., post med. Unde et Luc. 17, 10, dicitur : *Cùm omnia quæ præcepta sunt, feceritis, dicite : Servi inutiles sumus; quod debuimus facere, fecimus.* Ergo homo non potest aliquid mereri à Deo.

2. Præterea, ex eo quòd aliquis sibi proficit, nihil videtur mereri apud Deum cui nihil proficit. Sed homo benè operando sibi proficit, vel alteri homini, non autem Deo; dicitur enim Job 35, 7 : *Si justè egeris, quid donabis ei; aut quid de manu tuâ accipiet ?* Ergo homo non potest aliquid à Deo mereri.

3. Præterea, quicumque apud aliquem aliquid meretur, constituit eum sibi debitorem; debitum est ut aliquis merenti mercedem rependat. Sed Deus nulli est debitor ; unde dicitur Roman. 11, 35 : *Quis prior dedit ei, et retribuetur ei ?* Ergo nullus à Deo potest aliquid mereri.

Sed contra est quod dicitur Jerem. 31, 16 : *Est merces operi tuo.* Sed merces dicitur quod merito redditur. Ergo videtur quòd homo possit à Deo mereri.

Respondeo dicendum quòd meritum et merces ad idem referuntur. Id enim *merces* dicitur, quod alicui recompensatur pro retributione operis vel laboris, quasi quoddam pretium ipsius. Unde sicut reddere justum pretium pro re acceptâ ab aliquo est actus justitiæ, ita etiam recompensare mercedem operis vel laboris, est actus justitiæ. Justitia autem æqualitas quædam est, ut patet per Philosophum, in 5 Ethic., cap. 4, in princ., et ideò simpliciter est justitia inter eos quorum est simpliciter æqualitas; eorum verò quorum non est simpliciter æqualitas, non est simpliciter justitia, sed quidam justitiæ modus potest esse; sicut dicitur quoddam *jus paternum*, sive *dominativum*, ut in eodem libro, cap. 6, Philosophus dicit.

Et propter hoc in his in quibus est simpliciter justum, est etiam simpliciter ratio meriti et mercedis; in quibus autem est secundùm quid justum, et non simpliciter, in his etiam non simpliciter est ratio meriti, sed secundùm quid, in quantum salvatur ibi justitiæ ratio : sic enim et filius meretur aliquid à patre, et servus à domino. Manifestum est autem quòd inter Deum et hominem est maxima inæqualitas (in infinitum enim distant), et totum quod est hominis bonum, est à Deo. Unde non potest hominis ad Deum (1) esse justitia secundùm absolutam æqualitatem, sed secundùm proportionem quamdam, in quantum scilicet uterque operatur secundùm modum suum. Modus autem et mensura humanæ virtutis homini (2) est à Deo. Et ideò meritum hominis apud Deum esse non potest nisi secundùm præsuppositionem divinæ ordinationis; ita scilicet ut id homo consequatur à Deo per suam operationem, quasi mercedem, ad quod Deus ei virtutem operandi deputavit, sicut etiam res naturales hoc consequuntur per proprios motus, et operationes ad quod à Deo sunt ordinatæ, differenter tamen, quia creatura rationalis se ipsam movet ad agendum per liberum arbitrium, unde sua actio habet rationem meriti; quod non est in aliis creaturis.

Ad primum ergo dicendum quòd homo, in quantum propriâ voluntate facit illud quod debet, meretur; alioquin actus justitiæ, quo quis reddit debitum, non esset meritorius.

Ad secundum dicendum quòd Deus ex bonis nostris non quærit utilitatem, sed gloriam, id est, manifestationem suæ bonitatis; quod etiam ex suis operibus quærit. Ex hoc autem quòd eum colimus, nihil ei accrescit, sed nobis; et ideò meremur aliquid à Deo, non quasi ex nostris operibus aliquid ei accrescat, sed in quantum propter ejus gloriam operamur.

Ad tertium dicendum quòd quia actio nostra non habet rationem meriti nisi ex præsuppositione divinæ ordinationis, non sequitur quòd Deus efficiatur simpliciter debitor nobis, sed sibi ipsi, in quantum debitum est ut sua ordinatio impleatur.

ARTICULUS II. — *Utrùm aliquis sine gratiâ possit mereri vitam æternam.* — (*Sup., qu. 109, art. 5, et locis ibi inductis.*)

Ad secundum sic proceditur. 1. Videtur quod aliquis sine gratiâ possit mereri vitam æternam. Illud enim homo à Deo meretur ad quod divinitùs ordinatur, sicut dictum est art. præc. Sed homo secundùm suam na-

---

(1) Ita cum codd., Conrado et Garcia, editi passim. Al , *à Deo*.

(2) Ita edit. Rom. Al., *hominis.*

turam ordinatur ao beatitudinem sicut ad finem; unde etiam naturaliter appetit esse beatus. Ergo homo per sua naturalia absque gratiâ mereri potest beatitudinem, quæ est vita æterna.

2. Præterea, idem opus quantò est minùs debitum, tantò est magis meritorium. Sed minùs debitum est bonum quod fit ab eo qui minoribus beneficiis est præventus. Cùm igitur ille qui habet solùm bona naturalia, minora beneficia sit consecutus à Deo quàm ille qui cum naturalibus habet gratuita, videtur quòd ejus opera sint apud Deum magis meritoria; et ita si ille qui habet gratiam, potest mereri aliquo modo vitam æternam, multò magis ille qui non habet.

3. Præterea, misericordia et liberalitas Dei in infinitum excedit misericordiam et liberalitatem humanam. Sed unus homo potest apud alium mereri, etiamsi nunquàm ejus gratiam ante habuerit. Ergo videtur quòd magis homo absque gratiâ vitam æternam possit à Deo mereri.

Sed contra est quod Apostolus dicit, Rom. 6, 23 : *Gratia Dei vita æterna.*

Respondeo dicendum quòd hominis sine gratiâ duplex status considerari potest, sicut supra dictum est, quæst. 109, art. 2 : unus quidem naturæ integræ, qualis fuit in Adam ante peccatum; alius autem naturæ corruptæ, sicut est in nobis ante reparationem gratiæ.

Si ergo loquamur de homine quoad primum statum, sic unâ ratione non potest homo mereri vitam æternam absque gratiâ per pura naturalia, quia scilicet meritum hominis dependet ex præordinatione divinâ. Actus autem cujuscumque rei non ordinatur divinitùs ad aliquid excedens proportionem virtutis quæ est principium actûs; hoc enim est ex institutione divinæ providentiæ ut nihil agat ultra suam virtutem. Vita autem æterna est quoddam bonum excedens proportionem naturæ creatæ; quia etiam excedit cognitionem et desiderium ejus, secundùm illud 1 ad Corinth. 2, 9 : *Nec oculus vidit, nec auris audivit, nec in cor hominis ascendit.* Et inde est quòd nulla natura creata est sufficiens principium actûs meritorii vitæ æternæ, nisi superaddatur aliquod supernaturale donum, quod *gratia* dicitur. Si verò loquamur de homine sub peccato existente, additur cum hoc secunda ratio, propter impedimentum peccati. Cùm enim peccatum sit quædam Dei offensa excludens à vitâ æternâ, ut patet per supra dicta, quæst. 71, art. 6, et quæst. 113, art. 2, nullus in statu peccati existens potest vitam æternam mereri, nisi priùs Deo reconcilietur dimisso peccato, quod fit per gratiam. Peccatori enim non dabitur vita, sed mors, secundùm illud Rom. 6, 23 : *Stipendia peccati mors.*

Ad primum ergo dicendum quòd Deus ordinavit humanam naturam ad finem vitæ æternæ consequendum non propriâ virtute, sed per auxilium gratiæ; et hoc modo ejus actus potest esse meritorius vitæ æternæ.

Ad secundum dicendum quòd homo sine gratiâ non potest habere æquale opus operi quod ex gratiâ procedit, quia quantò est per-

fectius principium actionis, tantò est perfectior actio. Sequeretur autem ratio, suppositâ æqualitate operationis utrobique.

Ad tertium dicendum quòd quantùm ad primam rationem inductam, dissimiliter se habet in Deo et in homine : nam homo omnem virtutem benefaciendi habet à Deo, non autem ab homine; et ideò à Deo non potest homo aliquid mereri nisi per donum ejus; quod Apostolus signanter exprimit, dicens : *Quis prior dedit ei, et retribuetur illi?* Sed ab homine potest quis mereri, antequàm ab eo acceperit, per id quod accipit à Deo.

Sed quantùm ad secundam rationem sumptam ex impedimento peccati, simile est de homine et de Deo, quia etiam homo ab alio mereri nòn potest, quem offendit priùs (1), nisi ei satisfaciens reconcilietur.

ARTICULUS III. — *Utrùm homo in gratiâ constitutus possit mereri vitam æternam ex condigno.* — (3 part., quæst. 48, art. 1, corp., et 2, dist. 27, art. 3, et art. 5, corp., et 3, dist. 4, qu. 3, art. 1, ad 1 et 5, et Rom. 4, lect. 3, et cap. 6, fin., et cap. 8, lect. 4, fin.)

Ad tertium sic proceditur. 1. Videtur quòd homo in gratiâ constitutus non possit mereri vitam æternam ex condigno; dicit enim Apostolus, ad Rom. 8, 18 : *Non sunt condignæ passiones hujus temporis ad futuram gloriam quæ revelabitur in nobis.* Sed inter alia opera meritoria maximè videntur esse meritoriæ sanctorum passiones. Ergo nulla opera hominum sunt meritoria vitæ æternæ ex condigno.

2. Præterea, super illud Rom. 6, 23 : *Gratia Dei vita æterna,* dicit Glossa (ord. August. lib. de Grat. et lib. Arb., cap. 9) : *Posset rectè dicere : « Stipendium justitiæ vita æterna; » sed maluit dicere : « Gratia Dei vita æterna; » ut intelligeremus, Deum ad æternam vitam pro suâ miseratione nos perducere, non meritis nostris.* Sed id quod ex condigno quis meretur, non ex miseratione, sed ex merito accipit. Ergo videtur quòd homo non possit per gratiam mereri vitam æternam ex condigno.

3. Præterea, illud meritum videtur esse condignum, quod æquatur mercedi. Sed nullus actus præsentis vitæ potest æquari vitæ æternæ, quæ cognitionem et desiderium nostrum excedit; excedit etiam charitatem vel dilectionem viæ, sicut et excedit naturam. Ergo homo non potest per gratiam mereri vitam æternam ex condigno.

Sed contra, id quod redditur secundùm justum judicium, videtur esse merces condigna. Sed vita æterna redditur à Deo secundùm judicium justitiæ, secundùm illud 2 ad Tim. 4, 8 : *In reliquo reposita est mihi corona justitiæ, quam reddet mihi Dominus in illâ die justus judex.* Ergo homo meretur vitam æternam ex condigno.

Respondeo dicendum quòd opus meritorium hominis dupliciter considerari potest : uno modo, secundùm quòd procedit ex libero ar-

(1) Ita cum cod. Alcan. aliisque edit. Rom. et Patav. 1698. Garcia, theologi, Nicolaius et edit. Pat. 1712, *quem offendit, nisi priùs.*

bitrio; alio modo, secundùm quòd procedit ex gratiâ Spiritûs sancti.

Si consideretur secundùm substantiam operis, et secundùm quòd procedit ex libero arbitrio, sic non potest ibi esse condignitas propter maximam inæqualitatem; sed est ibi congruitas propter quamdam æqualitatem proportionis. Videtur enim congruum ut homini operanti secundùm suam virtutem, Deus recompenset secundùm excellentiam suæ virtutis. Si autem loquamur de opere meritorio, secundùm quòd procedit ex gratiâ Spiritûs sancti, sic est meritorium vitæ æternæ ex condigno. Sic enim valor meriti attenditur secundùm virtutem Spiritûs sancti moventis nos in vitam æternam, secundùm illud Joan. 4, 14: *Fiet in eo fons aquæ salientis in vitam æternam.* Attenditur etiam pretium operis secundùm dignitatem gratiæ, per quam homo consors factus divinæ naturæ adoptatur in filium Dei, cui debetur hæreditas ex ipso jure adoptionis, secundùm illud Rom. 8, 17: *Si filii, et hæredes.*

Ad primum ergo dicendum quòd Apostolus loquitur de passionibus sanctorum secundùm eorum substantiam.

Ad secundum dicendum quòd verbum illius Glossæ intelligendum est quantùm ad primam causam perveniendi ad vitam æternam, quæ est miseratio Dei. Meritum autem nostrum est causa subsequens.

Ad tertium dicendum quòd gratia Spiritûs sancti, quam in præsenti habemus, etsi non sit æqualis gloriæ in actu, est tamen æqualis in virtute, sicut semen arboris, in quo est virtus ad totam arborem. Et similiter per gratiam inhabitat hominem Spiritus sanctus, qui est sufficiens causa vitæ æternæ; unde et dicitur esse pignus hæreditatis nostræ, 2 ad Corinth. 1.

ARTICULUS IV. — *Utrùm gratia sit principium meriti principalius per charitatem quàm per alias virtutes.* — (2-2, quæst. 182, art. 2, corp., et 3, dist. 30, art. 3, et 4, dist. 20, art. 2, qu. 3, et dist. 49, quæst. 1, art. 4, qu. 4, et Pot. qu. 6, art. 9, corp., et Rom. 8, lect. 5, princ., et Heb. 6, lect. 3.)

Ad quartum sic proceditur. 1. Videtur quòd gratia non sit principium meriti principalius per charitatem quàm per alias virtutes. Merces enim operi debetur, secundùm illud Matth. 20, 9: *Voca operarios, et redde illis mercedem suam.* Sed quælibet virtus est principium alicujus operis; est enim virtus habitus operativus, ut supra habitum est, quæst. 55, art. 2. Ergo quælibet virtus est æqualiter principium merendi.

2. Præterea, Apostolus dicit 1 ad Corinth. 3, 8: *Unusquisque propriam mercedem accipiet secundùm proprium laborem.* Sed charitas magis diminuit laborem quàm augeat, quia, sicut Augustinus dicit, in lib. de Verbis Dom. (serm. 9, cap. 3, et serm. 49 de Temp., vers. fin.), *omnia sæva et immania, facilia et propè nulla facit amor.* Ergo charitas non est principalius principium merendi quàm alia virtus.

3. Præterea, illa virtus videtur principalius esse principium merendi cujus actus sunt

maximè meritorii. Sed maximè meritorii videntur esse actus fidei et patientiæ, sive fortitudinis, sicut patet in martyribus, qui pro fide patienter et fortiter usque ad mortem certaverunt. Ergo aliæ virtutes principaliùs sunt principium merendi quàm charitas.

Sed contra est quod Dominus, Joan. 14, 21, dicit: *Si quis diligit me* (1), *diligetur à Patre meo, et ego diligam eum, et manifestabo ei me ipsum.* Sed in manifestâ Dei cognitione consistit vita æterna, secundùm illud Joan. 17, 3: *Hæc est vita æterna, ut cognoscant te solum Deum verum, et vivum* (2). Ergo meritum vitæ æternæ maximè residet penès charitatem.

Respondeo dicendum quòd, sicut ex dictis accipi potest, art. 1 hujus quæst., humanus actus habet rationem merendi ex duobus: primò quidem et principaliter ex divinâ ordinatione, secundùm quòd actus dicitur esse meritorius illius boni ad quod homo divinitùs ordinatur. Secundò verò ex parte liberi arbitrii, in quantum scilicet homo habet præ cæteris creaturis ut per se agat voluntariè agens.

Et quantùm ad utrumque principalitas meriti penès charitatem consistit: primò enim considerandum est quòd vita æterna in Dei fruitione consistit. Motus autem humanæ mentis ad fruitionem divini boni est proprius actus charitatis, per quem (3) omnes actus aliarum virtutum ordinantur in hunc finem, secundùm quòd aliæ virtutes imperantur à charitate. Et ideò meritum vitæ æternæ primò pertinet ad charitatem, ad alias autem virtutes secundariò, secundùm quòd earum (4) actus à charitate imperantur. Similiter etiam manifestum est quòd id quod ex amore facimus, maximè voluntariè facimus. Unde etiam secundùm quòd ad rationem meriti requiritur quòd sit voluntarium, principaliter meritum charitati attribuitur.

Ad primum ergo dicendum quòd charitas, in quantum habet ultimum finem pro objecto, movet alias virtutes ad operandum. Semper enim habitus ad quem pertinet finis, imperat habitibus ad quos pertinent ea quæ sunt ad finem, ut ex supra dictis patet, quæst. 9, art. 1

Ad secundum dicendum quòd opus aliquod potest esse laboriosum et difficile dupliciter: uno modo ex magnitudine operis; et sic magnitudo laboris pertinet ad augmentum meriti; et sic charitas non diminuit laborem, imò facit aggredi opera maxima; *magna enim operatur, si est,* ut Gregorius dicit in quâdam homiliâ (30 in Evang., parùm à princip.). Alio modo ex defectu ipsius operantis; unicuique enim est laboriosum et difficile quod non promptâ voluntate facit; et talis labor diminuit meritum, et à charitate tollitur.

Ad tertium dicendum quòd fidei actus non est meritorius, nisi fides per dilectionem operetur, ut dicitur ad Galat. 5. Similiter enim actus patientiæ et fortitudinis non est meritorius, nisi aliquis ex charitate hæc operetur,

(1) Vulgata: *Qui autem diligit me.*
(2) In Vulgatâ deest *et vivum.*
(3) Ita cum. cod. Alcan. aliisque edit. Rom. et Pat. Theologi et Nicolaius, *per quam.*
(4) Ita cu.J. prædictus, et edit. Pat. 1712. Al., *eorum.*

secundùm illud 1 ad Corinth. 13, 3 : *Si tradidero corpus meum, ita ut ardeam, charitatem autem non habuero, nihil mihi prodest.*

ARTICULUS V. — *Utrùm homo possit sibi mereri primam gratiam.* — (3 part., quæst. 2, art. 2. corp., et 2, dist. 17, art. 4, ad 6, et 3, dist. 19, quæst. 1, art. 1, quæst. 1, corp., et 3 cont., cap. 149 et 150, et Ver. quæst. 19, art. 6 et 7, corp., et Joan. 10, lect. 4, et Ephes. 2, lect. 2.)

Ad quintum sic proceditur. 1. Videtur quòd homo possit sibi mereri primam gratiam, quia, ut Augustinus dicit, in præf. psal. 31, aliquant. ante med., *fides meretur justificationem.* Justificatur autem homo per primam gratiam. Ergo homo potest mereri sibi primam gratiam.

2. Præterea, Deus non dat gratiam nisi dignis. Sed non dicitur aliquis dignus aliquo bono, nisi qui ipsum promeruit ex condigno. Ergo aliquis ex condigno potest mereri primam gratiam.

3. Præterea, apud homines aliquis potest promereri donum jam acceptum, sicut qui accepit equum à domino, meretur ipsum benè utendo eo in servitio domini. Sed Deus liberalior est quàm homo. Ergo multò magis primam gratiam jam susceptam potest homo promereri à Deo per subsequentia opera.

Sed contra est quòd ratio gratiæ repugnat mercedi operum, secundùm illud Rom. 4, 4 : *Ei qui operatur, merces non imputatur secundùm gratiam, sed secundùm debitum.* Sed illud meretur homo quod imputatur ei secundùm debitum, quasi merces operum ejus. Ergo primam gratiam non potest homo mereri.

Respondeo dicendum quòd donum gratiæ considerari potest dupliciter : uno modo secundùm rationem gratuiti doni ; et sic manifestum est quòd omne meritum repugnat gratiæ, quia, ut ad Rom. 11, 9, Apostolus dicit, *si autem gratia, jam non ex operibus.*

Alio modo potest considerari secundùm naturam ipsius rei quæ donatur ; et sic etiam non potest cadere sub merito non habentis gratiam, tum quia excedit porportionem naturæ, tum etiam quia ante gratiam in statu peccati homo habet impedimentum promerendi gratiam, scilicet ipsum peccatum. Postquàm autem jam aliquis habet gratiam, non potest gratia jam habita sub merito cadere, quia merces est terminus operis ; gratia verò est principium cujuslibet boni operis in nobis, ut supra dictum est, quæst. 109. Si verò aliud donum gratuitum aliquis mereatur virtute gratiæ præcedentis, jam non erit prima.

Unde manifestum est quòd nullus potest sibi mereri primam gratiam.

Ad primum ergo dicendum quòd, sicut Augustinus dicit, in lib. 1 Retract., cap. 23, post med., ipse aliquando in hoc fuit deceptus, quòd credidit initium fidei esse ex nobis, sed consummationem nobis dari ex Deo ; quod ipse ibidem retractat ; et ad hunc sensum videtur pertinere quòd fides justificationem mereatur. Sed si supponamus, sicut fidei veritas (1) habet, quòd initium fidei sit in

(1) Ita Mss. et editi passim. Al., *rei veritus.*

nobis à Deo, jam etiam ipse actus consequitur primam gratiam ; et ita non potest esse meritorius primæ gratiæ. Per fidem igitur justificatur homo, non quasi homo credendo mereatur justificationem, sed quia dùm justificatur, credit, eò quòd motus fidei requiritur ad justificationem impii, ut supra dictum est, quæst. 113, art. 4.

Ad secundum dicendum quòd Deus non dat gratiam nisi dignis, non tamen ita quòd priùs digni fuerint, sed quia ipse per gratiam eos facit dignos, qui solus *potest facere mundum de immundo conceptum semine,* Job 14, 4.

Ad tertium dicendum quòd omne bonum opus hominis procedit à primâ gratiâ sicut à principio, non autem procedit à quocumque humano dono ; et ideò non est similis ratio de dono gratiæ, et de dono humano.

ARTICULUS VI. — *Utrùm homo possit alteri mereri primam gratiam.* — (2, dist. 27, art. 6 ; et 3, dist. 10, quæst. 1, art. 2, quæst. 1, corp., et art. 4, quæst. 3, ad 5, et 4, dist. 45, quæst. 2, art. 1, quæst. 1, corp., et 1 Tim. 4, lect. 2, fin.)

Ad sextum sic proceditur. 1. Videtur quòd homo possit alteri mereri primam gratiam, quia super illud Matth. 9 : *Videns Jesus fidem illorum,* etc., dicit Glossa ordin. : *Quantùm valet apud Deum fides propria, apud quem sic valuit aliena, ut intùs et extra sanaret hominem!* Sed interior sanatio hominis est per primam gratiam. Ergo homo potest alteri mereri primam gratiam.

2. Præterea, orationes justorum non sunt vacuæ, sed efficaces, secundùm illud Jac. ult., 16 : *Multùm valet deprecatio justi assidua.* Sed ibidem præmittitur : *Orate pro invicem, ut salvemini.* Cùm igitur salus hominis non possit esse nisi per gratiam, videtur quòd unus homo possit alteri mereri primam gratiam.

3. Præterea, Lucæ 16, 9, dicitur : *Facite vobis amicos de mammonâ iniquitatis, ut cùm defeceritis, recipiant vos in æterna tabernacula.* Sed nullus recipitur in æterna tabernacula nisi per gratiam, per quam solam aliquis meretur vitam æternam, ut supra dictum est, art. 2 huj. quæst., et quæst. 119, art. 5. Ergo unus homo potest alteri acquirere merendo primam gratiam.

Sed contra est quod dicitur Jerem. 11, 1 : *Si steterit Moyses, et Samuel coram me, non est anima mea ad populum istum ;* qui tamen fuerunt maximi meriti apud Deum. Videtur ergo quòd nullus possit alteri mereri primam gratiam.

Respondeo dicendum quòd, sicut ex supradictis patet, art. 1 et 4 huj. quæst., opus nostrum habet rationem meriti ex duobus : primò quidem ex vi motionis divinæ ; et sic meretur aliquis ex condigno ; alio modo habet rationem meriti, secundùm quòd procedit ex libero arbitrio, in quantum voluntariè aliquid facimus ; et ex hâc parte est meritum congrui, quia congruum est ut dùm homo benè utitur suâ virtute, Deus secundùm superexcellentem virtutem excellentiùs operetur.

Ex quo patet quòd merito condigni nullus potest mereri alteri primam gratiam, nisi solus Christus, quia unusquisque nostrûm movetur à Deo per donum gratiæ, ut ipse ad vitam æternam perveniat; et ideò meritum condigni ultra hanc motionem non se extendit. Sed anima Christi mota est à Deo per gratiam, non solùm ut ipse perveniret ad gloriam vitæ æternæ, sed etiam ut alios in eam adduceret, in quantum est caput Ecclesiæ, et auctor salutis humanæ, secundùm illud ad Hebr. 2, 10 : *Qui multos filios in gloriam adduxerat, auctorem salutis*, etc.

Sed merito congrui potest aliquis alteri mereri primam gratiam : quia enim homo in gratiâ constitutus implet Dei voluntatem, congruum est secundùm amicitiæ proportionem ut Deus impleat hominis voluntatem in salvatione alterius, licèt quandoque possit habere impedimentum ex parte illius cujus aliquis sanctus justificationem desiderat. Et in hoc casu loquitur auctóritas Jeremiæ ult. adducta.

Ad primum ergo dicendum quòd fides aliorum valet alii ad salutem mérito congrui, non merito condigni.

Ad secundum dicendum quòd impetratio orationis innititur misericordiæ; meritum autem condigni innititur justitiæ; et ideò multa orando impetrat homo ex divinâ misericordiâ, quæ tamen non meretur secundùm justitiam, secundùm illud Danielis 9, 18 : *Neque enim in justificationibus nostris prosternimus preces nostras ante faciem tuam, sed in miserationibus tuis multis.*

Ad tertium dicendum quòd pauperes eleemosynas recipientes dicuntur recipere alios in æterna tabernacula, vel impetrando eis veniam orando, vel merendo per alia bona ex congruo, vel etiam materialiter loquendo, quia per ipsa opera misericordiæ, quæ quis in pauperes exercet, meretur recipi in æterna tabernacula.

ARTICULUS VII. — *Utrùm homo possit sibi mereri reparationem post lapsum.* — (3, dist. 27, art. 4, ad 3, et Hebr. 6, lect. 3.)

Ad septimum sic proceditur. 1. Videtur quòd aliquis possit sibi mereri reparationem post lapsum. Illud enim quod justè à Deo petitur, homo videtur posse mereri. Sed nihil justius à Deo petitur, ut Augustinus dicit (implic. enarrat. 1 super hæc verba Psalmistæ), quàm quòd reparetur post lapsum, secundùm illud psalmi 70, 9 : *Cùm defecerit virtus mea, ne derelinquas me, Domine.* Ergo homo potest mereri ut reparetur post lapsum.

2. Præterea, multò magis homini prosunt opera sua quàm prosint alii. Sed homo potest aliquo modo alteri mereri reparationem post lapsum, sicut et primam gratiam. Ergo multò magis sibi mereri potest ut reparetur post lapsum.

3. Præterea, homo qui aliquando fuit in gratiâ, per bona opera quæ fecit, meruit sibi vitam æternam, ut ex supra dictis patet, art. 2 hujus quæst., et quæst. 109, art. 5. Sed ad vitam æternam non potest quis pervenire, nisi reparetur per gratiam. Ergo videtur quòd sibi meruit reparationem per gratiam.

Sed contra est quod dicitur Ezech. 18, 24 : *Si averterit se justus à justitiâ suâ, et fecerit iniquitatem..... omnes justitiæ ejus quas fece-*

rat, *non recordabuntur.* Ergo nihil valebunt ei præcedentia merita ad hoc quòd resurgat. Non ergo aliquis potest sibi mereri reparationem post lapsum futurum.

Respondeo dicendum quòd nullus potest sibi mereri reparationem post lapsum futurum, neque merito condigni, neque merito congrui. Merito quidem condigni hoc sibi mereri non potest, quia ratio hujus meriti dependet ex motione divinæ gratiæ; quæ quidem motio interrumpitur per sequens peccatum; unde omnia beneficia quæ postmodùm aliquis à Deo consequitur, quibus reparatur non cadunt sub merito, tanquàm motione prioris gratiæ usque ad hæc non se extendente. Meritum etiam congrui, quo quis alteri primam gratiam meretur, impeditur ne consequatur effectum propter impedimentum peccati in eo cui quis meretur. Multò igitur magis impeditur talis meriti efficacia per impedimentum quod est et in eo qui meretur, et in eo cui meretur; hìc enim utrumque in ùnam personam concurrit. Et ideò nullo modo aliquis potest sibi mereri reparationem post lapsum.

Ad primum ergo dicendum quòd desiderium quo quis desiderat reparationem post lapsum, justum dicitur; et similiter oratio, quâ petit ejusmodi reparationem, dicitur justa, quia tendit ad justitiam; non tamen ita quòd justitiæ innitatur per modum meriti, sed solùm misericordiæ.

Ad secundum dicendum quòd aliquis potest alteri mereri ex congruo primam gratiam; quia non est ibi impedimentum, saltem ex parte merentis, quod invenitur dùm aliquis post meritum gratiæ à justitiâ recedit.

Ad tertium dicendum quòd quidam dixerunt quòd nullus meretur absolutè vitam æternam nisi per actum finalis gratiæ, sed solùm sub conditione, si perseverat.

Sed hoc irrationabiliter dicitur, quia quandoque actus ultimæ gratiæ non est magis meritorius; sed minùs quàm actus præcedentes, propter ægritudinis oppressionem.

Unde dicendum quòd quilibet actus charitatis meretur absolutè vitam æternam; sed per peccatum sequens ponitur impedimentum præcedenti merito, ut non sortiatur effectum; sicut etiam causæ naturales deficiunt à suis effectibus propter superveniens impedimentum.

ARTICULUS VIII. — *Utrùm homo possit mereri augmentum gratiæ vel charitatis.* — (2, dist. 27, art. 5, dist. 20, art. 2, quæst. 3, corp.)

Ad octavum sic proceditur. 1. Videtur quòd homo non possit mereri augmentum gratiæ vel charitatis; cùm enim aliquis receperit præmium quod meruit, non debetur ei alia merces, sicut de quibusdam dicitur Matth. 6, 2 : *Receperunt mercedem suam.* Si igitur aliquis mereretur augmentum charitatis vel gratiæ, sequeretur quòd gratia augmentata non posset ulteriùs expectare aliud præmium, quod est inconveniens.

2. Præterea, nihil agit ultra suam speciem. Sed principium meriti est gratia vel charitas,

ut ex supradictis patet, art. 2 et 4, huj. qu. Ergo nullus potest majorem gratiam, vel charitatem mereri quàm habeat.

3. Præterea, id quod cadit sub merito, meretur homo per quemlibet actum à gratiâ vel charitate procedentem, sicut per quemlibet talem actum meretur homo vitam æternam. Si igitur augmentum gratiæ vel charitatis cadat sub merito, videtur quòd per quemlibet actum charitate informatum aliquis mereatur augmentum charitatis. Sed id quod homo meretur, infallibiliter à Deo consequitur, nisi impediatur per peccatum sequens; dicitur enim 2 ad Timoth. 1, 12: *Scio cui credidi, et certus sum quia potens est depositum meum servare.* Sic ergo sequeretur quòd per quemlibet actum meritorium gratia vel charitas augeretur; quod videtur inconveniens, cum quandoque actus meritorii non sint multùm ferventes, ita quòd sufficiant ad charitatis augmentum. Non ergo augmentum charitatis cadit sub merito.

Sed contra est quod Augustinus dicit super Epist. Joan. (implic. tract. 5, ante med.), quòd *charitas meretur augeri, ut aucta mereatur et perfici.* Ergo augmentum charitatis vel gratiæ cadit sub merito.

Respondeo dicendum quòd sicut supra dictum est art. 6, et 7 hujus qu., illud cadit sub merito *condigni,* ad quod motio gratiæ se extendit. Motio autem alicujus moventis non solùm se extendit ad ultimum terminum motûs, sed etiam ad totum progressum in motu. Terminus autem motûs gratiæ est vita æterna. Progressus autem in hoc motu est secundùm augmentum charitatis vel gratiæ, secundùm illud Prov. 4, 18: *Justorum semita quasi lux splendens procedit, et crescit usque ad perfectum diem,* qui est dies gloriæ. Sic igitur augmentum gratiæ cadit sub merito *condigni.*

Ad primum ergo dicendum quòd præmium est terminus meriti. Est autem duplex terminus motûs, scilicet ultimus et medius, qui est et principium et terminus; et talis terminus est merces augmenti. Merces autem favoris humani est sicut ultimus terminus his qui finem in hoc constituunt; unde tales nullam aliam mercedem recipiunt.

Ad secundum dicendum quòd augmentum gratiæ non est supra virtutem præexistentis gratiæ, licèt sit supra quantitatem ipsius; sicut arbor, etsi sit supra quantitatem seminis, non est tamen supra virtutem ipsius.

Ad tertium dicendum quòd quolibet actu meritorio meretur homo augmentum gratiæ, sicut et gratiæ consummationem, quæ est vita æterna. Sed sicut vita æterna non statim redditur, sed suo tempore, ita nec gratia statim augetur, sed suo tempore, cùm scilicet aliquis sufficienter fuerit dispositus ad gratiæ augmentum.

ARTICULUS IX. — *Utrùm homo possit perseverantiam mereri.* — (4, dist., 45, quæst. 2, art. 1, quæst. 1, corp.)

Ad nonum sic proceditur. 1. Videtur quòd aliquis possit perseverantiam mereri. Illud enim quod homo obtinet petendo, potest cadere sub merito habentis gratiam. Sed perseverantiam petendo homines à Deo obtinent;

alioquin frustra peteretur à Deo in petitionibus orationis Dominicæ, ut Augustinus exponit in libro de Bono perseverantiæ, cap. 2 et 17. Ergo perseverantia potest cadere sub merito habentis gratiam.

2. Præterea, magis est non posse peccare quàm non peccare. Sed non posse peccare cadit sub merito; meretur enim aliquis vitam æternam, de cujus ratione est impeccabilitas. Ergo multò magis potest aliquis mereri ut non peccet, quod est perseverare.

3. Præterea, majus est augmentum gratiæ quàm perseverantia in gratiâ quam quis habet. Sed homo potest mereri augmentum gratiæ, ut supra dictum est, art. præc. Ergo multò magis potest mereri perseverantiam in gratiâ quam quis habet.

Sed contra est quod omne quod quis meretur, à Deo consequitur, nisi impediatur per peccatum. Sed multi habent opera meritoria, qui non consequuntur perseverantiam; nec potest dici quòd hoc fiat propter impedimentum peccati, quia hoc ipsum quod est peccare, opponitur perseverantiæ; ita quòd si aliquis perseverantiam mereretur, Deus non permitteret illum cadere in peccatum. Non igitur perseverantia cadit sub merito.

Respondeo dicendum quòd cùm homo naturaliter habeat liberum arbitrium flexibile ad bonum et ad malum, dupliciter potest aliquis perseverantiam in bono obtinere à Deo: uno quidem modo per hoc quòd liberum arbitrium determinatur ad bonum per gratiam consummatam, quod erit in gloriâ; alio modo ex parte motionis divinæ, quæ hominem inclinat ad bonum usque ad finem.

Sicut autem ex dictis patet, art. 6, 7 et 8 præc., illud cadit sub humano merito quod comparatur ad motum liberi arbitrii directi à Deo movente sicut terminus, non autem id quod comparatur ad prædictum motum sicut principium. Unde patet quod perseverantia gloriæ, quæ est terminus prædicti motûs, cadit sub merito; perseverantia autem viæ non cadit sub merito, quia dependet solùm ex motione divinâ, quæ est principium omnis meriti. Sed Deus gratis perseverantiæ bonum largitur cuicumque illud largitur.

Ad primum ergo dicendum quòd etiam ea quæ non meremur, orando impetramus; nam et peccatores Deus audit peccatorum veniam petentes, quam non merentur, ut patet per Augustinum, super illud Joan. 9, 31: *Scimus quia peccatores Deus non exaudit* (1) (tractat. 44, in Joan., à med.); alioquin frustra dixisset publicanus: *Deus, propitius esto mihi peccatori;* ut dicitur Luc. 18, 13. Et similiter perseverantiæ donum aliquis petendo à Deo impetrat vel sibi, vel alii, quamvis sub merito non cadat.

Ad secundum dicendum quod perseverantia quæ erit in gloriâ, comparatur ad motum liberi arbitrii meritorium sicut terminus, non autem perseverantia viæ, ratione prædictâ in corp. articuli.

Et similiter dicendum est ad tertium de augmento gratiæ, ut per prædicta patet, ibid. et art. præced.

(1) Vulgata, *audit.*

(Trente une)

ARTICULUS X. — *Utrùm temporalia bona cadunt sub merito.* — (2-2, quæst. 121, art. 5, ad 4.)

Ad decimum sic proceditur. 1. Videtur quòd temporalia bona cadant sub merito. Illud enim quod promittitur aliquibus ut præmium justitiæ, cadit sub merito. Sed temporalia bona promissa sunt in lege veteri sicut merces justitiæ, ut patet Deut. 28. Ergo videtur quòd bona temporalia cadant sub merito.

2. Præterea, illud videtur sub merito cadere, quod Deus alicui retribuit pro aliquo servitio quod fecit. Sed Deus aliquando recompensat hominibus pro servitio sibi facto aliqua bona temporalia. Dicitur enim Exod. 1, 21 : *Et quia timuerunt obstetrices Deum, ædificavit illis domos,* etc.; ubi Glossa Gregorii, lib. 18 Moral., cap. 4, ante med., dicit quòd *benignitatis earum merces potuit in æternâ vitâ retribui; sed culpa mendacii terrenam recompensationem accepit.* Et Ezech. 29, 18, dicitur : *Rex Babylonis servire fecit exercitum suum servitute magnâ adversùs Tyrum, et merces non est reddita ei,* et postea subdit : *Erit merces exercitui illius, et dedi ei terram Ægypti pro eo quòd laboraverit mihi.* Ergo bona temporalia cadunt sub merito.

3. Præterea, sicut bonum se habet ad meritum, ita malum se habet ad demeritum. Sed propter demeritum peccati aliqui puniuntur à Deo temporalibus pœnis, sicut patet de Sodomitis, Genes. 19. Ergo et bona temporalia cadunt sub merito.

4. Sed contra est quòd illa quæ cadunt sub merito, non similiter se habent ad omnes. Sed bona temporalia et mala similiter se habent ad bonos et malos, secundùm illud Eccle. 9, 2 : *Universa eveniunt justo et impio, bono et malo, mundo et immundo, immolanti victimas et sacrificia contemnenti.* Ergo bona temporalia non cadunt sub merito.

Respondeo dicendum quòd illud quod sub merito cadit, est præmium vel merces, quod habet rationem alicujus boni. Bonum autem hominis est duplex, unum *simpliciter,* aliud *secundùm quid.* Bonum hominis *simpliciter* est ultimus finis ejus, secundùm illud Psalm. 72, 27 : *Mihi autem adhærere Deo bonum est;* et per consequens omnia illa quæ ordinantur ut ducentia ad hunc finem; et talia simpliciter cadunt sub merito. Bonum autem *secundùm quid* et non *simpliciter* hominis est quod est bonum ei ut nunc, vel quod ei est *secundùm quid* bonum; et hujusmodi non cadunt sub merito *simpliciter,* sed *secundùm quid.*

Secundùm hoc ergo dicendum est quòd si temporalia bona considerentur, prout sunt utilia ad opera virtutum, quibus perducimur in vitam æternam, secundùm hoc directè et simpliciter cadunt sub merito, sicut et aug-

mentum gratiæ; et omnia illa quibus homo adjuvatur ad perveniendum in beatitudinem post primam gratiam. Tantùm enim dat Deus viris justis de bonis temporalibus, etiam de malis, quantùm eis expedit ad perveniendum ad vitam æternam; et in tantum sunt *simpliciter* bona hujusmodi temporalia. Unde dicitur in psalmo 33, 2 : *Timentes* (1) *autem Dominum non minuentur omni bono;* et alibi (Psal. 36, 25) : *Non vidi justum derelictum,* etc.

Si autem considerentur hujusmodi temporalia bona secundùm se, sic non sunt simpliciter bona hominis, sed secundùm quid; et ita non simpliciter cadunt sub merito, sed secundùm quid, in quantum scilicet homines moventur à Deo ad aliqua temporaliter agenda, in quibus suum propositum consequuntur Deo favente; ut sicut vita æterna est simpliciter præmium operum justitiæ per relationem ad motionem divinam, sicut supra dictum est, art. 3 et 6 hujus quæst., ita temporalia bona in se considerata habeant rationem mercedis, habito respectu ad motionem divinam, quâ voluntates hominum moventur ad hæc prosequenda; licèt interdùm in his non habeant homines rectam intentionem.

Ad primum ergo dicendum quòd, sicut Augustinus dicit, contra Faustum lib. 4, cap. 2, *in illis temporalibus promissis figuræ fuerunt futurorum spiritualium, quæ implentur in nobis. Carnalis enim populus promissis vitæ præsentis inhærebat; et illorum non tantùm lingua, sed etiam vita prophetica fuit.*

Ad secundum dicendum quòd illæ retributiones dicuntur esse divinitùs factæ secundùm comparationem ad divinam motionem, non autem secundùm respectum ad malitiam voluntatis, præcipuè quantùm ad regem Babylonis; qui non impugnavit Tyrum, quasi volens Deo servire, sed potiùs ut sibi dominium usurparet. Similiter etiam obstetrices, licèt habuerint bonam voluntatem quantùm ad liberationem puerorum, non tamen fuit earum recta voluntas quantùm ad hoc quòd mendacium confinxerunt.

Ad tertium dicendum quòd temporalia mala infliguntur in pœnam impiis; in quantum per ea non adjuvantur ad consecutionem vitæ æternæ. Justis autem, qui per hujusmodi mala juvantur, non sunt pœnæ, sed magis medicinæ, ut supra dictum est, qu. 87, art. 8.

Ad quartum dicendum quòd omnia æquè eveniunt bonis et malis, quantùm ad ipsam substantiam bonorum vel malorum temporalium, sed non quantum ad finem, quia boni per hujusmodi manuducuntur ad beatitudinem, non autem mali.

Et hæc de moralibus in communi dicta sufficiant.

(1) Vulgata, *inquirentes.*

INDEX RERUM

QUÆ IN HOC SECUNDO VOLUMINE CONTINENTUR.

FINIS TOMI SECUNDI.

Lightning Source UK Ltd.
Milton Keynes UK
UKHW031009281022
411251UK00009B/593